U0674143

# 夜航船（上）

张岱 著　云山 译

天津出版传媒集团
天津人民出版社

图书在版编目（CIP）数据

夜航船 / (明) 张岱著 ; 云山译. -- 天津 : 天津人民出版社, 2021.11

ISBN 978-7-201-17727-4

Ⅰ. ①夜… Ⅱ. ①张… ②云… Ⅲ. ①笔记－中国－明代②中国历史－史料－明代 Ⅳ. ①K248.066

中国版本图书馆CIP数据核字（2021）第203649号

夜航船
YE HANG CHUAN

（明）张岱 著　云山 译

出　　版　天津人民出版社
出 版 人　刘 庆
地　　址　天津市和平区西康路35号康岳大厦
邮政编码　300051
邮购电话　（022）23332469
电子信箱　reader@tjrmcbs.com

责任编辑　玮丽斯
监　　制　黄 利　万 夏
特约编辑　曹莉丽　鞠媛媛　张春馨
营销支持　曹莉丽
装帧设计　紫图装帧

制版印刷　艺堂印刷（天津）有限公司
经　　销　新华书店
开　　本　787毫米×1092毫米　1/32
印　　张　40.25
字　　数　961千字
版次印次　2021年11月第1版　2021年11月第1次印刷
定　　价　169.00元

# 目录

## 夜航船㊤

### 卷一　天文部



### 卷二　地理部

## 卷三　人物部



## 卷四　考古部



## 卷五　伦类部



## 卷六　选举部

## 卷七 政事部



## 卷八 文学部

## 卷九　礼乐部



## 卷十　兵刑部



## 卷十一　日用部



# 夜航船（下）

## 卷十二　宝玩部

## 卷十八　荒唐部



## 卷十九　物理部



## 卷二十　方术部

# 序

天下间的学问，唯有夜晚航船最难对付。因为村夫俗子的学问都是事先准备好的，如瀛洲十八学士、云台二十八将之类，别人稍微弄错这些人的姓名，他们就掩口嘲笑。他们其实不知道，即使十八学士、二十八将的姓名记不住，也于学问和文理无害，却反倒认为说错或漏掉一个人，是一件极为可耻的事。所以他们在道路中听说的事情，只要在口头上能分辨出数十个名姓，就可称为博学的才子了。我因此想到我们越州八县，只有余姚有这种风俗：后生小子，没有不读书的，待到二十岁还没有取得成就的人，就改学手艺。所以所有的工艺制造这样低贱行业从业者，都熟读了《性理》《纲鉴》。偶然问到其中的一件事，那么人名、官爵、年号、地点，他们都会一一列举出来，并且未曾出现一点差错。他们的学问之丰富，简直可以算是带有两只脚的书柜，但他们这些人对文理考校没有丝毫益处，这样便和那些不识字的人没有任何区别了。有人说："如果真像你说的那样，那古人的姓名全都不用记了吧。"我说："不是这样的。不关乎文章条理的姓名，不记也没有什么大碍，比如说八元、八恺、八厨、八俊、八顾、八及这类姓名就是这样的。有关于文章条理的姓名，则不能不记，如四岳、三老、臧榖和小孩、徐夫人这样的。”

过去，有一个僧人和一个读书人一同住宿在夜晚航行的船上。读书人高谈阔论，使僧人既敬畏又害怕，只敢缩着脚睡。僧人听他的话中有疏漏的地方，于是就说：“请问，澹台灭明是一个人还是两个人？”读书人说：“是两个人。”僧人又问：“这样的话，尧舜是一个人还是两个人？”读书人答：“当然是一个人了。”僧人于是笑着说道：“这样说的话，且让小僧我伸伸脚吧。”我所记录的，都是眼前非常肤浅的事情，我们姑且把它记住，只是不要让僧人伸脚罢了。所以把这本书命名为《夜航船》。

——古剑陶庵老人张岱书写

# 卷一

# 天文部

太阳、月亮、星星合称“三光”。

太阳、月亮加上金星、木星、水星、火星、土星五星合称“七政”，又被称为“七曜”。

古人认为，太阳、月亮一天移动七次位置，也就是所谓的“七襄”。

# 象纬

**九天** 东方称苍天，南方称炎天，西方称浩天，北方称玄天，东北称旻天，西北称幽天，西南称朱天，东南称阳天，中央称钧天。 太阳、月亮、星星合称“三光”。太阳、月亮加上金星、木星、水星、火星、土星五星合称“七政”，又被称为“七曜”。古人认为，太阳、月亮一天移动七次位置，也就是所谓的“七襄”。

**二十八宿** 东西南北四个方向各有七个星宿，共二十八个。东方的七个星宿为：角星（木蛟）；亢星（金龙）；氐（dī）星（土貉）；房星（日兔）；心星（月狐）；尾星（火虎）；箕星（水豹）。北方的七个星宿为：斗星（木獬 xiè）；牛星（金牛）；女星（土蝠）；虚星（日鼠）；危星（月燕）；室星（火猪）；壁星（水貐）。西方的七个星宿为：奎星（木狼）；娄星（金狗）；胃星（土雉）；昴星（日鸡）；毕星（月乌）；觜（zī）星（火猴）；参（shēn）星（水猿）。南方的七个星宿为：井星（木犴 àn）；鬼星（金羊）；柳星（土獐）；星星（日马）；张星（月鹿）；翼星（火蛇）；轸星（水蚓）。

**分野**[①] 角、亢、氐三个星宿在地面上对应的国家是郑国，对应的州是兖州（今约为山东西部、山东河北交接处）。房、心两个星宿对应的国家是燕国，对应的州是豫州（今约为河南一带）。尾、箕两个星宿对应的国家是燕国，对应的州是幽州（今约为燕山一带）。斗、牛、女三个星宿对应的国家是吴国，对应的州是扬州（今约为淮河以南、长江流域及珠江流域）。虚、危两个星宿对应的国家是齐国，对应的州是青州（今约为河北及山东半岛一带）。室、壁两个星宿对应的国家是卫国，对应的州是并州（今约为内蒙古河套及山西太原一带）。奎、娄、胃三个星宿对应的国家是鲁国，对应的州是徐州（今约为淮河以北、泰山以南、黄河以西）。昴、毕两个星宿对应的国家是赵国，对应的州是冀州（今约为山西省、河北、西北、豫北等地）。觜、参两个星宿对应的国家是晋国，对应的州是益州（今约为四川一带）。井、鬼两个星宿对应的国家是秦国，对应的州是雍州（今约为陕、甘、青、宁的部分地区）。柳、星、张三个星宿对应的国家是周国，对应的州是三河[②]。翼、轸两个星宿对应的国家是楚国，对应的州是荆州（今约湖北一带）。

**纳音五行** 十二律[③]各以五音，共成六十音，以六十甲子相

① 古时，人们通过地上的区域来划分天上的星宿，把天上的星宿分别指配于地上的州国，使它们相互对应，说某星是某国的分星，某星是某国的分野，这种看法便是所谓的分野观念。古人建立星宿的分野，主要是便于观测天象，以占卜地上所配州国的吉凶。

② 有广义和狭义之分，广义上泛指三个地区，河内、河南以黄河为界，河内、河东以太行为界。狭义上的三河指河内郡（今沁阳）、河南郡（今洛阳）、河东郡（今安邑）。

③ 十二律是中国古代汉族乐律学名词，是古代的定音方法。分别为：黄钟、大吕、太簇、夹钟、姑洗（gū xiǎn）、中吕、蕤（ruí）宾、林钟、夷则、南吕、无射（yì）、应钟。

配，然后按照金木水火土的顺序合成纳音五行[①]。排列如下：甲子乙丑海中金，丙寅丁卯炉中火，戊辰己巳大林火，庚午辛未路旁土。壬申癸酉剑锋金，甲戌乙亥山头火，丙子丁丑涧下水，戊寅己卯城头土，庚辰辛巳金蜡金，壬午癸未杨柳木，甲申乙酉泉中水，丙戌丁亥屋上土，戊子己丑霹雳火，庚寅辛卯松柏木，壬辰癸巳长流水，甲午乙未沙中金，丙申丁酉山下火，戊戌己亥平地水，庚子辛丑壁上土，壬寅癸卯金箔金，甲辰乙巳覆灯火，丙午丁未天河水，戊申己酉大驿土，庚戌辛亥钗钏金，壬子癸丑桑柘木，甲寅乙卯大溪水，丙辰丁巳沙中土，戊午己未天上火，庚申辛酉石榴木，壬戌癸亥大海水。

天裂是由于阳气不足，地震则是因为阴气过剩。

梁[②]太清二年（548 年）六月，天在西北方向裂开，裂缝长达十尺[③]，宽达两丈，其间还伴有射出的电光以及像雷一样的响声。

唐中和三年（883 年），浙西地区天上响起了好像推磨一样的声音，天上没有云却下起了小雨。没有形状却能发出声音被称为妖鼓；没有云就下雨被称为天泣。

**忧天坠** 《列子》中记载：古时候杞国有一个人经常担心天会塌下来，到了那时自己的就设了立身之处，他担心到了不吃不睡的地步。这就是杞人忧天的典故，它用来比喻人思虑过多，而且思虑的是不切实际的故事。

---

① 十二律与地支及月份对应关系：黄钟（子，十一月）、大吕（丑，十二月）、太簇（寅，正月）、夹钟（卯，二月）、姑洗（辰，三月）、中吕（巳，四月）、蕤宾（午，五月）、林钟（未，六月）、夷则（申，七月）、南吕（酉，八月）、无射（戌，九月）、应钟（亥，十月）。

② 南朝梁（502—557）是中国南北朝时期的南朝第三个朝代，由萧衍建立，定都建康（今江苏南京），因皇室姓萧，又称萧梁。

③ 南北朝时，1 尺≈ 25.8 厘米。1 丈 =10 尺。

**三才**　天、地、人被称为“三才”。世界最初形成时的混沌之气中，轻且清的上升为天，重且浊的下降为地。天是阳，地是阴。人承受阴阳之气生生不息，从而与天、地并列，所以合称为“三才”。

**回天**　天，是皇帝的象征；回，是挽回的意思。唐太宗想要修洛阳宫，张玄素劝谏制止了这件事。魏徵于是说：“张公（即张玄素）有回天的功劳。”

**戴天**《礼记》中说：对待君王和父亲的仇人，要和他不共戴天（即不愿和他在同一个天底下并存）。对待兄弟的仇人，不要把武器放下。而对待朋友的仇人，不要和他在一个国家。

**补天**　女娲是中国上古神话中的创世女神，史称“女娲氏”。她曾经炼五彩石补天。

**如天**《资治通鉴》中记载：尧帝的仁德就像上天一样，智慧就像神明一样，靠近他就像靠近太阳一样，远望他就像望着一朵白云一样。

**补天浴日之功**　宋代赵鼎给皇帝上疏说：从前陛下曾派张浚出使川陕，当时国家的实力比现在强百倍，张浚的功勋卓著，功劳就像女娲补天以及甘渊浴日[①]一样，陛下当时有河山带砺[②]的

① 羲和是中国上古神话中的日月女神与制定时历的女神，羲和生育了十个太阳，并常常在甘渊中把孩子们洗得干净明亮。

② 指不论时间久远、任何动荡也决不变心。语出《史记·高祖功臣侯者年表》。

誓约，可是最终张浚还是因为众人的非议而被放逐。我没有张浚那样的功勋，况且现在又远离朝廷，担心别人好恶是非的语言，恐又将塞满您的耳朵了。

**二天** 东汉时，苏章任冀州刺史。有一次，他巡行考核下属时来到清河。当时清河的长官是他的一位朋友，这位朋友有贪赃枉法的事。苏章到了清河之后，设下宴席摆了好酒请这位朋友来叙旧欢饮。这位朋友说："普通人头上只有一片天，我的头上却有两重天。"苏章说："今天与老朋友喝酒，纯粹是出于私人的交情；明天到冀州办案，却是公家的法令。"后来他依法处置了他的这位朋友。

**焚香祝天** 后唐[①]明宗在位时，常在宫中焚香祈祷。祈祷的时候说："我只是一个外族之人，在这乱世之中被推立为皇帝，希望上天早日降生贤德的人来为天下百姓做主。"

**威侮五行** 《资治通鉴》中记载：夏启当皇帝时，有扈氏无道，威侮宇宙万物，背弃天地人伦。夏启出兵讨伐有扈氏，在甘地大战了一场，从而消灭了有扈氏。

**五星会天** 《资治通鉴》中记载：颛顼（zhuān xū）[②]帝制作历法，以春季第一个月作为一年的开始。当年的正月初一是立春，五大行星在天上会合，经过北方的营室星。

**五星聚奎** 宋太祖乾德五年（967年），五大行星聚集于奎

---

① 后唐（923—936）是唐末五代十国时期沙陀人李存勖建立的一个王朝，定都洛阳。明宗为李嗣源。

② 颛顼是黄帝的孙子，上古部落联盟首领，"五帝"之一，人文始祖之一。

星。当初，窦俨与卢多逊、杨徽之在周朝显德年间同朝任谏官，窦俨擅长从星历来推算未来的事，他曾说：丁卯年（967 年）五大行星聚集于奎星，从此天下太平。您二位拾遗大人还能看见这一景象，我却看不见了。

**五星斗明**　明神宗万历四十七年（1619 年），五大行星在东方争斗。杜松、刘綎在浑河以及马家寨等处全军覆没[①]。

**日月**　东隅，太阳升起的地方；桑榆，太阳落下的地方。扶桑指太阳升起的地方，太阳升起时，人们也称之为“及时”；细柳指太阳落下的地方，太阳落下时，人们也称之为“过时”。

**龙猇**　《天文志》中记载：太阳和月亮在龙猇之尾相会。形成日月并升之象，是为祥瑞之兆。（“猇”音同“斗”）

《广雅》中记载：太阳初升称为“旭”，天刚亮称为“晞”，阳光温暖称为“煦”，太阳在中午称为“亭午”，太阳西斜称为“昳”，天色已晚称为“旰”，太阳将落山称为“晡”。

《天官书》中记载：太阳与月亮运行到一条直线上会导致日食、月食的发生。月亮运行在黄道[②]上，那么太阳就被遮住，就发生日食。这是阴胜阳，是很重大的天变。月亮在望，与太阳相冲，月亮进入阴影之中，就发生月食。这是阳胜阴，是较轻的天变。古代的圣人推崇阳气并且尊崇君王，说：“太阳，是君王之道。”对

---

① 指萨尔浒战役。明万历四十七年（后金天命四年），二到三月间，在明朝与后金的战争中，努尔哈赤在萨尔浒（今辽宁抚顺东大伙房水库附近）及萨尔浒附近地区大败明军四路进攻的反击战。

② 地球上的人看太阳于一年内在恒星之间所走的视运行线路，即地球的公转轨道平面和天球相交的大圆。

于日食这样的现象，必须严谨地记录并以此来警诫君王。因为在古代，日食意味着君王在德行上有过失，而月食则意味着大臣在治理上有过失。

**日落九乌** 乌鸦最难射杀。一天射落九只乌鸦，是说后羿擅长射箭。后人理解成后羿射下了九个太阳，其实并不是这样。

**向日取火** 阳燧（suì）是用铜做的，形状像镜子，对着太阳就能生火，用艾绒去点就能取火。

**夸父追日** 《列子》中记载：夸父不自量力，想要追赶太阳的影子，追到隅谷这个太阳落下的地方，口渴难耐，于是赶到黄河去喝水，黄河的水不够喝，他又准备到北方去喝大泽的水，可还没赶到大泽，就口渴而死了。

**鲁戈返日** 周武王部下鲁阳公与韩国交战，战争最激烈的时候，太阳却快要落山了，鲁阳公拿起戈指向太阳，太阳往回退了三个星宿的位置，恢复了光明。另有记载：虞公与夏国交战，太阳快要落山了，虞公用剑指着太阳，太阳退了回来，不再西落。

**白虹贯日** 荆轲到秦国去刺杀秦王，燕国太子丹在易水岸边为他送别，太子丹的真诚之心感动了上天，有一道白虹横贯太阳。

**田夫献曝** 《列子》中说：宋国有一名农夫晒太阳后觉得脊背很暖和，便回去给妻子说："晒太阳真是太舒服了，别人不知道它的美妙，我把这个秘诀献给咱们的君主，必定会得到重赏。"大家都笑话他。

**白驹过隙** 《魏豹传》中说：人很容易变老，太阳的影子像白色的骏马飞快地驰过缝隙。白驹，指的是太阳的影子。

**黄绵[①]袄** 冬天的太阳，有“黄绵袄”之称。

**薄蚀朒朓（rōu tiǎo）** 薄，是没有光的意思。蚀，是亏缺的意思。每月初一在东方看到月亮叫“朒”，每月最后一天在西方看到月亮叫“朓”。（“朒”的读音与“肉”相同，“朓”的读音与“挑”相同）

每月初三时月亮还不是很明亮，等到月亮有魄[②]时才生出光明。所以说每月初三月亮开始渐生出光明，到十六才会具神魄。

**翟天师** 五代时后汉[③]乾祐年间，翟天师有一次在江岸观赏月亮，有人问：“月亮里面有什么？”翟天师笑着说：“你可以随着我的指头来看看。”一会儿就看到半圆的月亮在半空中，里面的琼楼玉宇可以看得很清楚。但几秒钟后就看不到了。

尹思[④]曾经派他的儿子到月亮中去，看到月亮中有异物，就知道天下将会有兵乱。

《淮南子》中记载：太阳从旸谷出来，在咸池沐浴，拂着扶桑升起，这叫作“晨明”。登上扶桑，开始出行，这叫“朏（fěi）明”。到达曲阿，叫作“朝明”。到达曾泉，叫作“早食”。再到达桑野，叫作“晏食”。再到衡阳，叫作“禺中”。与昆吾相对的时

---

① 绵，通“棉”，“棉”字是从《宋书》起才开始出现的。可见棉花的传入，至迟在南北朝时期，但是多在边疆种植。全国大量种植是在明初。

② 阴之神为魄。

③ 后汉（947-950）是唐末五代十国时期刘知远建立的一个王朝，定都开封。

④ 东晋葛洪所编《神仙传》中人物。

候，叫作“正中”。碰到鸟次，叫作“小迁”。到达悲谷，叫“晡时”。再到“女纪”，叫作“大迁”。经过虞渊，叫“高春”。停在连石，叫“下春”。到达悲泉，便让羲和停下来，让六条驾车的龙休息，叫作“悬车”。靠近虞泉，叫作“黄昏”。沉入蒙谷，叫作“定昏”。进入崦嵫 (yān zī)，并经过细柳到虞泉的水边，再从蒙谷的岸边发散，把光影垂在树梢上，叫作“桑榆”。

《汉书》中记载：新垣平给汉文帝上书说：“太阳今天会两次处在中天的位置，我是通过占卜知道的。”过了一会儿，太阳果然又回到中天的位置。

《释名》中记载：“月”是“阙”的意思，说的是月亮圆了又缺。“晦”是“灰”的意思，说的是月亮在月末被遮住而变灰，月光也就灰蒙蒙的。“朔”是“苏”的意思，说的是月亮在月末被遮挡后再次复苏。“弦”是月亮剩一半时的称呼，它的形状一边是弯的，一边是直的，就像拉开的弦一样。“望”是满月的称呼，它指的是太阳在东边，月亮在西边，遥遥相望。

**蟾蜍** 月亮里三只脚的动物。王充《论衡》一书中记载：后羿从西王母那里求到了长生不死的灵药，他的妻子嫦娥偷吃了药后就跑到月亮上，变成了蟾蜍。

**月桂** 《酉阳杂俎》中记载：月亮中的桂树高有五百丈，有一个人经常砍它，但桂树一经砍出伤口就复合了。砍伐桂树的这个人姓吴名刚，是西河人，学习仙术时犯了过错，被罚在这里砍桂树。桂树下面有一只玉兔在捣药。

**爱日** 这个词是说孩子爱父母应当像爱太阳一样真诚。

**日光摩荡** 后周[1]皇帝派赵匡胤率领军队抵御辽国和北汉[2]，癸卯那天从汴京出发。苗训擅长观察天文，他当时看到太阳之下又有一个太阳，并且有黑色的光围着这个太阳很长时间，他指着太阳对楚昭辅说："这就是天命啊。"当天晚上，赵匡胤的军队驻扎在陈桥，于是就发生了著名的"黄袍加身"事件。

**日为太阳之精** 《广雅》中记载：阳气的精华会向外发散，所以太阳在白天会如此明亮。羲和是指挥太阳的神仙。太阳中有金色的乌鸦。《资治通鉴》中记载：太昊帝有圣人的形象，像日月那样明朗。

**日出而作** 尧帝的时候，有一位老人吃饱了，鼓着肚子，一边玩着击壤的游戏一边唱歌："我在太阳出来时劳作，太阳落山时休息，自己打井喝水，自己种地吃饭。皇帝对我有什么影响呢？"

**日亡乃亡** 夏朝的暴君桀曾经说："我拥有天下，就像天空中有太阳；太阳灭亡了，我才会灭亡！"

**如冬夏之日** 夏天的太阳猛烈，冬天的太阳温和。春秋时晋国大臣赵盾的为人，严厉得让人觉得害怕，所以人们将他比作夏日；他父亲赵衰的为人，温和而可爱，所以人们将他父亲比作冬日的太阳。

---

① 后周（951—960）是唐末五代十国时期的最后一个朝代，郭威建立，定都开封。

② 北汉（951—979）是唐末五代十国时期刘崇建立的一个王朝，定都晋阳。

**东隅桑榆** 冯异[①]领军大败赤眉军，光武帝刘秀赐旨慰劳他说：“开始时虽然在回溪垂着翅膀，最终却能在渑池振翅飞翔，可以说得上是‘失之东隅，收之桑榆’了。”

**蜀犬吠日** 柳宗元在文章里说：庸、蜀一带的南部，常有阴雨天气而少有晴天，所以一到出太阳的日子，那里所有的狗因为没有见过太阳便冲着太阳吠叫。

**日食在晦** 东汉建武七年（31 年）三月末，发生了日食，光武帝刘秀下诏令，群臣上书时不可以用“圣”这个字。经学大师郑兴上疏说：“近年来日食常常发生在月末。这种提前发生的日食，是因为月亮运行得太快了。太阳是君王的象征，月亮是臣子的象征。君王若过于严厉急躁，那么臣子处理起事务也会过于严苛，因此也就会导致月亮运行得太快。”当时的皇帝刘秀就是一位勤奋处理政事但过于严厉和急躁的皇帝，所以郑兴这样说。

**太阴** 《史记》中记载：“天地间阴气的精华上升变为月。”《淮南子》中记载：“月亮的驾驭者叫望舒，也叫纤阿，月亮中有玉兔。”

**瑶光贯月** 《资治通鉴》中记载：黄帝的儿子昌意娶了蜀山氏的女儿女枢为妻，女枢看到瑶光[②]贯月的祥瑞时，就在若水生下了颛顼高阳氏。

---

① 冯异（？—34）是东汉著名军事家，云台二十八将第七位。

② 北斗星座柄第七颗星。

**月食五星** 崇祯十一年（1638年）四月己酉日的夜晚，火星离月亮只有七八寸，天亮了都还在逆行，尾宿星八次被月亮所遮掩，丁卯日又退到尾宿，慢慢地又到了心宿星。兵部尚书杨嗣昌上疏说："古今的变异，月亮吞食五星的事史书上一直有记载，但也要观察具体情形。汉光武帝建武二十三年（47年），月亮吞食火星，第二年匈奴呼韩邪单于就在五原塞归顺。东汉明帝永平二年（59年），月亮吞食火星，皇后马氏德行冠于后宫，第二年又画了云台二十八将的画像。唐宪宗元和七年（812年），月亮吞食火星，第二年发动战争，连年兵败。现在月亮又一次吞食火星，幸运的是还只在尾宿，内对后宫不利，外对国家不利。皇上应该勤修德行以求和谐，即便有灾难也一定不会成大害。"但深究杨嗣昌的话，他所引的年月全是错的。

**论月** 东汉名士徐稺（zhì）9岁的时候，曾经在月亮下玩耍，有人对他说："要是月亮中没有任何东西，月亮会不会更明亮呢？"徐稺回答说："不会。就像人眼中有瞳仁，若没有瞳仁肯定就不明亮了。"

**如月之初** 东汉中后期名臣黄琬的祖父黄琼担任太尉时，有一次向宫中禀报日食的情况。太后便问日食的程度，黄琼回答说不知道具体的情况。当时黄琬只有7岁，他正好站在旁边，就说："为什么不说日食剩下的部分就像每月初一的月亮。"黄琼听后很是惊诧，便用黄琬的说法来禀报。

**赋初一夜月** 明太祖洪武年间的神童苏福8岁时，写了一首《初一夜月》诗：气朔盈虚又一初，嫦娥底事半分无。却于无处分明有，恰似先天太极图。（意思是：月亮盈亏之间就是一个月的时间，嫦娥居住在月宫本是个传说。可要说月亮里什么也没有，细看又像有个《太极图》。）

**吴牛喘月** 《风俗通义》中记载：吴地的牛被太阳晒怕了，所以当牛看到月亮时，以为是太阳就使劲喘气。

**命咏新月** 明太祖朱元璋看到皇太孙（即后来的建文帝朱允炆）头顶的颅骨长偏了，就开玩笑说他是“半边月儿”。一天晚上，太子（建文帝的父亲朱标）、太孙都来侍候，太祖让大家写诗来歌颂新月。太子朱标写的诗句是：“左页严滩失钓钩，何人移上碧云头？虽然未得团圆相，也有清光遍九州。”这几句诗的意思是：“昨天晚上严滩上严子陵丢了钓钩，是谁把它偷去放在了碧云的上头。这弯月虽然不是团圆的样子，但也有清朗的月光照耀九州。”太孙朱允炆的诗句是：“谁将玉指甲，掐破碧天痕？影落江湖里，蛟龙未敢吞。”这几句诗的意思是说：“是谁用玉一般的指甲，在青天上掐出了一道印痕。印痕的影子落在江湖里，江湖里的蛟龙却不敢来吞。”太祖朱元璋觉得“未得团圆”“影落江湖”几句都不是吉兆。

# 星

**北斗七星** 第一颗星是天枢，第二颗星是天璇，第三颗星是天玑，第四颗星是天权，第五颗星是玉衡，第六颗星是开阳，第七颗星是瑶光。第一至第四颗是杓的头，第五至第七颗是杓的柄，七颗星合起来就是一把杓子的形状。按照《道德经》的记载：北斗七星，一是贪狼，二是巨门，三是禄存，四是文曲，五是廉贞，六是武曲，七是破军。这是勘察风水的人使用的说法。

**斗柄** 北斗星的柄在东边，就是春天；柄在南边，就是夏天；柄在西边，就是秋天；柄在北边，就是冬天。

《史记》中记载：北斗星所在的中宫、文昌星下的六颗星，两两相对，叫三能，也称台、三台。这些星的光亮如果一样，就象征着君臣和谐；反之，如果不一样，那么就象征着君臣的关系不和谐。

**泰阶六符** 泰阶就是指三台。每台都有两颗星，共有六颗星。“符”是指六颗星应验的表征。“三台”是上天的三个台阶。《黄帝泰阶六符经》中记载：泰阶是上天的三个台阶。上阶是天子，中阶是诸侯、公卿、大夫，下阶是文士和普通百姓。

**景星** 它的形状如同半个月亮，如果君王以无私之心治理教化天下的话，景星就会出现。

**始影琯朗** 女星旁边有一颗小星星，名字叫始影，女人在夏至的晚上等它出来时祭拜它，会变得漂亮。始影星的南边，与它并排的一颗星叫琯朗，男人在冬至的晚上等它出来时祭拜它，会变得聪明智慧。

**参商** 帝喾高辛氏有两个儿子，长子叫作阏伯，次子叫作沉实，这两人互相争斗。帝喾就把长子迁到商丘，商丘对应商星，商星晚上出现；然后把次子迁到大夏，大夏对应参星，参星白天出现。两颗星永远不会相见。

长庚星就是太白金星，早晨在东方出现，叫启明星；晚上在西方出现，叫作长庚星。

**太白经天** 太白星是阴星，白天应该藏起来，如果白天出现太白星就叫作“经天”，如果有太白经天，那么天下将混乱，陷入黑暗时代，百姓就要换君主，这就叫“乱纪”，此时人民会流离失所。

**六符** 东汉应劭说：“上阶的上星是男子之主，下星是女子之主；中阶的上星是朝廷的三公，下星是朝廷的卿大夫；下阶的上星是士人，下星是百姓。三阶若平列就象征着天下太平，三阶不平失去次序就意味着百姓不能安宁，所以六星也叫‘六符’”。

《晋书·天文志》记载：角宿的两颗星被称为天关，二星中间便是天门，里面就是天庭。所以太阳运行的黄道经过这里，是七曜运行的轨道。左角的星为理，主管刑法；右角的星为将，主管军事。亢宿有四颗星，是天子的内朝，统摄天下的礼法，也叫疏庙，主管疾病和瘟疫。氐宿有四颗星，是上天之根，君王的寝宫，也是后妃的居所，如果将有淫乱的事发生，氐星就会先动。房宿有四颗星，为明堂，就是天子颁布政令的地方，也称为“四辅”，又称为“四表”，中间是上天的大路，也是天的关口，是太阳运行轨道所经过的地方。七曜经由上天的大路运行，那么天下就平安和谐。“天驷”即天马，主管君王的车驾，也叫“天厩”，也主管开与关，是收藏的地方。北面的小星叫钩钤（qián），是房星的钥匙和锁子，也是天体的钥匙和锁子，当它明亮而且接近房宿星的时候，天下就同心同德。心宿有三颗星，是君王最正的位置。中间的星叫明堂，是天子的位置，就是大辰，主掌天下的奖赏和惩罚。前边一颗星是太子，后边一颗星是庶子的位置。尾宿有九颗星，是后宫的场所，也叫“九子”，这九颗星颜色如果均匀明亮，大小衔接，就象征后宫长幼有序。箕宿有四颗星，也叫“天津”，是后宫和后妃的居所，其中一个叫“天箕”，主掌八方的风，只要日、月停宿在箕、东壁、翼的时候，大风就会从北方起来，还主掌语言交流的事。南斗有六颗星，也叫“天庙”，是丞相和太宰的位置，适宜商量裁夺国政之事，褒奖、举荐贤良的人，授予他们爵位和俸禄，又主管军事。牵牛宿有六颗星，是天的关口与津梁，主掌祭祀所用的牺牲供品之事。它北边有两颗星，一个叫“即路”，一个叫“聚火”。又有一说：上面的一颗星主掌道路，下边的两颗星主掌关口与津梁，再下边的三颗星主管南越。须女宿有四颗星，是天上的少府，代表妇女，主掌织布、裁缝与婚嫁等事情。虚宿有两颗星，是统领百官的太宰的象征，主掌里巷居住及庙堂祭祀的事，也主管死亡及丧事。危宿有三颗星，主管天府、天街的房屋建筑之事，危宿星动就一定有破土动工的事。营室有两颗星，是太庙天子的宫殿，主管建筑之事。东壁有两颗星，主掌文章命脉，是天下收藏图书的秘府。西方的奎宿有十六颗星，是上天收藏兵器的仓库，主掌以武力来治理暴行的事。娄宿有三颗星，也是上天的牢狱，主掌园林、牧场及牲畜，用来供应对天地的祭祀。胃宿有三颗星，是上天的厨房和收藏之所，这是五谷的仓库，又叫“大梁”，主管贮藏米谷的仓库。昴宿有七颗星，是上天的耳目，主管西方，又叫“旄头”，是象征胡人的星宿，又主掌丧事、主掌刑狱。昴宿、毕宿之间是天街，是三光的道路，主管对关口与津梁的维护。毕宿有八颗星，形状好像捕兔的长柄毕网，主掌边疆的战事和打猎，还主管刑罚。觜嶲有三颗星，在参星的右边角上，好像三足鼎之的形状一样，主掌上天的关口，也是三军的侦探。参宿有七颗星，好像白兽的身体。中间有三颗星横着排列，是“三将军”。南方的东井宿有八颗星，是上天的南门，也是太阳运行要经过的地方，是上天的亭候，主掌水利之类的事。鬼宿有五颗星，是上天的眼睛，主掌明审查奸计与阴谋。中央有一颗星，叫“积尸”，如果这颗星闪烁或变暗就可能会引来疾病。柳宿有八颗星，是上天的厨师，主管帝王膳食，调和五味。昴宿有七颗星，又名“天都”，主掌衣服和彩绣。张宿有六颗星，主管珍奇宝物和宗庙祭祀所使用的物品及衣服，还主管天厨的饮食和赏赐。翼宿有二十二颗星，是上天的乐府，又主管夷狄之类的远客和海边的居民，若此星明亮就表明礼乐兴盛，那么四方的边民就会臣服而来。轸宿有四颗星，是统领百官的家宰的辅助之臣，主掌车辆马匹的使用，也主管风，有军队要出入，都向轸宿星来占卜。

**荧惑守心**　荧惑是指火星。守心，说的是火星经过心宿[①]时停下不走了。宋景公的时候，碰上了一次荧惑守心。宋景公问

① 心宿的分野为春秋时的宋国。

子韦这是什么预兆，子韦回答说："这个灾祸是针对君王的，可以移到宰相身上。"宋景公说："宰相是我重要的辅臣，不可以啊！"子韦又说："那就转移给百姓。"宋景公说："百姓要是死了，我还是谁的君主呢？"子韦再说："那就移给收成吧。"宋景公说："收成不好百姓还是会饿死。"子韦说："君主如果说了三次充满仁德的话，火星一定会有三次迁徙。"后来火星果然移了三座星宿的位置。

**岁星** 就是木星。它所停留的国家有福，所对的国家有凶。福会带来丰收，凶会带来饥荒。还有一个说法是这样的：岁星所在的国家，若有人提议出兵打仗的话，必然会失败。

**彗星** 就是长星，也叫欃（chān）枪。芒角四射的叫"孛"（bó），芒角很长像扫帚一样的叫"彗"，而非常长的叫"蚩尤旗"。

金星每个月在天上移动一宫的距离，即周天的十二分之一的距离，木星一年移一宫，水星一月移一宫。火星两月移一宫，土星二十八月移一宫。

**客星犯牛斗** 有一个人住在海上，每年八月都能看到有木筏漂到岸边，于是他带着粮食，坐上了这只木筏。他坐着这只木筏来到一个地方，看到有一名女子在织布，这名女子的丈夫正牵着牛去喝水。他问道："这里是什么地方？"女子回答说："回去问严君平[1]吧。"后来，严君平回答他说："那一天有客星冲犯了牵牛星，就正好是你到的地方。"

---

① 严君平（前87—6或7）是西汉道家学者，《蜀中广记》和《高士传》称他"知天文，认星象，善占卜，通玄学"，可见其博学多才，无所不通。著有《老子注》二卷、《老子指归》十四，使老子的道家学说，更加系统条理化，得以发扬光大。

**问使者何日发** 东汉汉和帝，曾派两个使者不表明身份悄悄地来到蜀地。李郃当时为蜀地的郡侯吏，他拿出酒来招待两个使者，并问他们：“你们来的时候，是否知道两位钦差大臣什么时候出发呢？”两个使者很惊异，于是问他为什么知道这件事，李郃说：“我观天象见到有两个使星来到益州。”此后，李郃名声大振。

**五星奎聚** 宋乾德五年（967年）三月，五大行星聚集于奎宿。当初，窦俨与卢多逊、杨徽之在周朝显德年间同时作为朝廷谏官，窦俨擅长从星历来推算未来的事，他曾经说：“丁卯年五大行星会聚集于奎宿。从此以后天下太平。您二位拾遗大人还能看到，我是已经看不到了。”宋代吕中《宋大事记讲议》中说：“奎星固然是太平的预兆，但实际上也重新开启了斯文之兆。本朝文治昌隆的景象，从那时已经显露出来了。”

**德星** 东汉时，颍川的陈寔（shí）、荀淑两位名士一起率领子弟们宴集一堂。太史官上奏说看到天上的德星聚集在颍州，那么五百里之内一定会有贤明的人在聚会。

**客星犯御座** 光武帝刘秀引严光[①]到皇宫里，谈论两人的故旧之情，两人相对而谈，谈了很长时间。后来两人索性一同躺下，同榻而卧，严光把脚伸到光武帝的肚子上。第二天，太史官上奏说看到天象有客星冲犯帝星，非常危急。光武帝笑着说：“那是我与老朋友严光同床而卧罢了。”

---

① 严子陵（前39—41），东汉著名高士。与东汉光武帝刘秀为同学，亦为好友。刘秀即位后，多次延聘他，但他隐姓埋名，退居富春山。

**晨星** 刘禹锡曾说:“寥落如同清晨的星星一样隔天相望。”是说老朋友少了，就像早晨的星星，非常稀少。

**望星星降** 何讽曾在书中得到一个发卷，半径有四寸多，像一个圆环但找不到头，用力扯断它，断头的地方往下滴水。有方士说:“这个东西名字叫脉望，书中的蠹鱼在蛀书时三次吃到‘神仙’的字样就会变为脉望。夜里拿着这个对着天，从圆心中望星，望见的星就会立刻降落，可以向星宿求得仙丹来服食。”

**吞坠星** 五代时有个人叫汤悦，从小聪明有悟性。曾经有一次看到有流星掉到水盘里，便捞起来吞食了，于是文思越发敏捷。后来他在南唐做官，做到宰相。凡是朝廷的檄文、诰语，都出自他的手笔。

**上应列宿** 东汉光武帝女儿馆陶公主刘红夫为自己的儿子求郎官的职位，明帝不答应，但给他赐钱十万缗（mín）。明帝对群臣说:“郎官对应着天上的各个星宿，要出京治理广大的地域，若任命了不合适的人，那么人民就要受到他的祸害。”

**文曲犯帝座** 明代的大臣景清在建文帝时是御史大夫。燕王朱棣即位后，景清独自顺承旨意来朝侍候，朱棣很是怀疑他。当时观星的人上奏说有文曲星冲犯帝星，而且事态很紧急，文曲星颜色变红。之后有一天，景清穿着红衣服上朝。他被逮住了，搜出他身上所藏的剑，景清最后不屈而死，死后其魂魄仍然时时显灵。

**星长竟天** 唐天祐二年（905 年），有颗彗星出现，彗星的长度竟然横贯天空。宋徽宗崇宁五年（1106 年），有一颗芒角四射的彗星出现在西方，长度也横贯天空。明成化七年（1471 年），彗星出现。正德元年（1506 年），彗星再次出现，参星、井星入侵太微星。万历四十六年（1618 年），东方出现白色的气流，长度横贯天空，后来占卜才知道是彗星的迹象，辽阳地震的报告接连到来。天启元年（1621 年），土星逆向运行进入井宿。

**星飞星陨**　宋徽宗建中靖国元年（1101 年）正月初一，有流星从西南进入尾宿并到达尾宿的距星，它的光亮能照到地面上来。当天晚上，有红色的气体从东北方向升起，横贯西方，中间生出两股白气，将要消失的时候，又有黑气在旁边。任伯雨说："当时正值孟春（正月），却有红色的气体在晚上幽暗的环境下升起，从天道和人事两方面来判断，这是宫廷里即将有人谋逆的预兆。红色气体消散为白色，白色象征有刀兵之事，这是夷狄将要暗中起兵的预兆。"

明成化二十三年（1487 年），有飞星像流水一样，光芒照到地面上。正德元年（1506 年），流星如雨。崇祯十七年（1644 年），有星宿进入月亮中。当时占卜的结果是"国破君亡"。

# 风云

**风神** 名封十八姨，又名冯异。

**云神** 也叫作云将。

**八风** 指八节之风：立春的风叫“条风”（条风的时候应该赦免小的过错，释放狱中滞留的犯人）；春分的风叫“明庶风”（此时应当核正封疆的赏赐，修理田地的边界）；立夏的风叫“清明风”（这时应当拿出钱物来分给诸侯）；夏至的风叫“景风”（此时应该分清大将的功劳，并进行封赏）；立秋的风叫“凉风”（此时应当向朝廷汇报土地开垦与收获的成果，并在四郊祭祀）；秋分的风叫“阊（chāng）阖风”（这时宜解下悬挂的乐器，把琴瑟都收藏起来）；立冬的风叫“不周风”（此时应该修缮宫室，维护边疆的城池）；冬至的风叫“广汉风”（这时应该惩罚有罪的人，是处理死刑的时候）。

**四时风** 郎仁宝[①]在《七修类稿》中说：春天的风是从下向上

① 即郎瑛（1487—1566），明代藏书家。

的，所以纸做的鸢鸟一类的风筝可以飞起来；夏天的风在空中横行，所以能听到树梢的风声；秋天的风从上而下，树木的叶子因此飘落；冬天的风是贴着地面吹的，所以大地会发出巨大的声响并生出寒气。

**少女风** 三国时魏国术士管辂（lù）路过清河时，清河倪太守当时因为天旱而正在担忧。管辂说："树尖已经有了少女一样的微风，树林中也有阳鸟在相互鸣叫，种种迹象表明雨就要来了。"最后果然就像他说的那样下起雨来。

**飓风** 《岭表录》中记载：飓风多发作在初秋，发作的时候海潮四溢，俗语中称它为"飓母风"。

**石尤风** 石家的女儿嫁给姓尤的男子为妻。丈夫尤郎经商准备出远门，妻子阻止他，但丈夫不听。丈夫出去之后便一去不回，石氏在家病得快要死了，说："我恨自己不能阻止丈夫远行。以后再有商人出远门，等我死后便成为大风来阻挡他。"从此以后凡是在外旅行的人遇到逆风都会说："这是'石尤风'啊。"

**羊角风** 《庄子》中记载：有巨大的鹏从北海起飞，打算迁徙到南海去，大鹏乘着羊角一样的旋风向上飞了九万里。宋代熙宁年间（1068—1077），武城刮起了羊角一样的旋风，旋风把树木都拔起来了，官府的屋子也被卷到云里，不少百姓被卷到空中后摔死了。

《尔雅》中记载：南方来的风叫"凯风"，东方来的风叫"谷风"，北方来的风叫"凉风"，西方来的风叫"泰风"。从上降下叫

"颓"，盘旋而上叫"焱"。风与火互助威势叫"庉"（tún）。旋风叫"飘"。有太阳而刮起的风叫"暴"，风雨交加叫"霾"。阴天的风叫"曀（yì）"。猛风叫"颲（liè）"，凉风叫"飗（liú）"，微风叫"飚（biāo）"，小风叫"飕（sōu）"。

**花信风** 宋代徐师川的诗说：一百五日寒食雨，二十四番花信风。（意思是：冬至105天后寒食的雨，二十四个节候报告花期的风。）南朝梁宗懔所撰《岁时记》中记载：一个月有两个节六个节候，从小寒到谷雨，共有四个月八个节气二十四个节候，每个节候差不多五天的时间，每一个节候用一种花被春风吹开的信息来对应。

**泰山云** 《公羊传》中记载：泰山的云碰到石头就升起来，并且很小的云气也逐渐合在一起，不一会儿的工夫雨就下遍天下。

**卿云** 像云又不是云，像烟又不是烟，浓厚而又众多，气象萧索而又曲折重叠，这种云叫作"庆云"。如果君王的仁德泽被山岳，就会有"卿云"出现。《春秋繁露》中记载：人民的君主如果勤修德行，就会有矞（yù）云出现。云有五色叫作"卿"，有三色叫作"矞"。

**沆瀣（hàng xiè）** 半夜里从北方来的清气称为"沆瀣"。

**神瀵（fèn）** 《列子》中记载说："神瀵"就是《易经》所说的深山与大湖的空气互相激荡，于是生出云并变成雨。陈抟老祖陈希夷有诗说："忽然有火轮煎熬着地脉，愕然间看到神瀵涌到了山头。"

**白云孤飞**　狄仁杰曾经赶往并州担任法曹一职，登上太行山，他看到有白云独自飞过，流泪说："我的父母亲住在那白云下啊！"①

**五色云**　宋代韩琦 20 岁就中了进士，在朝廷殿试揭晓唱名的时候，太史官上奏说："天上出现了五色云彩。"后来韩琦出将入相，成为一代名臣。

风是天地的使者，大地的呼吸，阴阳二气发怒就变成了风。《洛神赋》中有"屏翳（yì）收风"的句子。"屏翳"指的是掌管风的风神，又叫飞廉。飞廉，是神异的飞鸟，就是箕宿之主。又有人说："箕宿主掌大气，可以使之簸扬世界，所以能呼风唤雨。"

**风霾**　明朝天启年间（1621—1627），魏忠贤阉党肆无忌惮地荼毒人民，于是大风、阴霾、大旱等各种灾害相继而来，数千里土地空无一人。京师发生地震，加上有火灾，被压死、烧死的人很多。崇祯十七年（1644 年）正月初一，出现了大风和阴霾天气。占卜的人说："这风从乾卦起来，预示着有暴乱。"后来，李自成的大军果然攻破了京城。三月丙申日，也出现了大风和阴霾的现象，白天也一团黑暗。

**风木悲**　《春秋》中记载：皋鱼在多个诸侯国为官，等他回到家时母亲已经去世了。他哭着说："大树想要静下来风却并不停止，儿子想孝养父母而父母却已经不在了。"说完就自杀而亡。

**歌南风之诗**　舜弹着五弦琴，唱着《南风》中的诗句："南风之熏兮，可以解吾民之愠兮；南风之时兮，可以阜吾民之财

---

① 狄仁杰为并州人，此处意为想念父母。

兮。”这几句诗的意思是：“南风多么温暖啊，可以解除我的子民的忧愁；南风多么及时啊，可以增加我的子民的财富。”

**占风知赦** 东汉时，河内人（辖境相当于今河南黄河以北）张成擅长以风角之术来推测吉凶。有一次他通过占卜推算朝廷很快要有大赦了，便让自己的儿子去杀人。司隶李膺督促下属收捕张成之子归案，但很快他便获得朝廷的大赦。李膺非常生气，便执意按律处决了张成的儿子。

**祭风破操** 曹操在赤壁之战时把船舰都连在一起，周瑜采用黄盖火攻的计策。当时寒冬没有东南风，诸葛亮建祭坛来祈祷，到约定的日期便有了东南风，于是大败曹兵。

**云霞** 云是山川之气。太阳旁边的彩色云叫霞，东西两个方向的红色云也叫霞。《易经》说：“云跟随龙，风跟随虎。”孔子说：“不义之财对我来说就如同浮云。”

**云出无心** 陶渊明诗句：“云无心以出岫（xiù）。”这句诗的意思是：白云飘出山峦并不是有什么特别的想法。

**占云** 夏至、冬至、春分、秋分，在这几个特定的时间点可以通过看云的颜色来推算一年的收成和旱涝情况。

**行云** 楚襄王在高唐游玩，梦见一个女子对他说：“我住在巫山的南面险峻的高山上，早上的时候变成浮云，晚上再化作细雨。”楚襄王到了天明一看，果然像梦中女子说的一样。

**落霞** 王勃《滕王阁序》中有“落霞与孤鹜（wù）齐飞”的句子。后来一个文士晚上夜宿于江中，听到水下有人吟诵这一句，文士便说：“为什么不说‘落霞孤鹜齐飞，秋水长天一色’呢？”此后水下的鬼便再也没有出现。

**飓风** 《岭表录》中记载：飓风多发生在初秋，风一起则海潮汹涌，俗语把这样的风叫“飓母风”。明正德七年（1512 年），流窜的贼寇刘大等人乘船到南通狼山，当时止好遇到飓风大作，飓风将船全部掀翻，贼寇全都淹死了。

# 雨

**雨神** 雨神名叫漭滉（mǎng huàng）本郎。

**雨师** 雨师名叫荓翳。

**商羊舞** 齐国有只独脚鸟，在宫殿前起舞。齐侯用独脚鸟起舞这件事请教孔子，孔子说：“这只鸟名字叫商羊。儿童的童谣唱：‘天要下大雨，商羊就会起舞。’所以这是大雨来临之前的预兆。”后来果然下起了大雨。

**石燕飞** 《湘州记》中记载：零陵山上有石燕，遇到风雨石燕就会起来飞舞，雨停后回到原来的地方，化为一块石头。

**洗兵雨** 周武王讨伐纣王，风停了却又开始下起大雨。散宜生（西周开国功臣）劝阻说：“这种反常的现象背后难道不是有妖吗？”武王却说：“不是，这是上天在洗兵器。”

**雨工** 唐代柳毅路过洞庭湖，看见有女子（洞庭龙王的小女）在路边放羊，觉得很奇怪，就问她怎么回事。女子说：“这不是羊。

是雨工和雷霆之类的神物。”于是柳毅为女子送书信到龙宫。后来龙王将女儿嫁给柳毅为妻。柳毅后来成为洞庭的君主。

**蜥蜴致雨** 关中人求雨，要找十来条蜥蜴，放在瓮里，让童男童女念着咒语说：“蜥蜴蜥蜴，兴云吐雾。致雨滂沱，放汝归去。”宋代咸平年间便用这个办法来求雨，每次都很灵验。

小春月内下的雨叫“液雨”。应时的雨叫“澍（shū）雨”。雨雪交加叫“雨汁”。

**御史雨** 唐代平原一带有冤狱，很久不下雨。颜真卿当御史时，巡行这里，重新审判了冤案，立刻就下了雨，当时人称此雨为“御史雨”。

**随车雨** 南宋陈戬在处州做太守，当时处州正大旱，陈戬一下车，当地就下起了大雨，人们称此雨为“随车雨”。

**三年不雨** 东汉时期的于公，是执掌汉代东海郡司法的官员，断案方式公平、断案态度宽厚。当时海州有一个年纪轻轻就守寡的妇人，她对待公婆很是孝顺。因为她没有子女，婆婆打算让她再嫁。她不同意，婆婆因为不愿意拖累她便上吊自杀了。小姑子得知后便诬告是儿媳妇杀死了自己的母亲，官府只好派人来办理此案，并且太守最终以杀死婆婆的罪名给孝顺的儿媳妇判了死刑，于公认为这是冤案，但太守还是处决了她。自此案过后，东海郡接连发生了三年大旱。后来新上任的太守认真听取了于公的意见后亲自去祭祀被冤判的孝妇，海州当时就下了雨。

**侍郎雨** 明正统九年（1444 年），浙江台州、宁波等地大旱了很久，有很多人因此得了严重的疾病。皇上便派礼部右侍郎王英带着香和布帛到南镇去祭祀。王英到了绍兴后，立刻就下了大雨，水深达到二尺。祭祀的那天晚上，雨奇迹般地停了，天上可以看见星星。祭祀后的第二天，天又下起大雨，田野里都有了充足的雨水。人们就说："这是'侍郎雨'啊。"

**雨雹如斗** 东汉的方储官至太常[①]，永元年间（89—105）汉章帝准备郊祀，方储说天象将有大的变化，应该重选一个日子祭祀，皇帝并没有听从他的意见，因为此时正风和日丽，皇上郊祀回来之后，认为方储有欺君之罪，赐他毒酒。但过了一小会儿，天上开始下起了冰雹，而且冰雹大得像斗一样，上千人因为这场灾难而死。皇上知道自己错怪方储了，赶紧叫人去召回方储，但是已经来不及了。

**冒雨剪韭** 东汉名士郭林宗的朋友晚上到郭家做客，郭林宗冒雨去剪来韭菜做饼待客。杜甫的诗中就有"夜雨剪春韭"的句子。

**雨粟雨金钱** 仓颉造字成功后，天上下起了粟米，有鬼在夜里哭泣。大禹的时候，天上下了三天金子。翁仲儒家里非常穷，上天下了十块金子后，他便成为巨富之家。熊衮非常孝顺，他的父母死了，他却没有钱下葬，他对着天大哭大叫，上天立刻下了十万钱，这样他就可以完成丧事。

**雨** 《大戴经》中记载：天地间积攒的阴云，气温上升之后便

① 古代朝廷掌管宗庙礼仪的官员。

形成雨。冰雹，是下的冰块，在太阳下雨水温度升高，而阴气与雨水相遇却不相投，雨水就转变为冰雹。

**毕星好雨** 月亮向西南运行进入毕宿星，就多雨。《易经》中说：“云行雨施，品物流形。”俗话也说：“雨下三天以上叫作‘霖’。”雨下得小称为“霡霂（mài mù)”，雨下得大称为“霶霈（pāng pèi )”，雨下了很长时间称为“霪（yín）雨”，也叫“天漏”。

**祷雨** 商汤时期出现了七年大旱，太史占卜后说：“应当拿人献祭来求雨。”商汤说：“我之所以求雨，就是为了人民。如果需要拿人来献祭求雨，那么就用我来献祭吧。”于是商汤便斋戒，剪头发、剪指甲，坐上毫无文饰的白马拉的车，身上插着白茅，把自己当作祭品，在桑林的野外祈祷，祈祷时用六件事来自责：“是我的治理没有节制吗？是因为我人民才流离失所吗？是因为我的宫殿太奢华了吗？是我后宫的宠女太多了吗？是朝廷的贿赂太盛行了吗？是谄媚的人太得势了吗？”这六个问题还没说完，天上便下起了大雨，大雨绵延了数千里。

**霖雨放宫人** 宋开宝五年（972 年），天下大雨，黄河因此决口。宋太祖对宰相说：“大雨下个不停，是不是当前的政治治理有缺失？我想恐怕后宫关着的宫女太多了吧。”宋太祖于是通知后宫：“有愿意回家的，可以用详细的实情来申请。”最终有一百多位宫女都出宫了，并且得到了厚重的封赏。

**上图得雨** 宋神宗熙宁七年（1074 年），天下大旱，粮食收成也不好，各地闹起了饥荒。但官府催逼青苗法所贷本息并没有停下来，一如既往地苛刻而急切，人民流离失所，扶老携幼，站满了道路，人们身体瘦弱而且有病，还没有完整的衣服，只好通过吃树木的果实及草的根部来充饥，身上披着枷锁却依然不得不通过卖房子来抵缴官税的人更有很多。皇城东南侧安上门的监门郑侠就把自己看到的景象绘制成《流民图》，然后假称秘密紧急边报，快马送到朝廷给皇上看，并说："陛下若能亲眼看见小臣所画的图，并按小臣所说的去实施，一天之内要是不下雨，就请把我斩首，以此来惩罚我的欺君之罪。"宋神宗看完《流民图》长叹，晚上睡不着觉。第二天早上，便下令废除了王安石变法里的十八条措施。百姓听后都欢呼雀跃、奔走相告。当天，就下起了大雨，远近也都得到了充足的雨水。

**商霖** 宋徽宗的时候，蔡京长时间窃取国家权力，朝廷上下都有怨言。当时朝廷中有名大臣名叫商英，他不屈服阿附于蔡京，有自己与众不同的主张，被称为贤人，皇上因为他有威望便让他做了宰相。当时天下已经大旱很久，天上有彗星出现。商英受命当宰相的当天晚上，彗星便不见了。第二天，天降起了雨。皇上高兴地写了"商霖"两个字赐给商英。

**兵道雨** 明朝蔡懋（mào）德以参政、兵备道的官位在真定屯兵。真定很久都没有下雨了，每一寸土地都干得像烤焦了一样。只要蔡懋德一求雨就会灵验下雨，他所管辖的地方百姓都争相迎请他去求雨，他所到之处果然都下了雨，百姓欢呼地说这是"兵道雨"。

**大雹示警** 周孝王[①]命令秦非子[②]在汧（qiān）水和渭水之间主管养马的事，马繁衍得很快，周孝王便封他为附庸小国的国君，食邑在秦地，让他接续伯益的后代。封赏完的当天便下起了大冰雹，秦非子养的牛马都被打死了，长江和汉水也都冻结了。明天启二年（1622 年），天上下了大冰雹砸在屋子上，瓦片和石块都被砸碎了，庄稼也都有不同程度的损伤。

**雨血** 元顺帝元统二年（1334 年）正月初一，汴梁城（今河南开封）里下了血雨，这些血雨落到衣服上都是红色的。

① 周孝王（？—前 896）是西周第八位君主，在西周王朝内忧外患情况下打破嫡长子继承制而登上王位，在位期间励精图治，打击了西戎对于周王朝的威胁，一定程度上使西周王朝的国力得到恢复。

② 秦非子（？—前 858）是周朝诸侯国秦国开国君主，商朝重臣恶来五世孙，赐姓嬴。

# 雷电虹霓

**雷神** 名叫丰隆。

**电神** 名叫缺列。

**虹霓** 一名挈贰，一名天弓，一名螮蝀（dì dōng）。

**雷候** 仲春的时候（农历二月），开始打雷，闪电。冬眠的虫子也都活动起来，从洞穴里出来。仲秋的月份（农历八月），不再打雷，要潜伏过冬的虫子也用土堵塞好洞穴口。《易传》中说："雷神从八月开始钻到地下到出来需要一百八十天。"

**闻雷造墓** 三国时期王裒（póu）的父亲王仪，因为直言相谏触犯了司马昭，所以被杀掉了。王裒从此终身不面向西坐，他以此表示自己不为晋国的臣子。他在墓旁小屋服丧时悲伤痛哭，眼泪流到树上，最后树都枯死了。读到《诗经》"哀哀父母（出自《诗经·小雅·蓼莪》）"一句时就不停地哭泣，他的弟子从此也不再学习《蓼莪》这一篇。王裒的母亲还在世时很害怕雷声，母亲去世后，每当天上打雷的时候，他都到墓前去，并说："儿子王裒在这里。”

**霹雳破倚柱** 《世说新语》中记载：夏侯玄曾经靠着柱子读书，当时天上下起了暴雨，霹雳击破了他所靠的柱子，他的衣服都被烧焦了，可夏侯玄神色依然不变，还像往常一样读书。这与《晋纪》所载诸葛诞的事相同。

**照郊** 《帝王世纪》中记载：神农氏的后代少昊氏娶附宝为妻，附宝看到明亮的闪电绕着北斗枢星照在郊野上，附宝随即感应而怀孕，二十个月后在寿丘生下了黄帝。

**雷电遽散** 《南唐书》中记载：陆昭符是金陵（今南京）人，开宝年间官居常州刺史。有一天，他坐在衙门里处理政事，忽然雷雨交加而来，闪电就像金蛇一样围着书桌，官吏与兵卒都被震倒在地上。然而陆昭符神色平静，手扶着书桌大声呵斥，雷电立刻消散。人们这时却看到地上有一个重百斤的大铁索，陆昭符从容地命令下属把铁索抬到仓库里。

**赤虹** 孔子编写《春秋》和《孝经》[①]。等到书写成后，他向上天报告。天上下起浓厚的白雾垂到地面，有红色的彩虹从天而降，变成一块黄色的玉，这块玉有三尺长，上面刻有文字，孔子向天叩拜后接受了它。

**天投蜺** 汉灵帝的时候，有黑色的气流进入温德殿里，像车

---

① 《孝经》中国古代儒家的伦理著作，儒家十三经之一。传说是孔子作，但南宋时已有人怀疑是出于后人附会。

盖一样大，飞翔很迅疾，身上有五色，有头，身体长十多丈，形貌像龙。皇上看见后便问蔡邕，蔡邕回答说："这就是所谓的'天投蜺'，若没看到爪子和尾巴，就不能称之为龙。"蔡邕占完卜后说："天子对内受女色诱惑，在外又没有忠臣辅佐，所以将会发生大的战争。"

**雷州** 雷州有一个英灵冈，传说雷诞生在这里。《国史补》中记载：雷州春、夏两季雷比较多，秋天便藏在地下，其形状像猪一样，有人抓了它来吃。另外府城的西南有雷公庙，每年村民们都造雷鼓、雷车送到庙里。若有人把鱼和这种"猪"肉一起吃，就会立刻打雷。

**感雷精** 《论衡》中记载：子路是感应雷精而出生的，所以比较喜欢生事。

**雷神** 曹州的大湖中有雷神，长着龙的身体和人的头，敲它的肚子就会鸣叫。《史记》中记载说："舜帝在雷泽打鱼。"说的就是这里。

**占虹霓诗** 彭友信因为贡举而到京师，遇到皇上微服私访，皇上吟诵《虹霓》诗二句说："谁把青红线两条，和云和雨系天腰。"（是谁把两条青红色线，伴着云雨系在上天的腰间。）接下来让彭友信来续，彭友信立刻说："玉皇昨夜銮舆出，万里长空驾彩桥。"（玉皇大帝昨晚皇驾出宫，所以在万里长空要驾上彩桥。）皇上听了非常高兴，问彭友信的籍贯，让他第二天早上在竹桥等候，一起上朝。彭友信按这个命令去做了，但等候了很长时间也不见人来，便入朝。皇上召他问为什么独自前来，他将实情来禀报。

皇上说：“这个秀才有学问有德行。”于是任命他为北平布政使。

**雷神名** 雷是阴、阳二气交战而生，雷生而后万物苏醒。另外，黔雷是天上主管造化的神仙名。电是雷的光，阴、阳二气相激而生的光芒。霹雳是雷中性急且激烈的一种。闪电也叫雷鞭。唐诗中有“雷车电作鞭”的句子。另外电神名叫“列缺”。《思玄赋》中有“列缺晔其照夜”的句子。

**律令** 《资暇录》中记载：“律令”是雷神身边行动敏捷的小鬼，擅长奔走，与雷相关联，所以方士念符咒时都说：“急急如律令。”

**阿香** 《搜神记》中记载：东汉永和年间（136—141），有人夜宿于路边一个女子家。半夜听到有小孩叫：‘阿香，官府叫你去推雷车。’结果一会儿就下起了雷雨。这人第二天起来看住宿的地方，发现原来是一座新坟。

**谢仙** 《国史》中记载：宋大中祥符年间（1008—1016），岳州玉仙观被上天所降的大火烧毁，烧得只留下一根柱子，柱子上有“谢仙火”三个字，而且这三个字是倒过来写刻在柱子上边的。何仙姑说：“谢仙，属于雷部，掌管火。”

**雷震而生** 陈朝[①]的时候，雷州一位姓陈的人获得一枚卵，这枚卵周长有一尺多，他便拿了回去。忽然有一天，天上打起了雷，这枚卵忽然就裂开了，裂开后出现一个孩子，孩子手上有

---

① 陈朝（557—589）是中国南北朝时期南朝的最后一个朝代，由陈霸先建立，定都建康，史称南陈或南朝陈。

"雷州"二字。孩子长大以后取名文玉，后来官至本州的刺史，做出了很多造福百姓的政绩。他的死也相当灵异，百姓便立庙来祭祀他。

**霹雳斗** 南北朝时，东魏高欢在行军路上遇到雷雨，前边有一所寺庙，高欢便让手下薛孤延去视察。还没走三十步，雷电就将寺庙烧着了，薛孤延大声喊杀，绕着寺庙奔走，大火这才熄灭了。等他回来的时候，胡子和头发都烧焦了。

**雷同** 《论语谶》[1]中记载：雷震的声音可以响彻百里远的地方，而且声音都是一样的，现在"雷同"这个词就是说言语符合，就好像听相同的雷声一样。

**冬月必雷** 《隋书》中记载：马湖府西边，皇帝征伐西南夷的时候经过这里，在石头上刻了"雷番山"三个字。山里的草有毒，经过的牲畜一定要罩住嘴，行人也必须沉默不语，如果有人大声说话，哪怕是冬天也一定会有雷声响起。

**暴雷震死** 商朝武乙帝不行正道，制作了一个木偶，并且把木偶称为天神。他与这个木偶搏斗却输了，就把木偶斩了。不仅如此，他还拿皮袋装满血，并用箭仰射这些血袋，称这种行为是射天。后来武乙帝在黄河与渭河之间打猎的时候被暴雷震死。

**假雷击人** 《广舆记》中记载：铅（yán）山有一个人，很喜欢东边邻居的妻子某氏，挑逗她，某氏不从。正值某氏的丈夫

① 也称《论语纬》，汉代谶纬之书中的一种。

生病，在床上休息，天上下着大雨，雷电交加，此人便穿着花衣并粘上两个翅膀，跳进邻居家，用铁锥奋力把某氏的丈夫杀死了，然后又悄悄回去。某氏以为她丈夫真的被雷击死了。等某氏服丧日期过后，那人派媒人来说亲，某氏决定改嫁于他，婚后夫妻感情一直很好。有一天，妻子检查箱子，看到了那件花衣和一对翅膀，觉得这个特异的式样很奇怪。她丈夫笑着说："当年要不是这件衣服，怎么能够娶你为妻呢！"于是便把事情经过讲给她听。某氏也装出笑意。但刚等丈夫出门，某氏便抱着花衣到官府去告状，后来此人被依法处以绞刑。执行绞刑的那天，天上响起非常大的雷，此人便身首异处，好像被肢解了一样。

**虹霓**　虹，就是蝃蝀。虹是由于阴气起来而阳气敌不过才形成的。又音"绛"，也就是"螮蝀"。《诗经》里有"螮蝀在东"的句子。霓，就是弯曲的虹。《说文解字》里说："是阴气。"通常写作"蜺"。《汉书·天文志》中有"抱珥虹蜺"（意思是：太阳两旁半环形光圈叫"虹蜺"）的话。又有人说雄的叫虹，雌的叫霓。沈约《郊居赋》中说"雌霓连蜷"（意思是：雌霓长而曲），《西京赋》中也说"直螮霓以高居"（意思是：居住在高可触碰霓虹的地方）。另外，虹霓一般都是早上在西边晚上在东边，在东边预兆晴天，在西边预兆雨天。

**虹绕虹临**　《通鉴》中记载：太昊皇帝的母亲脚踩到巨人的足印，心中一动，就有虹来围绕她，她也因此怀孕，并且在成纪生下太昊。少昊是黄帝的儿子，他的母亲叫嫘（léi）祖，也是感应到像虹一样的大星降临到华渚的祥瑞而生的。

## 雪霜

**雪** 雪神名叫滕六。

**霜** 霜神名叫青女。

**滕六降雪** 唐代萧志忠当晋州刺史的时候，有一次准备出去打猎，有砍柴的人看见一群野兽苦苦请求山神九冥使者想办法不让刺史大人出去打猎。使者说："要是让滕六神下场雪，风神刮一阵大风，那么刺史大人就不会出去了。"第二天天还没有亮的时候风雪大作，萧志忠果然就不出来打猎了。

**霙（yīng）** 《韩诗外传》中记载：草木的花大多是五瓣，只有雪花是六瓣。这是阴气最盛的数字，不过雪花在立春那天便是五瓣了。雪花也叫"霙"。

**柳絮因风** 东晋太傅谢安大雪时在家开家宴，子女都在坐侍候。谢安说："纷纷扬扬的白雪像什么呢？"他兄长的儿子谢朗说："撒盐空中差可拟。"（勉强可以用在空中撒盐来比拟吧。）他另一个兄长的女儿谢道韫则说："不若柳絮因风起。"（不如说像柳絮因风而飞舞。）谢安大为赞赏。

**雪水烹茶** 宋代陶穀得到一个从党太尉（党进）家出来的姬妾。当时正好遇到下雪天，陶穀用雪水烹茶，煮好后便问那位姬妾："党太尉家知道这种文人雅士的味道吗？"姬妾说："他是个武夫，哪里会知道这个？就只知道在锦帐里喝羊羔酒罢了。"陶穀听完为之一笑。

**欲仙去** 越人王冕，在一个大雪天光着脚登上了香炉峰，他边四处看边大声呼喊："天地都是白玉做成的，人的心中此时也会一片清澈，似乎就要升仙而去！"

**剡（shàn）溪雪** 王徽之[①]住在山阴（今绍兴），在一个下着大雪的夜晚，划着小船到剡溪拜访他的朋友戴安道，可是还没到门口便突然决定返回。仆人不明白他为什么要这样做，他回答说："我趁着兴致就来了，现在兴致没了就回去，何必一定要见到戴安道呢？"

**卧雪** 有一年冬天，大雪纷纷扬扬下了好多天，袁安[②]因此闭门安睡。当时洛阳的长官去巡视灾情，看见每家每户都出来铲雪，可来到袁安门前时，发现门前的雪无人打扫，也没有看见袁安的人，怀疑袁安已经死去，但赶忙命人铲除门前的雪进门，却看见袁安在床上躺着，长官便问他为何不出去扫雪并且找吃的。

---

① 王徽之（338 – 386）是书圣王羲之第五子，字子猷，东晋著名书法家。史称"徽之得其（王羲之）势"，后世传帖有《承嫂病不减帖》《新月帖》等。

② 袁安（？—92）是东汉名臣，其后代（汝南袁氏，比如袁绍）繁荣兴盛，与弘农杨氏并为东汉"四世三公"的世家大族。

袁安回答说："这样大雪的天，每个人都很饿，实在不适宜再去麻烦别人。"洛阳长官觉得袁安很贤良，便推举他作孝廉。

**嚼梅咽雪** 铁脚道人曾光着脚在雪地中走，他兴致来了就朗诵《庄子·秋水篇》，满嘴还嚼着梅花，就着雪来吃，并且口中说着："我想让雪的寒气和梅花的香气熏陶我的心灵，深入我的骨髓。"

**神仙中人** 晋朝的王恭曾经披着用鸟的羽毛制成的裘衣在雪地上行走，孟旭看到后说："这真是神仙一样的人啊。"

**大雪践约** 北宋时，环州地区有个部落首领叫奴讹的，性格向来倔强，从来没有去拜见过环州的太守。可当他听说种（chóng）世衡来环州当太守时，便出来迎接。种世衡定了第二天到他的帐中回访。可当天晚上天降大雪，雪下得有三尺深。太守左右的人都说："路上太危险，不可以去。"种世衡却说："我正要用信义来团结这个部落，怎么能够轻易失信呢？"于是便沿着危险的雪路去了。奴讹看到太守后非常惊讶地说："大人竟然一点都不怀疑我！"于是当即率领部落叩拜表示愿意听从太守的命令。

**雪夜入蔡州** 唐中期名将李愬（sù）想乘着下雪的晚上攻入蔡州，于是故意搅乱鹅鸭池以掩盖行军声响，等行军的声音到了叛贼吴元济床边时，吴元济才慌慌张张地起来，刚起身便被围捉了。

**踏雪寻梅** 唐代郑綮（qìng）为人非常旷达，经常冒着雪骑驴去探寻梅花，他常说："我写诗的灵感都在灞桥风雪之中和驴背之上啊。"

**雪** 《大戴礼记》中记载：天地积累阴气，天寒时阴气就会变为雪。西汉专门记载农事的书——《氾胜之书》中说：“雪是五谷的精华。”又有“冬雪兆丰年”的说法。所以冬雪也叫“瑞雪”，古诗中也有“为瑞不宜多”的句子。

**啮雪咽毡** 汉武帝天汉元年，苏武持汉节出使匈奴。匈奴人却把苏武幽禁在大窖里，大窖里没有吃的，苏武只好就着雪吃毛毡，就这样过去很多天居然都没有死，匈奴人觉得他很神异。

**映雪读书** 孙康[①]很喜欢学习，不过家里很穷，曾经在冬天的晚上映着雪光读书。

**雪夜幸普家** 宋太祖经常微服私访到功臣的家里。一天夜里，天正下着大雪，赵普（北宋开国功臣）觉得宋太祖今天应该不会出来了。过了很久，忽然听到敲门声，赵普急忙出来看，才发现宋太祖正站在门外的风雪里。

**霜** 霜是露水凝结而成的。《大戴礼记》中记载：“霜和露都是阴阳之气形成的，阴气盛就凝结成霜。”《易经》有“履霜坚冰至”的句子，《诗经》也又“岐节贯秋霜”的句子。

**五月降霜** 《白帖》中记载：邹衍侍奉燕惠王一直很忠心。但燕惠王身边的人都诋毁他，燕惠王听信谗言后把他抓到监狱里。邹衍由于被冤枉而仰天大哭，五月时节竟然下了一场霜。

---

① 晋代京兆（今河南洛阳）人，南朝宋元嘉中期为起部郎，迁征南长史。著名医学家孙思邈是其后人。

# 露雾冰

**露** 有一个名字是天乳，有一个名字是天酒。

**花露** 杨贵妃每次醉酒醒后，都会因为肺热而痛苦。为此凌晨的时候，她都会凑到后苑的花边吸花露润肺。

**仙人掌露** 汉武帝建造了柏梁台，柏梁台高五十丈，用铜柱放置打造的，手掌上举着大玉盘，用来接云上滴落的露水，然后与玉屑一起服用，汉武帝希望用这样的方式修炼成仙。

**露** 夜晚的气附着在物体上就是露。《玉篇》[①] 中说：这是上天的津液，来到人间是来滋润万物的。

**雾** 地上的阴气没有凝聚到天上的就形成雾。西汉末年谶纬之书《春秋元命苞》中记载：阴阳紊乱就成为雾，雾像气体一样覆盖大地。

---

① 《玉篇》是中国古代按汉字形体分部编排的字书，南朝梁大同九年（543 年）黄门侍郎兼太学博士顾野王撰。

**冰** 冬天的水结成冰。天寒地冻时，水就凝结而变硬。

**甘露** 东汉大长秋梁绍是贵县（今广西贵港）人，因孝顺而闻名，他居住的地方有甘甜的露水落在松树上。后来梁绍当了广东提刑干官。苏轼询问后知道了他的情况，为他居住的地方题名叫“甘露”，为他的松林题名叫“瑞松”，为他读书的地方题名叫“薰风”。

**作十里雾** 神农氏衰落后，诸侯互相侵略攻伐，炎帝和榆罔都不能平乱。轩辕黄帝修养德行、整顿军队，以此来征伐不来朝见的诸侯。轩辕黄帝与蚩尤大战于涿鹿，蚩尤作法后起了十里的大雾，希望用此方法让轩辕的军队迷路，轩辕的军队却用指南车指明方向，最后生擒并击杀了蚩尤。

**伐冰之家** 卿大夫以上的大家族在丧事祭奠的时候才会用冰，所以称这样的大家族为伐冰之家。

**冰人冰泮（pàn）** 晋国的令狐策梦见自己站在冰上，与冰下的人说话。他对自己的这个梦感到困惑，便请人来占卜，占卜的人说：“阳间人却可与阴间通话，这说的是说媒的事。你会为人作媒，他们会在冰开始融化时成婚。”后来太守田豹为他的儿子求娶张嘉贞的女儿，请令狐策做媒，后来两人果然在仲春成婚。所以现在称媒人也叫“冰人”。《诗经》中有“迨其冰泮”的诗句。

**冰生于水** 《荀子》中说：“冰生于水而寒于水”。后来比喻学生超过了他的老师。

**冰山** 唐代杨国忠当了右丞相，有人劝陕郡的进士张彖（tuàn）去拜见杨国忠，并说："你若能拜见他，立刻就能富贵。"张彖说："你们倚恃杨右相好像泰山一样，我却觉得他是座冰山。如果大太阳一出，你们不就失去依靠了吗？"于是他便隐居到嵩山去了。

**冰柱** 明朝正德十年（1515 年），文安县有一天河水忽然直立起来，那天空气很寒冷，河水都冻结成柱子了，柱子的高和周长有五丈，中间却是空的，旁边有小洞。几天后，流贼路过文安县，百姓们都跑到这个洞穴中躲避，依靠这个洞穴保全性命的不下百万人！

# 时令

**律吕**　六律属阳，十一月是“黄钟”，正月是“太蔟”，三月是“姑洗”，五月是“蕤宾”，七月是“夷则”，九月是“无射”。六吕属阴，十二月是“大吕”，二月是“夹钟”，四月是“仲吕”，六月是“林钟”，八月是“南吕”，十月是“应钟”。

**十干**　甲叫“阏（yān）逢”，乙叫“旃（zhān）蒙”，丙叫“柔兆”，丁叫“强圉（yǔ）”，戊叫“著雍”，己叫“屠维”，庚叫“上章”，辛叫“重光”，壬叫“玄黓（yì）”，癸叫“昭阳”。

**十二支**　子叫“困敦”，丑叫“赤奋”，寅叫“摄提”，卯叫“单阏”，辰叫“执徐”，巳叫“大荒落”，午叫“敦牂（zāng）”，未叫“协洽”，申叫“涒（tūn）滩”，酉叫“作噩”，戌叫“阉茂”，亥叫“大渊献”。

**十二肖**　十二生肖各有各的不足，（子）鼠没有胆，（丑）牛没有上齿，（寅）虎没有脖子，（卯）兔没有嘴唇，（辰）龙没有耳朵，（巳）蛇没有脚，（午）马没有下齿，（未）羊没有瞳仁，（申）猴没有脾脏，（酉）鸡没有外肾，（戌）狗没有胃，（亥）猪没有筋。老鼠前边四爪、后边五爪，虎五爪，龙五爪，马蹄是单瓣的，猴五爪，狗五爪，所以这些都属阳。牛两爪，兔子没有嘴唇，蛇有两条蛇信，羊蹄是双瓣的，共四瓣，鸡四爪，猪四爪，所以都属阴。

**三春** 三春分别是“陬（zōu）月”“如月”“宿月”。三夏分别叫“余月”“皋月”“旦月”。三秋分别叫“相月”“壮月”“玄月”。三冬分别叫“阳月”“辜月”“涂月”。

**节水** 正月叫“解冻水”，二月叫“白水”，三月叫“桃花水”，四月叫“瓜蔓水”，五月叫“麦黄水”，六月叫“山矾水”，七月叫“豆花水”，八月叫“荻苗水”，九月叫“霜降水”，十月叫“复槽水”，十一月叫“走凌水”，十二月叫“蹙凌水”。

伏羲第一个创立八个节。周公第一个制定二十四个节，来与二十四气相适应。

**节气** 立春在正月第一天[①]，雨水在正月中间；惊蛰在二月第一天，春分在二月中间；清明在三月第一天，谷雨在三月中间；立夏在四月第一天，小满在四月中间；芒种在五月第一天，夏至在五月中间；小暑在六月第一天，大暑在六月中间；立秋在七月第一天，处暑在七月中间；白露在八月第一天，秋分在八月中间；寒露是九月第一天，霜降是九月中间；立冬是十月第一天，小雪在十月中间；大雪在十一月第一天，冬至在十一月中间；小寒在十二月第一天，大寒在十二月中间。

① 农历是阴阳历，正月首日起于立春，与通常所用的阴历正月不同。

**改岁** 唐虞的时候纪年叫“载”，夏朝改“载”为“岁”，商朝改“岁”为“祀”，周朝改“祀”为“年”，秦朝改“年”为“遂”。

**百六阳九** 《汉书·律历志》中记载：四千六百一十七年为一元。一元里有上元、中元、下元。一元里有九次灾难，其中阳灾五次，阴灾四次。刚刚进入一元后，过一百零六年便会有阳灾，所以叫“百六阳九”。

**甲子** 尧帝元年至万历元年癸酉年（1573 年），共计三千九百六十二年，可以分出六十七个甲子。

**上元** 洪武十七年甲子年（1384 年）为中元，正统九年甲子年（1444 年）为下元，弘治十七年甲子（1504 年）为上元，嘉靖四十三年甲子（1564 年）为中元，天启四年甲子（1624 年）为下元。

**浃（jiā）旬浃辰** 天干十天循环一次，所以把十天叫作“浃旬”。地支十二天循环一次，所以把十二天叫作“浃辰”。

**三余** 三余是指冬天是一年之余，晚上是白天之余，下雨是晴天之余。三国时，魏国名儒董遇便是在这“三余”的时间里读书。

**五夜** 就是“五更”，分为甲、乙、丙、丁、戊五个时间段。所以“三更”也叫“丙夜”。

**月忌** 民间风俗把每月初五、十四、二十三称为“月忌”，因为这三个日子正是《河图》[1] 数字里的“中宫五数”。五是君王的象征，所以普通百姓不敢用。

**闰月** 冬至以后如果还余一天，那么下一年就会闰正月；余两天，就闰二月；余十二天，就闰十二月；若余十三天，就不闰月了。[2]

**四离四绝** 春分、秋分、冬至、夏至四个节气的前一天，叫作“四离”。立春、立夏、立秋、立冬四节气的前一天，叫作“四绝”。

**大往亡** 立春以后的第六天，惊蛰以后的第十三天，清明以后的第二十天，立夏以后的第七天，芒种以后的第十五天，小暑以后的第二十三天，立秋以后的第八天，白露以后的第十七天，寒露以后的第二十三天，立冬以后的第九天，大雪以后的第十九天，小寒以后的第二十六天，都叫作“往亡”，这些日子都是不吉利的日子。

**百忌日** 逢甲的日子不开仓库，逢乙的日子不栽种，逢丙的日子不修灶，逢丁的日子不剃头，逢戊的日子不买卖田产，

---

① 《易·系辞上》：“河出图，洛出书，圣人则之。”伏羲据此而画八卦。

② 农历的置闰规则，与节气有关。二十四节气又可分为节气和中气两大类，简称为节和气。古人从冬至起中气、节气相间安排，于是小寒为节气，大寒为中气，依次类推。一年共 12 个中气和 12 个节气，一般情况每月各有一个中气和一个节气。冬季一节一气的平均长度约为 29.74 天，比朔望月长不了多少，节气逐月向后推迟得很慢，所以冬季设置闰月的可能性就很小。相反，夏至附近地球运动得慢，交节气也慢，一气可达 16 天之多，因而夏季及其前后几个月，如农历三、四、五、六、七月，闰月设置较多。

逢己的日子不花钱，逢庚的日子不看病，逢辛的日子不做酱，逢壬的日子不引水浇灌，逢癸的日子不打官司。逢子的日子不算卦，逢丑的日子不封爵授官，逢寅的日子不祭祀，逢卯的日子不打井，逢辰的日子不哭泣，逢巳的日子不远行，逢午的日子不修葺房屋，逢未的日子不吃药，逢申的日子不安床，逢酉的日子不会客，逢戌的日子不吃狗肉，逢亥的日子不嫁娶。

**改火** 燧人氏掌管火。他春天取榆树、柳树的火，夏天取枣树、杏树的火，秋天取柞（zuò）树、楢（yóu）树的火，冬天取槐树、檀树的火。

**五行分旺** 东方处于震位，主掌春季，它对应的帝王名叫太皞（hào），它对应的主神叫句芒，它对应的时间是甲、乙。甲、乙属木，木旺盛于春天，它的颜色是青的，因此称春天为“青帝”。南方处于离位，主掌夏季，它对应的帝王就是炎帝，它的对应主神是祝融，它对应的时间属于丙、丁。丙、丁属火，火旺盛于夏天，它的颜色是赤色的，因此称夏天为“赤帝”。西方处于兑位，主掌秋季，它对应的帝王名叫少皞，它对应的主神叫蓐（rù）收，那段时间属于庚、辛。庚、辛属金，金旺盛于秋天，它的颜色是白的，因此称秋天为“白帝”。北方处于坎位，主掌冬天，它对应的帝王名叫颛顼，它对应的主神叫玄冥，它对应的时间属于壬、癸。壬、癸属水，水旺盛于冬天，它的颜色是黑的，因而称冬天为“黑帝”。中央属土，黄帝处于权位，它对应的时间为戊、已，戊、已属土，土旺盛于四时，它的颜色是黄的。

**天时长短** 每年小满后，随着日子发展，累积三十天后到了夏至，这时生一阴，白天开始变短。小寒后随着日子发展，累积三十天就到了冬至，这时生一阳，白天开始变长。《周礼》中说：冬至时太阳在牵牛宿，日影长一丈二尺；夏至时太阳在东井宿，日影长五寸。

**玉烛** 《尔雅》中说："四时和谐叫作'玉烛'。"这是说好像有玉烛的光在照耀一样。

**月分三浣** 上旬叫"上浣"，中旬叫"中浣"，下旬叫"下浣"。"浣"就是洗澡。古代的制度是，朝中大臣十天放一次假，一月共三次，这三次就是让臣子回去洗澡的假期。

**朝三暮四** 《庄子》中记载：狙公养猴，他对猴子们说："给你们橡子和栗子，早上三个晚上四个吧。"猴子们听完都非常愤怒。狙公只好又接着对猴子们说："那就早上四个晚上三个。"猴子们听了之后都很高兴。

**寒岁燠（yù）年** 东周孱弱，其灭亡在于为政过于宽松，所以衰落的周朝没有寒冷的年岁。嬴秦残暴，其灭亡在于为政过于严厉，所以暴虐的秦朝没有温暖的年岁。两朝天气反常，都是衰亡的前兆。

**当惜分阴** 《晋书》中记载：陶侃说："大禹是圣人，尚且还要珍惜每寸光阴。至于普通人，就更应当珍惜每寸光阴，不能让时间白白流逝啊。"

# 春

**邹律回春** 西汉刘向所撰《七略别录》中记载：燕地冰寒，所以黍稷都不能生长，可邹衍一吹律管，暖气就来了，这时草木就能生长。

**端月** 唐代司马贞所著的《史记索隐》载：秦二世二年的正月，因为要避秦始皇名“政”的讳，所以改名叫“端月”，到汉代才又改回来。

楚地的风俗在立春那天，门上要贴“宜春”的字样。唐代人在立春那一天做春饼、生菜，叫作“春盘”。

**元日** 伏羲设立了元日。汉武帝设立了岁元、月元、时元。

**贺正** 汉高祖十月推翻秦朝，于是就把十月定为一年的岁首。汉高祖七年，长乐宫建成，制定了群臣朝贺皇帝的仪式，并且改用夏朝的历法以正月为一年的开始。改用夏朝历法，使用夏历的正月初一贺岁，始自汉高祖。

东方朔占卜说：正月初一到初八，第一天代表鸡、第二天代表狗，第三天代表猪，第四天代表羊，第五天代表马，第六天代表，第七天代表人，第八天代表谷。哪天天气晴朗，预示那天所代表的东西顺利生长，如果那天阴雨，就表示所代表的东西会夭折。

**人日** 宋代郑国公富弼在正月初七那天入朝觐见皇帝，宋真宗慰劳他说："今天爱卿来了，那么今天可以叫作'人日'了。"

宋真宗下诏把正月初三定为"天庆节"。

晋朝在正月初七人日这一天，女子用花形的首饰"华胜"来互相赠送，并且剪彩色纸条和金丝插在鬓角上。

**悬羊磔（zhé）鸡** 元旦那一天县官会把羊头悬挂在城门上，接着会剁些鸡肉盖在上面。因为春天草木要成长，但羊会啃食百草，鸡会啄食五谷，所以要杀了它们来助长草木的生机。

**桃符** 黄帝在元旦那天立起桃木板，在门上画神荼、郁垒二神的像。尧帝的时候秖（dī）支国进献重明鸟，这种鸟看上去像鸡的样子，因为它能辟邪，国人都非常喜欢和珍爱这种鸟。门上悬挂用苇草编成的绳索，再插桃符，夏商周三代的风尚是不同的：夏代插茭苇，就是我们今天所说的芝麻秆；商代装饰成田螺的样子用来严防内外，又叫作"椒图"；周代则用桃木做的木偶。

**屠苏酒** 屠苏是一个草庵的名字。汉代有人住在草庵酿酒，除夕夜把药包浸泡在酒里，这样浸泡出来的酒可以辟除百病，这种酒也被叫作"屠苏酒"，所以人们元旦喝它。喝这种酒的方法是：先让年龄小的喝，然后老人再喝。因为少年人又长大了一岁，所以先喝；而老年人却又少了一岁，所以后喝。

**椒觞** 元旦那天把花椒放在酒里一起喝，叫作“椒觞”，因为人们认为花椒是玉衡星精[①]，喝了可以让人不老。

周代创制了立春时的迎春仪式。唐中宗创制了迎春仪式上用的彩色绢花。

**五辛盘** 元旦时用五木来烧水洗浴，这样洗浴之后人的头发到老都是黑的。道家把青木香叫五香，也称作五木。庾信有诗句：“聊倾柏叶酒，试奠五辛盘。”

**火城** 元旦天亮前，宰相、三司使及金吾军手拿桦木皮卷成的烛炬数百个，围着马前前后后像一座城，叫作“火城”。

**元夕放灯** 以前，在正月十五天官生日那天会放天灯，七月十五水官生日那天放河灯，十月十五地官生日那天放街灯。宋太宗淳化元年（990 年）六月丙午下诏令，停止中元节（农历七月十五）、下元节（农历十月十五）两夜放灯的习俗活动。

**买灯** 上元节张灯原本只有三夜（正月十四、十五、十六），正月十七、十八两天继续张灯开始于吴越的钱镠（liú）[②]王，他曾向朝廷进贡用来疏通，要求买得继续张灯两晚的准许。乾德五年（967 年）正月朝廷下诏：“上元节张灯，原本只有三晚。现在朝廷无事，天下安定，正好又赶上五谷丰登之年，理应让士人与百姓去行乐。所以令开封府接着在正月十七、十八两晚放灯。”

---

① 玉衡星是北斗七星中最亮的一颗星。

② 钱镠（852—932）是五代十国时期吴越国开国国君。在位期间，采取保境安民的政策，使得吴越国经济繁荣，渔盐桑蚕之利甲于江南；文士荟萃，人才济济。

**广陵灯** 唐玄宗在元宵夜与天师叶靖能登上彩虹之桥，前往广陵（今江苏扬州）看灯。男男女女都望见了，还以为遇见神仙了。玄宗命令伶人演奏《霓裳羽衣曲》。几天后，广陵地方果然上奏报告了这件事。

**踏歌入云** 唐睿宗在安福门外做了一棵灯树，这棵灯树高二十丈，睿宗让上千个宫女和长安城里的千余少妇，穿着锦绣做的衣服，在灯轮下歌舞了三天，不仅如此，他还命令朝廷的文士写文章来记载当时的这一胜事。歌中有“踏歌声调入云中”的句子。

**金吾不禁** 《西京杂记》中记载：西汉长安城的大街上，有皇帝的警卫执金吾日夜宣告，禁止晚上行走，但只有正月十五这天及它前后两天让执金吾放松禁令，叫作“放夜”。

**卯刚** 正月的卯日，佩戴“卯刚[①]”之印可以辟邪。唐代规定：正月下旬要“送穷”，最后一天洗衣服。

**卜紫姑** 紫姑是一户人家的侍妾，被正妻谋杀后扔在厕所里。后人便制作了她的形象放在厕所里，到了元宵夜把她迎出来，用来占卜预测庄稼的收成及桑叶的行情。

**青藜照读** 元宵晚上人人都四处游玩，只有刘向还留在天禄阁校勘书籍。太乙真人用青藜杖点成火把为他照明。

---

① 长形四方体，有孔可穿绳，四面皆刻有文字，多为驱鬼愕疫等辞。依等级用玉、犀、象牙、金或桃木制成。

**耗磨日** 正月十六叫“耗磨日”，这一天人人都喝酒，官府严禁这天开库房。

**天穿日** 正月二十日叫“天穿”，人们用红彩绳拴饼饵投在屋顶上，这被叫作“补天”。

**水湄度厄** 正月初一到正月三十，男女都在水边洗衣服，酌酒，以此度过灾祸。

**雨水** 这个节气之前如果水汽[①]下降就会成为霜和雪，它们都是水汽凝结而成的。立春后，天上的水汽下降，就成为雨水。

**中和节** 唐中期人著名政治家李泌[②]（bì），把二月初一命名为中和节，这天人们用青布袋装上百谷和瓜果互相问候与赠送，还酿造“宜春酒”来祭祀句芒神，百官也在这一天向朝廷进献有关农业的书籍。

**磔鸡** 魏文帝定下制度：春分这天宰鸡用来祭祀厉殃。

**花朝** 二月十二日叫作花朝。民间相传这一天是百花的生日。徐渭（文长）考证后认为应该是十五日，所说的确实不错。东京汴梁在这天举办扑蝶会。

---

① 此处与下文中的“汽”，原文皆为“气”。气，通“汽”。

② 李泌（722—789）是唐朝中期政治家、谋臣、学者。善作文，尤工于诗，有《李泌集》二十卷，今已佚，《全唐诗》录其诗四首。

**勾龙** 《左传》中记载：共工氏有个儿子叫勾龙，能平水土。所以人们把他当作土地神，在仲春的时候祭祀他。

**清明节** 清明节这天万物都齐齐滋长于“巽”。“巽”就是“清洁整齐”的意思。“清明”就是取它“洁齐”的意义。谷雨，说的是滋润五谷的雨。

唐代的制度，清明节要取些火种赐给近侍的大臣。韩翃（hóng）的诗说：“日暮汉宫传蜡烛，轻烟散入五侯家。”

**探春** 《天宝遗事》中记载：都城里的男女，在春天到来的时候，都在野外开探春的酒席宴会。

**飞英会** 蜀郡公范镇居住在许州（今河南许昌）的时候，曾建长啸堂，堂前有荼蘼花。他在开花的时候宴请客人，花落到谁的酒杯中，谁就喝一大杯，座上的客人无一例外，人称“飞英会”。

**斗花** 长安城在春天的时候，非常盛行游赏。男女都喜欢斗花，栽培种植也以奇、以多为胜。所以大家都重金买名花，预备春天斗花使用。

**花裀（yīn）** 唐朝开元年间，学士许慎春天的时候在自家花园里宴请宾客，可他既不搭帐篷也不设座位，只是让仆人们把落花聚在一起当作座垫，并且说：“我们自有花做的垫子。”

**移春槛** 开元年间，富贵人家在春天的时候，把各种花移植到木头的栅栏里，下边装上轮子，再用彩带装饰拉着四处转，供人观赏，号称“移春槛”。

**护花铃** 唐睿宗长子宁王李宪在春天的时候把红线拧成绳，拴上金铃，绑在花枝上。如果有鸟雀飞来落下，就命令看园的仆人拉动金铃的绳索来惊吓这些鸟雀，这些金铃号称“护花铃”。

**治聋酒** 《石林诗话》中记载：民间传说在社日[1]这天喝酒能治耳聋。五代时期李涛的《春社从李昉求酒》诗中写：“社公今日没心情，为乞治聋酒一瓶。”

**罢社** 东汉王修7岁时，母亲在社日这天去世了。第二年的社日这天，王修就哭得非常伤心，邻居的父老乡亲都为了他停止了社日的活动。

**禁火** 北魏崔鸿所著《十六国春秋》中记载：石勒下令寒食节不许禁火，后来便出现下冰雹的怪事。徐元说：“介子推是陛下家乡的神灵，历代人们都尊奉他，不应该废除。”石勒听从了他的话，命令并州像以前一样恢复寒食节习俗。

**寒食** 冬至后106天是寒食，因为介子推在这天被烧死，晋文公便下令禁止生火，以此来铭记这一痛心的事。

**雕卵** 周朝时规定：晚春的时候，在鸡蛋上雕刻花纹进行比试，这是最早的寒食节游戏。唐玄宗规定：寒食节进行秋千的游戏。后唐庄宗规定：寒食这天要外出祭扫。

**拜墓** 唐代规定：清明节要有拔河的游戏，还要出门踏青，

① 民间祭祀土神的日子，一般在立春、立秋后第五个戊日。

官员需要拜祭祖墓。

**上巳** 洛阳上巳（三月初三）这天，女子用荠菜花蘸油，念着咒语把它洒在水上，如果水面上出现龙凤花卉的图形就很吉利，这叫作“油花卜”。

**祓禊（fú xì）** 起于汉成帝（前51－前7）时。三月初三那天，官员和百姓都在东流的水上举行“祓禊”。“禊”就是“洁”的意思，意思在水中把自己洗干净。“巳”就是“止”的意思，这个活动意在驱走邪恶的疾病，祈求福气的到来。

**踏青** 三月上巳那天，朝廷在曲江赐宴，市民在江边上祭祀、喝酒，脚踏青草，这一活动叫作踏青，侍臣也在这一天向皇上呈上踏青的鞋子。北宋词人王观在词中说：“结伴踏青去好，平头鞋子小双鸾。”

**柳圈** 唐代制度规定：上巳那天举行祓禊，赐给侍从之臣细柳圈，并说：“戴上这个柳圈可免除一切虫毒和瘟疫。”现在小孩清明节都戴柳圈，渊源就出自这里。

周公规定，上巳这天女巫要在水上祭祀。郑国规定，上巳那天在溱（zhēn）、洧（wěi）二河的水上祭祀，拿着兰花为死去的人招魂续魄。

**流觞** 兰亭进行的流觞曲水并不始于兰亭。周公住在洛邑时，凭着流水来送酒，所以《诗经》中有“羽觞随波”的句子。

**观灯赐钞** 永乐十年（1412年）元宵节，皇帝赐文武大臣宴席，任凭官员与百姓到午门外看三天花灯做的鳌山，此后每年便成了常例。当时尚书夏元吉侍奉着母亲观赏鳌山，皇帝命宦官带着二百锭钱到夏元吉家去赏赐给他，说："这是讨贤母高兴的。"

**社无定期** 一种说法是春分之后的戊日就是春社，秋分后的戊日就是秋社。春社的时候燕子从南方飞来，秋社的时候燕子再飞回南方。另一种说法是立春、立秋后的第五个戊日才是社日。

**梅花点额** 南朝宋的寿阳公主在人日那天躺在含章殿的房檐下，梅花落在她的额头上，越加妩媚。人们因此仿效她，纷纷开始贴"梅花钿"。

**桑叶贵贱** 三月十六那天如果是晴天，桑叶的价格就会很贵，若是阴雨天就会很便宜。谚语说："三月十六暗叇（dài）叇，桑叶载去又载来。"

# 夏

**天祺节** 宋真宗规定四月一日是天祺节。

**麦秋** 《礼记·月令》中有“麦秋至”的句子。蔡邕在《章句》中注释说：百谷都把出生叫“春”，把成熟叫“秋”。麦子夏天成熟，所以麦子把夏天当作“秋”。

**浴佛** 北宋宰相王钦若在四月八日举行放生会。《荆楚岁时记》中记载：四月八日要斋戒，办龙华会，为佛洗浴。

**小满** 四月中旬小满之后，阴气每天生一分，累积到三十分的这天便到了夏至。四月是“乾”的终结，叫“满”，是说阴气从这时开始生发。又有一种说法是：初夏万物的生长都稍稍充盈丰满，所以叫“小满”。

**黴黰（méi zhěn）** 也写作“霉黰”。俗话说：早上是芒种，晚上便发霉。又说：夏至下雨霉两层，小暑下雨霉三层。

**躤（音“札”）柳** 五月五日，士大夫在郊野或练兵场骑马比赛射箭，这种活动叫作“躝柳”。

**制百药** 端午那天的午时，北斗星的斗柄正好遮住鬼宿的第五颗星，在这个时候配制各种药材，没有不灵验的。

**采艾** 春秋晋国乐师师旷规定：五月五日采集艾草来治病。齐景公则规定：五月五日在胳臂上悬挂许多绳索和钗头符。

**续命缕** 端午那天把五彩的丝线绑在胳臂上，叫作“续命缕”，可以躲避兵器和鬼怪的伤害，人就不会得病。

**角黍** 屈原在端午那天投汨罗江，楚地的人用竹筒装上米，把竹筒扔到水里祭祀他。有个叫欧回的人梦见屈原对他说：“大家的祭品，多数被蛟龙夺去了，要想避免蛟龙抢夺，一定要用楝（liàn）叶裹住饭团，再用五彩的线绑住，这样就可以避免被抢。”所以后来人们便制成角黍（即粽子）。还有一种说法是：唐代天宝年间，皇宫里在端午那天做粉团角，然后用小角弓来射，射中的人才能吃，所以叫“角黍”。

**竞渡** 屈原在端午那天死了，楚地的人乘着船去救他，叫作“竞渡”。还有一种说法是：端午那天扔粽子来祭祀屈原，因为怕粽子被蛟龙抢走，所以制造龙舟来驱赶蛟龙。

**五瑞** 端午这天将石榴、葵花、菖蒲、艾叶、黄栀花插在瓶中，叫作“五瑞”，用来辟除不祥的东西。

**五毒** 蛇、虎、蜈蚣、蝎子、蟾蜍，叫作五毒。皇家要么把它们画在宫扇上，要么织在锦袍上，端午这天服食五毒，可以辟瘟气。

**赐枭羹** 《汉书·郊祀志》中记载：汉代朝廷让各郡国进贡猫头鹰，端午这天用这些猫头鹰熬汤后再分赐给百官，为什么要赐给百官呢？因为猫头鹰是恶鸟，人们吃了它便可以驱除各种邪事。

**浴兰汤** 五月五日人们会收集兰花来烧水沐浴。《楚辞·离骚》中有“浴兰汤兮沐芳华”的句子。

**天贶（kuàng）节** 宋代大中祥符四年（1011年），（宋真宗赵恒）下诏说六月六上天再次赐下天书，于是以这天为天贶节。

**夏至数九** 一九和二九，扇子不离手。三九二十七，饮水甜如蜜。四九三十六，拭汗如出浴。五九四十五，头带黄叶舞。六九五十四，乘凉入佛寺。七九六十三，床头寻被单。八九七十二，想着盖夹被。九九八十一，家家打炭墼（jī）①。

**赐肉** 《汉书》中记载：伏天里皇帝下诏给大臣们赐肉。东方朔拔剑割下一块肉，转而对同僚说：“大伏天太热了，理应早点回去，请让我先接受皇上所赐的肉吧。”然后就怀揣着肉走了。

**三伏** 立春、立夏、立冬都是用五行中相生的一方代替另

---

① 炭墼是用炭末捣制成的圆柱状燃料。

一方。但只有立秋，是以金代火。但金怕火，所以到庚日一定要“伏”，因为“庚”就是“金”。夏至后的第三个庚日就是初伏，第四个庚日是中伏，立秋后的第一个庚日是末伏。秦穆公在这一天吃辟恶饼[①]。

**天中节** 《提要录》中记载：端午节就是天中节，又叫蒲节，因为这一天要用菖蒲来送酒，所以这样称呼。

**竹醉日** 五月十日是竹醉日。这一天移栽竹子最容易成活。另外，三伏天里砍的竹子不会被虫蛀。



① 辟恶饼是伏日做的汤饼。

# 秋

**一叶知秋** 《淮南子》[①]中记载：一片叶子落下就知道全天下都进入秋天了。古诗中也有"梧桐一叶落，天下尽知秋"的句子。

**鹊桥** 《淮南子》中记载：七夕的晚上，喜鹊在银河上搭桥，被银河分隔的牛郎和织女便可以在桥上相会。

**得金梭** 蔡州有一姓丁的女子非常擅长女红，她每年到了七夕就用酒和瓜果来祈求神灵，有一年的七夕她忽然看见有流星落到桌子上。第二天，她看见自己供奉的瓜果上有一枚金梭。从得到这枚金梭后，它的女红手艺越发巧妙了。

**晒衣** 七月七日，阮氏族人都在院子里晒衣服，晒的衣服全是锦绣绸缎一类的贵重衣服。只有阮咸[②]用长竿把自己的粗布袍挑在上面，说："我也不能免俗，就和大家一起晒一下吧。"

---

① 又名《淮南鸿烈》，是淮南王刘安及其门客收集史料集体编写而成的一部哲学著作。

② 阮咸（生卒年不详）是魏晋名士，文学家、音乐家，精通音律，善弹琵琶，是"竹林七贤"之一。

**晒书** 郝隆在七月七日时，看到富贵人家都在晾晒锦绣的衣服，他便也到大太阳中仰面躺下。别人问他为什么这样做，他说："我正在晒我肚子中的书啊。"

**乞巧** 唐玄宗因为牛郎织女会在七夕这天相会，便命令在皇宫中建起高台，陈列瓜果。并且让宫女暗中用七孔针引着彩色的线穿起来，以此来向天乞求心灵手巧，线能穿过去的人被视为得到了"巧"。除此之外，当天晚上还会把蜘蛛放在小金盒里，到第二天天明打开看蛛丝的疏密，通过蛛丝的疏密来确定得到多少"巧"。

**化生** 七夕当天晚上，用蜡做成婴儿放在水里做游戏，通过此种方法来求得生育顺利，这就叫作"化生"。

**吉庆花** 薛瑶英在七月七日剪颜色淡些的彩绸，制成上千朵连理花，这些花制好后用阳起石来染，当天中午便散在院子里，随风送上空中，好像五色的云霞，过很久才散去，叫作"渡河吉庆花"，人们通过这种方法来乞巧。

**摩睺（hóu）罗** 就是泥塑的娃娃。有的捏得非常巧妙而且用金珠来装饰，七夕节用来送礼，代表"天仙送子"的祥瑞。

**盂兰会** 目犍连[①]看见他的母亲落入了饿鬼道，便用钵盛饭来喂母亲，但谁知饭一进嘴就变成了灰炭。目犍连便向佛祖求救。佛祖于是在七月十五日开设盂兰盆会，给饿鬼念经并施舍食物，目犍连的母亲才得以脱离饿鬼道。

① 目犍连是佛陀十大弟子之一，被誉为神通第一。

**处暑** 处，音三声，是“停”“休息”的意思。是说暑热之气将在这时停息。秋天在五行中属金；而“白”，是五行中“金”的颜色。用白形容秋露，故名“白露”。

**天炙** 八月十四日用红色的墨水在小孩的额头上点个小点，叫作“天炙”，用来镇压瘟疫。

八月十五日，在广陵的曲江可以观看海潮。

**游月宫** 开元二年（714 年）八月十五的夜晚，唐明皇与天师申元之到月宫游玩。到了月宫以后，看到有一座大的府第，匾上写着“广寒清虚之府”六个大字，翡翠一样的颜色和清冷的光互相映射，温度低，非常寒冷，连短暂停留都做不到。他们在前边看到有十几个仙女，都穿着白色的衣服，乘着白色的鸾凤，在广寒宫那棵大桂树下欢声笑语、翩翩起舞，伴奏的音乐也非常清丽。唐明皇把它记录下来就成了后来的《霓裳羽衣曲》。不过也有人认为与唐明皇一同去月宫的是叶靖能，还有人说是罗公远，关于陪同的人有三种不同的版本。

**登峰玩月** 赵知微有仙术。中秋那天，天空的阴云一直不散，众人都很惋惜这美好的日子被阴天破坏了。赵知微说：“我们可以拿着酒菜，到天柱峰上去赏月。”出门后，人们发现天上的阴云散去。等登上山峰，发现月色明亮好似白天一样，于是众人一起喝酒直到月亮落下才回去。下山的时候却发现到处凄风苦雨，天气还像来之前那样阴沉。

**中秋无月** 俗话说：“云掩中秋月，雨打上元灯。”这两件事本来都是很煞风景的事，所以把它们对举，并不是有任何因果关系，现在人多数都误解了，都误以为是用中秋的月来预示上元节的天气。

**重阳** 九是阳数，月份和日子都是九这个数的话，就叫作“重阳（农历九月初九）”。汉代宫女贾佩兰在初九这天吃药饵，喝菊花酒，得以长寿。

**登高** 费长房[①]对徒弟桓景说：“九月九日，你家会有大难，请赶快做红色的袋子，装上茱萸绑在胳膊上，登上高山，喝菊花酒，这样灾难就可以自然消去。”桓景按照他的话去做了，全家都去登山。晚上回来后，发现家里的鸡和狗都死去了。费长房说：“它们（死去的鸡、狗）代替你们受难了。”现在人们也在重九日登高，即是源于此。

**落帽** 孟嘉是东晋时代著名文人，曾担任桓温的参军，重九那天孟嘉在姑孰龙山参加宴席，不小心被风吹落了帽子。桓温命令左右的人不要告诉他，而且过了很久才给他取回帽子，后来桓温让孙盛写了篇文章调侃孟嘉。

**白衣送酒** 陶渊明在九月九日的时候没有酒可喝，他房子边上正好有菊花，便采了一满把，坐在菊花旁边。过了一段时间，看见有个白衣人往自己这边走，原来是王弘（南朝宋开国功臣）来送酒了。陶渊明立刻倒酒就喝，喝得大醉才摇摇晃晃地回家。

① 东汉时人，传说跟随壶公入山学仙，能医重病。

**游戏马台**　南朝宋武帝刘裕还是宋公的时候，住在彭城（今江苏徐州），九月九日重阳节游览了项羽戏马台。到现在人们仍然相沿为例。

**茱萸酒**　汉武帝的宫女在九月九日都喝茱萸菊花酒，据说这样会令人长寿。

**观涛**　民间风俗：八月十五日，在广陵曲江观赏大潮；浙江则在十八日观看弄潮儿在潮头戏潮。

**九日开杜鹃**　晚唐名臣周宝镇守润州（今江苏镇江）的时候，知道鹤林寺的杜鹃花奇特，冠绝一时，便对道士殷七七说："能让它们立刻开花以应重阳节吗？"殷七七说："可以。"到了初九，杜鹃果然开得非常烂漫，像春天一样，周宝游玩观赏之后，花又忽然都不见了。

**九日飞升**　东汉时的张道陵在富川山修炼道术，晋朝永和九年（353年）九月九日，他登上白霞山飞升上天，只留下炼丹的灶和捣药的杵在山中。

# 冬

**十月朝** 宋代的制度，十月初一要拜祖坟，主管的官吏要进献取暖用的炭，民间则会开暖炉会。

**亚岁** 魏晋时期，皇帝在冬至那天接受外邦和百官的称贺，仪式比元旦的岁朝稍微简单一些，所以叫“亚岁”。

**日长一线** 魏晋时，皇宫里的女工刺绣，都用线来测时日的长短，冬至以后比往常要加一线的工夫，所以叫冬至以后也叫作“日长一线[①]”。

**冬至数九** 一九和二九，相唤不出手。三九二十七，笆头吹觱篥（bì lì）。四九三十六，夜眠如露宿。五九四十五，太阳开门户。六九五十四，笆头抽嫩刺。七九六十三，破絮担头担。八九七十二，黄狗相阳地。九九八十一，犁耙一齐出。

**嘉平节** 陕西关中一带的人把十二月称为嘉平节，民间用酒

① 指冬至以后白昼渐长。

和果子来互相赠礼，叫作“节礼”。

**腊八粥** 宋代规定，十二月初八给佛洗浴，要送七宝五味粥，也被称为腊八粥。

**傩（nuó）神逐疫** 颛顼氏有三个儿子死后变成疫鬼，一个住在江中成为疟鬼[①]，一个住在山谷里成为魍魉（wǎng liǎng），一个藏在人家房子的角落里吓唬小孩。因此人们会在除夕夜制作出傩神，戴上红色帽子、穿上黑色的上衣、红色的裤子，再蒙上熊的皮，拿着戈、盾之类的兵器四处驱逐，这样疫鬼就绝迹了。

**土牛** 周公制作了土牛，以五行和音律相配的方法为它涂上了颜色，然后到城外的丑地去送走寒冷。现在立春之前迎春，依然要设置太岁和土牛的画像来送寒气。

**神荼郁垒** 黄帝的时候，有兄弟两人，名字分别为神荼、郁垒，他们两人能抓鬼除病，后世把他们奉为神来祭祀。

**爆竹** 上古的时候，西方深山中有恶鬼，鬼的名字叫山魈（xiāo），身高一丈多，若有人冲撞了它就会得寒热病。但这个叫山魈的鬼怕爆竹的声音。所以在除夕夜，人们把竹子放在火里烧，发出噼里啪啦的声音，它就会被惊吓跑。现在人用鞭炮来代替竹子驱走鬼。

**籸（shēn）盆** 除夕夜，每家都在街心烧火，并夹杂着爆

① 旧时迷信，谓疟疾为鬼作祟，称“疟鬼”。

竹之声，这个火炬盆叫作“粆盆”。人们还通过火光的明暗来占卜来年的吉凶。

**商陆火** 唐朝的裴度在除夕夜围着火炉守岁，叹息自己的年龄已老，到了天明都睡不着，为让炉火不灭，一夜添了好多次商陆柴。

**祭诗文** 贾岛经常在除夕的时候，取出自己一年来所写的诗文，用酒肉来祭祀这些诗文，他这样说道：“我的精神受到损耗，所以要用酒肉来补充一下。”

**火炬照田** 吴地的村子里，人们在除夕夜燃起火炬，把火炬绑在长竿的头上照着田地，光亮充满田野，用此方法来祈祷来年的丰收。

**卖痴呆** 吴地有一个奇特的风俗：在守岁之后，小孩子绕着街大声叫卖：“把傻卖给你，把笨卖给你，谁来买？”

**火山** 隋炀帝在除夕夜设立了几十座火山，这些火山都是用沉香木做的，每一座山要烧几车沉香，如果火光暗就用甲香和沉麝制成的香料甲煎来浇灌，火焰就腾起数丈，香气飘出十几里。曾经有一年的除夕之夜烧了二百多车的沉香，二百多石的甲煎。

## 历律

**定气运** 黄帝得到《河图》，开始设置灵台。羲和用太阳来占卜，常仪用月亮占卜，车区用星气占卜，伶伦创造出律吕来占卜，大挠创造了甲子占卜，隶首创制了算数来占卜。容成总结上面的六种方式，然后用来测定气运。

**历纪** 少昊帝让玄鸟氏主管春分和秋分，伯赵氏主管夏至和冬至，青鸟氏主管立春、立夏，丹鸟氏主管立秋、立冬，颛顼帝沿用，以初春的第一个月为一年的第一个月，颛顼帝由此成为历法的开创者。尧帝让羲仲叔主管春、夏，和仲叔主管秋、冬，再用闰月来调整四时，这样人类开始有了历纪。

**历元** 黄帝开始有了历法，从辛卯开始，高阳氏始于乙卯，舜帝始于戊午，夏代始于丙寅，殷商始于甲寅，周帝始于丁巳，秦朝始于乙卯。汉代作《太初历》把历元设在丁丑。夏、商、周各朝代以自己的历法取代前朝的正朔。夏商周三代以后，制造历法的人各有增加与创新，比如《太初历》以音律而起，并用黄钟之法分节气；《大衍历》符合《易经》，并细致到了分秒；《授时历》则以日晷为准，并用仪象来测验。

**造历** 黄帝用蓍草来推算节气日辰，尧帝设置闰月来调和一年的时间。舜帝用璇玑玉衡的仪器来确定七星运行的情况。三代的历法没有成形，周、秦的闰、余错乱失序。刘歆编制出《三统历》，才分出历法的是非。东汉的李梵编制出《四分历》，历法才逐渐完备起来。刘洪编制《乾象历》，才开始懂得月亮运行有快慢。魏国黄初年间才用日食来检查历法的精密程度以及疏漏情况。杨伟编制《景初历》，才开始建立起观测日食、月食的规律。何承天编制《元嘉历》，才明白了用朔、望及月亮的弦可决定大余和小余（大余：不满一甲余下的天数，小余：不满一日余下的分数），还有用日晷的影子来检验节气。祖冲之编制《大明历》，才明白了太阳运行的每一年都有一定的误差，北极星离它不动的点有一度左右的距离。通过张子信才明白日月运行轨道有表里之分，五大行星运行有快慢和顺行、逆行。张胄玄编制《大业历》，人类开始建立五星计入节气的加减法，以及“日应食不食术”。刘焯编制《七曜历》，才明白太阳运行有进有退，并且建立了推测太阳轨迹和月亮轨迹的方法。傅仁均编制《戊寅元历》，采用了大量的旧历，人们开始使用定朔的制度。李淳风编制《麟德历》，才开始使用总法 1340 作为各天文数据的统一分母，用进朔的方法来避免月末那天早上看到月亮的问题。僧一行（姓张名燧）编制《大衍历》（根据《易》中大衍数的四十九分来计算），才开始因朔而设四个大月加三个小月的方法，确定了不同地区所见运行轨道交食有差异的现象，并创立了岁星差合术。徐昂编制《宣明历》，才知道日食有气差、刻差、时差。边冈崇编制《玄历》，才开始建立了相减相乘法，用以推求太阳和月亮的运行轨道。王朴的《钦天历》，才开始改变五星法，迟留、逆行、舒缓与急迫都有了法则。周琮编制《明天历》，才明白以天数来积得年数的办法。姚舜辅编制《纪元历》，才明白食甚泛余的误差数值。以上历法的发展历程共计一千一百八十二年，创制历法的人有十三家：汉代的洛下闳他开始按照黄钟律数的法则创立历律（可容一龠，积有八十一寸，就是一日之分了）；唐代僧人一行才开始改从《易》中的蓍策数来修历；晋朝虞喜才开始立岁次，认为积五十年应该退一度。何承天认为退得太多了便又进一些。刘焯则取这两家的中间数值折合为一。到了元代的郭守敬才开始测景长、验节气，认为累积六十年多一些可退一度，才最早定下"差法"。

**改历** 从黄帝到秦末总共有六次改历，汉高祖到汉末共有五次改历，隋文帝到隋末共有十三次改历，唐高祖到周末共有十六次改历，宋太祖到宋末共有十八次改历，金熙宗到元末共有三次改历。然而，就历法来说，西汉最好的历法莫过于《太初历》；东汉最好的历法莫过于《四分历》；由魏至隋最好的历法莫过于《皇极历》。在唐代最好的是《大衍历》，在五代最好的历法是《钦天历》。到元授年间，郭守敬建立仪器来测算核验，仪器比古代更精密。

**仪象** 黄帝命令成容制作盖天仪，舜开始观察天象（以玉石做玑，用作转动的轴，再用玉石作管，横着放在中间作为观测之器）。颛顼帝开始制作测量天体位置的浑天仪，尧帝又重新制作了浑天仪，后来浑天仪被秦国烧了。洛下闳开始再次制作运行仪，鲜于妄人又制作了测量的仪器。

耿寿昌开始铸造浑象。张衡制作的浑天仪开始设立内规和外规。李淳风改进的浑天仪表里有三层。洛下闳制作了圆形的浑天仪，梁令瓒制作了游仪，郭守敬制作了简仪、仰仪。后汉有铜仪，后魏有铁仪，李淳风有木制的浑天仪，唐明皇有水浑仪。张衡创制出候风地动仪（外形像酒樽，外面有八条龙衔着弹丸，若有地震，仪器里的机关就会发动，龙就把弹丸吐出，下边的蟾蜍会接着弹丸）。伏羲最初制作了土圭来观测日影，伊尹制作了水准，用日晷来辨别方向。黄帝最早制作了用刻漏的计时器，夏、商两代在此基础上制作了漏箭。宋代的燕肃制作了水秤。周公最早区分晚上时间的更点。宋太祖因为听到陈抟“寒在五更头”的预言，就开始把前后两个更点取消。

## 卷二

# 地理部

商朝有九州；周朝也有九州；

秦朝把天下分为三十六个郡；汉朝把天下分为十三个部；

三国时的蜀国统治巴、蜀两地，设置了两个州；

吴国向北占据了长江、向南则一直延伸到大海，共设置了五个州

# 疆域

**九州**　人皇氏有兄弟九人，把天下分为了九个州，分别是梁州、兖州、青州、徐州、荆州、雍州、冀州、豫州、扬州。到了舜帝的时候，因为冀州、青州面积太大，便又把冀州东部恒山那一片地方分出来成为并州，把冀州东北医无间[①]那片地方分出成为幽州，再把青州东北分出成为登州，就这样总共成为十二州。

**历代方舆**　商朝有九州；周朝也有九州；秦朝把天下分为三十六个郡；汉朝把天下分为十三个部；三国时的蜀国统治巴、蜀两地，设置了两个州；吴国向北占据了长江、向南则一直延伸到大海，共设置了五个州；魏国占据中原地区，设置了十二个州；晋代设置十九个州；唐代将天下划为十道；唐玄宗时期又分为十五道；宋代分为二十三路；元代设置为十二省，又把天下分为二十三道；明代划分全国为两个直隶、十三个省。

**吴越疆界**　钱镠王以苏州的平望为界，占据浙江和福建，共有十四个州。

---

① 即医巫闾山，今简称闾山，地处今辽宁省境内。

**古扬州所辖之地** 包括现在的南直隶、浙江、福建、广东、广西、江西，总共六个省。

**古会稽所辖之地** 会稽郡的驻地是苏州府，古会稽总共有二十个府，它们分别是：浙江除温州、台州之外的九个府，即杭州、嘉兴、湖州、处州（今丽水）、宁波、绍兴、金华、衢州、严州；福建除福州以外的七个府，即漳州、泉州、汀州（今长汀）、兴化、建宁、延平、邵武；还有南直隶的苏州、松江、常州、镇江四个府。

**二周** 在镐京建都的是西周，在洛阳建都的是东周。

**两都** 西汉在长安建都，所以把长安叫作西都；东汉建都洛阳，所以把洛阳叫作东都。

**蜀三都** 指成都、新都、广都。

**魏五都** 魏国继承汉代的国祚（zuò）所以建都于洛阳，又把谯郡（今安徽亳州）当作曹魏祖先的所居之地，将汉献帝迁往许昌居住，长安当作西汉京都的遗迹，邺下（今河南安阳）是曹魏建立王业的根本，所以合起来号称五都。

**三辅** 长安把京兆、冯翊、扶风三个地方当作三辅。宋代建都汴梁，以郑州、滑州（今河南滑县）、汝州为三辅。

**三亳（bó）** 曹州（今山东荷泽）的考城县[①]叫作北亳，西京[②]的谷熟县[③]叫作南亳，西京的偃师县叫作西亳。

**三吴** 苏州被称为东吴，润州被称为中吴，湖州被称为西吴。

**三楚** 江陵（今湖北荆州）被称为南楚，徐州被称为西楚，苏州被称为东楚。

**三齐** 临淄被称为东齐，博阳被称为济北，蓬州的即墨被称为胶东。

**三蜀** 成都被称为蜀都，汉高祖的时候又分设了汉广，汉武帝的时候增设了犍（qián）为。

**三晋** 赵国建都邯郸，魏国建都大梁（今位于河南开封西北部），韩国建都郑，赵、魏、韩三家国君以前都是晋国上卿，所以这三个地方也叫三晋。

**三秦** 章邯建都废丘[④]，司马欣建都栎（yuè）阳，董翳建都高奴，这三个人都是秦朝的降将，项羽把他们封在关中地区称王，所以叫作三秦。

---

① 古县名，现已撤销，隶属河南开封，与兰封县合称兰考县。

② 西安的古称，亦称长安。古时称洛阳为东京，西安为西京。

③ 古县名，现已撤销，位于河南省商丘市虞城县谷熟镇。

④ 废丘、栎阳、高奴皆为古县名。废丘，2019 年考古发现其位于今西咸新区沣西新城的东马坊遗址（即西安市长安区高桥街道东马坊村秦皇大道附近）；栎阳，今位于今陕西省西安市阎良区武屯镇；高奴，位于今陕西省延长县。

**三虢（guó）** 太阳叫作北虢，荥阳叫作东虢，雍州叫作西虢。

**三越** 吴越的中心是杭州、闽越的中心在福州、南越的中心在广州。

**三巴** 渝州（今重庆）为巴中，绵州（今四川绵阳东）为巴西，归夔（kuí）、鱼复、云安为巴东。

**三湘** 三湘就是：湘乡、湘潭、湘原，都在湖南，属于潭州（今长沙）。

**三河** 周代的首都在河南，商代的首都在河内，尧帝的首都在河东。

**四京** 开封叫东京，河内叫西京，应天叫南京，大名（今位于河北邯郸）叫北京。

**四辅** 唐朝建都长安，把同州（今陕西省渭南市大荔县）、华州（今陕西省渭南市华州区及周边）、岐州（今陕西凤翔县南）、蒲州（今山西省永济市）当作四辅。

**四川** 成都为西川，潼州（今四川省绵阳市）为东川，利州（今四川省广元县）为北川，夔州为南川。

**五服** 《禹贡》中记载：五服指的是甸服、侯服、绥服、要服、荒服，每服五百里，共计二千五百里。

**九服** 周代有九服，即侯服、甸服、男服、采服、卫服、蛮服、夷服、镇服、藩服。之所以叫“服”，是因为要以服侍天子为职责。

**百二山河** 秦国的地理位置既险要又坚固，两万个兵士，就足以抵挡诸侯的一百万人，所以叫作“百二山河”。

**九边** 明朝在九个地方设立了中国与外国的边界。洪武初年设立重要的军事基地六个：宣府、大同、甘肃、辽东、延绥、宁夏；永乐初年又增设了蓟州；正统年间又增设了榆林、固原，所以总共是九边。

**六关** 六关指直隶三关和山西三关。直隶的三关即居庸关、紫荆关、倒马关。山西的三关即雁门关、宁武关、偏头关。

**陶唐九州** **冀州**。《禹贡》中记载：冀州是皇帝都城所在的地方，三面都有河。因为当时的黄河经由冀州流入大海。《释名》中记载：冀州这个地方既有险要处，也有平坦处，天下如果混乱就希望安宁，天下如果衰弱就希望强盛，天下若遇荒年则希望丰收。《春秋元命苞》记载：昴宿星、毕宿星之间叫作天街，对应冀州，分野为赵国，立为常山。

**兖州**。《禹贡》中记载：济水与黄河之间只有兖州。说的是它东南临近济水，西北靠着黄河，大约在冀州的东南方向。《春秋元命苞》中记载：五星移动轨道对应兖州。“兖”就是“端”的意思，是说阳光纯正，这里的气细微，主凋落，分野在郑国。

**青州**。《禹贡》中说：大海和泰山之间就是青州。是说它东北临海，西南对着泰山，它位于兖州的东边。《释名》中说：青州在东边，因为万物生长为青绿之色而得名。《春秋元命苞》中说：虚宿星、危宿星的移动轨道对应青州，分野是齐国，立为莱山。

**徐州**。《禹贡》中说：大海、泰山到淮水之间便是徐州。是说徐州东到大海，北到泰山，南到淮水，在青州的南边。《春秋元命芭》中说：天弓星司掌弓弩之事，对应徐州，分野在鲁国。“徐”是“舒”的意思，是说北面可以放牧而内地多雨，安定祥和。

**扬州**。《禹贡》中说：淮水和大海之间便是扬州。扬州是北到淮水，东南到大海的地方。又说：江南的气躁动猛烈，其地居民的性格更是轻浮不正。《春秋元命芭》中说：牵牛星指向的是扬州，分野是越国，立为扬山。

**荆州**。《禹贡》中说：荆山到衡阳之间就是荆州。意思是说北边到南条前山，南边包括衡山的南麓，在扬州的西方，豫州的西南。《释名》中说：“荆”就是“警”的意思。南方的蛮族多次反叛为敌，这句话是说要警惕、戒备。《春秋元命芭》中说：轸星对应荆州，分野是楚国。

**豫州**。《禹贡》中说：荆山与黄河之间就是豫州。是指西南到南条荆山的地方，北边到黄河的地方，大约在冀州的南边，荆州的北边，徐州、兖州的西边。《春秋元命苞》中说：钩星、钤星对应豫州。是说它的地理位置在九州的中心，这个地方平常是很安乐的。

**梁州**。《禹贡》中说：华山南麓到黑水之间就是梁州。是说东到华山南麓，西到黑水，大约在雍州的南边，荆州的西边。因为五行中西方属金，其气强梁，所以叫作梁州。在夏朝和商朝的时候，这里还是蛮夷之国，到周朝才并入雍州。

**雍州**。《禹贡》中说：黑水、西河之间就是雍州。是说西到黑水，东到西河，约在冀州的西边，梁州的北边。《太康地记》中说：雍州囊括了梁州的土地，不过西北的土地，阳气不够，阴气太多而拥堵，所以以“雍”为名。《春秋元命苞》中说：东边的井宿星和鬼宿星，对应雍州，分野是秦国。

**虞十二州** 在九州之外，又分设了并州，约在冀州东北医无闾之外的地方。《春秋元命苞》中说：营室星运行轨道对应并州，分野在郑国，立为明山。“并”字当作“诚”字解释。精气与心交合，所以其气勇猛抗直。“诚”就是“诚信”的意思。幽州，就是冀州东部恒山等地，约在北部幽昧的地方。《春秋元命苞》中说：箕星对应幽州，分野在燕国。营州，就是青州的东北和辽东等地。《释名》中说：齐国与卫国的地方，在天文上属于营室，所以取营州为名。这是舜帝因为冀州、青州地方太大而分出来的。

**周九州** 东南方向是扬州，这里的大山叫会稽，这里的大泽叫具区，这里的大河叫三江，这里有五大湖泊（彭蠡湖、洞庭湖、青草湖、太湖、丹阳湖），这里盛产金、锡和竹箭，将本州居民全部统计计算的话，男女比例约为二比五，本地的环境适合养鸟兽，也适宜种水稻。正南方是荆州，这里的大山是衡山，这里的大泽名叫云梦，河流主要是长江和汉江，湖泊有颖湖、湛湖，当地盛产丹银、骨制品和毛皮，当地男女的比例约一分为男、二分为女，当地的自然环境适合养鸟兽，农作物则适合种植水稻。黄河以南的地方叫作豫州，这里的大山叫作华山，大泽叫作圃田，河流有荥水和雒（luō）水，湖泊有波湖、溠（zhā）湖，当地盛产木材、生漆、丝织品和木制家具，这里的男女居民比例比较协调，二分为男，二分为女，当地适宜养殖“六扰”（鸡、猪、狗、马、牛、羊六种动物），当地适宜种植五种谷类（水稻、小米、高粱、小麦、大豆）。正东叫青州，当地的大山叫沂山，大泽叫望诸，河流有淮水和泗（sì）水，大湖是沂湖和沭湖，其地盛产席子和鱼类，其地居民二分为男、二分为女，当地适宜养鸡和狗，也适宜种植水稻和小麦。黄河以东的地方是兖州，这里的大山叫泰山，大泽叫大野，当地的河流是河水和泲（jǐ）水，当地的大湖是卢湖和维湖，当地盛产席子和鱼类，当地居民三分为男、三分为女，当地适宜养殖的动物有“六扰”，适宜种植的农作物有四种。正西方向是雍州，当地的大山叫岳山，当地的大泽叫弦蒲（在沂阳），当地的河流有泾河、汭（ruì）河，当地的大湖是渭湖、洛湖，当地盛产玉石，这里的居民三分为男、二分为女，当地适宜养牛和马，适宜种植小米和高粱。东北叫幽州，这里的大山叫医无闾，大泽叫豯（xī）养（在莱阳），当地的河流有黄河和泲水，当地的大湖是菑（zī）湖和时湖（在莱芜），当地盛产鱼类和食盐，此地的居民一分为男、三分为女，当地适宜养牛、马、羊、猪，农作物适宜种植小米、小麦和水稻。黄河以内叫冀州，当地的大山叫霍山，当地的大泽叫扬纡，当地的大河是漳河，当地的大湖是汾湖、潞湖（汾出自汾阳，潞出自归德），当地盛产松树和柏树，当地居民五分为男、三分为女，可以养牛、羊，农作物方面适宜种小米和高粱。正北的地方是并州，这里的大山是恒山，大泽是昭余邪（在邬这个地方），这里的河流有虖（hū）池河、呕夷河，这里的大湖是涞（lái）易湖，这里的人擅长贸易，每户人家都各得其利。居民二分为男，三分为女，可以养牛、马、狗、猪、羊，当地适宜种植五谷。

**秦三十六郡**　秦始皇在刚刚统一天下的时候，废除了原来诸侯制度，在各地设置守尉，于是他把天下分为三十六个郡，每个郡由一个郡守、一个县丞、两个县尉来治理。三十六郡分别是：内史郡、三川郡、河东郡、南阳郡、南郡、九江郡、鄣郡、会稽郡、颍川郡、砀郡、泗水郡、薛郡、东郡、琅琊郡、齐郡、上谷郡、渔阳郡、北平郡、辽西郡、辽东郡、代郡、钜鹿郡、邯郸郡、上党郡、太原郡、云中郡、九原郡、雁门郡、上郡、陇西郡、北地郡、汉中郡、巴郡、蜀郡、黔中郡、长沙郡。后来又增设了闽中郡、南海郡、桂林郡、象郡四个郡。这样的话总共就是四十个郡。

**汉十三部** 汉朝把天下分为十三部，每部设一名刺史，来统领天下的一百零三个郡国；司隶校尉（统领京兆、扶风、冯翊、弘农、河东、河内、河南七郡）。豫州刺史（统领颍川、汝南、沛郡、梁国、鲁国五郡）。冀州刺史（统领魏郡、钜鹿、常山、清河、广平、真定、中山、信都、河间、赵国十郡）。兖州刺史（统领陈留、东郡、山阳、济阴、泰山、城阳、东平七郡）。徐州刺史（统领琅琊、东海、临淮、泗水、楚国五郡）。青州刺史（统领平原、千乘、济南、齐郡、北海、东莱、胶东、高密、菑川九郡）。荆州刺史（统领南阳、南郡、江夏、桂阳、武陵、零陵、广陵、长沙八郡）。扬州刺史（统领镇江、九江、会稽、丹阳、豫章、六安六郡）。益州刺史（统领汉中、广汉、巴郡、蜀郡、犍为、越嶲[xī]、牂牁[kē]、益州八郡）。凉州刺史（统领安定、北城、陇西、武威、金城、天水、武都、长掖、酒泉、敦煌十郡）。并州刺史（统领太原、上党、上郡、西河、朔方、五原、云中、定襄、雁门九郡）。幽州刺史（统领涿郡、渤海、代郡、上谷、渔阳、北平、辽西、辽东、广阳、乐浪、玄菟[tú]十一郡）。交州刺史（统领海南、郁林、苍梧、交趾、合浦、九真、日南七郡。）

**三国州郡** 蜀汉统治整个巴蜀，设置了两个郡，一是益州（成都）、一是梁州（汉中），有二十个郡。先主刘备最初设置了九个郡，分别是巴东郡、巴西郡、梓潼郡、河阳郡、文山郡、汉嘉郡、朱提郡、云南郡、涪（fú）陵郡，又收复了汉朝原来之地，即巴郡、广汉郡、犍为郡、牂牁郡、越嶲郡、益州郡、汉中郡、永昌郡、南安郡、武都郡。

孙吴向北占据长江、向南一直到大海，设置了五个州，即交州（安南）、广州（南海）、荆州（江陵）、郢州（江夏）、扬州（丹阳）。孙权又设置了临贺、武昌、朱庢（yá）、新安、卢陵五个郡。

孙亮又设置了临川、临海、衡阳、湘东四个郡。孙休又设置了天门、建平、合浦三个郡。孙皓设置了始安、始兴、邵陵、安成、新昌、武平、九德、吴兴、平阳、桂林、荥阳十一个郡。又新设了一个宜阳郡，合并汉朝原来的十八个郡，共有四十三个郡。

魏国占据中原，共有十二个州，即司隶（河南）、豫州（谯）、荆州（襄阳）、兖州（昌邑）、青州（临淄）、徐州（彭城）、凉州（天水）、秦州（上邽[guī]）、冀州（代郡）、幽州（范阳）、并州（晋阳）、扬州（寿春）。

**晋十九州** 司州（河南）、兖州（濮阳）、豫州（项城）、冀州（赵郡）、并州（晋阳）、青州（临淄）、徐州（彭城）、荆州（江陵）、扬州（起初在寿春，后来改在建业）、雍州（京兆）、秦州（上邽）、益州（成都）、梁州（南郑）、宁州（云南）、幽州（范阳）、平州（昌黎）、交州（番禺）、凉州（武威）、广州（南海）。

**唐十道** 自从晋朝在荡阴（今汤阴）战败，国家又开始陷入南北纷争的局面，州、郡被不同的势力割据占领，宋、齐、梁、陈四朝却只能偏安于江南。隋朝虽然能够统一天下，但国运不长。到了唐太宗时再次统一华夏之地，收复其他州郡，太宗依据山河形势的便利，把天下分为十道，这十道分别是关内道、河南道、河东道、河北道、山南道、陇右道、淮南道、江南道、剑南道、岭南道。贞观十五年（641年）统计，全国共有州府三百五十八个。唐玄宗开元初年，天下又重新分为十五道，它们分别是京畿（jī）道（西京）、都畿道（东都）、关内道（京官遥领）、河南道（陈留）、河北道（魏郡）、陇右道（西平）、山南东道（襄阳）、山南西道（汉中）、江南东道（吴郡）、江南西道（豫章）、剑南道（蜀郡）、淮南道（广陵）、黔中道（贵州）、岭南道（南海）。

**宋二十三路** 宋太宗把天下分为十五路，到了宋仁宗又重新分为二十三路，这二十三路分别是：京东东路、京东西路、京西南路、京西北路、河北东路、河北西路、陕西路、秦凤路、河东路、淮南东路、淮南西路、两浙路、江南东路、江南西路、荆湖南路、荆湖北路、成都路、梓州路、利州路、夔州路、福建路、广南东路、广南西路。

**元十二省** 元代设置了十二个中书省，通过这些中书省来管辖天下的州郡，这十二个行省分别是：都省（治所在腹里路）、河南行省（治所在汴梁）、湖广行省（治所在武昌）、江浙行省（治所在杭州）、江西行省（治所在龙兴）、陕西行省（治所在京兆）、四川行省（治所在成都）、云南行省（治所在中庆）、辽阳行省（治所在辽东）、征东行省（治所在高丽）、甘肃行省（治所在甘州）、岭北行省（治所在和州）。除十二个中书省之外，又把天下分为二十二道。

**明两直隶十三省** 北直隶共有八个府，十七个州，一百一十六个县，人口共有六十万一千户。（北直隶在顺天）。南直隶共有十四个府，十七个州，九十六个县，人口共有五百九十九万五千户。（南直隶在应天）。河南八个府，十个州，九十六个县，人口共有二百四十一万四千户。（省城在开封）。陕西八个府，二十二个州，九十五个县，人口共有一百九十二万九千户。（省城在西安）。山东六个府，十五个州，八十九个县，人口共有二百八十五万一千户。（省城在济南）。湖广十五个府，十六个州，一百零七个县，人口共有二百十六万七千户。（省城在武昌）。浙江十一个府，一个州，七十五个县，人口共有二百五十一万户。（省城在杭州）。江西十三个府，一个州，七十七个县，人口共有二百五十二万八千户。（省城在南昌）。福建八个府，五十七个县，人口共有一百一十万一千户。（省城在福州）。山西五个府，二十个州，七十八个县，人口共有二百二十七万四千户。（省城在太原）。四川八个府，二十个州，一百零七个县，人口共有一百二十万六千户。（省城在成都）。广东十个府，八个州，七十五个县，人口共有一百一万七千户。（省城在广州）。广西十一个府，四十七个州，五十三个县，人口共有四十三万一千户。（省城在桂林）。云南十四个府，四十一个州，三十个县，人口共有一十四万。（省城在云南）。贵州八个府，六个州，六个县，人口共有四万七千户。（省城在贵阳）。

**建都** 伏羲定都于陈（即今[①]河南陈州）。神农也建都于陈，有人说是曲阜（即今山东省曲阜县[②]）。黄帝定都于涿鹿（即今顺天府涿州）。少昊定都于曲阜。颛顼定都于帝丘（即今山东濮州）。帝喾定都于亳（即今河南偃师县）。帝尧定都于平阳（即今山西平阳县）。虞舜定都于蒲阪（即今平阳蒲州）。夏禹定都于安邑（即今平阳夏县）。商汤定都于亳州。周定都于丰镐（即今陕西长安

① 此段的“今”字是从原文处翻译而来，指原文撰写的时间，也就是明朝。

② 现为曲阜市。

县[①]，也即关中）。周平王迁都于洛阳（即今河南洛阳县[②]）。秦定都于咸阳（即今西安府咸阳县）。汉朝定都于洛阳，因娄敬的建议，将都城向西迁到长安。东汉定都于洛阳。魏承袭汉的国祚，也定都于洛阳。蜀汉定都于成都（即今四川成都府）。吴国开始定都在镇江，后定都于武昌（即今湖广武昌府），后来迁到建业（即今南京）。西晋定都于洛阳。东晋定都于建业。晋元帝东渡，为了避晋愍（mǐn）帝的讳（晋愍帝是司马邺），改名为建康。宋、齐、梁、陈四代都定都于建康。元魏开始建都在云中（即今大同府怀仁县），后来迁都到洛阳。北齐定都于邺（即今河南彰德府）。西魏定都于长安关中。后周定都于长安。隋定都于长安，炀帝因为巡幸的关系，把都城迁到了洛阳。唐朝的都城在长安。后梁定都于汴（即今河南开封府）。后唐、后晋、汉、周、宋都定都于汴。南宋的都城是临安（即今杭州府）。元朝定都于大都（即今顺天府）。明朝定都于建康，永乐年间迁到了北平，北平就是元代的大都。

**地名** 萑苻（音“完蒲”，郑国的地名）。龙兑（“兑”音“夺”，赵国的地名）。连榖（“榖”音“斛”，楚国的地名）。方与（音“防预”，赵国的地名）。番易（音“婆阳”，楚国的地名）。曲逆（“逆”音“遇”，汉朝的地名，陈平被封为曲逆侯）。虒亭（“虒”音“逞”，吴兴有地名叫“虒亭”）。荄（jùn）人（荄，数百切[③]，在上党）。越嶲（“嶲”音“髓”，是郡府所在地，在蜀地）。

① 现为陕西省西安市长安区。

② 现为洛阳市。

③ 反切是我国传统的一种注音方法，用两个字来注另一个字的音，例如“塑，桑故切（或桑故反）”。被切字的声母跟反切上字相同（“塑”字声母跟“桑字声母相同，都是s，被切字的韵母和声调跟反切下字相同，都是u韵母，都是去声）。

阌乡（“阌”音“文”，河南县名，在虢地）。盩厔（音“周质”，在西安。弯曲的流水叫“盩”，盘旋的山叫“厔）”。鄜（音“孚”，在陕西延安府）。毌丘（“毌”音“贯”，地点在济阳的南边）。祋祤（音“兔户”，在冯翊）。朐䏰（音“瞿门”，本来是虫子的名字，巴郡这种虫很多，就把它当作地名了）。酂（音“赞”，在南阳，簭在沛国，这两个地方的读音不相同。萧何曾被封为酂侯）。缑氏（“缑”音“沟”，是山的名字，也是地方的名字，原本的意义是剑柄上所缠的丝线）。牂牁（音“臧柯”，郡的名字）。允吾（音“铅牙”，山谷的名字，在陇西）。裴（音“肥”，地名）。须句（“须”音“渠”，地点在鲁国的东平）。衸氏（音“权精”，也可以读为原字的音，县名）。令支（音“零歧”，县名）。郫（音“埤”，一个在晋国，一个在成都）。不其（“其”音“箕”）。祝其（“其”音“基”）。敦煌（音“屯黄”，郡名）。冤句（音“冤勾”，在曹州，现在废除不用了）。临朐（“朐”音“渠”，县名，在山东）。令居（“令”音“连”，邑名）。虑虒（音“卢夷”，县名）。罕幵（音“罕牵”，羌族的地名）。取虑（音“趋闾”，县名，在临淮）。黑尿（音“眉拟”）。禚（音“灼”，齐国的地名）。句鼆（音“句冥”，鲁国的地名）。枹罕（音“夫谦”，县名）。郚城（“郚”音“资”，齐国的地名）。鄄城（“鄄”音“绢”，卫国的地名）。射洪（音“石红”，县名）。崞（音“郭”，县名）。先零（“零”音“连”）。沭阳（音“术阳”，县名）。虒祈（音“思奇”，地名）。乘丘（音“胜丘”，鲁国地名）。句绎（音“勾亦”，邾地）。盱眙（音读“虚宜”，县名）。都庞（“庞”音“龙”，邑名）。繁畤（“畤”音“止”，邑名）。澶渊（“澶”音“禅”，现在的开州）。槜李（“槜”音“醉”，在嘉兴）。郎嘾（“嘾”音“枕”）。犍为（“犍”音“乾”，蜀国的郡名）。厍穰（音“麋穰”）。厹犹（音“仇由”，邑名）。毋掇（音“无拙”，县属益州）。泊罗

（“泊”音“博”，县名）。虹县（“虹”音“降”）。苴芊（音“斜米”）。徙（音“斯”，邑名）。岢岚（音读“可娄”，州名，在太原附近）。厝县（“厝”音“疾”，县名，在清河）。祊（音“崩”，郑国的地名）。渑池（“渑”音“免”，县在河南）。袲（音“侈”，宋国的地名）。趡（音“翠”，读上声，鲁国的地名）。夫童（“童”音“中”）。儋州（“儋”音“丹”）。郲（尸圭切，邑在齐东）。菣（其寄切）。宁母（音“宁某”，鲁国的地名）。鄠杜（音“户古”，汉代的县，属凤翔）。郪丘（“郪”音“西”，齐国的地名）。虚朾（音“区汀”，宋国的地名）。鄤鄇（音“曼求”，地名）。僰邛（音“僰”音“匐”[bó qióng]，地名，在犍为）。鄬（于轨切，郑国的地名）。狸脤（音“刹蜃”）。邿（音“诗”，鲁国的地名）。皋（“由”字去声，郑国的地名）。橐（tuó）皋（“皋”，章夜切，在淮南）。涪（音“浮”，州名，在重庆府）。叶县（“叶”音“涉”）。泷水（“泷”音“商”，县名）。朱提（音“殊时”，邑名）。承阳（“承”音“蒸”）。余汗（“汗”音“干”）。番禾（“番”音“盘”）。栎阳（“栎”音“约”，邑名）。平舆（“舆”音“玉”）。郯城（音“谈城”，县名）。沙羡（“羡”音“夷”）。莲勺（“莲”音“辇”，邑名）。不羹（音“不郎”，邑名）。堵阳（“堵”音“者”，邑名）。渑淄（音“承脂”，县名）。沁（音“倩”，在山西沁州）。新淦（“淦”音“干”，县名）。隆虑（音“林吕”，邑名）。雪川（音“鞁川”，在湖州）。阳夏（“夏”音“贾”）。睢州（“睢”音“虽”）。会稽（“会”音“贵”，邑名）。

**山水异名** 昆仑又名昆岑。君山又名娲宫。武当又名篸（cēn）岭。普陀又名梅岑。青城又名天谷。大复又名胎簪。衡山又名芝冈。齐云又名白岳。东海又名岱渊。

# 古迹

**赤县神州** 《古今通论》中记载：东南方五千里的地方，名字叫赤县神州，其中有和美乡，方圆三千里，是五岳的城池，帝王的宅院，圣贤之人居住的地方。

**枌榆社** 汉高祖在丰地的枌榆社祈祷，枌榆社是汉高祖的故乡。汉高祖便把丰、沛作为自己收取赋税的私邑，允许这里世世代代都可以不向朝廷交纳赋税。

**新丰** 高祖的父亲太上皇住在皇宫里，因为他平生最喜欢交往的，都是那些脚夫少年、卖酒卖饼、玩斗鸡、蹴鞠的人，现在皇宫里这些人一个也没有，所以闷闷不乐。汉高祖便建立了“新丰”，把以前故乡的所有东西都移了过来。让匠人胡宽完全仿照原来的道路门牌来制作，然后让男女老少一起来到村口，各自寻找自己的家进去。把牛羊鸡犬放在大路上，它们也都认识自己的家。太上皇非常高兴。

**洋川** 这个地方，是戚夫人的出生地，汉高祖得天下后撤销了这个地方。后来戚夫人思念自己的故乡，请求恢复洋川的名号。

汉高祖为此事专门从驿站到长安，又恢复了这个地方，并改为县。仍叫原来的出生地为洋川，用来表彰戚夫人诞生并养育的瑞祥。

**桑梓地** 祖父种植桑、梓来留给他的子孙，子孙思念祖父的恩泽，不忍心砍伐。所以《诗经》说："维桑维梓，必恭敬止。"

**汉寿** 汉寿在四川的保宁府广元县（今四川省广元市）。汉朝封关公为汉寿亭侯，说的就是这个地方。后人称关公为"寿亭侯"，那是错误的称呼。

**度索寻橦** 度索，是指用绳索使人们从一边到另一边的方法。寻橦，就是在河谷两岸安装固定的东西（类似木头），然后用绳子将两头连接起来，绳上有一个木筒（这个木筒就是所谓的橦），接着把人绑在这个木筒上，用手攀缘着绳索前进，直到彼岸，彼岸有人帮着解下绳索，这就是所谓的"寻橦"。

**井陉（xíng）道** 韩信和张耳[①]率领大军攻打赵国，李左车[②]游说赵王说："井陉道非常险要，车不能并排而行，马队也无法排成行列。希望您能给我三万人马，我就能从小路去偷袭敌方的粮草等物资，敌方两个将领的头颅便可以拿到您的帐下了。"

**九折坂** 汉代的王阳要赴任益州牧，他到达九折坂的时候

---

① 张耳（前264—前202）是汉朝开国元勋。参加过陈胜起义，担任校尉；后支持武臣为赵王，担任右丞相，武臣死后，拥立赵歇为赵王，扶赵抗秦。项羽分封诸侯时，受封常山王，之后归顺汉王刘邦，参加楚汉之争。随从韩信平定赵国，受封赵王。

② 李左车是赵国名将李牧之孙，秦汉之际谋士。秦末，六国并起，李左车辅佐赵王歇，为赵国立下了赫赫战功，被封为广武君。

长叹说："我的身体是父母给的，我为什么要用它来冒这样的大险呢！"后来王尊也来到这里，并说："这里难道不是王阳感叹畏惧的地方吗？"便大声呵斥他的马，冒险而上。后人评价：王阳畏险可还是孝子，王尊冒险仍然是忠臣。

**赤地青野** 地面上空无一物叫"赤地"；田野里没有百姓也没有庄稼叫"青野"。

**息壤** 息壤是古代的地名，全国有两个：一个在荆州；一个在永州。当地不可以挖土建房，触犯的人立刻会死。

**解池盐** 不必使用煎、煮的手段得到盐，这里的人把地分割成一小块一小块的，然后把水灌到这些地块中，等到南风来的时候，地上就会有结的盐。所以大舜歌里有这样的句子："吹来的南风，可以给我的子民带来财富，他们也能富裕。"

**保俶（chù）塔** 钱忠懿王名字叫钱俶，他到汴京去朝见宋朝天子，担心去了之后被羁押，于是建塔来祈求保佑，建成的这座塔就叫"保俶塔"。钱俶原名钱弘俶，为了避讳宋太祖之父赵弘殷而改名。现在却误写成了"保叔"，不知道这个典故来历的人便有"保叔缘何不保夫"的句子。

**妫汭（音"规芮"）** 河东有两眼泉水，向南流的叫"妫"，向北流的叫"汭"。《尚书》中说："把两位公主下嫁到妫汭。"

**孔林** 从泰山起势，坚硬的岩石延伸二百里，到曲阜便停下蓄藏地气，洙（zhū）水和泗水在它前面会合。孔林有几百亩地那么大，人们建起城墙把它围起来。城墙外都是孔家的子孙之墓，围绕孔林安葬，三千年来，从来没有换过地方。孔林的南门正对着峄（yì）山，山上的石羊、石虎都很矮小，埋在土里。孔子儿子孔鲤的墓是孔子亲手建立的，面向南，在正中间，前边有祭堂；祭堂右边横着过去数十步，便是孔子的墓，孔子的墓坐落在一个小丘上，右边有三间小屋子，上面写着“子贡庐墓处”；墓的前面靠近祭案，对着一个小山，小山前边埋葬着孔子之孙子思。孔子祖孙三代人的墓，隔得都不远，坟墓不用石头来砌，只是用土堆起来罢了。孔林中有上千棵大树，只有一棵古老的楷（jiē）木[1]，树前有石碑刻着“子贡手植楷”几个字，树下的小楷树生长得非常茂盛。除此之外一围那么粗的树都是奇异的种类，鲁地的人世世代代都认不出这些树来，因为孔子的弟子来自不同的国家，他们都拿自己国家的树来种。孔林里没有荆棘，也没有别的扎人的野草。

**土著（音“着”）** 是说依附土地，在其上常年居住的人，不是流落他乡来回迁徙的人。现在人们错误地把第二个字读为“注”。

**雒邑** 东汉光武帝刘秀定都于洛邑（今洛阳）。汉朝在五行中属火而得天下，忌水，所以就去掉“洛”字中的“水”字旁而换成“隹”，改“洛”字为“雒”字。后来的魏国五行属土，水得到土可以流动，土得到水就会很肥沃，所以魏国又除去“隹”而换“水”变成“洛”。

**京观** 是指高大如同丘陵一样；观，是指城门两边高台的形

① 楷木是孔子故乡山东曲阜孔林中一种特有的树种。

状。古人杀敌，如果打了胜仗，就一定会建“京观”，作为放置尸体的地方。古代战场往往都有京观。

**玉门关** 汉代的班超在西域待了很久时间，年纪大了以后想回乡，便给皇帝上书说：“我不敢奢望能到酒泉郡，只愿能活着进玉门关。”

**雁门关** 雁门关在大同府[①]的马邑县（今朔州市区西北隅）。北地的大雁进入内地，会衔一根芦柴，扔在关门下，然后才飞进来，这种方式好像纳税一样。后来芦柴便堆积如山，玉门关便设立了芦政主事一职，每年上缴芦柴的税银可以达到上万。

**夏国** 扬州漕的河东岸有一块墓，上面题的字是：“夏（qián）国公墓道。”“夏”字读为“虔”，字与“夏”很像，只是少一撇，下边是“又”，路人便误以为写的是“夏国公”。其实这是明代顾玉先生的封号，朝廷赐了这块地来安葬他。

**鲁鱼米之地** 唐代田澄的《蜀城》诗中有“地富鱼为米”的句子，所以称肥沃的土地为“鱼米之地”。

**漏泽园** 创始于宋代的元丰（1078—1085）年间，它是公共墓地，名字来源于“泽及枯骨，不使有遗漏”。明代初年，朝廷命令民间建立“义冢”。天顺四年（1460年），朝廷命令各郡县都设置漏泽园。

---

① 大同府是历代名镇，盛唐时期，曾为从长安通往北部外族的必经之路，到明清时，已成了西北防御的重镇。

**瓯亭** 瓯（音“欧”），汉代的蒋澄被封为瓯亭侯。现在的溧阳有瓯山。

**鬼门关** 鬼门关在交趾[1]的南边。这个地方多有瘴疠之气，去到那里的人很少有能够活着回来的。有谚语说：“鬼门关，十去九不还。”

**铁瓮城** 此地在镇江，是孙权命令建筑的。邗（hán）沟，在扬州，是夫差命令挖掘的。

**女阳亭** 在崇德县。勾践攻打吴国的时候，勾践的夫人在这个亭子里生了一个女儿。等他把吴国消灭之后，便给这个亭子取名“女阳”，把“就李[2]”也改名为“女儿乡”。

**崖州为大** 宋代的丁谓[3]被贬为崖州司户，经常问客人说：“天下的州郡哪个最大？”客人基本都回答说：“京师最大啊。”丁谓却说：“朝廷的宰相现在却是崖州的司户，看来只有崖州最大啊。”

**戒石铭** 宋高宗绍兴二年（1132年）六月，皇帝把黄庭坚写的《戒石铭》颁布给各州县，下令让州县官府刻在石头上，铭文内容是：“尔俸尔禄，民膏民脂。下民易虐，上天难欺。”

---

① 交趾是中国古代地名，先秦时期为百越支下骆越的分部，初期范围为今越南北部红河流域一带。

② 就李是古邑名，又作槜李、醉李，在今浙江省嘉兴市南。

③ 丁谓（966—1037）是北宋初年宰相、奸臣、“五鬼”之一。

**悲田院** 《唐会要》中记载：开元五年（717年），宋璟[①]、苏颋[②]（tǐng）两人奏请建造悲田院，这样乞讨的人就可以在此休养，还可以得到官府发的粮食。悲田院也叫“贫子院”。

**筑城** 周公建造了洛阳城，商鞅建造了咸阳城，伍子胥建造了苏州城，范蠡建造了越城，张仪建造了成都城，萧何建造了长安城，孙权建造了建康城、泗州城，王审知[③]建造了福州城，钱镠建造了杭州城。

**燕长城** 燕国开始建上谷到辽东的长城。赵国开始建雁门到灵州的长城。秦始皇重新修补旧城墙，这时才开始称为“长城”。北齐的文宣帝开始重新修补长城，汉武帝重新建造辽东的长城。

**开险** 司马错[④]开拓了巴蜀之地，秦昭王开拓了义渠，赵武灵王开拓了代[⑤]、楼烦[⑥]、白羊[⑦]三地，燕惠王开拓了辽东，秦始皇开拓了朔方，汉代的彭吴开拓了秽貊（huì mò），唐蒙开拓了邛僰、夜郎、鲜河、越巂四地，庄助开拓了东瓯和西越，卫青开拓了阴山。

**胜国** 消灭了别人的国家叫作“胜国”，是说被我战胜的国家。《左传》中记载：所谓“胜国”，就是中断他的国脉，占领他的土地。

---

① 宋璟（663—737）是唐朝名相，与房玄龄、杜如晦、姚崇并称唐朝四大贤相。
② 苏颋（670—727）是唐朝宰相、政治家、文学家。
③ 王审知（862—925）是五代十国时期闽国开国国君。
④ 秦惠王时期将领，率军灭亡蜀国。
⑤ 今山西代县辖地。
⑥ 疆域大概在今天山西省西北部的保德等一带。
⑦ 位于山西省左云县。

**无支祁** 大禹治理水患，到达桐柏山[①]后，捕获了一只水兽，这只水兽名叫“无支祁”，外形看着像猕猴，力气比九头大象还大，人们都不敢看这只怪兽。大禹于是命庚辰把“无支祁”锁在龟山脚下，淮水于是安宁了。唐代永泰初年，有一个渔夫到水里去，看到一根大铁索锁着一只青猿，青猿正昏睡不醒，青猿的口水腥臭难闻，让人无法靠近。

**雷峰塔** 在钱塘西湖净慈寺前南屏山的分支上。从前有个叫雷就的人住在这里，所以取了这个名字。山上有塔，由于曾经遭遇火灾，现在仅存烧毁的半截塔。

**雪窦** 雪窦寺在奉化县（今浙江省宁波市奉化区），唐代的时候雪窦禅师住在鸟的巢里，衣服的褶子都纹丝不动。

**岳林寺** 在奉化。此寺是布袋和尚的道场，他的钵、盂现在依然还在这里。

**虎丘** 吴王阖闾死了以后，为埋葬他，挖土做墓道，再堆土成坟丘，以铜做的棺就有三层，并用黄金、珠玉做成凫雁来装饰。埋葬三个月后，金精上腾变成白虎，蹲踞在山顶，所以叫虎丘。

**坑儒谷** 在临潼，秦始皇秘密下令让十一月在骊山的山谷中种瓜，附近有温泉的地方，瓜很快就熟了。然后秦始皇下诏书让儒家的博士和学子解释这一现象。前后共有七百人解释，但每个人的解释都不一样。最后秦始皇让这些人都去观看，趁机启动了

① 桐柏山位于中国河南省、湖北省边境地区，是淮河与长江流域的分界。

机关把这些人都埋了进去，后人便称此地为“坑儒谷”。

**鹤林寺** 在润州，寺中有马素塔。米芾[1]非常喜爱这里深幽秀丽的松林与山石，发誓来生要成为这座寺庙里的伽蓝神[2]来守护此地的名胜。后来他去世的时候，鹤林寺的伽蓝神塑像无缘无故地倒了。此处的人都知道是米芾要实现自己的夙愿，便在鹤林寺的左边塑了他的像。

**祖堂** 在应天府[3]的南边。唐代的法融和尚在这里得道，为南宗的第一位祖师。他在山房禅定的时候，曾有百鸟来献花，所以又叫献花岩。

**雨花台** 梁武帝萧衍统治的时候，有一个云光法师在这里讲解佛经，讲经的时候天上有花瓣纷纷坠落，所以此地取名为“雨花台”。

**飞来峰** 在杭州虎林山前边。晋朝的时候从外地来的僧人看到后长叹说：“这是天竺国灵鹫山上的小山岭，不知道什么时候飞到这里来了？”因此为这座山峰取名“飞来峰”。

**躲婆弄** 在绍兴的蕺（jí）山之下，王羲之曾经在这里住过。当时有老妇在卖扇子，可买的人很少，王羲之看见后便在扇子上题了几个字，老妇看到此举后很不高兴。可等她出去卖扇子的时

① 米芾（1051—1107）是北宋书法家、画家，与蔡襄、苏轼、黄庭坚合称“宋四家”。米芾所书《蜀素帖》，亦称《拟古诗帖》被后人誉为“中华第一美帖”。

② 伽蓝神是佛教寺院守护神的通称。

③ 南京在明朝时期的名称，是明朝前期首都。

候，人们争相来买扇子。之后有一天，老婆婆拿着扇子请求王羲之题扇，王羲之这次却躲了起来。所以现在绍兴蕺山之下有“题扇桥”和“躲婆弄”两处景点。

**笔飞楼**　位于蕺山的山脚。王羲之曾在这里写《黄庭经》，写完后毛笔向空中飞去。现在这里还有“笔飞楼”的旧址。

**樵风径**　在会稽的平水。汉代郑弘[①]小时候去打柴，得到一支别人遗失的箭。过了一会儿，有位老人来找箭，郑弘就将自己拾到的箭还给了他。老人便问郑弘有什么想完成的愿望，郑弘反应过来这位老人可能是位神仙，便回答说：“我经常因在若耶溪[②]运载木柴很困难而发愁，希望早上有南风，晚上有北风。”后来果然像他希望的一样。

**雷门**　是绍兴府城的五云门。《会稽志》中记载：雷门上有一面大鼓，击鼓，鼓的声音可以传到洛阳。后来鼓破了，有两只鹳鸟从鼓中飞出来，鼓声从此便传不远了。

**兰渚**　在绍兴府城南二十五里。东晋永和九年（353年）的上巳节那一天，王羲之和谢安、孙绰、许询等四十一人在这里聚会进行修禊[③]的活动。现在流觞曲水和兰亭的故址依然遗存着。

---

① 郑弘（？—86）是东汉会稽山阴人，字巨君。章帝时任尚书令、侍中，迁大司农。主持修建了中原与交趾交通道路。

② 位于浙江绍兴，王安石、苏东坡、陆游、王守仁等文人都曾泛舟于此。

③ 古代的基本祭祀之一，用以祈福、禳除灾病。

**西陵** 在萧山，又叫作固陵（今河南太康南）。范蠡曾在这里练兵，说这里坚固可守，所以取名为固陵。

**箪醪（láo）河** 在绍兴府的西边。越王勾践出兵的那一天，有人举着水壶献酒，勾践跪下接受后倒在河水的上游，然后命令兵士们到河边来喝水。喝过水后的士兵都比原来勇敢百倍，一举就消灭了吴国，所以得到了这个名字。

**浴龙河** 在绍兴的西门外。宋理宗赵昀小时候与他的弟弟赵芮一起在河里洗浴。当时鄞（yín）县（今浙江省宁波市鄞州区）人余天锡躺在船里，梦见有两条龙驮着小船，他起来一看，却是两个小孩扒着船在玩游戏。询问这俩小孩后才知道他们是皇家宗室，余天锡于是便把这件异事说给当时的宰相史弥远，最后赵昀登上了帝位。

**沉酿堰** 在山阴县柯山之前。郑弘举孝廉后赴洛阳上任，亲朋好友都在这里与他饯别，大家先把钱扔到水里，再依所投钱的多少取水来喝，最后各自沉醉而归。

**曹娥碑** 此碑在曹娥江的边上。汉代上虞县令度尚所立，度尚的弟子邯郸淳撰写了碑文，蔡邕题了“黄绢幼妇外孙齑（jī）臼”八个字，其中隐藏着“绝妙好辞[①]”四个字。魏武帝曹操问杨修：“你明白这四个字怎么来的吗？”杨修说：“明白。”曹操说：

① 杨修后来是这样回复曹操的：黄绢，就是有色之丝，作为一个字，就是“绝”。幼妇，就是少女，作为一个字，就是“妙”。外孙，就是女儿之子，作为一个字，就是“好”。齏臼，就是受辛，作为一个字，就是“辭”（辞）。这八个字的意思就是“绝妙好辞”。

“你先别说出来。”曹操走了三十里路之后才明白，于是长叹说：“我比你差了三十里路啊。”（注：曹操一生未曾到过钱塘，那么他所看到的碑应该是拓本。）

**钱塘** 梁开平四年（910年），钱武肃王（钱镠）开始修筑海塘堤坝，在候潮门外，潮水日夜冲击，筑堤坝的版筑[①]无法安放。钱镠命令弓箭手几百人用强弩射潮头，潮水便向东侵袭西陵，于是海塘就建成了。

**桃源** 晋朝的时候，有一个渔人乘船捕鱼，沿着溪水行进，走着走着忘了路有多远，忽然看见一个洞口有桃花，便下船进去。却发现里面土地平旷，居民稠密，各家都养着鸡犬，种着桑麻，怡然自乐。渔人惊讶地问这是什么地方，有人回答说：“先人为了躲避秦朝的统治来到这里，从此便与外界隔绝。”他们问外面现在是什么朝代，竟然不知道有了汉朝，更不用说魏朝与晋朝了。渔人出来的时候，那里的人嘱咐他说：“不要对外人说起这里。”

**牛渚矶** 在姑孰（今安徽当涂县）。那里的水深不可测。相传水下有很多奇异的生物，温峤[②]曾点燃犀牛角来照着看，不一会儿，便看到下边水族的奇形怪状，还有乘着车马、穿着红色衣服的人。当天晚上，温峤梦见一个人来对他说：“我们与你分别在阴间与阳世，道路相隔，可你为什么让我们如此窘迫？”温峤醒来后觉得很不舒服，不久，他因为牙痛拔牙，忽然中风而亡。

---

① 我国古代修建墙体的一种技术，指筑土墙，把土夹在两块木板中间，用杵捣坚实，就成为墙。

② 温峤（288—329）是东晋名将，为人聪敏，博学善文，尤擅清谈，而且风仪俊美，颇有器量。

蜀地的帝王杜宇最早开凿了巫峡，汉武帝开凿了曲江，张九龄开凿了梅岭。秦始皇为了克制金陵的帝王之气而切断了淮水，让淮水向西流入长江，因此得名为“秦淮河”。隋炀帝东游的时候，穿过黄河，从京口（今江苏镇江）到余杭[①]。六朝时曾从云阳开始开凿运河，直到建康，开始恢复大禹当年开凿的通梁故道，修建了通济渠，通济渠成为后世通漕转运的要道。

**金箧（qiè）玉策** 泰山上有金子做的箱笼和玉制的签，它们能预知人寿命的长短。汉武帝于此处抽签得到一个数字“十八”，此数字倒着读就是“八十”。后来汉武帝的寿命果然是八十。

**八咏楼** 在金华府官府所在地的西南，也就是沈约[②]的玄畅楼。宋朝的太守冯伉改成现在这个名字。

**古蜀国** 就是现在的成都府。蜀地的先人起自黄帝的儿子昌意，昌意娶蜀山氏的女儿，生下帝喾，于是封赐蜀山氏的后人于蜀地。经过夏朝和商朝之后蜀人才开始称王，第一个王叫蚕丛，第二个叫柏灌，第三个叫鱼凫。

**八阵图** 在新都的牟弥镇。诸葛亮的八阵图共有三处：在夔州的是六十四阵，属于方阵法；在牟弥的是一百二十八阵，属于

---

① 指余杭郡，也就是今天的杭州。杭州在隋炀帝大业三年（607 年）至唐高祖武德四年（621 年）期间，以及唐玄宗天宝元年（742 年）至唐肃宗乾元元年（758 年）期间称余杭郡。

② 沈约（441—513）是南朝梁开国功臣，政治家、文学家、史学家，著有《晋书》《宋书》《齐纪》《梁武帝本纪》等史书。

当头阵法；在棋盘市的是二百五十六阵，属于下营法。（又：沔水的定军山下也有八阵图，一到晚上就能听到擂鼓鸣金的声音。）

**神女庙** 在巫山。楚襄王曾在高唐游玩，他梦到一个女子对他说："妾住在巫山的南面，高大的山丘之上。早晨变成云，晚上就变成雨。"等天亮起来看，果然像梦中女子说的一样，楚襄王于是便在这里立了神女庙。

**华表柱** 在辽阳城里鼓楼的东边，从前丁令威的家就在这里，他学习道术成了神仙，最终变成仙鹤回到故乡，停在华表的柱子上，用鸟喙在华表上写字说："有一只鸟啊名字叫丁令威，离开家乡千年了现在才回家。可是现在的家乡早已经物是人非，看看外面成堆的坟头，大家为什么不去学仙呢？"

**麦饭亭** 在滹（hū）沱河上，冯异给光武帝刘秀献麦饭的地方。

**芜蒌亭** 在饶阳，是冯异给光武帝献豆粥的地方。

**柏人城** 在唐山。汉高祖刘邦有一次路过这里，本打算留宿，可心中隐约有点不安，于是便问别人这个县叫什么名字。有人回答："柏人。"刘邦说："'柏人'这个词是迫于人的意思啊。"所以他不在这里留宿就走了。

**孟姜石** 在山海卫的长城之北，石头上有女人的脚印，相传此地是秦朝时孟姜女来寻找丈夫时停留过的地方。

**九层台** 《太平御览》中引用《说苑》的记载：晋灵公大兴土木建筑九层台，他的大臣荀息进谏说："我能够把十二个棋子摞起来，上面再加一个鸡蛋。"荀息表演的时候晋灵公感叹说："看来建高台真是一件危险的事啊！"于是便停止了九层台这项工程。未建完的遗址现在还能看到。

**虒祁宫** 在曲沃。《左传》中记载：晋国建造了虒祁宫，于是诸侯都叛离了晋国，说的就是这里。卫灵公到晋国去，晋平公在虒祁宫里摆酒迎接，他让乐师师涓演奏柔弱而颓废的音乐。晋国另一位乐师师旷听了后说："这必定是从郑国的濮上来的音乐，这可是亡国之音啊，不可以听！"

**三冈四镇** 这几个地方都在大同应州。赵霸冈在城东，黄花冈在城西，护驾冈在城南；安边镇在城东，大罗镇在城南，司马镇在城西，神武镇在城北。宋代的元好问诗中称："南北东西俱有名，三冈四镇护全城。"

**桑林** 在阳城。商汤的时候，此地曾有七年的大旱，商汤在此地向上天求雨成功，（人们为了纪念）所以这里直到现在都还有很多桑树。

**天绘亭** 在平乐府（今广西壮族自治区）的官府所在地。一天，平乐府的太守想给这个亭子改个名字，忽然在土下得到一块石头，上面是这样写的："我选择景致好的地方建立这个亭子，取名叫'天绘'。后来某年某月某日，会有一个俗人想把这个亭子改名叫'清晖'。"太守看后就打消了改名的想法。

**洛阳桥** 在泉州府城的东北，横跨洛阳江，又叫万安桥。此桥是泉州郡守蔡襄所建，长三百六十丈，宽一丈五尺。起初这里每年渡海的人中被淹死的不计其数，蔡襄于是想用石头来筑成桥梁，但是害怕这样筑成的桥被海潮冲坏，这是无法用人力来取胜的。他便写了一篇檄文给海神，派了一个小吏去送檄文。可巧这个小吏喝了很多酒，便在海边睡着了，睡了半天被落潮的声音惊醒，发现装檄文的信封已经被换了。回来呈给蔡襄，蔡襄打开一看，只有一个“醋”字。蔡襄领悟到：“海神应该是想让我二十一日酉时动工吧？”到了海神指定的这天，海潮果然向后退开了。他们赶快筑桥，共计八个日夜完工，共花了一千四百万钱。

**社仓** 在崇安。宋代乾道年间，崇安县遭遇灾荒，朱熹向郡守求援，得到赈灾粮食六百石。秋收之后，百姓把粮食还给官府。朱熹此时又请求把还回的粮食留在这里，并设立社仓，这样夏天可以出借给百姓，冬天再收回来，并将它作为固定之规。朱熹自己写了文章来记述此事。后来请求朝廷把这个办法颁行天下。

**五羊城** 就是广州府城。传说最开始有五位仙人骑着五色羊来到这里，所以取了这个名字。

**梅花村** 梅花村在罗浮山的飞云峰边上。当时有个人叫赵师雄，有一天傍晚，他来到了树林边，在树林中间看到了一位画着淡妆、穿着素色衣服的女子款款向他走来。赵师雄便走过去和她说话，在说话的间隙，他闻到一股很香的味道，于是便邀请女子一起去附近的酒肆喝酒。过了一会儿，来了一个身着绿衣的童子，此童子边唱歌便跳舞。赵师雄此时也喝醉了，于是便躺了下来。过了很长时间，东方的天空已经泛白了，赵师雄起来了，看到自己竟然睡在一棵大梅树下，梅树上此时有一只绿色的鸟儿在叽叽喳喳地鸣叫，此时参星已经横斜，月亮也早已落下，留给赵师雄的只有惆怅罢了。

**滕王阁** 滕王阁在南昌府城的章江门上，它是唐高宗的儿子李元婴被封为滕王的时候建立的。都督阎伯屿在重阳节那天在滕王阁里宴请宾客，他想要向世人炫耀自己女婿吴子章的才华，便让吴子章在前一天写好一篇序文。当时王勃探望父亲正好经过此地，便也参加了当时的宴请。阎伯屿请众位客人各写一篇序，其他宾客都推辞不作，轮到王勃面前时他竟然毫不推辞。阎伯屿非常生气，便走出屋外独自欣赏风景，但是依然下令让手下的人随时汇报王勃写的句子，当手下汇报王勃写到“落霞与孤鹜齐飞，秋水共长天一色”一句时，他情不自禁地叹道:“这分明是天才啊！”最终，他的女婿也非常惭愧地藏起了自己的文章。

**岳阳楼** 在岳州（今湖南省岳阳市）的西门，滕子京建造了这座楼，范仲淹为它写了《岳阳楼记》，苏舜钦用大字笔录下《岳阳楼记》，邵竦（sù）为岳阳楼写了匾额，人称为天下四绝。

**巴丘山** 在岳州府城的南边。据说是后羿在洞庭湖杀了巴蛇[1]，死去的巴蛇的骨头垒成了山丘，所以此山的名字由此而来。

---

① 巴蛇一般指修蛇，是中国古代神话传说中的巨蛇，出自《山海经》，据说体长到能够吞下一头大象。

# 山川

**九山** 会稽山、衡山、华山、沂山、泰山、岳山、医无闾山、霍山、恒山。

**九泽** 大陆泽、雷夏泽、彭蠡泽、云梦泽、震泽、菏泽、孟潴（zhū）泽、濙（yíng）泽、具区泽。

**五岳** 五岳分别是指东岳泰山、南岳衡山、中岳嵩山、西岳华山、北岳恒山。他们的地理位置分别是：泰山在山东省[①]济南府泰安州。衡山在湖广省衡州府衡山县。嵩山在河南省河南府登封县（今为登封市）。华山在陕西省西安府华阴县（今为华阴市）。恒山在山西省大同府浑源县。

**九河** 古时有九河，分别是徒骇河、太史河、马颊河、覆釜河、胡苏河、简河、絜（xié）河、钩盘河、鬲（gé）津河。

---

① 明朝改行省为承宣布政使司，承宣布政使司下设府和直隶州，但一般还是称承宣布政使司为省，此处的省即指承宣布政使司，而非现代意义上的省。

**五镇** 东镇是沂山，被封为东安公[①]，在沂州[②]。南镇是会稽山，被封为永兴公，在绍兴。中镇是霍山[③]，被封为应圣公，在晋州。西镇吴山[④]，被封为成德公，在陇州。北镇医无闾山[⑤]，被封为广宁公，在营州。

**五湖** 一是洞庭湖，二是青草湖[⑥]，三是鄱阳湖，四是丹阳湖，五是太湖。五湖还有一种说法认为“五湖”就是“太湖”的别名，太湖又名“震泽”，也叫“笠泽”。

**四渎（dú）** 四渎是指长江、淮河、黄河、济水。大禹治理水患的时候，为这四条河取名叫作“四渎”。《礼记》中记载：天子祭祀天下名山、大川：祭五岳时等同于三公之礼[⑦]；祭四渎时等同于诸侯之礼。

**四海** 天地四个方向都与大海相通，无论是西戎、南蛮、北夷、东狄这些周边之人，虽外貌不同，但总而言之都在四海之内。所谓“渤澥（xiè）”，是东海的一部分。

---

① 自秦汉开始，中国官方逐渐将五岳五镇四海四渎神格化，并不断御封尊号，在宋朝达到最高潮。五岳五镇四海四渎，是地上最主要的神灵神明，配享于地坛。五岳尊号为帝，其他皆尊号为王。

② 沂州今约为山东省临沂市，按照当时的行政分区沂山隶属于沂州，而沂山今隶属于山东省潍坊市。

③ 霍山又名霍太山、太岳山，现隶属于西省临汾市。

④ 指陇山南麓山地吴山，现隶属于陕西省宝鸡市陈仓区。

⑤ 即医巫闾山，古称于微闾、无虑山，今简称闾山，地处今辽宁省境内。

⑥ 古代五湖之一，亦名巴丘湖，在今湖南省岳阳市西南，和洞庭湖相连。因其附近的青草山而得名。

⑦ 最高级的官员为三公，即丞相（东汉称司徒）、太尉、御史大夫（东汉称司空），三公之礼指的是最高的官制和最高的礼遇。

**三岛** 东海的尽头叫作沧海，其中有蓬莱、方丈、瀛洲三座神山，其上以金银建造宫阙，是神仙居住的地方。

**五山** 渤海的东边有个巨大的山谷，名字叫归墟，其中有岱舆、员峤、方壶、瀛洲、蓬莱五座神山。

**三江** 指的是松江、娄江、东江。三江分流的地方叫作“三江口”。

**三泖（mǎo）** 在松江府（今上海苏州河以南地区）。传说在山泾附近的是上泖，在泖桥附近的是中泖，从泖桥往上萦绕一百多里的是长泖，合起来就是所谓的“三泖”。

**昆仑山** 在西番[①]。山势既高又险峻，积雪到夏天都不消融，绵延达五百多里，黄河经过它的南边。

**黄河** 在西番。黄河的水从地下涌出来，有一百多处，在东北方汇合成为大湖。再向东流，叫作赤宾河，汇合忽兰诸河之后，才叫作黄河。从东北流到陕西、兰州，然后进入中原地区，元代的招讨使都实第一个走到黄河的源头宿海地区。

**华山** 韩愈有一次在夏天登上华山顶峰，回头看到山势险恶，非常害怕，想着可能下不去了，便靠着山崖大哭，并写了遗书扔下来与世诀别。华阴县令用木头搭起了数层架子，哄着韩愈喝醉了，然后用毛毡裹住并用绳子把他放下来。

---

① 新疆、西藏、青海区域。

**匡庐山**[①] 在（江西）南康府。周代的时候有匡裕兄弟七个人（皆有道术），在这里结庐隐居，所以得名。地方志中说这里有两处胜地，即开元漱玉亭、栖贤三峡桥。里面还有白鹿洞，就是朱熹读书的地方。现在又建立了一个学校，用来教育学生。

**武夷山** 在福建崇安（今武夷山市）。有三十六座高峰，道家的书记录说这是道家的第十六洞天，有神仙降临到这里，自称是武夷君。此外，《列仙传》中记载：彭祖有两个儿子，长子叫筏武，次子叫筏夷，所以得名。

**龙虎山** 在江西贵溪[②]。有两块巨石相对，像飞龙昂首、卧虎雄踞，这就是上清宫所在的地方。世世代代为道家张天师居住，上面有壁鲁洞，就是张天师得到奇书的地方。

**壦务（音"权旄"）山** 在柏人城[③]的东北。《尚书》中记载：（尧帝为考验舜，让）舜在暴风雨中到大山里，天上响着猛烈的雷，还刮着暴虐的风，但他却不迷路。指的就是这里。

**华不注**[④]"不"音"夫"，与"跗"同。是说这座山秀拔于众山中，就好像花萼在水中一样。北宋时期的地理志——《九域志》记载：从大明湖远望华不注山，就好像在水中一样。

**白岳山** 在安徽休宁县，也叫齐云山。岩石上有石钟楼、石

① 唐代匡山和庐山总称为匡庐，后来匡山的名字因为避赵匡胤讳改为大王山后而消失。

② 贵溪今指江西省贵溪市，但龙虎山现隶属于江西省鹰潭市。

③ 据考证，古柏人城今位于邢台市隆尧县城西偏南 12 公里处的双碑乡。

④ 华不注山又名金舆山。地处济南市东北角，位于黄河以南，小清河以北。

鼓楼、香炉峰、烛台峰，都是奇异的景观。上面供有真武大帝塑像，据说是百鸟衔泥来塑成的，非常灵验，被人称为“小武当”。经常能听到有雷神王灵官的响山鞭，声音像霹雳一样。

**镇江三山**　一个是北固山，一个是金山，一个是焦山。焦山因为汉末隐士焦光隐居在这里，所以取名为焦山。山上有《瘗（yì）鹤铭》，是陶弘景书写的，被雷劈断了，现在坠落在江边的岸上。

**八公山**　在安徽寿州[①]。淮南王刘安与他门下的宾客八公在这里修炼。谢玄带领东晋大兵在淝水结阵，苻坚远远望见八公山的草木，听到风声和鹤鸣，以为都是东晋的军队。

**天童山**　在浙江省鄞县。晋朝的僧人义兴居留在这里，有一个童子照顾他起居，一段时间后便要告辞，说：“我其实是太白神，上帝命令我来传奉在你的左右。”说完就不见了。于是人们就称这座山为太白山，又叫天童山。

**招宝山**　在浙江定海，天气晴朗的时候，朝鲜、日本等国家都可以远远地望见。山里有个棋子坪，把白米撒在上面便会得到白色的棋子，把黑豆撒在上边便可以得到黑色的棋子。

**翁洲山**　在定海。是西周徐国第三十二代国君偃王居住的地方。勾践打算把夫差封在甬东，就是这个地方。唐代开元年间在这里设置了翁山县。

---

① 寿州今为安徽省淮南市寿县，但八公山现隶属于淮南市八公山区。

**鸡鸣山** 在应天府的东边，以前的名字叫鸡笼山。南朝宋时教育家雷次宗在这里开馆聚徒讲学，南朝齐高宗萧鸾也常常到雷次宗这里来学习《左氏春秋》。

**牛首山** 在应天府祖堂的北边，上面有两座山峰相对而立，好像牛角的形状，因此得名。晋代的王导说："这就是天阙啊。"所以又名天阙山。

**摄山** 在应天府治所的东北。山中盛产摄生草。山上有千佛岩、栖霞寺，就是明代僧人绍舍的住宅。

**茅山** 在江苏句容，最初的名字叫句曲山。茅氏三兄弟在这里修道成仙，便改为这个名字。山上有三座山峰，三个茅君各占一个，被称为"三茅峰"。三座山峰的北边，是玉晨观，就是历来人们所谓的"金陵地肺"。

**莫愁湖** 在三山门外。从前南朝齐的名妓卢莫愁住在这里，所以得名。

**天台山** 此山对应天上的三台星，高一万八千丈，周围八百里，从县花亭的山脚看石梁瀑布，好像在半天上一样。有琼台、玉阙等景点，以前的名字叫金庭洞天。

**天姥（mǔ）山** 在浙江的新昌县。李太白曾梦游天姥，指的就是这里。近来这里也盛产茶，名叫天姥茶。

**文公山** 在尤溪。朱熹的父亲朱松任职尤溪县尉，任期满后，租赁了郑氏的屋子住。建炎三年（130 年）九月，朱熹出生，屋子所对的两座山本来草木很茂盛，忽然有野火烧起来，在山上露出“文公”两个字。

**云谷山** 在建阳。远观山峰连绵，整座山虎踞龙盘，即使在晴朗的白天，也是白云缭绕，哪怕相距咫尺也看不清东西。朱熹在山上建了一个草堂，在草堂的匾上题了两个字“晦庵”。

**钟山** 在分宜[1]。晋朝的时候，在一次大雨后有大钟从山峡里流出来，看上面的铭文，原来是秦时所铸，所以取名叫钟山。后来有渔人在山下捡到一个铃铛，一摇它，就发出霹雳一样的声音，连山都被震得摇动起来。渔人很害怕，把它沉到了水里。有人说：这就是秦始皇的驱山铎（duó）啊。

**寒石山** 唐代的寒山、拾得两位僧人住在这座山里。丰干和尚对闾丘太守说：“寒山、拾得二人是文殊菩萨和普贤菩萨的转世之身。”太守便到山里拜见。寒山、拾得两个人笑着说：“这个丰干真是多嘴。”说着便隐身到石头中，不再出来了。

**石镜山**[2] 在临安。有圆石像镜子一样，钱镠小的时候把它当镜子照，里面竟然是冠冕整齐的帝王。唐昭宗封此山为衣锦山。钱镠经常在这里宴请他的老朋友，于是这里连树木与石头都被披上锦绣。

---

① 分宜今为江西省新余市，但钟山现隶属于江苏省南京市。

② 今位于在今浙江临安县城南。今四川成都的武担山亦称石镜山。

**宛委山** 在会稽山的禹穴前边。上面有石盒子，当年大禹发现了它，里面有玉珽，红色的像太阳，绿色如月亮，长有一尺二寸。又有传说大禹治水结束后，便把用金玉制作的书简放在这里。

**宝山** 也叫攒宫，在会稽县的东南。宋高宗、宋孝宗、宋光宗、宋宁宗、宋理宗、宋度宗六位帝王的陵墓都在这里。元朝的妖僧杨琏真伽挖掘了这些陵墓，义士唐珏暗中收藏陵中的骨头，埋在兰亭山的冬青树下边，陵墓中的骨头才没有被毁坏。只因宋理宗的头非常大，像斗一样，便不敢更换，被元朝人取来当作尿壶。我朝太祖（朱元璋）从沙漠里取得，再放回到他的陵墓里去，有块石碑记载了这件事情。

**越城中八山** 卧龙、藏山、火珠、白马、峨眉、鲍郎、彭山、怪山。此外还有黄琢山，在华严寺的后面，一般人都不知道。峨眉山，在轩亭北边的百姓住宅里面，现在把土谷寺神桌下面的小石头指为峨眉山，这是错的。怪山在府治的东南，《水经注》记载：这座山从琅琊东武海里一天晚上飞来，这里的居民觉得很奇怪，所以取名叫“怪山”。山上有灵鳗井，里面的鳗鱼像柱子一样大，能呼风唤雨。越王在山上建了高台，用来观察云气。

**尾闾** 在台州的宁海县[①]以东，海里的水流很急，形成了十几处大漩涡，水面上漂浮的各种东西，只要一靠近，立刻就会被陷进去。

① 宁海县今隶属于浙江省宁波市。

**瓠子河** 汉武帝元光三年（前132年），黄河在顿丘决口，又在濮阳决口，瓠子河冲垮了十六个郡。朝廷派了数万军人去堵塞瓠子河。汉武帝亲自来到决口的地方，把白马和玉璧沉到河里，然后在上面建造了宫室，名叫宣防宫。

**钱塘潮** 早晚各有一次，初三那天开始起潮，二十日开始落潮。每月的十八日潮水最大，每年的八月十八潮水更是全年最大。有首《候潮歌》说："午未未未申，寅卯卯辰辰。巳巳巳午午，朔望一般轮。"

**磻（pán）溪** 在凤翔府宝鸡县（今陕西省宝鸡市）。姜太公吕望在这里垂钓，得到一条鱼，肚子里有一块玉石，上面写着："周受命，吕氏佐。"现在还可以看到溪边石头上隐隐有两膝跪坐的痕迹。

**滟滪堆** 在瞿唐峡[①]口。有单独的一块大石，冬季就露出水面二十多丈，夏季却又被淹没在水里。当地人说："滟滪大如象，瞿唐不可上；艳滪大如马，瞿唐不可下。"用来作为水势大小的标志。南北朝时著名的孝子庾子舆护送父亲的棺木回巴东，到达瞿唐的时候，江水非常猛烈。庾子舆悲哀地号哭，瞿唐峡的水忽然退开了，船可以安然经过。有人便说："滟滪如幞本不通，瞿唐水退为庾公。"

**长江三峡** 瞿唐峡与西陵峡、巫山峡，世称三峡，连绵有

---

① 现称瞿塘峡，后文亦同。

七百里[1]，重重叠叠的山岩和山峰，把天空和太阳都遮住了，若不是正午和半夜，就看不到太阳和月亮。《水经》记载说是杜宇开凿的。

**烂柯山** 衢州府城的南边，也称石室山。道家记载说是道教的青霞第八洞天。晋代的樵夫王质到山里去砍柴，看到两个小孩下棋，王质放下斧头来看下棋。小孩给王质一个东西，像个枣核，吃了就感觉不到饿。一局下完后，小孩告诉王质说："你的斧柄都朽烂了。"王质回到家里，发现已经过了一百年。

**江郎山** 在（衢州）江山。据传说有江氏兄弟三个人登上了这座山的山顶，化为了石头，所以得名。山顶有水池，池里有翠绿的莲花和金色的鲫鱼。

**金华山** 在金华的府城北边。金星与婺女星争放光华，所以取这个名字。又叫长山，周长三百六十多里，其中最有名的叫金华洞，道家说这是道教的第三十六洞天。

**四明山** 在余姚县（今余姚市）。高三万八千丈，周长二百一十里，由鄞县的小溪进去，就叫东四明；由余姚的白水进去，就叫西四明；由奉化的雪窦进去，就直接叫四明。道家典籍记载说这是道教第九洞天。有山峰二百八十二座，中间有座山峰叫芙蓉，有块石头上刻着汉隶体字——四明山心。它的右边还有石窗。

---

① 明代的1里约为600米。

**天水池** 在重庆的江津县（今重庆市江津区）。本地人在春天的时候到这里来游玩，都竞相在水池里摸石头来祈求后嗣，摸到玉石的人会生男孩，摸到瓦的人会生女孩，很是灵验。

**大瀼（rǎng）水** 在重庆奉节县。杜甫有诗句说“东西一万家”，指的就是这里。郡中一个叫龙澄的人，曾在小河中看到一个石盒，下河把它取了出来，获得五枚玉石的印章，其上的文字并非世间的篆字或籀（zhōu）字。忽然有神人看到，非常惊讶，说："这些玉印是上帝的宝物，从前让大禹拿着治水的，水患平息后便又藏在名山大川里了。现在看来是守护不严谨！你应该赶快扔到原来的地方去。”龙澄听从了他的话。后来参加科举考试获得了很高的名次。

**牛心山** 龙安府（今四川省北部）城的东边。梁代的李龙的坟被迁葬在这里。武则天当皇后的时候将这的山脉凿断。唐玄宗因安史之乱而逃往蜀地，有一个叫苏垣的老人，上奏说：“位于龙州的牛山，是国家的祖墓，现在国家动荡，其实是武则天把牛心山凿断导致。”唐玄宗命令刺史把牛心山修缮得像以前一样。没过多久，果然就诛灭了安禄山。

**峨眉山** 在眉州城的南边，岷山余脉，重峦叠峰，绵延三百多里，到这里高耸起三座山峰，其中有两座山峰互相对峙，形状仿佛一对女人的眉毛。

**磨针溪** 在彭山的象耳山下，相传李白在山中读书的时候，学业还没有成功，便想放弃。在过这条小溪的时候，遇到一个老婆婆正在磨一根铁棒槌，李白问她磨这个做什么，老婆婆回答说:“想磨成一根针。”李白听了这话深有感触，于是又回去完成了学业。

**长白山** 在开原[①]东北一千多里的地方。山绵延横亘上千里，山顶有一个水潭，周长有八十里，潭水深不可测，这个潭的水向南流的就成为鸭绿江，向北流的就成为混同江[②]。

**太行山** 在怀庆府[③]城北。王烈[④]进山，忽然听到山的北边有打雷的声音，前去观看，只见山体裂开几百丈，石头中间有个一尺左右的孔，孔中间流出一些青色的泥，王烈采了一些泥来玩，泥立刻凝固坚硬，气味闻上去像是香米做成的米饭。

**神农涧** 在温县。神农到这里采药的时候，用手杖在地上画了一下，就成了这条涧。

**卧龙岗** 在南阳府[⑤]城的西南。就是诸葛亮曾经耕种的地方，这里有三顾桥。

**丹水** 在内乡县。《抱朴子》[⑥]记载：水中有一种红色的鱼，

---

① 开原今指辽宁省开元市，但长白山今隶属于隶属吉林省延边朝鲜族自治州。

② 今松花江及黑龙江下游。

③ 古代行政区划，府治河内县（今河南沁阳市），明辖六县，清辖八县。范围为今河南省焦作市、济源市和新乡市的原阳县所辖地域。

④ 魏晋时期长寿之人。

⑤ 蒙元（1271年）到中华民国（1949年）时行政区划，辖区包括今南阳市十三县区市和河南省泌阳县、叶县、舞阳，舞钢市，鲁山县，卢氏县，汝州市。

⑥ 晋代道教理论家、著名炼丹家和医药学家葛洪（283—363）编著的道教典籍，它确立了道教神仙理论体系。

在夏至前十日，到了夜晚的时候，这种鱼会浮出水面，发出红色的闪光像火一样。用这种鱼的血涂抹到脚上，便可以在水上行走。

**天中山**　在汝宁府[①]城北。因为此山在天地的中间，所以叫这个名字。自古以来，若要进行天象观测、考查日影角度，没有比这里更精确的了。

**金龙池**　在平阳府[②]城的西南。晋代的永嘉年间，有一位姓韩的老婆婆偶然捡到一枚巨大的蛋，拿回家来孵育它，竟然孵出了一个婴儿，给他起名叫橛。韩橛4岁的时候，五胡十六国时汉赵的开国皇帝刘渊修筑平阳城，但总是修不好，于是招募能建城的人。韩橛就变为大蛇，让韩婆婆跟在他后边用灰来做标志，说："依着灰做的标志来修筑城墙，很容易就能建成了。"后来果然建成了。刘渊觉得很奇怪，便把韩橛放到山间的洞穴里，韩橛只露几寸长的尾巴，忽然有泉水涌出来，就成了这个金龙池。

**五台山**　在五台县[③]。有五座山峰高耸入云，是文殊菩萨的道场。人们所说的清凉山，就是这里。

**尼山**　在曲阜，紧挨着泗水和邹县的地界。孔子的母亲颜氏在这里祈祷，于是便生了孔子。有记载说："颜氏从这个山谷上去，树和草的叶子都向上翘起；下了山谷，树和草的叶子都垂下来。"

---

① 古代行政区划名，府治在今河南省汝南县，区域主要包括今河南驻马店大部分及信阳部分地区。

② 古代行政区划名，区域主要包括今临汾、运城两地级市及吕梁市石楼县、晋中市灵石县辖境。

③ 五台山现隶属于山西省忻州市。

**首雷泽** 在曹州（今菏泽）。雷泽里有雷神，长着龙的身体和人的脸颊，拍它的肚子就会有雷鸣。《史记》中记载：“舜帝在雷泽打鱼。”指的就是这里。

**鸣犊河** 在高唐。孔子打算西行到晋国去拜见晋国权臣赵简子，到达这条河边时听说赵简子为了瓜分晋国而先杀了贤大夫窦鸣犊，就对着河水悲叹。所以有这个名字。

**濮水** 濮州[①]上有庄周的钓台。从前乐工师延为殷纣王创作靡靡之乐，周武王讨伐纣王的时候，师延自己跳进濮水而死。后来卫灵公晚上在濮上歇宿，听到弹琴的声音，召乐工师涓来听，师涓说：“这就是让国家灭亡的音乐啊！”

**牛山** 在临淄（今山东省淄博市）。齐景公登上牛山，流着眼泪说：“我的国家多么美丽啊！我为什么要离开这一切死亡呢？”艾孔、梁丘据两人都与齐景公一起哭泣，只有晏子一个人在旁边大笑。齐景公问他原因，他回答说：“假如贤明的人永远不死的话，那我们的太公和桓公便可以一直当国君来守着齐国了。如果勇敢的人永远不死的话，那我们的庄公和灵公就可以一直当国君来守着齐国了。那您怎么能得到国君的位置呢？所以您想要一个人一直当国君来独占齐国，这是不仁义的君王。那两个人陪着您一起哭，是谄谀的臣子。看到不仁义的君王和谄谀的臣子，我自然要窃笑了。”齐景公听了后便自罚一杯酒，同时也罚艾孔、梁丘据二人各一杯。

---

① 原治今山东省菏泽市鄄城县旧城镇，后因黄河水患徙州治至黄河北岸，治今河南省濮阳市范县濮城镇。此处指前者。

**愚公谷**　在临淄愚公山的北边。齐桓公有一次追赶一头鹿到了这里，问一个老人："这里为什么叫愚公谷？"老人回答说："我养了一头母牛，生了一只小牛犊，我把牛犊卖掉又买了一只小马驹。路上一个年轻人（说马驹是他的），说母牛不可能生下小马驹，便把小马驹强行牵走了。邻近的人们都觉得我很愚蠢，所以取了这个名字。"（故事出自刘向的《说苑·政理》）

**九华山**　在青阳，以前的名字叫九子山。李白诗中说"九峰似莲华"，便改为现在这个名字。刘禹锡曾经非常喜欢终南山和太华山，认为这两座山之外便没有更奇异的山了；喜欢女几山和荆山，认为除这两座山外便没有更秀丽的山了。等到看到九华山之后，便很后悔自己过去所说的过失之语。

**禹祁山**　在姑苏（今苏州）城西，相传大禹疏导吴江的水进入了具区泽，并在这里大会诸侯。

**洞庭山**　在姑苏城西边的太湖里，又叫包山，道家的书记载说这是道家的第九洞天。北宋诗苏舜钦曾记："有七十二座峰，只有洞庭山可以称雄。"

**孔望山**　在海州。孔子向郯国的国君郯子请教古代官制的问题，曾登上这座山眺望大海。

**夹谷山**　在赣榆（今江苏省连去港市赣榆区）。就是孔子会见齐国国君的地方。

**碽项湖**　在安东（今辽宁省丹东市）。秦朝时有童谣说："城门若有血，城池就毁灭。”有个老婆婆因此很是担心害怕，每天早上都去看城门。守门的人知道这件事之后，便用血涂在门上，老婆婆看见后便赶快往外跑。一会儿，大水就来了，城池果然被水淹没而变成了湖。北齐的时候，湖水曾经干涸过，城池的遗址还在。

**龙穴山** 六安上有一座张龙公祠，碑记上说：张路斯，是颍上人，在唐代官至宣城县令，生了九个儿子。有一天对他妻子说："我其实是龙。蓼地的人郑祥远也是龙，他占据了我的龙池。我多次与他交战，却没有胜利，明天我们要决战一场，让我的儿子去射那个龙颈上系着青色绢带的，那个就是郑祥远，我系的是绛红色的绢带。”他的儿子就用箭射中了系青色绢带的龙，郑祥远大怒，跑到合肥的西山后死了。那个地方就是今天的龙穴。

**巢湖** 在合肥。据说有一次江水暴涨，冲上来一条上万斤的大鱼，过了三天死去，全郡的人都来吃鱼肉。只有一个老婆婆不肯吃。她忽然遇到一位老人，说："这条鱼是我的儿子。你不吃他的肉，我怎能不报答你呢？城东门石龟的眼睛若变红了，这座城就要被水淹没。”老婆婆每天都去看。有小孩恶作剧，用红颜色把石龟的眼睛涂红了。老婆婆一见，便立刻登到山上，城池果然被水淹没了，水淹四百多里。

**滇池** 在云南府的城南。又叫昆明池，周长有五百多里，特产一种千叶莲。《史记》记载：滇水的源头宽而末端却窄，有的水会倒流回来，所以叫滇。

**金马山** 在云南府城东，据说山上有金色的马出没。往西就是碧鸡山，峰峦秀丽高耸，是群山之首。从这里俯瞰滇池，一碧万顷。汉宣帝（前91—前48）的时候，有方士说益州有金马和碧鸡，可以祭祀祈祷而获得，于是宣帝便派王褒[①]来到蜀地。

**大庾岭** 在南雄府（今广东北部）城北。又叫梅岭。张九龄开凿出道路，行路的人感觉很方便。上面有云封寺、白猿洞。卢多逊[②]被贬官到这里，在一个酒家休息，问店主姓名，店主老婆婆说："我是中州世代为官的大族，我的儿子被宰相卢多逊因私怨贬官而死。我暂且借住在这座岭上，等那卢多逊来。"卢多逊听后仓皇逃走。

**罗浮山** 在博罗。高三千六百丈，周长三百多里，有十五座岭，四百三十二个山峰，八个山洞，石楼有大小三个，登上石楼便可以看到海。又有七十二所神仙所住的璇房瑶宫。《南越志》记载：罗浮山第三十一岭上有一半都长着巨竹，都有七八围那样粗，每个竹节长一丈二尺，叶子像芭蕉叶，这叫作龙葱竹。

**鳄溪** 在潮州府城的东边。也叫恶溪。溪里有鳄鱼，身体是黄色的，四条腿，尾巴很长，形状像鼍龙，行动非常迅疾，嘴中密布着锯一样的牙齿，常常害人。如果有鹿走在崖上，群鳄大声吼叫，鹿就会因害怕掉下山崖，被鳄鱼吃掉。

**石钟山** 在湖口。下临深潭，微风掀起波浪，水打在石头

---

① 西汉时期著名的辞赋家，与扬雄并称"渊云"。

② 卢多逊（934—985）北宋年间官吏，曾官至集贤校理、中书侍郎平章事、兵部尚书等职，成为宰相，后因勾结秦王赵廷美被告发，坐罪流放崖州。

上，响声就像大钟。苏轼曾经在这里驾舟游玩，大醉于此。

**麻姑山** 在建昌府[①]城的西边。山上有瀑布、龙岩、丹霞洞、碧莲池，都是奇特的风景。周长有四百多里，中间有很多可以耕种的平地。道家的书记载这是三十六洞天之一。麻姑就在这里修炼。

**曲江池** 在西安府城的东南。是汉武帝开凿的，皇帝常常在这里赐宴群臣，池中备有彩舟，但只有宰相和大学士可以进去。北宋的宋祁（998—1061）曾经有一天晚上在曲江喝酒，偶然觉得有些冷，让人取出短袖上衣来穿，他的十多个宠妾各送了一件来，宋祁怕取舍的时候得罪人，不敢穿，忍着寒冷回家了。

**岐山** 也叫天柱山。《禹贡》记载：疏导汧水到达岐山。周太王把都邑建在岐山脚下，周文王的时候有凤凰在岐山鸣叫，说的都是这里。

**君子津** 在大同。即古代东胜州（内蒙古托克托县内蒙古托克托县）的地界上。汉桓帝（132—168）的时候，有一个大商人带着金钱到这儿，却死在这里，此地的长官把他埋了，商人的儿子寻找父亲到这里，长官把商人的金钱全部还给他儿子。皇帝听到后说："真是君子啊！"便用此为名。

**柳毅井** 在君山（洞庭湖中）。唐代的柳毅科考失败返乡，到泾阳，在路上遇到放羊的女子，女子哭着说："我是洞庭龙王的

① 辖南城、新城（今江西省黎川县）、广昌（今江西省广昌县）三县。

小女儿，嫁给泾川龙王的次子为妻，却遭丫鬟毁谤，被贬斥到这里，敢请先生为我寄一封信。洞庭湖的南边有一棵大橘树，敲击树三下，便会有人来开门。”柳毅按照她的话去做，忽然看到一个老人来，把他领到灵虚殿，把信送给龙王。洞庭龙王看信后哭着说：“这是我的罪责啊！”一会儿后，有一条红色的龙带着一个女子来了，那女子就是寄信的女子。龙君在碧云宫宴请柳毅。洞庭龙王的弟弟钱塘龙王说：“泾阳龙王的寡妇（即洞庭龙王之女）想与给您这样的高人义士结为婚姻。”柳毅不敢接受，告辞而去。后来他续娶了卢氏的女子，却正是那个龙女。

# 泉石

**八功德水** 一要清、二要冷、三要香、四要柔、五要甜、六要干净、七要不噎人、八要能治病。北京西山和南京灵谷都有八功德水，都是取这样的意义。

**斟溪** 在连州，每天都溢出十次又干涸十次。

**潮泉** 在安宁州（今云南省安宁市），每天溢出三次又干涸三次。

**漏勺** 在贵阳城外，每天溢出一百次又干涸一百次，与计算时间的铜壶漏刻相应。

**中泠（líng）泉** 在扬子江心。唐朝的李德裕[①]当宰相的时候，有使者去金陵，李德裕命他取一壶中泠泉水。那人过扬子江时忘了此事。只好到金陵打了一壶水来献给李德裕。李德裕喝了

① 李德裕（787—850）是唐代杰出的政治家、文学家、战略家，梁启超将他与管仲、商鞅、诸葛亮、王安石、张居正并列为封建时代六大政治家之一。

后，便说："这水很像金陵城下的水。"那人立刻请罪，不敢隐瞒。

**惠山泉** 在无锡县（今江苏省无锡市）的锡山。以前叫九龙山，山中一个石穴有泉水涌出。茶圣陆羽品尝了这眼泉水后，称它为天下第二泉。

**趵突泉** 在济南。在平地上泉水跳起几尺高，看水的人拿水涌出的高低来占卜事情的吉凶。

**范公泉** 在青州府。范仲淹为青州知州时，为政仁慈清廉，小溪旁忽然涌出了甘甜的泉水，于是便用"范公"二字来命名。现在医生取此水来制丸药，号称"青州白丸子"。

**妒女泉** 在并州。妇女不可以画着妆穿着漂亮的衣服到这个地方，否则一定会招来风雨。

**阿井水** 在东阿县。用黑驴的皮作为原料，再取阿井水来一起煎成膏，就叫作"阿胶"。

**虎跑泉** 在钱塘。唐代元和十四年（819年），性空大师在这里坐禅静修，因为这个地方没有水而想离开。有两只虎在山边刨地，竟然刨出了一眼泉，其水清澈而又甘甜。于是就在这里建立了虎跑寺。若有人想看泉水，僧人为泉水诵经，泉水就会涌出来。

**六一泉** 在孤山（西湖旁）的南边。宋代元祐六年（1091年），苏轼和惠勤上人曾在这里哭吊欧阳修。惠勤上人的讲经堂刚刚建好，挖地得到这一眼泉，苏轼为他写了《泉铭》。因为这两人都曾为欧阳修的学生，这眼泉刚刚出来，就接到了欧阳修的讣告，所以取名为“六一”，见泉就像见到六一居士欧阳修一样。另外，在陕西智果寺有一眼参寥泉。昌县有一眼东坡泉，醉翁亭边上还有一眼六一泉。

**夜合石** 在新昌县东北洞山寺水的出口，也有一眼六一泉。有两块大石头，高有一丈多，当地人说这两块巨石到了夜里经常会合在一起。

**热石** 临武有一块热石，外表看上去就是一块普通的石头。但实际上却像炭火一样热，把东西放上去就会烤焦。

**松化石** 松树长到五百年后，经过一夜风雷之后就会变成石头，可它的树皮和枝节的样子却不会变。唐代道士马自然说延真观的松树会化为石头，过了一晚上果然就变为石头了。

**望夫石** 武昌的山上有块石头，形状像人一样。民间传说有一位忠贞的妻子，她的丈夫服役远征，妻子带着孩子送行到这里，站在那里目送丈夫离开后死去，尸体变为石头。

**醒酒石** 唐代李德裕在他的平泉庄聚集了天下的珍木怪石，有一块叫醒酒石，是他最钟爱的。他叮嘱子孙说：“若拿平泉庄一根木头、一块石给别人的，都不是我的子孙。”后来他的孙子李延古谨守祖父的训诲，为阻止唐末军阀张全义夺取这块石头，被张全义所杀。

**赤心石** 武则天时，人们争相进献预示吉祥的东西。有一个住在洛水边上的人，把一块石头剖开发现里面是红色的，便献给武则天，说："这块石头有一颗丹心。"宰相李昭德说："这块石头有丹心，难道别的石头都想谋反吗！"

**十九泉** 在东汉严光隐居垂钓台下。陆羽品尝天下泉水的味道，说这眼泉水应当排在第十九名。

**一指石** 在桐庐县缀岩谷中间，用手指碰触它就会动，所以得名。

**鱼石** 涪州（今涪陵）的江心有一块石头，上面刻着两条鱼，每条鱼有三十六个鳞片，旁边还有石秤和石斗。这块石头出现那么这一年就会丰收。

**龙井** 在汤阴。相传孙权的长子孙登曾经住在这里。有一年干旱，农民们都到龙洞里去求雨，并且求得了雨。但孙登说："这是得病之龙行的雨，这样的雨哪能救活庄稼呢？"果然那雨水闻上去有腥秽之气。当时龙背上正生疽，听到后就变成一个老人，来求孙登给他治病，并说："病好后一定会有报答。"过了几天，就下起了大雨，又有一块石头裂开，中间有一眼井，井中的水非常清澈，这就是那条龙用来报答孙登的。

**温泉** 在汝州城西，武则天曾经来到这里沐浴，它的旁边又有一眼冷泉。顺天府的汤山下有泉水，四季常温，在这里洗浴后能祛除疾病。遵化也有汤泉。阜平有两眼泉，一温一冷。云南安宁的温泉，颜色像碧玉一样，可以映照出人的头发和汗毛。骊山西边的绣岭下也有温泉。

**玉泉** 在玉泉山下。泉水出自石头的缝隙之间，人们因势凿成龙头，让水从龙的口中流出，声音就像佩玉相击，颜色就像洁白的绸缎，味道非常甜美，积水汇成池，直径有三丈，然后流向昆明湖，于是便成了燕山八景之一。

**神农井** 在长子（今山西省长子县）羊头山，就是神农得到上佳谷种的地方。

**杜康泉** 在舜祠的东廊下，杜康取这里的泉水来酿酒。有人拿中冷水和惠山泉来称重，发现它们一升[①]的重量都是一两，而这里的泉水比它们要轻一铢。

**金鸡石** 在建德草堂寺的北边，唐代诗人罗隐曾经路过这里，戏谑地题诗道："金鸡不向五更啼。"那块石头立刻迸裂，有一只鸡飞鸣而去。

**玉乳泉** 丹阳的刘伯刍认为这是排名天下第四的泉水。

**绿珠井** 在广西博白的双角山下，西晋美女梁绿珠生于此地。取这里的水喝的人若生女儿必定有美丽的容貌。容县有一眼杨妃井，因杨贵妃生在那里而得名。郁林有一眼司命[②]井，其水一半甘甜一半清淡，可以供给辖境以内的所有人。

---

① 古时容积单位，不同时期容积不同。秦汉时期，1 升约 180 ~ 220 毫升；隋唐辽宋时期，1 升约 600 ~ 660 毫升；宋元时期继续增长，明初 1 升约 1000 毫升。铢和两都是古时重量单位，24 铢为 1 两，不同时期容积不同，秦和西汉时期，一两等于 16.14 克；东汉、魏晋南北朝时期，一两等于 13.92 克；隋朝初期，一两等于 41.76 克；唐至清朝时期，一两等于 37.3 克。

② 掌管人生命的神。

**龙焙（bèi）泉**　在福建建宁的凤凰山下，也叫御泉。宋代的时候取这里的水浇灌进贡的茶。

**仁义石**　建阳有两块石头相对而立，左边的叫作仁，右边的叫作义。

**一滴泉**　在广信南岩，泉水从石洞里流出来，四季都不干涸。宋代朱熹写诗说："一窍有灵通地脉，平空无雨滴天浆。"

**谷帘泉**　在南康府[1]城的西面，泉水像帘子一样，在岩石上分成三十多条分流下来，陆羽品尝这里的泉水后评为天下第一。

**玉女洞**　在盩厔县（今陕西省西安市周至县）。玉女洞里有飞泉，甘甜而又清冽。苏轼经过此地，灌了两瓶带走了。他又怕以后再命人来取水时被取水的人骗，便把竹子剖开做成券，让寺里的僧人收好，把这作为以后往来的凭证，戏称之为"调水符"。

**画山石**　宁州有块石头上有图案，非常清楚像战马的形状，跟画的没什么区别，所以得名。

**山鸡石**　宝鸡的陈仓山下有块石头，好像雉鸡的形状，早晨在山顶上打鸣，声音在三十里外都能听到。

---

① 宋置南康军，元升南康路，明初废为西宁府，曰南康府，属江西承宣布政使司，府治星子县（今庐山市），辖星子、都昌二县和建昌州（今永修县）。

**石泉**　井陉有一眼石泉，隋朝的妙阳公主病了很久，在这里洗浴后病就好了。

**瀑布泉**　在庐州（今合肥）的开先寺。李白有诗说：“挂流三百丈，喷壑数十里。”

**醴（lǐ）泉**　在新喻（今新余）。宋代黄庭坚曾喝这里的泉水。长叹说：“可惜陆羽这些嗜茶的人没有机会品尝了。”于是就为此泉题字——醴泉。

**卓锡泉**　在大庾岭。唐代僧人卢能（六祖惠能）被众僧追着要夺走五祖传给他的衣体，追到大庾岭时，渴得厉害。卢能把锡杖立在石上，石上就涌出了清澈甘甜的泉水。众人见了就因害怕而退去。

**愈痞泉**　在鹤庆府[1]城的东南，有一眼温泉。每年三月，当地人如有得胸腹内郁结成块的痞疾的，在这里洗浴就能痊愈。

---

① 辖境相当今云南省鹤庆、剑川等县及洱源县北部。

# 景致

**泰山四观** 日观，鸡一打鸣，就可以看见太阳慢慢升起，直径有三丈多。秦观，在此可以看见长安城。吴观，在此可以望见会稽山。周观，在此可以望见齐地（周在齐西）西北。

**燕山八景** 蓟门飞雨、瑶岛春阴、太液秋风、卢沟晓月、居庸叠翠、玉泉垂虹，金台夕照、西山晴雪。

**关中[①]八景** 辋（wǎng）川烟雨、渭城朝云、骊城晚照、灞桥风雪、杜曲春游、咸阳晚渡、蓝水飞琼、终南叠翠。

**桃源[②]八景** 桃川仙隐、白马雪涛、菉萝晴画、梅溪烟雨、浔阳古寺、楚山春晓、沅江夜月、潼舫晓渡。

**姑孰十咏** 姑孰溪、丹阳湖、谢公宅、凌歊（xiāo）台、桓公井、感母竹、望夫石、牛渚矶、灵墟山、天门山。

---

① 指“四关”之内，即东潼关、西散关、南武关、北萧关。现关中地区位于陕西省中部。

② 湖南省桃源县沅江内，距桃花源后门洞不远。

**潇湘八景** 烟寺晚钟、沧江夜雨、平沙落雁、远浦归帆、洞庭秋月、渔村夕照、山市晴岚、江天暮雪。

**越州[①]十景** 秦望观海、炉峰看雪、兰亭修禊、禹穴探奇、土城习舞、镜湖泛月、怪山瞻云、吼山云石、云门竹筏、汤闸秋涛。

**西湖十景** 两峰插云、三潭印月、断桥残雪、南屏晚钟、苏堤春晓、曲院荷风、柳浪闻莺、雷峰夕照、平湖秋月、花港观鱼。

雁荡山的山顶有一个湖，春天大雁飞回来的时候，常要停宿在这里。雁荡山共有 77 座山峰，地处温州的乐清县。谢灵运虽然能发现秘境、搜罗奇景，但他的足迹也没有到这里。到了宋代大中祥符年间，因建造玉清宫，到这里采伐木材，这里才开始为人所知。

**大龙湫（qiū）** 在雁荡山的西边，有一个山谷叫大龙湫，有瀑布从峭壁倾泻而下，有五千丈高，随着山风翻转变化，形态万千。此外还有一处山峰叫小龙湫，其瀑布从岩洞中飞流而下，高有三千丈。

**玉甑峰** 在乐清。峰峦奇特，岩洞峥嵘，洁白如玉，世人称之为白玉洞天。

**嵞（tū）浦** 在嵊县（今嵊州市）剡溪，靠近画图山。《会

① 古地名，为南北朝时期的刘宋王朝于泰始七年（471 年）所立，今浙江省绍兴市及周边地区。

稽三赋》中有“嵊县溪山入画图”一句，指的就是这里面。

**海市**　在登州（今烟台市蓬莱区）的海中有云气形成楼台殿阁、城郭人民、车马往来的样子，这就是海市。苏轼到登州任太守，被朝廷召去，他觉得再也看不到海市是一件很遗憾的事情，便向海神祈祷，第二天真的又看到了。

**瓯江**　在温州府城的北边，向东到盘石村，最后流入大海，这就是瓯江。常有蜃气形成楼台、城市和舰船，忽然这些景物又变成旗帜、车马和锦幔。

**山市**　在淄州（今山东淄博市淄川区）的焕山。相传嘉靖二十三年（544年），县令张其辉路过这里，天快要亮时，忽然看到焕山上出现城池、楼阁，非常清晰，亭台楼阁高大耀眼，还有人物往来。与海市蜃楼一样。

**神灯**　在余姚的龙泉山，当春季或夏季烟云雨雾晦暗迷蒙的时候，可以先看到一二盏神灯，然后幻化出几千万盏，好像把山谷都要点着一样，几个小时后才会消失。

**火井**　在阿速州。如果有烟进去，就会有火出来。向里扔些竹子、木头就会被烧掉。邛地也有火井，把火把扔进去，里面就会生出火焰，光芒照出数里远。

**山灯**　在四川蓬州，现在还有五处。刚开始时不过三四点，慢慢到几十点。在蓬山的灯尤其独特，当地人称之为圣灯。彭山、北平山晚上也能看到五色神灯。

**商山** 在商州。就是汉代商山四皓[①]隐居的地方，又叫商洛山。唐代开元年间（713—741），高太素隐居在这座山里，建了六个逍遥馆，分别是：晴夏晚云、中秋午月、冬日初出、春雪未融、暑董清风、夜阶急雨。

**唤鱼潭** 在青神中岩，是十八罗汉之一的诺距罗尊者的道场，上面有唤鱼潭，客人到潭边一拍手，潭里的鱼就会成群出来。

**山庄** 江西省崇仁县有浮岩，三块岩石鼎足而立，中间有一条小溪贯穿，小溪可以承载一艘小船。宋代的尚书何异开辟为山庄，里面有名的古迹五十多所，题名叫"三山小隐"。南宋理宗皇帝亲自写了"衮庵"两个大字赐给他，何异把它被挂在方壶室。洪迈为此写了一篇《浮石山庄记》。

**八镜台** 在赣州府城上，向东可以望见福建，向南可以远眺五岭，苏轼曾经为此写了八首诗。

**辋川别业** 在蓝田，是唐朝宋之问修建的园林，后来成为王维的山庄。流于庄园的辋水可以通到竹洲和花坞，王维每天与裴秀才泛舟游玩并写诗作乐，书斋里有茶具酒盏、经案绳床，是关中八景之一。

**逍遥别业** 在骊山的鹦鹉谷，唐代诗人韦嗣立所建。唐中宗曾经来到这里，封韦嗣立为逍遥公。中宗写诗刻石，并命令群

---

① 秦朝末年四位信奉黄老之学的博士，人们常用"商山四皓"来泛指有名望的隐士。

臣应和作诗。张说作序文《东山记》中有“丘壑夔龙，衣冠巢许”之句，意即这里有龙和贤士。

**湟川八景**[①] 雪（zhà）溪春涨、龙潭飞雨、楞伽晓月、静福寒林、巾峰远眺、秀岩滴翠、圭峰暮霭、岩湖叠巘（yǎn）。

① 南宋吏部侍郎、东南三贤之一的张南轩，据湟川沿岸之景，择其最著者八处，作《湟川八咏》，定“湟川八景”。

卷三

# 人物部

天皇开始称为“皇”，从伏羲始称为“帝”，

夏、商、周三代开始称为“王”。神农的母亲安登感天而生神农。

开始称为“天子”。到周文王开始称“世子”。

秦始皇开始尊称其父秦庄襄王为“太上皇”。

# 帝王

## 附：后妃、太子、公主

天皇开始称为“皇”，从伏羲始称为“帝”，夏、商、周三代开始称为“王”。神农的母亲安登感天而生神农。开始称为“天子”。到周文王开始称“世子”。秦始皇开始尊称其父秦庄襄王为“太上皇”。周朝的制度是称君王的妻子为“王后”；由于秦朝开始称“皇帝”，于是便改称“皇后”。汉武帝开始草称其祖母实氏为“太皇太后”。从魏开始称诸王的母亲为“太妃”。东晋元帝开始称母亲为“皇太妃”。

**当宁** 《礼记》记载：天子站在“宁”这个地方，公卿东向，诸侯西向：这叫作“朝”。宁，是指宫室门内屏外这块地方。当宁的意思就是皇帝临朝听政。

**皇帝** 古代或者称为“皇”或者称为“帝”。秦始皇自以为德行超过了燧人、伏羲、神农三位贤皇，功劳高过了少昊、颛顼、高辛、唐尧、虞舜五帝，于是便改称号叫“皇帝”。皇帝定的规矩叫作“制”，皇帝的命令叫作“诏”，皇帝自称叫“联”。在此之前的人都可称“朕”，是上层和下层都可以用的。咎繇（皋陶）与皇帝说话就自称朕；屈原在《离骚》里说朕皇考。到了秦朝就只能皇帝一人使用了。

**山呼** 汉武帝登上嵩山，武帝和左右的大臣及手下的人都听到有人喊了三次“万岁”。后人袭用这个称呼，于是便叫作“山呼”。

**大宝** 圣人最可宝贵的东西是帝位。用什么来守住帝位呢，用仁爱。

**神器** 所谓天下，是神明交于帝王守护的重器。《王命论》说：天下有它归属的命数，不可以用手段和力量来谋求。

**龙飞** 皇帝刚登上皇位叫“龙飞”，取《易经》乾卦“九五，飞龙在天，利见大人”句。因为乾卦九五被看作是“君位”，所以这样说。《华林集》说：“位以龙飞，文以虎变。”

**虎拜** 众臣觐见君王称为虎拜，《诗经》有“虎拜稽首，天子万寿”的句子，描写的是召穆公（召虎）下拜，接受周宣王的封赐，并祝天子万寿无疆。

**如丝如纶** 《礼记》有“王言如丝，其出如纶”的句子。注解：纶，就是绶带。意即君王哪怕说出如丝线一样的小事儿，但群臣执行起来，就会看作如绶带一样大。所以皇帝的话叫“纶音”。皇后的命令叫“懿旨”，懿，就是美的意思。

**元首** 《书经》有“元首明哉，股肱良哉”的句子。意思是说君王是臣下的头领，臣子是君王的胳膊和大腿，君王贤明则臣子自然忠良。

**麟趾龙种** 《诗经》上说："麟之趾，振振公子。"（意思是那些奋发的诸侯之子啊，就像飞奔的神兽麒麟。）杜甫的诗说："元帅归龙种"（意思是兵马大元帅还是要龙种担任。）这都是赞誉皇室及诸侯的话。

**玉牒** 皇帝后代的家谱叫作"玉牒"。韩愈的文章说"明德镂白玉之牒"（意思是将陛下的贤明之德镂刻在文书中）。另外，主管皇室家事务的宗人府叫玉牒所。

**邦贞国贰** 《尚书》载："一个人（天子）有大善之德，就是天下诸侯的幸运。"这是在说太子。北魏大臣高允曾说："太子，是国家的储贰。"

**日重光** 崔豹《古今注》记载：东汉明帝还是太子的时候，乐师们唱了四篇诗来赞美他，第一篇是日重光，第二篇是月重轮，第三篇是星重辉。第四篇是海重润。

**逍遥晚岁** 《唐书》记载：唐高祖李渊对宰相裴寂说："你是世人所敬仰的名臣，我为太上皇，逍遥地度过晚年，不也是很好的吗？"

**女中尧舜** 北宋大将高琼称赞宣仁太后（宋英宗皇后）说："圣明的皇后生下来就得天独厚，是女子中的尧和舜。"

**仪宾** 汉朝的制度：皇帝的女儿都封为县公主，各诸侯王的女儿都封为乡亭公主，娶的诸侯和宗室之女都封为仪宾、郡马。

**官家** 李仲容任侍郎时曾陪宋真宗赵恒喝酒，真宗命他喝一大杯。李仲容说："请官家免除我这一大杯吧。"真宗问："你为什么称我为官家？"李仲农回答说："五帝是天下的官，三王以天下为家，陛下兼有三皇五帝之德，所以称您为'官家'。"

**县官** 《史记·霍光传》中称天子为县官。

**华祝** 尧帝到华地视察，华地的长官说："啊！请允许我祝福圣人多富、多寿、多儿子。"

**陛下** 陛，是指台阶。天子一定有近卫之臣，手执兵器列阵于台阶旁边，用来戒备那些不测之事。称皇帝为陛下，是群臣与天子说话，不能直接指点天子，所以让在台阶下的臣子转告天子，这是让下人传达信息给地位尊崇的人的意思。给皇帝上书也是这个意思，不能直接交与。

**秉箓握符** 班固的《东都赋》说："圣明的君王手握乾符，阐明坤珍，披览皇图，稽查帝文。"乾符，是指帝王受命于天的祥瑞；坤珍是指，洛水所出的神书；皇图，是指预示运势的图谱；帝文，是指上天所给的文字。

**行在** 蔡邕所著《独断》中称：天子应该以天下为家，车驾所到之处，都叫作"行在"，意即"帝王行幸之所在"的意思。

**天潢** 《曹固表》中说："王孙公子，那都是帝王后裔，应该亲近宗室，强壮树干而削弱侧枝。"（有成语天潢贵胄）

**警跸（bì）** 唐太宗即位的时候，常常去骑马射箭，孙伏伽[①]进谏说：“天子有九重禁卫，出宫要有‘警’，入宫也有‘跸’。”警，就是戒严的意思；跸，就是清道的意思。

**璇宫椒房** 少昊皇帝的母亲星娥（嫘祖）住在璇宫，用花椒涂饰墙壁，因为花椒性温和，可以辟除恶气。也有人说是因为花椒籽寓意繁衍昌盛。

黄帝有四个妃；夏朝增设了九个嫔；殷商增设了二十七个世妇；周代又增设了八十一个御妻。魏明帝又增设了淑妃，宋武帝增设了贵妃，隋炀帝增设了德妃，唐增设了贤妃，汉武帝设置婕妤，汉元帝设置昭仪，汉光武设置贵人，晋武帝设置才人。

**前星** 《晋书·天文志》记载：心宿有三颗星，是天王的正位。中间的星叫明堂，是天子之位；前面的星为太子位，后面的星为庶子位。

**少海** 《山海经》记载：“元皋之上，南望幼海。”注释说，幼海，就是“少海”。把天子比作大海，把太子比作少海。

**青宫** 东明山有宫殿，用青石垒成墙，门上有银匾，用青石镂刻“天地长男之宫”。所以太子名叫青宫，又叫东宫。

**公主** 天子嫁女儿，不亲自主婚，让同姓的诸侯来主婚，所以称天子的女儿为“公主”。如果是诸侯的女儿结婚，就自己（家翁）主持，所以称为“翁主”。娶公主叫“尚”。娶翁主叫“承”。

---

① 唐初大臣，历史上有据可查的第一位状元。

周代才开始叫公主，汉代开始称皇帝的姊妹为长公主，汉武帝开始称他的姑姑为大长公主，唐宪宗开始称诸王之女为县主，唐睿宗开始封给女儿代国。秦朝以后才开始叫尚主，公公婆婆都要下堂来拜见公主，北宋宰相王珪制定了让公婆坐着接受儿媳拜见的礼仪。魏国时给娶公主的人一个驸马的官衔，而驸马都尉这个官本来是汉武帝设置的，是掌管御马的。

**女官** 周代开始有女官，来辅佐治理内宫。汉代规定女官有十四等，数百人。唐代开设六局、二十四司，有女官九十人，女史五十多人。

**宗室** 周公开始设置中士这一官阶，来设定世代的谱系。唐玄宗开始诏李衢、林宝撰玉牒百十卷。宋真宗开始尊崇皇家的属籍。周代开始建立同宗之盟，选同宗中年长者为宗正。唐代宗室开始把已过数代的同宗的人也算作皇家血统，外任的地方官不用皇室之姓。宋神宗开始酌才能而任宗室为官职，外任官也加皇室之姓，开始诏皇家宗室参加科举考试。

**五行迭王** 太昊氏配木，以木德而得天下，所以尊崇青色；炎帝配火，以火德而得天下，所以尊崇红色；黄帝配土，以土德而得天下，所以尊崇黄色；少昊氏配金，以金德而得天下，所以尊崇白色；颛顼帝配水，以水德而得天下，所以尊崇黑色。

**建元** 古代只有纪年没有年号，汉武帝建元元年（前 140 年）开始设年号。说帝王改年号从未有过，其实早在秦惠文王十四年时就曾改为元年。黄帝开始在国号前加一个“有”字，汉代加一个“大”字。汉文帝开始年号用一个字，汉武帝开始用两个字。

**国祚** 五帝：伏羲一百一十五年；神农一百四十年，传了七世，共三百七十五年；黄帝一百年；少昊八十四年，颛顼七十八年；帝喾七十年；帝挚九年；帝尧七十二年；帝舜六十一年。三王：夏禹传了十七世，共四百五十八年；商汤传了二十八世，共六百四十四年；周代传了三十七世，共八百七十三年。秦代传了三世，共三十九年。西汉传了十一世，共二百三十一年；东汉传了十四世，共一百九十六年；蜀汉传了二世，共四十四年。晋代传了四世，共五十二年；东晋传了十一世，共一百〇五年。前五代共一百六十九年。唐代传了二十世，共二百九十年。后五代共五十六年。北宋传了九世，共一百六十八年；南宋传了九世，共一百五十五年。元代传了十世，共八十九年。

**皇明国祚** 明洪武共有三十一年，建文四年，永乐二十二年，洪熙一年，宣德十年，正统十四年，景泰八年，天顺八年，成化二十二年，弘治十八年，正德十六年，嘉靖四十五年，隆庆六年，万历四十八年，天启七年，崇祯十七年，共二百七十七年。明代历朝皇帝庙号名讳：明太祖朱元璋，明惠宗朱允炆，明成祖朱棣，明仁宗朱高炽，明宣宗朱瞻基，明英宗朱祁镇，明景帝朱祁钰，明宪宗朱见深，明孝宗朱祐樘，明武宗朱厚照，明世宗朱厚熜，明穆宗朱载垕，明神宗朱翊钧，明光宗朱常洛，明熹宗朱由校，明思宗朱由检。

**前五代** 南朝：宋刘裕传了八世，共六十年；齐萧道成传了七世，共二十三年；梁萧衍传了四世，共五十七年；后梁萧詧（chá）（昭明太子的儿子）传了三世，共三十三年；隋代杨坚传了四世，共三十九。北朝：元魏的拓跋珪传十二世，共一百四十九年；西魏的拓跋修传了四世，共十二十四年，东魏的排拓跋善见只有一世，共十七年；北齐高洋（魏国丞相高欢的儿子）传五世，共二十九年；后周宇文觉（魏宰相宇文泰的儿子）传了五世，共二十六年。

**后五代** 梁朱温传了二世共十七年；后唐李存勖（本姓朱邪氏，沙陀人，其先人在唐为官被赐李姓）传了四世共十四年。后晋石敬瑭传二世共十一年。后汉的刘暠（hào）开始的名字叫刘知远，传了三世，共四年。北汉刘崇，是高祖（刘知远）的弟弟，传了四世共三十年。后周郭威是邢州人，传给内侄柴荣，传三世共十年。

**五胡乱华**[①] 后汉刘渊，是匈奴人；后赵石勒，是山西武乡羯人；后秦的姚弋仲，是赤亭羌人；前秦的符洪，是氐人，后燕的慕容垂，是鲜卑人：这五人总称为“五胡乱华”。

蜀汉继承东汉，不只是名义上继承，更是以火德而得天下的大汉的正统。据《异苑》记载：蜀地有火井，汉室兴盛就火势很旺，汉桓帝、汉灵帝的时候火势开始衰微，诸葛亮辅佐蜀汉后又重新开始旺。到景曜元年（258 年），有人把蜡烛扔进井中，井里的火就灭了，这一年蜀国也被魏国所灭，这也是一个征兆吧。

**年号** **西汉：**

武帝（刘彻）：建元、元光、元朔、元狩、元鼎、太初、征和、后元；昭帝（刘弗陵）：始元、元凤、元平；宣帝（刘询）：

---

① 现在我们说的“五胡乱华”是指，西晋时期塞外众多游牧民族趁西晋八王之乱，国力衰弱之际，陆续建立数个非汉族政权，形成与南方汉人政权对峙的时期。“五胡”主要指匈奴、鲜卑、羯、羌、氐五个胡人大部落，但事实上五胡是西晋末各乱华胡人的代表，数目远非五个。

本始、地节、元康、神爵、五凤、甘露、黄龙；元帝（刘奭 shì）：初元、永光、建昭、竟宁；成帝（刘骜）：建始、河平、阳朔、鸿嘉、永始、元延、绥和；哀帝（刘欣）：建平、元寿；平帝（刘衎 kàn）：元始；孺子婴（刘婴）：居摄、初始。

**东汉：**

光武（刘秀）：建武、中元；明帝（刘庄）：永平；章帝（刘炟）：建初、元和、章和；和帝（刘肇）：永元、元兴；殇帝（刘隆）：延平；安帝（刘祜）：永初、元初、永宁、建光、延光；顺帝（刘保）：永建、阳嘉、永和、汉安、建康；冲帝（刘炳）：永嘉；质帝（刘缵 zuǎn）：本初；桓帝（刘志）：建和、和平、元嘉、永兴、永寿、延熹、永康；灵帝（刘宏）：建宁、熹平、光和、中平；献帝（刘协）：初平、兴平、建安；后汉昭烈帝（刘备）：章武；后帝（刘禅）：建兴、延熙、景曜、炎兴。

**西晋：**

武帝（司马炎）：泰始、咸宁、泰康；惠帝（司马衷）：永熙、元康、永康、永宁、太安、永兴、光熙；怀帝（司马炽）：永嘉；愍帝（司马邺）：建兴。

**东晋：**

元帝（司马睿）：建武、大兴、永昌；明帝（司马绍）：太宁；成帝（司马衍）：咸和、咸康。康帝（司马岳）：建元；穆帝（司马聃 dān）：永和、升平；哀帝（司马丕）：隆和、兴宁；帝奕（司马奕）：太和；简文帝（司马昱）：咸安；孝武帝（司马曜）：宁康、太元；安帝（司马德宗）：隆安、元兴、义熙；恭帝（司马德文）：元熙。

**南北朝：**

宋：武帝（刘裕）：永初；少帝（刘义符）：景平；文帝（刘义隆）元嘉；孝武帝（刘骏）：孝建、大明；废帝（刘子业）：景和；明帝（刘彧）：泰始、泰豫；苍梧王（刘昱）：元徽；顺帝（刘凖 zhǔn）：昇明。齐：高帝（萧道成）：建元；武帝（萧赜 zé）永明；明帝（萧鸾）：建武；东昏侯（萧宝卷）：中兴。梁：武帝（萧衍）：天监、普通、大通、中大通、大同、中大同、太清；简文帝（萧纲）：大宝；元帝（萧绎）：承圣；敬帝（萧方智）：绍泰、太平。陈：武帝（陈霸先）：永定；文帝（陈蒨）：天嘉、天康；临海王（陈伯宗）：光大；宣帝（陈顼）：太建；后主（陈叔宝）：至德、祯明。

**隋：**

文帝（杨坚）：开皇、仁寿；炀帝（杨广）：大业；恭帝（杨侑）：义宁。

**唐：**

高祖（李渊）：武德；太宗（李世民）：贞观；高宗（李治）：永徽、显庆、龙朔、麟德、乾封、总章、咸亨、上元、仪凤、调露、永隆、开曜、永淳、弘道；中宗（李显）：嗣圣、神龙、景龙；睿宗（李旦）：景云、太极；玄宗（李隆基）：开元、天宝；肃宗（李亨）：至德、乾元、上元、宝应；宪宗（李纯）：元和；穆宗（李恒）：长庆；敬宗（李湛）：宝历；文宗（李昂）：太和、开成；武宗（李炎）会昌；宣宗（李怡）：太中；懿宗（李漼）：咸通；僖宗（李儇）：乾符、广明、中和、光启、文德；昭宗（李晔）：龙纪、大顺、景福、乾宁、光化、天复、天祐；昭宣帝（李柷 zhù）：天祐。

**后五代：**

**梁：**太祖（朱温）：开平、轮化；均王（朱友圭）：贞明、龙德。

**唐：**庄宗（李存勖）：同光；明宗（李嗣源）：天成、长兴；闵帝（李从厚）：应顺；潞王（李从珂）：清泰。

晋：高祖（石敬瑭）：天福；齐王（杨光远）：开运。

汉：高祖（刘知远）：乾祐：隐帝（刘承祐）：乾祐。

周：太祖（郭威）：广顺；世宗（柴荣）：显德；恭帝（柴宗训）：显德。

**宋：**

太祖（赵匡胤）：乾德、开宝；太宗（赵光义）：太平兴国、雍熙、端拱、淳化、至道；真宗（赵恒）：咸平、景德、大中祥符、天禧、乾兴；仁宗（赵祯）：天圣、明道、景祐、宝元、康定、庆历；英宗（赵曙）：治平；神宗（赵顼）：熙宁；哲宗（赵煦）：元祐、绍圣、元符；徽宗（赵佶）：建中靖国、崇宁、大观、政和、重和、宣和；钦宗（赵桓）：靖康。

**南宋：**

高宗（赵构）：建炎、绍兴；孝宗（赵昚 shèn）：隆兴、乾道、淳熙；光宗（赵惇）：绍熙；宁宗（赵扩）：庆元、嘉泰、开禧、嘉定；理宗（赵昀）：宝庆、绍定、端平、嘉熙、淳祐、开庆、景定；度宗（赵禥 qí）：成淳；恭宗（赵㬎 xiǎn）德祐；端宗（赵昰 shì）：景炎；帝昺（赵昺 bǐng）：祥兴。

**元：**

世祖（忽必烈）：至元；成宗（铁穆尔）：元贞、大德；武宗（海山）：至大；仁宗（爱育黎拔力八达）：皇庆、延祐；英宗（硕德八剌）：至治；泰定帝（也孙铁木尔）：泰定、致和；明宗（和世琜 lèi）：天历；文宗（图帖睦尔）：天历、至顺；顺帝（妥懽 huān 铁木尔）：元统、至元、至正。

**陵寝**　盘古在青县。女娲在阌乡。伏羲在陈州。神农在曲阜。黄帝在中都。少昊在曲阜。颛顼在离阳。帝喾在滑县。高阳氏在东昌。华胥氏在蓝田。帝尧在东平。常舜在永州。大禹在会稽。

夏：太康在太师；成汤在偃师；太甲在济南。殷：中宗在内黄；商高宗在西华。周：文王、武王、成康在咸阳；威烈王在河南；昭王在少室。秦始皇在骊山。汉：高祖在长陵、咸阳；文帝在西安；武帝在兴平；景帝在咸阳；宣帝在长安；光武帝在原陵、孟津；明帝在洛阳；昭烈帝在成那。隋文帝在武功。晋元帝在江宁。晋十一帝陵在上元。吴大帝在钟山；吴景帝在太平。齐：高帝、武帝、明帝在丹阳。梁：武书、简文中在丹阳。武帝、简文帝在丹阳。陈文帝在武功；陈高祖在高要。隋炀帝在扬州。唐：高祖在三原；太宗在九嵕（zōng）山；宪宗在满城；宣宗在景阳；中宗在偃师。西魏武帝在富平；石勒在顺德。宋：太祖昌陵；太宗熙陵；真宗定陵；仁宗昭陵，都在巩县（今河南巩义市）。南宋：高宗、孝宗、光宗、宁宗、理宗、度宗在会稽；宋三陵钦陵、庆陵、安陵、保定；宋端宗在崖山；徽宗在五国城。辽太祖宁远卫。

**明：**洪武皇帝孝陵在江宁；永乐在长陵；洪熙在献陵；宣德在景陵；正统在裕陵；成化在茂陵；弘治在泰附；正德在康陵；嘉靖在永陵；隆庆在昭陵；万历在庆陵；泰昌在定陵；天启在德陵；崇祯在思陵。都在顺天（北京）天寿山；建文帝从云南回来，迎接进了皇需内的小南城，尊为“老佛”，死后葬在西山，碑上刻着“天下大师之墓”六个字。

# 仪制

**黄屋左纛（dào）** 黄屋，就是指黄色的车盖，代指皇帝的车驾。左纛，是用牦牛尾做的大旗，排列在左边。

**羽葆** 用五彩的羽毛做的旗子，放在车驾上，这是皇帝的仪仗。

**九旂（qí）**《周礼·春官·司常》载：旗上画有日月的旗子叫“常”；画有蛟龙的旗子叫“旂”；用一种颜色的旗子叫“旃”；用多种颜色的旗子叫“物”；上画熊虎的叫“旗”；画飞禽的叫“旟（yú）”；画龟蛇的叫“旐（zhào）”；全用羽毛做的旗子叫“旞（suì）”；用穗状的羽毛做的旗子叫“旌”。

**卤薄** 帝王的车驾出行，要有五彩羽的仪仗引导与保护，其余的兵在内侧。“卤”通“橹”，就是大的盾牌，即用来捍卫与遮蔽，仪仗的位置与次序，都会记录在册。有五种兵持盾在外围，这叫作“卤簿”。

**髦头** 晋武帝问“髦头”的制度（帝王出驾，武士披发前行的仪仗）是怎么来的，侍中彭权回答说：《史记·秦本纪》记载说：

"国内有一种奇特的怪物，能倒山断水，遇到就会受伤害，但却害怕散开头发的髦头。所以让武士装扮成髦头，用来卫护天子。"

**传国玺** 秦始皇用卞和玉来制成传国玉玺，让李斯撰了铭文。铭文是："受命于天。既寿永昌。"相传卞和玉制成了三个印，一个是传国玉玺，一个是张天师印，一个是茅山道士印。

**十二章** 日、月、星、辰、山龙、华虫这六种图案画在上衣上，宗彝、藻、火、粉米、黼（fǔ）、黻（fú）绣于下衣，这就是所谓的十二章。华虫，就是五彩的雉；宗彝，即长尾猿猴；藻，就是水草；黼，是一种像斧子形状的图案，取其能断之义；黻，好像两个"已"字背靠的图案，取其分辨之意。

**皇后六服** 袆衣，"袆"音"挥"。黑中带红色，上面绘制翚（huī）翟，即五彩小鸟的图案。是跟随君王祭祀前代君王的礼服。"翚"亦音"辉"。揄狄，"揄"音"遥"，青色，上面绘制着长尾雉的形状，是跟随君王祭祀先人的礼服。阙狄，红色，上面刻着素色野鸡的图案，这是跟随君王祭祀山林、川泽之神时的礼服。鞠衣，黄色，祭告蚕桑时的礼服。展衣，白色，见君王及宾客的礼服。褖衣（tuàn），黑色，进宫拜见君王的礼服。

**九门** 天子宫禁有九重门：一是关门，二是远郊门，三是近郊门，四是城门，五是皋门，即王宫的外门，六是库门，即天子之宫最外面的门，七是雉门，即天子之宫的大门，八是应门，即王宫的正门，九是路门，即皇宫最里层的门。

**丹墀** 汉张衡《西京赋》载："右平左墄（qī），青琐丹墀。"

注解说：天子有红色的台阶列为九层，从中间左右分开，左边有台阶，右边则造成平的，可以让辇车上来。

**尺一** 天子的诏书叫作“尺一”。汉代的制度是：木简长一尺一寸。西汉太监中行说（yuè）教唆匈奴人用一尺二寸的木简给汉朝回信以示倨傲。

**金根车** 天子所乘的车叫金根，配驾六匹马。另外还有五种颜色的坐乘之车，五种颜色的立乘之车，各有一辆。都配四匹马，这种车叫作五时副车。

**鹤禁** 太子居住的宫殿。有白鹤守卫，一般人不得擅自进入，所以叫作“鹤禁”。

**九府圜法** 圜法，就是造钱的方法。天子有九府，即泉府、大府、王府、内府、外府、天府、职内、职金、职币，都是掌管钱币的部门。

**五库** 天子有五库，即车库、兵库、祭器库、乐召库、宴器库。

**黼扆（yǐ）** 天子若坐下就会有黼扆放置在身后，好像背倚着一样。黼扆的形状像屏风，上面画着没有柄的斧，意思是有斧而不用，取金斧有决断之意。

**象魏** 宫门两边的高台上悬挂着圣贤的画像，其形巍峨高大，所以叫象魏。“魏”通“巍”。

**列土分茅** 天子为天下祈福而设立的祭祀土神、谷神之所。用五种颜色的土做成祭坛，分封诸侯的时候，各授予与其相应颜色的土。用黄色的土代表帝王之恩被四方，用白茅来包裹，取其洁净之意，诸侯朝见天子时，立于他们的祭所中，这一行为叫列土分茅。

**枫宸** 汉朝的宫殿前种了很多枫树，所以叫作“枫宸”。又名紫宸。

**罘罳**《注解》说：罘罳（音“环思”），就是“伏思”的意思。君王回到内廷，仍然思考重要的国家事务，称为罘罳。

**金马** 汉武帝得到大宛的良马，用铜铸成它的像，立在署门，称这个门为金马门。《汉书·扬雄传》说：“历金马，上玉堂。”翰林官也被称为“玉堂金马”。

**黄牛白腹** 公孙述废除了铜钱而改用铁钱。蜀地有童谣唱“黄牛白腹，五铢当复。”是说王莽自称为黄，公孙述自称为白，五铢指汉朝的五铢钱，这是说天下要归还给刘氏了。

**两观** 古代的帝王在每个宫殿门前立两个观，用来标识宫门。观上面可以容纳很多人，登上它可以看到很远的地方，所以称它为“观”。

**琼林大盈** 唐德宗（李适）将琼林、大盈等仓库，用来储藏他收藏的私人钱财。陆贽进谏，德宗不听。后来遭遇到朱泚（cǐ）的叛乱（泾原兵变），这些仓库的钱财都毁于战火。

**泽宫** 天子学习射箭的地方。“泽”字取选择贤人的意思。

**水晶宫** 大秦国中有五座宫股，都用水晶来做柱子，所以名叫水晶宫。

**桥门** 汉明帝驾幸辟雍（即当时的大学），当时的缙绅阶层穿着华服围桥门上观看，人数达数万人。因为大学的四门用桥相通，所以叫桥门。

**虎闱** 晋武帝驾临辟雍，设立国子监这样的机构以从普通百姓中培养士人，称之为“虎闱”，又叫虎观

**石渠** 汉代的施雠（chóu）在甘露年间官拜博士，在石渠阁与研习五经的诸位儒生辩论儒家经典的异同。

**凤诏** 后赵的石季龙设置了戏马观，在观上安放诏书，诏书用的是五色纸，把诏书衔在木制的凤凰口中颁布。凤凰用五色漆画成，嘴和脚都用金制。

**紫泥** 阶州武都县（今陇南市武都区）的紫水这个地方有一种泥，颜色是紫的，很有黏性，阶州用它进贡，朝廷用其来为诏书封口。所以诏、诰之类的文书都叫紫泥。

**黄麻** 敕书以前用白纸写，唐高宗时因为白纸容易被蛀。改用黄麻纸。拜授将相等官职，使用的制书都是黄麻纸。黄麻纸就是用黄檗染了的纸，染过后就可以避免虫蠹了。

**内官** 周成王时开始设立宦官。秦始皇开始设立中车府，并设置了令。魏文帝设了殿中制监。隋代设了内侍省，才开始把监叫作太监，增加了少监和监正。秦朝有六局，设置了尚衣、尚冠等官职。

**仪仗** 神农氏才开始设置仪仗，秦、汉开始有了导护，五代开始设置宫中导从。黄帝设置了钺。秦始皇改为镗仪（斧）。晋武常创制了干枪，晋元帝增加了仪刀、仪徨、斑剑。黄帝创制了麾和曲盖。姜太公吕尚创制了华盖。黄帝创制了警跸（警戒清道）。周创制了鸣鞭之仪。黄帝创制了旗，天子出行，把旗杆上饰以象牙的大旗放在前边。周代的制度：树立大旗以表示门。陶穀开始备有岳渎、日星、龙象、大神等形状的旗。尧帝创制了帝王用的车驾，周代改为鸾驾。晋文公制定了左右有守望山泽之官扶持车架的制度。汉武帝让勇敢的武官走在前面。周公开始让侍从悬挂豹尾。唐代开始在卤簿这样的仪仗队里增加豹尾。周公设置了标记里程的鼓车。隋文帝创制了装有漏壶以知时间的行漏车。秦始皇对车制与装饰都进行修改，最终变为金根车，上面有华盖和辨别风向的风鸟，并创制辟恶车在前边开路，又重新设定大驾和法驾的形制。周朝的制度：步辇要用一组人来牵引。秦始皇去掉轮子就变成了轿，让人来抬。汉代制度：后宫的羊车用人牵引，宋朝的制度：椶（zōng）榰子要用竿来抬。汉代创制了天子所乘的皇屋车，宋代创制了棕榈屋，也就是逍遥车。汉武常创制了十二个障扇，唐玄宗开始上殿便需打扇，阎则先奏请让宦官上台执扇。

**戒不虞** 《汉官仪》："侍从的车有八十一辆。排成三行。是尚书和御史乘坐的。"最后一辆车要悬挂豹尾在旗杆上，豹尾过后，担任警卫的执金吾才可撤掉警戒，这是为防备不可预料的事件。

# 名臣

**六佐** 伏羲有六位辅佐大臣：金提主管移风易俗，鸟明主管建福，现败主管灾恶，纪通主管中职，仲起主管海陆，阳侯主管江海。

**六相** 轩辕黄帝有六相：风后、力牧、太山、稽、常先、大鸿。得到这六位大臣，天下便得到了治理。

**八元** 元是善的意思。高辛氏生了八个有才能的儿子：伯奋、仲堪、叔献、季仲、伯虎、仲熊、叔豹、季狸，天下的人称他们为八元。

**八恺** 恺是和的意思。高阳氏生了八个有才能的儿子：苍舒、隤敳、梼戭（音稠演）、大临、龙降、庭坚、仲容、叔达，天下的人称之为八恺。

**四凶** 帝鸿氏有一个不成器的儿子叫浑沌[①]（驩兜），少昊氏有一个不成器的儿子叫穷奇（共工），颛顼氏有一个不成器的儿

① 现一般作"混沌"。

子叫梼杌（táo wù 鲧），缙云氏有一个不成器的儿子叫饕餮（三苗）。并为“四凶”。

**五臣** 舜帝有五位贤臣：禹、稷、契、皋陶、伯益。

**九官** 舜帝任命了九官：禹、契、稷、伯益、皋陶、夔、龙、垂、伯夷。

**十乱** 周武王时有能治理乱世的臣子十人：太公望、周公旦、召公奭、毕公高、闳夭、散宜生、南公适、荣公、太颠、邑姜。

**八士** 周朝有八位贤士：伯达、伯适、仲突、仲忽、叔夜、叔夏、季随、季騧（guā）。

**四皓** 东园公，姓辕名秉字宣明；绮里季，姓朱名晖字文季；夏黄公，姓崔名廓字少通；甪（lù）里先生，姓周名述字元道，因为他们隐居在商山，所以称他们为商山四皓。

**淮阳一老** 汉代的应曜隐居在淮阳，他与商山四皓一同被朝廷征召，但只有应曜始终不出山，当时人就说：“商山四皓，不如淮阳一老。”

**三良** 秦国的子车氏有三个儿子：奄息、仲行、鍼（zhēn）虎。秦穆公死后，命令这三个儿子殉葬。秦国人写了《黄鸟》诗来哀悼他们。

**十八元功** 汉高祖分封了十八个功臣。萧何是第一个，接下来是曹参，后面的分别是张敖、周勃、樊哙、郦商、奚涓、夏侯婴、灌婴、傅宽、靳歙、王陵、陈武、王伋、苏欧、周昌、于护、虫达。

**麒麟阁十一人** 汉宣帝因为四方之国都来朝贡，便想到为自己立下汗马功劳的大臣们，于是便让人把他们的图像画在麒麟阁，共有十一个人，其中只有霍光不写名字，只称为“大司马、大将军博陆侯霍氏”，以下依次是张安世、韩增、赵充国、魏相、丙吉、杜延年、刘德、梁丘贺、萧望之、苏武。

**云台二十八将** 汉明帝怀念助父亲汉光武帝中兴汉室的功臣，于是画了二十八个将领的像供在南宫的云台，排列以邓禹为首，其后依次是马成、吴汉、王梁、贾复、陈俊、耿弇（yǎn）、杜茂、寇恂、傅俊、岑彭、坚镡（xín）、冯异、王霸、朱祐、任光、祭遵、李忠、景丹、万修、盖延、邳彤、铫（yáo）期、刘植、耿纯、臧宫、马武、刘隆，后又增加了王常、李通、窦融、卓茂，共三十二人。马援因外戚的原因而没有被列入。

**十八学士** 唐高祖因为秦王李世民在灭隋的中功劳大，让他可以开府招揽幕僚。秦王于是在皇宫的西边开馆，延揽四方博学之士，如杜如晦、房玄龄、虞世南、褚亮、姚思廉、李玄道、蔡允恭、薛元敬、颜相时、苏勖、于志宁、苏世长、薛收、李守素、陆德明、孔颖达、盖文达、许敬宗，并让库直（随侍帝王左右的亲信）阎立本来为他们画像。加入这个名单中的人，当时人称为“登瀛洲”。

**凌烟阁二十四人** 唐太宗画了功臣的像挂在凌烟阁，长孙无忌、赵郡王孝恭、杜如晦、魏徵、房玄龄、高士廉、尉迟敬德、李靖、萧瑀、段志玄、刘弘基、屈突通、殷开山、柴绍、长孙顺德、张亮、侯君集、张公谨、程知节、虞世南、刘政会、唐俭、李世勣（jì）、秦叔宝，一共二十四人。

**三君** “君”的意思是说被世上的人所宗仰。东汉的窦武、陈蕃、刘淑，被称为三君。

**八俊** “俊”的意思是英豪。东汉李膺、荀昱、杜密、王畅、刘祐、魏朗、赵典、朱寓被称为八俊。

**八顾** “顾”的意思是说能用自己的道德修养来引导别人。郭泰、范滂、尹勋、巴肃、宗慈、夏馥、蔡衍、羊陟（zhì），被称为八顾。

**八及** “及”的意思是指能使别人听从自己。张俭、翟超、岑晊、范康、刘表、陈翔、孔昱、檀敷，被称为八及。

**八厨** “厨”的意思是用自己的财产去救助他人。度尚、张邈、刘儒、胡毋班、秦周、蕃向、王章、王考，被称为八厨。

**八友** 齐王（萧道成）之子竟陵王萧子良创立西邸延请宾客，范云、萧琛、任昉、王融、萧衍、谢朓、沈约、陆倕（chuí），他们都以文章博学见称于世，被人们称为八友。

**浔阳三隐** 东晋博学之士周续之深入庐山，跟随庐山东林寺高僧慧远学习，彭城的刘遗民隐于匡山，陶渊明不理会朝廷的征召，世人称这三人为浔阳三隐。

**竹林七贤** 嵇康、阮籍、山涛、向秀、刘伶、王戎、阮咸被称为竹林七贤，每天以喝酒为最主要的事。颜延之写《五君咏》的诗，只称述阮籍、嵇康、刘伶、阮成、向秀五人，而山涛和王戎都因为官高名显而被嫌弃不录。

**竹溪六逸** 李白少年时便有出众的才能，与鲁地的一些人如孔巢父、韩准、裴政、张叔明、陶沔，一同隐居在徂徕山，终日沉湎于酒，号为竹溪六逸。

**虎溪三笑** 惠远禅师隐居在庐山，每次送客人出来只到虎溪就停步。有一天，送陶渊明、陆修静二人出来，因与二人说话意趣相同，不知不觉竟过了虎溪，因而大笑。世传有《三笑图》。

**何氏三高** 梁朝何胤有两个哥哥何求和何点，三人一起避世归隐，人称何氏三高。他们平时或者坐着柴车，或者穿着草鞋，随心所欲，喝醉方回。当时人称他们是“通隐”。

**饮中八仙** 李白、贺知章、李适之、汝阳王李琎（jìn）、崔宗之、苏晋、张旭、焦遂被称为饮中八仙。杜甫有一组诗叫《饮中八仙歌》。

**荀氏八龙** 东汉颍川人荀淑有八个儿子：荀俭、荀绲、荀靖、荀焘、荀汪、荀爽、荀肃、荀旉（fū），县令苑康说：“从前高阳氏有八个才能出众的儿子，那就把荀家所在地方叫作‘高阳里’吧。”当时的人称他们为荀氏八龙。

**河东三凤** 唐太宗十八学士之一的薛元敬，与薛收及同族兄长薛德音齐名，世称河东三凤。薛收为长雏、薛德音为鸑鷟（zhuó），元敬年少为鹓（yuān）雏。

**马氏五常** 马良字季常。有见弟五人。都有才名。当时的人说“马民五常。白眉最良。”（马氏老大字伯常，老二字仲常，老三字叔常，老四马良字季常，老五马谡字幼常。）

**香山九老** 白居易、胡杲、吉旼、郑据、刘真、卢慎、张浑年纪都在七十以上，狄兼谟、卢贞二人没有到七十，但白居易看重他们的人品，也把他们纳入聚会之中。每天在龙门寺宴饮。当时人称他们为香山九老。

**洛社耆英** 北宋潞国公文彦博仰慕白居易的香山九老会，于是就集中洛阳年高有德行的人举办耆英会，在资圣院建成一个大厅，名为耆英堂，让福建人郑奂把这些人的画像挂在堂里，共有十二人：文彦博、富弼、席汝言、王尚恭、赵丙、刘况、冯行己、楚建中、王谨言、张问、张焘、王拱辰。当时司马光年龄还不到七十，文潞公就以白居易看重狄兼谟的这事为例。请温国公司马光加入耆英会。

**白莲社** 慧远上人与十八位贤人一起静修净土心法。就写了一封信给陶渊明。陶渊明回信说：“弟子嗜酒，如果允许喝酒我就去。”静远上人答应了他，于是陶渊明就来了。到了又强拉他入社，陶渊明皱着眉头走了。谢灵运请求入社。静远上人认为谢灵运心思太杂，拒绝了他。

**建安七才子** 徐干、陈琳、阮瑀、应玚（yáng）、刘桢、孔融、王粲七人以文章闻名天下，世人称他们为建安七才子。

**兰亭禊社** 王羲之在兰亭举行修禊之礼。与孙绰、许询等四十二人举行盛大的集会。当天王大令等十六人没有写出诗来，于是各被罚了三杯酒。这是石崇金谷园中罚酒的惯例。

**西园雅集十六人** （西园是驸马王晋卿的庄园）苏东坡、王晋卿、蔡天启、李端叔、苏子由（苏辙）、黄鲁直（黄庭坚）、晁无咎（晁补之）、张文潜、郑靖老、秦少游、陈碧虚、王仲至、圆通大师、刘巨济，李伯时画《西园雅集图》，米芾在画上题写了文字。

**四杰** 唐代的王勃、杨炯、卢照邻、骆宾王，因文章写得好而同时名扬天下，时称“四杰”。

**铛脚刺史** 唐代薛大鼎任沧州刺史，郑德本任瀛州（今河北省河间市）刺史，贾敦颐任冀州刺史，都因治理有方而得贤名，所以当时河北人说他们就像铛上有三只脚很稳定，使河北百姓生活安稳，所以称他们为铛脚刺史。

**易水三侠** 燕国太子丹在易水边上送荆轲赴秦，高渐离击筑而歌，宋如意随着一起唱。《战国策》《史记》都没有记载宋如意的名，但陶渊明《咏荆轲》诗中有“渐离击悲筑，宋意唱高声”的句子。《水经注》中也有他的名字。

**五马** 南齐柳元伯有五个儿子，分别做了五个州的太守，所以时常有太守的五马车驾在庭院之中出现。殷文圭写文章说："荀家门内罗列八龙，柳氏庭前参差五马。"

**窦氏五龙** 北宋窦仪字可象，蓟州渔阳人。其父窦禹钧在北周曾任谏议大夫，有五个儿子，即窦仪、窦俨、窦侃、窦偁、窦僖，相继登科入仕。当时人称他们为"窦氏五龙"，又称为"燕山五桂"。

**汉三杰** 张良、韩信、萧何。

**程门四先生** （北宋大儒程颢程颐四个有名的弟子）谢良佐、游酢、吕大临、杨时。

**四贤一不肖** 范仲淹、余靖、尹洙、欧阳修被称为"四贤"。高若讷被称为"一不肖"。[①]

**睢阳五老** 北宋的冯平与杜衍、王焕章、毕世长、朱贯，都是年高德劭之人，辞官归隐故乡过着悠闲自得的生活。在闲暇的日子里宴集玩乐时，曾写诗说："醉游春圃烟霞暖，吟听秋潭水石寒。"当时人称他们为睢阳五老。

**昭勋阁二十四人** 宋理宗宝庆二年（1226年），为去世的功臣画了画像并挂于昭勋阁，有赵普、曹彬、薛居正、石熙载、潘

---

① 景祐三年（1036年），范仲淹与宰相吕夷简争执，被黜知饶州。当时秘书丞余靖上书请求修改诏命；太子中允尹洙上疏自讼和范仲淹是师友关系，愿一起降官贬黜；馆阁校勘欧阳修责备高若讷身为谏官，对范仲淹被贬之事一言不发，蔡襄当时也作《四贤一不肖》诗，攻击高若讷。

美、李沆、王旦、李继隆、王曾、吕夷简、曹玮、韩琦、曾公亮、富弼、司马光、韩忠彦、吕颐浩、赵鼎、韩世忠、张浚、陈康伯、史浩、葛邲、赵汝愚，共有二十四人。

**二十四孝** 虞舜耕田于历山（因孝感天，有象为之耕，鸟为之耘），汉文帝为母尝药三年如一日，曾参因孝可感慈母啮指之痛，闵损推车（闵损穿后母用芦花做的棉衣而不抱怨），子路负米（自己吃的是粗陋的饭菜，把米背给百里之外的父母），董永卖身葬父，剡子鹿乳（为求鹿乳治父母的病而假扮鹿，差点被射杀），江革行佣（东汉江革一路背着母亲避战乱），陆绩怀橘（陆机6岁见袁术，为母藏橘），山南乳姑（唐代崔山南的祖母用奶水来喂养没有牙的婆婆），吴猛饱蚊（晋朝吴猛8岁时，为了不让蚊子叮咬父母，就脱衣让蚊子叮咬），王祥卧冰（王祥冬天为继母在冰上捕鱼），郭巨埋儿（晋代一个叫郭巨的人为养活母亲而打算将儿子活埋，挖坑时发现黄金），杨香搤虎（晋朝14岁女子杨香，在老虎要吃她父亲时，跳上前掐住老虎的脖子，使得父亲虎口脱险），寿昌寻母（北宋朱寿昌为寻母辞官），黔娄尝粪（南齐庾黔娄，为父病弃官，尝父粪便以辨病情），老莱戏彩（春秋老莱子穿花衣服，学小儿哭啼，以博父母笑），蔡顺拾葚（汉时王莽之乱时，蔡顺年幼，捡拾桑葚黑的给母亲吃，未熟的红的自己吃），黄香扇枕（东汉黄香在夏日为父亲扇枕席），姜诗跃鲤（姜诗因为孝母而感动天地，江里每天跃出两鲤），王裒泣墓（魏晋人王裒每到雷雨天就到母亲墓前，与怕雷的母亲做伴），丁兰刻母（汉时丁兰先不孝，后悔改，将刻母像供奉），孟宗泣竹（三国时人孟宗为冬日无笋而哭，感动天地），庭坚涤皿（黄庭坚每天为母亲洗便盆，也称庭坚涤秽）。

**三株树** 王勃6岁就能写文章，与兄王勔（miǎn）、王勮

（jù）皆负盛名。父亲的朋友杜易简为之惊奇，称“此王氏三株树也”。

王勃写文章，都先磨好磨，然后拿被子盖着脸躺下，一会儿突然坐起，文不加点一气呵成，人们称之为腹稿。

**北京三杰** 唐代在晋阳做官的富嘉谟、吴少微和在太原做官的魏郡的谷倚三人，都有擅长文辞的盛名，当时人称北京三杰（当时称太原为北京）。人们认为天下文章皆浮华鄙俗而萎靡不振，只有吴少微、富嘉谟以儒家经典为根本，文辞雅正浑厚、立意雄奇超迈，为时人所仰慕，号称吴富体。

**五子科第** 黄汝楫在方腊进犯家乡时，拿出财物二万缗，赎回被劫掠的士子、女子上千人。晚上梦见有神人来告诉他说：“上天因为你救活这样多的人，赐你的五个儿子都中科举。”后来他的儿子黄开、黄闶、黄阁、黄闿（kǎi）、黄闻都考中科第。

**四豪** 东周列国时期赵国的平原君赵胜，齐国的孟尝君田文，楚国的春申君黄歇，魏国的信陵君魏无忌，被称为四豪。

**五龙** 南北朝时，张镜与颜延之是邻居，颜延之每次喝酒都大喊大叫个不停，而张镜那边却寂然没有声音。一天张镜与客人谈话，颜延之在篱笆前取小凳坐下来听。听到的都是清雅的言辞，心中很是佩服，便对客人说：“那边有高洁之人。”从此不再大喊大叫了。张镜兄弟五个都是当时名士，当时人们称他们为张氏五龙。

**河东三绝** 唐代的徐洪，任满州司兵参军，当时的司户韦暠非常善于断案，司工李登善于写字，徐洪善于做文章，并称为河东三绝。

**兖州八伯** 羊曼是羊祜的从孙，放任不羁，又十分嗜酒，与阮放等八个人非常要好。当时人称阮放为宏伯，郗鉴为方伯，胡毋辅之为达伯，卞壶为裁伯，蔡谟为朗伯，阮孚为诞伯，刘绥为委伯，而曼为黯伯，号“兖州八伯”，又号为“八达”。

**五忠** 刘韐（gé）是福建崇安人，他的先祖从京兆迁徙到福建，子孙后代在宋朝为官，得到谥号为“忠”字的有五个人，被人称为“五忠”。刘韐以学士身份出使金国。金国人强行把他留下来，他上吊而死，谥号显忠。他的长子刘子羽官至枢密使，他第一个举荐吴玠、吴璘，（南宋）中兴之时吴玠、吴璘战功很多，都是刘子羽的识人之功啊。

**九牧林氏** 唐代的林披，官至太子詹事（掌管皇太子宫中事务）。有九个儿子官至刺史，号称“九牧林氏”，而其中林藻、林蕴最为知名。

**八子并通籍** 明代的许进，官至吏部尚书，死后谥号为“襄毅”，他的儿子许诰南官至户部尚书，死后谥号为“庄敏”；许赞官至大学士，死后谥号为“文简”，许论官至兵部尚书。八个儿子都做了高官，四海之内没有人比他们家更兴旺发达的了。

**一门仕宦** 宗资是南阳人，世代居住在这里（宛）。一家入仕途做官的，达到卿相地位的就有三十四人，在东汉时期没有人能与他们相比。

# 附：奸佞大臣

**历代奸佞** 夏代启刚成为皇帝的时候，有扈氏无道，暴虐，轻侮宇宙万物，背弃天地人的正道。夏启征讨他，在甘地大战，打败了他。

相是夏代皇帝的时候，有穷氏首领后羿掌握了权力，后羿驱逐了相。后羿的臣子寒浞（zhuó）杀了后羿并自立为帝，并且还杀了夏帝相。相的皇后缗是有仍国君的女儿，刚刚怀孕，逃回了有仍国，生下了少康。夏代的旧臣靡起兵杀死寒浞并立少康为帝。

周成王年幼时即位，由周公旦辅政。管叔、蔡叔、霍叔三人散布流言说："周公将对天子做出不利的事。"然后就联合商纣王的儿子武庚造反，周公于是作了《大诰》，然后奉成王之命征讨并平息了这场叛乱。

吴国的太宰伯嚭（pǐ）收受越国的贿赂，于是便答应帮助越国，并以谗言陷害伍子胥，使越国灭亡吴国。

春秋时，晋国的大夫魏斯、赵籍、韩虔三人瓜分了晋国的领地。齐国的田氏取代姜氏，这都是因为周天子破坏了礼制，加恩特赐的结果。

秦朝的李斯奏请：“史官的书如果不是关于秦国的记录就烧掉，敢提及《诗经》与《尚书》的人就砍头，借古事来议论当今之事者灭族，只有讲医药、卜筮、种树的书不烧。如果有人想学习法令，可以向当地官员学。”皇帝批示说：“可以执行。”于是便坑杀了儒生四百六十多人。秦始皇突然死于沙丘（在邢台），赵高与李斯传假遗诏，废弃太子扶苏，立胡亥为太子，这就是秦二世。赵高倚仗自己有恩于二世胡亥便恣意专行，但怕李斯有意见，便灭李斯一族，自己当丞相。等到章邯兵败，又怕这事连累自己，赵高跟女婿咸阳令阎乐一起在望夷宫谋杀了秦二世，再立子婴为秦王。子婴联合自己的两个儿子刺杀了赵高，诛灭其三族。

楚王项羽的大将丁公穷追汉王刘邦到彭城的西边，短兵相接。刘邦势急，回头对丁公说：“两个贤人为什么要相互残杀呢！”丁公便退军了。后来刘邦当上了皇帝，丁公来拜见。刘邦就在军中对众人说：“丁公作为项王的臣子却不为项王尽忠，使项王失掉了天下。”于是便把丁公斩了。

汉武帝的丞相田蚡（fén，汉景帝皇后王娡同母异父弟），骄奢淫逸，金玉、美女、狗马、声乐，各种玩乐之物多得无法计数。入朝奏事所说，皇帝全都照办。他推荐的人可以从平民直接做官到二千石的职位，就这样把皇帝的权力那转移到他手中了。汉武帝说：“你要任命的官吏完了没有？我还想任命一些官呢！”他曾经请求把考工（掌工官器械制造）的地批给他建造宅第，汉武帝说：“你为什么不直接拿走武库？”这以后他才稍微收敛一些了。

西汉时，赵国人江充开始是赵敬肃王刘彭祖的门客，因为得罪世子刘丹而逃亡，又到朝廷告发刘丹的隐秘之事，刘丹世子身份因此被废。皇帝召江充来谈话，非常高兴任命他为直指绣衣使者（代表皇帝和朝廷缉捕活跃在京城的匪盗），让他专门监督皇亲国戚违制行为。刘充因抓捕过太子的人而得罪过太子，就说皇上的病是因为巫蛊作祟。于是皇帝让江充来查办。江充说“在太子宫里得到很多巫蛊人偶，还有帛书，上面全是大逆不道的话。”于是紧急搜捕太子。太子也派遣长乐宫卫士抓捕江充等人，并将他们斩杀。随后太子也自杀而亡。后来汉武帝有感于田千秋[①]的话，就杀掉了江充全族。

汉昭帝初年，左将军上官桀曾受遗诏辅佐小皇帝，他的儿子上官安有一个女儿，就是霍光的外孙女，上官安想通过霍光让昭帝娶他的女儿，但霍光因为这个女孩子年纪还小，便没有管。上官安又利用昭帝的姐姐鄂邑盖长公主的关系送女儿入宫为婕妤，一个多月后立为皇后。

上官安因此怨恨霍光而对盖长公主感恩戴德。他知道燕王刘旦是昭帝的哥哥却没有被立为皇帝而心存怨恨，便使人假托燕王上书，想要共同来拘捕霍光。奏书交上去后，霍光在外而不敢进宫。昭帝召他进去，霍光进去后脱下官帽磕头谢罪。昭帝说：“请将军戴上官帽吧，我知道这封奏书是假的，将军没有罪。将军调选校尉到现在不到十天，燕王怎么会知道这件事呢？”当时昭帝

---

① 田千秋（？—前77）就戾太子刘据蒙冤一事上书，说：“子弄父兵，罪当笞；天子之子过误杀人，当何罪哉”意思是：“当儿子的调动父亲的军队，顶多是挨顿鞭子的小罪罢了；天子的儿子犯错误杀了人，又算得了什么呢？”

才14岁，左右大臣听了都很震惊，而且上书的人也果然逃跑了。后来上官安等人又密谋让长公主摆酒请霍光，并埋伏兵士想在席间杀死霍光并乘机废除昭帝。正好公主的舍人知道这个阴谋并告发，于是逮捕了上官桀、上官安等人并把他们全族诛杀，长公主也自杀了。

汉元帝任命史高为尚书，弘恭、石显参与机密决策。萧望之等人建议说，应当罢去中书（中央最高权力中心）宦官的职务，以顺应自古以来不与宦官亲近的道理。因此与史高、弘恭和石显相敌对。弘恭、石显于是便上奏说萧望之与周堪、刘更生私结朋党，请元帝下令把他们召到大理寺来审问。元帝起初不答应，后来勉强允许了这个奏请。萧望之服毒自杀。元帝听到后大惊，搓着手说曰："我早就知他不肯受牢狱之辱，果然错杀了我的贤相！"

汉成帝把政事全委托给舅舅王凤，并把诸位舅舅都封了官，王谭、王商、王立、王根、王逢均封列侯。太常谷永私下想依附于王凤，便说："您是与皇上有骨肉关系的大臣，有周代申后之父申伯那样的忠诚，却没有重合侯莽通、安阳侯上官桀、博陆侯霍禹那样以外戚身份而作乱的事。"以此来歌颂他。当时很多人上书说各地的灾害或奇异之事，大多都讥讽是因为王凤专权而导致的。成帝亲自问张禹，张禹说："灾难所代表的天意幽深邈远而难以探明，这是那些被新学教坏的小人乱说想要误导别人的。"戴永嘉评论说："王姓代替刘汉，开始于杜钦、谷永，成熟于张禹、孔光，到刘歆时终于彻底被王姓取代。这几个人都号称是儒士，以贤良直谏为名，以通习经典、学习古人为贤，却利用经术文饰圣贤经典，以便他们的奸计得逞，又接近奸佞小人，同时凭借皇上对他们的恩宠来谋取富贵，却到这种地步，就连山野村夫平民百姓都不如啊！”

汉平帝五年五月（元始四年，公元4年），朝廷给安汉公王莽加九锡。王莽趁腊日进上椒酒，并在酒中下毒。平帝生病时，王莽在祭祀时祈祷，愿意以自己的身体代替平帝而死，然后把写的策词放在金柜中，放在前殿，告诫其他人不要说出去。后来平帝驾崩，大臣纪逡、郇越、郇相、唐林、唐遵、扬雄、谷永、刘歆、孔光等人奏请太后，要请安汉公暂代皇帝之位，太后下诏说：“可以”。不久王莽登上天子位，改国号叫“新”，窃刘氏皇位十八年，最后被汉军杀死。

汉章帝宠信窦宪，窦宪用很低的价格夺取了沁水公主的田园，不久又因为争权刺杀了都乡侯刘畅。窦太后让他出击匈奴来赎罪，这又导致窦氏兄弟专权。汉和帝与中常侍郑众秘密根据以前的事例，带兵逮捕了窦宪，并逼迫他自杀。然而，窦氏虽然除掉了，可宦官的权力却从此强盛起来了。

汉安帝驾崩，阎太后临朝听政。她想要长久地专政，便与阎显等人商量计策，立还在幼年的济北惠王的儿子刘懿为帝，没过多久，刘懿死了。中常侍孙程、王康等十九人，密谋迎请济阴王刘长即皇帝位，这就是汉顺帝。即位后便诛杀阎显，贬阎太后，封孙程等人为列侯，世称十九侯。

汉顺帝崩，太子刘炳即帝位，当时才2岁，梁太后临朝听政，但只在位一年。又迎请渤海孝王的儿子刘缵即位，刘缵时年8岁，生来就很聪慧，曾经在朝会上看着梁冀说：“这是跋扈将军。”梁冀听到后非常不高兴，便在点心里放毒弑杀了他，刘缵在位也只一年。梁冀迎请蠡吾侯刘志即帝位，这便是汉桓帝。梁冀一门，前后有七位侯爵、三个皇后、六个贵人、两个大将军，娶到公主的也有三人，其余卿、将、尹、校之类的官有五十七人。梁冀专权并作威作福，恣意妄为，横行宫中内外，天子大权旁落，连亲手给别人东西都做不到，汉桓帝非常生气，便与单超、徐璜等共谋，诛杀了梁冀。于是封单超等五人为县侯，世人称为五侯。当时，梁氏虽然被除掉，可五侯又开始肆虐，而贤明忠烈之士群情激愤，最终酿成了党锢之祸。

汉桓帝没有儿子，窦太后就立解渎亭侯刘苌（cháng）的儿子刘宏为帝，这便是汉灵帝。当时的中常侍曹节、王甫等人互结朋党，谄媚窦太后，太后竟然也相信他们。陈蕃、窦武对此很痛恨。当时正好出现了日食，窦武便向太后进言诛杀曹节等人，太后犹豫不忍。曹节召来尚书，威胁着让他写伪诏，任王甫为黄门官，并让他拿着皇帝的信物去逮捕窦武等人。窦武不接诏书，他们便拘捕了陈蕃，带到北寺狱中杀害了。王甫率领虎贲、羽林军等共计一千多人围住窦武。窦武自杀而亡。宦官自此更加横行而流毒无尽。当朝官员、忠臣、义士被一并杀害。灵帝驾崩后，皇太子刘辩即帝位，何太后临朝听政。中军校尉袁绍劝何太后的哥哥何进把宦官全部诛杀，何进来请示太后，太后不听。袁绍等人又向何进献计，召四方猛将，让他们带兵来朝，以威胁太后。何进认为这是个好办法，于是召董卓带兵进京，董卓还没到，何进便被中常侍张让等人假传圣旨而杀掉。袁绍听说何进被杀，便带兵搜捕宦官，无论老幼全部杀掉。张让看形势急迫，便胁迫皇帝与陈留王刘协出了谷门。后来张让投河而死。董卓到京，认为陈留王很贤明，便废帝而立陈留王刘协，这就是汉献帝。董卓专政，淫乱后宫，关东的州郡都起兵来讨伐董卓。董卓便想迁都躲避，于是放火焚烧了宫庙官府，劫持献帝迁都于长安。司徒王允和司隶校尉黄琬设计让吕布诛杀了董卓，百姓在路上唱歌跳舞来庆贺。

王允想把董卓一党全部诛杀，董卓的部将李傕、郭汜等人攻入长安，杀死了王允。杨奉、韩暹（xiān）二人将献帝的车驾到雒阳。曹操又劫持献帝并迁到许都，然后挟持天子用来号令诸侯，又杖毙伏皇后，其实，曹操早就藏有废除君王的心思，但害怕名义上不好听，便想学周文王，来欺瞒后世的人，到他的儿子曹丕才篡位，奉汉献帝为山阳公，汉朝就此灭亡。

蜀汉的宦官黄皓谄媚逢迎又狡诈无比，后主（刘禅）非常喜欢他。黄皓开始害怕董允，还不敢为非作歹。董允死后，陈祇接替董允为侍中。而陈祇与黄皓狼狈为奸，从此黄皓才开始参与政事。魏国司马昭大举兴兵攻蜀，姜维奏请：遣左右车骑张翼、廖化督诸军分别守护阳安关口及阴平之桥头，以防未然。然而黄皓相信巫术，认为敌军不可能进入蜀地。就奏请后主刘禅把这事压下去，结果群臣都不知道有此事。而邓艾果然冒险从阴平入蜀，汉兵没有想到魏兵从天而降，老百姓也乱成一团。谯周劝后主投降，蜀国就此灭亡。

魏国曹爽用何晏、邓飏、丁谧之计谋，结果使得太后在永宁宫里专擅朝政。司马懿称病居家，不参与政事，但暗地里与他的儿子司马昭谋划诛杀了曹爽及何晏邓飏等人，从而掌握了国家大权。司马懿死后，他的儿子司马师当了大将军。司马师又废了魏主曹芳，迎立高贵乡公曹髦。司马师死后，他的弟弟司马昭被封为晋公，加九锡。

魏主曹髦看到权力日渐减少，非常气愤，说：“司马昭心里想什么，连路人都知道。我不能坐等被废而受辱，今天应当自己出去讨伐他。”于是便拔剑坐上辇车，率领殿中值宿的卫兵、仆人和宫中的童子，呐喊着冲出来，但被司马昭的同党贾充和成济刺死在车下。司马昭将曹髦为庶人，再迎立常道乡公曹璜为主。司马昭死后，他的儿子司马炎继承晋王的爵位，然后篡位，废魏主为陈留王。从司马懿到司马炎，其弑主无道的行径，比曹操处置汉献帝还要厉害，世人都说这是上天的报应。

孙吴的孙琳废吴主孙亮为会稽王，迎立琅琊王孙休。孙休死后，他的侄子孙皓上位。孙皓为人骄淫残忍，比夏桀、商纣还残暴，后归降晋，被封为归命侯。贾充对孙皓说：“听说你在南方挖人的眼睛，剥人的脸皮，这是惩罚何种罪过的刑罚呢？”孙皓说：“为人臣子却弑杀其君王以及奸恶不忠的人，就用这种刑。”贾充（因弑杀旧主魏帝曹髦）而默然内心有愧。

晋世祖（司马炎）皇后的父亲杨骏四处结党，势力倾轧内外。晋世祖驾崩后，晋惠帝（司马衷）即位。贾后非常凶悍，想要干预朝政，但被杨骏压制，于是便陷害杨骏谋反杀了他。并废除了杨太后。不久贾后毒死太子。赵王司马伦和孙秀等人起兵杀了贾后，赵王司马伦篡位。齐王司马冏等人又起兵讨伐司马伦。并杀死了他，于是晋惠帝又重回皇位。齐王冏一旦得志，便又骄奢专权，宫中内外的人士都感到失望。河间王司马颙（yóng）、成都王司马颖等，又都起兵讨伐齐王冏，并杀了他，然后立司马颖为皇太弟。河间王的将领张方废了皇太弟司马颖。改立豫章王司马炽为皇太弟，这就是晋怀帝，后来被刘聪（汉赵刘渊第四子）抓住而杀害。

东晋王敦与刘隗、刁协结怨，就以清君侧之名，上疏陈列二人罪状，并起兵占据南京。说："我不能再做辅佐君王的事了。"元帝命刁协、刘隗，戴渊率兵攻打南京，刁协、刘隗都战败了。晋元帝命令众公卿百官到南京见王敦，以王敦为丞相，督中外诸军事。吕猗建议王敦抓捕周顗和戴渊，并杀了他们，然后不朝拜元帝，就回武昌了。晋明帝元年（323 年），王敦病得厉害，司徒王导率领家人子弟为他举哀，众人都以为他真的死了，于是便拿了诏书到王敦的府上，列举王敦的罪行。王敦见到诏书非常生气，然而病却更加重了，无法自己领兵，便让自己的哥哥王含率兵五万，杀到江宁。晋明帝各路军袭击，并大破来军，王敦很快便死了，王敦的同党也都被消灭了。于是把王敦的坟墓打开把尸体拉出来，让他两膝跪地然后斩首。

晋成第二年（327 年），庾亮认为苏峻盘踞历阳（今安徽和县）终究会成祸乱，便下诏书征苏峻回朝。苏峻不听，知道祖约对朝廷也有怨气，便与其联合一起发兵讨伐庾亮。他们率领众兵到蒋陵，然后攻打青溪，卞壸（kǔn）就战死于此。又借风势放火烧了官府。庾亮只好逃到浔阳。苏峻的大兵进入台城，把官府抢劫一空。温峤、陶侃、郗鉴等人起兵讨伐苏峻。苏峻听到四方兵起，便逼成帝迁到南京。陶侃等人攻克南京，并杀了苏峻，祖约逃到后赵去了。

晋帝奕五年（370 年），大司马桓温私下有篡位的想法，曾经抚着枕头长叹说："大丈夫即使不能流芳百世，也应当遗臭万年。"等到在枋头（东晋军事要地）大败后，威名锐减。郗超对桓温说："您如果不仿效伊尹、霍光来行废举之事，那就没办法建立更大的威势与权力。"桓温认为他说的是对的。于是便到建康，宣布太后的命令，废皇帝司马奕为东海王，立会稽王昱为帝，这就是简文帝。后来桓温死前，让弟弟桓冲率领自己的军队，桓冲代替桓温的职务后，就对王室尽忠。

晋烈宗司马曜统治的时候，南郡公桓玄自负有才干，便自以为是英雄豪杰。朝廷对他有怀疑而不敢任用他。23岁的时候，下诏封官为太子洗马，后来补官至义兴太守，但一直郁郁不得志。长叹说："父亲当九州的首领，而儿子却只是五湖的官长。"于是弃官归去。后来他篡了晋安帝的皇位，登上王座的时候，王座忽然塌陷，群臣大惊失色。殷仲文说："可能是因为您的圣德过于深厚，连地都无法承载。"桓玄非常高兴。但后来被刘裕打败并斩杀。

刘宋时期的徐羡之、檀道济等人废黜了宋王刘义符，不久后就杀了他。太子刘劭杀了自己的父亲文帝刘义隆；寿寂之杀了君主刘子业；萧道成杀了苍梧王刘昱，又杀了宋顺帝刘準。

南齐的西昌侯萧鸾杀了君主萧昭业，迎立萧昭文，不久又将其废为海陵王，自己即位，这就是齐明帝。后来太子萧宝卷即帝位，又为萧衍所杀。

梁武帝萧衍被侯景饿死。梁简文帝萧纲被侯景杀死。梁世祖萧绎投降了西魏仍然被杀。梁敬帝被陈霸先所杀。

隋代的杨广杀了哥哥谋得皇太子位，后来又杀了父亲杨坚而自立为帝。最后巡狩扬州的时候，天下反兵四起。内史侍郎虞世基因为炀帝不喜欢听到叛军的消息，所以各个郡县凡有报告失败的消息并求救的，虞世基就把文书压下不让炀帝知道。所以起义的人遍及海内，攻占郡县，炀帝却都不知道。后来炀帝被宇文化及所杀。

隋代的晋阳宫监裴寂与晋阳令刘文静等人密谋，晚上把李渊灌醉，让皇帝行宫晋阳宫中的人侍奉李渊，迫使李渊起兵。

唐太宗曾经在一棵大树下休息，非常喜爱这棵树，宇文士及便顺着他的口气赞誉不已。唐太宗严肃地说："魏徵曾经劝我远离奸佞小人，我还不知道什么人可称奸佞小人，心里怀疑是你，现在看来果然没错！"

唐太宗的太子李承乾喜声色犬马，所作所为都是奢靡之事。魏王李泰多才多艺，很受太宗喜欢，因此有了夺取太子之位的想法。太子知道后，就偷偷养了刺客纥干、承基，想谋杀魏王李泰。恰逢承基因事入狱，就改变主意告发太子谋反，太宗命敕中书门下省一起审讯此案，谋反的证据确凿，太子被废为庶人，侯君集等人皆伏法被杀。于是立晋王李治为皇太子。

康高宗李治想要立唐太宗的才人武则天为皇后，褚遂良坚持说不可以。高宗又问李勣，李勣回答说："这是陛下的家务事，为什么要问外人呢？"许敬宗在朝廷上也说："乡下的农民多收了十斛麦子，就想要换老婆，何况天子是立自己的皇后，与其他人有什么相干，大家为什么妄生异议呢？"于是便废王皇后、萧淑妃为庶人，让李勣拿着玺印和绶带，册封武则天为皇后。

唐代武则天为太后时，因为李唐的宗室和大臣有怨气，便想杀一些人来立威，于是大开告密之门。胡人索元礼因为告密而升官为游击将军，武则天令他掌管审讯之事。索元礼性格很残忍，审讯一个人，必会牵连几十上百人。又有周兴、来俊臣等人仿效他，很快效仿的人越来越多，他们一起撰写了《罗织经》数千字，来教唆这类人网罗无辜之人，朝内朝外的人害怕这几个人就像害怕虎狼。后来周兴因罪而流放岭南，在路上就被仇人杀死。索元礼被太后杀死，以此来抚慰人心。

唐代的侍御史傅游艺向朝廷上表请改国号为“周”，武则天认为可以。于是驾临则天楼，大赦天下，改“唐”为“周”。同时立豫王李旦为皇太子，赐他姓武。傅游艺在这几年里，官服的颜色从青到绿，再从朱到紫，即从九品升到三品，当时人因其官服的颜色好像四季变化一样而称他为四时官员。

唐代的杨再思当宰相，极尽奉承谄媚之事。司礼少卿张同休，是张易之、张昌宗的哥哥，曾经召公卿宴乐，酒喝到高兴处，他对杨再思开玩笑说：“杨内史的面相长得像高丽人。”杨再思便高兴地为张同休跳起了高丽舞，在座的人都为之大笑。

唐中宗让韦皇后与武三思下双陆棋，而自己却在一边为他们数筹码，于是武三思便与韦皇后私通，结果武氏的势力又再次抬头。

唐中宗宴请近臣，国子监祭酒祝钦明自己请求跳一下八风舞，只见他摇头晃脑，丑态尽出。本来祝钦明向来以儒学而著称，卢藏用就对人说：“祝老先生的五经（斯文）就像被扫的地一样，全都没了。”

唐代的杨洄又诬告太子李瑛、鄂王李瑶、光王李琚，说他们暗地在商议重大阴谋，玄宗就召大臣来探讨这件事。李林甫回答说:“这是陛下的家务事，不该是我们这些臣子应该参与的。”玄宗决定将三位王子废为庶人，并于城东驿站处死。大理寺卿徐峤上奏说:“今年全天下判处死刑的有五十八个人，大理狱院向来相传杀气太重，鸟雀都不栖居，但现在有喜鹊在这里的树上做巢。”于是文武百官认为这是国家不用刑罚的仁德所致，所以向玄宗上表称贺。玄宗归功于宰相的辅佐，赐给李林甫爵位。晋国公牛仙客、豳国公范华阳说:“明皇一天杀了三个儿子，而李林甫却因为不用刑罚而受到赏赐，谗谀之人得宠如此，这是天理被消灭了！这样国家能长久而不发生大乱吗？”

唐代安禄山被敌军打败，著名守边大将张守珪上奏请玄宗将安禄山斩首。但玄宗爱惜他的才能，只下令免除他的官职。张九龄坚持与玄宗争论说:“安禄山治军无方而吃了败仗，根据国法不能不杀他。而且我看他的外表有谋反之相，不杀的话肯定会有后患。”玄宗说:“你不要用王衍(夷甫)说石勒的前例来枉害忠良。”竟让安禄山做了节度使，可以出入皇宫。安禄山乘机请求成为杨贵妃的干儿，二人又有丑闻被外人听到，但玄宗仍不怀疑他。当时政事都交给李林甫，李林甫谄媚玄宗左右的人，排挤那些能力高于自己的人，嘴巴如蜜而腹内有刀，结果酿成天下大乱。安禄山因为李林甫的狡猾过于自己，倒也害怕他。等到杨国忠为宰相时，安禄山对他很轻视，因此二人有了敌意。然而安禄山虽然暗藏祸心，但因为玄宗对他很好，就想等玄宗死后再作乱。但杨国忠想让他赶快谋反以让玄宗相信自己，便把安禄山的要造反的一些迹象告诉玄宗，并多次用一些事情来激怒安禄山，结果安禄山就反了。

唐肃宗的张皇后，与李辅国内外勾结，独断专权。到了晚年二人又相互仇视，便想杀掉李辅国，并废除太子。内侍官程元振与李辅国密谋，贬张皇后到其他宫殿中，不久便杀了她。丁卯日，唐肃宗驾崩，唐代宗即位，他厌恶李辅国专横，但因为他有杀张皇后的功劳，不想太张扬地诛杀他。就在夜里派刺客到他的家里去，砍了李辅国的头和一条胳膊后离开。

唐代宗宠信任用宦官程元振。吐蕃兴兵攻唐，程元振不把此事上奏，郭子仪请求调兵，程元振也不给通秉召见，导致代宗后来仓皇跑到陕州。吐蕃大军进入长安，劫掠朝廷府库和平民人家，焚烧宫殿府库，京城变得一片萧索。代宗派使者到各地去调兵，李光弼等人都害怕程元振，没有人敢来。朝野内外都切齿痛恨却没人敢说什么。太常博士柳伉上疏说他迷惑皇帝，祸乱国家，有误朝廷，结果代宗因他让自己有了皇位，只是削去他的官爵，放他回老家而已。

观军容宣慰处置使（监军使）宦官鱼朝恩，独自执掌禁军，受到的宠信非比寻常，权倾朝野。唐代宗让元载来策划（捉拿鱼朝恩的方法），终于抓捕了鱼朝恩并把他吊死。而元载因诛杀鱼朝恩有功，代宗宠信他让他官至中书侍郎，他也专横无比，不久后也被赐自尽。官府抄家时，仅胡椒这样贵重的香料就有八百石，其他的财物也多是这种贵重之物。

唐德宗很喜欢卢杞，提拔他为门下侍郎。卢杞想巩固势力建立权威，便召来裴延龄当集贤直学士，并亲自任命他。后来他诬杀杨炎，独揽国家大权，把朝政弄得乌烟瘴气，混乱不堪，导致了姚令言、朱泚之乱。德宗出逃到奉天城（陕西乾县），朱泚又围攻奉天超过一月。李怀光日夜兼程来援救，在醴泉打败朱泚。朱泚领兵逃回了长安。李怀光多次与人说及卢杞、赵赞、白志贞是奸佞之辈，而且说："我如果觐见皇上，将请求皇上杀掉这几个人。"卢杞听到后很害怕，便奏请皇上下诏让李怀光带兵屯驻便桥，与李晟约定时间进兵攻取被叛军占领的长安。李怀光觉得数千里竭尽忠诚来赴君难，却隔咫尺而不得见天子，只好怏怏不乐地领兵走了。后来德宗从容地与李泌谈论他即位以来的宰相，说："卢杞忠心、清廉、坚强、正直，别人说他是奸邪小人，可我竟不觉得。"李泌说："这正是卢杞之所以是奸邪小人的地方呀！如果让陛下觉察到了，怎么能有建中之乱①呢？"

唐宪宗怀疑李绛、裴度私结朋党，却从不怀疑李吉甫、程异、皇甫镈。主要是因为李绛、裴度多次进谏，而李吉甫、程异、皇甫镈却顺从他的意旨来阿谀他，所以觉察不到他们的欺诈。范祖禹②说："汉代的党锢始于以周福、房植为代表的甘陵郡两派人的互相指责，到郭泰为代表的太学生的互相吹捧则已无可挽回。唐代的朋党开始于牛僧孺、李宗闵的对策案，到钱徽之的被贬算是达到顶峰。这都是因为君主的德行不明慧、君子和小人混杂于朝，不辨正邪忠奸随意罢免，又任他们自己互相争斗而造成的。"

唐穆宗的时候，李逢吉掌权，他亲近重用的人有张文新、李

① 也称"四镇之乱"，建中二年（781 年），成德节度使李宝臣死，其子李惟岳请为留后，德宗不允，战事遂起。李惟岳兵败后，诸将因瓜分成德领地不服再次叛乱。建中四年，李希烈围襄城，唐德宗急调泾原兵五千人赴援，中途兵士哗变，并推原泾原节度使朱泚为帅，将德宗包围在奉天（今陕西乾县）达一月之久，后被入关赴援的神策军将李晟率兵平定。

② 范祖禹（1041—1098）是北宋著名史学家，著有《唐鉴》一书。

仲言、李续之、李虞、刘栖楚、姜治和张权舆、程昔范，另外还有八个依附他们的人，当时视之为八关、十六子。想得到什么官，只要先贿赂八关、十六子这些人，然后他们再告知李逢吉，没有达不成愿望的。

唐文宗的时候，李德裕、李宗闵各有朋党，在朝中互相掩护。文宗认为这是个祸患，常常叹息说："赶走河北的贼人容易，清除朝廷的朋党却是难上加难啊。"

唐文宗九年（835年），最初是宋申锡（因清除权阉）获罪，宦官更加骄横，文宗内心无法忍受，就与李训、郑注谋划诛杀这些人。李训、郑注都是凭借宦官王守澄才进入朝廷的，所以若先杀王守澄，别的宦官就不会怀疑。于是便派中使李好古到王家去赐了毒酒，杀死了他。王守澄的尸体要葬于浐（chǎn）水边上，郑注请文宗命令宦官都要集中到浐水去送葬，趁机关门让亲兵将他们砍杀，确保没有遗漏宦官。李训与他的同党谋划说："如果这样做成的话，那么郑注就一个人独占这个功劳了，不如我们在那个日期前就把宦官全杀了，然后连郑注也除去。"壬戌日，文宗到紫宸殿。韩约上奏说："左金吾厅事的石榴树，晚上降下了甘露。"朝廷先命宰相和两省官员去看，李训回来说不是真的。文宗回头看宦官仇士良，让他领着众多宦官去看。到了以后，左边的帐幕被风吹了起来，宦官看到里面的人都拿着兵器，于是忙回到朝中报告有叛变。李训忙叫金吾卫士上殿。宦官扶着文宗上了轿子，跑到后殿门外守望台上，然后迅速从北逃跑。卫士追击宦官，死伤了十几人。李训知道事情无法成功，也赶快逃跑。仇士良等人命令禁兵出动，杀金吾吏卒一千六百多人、各官府中官吏与平民一千多人，王涯、贾餗（sù）、舒元舆都被逮捕并斩首。第二天，李训、郑注都被杀死，并被灭全族。从此天下的事都取决于北司

（唐称内侍省为北司），宰相只不过是发布一下文书而已。

唐僖宗全部心思都在游戏上，任命宦官田令孜为中尉，国家大事全部委托给他，称他为“阿父”。

唐昭宗任命散骑常侍郑綮为礼部侍郎同平章事。郑綮生性诙谐，写了不少歇后诗，讥嘲当时的政事。昭宗认为诗中蕴含深意，便要任命他为宰相，听到的人大吃一惊，就有人忙去告诉郑綮。郑綮大笑说：“大家都误会了，即使天下再也没有人了，也到不了我郑綮。”听到的官吏说：“但这确实是圣上的旨意。”郑綮说：“如果真的是这样，岂不惹来别人的嘲笑？”很快祝贺的人来了，郑綮摇头说：“写歇后诗的郑五都能作宰相，时政如何就可以知道了！”多次推辞都不被获准，只好开始当宰相。但没有过多久，郑綮便辞官回去了。

唐昭宗二年（890年），王行瑜、韩建领兵进犯朝廷，声称韦昭度、李溪当宰相有违天下百姓之心，杀韦昭度、李溪于都亭驿。李克用起兵讨伐王行瑜，杀了他。

唐昭宗任用崔胤为宰相。崔胤与昭宗谋划诛杀宦官，宦官害怕了。中尉刘季述、王仲先等人便私下谋划废立之事，于是便带兵突入宣化门。刘季述便挟持昭宗去少阳院，用手杖在地上列举昭宗的罪行，数了上十条，然后把昭宗禁锢起来，下矫诏立太子李裕为帝。崔胤秘密派人说服神策军的指挥使孙德昭，让他擒拿刘季述等人并斩杀，并迎回昭宗重新当皇帝。崔胤认为让宦官有兵权，终究是心腹大患，便称自己受密诏命朱全忠（朱温）率兵进朝讨伐宦官，朱全忠便兵发大梁。中尉韩全诲听到后，劫持昭宗跑到凤翔。朱全忠立刻进攻凤翔，李茂贞出来迎战，多次失败。这时储备的粮食已经用完了，昭宗只好把自己和小皇子的衣服拿到市面上卖掉来买东西吃。李茂贞请求诛杀韩全诲等人，与朱全忠讲和，于是杀了宦官七十多人，又护皇帝车驾回到长安。仍以崔胤为宰相。崔胤又奏请要剪除宦官这些根本祸患。朱全忠派兵驱赶第五可范（宦官）以下数百人到内侍省，然后把他们全杀了。并派出使者拿着皇帝的诏书到各地去把派出去的宦官也都收捕诛杀，只留了年龄小或老弱的三十个宦官，让他们干洒水扫地的活。不久，朱全忠就秘密上奏说崔胤专权，然后也诛杀了崔胤。并把昭宗迁到了洛阳，让蒋玄晖弑杀昭宗，立昭宣帝（李柷），然后（朱全忠）篡位。

北周的太师冯道死了。冯道小的时候以孝顺恭谨闻名，在唐庄宗（李存勖）在位时才开始显达富贵，从那以后每个朝代他的官职都不离将相、三公、三师。为人清廉、俭朴、宽容，别人都看不透他的喜怒，他诙谐又聪慧，无论时世如何变化都可容身。曾经写了《长乐老叙》一文，自述每一朝得到荣耀恩遇的情况，人们都因为他的德行与器量而推崇他。

周恭帝元年（960 年）正月，发生了陈桥兵变，士兵拥护着赵匡胤回到汴梁，从仁和门进来。当时早朝还没有结束，听到兵变的消息，当时身为亲军指挥的韩通商量率领众兵来抵抗，军校王彦升追杀他。韩通跑回自己家，没等到他准备，全家人都被王彦升所杀，妻子儿女都死了。众将士拥着范质、王溥（pǔ）等人来到赵匡胤面前，赵匡胤流泪说六军将士逼迫他的原因，范质等人还没来得及说话，列校罗彦环就拿着剑大声说：“我们这些人都没有君主，今天必须得有天子之位。”范质等人互相看看，不知道该怎么办。王溥下台阶先拜于地，范质不得已也只好下拜，于是便拥奉赵匡胤进宫，召来百官。申时（下午 3 点到 5 点），新的朝廷已确定，但还没有禅位的诏书，翰林承旨陶穀从袖中拿一份文书，于是便用此登基为帝。

宋太宗七年（982 年），把秦王赵廷美贬为西京留守。最初，昭宣太后曾留下遗言让宋太祖传位给太宗，宋太宗再传给秦王赵廷美然后延到赵德昭。等到赵德昭被太宗逼迫自杀，赵德芳也继而病死，秦王赵廷美开始有些不安。柴禹锡乘机上奏说他要谋反想扳倒他，太宗有些拿不定主意，就召赵普来，说到太后关于传位的遗旨。赵普回答说："太祖已经失误了，陛下怎么能继续失误！"于是秦王赵廷美便获罪被贬。

宋太祖的皇后（开宝皇后）宋氏驾崩，太宗与群臣却不穿孝服。翰林学士王禹偁对人说："皇后也曾经母仪天下，应当遵用旧有的礼仪来为皇后发丧。"因此而被认为是毁谤太宗，贬官为滁州知州。

宋真宗的宰相吕蒙正说："景德（宋真宗年号，1004—1007）以前的宰相多是君子，大中祥符（宋真宗年号，1008—1016）以后如王钦若只知闭门修斋，丁谓暗中交结宦官，雷允恭与钱惟演在外面独断专行，冯拯、曹利用互相结党，陈尧叟附和王钦若、丁谓，伪造天书降世并欺骗皇帝去泰山封禅，这些都是小人的行为。"

宋仁宗对辅佐大臣说："王钦若在宰相的位子上时间很久了，现在看他的所作所为，真是奸邪小人啊。"当时的宰相王曾回答说：“王钦若与丁谓、林特、陈彭年、刘永珪同样奸恶，当时人称他们为‘五鬼’，他们的奸邪，和陛下说的一样。”

宋仁宗时，国子监直讲（辅助博士讲授经学）石介因为韩琦、范仲淹等人被仁宗起用施行庆历改革而得到朝廷重用，欧阳修、蔡襄等人同为谏官，夏竦被罢免枢密使后，石介于是便作了《庆历圣德颂》，里面有句子说：“众位贤人的得到朝廷重用，就像拔出茅草一样爽利。大奸之人的离开，也像鸡距之脱。”大奸，就是指夏竦。起初，石介曾上奏记给富弼，劝他如伊尹、周公那样行贤相之事。夏竦怨恨石介这样斥责自己，也想乘机来扳倒富弼等人，便让自己的女奴暗中学习石介的字体，学成后便改“伊、周”为“伊、霍”，即行伊尹、霍光那样的废立之事，还伪造了石介为富弼撰写的废立诏书，流言蜚语传到仁宗那里。富弼与范仲淹都很害怕。恰好听说契丹在讨伐西夏，便上奏请旨去边疆。石介也惴惴不安，也请求出朝为外官，于是被任为濮州通判。

北宋的杜衍喜欢推荐引进贤士，一些小人都对他有怨言，御史中丞王拱辰同党的人尤其嫉恨他。杜衍的女婿苏舜钦当时监察进奏院，依旧例在祭神之后，会用一些节目来娱乐来宾。王拱辰听到后，想借此扳倒杜衍，便暗中指使御史鱼周询检举弹劾这件事，被罢斥的人有十几个，都是知名人士。王拱辰非常高兴地说：“我这一网都打尽了。”

宋神宗即帝位后，设置了三司条例司，商量实行新法，诏陈升之、王安石主管此事，让苏辙、吕惠卿检定文字，章惇为条例官，曾布检正中书五房的公事。吕诲上疏弹劾王安石十大过失，苏辙谏止青苗法。

王安石想停止青苗法。正遇到京东转运使王广渊乞求保留本道官府税收的钱帛，将之低息贷给平民（使其不借高利贷）以获利息的事，而这与青苗法相契合，于是决意实行，等到秀州判官李定被召回京，立即拜见王安石。王安石亦立刻把他推荐给神宗。神宗问李定："青苗法怎么样？"李定说："老百姓觉得很方便。"于是其他说新法不好的人，神宗都不听。

宋神宗罢免曾公亮，当时人有"生老病死苦"的说法：说王安石是"生"，曾公亮是"老"，唐介是"死"，富弼议论不合时宜所以称为"病"，赵抃（biàn）拿王安石没有办法，只能称"苦啊苦啊"而已。刘深源评论说："王安石得赏识因为曾公亮，吕惠卿得赏识也因为曾公亮。其实不过是曾公亮想结成朋党用来排除韩琦，却不知道小人容易引进却难以清除。王安石变法的灾难，曾公亮难道能逃脱罪责吗？"

北宋的邓绾任宁州通判，知道王安石得君王信任而专政，于是便上书言时事，而且说："陛下得到了伊尹、周公一样的辅佐，创立青苗法、免役法等新法，人民无不歌舞圣人之恩泽，成就世所少有的良法。"又把奏书抄给王安石看，极力赞颂新法之完备，因此王安石也鼎力把他推荐给神宗，这才能当上集贤校理，不久又升为侍御史判司农事。同乡有人在京都的，都对他既讥笑又咒骂。邓绾说："笑骂听凭他们笑骂，我还是来做我的好官。"

北宋王安石的儿子王雱，为人阴郁苛刻，且无所顾忌，但天性敏慧。还没成年，便已经中了进士。与父亲商量说："当朝宰相的儿子虽然不方便参与政事，但经筵之官（御前讲席）却是可以做。"王安石想让神宗任命王雱为官，便将王雱写的三十余篇纵论天下事的策论，上呈给神宗。邓绾、曾布又竭力推荐他。于是便召之任崇政殿说书一职。一天，王安石正与程颢谈话，王雱披散着头发光着脚，拿着女人的冠带出来，问："父亲大人说的是什么事？"王安石说："因为新法被人阻挠，所以与程君商量。"王雾大声说："在刑场上砍掉韩琦、富弼的头，新法就会顺利施行了。"王安石听了慌忙说："儿啊，你错了。"

宋代知谏院的唐坰上奏十二篇疏来议论时事，都被留于中书省而不呈给皇帝。唐坰便在百官起居日[①]入朝请求当面陈奏说："我所说都是大臣不法的事，请听我一一陈述。"于是便大声宣读，约有六七十条，认为王安石作威作福，曾布等人内外专权，天下只知害怕王安石的威权，已经不再知道有皇帝陛下；文彦博、冯京知道这些却不敢说话；王珪、王韶委曲求全侍奉王安石，就像是王安石的仆人；元绛、薛向、陈绎，被王安石颐指气使，就像王安石的家奴；张璪、李定为王安石的牙爪，张商英是王安石的鹰犬；甚至痛斥王安石为李林甫、卢杞之流。神宗多次想让他停住，但唐坰慷慨自若，读完后，下殿再拜然后出门去了。王安石暗中指使阁门司官员以唐坰亵渎朝仪为名，贬官为潮州别驾。

北宋王安石罢相贬为江宁（今南京）知府，就推荐了韩绛、吕惠卿来代替自己，当时号称韩绛是传法沙门，吕惠卿为护法善神。吕惠卿得志以后，忌惮王安石再次得到重用，于是便想出各种阻止王安石的方法，他拿出王安石私下给他的信，里面有"不要让皇上知道"的话，凡是可以陷害王安石的事，他都无所不用

① 朝会听政仪式，每次轮流几人向皇帝面对面或者递呈奏章，来陈述对于国事的看法和意见。

其极。韩绛老实谨慎地待在中书省，而许多事情都稽留在此无法及时解决，多次与吕惠卿争论，想自己无法制服他，便秘密奏请神宗重新起用王安石。神帝听从了他的建议。王安石接到君命，便兼程而来，七天就到了汴京，吕惠卿很快就被罢官了。

宋哲宗继位，让蔡确参知政事。宰相吴充多次对哲宗说王安石的新法很不利执行，想把那些过分的稍稍去除一点，蔡确阻止了，新法就没有改变。蔡确善于观察皇帝的意向，见风使舵。当时沈括对吴充说役法需变更，他上疏弹劾说王安石新法有疏漏，沈约在该说时不说，此时说只是为了依附大臣，便拿王安石之事来进谏，从而得到高位，朝中的士大夫都笑着骂他，他却自以为得计。

宋哲宗亲政，杨畏上疏，请求继承执行神宗的新政。开始，吕大防认为杨畏敢说话，先暗中请杨畏帮助自己，竟然跃级升杨畏官到礼部侍郎。而杨畏却最先背叛吕大防，上书说神宗的变法，是可以成为万世之法，请求早早施行，以便成就神宗的大道之法。哲宗就询问有哪些旧臣可以召回任用，杨畏就上疏推荐章惇、吕惠卿、邓温伯、李清臣等人，哲宗深以为然并全部任用。章惇又引来其同党蔡卞、林希、黄履、来之邵、张商英、周秩、翟思、上官均等人官居要职，合作谋划朋党之奸计，以便报复之前的仇怨，罗织罪名贬谪元祐年间的宰相执政以及刘奉世以下三十人多人，还上书请求挖司马光、吕公著的墓，劈棺暴尸。哲宗于是问许将，许将回答说“这不是有德人所为之事”，哲宗才停止。新党又怕元祐旧臣（守旧派）东山再起，就勾结内侍郝随作为援助，编造宣仁高太后（宋英宗妻子，发对变法）当初要废哲宗的事，又自己写了诏书，请求把高太后废为庶人。哲宗的嫡母向太后大哭，对哲宗说："我每天都侍奉高太后，天日在上，这话是从哪里来的？而且如果皇帝一定要这样，也就是容不得我了。"哲宗感悟，把章惇、蔡卞的奏折，放在蜡烛上烧了。第二天，他们又再写奏折坚持请旨，哲宗说："你们是不想让我入英宗的祖庙了吗？"把他们的奏折扔到了地上。

宋徽宗重新召蔡京为翰林学士。开始是供奉官童贯因为顺承徽宗的心意而得宠幸，他到三吴去为徽宗寻访书画，蔡京巴结附会他，因此徽宗才决心启用蔡京。适逢两位宰相韩忠彦与曾布交恶，曾布谋划招来蔡京相助，所以才有这个任命。不久徽宗便想让蔡京为宰相，邓洵武画了《爱莫助图》，说要继承神宗遗志来推行新法，就非蔡京不可。徽宗拿图给温益看，温益也觉得蔡京为宰相合适，同时还惩办那些有不同意见的人，于是好人都不被容留。又追贬元祐党人，剥夺了司马光等四十四人的官职，以蔡京为尚书右仆射。蔡京将元祐和元符末年的执宰大臣司马光等人、侍从官苏轼等人、文臣程颢等人、武臣王献可等人、宦官张士良等人共一百二十人列为奸党，请徽宗书写他们的名字，刻在石头上并放在端礼门。另外又立蔡京所写的党人碑，刻在石头上立于州县之地。

宋徽宗喜欢奇花异石，用朱勔管理应奉局的花石纲。所有士人庶民的家里，只要有一石一木稍可玩味的，就领着人马闯入人家，用黄布覆盖，再加上封识，指此为皇帝的东西。等到要运走时，也一定要把屋子拆开把墙推翻才出来。人们如果不幸而有一件小东西有点不同，就都觉得这个东西不祥，唯恐不能及早地扔掉消除它。又有运送花石纲的篙工、柁师倚势贪暴横行，欺压州县百姓，所以他们走在路上人们都侧目而视。

宋代的中书侍郎林摅（shū）在集英殿念贡士姓名以便皇帝召见，但竟然不认识“甄”字和“盎”字。徽宗笑他说：“你错了！”林摅不但不谢罪还诋毁同列的官员，被御史弹劾而黜免。

宋徽宗任王黼为少宰，加蔡京的儿子蔡攸开府仪同三司，这二人很受宠幸，时常被徽宗召见，于是得到机会参加皇宫之内的秘密娱乐。蔡攸曾经劝徽宗可以四海为家，于是徽宗多次微服出行。所以下令让京城里的园林都仿效浙江，建成白色的屋子及村居野店，又找来很多的珍禽异兽。京城每到风停夜深之时，便有禽兽之声四面响彻，就好像身处山林大泽之间一样，有识之士知道这是不祥之兆。蔡攸的权势竟已与其父蔡京相对立，从此二人便各立门户，成为仇敌。

宋徽宗任童贯为检校司空。童贯与黄径臣、卢航内外勾结，推荐方士林灵素，大兴道教，大量修建殿宇，每次设立大斋，就花费缗钱数万，称之为千道会。道箓院还上奏章，册封徽宗为教主道君皇帝。童贯又推荐李良嗣进朝，出了联合女真出兵攻辽之计，但却导致了靖康之变后徽、钦二帝被金人掳去北方的结果。

金国使者拿着册立之书来，立张邦昌为楚帝，张邦昌向北跪拜行礼，然后接受册封而即位。阁门舍人吴革率领内亲事官数百人，先把自己的妻子儿女全部杀掉，纵火烧了自己的住宅，然后在金水门外起义。范琼谎称要与他们一起起义，让他们都先放下兵器，然后从后边袭击他们，杀掉了一百多人，逮捕了吴革和他的儿子，并把他们全杀了。那一天风吹尘飞，太阳也昏暗无光，百官都脸色惨淡、神情沮丧，张邦昌也因恐惧而变色。但只有吴幵（jiān）、莫俦、范琼等人非常高兴，自觉都有辅佐新朝的功劳。

宋高宗赵构听说金人粘没喝（金国元帅）带兵进入天长军[①]，就立刻穿上铠甲骑上马一路跑到瓜洲，得到一艘小船渡了江，只有几个护圣军卒和王渊、张浚等人随从。汪伯彦、黄潜善正率领同列官听和尚克勤讲佛法，有人问边境的消息，还用“不用怕”来回答。堂吏大喊说:“皇上已经走了！”两人互相看着，都很慌张，连忙骑上马向南跑，居民也争着出城门，一时踩踏致死的人遍地，没有人不怨恨、愤怒的。司农卿黄锷赶到江上，军士以为是左丞相黄潜善，骂他说:“误国误民，都是你的罪过！”黄锷正要辨别是非，头已经被兵士砍了下来。

统制官苗傅、刘正彦两人作乱，拥立皇子魏国公赵旉称帝，请隆祐太后临朝听政，尊奉宋高宗为睿圣仁孝皇帝，让其住在显宁寺，并大赦天下，改了年号。张浚写了檄文声讨苗傅、刘正彦的罪行，与韩世忠、张俊、刘光世、吕颐浩合兵前去征讨。苗傅等人担心害怕，不知道该怎么办，于是听从朱胜非的话，率领百官请高宗重回皇帝之位。勤王大军兵至北门时，苗傅、刘正彦已经向南逃走了，结果被大军擒获并被诛杀。

宋高宗封王德为淮西都统制，统制刘光世的军队，郦琼为其副手。郦琼、王德二人却互相不服，都递奏折到都督府和御史台，于是朝廷召王德回建康。参谋吕祉秘密入奏，请求罢免郦琼的兵权。书吏不小心泄漏给了郦琼，郦琼愤怒地率领众兵叛降于刘豫。吕祉也因此事而死。

① 宋朝一级行政区划改为“路”，二级行政区划为府、州、军、监，三级行政区划为县。军始于唐，当时称军镇，属军事系统，多设在边区，只管军队不管民政。五代时，军不仅管兵马，也辖有土地、民政，但各军、监皆不辖县。在宋代，军则演变为地方行政区划单位。

南宋的秦桧同宰相入朝见皇上，却独自留下不出来，对高宗说："那些下臣畏首畏尾，很多人模棱两可、首鼠两端，所以他们不足以与之论定大事。如果陛下决定想要与金国讲和，希望只和我来商量。"高宗答应了他。三天后，秦桧又留下来单独言事，又再次说了之前说过的话，知道高宗的主意已定，便排斥赵鼎、刘大屯，然后一心一意地与金人议和，但还认为群臣是心腹之患。中书舍人勾龙如渊为秦桧出主意说："相公为了天下的大计，为什么不选择一些人来做谏官，把那些人全部排挤出去，那么大事就能定了。"秦桧大喜，立即擢升勾龙如渊，弹劾有异议的人。金国大将兀术给秦桧的信里说："你天天说要请和，但岳飞还在攻打河北，必须杀了岳飞，才可以议和。"秦桧也认为如果岳飞不死，终究还是会阻止议和，自己也必定会招来祸患，所以便坚持用计策来杀害岳飞。于是便暗示张俊、罗汝楫、万俟卨（mò qí Xiè）等人，假称圣旨在大理寺狱把岳飞杀害。秦桧在宰相的位置上长达十九年，劫持挟制帝王，倡导和议而误国，当时的忠臣良将都被他诛杀殆尽。临死前还兴大狱，诬陷赵汾、张浚、胡寅、胡铨等五十三人谋逆。已经审讯定罪完毕，但秦桧病重了，无法写字，这些人终于获释。秦桧没有儿子，就收养了老婆的哥哥王焕的孽子秦熺。南省科考选中秦熺为进士第一，秦桧假装为避嫌疑，就录陈诚为第一，因为他的策文主张议和。后来他的孙子秦埙（xūn）任职修撰实录院，祖孙三代同任史职，这是历朝都没有过的。

宋孝宗即位，任用辛次膺同知枢密院事。起初，辛次膺不遗余力地谏止和议，使秦桧很生气，为此流放外地二十年。到孝宋召为中丞，像成闵的贪污无厌，汤思退的勾结朋党，叶义问的奸诈罔法，都因他一时的言论所罢免。汤思退始终主张和议，恐怕和议不成，暗示右正言尹穑上书弹劾张浚飞扬跋扈，张浚便请求解除督府之职而去。结果朝廷下决心要割地求和了。太学生张观等七十二人上书指责汤思退奸邪误国，请求把他斩首以向天下谢罪。孝宗下诏贬他到永州，后来他也因恐惧而死。

宋宁宗即位，韩侂（tuō）胄仗着自己有安邦定策之功，想要谋夺国家大权，与丞相京镗（táng）合谋，推荐李沐来做左右正言，又奏请说赵汝愚以同姓宗室的身份而任宰相，将会对社稷不利，于是让赵汝愚外放福州知州，朝廷大权就都归于韩侂胄。御史胡紘恳请下令禁止伪学之党（韩侂胄将与其意见不合者都称为伪学之人，并禁毁理学书籍），韩侂胄又让沈继祖构陷朱熹的十条罪状，将朱熹的祠禄官之职免去，把朱熹的弟子蔡元定流放到道州。赵师罴、张釜、程松谄媚韩侂胄，知道的人没有不鄙视他们的。韩侂胄专政十四年，宰执大臣、侍从之臣、台谏之臣、藩卫国土之大吏，都是他门下的人，皇帝处在孤立状态，而他则权倾朝廷，威淫天下。他所宠爱的几个妻妾张、谭、王、陈，都被封为郡国夫人，号称四夫人。每次皇宫内宴他就与妃嫔混坐在一起，依恃权势骄纵倨傲，后宫的人都很怕他。韩侂胄坚持主张恢复旧地，因为金人想要惩罚最先出计的人，他便下定决心要出师北伐，朝中与民间都既担忧又恐惧。侍郎史弥远入宫诉说时局，竭力陈述危机紧迫的形势，请宁宗诛杀韩侂胄以安定国家。皇后杨氏向来怨恨韩侂胄，也让荣王上疏。宁宗便让皇后的哥哥杨次山与史弥远一起来谋划此事。第二天，韩侂胄入朝，皇帝便命令殿前司夏震带三百个兵士，把韩侂胄押到玉津园旁边，很快杀了他，并割下他的头，连同韩的亲信苏师旦的头一起送给了金国人，金人才罢兵。

南宋史弥远为宰相，权势熏天。皇子赵竑（hóng）心里很是气愤，曾经在书桌上写“史弥远应当决配八千里之外”。史弥远听了，非常害怕。宁宗有病，没有儿子，史弥远就假传诏书立沂王赵贵诚为嗣子并立为皇太子，更名为赵昀。宁宗驾崩，（史弥远）向太后说明立赵昀，又称有遗诏封赵竑为济阳郡王，出居湖州，不久就杀了他。史弥远用梁成大、莫泽、李知孝为自己的鹰犬，凡是不服史弥远的人，三人必定相继攻击。因此名人贤士被排斥殆尽，他们被人视为“三凶”。宋理宗对史弥远立自己为皇帝感恩戴德，史弥远到死都没失去恩宠。

宋理宗任用史嵩之（史弥远的侄子）开办督府，耗费了国家大量财物，但没有成功，议论的人很多。等到他因为父亲的丧事而辞官奔丧，朝廷还下诏要让他重新来做官。太学生黄恺伯等一百四十人上书对此进谏，朝廷不予理会。军校学生刘耐知道理宗肯定会任用史嵩之，便背叛诸位同学而去逢迎史嵩之。当时范钟任宰相，暗示京尹赵与筹驱逐在京学习的生员。诸学生听了这个消息，写了卷堂文[①]，来辞别先圣。史嵩之自知不能为公论所容，便上疏请求让他遵守为父奔丧丁忧旧制。

宋度宗即位，因为贾似道对拥立自己成为太子有功，便加封贾似道为太师，又封为魏国公。每次上朝，度宗必定对贾似道答拜，称他为“师臣”而不称名，朝臣则都称他为“周公”。度宗甚至下诏让他十天上一次朝就行。当时襄樊被围，十分紧急，贾似道每天待在葛岭，建起楼台亭榭，称之为半闲堂，延请道士，又照自己的样子做像放在里面，还将宫人叶氏和娼尼中有姿色的纳

① 指生员集体罢学或僧人集体离寺。

为妾，穷奢极欲，每天肆行淫乐。有次与群妾蹲在地上斗蟋蟀，有一个狎客戏谑他说：“这是国家战事吗？”他还酷爱珍宝玩物，建立了多宝阁，每天去把玩一次，如果有人对他说边疆的战事，他就痛加贬斥。几乎没有一天不丧师失地，但却隐秘其事而不上报。等到鄂州失守了，朝廷下诏令要贾似道都督诸路军马，又大败，便贬他到循州[①]。监押官会稽尉郑虎臣到了建宁开元寺时，他的侍妾还有数十人，郑虎臣把她们都遣散了；然后收了他的珠宝，撤了轿上的盖子，让他在秋天的太阳下赶路，还让抬轿的人唱杭州歌来讥笑他，侮辱至极。到了漳州木绵庵，郑虎臣暗示他自杀，但贾似道不从。郑虎臣说：“我为全天下人杀你贾似道，就是死了也没有什么遗憾！”于是便把贾似道的儿子关在另一间屋子里，在厕所中抓着贾似道的胸口杀了他，埋在木绵庵的边上。

元顺帝性格柔弱优柔寡断，伯颜、哈麻二人相继专权，朝政日渐紊乱，终于亡国。

明洪武朝的奸臣有：胡惟庸、蓝玉；永乐朝的奸臣：纪纲；正统朝的奸臣：王振；天顺朝的奸臣有：石亨、石彪、曹吉祥、门达；成化朝的奸臣有：汪直、王越、陈钺、戴缙、李孜省；弘治朝的奸臣有：李广、杨鹏；正德朝的奸臣有：刘瑾、陆完、江彬、许泰、刘晖、钱宁、张忠、朱泰；嘉靖朝的奸臣有：陶仲文、严嵩、严世蕃、丁汝夔、赵文华、鄢懋卿、罗龙文、仇鸾、陆炳；万历朝的奸臣有：庞保、刘成；天启朝的奸臣有：魏忠贤、客氏、崔呈秀、田尔耕；崇祯朝的奸臣有：周延儒、袁崇焕、杜勋、马士英。

---

① 古代行政区划名，主要包括今天的惠州市、河源市、汕尾市、梅州市的大部分地区。

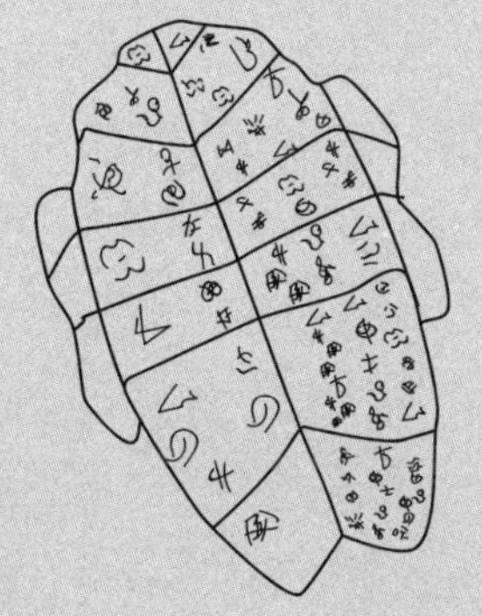

# 卷四

# 考古部

骑青牛的人，人们都知道有老子，却不知道有封达。

非父母所生的人，人们都知道有伊尹却不知道有孔子。

白鱼跃入舟中的事，人们都知道有周武王，

却不知道有宋明帝。

# 姓氏

仓颉，姓侯刚氏。见《古篆文注》。许由，字武仲。见《庄子释文》。尧，姓伊祁。少昊，名挚，字青阳。帝喾，名夋（qūn）。成汤，字高密。见《帝王世纪》。皋陶，字庭坚。孤竹君，姓墨，名台。见《孔丛子注》。伯夷，名允，一名元，字公信。叔齐，名智，字公达。见《论语疏》。中子，名仲达。见周昙《咏史诗》。彭祖，姓篯（音戋），名铿。见《论语疏》。其子胥馀。见《庄子》司马彪《注》。老子的父亲，名乾，字元果。见《前凉录》。

老子刚生下来时，名玄禄。见《玄妙内品》。管叔，名度。见《史记注》。易牙，名亚。见孔颖达《疏》。逢蒙的弟弟，名鸿超；杨朱的弟弟，名布。见《列子》。伯乐，姓孙，名阳。师旷，字子野。见《庄子疏》。君陈，为周公的儿子、伯禽的弟弟。《周书》有《君陈篇》。见《礼记·坊记注》。鬼谷子，姓王，名诩，河南府人。见《姓氏考》。公孙弘，字次卿。见邹长蒨《书》。杜康，字仲宁。见魏武帝曹操《短歌行诗》。孟轲，字子舆见《汉书》并《孔丛子》，又字子居。见《圣证论》。庄周字休。见《列子注》。孙叔敖，名饶。见《孙叔敖碑》。计然，一名研，一名倪，又姓辛，字子文。见《史记索隐》。文种，字子禽。见《吴越春秋》。陈仲子，字子终。见皇甫谧《高士传》。汉高祖的父亲刘太公，名喘（音“湍”）见《后汉书注》，又名煴（yūn），字执嘉。见《帝王世纪》。昭灵后[①]，名含。高祖兄仲，名喜。曾参，字敬伯。申公，名培。见《史记注》。项伯名缠，字伯。见《汉书注》。叔孙通，名何。见《楚汉春秋》。壶关三老，姓令胡，名茂。见荀悦《汉纪》。杨王孙，名贵。见《西京杂记》。佽（cì）非，也叫荆轲。见《续博物志》。伏生，名胜，字子贱。见西汉《碑》。文翁，名党，字仲翁。见张崇文《历代小记》。张宗，字诸君。杜茂，字诸公。见《陈忠传注》。扬雄文章所记“李仲元”的那个人，名弘。见《三国志·蜀书·秦宓传》。郑子真，名朴。严君平，名遵。见《汉书·王贡两龚传注》。施延，字君子。见《后汉书注》。田生，字子春。见《楚汉春秋》。侯芭，字铺子。见《论衡》丁公，名固。见《楚汉春秋》卫夫人，名鑠（héng），字茂漪。见《翰墨志》。绿珠，姓梁，白州人。见《绿珠小传》。吕安，字仲悌。姓应，是应玚的堂弟。俱见《文选注》。花卿，名惊定。见《旧唐书》僧一行，姓张，名璲（suì）。见《续博物志》。窦滔，字连波。见《武后纪》。神和子，

姓屈突，名无为，字无不为，张诙没当官时遇到他。见《张诙传》失马塞翁，姓李。见《高谷诗序》。

---

① 刘邦生母。

# 辨疑

**禹陵**　大禹东巡的时候，在会稽驾崩。现在保存着他的坟墓，怎么会有差错？而且历史记载夏启封他的小儿子无余于会稽，称“於越”，以便祭祀大禹，这是最好的证据。现在杨慎（升庵）争论说禹的陵寝在四川，十分荒诞。杨慎说石泉县的石纽村，有一个石洞非常幽深，人迹不到，在这里得到一个石碑，上有“禹穴”两个字，是李白所书，便以此为证据。其实大禹生于四川，杨慎所说的禹穴，应是大禹出生的地方，不是埋葬大禹的地方。这一句就可以解决困扰人们千年的疑问。

**甘罗十二为丞相**　说甘罗12岁为丞相，这从古传到今的一个错误。《史记》记载：甘罗拜入吕不韦门下。秦国想让张唐出使燕国，张唐不愿意去。甘罗很高兴地去了，又派甘罗出使赵国。赵王亲自到郊外来迎接，割了五座城池来表示臣服秦国。甘罗回来汇报给秦国，被封为上卿。不曾说封为丞相，成为秦国丞相的是甘罗的祖先甘茂。秦国封甘罗为上卿后，就把甘茂的田宅赐给了他。

**共和**　周幽王死后，有一个叫共伯和的人来代替天子行使君主权力，并不是有两位太宰共同治理。参见《姓氏考》。

**子产字子美**　《左传》有这个记载。苏东坡《放鱼诗》有“不怕校人[①]欺子美”的句子，注释的人怀疑这里指的是杜甫（字子美），实在是谬误啊。

**蒙正住破窑**　吕蒙正的父亲吕龟图与吕蒙正的母亲合不来，就把他们母子赶出了家门。家里太穷了，吕蒙正就投到龙门寺当和尚，在山岩上开凿一个很小的洞来住。现在的传奇戏曲说他与他的妻子一起住在破窑里，非常可笑。

**日落九乌**　乌鸦最难射杀。一天射落九只乌鸦，是在说后羿很擅长射箭。后人理解为后羿射下了九个太阳，其实不是这样。

**汉寿**　在四川的保宁府广元县（今四川省广元市）。汉代封关公为汉寿亭侯，“汉寿”，是一个地名；“亭侯”，是爵位的名字。后人竟称为“寿亭侯”，那是错误的。

**五大夫松**　秦始皇登上泰山的时候，狂风暴雨忽然来了，于是躲避在一棵松树下，后来便封这棵树为“五大夫”。“五大夫”，是秦朝官职的第九等爵位。现在有人把这个误解为有五棵松树，这是不对的。

**夏国**　扬州漕河东岸有一块墓碑，上面题字是：“夏国公墓道。”“夏”字读为虔，字与夏字很像，只是少一撇，下边是“又”，路人便误以为是“夏国公”。其实这是明代顾成的封号，朝廷赐了这块地来安葬他。

---

① 管理池沼的小吏。

**饭后钟** 王播字明，小时候孤苦贫寒，背井离乡到扬州的木兰院，在寺院求些斋饭来生活。和尚对他很瞧不起他，于是就吃过饭后再敲召集大家吃饭的钟。王播愤怒地在墙壁上题诗。现在把这当作是吕蒙正的故事，那是不对的。

**马前覆水** 姜太公吕望的妻子马氏，因嫌丈夫贫穷抛弃他走了，后来见到姜太公大富大贵便想请求再回来。姜太公说如果她把泼在地上的水收回来就答应她。现在认为这是朱买臣的故事，那是错的。

**女儿乡** 吴国打败越国，勾践与夫人被带到吴国去，到这里生下了女儿，因此得名。现在却误传这是范蠡向吴国进献西施，又与西施私通而生下女儿才有了这个名字，这样传真是可笑。

# 析类

**有同时同姓名者** 有两个曾参：一个曾参杀了人，使得曾子的母亲吓得扔掉了织机上的梭子。有两个毛遂：一个毛遂曾经掉到井里，使得平原君以为是自己的门客并为之痛哭。

**异世则两鲁秋胡** 东周列国时有一个鲁秋胡，他的妻子正在采桑，他久出归家后望见此女美丽便去调戏，不想竟是自己妻子，妻子因觉得受到轻薄投水而死；汉代有一个鲁秋胡，请求娶翟氏的女儿，翟公听到误传的调戏妻子的事，认为他行为不检点，所以不许婚。这都是可笑的事啊。

**其次如国师刘秀** 因为名字对应上了图谶中为帝的预言，被王莽杀死，但诛杀王莽的人是光武帝，也叫刘秀；王莽派太师安新公王匡去攻打更始政权的定国上公王匡，不能取胜，被对方抓住杀掉了；唐代的尚书李益与宗室李益一起赴宴喝酒，都坐在上面，大家都笑说“今天有两个副坐头都是李益”；唐代宗要任命“韩翃”为知制诰，宰相说有平卢幕府员外和江淮刺史两人都叫“韩翃”，不知指的是哪个，代宗批注道：“‘春城无处不飞花’，用写了这句诗的‘韩翃’”，于是平卢幕府员外得到了这次任命，这些事都很神奇。

**其他同时者** 汉代有两个韩信，都是在汉高祖的时候，一个封为楚王，一个封为韩王。有三个卲平：一个是秦国的东陵侯；一个是齐王的上柱国；一个是齐相。有两个王恢，都是武帝时候的人，一个被封为浩侯；一个封大行令（掌外交），就是诱敌伏击匈奴的那个人。有两个王臧，都在汉武帝朝的人：一个在汉武帝建元二年（前139年）官至郎中令时自杀；一个在汉武帝六年官至太常。有两个王商，都是汉成帝的外戚：一个是丞相、乐昌侯；一个是大司马、成都侯。有两个王章，都是成帝时的人：一个在河平三年（前26年）以太仆的身份当了右将军，六年（前29年）又当太常；一个是四年（前27年）在京兆尹任上因为直言而死。有两个王崇，都是平帝时的人：一个封爵为新甫侯，是已故丞相王嘉的儿子；一个是大司空、扶平侯。魏国有两个王烈：一个字彦方，是隐居的高尚人士；一个字长休，有道术。鲁地有两个王浑：一个是凉州刺史，是王戎的父亲；一个官至司徒，是王济的父亲。有两个王澄：一个就是王济的弟弟，封了侯爵；一个就是王戎的堂弟，官至荆州都督。有两个孙秀：一个是吴国的降将；一个是赵王司马伦的宠臣。两人都官拜骠骑将军，封公爵。有两个周抚：一个是王敦的手下将领；一个被彭城内史所杀。梁朝有两个王琳，一个官至散骑常侍；一个官至德州刺史。唐代有两个李光进，都是代宗朝的人：一个是李光弼的弟弟；一个是李光颜的哥哥。他们都是吐蕃人，被唐朝赐姓李，官至节度使，封了公爵。唐代有两个李继昭，都是昭宗时的人：一个是孙德昭；一个是符道昭。都是赐姓为李后成为李继昭的，后来投降了后梁朱温，为梁的使相[①]。宋代有两个王著，都是太祖时的人：一个以文章博学而为典制；一个以书法而为待诏。金国有两个讹可，都是大将。

① 五代时，与宰相并称，但无宰相权力。

**稍先后者** 吴国有两个公子庆忌：一个是王僚的儿子，一个是夫差末年的将领。楚国有两个庄蹻（qiāo）：一个是庄王时的大盗；一个是庄王的子孙，官至将军，就是平定云南后自立为王的那个。汉代有两个王莽：一个是右将军；一个是大司马，就是篡位的那个人。有两个王凤：一个是大司马、大将军；一个是更始政权成国上公。有两个王谭：一个是宜春侯，一个是平阿侯。有两个徐干：一个是都护班超的司马，一个是丞相曹操的掾属。晋朝有两个刘毅：一个是光禄大夫，一个是卫将军。有两个张禹：一个是丞相，一个是太傅，都封了侯爵。有两个解系：一个在《陶璜传》中有记载，一个自己有传。有两个王恺：一个是晋武帝的舅舅，一个是晋安帝时的丹阳尹。元代有两个伯颜：一个是太傅淮阳王，一个是大丞相秦王。有两个萧钧：一个是萧鸾的儿子，在梁武帝时任中书郎；一个是萧瑀的从子，唐太宗时任率更令（主宫殿门户及赏罚事）。

**异代而相类者** 有两个王肃：一个是曹魏时的领军，为魏国制定了礼仪；一个是元魏时的尚书令，也为元魏制定了礼仪。有两个王殷：后梁时的那个王殷，以节度使的身份叛逆而被诛杀；后周太祖时的那个王殷，也以节度使的身份叛逆而被诛杀。有两个王彦章：一个是后梁的大将，被后晋所擒；一个是吴的统军，被楚所擒。有两个王珪：一个是唐朝的侍中；一个是宋朝的左仆射、门下侍郎。有两个王溥：一个是唐懿宗时的人；一个是周世宗时的人，都是宰相。有仙人之名的有两个王乔：其中一个就是王子晋；另一个是柏人令，就是上天降下玉棺埋葬的那个。僧人中有两个智永：一个是后梁时代书法很好的僧人，一个是宋朝绘画很好的僧人。有两个辨才：一个是唐代藏《兰亭集序》真本的那个，一个是宋代与苏轼交友的那个。东汉光武帝的时候，有一个固始侯李通；魏武帝的时候，有一个都亭侯李通。卫国有大夫叫王孙贾，齐国也有大夫叫王孙贾。魏国的徐邈，字景山，被魏武帝所器重，官至侍中；晋朝的徐邈，字仙民，被晋武帝所器重，官至中书舍人。魏国的将军叫张辽；汉代的兖州刺史也叫张辽，字叔高。汉代的中郎将叫江革，梁代的御史中丞也叫江革。梁代的李膺作为蜀国的使者到京城，梁武帝很高兴，问他："今日的李膺比前代的李膺怎么样？"晋文公有臣子叫咎犯，晋平公也有臣子叫咎犯，善于说隐语庾辞而被平公委任政事。晋朝的李密因为祖母年老而辞官，后魏的李密因为母亲年老而学医，又有隋朝的李密被封为蒲山公。武则天时有个王方庆当宰相，又有个王方庆官至尚药奉御。唐高宗初年有个张昌宗，官至修文馆学士；武则天末年的张昌宗，官至春官侍郎。

**父子同名者二人** 隋代的处士叫罗靖，他的父亲也叫罗靖；魏朝的大将叫安同，他的父亲名叫安屈，他的儿子也叫安屈。

**有数世同"之"字者** 王彪之、王临之、王纳之、王准之、王与之、王进之，共有六代人；王胡之、王茂之、王裕之、王瓒之、王秀之，共有五代人；王羲之、王献之、王靖之、王悦之，共有四代人；王晏之、王昆之、王陋之，徐逵之、徐湛之、徐书之，共有三代人；胡毋辅之、胡毋谦之，吴隐之、吴瞻之，颜悦之、颜恺之，这几家都是两代人同名，都沿用了一个"之"字。

**古今事有绝相类者** 在圣明天子当政时投水的人，人们都知道有卞随、务光，却不知道有北宫无择。骑青牛的人，人们都知道有老子，却不知道有封达。非父母所生的人，人们都知道有伊尹却不知道有孔子。白鱼跃入舟中的事，人们都知道有周武王，却不知道有宋明帝。河水重新合冻住，人们都知道发生在汉光武帝过滹沱河的时候，却不知道慕容德过黎阳时也发生过。被称为凤雏的，人们都知道有庞统，却不知道有顾邵。献腊肉而被放进毒药，再被进谗言而赐死的人，人们都知道有晋献公的太子申生，却不知道还有秦孝文王的儿子西蜀侯恽。思念小妾让方士来招魂的事，人们都知道汉武帝招李夫人，却不知道还有宋武帝招殷淑仪。治理东阿名声很好但东阿并没有得到治理的事，人们都知道有齐宣王时的大夫〔邹衍、淳于髡（kūn)、田骈、接予、慎到、环渊等七十六人皆封为上大夫〕，却不知道还有齐景公时的晏子。做梦而求得宰相的事，人们都知道商代高宗得到傅说的事，却不知道周文王得到臧丈人的事。在墙壁上写龙蛇之歌，人们都知道是晋文公时的介子推，却不知道还有晋文公时的舟子侨。秦国许诺给楚国城池却又食言的事，人们都知道是张仪骗楚怀王，却不知道还有冯章骗楚王。先吃了不死的药，再用巧辩而免死，人们都知道东方朔向汉武帝说过，却不知道宫廷中的侍卫官也向楚王说过。靠着柱子读书，打雷把柱子震坏了都没停下来，人们都知道有夏侯玄，却不知道有诸葛诞。一字值百金，人们都知道有《淮南子》，却不知道有《公孙子》。妻子抛弃丈夫，人们都知道有朱买臣，却不知道有姜太公。跳进江水去背父亲，人们都知道有孝女曹娥，却不知道有赵祉的女儿光络。挖地得到石椁，人们都知道有滕公，却不知道有卫灵飞廉。观看竹子不与主人搭话，人们都知道有王徽之，却不知道有袁粲。捕获偷去自己侍妾的人因其文采便不杀，还把侍妾赏赐给他，人们都知道这是杨素对李靖的事，却不知道有蔡兴宗之于孙敬玉。让所有侍妾侍候客人饮酒的，人们都知道有王武子，却不知道有杨国忠、孙晟。杨国忠、孙晟二人又都号称“肉台盘”。分羊肉汤没有遍及在座者而导致败亡的事，人们都知道有春秋时宋国的华元与为他驾车的羊斟，却不知道有中山王与司马子期。乳头流出乳汁，人们都知道有元德秀，却不知道有李善。穿着彩色的衣服来娱乐双亲，人们都知道有老莱子，却不知道有伯俞。被称为智囊的人，人们都知道有西汉前期的晁错，却不知道有秦国的樗（chū）里子和西汉末期的鲁匡。读《周易》到损卦和益卦就叹息的人，人们都知道有东汉的向平，却不知道有孔子。身佩六国相印，人们都知道有苏秦，却不知道有栾大（汉武帝时人）。以为石头是老虎，用箭射它，结果把箭射进石头很深只剩下箭羽在外的事情，人们都知道有李广、李远，却不知道有熊渠子。追兔子掉下马，摔断肋骨而死的人，人们都知道有北齐高演，却不知道前燕慕容皝（huàng）。倒着盖印，人们都知道有段秀实用此阻挡朱泚的大军，却不知道有李崧以此计策来安定蜀地。一天杀死两位忠勇之士，人们都知道有袁绍杀臧洪、陈容，却不知道有张敬儿杀边荣、程邕之。能让皇帝听得入迷而向前移动座席的人，人们都知道有贾谊，却不知道有商鞅、苏绰。喝了千日酒，到埋葬一千天后打开坟墓时酒才醒的人，人们都知道有刘伶，却不知道有赵英。朝见时用屏风分隔座位的事，人们都知道有汉代的郑弘和第五伦，却不知道有吴国的纪亮和纪骘（zhì）。看到酒杯中有蛇的影子而得病的人，人们都知道有乐广，却不知道有南皮县令应郴，乐广看到的其实是弓的影子，而应郴看到的是弩的影子。杀了孝妇导致本地大旱三年的，人们都知道在西汉的东海发生过，却不知道在后汉的上虞也发生过。被称为万石君的，人们都知道有石奋，却不知道有秦袭、张文瓘（guàn）。乘牛上任，牛生了牛犊，卸任时留下牛犊的清廉之举，人们都知道有时苗，却不知道有羊篇。吃粗糙的米，人们都知道有公孙弘，却不知道有晏婴。写了《钱神论》的人，人们都知道有鲁褒，却不知道有胡毋民、成公绥。只看了半面就一直记得的人，人们都知道有杨愔（yīn），却不知道有应凤。陈蕃设专榻留客，人们都知道有徐穉，却不知道有周璆（qiú）。在大雪的时候高枕而卧，人们都知道有袁安，却不知道有胡定。梦见有仙人赠笔的事，人们都知道有江淹，却不知道有王彪之、王珣、纪少瑜、陆倕、李白、和凝、李峤、马裔孙。喷酒救火的事，人们都知道有栾巴，却不知道有樊英、邵信臣、郭宪、佛图澄、武丁。跳到水里杀蛟，人们都知道有周处，却不知道有澹（tán）台子羽、荆佽飞、丘䜣（xīn）。乘羊车来选择所临幸的后宫嫔妃，而后宫女子则在地上洒盐水来吸引拉车的羊，这件事人们都知道是晋武帝的事，却不知道宋文帝也做过这事。皇帝发现膳食中有头发，自陈有三条罪状从而免死的人，人们都知道有晋平公的厨子，却不知道还有光武帝时主管御膳而被人陷害的陈正。尝病人的粪便来察看病情的事，人们都知道勾践给吴王夫差做过，却不知道郭弘霸给魏元忠做过。假称毒酒赐给妒妇喝，妒妇一饮而尽而无恙的人，人们都知道唐太宗试验房玄龄的夫人，却不知道后唐庄宗也试验过任圜的夫人。在宴席上把银制器皿中的酒全喝完了，回家还很清醒，立刻把拿回的银器称重的，人们都知道裴弘泰和裴钧，却不知道潘岏和梁太祖朱温。落第后献燕诗，主考官许诺明年登第，人们都知道有章孝标，却不知道有于化成。在高山深谷刻石，人们都知道有杜预，却不知道有颜真卿。赐行酒人烤肉，人们都知道有顾荣，却不知道有何逊、阴铿。一箭射落双雕，人们都知道有斛律光，却不知道有拓跋干、高骈。用锦缎做缆绳的事，人们都知道有隋炀帝，却不知道有甘宁。把人的肚子的油点为蜡烛，人们都知道有董卓，却不知道有满奋。归还玉带积了阴德而官至宰相的，人们都知道有裴度，却不知道白中令。因小时失去父母所以其门生都不读《蓼莪》一诗，人们都知道有王裒，却不知道有顾欢。打开坟墓，发现自己长得确实像自己的远祖，人们都知道有萧颖士之于鄱阳王，却不知道有吴纲之于长沙王。进入仙山，娶了两位仙女为妻后回乡，人们都知道有天台山之刘晨、阮肇，却不知道有剡县之袁相、根硕。从所吃的饭能辨别出烧饭所用材料是腐朽木材，人们都知道有荀勖，却不知道有师旷。强行索要小妾，人们都知道有孙秀、武承嗣，却不知道有阮佃夫。听到鼓角声就大有敬意，人们都知道有范云之于梁武帝，却不知道有到仲举之于陈武帝之事。在墓前发誓不出仕为官，人们都知道有王羲之，却不知道有何偃。精通他心观的故事，人们都知道有慧忠国师戳破大耳三藏，却不知道有普寂大师戳破柳中庸。祭祀的时候把金错刀忘在祭祀的草鞋里，后有鲤鱼将刀送回，人们都知道有马当山的王昌龄，却不知道有宫亭湖的祐客。能将搅乱棋局恢复原样，人们都知道有王粲，却不知道有到溉。编写《千字文》，人们都知道有周兴嗣，却不知道有萧子范。有人赠送姓柳的小妾，人们都知道有韩翃，却不知道有李还古。即皇帝位时御床陷入地下，人们都知道有桓玄，却不知道有侯景。不懂人家的规矩所以误吃了洗澡用的澡豆，人们都知道有王敦，却不知道有陆畅。埋葬旅馆中的书生，人们都知道有王忳（tún），却不知道有鲍子都、廖有方。将面貌很丑的桥神用脚在地上偷偷画下来[①]，人们都知道有定州的张平子，却不知道有画蠡的鲁般。行军时让骆驼驮着水在其中养鱼，人们都知道有宋朝的孙仁祐，却不知道有隋朝的虞孝仁。杀死负心的仆人，人们都知道有张咏，却不知道有柳开。皇帝以金莲烛送其归院，人们都知道有苏轼，却不知道有王珪。晋平公出言不当，师旷举琴去打他，打

---

① 见《太平御览》：始皇于海中作石桥，海神为之竖柱。始皇感其惠，求与相见。海神答云："我形丑，约莫图我，乃从石塘三十里相见。"煮右巧人以脚画其状，神怒曰："帝负我约，速去！"始皇转马还，马脚独立，后脚随崩，仅得登岸。脚画者溺于海死。

到晋平公的衣服并把墙壁打坏了；魏文侯出言不当，师经举琴去撞他，把帽冠打烂。一个见于《淮南子》，一个见于刘向《说苑》。燕太后不肯让小儿子到齐国为人质，因为陈翠的爱子之说而答应；赵太后不肯让小儿子到秦国当人质，因左师触龙的爱子之说而允许了。一个见于《史记·赵世家》，一个见于《战国策》。北齐神武帝高欢不以慕容绍宗为贵，从而留下了文襄帝高澄；唐文皇暂贬让李勣出京，以保高宗李治皇位。俱见于《本纪》。申鸣擂鼓为国而战，使敌人杀死了作为人质的父亲，功成以后便自杀；赵苞擂鼓助战，使敌人杀了作为人质的母亲，功成以后吐血而死。一个见于《说苑》，一个见于《后汉书》。医生给晋平公诊脉，说："大人的病在膏的下面，肓的上面。"秦武王让扁鹊看病，扁鹊说："您的病在耳朵的前边，眼睛的上边。"是说因为色而得病。一个见于《左传》，一个见于《战国策》。东方朔称一红色的东西名为"怪哉"，能喝酒十石；李章武也说有一个斧头状禁物，可饮血三斗。一个见于《搜神记》，一个见于《酉阳杂俎》。怀素练习书法写完了几亩芭蕉；郑虔练习书法写完了几屋子柿叶。都见于《法书录》。孙膑被魏国砍了脚，却成为齐国的军师；司马喜被宋国砍了脚，却成为中山国的宰相。一个见于《左传》，一个见于《吕氏春秋》。王济拿一千万钱来与王恺打赌，赌注为日行八百里的牛，胜了就杀牛取心；尔朱文略拿美丽的婢女与高归彦打赌，想赢对方的千里马，胜了就砍了马头。一个见于《晋书》，一个见于《北齐书》。鄂千秋阐明萧何功劳很高，于是立刻被封了侯；公孙戎阐明樊哙不会谋反，于是立刻封了二千户。一个见于《萧何传》，一个见于《王莽传》。兖州刺史李恂，将郡县小麦、胡麻一类的事，全都交给下属办；扬州刺史费遂，将郡园小麦、胡麻一类的事，也全都交给下属办。一个见于《东观记》，一个见于谢承《后汉书》。孙权得到诸葛恪，才知老桑树蒸熟龟精之法；张华得到雷焕，才知用老桑树来辨别狐精。一个见于《搜神记》，一个见于《集异志》。汉代的郭林宗遇雨，便把帽巾折了个角，人们便开始都把帽巾折角；北周的独孤信骑马驰骋，帽子微微有些歪，人人就开始戴侧帽。一个见于《后汉书》，一个见于《北史》。严畯给孙权诵读《孝经·仲尼居》，张辅、吴昭认为他是没什么水平的儒生，所以请求诵读《君子之事上章》；陆澄为齐武帝诵读《孝经·仲尼居》，王俭认为虽博却少有精要之语，因而请求诵读《君子之事上章》。一个见于《吴志》，一个见于《南齐书》。孙权梦见有人用笔点了一下他的额头，熊循祝贺他可以当君主；齐文宣帝梦见有人用笔点他的额头，王昙哲也祝贺他可以当君主，他们最后都登了王位。一个见于吴祚《国统志》，一个见于《齐书》。魏文帝未称帝时，梦见太阳落到地上，分为三分，自己得到一分，放在怀里；陈文帝小的时候，也做了这样的梦：后来都成了三分天下中一个国家的君主。一个见于《谈薮》，一个见于《陈本纪》。西晋张华梦见所养的白鹦鹉与猛禽搏杀；杨贵妃也梦到白鹦鹉与猛禽搏杀。一个见于《异苑》，一个见于《明皇杂录》。欧阳询看见《索靖碑》，开始看的时候说："浪得虚名。"第二天再看，说："盛名之下定无虚士。"坐卧在碑下，十天都不忍离去；阎立本看见张僧繇的画，也是这样。俱见于《宣和书画谱》。隋朝司空杨素出来接见客人，带着侍姬红拂，红拂就此跟李靖私奔；唐代汾阳王郭子仪出来会见客人，也带了侍姬红绡，结果她与崔千牛私奔了。一个见于《虬髯客传》，一个见于《昆仑奴传》。为了先让蚊子吃饱而去温席的人，人们都知道有吴猛，却不知道汉朝番禺的罗威。

# 卷五

# 伦类部

蜀地的人称父亲为郎罢。

吴地的人称父亲为箸，称祖父为阿爹，也有的人称公爹。

有的称父亲为爷，有的称父亲为爸。

辽东的人称父亲为阿嘛，母亲为峨娘。

湖南的人称母亲为哎祖。有的地方称父亲为阿叭，母亲为阿宜。

羌人称母亲为姐。湖北一带称母亲为媞。

# 君臣

**在三之义** 晋武公讨伐翼国，杀了哀侯后劝阻栾共子[①]说：“如果你不赴死，我让你做上卿。”栾共子拒绝了，说：“我听俗语说：‘人生在世，需要依靠三者存活，敬奉这三者要始终如一。’这三者也就是生养我的父母，教导我的老师以及给我俸禄的君王。”

**无忘射钩** 管仲带兵挡住莒（jǔ）地[②]的道路，用箭射齐桓公，射中了齐桓公的带钩[③]。后来鲁国用囚车把管仲送给了齐国。没想到齐桓公不计前嫌而任用管仲为相。管仲对齐桓公说：“但愿君王您不要忘了射钩的事，而我也不会忘了囚车的事。”

**前席** 贾谊当长沙王的老师时，汉文帝征召他来到京城。贾谊如期入朝觐见，文帝问他鬼神相关的事，贾谊详细地告诉文帝与鬼神相关的事情。就这样聊到后半夜，文帝移动席子向前来倾听。

---

① 栾共子名成，谥共，又被称为栾共叔、共叔成，春秋时期晋国分裂时期翼国的大夫。

② 中国周代诸侯国名，在今山东省莒县一带。

③ 古代贵族和文人、武士所系腰带的挂钩。

**温树** 孔光担任尚书，执掌国家中枢权力十几年，却能严守法度，治理政事也从不随便凑合。当有人问他："温室宫（即孔光办公的府署，位于未央宫内）的官署里种的是什么树呢？"孔光赶紧用其他的话来回答岔开话题。他的谨慎与保密已经到这样的程度。

**下车过阙** 卫灵公与夫人南子晚上坐着聊天，听到有辚辚的行车声，车声到宫阙就停了，过了宫阙又开始响起来。卫灵公便问这是谁，南子说："这一定是蘧（qú）伯玉[①]。我听说根据礼法在公家的门前经过时，要抚轼而过，这样以示尊敬。蘧伯玉是贤良的大夫，对于主上您非常礼敬，肯定不会因为现在是晚上而疏忽了礼节。"卫灵公赶紧派人一看，果然是蘧伯玉。

**枯桑八百** 诸葛亮对后主刘禅说："我在成都有老桑树八百棵，有薄田十五顷，子孙后代的衣食可以自给自足。所以臣子我决不多用公家的一尺一寸，如果我的仓库有多余的布帛，粮仓里有多余的粮食，我就对不起陛下。"

**醴酒不设** 楚元王很尊敬穆生，每次宴请他一定会用美酒招待。可是突然有一天没有美酒了。穆生看到后说："招待我不用美酒，看来元王已经厌倦我了。"于是愤然离去。

**一动天文** 李泌对唐肃宗说："我已经修炼到可以不吃饭，而且我也没有家庭的拖累，俸禄地位和封地也不是我想要的。我为陛下运筹帷幄，收复京城，为的就是能够在天子膝盖上睡一

① 卫国人，春秋时期卫国大臣，大夫蘧无咎之子。

觉，像汉代严光与汉光武帝那样[①]，惊动一下天上的星象就已经足够了。”

**封留**　张良祖先五代人都在韩国为相。秦国灭亡了韩国，张良只好离家出走，四处找寻刺客为韩国报仇，不过最终都没有结果。后来他辅佐汉高祖消灭了秦国。平定天下后，汉高祖对功臣大行封赏，让张良自己选择万户之邑。张良说：“我最初跟随陛下是在留地，把留地封给我就足够了。”他不久便放下人间万事，跟随仙人赤松子修炼辟谷的道法。吕后只好强迫他吃饭，并且说：“人生活在世间，就好像白驹过隙那样快，为什么要这样自己苦自己呢！”

**御手调羹**　唐玄宗召见李白，在金銮殿上会见了他，与他议论起当朝的国事，李白进奏颂词一篇。玄宗赏赐了食物给他，并亲手为他调羹。

**御手烧梨**　唐肃宗经常晚上召见颍王等两个弟弟，他们一起坐在火炉旁边的地毯上。当时李泌正修炼辟谷的道法，肃宗亲自烧了两个梨，并且双手把它赐给李泌。此时颍王依恃自己受恩宠也想要一个梨，肃宗却没有给，并说：“你已经饱食了很多肉，先生未曾吃饭，你为什么还要争呢？”

**盐酒同味**　唐太宗与崔浩议论政事，不知不觉竟然说到了半夜，唐太宗非常高兴，便赐给崔浩十瓶缥醪酒，一两水晶戎盐，并且说：“我听你说的话，就如同品味这些盐和酒一样，所以我想与你一起品味这个味道。”

---

① 严光的故事参考卷一“客星犯御座”的词条。

**学士归院** 唐代的令狐绹（táo）在翰林院的时候，晚上进入皇宫进献对策。进献完毕后，唐宣宗命令用皇帝的轿辇护送令狐绹回翰林院，并且用金莲烛照明，翰林院的守吏远远望见这个阵仗，以为是天子来了，不久就听到通报的人喊："学士大人归院。"

**撤金莲炬** 苏轼任翰林院学士的时候，宣仁高太后[①]曾在偏殿召见苏轼，并说："先帝每次见到你的奏疏，必定感叹：'奇才，奇才！'"然后赐座赐茶，后来还撤下宫中的金莲宝炬灯送他回翰林院。

**登七宝座** 唐玄宗在勤政殿用七种宝物做成一个宝座，召来诸位学士谈古论今，其中胜出的人就可以坐这个宝座。期中张九龄的议论生动有趣，第一个坐上了宝座。

**昼寝加袍** 韦绶在翰林院的时候，唐德宗有一次到翰林院去，他的妃子韦妃也正好跟着。当时正赶上韦绶在午睡，学士郑絪想去叫醒韦绶，却被德宗制止了。当时天气很寒冷，德宗用韦妃的蜀锦袍给韦绶盖在身上然后就走了。

**金箸表直** 唐代开元年间，宋璟担任宰相，朝廷与民间内外归心。有一次宋璟与唐玄宗一起吃饭，玄宗把自己用的金筷子赏赐给了宋璟，并对宋璟说："我不是赐给你筷子，而是表扬你的正直。"

---

① 宣仁高太后（1032—1093）是宋英宗的皇后、宋神宗之母，于宋哲宗时垂帘听政。高太后拥有十分优秀的执政才能，执政期间政治比较清明，经济十分繁荣，后人誉其为女中尧舜。

**药石报之** 唐太宗的时候，中书高季辅上书言事，太宗特别赏赐他一剂钟乳石，并说："你的奏章就像药石一样有效，所以我用药石来回报你。"

**世执贞节** 于忠[①]升官为散骑常侍[②]，曾经在侍奉皇帝吃饭的时候，宣武帝赐给他宝剑和权杖，并且举起酒递给于忠说："你家世代都秉执坚贞的节操，所以我朝一直委任你家以禁卫的要职。此前因为你行为忠贞，所以给你赐名'忠'。现在因为你的才能足以抵御外侮，所以把我所用的宝剑与权杖赐给你。"

**一门孝友** 崔郸[③]一家几代人都住在一起，其中兄弟六人官至三品。崔邠（bīn）、崔郸、崔郾（yǎn）三人共计任礼部侍郎五次、吏部侍郎两次，这是唐代建立以来从来没有过的先例。住在光德里。唐宣宗说："崔郸一家孝顺友爱，理所当然是士族所效法的榜样。"所以宣宗给他家题名为"德星堂"，所居住的地方题名为"德星里"，以此来褒奖他们。

**亲手和药** 曹彬病情危急时，宋真宗亲自去问候，并亲手为他调制药剂，还赏赐给他白金万两。问他有什么遗言，曹彬说："我没有什么后事要说。我有两个儿子曹璨和曹玮，才能与器识还算可以。若允许我推荐亲人，他二人可以担任将领。"真宗接着问两人谁更好一些，曹彬回答说："曹璨不如曹玮。"

---

① 鲜卑族，北魏时期权臣，曾权倾朝野，滥杀朝臣。

② 古代官名，入则规谏过失，备皇帝顾问，出则骑马散从。

③ 唐朝时期大臣，唐文宗、唐武宗时期担任宰相。

**相门有相** 王训十六岁的时候，梁武帝在文德殿召见他，他对答如流。召见完后，武帝目送他离开，说："这真是宰相之门又出宰相啊。"

**有古人风** 刘查为东宫舍人①，昭明太子萧统赐给他用瓠做成的盛食器具，并说："因为你有古人之风，所以赠给你古人所用的器具。"

**赐灵寿杖** 孔光②字子夏，很擅长经学，后以为人正直被举荐，官拜谏议大夫。可他与兄弟、妻子聊天时从来不涉及朝廷之事。他晚年的时候，皇帝赐给他灵寿杖，他便告老还家了。

**剪须和药** 李勣既忠心又得力，唐太宗认为他可以托付大事。有一次李勣突然得了重病，医生说："这个病要用胡须烧的灰来治疗。"太宗便把自己的胡须剪下来调制药物。等到李勣病好了，入朝谢恩，谢恩时磕头都把头磕出血了。太宗说："这是我为国家考虑的，你又有什么需要感谢我的呢？"

**赐胡瓶** 李大亮官拜金州司马的时候，有一次朝廷派来的监察御史看到他所在的地区有名鹰，便暗示李大亮应该将鹰进献给朝廷。李大亮听完监察御史的话立刻秘密上表给皇帝说："陛下很早就已经戒除田猎了，可是朝廷派来的使者却还在搜索名鹰，如果这一行为真的是陛下的旨意，那么就有违陛下从前的旨意；如果是使者自己的意思，那就说明皇帝派错使者了。"唐太宗看完信

① 即太子舍人，中国古代官名，初设于秦朝，是执掌东宫宿卫的，后来也兼管秘书、侍从之职。
② 西汉后期大臣，孔子的十四世孙，官至大将军、丞相、太傅、太师。

后回信说:"有你这样的大臣，我没有可以忧虑的了，古人因为一句重要的言论而给对方千金，您的话很重要，现在我赐给你一个胡瓶，虽然这个胡瓶没有千金那么贵重，但却是我自己用的，算是御用之物。"接着又赐了荀悦的《汉纪》，并且说:"荀悦的议论博大精深，很适合从政的人，您可以好好品味其中的奥妙。"

**赐二铭** 唐德宗赐给马燧《宸扆》《台衡》两篇铭文，来记录君臣相辅相成的美事，并将这一行为刻石保存在起义堂里，德宗亲自题写石碑用以表示对马燧的荣宠。

**诗夺锦袍** 宋之问和杨炯分别在习艺馆值夜班。武则天游幸洛阳城南的龙门时，下诏命名随从的大臣需赋诗一首。宋之问也在其中。先是左史东方虬作了一首诗，武则天听后便赏赐了东方虬一件锦袍。一会儿轮到宋之问了，宋之问便献上了自己的诗，武则天看到，大为赞赏，立即把刚才赐给东方虬的锦袍转而赐给了宋之问。

**赐玉堂字** 淳化年间，翰林苏易简向朝廷进献《续翰志》二卷，宋太宗赐御诗二首，又用飞白[①]法写了"玉堂之署[②]"四个字赐给他。

**赐金龙扇** 宋代的张詠官拜御史中丞的时候，宋真宗让他进献他的著述，真宗大为称赏，把自己拿的销金龙扇赐给他，说:"用此来赞美你今天进献文章的事。"

---

① 书法中的一种特殊笔法，含墨量不是很饱满，有的地方黑白相间，使枯笔产生"飞白"，传说是三国时期蔡邕创造。

② 汉代侍诏于玉堂殿，唐代侍诏于翰林院，所以从这以后翰林院也叫作玉堂署。意为国家栋梁。

**赐酴醾（tú mí）酒** 唐代的李吉甫[1]盛赞唐宪宗。李绛[2]说："现在西戎有内讧，眼看就要打仗，这正是陛下励精图治的时候，为什么大臣此时却只说称赞的话呢？"宪宗回到皇宫后对左右侍臣说："李绛说话刚直，是真正的宰相之才啊。"然后立即派使者赐给他酴醾酒。

**用读书人** 宋太祖开国后第一次用年号，他下了命令说不可以沿用之前的旧号，于是就用了"乾德"这一年号。有一天，他在皇宫中发现古镜上竟然有"乾德"的字样，觉得很奇怪，便询问大臣，可是没有一位大臣知道真相。这时候，只有窦仪[3]回答说："这个年号之前蜀王用过，想必这面镜子是蜀国的宫女带来的。"追问之下，发现果然如此。太祖便赞叹说："宰相看来还是必须要用读书人啊。"

**朕之裴度** 宋代庆历年间，贝州（河北清河县）的军队叛乱，讨伐之师久而无功。参知政事文彦博主动请求去带兵，最终胜利归来。宋仁宗犒劳他的时候说："爱卿，你就是我的裴度[4]啊。"

**禁中颇牧** 唐代的毕諴（xián）为翰林学士时，羌人搅扰河西之地，唐宣宗召毕諴来咨询边疆战事情况，毕諴很详细地陈说

---

① 李吉甫（758—814）是唐朝时期政治家、地理学家，两次拜相，辅佐唐宪宗开创"元和中兴"。

② 李绛（764－830）是唐朝中期政治家、宰相。

③ 窦仪（914—966）是五代十国后期至北宋初年大臣、学者。曾奉命主撰《建隆重定刑统》（即《宋刑统》）三十卷、《建隆编敕》四卷。

④ 裴度（765—839）是唐代中期杰出的政治家、文学家，辅佐唐宪宗实现"元和中兴"。为将相二十余年，荐引李德裕、李宗闵、韩愈等名士，重用李光颜、李愬等名将，还保护刘禹锡等人，被时人比作郭子仪。

了拿下羌人的计策。宣宗说："有你在，就如同廉颇和李牧都在宫廷中了。"

**朕之汲黯** 宋代的田锡[1]天生刚直，进奏经、史中治理国家最为关键的要略三十篇。宋真宗为此手写诏书褒奖他。并且每次见田锡，神色一定端庄肃穆。真宗自己说："田锡就是我的汲黯[2]。"

**巾车之恩** 冯异到京师觐见，光武帝下诏说："仓皇之时你在芜蒌（lóu）亭进献豆粥、在滹沱（tuó）河进献麦饭，这份厚恩我长久以来都没有报答。"冯异说："我希望国家不要忘记河北之难，我也不敢忘记巾车之恩[3]。"

**尚书履声** 汉代的郑崇官拜尚书仆射，多次向汉哀帝进谏，汉哀帝每次都采纳了他的意见。每次听到郑崇的脚步声，汉哀帝都会说："我听得出郑尚书的脚步声。"

**软脚酒** 唐代郭子仪从同州归朝，唐代宗下诏让大臣在郭子仪的宅第设宴接风，每人出钱三千。

**佐朕致太平** 王旦是王祐的次子，王旦的才气与见识都很远大，宋真宗曾经注视王旦离开并且说："能辅佐我使国家太平的，必是此人。"

---

① 田锡（940—1004）是北宋初期著名谏臣、政治家、文学家、宋代文学的开拓者和奠基人之一。

② 汲黯（？—前112）是西汉名臣，为人耿直，好直谏廷诤，汉武帝刘彻称其为"社稷之臣"。

③ 汉光武帝刘秀在巾车乡擒获冯异，随后赦免了他。

**儒与吏不及** 明代的王兴宗最开始只是衙门差役，后来太祖朱元璋特别任命他为金华知县。丞相李善长不太满意这一决定，于是对太祖说："他是罪人出身，为什么要让他当县令呢？"太祖回答说："兴宗处理政事很勤劳而且又不贪污，并且政事处理得很好，儒生和小吏都比不上他，当个县令算什么呢？"后来苏州缺太守，太祖说："这些官员都比不上兴宗。"于是便任用了王兴宗，后来果然他的政绩很好。

**风度得如否** 唐玄宗每次访问贤士，一定会问一句："此人的风度能像张九龄那样吗？"

**文武魁天下** 宋代的薛奕是兴化人，他考中了武举的第一名。当时他的同郡徐铎中了文科的第一，宋神宗赐诗有"一方文武魁天下，万里英雄入彀（gòu）中"的句子。后来薛奕在西夏攻打永乐城的战役中死于国难。

**奖谕赐食** 明朝的王来官拜苏州和松江两地巡按的时候，奉朝廷命令与侍郎周忱一起考察官吏，朝廷的命令中有"请朝廷裁夺"的话语，王来在上报给朝廷的奏章中写："贪官污吏如果应当惩处，那就应该赶快惩处。如果还要上奏请旨那么会延迟处罚，百姓就更加受到这些贪官的荼毒了。"当时为重臣的杨荣、杨溥和杨士奇看到奏章后说："王来对于治理之术真是明晓通达啊。"所以就换了新的制令给他。贪污、暴虐之人听到这个消息都赶快逃走了。有一个职位很高的宦官陈武，奉了太后的懿旨，到江南散发佛经，可他却百般勒索财物，人人都怕他。王来收了他的文书，说是与皇帝的诏书不能对应，便打算审判他。陈武苦苦请求最后才被免罪。等陈武回到朝中，便把此事告诉给皇上，皇上问顾佐说："苏州的巡按御史是谁？"顾佐回答说："王来。"皇上说："把他的名字记下来。"等王来任满归乡的时候，顾佐带领他面见皇上，皇上专门嘉奖王来，并在光禄寺赐宴。

**赐金奉祀** 汉代朱邑官至大司农，他死的时候天子觉得很可惜，说："朱邑操守廉洁，没有在领地之外四处结交，真可谓淑人君子。"于是赐给他儿子黄金百斤，让儿子得以祭祀他。

**有唐忠孝** 唐代官吏韩思复小的时候，母亲告诉他其父亲死时的情状，他痛哭流涕、伤心欲绝。后来科举考试他中了很高的名次，可家里却更加贫困。杜瑾送给他一百匹布以此来换取食物，他开始把一天的饭分成两天吃，但是送的那一百匹布保持原样没有动。后来他升迁至襄州刺史，处理政事的名声遍及天下。等到他死的时候，皇帝亲手为了题写了墓碑，碑上写的是"有唐忠孝韩长山之墓"。

**骨格必寿** 明代的宋讷官至国子监祭酒[①]，他立下了很严格的学规。太学的助教金文徵等人嫉妒宋讷，便伙同吏部尚书余熂暗地里设计陷害宋讷，用他年纪太大为借口逼宋讷自动辞职。当宋讷辞别皇帝时，朱元璋问清楚原因后，便诛杀了金文徵，宋讷依然像以前一样做祭酒。朱元璋经常说宋讷的骨相看起来就很长寿，于是命令画工画了他的像。宋讷八十多岁时，才在任上死去。朱元璋亲自写了文章祭奠他，朱元璋后来常常思念宋讷，并且把他作为国子监任教者的榜样，后来下令让宋讷的儿子宋复祖担任国子监司业的职位。

---

① 国子监祭酒是中国古代中央政府官职之一，主要任务是掌大学之法与教学考试。

**不避艰险** 汉昭烈帝刘备与关羽、张飞情如亲兄弟，睡觉都在同一床上。不过在公众场合，关羽、张飞两人整日侍立在刘备身后，跟随刘备四处漂泊，不避艰险。

**遂从不去** 张良聚集了一百多个人起义，路上遇到沛公刘邦。张良于是便用《太公兵法》来游说刘邦，刘邦认为很好，就用了他的计策。张良曾经也为别人讲解过这些兵法，不过那些人都不懂。张良说："沛公大概是上天授命的人啊。"于是便跟随刘邦不离开。

**鱼之有水** 刘备去隆中拜见诸葛亮，共计去了三次才见到，诸葛亮成为刘备的军师后，和刘备感情很好，关系也越来越密切。关羽和张飞两人见状不高兴了，刘备只好对二人解释道："我得到孔明先生，就好像鱼得到了水一样。"

**安刘者必勃** 汉高祖（刘邦）病重，吕后问："陛下百年之后，相国如果死了，那谁可以取代他呢？"高祖回答说："曹参。"吕后接着问："曹参之后呢？"高祖接着回答说："王陵。不过他的个性过于耿直，陈平倒是可以辅助他。不过陈平太过机智，恐怕难以担此重任。周勃稳重且宽厚，此后安定我刘氏天下的必然是周勃，可以让周勃做太尉。"

**赐周公图** 汉武帝打算立刘弗陵为帝，但刘弗陵年龄很小，汉武帝便观察群臣，他发现只有奉车都尉霍光为人忠厚，可以托付大事。于是就让黄门官[①]画了周公背着周成王接见诸侯故事图赐

---

① 黄门官又称黄门郎，秦代初置，即从事于宫门之内的郎官，是皇帝近侍之臣，可传达诏令，汉代以后沿用此官职，明清时期为从二品官员，负责协助皇帝处理朝廷事务。

给霍光。后来汉武帝病重，霍光流泪痛哭问：“万一陛下有个三长两短，谁来继任陛下的位子？”汉武帝说：“你没有看明白我赐给你那幅画的意思吗？那就是立我的小儿子，然后你来做周公做过的事啊”。

**去襜（chān）帷** 汉代的刺史郭贺，当官有很好的政绩，汉明帝赐他身穿三公之服和黼黻礼冠，让他循行时去掉车四周的帷帐，好让百姓能看到他的面貌和衣服，以此来表彰他的德行。

**一见如旧友** 苻坚自立为秦天王，尚书吕婆楼把王猛推荐给苻坚。苻坚召见王猛，两人一见如故，谈论政事，大为欢畅，自称就好像刘备遇到诸葛亮一样。

# 父子

**弄璋弄瓦** 《诗经》中有诗说：吉梦维何？维熊维罴（pí），男子之祥；维虺维蛇，女子之祥。乃生男子，载衣之裳，载弄之璋。乃生女子，载衣之裼（tì），载弄之瓦。（意思是：吉梦是什么？是强壮的熊罴，那是生男孩的好兆头；是细长的蛇，那是生女孩的好兆头。如果生了男孩，就让他穿上衣裳，让他玩玉璋。如果生的是女子，就给她包上婴儿的抱被，让她玩纺锤。）

**诞弥厥月** 《诗经》中有诗说：载生载育，时维后稷。诞弥厥月。（意思是：孩子生下来后养育，他就是周人的祖先后稷，诞生时是足月的。）

**岳降** 《诗经》中有诗说：嵩高维岳，峻极于天。维岳降神，生甫及申。（意思是：只有像嵩山那样的山才算高山，天下没有比它更险峻的了。嵩山钟灵毓秀，才降生了甫侯和申伯。）

**悬弧设帨（shuì）** 生了男孩，就要用桑木作弓、蓬草为箭，射向天地四方，这样做是希望他长大后志在四方。《礼记》中说：男子生，设弧于左。女子生，设帨于门右。（意思是：生了男孩子，就要在门的左边挂弓；生了女孩子，要在门的右边挂佩巾。）

**初度**《离骚》中说："皇览揆余初度兮，肇赐予以嘉名。"（意思是：太祖根据我初生时的气度，通过卦辞赐给我嘉美的大名。）

**添丁** 唐代卢仝（tóng）生了儿子，名叫"添丁"。宋代贾耘老生了儿子也叫"添丁"。

给贾耘老生儿子的妾名叫"双荷叶"。

**汤饼会** 生了儿子后第三天宴请宾客，叫作下汤饼会。刘禹锡在《送张盥赴举诗》这首诗中说："尔生始悬弧，我作座上宾。引箸举汤饼，祝词生麒麟。"（意思是：你刚刚出生的时候，我曾经参与你家为你举办的庆生宴，那时我拿起筷子举起汤饼，祝贺你家生了麒麟之才。）

**拿周** 曹彬生下来到一周岁的时候，父母摆放了上百种玩具在他面前，想看他拿什么以此来预测他将来的志向，这样的行为名叫"晬（zuì）盘"。只见曹彬左手拿着戈矛，右手拿着官印，后来曹彬果然成为大将军并被封了王。

**太白后身** 北宋诗人郭祥正的母亲做梦梦到李白，醒来就生下了郭祥正，郭祥正在写诗方面很有名气。梅尧臣曾经说："郭祥正这样的天才，简直就是李白的转世之身啊。"

**玉燕投怀** 张说是他母亲做梦后怀上的。他母亲梦见一只玉燕飞到怀里，然后就有了身孕，之后就生下了张说，后来张说成为宰相，被封为燕国公。

**九日山神** 三衢陈主簿的妻子梦见一个很高大的人来拜见，她觉得很奇怪，就问那人，那人告诉她说："我是九日山神。"后来她便生了儿子，她的儿子有特异的面相。所以便把"九日"二字合起来，给孩子取名叫陈旭。后来为了避开皇帝父祖的名讳，便改为"升之"。神宗一朝陈旭官拜宰相。

**灵凤集身** 《南史》中记载：王昙逸的母亲梦见有灵凤聚集在她身上，然后就有了身孕，还听到肚子里有小孩的哭声。宝志和尚说："应该会生出一个神仙一样的儿子。"

**金凤衔珠** 南昌许逊是他的母亲梦见金凤衔来珍珠落在手掌后出生的。晋初年任旌阳令，得到异人传授的道术，于是周游江海湖泊，将蛟龙与蜃精全部斩杀干净，为民除了害。后来又在山中修道，到了一百三十六岁时，全家飞升成仙。

**授五色珠** 宋代的文学家、地理学家乐史，是他的母亲梦到异人送五色珍珠然后出生的。乐史学习很勤奋，擅长写文章，后来考中状元，在朝廷中有很高的声望，著有《太平寰宇记》。

**五日生** 田文（即孟尝君）生于农历五月初五（五月是毒月，五日是毒日），他的父亲田婴想要把他抛弃，他的母亲只好一直偷偷养着他。等到他长大了，他对父亲田婴说："您做齐国之相已经很长时间了，齐国的疆域没有得到丝毫扩展，然而您自己的私财已经有百万，门下也没有聚集贤明的人才。我觉得这是很奇怪的事情。”田婴这才对儿子以礼相待，让儿子治理家政，结交宾客。

**梦邓禹** 宋代的范祖禹出生时，他的母亲梦见一位大丈夫身披金甲，来到自己的住处对自己说：“我是汉朝大将邓禹。”范祖禹出生后，便以此字为名。

**梦枫生腹** 唐代张志和的母亲梦见肚子上生出枫树，之后生下张志和。等到母亲死后，张志和不再出仕为官，自号烟波钓徒。

**电光烛身** 宋代宗泽的母亲刘氏，有天晚上梦见天上打雷，电光照亮她的身体，她第二天就生下了宗泽。宗泽从小就有远大的志向，后来慢慢积累功勋到官拜大元帅，曾起兵救援朝廷，破除了金兵的侵扰。

**梦贤人至** 谢灵运的父亲命中不适宜养儿子，于是就想把谢灵运放到道士杜炅家中寄养。当天晚上，杜炅梦到有贤人来找自己。等到第二天早晨，才知道是谢灵运来了。武林山现在还有一个梦儿亭。

**右胁生** 老子姓李，名耳，字伯阳，谥号为聃。传说他的母亲怀他八十一年，他才从右胁生下来，所以取名为老子。

**梦虎行月中** 滕元发的母亲做梦梦见有老虎在月亮中行走，突然掉落到她家的房子里，不久滕元发出生了。滕元发九岁就能写诗。他中了进士后，治理边疆有功，在西夏一带声名远扬。

**真英物** 桓温出生还不到一年的时间，温峤见了他，说："这个孩子的骨相清奇。"等听到桓温的声音时，他不由得赞叹道："真是个英雄人物啊。"桓温的父亲桓彝因为听了温峤的赞美之词，便给孩子取名为"温"。桓温长大后果然豪爽有气概，功勋卓著，成了大司马。

**龟息** 李峤的母亲向袁天纲问儿子的命运，袁天纲回答说："长得神气清秀，不过恐怕寿命不长。"袁天纲请求等孩子睡着时听他的鼻息，听完鼻息后，他向李峤的母亲祝贺说："这是'龟息'啊，这个孩子一定能够富贵并且长寿。"

**梦长庚** 李白的母亲怀孕时，梦见长庚星出现，所以李白小时候叫"长庚"，后来才改名叫"白"。

**产有异光** 南宋初年名臣虞允文出生的那一天，门户外面有奇异的光，懂行的人知道他将来必成大器。虞允文到了十岁的时候，就经常有惊人的言语。

**将校有梦** 杨价是杨璨的儿子，杨价还没有出生的时候，杨璨做梦，梦见一位从靖州来的号称"蜀威将军"的神仙。等到杨价出生时，他的身材样貌和父亲梦中的神仙很是相似。后来杨价袭了父亲杨璨的职位，在边疆上建立了不朽的功勋。

**钟巫山之秀** 扬雄的父亲住在巫山时生了扬雄，于是大家都说扬雄身上有巫山十二峰的秀气。

**皆名将相** 陈省华做谏议大夫的时候，陈抟曾经对他说：

"你的儿子们以后都是有名的将相。"陈省华退休后，他的三个儿子都做了高官。长子陈尧叟被世人称为贤相；次子陈尧佐官至太子太师；小儿子陈尧咨官为节度使，擅长射箭，世人称为小由基[①]。

**孕灵此子** 五代时王承肇的母亲崔氏梦见山神牵着五色兽逼她脱衣服，后来便生下王承肇。有一个僧人见到王承肇后摸着他感叹道："老僧我居住的周公山，近来感觉灵气减半，原来是孕育了这个孩子啊！"后来王承肇在洛州以功名著称。

**父辱子死** 彭修十五岁的时候，跟随父亲出行，父亲被强盗劫持，彭修立刻拔刀对着强盗说："我父亲受了侮辱，作为儿子的我只有以死拼命，你们难道都不怕死吗？"强盗大惊说道："这个小孩是义士，不要逼他了。"于是都跑了。

**一子不可纵** 刘挚幼年的时候，他的父亲刘居正每天都考核他的功课，早晚都不允许他稍微休息。有人对刘居正说："你只有这么一个儿子，应该多多疼爱才是。"刘居正回答说："正因为我只有这么一个儿子，所以我更加不能纵容他了。"

**事父犹事君** 殷渊刚强正直，注重立身的原则，他跟随父亲出去做官的时候，如果父亲有哪里做得不对，他就会与父亲辩论。他曾经说侍奉父亲和侍奉君王是一样的，不能把谄媚当作恭敬。后来李自成攻破北京，他因救国被害。

---

① 养由基，战国时楚国神箭手。

**娶长妻** 冯勤的祖父冯偃身高不到七尺，他对自己的身高不是很满意，于是便为自己的儿子，即冯勤的父亲冯伉娶了一个身材高挑的妻子，后来生下的冯勤高八尺三寸。

**一门七业** 刘殷有七个儿子，其中五个儿子各教授《五经》中的一种经书，剩下的两个儿子一个儿子教授太史公的《史记》，另外一个教授《汉书》，他们一家之中，七个人学问都很高。当时整个北州的学问，以刘殷家最为兴旺。

**胎教** 孟子小的时候，有一次他问母亲："东边邻居家杀猪干什么呢？"母亲立即回答："给你吃！"母亲回答完就后悔了，她想："我听说胎教的方法是割肉不方正就不能吃，座席不端正就不能坐。我今天明知道是欺骗他，却还那样告诉他，这是在教他不诚信啊。"后来便买了猪肉给孟子吃。

**七子孝廉** 赵宣的妻子杜泰姬为他生了七个男孩，赵宣教育他的儿子们说："一般人的性情，可以上也可以下。从前西门豹佩戴牛皮带，用牛皮袋的柔软来告诫自己要宽松，宓子贱佩戴紧绷的弓弦告诫自己要严肃，你们要记住这一点！"后来他的七个儿子都被举为孝廉被朝廷征召为官，其中尤以赵元珪、赵稚珪的德行为世人所著称。

**各守一艺** 邓禹有十三个儿子，各人有着各自的技艺，全家都很和睦，邓家几代人因为受宠而在朝中富贵显达的就有百余人。

**儿必贵** 王珪的母亲李氏曾经说："我的儿子将来一定显贵，只是不知道将来他结交的都是什么样的一些人。"过了没多久，房玄龄、杜如晦到王家来拜访，王母很吃惊地说道：“两位客人都是天子身边的重臣，你能与他们交好，看来你一定很显贵了。”

**苏瓌（guī）有子** 苏颋的父亲苏瓌与李峤同时官拜宰相。有一天，朝廷召见他们两人的儿子同时入朝觐见，皇帝见过两人的儿子后说：“苏瓌的儿子能继承父亲的才干，李峤的儿子并不能。”

**是父是子** 吕昭在沁州做知府，他从沁州（今山西沁原）离开时，当地的父老乡亲赠送金钱给他。他说：“我没有‘一钱太守’刘宠一那样的爱好，也想着能为父老乡亲省下这一文钱也是好的。”于是反复推脱不收。吕昭的儿子刚考中进士的时候，他就告诫他儿子说：“如果饮用了贪泉之水，死后都不会被列入吕氏宗祠；假如我们坚守自己，即使我们穷得只能吃糠咽菜，我们依然是父子。”

**父子四元** 伦文叙是弘治己未年（1499 年）的状元，他的三个儿子伦以谅、伦以训、伦以诜（shēn）都是进士。其中伦以谅乡试第一，伦以训会试第一，伦以诜殿试第二。他们一家父子四人占居四元，在当时算是科举功名的盛事了。

**一如其父** 范仲淹在耀州（今陕西省铜川市）和邠州[①]做知府时，皆有非常好的政绩。当时西夏赵元昊叛乱，他正好在永兴军任知州，西夏人称赞他为“胸中有数万甲兵”。范仲淹的儿子范纯礼也曾经在永兴军任知州，处理起政事很像他的父亲。

① 治所在新平（今彬州），辖境相当于今陕西彬州、长武、旬邑、永寿四市县地。

**一褐寄父** 邝埜（kuàng yě）官至副使后，曾买了一件粗布衣服寄给父亲。他的父亲回信说："这衣服你是从哪里得来的？不要用不义之财来玷污我。"从中可以看出邝埜的家教很严，所以邝埜的行为一直都很谨慎，为官一直也很清廉。

**天上麒麟** 杜甫的诗曾说："徐卿二子生绝奇，感应吉梦相追随。孔子释氏亲抱送，并是天上麒麟儿。（意思是：徐家的两个儿子生下来就很奇特，估计是感应到吉祥的梦才来到这里的吧。孔子和佛家亲自把孩子抱着送来，他们应该是天上的麒麟儿。"）

**厉人生子** 从前有个容貌丑陋的人晚上生孩子，急忙举着灯照看，担心孩子长得像自己。

**三迁** 孟子小的时候，他和母亲住的地方距离坟墓很近，于是孟子很喜欢玩模仿办丧事的游戏。孟母说："这不是用来教育我儿子的地方。"于是搬家迁走了，他们住到了集市上，这时孟子又喜欢上了商贸之事。孟母认为："这个地方也不是教育我儿子的地方。"于是带着孟子又搬迁了，第三次他们搬到了学校附近，孟子这时候喜欢上了放置礼器、学习礼数等事。孟母这才欣慰地说："这个地方是教育我儿子的好地方。"于是便决定留在此地。

**和熊** 柳公绰的妻子韩氏经常把苦参、黄连和熊胆弄碎然后合成药丸（以提神醒脑），她的儿子柳仲郢等人夜间学习的时候，她便把做好的药丸放在他们口中，通过这种方法来鼓励他们勤奋学习。

**画荻** 欧阳修四岁的时候没了父亲，只有母亲郑氏教导他。

当时，他的家里穷，缺少纸张，他母亲就用芦秆在地上画着写字教他写字。后来欧阳修成了一代文学大儒，官至观文殿大学士。

**截发** 陶侃家境孤苦贫寒，孝廉范逵曾到他家拜访，仓促之间陶侃家里没有什么可以款待他的东西。陶侃的母亲湛氏只好剪了自己的头发来换酒，又拿出睡觉的草席，铡碎喂马。范逵后来见到庐江太守张夔时便称赞了陶侃。张夔于是召陶侃来担任了枞（zōng）阳令。

**跨灶** 灶上有“釜”，如果儿子胜过了父亲，就称为“跨灶”。因为“父”与“釜”是同音，此处用作借喻。

**凤毛** 刘宋时期谢凤的儿子谢超宗擅长文辞，曾作《殷妃诔（lěi）》。南齐孝武帝看了文章后赞叹说：“谢超宗有凤毛（代指才华出众）。”杜甫诗中有句子：“欲知世掌丝纶美，池上于今有凤毛。”

**双珠** 后汉的韦康、韦诞在当时都很有名。孔融对他们俩的父亲韦端说：“想不到你老来竟然生了这一双珍珠（代指韦康、韦诞）。”

**豚犬** 曹操看到孙权之后赞叹说：“生儿子就应该生像孙权那样的，刘表的儿子不过是猪狗之辈罢了。”

**老牛舐犊** 杨彪的儿子杨修被曹操所杀。曹操后来看到杨彪便说：“你为什么瘦得这么厉害了？”杨彪说：“我很惭愧自己没有金日磾（mì dī）那样的先见之明[①]，先动手把自己的不孝之子杀掉，我至今对儿子还怀着老牛舐犊一样的爱。”曹操听了很动容。

**伯道无儿** 邓攸，字伯道，在石勒之乱的时候，他带着妻儿和侄子邓绥逃跑，在困境中，无法保证儿子和侄子全都平安无虞，邓伯道只好舍弃儿子保全了侄子，后来邓伯道也不再有儿子，他就这样绝嗣了。当时的人们说：“老天不懂道理，使伯道没有儿子。”

**萱堂** 萱草又被称作宜男草，怀孕的女子佩带萱草预示会生男孩，所以母亲又被称作“萱堂”。《诗经·伯兮》中句子“焉得萱草，言树之北。”（意思是：我到哪里弄到一株萱草，种在后庭院。）

**椿庭** 《庄子》中记载说：“上古有大椿者，以八千岁为春，八千岁为秋[②]。”现在人把父亲称为“椿庭”（寓意长生不老）。

**乔梓** 乔木高大需要仰视，这是作为父亲的道；梓木有果实而且低垂，这是作为儿子的道。所以称父子为“乔梓”。

**楂梨** 南朝宋的官员张敷的小名叫楂，他父亲张邵的小名叫梨。宋文帝开玩笑地问：“山楂和梨相比，味道怎样？”张敷回答说：“梨是百果的宗主，山楂怎么敢比！”

---

① 金日磾那样的先见之明：金日磾的儿子行为不检点，担心儿子以后引起灭门之祸，自己主动杀死不肖子。

② 上古有大椿者，以八千岁为春，八千岁为秋：这句话是说上古时代有一种大树叫作椿，它把八千年当作一个春季，八千年当作一个秋季。这句话代表了它的长寿。

**菽水承欢** 子路说："世界上最悲伤的事情就是贫困，父母活着的时候没有什么东西来赡养，死去了也无法依礼来奉祀。"孔子回答说："吃粗茶淡饭，让他们高兴，这就是孝。"

**为母杀鸡** 东汉的郭林宗来拜访茅容，拜访完后留在茅容家歇宿。到了第二天早上，茅容杀鸡做饭，郭林宗一开始还以为这些是款待自己的，后来发现茅容做这些饭菜却是为了供奉他的母亲。郭林宗不由感慨得下拜说："你真是个贤良之人啊！"于是就鼓励他好好学习，以此成全他的德行。

**自伤未遇** 晋朝的赵至十二岁时，与母亲在路边看到有县令上任。母亲便问："你以后能这样吗？"赵至说："我以后可以这样。"有一次，他听到父亲耕地吆喝的声音，便放下书卷流泪哭泣。老师问他为什么哭，他回答说："我伤心自己没有机遇，不能让我的父亲免除劳役的辛苦。"

**风木之悲** 春秋时期的皋鱼周游列国做官，回家时发现双亲已经亡故了，他哭着说："树欲静而风不息，子欲养而亲不在！"说完便自刎而死。

**毛义捧檄** 庐江人毛义以孝行著称。后来官府的檄文到了，檄文上任命毛义为安阳令。毛义捧着檄文面有喜色，张奉看到毛义这样的神情后很是鄙夷他。后来毛义的母亲去世，毛义也就不再为官了。这时张奉才恍然大悟："原来手捧檄文高兴的那天，竟然是为了母亲啊。"

**为母遗羹** 郑国大夫颍考叔最初在边疆为官，郑庄公赐给他食物。他把肉都留了下来，并向郑庄公请求道："小人我母亲尚在，我准备的食物我母亲都吃过，不过还没有尝过您的食物，请您允许我将它们带回去给母亲尝尝。"

**倚闾而望** 王孙贾侍奉齐闵王，后来齐闵王出走，王孙贾不知道齐闵王去了哪里。王孙贾的母亲说："你如果早出晚归，我就靠在门边等待你；你晚出还未归，我就到村口等你。你现在侍奉齐闵王，他出走了，你不知道他在什么地方，那你还怎么回来呢？"

**对使伏剑** 王陵归降于汉王刘邦，可此时项羽却把王陵的母亲扣留在自己的军中，想通过这种方法来招降王陵。王陵的母亲私下对使者说："汉王是长者，我儿子不应该因为我而有二心，我应该以死使他下定决心。"于是就用剑自杀了。

**封还官物** 陶侃年轻时曾当县吏，他会经常监察鱼池，有一次他拿回鱼干来送给母亲。母亲把鱼干封好然后责备他说："你把公家的东西给我，这样反而会增加我的忧虑！"陶侃的母亲拒不接受这些鱼干。

**勿以母老惧** 北宋大臣刘安世被任为谏官，他对母亲说："朝廷任命我为谏官，我就必须以身报国，如果有灾祸或者过失，那么母亲你应当如何自处呢？"他的母亲对他说："谏官是天子的直言诤谏之臣，你父亲想当却一直没有当成，你现在有幸担任这个职位，就应该捐弃自身来报答天子，不应该因为我年老怕被流放而缩手缩脚。"

**对食悲泣** 东汉会稽人陆续（因楚王刘英谋反被牵连）被关在洛阳，他的母亲来到洛阳悄悄给他送饭。陆续对着饭开始哭泣，使者问他为什么哭，他回答道："我的母亲来了，我却见不到。"使者问："你怎么知道你母亲来了？"陆续回答说："我母亲切肉都是方方正正的，她切的葱也都是一寸长，我现在吃的这些饭菜一定是我母亲送来的。"使者把这件事上报了，朝廷特赦了陆续。

**暴得大名** 东阳少年杀了县令后想立陈婴为王。陈婴内心摇摆。他的母亲说："我自从嫁到你们陈家后，从来没有听说陈家的先人有大富大贵的，现在你却突然得到这样的大名，这恐怕是不祥的预兆。"陈婴于是就投靠了汉王刘邦。

**人不可独杀** 严延年官拜河南太守，他的母亲从东海赶来，正赶上官府的人在处理囚犯，母亲大吃一惊，继而不肯进家。严延年只好磕头请罪。他的母亲说："天道有神明存在，人不可能把别人杀死了而唯独自己幸免。我没想到自己晚年还要面临自己的儿子被判刑处死的局面。"一年以后，严延年果然被判了死刑。

**击堕金鱼** 陈尧咨任期满后回家，他母亲问他为政期间有没有什么特别的为政之道。他回答说："荆南大地正好对着大道，来来往往的人会来观看我射箭，看完之后没有不赞叹的。"他的母亲听完说："以忠孝来治理国家，这是你父亲的遗训。你不能用向善之心来治理政务，却只是专心于自己的一技之长。"说完这些话，就用手杖打他，身上佩带的金鱼都被打掉了。

**得与李杜齐驱** 汉灵帝诛杀结党之人，朝廷下急诏收捕范滂。范滂对他的母亲说："我弟弟仲博很孝敬，他足以供养母亲您，我如果能在黄泉伴父亲大人，那么活着和死去的人都找到了适合自己的地方。只是母亲大人要割舍常人无法割舍的恩情。”他母亲说：“你能够与李膺、杜密齐名，就算死了又有什么遗憾呢！美名和长寿，怎么可能兼得呢？”

**吾知善养** 尹焞（tūn）参加科举考试，发下来的策论考试题目是讨论诛杀元祐党人的，尹焞为人正直，他很反感这个题目，于是没有答题退出了考场，回到家后他便告诉了母亲。他母亲说：“我指望你用善心来赡养我，不指望你用禄位来赡养我。”

**能为滂母** 苏轼十岁的时候，他的母亲程氏亲自教他读书，每次苏轼听到古今的成败，立刻就能领会出其中的要点。当有一次程氏读到《后汉书·范滂传》的时候，便开始感慨叹息。苏轼紧接着问：“我如果当了范滂，母亲你会允许吗？”程氏说：“你能做范滂，我难道就不可以做范滂的母亲吗？”

**口授古文** 学者虞集的母亲杨氏嫁给虞汲，宋末兵荒马乱，虞汲带领全家逃向岭外，他的身边没有带可以阅读的书籍。妻子杨氏给儿子口授《左传》和欧阳修、苏轼的文章，虞集后来因为文章著称于世，这都应该归功于他的母亲。

**得父一绝** 唐代宋之问的父亲宋令文擅长文辞，且工于书法，有过人的力气，世人称为“三绝”。后来宋之问凭借善写文章而闻名于世，他的一个弟弟宋之悌以骁勇善战闻名，另外一个弟弟宋之逊则精通草书隶书书法，兄弟三人各自得了父亲的一绝。

**父子谥文** 明代倪谦与儿子倪岳一同进入修史局，倪谦最后官至南京礼部尚书，倪岳最后官至南京吏部尚书。父亲谥号文僖，儿子谥号文毅。父子都以文为谥号，世人认为这是很荣耀的事。

**父长号** 何遵幼年时读东汉范滂母亲的事迹，读完问母亲：“如果我成为范滂，母亲您能毫不犹豫地作范滂的母亲吗？”母亲笑着答应了。后来何遵官至工部主事，因为进谏阻止明武宗南巡，便戴着枷锁在午门外示众五日，后来被廷杖打死了。廷杖当天，父亲何铎在乡里，听到有很多乌鸦在悲鸣，心里很是奇怪。后来他听说这是因为工部有人因为言语获罪，父亲大哭着说：“难道是何遵要死了吗？”后来发现果然是这样。

**以屏隔座** 三国时的纪亮与儿子纪骘都在吴国为官，纪亮担任尚书令，纪骘担任中书令，每次朝会的时候，都会用云母屏风把他们俩的座位隔开，当时的人说起这件事，都以此为荣耀。

**教忠** 东周时狐突是晋国的大夫。晋怀公的时候，狐突的儿子狐毛和狐偃跟随狐突的外孙、晋怀公的伯父公子重耳到了秦国。晋怀公逮捕了狐突，并说：“如果你的儿子回来，就免除对你的刑罚。”狐突回答说：“儿子能够做官，做父亲的要教导他尽忠，这是从古以来的道理。现在我的儿子跟随公子逃亡，如果我把他们叫回来，那就是教他们不忠了。”最后狐突被逼死了。

**当有五丈夫子** 与商瞿同年考中进士的人中有一个叫梁鳣（zhān）的，三十岁了还没有儿子，为此他就想休了他的妻子。商瞿说：“是你生儿子的时候未到啊！我一直到三十八岁都没有儿子，我母亲想给我再娶一个妻子。但是我的老师说：‘不用担心，商瞿过了四十岁应该会有五个儿子。’这话后来果然应验了，我想你应该命中会晚一点得到儿子，而且这未必就是你妻子的过错。”又过了两年，梁鳣果然有了儿子。

**不如一经** 韦玄成是韦贤的儿子，曾与萧望之等儒士在石渠阁论辩五经的异同。汉元帝的时候韦玄成曾经官拜宰相，虽然守正持重比不上他的父亲，可是在文采方面比他的父亲厉害。当时邹、鲁两地便有谚语说：“遗留给儿子满屋的黄金，不如留给他们一本经书。”

**义继母** 齐宣王时有人死在路上，官府逮捕了有嫌疑的两兄弟，哥哥说：“这个人是我杀的。”弟弟却说：“不是我哥哥杀的，是我杀的。”官吏把这一事件上报给齐宣王，宣王召见了两位少年的母亲，母亲哭着说：“如果一定要判罪一人的话，那就杀弟弟吧。”宣王问为什么这样选择，母亲回答：“小的是我的儿子。大的是丈夫前妻所生的，他们父亲临终的时候，嘱咐我好好善待哥哥。现在如果杀死哥哥留下弟弟的话，就是为了母子私情而违背了亡夫的诺言，是背信弃义的行为，这样做是欺骗亡人。”宣王听后很赞赏她的这一高尚品德，于是将她的两个儿子都放了。

**他日救时宰相** 忠肃公于谦与和尚如兰是世俗之外的朋友。于谦满月的时候，如兰去参加了满月的汤饼大会，摸着他的头说：“这是他日拯救时局危难的宰相啊！”

**墨庄** 宋朝刘式死后，只留下数千卷的藏书，他的夫人陈氏指着这些书对儿子们说：“这是你父亲给你们留下来的以墨水做成的‘田庄’啊。”后来这些儿子与孙子都高中了进士，成为当时的名臣。

**各授一经** 宋代的田辟行为高尚、学问广博，游学二十年都没有做官，最后归隐了。他有九个儿子，他给每人传授了一部经书，后来他的九个儿子都中了举人。当时如果有人称赞人教子有方，一定会引用田氏的事迹。

**箕裘** 《礼记》中说：良匠的儿子，想必也能学会补缀皮衣；做良弓之人的儿子，想必也能学会制作畚箕。

**亲导母舆** 唐代的崔邠官拜太常卿，太常卿会检阅乐班，他便亲自引导他母亲的车进入太常署，其他的公卿都为他让路。

# 附：各方称谓

蜀地的人称父亲为郎罢。

吴地的人称父亲为箸（音“遮”），称祖父为阿爹，也有的人称公爹。有的称父亲为爷（音“涯”），有的称父亲为爸，有的称父亲为爸（音“播”）。

辽东的人称父亲为阿嘛，母亲为峨娘。

湖南的人称母亲为哎祖。有的地方称父亲为阿叭，母亲为阿宜。

江淮的人称母亲为社。李长吉称呼自己的母亲为㜷（mí）。

吴地的人称母亲为㜷（音“寐”）。

羌人称母亲为姐。

湖北一带称母亲为媞（音“侍”）。

青、徐二州的人称兄为阿荒。荒，大也。又叫㦝（音“选”）。

越人称兄为况。

楚人称姊为媭（xū），称妹为媦（音“位”）。

江淮的人称子为崽（音“宰”），称女为㛊（音“悟”）。又有人称子为男，称女为媛。

越人称子为婧（kěng）。

吴人称子为孲（音“牙”）。

楚人称妻子的母亲为㚸（㚸音“氏”）。

东齐的人称婿为倩。称贱役为倯（sōng）。妻子称丈夫的哥哥为兄公，称丈夫的姐姐为女伀（音“中”）。称姊妹的孩子为出（出音“翠”），自称为姎（音“盎”），就好像说“我”一样。称舅母为妗（jìn）。

齐人称姐姐为㜭（音“稍”）。

# 夫妇

## 附：妾

**举案齐眉** 梁鸿到了吴地后在皋伯通家里做着舂米的工作。他的妻子孟光每次为他准备好饭菜，都会把食案举得和眉毛一样高，就这样端给丈夫。皋伯通见了这样的景象很惊奇，接着说："这个做苦力的人能够有本事让他的妻子这样恭敬地对待他，看来不是一般人。"于是就对梁鸿以礼相待。

**归遗细君** 汉武帝给大臣赐肉，还未等汉武帝开口，东方朔自己割了一块肉就回家了，后来汉武帝问他带回家干什么，他回答说："我要带回去给我的夫人。"（细君是东方朔的夫人）

**糟糠** 汉光武帝的姐姐湖阳公主死了丈夫，公主想要下嫁给朝中的大臣宋弘。汉光武帝便召见宋弘，并且让公主坐在屏风后面听。汉光武帝问宋弘说："地位尊贵了就换朋友，有钱了就换妻子，这是不是人之常情呢？"宋弘回答说："贫贱时的交情不能忘记，共历患难的妻子不可以抛弃。"光武帝听到宋弘这样回答，便回头对公主说："事情看来办不成了。"

**断机** 乐（yuè）羊子外出游学，可还不到三个月便回来了，他的妻子便拿了一把刀把正在织的布切断，并且对他说：“你外出求学，如今没有学成却半路回来，和割断这匹布又有什么区别呢？”乐羊子听了之后于是发奋读书直到完成学业。

**二乔** 周瑜跟随孙策攻打皖地，得到了乔公的两个女儿，这两位女子就是大乔和小乔，她们的容貌惊人。后来孙策娶了大乔，周瑜娶了小乔。孙策对周瑜说：“乔公的两个女儿虽然因为战争而不得不流离在外，但是乔公能得到我们两个人为女婿，也足以让他高兴了。”

**有兄之风** 刘备起初在荆州的时候，孙权将自己的妹妹嫁给他。他的这位妹妹不仅才思敏捷，而且还很勇猛，有兄长的风范，她身边的丫鬟有一百多人，都是拿着刀站立在侧服侍。刘备每次进来看见这阵仗，心里都有点发怵。

**妇有四德** 许允的妻子容貌丑陋，许允有次问他的妻子：“女子应有德、言、容、功四种德行，你有哪几种呢？”妻子说：“我所没有的德行只有容貌一种而已。我听说士人应有百种品行，你有几种呢？”许允说：“我都有。”妻子说：“你喜欢德行不如喜欢容貌，怎么能说品行都有呢？”许允听了之后大为惭愧，于是对妻子终生以礼相待。

**执巾栉（zhì）**《左传》中记载：晋国的太子圉在秦国当人质，秦国把嬴氏女子嫁给圉做妻子。圉即将私逃回国时，嬴氏说：“国君让我来侍奉你，是想让你永远留在秦国。我如果私自放你归国，那就是违背了君命，我不能听从。”

**奉箕帚** 单父有个名叫吕公的人喜欢给人看相，当他看到刘邦的相貌后，感到很惊奇，于是对刘邦说："我见过太多太多人了，但是从来没有见过有人像你这样的相貌，我有一个小女儿，我愿意把她嫁给你为到你家当一个洒扫的小妾。"

**吾知丧吾妻** 刘庭式曾经与一个同乡之女定下婚约。可是等他考中进士时，与他定婚约的女子突然失明了，女子家中很贫困，同乡的人都不好再提婚约的事情。这时有人建议刘庭式重新娶一个妻子，刘庭式却叹息着说："此心不可以被辜负！"最后还是按照婚约娶了她，婚后女子为他生下几个儿子。后来妻子去世的时候，刘庭式哭得很伤心。苏轼当时是刘庭式所在州的太守，便问他："哀痛之情源于爱意，爱的话又多半和容貌有关。你对妻子的爱主要来自哪里？悲伤又从何而来呢？"刘庭式回答说："我只知道我死了妻子。"苏轼听他说完这句话很受感动。

**画眉** 西汉官员张敞担任京兆尹的时候，每天都要给眉角有点小缺陷的妻子画眉。这件事情后来有人报给了当时的汉宣帝。汉宣帝便召来张敞询问这件事，张敞回答说："夫妻在闺房中的私事，还有比画眉更加隐秘的事情。"皇帝听了之后也就不便再怪罪。

**牛衣对泣** 王章家里很穷，连被子都没有，只好躺在给牛做的御寒披盖中对着妻子痛哭。妻子对他发怒说道："京师之中尊贵的人，都没有你的才华。现如今你不激励着自己昂首奋斗，却反而在这里哭泣，这样的行为多么可耻！"后来王章果然官拜京兆尹。

**剔目**　房玄龄还是平民的时候，有一次得了重病，病得快要死了，他对妻子卢氏说："我的病看来是治不好了，你还年轻不能就这样守寡，你赶紧改嫁好好去侍奉别人吧。"卢氏听到这话后哭着进了内屋，等她再出来时，却只见她用刀挖了自己的一只眼睛，她通过此举来表示自己对丈夫的忠诚。后来，房玄龄的病好了，并且成为唐朝的宰相，可他对妻子一直都很尊敬。

**织锦回文**　窦滔的妻子名为苏若兰，苻坚当政时窦涛官拜安南将军，镇守襄阳，去襄阳的时候他携带了宠姬赵阳台一起，而没有带妻子苏若兰，苏若兰心里不是很痛快，便在锦缎上织出二百多首回文诗，这些诗横着读、竖着读、反着读都可以是诗，她给这个锦缎取名为《璇玑图》，完工后把它寄给窦涛。

**不从别娶**　宋代的黄龟年官拜监察御史，有弹劾的职能。他曾经弹劾秦桧，皇帝罢免了秦桧的官职。当初，黄龟年家乡的主簿李朝旌曾经许诺把自己的女儿嫁给他为妻。黄龟年考中进士以后，李朝旌已经死去了，李家的经济条件也不太好，这时有人劝黄龟年另娶他人，他没有答应。

**小吏名港**　汉代庐江府有一个小吏名叫焦仲卿，他的妻子刘兰芝被婆婆从家里逼走，刘兰芝发誓不另嫁别人。她的母亲多次逼她出嫁，她便投水而死。焦仲卿听到此事后也上吊自杀。现在庐江府内还有小吏港，就是用焦仲卿的官职来命名的。

**相思树**　韩凭的妻子是封丘的息氏，康王把息氏夺走后，韩凭便自杀而死。有一次息氏与康王一起登上高台，从高台跳下而死，后来有人发现息氏的衣袋里有遗书，打开遗书上面写着请求把自己的尸骨和韩凭合葬。康王没有满足她的遗愿，反而分开埋葬了两人，并且让坟墓相对。两三夜之后，有交梓木生在两座坟的旁边，几个月后枝叶就连到了一起，有鸳鸯栖息在上边，交颈互相悲鸣，当时国人觉得鸳鸯叫得很悲伤，这个故事也很悲伤，便将长出来的树称为相思树。

**知礼** 季敬姜，她是鲁国大夫甫穆伯的妻子。她的儿子文伯是鲁国的国相，退朝的时候，文伯看见母亲敬姜正在织布，文伯就问："就我们的家境而言，还需要织布吗？"母亲敬姜叹息道："民众劳作了就要思考，思考了就会生善心；安逸就会放纵，一旦放纵就会忘记善心，忘记了善心就会生出作恶之心。我是怕家里以后再没人去祭祀穆伯了啊！"后来文伯去世了，敬姜早上起来哭穆伯，晚上哭文伯。孔子听了她的故事说："季氏的妻子懂得礼啊！"

**作诔** 柳下惠死后，门人弟子想列述他的德行来表示哀悼。柳下惠的妻子说："你们是准备列述你们老师的德行吗？那你们肯定都不如我知道的详细，都不如我了解他。"于是她自己做了一篇表示哀悼的诔文。

**谥康** 黔娄先生逝世后，曾西前去吊丧，他看见尸体上盖着被子，手和脚都还露在外面。曾西对黔娄先生的妻子说："把被子斜着放就可以遮住手和脚了。"黔娄先生的妻子回答说："斜着的确都能遮住，不如虽盖不住但被子是正的。死了还要斜着，这恐怕和黔娄先生的意愿有差别。"曾西接着问："用什么字来作谥号呢？"黔娄先生的妻子回答说："黔娄先生不会因为贫贱而痛苦，也不会四处奔走去求取富贵。所以我觉得谥号可以为'康'，您觉得可以吗？”曾西听完赞叹说：“也只有黔娄先生这样的人，才会有这样的妻子啊。”

**预结贤士** 晋国的大夫伯宗喜欢与人直来直往地辩论，并喜欢把人驳倒，人们都很厌恶他。他的妻子对他说：“（你这样的话）恐怕是离灾祸不远了，为何不从现在开始结交贤士，到时候把儿子伯州犁托付给他人呢？”伯宗听完妻子的话，便和毕羊结交。果然没过多久，伯宗因为被人诬陷而死，毕羊将伯州犁送到楚国，伯州犁这才幸免于难。

**柏舟** 共姜是卫国世子共伯的妻子。共伯早早地去世了。共姜的父母想让共姜再次嫁人，共姜誓死不从，并且写了《柏舟》一诗。

**共隐终身** 东汉的王霸少年时与令狐子伯的关系很好，令狐子伯后来做了楚国国相，令狐子伯的儿子官至郡县的功曹。有一次令狐子伯父子俩来拜访王霸。当时王霸的儿子正在田里耕地，见有人来访，赶紧放下农具来见客人，可是他面露惭愧之色。客人离去以后，王霸躺在床上不起来，并且脸上也是不高兴的神色，妻子问他原因，他说：“别人的儿子样貌和衣服都很华美，咱们儿子看见后脸上有愧色。父子情深，看到他这样，我不知不觉就有一种失落感。”妻子回答说：“令狐子伯的富贵哪里比得上你的高洁呢？你为什么忘了平日的志向而只是为子女惭愧呢？”王霸这才起身大笑道：“是这样啊！”于是全家一起隐居，直到去世。

**女宗** 鲍苏在卫国做官三年，在这期间他另娶了一个妻子。他的原配妻子在家侍奉婆婆很尽心尽力。弟媳这时对她说：“你可以离开这里啊。”可原配妻子回答说：“妇人从一人为贞节，孝顺父母为正，哪里是因为让丈夫专宠自己而被称为贤惠的呢？”从此以后，她侍奉婆婆更加细心周到。宋国国君于是赐她住的地方为“女宗”。

**封发** 唐代的贾直言因事获罪而被贬岭南。他的妻子是董德贞，当时妻子年纪还很小，贾直言离开的时候对妻子说：“我这一去生死未卜，你还是赶快改嫁吧。”妻子董德贞没有回话，而是拿了一根绳子把头发绑起来，再用丝帛布包起来，然后让贾直言在布上署名“非君手不解”几个字。贾直言贬官二十年后才回家，发现布帛还系在妻子的头上。

**受羊埋之** 羊舌子为人正直，可是却为晋国所不容，无奈之下只好到了一个很小的都城居住。同邑的人偷了一只羊送给他，他不想接受，他的妻子叔姬却说：“不如先接受然后再埋起来。”羊舌子这时说：“那为什么不让我们的儿子肸（xī）和鲋（fù）来吃呢？”他妻子坚决回答道：“不可以给他们吃。你知道吗？南方有一种鸟，名吉乾，给孩子喂肉的时候不做选择，它的孩子长大后也多行不义。现在我们的孩子还小，他们没有辨识能力，会随着我们大人的教化而改变，千万不可以给他们吃不义的肉。”于是就把羊装在瓮里，埋在灶台的背面。后来偷羊的事情被人揭发了，官吏顺藤摸瓜找到了羊舌子，待一察看，羊居然还在。就说：“羊舌子真是君子啊！他没有与其他人一起偷羊。”

**弓工妻** 晋国繁地弓匠的妻子。晋平公让繁地的人制造弓箭，繁地的人做了三年才做成。平公验收弓箭，便拉弓射箭，可是这箭连射穿一层铠甲都不行，平公气得便要杀制造弓箭的人。

弓匠的妻子此时请求见晋平公，见到晋平公后，她说："我丈夫造弓非常辛苦。国君不会射箭，如今却反而要杀人。我听说射箭的方法是：左手撑持如同推拒大石头，右手轻捷如同拉满小树枝，此时右手再放箭，左手便感觉不到。"平公按照她所说的方法，果然箭一下子射穿了七层铠甲，他便立刻释放了弓匠。

**迎叔隗**　晋文公重耳与赵衰逃奔到狄国，狄国的隗氏献上自己的两个女儿季隗、叔隗，重耳娶了季隗，赵衰娶了叔隗，后来，叔隗生下赵盾。等回到晋国，晋文公将自己的女儿赵姬送给赵衰做妻子，赵姬生了三个儿子后便请赵衰把赵盾和他的母亲叔隗迎回晋国。一开始赵衰没有答应，后来赵姬说："有了新宠却忘了旧日情分，自己住在富贵的地方却抛弃贫困之交，这样是不对的。你应当迎接回他们。"听到赵姬这样说，赵衰才从狄国接回赵盾和叔隗。

**提瓮出汲**　桓氏的女儿名字叫少君，西汉大夫鲍宣曾跟随少君的父亲学习，少君的父亲觉得鲍宣虽贫苦却可成大器，于是便将女儿嫁给了他，结婚当天，新娘的装扮和嫁妆都很华美贵重。鲍宣不太高兴。少君便遣散了侍从，把贵重华美的衣服全都扔了，然后换上朴素的衣服，就这样与鲍宣一起拉着鹿车回到了鲍宣的家里。等到拜见公婆后，少君就提着水瓮出来打水，严格遵守妇道。

**御妻**　晏子出门，为晏子驾车的车夫的妻子从门缝里看到车夫得意扬扬，颇为得意。车夫回家后，妻子便要和他离婚。并且说出了离婚的原因："晏子身为齐国的宰相，名声比一般的诸侯还要显赫。可晏子比他的下属态度还要谦卑。你给人驾车，却自以为很了不起，为此，我要和你离婚。”车夫在晏子面前于是从此控制自己谦虚。晏子察觉出其中的不同，便问车夫。车夫道出了实情，听完车夫的叙述，晏子推荐车夫做了大夫。

**效少君** 马融的女儿嫁给汝南的袁隗，婚礼结束后，袁隗对妻子说：“妻子只是侍奉洒扫罢了，为何要打扮得这样美丽呢？”妻子回答说：“父母对我很重要，我不敢违抗他们的命令。如果你仰慕鲍宣的行为品格，我当然也愿意以少君作为榜样。”

**破镜** 陈朝乐昌公主下嫁给江南著名才子徐德言。陈朝灭亡后，徐德言和公主把一面完整的镜子打破，各人拿一半。约定如果离散，凭破碎的镜子寻找对方。后来乐昌公主做了杨素的小妾，徐德言因此作诗寄给她：“镜与人俱去，镜归人未归。”乐昌公主不禁悲从中来，放声大哭。杨素得知后，赶忙唤来问明原因，听完事情的原委，杨素便召来徐德言，并将公主还给了他。破碎的镜子也得以重圆。

**造庐而吊** 杞梁[①]死于国家之事，杞梁的妻子护送他的遗体回家，在半路上遇到了齐庄公，齐庄公此时想凭吊杞梁。然而此时杞梁的妻子说话了：“国君如果认为我的夫君是有罪的，那么我不敢劳烦您来祭奠他；如果国君认为他无罪，我家尚且还有先祖留下的破旧屋子，为什么一定要在半路上祭吊呢？”齐庄公听完这话，于是去了杞梁的家里凭吊他。

---

① 杞梁（？—前550）是齐国大夫，孟姜女哭长城的原型人物。齐国伐卫、晋时，他与华周率少数甲士夜出隧险。莒君以重赂约和，他拒不接受，后在激战中被俘而死。

**琴心** 司马相如与临邛县令的关系很好。富人卓王孙听说县令那有贵客，便在家大摆宴席召县令和司马相如前来。三人酒过三巡之后，县令请司马相如弹琴。当时卓王孙的女儿刚刚守寡，此时也正在偷听。司马相如知道后便用琴声来挑拨她的心，卓文君于是当天夜里便和司马相如一起私奔，并一同去了成都。

**白头吟** 司马相如想要娶茂陵女子为妾，卓文君便写了一首《白头吟》的诗要与司马相如断绝关系，诗句情真意切，司马相如看后很感动，于是便停止了娶妾的事。

**妒妇津** 刘伯玉的妻子段氏蛮横妒忌，有一次听到她的丈夫在诵读《洛神赋》，便投身洛水而死。后人把她投水的这个地方叫妒妇津。如果有女子路过这里，河水必然会打湿她们的衣服和妆容。

**四畏堂** 北宋宰相王钦若建立了三畏堂。他的夫人蛮横妒忌。文学家杨亿戏谑地说："可以将现在的三畏堂改为四畏堂。"王钦若问他这样改的原因，杨亿说："除了畏天命、畏大人、畏圣人之言外，还畏惧夫人。"

**狮子吼** 陈季常的妻子柳氏蛮横妒忌，有客人来，都能听到他妻子大骂的声音。他的好朋友苏轼便写诗戏谑他："谁似龙丘居士贤，谈空说有夜不眠。忽闻河东狮子吼，拄杖落手心茫然。"

**恐伤盛德** 晋朝太傅谢安的刘夫人性格妒忌，经常挂起帷幕聚拢众婢女，叫她们在自己面前表演歌舞。谢安看到了，她便放下帘幕让谢安看一会儿。谢安请她再次放下帷幕，她拒绝了，而且说："恐怕这有伤你的盛德。"

**鸧鹒（cāng gēng）止妒** 梁武帝平定南齐后得到上千个宫女，郗皇后愤恨交加最后得病。左右的侍从说："《山海经》中记载说吃黑枕黄鹂（鸧鹒）可以治疗妒忌。"郗皇后听完就吃了一个，吃完妒忌之心果然减了一半。

**炊扊扅[①]（yǎn yí）** 百里奚是秦国的丞相，他在大堂奏乐。有洗衣服的女人自称懂音乐，便拿起琴唱歌："百里奚，五羊皮。忆别时，烹伏雌。炊扊扅，今当富贵忘我为？"（意思是：百里奚啊，你当初娶我的时候家里只有五张羊皮。分别的时候，我杀了家里唯一的一只老母鸡。还用门闩的木头来烧火，现在你富贵了却忘了我是谁？）后来打听了才知道，这个唱歌的女人是百里奚的妻子。

**周姥撰诗** 谢安想买一些歌伎和侍妾，担心自己的夫人不同意，便让侄子去劝说夫人，侄子对夫人说《诗经》中的《关雎》《螽斯》这些篇目都是女子不妒忌的诗。夫人便问这些诗是谁写的，侄子回答说是周公。夫人说："周公是男子，如果是周姥写诗，肯定不会这样写，也没有这样的话。"

**何由得见** 桓温娶了南康公主，但一年多了都不曾进她的房间。一天，桓温与司马谢奕喝酒，谢奕逼着桓温喝，桓温便逃进了南康公主的房间里去。谢奕便到大厅里去，叫了一个值班的兵卒喝酒。并说："走了一个老兵，又来一个老兵，这又有什么奇怪

① 扊扅即门闩。

的呢！”南康公主对桓温说：“如果没有这么狂放的司马，我有什么理由能见到你呢！”

**羞墓** 西汉大臣朱买臣以砍柴谋生，他的妻子过不惯这样的穷日子，要求离婚。朱买臣笑着说：“我五十岁时就会很富贵了。”他的妻子愤怒地说：“像你这样的人，最终只会饿死在水沟里！”朱买臣想不到办法留住她，便任由她离婚。没过多久，朱买臣被任命为会稽太守，乘驿站的马车来到吴地，看到前妻与她现在的丈夫正在为新官修路，便将他们载在后面的车上。妻子见此状羞愧而死，后来埋葬在嘉兴，名为羞墓。明代文学家方孝孺为此写了一首诗：“青草塘边土一丘，千年埋骨不埋羞。丁宁嘱咐人间妇，自古糟糠合到头。”

**秋胡挑妻** 鲁国的秋胡娶妻刚五天，就到陈地去做官了。后来回乡，看见一位采桑的女子，便下车调戏说：“努力种地不如遇到好的年头，努力养蚕不如有个好郎君。我有黄金，愿意拿来给你。”那位女子不接受。秋胡回家后，发现等在家的丈夫秋胡就是调戏她的那个人，妻子数说了秋胡的罪过，然后跳河自杀了。

**难做家公** 汾阳王郭子仪的儿子郭暧与妻子升平公主吵架的时候互相辱骂，郭暧说：“你不就是仗着你父亲是天子吗？我父亲不屑天子之位不愿意担任罢了！”公主入宫上奏，郭子仪赶紧把郭暧囚禁起来送入宫等候降罪。唐代宗说：“俗话说‘不装哑做聋，就难做人家的公公’，小孩子闺房里的话不要听、不要计较。”

**妒不畏死** 唐代任环官拜兵部尚书，唐太宗赐给他两个宫女。可是任环的妻子刘氏非常妒忌，她想要把两个宫女的发根弄烂使二人变为秃子。太宗赐酒给刘氏说："这杯酒喝了就会死，但是如果你不再妒忌了就不用喝。"刘氏听完立刻接酒说："那还不如喝完死了得了！"于是举杯，一饮而尽。太宗只好转头向任环说："有人连死都不怕，你能怎么办呢？"任环只好把赏赐的两个宫女安排到别的地方。

**鼓盆**　庄子的妻子死了，惠子来吊丧。只见庄子分开两腿坐着，敲着瓦盆正在唱歌。惠子说："你这不是太过分了吗？"庄子说："她人已经一动不动地安眠于天地之间了，我难道还要嗷嗷地在她旁边哭泣吗？我觉得那是对于生命不通达的表现，所以我认为就不要那么做了吧。"

**牝（pìn）鸡司晨**　周武王说："母鸡不要报晓通知早晨来了，一旦如此，那么这家就要萧索了。现在商纣王却在做着差不多的事情，只听妇人之言。"

**加公九锡**　东晋政治家、书法家王导很怕老婆，于是把小妾放在别的房子。他的夫人知道后，便拿着刀来搜寻声讨。王导听到这个消息后，赶紧驾车出门，他用左手扳着牛车的车栏，右手提着麈（zhǔ）尾的柄打牛，狼狈逃跑了。司徒蔡谟对王导说："朝廷要给你加九锡。"王导听完信以为真。司徒蔡谟接着说："不过没听说加其他东西，只听说有很短车辕的牛车以及长柄的拂尘。"王导听完很是羞愧。

**何况老奴**　桓温平定蜀地，把李势的妹妹抢来做妾，桓温的妻子听说后，拔刀要去杀这个妾。她去的时候，李势的妹妹正在梳头，长发垂下拖到地上，姿态端正、容貌美丽，慢慢地把头发结好，垂着手对桓温的妻子说：“国破家亡，我也不想这样。如果能被你杀掉，倒也就像活着一样。”说这话的时候神情闲淡严正，语气凄苦而柔婉。桓温之妻听完这话后扔掉了刀，上前抱住她说：“我看见你都喜欢，何况那个老家伙呢。”之后很和善地对待她。

**如夫人** 齐侯非常喜爱女色，所以他的内宠很多，宠妾中待遇如同夫人一样的就有六个。

**解白水诗** 管仲的小妾名叫婧。齐桓公出来游玩的时候，听到宁戚敲着牛角在高声唱歌。桓公让管仲把宁戚迎接回来，宁戚此时说：“浩浩乎白水。”管仲不知道这句话表达的是什么意思。他的小妾婧此时说话了：“古代有《白水》诗，说‘浩浩白水，倏倏之鱼。君来召我，我将安居。’看来宁戚想要出仕啊。”管仲听完很高兴，便把这话报告给齐桓公，后来宁戚便做了齐国的相。

**居燕子楼** 关盼盼，是唐朝诗人张建封的侍妾。张建封死后，关盼盼独自住在燕子楼十多年。有一天，得到白居易为燕子楼所作的诗[①]，哭着说：“自从我相公去世后，我并非不能以死殉他，只是害怕世人误以为我相公贪恋美色，竟然还有殉死的妾，从而玷污了他啊。”于是整日郁郁不乐，最终绝食而死。死的时候吟诗：“儿童不识冲天物，漫托青泥污雪毫。”

**何惜一女** 周顗的母亲姓李，字络秀。周顗的父亲是周浚，官至安东将军，出去打猎遇到下雨，下雨时正好路过李氏家。此时李氏的父亲与兄弟都有事外出，络秀便与一个丫鬟为家中几十

---

① 此处指白居易三首关于燕子楼的诗作《燕子楼三首》。

人做饭，做出来的菜很是精致，周浚却听不到厨房有嘈杂的人声。周浚觉得很奇怪，让人偷偷看，只见一个非常美丽的女子在厨房里。周浚便请求将这个美丽的女子纳为侍妾。络秀的父亲、兄弟开始并不答应，络秀便说："家族衰微，现在机会来了又为什么要爱惜一个女儿呢！"于是便答应了。后来洛秀生下了周颢和周嵩。

**抱骨赴水** 赵淮的侍妾是长沙人。元朝的一个将领让赵淮去招降李廷芝，赵淮到了城下，大声说道："李廷芝，好男儿死就死了，你千万不能投降！"和他一起的元将大怒杀了他，并且抢走了他的侍妾。侍妾假装告诉元将说："我一直侍奉赵运使（赵淮），现在他死了还没有埋葬，我念在旧情的份儿上不忍心他还未安葬，希望你放我回去先将他安葬，等安葬完毕我再来侍奉将军，这样我也没有遗憾了。"元将答应后，她便收集薪火葬了赵淮的遗骨，把赵淮的骨灰放在罐子里，然后自己抱着骨灰跳水而死。

**察妾忧色** 袁升五十岁了还没有儿子，便到临安去买妾。买到一个妾以后，却察觉到妾的脸上有忧色，问她原因，妾说："我是前赵太守的女儿，家在四川，因为贫困，母亲把我卖掉是为了回家葬父。"袁升听完这些话后当即把她送还，并把家里的钱都拿出来送给她。他的妻子说："你施行这样的仁德，还愁没有儿子吗？"果不其然，袁升第二年便生了袁韶，袁韶后来官至浙西使。袁升的孙子是袁洪，后来官为郡司马。

**不如降黄巢** 王铎镇守江陵以防御黄巢，眼看黄巢大军渐渐逼近。最初王铎赴任的时候，带了很多姬妾在身边，他的夫人当时并不知道。忽然有人来报说夫人离京准备过来，现在正在路上。王铎对从事说："黄巢现在从南边来，而夫人又从北边赶到，明天的情形，该怎么应对呢？”此时他的幕僚戏谑地说：“不如投降了黄巢！”

**讽使出妻** 宋代的夏执中，他的姐姐是宋孝宗的皇后，他慢慢积累功勋后来官至节度使。起初夏执中与他的妻子来到京城，他的姐姐便暗示他休妻，让他选择更高贵的家族来结婚。夏执中便以汉代宋弘“贫贱之交不敢忘，糟糠之妻不下堂”的话来应对，皇后听完也就打消了这个念头。

**六十未适** 南北朝的顾协小时候，准备与舅舅的女儿订婚，谁知还没有结婚，母亲便过世了。等到母亲服丧期满后，顾协便不再娶。到了六十多岁，舅舅的女儿仍然没有嫁给别人，顾协觉得她很有义就迎娶了她，不过两人没有后代。

**遣妾献诗** 陈陶品性高洁，朝廷多次征召他做官，他都不出仕。当时严譔驻守在南昌，想试探陈陶的品性是否真如大家所说的那么高洁，就派了小妾莲花前去侍奉陈陶，谁知陈陶一晚上都不让莲花进门。小妾只好赋诗一首说：“莲花为号玉为腮，珍重尚书遣妾来。处士不生巫峡梦，空劳云雨下阳台。”陈陶答诗回道：“近来诗思清于水，老去风情薄似云。已向升天得门户，锦衾深愧卓文君。”

**计赚解后** 沈襄的父亲沈炼上疏弹劾严嵩父子，不想却遭到贬谪，接着又被诬陷说入了白莲邪教，在原籍被抓住杀死。后来沈襄被抓到刑部审讯，同时被抓的还有他的小妾。被押解到山东时，两人早上下榻于一家客店，小妾悄悄地对沈襄说：“你到了京城，必然没有活路，为什么不想办法逃脱借以存续沈家的香火呢？我拼死图谋留在这里，这样或许可以免入奸相之手。”沈襄便对押解的人说谎道：“这里这位吏部官员某某是我父亲的好友，在京城的时候曾经借我父亲三百多两银子，如果这部分钱能取回来便可以作为你们此行的路费，而且剩下的钱还可作为你们两个人回乡的盘缠，这样不知道是否可行？”两个官差想着有小妾作人质，便给沈襄去了枷锁，给他换了衣服。一个官差留在店中看守小妾，另一个官差押着沈襄。

走了不到一里地，押着沈襄的官差肚子痛去上厕所，沈襄趁机逃跑了。官差后来到了沈襄所说的吏部官员家里，发现和沈襄描述的差距很大，于是立即跑回店里，告诉在店里的观察说沈襄逃跑了，逼着小妾说出实情。小妾哭着说：“我们夫妻二人忍受着苦楚到这里，眼看京师就在眼前，满心指望真相大白后可以回去。没想到你们受到严氏父子的命令，暗中杀死了我丈夫。你们还我丈夫的尸体！我要以自己的身子殉我丈夫，绝不允许我这孱弱的女子再让你们玷污了。”其他人听到这话很悲痛，于是悄悄地告诉了官府。官府里审案的人也怀疑沈襄是被严氏所谋杀，就将小妾寄养在尼姑庵里，每天逼迫两个官差来还尸体。就这样拖延了两年，严氏父子的势力败落了，沈襄此时出来为他的父亲洗清冤屈，后来受到朝廷的恩赐被赠予了爵位，他的小妾也受到封赏，后与沈襄白头到老。

**名分定矣** 嘉靖己丑年间（1529 年），瑞州秀才刘文光和廖暹同时去参加科举考试，两人都没考中，想要回去。廖暹想请媒人给自己买妾，便拉着刘文光一起去，期间廖暹看中了一个女子，便给了定礼并且约定好迎娶的日期。女子这时问：“两位相公是哪一位要聘妾啊？”廖暹开玩笑指着刘文光说：“是这位刘相公要娶你。”刘文光听完也大笑，那位女子立马严肃起来并对着刘文先开始拜。廖暹第二天准备了礼物去娶，女子看到婚书很是惊讶，说：“昨天说的明明是刘相公要娶我，为什么婚书上却是廖某的名字呢？”媒人便告诉了她实话，女子立刻变了脸色说：“做妾虽然很微贱，但是也关乎夫妻父子之道，怎么可以轻率地乱指别人作为戏言，我昨天已经拜了刘相公，名分已经定下了！”父母对她再三婉言劝说，可她依然不从。廖暹此时后悔不已，却也并无他法，只好劝刘文光娶了她。但是刘文光经济并不宽裕，便和女子约定下次科考后再来娶。后来刘文光的正妻去世了，他才娶了此女子为正妻。

**各送半臂** 北宋文学家宋祁有一天晚上在曲江喝酒，突然觉得有些冷，便让人取半袖来，结果他的十来个宠妾各自送了一件来。宋祁怕取舍之间得罪人，每一件都不敢穿，后来只好忍着寒冷回家了。

**臼中炊釜** 江淮有个王生非常善于占卜，有个生意人张瞻即将回家，他梦见自己在石臼中做饭。于是便跑来问王生，王生听完后说：“你回家将看不到妻子了。在石臼中做饭的意思是家里没有锅了。”张瞻回到家发现妻子果然已经去世了。

**覆水难收** 姜太公最初娶了妻子马氏，因为姜太公只读书而没有赚钱的工作，马氏要求离开他。后来姜太公被封于齐地，马氏请求复合。姜太公此时取了一盆水来泼在地上，让马氏收回，马氏却只得到一些泥。姜太公说：“如果离开还能再复合，那泼出去的水岂不是也不难收？”

# 婿

**红丝** 唐代的郭元振长得丰姿秀美，很是好看。宰相张嘉贞想招他为婿，便说："我有五个女儿，她们五人各拉一根丝线藏在布幔后。你从布幔外牵丝，牵到哪个就娶哪个。"郭元振牵到一根红丝，后来便娶了第三个女儿为妻。

**厩中骐骥** 《南史》记载：杜广最初是在刘景的马厩中养马，有一次与刘景谈完话后，刘景大吃一惊道："我真是愧负贤者太久了！"接下来回家便告诉他的妻子说："我为女儿寻找女婿二十年，想不到马厩里竟然有千里马。"于是便将女儿嫁给了杜广。

**屏间孔雀** 唐高祖的皇后窦氏的父亲窦毅在女儿未出嫁时说："我女儿有非凡的相貌，不能轻易许配给人。"于是他在屏风上画了两只孔雀，并且让求婚的人射两箭，每一箭都要射中孔雀的眼睛。唐高祖李渊最后一个到，各射中了孔雀的一只眼睛，于是窦毅将女儿嫁给了高祖。

**玉镜台** 晋朝名将温峤的姑姑有一个女儿，一直拜托温峤帮着找个女婿。温峤自己有娶她的意思，便问："如果能找到一个条件像我这样的可以吗？”姑姑说：“哪里敢指望能和你相比啊！”过了一天，温峤说：“已经找到佳婿了。那人的门第不低于我。”然后便拿了一枚玉镜台作为定礼，姑姑听后很高兴。结婚当天，姑姑的女儿拨开纱扇，然后拍着手笑着说：“我本来就怀疑是你这家伙，果然被我猜中了！”

**再娶小姨** 欧阳修与诗人王拱辰同为官员薛奎的女婿，欧阳修先娶了薛奎的长女，王拱辰娶了第二个女儿。后来欧阳修再娶了最小的一个女儿，因此欧阳修有“旧女婿为新女婿，大姨夫作小姨夫”的戏谑玩笑之词。

**东床坦腹** 郗鉴让门生到书法家王导家求一个女婿，王导领门生到东厢下看遍了王家子弟。

门生回去对郗鉴回禀道：“王氏的子弟都很矜持。唯独有一个人，在东边床上光肚子躺着，躺着在吃烧饼，全当这回事不存在一样。”郗鉴说：“这个人才是最好的女婿人选！”寻访后得知，此人正是王羲之，郗鉴便将自己的女儿嫁给他做妻子。

**快婿** 后魏的刘延明十四岁就跟着博士郭瑀学习。郭瑀当时有弟子五百多人，他有个女儿想选一个女婿，并且心里已经有意于刘延明了。郭瑀于是放了一个座位说：“我有一个女儿，想找一个称心如意的女婿，谁能坐在这里呢？”刘延明稍稍整理了一下衣服便坐上去了，并说：“我刘延明就是那个人。”郭瑀于是就把女儿嫁给了他。

**乘龙** 黄尚与李元礼两人都官至司徒，两人都娶了太尉桓叔元的女儿。当时人们说桓叔元的女儿都乘上了龙，也即是说得到乘龙快婿的意思。

**岳丈** 青城山是五岳之长，又名丈人山，所以称妻子的父亲为岳丈。又据说泰山有丈人峰，所以也称岳丈为泰山。

**岳公泰水** 欧阳修曾说："现在人称呼妻子的父亲为岳公，是因为泰山有丈人峰。但称呼妻子的母亲为泰水，不知道这出自哪本书。"

**冰清玉润** 晋朝卫玠的岳父是乐广，二人均有很高的名声。大家都说："岳父像冰一样晶莹，女婿则像玉一样温润。"

**天缘** 南诏国王蒙氏想给女儿选择一个女婿。女儿说："大王选择女婿，并不是上天的意思。我想倒骑在牛背上，牛走到哪里，我就嫁给那里遇见的人。"国王听从了她的请求。到了一个小巷，牛侧着角就进去了，迎面过来一个樵夫，女儿说："这人就是我的女婿。"国王生气地与女儿断绝了关系。一天，女婿问说："首饰是什么东西呢？"妻子回答说："是金子做的。"女婿说："这个东西我砍柴的地方有很多。"于是便用车拉了回来，果然都是金砖。国王刁难女婿说："你如果能做金桥和银路（用金子做的桥，用银子铺的路），那我就来看你们。"女婿果然就这样做到了并且来迎接国王。国王不由叹息说："看来真的是上天的姻缘啊。"后来给这个地方取名叫辘角庄。

**门多长者辙** 富翁张负的孙女嫁了五次，不曾想她的丈夫都死了，陈平想娶她。张负思忖："陈平虽然目前贫困，但是门前有不少有地位人的车辙。"于是决定将孙女嫁给他。并且告诫孙女：

"不要因为丈夫贫困而服侍不周。"

**佳婿** 唐代的杨於陵做了句容县的主簿，当时韩滉正节制金陵，杨於陵以下属的身份拜谒了韩滉，韩滉觉得杨於陵有才。便对妻子柳氏说："夫人想要选择佳婿的话，再没有比杨主簿更合适的人了。"于是就将女儿嫁给了杨於陵。

**翁婿登相府** 范仲淹一看见富弼，就很器重他，并且说："这是王佐之才啊。"正好晏殊对范仲淹说："我有一个女儿，烦请你帮我选择合适的女婿。"范仲淹说："若一定要找到一个在全国范围内最优秀的人，那没有人比富弼更合适了！"晏殊听完这话便把女儿嫁给了富弼。后来富弼与晏殊同为宰相，这也是很少有的现象啊。

**此必国夫人** 宋代的马亮做夔州知府。当时吕蒙亨是他的下属官吏，吕蒙亨的儿子是吕夷简，马亮一看到吕夷简，便许诺把女儿嫁给他。马亮的妻子听完非常生气，马亮说："咱们女儿以后一定是封国夫人。"世人都佩服马亮的识人能力。

# 兄弟

## 附：子侄

**田氏紫荆** 田真、田广、田庆三兄弟同住在一起，家里的紫荆树长得非常茂盛。后来他们三兄弟商议要分家，树就干枯而死了。当兄弟们不再商议分家之事后，树又像以前一样茂盛起来。

**昆玉** 陆机、陆云兄弟二人出生在华亭，人们仰慕他们的名声，把他们比作昆冈出产的美玉，因此二人又被称为昆玉。

**三间瓦屋** 司徒蔡谟在洛阳看到陆机兄弟二人住在僚属官员的署衙中，署衙共三间瓦屋，弟弟陆云住在东边，哥哥陆机住在西边。陆云文雅纤弱，让人喜爱，陆机身长七尺多，声如洪钟，言语慷慨豪迈。

**难兄难弟** 陈纪的儿子陈群和陈谌的儿子陈忠，有一天讨论起他们各自父亲的功德，两人争论了很久都没有结论，于是两人便去问祖父陈寔，陈寔说："元方难做兄长，季方难做弟弟，他们兄弟两人不相上下。"

**手足** 袁绍死后，其中有两个儿子袁谭和袁尚争继承权，两人率军队互相攻打。王修对他们俩说："兄弟，就是手足。人如果要打仗，却自断右臂，还说我必胜，可能吗？"两人不听劝告，最后均被曹操消灭。

**折矢** 吐谷浑国王阿豺有二十个儿子。在他病得快要死的时候，他让每个儿子都献上一支箭来，他取了其中的一支给了他弟弟慕利延，让他折断，慕利延轻轻一折就断了。阿豺再让他取剩下的十九支箭来折，这时慕利延便不能轻易折断了。阿豺长叹说："一支箭是很容易折断的，但是聚集起来就很难被摧毁。你们一定要记住这个启示啊！"

**尺布斗粟** 淮南厉王刘长与汉文帝是兄弟，但刘长谋反，后被流放去蜀地，在路上不食而死了。民谣唱道："一尺布，尚可缝。一斗粟，尚可舂。兄弟二人不相容。"

**分痛** 《宋史》中记载：晋王赵光义有病，宋太祖亲自去探望，并亲自替他艾灸，晋王觉得很痛，太祖就拿艾绒也来烧自己，以此来分担疼痛。

**皆有文名** 罗愿兄长罗颢、罗籲（yù）、罗颉、罗颂，还有弟弟罗颒（huì），都很有文名，朱熹特别赞赏他们兄弟几个。

**大小秦** 唐代秦景通与弟弟秦暐（wěi）两人都精通《汉书》，两人号大秦、小秦。当时凡是研究《汉书》的人，如果不是出自他们门下，就会被认为没有得到老师的教育。

**束带未竟** 刘琎是刘瓛（huán）的弟弟。刘瓛曾经夜里在隔壁互换他弟弟的名字，刘琨下床穿好衣服端立，然后才回应。刘瓛很奇怪怎么隔了这么久才回应，刘琎回答说："刚才衣服没有穿戴整齐。"刘琎的操守就是这样的。

**龙虎狗** 诸葛瑾在吴国为官，弟弟诸葛亮在蜀国当官，小弟诸葛诞在魏国做官。当时人们说蜀国得到了龙，吴国得到了虎，魏国得到了狗。

**棠棣碑** 贾敦颐为洛州（今洛阳）司马，洛州人为他在集市的旁边刻碑。后来他的弟弟贾敦实又来洛州当长史，洛州人也为他在他哥哥的碑旁边立碑，这两个碑合称为棠棣碑。

**三张** 晋代的张载非常博学，文章写得很好，他曾经写了一篇《剑阁铭》，晋武帝命人把这篇文章刻在剑阁上。他的弟弟张协小时候就有出众的才能，后来官至河间内史；另外一个弟弟张亢很善于写辞赋。当时兄弟三人号称三张。

**三魏** 魏允中是南乐人，兵备副使王世贞对他非常赏识。万历四年（1576年）秋天举行乡试，王世贞与同僚在官署喝酒，并告诫守门的小吏说："录取名单出来后，如果魏允中考中的不是第一就不要敲鼓。"到了半夜王世贞听到了鼓声，大家互相高兴地大叫庆祝。后来，魏允中与他的哥哥魏允贞、弟弟魏允孚都中了进士。当时人称他们为"三魏"。

**自缚请先季死** 王琳十多岁的时候，父母都去世了。当时正遭逢兵乱，乡邻们都逃走了，只有王琳兄弟独自守着父母坟墓前的草庐，大哭着不肯逃走。弟弟王季从草庐出去，遇到赤眉军，眼看就要被杀掉。王琳便把自己绑起来，请求代替弟弟去死。贼人非常赞赏他，便把他们两人都放了。

**时称四皓** 徐伯珍小时候父亲去世，家中贫寒，他只好用竹叶当纸来学习写字。就这样闭门学习了十九年，后来他博通经史，朝廷多次征召也不出仕。后来兄弟四个人头发都白了，当时的人称他们为四皓。

**人所难言** 刘正夫官拜左司谏。宋徽宗正在调查自己的弟弟蔡王赵似的案子，刘正夫入朝奏对，引用淮南王“一尺布，尚可缝。一斗粟，尚可舂。兄弟二人不相容”的民谣。徽宗的怒气才有所缓解，继而对刘正夫说：“兄弟之间，确实有难以启齿的事情。你能说这些给我，我很受感动。”

**俱九岁贡** 宋代的王应辰九岁时，已经能诵读九经，可以写文章探讨《春秋》《论语》和《孟子》中的含义，不仅如此，还精通子部和史部书籍，进入礼部国子监读书。没过几年，他九岁的弟弟王应申也进入国子监读书。

**一母所生** 吴思达有兄弟六人，最开始依从父亲的命令分家。等到父亲死后，吴思达哭着告诉母亲说：“我们兄弟分家单独生活已经十多年了，现在大多都破产了。我们兄弟几个都是一母所生，怎能忍心让他们贫富不均呢？”于是兄弟又重新合为一家。

**金友玉昆** 辛攀的父亲辛奭，官拜尚书郎，辛攀的哥哥辛鉴、辛旷，弟弟辛宝、辛迅，都因为有才识在当时有很大的名气。秦雍对他们说：“五龙一门，金友玉昆。”

**相煎太急** 曹丕想要杀他的弟弟曹植，命令他七步之内写出一首诗。曹植写诗：“煮豆燃豆萁，豆在釜中泣，本是同根生，相煎何太急！”

**火攻伯仲** 周颢的弟弟周嵩，喝醉了就开始骂哥哥：“哥哥的才能不及我，得到的名声却比我大，平白得到这个大名声！”说着就将蜡烛扔向周颢。周颢神色不变，慢慢地说：“用火攻的法子，实在是下策。”

**姜被** 后汉的姜肱与弟弟姜仲海、姜季江分别娶了妻子，可他们兄弟之间恋恋不舍，不忍心分别。于是便商议做了一床大的被子，每次睡觉兄弟们都挤在一个被子下面。世人称赞他们兄弟的友爱之情。

**花萼集** 李乂（yì）兄弟都以文章著称，两人共同编了一个集子，集子叫《李氏花萼集》。

**贾氏三虎** 后汉贾彪兄弟三人都有很高的名声，其中以贾彪的名气最大。所以当时天下人都说：“贾氏三虎，阿彪最优。”

**二惠竞爽** 《左传·昭公三年》记载，齐惠公之孙姜竈（zào）（字子雅）死了。晏子说：“真是可惜啊！他的另一个孙子尾难免孤独，危险了啊，惠公的两个孙子子雅和子尾都很精明能干，现在没了一个，齐国的姜姓就很危险了！”

**双璧** 陆暐和他的弟弟陆恭之在当时都很有名望。洛阳令看到他们后说：“我已经年老了，但依然幸运地看到了双璧。”

**佳子弟** 王羲之小的时候被他的堂伯父王敦、王导所器重，王敦曾经对王羲之说："你是我们王家的佳子弟，一定不会比我的主簿阮裕差。"

**吾家麒麟** 晋朝时顾和的族叔顾荣，看到顾和童年时便有不凡的志向和气概，便对人说："这是我们家的麒麟，兴盛我们宗族的人，一定是这个孩子啊。"

**我家龙文** 《北史》中记载：杨愔幼年时聪慧过人，他的叔叔觉得很惊奇，便说："杨愔是出将入相的材料啊。"经常对别人说："这个孩子牙还没换，便已经是我家的骏马了；等他到了十岁，应该就会名扬千里之外了。"



**犹子** 卢迈升官为中书侍郎，娶了第二位妻子后仍然没能为他生下儿子。有人便劝他多买一些小妾，卢迈说："兄弟的儿子就和自己的儿子一样，照样可以主持身后的祭祀。"

**千里驹** 苻朗是苻坚堂兄的儿子，苻坚经常称赞他说："这是我家的千里马。"

**乌衣子弟** 晋代的王氏子弟大多居住在南京的乌衣巷，此地一时间富贵兴盛。人们都称他们为"乌衣子弟"。

**小阮** 竹林七贤中，阮咸是阮籍哥哥的儿子，所以阮咸被称为小阮。

**大小王东阳** 王承官拜东阳太守，多有惠民的政策。弟弟王幼也曾当过东阳太守。当时朱异掌权，他的门口停满了前来拜见的车马。魏郡的申英看见这一景象，指着朱异的门说："这里车轮聚集，都是趋炎附势的人。能不屈从的，看来只有大小王东阳啊。"

**臣叔不痴**　王湛有才华但不显露，不理解的人会认为他傻。他的侄子王济前去看望他，看到他的床头放有《周易》，便和他一起谈论《周易》，听到叔叔王湛的分析十分精深细致，王济大为意外，于是长叹说："我自己家里有这样的名士，我这三十年竟然都不知道！"晋武帝曾经问王济："你家的傻叔叔死了没有？"王济回答说："我叔叔不傻。"晋武帝又问："那他可以与谁相比呢？"王济回答说："在山涛之下，魏舒之上。"

**芝兰玉树**　谢玄被叔叔谢安所器重。谢安曾经对子侄们说："后生子弟他们关我什么事呢，为什么要让他们变得更好呢？"谢玄回答说："这就好比想让美好的芝兰玉树长在自家的庭院是一个道理一样。"

**屐齿之折**　谢安与客人下围棋，不一会儿谢玄从淮河发来的战报到了，谢安看完信就随手放到了床下，脸上并没有露出高兴的神情，依然镇定自若地下棋。客人问他信上写的是什么，他慢慢回答说："侄儿谢玄已经打败贼人了。"等到下完棋后，谢安回到卧室，在过门槛的时候鞋底突出像小齿的地方被磕断了都没有察觉到。

**三桂堂**　宋代的王之道性情刚直，崇尚节气，与他的兄长王之义、王之深同时中举，于是给他们的书堂题名为"三桂"。王之道曾经梦见天帝下命令说："因为你有功，你的后人应该被录取。"他有十个儿子，其中九个都当了官。

**刻鹄类鹜** 马援告诫他的儿子和侄儿说：龙伯高为人敦厚谨慎，我希望你们都学习他；杜季良为人豪侠好义，但是我却不希望你们仿效他。因为仿效龙伯高如果不成的话，还可以算是谨慎的人，就是俗话所说的画鹄鸟不成，还可以像鸭子；但如果仿效杜季良不成的话，就会成为天下的轻薄之人，也就是俗话所说的画虎不成，反而像狗的意思。

**析产取肥** 汉代的许武因为自己的两个弟弟许晏、许普还没有显达，想让他们成名，便想出了一个主意：他把家产分为三份，自己选走了肥沃的良田和宽敞的住宅，两个弟弟对这样的分法并无异议，人们都称赞他的两个弟弟能克己让人。于是许晏和许普都被官府推荐为孝廉，此时许武才召集同族的人，哭着说出自己分家产的原因，然后再把以前占用的家产全部还给许晏和许普，全郡人都赞叹佩服他。

**兄弟感泣** 何文渊为温州知府。百姓中有兄弟二人为争夺财产来打官司的，何文渊在他们的状子上写了判词："只缘花底莺声巧，致使天边雁影分。"（二人争财是因为听了妻子的教唆，从而使得亲兄弟也变得不合了。）兄弟二人看完判词后感动地落泪，后又重新亲热和睦了。

**兄弟争牛** 张袞年官拜汝南郡守。有兄弟俩为了分一头牛而互相争吵起来，张袞年便把自己的牛分了一头给他们，好让他们平分家产。于是整个辖境内开始口耳相传，都对张袞年礼让有加。

**翕（xī）和堂** 韩祥和他的弟弟韩补同年考中进士，两人均以德行和文章扬名当时。宋理宗亲笔书写“翕和堂”三个字赐给了他们。

**弟请抵罪** 唐代的陆南金当太子洗马[①]时。曾经藏匿罪犯卢崇道，被捕后按理应当加重处罚。他的弟弟陆璧请求用自己来抵罪，御史觉得很奇怪。陆璧回答说：“母亲还没有埋葬，妹妹还没有出嫁，我哥哥活着的话可以操办这些事，我活着没有多大用处，不如让我替我哥哥去死。”御史认为他很仁义，（上奏此事后，唐玄宗）便把两个人都免罪了。

**兄惟一子** 许荆的侄子许世曾经为了报仇而杀了人，怨恨他的人拿刀来攻击许世。许荆下跪说：“许世的无礼冒犯之处，这些都错在我。我哥哥只有这么一个儿子，他死了哥哥家就绝了后嗣，我愿意代替他死。”仇家说：“许大人是郡中的贤人，我哪里敢冒犯呢？”于是就放过他们了。

**急即扑杀** 李勣病了，子弟们坚持要他吃药。李勣说：“我不过是山东的一个农夫罢了，现在官位已经做到了三（尚书、御史、谒者），年龄也快要八十了，难道不是很过分的殊荣吗？”于是便令家人摆酒奏乐，并且召集子弟们，他对弟弟李弼说：“房玄龄、杜如晦等人，苦苦地建立门户，为后人着想谋划，但是被他们的一些笨蛋子孙败坏了。我把家里这些猪狗一样粗俗的孩子托付给你；如果他们不听你的教诲，你可以立刻将他们打死。”

① 辅佐太子，教太子政事、文理的官职。

# 嫂叔

**戛羹** 汉高祖刘邦贫贱的时候到大嫂家去，大嫂当时正在吃肉羹，对小叔子的突然来访感到厌烦，便谎称说肉羹已经没了，并且故意去刮锅。后来刘邦看到锅里还有肉羹，因此心里开始埋怨自己的大嫂。后来刘邦成为皇帝后封了自己大嫂的儿子为戛羹侯。

**为叔解围** 谢道韫嫁给王凝之。小叔子王献之与客人议论的时候，多次被客人说得理屈词穷。谢道韫得知后便派丫鬟传话给王献之说："愿意为小叔子解围"。于是谢道韫便藏在帐后与客人辩论，客人最后都惭愧且心服口服地离开了。

**亦食糠籺（hé）** 陈平[①]家住在很穷的地方，门是破席子制成的。有人背后议论陈平说："他怎么吃得这样胖？"陈平的嫂子听到后说："他和我们也一样吃糠啊。有这样的小叔子，还不如没有。"陈平的哥哥听到这个话后就把自己的妻子赶了出去。

① 陈平（？一前178）是西汉王朝的开国功臣之一。

**嫂不为炊** 苏秦出去到列国游历，后非常困顿地回了家，妻子看见他也不起来迎接，依然坐在织布机上，嫂子看到他，也不给他做饭。后来苏秦成为六国合纵的首领，带着六国的相印回来，妻子和嫂子都不敢直视他，而是跪着伺候他吃饭。苏秦这时候笑着问嫂子："为什么你的态度从前那么傲慢如今却这般谦卑呢？"嫂子像蛇一样匍匐着，用脸贴着地以请求原谅的口吻说："这是因为看见弟弟富贵了啊。"

# 姊妹

**聂政姊** 聂政刺杀了韩国之相侠累，因为怕连累与自己容貌十分相似的姐姐，便把自己的脸划破，把自己的眼睛挖出来，把自己的肠子掏出来。韩国的人便将他的尸体示众并且出赏钱来征求刺客的名字。聂政的姐姐听到消息后来到尸体旁哭着说："这是轵（zhǐ）深井村的聂政啊。因为我还在世的缘故，他便自己毁容而不让人知道他的线索，我怎么能因为怕死而抹去我弟弟贤明的名声呢！"聂政的姐姐于是就在聂政的尸体旁边自杀了。

屈原的姐姐女媭听说屈原被放逐了，便回到娘家，劝慰屈原要自己宽解。乡亲也希望屈原能听从，所以称屈原的故乡为"姊归"。《离骚》中说："我姐姐女媭是多么漂亮呀，可是他却不停地责备我。"

**李勣姊** 唐代的李勣与亲人很友爱，他的姐姐病了，他就亲自去为姐姐煮粥，不曾料到不小心把胡须烧了。他姐姐阻止他让他以后不要这样了。他却回答说："姐姐病了，而且年龄也大了，我虽然想给你煮粥，不过还能有多少次呢？"

**班超妹** 汉代曹寿的妻子班昭，听说他的哥哥班超在西域无法回来，她便上书皇帝请求让哥哥回国，后来皇帝便征召班超回国了。

**宋太祖姊** 赵匡胤即将北征的时候，忽然听到军队里有人要立自己为天子，得知这个消息后他赶忙跑回去告诉家人。当时他的姐姐正在厨房，听到赵匡胤诉说完后便立即拿着擀面杖将他赶了出去，并且说："大丈夫遇到大事，是否可行应该由自己来决定，为什么要来恐吓妇女呢？"赵匡胤听完后赶紧跑了出去。

**姚广孝姊** 姚广孝因为靖难立了大功，被封为荣国公，他拜见姐姐姚婆的时候，姚婆赶紧关上门并把他赶了出去，并且对他说："做和尚都做不到头，怎么可能会是一个好人呢？"最后还是闭门不见姚广孝。

**骆统姊** 骆统[①]遭逢灾年就会少吃食物，他的姐姐问他为什么这样做，他说："士大夫连糟糠都不够，都吃不饱，我怎么忍心自己一个人吃饱呢？"他姐姐听完后便赠给他一些粮食，谁知他一天就分完了。

**李燮（xiè）姊** 李燮的姐姐是东汉谏臣李固的女儿。听到父亲被杀害的消息后，哭着说："李氏家族要被消灭了！"于是她便秘密地派弟弟李燮去拜见父亲的门生王成，并对王成说："您曾在我父亲门下秉持道义，有着古人的节操。现在我把弟弟托付给您，李氏一族的存亡就全依仗您了。"王成于是将李燮改换打扮后偷偷带到徐州，而王成自己也装扮成集市上算卦的先生，暗中与

① 骆统（193—228）是东汉末年至三国时期吴国将领、学者。

其往来。后来等到李燮被免罪回到家里的时候，姐弟二人相对着大哭，姐姐告诫弟弟说：“先父正直，是汉朝忠臣，虽然离去，可仍像活着一样。你要小心谨慎，不要轻易用一句话评论害死咱们父亲的权臣梁冀。”周围听到的人是既悲痛又感动。

**季宗妹** 季儿是季宗的妹妹，同时也是任延寿的妻子。任延寿因为怨恨季宗，便暗中把他杀了。但最终被赦免了刑罚。季儿整理好衣服要离婚。任延寿说：“你杀了我吧！”季儿说：“杀死自己的丈夫是不义，侍奉自己兄长的仇人同样也是不义。我与你同床共枕，你却杀了我的哥哥，我又放了我哥哥的仇人，我还有什么脸面活在世界上呢？”她告诉女儿说：“我从情义上讲绝不会留下，然而我又没有地方可以去，你要好好照顾你的两个弟弟。”然后便自杀了。

# 师徒先辈

**北面** 唐代崔日用请武甄为他解说《春秋》中自己不了解的含义，武甄一条一条地全部列举出来毫无保留。崔日用说：“请让我面北，允许我拜您为师。”

**函丈** 《礼记·曲礼》记载：“如果不是吃饭的客人而是讲学的客人，那就布置席子，席子之间留一丈的距离方便讲课。”

**夏楚** “夏”字与“榎”字相通，指山楸（qiū）树。榎木的形状是圆的，楚的形状是方的，用夏和楚这二种树木来做打人的用具，以此来警戒学生不要懒惰傲慢，从而收到整肃威仪的效果。

**解颐** 汉代的匡衡精通经术，儒士们都说：“大家不要解读《诗经》，由匡衡来讲解吧。匡衡讲解的《诗经》，能够让人眉开眼笑。”

**绛帐** 汉代的马融讲课时，经常有一千多人在下面听。马融坐在高堂上，四周垂着红色的纱帐，他在前边教授着学生，后边则陈列着女乐。

**负笈**　汉代的苏章背着书箱四处求学，不远千里。

**立雪**　游酢、杨时为伊川先生程颐的弟子。有一天，他们两人侍奉在老师程颐的旁边，老师靠着桌子睡着了。两个学生不忍离去，只好站着等老师醒来，等老师程颐醒来时，门外的雪已经有一尺多厚了。

**坐春风中**　朱光庭先生在汝州拜见明道先生程颢，听先生讲学，听了一个多月才学家。回来后对人说："我朱光庭在春风中坐了一月。"

**舌耕**　汉代的贾逵精通经书，跟着他学习的人都不远千里而来，这些人听课的时候多对他有馈赠和进献，他家积攒的粟米都装满仓库了。有人说："贾逵并不是用力气在耕地，而是用舌头在耕地啊。"

**牧豕**　东汉孙期幼年当学生的时候，精通《京氏易》《古文尚书》。不过他家里很穷，他常常在大泽之中放养猪。那些求学的人就拿着经书在地边上跟随他来学习。

**白首北面**　贾琼说："文中子王通十五岁就已经当老师了。陈留王孝逸是有学问的前辈中很傲气的人，即使这样白了头的前辈也拜王通为老师，学问岂是凭年龄来论的呢？"

**人师难遭**　少年魏照请求侍奉郭林宗，心甘情愿为他洒扫庭院。郭林宗说："年轻人应该专心读书，为什么要来做这些事呢？"魏照回答说："讲经书的老师很容易遇到，但是教怎么做人的老师却很难遇到。我愿我这匹白布通过靠近朱和蓝从而得到熏陶。”

**青出于蓝** 《荀子》中说：学习不可以停止。青色来自靛蓝，但是比靛蓝更青；冰是水凝结的，可比水还寒冷。

**师何常** 《北史》中记载：李谧最初拜孔璠（fán）为师，后来孔璠又转向李谧请教学业。同门学生就说：“青是由蓝造就的，反过来蓝随着青的成形开始衰退。老师是没有固定不变的，其原因在于通晓经典著作。”

**一字师** 北宋礼部尚书张诩有诗说：“独恨太平无一事，江南闲杀老尚书。”后来朋友萧楚才拜访时说：“‘恨’字不太妥，应该改为‘幸’字。”张诩说：“你可真是我的‘一字师’啊。”

**东家丘** 汉代的邴原跟随孙崧学习，孙崧说：“你舍弃了离你更近的郑君郑玄，却穿着草鞋到我这里来，难道你是把郑君当作‘东家丘’了吗？”邴原说：“每个人有自己不同的志向，所以选择也就会不同。先生说我把郑君当作‘东家丘’，那么先生把我当作西家那个蠢人了吧。”孙崧立刻向邴原道歉。（《孔子家语》记载：孔子家的西边有一个蠢人，不知道孔子是圣人，只是说：“那个东边的孔丘，我认识啊。”）

**吾道东** 汉代郑玄跟随马融学习，终于学有所得。等到郑玄辞别而归时，马融长叹一声对门人说：“我的学问也随郑玄东去了！”

**吾道南** 宋代的杨时师从明道先生程颢。等到杨时归乡的时候，程颢送他出门，并且对在座的客人说："我的学问随着程颢到南边去了。"

**易已东**　汉代的易学大师丁宽最开始在田何那里学习《易》，等到学有所成，丁宽要向东回故乡。田何高兴地对弟子说："我的《易》已经向东去了。"

**关西夫子**　东汉杨震精通经籍，博览群书，被儒士们所尊崇，被人们尊称为"关西夫子"。

**南州阙里**　兖州曲阜县（今山东省曲阜市）的阙里，是孔子居住的地方。朱熹住在建阳，有考亭书院，人们在那儿学习经书、论述大道，读书人都把此地称为"南州阙里"。

**教授河汾**　晋末的王通在黄河、汾水之间教授学生，有很多从远方慕名而来的弟子。朝廷多次征召他出山做官他都不去。有诸多栋梁之材，像赵郡的李靖、清河的房玄龄和巨鹿的魏徵都出自他的门下。

**师友渊源**　古人的学问都有一定的渊源，西汉大臣杨恽有一篇《报孙会宗书》，此篇文章的水平远远高出同辈，而他本人正是司马迁的外孙。

**吾道之托**　黄干，字直卿。朱熹说："黄直卿此人志向坚定、思想深刻，和他相处，非常有好处。"于是便把女儿嫁给了他。朱熹病重，临死时，把自己写的书拿出来给黄干，并说："我的大道都在这里，现在我把他们托付给你了。"

**此吾老友** 蔡元定八岁就会写诗了。等到长大，登上泰山绝顶。他每天只吃荠菜。但对书无所不读。后来他向朱熹问道学习，朱熹考查他的学问，考查完后大吃一惊："这应该是我多年的老朋友，不应该在弟子的行列里。"

**通家** 孔融十岁的时候，听说李膺非常有名，便去拜访他。当时只能是名士或者李膺的亲戚门人才通报，孔融说自己是李膺的亲戚。见到李膺后，李膺问孔融："我和您的父亲、祖父曾经有交情吗？"孔融答道："是的。我的先人孔子向您家先人老子（老子姓李）请教过关于周礼的问题，从而两人互为师徒，那么这样看来我家与先生家就是世代的通家之交。"

**父执** 《礼记·曲礼》中说：见到与父亲共同志向的朋友，没说进就不敢进，没说退就不敢退，不问话就不敢轻易回答。

**识荆** 李白在《与韩荆州书》中说：我听到天下人议论的时候都说："人生不必一定要被封为万户侯，却希望能见韩朝宗一面。"怎么才能让人仰慕到这种地步呢！

**山斗** 韩愈用六经之文来倡导儒生。自从韩愈死后，他的学说非常盛行，学者仰慕他如同泰山北斗[①]。

**函关紫气** 老子将要过函谷关，守关的官吏尹喜看见空中有紫气，就知道有神人要过来。后来果然看到老子骑着青牛驾着车过关，尹喜赶紧拜见了他。老子便教尹喜如何炼气，然后还传授

---

① 泰山北斗：比喻道德高、名望重或有卓越成就为众人所敬仰的人。

给他五千字的《道德经》。

**倒屣** 蔡邕听说王粲已经来到门前，便急着出去迎接，不曾想把鞋都穿反了。王粲到了之后，在座的宾客发现他年龄很小，身体又小又弱，都大吃一惊。蔡邕此时却说：“这位是司空王畅之孙，才能不凡，我不如他。我家的书籍文章，应当全部都送给他。”

**下榻** 徐稺字孺子，是豫章人。陈蕃做豫章太守的时候，很少接见别人，却单单设一张床来专门款待徐稺，等到徐稺走后就赶紧把床悬挂起来。徐稺多次被推荐却不当官。郭林宗称他为“南州高士”。

**御李** 李膺性情孤高，很少和别人接触。荀爽曾经拜谒李膺，并且为李膺驾车。荀爽回来后，非常高兴地说：“今天竟然能为李公驾车。”

**李郭仙舟** 郭泰到洛阳游学，与河南尹李膺关系亲近。后来郭泰回乡，众人送他到黄河边上，送行的车马数千。郭泰与李膺同乘一辆舟过河，众宾客远远望去，感觉两人像神仙一样。世人把这样的知己之交称为李郭仙舟。

**北海樽** 孔融秉性宽容且喜好宾客，等到他从官场上退休回家，家里每天都宾客满门，他自己经常吟哦说：“座位上客人是满的，杯子里的酒不空，只要满足这两样，我就没有忧愁了。”

**千里命驾** 晋朝的吕安非常佩服嵇康高雅的格调，每到思念嵇康的时候，吕安就不远千里备车前往拜访。

**高轩过** 李贺七岁就已经很擅长写文章了，韩愈、皇甫湜（shí）来拜访他的时候，李贺便写了《高轩过》一诗来感谢他们。

**投辖** 汉代的陈遵喜欢喝酒，每到大摆酒席的时候，宾客很多，此时他就关上门把客人的车轴之键扔到井里，这时就算客人有急事，也没办法走。

**附骥** 《后汉书》中说：苍蝇本来飞不了多远，飞起来也不过几步远，但如果苍蝇附着在骏马的尾巴上便可以超过蝇群。

**披云** 晋朝的卫瓘看到清谈名士乐广后非常惊奇，便让自己的子弟们去拜访他，对弟子们说："乐广这个人像冰壶洗魄一样，人们看见他就感觉眼前一片明亮，就好像拨云见雾看到青天一样。"

**景星凤凰** 韩愈给李渤的信中说："朝廷百官伸着脖子向东眺望（您），就好像景星和凤凰刚出现一样，都想一睹为先。"

**鄙吝复萌** 汉代的陈蕃曾经对周举说："我如果有十天半月见不着黄宪（叔度），粗俗、吝啬的私心就又会在心里萌发了。"

# 朋友

**莫逆** 《庄子》中有典故，子祀、子舆、子犁、子来四个人聚在一起说："谁若能知道生死存亡原为一体，那么我们就与他做朋友。"四个人相视一笑，感觉到彼此的心意是相通的，于是四个人互结好友。

**友道君逆** 周宣王将要杀自己的臣子杜伯，但杜伯实际上并没有罪。杜伯的好友左儒便与宣王争论，并且九次进言，但是宣王皆不听从。宣王说："你违逆了君王，却只对朋友怀有特殊的感情。"左儒说："君王的言行合于道而朋友违逆于道，那就顺从君王而诛杀朋友；如果朋友言行合于道而君王逆于道，那就顺从朋友而违背君王。"宣王最终还是杀了杜伯，左儒最后也自杀而死。

**倾盖** 孔子到郯国去，半路上遇到程子，两人车上的伞盖靠在了一起，两人谈论了一天，谈论得非常融洽，孔子回头对子路说："拿一捆布来赠给先生。"

**雷陈** 东汉的雷义与陈重是好朋友，雷义被推荐为茂才，他想让给陈重，可是刺史不答应。他就假装发疯，披头散发地奔走，不接受朝廷的任命。同乡人对这件事有俗语评价："胶漆虽谓坚，不如雷与陈。"

**侨札之好** 季札会见郑国的子产（子产名侨），两人虽然第一次见面，交谈却很欢乐，好像认识了很久一样，季札送给子产一条缟带，子产回赠给季札一件纻衣。后来人们称呼交情深的，都说是"侨札之好"。

**杵臼定吏** 东汉公孙沙穆在太学学习，他没有钱和粮食，只好换了衣服为别人干粗活，最后在吴祐家舂米。吴祐和他谈话，最终大吃一惊，于是二人的交谊便在舂米的杵臼之间定下了。

**刎颈交** 陈馀年轻的时候，把张耳当作父亲一样侍奉，两人曾是刎颈之交（友谊深厚，可以共生死的朋友），不过后来慢慢也有了嫌隙。

**如饮醇醪** 程普心高气傲，曾经凌辱过周瑜，不过周瑜从来没有怨恨过，反而对他的态度更加恭谨。程普后来觉得很惭愧，与周瑜交好后曾说："和公瑾（即周瑜）交往，就像喝美酒，不知不觉就醉了。"

**廉庆** 廉范与洛阳人庆鸿是刎颈之交。当时的人说："前有管仲和鲍叔牙，后有廉范和庆鸿。"

**管鲍分金** 管仲和鲍叔牙关系很好。管仲说："我贫穷的时候，曾经和鲍叔牙一起做生意，分钱的时候我给自己多分了一些，鲍叔牙没有认为我很贪婪，因为他知道我贫穷。生养我的是父母，但了解我的人是鲍叔牙啊。”

**停云** 陶渊明《停云》诗的序说：“停云，是思念亲友的诗。”所以后来的人称知心的朋友为“停云”。

**旧雨** 是说旧日交情。杜甫在文章里说：“卧病在长安的旅店里，天气正好多雨，普通的乘车骑马的客人，旧交即使下着雨也会来，新知下了雨就不来了。”

**题凤** 嵇康与吕安是好朋友。有一次，吕安来拜访嵇康，正好嵇康不在家，嵇康的哥哥嵇喜请吕安进来。吕安不进门，写了一个“鳳”字就走了。嵇喜等嵇康回家后告诉了他，嵇康说：“‘鳳’字，拆开来看就是‘凡鸟’啊。”

**指囷（qūn）** 鲁肃把自己的财产用来赈济贫困，进而结交豪杰。周瑜拜访鲁肃，希望可以得到接济。鲁肃家里有两谷仓大米，每个谷仓大概有各三万斗的米。鲁肃直接拨了一个谷仓给周瑜，周瑜十分诧异，后来与鲁肃结为亲家。

**弹冠结绶** 王吉与贡禹是好朋友，萧育与朱博是好朋友，四个人互相推荐，最终都得以发达。当时长安人都说：“王贡弹冠，萧朱结绶。”

**更相为仆** 宋代的韩亿、李若谷没有考中进士的时候，都很贫困。两人到京师去参加考试时，只有一条毛毡和一领席子，两人便从中间割开，一人一半地使用。如果要出去拜访别人，两人就互相做对方的仆人。李若谷后来先考中，韩亿为他背箱子，直到长社设酒饯别。后来韩亿也考中了。

**尔汝交** 名士祢衡才华横溢，年轻的时候和孔融是不分彼此的亲密好友。当时祢衡还不到二十岁，孔融已经五十岁了，不过孔融因祢衡的才华而敬重他，所以两人结为朋友。

**忘年交** 张镒有很高的名声，陆贽十八岁的时候去拜见了张镒。两人说了三天话，张镒非常惊异于陆贽的见识，人们称他们两人为忘年之交。

**金兰簿** 戴弘正每次得到一个亲密的朋友，就会写在书简上，并且会亲自焚香告诉先人，这个书简也被号为“金兰簿”。

**三友一龙** 华歆与邴原、管宁是好朋友，当时人们称她们三个好朋友为一条龙：华歆是龙头，邴原是龙腹，管宁则是龙尾。

**雉坛** 五代十国时，有三个人结为朋友，建起一个祭坛，用红鸡、白狗歃血而盟，并且一起立誓说：“你坐大车，我戴草帽，他日相逢，你要下车问好。我步行，你骑马，他日相逢你要下马。”

**总角之好** 孙策说：“公瑾（周瑜）与我是总角之好（童年好友），有骨肉之亲。”

**耐久朋** 唐代的魏玄同与裴炎结交，两人的关系善始善终。当时人称之为“耐久朋”。

**平生欢** 后汉的马援与公孙述是同乡，两人关系很好。所以马援去见公孙述时认为应当握手，像以往那样高兴。

**青云交** 江淹说：“袁叔明（即袁炳）和我，是同有高远志向的交情，并非只是喝杯酒的朋友而已。”

**班荆** 楚国的声子和伍举两人关系很好，有一次两人在郑国的郊外相遇了，两人就铺了一些荆条在地上，坐下一起吃饭聊天。

**范张鸡黍** 范式、张劭是好朋友，春天的时候两人在京师道别，范式说：“深秋的时候我会去拜见令堂。”到了约定的那一天，张劭告诉母亲需要杀鸡做饭等候范式的到来。母亲说：“范巨卿离咱们这相距一千里，前面说的话是同你开玩笑的吧。”张劭说：“巨卿是非常诚信的人，不会开玩笑的。”话还没有说完，范式就到了。上堂拜见张劭的母亲，宾主尽欢后才相别而去。

**系剑冢树** 季札出使的时候路过徐国，徐国的国君非常喜欢季札佩带的剑，但是没有说出来。

季札知道徐国国君的想法，但因为还要出使别的大国，所以季札没有赠给他。等出使完别的国家再回到徐国时，徐国国君此时已经死了，季札便解下自己的剑挂在徐国国君坟墓的树上然后才离去。季札与人的交情，是不以生死而改变的。

**生死肉骨** 楚国令尹蔿（wěi）子冯说：“我今天拜见申叔夫子，他对我说的话真是可以让死人复活，白骨里再长出肉来啊，我怎么敢忘记报答他呢！”

**口头交** 孟郊有诗说：“古人形似兽，皆有大圣德。今人表似人，兽心安可测。虽笑未必和，虽哭未必戚。面结口头交，肚里生荆棘。”（意思是：古代的人外形长得像野兽，但却都有大圣人的德行。今天的人外表看上去像人，但却有着野兽一样残忍的心。他们虽然在笑却未必是和气，虽然哭却未必是悲哀。他们只是与人结下口头的交情，肚子里却满是荆棘。）

**交若醴** 《庄子》中说：君子之间的友谊清淡如水，小人之间的交往则甘甜如醇酒。君子因为清淡所以更亲密，小人却因为甘甜友谊反而会中断。

**贫交行** 杜甫的诗说：“翻手作云覆手雨，纷纷轻薄何须数。君不见管鲍贫时交，此道今人弃如土。”（意思是：翻手就是云覆手却是雨，那些纷纭的轻薄之人多得没法数。你难道没有看到吗？管仲、鲍叔牙贫贱时的友谊，现在的人却把这些弃如泥土。）

**面朋面友** 唐代的颜荛（ráo）在死之前自己给自己写了墓志，墓志中说：“表面上相交的朋友只不过像牵手一样，看到利益就各自放开手跑了。”杨雄在《法言》中说：“互相称为‘朋’却不交心，那不过是‘面朋’罢了；互相称为‘友’而不交心，那就只是‘面友’。”同类的人称为“朋”，有共同志向的人称为“友”。

**绝交恶声** 燕国乐毅给国君上书说：“古代的君子在绝交的时候，不说别人不好的坏话；忠臣离开自己的国家后，不标榜自己曾经的高洁。”

**五交** 刘孝标的《广绝交论》中说，因为权势而相交、因为谈论而相交、因为贫穷而相交、因为权衡好处后而相交、因为贿赂别人而相交，这五种交往对贫穷没有一点帮助，所以要中断它们。

**识半面** 汉代的应奉曾经去拜访袁贺，袁贺关着半扇门，只露出半张脸来看应奉，应奉看见后马上就走了。后来与别人曾经相见过的，就叫作“识半面”。

**无逢故人** 高贺去投奔公孙弘，公孙弘只提供给老朋友高贺一些去了壳的粗米饭，给他盖的是布被。高贺说：“老朋友富贵了有什么用呢？粗米布被我自己也有。公孙弘在家里吃饭要用五鼎供自己大吃大喝，在外却只有一道菜，这完全是欺骗啊。”公孙弘无奈地说：“宁愿遇到无理的宾客，也不要碰到老朋友。”

**怀刺漫灭** 东汉末年的祢衡为人意气用事、性格又刚直高傲，他从荆州向北游历许都（今许昌），自己写了一张名片揣在怀里，但是字都磨灭了还没有投出去。有人说：“为什么不跟随陈群、司马朗（两人均为名士）呢？”祢衡说：“你难道要让我去跟随那些杀猪卖酒的人吗？”

**负荆请罪** 蔺相如为赵国的上卿，地位在廉颇之上。廉颇说：“如果我见到蔺相如，一定要羞辱他。”后来蔺相如远远望见廉颇，就让车子赶快躲避。蔺相如手下的人都觉得这样做很耻辱。蔺相如说：“那么强大的秦国之所以不敢对赵国用兵，就是因为有我和廉颇两个人。现在如果我们内讧，势必对赵国有损伤。我这样做完全是以国家的急难为先，个人的私仇在后啊。”廉颇听到这话后，赶紧脱掉上衣背着荆条到蔺相如门前去请罪。

**翟公书门** 《史记》中记载：翟公官至廷尉时，上门的宾客挤满了他家的大门。可等到他被罢官以后，门外变得空空荡荡，都可以张网来捕麻雀了。后来当他重新当廷尉，此前的客人还想去拜访他，翟公就在门上写下几句话："一死一生，乃见交情。一贫一富，乃知交态。一贵一贱，交情乃见。"

**布衣交** 李孔修自号抱真子，常年混迹于市井之中，却没有人认识他。陈献章见到他后说："这不是低头于当世的人啊。"李孔修平常戴着管宁常戴的帽子，穿着朱熹常穿的上下相连的礼服，只专心读《周易》。有一天，他送粮食到县里，县令惊异于他的容貌和举止，便问他的姓名，他不回答，只是拱手算作回答。县令大声呵斥说："哪里来的小民，竟然只是拱拱手回答我！"没想到李孔修又拱了拱手。县令大怒，命令手下打了他五大板，他并没有说什么就离开了。县令觉得此人有些奇怪，后来慢慢地知道了李孔修的情况，于是开始对他大为尊敬并以礼相待。吴廷举做广东布政使，与李孔修结为不论身份地位的交情。李孔修死后没有儿子，尚书霍韬就把他埋葬在了西樵山。

**呼字定交** 服虔字子慎，擅长讲解《春秋》。听说崔烈召集门人在讲解《春秋》，便隐姓埋名去为听讲的学生做饭。每到门人讲解时他就去偷听。听完后与学生们讨论所讲的好坏。崔烈怀疑他是服虔，早晨起来便去找他，到的时候服虔还没有醒来，崔烈便叫："子慎！子慎！"服虔睡梦中醒来答应，于是二人便成了好朋友。

**死友** 羊角哀、左伯桃二人到楚国去，半路遇到下雪，两人要想都活下来比较难，左伯桃于是将衣服和粮食都留给羊角哀，自己却死在了树林里。羊角哀到了楚国后，成了楚国大夫。楚王以礼埋葬了左伯桃，羊角哀后来自杀殉友。

# 奴婢

**纪纲之仆** 《左传》中记载：晋公子重耳带着秦穆公送的夫人嬴氏回归晋国，秦伯（秦穆公）送给晋公子重耳三千人，这三千人其实都是助力重耳重塑纲纪的仆人。

**渔童樵青** 唐肃宗赠送给隐士张志和奴婢二人，张志和将他们二人配为夫妻，分别取名为渔童（夫）、樵青（妻）。别人问他原因，他说："渔童呢，让他钓鱼的东西、收线，在芦苇中划船。樵青呢，则让她收割兰花、砍伐桂树当柴，在竹林里煎茶。"

**海山使者** 晋代的陶侃家里有一百多个仆人，其中有一个奴仆不爱说话，常常安静地独坐。陶侃有一天去郊外，这个奴仆便拿着鞭子跟随，胡地的僧人看到奴仆后非常惊讶，对奴仆表现得非常恭敬，并且对陶侃说："这是海山使者啊。"陶侃听完觉得很奇异。到了晚上的时候，这个奴仆不见了。

**读书婢** 郑玄家的奴婢都读书。有一次一个丫鬟做事不符合郑玄的心意，郑玄就让人把她拉出去跪在泥里。过了一会儿，另外的丫鬟问她："胡为乎泥中？"（《诗经·式微》中的句子，意为：

你为什么在泥里呢？）这个丫鬟回答说："薄言往愬，逢彼之怒。"（《诗经·柏舟》中的句子，意为：我去向他诉说，却正好碰上他发怒。）

**慕其博奥** 唐朝文学家萧颖士的性格非常暴躁，他家里有一个仆人叫杜亮，每一次杜亮犯错被责罚，萧颖士都要打到力气用完才罢。等到杜亮把伤养好，仍然被萧颖士像以前一样指使做事。有人劝杜亮离开萧颖士，杜亮回答说："我难道不知道吗？只是因为我很仰慕他博学的才能，因此才恋恋不舍的啊。"

**温公二仆** 温国公司马光家里有一个已经干了三十年的仆人，日常称呼司马光为"君实秀才（君实是司马光的字）"。后来苏轼来拜访司马光，听到仆人这样称呼司马光，便教了他一番，第二天，仆人便改口叫司马光为"大参相公"。司马光很是惊讶，问他为什么这样称呼，仆人说出了实情，司马光感叹说："好好的一个仆人被苏东坡给教坏了。"

司马光有一天去自己以前修的独乐园（司马光编撰《资治通鉴》的地方）里游赏，看到新建了一个厕所，便问守园的人从哪里来的钱。守园人回答说："我把游人给的钱积攒起来的。"司马光说："为什么不把这些钱留下自己用呢？"守园人回答说："钱是给园子的，又不是给我的，是因为相公您不要这些钱，不把这些钱要走啊。"

**臧获** 渤海到泰山之间的地方骂仆人为"臧"，骂丫鬟为"获"。古代没有奴婢，犯了法被抓为臧，没收入官府便成为奴；妇女逃亡后被人抓获了就是婢。

**措大**　奴婢的称呼有很多，有的叫断养，有的叫苍头，有的叫卢儿，有的叫奚童，有的叫钳奴，有的叫措大。叫措大是因为他能处理大事。

**开阁驱婢**　东晋的王敦因为曾经荒淫好色，身体慢慢地就疲惫了，手下人都劝谏他，他说："我以前从来不觉得这样，不过这也很好解决。"于是他打开女眷居住的后阁，把里面所有的婢女都放了出来，给她们自由，让她们自行选择去处。

**追婢**　阮咸之前宠幸过姑姑家的一个鲜卑族婢女。他为母服丧期间，他的姑姑要远迁他乡，远迁的同时竟然把这个婢女带走了。阮咸听说后赶紧借了客人的驴，身上穿着丧服亲自去追赶，后来两个人同乘着一头驴回来了。阮咸说："传宗接代的人不能失去！"这个婢女就是阮孚（阮咸的儿子）的母亲。

**银鹿**　唐代颜真卿家里有一个仆人名叫银鹿。欧阳修说："银鹿，是鼎的名字。"

**便了**　汉代的王子渊名褒，途中停留在寡妇杨惠家里，杨惠家里有一个经常顶撞的长胡子奴仆叫作"便了"，王子渊决定买下他，双方协议的卖价为一万五千钱，签下卖身契，约定便了需要从事的百种杂役工作。

**长须赤脚**　韩愈《寄卢仝诗》里说："玉川先生洛城里，破屋数间而已矣。一奴长须不裹头，一婢赤脚老无齿。"另外苏东坡也有诗说："常呼赤脚婢，雨中撷园蔬。"

**掌笺婢** 唐代潞州节度使薛嵩有一个侍婢名叫红线，薛嵩让她掌管信件和表章，类似红线这样处理文书的婢女号称“内记室”。

**吹篪（chí）婢** 后魏河间王元琛有一个婢女叫作朝云，善于吹篪（古代的竹管乐器，像笛子，有八孔）。羌族叛变的时候，河间王让朝云扮作吹篪的老婆婆，羌人听到篪声都流下了眼泪，因为思念家乡而散去。

**桃叶** 晋朝的王献之有一名宠爱的小妾名叫桃叶，有一次路过秦淮口的时候，王献之作诗一首送给她。当年作诗的地方现在就叫作桃叶渡。（王献之当年写的诗是：“桃叶复桃叶，渡江不用楫。但渡无所苦，我自来迎接。”意思是：桃叶啊桃叶，渡过江淮用不着舟楫。渡过江的时候不会辛苦，因为我会亲自来迎接你。）

**雪儿歌** 唐代李密有一个名叫雪儿的宠姬，每当李密的宾客写出瑰丽的文辞时，就将这些文辞交给雪儿来唱，雪儿调整音律唱出来，所以这些歌号称雪儿歌。

**绛桃柳枝** 韩愈有两个侍姬，名字分别是绛桃、柳枝。韩愈出使还没有回来时，柳枝便逃走了，后被家人追拿寻获。韩愈到镇州时，有诗：“别来杨柳街头树，摆乱春风只欲飞。惟有小桃园里在，柳花不发待郎归。”从此开始专宠绛桃了。

**樊素小蛮** 白居易有两个婢女，其中一个名叫樊素，另一个叫小蛮。他有诗说：“樱桃樊素口，杨柳小蛮腰。”

**瓦刺辉** 瓦刺辉是明太祖驸马梅殷的仆人。谭深、赵曦因与驸马有嫌隙，为了私怨，二人谋杀了驸马，永乐皇帝后杀了这两个臣子，瓦剌辉取此二人的心肝来祭奠驸马，然后痛哭地自杀殉死。

**仆地泼毒酒** 卫国一个叫主父的人在周国当大夫，已经三年不曾回家。他的妻子巫氏在家与别人私通。有一天，主父突然回来了。他的妻子怕事情败露，便打算用毒酒毒死自己丈夫，她命令婢女葵枝倒酒。葵枝知道主母的计划后就开始暗自琢磨："我如果顺从主母的意思去杀人，是不义之举；但我现在已经受了主母的托付，如果现在揭露她的事，就会害了主母，这样就是不忠。"于是她故意摔倒在地，顺势把酒给泼洒了。主父认为这个婢女对自己是大不敬，于是要重责她，葵枝挨了责罚心里却不怨恨。

**李元苍头** 李善是汉代李元的仆人。李元家里人得传染病基本都死了，只有刚刚出生几十天的李续活下来了，成了孤儿，同时也继承了上万的资产，家里的仆人们想要谋害李续以获得他的财产。李善便暗中带着李续逃了出来，躲藏到了瑕丘，亲手喂奶把李续抚养长大。等到李续长大后，他把当年的奴仆全部都状告到官府，奴仆全部被杀了。当时瑕丘的县令为钟离意，他上书向朝廷汇报了这件事。当时的皇帝光武帝便任命李善和李续当太子舍人。李善回到老家后，脱下冠帽，解下官带，为李元打扫墓门并修整祭祀，接连哭了几天才离开。

**定国侍儿** 王巩字定国，因为苏轼乌台诗案被获罪，贬到了宾州。后来王巩北归，王巩让自己的侍女柔奴为苏轼敬酒。苏轼问柔奴："岭南应该不是一个好地方吧？"柔奴回答道："此心安处，便是吾乡。"（能给我心安定的地方，就是我的故乡）苏轼为此写了一首《定风波》的词赠送给柔奴。

# 卷六

# 选举部

用民间三类事物来教化万民举荐贤能，同时对贤才要敬以宾客之礼。

这三类是：第一类是六德，就是智、仁、圣、义、忠、和；

第二类是六行，就是孝、友、睦、姻、任、恤；

第三类是六艺，就是礼、乐、射、御、书、数。

# 制科

**宾兴** 《周礼·地官·大司徒》记载：用民间三类事物来教化万民举荐贤能，同时对贤才要敬以宾客之礼。这三类是：第一类是六德，就是智、仁、圣、义、忠、和；第二类是六行，就是孝、友、睦、姻、任、恤；第三类是六艺，就是礼、乐、射、御、书、数。　槐花黄　到了举行科举的那一年，考生们到八月都要赶赴考场。当时有俗语说："槐花黄，举子忙。"

**棘围** 《通典》记载：主持考试的礼部在考试那天，严密地设置士兵来护卫，用棘刺把考场围起来，用来防止替考或随意进出。五代的和凝在主持科举考试的时候，进士们此前喜欢大声喧哗来吸引主考的注意。公布录取名单时也要用棘围起来，关闭官府的大门，禁止人员出入。和凝决定撤掉棘围，打开官府大门，而士子却肃然无人喧哗。当年考取的都是当时有才能的人，被称为"得人"。

**乡贡进士** 《新唐书·选举志》记载：唐代制定为国家选取官员的科目，大多因袭隋朝制度。这种制度大致有两点：由学校推荐的叫作生徒，由州县推荐的叫作乡贡，都由主管部门来决定录用与否；它的科目，有秀才，有明经，有进士。

**观国之光** 《易经·观卦》记载：六四爻，看到国家有仁德之光辉，就适合去成为君王的贵宾。《象传》说：观察到国家有仁德之光辉，是说此国这时正礼敬贤人。

**试士沿革** 汉文帝时，选取人才的标准是看写策问的水平，汉武帝增加了一项询问经书的疑义，左雄增加了奏章的撰写。

汉武帝开始选取人才看重诗词歌赋的水平，唐太宗增加了写判词和射箭。唐玄宗直接用诗赋来选择人才，唐德宗增加了论和诏诰文书的撰写。宋仁宗开始增加经义的考试，到王安石的时候才开始去除了声律对偶的内容。宋哲宗才开始下令只学习经义，并不再考诗赋的内容。唐太宗开始创制了乡试和会试。宋代开始规定秋天朝廷乡试，春天在礼部朝廷会试。唐玄宗开始把贡举转移到礼部来主持，唐初是由郎官来主持考试的，宋真宗开始下令礼部每三年主持一次贡试。唐中宗开始每次考试设置三场。汉文帝开始亲自考举子的对策。唐代武则天在洛城殿考贡士的策问，才开始了殿试。宋太祖开始在殿中进行复试。最初是武则天进行复试，崔沔后来偶尔进行。宋太宗开始不坐正殿，在临时居所听宰相大臣读试卷。宋仁宗开始在正殿考试贡士，但不除名。宋孝宗开始让进士也要拉弓射箭，还要穿铠甲。唐代武则天后开创制武举。宋代开始印刷试题给考生。唐高祖开始在贡院设置兵卫，兵卫是对考生搜查衣服、审察出入棘围的人。武则天开始规定把考卷封起来，开始把考生的姓名糊起来。宋真宗开始让考生住在考场。后唐开始禁止挟带东西。唐玄宗开始严查考生的乡里籍贯，禁止考生假冒籍贯去参加考试。萧何规定学童能诵读九千字以上的为小史。左雄奏请将十二岁通经的拜为童子郎开始创了童科。

汉文帝开始交纳粟米而入太学。宋仁宗开始设置太学的三舍法。汉武帝开始制定补博士弟子，称为秀才。北魏开始有生员。唐高祖开始有秀才考试，州县同时进行。后魏命令公卿的子弟皆入学。唐睿宗命令举人考试落第后是否入学听其自便。宋代开宝六年（973 年），因为徐士廉上诉称主考不公平，宋太祖亲自到讲武殿复试，天子御试自此开始。考中的人被赐给绿袍、靴、笏，并赐宴赐诗，自太平兴国二年（977 年）吕蒙正状元及第开始。分出甲次，赐给同进士出身，自太平兴国八年（983 年）宋白、王世则上榜开始。在金殿唱名，自雍熙二年（985 年）梁灏上榜开始。把试卷密封并加盖印章，从咸平三年（1000 年）开始。设置专人来誊录试卷、密封、复考、编排，都是从大中祥符八年（1015 年）开始。唐代的制度：礼部考试，夜里以三次敲鼓的时间为限。宋代则大都在白天举行，不在晚上举行了。

**关节** 考生向主考官行贿，叫作关节。明朝的杨士奇主持考试，在试院外大门上贴对联说："场列东西，两道文光齐射斗；帘分内外，一毫关节不通风。"（意思是：考场各列东西，两道文光上冲牛斗；垂帘分出内外，一丝关节都不许通风。）

**甲乙科** 汉平帝的时候，每年从太学考试中选第一等甲科四十人做郎中，第二等乙科二十人做太子舍人，第三等丙科四十人做文学掌故。

**通籍** 举子考中进士后，宫门那里都有了其姓名、年龄等信息，从此他就可以随意出入宫门了。

**正奏特奏** 通过正常科举考上的叫正奏，通过国家庆典之类特别加开的科举考上的称为特奏。

**金榜题名** 崔绍暴亡后又活了，说看到阴间在列榜，将相用的是金榜，其次是银榜，州县的小官都是铁榜。所以现在有人考中进士，就称之为金榜题名。

**银袍鹄立** 隋唐两朝参加科举的考试人，都被称为“白衣卿相”，又叫“白袍子”。考试的那天，引导他们站立在试院中，称之为“银袍鹄立”。

# 乡试

**大府贤书** 《周礼·地官·乡大夫》记载：每三年就进行有关德行道艺方面的大规模考试，以发现贤能之人。乡老和乡大夫[①]以礼对待这些贤人。到了天明，乡老和乡大夫及群吏把贤能之士的名录进献给君王，君王拜两次后再接受，然后收录于朝廷的府库中。

**鹿鸣宴** 《诗经·鹿鸣》篇，是宴请群臣、嘉宾的诗歌。贡院里排好考生的席位，考试完毕，长官用乡饮酒礼来分设宾主，陈列俎豆的祭器，吟唱《鹿鸣》之诗。

**孝廉** 汉代的制度规定举人都叫孝廉，但不是指通过科举考试而得。曹操也曾被推举为孝廉。

**破天荒** 荆州参加考试的举人，一直没有人考中进士，被称

① 乡老和乡大夫都是周代分属地官的官名。《周礼》分设天、地、春、夏、秋、冬六官，后世沿而为吏部、户部、礼部、兵部、刑部、工部。其中乡老掌六乡教化，乡大夫掌“国”中（郊内）一乡的政教禁令，以及“国”中兵役和劳役征发、推荐贤能、年终对乡吏的考核。

为“天荒解”。刘蜕是从荆州解元考中进士而登第的，当时号称为“破天荒”。

**郁轮袍** 王维擅长弹琵琶。岐王让他扮成伶人，带他到公主的府第，独自演奏新曲，名叫《郁轮袍》。然后进献怀中所带的诗，公主大惊说：“这些诗都是我曾经背诵过的，我还以为是古人的好作品，原来是你写的啊！”于是让王维换了衣服，请他到客人的座位上，并召主考官来，派宫女传公主的话，让王维作为状元及第。

# 会试

**南宫** 唐代开元年间，尚书省也被称为南省，门下省、中书省又叫北省。南宫就是礼部，以前礼部郎中掌管官府中的文书，叫作南宫舍人。后来说春试中榜，也叫赴南宫。

**知贡举** 《新唐书·选举志》记载：唐玄宗开元二十四年（736年），考功员外郎李昂主持科举考试，指出进士李权文章的不足，反被李权以言语侮辱。玄宗因为员外郎的威望太轻，便把贡举的事移给礼部，由礼部侍郎来主持，自此便成为定例。从此进士都是由礼部来选拔。

**玉笋班** 唐代李宗闵主持贡举，所选中的都是当时的知名之士，世人称之为玉笋班。

**朱衣点头** 欧阳修主持贡举、考试阅卷的时候，常常觉得有一个红衣人在他座位后面点头，朱衣人一点头，他批阅的文章便合章法。开始的时候他还怀疑是传达消息的官吏，等他回头看时，却看不到人，所以他把这事告诉同列的考官，大家都为之三叹。曾经有诗句说：“文章自古无凭据，惟愿朱衣暗点头。”

**文无定价**　韩愈参加科考时的题目是《不迁怒不贰过》，但这篇文章被陆贽认为不合格。第二年，陆贽又一次主持科举，仍然出了这个题。韩愈又把以前的旧作写上去，竟还一个字不改，陆贽大为称赏，将韩语取为第一。

**奏改试期**　宋朝的科举考试在农历八月中旬，苏辙忽然得了感冒，他自己觉得是来不及参加考试了。魏国公韩琦知道后就上奏皇帝说："今年参加科考的人之中，只有苏轼、苏辙早有盛名。现如今听说弟弟苏辙病了，如果他不能参加考试，那么众人将非常失望，应该延迟考试日期等他参加。"皇帝答应了这个提议。直到苏辙病好后，才开始考试，这就比往常的日子迟了二十天。从那以后，科举考试就都定在九月了。相国吕大防不知道这个原因，苏轼就跟他说了，吕大防说："韩忠献公（韩琦）这么贤明啊！"

**同试走避**　苏轼和苏辙同年参加科举，当年同时参加考试的人很多。相国韩琦有一次偶然对客人说："二苏在这里，怎么还有这么多人敢与他们较量比试，这是为什么呢？"结果十有八九的考生都放弃离开了。

**屈居第二**　嘉祐二年（1057年），欧阳修主持贡举，梅尧臣把苏轼的《刑赏忠厚之至论》拿来给欧阳修看，欧阳修看后非常惊喜，想把这篇文章作为这次考试的夺冠之作，可他又怀疑是自己的门生曾巩写的，便放在了第二名。

**龙虎榜**　唐代贞元八年（792年），陆贽主持科举考试，欧阳詹中了进士，与韩愈、李绛、崔群、王涯、冯宿、庾承宣一起中第，他们都是天下名士，当时人称之为龙虎榜。

# 殿试

**状元** 唐代天授元年（690 年）二月，武则天在洛阳殿前策问当年的贡士。状元之名，大概从此开始。

**淡墨书名** 唐代人的进士名单一定是在晚上写，书写时一定要用淡墨。有人说这是因为考中名次的人都是在阴间被注录而在阳间接受中举的成果，用淡的墨来书写，好像是鬼神的笔迹似的。

**胪传** 在集英殿公布考中者名字的那天，皇帝要亲临，宰相递上前三名的卷子，在御案之前诵读，而且要用牙棍点着读。接着宰相拆开看姓名，并说是某人。主管朝廷仪礼的鸿胪寺随着传下去，传到御阶之下，然后六七个卫士齐声传这人的名字来呼叫他，这就叫作“传胪”。

**糊名** 唐代初期会从外貌、说话、写字、判词四个方面来选官吏，六品官以下的任用要集中考试，凡是考试的人都要把他的名字糊上，然后让学士来判考卷。

**临轩策士** 宋代熙宁三年（1070 年），吕公著主持贡举，悄悄上奏说："天子到前殿来策问士子，如果考诗赋的话，就违背选择贤人以求治国的初衷了。希望在廷试时能考拟诏书与策论，来咨询求访治国之道。"从此天子驾临集英殿亲自主持考试，只考策问。

**天门放榜** 范仲淹在陈州任通判的时候，陈州太守的母亲病了，太守招来道士设坛向天帝交上祈福的奏章，但道士下拜后却一晚上不动。到了五更才醒来，醒后对太守说："太夫人还有六年阳寿。"太守问他为什么用这么长时间递奏章，道士回答说："天门外在张挂明年春天考中的进士名录，观看的人太多堵住了道路，所以我迟了。"太守接着问他状元是谁，回答说："姓王，名字是两个字，下边一个字被涂上了墨，旁边注了一个字，但离得太远看不清楚。"第二年春天放榜，状元是王拱寿，皇帝给他改名为"拱辰"。

**湘灵鼓瑟** 钱起（书法家怀素的叔叔）留宿于驿站，听到外面有人说："曲终人不见，江上数峰青。"他就赶紧把这句诗记录下来。等到殿试的时候，题目是《湘灵鼓瑟诗》，他就写道："善鼓云和瑟，常闻帝子灵。冯夷[①]徒自舞，楚客不堪听。雅调凄金石，清音发杳冥。苍梧来暮怨，白芷动芳馨。流水传湘曲，悲风过洞庭。"最后一联很长时间写不出来，忽然想起了自己听到的这两句，便用这两句来完成全篇。主考官看了后说："这是神来之句啊。"于是钱起考中了第一名。

**志不在温饱** 王曾刚刚考中进士，省试、礼部试和廷对时都

① 中国古代神话中的黄河水神，即河伯。

是第一。有人说："连中三场第一，一生吃穿不尽啊。"王曾说："我的平生志向并不在温饱。"

**琼林宴** 宋代太平兴国二年，宋白等人进士及第，皇帝在琼林苑赐宴，后来便成为固定的制度。也有人说这是从吕蒙正开始的。

**泥金报喜** 《天宝遗事》记载：刚考上进士的人，要用和有金粉的生漆涂饰笺帖并附上家信来告捷，这叫作泥金报喜。

**雁塔题名** 唐代的韦肇考上了进士，有次在慈恩寺大雁塔上题下自己的名字，有人就仿效他题字，以后竟成惯例。从神龙（705—707）年间以来，进士的杏林宴过后便到大雁塔题名，同年考中的人会公推书法好的人来记录。以后其中若出现将相之类的重臣，就把他的名字改为红色。

**曲江宴** 曲江池在西安府，唐朝秀才考中进士，皇帝会在曲江池赐宴。每年三月三日，来这里的游人最繁盛。

**蕊榜** 世人相传：大罗天[①]在蕊珠宫[②]放榜，所以也称科举所放的榜为蕊榜。

**一榜京官** 宋太祖驾幸西都（洛阳），张齐贤以平民的身份向太祖进献了十道策论，宋太祖对宋太宗说："我到西都得到了一

① 最高最广的天，是三清天之统称。

② 道教经典中所说的仙宫。

个张齐贤，将来这个人可以作宰相。”宋太宗即位后，放进士榜，想要把张齐贤放在前几名里，可是主考官却把张齐贤放在第三甲的最后，太宗很不高兴。等到给新进士封官爵时，为了留任张齐贤，就把所有考上的人都封作京官。

**夺锦标** 唐代的卢肇、黄颇都是江西宜春人，他们同时在乡试中考中，可郡守成应元只隆重地给黄颇办了饯行酒。第二年，卢肇考中状元回来了，郡守请卢肇观赏竞渡表演，卢肇写诗说：“向道是龙君不信，果然夺得锦标归。”郡守看完十分惭愧。

**释褐** 宋代太平兴国二年，第一次赐给吕蒙正等人脱去平民的衣服，并增加袍带。后来便成为惯例。

**烧尾宴** 唐代士人中第，必定会大摆宴席，这个宴席叫作烧尾宴，象征鱼变化成龙，必须要烧掉它的尾巴。

**赐花** 唐懿宗在新科开榜的时候，要在同江大宴士子，还命人折来花朵放在金盒中，让宫中使者骑马送到设宴的地方，使者宣布天子的口谕：“现在命令大家戴上花朵参加饮宴。”士子都觉得非常荣耀。

**红绫饼餤（dàn）** 唐昭宗驾幸南内[①]兴庆池，泛舟游赏，正在吃馅饼的时候，听说新科进士正在曲江池参加闻喜宴。昭宗命令御厨按照进士的人数各赐一个红绫馅饼，主管者用金盒装好

① 唐朝初年，李渊、李世民父子居于太极宫，称为“西内”。唐高宗与武则天将政治中心移至大明宫，称为“东内”。公元714年，唐玄宗改旧宅造兴庆宫，称为“南内”。

呈进。昭宗就让宦官骑马赐给众进士。所以卢延让有诗句说："莫欺老缺残牙齿，曾吃红绫饼餤来。"

**柳汁染衣** 李固言走在古柳树下，听到有弹指的声音还有说话声："我是柳神，正用柳树汁染你的衣服。你若得中进士穿了蓝袍，应该用枣糕来拜祭我。"没过多久，李固言果真进士及第了。

**英雄入彀** 贞观年间，唐太宗悄悄驾临端门，看到进士排成队走出来，高兴地说："天下的英雄都进入我的手中了！"当时有人说："太宗皇帝真长策，赚得英雄尽白头。"

**取青紫** 汉代的夏侯胜说："读书人就害怕不能通晓经学，如果经学能通明，那穿青衣紫做高官，就好像俯身到地上去捡草棍一样容易。"

**席帽离身** 宋朝初年的读书人还沿袭唐代的风俗，都拖着长袍垂着饰带，出门时就戴着藤席做的帽子。李巽多次应举却考不上，乡里人说："李秀才不知何时才能不戴席帽呢？"李巽考上之后，便送给乡亲一首诗说："为报乡闾亲戚道，如今席帽已离身。"

**一日看遍长安花** 孟郊考中进士后，非常得意，曾写下"一日看遍长安花"的诗句。

**踏李三** 王十朋是正榜的第一名，李三锡是老榜[①]的第一名。当时有人写诗调侃处在正榜末尾的进士，说："举头虽不见王十，

① 宋朝为照顾五六十岁多年不中的老秀才而设的科考。

伸脚犹能踏李三。”

**五色云见** 韩琦很年轻就中了进士，排名在第二。正在唱他的名字时，太史官上奏说：“下面有五色云出现。”于是便官拜右司谏，权领知制诰。

**青钱学士** 唐代张鷟（zhuó）考中了制科[①]的甲等，员半千称赞他说：“张鷟的文辞好像青铜钱，怎么选怎么中[②]。”当时人们便称他为“青钱学士”。

**天子门生** 王奇年少时就已扬名科场，他是文靖公李沆的门客。后来李沆在宰相位上去世，宋真宗亲临祭奠，看到屏风上有王奇的诗句“雁声不到歌楼上，秋色偏欺客路中”，看后非常喜欢，便召见了他。王奇的奏对很合真宗之意，便特许他来参加殿试，登科之后，王奇答谢之诗说：“不拜春官（礼部）为座主，亲逢天子作门生。”

**读卷贺得士** 南宋开庆（1224—1259）年间，王应麟为读卷官。读到第七份试卷时，磕头说：“这份试卷有古代圣贤之风范，内容可垂范今世；所表忠肝义胆就像铁石般坚硬，请让我为朝廷能得到如此人才而向陛下贺喜。”于是便将此人升为第一，此人就是文天祥。

---

① 即制举，又称大科、特科，封建王朝临时设置的考试科目，目的在于选拔各种特殊人才。

② 张鷟在唐高宗李治时考中进士，被任命为岐王李范府里的参军，因为他不善于巴结，官运一直不好。他想通过科举考试去解决官职问题，一连考了八次，屡试屡中，但都没有安排。

# 门生

**春官桃李** 唐代刘禹锡有《寄王侍郎放榜》诗:“礼闱新榜动长安，九陌人人走马看。一日声名遍天下，满园桃李属春官。”

**谢衣钵** 五代南唐何晦撰写的《唐摭（zhí）言》记载:“状元以下的进士，要到主考官的府上去，排队站好，递名片上去等通传，然后与主考官对拜。司礼的人说:‘请状元遍谢使其得此名次的人。然后第几名的人，要向主考官谢衣钵。’”衣钵，是指名次与主考官当年所得名次相同的人，或者与主考官的祖先名次相同的人，所以叫谢衣钵。

**传衣钵** 范质中了进士，主考官和凝很爱惜他的才能，把他排在第十三名，他对范质说:“你的文章本来应该为众人之冠，之所以现在屈居于第十三名，是我想让你传承我的衣钵。”后来和凝官至宰相，范质也官拜宰相。

**沆瀣一气** 杜审权主持贡举，录取了卢处权。有人开玩笑说:“主考叫审权，门生叫处权。”乾符二年（875 年），崔沆取中了崔瀣，有人说:“考官考生，沆瀣一气。”

**头脑冬烘** 侍郎郑薰主持考试，怀疑颜标是鲁公颜真卿的后人，便把他点为状元。等到答谢主考官的时候，才知道不是，郑薰又后悔取他为状元了。当时的人嘲笑说："主司头脑太冬烘，错认颜标是鲁公。"

**好脚迹门生** 唐代的李逢吉主持贡举，中举的名单还没有公布他便已经被任命为宰相，中举的士子都直接到中书省去参见他了。当时人都称这些士子是"好脚迹门生"。

**陆氏荒庄** 唐代的崔群主持贡举回家后，他的妻子劝他买田。崔群说："我刚刚收了三十个门生，那就是非常好的三十所田庄啊。"他的妻子说："你不也是陆贽的门生吗？你主持贡举，就不让陆贽的儿子参加考试，陆贽若以你为良田的话，那陆家的田庄早就荒芜了。"

**门生门下见门生** 唐代的裴皞官至仆射，宰相马胤孙、桑维翰都曾是他主考时选中的进士。马胤孙主持贡举，带着新科进士来拜见裴皞，裴皞写诗说："门生门下见门生。"世人都认为这非常荣耀。桑维翰曾经拜访裴皞，裴皞既不去迎接也不送行。有人问他原因，他回答说："我如果在中书省见他，那我们是同僚；但他来我家里见我，那他就是我的门生。我为什么要送他呢？"

**天子门生** 南宋的赵逵在绍兴年间殿试的对策很合宋高宗之意，被评为第一名，但因触犯了秦桧，就没留在京城为官。宋高宗问赵逵在什么地方任职，想授给他校书郎。赵逵只乘了一辆车赴任，守关的小吏为了巴结秦桧，就搜查赵逵，但赵逵的行囊中只有书籍。直到秦桧死了，赵逵才升为起居郎。宋高宗说："你知道吗？你的官位始终是我亲自升的。秦桧从未提起过你，我也因此相信你绝不依附权贵，你应是天子的门生啊。"

# 下第

**点额** 《三秦记》记载：从龙门[①]上跳过去的鱼就变化为龙，跳不过去的，腮就要碰肿且额头要被碰坏。

**康了** 唐代的柳冕有很多忌讳，如，因“乐”和“落”音近，他就忌讳“落”这个字，所以称“安乐”为“安康”。他参加完科举考试，到了考试名单出来的那天，让仆人去看考中与否，仆人回来汇报说：“秀才康了！”

**曳白** 天宝二年（743年），主考官将御史中丞张倚的儿子张奭评为第一，为此议论的人很多。唐玄宗只好亲自主持复试，张奭整整一天也没有写出一个字，被称为“曳白”。

**孙山外** 孙山去参加科举考试，考中榜单上的最后一名。朋友发信问孙山结果如何，他回答说：“解名尽处是孙山，余人更在孙山外。”

---

① 在黄河以东的地界，禹治洪水来到这里，把山从中凿断，成为一扇门的形状。河水从中间汹涌地流下。每年春末，就有无数黄色的鲤鱼，从江海和河川争先恐后游到龙门来。

**我辈颜厚** 刘蕡（fén）在写对策试题时，所写内容对宦官极为不敬。考官冯宿等人看到这篇策论都非常赞叹佩服，但因怕宦官，不敢录取。录取名单一出，人们都议论纷纷。李郃说：“刘蕡落榜，我们这些人却高榜得中，这岂不是我辈厚颜吗？”

**红勒帛** 刘幾多次考试都是第一，但他喜欢用险僻怪异的文辞，欧阳修非常厌恶他这种写法。考试的卷子中有“天地轧，万物茁，圣人发”这样的文字。欧阳修说：“这肯定是刘幾。”便在卷子上批道：“秀才辣，试官刷。”然后用大红笔横抹掉，称之为红勒帛。过了几年后，欧阳修又主持考试，考官出题是《尧舜性仁赋》，有份卷子答：“静以延年，独高五帝之寿；动而有勇，形为四凶[①]之诛！”欧阳修大为称赏，就将它选为第一，等到唱名才知是刘幾化名为刘辉。欧阳修惊愕了很久。

**花样不同** 卢仝考试不中就离开了京城，客店有人嘲笑他说：“如今花样不同，且自收拾回去。”

**倒绷孩儿** 苗振以第四名考中进士，曾被召参加馆职（史馆、昭文馆、集贤院，合称三馆）的考试。宰相晏殊对他说：“你应该把书再温习一下，这样更有把握。”苗振回答说：“会有当了三十年接生婆的人把小孩倒着包裹的？”考试结束后，他果然没有考中。晏殊说：“苗君果然倒着包小孩了。”

**大器晚成** 《老子》说：“大器晚成。”汉代的马援仕途失意，他的哥哥马况对他说：“不要担心，你是大器晚成啊。”

---

① 饕餮、穷奇、梼杌、混沌。

**眼迷日五色** 唐代李程考试时的题目是《日五色》，他把卷子呈给杨於陵。杨於陵看后非常赞赏，认为可以被评为状元，可发榜的时候竟然没有李程的名字。杨於陵拿着考卷给主考官看，主考官也很懊恼遗憾，便与杨於陵商量，重新把李程升为状元。后来李廌为苏轼的门客，苏轼主持贡举，李廌没考上，苏轼送给他的诗里说："平生漫说古战场，过眼终迷日五色。"

**举子过夏** 《遁斋闲览》记载：长安的举子，六月后落第的人就不再出京城，称之为"过夏"，他们大多数借居于安静的市坊或寺庙里写文章，称之为"夏课"。

**文星暗** 唐代大中（810 – 859）年间，天官上奏说："天上的文曲星很晦暗，考场应该会出事。"后来三科考试就都再次复试，复试的很多人都不合格。考官也都被罚了俸禄。

**操眊矂（mào sào）** 《国史补》记载：进士的名字被录入名单，叫作"春关"。没有考中便大醉称之为"操眊矂"。匿名造谣毁谤他人的人，叫作"无名子"。

**傍门户飞** 唐代元和（806—820）年间，举子落榜后，多写诗来讽刺考官。只有章孝标写了《归燕诗》呈给主考官侍郎庾承宣，说："旧垒危巢泥已落，今年故向社前归。连云大厦无栖处，更傍谁家门户飞？"

# 荐举

**征辟** 去民间寻访搜罗有才之士，由朝廷诏令的叫作征，由郡国举荐擢升起来的叫作辟。三代时的官员由寻访与荐举而来。汉代才开始下令让刺史、守相可以自行举擢。隋炀帝时州县官员的选举，全部取决于吏部。唐玄宗开始把文、武两科官员的选举分别统属于吏部和兵部。

**劝驾** 汉高祖下诏说："贤良的士大夫如果有愿意跟随我的，我能让他位尊名显。地方上有治国的高人，当地官员应亲自劝说，并为他安排好来京城的车驾。"

**计偕** 汉武帝元光五年（前130年），朝廷下诏征集官吏、百姓中能通明当代的事务、熟悉圣人治理之术的人，他们来的时候沿途由各县供给他们食物，让他们与郡国的计吏（地方政府派赴中央呈递计簿的官员）同来京城。

**鹗荐** 东汉的祢衡刚成年，孔融很爱惜他的才能，与他结为朋友，给朝廷上表推荐祢衡时说："鸷鸟即使上百只，也不如一只鹗；若能让祢衡服务于朝廷，一定会有不同凡响之举。"

**先容**　《史记·邹阳传》：“蟠曲的根木，虽长得古怪，却是君王喜爱的珍宝，这都是因为有人先替它做了修饰。”

**公门桃李**　唐代的狄仁杰推荐张柬之为宰相，又推荐了夏官侍郎姚崇、监察御史桓彦范、太平州刺史史敬晖等数人，都是名臣。有人对狄仁杰说：“天下桃李尽属公门。”狄仁杰说：“推贤为国，非为私利。”

**药笼中物**　元澹对狄仁杰说：“下属之于主人，就好像有钱人积累收藏物品以便于自己使用一样。各种肉类，用来作为美味的膳食；人参、白术、灵芝、茯苓，用来防治疾病。您门下可以充当美味的人太多了，只希望我能充当您准备的一种药品吧。”狄仁杰赞叹说：“你正是我药笼中的东西，一天都不可以没有啊。”

**道侧奇宝**　韩愈推荐樊宗师给袁滋相公的信说：“实在不忍心看到奇异的宝物被随便抛弃在道路边上。”

**向阳花木**　文正公范仲淹为杭州知府，苏麟是其属县的巡检。城中的官员大多获得范仲淹的推荐，只有苏麟因为一直在外县，所以没被范仲淹推荐过。一次苏麟因为公事进入太守官府，苏麟献诗说：“近水楼台先得月，向阳花木早为春。”范仲淹一看便立刻推荐了他。

**夹袋**　吕蒙正夹袋中藏有一个折子，每当有四方之人来拜见的时候，他一定要问那里有什么人才。客人走了以后，他便立刻记录下来。等朝廷征求贤才时，他就取出夹袋来回应。

**明珠暗投** 《史记·邹阳传》记载：如果把明月珠、夜光璧扔到道路上，看到的人一定会按剑左右察看，因为这些宝物不会没有原因而出现在眼前。

**相见之晚** 西汉的主父偃给皇帝上书，早晨递上去，晚上皇上便会召见他。当时徐乐、严安也上书谈论治国之道。皇上召见这三人，说："你们过去都在哪里啊，为什么我与你们相见这么晚呢！"

**齿牙余论** 《南史》记载：谢朓喜欢奖励人才。会稽人孔闿有才华，在没显达的时候，孔珪曾经让他起草辞让官职的奏章给谢朓看，谢朓叹赏、吟诵了很久，亲自写了信来推荐他，对孔珪说："这个人如果声名还没有显扬，就应当共同来奖掖玉成他，不要吝惜齿牙之间的一言半语。"

**铅刀一割** 晋朝任命谯王司马承为湘州刺史，司马承走到武昌，王敦与司马承饮宴，对他说："你是一位高雅的士子，但恐怕不是将相之才。"司马承说："你还不了解我，哪怕是铅刀，也应该有割一次的机会啊。"

**四辈督趋** 《新唐书·马周传》记载：中郎将常何说："这份施政文章不是我写的，是我的门客马周写的，他是一个忠孝之人。"唐太宗立刻就召见马周。马周没有来，太宗先后派了四组人去催促他。

**举贤良** 汉武帝建元初年（前140年），开始下诏让天下举荐贤良方正、直言敢谏的士人。又采用董仲舒的意见，令郡县每年举一个孝廉，要符合四点：一是德行高洁，志向高远与节操清白；二是学问通达、行为有度，是研究经书的博士；三是学习法令，可以用法令来解决疑惑，按照章程来审问案件，文章如史书般精微；四是性格刚毅，多有智略，遇事不迷惑，明智足以下决断，才能可以任职在京城三辅之地。让县令按照这四个方面来考核，整个汉朝都没有变过。

**举茂才** 东汉顺帝阳嘉初年（132 年），尚书令左雄上书说：郡国召人出仕，从今开始孝廉如果不满四十岁，不应该举荐，应该让他们都到公府中去，众学生要在考了经学、文章、吏治等课程后方可向上举荐。如果有出众的才能和异于众人的德行的，自然可以不论年龄。顺帝听从了他的建议。

# 滥爵

**麒麟楦** 唐代的杨炯常称朝廷人士为“麒麟楦”，有人问他为什么这样称呼，杨炯说：“现在扮演麒麟的人，一定是先修饰好一个外皮，覆盖在驴身上，外貌看上去很像麒麟；等到把皮去掉，却还是驴罢了。没有德行却身居高位，跟这有什么不同呢！”

**白版侯** 唐代武则天的时候，被封侯的人太多，铸造官印都来不及，于是就给封侯的人用白板印章。

**斜封官** 唐代的太平公主与安乐公主等七位公主都要求自己成立府署，设置僚属，但公主府署的僚属都是随便任用的，均出身于贩夫走卒之流，出些钱来求官，于是就只下个墨敕（皇帝亲笔书写，无外廷加印），且斜着封敕令来授给他们，所以将这种任命为“斜封官”。

**铜臭** 汉灵帝卖官鬻爵。崔烈花钱五百万买了司徒一职。经常问他的儿子崔钧说：“我位居三公，外边有什么议论？”崔钧说：“父亲大人少年时便有英名，且此前多做卿守，那时没有人说大人不该做三公，现在做了，天下却很失望，因为议论的人觉得有铜臭味。”

**斗酒博梁州** 东汉的孟佗用一斗葡萄酒赠送给宦官张让，从而得到了凉州刺史的官位。苏轼诗说：“伯一斗酒博梁州。”

**烂羊头关内侯** 更始政权（23—25）刘圣公（刘玄）纳了赵萌的女儿为皇后，便把政事委托给赵萌，日夜在后宫饮宴，那些侍奉刘玄的厨房伙夫之类的人，也都随意给他们好的爵位。长安的人都说：“灶下养，中郎将。烂羊胃，骑都尉。烂羊头，关内侯。”

**貂不足狗尾续** 晋朝赵王司马伦篡位，同谋的人都越阶而升官，连他们的奴隶厮役，也都给加了爵位。每到朝会的时候，满座都是贵臣的貂蝉冠。当时人说：“貂不足，狗尾续。”

**弥天太保** 更始的时候，官爵泛滥，有“弥天太保、遍地司空”的说法。

**欋推碗脱** 武则天当政的时候随意用人，当时人为此有俗语：“欋推侍御史，碗脱校书郎。”四齿耙叫作欋推，是说用官太多，仿佛用耙子搂在一起一样多。碗，是指小的钵盂。像用模子做出来的，个个都一样。

# 官制

**三公三孤** 三公，指的是太师、太傅、太保。三孤，指的是少师、少傅、少保。这里的“师”，指的是为天子之师；“傅”，指的是辅导天子；“保”，指的是保护天子。

**六卿** 吏部长官称太宰或冢宰，户部长官称作大司徒，礼部长官称大宗伯，工部长官称大司空，兵部长官称大司马，刑部长官称大司寇。

**六官** 吏部被称为天官，户部被称为地官，礼部被称为春官，兵部被称为夏官，刑部被称为秋官，工部被称为冬官。

**以龙纪官** 伏羲用“龙”来命名官职：春官叫作苍龙，夏官叫作赤龙，秋官叫作白龙，冬官叫作黑龙，中官叫作黄龙。

**以火纪官** 神农用“火”来命名官职：春官叫作大火，夏官叫作鹑火，秋官叫作西火，冬官叫作北火，中官叫作中火。

**以云纪官** 黄帝开始用“云”来命名官职：春官叫作青云，

夏官叫作缙云，秋官叫作白云，冬官叫作黑云，中官叫作黄云。

**以鸟纪官** 黄帝后来又用“鸟”来命名官职：祝鸠氏是指司农，雎鸠氏是指司马，司鸠氏是指司空，爽鸠氏是指司寇，鹘鸠氏是指司事。

**以民事纪官** 颛顼氏用民事来改革官制命名：让少昊的儿子重做五行官之一的木正，叫作勾芒；该来做金正，叫作蓐收；修、熙先后做了水正，叫作玄冥；炎帝的儿子做土正，叫作勾龙；颛顼的儿子做火正，叫作祝融。勾龙能平定水土之灾害，后世为他建庙来祭祀。

**太尉仆射** 太尉是秦朝的官职，相当于三公，掌握兵权。左右仆射也是秦朝的官职名，相当于六卿。

**九锡** 一、可以使用天子所乘的大车，用黑中泛红的八匹公马拉车。二、可以穿着衮冕之服，并用红色的鞋子来配。三、可以在家中三面悬挂乐器（帝王四面），并用诸侯所用的六佾（yì）舞蹈。四、可以把居室的门漆成红色。五、可以有专门的台阶入殿见皇帝。六、可以分派卫士三百人来保护安全。七、允许拥有帝王所用的斧、钺各一柄。八、奖给红色的弓一张，红色的箭一百支；玄色的弓十张，玄色的箭一千支。九、奖赏祭祀所用的香酒一樽，以及配合香酒的宗庙祭祀的礼器珪瓒。

**勒名钟鼎** 《周礼·司勋职》记载：“铸鼎铭勋。”意思是对于有功勋的人，就铸造鼎器来记录他。

**纪绩旗常** 《尚书·周书》记载：周穆王对大司徒君牙说："你的祖辈和父辈，为朝廷劳苦功高，这些功绩都记录在太常上。"太常，就是帝王的旌旗。把有功劳的人写在上面，来表示对他的尊显。

**砺山带河** 汉高祖平定天下，切割竹子做凭信来分封功臣，杀白马来盟誓，封爵所起的誓是："即使黄河变得细如丝带，泰山变得小如石子。只要国家还存在，封爵这种恩典就一直泽惠你们的后代。"

**丹书铁券** 汉高祖与功臣切开竹子以为凭信并起誓，然后用丹砂写在铁券上，装在金属盒中，再收藏于宗庙的石室中。

**尚宝** 天子的玉玺用龙形的花纹，皇后的玉玺用凤形的花纹，亲王的金印上面是龟形钮，勋爵的金印上面是麒麟形钮，总兵的银印上面是虎形钮，布政使用银印，府、州、县等级别的官员用铜印，御史用铁印。

**六部称号** 礼部曾称祠部、仪部、膳部。户部曾称民部、版部、金部、仓部。兵部曾称驾部。刑部曾称比部。工部曾称水部、虞部。现在这些称呼是从唐朝开始的。

**都御史** 左都御史，因其是御史之首，所以称之为御史大夫。巡抚都御史，因为他是宪台[①]的长官，所以称其为御史中丞。

---

① 地方官吏对知府以上长官的尊称。

**大九卿** 六部的尚书和都察院、通政司、大理寺的长官，合起来称为大九卿。

**小九卿** 太常寺、太仆寺、光禄寺、鸿胪寺、上林苑等卿，翰林院、国子监祭酒、顺天府尹，合起来称为小九卿。

**执金吾** 汉武帝改称秦朝的中尉为执金吾。因为“吾”就是“御”，手执金刀用来防御意外的事。又有人说：金吾是一种鸟的名字，取这个名字是为辟除不吉利的鸟。

**率更令** 颜师古说：“主掌并通晓漏壶所表示的时刻，所以叫作率更。”“率”字的读音是“律”。

**三独坐** 东汉光武帝下令让御史中丞与司隶校尉、尚书令来见，并且各设专门的席位，京师称之为“三独坐”。

**三老五更** 东汉永平二年（60年），辟雍、明堂、灵台建成，任命桓荣为五更（安置年老致仕的官员）。晋朝的某一年，天子驾幸太学，任命王祥为三老。三老、五更其实是一个人，与《尚书》里所说的“四岳”是一个人一样。

**四姓小侯** 汉朝的外戚樊氏、郭氏、阴氏、马氏四家并非列侯，所以称为小侯。

**诰敕** 臣子在五品以下的，他们的父母和妻子受到朝廷封赠的命令叫作敕命，它的印章要用敕命的印章，受封的人称作敕封。五品以上的人，他的祖父母、父母和妻子受到朝廷封赏叫作诰命，它的印章要用诰命用的印章，受封的人称作诰封。

**封赠** 臣子的父母与妻子生前受到朝廷封赐的叫作敕封、诰封，人们称这种为“封君”；死后受朝廷加封的叫作敕赠，人们都称他们为“赠君”。

**母妻封号** 凡有品级的官员封赠泽及他们的母亲、妻子的人，品级为正、从一品的，他们的母亲、妻子封为一品夫人；正、从二品的，母亲、妻子封为夫人；正、从三品的，母亲、妻子封为淑人；正、从四品的，母亲、妻子封为恭人；正、从五品的，母亲、妻子封为宜人；正、从六品的，母亲、妻子封为安人；正、从七品的，母亲、妻子封为孺人。

**文官补服** 一品、二品官员官服补子上绣的分别是仙鹤与锦鸡，三、四品官员分别绣孔雀和云中飞雁。五品官员只绣白鹇，六、七品官员分别绣鹭鸶和㶉鶒（xī chì）。八、九品官员和其他杂职分别绣鹌鹑、练雀和黄鹂。专管监督、纠察的御史和专门执法的部门，与其他普通官吏不同的是要特别增加獬豸（zhì）的图案。

**武官补服** 公爵、侯爵、驸马、伯爵，他们的官服上绣的补子分别是麒麟和神兽白泽。一、二品官员绣狮子，三、四品官员绣虎豹。五品官员绣熊罴，六、七品官员绣彪[①]。八、九品官员绣海马，也有绣犀牛的。

---

① 传说中的神秘动物，民间传说，彪为雌虎一胎中多余的虎崽。

**文勋阶** 官员进阶过程：文官正一品，开始授给他特进荣禄大夫的勋阶，然后升授、加授都是特进光禄大夫、左右柱国，月俸八十七石。从一品，先授荣禄大夫，升授、加授都是光禄大夫、柱国，月俸七十二石。正二品，开始授资善大夫，然后升为资政大夫，加授资德大夫、正治上卿，月俸六十一石。从二品，先授中奉大夫，再升授通奉大夫，加授正奉大夫、正治卿，月俸四十八石。正三品，先授嘉议大夫，升授通议大夫，加授正议大夫、资治尹，月俸三十五石。从三品，最初授亚中大夫，然后升授正中大夫，加授大中大夫、资治少尹，月俸二十六石。正四品，最初授中顺大夫，然后升授中宪大夫，加授中议大夫、赞治尹，月俸二十四石。从四品，最初授朝列大夫，然后升授、加授都是朝议大夫、赞治少尹，月俸二十石。正五品，最初授奉议大夫，升授、加授都是奉政大夫、修正庶尹，月俸十六石。从五品，最初授奉训大夫，升授、加授都是奉直大夫、协正庶尹，月俸十四石。正六品，最初授承直郎，升授承德郎，月俸十石。从六品，最初授承务郎，升授儒林郎（以儒士出身的）、宣德郎（以吏员才干出身的），月俸八石。正七品，最初授承仕郎，升授文林郎（以儒士出身的）、宣议郎（以吏员才干出身的），月俸七石五斗。从七品，最初授从仕郎，升授征仕郎，月俸七石。正八品，开始授迪功郎，升授修职郎，月俸六石六斗。从八品，最初授迪功佐郎，升授修职佐郎，月俸六石。正九品，最初授将仕郎，再升授登仕郎，月俸五石五斗。从九品，最初授将仕佐邓，升授登仕佐郎，月俸五石。其他不到九品官员的，月俸三石。

**武勋阶** 官员进阶过程：武官正一品，先授特进荣禄大夫，升授、加授都是特进光禄大夫、右柱国。从一品，先授荣禄大夫，升授、加授都是光禄大夫、柱国。正二品，先授骠骑将军，再升授金吾将军，加授龙虎将军、上护军。从二品，先授镇国将军，升授定国将军，加授奉国将军、护军。正三品，先授昭勇将军，升授昭毅将军，加授昭武将军、上轻车都尉。从三品，先授怀远将军，升授定远将军，加授安远将军、轻车都尉。正四品，先授明远将军，升授宣威将军，加授广威将军、上骑都尉。从四品，先授宣武将军，升授显武将军，加授信武将军、中骑都尉。正五品，先授武德将军，升授武节将军，加骁骑尉。从五品，先授武备将军，升授武毅将军，加飞骑尉。正六品，先授昭信校尉，升授承信校尉，加云骑尉。从六品，先授忠显校尉，升授忠武校尉，加武骑尉。正七品，先授忠翊校尉，升授忠勇校尉。从七品，先授毅武校尉，升授修武校尉。正八品，先授进义校尉，升授保义校尉。武官的月俸各级与文官都一样。

# 品级

**正、从一品** 正一品的官员有：太帅，太傅，太保，宗人令，左、右宗正，左、右宗人，左、右都督。从一品的官员有：少师，少傅，少保，太子太师，太子太傅，太子太保，都督同知。

**正、从二品** 正二品的官员有：太子少师，太子少傅，太子少保，尚书，都御史，都督佥事，正留守，都指挥使，袭封衍圣公。从二品的官员有：布政使，都指挥同知。

**正、从三品** 正三品的官员有：太子宾客，侍郎，副都御史，通政使，大理寺卿，太常寺卿，詹事，府尹，按察使，副留守，都指挥佥事，指挥使。从三品的官员有：光禄寺卿，太仆寺卿，行太仆寺卿，苑马寺卿，参政，都转运盐使，留守司指挥同知，宣慰使。

**正、从四品** 正四品的官员有：佥都御史，通政，大理寺少卿，太常寺少卿，太仆少卿，少詹事，鸿胪寺卿，京府丞，按察司副使，行太仆寺少卿，苑马寺少卿，知府，卫指挥佥事，宣慰司同知。从四品的官员有：国子监祭酒，布政司参议，盐运司同知，宣慰司副使，宣抚司宣抚。

**正、从五品** 正五品的官员有：华盖、谨身、武英殿大学士，文渊、东阁、春坊（太子宫）大学士，翰林院学士，庶子，通政司参议，大理寺丞，尚宝司卿，光禄寺少卿，六部郎中，钦天监正、太医院使，京府治中，宗人府经历，上林苑监正，按察司佥事，府同知，王府长史，仪卫正、千户，宣抚司同知。从五品的官员有：侍读侍讲学士，谕德，洗马，尚宝，鸿胪少卿，部员外郎，五府经历，知州，盐运司副使，盐课提举、卫镇抚，副千户，仪卫副，招讨，宣抚司副使，安抚使安抚。

**正、从六品** 正六品的官员有：大理寺正，詹事，丞，中允，侍读，侍讲，司业，太常寺丞，尚宝司丞，太仆寺，行太仆寺丞，主事，太医院判，都察院经历，京县知县，府通判，上林苑监副，钦天监副，五官正，兵马指挥，留守司，都司经历，断事，百户，典仗，审理正，神乐观提点，长官，副招讨，宣抚佥事，安抚同知，善世正。从六品的官员有：赞善，司直郎，修撰、光禄寺丞、署正，鸿胪寺丞，大理寺副，京府推官，布政司经历、理问，盐运司判官，州同知，盐课司提举，市舶司、河梁副提举，安抚司副使。

**正、从七品** 正七品的官员有：都给事中，监察御史，编修，大理寺评事，行人司正，五府、都察院都事、通政司经历，太常寺博士、典簿，兵马副指挥，营膳司所正，京县丞，府推官，知县，按察司经历，留守司、都司所有都事和副断事，审理，安抚司佥事，蛮夷长官。从七品的官员有：翰林院检讨，左、右给事中，中书舍人，行人司副，光禄寺典簿、署丞，詹事府、太仆寺主簿、京府经历，灵台郎，祠祭署奉祀，州判官，盐课司副提举，布政司都事、副理问，盐运司、仪卫、宣慰、招讨司经历，蛮夷副长官。

**正、从八品** 正八品的官员有：国子监丞，五经博士，行人，部照磨，通政司知事，京主簿，保章正，御医，协律郎，典牧所提领，营缮所副，大通关，宝钞、龙江司提举，卫知事，府经历，县丞，煎盐司提举、按察司知事，宣慰都事，王府典宝、典簿、奉祀、良医、典膳正、纪善、讲经，至灵，元符崇真宫灵官。从八品的官员有：清纪郎翰林院典籍，国子监助教、典簿、博士，光禄录事、监事，鸿胪寺主簿、京府、运司知事、挈壶正，祠祭署祀丞，布政司照磨，王府典膳、奉祀、典宝、良医副，宣慰司经历，神乐观知观，崇真宫副灵官，左右觉义、玄义。

**正、从九品** 正九品的官员有：校书，侍书，国子监学正，部检校，鸿胪寺署丞，五官监候、司历，营缮所丞，典牧所、会同馆、文思院丞，承运、宝钞广运、广积、赃罚、十字库、颜料、皮作、鞍辔、宝源局、织染所、京府织染局大使，龙江宝钞副提举，府知事，县主簿，长史司主簿、典仪正、典乐，牧监正，茶马大使，赞礼郎、奉銮、宣抚、安抚知事。从九品的官员有：待诏，司谏，通事舍人，正字，詹事府录事，司务，学录，典籍，鸣赞，序班，司晨，漏刻博士，司牧大使，牧监副，圉长，太医院、提举司、盐课司、州所吏目，军储、御马、都督府、门仓、军器局大使，承运、宝钞广运、广积、赃罚、十字库副使，典牧所、会同馆、文思院副使、广盈、太仓银库、太仆寺、京府库、都税、宣课、柴炭司大使，颜料、皮作、鞍辔、宝源局、织染局、京府织染局副使，草场大使，孔子、颜子、孟子的子孙教授，按察司检校，府、宣抚司照磨，典仪，副教授，伴读，都司、运司、府、京卫、宣抚、宣慰司学教授，司库司、府仓、杂造、织染局、税库司大使，司狱，巡检，茶马副使，正术，正科，都纲，都纪，太常司乐，教坊韶舞、司乐。

**未入流** 九品以下的官员有：孔目，国子监掌馔，学正，教谕，训导，兵马、断事、长官司的吏目，司牲、司牧副使，府检校，县典史，军器局、柴炭司副使，递运所大使，驿丞，河泊所闸坝官，关大使，牧监，录事，郡长，提控，案牍，都督府、御马、军储、门仓副使，广盈库、都课、都税、税课司副使，茶盐课司使，府州县卫所仓场大使，副盐运司、府卫提举，司所州县库大使、副使，司府州军器、织染、杂造局副使，宣德仓、司竹、铁冶、河州、辽阳、青州府、乐安税课司大使，茶运批验所、巾帽针工局、庆远裕民司大副使，司库副使，盐仓、税课、钞纸、印钞、铸印、抽分竹木、惠民金银场、惠民局、水银朱砂场局、生药库、长史司仓、库大副使，县杂造局副使，典术，典科，训术，训科，副都纲，都纪，僧正，道正，僧会，道会。

**仕途** 隋炀帝开始设置进士科来选取士人为官。唐代开始，缙绅阶层也要通过考试才可做官，主要以能力为重。汉代官至二千石满三年的话，可以保举一个同母所生的人为郎（守护宫殿）。秦朝开始让吏（官聘用的办事员）参加考试以选拔为官，汉代的丙吉、龚胜就是通过这种方式成为国家官员的。也是从秦开始，交纳粮食便可以给爵位，秦始皇因为旱灾和蝗虫的原因实行了这样的政策，汉武帝也沿袭这一制度。到汉灵帝的时候，有钱人最先是用钱买官，稍差一些人会通过官府花更多的钱买。尧帝开始考查官吏的功绩。魏朝的崔亮开始限定官员在职年限。汉代的制度，任期与古代一样久。刘宋朝时开始制定朝廷与地方大员任职为六期。汉代左雄开始限定孝廉必须满四十岁方可有察举资格。宋代开始记录官阀的年谱，有所谓的官年和实年的区别。后周开始制定了若官员犯罪，举荐之人连坐的制度。汉顺帝制定，选用官员时不可以交互为官，就是说姻亲的双方不可以交互在对方的家乡为官。就是现在的隔选制度。唐太宗规定，立了大功的人也不可以在同一个位置上连任。就是现在的回避。唐高宗才开始给官员授官的文凭，也就是给札。唐武则天开始设立悬挂在宫殿上的记名牌。记名牌上登记进朝奏事的名字，知道有哪些官员待诏出入，每月换一次。伊尹是第一个退休的官员。汉代的制度，二千石以上的官吏可以有在职休假的权利、同时病了三个月以上的人，虽免官但可带印绶回家养病。唐代的制度，退休的官员五品以上要上表奏于朝廷，六品以下则由尚书省转奏。唐太宗时允许 19 岁以下的子弟跟随父兄去任官之地。宋太祖下诏让群臣接父母到任职之地来奉养。

# 宰相 参政

下丞相一等

**历代置相** 颛顼帝开始设置乐正。黄帝有七辅，商汤有六傅，伏羲设置了两位相，秦献公设置了左右二卿，称为丞相，秦庄襄王改称为相国。唐庄宗设置了丞相兼枢密。唐中宗开始设置大学士，五代设置了文明殿大学士，开始兼宰相职。宋真宗设置资政殿学士，品阶在翰林之上。汉武帝设置秘书令，设置太史令，汉桓帝设置秘书监，唐太宗开始让宰相监修国史。唐德宗开始诏令政事需数位宰相依序轮换秉笔办理。

**通明相** 汉代的翟方进为丞相，智慧与能力都很高，还兼通文法和吏事，用儒家的理论来解释法律，被当时的人称为通明相。

**救时宰相** 唐代姚崇被任命为宰相，他问齐澣（huàn）说：“我当宰相，与管仲、晏婴相比怎么样啊？”齐澣说：“管仲、晏婴的法令，虽然不能施行于后世，但还可以施行于他们活着的时候。大人制定的法令，刚制定了就又更改，只可当个‘救时宰相’罢了。”

**知大体** 西汉的丙吉不去关心死人横躺在道路上这件事，却问牛为什么喘气。他手下的人认为这是过失之问。丙吉说："宰相不亲自过问太小的事，民间发生械斗而至伤人命，自然有相应的官府来管。而现在正是春月，牛却大喘，恐怕是天地之间阴阳失调，宰相的职责就是调理阴阳之气的，因此才要过问。"人们称赞他识大体。

**伴食相** 唐代的卢怀慎为宰相，自认才能不及姚崇，所以便把政事都推给姚崇而自己不参与，当时的人都讽刺他是伴食宰相。

**纱笼中人** 唐代有一个算命的人叫胡芦生，算卦很灵验，李藩曾经向他问卦，胡芦生说："你乃是纱笼中的人。"李藩不理解是什么意思。后来有异僧说：凡是宰相，阴间的官员必然会暗中用纱笼来保护他，害怕他被别的东西所扰乱。李藩内心中对算命人的话非常喜欢，后来果然被任命为宰相。

**琉璃瓶覆名** 五代时唐废帝选择宰相，询问左右的大臣，都说卢文纪、姚颢有声望。皇帝因此把所有有清望之名的官员名字都写出来，然后放进琉璃瓶里，晚上焚香对天祈祷，并用筷子挟了一个名字出来，竟是卢文纪，于是很高兴地任命卢文纪为宰相。

**金瓯覆名** 唐玄宗通过占卜的办法来选择宰相，把他们的名字都写出来，放到金瓯中，所以叫作"瓯卜"。一天，写了崔琳等人的名字，问太子说："这是宰相的名字，你猜是谁？"太子说："除崔琳、卢从愿，还能有别人吗？"唐玄宗说："是的。"

**枚卜** 古代的天子以占卜的方式选择宰相，必须把有清望的官员的名字写出来，放到金瓯或琉璃瓶里，然后焚香向天祈祷，再用筷子挟出来，得到他的名字，就任命此人为宰相。所以叫作“枚卜”，又叫“瓯卜”。

**鱼头参政**　宋代的鲁宗道当参政，当时枢密使曹利用依仗权势，骄横无比，鲁宗道多次当着皇帝的面责难他。当时皇亲贵戚中掌权的，无不害怕他，称他为鱼头参政。

**骰子选**　宋代的丁谓当参政，有人与杨亿一起来祝贺他，丁谓说：“这不过是掷骰子选出来的，有什么值得祝贺的呢！”

# 尚书部曹卿寺

**古纳言** 唐玄宗任用牛仙客为尚书，张九龄进谏道：“尚书，就是古代的纳言，大多是让以前的宰相来担当。牛仙客，本来是河、湟一个使典罢了，被提拔到德行高洁的人士的行列中，与皇帝近臣同列，这是官邪啊。”

**天之北斗** 李固上疏说：“陛下有尚书，就好像上天有北斗星一样，北斗星是天的喉舌，尚书就是陛下的喉舌。”

**六卿** 隋文帝最先确定了六部，依据了东汉光武分署六曹的做法。吏曹是从伏羲开始设置的，汉光武帝定为选部，魏国的时候改名为吏部，开始居于诸曹之上。户曹是从黄帝开始设置的，吴国的时候才改为户部，唐代武则天开始将户部置于礼部之上。礼曹源自颛顼的秩宗，隋朝时开始改为礼部。兵曹和刑曹也是从黄帝开始设置的，隋朝的时候开始改为兵部、刑部。工曹的职务起自少昊，晋代叫起部，隋朝开始改为工部。宋神宗又依唐朝的旧例，按吏部、户部、礼部、兵部、刑部、工部这样排序。

**尚书** 秦代派官吏到朝廷殿中撰写文书，才开始称为尚书。后汉才开始专门设此位置。魏国时官阶为三品，陈朝时加到一品。

**侍郎** 隋炀帝设置了六曹的侍郎。副尚书的名字起始于秦朝。

**郎中** 汉代设置尚书郎，分掌尚书的事，名称起始于秦朝。

**员外** 隋文帝命尚书六曹增置了员外郎，名称起始于汉代。

**主事** 隋炀帝设置了主事、副员外郎，名称起始于汉武帝。

**司务** 宋代设置了六部司务。

**九卿** 夏后氏开始设置九卿。汉代设置了九卿，但不用官名，只称为九寺。梁武帝才开始加“卿”字。后魏开始设置少卿，便以原来的卿为正卿。

**大理寺** 黄帝设置了士师，有虞氏任士师。夏代时开始称为大理。秦代时设置大理正，即是现在的卿；设置了廷尉正，就是现在的寺正。魏朝设置了少卿。晋武帝设置了丞。隋炀帝设置了评事。

**太常寺** 本来是周官中的春官之职。秦朝称为奉常。汉代又改为太常，其名称始于有虞氏。后汉设置了卿。秦朝设置了丞。魏文帝设置了博士。汉武帝设置了郎，设置司乐，设置协律。隋朝设置郊社署，就是现在的天地坛祠祭署。唐代设置簿。太仆寺、苑马寺，职务始于周官，梁代设置簿，汉代设置监。

**光禄寺** 本来是秦朝设置的，郎中令掌管宫掖。汉代为光禄勋。梁代开始改为光禄卿。北齐则兼管膳食。隋朝才开始有专掌之职。唐代开始设置珍馐官，是因袭隋代的制度。隋代开始署大官名，因袭秦朝开始设了良酝署，就是汉代的汤官，掌管酝酿之事，依据周官中的酒正人来设置。

**鸿胪寺** 汉武帝设置了大鸿胪，梁武帝除去了“大”字，依据的是秦朝的典客、周朝的大行人。

**国子监** 周代以师氏、保氏来教养天子的儿子，开始名为国子。晋武帝开始创立国子学。隋炀帝开始改为国子监。汉代开始定其主官为祭酒，官衔名来自周代。隋炀帝设置司业，也是开始于周代的官署。汉武帝设置博士，这一名称从秦朝开始。晋武帝设置教官。隋炀帝设置丞。北齐高洋设置簿。宋神宗设置录。

# 宫詹 学士 翰苑

**东宫官**　秦始皇设置了詹事，汉代因袭而使其管理太子的事务。唐玄宗设置少詹事，让他一起辅导东宫。周公设置左、右庶子。唐高宗设置左、右谕德、赞善。隋文帝设置内允，就是中允。北齐设置门下、典书二坊。秦始皇设置洗马，用来引导太子。晋朝开始设立詹事属官，掌管图书。汉代的兰台设置校书。北齐设置正字。

**翰林**　伏羲开始设立史官。唐玄宗设置了修撰、编修、检讨。宋文帝设置了学士。后魏设置了太子侍讲。唐玄宗设置了侍讲学士、侍读学士、侍讲、侍读、待诏。汉武帝设置了博士。宋代设置了孔目。

**玉堂**　宋代的苏易简任承旨的时候，多次实行翰林院以前的旧例。宋太宗为他专门用飞白笔法书写了翰林院的匾“玉堂”二字，同时还写了一首诗一起赐给他。宋太宗说：“这要永远成为翰林院中的一段佳话。”苏易简说：“自从有了翰林院以来，没有哪朝翰林院得过如此荣宠！”

**木天** 《类苑》记载：秘书阁里高大宽敞，所以称之为木天。

**鳌禁** 宋朝宋白、贾黄中，都是有德行、学问的大儒，他们曾经同在翰林院（鳌禁）。

**内相** 唐代的陆贽非常博学且擅长写文章，进入了翰林院。唐德宗非常器重他的才能，只用“先生”称呼他而不称名字。虽然外面有宰相主持大议，但陆贽常常也在其间参与议论，当时人称其为内相。

**摛文堂** 宋徽宗政和五年（1115年），皇帝亲自书写了摛文堂的匾额，赐给学士院。

**五凤齐飞** 宋太宗的时候，贾黄中、宋白、李至、吕蒙正、苏易简五人同时官拜翰林学士。扈蒙说：“五只凤凰一齐飞入了翰林院。”

**北门学士** 唐代的刘祎之，小时候就以擅长写文辞著称，一直升至右弘文馆直学士。上元（758—760）年间，与元万顷等人一起被召入皇宫，参与处理政事，时人称之为北门学士。

**八砖学士** 唐代的李程为学士。按常规：学士早上进入翰林院，以台阶前的日影为时限（冬天时阶前日影到第五块砖为进入时间）。李程性格比较散漫，每天日影超过了八块砖才到。当时的人称他为八砖学士。

# 谏官

**忠言逆耳**　刘邦看到秦朝宫殿的富丽堂皇，便想住下不想离开。樊哙进谏说：“所有这些奢侈华丽的东西，全都是秦朝灭亡的原因，您为什么还要用它呢？希望您能回到灞上。”刘邦不听从。张良说：“忠言逆耳利于行。”刘邦这才回去了。

**真谏议**　萧钧为谏议大夫，在永徽（650—655）年间，因有人偷盗了国家仓库中财物的人被判死罪一事而与皇帝争论，萧钧说：“犯人此罪本应当死，但就怕天下人以为陛下重视财物而轻视法律，随个人喜怒而杀人。”皇帝赞叹说：“这才是真谏议啊。”

**六科给事中**　名称始于秦朝，汉代设置了给事黄门，职务则始于秦朝，设置谏议大夫，唐代将其分为左、右谏议大夫。

**真谏官**　唐代的李景伯为谏议。唐中宗赐宴给侍臣，让众位大臣作《回波诗》。众人都用谄媚的语言阿谀奉承皇上。只有李景伯写了劝诫的话来婉言进谏，中宗不高兴。中书令萧至忠说：“李景伯在娱乐的时候也不忘规谏，这才是真谏官啊。”

**碎首金阶** 唐敬宗喜欢游玩打猎，刘栖楚任拾遗，便站出来苦苦谏阻，并在朝廷的台阶上叩头，血流满面。

**铁补阙** 唐代乾宁年间，杨贻德官为谏议，为人正直敢言，不避权贵。当时人称他为“铁补阙”。

**殿上虎** 北宋时的刘安世在朝堂上一向神色庄重、态度严肃，经常当面指责皇帝或在朝廷上据理力争。每次触怒了皇帝，他就拿着书简站着，等皇帝的怒气稍微平息一些了，便再上前争论，一定要让皇帝同意他的请求才停止，当时的人称他为“殿上虎”。

**戆（zhuàng）章** 北宋时的任伯雨性格刚直，对任何事持论都正直而坚定。当谏官虽然只有半年，但上了一百多道奏疏，这些奏疏都是与治理方略有关的，这些奏疏被称为“戆章”。

**鲁直** 鲁宗道任右正言时，只要听到官员有一点不良之事就立刻上疏弹劾，宋真宗非常讨厌他，他便弹劾自己，罢官而去。后来真宗回想起他曾经说的话，亲笔为他题写“鲁直”二字。

**朝阳鸣凤** 唐高宗的时候，自从韩瑗、褚遂良死后，朝廷内外都不敢进谏。唐高宗建造奉天宫，李善感才上书，反复陈说利害。当时人称其为“朝阳鸣凤”。

**立仗马** 李林甫专权，害怕谏官谈论政事，便对他们说：“大家见过仪仗队中的马吧？整天不出声，才吃上三品的食物，如果有一匹马不合时宜地叫了，就会被呵斥。到那时后悔，也没有机会了。”

**拾齿** 宋太祖在后苑拿弹弓打麻雀时，宋代的张霭请求进奏。等宋太祖听到陈述内容都是一些平常的事时，就非常生气，张霭说：“我自认这些事还是要比打麻雀要紧急一些。”宋太祖拿仪仗队所用的斧柄打到他的牙齿，把他的牙齿打掉了，张霭慢慢地把牙拾了起来。宋太祖说：“你是想告我吗？”张霭说：“我怎么敢告陛下，但史官自有说法。”

**古忠臣** 宋代的邹浩任职右正言时，曾极力陈述章惇所为是误国之举，这一奏章还没处理又听到宋真宗要立刘妃为皇后的事，就立刻折回当庭直谏，因此被贬官。史书称他有古时忠臣之风。邹浩与阳翟（dí）人田昼交情好，起初，立刘皇后的时候，田昼对人说：“如果邹浩不说话，那我们就绝交。”邹浩因进言而获罪，田昼在半路上迎接他，并严肃地说：“如果邹兄默然不语而隐于京师，遇到感冒这样的病不出汗，五天就死了，难道只有岭南、海外才能死吗？”（意思是不在意被贬。）

**抵家复逮** 杨爵说朝廷的政事有失人心，导致了五大祸乱，于是被投入监狱几年才被释放。正值又有大臣来进谏，皇帝说：“我就知道一放杨爵，胡乱说话的人立刻就会进来！”便又命令去逮捕杨爵。这时杨爵刚刚到家十天，忽然看到锦衣军校来了，军校假装说：“我顺路来看看你罢了。”杨爵着说：“我是知道你的来意的。”便与军校一起吃饭，饭后便说：“走吧！”军校说：“为什么不进去道别一下呢？”杨爵就站在屏风处：“朝廷有令要逮捕我，我走啦。”于是便再次被投入狱中，过了一年才放出来。

**为朕家事受楚毒** 章纶上疏陈述了有关修养德行、免除灾祸的十四件事。又奏请让汪皇后（明代宗朱祁钰的皇后）重回中宫，以端正后宫的仪范；恢复后来的明宪宗朱见深沂王东宫太子的身份，以端正国家的根本。明代宗下诏把他逮捕入狱，廷杖之后也没有被打死。明英宗重新即帝位后，赞叹说：“章纶真是好臣子，为我的家事而受到这样的毒打。”于是任命他为礼部侍郎。

**碎朕衣矣** 陈禾弹劾童贯弄权，反复不停地向宋徽宗进言，宋徽宗想要起来，陈禾拉着徽宗的衣服，请求让他把话说完。衣襟都被他扯掉了。徽宗说：“正言大人，你把我的衣服扯破了！”陈禾说：“陛下如果不在意衣服被扯破，难道我会吝惜头颅来报答陛下吗？”内侍请徽宗换件衣服，徽宗拒绝了，说：“留着来表彰正直的大臣。”

**惮黯威棱** 汉武帝曾经说：“汲黯真是太刚直了！古代有所谓的社稷之臣，汲黯就很接近了。”汲黯前来进奏政事，武帝如果没有戴冠冕，就不敢接见他。淮南王想要造反，但怕汲黯的威势，便停止了。

**贲育不能过** 唐代的魏徵，是唐太宗时的谏议大夫，其貌不扬，却有胆气，敢冒犯皇帝的威严来进谏，唐太宗虽然非常生气，但魏徵却神色自若。议论的人都说他的勇猛连战国时勇士孟贲和夏育都比不过。

**瓦为油衣** 谷那律博见多闻，褚遂良称他为九经的书库。一次跟随唐太宗外出打猎，遇到下雨，唐太宗问："油布衣因为什么不漏雨呢？"谷那律说："要拿瓦来做的话就不漏了。"（意思是：如果不出来打猎在房子里的话就更好了）唐太宗非常赞赏他的秉直。

**谪死** 陈刚中性格直率，敢议论政事。胡铨因为弹劾秦桧而被贬。陈刚中写给胡铨的贺启中说："大人知无不言，愿借尚方宝剑以斩秦桧之头！不被帝王赏识便立刻隐去，在田野间乘小车也没什么不好。"秦桧看到了非常愤怒，便把陈刚中与张九成一起贬官。最后客死他乡，后又因贫困而无法入葬。当时士人无不叹腕怜惜。

**小官论大事** 曹辅任职秘书正字。宋徽宗常常微服出行，曹辅上疏极力谏阻。太宰余深说："曹辅不过是一个小官罢了，怎敢谏论大事？"曹辅回答说："大官不说，所以只好小官说。而且官有大小，但忠君爱国的心是一样的。"结果因此被贬至郴州。

**忠良鲠直** 陈谔素有耿直之名，检举弹劾不畏权贵。明成祖称他为"大声秀才"。曾经触犯成祖的旨意，成祖命令把他埋在奉天门外只露出头，埋了七天都没有死，便把他放回来，但他对于那些权贵打击得更厉害了。他历任朝官和外官，在所任之处都非常称职，但最后还是由于他人的忌惮而被贬。成祖有一次问："那个大声官儿在哪里？应该让他掌管辅导之职，让人可以知道自己的过错。"于是被召回朝中。成祖亲自写了"忠良鲠直"四个字赐给他，来表示对他特殊的宠幸。

**直声震天下** 海瑞任南平县（今南平市）教谕一职，拜见长官的时候，只是长揖而已，说：“因为我的官职是教师，所以不能跪拜。”后来主管户部，因为上疏进谏而被逮捕入狱，正直的名声震动天下。

**劾严嵩得惨祸** 沈炼上疏弹劾严嵩父子为奸臣，因此被诬为白莲教的人，斩首于边塞之地。杨继盛上书论严嵩专权误国的五奸十大罪，被斩于东市。因弹劾弄权的宦官而受酷刑致死的人有：万璟被廷杖打死；高攀龙投水而死；杨琏、左光斗、周顺昌、缪昌期、周宗建、黄尊素、魏大中被逮捕，诏令下狱审问被拷打而死；邹维连被贬至边疆而死。他们都是江浙人。

# 御史

**白简** 晋代的傅玄为御史，有时要上奏弹劾却恰逢傍晚，他就手捧白简，整理好自己的冠带，一直念诵所要弹劾的内容，并坐着等候天亮（好去弹劾）。因此那些达官贵人都因畏惧而屈服，御史台风气也大为改观。

**乌台** 汉成帝的时候，御史府排列着柏树，有几千只野生的乌鸦栖息在树上，所以称御史台为乌台，也叫柏台。

**法冠绣衣** 《汉书》记载：法冠，就是御史之冠，本来是楚王的冠冕。秦国灭了楚国后，把楚王的冠赐给了御史。绣衣御史是汉武帝时设置的。法冠，又叫獬豸冠。

**独击鹘** 宋代的王素官升为御史后，气概、魄力越发非凡。曾经与同僚一起进奏，皇帝有些不高兴，众人都走了，王素依旧明辩是非，一直等到旨意下达，他才退下。皇帝赞叹说："这才是真的御史啊。"当时人称之为独击鹘。

**石御史** 唐代的刘思立考中进士后，唐高宗升他为御史。他秉公执法、刚正不阿，敢于弹劾权贵，人们称他为石御史。

**骢马御史** 东汉的桓典为侍御史，说话直接不讳。经常乘一匹白马，京师的人都很怕他，大家互相说："走走就停下吧，要避开骢马（青白色相杂的马）御史。"

**铁面御史** 宋代的赵抃小时候孤苦贫寒，后来中了进士。等到官至殿中侍御的时候，弹劾有问题的官员时不畏权贵，人称为铁面御史。

**豹直** 《汉书·舆服志》记载：帝王的大驾有八十一乘从属车辆，都是尚书台官员乘坐的，而最后一辆是侍御史乘坐的，单独悬挂着豹尾，所以名为豹直。

**节度胆落** 唐敬宗的时候，夏州节度使李祐入朝，违反诏令进奉，御史温造弹劾他。李祐急忙小步跑出来等待降罪，两腿打战，满头大汗，对人说："我雪夜奔袭蔡州，擒拿吴元济时，心里都没有这样害怕过，今日却被温御史吓破了胆子。"

**埋轮当道** 东汉安帝（实际为汉顺帝）时，张纲为御史，朝廷派遣八位使者巡察各地吏治与风俗，唯独张纲把车轮埋在了洛阳的都亭，他说："朝廷有豺狼当道，我们怎能只管地方上的狐狸呢？"于是便上奏章弹劾大将军梁冀兄弟。

**头轫乘舆** 申屠刚在东汉建武年时官拜侍御史，朝廷大臣都害怕他的刚正耿直。当时陇（甘肃）、蜀（四川）尚未平复，皇帝想要出去游玩，申屠刚极力谏阻，光武帝刘秀不听，申屠刚便把头支在轮子下，让马没法向前走。

**贵戚泥楼** 李景让为御史大夫时，刚直且自律，不畏权贵与宠幸之臣。宫廷内臣和皇亲国戚如果有临街的楼阁，都会用泥把外边涂上，怕被他弹劾。

**劾灯笼锦** 北宋仁宗年间，唐介为御史，弹劾文彦博在当益州知府的时候进献用金线织成灯笼图案的锦缎来谄媚张贵妃，从而当上了宰相，请求驱逐文彦博。宋仁宗大怒，把唐介贬为英州别驾。

**炎暑为君寒** 唐代岑参《送侍御韦思谦》诗说："闻欲朝金阙，应该先拂拭。风霜随雁去，炎暑为君寒。（意思是：听说你要进朝见皇帝了，应该先拂拭一下御史大人的獬豸冠吧。您的威严如风霜伴着南归的大雁，炎热的暑天也为您而变得寒冷。）"

**天变得末减** 杨瑄，明朝天顺初年为御史，弹劾曹吉祥、石亨恃宠专权。后来被曹吉祥和石亨二人寻机诬陷判死刑。将要行刑时，突然刮起大风拔起了树木，把正阳门前的下马牌吹到了郊外，所以得到了从轻论罪的机会。他的儿子杨源为五官监候，用占卜物候的理由来上书指斥刘瑾。刘瑾大怒说："你是几品官，也学别人来当忠臣吗？"杨源被处以杖刑之后流放边地。刘瑾专权时，科、道两衙门中的大臣和官员同日被强迫退休的有四十八人，还把他们的名字张榜公示天下。杨源的同乡御史熊卓也在其中。

# 使臣

**一介行李** 《左传》记载，晋国的使者子员说："郑国面对楚国的讨伐，也不派一个使者，来告诉我们君主。（反而立刻屈服于楚国，君王的愿望，谁敢反对？）"

**一乘之使** 韩信攻破赵国，想要移兵再攻打燕国，武涉对韩信说："不如先派一辆小车装着使者，拿着一封一尺长的书信出使燕国，燕国听到风声必然就投降了。"

**堂堂汉使** 苏武出使匈奴，匈奴威胁苏武让他跪拜，苏武不从。匈奴人又拿刀在他眼前恐吓，苏武说："我堂堂正正的大汉使节，怎么能在四夷之前屈膝跪拜呢！"

**埋金还卤** 唐开元年间，杜暹出使突厥，突厥人给杜暹赠送金子，杜暹坚决不要。他的手下对他说："您出使边远之境，不可以失却突厥人的心！"于是他才收下，但偷偷埋在帐幕下，等出了境，就写信请突厥人自己取出，突厥人大吃一惊。

**口伐可汗** 唐武德五年（622 年），突厥进攻太原，郑元璹作为朝廷的使者去与突厥人谈判。到了之后，突厥人责备唐王朝不讲信用，郑元琦对他们的责备从容应对而没有一点屈服，只是从容不迫地历数突厥人违约之事，突厥人感到惭愧，便退兵而走。后来唐太宗赐书说："知道爱卿用言辞使突厥的可汗退兵，边疆的战事因此平息。我怎能吝惜勒碑刻铭之举呢！"

**斩楼兰** 龟兹、楼兰二国经常杀死汉朝的使节，傅介子对霍光说："楼兰、龟兹反复无常，不诛杀他们就不能惩戒类似的行为。"霍光便让傅介子出使。傅介子一行以送财物给外国为名，带了很多金银财宝。楼兰王贪心想要汉朝的宝物，求傅介子一见。傅介子与他一起喝酒，把东西摆出来让他看。等楼兰王喝醉了，傅介子就让武士杀死了他，并公告楼兰王有负汉朝廷的罪行，然后将楼兰王的头颅拿回来献给朝廷。皇帝嘉奖傅介子的功劳，封他为义阳侯。

**少年状元** 宋代王拱辰，至和二年（1055年）出使契丹，契丹国王在混同江大摆宴席招待他，并在宴席上垂钓，每钓到鱼，就给客人倒酒，还亲自弹琵琶来助兴，并对自己的宰相说："这是南朝的少年状元啊。"

**臣不生还** 曹利用到契丹去议和，以崇仪副使的名义奉议和书前往。宋真宗说："契丹如果贪求岁贡，这对国家不是小事；如果要求太过分，就要以理回绝。"曹利用回答说："敌人如果所求过分，而臣不能完成国家的使命，就不会活着回来。"

**执节不屈** 张骞出使大夏国，回来后官至校尉，被封为博望侯。后来当将军的时候，再次出使大夏，想要找到黄河的源头。《扬子·渊骞篇》记载："张骞、苏武持节出使，执汉节直到死，不辱使命，即使是古代最著名的使臣，也无法跟他们相比啊！"

# 郡守

**京府** 京都之守始于周公旦的儿子君陈在王城东郊为尹，汉武帝把内史改称为京兆尹，设置了丞，后又设置了治中。宋太祖设置了通判、推官，依据的是唐代节度使的设置，其下属有推官、判官。

**五马** 《遁斋闲览》记载：汉代大臣出使用四匹马拉的车，太守增加一马，所以称太守为“五马”。

**刺史** 《新唐书·职官志》记载：在武德年间，改太守为刺史。天宝年间又把刺史改为太守。

**郡守** 魏文侯开始设置郡守。秦始皇开始设置郡丞，就是同知。汉朝开始设置州牧，汉景帝改名为太守。宋高宗开始称为知府，并开始将唐代的郡而改称为府。

**黄堂** 《吴郡志》记载：吴郡太守住的地方，本来是战国时春申君居住的宫殿。因为多次失火，于是便给它涂上了雌黄，所以叫黄堂。

**驱蚊扇** 唐代的袁光庭出任名郡的太守，政绩卓越。唐明皇对宰相等大臣说：“袁光庭疾恶如仇，他所做的就像用扇子驱赶蚊子。”

**五袴** 东汉廉范（字叔度）为蜀郡太守，废除了禁火令，百姓生活因此方便很多，百姓歌颂道：“廉叔度，何来迟？不禁火，安乐住。昔无衣，现五袴。”

**麦两岐** 东汉张堪做渔阳太守，抗击匈奴，开垦稻田上千万顷，力劝农耕，使百姓致富。百姓唱歌说：“桑无附枝，麦穗两岐。张君为政，乐不可支。”

**禾同颖** 南北朝梁时，柳恽在吴兴做太守，吴兴不同的土地都获得好收成，更有一株禾苗长两支稻穗的。

**水晶灯笼** 赵宋时张中廉任详州（今四川高县西北）刺史，能洞察所辖地方之人的善恶真假。人称他为水晶灯笼。

**照天蜡烛** 田元均治理成都很有政声，民间有隐藏的罪恶，他会立刻揭开、指出。蜀人称他为照天蜡烛。

**卖刀买犊** 东汉龚遂任渤海太守，百姓有喜欢佩戴刀剑的，他就命令这些人把刀剑卖了买牛，用于耕种。

**独立使君** 五代时裴侠为河北太守，入朝的时候，周太祖让他独自站在一处，说：“裴侠清廉谨慎、奉公守法，为天下之最。如果大臣中还有与裴侠一样的，可以和他站在一起。”众人默然。

朝野叹服，称他为独立使君。

**天下长者** 汉文帝对田叔说：“你知道谁是天下忠厚长者吗？”田叔就问那个人是谁。汉文帝说：“先生就是啊，也应该知道还有谁是忠厚长者吧。”田叔回答说：“那就是云中郡的太守孟舒。”

**召父杜母** 西汉召信臣任南阳太守，兴利除害，官吏与百姓非常信任爱戴他，称其为召父。杜诗也曾任南阳太守，他非常节俭，为官也很有清名。南阳人就说：“前有召父，后有杜母。”

**愿得耿君** 东汉的耿纯任东郡（今河南省东北部及山东省西部）太守，有很好的政绩，境内连盗贼都没有了。朝廷要他卸任回朝，百姓都思念不已。光武帝刘秀车驾路过东郡的时候，百姓几千人跟随着车驾，说：“希望能让耿太守再回来做官。”

**借寇** 东汉寇恂任颍川[①]太守，光武帝召他回来任执金吾。后来光武帝的车驾经过颍川，百姓拦住道路说：“希望能再借寇太守一年。”于是光武帝留下他再次主政此地。

**魏郡岑君** 东汉的岑熙任魏郡[②]太守，为官两年，人们歌颂

---

① 古代郡名，秦王嬴政十七年（公元前230年）置。以颍水得名，治所在阳翟（今河南省禹州市）。辖境包括今河南登封市、宝丰以东，尉氏、郾城以西，新密市以南，叶县、舞阳以北地。

② 中国古代西汉至唐初的一个郡级行政区划。西汉始立，郡治在邺，属冀州。东汉时辖境相当于今河北临漳县、魏县及山东冠县、莘县等县地及河南靠北少部分地区。后曹魏、西晋各有所调整。

道："这有荆棘，岑君伐之。这有盗贼，岑君抓之。狗不夜吠，脚下无茧。"

**平州田君** 唐初田仁会任平州（今河北卢龙地区）太守，有一年大旱，自己暴晒于太阳底下求雨，不一会儿就下起了大雨，当年大丰收。人们都歌颂道："父母官，田使君，慈悲心，感天帝。"

**大小冯君** 西汉的冯立改任西河上郡（今黄河晋峡峡谷两岸）太守，接替自己的哥哥冯野王。人民歌颂道："大冯君，小冯君，兄弟相继，前后因循。聪明贤良，恩泽万民。兄弟之政，德化风俗。周公康叔，二君与同。"

**二邦争守** 北宋杜衍任乾州（今陕西省咸阳市乾县）知府，还没到期，安抚使考察了他的治理，便升他去做凤翔知府。两地的百姓便在地界上争夺他，一方说："这是我们的父母官，你们怎么要夺去！"另一方说："现在已经是我们的父母官了，不是你们的了！"

**一龟一鹤** 北宋赵抃到成都赴任，带了一只乌龟和一只鹤。等他再次到成都赴任时，便不带龟、鹤了，只带一个仆人。执事张公裕给他赠诗说："马谙旧路行来滑，龟放长沙不共来。"

**卧治淮阳** 汉武帝请汲黯任淮阳（今河南省周口市淮阳区）太守，汲黯拜伏于地称谢，但不接受官印。汉武帝说："你是轻视淮阳郡吧？因为淮阳军民不融洽，所以我想利用你的威望来治理，等你到那里，躺着都可以治理好。"于是给汲黯诸侯相国的俸禄，让他居住在淮阳。

**良二千石** 汉宣帝说："老百姓之所以安心在田地里劳作，而没有忧愁愤恨的心情，其原因就是政治安定、刑罚合理啊。能和我共同创造这一局面的，就是食二千石俸禄的优秀郡守啊。"

**承流宣化** 董仲舒说："现在的郡守和县令，是百姓的老师和表率，所以他们要继承良好的风尚传统，教化百姓。"

**褰帷** 东汉贾琮为冀州刺史，要去巡行并考核政绩，上了车后他说："刺史要听到更远的声音，看到更广阔的地方，怎么反倒垂下幕布把自己挡住呢？"于是让驾车的人把幕布打开。

**露冕** 郭贺任荆州刺史时政绩卓越。汉明帝巡狩的时候，赐给他三公之服，并命车驾去掉轿前的帘幕露出他的冠冕，以便让百姓看到，以此来表彰他的德行。

**儿童竹马** 东汉郭伋，字细侯。官拜并州牧[①]。巡查西河的时候，看到有几百个小孩，把竹竿当马骑着，在路上迎接他。他便问："小朋友，你们从哪里来啊？"那些孩子回答说："听说使君大人到了，我们大家都非常高兴，所以来欢迎您啊。"

**河润九里** 郭伋任颍川太守，朝廷召见，皇帝有感于他的辛苦，就说："颍川郡得到了贤能的太守，而此郡离京城不远，贤人

① 古代以九州之长为"牧"，"牧"是管理人民之意。汉武帝时设十三州部，每部设一刺史，汉成帝时，改刺史为州牧。

恩泽惠及众人，如河水滋润土地，希望京师也能得到这种福分。”

**虎北渡河** 东汉刘昆初任江陵县令，县里就发生了火灾，刘昆磕头请转风向，火就灭了。刘昆任弘农太守的时候，有老虎背着小孩渡河的事情。皇帝嘉奖他，授光禄勋，召他来时问他：“‘反风灭火’和‘虎学渡河’两件事，你是施了什么德政才有此结果呢？”刘昆回答说：“这不过是偶然的事情。”皇帝赞叹说：“这真是仁厚长者的话啊！”

**别利器** 东汉虞诩为朝歌长官的时候，有几千贼人攻击并杀死了县长与官吏，虞诩的老朋友都来慰问他。虞诩说：“如果没有遇到盘根错节的树木，怎么能区分出锋利的兵器呢？”

**二天** 东汉时，苏章当冀州刺史，有一位朋友当清河县令，因贪污枉法出事，苏章摆酒来款待他。老朋友非常高兴地说：“每个人头上只有一个天，只有我有两重天。”苏章说：“今天晚上与老朋友喝酒，是私人的交情；明天到冀州刺史那里辩白你的事，是公家的法令。”于是仍然对他依法治罪，全郡立刻清平了。

**治行第一** 西汉黄霸任颍川太守时，户口每年都增加，治理的政绩天下第一。当时凤凰和神雀多次聚集在郡国，颍川的尤其多。于是朝廷赐给他关内侯的爵位，赏黄金百斤。

**开鉴湖** 东汉马臻任会稽太守，开凿了鉴湖，得到良田九千多顷。豪贵之家很厌恶他，便诬告马臻挖河打开了无数的古墓。于是他被诏回朝廷并下狱，之后朝廷派官员来核实审理，那些人竟然假称看不到诉讼的人，说是鬼来告的状。马臻竟因此被杀害了。会稽百姓承其开河的恩惠，便立了祠来祭祀他。

**一钱清** 东汉的刘宠任会稽太守，为政清廉。将要离任的时候，乡亲父老拿着钱来送给他，说："大人当太守以来，狗晚上都不叫，百姓因没有诉讼都不认识官吏。现在大人要升迁了，我们送些钱财算作临别相赠吧。"刘宠在其中选了一个大钱接受了。现在这个地方就叫作钱清。

**鱼弘四尽** 南朝梁的鱼弘曾经对人说："我当郡守的时候有四尽，分别是水里鱼鳖都捞尽，山中麋鹿都抓尽，田中米谷都抢尽，村中百姓都跑尽。"

**清恐人知** 《三国志·魏书》记载：胡质任常山太守，在常山郡九年，官吏与百姓相安，将士也听众命令。他的儿子胡威节操高尚，曾经去看望父亲，辞别的时候，胡质送给他一匹绢。胡威跪下说道："父亲大人为官清白，不知道是从哪里得到这匹绢的？"胡质说："这是我剩下的俸禄。"胡威这才接受了。胡威官至前将军、青州刺史。他曾对魏武帝说："我父亲的清廉，怕别人知道；而我的清廉，就怕别人不知道。"

**酌泉赋诗** 吴隐之操行高洁，由晋陵（今常州、镇江、无锡、苏州一带）太守转任广州刺史。到了石门，取"贪泉"的水来喝，并赋诗说："古人云此水，一歃怀千金。试使夷齐饮，终当不易心。"喝过之后，节操不改，多次被朝廷褒奖。他的儿子吴延之任太守，吴延之的弟弟和儿子中任职于郡县的人，都以"清廉谨慎"为家训。

**常悬蒲鞭** 崔祖思在南朝齐为官，任青、冀二州刺史，为政清廉勤谨，谦恭待人，身上经常挂着一条用蒲草编成的鞭子，但从来没有用过。当他离任的时候，当地人很怀念他，便为他立祠祭祀。

**清风远著** 崔光伯任北海（今山东潍坊）太守时，北魏孝明帝下诏说："自从崔光伯来到海边，清廉之风远近闻名，可以再任三年，以便于广施教化。"

**清廉石见** 虞愿，会稽人，任晋安（今福建省福州市晋安区）太守。海边有一块越王石，经常隐于云雾之中。相传只有清廉的太守才能看见这块石头，虞愿前往观看，非常清晰，没有被雾遮挡住的地方。

**万石秦氏** 东汉的秦彭与堂兄弟及诸子侄同时为太守的有五个人，京城的人因此都称他们为万石秦氏。秦彭转任山阳太守，百姓十分爱戴他，没有欺骗、犯罪的行为。再转为颍川太守，便有凤凰、麒麟、嘉禾、甘露之类的祥瑞，聚集在颍川郡的境内。

**得如马使君** 马默任登州知府，士民都很爱戴他。他离去后苏轼起复[①]为登州知府，父老乡亲都来到路上迎接苏轼，说："大人为政爱民，能如马使君那样吗？"苏轼听后觉得很惊异。

**邓侯挽不留** 西晋邓攸为人坦诚、和蔼、坚贞、正直。授为

① 起复是指古代官吏遭父母丧，守制未满期而应召任职，明清两代专指服父母丧期满后重新出来做官。也指官吏革职后重新被起用。此处是后者之意。

吴郡太守，自己带着米来到任所，连俸禄都不要，只喝吴地的水。后来离开此郡，几千名百姓挽留他，拖着邓攸的船，使船都没法走。吴地的人歌颂道："紞如打五鼓，鸡鸣天欲曙。邓侯挽不留，谢令推不去。"

**六驳食兽**　西晋张华原任兖州刺史，判案既清明又仁厚，因此监牢都没有犯人。起初，境内的猛兽是百姓的心腹之患，张华原一到任，甑山中便忽然出现了专吃虎豹的六驳兽，为害百姓的祸患立刻就被除掉了。

**虎去蝗散**　东汉宋均任九江太守。九江郡多有老虎暴起伤人事件，成为百姓的祸患。宋均到任后，下令说："全力去捕捉老虎，不是体恤百姓的根本办法。当务之急是弃用奸邪和贪污的人，选用善良的人，废除捕虎装置。"于是老虎都渡江到东边去了。当时楚地和沛地发生了蝗灾，但这些蝗虫到九江的边界就立刻散去了。

**冰上镜中**　隋代王觌（dí）任苏州知府，百姓歌颂他的清廉："吏行冰上，人在镜中。"

**民颂守德**　明朝陶安任饶州（今江西省上饶市鄱阳县）知府，当地民谣说："千里榛芜，侯来之初。万姓耕辟，侯去之日。"又有民谣说："湖水悠悠，侯泽之流。湖水有塞，我思侯德。"

**合浦还珠**　东汉孟尝任合浦太守。合浦郡盛产珍珠，当地人采来珍珠换米。之前的太守贪污，珠蚌都迁徙走了。等到孟尝到任，廉洁奉公，施行教化，一年后，珠蚌又重新回来了。

# 州县

附：
幕、判、丞、
簿、尉、吏

**知州** 宋代设置了知州，名称则因袭了唐代。舜时就有了州牧。宋太祖设置了州通判。

**知县** 周代设置了县正。秦孝公设置了县令和丞。唐宣宗开始设置知县。宋仁宗设置了县丞。隋炀帝设置了县主簿。

**上应列宿** 东汉的馆陶公主为儿子请求郎官的职位，汉明帝没有答应，但赏赐了她金钱十万缗。明帝对群臣说："郎官与上天的星宿相对应，是百里之地的主宰，如果用人不当，那么老百姓就要遭殃了！"

**凫舄** 东汉的时候，王乔任叶县的县令，他有神奇的法术。每月的初一和十五他都会去朝见皇帝，皇帝很奇怪他为什么来得这么快，又看不到随他而来的车马，便秘密地让太史暗中观察他。太史说王乔快到的时候，有一对凫鸟就从南边飞来，就用罗网把它们捕获了，却发现只是一双鞋子。又召专为帝王制造使用物品的尚方署来看，原来这双鞋是往年赐给王乔的尚书履。

**良令**　《韩非子》记载，晋平公问赵武说："中牟县，是我们国家的中心地带，也是邯郸的要冲地区。我想得到一个好的县令，谁可担任此职？"赵武说："邢伯（赵武的仇人）可以。"

**中牟三异**　东汉的鲁恭任中牟县令时，蝗虫都不进入其辖境之内。司徒袁安派使者前去观察，正好碰上鲁恭在桑树下乘凉，当时有一只野鸡在旁边，使者对小孩说："为什么不去捕捉它呢？"小孩回答说："这只野鸡带着小鸡呢。"使者对鲁恭说："大人为政有三个特异之处：积德而免除灾害，这是第一异；仁爱施于禽兽，这是第二异；小孩也有仁爱之心，这是第三异。"

**琴堂**　春秋时期的宓子贱任单父（今山东省菏泽市单县）宰。他很喜欢弹琴，人虽不离开琴堂，单父却被治理得很好。唐诗有"百里春风回草野，一轮明月照琴堂"的句子，说的便是他。

**花满河阳**　西晋潘岳任河阳（今河南省孟州西）县令，公务之余喜欢种植桃李花，当时人都说花满河阳。

**神君**　西晋的乔智明任隆虑（今河南省林州市）县令，县里百姓非常爱戴他，称他为神君。黄浮任童阳县令，也被称为神君。

**圣君**　西晋的曹摅补为临淄县令，放死囚回家团聚，让他们在规定的日子里再回来，一县人都很叹服，称他为圣君。

**慈父**　南北朝房彦谦任长葛县令（今河南省长葛市），政绩天下第一。百姓称他为慈父。后来房彦谦升为司马，县里百姓都哭着说："房大人现在要离去了，我们这些人还怎么活呢？"于是刻碑来颂扬他的德行。

**陈太丘** 东汉的袁隗问陈元方说："你的父亲在太丘（今河南省永城市太丘镇）为县令，远近的百姓都称赞他，他都做了什么呢？"陈元方说："对强者，便用德行来安抚他；对弱者，便用仁义来爱护他。"杜甫有首称赞通泉姚姓县令的诗："姚公美政谁与俦，不减当年陈太丘。"

**元鲁山** 唐代的元德秀任鲁山县令，以诚信来教化百姓，士大夫都赞扬他的德行，称他为元鲁山。

**治县谱** 齐朝的傅僧祐和儿子傅琰都当过山阴县令，父子二人都留下了非常好的政绩。世人都说傅氏家族有一本《治县谱》，子孙相传，不给别人看。

**莱公柏** 宋代的寇凖任巴东县令时，亲手种了两棵柏树在县衙的庭院里，当地民众把这两棵柏树比作周代召公的甘棠，称此为莱公柏（寇准被封为莱国公）。

**鲁公浦** 宋真宗的时候，鲁宗道任海盐县令，疏浚了东南部的旧港口，引导海水到城邑之下，百姓觉得很便利，称此地为鲁公浦。

**晋阳保障** 春秋时晋国的赵简子任命尹铎为晋阳（今山西太原）令，将要启程的时候，尹铎请示说："是为赋税，以征收丝麻为先呢，还是以保卫安全为先呢？"赵简子说："当然是以保卫安全为先。"

**花迎墨绶** 唐代岑参的《送宇文舍人出宰元城》诗说:“县花迎墨绶,关柳拂铜章。别后能为政,相思淇水长。”

**第一策** 南朝齐的刘玄明历任建康、山阴两地的县令,治理有方,被称天下第一。傅翙(huì)接任的时候,对刘玄明说:“希望能知道你以前处理政事的方法。”刘玄明回答说:“当县令没有别的方法,只有一个,就是一天吃一升米饭但不要喝酒,这是我的第一要策。”

**公田种秫** 陶渊明任彭泽县令时,县里有公家的田地,他都种上可用来酿酒的黏米,并说:“只要有酒喝,我就满足了。”

**民之父母** 王士弘任宁海知县时,为官仁惠,为民求雨,驱除虎害。当地人歌颂道:“打虎得虎,祈雨得雨。岂弟君子,民之父母。”

**辟荒** 温县知县沃墅命令百姓在荒芜之处开垦田地,并种植桑树和枣树。百姓歌颂道:“田野辟,沃公力。衣食足,沃公育。”

**思我刘君** 东汉刘陶,为顺阳长官,多施仁惠的政策,因为疾病而离任。民众思念他而歌颂道:“悒然不乐,思我刘君。何得复来,安我下民。”

**进秩还治** 周健任全州知州,任期已满,民众恳请朝廷让周健留任,于是朝廷加了他的俸禄和品级,然后让他再回到全州任职。杨士奇给他赠诗,有“归到清湘三月暮,郊南骑马劝春耕”的句子。

**三善名堂** 沈度任余干县令,当地父老乡亲用“三善”命名他的公堂：一善是田野中没有浪费的土地，二善是市井中没有无业游民，三善是监狱中没有关押多年的囚犯。

**雀鹿之瑞** 吴在木担任余干知县时，出现了白雀、青鹿的祥瑞。民众歌颂道："吴在木，政严肃，恶者忧羁囚，善者乐化育。鸟有白翎雀，兽有青毛鹿，不见大声急走人，昔之屡空今皆足。"

**张侯** 张谠（dǎng）任德兴县令时，民众歌颂他道："张侯张侯，敷政优游。农乐其业，禾麦有秋。"

**侯御侯食** 何正任萍乡县令时，民众歌颂他道："寇至侯御之，民饥侯食之。"

**入幕之宾** 东晋郗超为桓温的参谋，谢安、王坦之到新亭来议论国家大事，桓温让郗超躺在帐幕后偷听，风吹开了帷幕，谢安笑着说："郗先生可以称作是'入幕之宾'啊。"

**莲花幕** 《南史》记载：王俭任用庾杲之为卫将军长史，萧沔给王俭的信中说："贵府的官吏很难选拔。不过庾杲之就像开在碧波上的荷花，真是漂亮啊！"当时人便把进入王俭的幕府称为"莲花幕"。

**解事舍人** 唐代的齐澣，在开元初年（713年）被姚崇提拔为中书舍人。他撰写的论、驳、诏、诰等文书，全都旁征博引。朝廷每遇大事，必定会去咨询他。人们称他为解事舍人。

**判决无壅** 《南史》记载：孔觊官拜长史时，常常是醉酒状态，却明晓政事，清醒过来就处理，从不拖延。人们都说：“孔大人每月醉二十九天，也胜过世人清醒二十九天啊。”

**髯参短簿** 东晋时，桓温任命王珣为主簿，郗超为参军。郗超胡须很多，王珣体形矮小。当时人说：“髯参军，短主簿，能令（桓）公喜，能令（桓）公怒。”

**沧海遗珠** 狄仁杰任汴州（今河南开封）参军时，因为被自己的下属诬陷，立刻被审讯。黜陟使①阎立本惊异他的才能，带有歉意地说：“孔子说通过一个人犯的过错便可以了解他。你就是沧海遗珠啊。”并推荐他为并州法曹参军。唐高宗驾临汾阳宫，路过妒女祠。当地传说：凡是有穿着华丽衣服的人经过这里，都会有风雷。唐高宗打算征召数万人重新修一条路。狄仁杰进谏说：“天子出行，天上的风伯来清除道路上的尘土，雨师来洒扫道路，为什么要避开妒女呢？”谏止了这次的劳役，高宗对他十分赞赏，派他出任宁州刺史。

**亲耕劝农** 裘贤任潮州通判，为政勤谨，爱民如子。为勉励人民耕种，他脱下官服，亲自拿着农具到田里劳作，他的妻子把饭给他送到地头上。那一年庄稼大为丰收，百姓认为这是裘贤鼓励农耕的结果。

**不宽不猛** 杨玙任高邮通判，民众歌颂他道：“为政不宽还不猛，处心无党更无偏。”

---

① 代表中央去地方巡视的官员。

**好官人** 南宋的杨瑾任华亭知县，任期已满，父老乡亲做了两面旗子送给他，上面题："农人不为题诗句，但称一味好官人。"

**老吏明** 明代的何瀞（jìng）任松江司李时，知府王衡赠诗给他："关门共惜寒毡苦，断狱争夸老吏明。"

**第一家** 陶安字主敬，明太祖留他在内阁共商国是，曾经在他家的门上写："国朝谋略无双士，翰苑文章第一家。"

**筑围堤** 王斌任龙阳县（今湖南省常德市汉寿县）的县丞时，帮助龙阳县筑起了大堤，使那里没有了旱涝的灾害。百姓歌颂他道："王父母，筑围堤。民乐业，我无饥。"

**祷神毙虎** 王昇是桐城的县丞。当时黄蘖山白天有老虎出来吃人，王昇向神祈祷，那只老虎忽然就死了。

**余不负丞** 唐代崔斯立任蓝田县丞。刚到任的时候，长叹说："县丞，县丞，我不辜负这个职位，这个职位却有负于我啊！"庭院里有四行老槐树，南墙有千株巨竹，崔斯立下决心清扫修整了一遍，并种了两棵松树，每天在这里吟诗作赋。有来询问的人，他就说："我正有公事，你先到一边去。"

**赞府**[①] 裴子羽任下邳县（今江苏省邳州市）县令，张晴为县丞，两个人都很有想法，也都擅长辩论，于是讨论政事便费很长时间。下属之间就说："咱们县的长官很不和睦：县令说'雨'

① 古代对县丞的别称。

（羽），县丞非要说‘晴’，他们怎么能说到一起去呢？”

**廉吏重听** 西汉的黄霸为县令时，许县丞年事已高，而且耳朵也聋了，下属就向黄霸反映想把许县丞赶走。黄霸说：“许县丞是非常清廉的官吏，虽然老了，还能跪拜起立，重听又有什么关系呢！”

**清静无欲** 东汉的张玄改任陈仓县（今陕西省宝鸡市陈仓区）的县丞，他一直清静无欲，专心研究经史。

**仇香** 东汉的仇览又名仇香，是陈留人。考城县令王涣听说他可以用德行来教化百姓，便请他来当主簿。王涣对仇览说：“主簿是不是少了一点鹰鹯的威猛呢？”仇览说：“我认为鹰鹯虽然威猛，却不如鸾凤美丽。”王涣说：“可这荆棘之中并非鸾凤的栖息之地，这不足百里的小城邑也不是大贤之人的出路。”

**鸿渐之宾** 《白氏六帖》记载：凤凰栖止的地方，就是鸿雁慢慢聚集的地方。

**千里驹** 三国时，韦康做郡主簿时，杨彪称赞他说：“韦主簿虽然年少，但风度老成，仪态昂扬有如千里驹啊。”

**关中三杰** 朱光庭调任万年县主簿，当地人称他为明镜。当时程伯淳是鄠县主簿，张三甫为武功县主簿，他们与朱光庭都有才名，所以关中地区称他们为三杰。

**才拍翰林肩** 黄庭坚《送谢主簿》诗说：“官栖仇览棘，才拍翰林肩。”（意思是：官职仅为主簿便仿佛仇览栖止在荆棘中一样，才能却可以与李白比肩。）

**米易蝗** 孙觉任合肥主簿时，赶上持续一年的大旱，孙觉让百姓捕捉蝗虫。说百姓没有饭吃，捕捉多少蝗虫，官府就用多少米来换，他们的捕捉行动会更尽力。太守很高兴，便推行了这个办法，于是合肥的蝗灾竟然没有造成庄稼减产。

**少府** 李白有《赠瑕丘王少府》诗，杜甫有《赠华阳李少府》诗，可见唐朝县尉多被称为少府。

**黄绶** 唐朝县尉的印绶是黄色的。陈子昂在《送齐少府序》中说："黄绶位轻，而青云重望。"（意思是：虽然黄色印绶代表官位很轻，但上司寄托的希望很重。）

**梅仙** 西溪人梅福为南昌县尉时，上疏进言却不为朝廷所用，于是弃官而去。有天早上带家人去了九江后便不知所踪。后来当了吴地看守门市的小吏。

**聪明尉** 唐代的魏奉古任雍丘（今河南省杞县）县尉。曾经在官府举行宴会，有位客人写了一篇五百字的序文。魏奉古说："这不过是前人的旧作罢了。"说完便大声背诵了一遍。作序的人默然无语。魏奉古笑着说："开玩笑的，这是我刚才看一遍背下来的，我过去没见过这篇文章。"他因此闻名，人称"聪明尉"。

**铁面少府** 南宋的杨王休调任台州黄岩（今浙江省台州市黄岩区）县尉时。当地有一个十分有钱的人，横行霸道。杨王休调查清楚了他所有罪状，报告给上司，然后将此人黥面并流放他处，当地人都欢呼雀跃，称他为铁面少府。

**五色丝棒** 曹操二十岁的时候，被举孝廉而任郎官，成为洛阳北部尉。到了官舍，便修缮四门，做了五色的木棒，悬在门的左右。如果有犯罪的人，不管是否豪强，都用棒打杀。京师很多歹人就此收敛了行为。

**金滩鸂鶒** 唐朝河南道伊阊县前的河，每当有僚佐要进入台省为官，就会露出沙滩，其中的石砾都是金沙。牛僧孺任职县尉的时候，有一天有人汇报沙滩出现了，有一个老吏观察后说："这次是到东都任分司御史。因为如果到长安任朝中西台御史，还应当会出现一对紫鸂鶒。"牛僧孺祈祷说："既然沙滩已现，为何还不舍得紫鸂鶒呢？"话还没有说完，就看到有一对紫鸂鶒飞落下来。没过十几天，牛僧孺便被朝廷召去，官拜西台御史。

**郑尉除奸** 郑虎臣是会稽的县尉，押解贾似道到循州安置，贾似道还有几十个侍妾，郑虎臣把她们全都赶走了，然后夺了他的宝玉，撤去了轿子上的盖子，让他暴晒在烈日下，并让抬轿的人唱杭州歌谣来戏弄他，凌辱备至。到了漳州的木绵庵，郑虎臣暗示贾似道自杀，但贾似道不听从。郑虎臣说："我为天下人杀了这个贼子，即使因此而死也没有遗憾！"于是把贾似道的儿子囚禁在另一间屋子里，把贾似道拉到厕所里用铁锥打死。

**霹雳手** 唐代裴琰之任同州司户，因为年龄小，刺史李崇义轻视他。同州有多年未破的旧案共几百件，李崇义催促他来审断。裴琰之让几个属吏伺候笔墨，很快便剖析断案完毕。李崇义大吃一惊说："先生怎么忍心隐藏锋芒，使我的过错如此明显呢？"裴琰之也因此名声大振，人称他为霹雳手。

**廉自高**　刘子敏由御史贬官为侯官的典史，自己题诗道：“禄薄俭常足，官卑廉自高。”

**刀笔**　萧何、曹参曾经只是以刀为笔的小吏。古代人文章都写在木板上，小吏便用刀往上刻，所以把吏称为刀笔功名。

# 学官

**学校** 有虞氏（舜所在部落）创立了国学。汉代的文翁驻守蜀地，建立学宫，才开始让天下都建立学校。后来魏文帝时才开始建立郡县的学校。唐高祖开始下诏在办学校的地方设立周公、孔子的庙。唐高宗最早下令全天下都要立庙，专门祭祀孔子，起初也一起祭祀周公。舜最早制定了在学校设置酒食来奠祭圣贤先师的礼仪——释奠和释采。魏国正始七年（246 年），开始在太学祭祀孔子，此前都是在孔子故里——阙里举行释奠仪式。晋武帝最早让皇太子来主持释奠仪式。隋朝在四季的仲月（即二月、五月、八月、十一月）上旬丁日来举行释奠的仪式。魏国的曹芳第一个把孔子的弟子颜回设在孔庙来配飨。唐太宗增加了左丘明等人来配享。宋神宗增加了孟子来配享。

**儒学** 宋神宗在各府设置教授，负责教育学生，这一职位始于战国的博士祭酒。汉武帝在京师设置博士，在各个郡国设置了文学这一职位。等到唐太宗时便下诏天下惇师为学官。

**取法为则** 胡瑗曾经任湖州学官，用自己的言语和行为来教化别人，使诚实而明慧的人通达，使昏聩愚笨的人努力，使难以教化者和骄傲的人洗心革面。他的法令严格、明确，他所行教化之道持久而受尊敬。从明道、景祐年间以来，求学者认为可以为人师表的，只有胡瑗与孙复、石介三个人而已。庆历四年（1044年），朝廷在京师建立了太学，主管的部门请求到湖州去学习胡瑗教学的方法来作为太学的规则，并召胡瑗来担任教授的官职，教导诸生。

# 卷七

# 政事部

可以用评判官府的六计来判断群吏的政绩：
一是善良的品德，二是能力，三是敬畏，
四是正直，五是法治，六是辨别力。

# 经济

**平米价**　北宋清献公赵抃在熙宁年间担任越州（今浙江绍兴）知府。当时两浙一带出现蝗灾，米价昂贵，很多人饿死了。各个州都在大路上贴出告示，立下赏格[①]，严禁私抬米价。只有赵抃在大路上张贴告示，让有米的人来这里高价卖米，于是所有米商蜂拥而至，越州米价反倒降了下来。

**禁闭粜**[②]　南宋时抚州遇到饥荒之年，黄震奉朝廷之命前往救灾。到抚州以后，他约定此地富人、有威望的人于某日相聚，这些人到了之后他只写了几个大字“闭粜者籍，强籴者斩”（意思是：屯米不卖的人流放，强行买米囤积的人斩首。），米价立刻就平稳了。

**但笑佳禾**　唐朝的张全义看见田里庄稼长得好，就下马与同僚一起来观赏，并召来田地的主人，用酒食来犒劳他。有擅长养蚕种麦的人家，就亲自到他们家里，叫出男女老少，赐给他们茶

① 悬赏的数额。
② 粜指卖出（粮食）；籴指买进（粮食）。

叶或衣物。百姓都说张大人不爱声色美伎，只有看到佳麦良蚕才会开颜一笑。因此百姓都致力于耕种与养蚕，于是张全义的辖区便成为富庶之地。

**击鼓剿贼** 北魏的李崇，官为兖州刺史。兖州一直是强盗多发之地。李崇命令每村建立一座高楼，楼上立一大鼓，出现盗贼的地方，就猛烈地打鼓。旁边最早听到的村子，便以每次一下的节奏打鼓，接下来的村子就以每次两下的节奏打鼓，再接下来便是三下。一会儿工夫，便可以传到百里之外，听到鼓声的地方派人救援守卫，盗贼就可抓获。

**断绝扳累** 北宋简肃公薛奎镇守蜀地。有一天在大东门外设酒宴客，突然有一个士兵作乱，但立刻就被擒拿了，都监跑来向各位官员汇报，薛奎命令直接在擒获的地方处斩即可。人们都认为这是非常明智的决断，否则，一加审讯就会胡乱牵扯，便会有很多人受到无辜的连累。

**擢用枢密** 宋朝的都指挥使张旻接到朝廷命令去选兵，但他下令太过严峻，兵士恐惧，谋划叛变。皇帝召来中书省和枢密院二府讨论此事。王旦说："如果问罪于张旻，那今后的将领还怎么领兵？如果逮捕谋反的人，又会让天下不安。陛下多次想要任命张旻为枢密使，如果现在把他升官任用，一方面解除了他的兵权，另一方面谋反的人也会平静下来。"皇帝说："王旦善于处理大事，真不愧是宰相啊。"

**分封大国** 汉朝时害怕诸侯国变得强大，主父偃就献计，让诸侯可以因私人的恩情把自己的地盘分封给他们的子弟，朝廷可以给封号。这样既显示了朝廷对诸侯的厚恩，诸侯也因拆分而弱小了。

**征卤封禅** 唐代的张说因皇帝要东巡封禅泰山，害怕突厥乘机入侵，商量着要增加兵力来巩固边防。召来兵部郎中裴光庭一起谋划。裴光庭说："在四方蛮夷中，突厥最为强大，近来多次恳求和亲，但朝廷没有答应。现在派一个使臣，要他们一个大臣随从去封禅泰山，他们肯定非常高兴前来。突厥一来，那么其他边疆势力的首领也就都会来，这样大家都可以偃旗息鼓，我们也能高枕无忧了。"张说说："太好了，我真是跟你相差太多啊。"于是立刻上奏并按他的建议实行。

**预给岁币** 契丹来信要求除每年的岁贡外还要再加一些钱。宋真宗把书信给王旦看。王旦说："夷狄之人贪婪，不可以助长他们的气焰。可以在三十万的岁贡和富弼允诺的二十万里各拿出三万来给他们，但要告诉他们这笔钱要在次年的岁贡里扣除。"契丹虽得到了钱，但很惭愧。到了第二年，朝廷又给主管岁贡的部门下令说："契丹去年所借的六万，是很小的事，今年还是按照正常给他们吧，但今后永不为例。"

**责具领状** 王阳明捉住了反叛的宁王朱宸濠，把他囚禁在浙江省。当时明武宗正在南巡，停驾在南京。宦官暗中让王阳明把朱宸濠释放回江西，好让皇帝亲自前往擒获，并派宦官到浙江省颁下旨意。王阳明责令宦官写下字据，宦官害怕了，这件事也就不再提了。

**竞渡救荒** 宋仁宗皇祐二年（1050年），吴地碰上了大灾之年。范仲淹正任杭州太守，便开仓放粮赈灾，并招募民众来保存粮饷，整个过程有条不紊。吴地的人喜欢竞渡[①]，也好做佛事。范仲淹便号召民众竞渡，作为太守的他也每天在湖上宴饮，从春到夏，居民都出来游玩。范仲淹又召来各寺庙的主事者说："饥年的工价非常便宜，你们可以大兴土木。"于是各个寺院都开始了整修工程。此外，官府也建设新的仓库和官舍，每天都要用劳力上千人。因此，两浙地区虽遭灾，但杭州安然无恙。

**比折除过** 宋代的韩琦在郓州（今山东省菏泽市郓城县）任知府时，城中多有盗贼，捉拿的法令规定以百日为期限，到了期限还没抓获的话，捕快就要抵罪。韩琦允许捕快可以用抓获的其他盗贼来抵他们的罪责，因此抓住了更多的盗贼。

**中官毁券** 明代的梅国祯任固安知府时，有宦官拿着猪蹄请他吃，并请他帮自己向一些百姓讨债。梅国祯说："今天就为大人了结此事。"便立刻下令把负债者拘捕起来，督促他把妻子卖掉还宦官的债务，并让人拿了钱假装来买那人的妻子，下令让那人的妻子与买家一起走，而负债的夫妇并不知情。梅国祯大声对负债者说："不是你们的父母官要立刻拆散你们夫妇，但你们欠了贵人的债，道义上也没有办法为你们说情。不过你们从此分离，一辈子就再也见不到了。所以我容许你们道别。"说着便假装掉了眼泪。负债的夫妇二人哀伤悲恸，难分难解。宦官也为之酸楚，最后竟然撕了债务的凭证走了。

**宣敕毙奸** 明代的况钟任苏州知府，刚到任时，装作很木讷

① 即划船比赛。

的样子。属吏若有作弊或贪污的地方，只是暗地记下来。他的副职通判赵忱，放肆傲慢并对况钟很无礼，况钟也不与他计较。过了一个月，有一天，况钟忽然命令所有的属吏到官府集合，大声宣告说："某人某日因某事暗中得到贿赂若干，对不对？又某日，某人也这样！"众人惊惧服罪，不敢辩解。况钟当时就杀了六人，并在闹市示众。又罢免了下属中五个贪污的人和十几个平庸无能的人。因此属吏与百姓又惊又怕，都洗心革面来执行他的命令。百姓称他为况青天。

**积弊顿革** 明代的刘大夏任户部侍郎，要去管理北方的粮草。尚书周经对他说："仓库已经很空虚了，但粮草之类的物资大半是京城里有权有势之人的子弟经营的。大人向来与这些人不合，这次去恐怕免不了因刚直而惹祸。"刘大夏说："处理天下大事要凭理而不是凭权势，决定天下事要尽快而不能拖延，等我到那边再筹划吧。"刘大夏到任后，便召来当地的父老乡亲日夜谈论研究，明白了事情的关键所在。一天，他在闹市发公告："某处仓库缺粮草几千石，每石给官价若干，管辖范围之内所有客商之家，凡有愿意交纳的人，粮限十石以上，草限百束以上，都允许来卖，有权势人家的子弟，也并不禁止。"这样不到两个月，公家便有了丰厚的积累，而百姓也有了钱。原因是以前凡是来交纳的人，粮食要在千百石以上，草要在十万束以上才被接收，以致有钱子弟四处买零散的物资再上交，从中间赚取差价。自从刘大夏这个办法确立后，有粮草的人家都自己前往交纳，不必等有钱子弟中间买来囤积至一定数量再来交纳了。几十年的积弊，一天就革除了。

**筑墙屋外** 明代的许逵任乐陵县令，当时流窜的贼寇很猖獗，许逵预先修筑城墙并疏浚护城的壕沟，还让百姓在自家的屋外修筑一道墙，高过他们的屋檐，墙中间开一个非常小的洞口，仅能过一个人。每家派两个强壮的人拿着刀守在洞口，其余的人则都编入队伍，埋伏在街巷中，然后打开城门。贼兵到来，便举旗让伏兵尽出，贼人既纵不了火也施展不开兵器，于是都被抓住处斩了。从此以后贼寇再也不敢靠近乐陵县境了。

**承命草制** 明代的梁储在内阁任职时，秦王朱秉檴（shuāng）上疏请求陕西的边地，以增加封邑的疆域。朱宁、江彬二人收到他的贿赂，也帮助他请求，明武宗答应了这个要求。兵部和科道都上奏谏止此事，明武宗也不听从，大学士杨廷和应当撰写制书，却自称有病不上朝。明武宗震怒，宦官到内阁督促梁储说："如果大臣都说生病了，那谁来侍奉君王呢？"于是梁储只好领命撰写制书说："以前太祖皇帝曾经明令，'此地不可以给藩王作封地，不是吝惜，而是考虑到这里的土地广袤富饶，藩王得到后，会多养兵士与战马，因富而骄，奸人乘机引诱他们来做不轨之事，会不利于宗庙社稷。'现在秦王恳求这个地方，我考虑到你我是亲人，为了使亲人更加和睦，就把此地封赏给你。但请在得到此地后一定要更加谨慎，不要聚集奸邪之人，不要蓄养太多的兵士与马匹，不要受奸人的引诱而想进行不轨的活动，那样会惊动远方贼人，危害我们的社稷，而且到那时虽然想保全我们亲人和睦相处的局面也不可能了。秦王请一定要谨慎行事，不要疏忽。"明武宗看了制文，惊恐地说："如果是这样，还是不要封给他吧。"于是这件事就停止了。

**平定二乱** 明代的张佳胤因为浙江的士兵被克扣粮饷而对抗巡抚以至作乱的事，受命去视察两浙军队。快到杭州时，又听说百姓因为劳役的不公平而聚众闹事，打劫乡绅，其中有一个叫丁仕卿的无赖是带头人。张佳胤催促车夫说："快点赶车，或许还可以离间他们。"到了军营，召来作乱的营兵抚慰他们说："你们长年守卫这里是有功的，此前的巡抚减了粮饷确实不对。现在有市井无赖也在作乱，他们于国家无功，自然不能与你们相提并论，你们可以去帮我把他们抓来，成功之后不仅可以赎你们这次叛乱之罪，而且还有赏赐。"众兵士都踊跃地听从命令，去抓捕乱民，行动大胜还擒获了丁仕卿等人，张佳胤便立刻派官府来审讯这些人，查出了拿着武器威逼着抢夺钱财的五十多人，将这五十余人全都斩首，剩下的就都放了回去。于是这些无赖的队伍就立刻溃散了。张佳胤又回营发了兵饷，然后秘密侦查了在军中作乱的领头人的名字，后来逮捕了几人说："你们是作乱的头领，我倒想宽恕你们，但天子的法令不能宽恕你们。"也立刻将他们斩首，然后派使者到军营遍告士兵，说："作乱的人已因罪而死，现在因为你们都有功于朝廷，不会惩罚，你们要尽力报效国家。"就这样，不到五天，两乱皆平。

**转赐将士**　李正己为平卢节度使，慑于唐德宗的威名，上表献钱三十万缗，德宗想要接受，但又怕被骗，想拒绝但又没有理由。崔祐甫献策说可以派使者去慰劳淄、青二地的将士，然后把李正己所献的钱都赐给他们，让将士们人人都感激皇上的恩德；而其他节度使听说了，也就知道朝廷并不重视钱财。唐德宗非常高兴地答应了，李正己知道后既心愧也心服。

**一军皆甲**　唐代的段秀实为邠州都虞候[①]时，行营的节度使郭晞纵容属下士卒作恶，段秀实派兵逮捕了十七人，斩首后把头

① 唐朝中后期在诸节度使中设置的官职，掌整肃军纪。

悬挂在长矛上，立在闹市。军队知道后全军都穿上甲胄。段秀实前往郭曦处，说：“杀一个老兵，哪里用全军都披甲啊，我把我的头带来了。”然后就斥责郭曦的不是，郭曦听后谢罪。从此邠州再无祸乱。

**各自言姓名** 唐代的大将田希鉴依附于朱泚，朱泚兵败后，李晟以节度使的身份巡查泾州（今甘肃泾川北），田希鉴在城郊迎接，李晟与他一起进城，高兴地谈论往事，田希鉴也不怀疑。李晟埋伏了兵士后宴请大家，酒宴过后，领着各位将领下堂说：“我与大家分开太久，请大家再说一下自己的姓名。”于是知道了其中有三十多人是作乱的人，便述说了他们的罪责，并把他们都杀了。然后又回头看着田希鉴说：“田郎也不能说没有过错。”便一起杀了。

**为三难** 鲜于侁（shēn），字子骏。王安石的新法颁行的时候，各地都有很大变动。鲜于侁为官九年，处理政事秉持公平之心。苏轼称赞他对朝廷不损害新法、对下也不损害民众、中间也不伤害亲朋好友，这是“三难”。后来司马光当权，任命他为京东转运使，并称赞他说“子骏真是福星啊。”

**平原自无** 东汉的史弼为平原相的时候，正赶上朝廷要检举党人，只有平原郡没有上报，朝廷多次下诏书逼得很急。朝廷派来的从事坐在官衙责备史弼说：“青州有六个郡，其余五个郡都有党人，平原郡怎会就没有结党之人呢？”史弼说：“先王分疆界治理天下，划疆别境，水土各异，风俗不同。那五个郡有，可平原郡就是没有，为什么这样相比？如果想让我谄媚上司，诬陷好人，那平原郡的人，每家每户都是党人。若要逼迫我，不过是一死罢了，诬陷别人我是决计不干的！”

# 烛奸

**责具原状** 李靖任岐州刺史时，有人告他谋反，唐高祖让一个御史去审理。这位御史知道这是诬告，便请求与告事的人一起走一段路，然后假称把原来的诉状丢了，表现出害怕的样子，接着鞭笞下属，并求那个告事的人再写一张状子，然后与原状对比，果然不同，当天便回来上奏给皇上了。唐高祖大吃一惊，而那个告事的人也认罪并受到处罚。

**验火烧尸** 明代的张举任句章（今宁波市慈城镇山渡）县令。有一个妻子杀了她的丈夫，然后放火烧了房舍，说丈夫死在火灾中了。丈夫的弟弟到官府告她。张举就弄来两头猪，一头杀死一头活着，然后用柴火烧，再检查，只见杀死的猪嘴里没有灰，而活的猪嘴里有灰。然后再检查她的丈夫，发现他的嘴里果然没有灰，用这个证据来审问妻子，她便服罪了。

**市布得盗** 明代的周新到浙江当按察使，快到的时候，路上有成群的飞虫围着他的马头飞，周新追踪来源，在丛生的荆棘中发现一具尸体，死者身上系着一个小木印，便带了回来。等到任后，命人在市场上买布，每次买回来都认为不好，要求重新买，直到买到一匹布上的印文同死者身上所系木印相吻合时，就立即将贩布人逮来审问，店主原来就是劫杀了那个布商的人。

**旋风吹叶** 周新坐在大堂上审案，忽然一阵旋风将一片奇特的树叶吹到面前，左右的人都说城中没有这样的树，只在一座古寺里有这种树叶，离城很远。周新说："肯定是寺里僧人杀了人埋在树下，那些冤死的魂魄来告诉我。"便去古寺里挖树下的土，果然有一具女人的尸体，僧人也立刻认罪了。

**帷钟辨盗** 北宋的陈述古任浦城县令时。有人丢了东西，却不知贼人是谁，陈述古就欺骗大家说："我有一口钟能辨别盗贼，偷盗之人摸一下钟就会响。"然后暗中让人在钟上涂了煤并用帷布遮起来。然后让犯罪嫌疑人进去摸钟，有一个嫌犯手上没有煤的痕迹，然后审讯他，果然他就是那个盗贼，他也不得不承认了罪行。

**折芦辨盗** 宋代的刘宰当泰兴县令（今江苏省泰兴市）时，有一个人丢了金钗，丢钗时只有两个女仆在场，刘宰便讯问她们，但她们都不肯认罪。刘宰让她们各自拿着一支芦管回去，并说："如果没有偷东西，明天芦管就不会有变化；如果偷了东西，明早芦管就会增长两寸。"第二天早上再看，一个人的芦管没有变化，而另一个人的却短了两寸。就问她缘由，这个人只好承认了偷盗行为。

**遣妇缚奸** 西晋的陆云任浚仪（今河南开封）县令时，有个人被杀了却不知谁是凶手。陆云把他的妻子囚禁了十来天又放了，然后让人偷偷跟在她身后，叮嘱说："她走不出十里，应该会有男子等她并跟她说话，看到后就立刻把他捉拿来。”下属这样做后果然抓住了一个人。审问此人，原来此女与他私通，一起杀死了丈夫，听到她出狱了便来探听消息，又怕离县城太近，所以在比较远的地方等候。全县人都称赞陆云料事如神。

**捕僧释冤** 北宋的元绛任上元县[①]县令时。有甲、乙二人喝醉了酒斗殴，甲回家躺下后，晚上却被人砍断了脚，他的妻子抓住乙来县里告状，这时甲已经死了。元绛对这位妻子说：“你先回去安葬你丈夫，乙已经服罪了。”但暗中派人跟着妻子，看到一个和尚迎接她并与她贴耳密谈，就抓住了和尚。原来正是和尚趁甲喝醉斗殴的时机与那个妻子一起杀死了甲。

**井中死人** 北宋的张昇任润州知府时，有人报告井中发现了死人，一个妇女去看说：“这是我的丈夫啊。”张昇又让其亲属和邻居来辨认，但井太深看不清楚。张昇说：“众人都分辨不清，这个女子怎么知道是她的丈夫？”就把她交给官府审问，果然是女子与奸夫一起谋害了丈夫。

**食用左手** 北宋的王惟熙任盐城（今江苏省盐城市）县尉时，有一群人喝酒，其中一人死了，大家都说不是自己杀的。王惟熙去掉他们身上的枷锁给他们食物吃，然后问其中一个人：“你习惯用左手，死者的伤正好在右边，你还有什么可抵赖的？”那个囚犯见无可争辩，便认罪了。

---

① 上元县是南京自唐朝起下辖的一个县，与江宁县同城而治，同为南京的母县，于1912年撤废，并入江宁县。

**盗首私宰** 北宋的叶宾任南安[1]知府，有人家的牛被人割了舌头，这家人来衙门告状。叶宾故意把他呵斥出去，但暗中却让他回家把牛宰了。立刻便有人来告密说有人私宰耕牛，叶宾说："你就是那个偷偷割人家牛舌的人。"那人只好认罪了。

**留刀获盗** 唐代的刘崇龟任广州刺史时。有一个少年把船停在在江边，看到有一个美丽的女子倚着门，也不怎么回避，少年挑逗她说："我黄昏的时候会来你家。"当天晚上，女子就开门等少年来。可少年还没到，一个盗贼先进了门，那女子不知道，便起身相迎。盗贼以为是来抓自己的，便刺死了女子，留下刀就跑了。少年到后，踩血滑倒在地，一摸，发现是个死人，急忙跑了出去。第二天，女子的家人沿着血迹追到江岸边，岸上有人说："夜间有某某的客船离开了。"官府的人把他抓捕回来，他便把实情都说了。刘崇龟看这把刀是屠夫家用的，便下令说："某日召开盛大宴会，要集合全境的屠夫来屠宰牲口。"等大家到来后，又说："已经很晚了，请大家把自己的刀放在厨房里吧。"暗中用杀人的刀换了其中一把。第二天，大家都来拿刀，只有一个屠夫不拿，问他，他说："这不是我的刀，是某某的刀。"于是命人去擒拿此人，却发现他已经逃掉了。刘崇龟用死刑犯代替那个少年，在夜晚行刑。逃跑的人知道囚犯已被正法，没过一两天便回家了，回家后立刻被捉拿归案。

**命取佛首** 北宋的程颢为鄠县（今陕西省西安市鄠邑区）主簿，一寺中有尊石佛，有一年传说佛的头会放光，士人、百姓都

① 由元顺帝至正二十五年（1365年），改南安路为南安府，府治大庾（今江西省大余县），领大庾、南康（今江西省南康区）、上犹（今江西省上犹县）三县。

争着去看。程颢告诫说："以后再发光，就取下你的头。"再看，光就没有了。

**识猴为盗** 北宋的杨绘任兴元[①]知府时，有一间仓库的布匹被盗，细查踪迹，发现不像是人出入的样子。于是叫来要猴的人，审问一次就服罪了。

**闻哭知奸** 春秋时期的国侨，字子产，有天早上出去，听到有妇人哭，让吏抓她来审问，发现她竟亲手杀死了丈夫。吏问原因，子产说："人对于自己所亲爱的人，开始病的时候会忧愁，病危的时候会害怕，死后会哀伤。现在她的丈夫已经死了，但她的哭声中没有哀伤只有恐惧，因此她一定有奸情。"

**河伯娶妇** 战国时期的西门豹任邺城[②]县令，这里的人相信巫师，每年巫师都要以为河伯娶妻为名来骗钱，而且要选没有出嫁的女子扔到河里。到了为河伯娶妻那天，西门豹去看，指着女子说："这个太丑了，烦请巫师大人先去向河伯禀报，如果他不高兴，就再另选长得漂亮的。"便让属吏把一个巫师扔到了河里。过了一会儿，说："怎么这么久不回来？"于是准备再扔个巫师去催。这时那群巫师才害怕了，都乞求饶命。从此也就不再有这种事了。

**哭夫不哀** 东汉的严遵任扬州刺史，巡察辖区时，听到路边有女子在哭，但哭声并不哀伤，问她，她回答说："丈夫遇到火灾

---

① 唐兴元元年（784年）改梁州置，治所在南郑县（今陕西汉中市东）。辖境相当于今陕西汉中市及南郑、勉县、城固等县地。

② 古代著名都城。遗址范围包括今河北临漳县西（邺北城、邺南城遗址等）、河南安阳市北郊（曹操高陵等）一带。

死了。”严遵让人把尸体送来，让人守护着，说：“一定会有东西在尸体上面去的。”过了几天，便有苍蝇聚集在尸体的头部，严遵让人仔细查看，发现有一个铁锥贯顶而入，原来妻子因为与人有私情而杀死了丈夫。

**命七给子** 北宋的张咏为杭州知府时。有一家人的儿子与女婿为家产打官司，女婿说：“岳父死的时候，儿子才三岁，遗书说将来分家把三分给儿子，七分给女婿。”张咏说：“你岳父是有智慧的人啊，若把七分给儿子，儿子早就死了。”于是下令家产三分给女婿，七分给儿子。

**怒逮妇人** 元代的王克敬为两浙转运使，有人逮住了私盐犯，同时还抓了一个少妇。王克敬大怒说：“怎么能在百里外逮一个女子，还让她与官兵杂处在一起，这可太有污礼教了！”此后便不许这样做，并且将此固定在法令上。

**断丝及鸡** 南朝的傅琰任山阴县令时，有卖针的和卖糖的两位老婆婆，为了争一团丝线来告状，傅琰下令把丝线挂在柱子上，用鞭子打，仔细看里面有铁屑，便惩罚了那个卖糖的人。又有两个乡民争鸡，傅琰问他们用什么来喂鸡，一个说是豆，一个说是粟。把鸡剖开后得到了粟，便惩罚了那个说豆的人。民众因此称他为傅圣。

**老翁儿无影** 西汉的丙吉任陈留知府时，有一个富翁九十岁了还没有儿子，娶了邻居家的女儿，过了一夜富翁就死了，后来生下一个男孩。富翁的女儿说：“我父亲刚刚娶了她，过一夜就死了，这个孩子肯定不是我父亲的儿子。”于是争夺财产的讼案便没有结果。丙吉说："我曾听说老翁生的儿子没有影子，而且不耐冷。"当时正是暮秋天气，丙吉叫来几个一样大的孩子脱了衣服试验，只有那个老翁的儿子喊冷，而且到太阳底下果然没有影子，所以便把这件事分判清楚了。

**断鬼石**　明代的石璞任江西按察副使时。当时有一个人娶新娘，三天后女婿和妻子回拜岳父家。女婿先回去，妻子准备后回去，但妻子不见了，到处找也找不到。女子的父亲状告女婿杀了自己的女儿，而女婿经不住拷打，就承认了。但石璞认为杀人弃尸，　定是有深仇大恨的人做的。这个女婿新婚宴尔，为什么要这么做呢。晚上便斋戒沐浴，向天焚香，祈祷说："这个案子事关礼教纲常，万一是女子与人有私情，她的丈夫就受冤而死，而且还要承担杀人的污名，于情于理也不应该啊。请神来梦里开示我吧。"夜里果然梦见有神人授给他一个"麦"字。石璞说："这是两个人夹着一个人，看来这个案子有着落了。"第二天，他便命令把囚犯铐起来等待时间来行刑。囚犯还没出来，石璞就看见有一个道童偷窥，便让人把他抓进来，说："你是修道之人，为什么到这里来，难道是你师傅让你来侦查某某囚犯的事吗？"道童大惊，于是说了实话。原来有两个道士一直与这个女子私通，现在把她杀了藏在麦地里。人们因此称石璞为断鬼石。

**视首皮肉**　有一个人觊觎侄子家产，趁酒醉把侄子用杖打死了。而此人的大儿子与妻子不和，便想借此机会除掉她，于是便斩了妻子的头，然后也用大杖伪装成打死的样子，并拿着两颗人头来报官。当时的知县尹见心正在二十里外迎接上司，听到报案后回来已经是三更时分了，尹见心在灯下看头，一颗头的皮肉已经上缩，另一颗头却不上缩。便问："两个人是一起杀死的吗？"

回答说："是的。"又问道："你妻子有子女吗？"回答说："有一个女儿，刚几岁。"尹见心说："你暂时寄住在监狱里，等明天早上我再审问。"然后另发一个传票，将其女儿叫来。女孩到了，就把她带进衙门，给她水果吃，用好话来问她，果然问到了真实情况。父子二人共同服罪。

**法验女眉及喉** 刘鸣谦任杭州太守时，有一刘姓人家的女儿住的地方比较小且简陋，邻居姓张的少年偷看到女子的美貌，便夜里爬上了楼，打破窗子钻了进来。女子大喊有贼，她的父亲惊觉而起，邻居少年无法逃走，被抓住剃了头发。少年的兄弟却对众人说："那女子的父亲其实是用女儿做诱饵来设陷阱的。"女子听了，捶胸说："天啊，竟受辱至此。"然后就上吊自杀了。张家便贿赂刘父，让他上状说女儿已经承认被玷污了，羞于奸情败露才自杀。刘鸣谦知道了刘氏女贞烈和其父接受金钱的详情，便命法医来检查刘氏女的眉头与喉咙，知道她仍然是处女。便与从事刘公来审讯处理了这个案子，张氏认罪。百姓有歌谣唱道："两刘哲（刘鸣谦与从事刘公），一刘烈（刘家女儿），江河海流合（刘鸣谦是河南人，从事是北海人，刘女是浙江人）。"

**花瓶水杀人** 南宋的汪待举在郡部当太守时，有一个百姓请客人喝酒，客人喝醉了睡在一间空屋，晚上觉得很渴，见没水，就把花瓶中的水喝了。第二早上主人开门，发现客人已经死了，客人的家属就将这家人告上公堂。汪待举细问屋里有什么，只有瓶子中泡着旱莲花而已。于是把其中的水拿来给死刑犯喝，死刑犯喝了就死了，于是案子真相大白。

# 识断

**斩乱丝** 北齐的高洋是个聪明人，但总表现出愚笨的样子，众人都不了解他，只有高欢觉得他与众人不同，说：“我这个儿子见识与思虑都超过了我。”当时高欢想看几个儿子的能力，便让每个人理一团乱丝，只有高洋一个人拿着刀把乱丝斩断了，并说：“乱者必斩。”

**立破枉狱** 明代的陆光祖为濬地县令。濬地才子卢楩（pián）被以前的县令冤枉而受到重刑，数十年来历任县令也没有改动这个判决，又因为卢楩家中富有（当时商人地位低下），没人敢为他申冤。陆光祖到任后，查访到实情，当天就去了枷锁把卢楩放出来了，然后再向上司派来的使者报告。使者说：“这个人可是有名的富人啊。”陆光祖说：“只应问他冤枉不冤枉，不该问他富裕不富裕。如果不冤枉，就是伯夷、叔齐也没有生还的理由；如果冤枉了，就是像陶朱公那么富也不能定其死罪。”使者听后非常器重他，后来还推荐保举他到吏部为官，陆光祖到吏部后对官员的升降都自己做主，从来不向内阁汇报（摆脱内阁的控制，恢复吏部的权位）。

**即斩叛使** 明代的胡兴是赵王朱高燧府里的长史。汉王朱高煦领地的平民将要谋反，秘密派使者到赵王府中，赵王大惊，想把使者抓起来交给朝廷。胡兴说："他们起事已经有段时间了，哪里还有时间上奏朝廷呢？万一事情泄露，那就是促使他们叛变了。"于是在一天之内把使者全部杀了。汉地叛乱被平息后，皇帝也知道了赵王斩杀使者的事，说："我的叔叔不是有二心的人啊！"赵王因此得以免罪。

**监国解纷** 张说口才很好，也能决定大事。唐朝景云初年（710年），唐睿宗李旦对侍臣说："占卜的人说，五天内会有紧急兵变进入皇宫，怎么办？"左右的侍从都没有办法。张说进奏说："这种谗言不过是想以奸计来谋太子位罢了。陛下如果下令让太子监管国事，则帝位继承的名分就定下来了，而奸人也就害怕了，流言蜚语自然会消失。"皇帝便如他所说来处理，这种议论果然就没有了。

**断杀不孝** 明代的张晋在刑部任职时，有一个与父亲分开住的富人，他的父亲晚上跳墙进来，儿子以为是强盗，就用棍棒打死了他，拿灯来一看才发现是自己的父亲。属吏说：儿子杀父亲，不应该宽纵；但实际上是抗拒盗贼，不知道是自己的父亲，又不应该判罪。所以案子久久无法判定。张晋判决说："杀贼可以饶恕，但不孝却应斩首。儿子这么富，却使自己的父亲因贫穷成为盗贼，他的不孝顺很明显了。"最后便把此人杀了。

**刺酋试药** 北宋的曹克明有智慧，善谋略，在宋真宗时累功成为十州都巡检。边地的蛮人进献了一瓶药，说："这种药凡是有箭伤的人敷上，伤口立刻就好了。"曹克明说："怎么验证呢？"回答说："请在鸡和狗身上试试就知道了。"曹克明说："应当在人身上试。"就用箭把一个蛮人的大腿刺伤，然后敷了药，那个蛮人却很快就死了。其他蛮人既惭愧又害怕地走了。

**杖逐桎梏** 南宋的黄震是广德的通判。当时广德有一种风俗，人会戴着枷锁去向神祈求赦免，黄震看到有一个人这样做，召来一问，原来是一个士兵。黄震命令他招出自己的罪行，士兵却说自己没有罪行。黄震说："你肯定有很多罪行，只是无法对别人说，所以来求神赦免你。"于是让人打了他一顿赶了出去。从此这种风气就没有了。

**一钱斩吏** 张诚在崇阳为官时，有一个钱库小吏从库房出来，鬓角边上粘着一文钱，一问才知道是库中的钱。张咏命人打他板子。库吏十分气愤地说："一文钱有什么了不起，竟然为此打我？"强横而不认罪。张咏坚持命令行杖刑。库吏说："你能用板子打我，总不能杀了我。"张咏写判词道："一日一钱，千日千钱。绳锯木断，水滴石穿。"写完便自己亲自拿剑斩了库吏的头，然后向上级检举自己的过失。崇阳到现在还流传着这件事。

**强项令** 东汉的董宣任洛阳县令时，湖阳公主的家奴杀了人，董宣便在公主车驾前逮捕并杀了这个家奴。公主向皇帝诉说，皇帝命令董宣向公主谢罪，董宣拒不跪拜。皇帝让人把他压下去跪拜，董宣用手撑住地，就是不低头。皇帝只好下令说："好了，威武不屈的县令快回去吧。"

**南山判** 武则天时期，李元纮（hóng）调任雍州司户。太平公主与和尚争一个水磨，李元纮把水磨判给了和尚。长史窦怀贞非常害怕，督促李元纮改判。李元纮在判书最后用很大的字写道："南山可以移，这道判文却绝不更改。"

**腕可断** 唐代宰相韦贻范的母亲去世了，朝廷想下诏让宰相回朝复位，大臣韩偓（wò）应当撰写制文，但韩偓认为韦贻范为母居丧还没有几个月，如果现在就让他来处理政事，会让孝子伤心。学士使马从皓逼迫韩偓写，韩偓说："手腕可以断，制文绝不写！"

**麻出必坏** 唐德宗想让裴延龄当宰相。阳城当时任谏议大夫，便说："如果任命裴延龄为宰相的诏书出来，我就立刻撕毁它，并在朝廷上恸哭来阻止这件事。"于是裴延龄便没有得到宰相的职位。

**判诛舞文** 唐代的柳公绰任河东节度使时，到乡县去巡视，有奸猾小吏玩弄文字诬陷其县令贪污。县令知道柳公绰向来秉公持法，肯定会以贪官之名杀了自己。但柳公绰判断说："贪污的官员虽然犯法但法还在，如果奸猾的小吏犯法那么法就没了。"最后诛杀了那个玩弄文字的小吏。

**铁船渡海** 五代闽国的贾郁性格严峻且正直，不能容忍任何过失。做仙游县令任期已满，新县令也已到任时，有一个属吏酗酒，贾郁非常生气地说："如果我再来这里当县令，就一定惩罚这样的人。"属吏扬言说："你再来就像用铁造船渡海那样难。"贾郁后来竟又来仙游当县令，而那个属吏则偷了国库的数万钱，贾郁判决说："你偷铜钱来富家，并非自己铸造；我铁船渡海，却不用火炉与铁锤。"然后将蜀吏先行杖刑再发配。

**其情可原** 孙唐卿做陕州（今河南省三门峡市）通判时，有一个人的母亲再嫁后死了，等他父亲死时，便偷母亲的骨殖与父亲合葬。审案的人要用法令来判刑，孙唐卿说："这人只知道有孝，却不知道有法，他这是出于亲情，可以原谅。"于是便把他放了。

**问大姓主名** 东汉的周纡为洛阳县令。到职之后，先问此地有什么大户人家，属吏细数了此地的豪强地主。周纡生气地大声说："我是要问像马援、窦宪这样的贵戚，哪里有时间了解这些卖菜的小人呢！"于是京师为之肃然。

**引烛焚诏** 李沆为宰相时，一天晚上，宋真宗派使者拿着手谕来，想把刘美人封为贵妃，李沆当着使者的面，拿蜡烛把诏书烧了，并对使者说："你就对皇上说，臣李沆认为此举不可行。"于是皇帝的这个想法也就停止了。

**天何言哉** 宋真宗常以澶渊之盟为耻，就打算用王钦若"天书"的计策，准备去泰山行封禅之礼。待制孙奭对真宗说："以下臣愚见，天哪里会说话呢？哪里会有书呢？"真宗听了默然不语。

**礼宜从厚** 李宸妃死了之后，刘太后想用普通宫女的礼仪在朝外治丧，吕夷简当时在宰相中居于首位，便上奏说葬礼应该隆重。刘太后大怒说："吕相是想要离间我们母子吗？"吕夷简说："太后难道不想日后保全刘氏家族吗？"当时有诏令，想要挖开宫墙来出丧。吕夷简对宦官罗崇勋说："李宸妃生下了当今皇上，但现在丧礼如此简陋，他日定有人要为此承担罪责，到时候不要说我吕夷简没有警告过你。现在应当用皇后的服饰来入殓，并用水银来保护尸体不腐烂。"罗崇勋赶快跑回去报告给刘太后，刘太后同意了。后来荆王赵元俨对宋仁宗说："陛下是李宸妃所生，宸妃是死于非命的。”仁宗知道后痛哭了几天，并下诏自责，到洪福寺祭奠祷告，为了验明李宸妃的死因打开棺材，亲自查看。发现李宸妃的尸体用水银保护得很好，肤色就像活着一样，穿的衣服也是皇后的衣服。仁宗长叹说：“看来不能轻易相信别人的话啊！”于是对待刘氏一族仍然亲厚。

**奏留祠庙** 北宋的张方平为应天府通判时。当时的司农正按照王安石的新法把祠庙卖给民众。张方平请刘挚代他上奏说：“阏伯（帝喾之子）迁于商丘，主祀的香火，是国家盛德的体现，在历朝历代都被尊为大祀。微子，是宋国最早受封的君主，在此地开国，也是本朝受天命而建大业的来源。还有双庙，是唐代张巡、许远守卫孤城而死的地方，二人能在大难中为国捍卫疆土。现在祠庙如果被小人买去并谋求利益，可能会对它们亵渎不敬，什么都有可能发生！每年仅收取一点点税收，却伤害了国家大体。我希望能留下这三座庙，以慰国人崇奉圣贤的之心。”奏疏上达之后，神宗震怒，在简牍后边批语说：“怠慢神灵、侮辱国体，没有比这更严重的事了！”从此天下的祠庙不准再卖给个人了。

**收缚诬罔** 西汉的隽不疑为京兆尹时，有一个男子乘坐着牛车，来到皇宫北门，自称是已死的卫太子刘据（汉武帝长子）。朝廷下诏让列侯公卿以下百官来验看，但到的人都不敢说话。隽不疑后到，喝令属吏逮捕此人。隽不疑说：“春秋时期蒯聩出逃，他的儿子蒯辄拒而不纳，《春秋》都赞赏这种做法。卫太子因为得罪先帝，逃跑后还没死，现在不请自来，这是犯人啊。”于是便把此人逮入了监狱。汉昭帝与霍光非常赞赏，说：“公卿大臣就应当是熟读经书、深明大义的人啊。”后来仔细审理，发现此人是冒充的，于是判他诬罔不道之罪，处腰斩之刑。

**捕腩小龙** 程颢为上元县主簿，治理有方，一片清明。茅山池中有一条小龙，看到这条龙的人都奉之为神灵，民众都跑去看，像中了邪一样。程颢把它抓住，制成了肉干。

**汰僧为兵** 北宋的胡旦任昇州（今南京）通判时。当时江南刚刚平定，取消了南唐李氏皇帝所度的僧人，十成人员中减去了六七成。胡旦说："这些人没有田地和家业可以回，可能会聚集起来成为盗贼。"于是便在他们身上刻了记号让他们去当兵，并将取消尼姑身份的人配给他们为妻。

**俟面奏** 明代的寇天叙以应天府丞的身份代理府尹的工作。当时明武宗南巡，权臣与宦官百般索取贿赂，如果违背了他们的心意，就立刻有祸事临头。寇天叙说："我与其因为给人行贿而改了我的节操，还不如获罪而丢掉官职。"所以凡是有索取贿赂的要求，他全都直接回绝，并说："等我当面启奏皇上，皇上说让我给我就给。"谁都拿他没办法。皇帝停留了九个月，耗费极大，但这里的民众并没有受到太大的侵害。

**破柱戮奸** 东汉的李膺任司隶校尉时，当时任小黄门的张让有一个弟弟，弟弟张朔为野王县（今河南沁阳）县令，贪婪残暴、治理无道，因惧怕李膺的威严，就逃回京师，藏匿在哥哥家里的柱围[①]里。李膺知道了这个情况，便率属吏及兵士打开柱子抓走了张朔，交给洛阳地方官审判，拿到口供后便杀掉了他。从此以后，这些黄门常侍都非常恭谨小心。当时朝纲混乱，法度废弛，只有李膺坚持风纪，以声名自重，有很多人非常景仰他。

---

① 用数根木头围城的空心柱子。

# 清廉

**冰壶**　杜甫有诗："冰壶玉鉴悬清秋。"姚元崇作《冰壶诫》，说冰壶通体没有一点瑕疵，而且清澈见底。东汉的杜诗非常清廉，像冰壶一样通透。

**斋马**　唐代的冯元叔曾在浚仪、始平[①]两地做府尹，都是一个人骑马赴任，从来没有与妻子一起去任职。他所骑的马，也只吃国家配给的粮草。人们都称他的马为斋马。

**廉能**　《周礼·天官》记载：可以用评判官府的六计来判断群吏的政绩：一是善良的品德，二是能力，三是敬畏，四是正直，五是法治，六是辨别力。

**冰清街平**　华康直在光化（今湖北省老河口市）任职，丰稷在谷城（今湖北省襄阳市谷城县）任职，两人都清廉而公平。

---

① 古县名，三国魏黄初元年（公元220年）改平陵县置，治所在今陕西咸阳市西北。其后屡有迁移，隋移治今兴平。唐景龙四年（公元710年）金城公主与吐蕃和亲，中宗送别于此，因改名金城。

当时人歌颂他们说："华光化，丰谷城，清如冰，平如衡。"

**釜中生鱼** 汉代的范冉字史云，在汉桓帝时任莱芜长。当时人歌颂他说："甑中生尘范史云，釜中生鱼范莱芜。"

**留犊** 魏国的时苗为寿春（今安徽寿县寿春镇）县令。他刚到寿春任职的时候，乘坐着黄母牛拉着的粗糙简陋的小车，上面装着粗布行囊。过了一年多，母牛生了一个小牛犊。等到他离任的时候，就把小牛犊留下了，对主簿说："我来的时候，本来没有这只小牛犊。牛犊是在这里生的，所以要把它留下。"明代的交河县令叶好文，也曾留下三只牛犊给贫民耕地。

**酹酒还献** 东汉的张奂，是安定属国的都尉。有羌人感谢其击败匈奴，就来献金钱和马匹，张奂召主簿张祁进来，在羌人面前，把酒倒在地上说："即使马像羊一样多，我也不要它们进入我的马厩；即使金钱像粟米一样多，我也不把它们揣到怀里。"说完就把东西全还给了羌人，百姓感其恩威，教化风行。

**食馔一口** 北齐彭城王高攸从沧州受召还朝，父老乡亲准备了饭菜前来送行，说："殿下只喝过这里的水，还没有尝过百姓的饭，请收下这点薄礼吧。"高攸便吃了一口。

**臣心如水** 西汉成帝的时候，郑崇为尚书，喜欢直言进谏，高官贵戚多次说他坏话。成帝责备郑崇说："你家中门庭若市，但为什么不跟贵戚交往呢？"郑崇回答说："家虽门庭若市，但我的心如水一样。"

**清乎尚书之言** 东汉的钟离意为尚书令。交趾（今越南北部红河流域）太守张恢因贪赃而伏法，他的财物都陈列在皇帝面前，皇帝下诏将这些东西分赐给群臣。钟离意得到了珍珠，却都扔在了地上。皇帝觉得很奇怪，钟离意说："孔子忍着渴也不喝贪泉的水，曾参驾车不过胜母这个地方，仅仅因为厌恶这个名字。这些东西都是赃物，我确实不愿意接受。"皇上赞叹说："尚书的话很是清廉啊。"

**乘止一马** 唐代的朱敬则为卢州[①]刺史，换任时，没有带走淮南的一件东西，只骑了一匹马。

**酌水奉饯** 隋代的赵轨为齐州（今济南）别驾。要返回朝廷的时候，父老乡亲都来送他，说："大人为官清得像水一样，就请允许我们倒一杯水来与大人饯别。"

**郁林石** 三国时期吴国的陆绩为郁林太守，罢官归乡时没有什么行装，小船太轻没法在海上走，便取了一块大石头放在船里才得以还家。人称之为郁林石。

**只谈风月** 南朝梁的徐勉调任为吏部尚书，经常与门人在晚上集会，有门人为他人求官，徐勉说："今天晚上只谈论风月，不谈及公事。"

**市肉三斤** 明代的海瑞为淳安县令，为官很清廉，有一天，总督胡宗宪对主管军事、民政、司法的三司诸位官员说："昨天听

① 南朝梁天监十年（511年）后置。治今泸溪，疆域相当于今湖南花垣、泸溪县地。

说海县令竟然买了三斤肉，大家可以去察看一下。”后来才知道海瑞是为了给他母亲办寿才买的。

**一文不直**[①] 薛大楹做南昌主簿时，曾在门上写：“如果要了一文钱，那我就一钱不值。”

**原封回赠** 明代的吴让任临桂县（今桂林市临桂区）知县，不到三年，就越级提拔为庆远知府。庆远府下属南丹县的各少数民族官员都送来金钱作为贺礼，吴让都拒绝了，并口诵一首绝句送给他们：“贪泉爽酌吾何敢，暮夜怀金岂不知？寄语丹州贤太守，原封回赠莫相疑。”

**书堂自励** 明代的陈幼学任湖州知府，在大堂上写道：“受一文枉法钱，幽有鬼神明有禁；行半点亏心事，远在儿孙近在身。”

**画菜于堂** 明代的徐九经任句容县县令，等到期满离任时，父老乡亲和小孩子都拉着他的衣服哭道：“大人请给我们说些什么吧。”徐九经说：“只有三个字：俭、勤、忍。”他曾经在大堂上画了一棵白菜，并在上面题词：“民不可有此色，士不可无此味。”于是，父老乡亲便在石碑上刻了他所画的白菜，并在上边写下“勤、俭、忍”三个字，称之为“徐公三字经”。

**御书褒清** 南宋的程元凤官拜右丞相兼枢密使。皇帝亲自题写“清忠儒硕昭光”六个字来褒奖他。

---

① 直，通“值”。

**清白太守子** 南宋的王应麟任徽州太守，他的父亲也曾经在这里当太守，父老乡亲都说："这就是那个清白太守的儿子啊。"

**刘穷** 明代的刘玺是龙骧卫[①]。小时候研习儒学，长大后袭了父辈的世职，为官廉洁，人称之为青菜刘，也有人称他为刘穷。后来他任督漕总兵，皇帝也知道他的清名，看到他的奏章就很高兴地说："这是那个刘穷吗？答应他的奏请。"

**清化著名** 韦謏（xiǎo）幼时喜欢名家文章，各家的言论和深奥的学问之说无不阅览。后来韦謏在后赵的石季龙手下做官，在七个郡任过职，这七个郡都以清明的教化而著名。

**廉让之间** 范柏年第一次参见宋明帝时，说到了广州的贪泉，宋明帝便问："你主管的州里有没有这样的水？"范柏年回答说："梁州只有文川武乡、廉泉让水。"宋明帝又问："你家在哪里呢？"范柏年回答说："我就住在廉泉和让水之间。"宋明帝赞叹他的善于应答。

**清白遗子孙** 北朝的郑述祖到齐地为官，做兖州刺史。他的父亲也曾在兖州做官。百姓歌颂他们说："大郑公，小郑公，相去五十载，风教尚有同。"后来郑述祖得了重病，他说："我这辈子所得富贵已足够了！而我把清白的名声留给了子孙，就算死了也没有什么遗憾了。"

**清有父风** 唐代的柳玭（pín）是柳仲郢的儿子，任岭南节

---

① 龙骧卫为明代南京卫指挥使司之一，属官职名称。

度副使。官衙里有橘子熟了，他吃了以后，便送钱到官府里。后来官拜御史大夫，清廉正直有他父亲的风格。

**悬鱼** 东汉的羊续为南阳太守时。进入南阳境后，走小道微服私访，所有县令官长无论贪污还是廉洁，下吏和民众是善良还是狡猾，就全都清楚了，全郡为之震惊。府丞给他送了一些生鱼，他接受后悬挂在庭外，以此来杜绝以后的进献。他的妻子带领儿子羊秘来到这里，他却不让进，妻子非常生气，检查屋里，却发现只有粗布被和咸菜。

**自控妻驴** 宋代的李若谷到长社（今河南省长葛市东）去任主簿，自己拉着妻子所乘的驴，老朋友韩亿为他背着行李。将要入境了，对韩亿说："县吏要来迎接了。"当时李若谷的行囊中只有六百文钱，他将其中一半赠给韩亿，二人拥抱大哭而分别。

**埋羹** 王琎为宁波太守，操行廉洁，自己的用度更是节俭。一天，看到饭菜竟然既有鱼又有肉，大怒，命令侍从撤掉一道并将它埋掉，人们称他为埋羹太守。

**进饼不受** 明代的戴鹏任会稽知县，清廉谨慎并能坚持操守。当时有大军驻扎在四明，戴鹏前往供给粮草。期限紧急且严格，他率领民众步行前往，日落的时候非常饿，随从给他拿来饼，他坚决不吃，只是捧了路边的水来喝。

**仅一篚** 明代的轩輗由御史出朝任按察使，为人清俭自持，四季只穿一件布袍，经常只吃蔬菜。约了诸位同僚，三天才拿出俸禄去买一斤肉，多了就负担不起了。款待老朋友，只有一个豆菜，偶尔杀只鸡，大家便会非常惊讶地说：“廉使轩大人竟然杀鸡待客啦。”后来他以都御史的身份退休。皇上问：“以前浙江有个清廉的按察使任满回家，行李只有一个竹笼，是你吗？”轩輗磕头表示惭愧。

**符青菜** 明代的符验将出任常州太守，不携带家人，仅带着两个旧筐和一个童仆，每天吃的也只有蔬菜，人称之为符青菜。但他全力锄强扶弱，凡是横行乡里的人，即使已经逃跑或藏起来了，也一定要抓到。但如果依照法令自动投案，便也不会深究。有一年常州大旱，又有蝗灾，符验每天都按照规定来监督捕蝗虫的情况。每次出来，他都自己带着几升米、几把木柴来自给，不让百姓提供这些东西。

**清乃获罪** 南北朝的沈巑（cuán）之任丹徒（今江苏省镇江市丹徒区）县令，因为清廉正直不与皇帝左右的大臣交结，所以被诬陷，被带到朝廷皇帝亲自问罪，他回答说：“我是因为清廉而获的罪。”皇帝说：“清廉怎么会获罪？”沈巑之回答说：“没有什么东西可以进献给重要的人物啊。”皇帝问他重要的人是谁，他指了一下说：“这里穿着红衣服的人都是啊。”后来便还是让他回丹徒担任县令。

**橐无可赠** 南北朝的刘溉任建安太守时，老朋友任昉给刘溉寄来一首诗，请求他赠一件衣服给自己。刘溉检查完自己的衣服后却发现没有可以赠的，就答诗说：“予衣本百结，闽乡徒八蚕。”

**不持一砚** 包拯为端州（今广东省肇庆市端州区）太守时。端州每年都要向朝廷进贡砚台，还要以进贡数量的数倍来打点朝廷上的一些人。包拯下令每年只交够进贡朝廷的数量就可以了。等他任职期满离开时，自己不拿一方端砚。

**日唯啖菜** 宋代的姚希得做静江（今桂林）知府时，衙门以前用锦来做幕布，姚希得说："我不过是一介书生，要这些奢华的东西干什么？"便下令换成粗布的。且每天只吃蔬菜，一文钱都不乱拿。

**命还砧石** 宋代的凌冲任含山县令时，严于律已，一文钱都不乱拿。任满离去，发现行李中有一块磨刀石，非常惊讶地说："这不是我来时拿的东西啊。"下令让人归还。

**毋挠其清** 唐代的蒋沇（yǎn）历任长安、咸阳、高陵（今西安市高陵区）等地的县令，政绩卓越。郭子仪路过高陵，告诫部下说："蒋县令来为我军送给养[①]，有蔬菜吃就可以了，不要破坏了他的清名。"

**杯水饯公** 隋代的赵轨为齐州别驾。东边的邻居家里有桑葚落到自己庭院里，赵轨让人拾起送回去。等到他被朝廷召还的时候，父老乡亲都哭着送他说："大人像水一样清，我们不敢用茶水和酒浆来污您清名，就敬上一杯清水来饯别大人吧。"赵轨接受了这杯水并把它喝了。

**挂床去任** 三国魏时的裴潜任兖州刺史时做了一个胡床，离任的时候，把它挂在梁上。人们都很佩服他的节操。

---

① 军队中人员的伙食，牲畜的饲料以及炊事燃料等物资。

**置瓜不剖** 北朝的苏琼任清河太守。老前辈赵颖送给他两个园瓜，苏琼勉强留下却放在梁上，不打开吃。人们听说他接受了赵颖的瓜，便争着去献新鲜水果，到了门前，却发现那个瓜还在，便互相看看走了。

# 受职

**篮仕** 《左传》记载：毕万占卜在晋国做官的吉凶，得到的占卜结果是屯卦变为比卦。辛廖为他解卦说："大吉。"

**下车** 李白为南昌宰作《去思碑》："未下车，人惧之；既下车，人爱之！"

**瓜期** 《左传》记载：齐侯让连称、管至父戍卫葵丘，并答应在明年瓜熟时派人接替。所以有"及瓜而代"的说法。

**书考** 《书经》记载：每三年要考察一次官员的政绩。三次考察之后要按照贤愚，对不同的官员有所升降。

**增秩** 西汉宣帝说："太守是属吏与民众的根本，总是调换会让下属不安；百姓知这个太守会久驻，那就不会欺骗他，便会服从太守的教化。"所以如果太守有治理的成绩，就应该下诏劝勉，增其资历并赐金钱。

**报政** 《史记》记载：伯禽被封到鲁地，三年后向周公汇报政绩。周公说："为什么这么久呢？"伯禽说："改变鲁地的风俗，除去祭祀与丧礼中不合适的地方，需要三年后才能看到成果，所以迟了。"姜太公被封到齐地，五个月就回来汇报政绩。周公说："为什么这么快呢？"姜太公回答说："我简化了齐地君臣间的礼节，顺从当地的风俗，所以快啊。"

**一行作吏** 晋代的嵇康在《与山巨源交绝书》中写道："游山泽，观鱼鸟，心甚乐之。一行作吏，此事便废。"

**穷猿奔林** 东晋的李充字弘度，曾经感叹自己不被赏识。殷浩问他："你在意管理方圆百里的小地方吗？"李充回答说："我怀才不遇的心声，大人早就听到了。已到绝境的猿猴奔向山林，哪有时间去选择树木呢？"于是便让李充在剡县任职。

**有蟹无监州** 宋初通判与知州争夺权力时，往往说："我是州监！"有一个叫钱昆的浙江人，爱吃螃蟹，曾经恳求能到外郡去做知州，说："只要有螃蟹吃就好，不是州监也没关系。"苏轼写诗道："欲向君王乞符竹[①]，但忧无蟹有监州。"

① 符竹代表郡守职权。

# 致仕 遗爱

**蜘蛛隐** 西汉龚舍在楚地做官，看到有飞虫碰到蜘蛛网而死的情形，长叹说：“仕宦之途就是给人设置的罗网啊。”于是便辞官而去。当时人称之为蜘蛛隐。

**从赤松子游** 张良向汉高祖辞官道：“我以三寸不烂之舌成为帝王之师，被封为万户侯，这是普通人所能达到的顶点了，我已经没什么奢求了。现在我只想抛开世间杂事，跟随神仙赤松子云游。”

**鸱夷子皮** 范蠡在帮助越国消灭吴国后，认为盛名之下不可久居，而且越王勾践是只能同患难、不能同安乐的人，所以便乘上轻舟消失于五湖，自称为鸱夷子皮。

**东门挂冠** 汉代的逢萌知道王莽竟杀了他自己的儿子后，便告诉朋友说：“维系伦理的三纲都断绝了！如果再不离开，就会大祸临头。”于是把官帽挂在东门然后离去。

**思莼鲈** 晋朝的齐王司马冏让张翰当大司马功曹。张翰见秋风起，思念起了吴江的莼菜羹和鲈鱼脍，长叹说："人生就应为让自己快乐而活，怎么可以为了官位羁留千里之外呢？"于是辞职回乡了。

**二疏归老** 西汉疏广官至太傅，他的侄子疏受官至少傅。疏广对疏受说："我听说只有知足才不会受到侮辱，知道何时停止才不会有危险。我们不如告老还乡，好让我们的骸骨能归故里。"于是两人当天便辞官，皇帝也允许了。老朋友们都在东门设宴为他们饯别，看到的人都说："这是两个贤明的大夫啊。"

**襆被而出** 晋朝的魏舒为尚书郎。当时要减免郎官，才能不够的都要被罢免。魏舒："我就是这样的人。"用包裹将衣被打包好就走了。那些平日没有清名的同僚都面有愧色。

**弃荏席霉** 晋文公扔掉了一领有霉点的旧席子。他的舅舅子犯便要辞官回乡，说是晋文公扔了有霉点的席子，这是喜新厌旧之举，所以要告辞而归。

**乞骸骨** 汉宣帝的时候，丞相韦贤因为年龄大且有疾病，便自己乞求退休以保存骸骨，朝廷赏赐给他黄金百斤，并赐下小车和驷马，让他卸任回家。丞相退休就是从韦贤开始的。

**甘棠** 《诗经》里写道："茂盛的甘棠树啊，请不要剪枝也不要砍伐它，因为召公曾在树下休息。"召公巡行到南阳，在甘棠树下处理政事。后人思念他的恩泽，所以告诫人们不要剪枝也不要砍伐这棵甘棠树。

**生祠**　西汉的于定国审案公正严明，百姓在他活着的时候就立祠来祭祀他。生祠就是从他这里开始的。

**脱靴**　唐代的崔戎由刺史升迁，民众为了挽留他都抱住他，并脱了他的靴子不让他走。现在“脱靴”的习俗就是由此而来。

**桐乡**　西汉的朱邑为桐乡县令，得病快要死了，叮嘱他的儿子道：“我死后，属吏与民众一定会把我埋在桐乡。后世的子孙奉祀我，可能还不如桐乡的百姓。”

**野哭**　子产为郑国相。他死后，郑国城市里的人在街道上哭，农夫在田野里哭，商人因为哀伤而罢市，全国的人哭了三月，期间都听不到琴瑟之音。

**堕泪碑**　晋代的羊祜以德行高洁著称。他死后，南州因此罢市，在街上哭的人很多。羊祜被埋在岘（xiàn）山，百姓看到他的碑就流泪，所以称之为堕泪碑。

**童不歌谣**　秦国五羖（gǔ）大夫百里奚死了，秦国的人在街上哭，小孩不唱歌，舂米的人也不喊号子了。

**下马陵**　董仲舒的墓在长安，人们思慕他的德行，路过他的墓就下马，所以大家称之为下马陵。后世误称为虾蟆陵。

**扳辕卧辙**　东汉的侯霸为临淮太守，被朝廷召回，老百姓扳住他的车辕，躺在他的车轮前边，想让他多留一年，就这样奔走相送了上百里。

**截镫留鞭** 唐代的姚崇离任的那一天，百姓和官吏都哭着抱住马头，拿走马镫，只留下马鞭，希望能阻止他离开。

**众庶从居** 隋代的魏德深到贵乡（今河北大名县附近）任职，为政主张清静无为，不施严政就让地方安定下来了。他到馆陶任职，到了后，男女老少都像见了父母一样。后来这两个县的父老乡亲都上书请求把他留下来，上司无法决断。这时恰逢朝廷的使者来了，就把魏德深断给了贵乡，后来馆陶县有上百家民众跟随他到贵乡居住。

**与侯同久** 元代的柳不华为武冈路（今湖南省武冈市）总管时，守卫边境保护人民近二十年，民众歌颂他说："前有公绰，武冈父母。今之郡侯，无乃其后。足我衣食，安我田亩。我子我孙，与侯同久。"（意思是：唐朝时有个柳公绰，是武冈民众的父母。现在的郡侯，莫非就是他的后人？让我丰衣足食，保卫我的田地。希望我的子子孙孙，都能与郡侯同久。）

**不犯遗钱** 唐代的郑綮任庐州刺史。黄巢劫掠淮南，郑綮给黄巢送信请他不要冒犯庐州的边境，黄巢因为这封信而约束兵士，因此只有庐州幸免于难。郑綮任满离职的时候，留下很多钱，都收藏在庐州的仓库中。后来有盗贼来到这里，说："这是郑大人的钱。"便不敢偷。

**天赐策** 何比干，字少卿，是汝阴（今安徽阜阳）人，汉武帝的时候任廷尉。当时张汤执法严酷，何比干则尽量公平宽容，在他手下得以保全性命的有几千人，淮南地方称他为何公。忽然有一个老婆婆来到门前说："大人的祖先积有阴德，从而可保大人一生，现在又判案多为人平反，所以上天赐给你策符，让你的后人也受福佑。”然后从怀中拿出九百九十枚策符，说：“大人的子孙中佩戴官印的人应当有这么多。”

**再任** 陶侃两次任职于荆州，黄霸两次任职于颍州，郭伋两次任职于并州，陈蕃两次任职于乐安，寇恂两次任职于河南，耿纯两次任职于东郡。

## 降黜 贪鄙

**咄咄书空** 晋代的殷浩被罢免后，每天仍然不停地清谈、吟诗，就是家人也看不出他有被流放的感伤。不过，他每天都用手在空中书写“咄咄怪事”四个字。

**胡椒八百** 唐代的宰相元载受贿，后来事情败露，官府抄查他的家产，仅钟乳就有五百两，胡椒八百斛（一斛为十斗），其他的东西多得无法计算。

**簠簋（fǔ guǐ）不饰** 汉代的贾谊在《治安策》中说：“古代因为不廉洁而被罢免的大臣，不直接说‘不廉’，而婉转地说‘簠簋不饰[①]’。”

**围棋献赂** 五代蜀地的刺史安重霸，最爱索贿。治下民众中有一个姓邓的卖油人，家财巨万，安重霸召他来下围棋，并让他站着下。安重霸故意在落子时拖时间，一天也下不了几十个棋子。邓姓卖油人站得非常疲倦，而且也很饿。第二天，安重霸又召他

① 簠簋是两种盛黍稷稻粱之礼器；不饰指不整齐。

来。后来有人告诉他说：“安大人本不是为了下棋，为什么不进献一些钱财呢？”他便赶紧进献了三锭金子，才免除了这一苦差。

**拔钉钱** 五代时的赵在礼在宋州为官，贪婪暴虐，无法无天，百姓非常痛苦。后来调任永兴，百姓高兴地互相祝贺说：“终于拔掉了眼中钉！”赵在礼听说后，又请求朝廷让他再次到宋州任职，每年，境内的人不论户口是否在宋州，都征一千钱，称之为拔钉钱。

**捋须钱** 南唐的张崇为庐州长官，目无法纪，曾经入朝觐见，庐州百姓都说：“那家伙想必不会再回来了吧？”张崇回来后，便每天征收“那家伙钱”。第二年张崇又入朝觐见，庐州盛传朝廷正在商议罢免他的官职，民众不敢指名道姓地说，在路上遇到就用摸胡须来表示庆祝。张崇回来后，便又征收“捋须钱”。

**破贼露布** 唐代的奸相李义府当宰相的时候，杨行颖告发了他贪赃营私的事，朝廷诏令司刑刘祥道会同三司审理此案，查清后便将李义府除名，并流放嶲州。有人戏作了一篇《河间道元帅刘祥道破铜山大贼李义府露布》，张贴在大路边。

**京师白劫** 后魏的元修义为吏部尚书时，只知道接受贿赂，官位的大小都有定价。中散大夫高居称他为“京师白劫”。

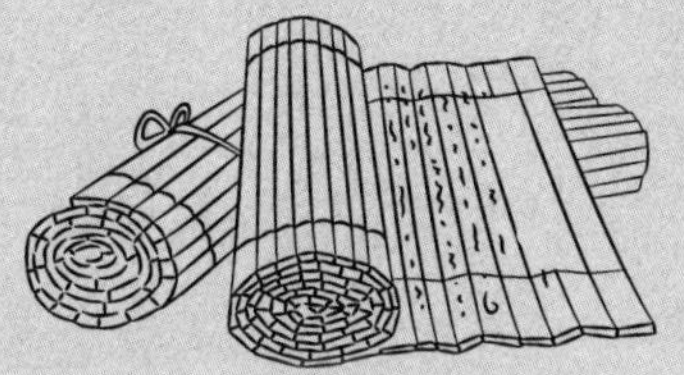

# 卷八

# 文学部

《易》是伏羲依据黄河上出现的龙马神兽所作，

神农又分别按其方位制成八卦，帝王将此看作传国之宝。

伏羲观察大龟的背纹创作了《洛书》，

神农又依据《洛书》开始制筮，黄帝用这些来占卜。

记录九州地理的志书叫作《九丘》，讲述八卦的书叫作《八索》。

# 经史

**十三经** 十三经指儒家的十三部经典著作，它们分别是:《易经》《书经》[1]《诗经》《春秋》《礼记》《论语》《孝经》《尔雅》《左传》《公羊传》《穀梁传》《周礼》《仪礼》。

《易》是伏羲依据黄河上出现的龙马神兽所作，神农又分别按其方位制成八卦，帝王将此看作传国之宝。

**三易** 夏朝的易叫《连山》，它的首卦是艮；商朝的易叫《归藏》，它的首卦是坤；周朝的易首卦是乾，伏羲制定了卦名，文王创建了彖辞，周公制定了爻辞，孔子写出了《十翼》，这样易的规则才完备。

**十翼** 孔子创作了《十翼》，分别是:《上彖传》一,《下彖传》二,《上爻传》三,《下爻传》四,《文言》五,《上系辞》六,《下系辞》七,《说卦》八,《序卦》九,《杂卦》十。

**洛书** 伏羲观察大龟的背纹创作了《洛书》，神农又依据《洛

① 即《尚书》

书》开始制筮，黄帝用这些来占卜。

**河图** 从前有次武库起火，导致古老的《河图》失佚，没有流传下来。今人都误把《洛书》当作《河图》，并把王莽时期的龟文当作《洛书》。

商瞿最早是在孔子那里学习《易》。秦朝时丢失了《说卦》的三篇。后来黄河以北有一个女子得到了这三篇。

**洪范九畴** 上天赐给大禹《洪范》，讲治理国家的九种方法（九畴）：第一是“五行”，第二是敬谨君王自身修持的“五事”，第三是要努力办好“八政”，第四是要协调好岁、月、日、星辰、历数这“五纪”，第五是要建立君王至高无上的统治准则，第六是要运用“三德”进行治理，第七是要很好地运用卜筮来处理疑难问题，第八是要用各种征兆来察验君主的好坏，第九是要运用“五福”为心归之人赐福，运用“六极”来宣示威权。

**五行** 万物之理在五行，这五行一是水，二是火，三是木，四是金，五是土。水向下湿润，火向上燃烧，木可曲可直，金塑造各种形状，土可以种植和收获庄稼。水向下则上咸，火向上则味苦，可曲可直的木材味酸，金属伤肤就痛，土地结出的果实味道甜美。

**五事** 人要注重五种修为，一是态度，二是言语，三是观察，四是听闻，五是思考。态度要恭敬，言语要顺从，观察要明晰，听闻要辨析，思考要睿智。态度恭敬就表现为严肃，言语顺从就可以辅佐治理，观察明晰就能成为智者，听闻辨析就善于谋断，思考睿智就能成为圣人。

**八政** 八项政务，一是吃饭，二是商业，三是祭祀，四是内务民政，五是教育文化，六是公案司法，七是礼宾外务，八是军事行动。

**五纪** 五纪是古代的一种时间计算方式，一是年岁，二是月，三是日，四是星辰，五是历数。

**三德** 管理国家要用三种方法，一是用正直的方法，二是用强硬的方法，三是用温和的方法。要想国家太平无事，就要用正直的方法；对强硬顽劣者，就要用强硬的方法镇压；对亲近的可成为朋友者，就用温和的方法对待。对心怀叵测的人要用刚强取胜；对性格爽朗的人，要用温和取胜。

**稽疑** 预测吉凶需要懂卜筮的人，叫他们用龟甲或蓍草来占卜。卦象有以下几种：有雨，征兆是水；有霁，征兆是火；有蒙，征兆是木；有驿，征兆是金；有克，征兆是土；有贞，内卦是贞；有悔，外卦是悔。

**庶征** 雨、晴、暖、冷、风，这五项具备，并且有规律按顺序出现，就能使草木繁盛。如果某一项过多，就是灾祸；某一项过少，也是灾祸。好的征象：一是君王严肃认真，就像适量的雨水；二是君王政治清明，就像和煦的阳光；三是君王处理问题清楚，就像天气和暖；四是君王多智，就像天气适时转寒；五是君王明识通达，就像春风定时而至。不好的征象：一是君王肆意妄为，就像暴雨不绝；二是君王行为不当，就像天气干旱；三是君王办事犹疑不定，就像天气总是炎热；四是君王办事严峻急迫，就像天气总是寒冷；五是君王处事蒙昧，就像狂风不止。

**五福** 人有五福，一是长寿，二是富有，三是健康安宁，四是修养美德，五是终享天年。

**六极** 人有六种最痛苦的事，一是短命，二是有疾病，三是忧患，四是贫困，五是丑恶，六是瘠弱。

**三坟五典** 三皇所作的书籍叫作《三坟》，五帝所作的书籍叫作《五典》。《抱朴子》记载：“《五典》就像音乐中的笙簧，《三坟》就像金玉。少昊、颛顼、高辛、唐尧、虞舜的书被称为《五典》。坟，就是‘大’的意思。三坟，是指山坟、气坟、形坟三部分。山坟，主要说君臣、民众的财物、阴阳、兵象之事；气坟，主要说蛰藏、萌动、生长、死亡之事；形坟，主要说天地、日月、山川、云气之事。也就是伏羲、神农、黄帝所作之书。”

**九丘八索** 记录九州地理的志书叫作《九丘》，讲述八卦的书叫作《八索》。

**金简玉字** 大禹登上宛委山，打开一个石柜子，得到了一册金质书简、青玉为字的书，其中记录了治水的主要方法，大禹以其治天下之水。后来伯益把它记下来，也就是《山海经》。

**六义诗** 《诗经》有“六义”，一是风，二是赋，三是比，四是兴，五是雅，六是颂。

**诗经传** 卜商最早为《诗经》作序。齐国的辕固以传的方式解读《诗经》的版本称《齐诗》。鲁国的申公以训诂的方式解读《诗经》的版本称《鲁诗》，申公受教于浮丘伯门下。毛苌注释的

《诗经》版本称《毛诗》，他受教于叔叔毛亨。

**五始** 《春秋》纪事中有“五始”，“元”是指气运之始，“春”是指时令之始，“王”是指帝王受命于天的开始，“正月”是指国家政治与教化的开始，“公即位”是指新王朝的开始。

**三传** 《左传》文辞华艳且纪事丰富，缺点是有太多关于神鬼内容。《公羊传》辨析详细且有得当的剪裁，缺点是过于通俗。《穀梁传》辞义清通且用语婉转，缺点是内容太少。

**二戴** 汉宣帝的时候，东海郡的后仓善于讲解《礼》，在曲台殿（未央宫东）撰写了《礼》一百八十篇，称为《后氏曲台记》。后来后仓把它传授了到梁国。梁国的戴德和他的侄子戴圣删减《后氏曲台记》为八十五篇，名为《大戴礼》。后来戴圣又删减《大戴礼》为四十六篇，名为《小戴礼》。后来的各派儒生又增加了《月令》《明堂位》《乐记》三篇，成为四十九篇，就是今天的《礼记》。

**毛诗** 荀子将《诗经》传授给西汉鲁国（实际为赵国）的毛亨，毛亨又对《诗经》做注解，并把《诗经》的学问传授给赵国的毛苌。当时人把毛亨称为大毛公，把毛苌成为小毛公，因为此版本的《诗经》为两位毛公所注释，所以取名叫《毛诗》。

**汲冢周书** 《晋书·束皙传》记载：晋朝太康二年（281年），汲郡有人偷着打开了魏安釐王的墓，得到几十车竹书，都是用像蝌蚪似文字写的经书。束皙当时任著作郎，便对这批书进行了分析考证，把它们称为《汲冢周书》。

**乐记**　汉文帝最早得到了窦公进献的周公旦的《大司乐章》，河间献王刘德与毛苌选择此书内容创作了《乐记》。

**漆书**　杜林在西州得到用漆书写的一卷古文《尚书》。卫宏、徐巡来学习，杜林便传授给了他们两个，这才使古文《尚书》流传了下来。

**壁经**　鲁恭王刘余拆了孔子的故宅，想给自己建宫殿，听到墙壁中有琴瑟丝竹的声音，便得到了古文《尚书》。汉武帝下令让孔安国来校定此书。

**断书**　孔子选编的《书》有百篇，是孔子后人孔腾藏在墙壁之中，最早被鲁恭王刘余所得，定为五十九篇，伏生称之为《尚书》。

**石经**　汉灵帝熹平四年（175 年），蔡邕与太史令单飏等人校订《五经》，并刻在石碑上，称之为石本《五经》。南齐衡阳王萧钧最早用小字来写，制成可放在巾箱中的《五经》。

**集注**　《易经》有程颐的集注和朱熹的集注。《诗经》有朱熹的集注。《书经》有朱熹女婿蔡沈的集注。《春秋》现在通行的是胡安国注本。《礼记》有陈皓的集注，陈皓字青莲，因为他娶了再嫁的女人为妻子，所以不让他在孔庙享祭祀。

**武经七书**　包括《孙子》《吴子》《尉缭子》《司马兵法》《李卫公兵法》《黄石公三略》《六韬》。

**佶屈聱牙**　韩愈在《进学解》中写道：周朝的《大诰》和殷

商的《盘庚》之文，都佶屈聱牙让人难懂；《春秋》叙述谨严；《左传》行文浮夸；《周易》神奇却有章法，《诗经》雅正而又华美。

**入室操戈** 《后汉书·郑玄传》记载：任城（今济宁市任城区）人何休非常喜欢《公羊》之学，写了《公羊墨守》《左氏膏肓》《穀梁废疾》等书。郑玄便用这三本书里的观点来反驳他。何休看到后叹息说："郑玄这是进我的屋子，拿我的武器来讨伐我啊！"

**二十一史** 司马迁《史记》，班固《前汉书》，范晔《后汉书》，陈寿《三国志》，唐太宗《晋书》，沈约《宋书》，萧子显《南齐书》，姚思廉《梁书》《陈书》，魏收《北魏书》，李百药《北齐书》，令狐德棻（fēn）《后周书》，李延寿《南史》（宋、齐、梁、陈），《北史》（魏、齐、周、隋），魏徵《隋书》，宋祁、欧阳修《唐书》，欧阳修《五代史》，脱脱《宋史》《辽史》《金史》，宋濂《元史》。

**亥豕** 有个读史的人说："晋国的军队讨伐秦国，赶了三头猪过河。"子夏听到后说："不对，应是在己亥的时候过河。"读史人向鲁国史官求证，果然如此。（篆文的"己"与"三"相近，"豕"与"亥"相似）

**无一字潦草** 温国公司马光写作《资治通鉴》，草稿有几千卷，到处都有涂抹的痕迹，但没有一个字是潦草的。他立身行事的规矩就是这样啊。

**瓠史** 南朝梁时有一个僧人，到南方去时带着一个葫芦，里面装有汉代班固《汉书》的草稿，宣城太守萧琛得到了它，称之为《瓠史》。

**即坏己作** 陈寿非常好学，也擅长写作。年轻时在蜀地做官，任著作郎，撰写了《三国志》。当时夏侯湛等人也想写《魏书》，看到陈寿的著作后，就销毁了自己所写的东西。

**探奇禹穴** 太史公司马迁说："我二十岁就游历江淮，登上会稽，探访禹穴，进窥九嶷，泛舟沅江、湘江；涉于汶水、泗水，在齐国与鲁国的都城讲授学业，观察了孔子所留治学之风，再访问梁与楚才回来，然后连缀汇集石室中的藏书，创作出了《史记》。"

**诸子** 诸子共有一百八十九家，所以称为百家。

**石勒读史** 石勒不识字，让别人读史书给他听，听到郦食其请求立六国之后人，便说："这个法令是错的，汉朝怎么会拥有天下呢！"等听到留侯张良谏阻，才说："好在有这个明白人！"

**修唐书** 宋代的宋祁撰修《唐书》时，天正下大雪，他便增添帐幕，点燃了巨大的蜡烛，坐拥炉火，姬妾环绕侍奉。正在写一人的小传，还没有完成，回头问侍姬道："你们见过有哪个主人像我这样吗？"有一个来自皇家宗室的说："我家太尉遇到这样的天气，只知道拥炉而坐，放下帐幕让大家唱歌跳舞，偶尔扮演杂剧，倒满酒杯喝得大醉。"宋祁说："这样倒也不错。"于是便放下笔合上书，开始通宵喝酒。

**下酒物**　宋代的苏舜钦为人豪爽、喜欢喝酒。在岳父祁国公杜衍家里，每晚读书，以喝一斗酒为限。杜衍暗中观察他。苏舜钦读《汉书·张良传》中“张良与刺客狙击秦始皇”这一句时，拍案叫道：“可惜啊，没有打中！”于是喝掉满满一大杯。又读到“张良说：‘开始我在下邳起事时，与陛下相会于留，这是上天把我赐给陛下的。’”又拍案大叫：“君臣之间可以这样相处，实在难得！”便又喝了一大杯。杜衍笑着说：“有这样的下酒菜，一斗酒是不够喝的呀！”

**修史人**　明代的李至刚参与国史的修纂，但只穿士人的衣服与巾帽，自称为“修史人李至刚”。史馆中的其他人听了都大笑，称他为“羞死人李至刚”。

**七十二人传**　孔安国撰写的《孔子弟子》，列有七十二个人。刘向撰写的《列仙传》一书，也是七十二个人。皇甫谧撰写的《高士传》，也是七十二个人。陈长文撰写的《耆旧传》，仍然是七十二个人。

**索米作传**　陈寿曾经当过武侯诸葛亮的文书小吏，受过一百杖的刑罚；他父亲也曾被诸葛亮剃了光头，因此他所撰写的《三国志·蜀书》中便有很多诬陷不实的地方。另外，丁廙（yì）、丁仪在魏国很有名望，陈寿对他们的儿子说：“你们如果给我弄一千斛米，我就给令尊写一篇好的传。”丁氏的后人不给，所以陈寿就不给这两人立传。

**雷震几**　明代的陈子经写《通鉴续编》，写到宋太祖废除后周的国主为郑王的时候，忽然有雷打到他的桌子上，陈子经大声说：“老天爷就是打断我的胳臂，我也不会改变。”

**直书枋头** 东晋的孙盛编纂《晋春秋》，如实地记录了当时发生的许多事情。桓温看到这部书，很愤怒地对孙盛的儿子说：“枋头一战诚然失败，但哪里像你父亲说的那样！如果这样的史书行于世的话，那就是影响你们家门户的大事。”孙盛的儿子赶快下拜谢罪，请他修改。此时孙盛因为年老而在家里住着，性格却越发的暴躁。儿子们都大哭磕头，请他为一家百十人考虑。孙盛大怒，不答应。儿子们只好偷偷地改了。

**为妓詈（lì）祖** 欧阳修任推官的时候与一个妓女很亲近，但这个妓女后来被钱惟演抢去了，欧阳修便非常恨钱惟演。后来欧阳修写《五代史》时，便诬陷钱惟演的祖父武肃王钱镠收太重的税而引起民众的不满。小小嫌隙，就连累祖先，圣贤之人也不能免啊。

**心史** 宋末的诗人郑所南写作《心史》，贬损元朝而怀念宋朝，写成后用大且重的铁盒把书装起来沉到古吴地一眼废井之中。到了明朝崇祯戊寅年（1638 年），总共过去了三百五十六年，这本书才重新被世人发现。

**明不顾刑辟** 唐代的孙可之说：“做史官的人，就应该在世间不怕获罪，在阴间不怕鬼怪，如果在叙述时故意回避一些事情，那他写的书就可以烧掉了。”

**五代史韩通无传** 苏轼问欧阳修说：“大人所作《五代史》可以传于后世吗？”欧阳修说：“我写此书的时候是怀有扬善责恶

这一志向的。”苏轼说：“韩通（反对宋太祖篡权的后周大将）这样的人都没有专传，怎么能说是扬善责恶呢？”欧阳修默然不语。

**赵盾弑君** 晋灵公想杀赵盾，赵盾的侄子赵穿杀了晋灵公，赵盾还没逃出国境便又回来了。太史董狐在史书上写道：“赵盾杀了他的君主。”赵盾说：“不是我啊。”董狐回答说：“你是正卿，逃亡却不出国境，回来也不讨伐弑君的贼子，不是你是谁呢？”孔子说：“董狐，是古时良史啊，书写历史的原则就应该是不隐恶。”

**史评** 《晋书》《南史》《北史》《旧唐书》，都是野史小说。《新唐书》，仿造之书。《五代史》，是学究的史论。《宋史》《元史》，是胡拼乱凑的朝廷通报。与其像《新唐书》那样图省力仿造，不如像《南史》《北史》那样繁复；与其像《宋史》那样繁杂，不如像《辽史》那样简洁。

# 书籍

**二西藏书** 大西山、小西山是轩辕黄帝藏书的地方。

**兰台秘典** 汉朝收藏图书典籍的地方，叫石渠、石室、延阁、广内，这些都是宫外的收藏处。又有御史中丞居于朝廷之中，掌管兰台的藏书。至于麒麟阁、天禄阁两处，则是宫内的藏书处。

**石室紬（chōu）书** 司马迁为太史，他在《史记》的自序中写道，这是“紬金匮石室之书”。“紬”，就指缀集编次的意思。用金属做匣，用石头建屋，多重密封，表示非常慎重的意思。

**家有赐书** 东汉的班彪家里有朝廷的赐书，想扬名的人从远方慕名赶来拜访，父辈中扬雄等人也都来访问。

**南面百城** 李谧闭门谢客，自己也不再出门，变卖家产来买书，并且对书亲自筛选。常常叹息说：“大丈夫如果有万卷书，何必面南称王统治百城呢！”

**三十乘** 晋代的张华喜欢书，曾经搬家，用三十辆车子装运书籍，哪怕是天下最奇异秘藏的书，别处没有的，张华这里都有。他创作的《博物志》流传于世。

**曹氏书仓** 东汉曹曾有一万多卷藏书。天下大乱时，曹曾害怕书籍散失，便用石头垒成仓库，来收藏书籍，世人称其为曹氏书仓。

**五车书**《庄子》记载：惠施学识渊博，他的藏书有五车之多。

**八万卷** 梁元帝萧绎藏书四十年，得书八万卷，就是朝廷的秘书省也没有他的书多。

**三万轴** 唐代邺侯李泌的家里有三万轴藏书。韩愈写诗说："邺侯家多书，架插三万轴，一一悬牙签，新若手未触。"

**黄卷** 古人抄写书籍的时候，都用黄纸，这是因为纸都用黄蘖染过一遍，以驱蠹鱼，所以叫作黄卷。如果发现有错字，就用雌黄来涂改。

**杀青** 古人著书，用竹子作书简。新的竹子有汁液，容易腐烂或者生蠹虫。所以凡是用竹作简，就要先在火上烤，把汁液烤去，再刮去青色的表皮，这就叫杀青，也叫汗简。

**铅椠（qiàn）** 上古时人结绳记事但却政治平定。尧、舜二帝以来，才开始有了简册：用竹来做，用漆来书写，或者在板上以铅画之，所以有刀笔铅椠之说。

**湘帖** 古人在书卷之外必有帖来保护，就像现在的包袱。白居易曾经把自己的文集放在庐山草堂，多次丢失。宋真宗命令崇文院抄写校正，文集外面用斑竹帖包起来后再送回到寺里。

**四部** 《旧唐书·经籍志》记载：唐玄宗在东、西两都各收藏了四部的图书，以甲、乙、丙、丁为号：甲，就是经部，用红色的牙签；乙，就是史部，用绿色的牙签；丙，就是子部，用碧色的牙签；丁，就是集部，用白色的牙签。

**芸编** 芸香草能防蠹，所以藏书的人就用芸香来熏书，所以书也叫作芸编。古诗有"芸叶熏香走蠹鱼"的句子。

**书楼孙氏** 孙祈的六世祖孙长孺喜欢藏书，在书楼上收藏了几万卷图书，当时人称他们这一族为书楼孙氏。

**汗牛充栋** 陆文通的藏书，放在屋子里能装满整个屋子，运出来会把牛累出汗来。

**悬国门** 吕不韦纂写完《吕氏春秋》，在咸阳街市公示，并悬赏千金，能增减一字的人就获得这千金的奖赏。但谁都不能增减一字。

**市肆阅书** 东汉的王充什么书都喜欢读，但家里穷没有书，便常去洛阳的各家书店，看书店里展示出来的书，看过一遍就能记下，百家流派各种学说都很了解。后来他撰写了《论衡》八十五篇。

**帐中秘书** 王充写的《论衡》，中原地区尚没有传本，蔡邕到吴地才得到，藏在家中，以助他与人交谈论事。后来王朗得到了这本书，等到他回到洛阳，当时人都称赞他才华大涨，说：“不是见到了异人，就是得到了异书。”

**藏书法** 赵孟頫写的跋文中说：“收书和藏书，都不是易事！善于看书的人，首先要让心境澄澈，然后把桌子擦拭干净并焚香而坐，不要卷书，不要折角，手不要碰字，不要手沾唾液翻书，不要枕书，不要把名片夹在书中，一有损坏就马上修补，看时打开，不看时合上。后代得到我的书的人，也奉赠给你这个方法。”

**等身书** 北宋的贾黄中小的时候聪颖过人，他的父亲和老师便取来一摞书，高度与他一样，让他读，叫作等身书。

**蔡邕遗书** 蔡文姬从沙漠归来，曹操问她，她父亲蔡邕还有哪些文章，蔡琰说：“父亲死后，所留文章有四千多篇，但流离失所，已经没有留存下来的了。现在我所能背诵的只有四百多篇。所以请给我纸笔，我将把它们写出来，至于用真书[a]还是草书则由您决定。”于是便写出来送入，其中的文字没有一点遗漏与错误。

**嘉则殿** 隋炀帝嘉则殿的书分为三品，即有红琉璃、黑红琉璃、漆轴的分别。嘉则殿四周垂以锦幔，环绕之墙皆刻飞仙。隋炀帝来到藏书室，踩一下秘密机关，就有飞仙在上边打开锦幔，书架的门也会自动打开；隋炀帝一出来，门又会关上。隋朝的藏书，共计有三十七万卷。

---

① 真书一般指楷书。

**补亡书三箧**　汉代的张安世博闻强识。汉武帝驾幸河东，丢失了三箱图书，下诏询问群臣可记得书中内容，大家都不知道，只有张安世记得，就写下来补进去。后来汉武帝出资搜购到了丢失的那些书，互相比对，竟无遗漏或错误。

# 博洽

**舌耕** 汉代的贾逵精通经学，有很多人不远千里来他这求学，学生们进献的粮食装满了仓库。有人说，贾逵不是用力气来耕田，而是用舌头在耕田。

**书厨** 陆澄博览群书，通晓各种事物，而王俭觉得自己能超过他。等到两人谈话，陆澄谈及已经佚失的书籍几百条，都是王俭从来没有看过的，王俭这才叹服地道："陆先生真是书架啊。"

**学府** 《南史》记载：梁昭博古通今，被称为学府。

**人物志** 唐代的李守素通晓天下人物的功过，世人称他为"肉谱"。虞世南说："从前任昉通晓经义，世人称他为'五经笥'。现在把李守素称为'人物志'，不为过吧！"

**九经库** 唐代的谷那律博览群书、通晓经义，为世人所重，号称"九经库"。此外，房晖远见识广博，且熟记经典，学者称他为"五经库"。

**稽古力** 汉代的桓荣天性好学，光武帝的时候他官拜太子少傅。他把朝廷赐给他的车马都陈列在院子里，对学生们说：“这就是研习古学问的力量啊。”

**柳箧子** 唐人柳璨改任左拾遗，公卿大臣都争相托他代为写奏章，他的声誉越来越高，因其博学多才，人称柳箧子。

**五总龟** 唐代的殷践猷精通古今经典，贺知章称他为“五总龟”乌龟以一千岁为一总，这一千年中发生的事都知道。他做了秘书省学士。

**行秘书** 唐太宗有次出巡，大臣请求让一个副书随行。唐太宗说：“不用。有虞世南在这里，就是秘书了。”

**八斗才** 谢灵运说：“天下的才能若有一石，曹植一个人就得到了八斗，我得到一斗，从古至今的其他人共同用一斗。曹植那样的惊世才华和博闻强识，有谁能相继呢！”

**扪腹藏书** 杨玠娶了崔季让的女儿，崔季让有很多藏书，杨玠在他家的书房游玩的时候，就一边看一边记。然后说：“崔家的书被人偷光了。”崔季让忙让人检查，杨玠摸着自己的肚子说：“已经藏在我的肚子里了。”

**三万卷书** 元代的吴莱喜欢到处游玩，曾东到齐鲁地，北到燕赵，只要遇到名胜古迹与名山大川，就会流连很久。他曾说：“如果胸中没有三万卷书，眼中没有天下的奇异山水，就不会做文章；即便写出，也不过是些小孩的话罢了。”

**了却残书**　朱熹给陈亮的回信中道：“奉劝老兄，请不要撺掇我了，留着我这个闲汉在山里吃菜根，然后写几本残书吧。”

**书淫**　南朝梁的刘峻家里很穷但很好学，可惜只有麻柴火炬照明。他看书通宵达旦，有时不小心睡着了，火烧到了头发，惊醒过来又继续读书。他总担心自己学识不够，听到哪里有奇异之书，就一定前去求借。崔慰祖[①]称其为“书淫”。

① 南朝齐藏书家、史学家。

# 勤学

**帐中灯焰**　范仲淹每天夜里都在帐中读书，帐顶都被灯熏黑了。等到他做了高官，他的夫人把熏黑的地方指给儿子们看并说：“这就是你们的父亲小时候因为学习勤奋，灯焰熏黑的痕迹啊。”

**佣作读书**　西汉的匡衡非常好学，同村有一家富户家里有很多书，匡衡为他们干活不要报酬，说：“希望能借主人的书来读一读。”于是通过这个方法博览群书。

**带经而锄**　西汉的倪宽师从孔安国，可还要时常干活，常带着经书去锄地，如果太累了，就稍微休息一会儿，再起来读书。

**燃叶**　唐末的柳璨，小时候孤苦贫困，但很好学，白天砍柴挣家用，晚上便点着树叶来看书。

**圆木警枕**　司马光用圆的木头做警示之枕，睡着一会儿枕头就会转动让他醒来，醒后立刻起床读书，所以他的学问通达。

**穿膝**　东汉末的管宁家里贫困但好学，在粗硬的坐榻上五十多年，从来没有过箕踞[①]的不雅姿势，膝盖处的布都磨烂了。

**燃糠自照**　南朝齐的顾欢家里贫困，乡里有学堂，顾欢便靠在后墙上偷听，听到后就不会遗忘。晚上就点着松节来读书，有时甚至会点着糠来照明。

**杜门读书**　北朝的邢劭，任丘人。年轻时去洛阳游历，遇到下雨，便闭门五天读《汉书》，全都能记下来。他写的文章典雅华丽，下笔神速，与温子昇齐名。他官至太常卿，兼任中书监、国子监祭酒，朝臣都很尊敬他，可他性情洒脱不拘小节，也从不因自己的地位而觉高贵，平常只在一间小屋里歇宿，并不进官府歇宿。他自己说："曾经在白天进入内阁，却被狗狂吠。"

① 两腿伸开以求舒适。

# 著作

**字字挟风霜** 淮南王刘安撰写了《淮南鸿烈》二十一篇，每个字都透着凛冽之感。扬雄认为能为它增删一字，都价值百金。

**月露风云** 隋代的李谔在书中写道："最近人们写文章连篇累牍，不过是些月露之形；积案盈箱，也尽是风云之态。"

**文阵雄师** 唐代的苏颋写文章时才思如泉涌，张九龄对同僚说："苏先生的文章俊逸华彩没有敌手，真是文章战场上的一支雄师啊。"

**词人之冠** 张九龄七岁就能写文章，唐太宗时官拜中书舍人，当时人称他为词人之冠。

**文章宿老** 唐代的李峤为凤阁舍人①，才思敏捷，朝廷的文册号令多由他来写。他早期水平与王勃、杨炯接近，中期与崔融、苏味道齐名，学者都称他为文章宿老。

① 唐武则天时称中书省为凤阁，中书舍人即称"凤阁舍人"。

**口吐白凤** 汉代的扬雄写作《甘泉赋》，才思豪迈，写成后，梦见自己嘴里吐出一只白色的凤凰。

**咽丹篆** 韩愈小的时候，梦见有人给他一卷红色篆字的书，命他吞进去，旁边有一个人拍手大笑。醒来后便觉得胸中好像刚刚咽过东西一样，从此以后写的文章便越来越好了。后来见到孟郊，发现孟郊就是梦中在旁大笑的那个人。

**锦心绣口** 李白在《冬日于龙门送从弟京兆参车令问之淮南觐省序》一文中记载，从弟曾问："兄台莫非心肝五脏和嘴都是锦绣吗？不然，怎么能开口便成文章，挥毫便像光芒照雾散。"

**宫体轻丽** 《资治通鉴·梁高祖纪》记载：东海的徐摛文体清丽婉转，当时人称之为宫体。

**自出机杼** 北魏的祖莹因为文学才能而被器重，他经常对人说："写文章必须要有自己的布局，成就自家的风格，哪能跟别人一样呢！"

**倚马奇才** 东晋的桓温北征鲜卑的时候，召来袁宏让他立在马前写公告，袁宏手中的笔不停，一会儿就写满了七张纸，而且写得非常好。

**文不加点** 三国时江夏太守黄祖大宴宾客，有人进献了一只鹦鹉，黄祖命令祢衡说："希望先生能为鹦鹉写一篇赋。"祢衡拿笔就写，整篇文章一气呵成，没有改动的地方，文辞也很华美。

**干将莫邪**　唐代李邕的文章名闻天下，卢藏用说："李邕的文章就如同古代的宝剑干将、莫邪，不会有人想与它们争锋，因为那样只会损伤自己。"

**洛阳纸贵**　三国时的左思写了《三都赋》，有钱人家都争着传抄，洛阳的纸价都因此而昂贵起来。邢劭的文章典雅而华丽，每次写出文章，京师人就四处传抄，纸张也因为这个原因而昂贵了。

**此愈我疾**　三国时的陈琳小时候就很有辩才，他写的讨伐曹操的檄文被人拿给曹操看。曹操本来正被头风病折磨，痛得躺在床上，读了陈琳的檄文，曹操一下子就站了起来，说："这治好了我的病啊！"

**台阁文章**　宋代的吴处厚说："文章有两类，一类是山林草野之文，一类是朝廷台阁之文。王安国曾说：'文章就应该有官样。'难道说也是应该有台阁之气吗？"

**捕龙搏虎**　柳宗元说："人们看到韩愈的《毛颖传》，惊叹称奇。而我读这篇文章，却感觉如捕龙蛇，搏虎豹，就像与其搏斗，一刻也不敢松力。"

**捕长蛇骑生马**　唐代孙樵书写了如玉川子卢仝的《月蚀歌》和韩愈的《进学解》，每一个字都如拔地而起、上倚青天，每一句都让人身临其境，让读文章之人如空手去抓长蛇，如骑无鞍辔之野马。

**驱屈宋鞭扬马** 《李翰林集序》中说：可以追逐屈原和宋玉，鞭挞扬雄和司马相如，文坛千年独步的，只有李白一人。

**点鬼簿算博士** 唐代的王勃、杨炯、卢照邻、骆宾王，都有善于写文章的名声，当时人议论他们的缺点说："杨炯喜欢用古人姓名，可以称其为点鬼簿；骆宾王喜欢用数目字来作对仗，可以称他为算博士。"

**玄圃积玉** 同时代的人都把陆机的文章看作是仙人居所幺圃里的玉石，处处都是夜光之宝。

**造五凤楼** 唐代的韩溥与弟弟韩洎（jì）皆有善于写文章的名声。韩洎曾说："我哥哥的文章就像用绳捆茅草盖房子，只能暂挡风雨罢了。而我的文章却是用建造五凤楼的方法写出的。"韩溥因此寄了一些蜀地的信笺给韩洎，并附诗说："十样鸾笺出益州，近来新寄浣溪头。老兄得此全无用，助汝添修五凤楼。"

**梦涤肠胃** 唐代的王仁裕在小的时候，曾经梦见有人剖开他的肠胃，用西江的水来洗，看到江中的沙石，却都是篆字和籀文。从那以后，王仁裕的文采与内涵都大有长进，写有诗集一百卷，名为《西江集》。

**鼠坻牛场** 扬雄在《答刘歆书》中写道，张伯松曾说："恐怕你所作的《太玄经》，就像老鼠和牛的居所，如果能利用，那就可以结出五谷来养育民众；如果不能被用，那就只是粪土，被抛弃在路边而已。"

**帖括** 帖就是收录留存的意思，用言简意赅的文字记下典籍中的义理并背诵。

**诊痴符** 五代的和凝写文章，认为越多越好，有文集上百卷，他自己雕版印刷发行，有识之士都对此不以为然，说："这就是颜之推所说的那种文章笨拙却喜欢刻书的'诊痴符'啊。"

**焚弃笔砚** 西晋的陆机天才秀逸，辞藻华丽。张华曾经对他说："一般人写文章，都怕自己的才能太少，你却怕太多。"陆机的弟弟陆云说："张华看到我哥哥的文章，就想焚毁自己的笔砚。"

**齐丘窃谭峭** 五代时，宋地人齐丘想把谭峭所写的《化书》窃为自己所作，便把谭峭扔到长江里。后来渔人撒网，网到了谭峭的尸体，手中还拿着《化书》三卷，于是世人便又把书上的署名从"齐丘子"改为"谭子"。

**郢削** 《庄子》记载：郢地有一个人，白灰沾在他的鼻子尖上，就像苍蝇的翅膀一样，他让姓石的匠人为他砍去。石姓匠人挥起斧头，如风般砍下去，正好把白灰砍掉却不伤鼻子。所以，恳求别人来修改诗文，被称为郢削。

**藏拙** 南朝梁的徐陵出使北齐，当时魏收在文学上是北朝出类拔萃的人，于是便抄录自己的文集赠给徐陵，让他传布于江南。徐陵回朝，在过江的时候就把书沉到江里去了，随从问原因，他说："我是为魏大人藏拙。"

**韩山一片石** 庾信从南朝到了北朝，只喜欢温子昇所写的

《韩山碑》。有人问他北方怎么样，庾信回答说："只有那一篇《韩山碑》还说得过去，其他的都不过是些驴鸣犬吠罢了。"

**福先寺碑** 唐代的裴度要修建福先寺，想求白居易为他写一篇碑文。他的判官皇甫湜大怒说："我是大人的判官，您却舍近求远找白居易，那请允许我辞职。"裴度立刻表示道歉，并请皇甫湜来写。皇甫湜一边喝酒，一边挥笔，顷刻写完。裴度就赠给他大约值一千缗的车、马和各种赏玩之器作为酬劳，皇甫湜大怒说："碑文有三千字，每个字难道不值三匹绢吗？"裴度便又按照字数再给他酬劳。后来皇甫湜又索要文章来修改，裴度笑着说："文章已经妙绝，一个字也加不了啦。"

**聪明过人** 韩愈曾经对李程说："我与丞相崔群大人是同年，在交往中发现他真是聪明过人。"李程问："都哪里过人呢？"韩愈说："与我交往二十几年，不曾说过文章之事。"

**金银管** 南朝梁元帝当湘东王时，辑录忠臣义士的文章所用的笔有三种：忠孝两全者，用金管笔来写；德行高洁无瑕者，用银管笔来写；文章华丽者，用斑竹管笔来写。

**杜撰** 五代的广成先生杜光庭，写了许多记录神仙的书，都是瞎编的，如《神仙感遇传》之类。所以人们把说假话称为"杜撰"。也有人说是说杜默，这种说法其实不对，因为在杜默以前就有这个说法了。

**千字文** 南朝梁的散骑员外周兴嗣因犯事被下了狱，梁武帝下令，如果他能用一千个字辑成一篇文章，就可以放了他。他用了一个晚上就写成了，胡子和鬓角都白了。

**兔园册** 汉代的梁孝王有一个园子名叫兔园，梁孝王死了以后，太后哀伤思念不已。汉景帝把这个园子给了农民耕种，并设置了官府来管理，收他们的租税，以供祭祀。官府的账簿和书籍都是用的百姓俗语所记，所以人们把乡村中人看的书叫作《兔园册》。

**书肆说铃** 扬雄说："喜欢学习却不遵循孔子之礼的，不过是书店罢了（指读书不解其意）；喜欢说话却不遵循孔子之礼的，不过是发出声响的铃铛罢了。"

**昭明文选六臣注** 六臣指的是：李善、吕延济、刘良、张铣、李周翰、吕向。这六个人都是唐代人，张铣、吕向、李周翰都是没有做官的士人。

**艾子** 苏轼编有《艾子》一书，里面全是些笑话。最初人们不理解为什么以此为书名，后来看到《甲申杂记》中说：宋仁宗用艾灸来治病时，就让伶优比赛说笑话，用来忘记痛苦。用"艾子"来命名此书，应该也是这个意思吧。又有人说，是苏轼的弟弟苏辙用艾灸来治病，苏轼写此书，来分担苏辙的痛苦。

**四本论** 三国魏的钟会刚写完《四本论》，十分想让嵇康看一下，便放在怀里，下定了决心，可到了嵇康家附近又有些害怕，放在怀里不敢拿出来，于是便在嵇康家外面远远地扔了进去，然后赶快往回跑。

**庄子郭注** 晋代的向秀注了庄子的《南华经》，剖析书中的玄理。郭象偷窃了这本书，用自己的名字来问世。

**叙字** 苏轼的祖父名字叫苏序，所以苏轼为别人作序时，都用“叙”字。

**颜鲁公书** 颜真卿曾著有《大言》《小言》《乐语》《滑语》《谗语》《醉语》，但都没有流传下来。

**无字** 《周易》中的“無”写作“无”。晋朝的王育说：“天屈于西北就是‘无’。”现在若在“无”字上加一点，就是古代的“既”字。

**三都赋序** 徐渭说：皇甫谧为《三都赋》作序，是为左思的文章增色，而陈师锡为《五代史》作序，却无法为欧阳修增色。那么我的文章虽然没有序，也是可以的。

# 诗词

伏羲最早开始作长短句的诗，汉武帝开始作联句诗，曹植开始作绝句诗，沈佺期开始作律诗。

舜开始作四言诗，汉代的唐山夫人开始作三言诗，枚乘的《古诗十九首》开始作五言诗，唐代开始作排律，宋代开始作集句。

颜延年、谢朓开始互相唱和，元稹、李绅、白居易开始唱和并依对方之韵来和诗，颜真卿开始严格地每韵必押。

南朝刘宋的周颙开始制定四声切韵，又有沈约的《四声谱》、夏侯该的《四声韵略》，唐代的孙愐（miǎn）开始辑集为《唐韵》。

魏国孙炎开始用反切法来为字注音。本来是西域的二字合音，如“不可”合为“叵”，“而已”合为“耳”之类。僧人守温开始制定了三十二个字母。

**乐府** 汉武帝开始在郊庙祭祀与燕射时，都要写出诗文以记录，当时无先例文体，就创制了乐府，依据的是《离骚》《九歌》《招魂》。

西汉的李延年最早依照胡人之曲创作出乐府新声二十八解，古代称为“章”，魏晋以来都称为“解”。

唐代才开始给乐府词谱上调，宋代开始把词调变为长短句。

晋朝的荀勖开始制作清商三调，依照周代的《房中乐》而制作了平调、清调、瑟调。汉代的《房中乐》是楚调。另外，侧调源于清调，总的称为相和调。

清商曲流传到江南，成为南朝宋、南朝梁的新音乐，才开始注重歌辞（这是说汉代的时候只有音乐。夷、伊、那、何之类只是声音而已）。大曲有称为“艳”这个部分（在曲前），有“趋”和“乱”的部分（在曲后）。隋炀帝时开始按照声音命令为它们填词（有人说这兴起于唐代末年）。王涯最早在乐曲中填辞（有人说是张泌，但六朝时已经有了）。李白开始创作小词。

**诗体**　南宋诗论家严羽在《沧浪诗话》中说：诗的体制开始于《国风》、三《颂》、二《雅》，流变而为《离骚》《古乐府》《文选·古诗》（即古诗十九首）。后来有建安体（汉末年号，曹氏父子和邺中七才子的诗）、黄初体（魏国年号，与建安相接，形制是一样的、正始体魏国年号，嵇康、阮籍等人的诗）、太康体（晋朝年号，左思、潘岳、二张、二陆的诗）、元嘉体（南朝宋年号，颜延之、鲍照、谢灵运等人的诗）、永明体（南朝齐年号，齐国众诗人的诗）、齐梁体（综合两朝来说的。杜甫有诗句说“恐与齐梁作后尘”）、南北朝体（综合北魏、北周来说的，与齐梁体一样）、初唐体（指沿袭陈朝、隋朝的形制）、盛唐体（开元、天宝的诗作）、中唐体、晚唐体、宋元祐体（黄庭坚、苏轼、陈师道、刘克庄、戴石斋之诗）。

《唐诗品汇》总论说：简而言之，唐诗可以分为初唐、盛唐、中唐、晚唐几个不同的时期。但仔细分析，贞观、永徽年间，虞世南、魏徵等人开始稍稍改变了南朝齐、梁的旧习，王勃、杨炯、卢照邻、骆宾王为诗作增加了绚丽的色彩；刘希夷开始写闺房作品，上官婉儿的作品有清婉妩媚的风姿：这是初唐作品的形制。神龙（705—707）以后，从开元初年起，陈子昂的诗作很有古风，诗体雅正，李巨山本来就是文界前辈；沈佺期、宋之问再创格律新声，苏颋、张说更有燕、许大手笔之名：这是初唐诗作逐渐兴盛的开始。开元、天宝年间，便有李白的天才俊逸，杜甫的深沉内敛；孟浩然的田园清雅，王维的仙风精爽；储光羲的真率，王昌龄的隽拔；高适、岑参的豪气，李颀、常建的雄快：这就是大唐的“盛”。大历、贞元年间，则又有韦应物的淡雅，刘长卿的闲适；钱起、郎士元的清赡，皇甫冉和皇甫曾的竞秀；秦公绪的山林之气，李从一（嘉祐）的台阁体：这就是中唐的再次复兴。再到元和之际，又有柳宗元的超然复古，韩愈的博大沉雄；张籍、王建的深谙乐府之平实，元稹、白居易的乐府叙事分明；到李贺、卢仝的鬼怪气息及孟郊、贾岛的瘦寒之态：这些都是晚唐的变化。再往下到开成年间以后，就又有杜牧的豪纵，温庭筠的绮靡；李商隐的隐寓，许浑的对偶；其他如刘沧、马戴、李频、李群玉等人：这已是晚唐诗风变化的极致了。

**诗评**　敖陶孙的《臞翁诗评》中说：“魏武帝的诗就像幽、燕老将，气度沉雄。曹植的诗就像三河的少年，风流自赏。鲍照的诗就像饥饿的雄鹰独出天际，奇矫无比。谢灵运的诗就像东海扬帆，风日流丽。陶渊明的诗就像闲云飘在天际，舒卷自如。王维的诗就像秋水中的芙蓉花，倚风自笑。韦应物的诗就像仙人园客独茧，暗合音徽[①]。孟浩然的诗就像洞庭湖开始漾起轻波，树叶初落。杜牧的诗就像铜制的弹丸滚下斜面，或者骏马奔下山坡。白居易的诗就像山东父老劝农桑，句句实在。元稹的诗就像李龟年

① 指琴上供按弦时识音的标志。亦指琴或乐曲。

说天宝遗事，面貌憔悴但神情并不哀伤。刘禹锡的诗就像雕刻冰块或玉石，流光溢彩足以自照。李白的诗就像淮南王刘安家里‘一人得道，鸡犬升天’中的鸡犬，留下的声音都在白云之上，想确定在哪里，却恍然无定。韩愈的诗就像用兵时囊沙堵水、背水一战，只有韩信这样的人才能做到。李贺的诗就像汉武帝去吃承露盘上的露，却无补于事。孟郊的诗就像隐蔽在泉水中的断剑、偃卧在山谷中的寒松。张籍的诗就像伶优在乡间游历，应酬交往，时时流露出诙谐之气。柳宗元的诗就像秋高凭栏远眺，天色近晚独自吹笛。李商隐的诗就像百宝点缀的流苏帐，千丝缀集的铁丝网，绮丽厚密，却不适用。本朝苏轼的诗就像注水于天河，再连接沧海，变化炫目，千奇百怪，但最终归于浑雄。欧阳修的诗就像瑚琏那样的祭器，可置于宗庙。王安石的诗就像邓艾用绳子吊着兵士下山进入蜀地一样，一心以险绝为功力。黄庭坚的诗就像陶弘景入宫，析理谈玄，但隐居者心怀松风的状态仍在。梅尧臣的诗就像在大河上任船漂流，瞬间便无声而过。秦观的诗就像女孩踏春，显得过于婉丽纤弱。陈师道的诗就像仙鹤于深远的沼泽之地独自鸣叫，远藏深林之中的孤芳，美丽却寂寞，但也不求赏识。韩驹（子苍）的诗就像梨园奏乐，按部就班，各得其位。吕本中（居仁）的诗就像散仙坐禅，自有奇逸之处。其他作者，已不易作评。唯独唐代的杜甫，就像周公的制礼作乐，后世人都没有办法评议。”敖陶孙的语言爽直而俊秀，评价也算中允，只是稍微为宋代诗文作者曲笔回护而已，所以就全部抄录下来。

**苦吟** 孟浩然的眉毛都落了，裴祐的袖子都磨烂了，王维则是跑到醋瓮里，他们都是在吟诗上下功夫的人。

**警句** 杨徽之擅长写诗，宋太宗把他的警句写在皇宫的屏风上。僧人文莹说要用金瓯、雪盘装天地间的露水来洗涤毛笔，才能写出这首诗的神韵风骨。

**推敲** 贾岛在京师的驴背想到两句诗“鸟宿池边树，僧敲月下门”，先用了“敲”字，又想用“推”字，便细心锤炼，没有确定，还用手来作“推”“敲”的姿势。当时韩愈为京兆尹，贾岛不知不觉中冲撞了韩愈队伍的前导。被士兵带到韩愈面前，详细解释了冲撞的原因。韩愈说：“还是‘敲’字好一些。”然后便与贾岛一起骑马回来了，二人从此成了不拘身份地位高低的朋友。

**柏梁体** 七言诗开始于汉代的柏梁体。汉武帝建造了柏梁台，下诏请群臣中擅长写诗的人上座，用七言的句式，每句都用韵，述写自己的事。

**古锦囊** 李贺工于写诗，每天早上出去，骑着马缓缓前行，有几个小仆人跟着，背着旧的锦囊，若有新的诗句，就写下来放在锦囊里。他的母亲见了说：“这个孩子非要把心肝吐出来才算完啊！”

**压倒元白** 唐代宝历年间，杨嗣复大宴宾客，元稹、白居易也参与宴上赋诗环节，其中杨汝士写得最好，元稹、白居易也都赞叹佩服。杨汝士大醉而归，对家人说：“我今天竟然压倒了元、白啊！”

**诗中有画** 王维工于诗、画。苏轼说：“品味王维的诗，诗中有画；观摩王维的画，画中又有诗。”

**枫落吴江冷** 唐代的崔信明和郑世翼在江中相遇，郑世翼对崔信明说："闻君有'枫落吴江冷'的诗句，我想看看除了这一句之外的诗句。"崔信明听了很高兴，就拿出好多诗稿，郑世翼还没看完便说："所见不如所闻！"于是把诗稿扔到了江中，开船离去了。

**依样葫芦** 宋代的陶穀在翰林任职了很长时间，宋太祖说："听说翰林们都拿旧作改几个词语就应付差事了，这就是所谓的'依样葫芦'吧。"后来陶穀写了一首诗，题在翰林院的墙壁上："官职须由生处有，才能不管用时无。堪笑翰林陶学士，年年依样画葫芦。"

**卖平天冠** 宋代的廖融精于《诗经》的学问，有很多学生。宋太宗说："现在用词赋和策论来选取士子，廖融的学生大多都走了。"廖融说："哪里知道现在《诗经》中的学问，竟如在闹市中卖帝王祭祀时戴的平天冠一样，无人问津。"

**技痒** 《懒真子》记载：杜甫《哀郑虔》一诗中有"荟蕞何技痒"一句，是说一个人如果有一种技艺就会忍不住想表现出来，就好像痒的时候要搔痒一样。

**投溷（hùn）** 李贺有一个表兄，与李贺因为写作的事结了仇，十分痛恨李贺的傲气。忽然听说李贺死了，就骗来了李贺的诗稿，全部扔到了厕所里。

**点金成铁** 南朝梁的王籍诗中有"蝉噪林逾静，鸟鸣山更幽"的句子，王安石曾改为"一鸟不鸣山更幽"，黄庭坚嘲笑他说："这简直是一双把金子变成铁的手啊。"

**易吾肝肠** 唐代的张籍爱读杜甫的诗，拿了杜甫的诗集，烧成灰后用蜜调成膏，每天喝一点。张籍说："这会让我的肚肠从此改换一下吧。"

**贾岛佛** 唐代的李洞仰慕贾岛的诗，为贾岛铸造了一个铜像，并把他当神一样供奉，经常在铜像前念"贾岛佛"。

**偷诗** 唐代的杨衡刚开始隐居在庐山时，有人剽窃了他的诗而登科。杨衡后来也考上了，见到那个人问："'一一鹤声飞上天'这一句还在吗？"那人回答说："我知道老兄最爱惜这一句，没敢偷。"杨衡说："这么看来还可以原谅你。"

**诋诗** 南朝的张率十六岁时，写了两千余首颂赋，虞讷看到后便诋毁他。张率就将赋都烧毁了，后来又写了诗给虞讷看，假说是沈约写的。虞讷便每一句都夸，说无一字不妙。张率说："这都是我写的。"虞讷很羞惭，赶紧退走了。

**爱杀诗人** 唐代宋之问非常喜爱刘希夷的诗，刘希夷的诗中有"年年岁岁花相似，岁岁年年人不同"的句子，宋之问恳求刘希夷把这个句子让给他，但刘希夷不肯，宋之问大怒，便用土袋子把刘希夷压死了。

**出诗示人** 殷浩小时候与桓温齐名，常有与桓温一争高下的想法。桓温问殷浩："你如何能比得过我？"殷浩说："我与我自己相处久了，还是宁愿做我自己。"殷浩曾经写诗给桓温看，桓温看过后戏弄他说："你小心不要得罪我，不然，我就把你的诗给人看！"

# 歌赋

**古歌谣** 伏羲氏的《网罟（gǔ）之歌》，是诗歌创作的开始。葛天氏挥舞着牛尾巴，踏足而歌，唱了八阕，这是分阕的开始。孔甲创作了《破斧》歌，这是东方有歌的开始。涂山氏大禹的妃子唱《候人歌》，这是《周南》《召南》创作的开始。有娀（sōng）氏有感于飞燕，北方从此有了歌谣。周昭王的时候，西翟把家宅迁到西河，西方从此也有了自己的歌谣。现在的歌曲统称为南北音。《凉州》《伊州》《甘州》《渭州》都是西音，也都是北方歌曲。

**鼓吹** 黄帝命令岐伯创制《鼓吹曲》。胜利之歌，在汉代是《铙歌》，起源于《鼓吹曲》。

**相和歌** 汉代有了杂歌、艳歌、倚歌、蹈歌，《相和歌》也是从这时开始的，它是借助讴谣、丝竹之间的互相应和，并拿着板打着节拍来唱的。

**乐府采诗** 汉武帝建立了乐府机关，从民间采集诗歌在夜里唱诵，有赵国、代国、秦国、楚国的歌谣，这时才开始以声调为主，重视唱法。

**白歌** 梁武帝根据吴歌中的《白纻》，改创了《子夜吴声四时歌》。

**薤露蒿里** 田横的随从开始创作《薤露》《蒿里》之歌。魏国的缪袭开始为挽歌作辞。

郊祀歌有三言也有四言。谢庄为《五帝》作辞，有三言也有九言，五行为一组。汉代的歌辞每篇八句并换韵。张华、夏侯湛两三句一换韵。傅玄又把韵改得太频繁了。从王韶之、颜延之开始四句一换韵，既不密也不太疏，恰到好处。

**铙吹** 唐代的柳宗元曾作《铙歌鼓吹曲》十二篇，用来歌颂唐朝的战功。

**檀来歌** 周世宗柴荣南征时的军士唱《檀来歌》，声音能传出几十里。

**阳春白雪** 《文选·宋玉〈对楚王问〉》一文说：有人在郢中唱歌，开始唱《下里》《巴人》，闹市中与他一起唱的有几千人；再唱《向阳》《薤露》，一起唱的只有几百人；再唱《阳春》《白雪》，一起唱的只剩下几十人；唱到商羽高古调，并间杂以流徵，一起唱的只有几个人了。可以看到曲调越高深，能跟着唱的人就越少。

**填词柳三变** 柳永做屯田员外郎，起初名叫柳三变，自己曾写词说："才子词人，就是未穿官服的公卿。"后来有人把他推荐给朝廷，宋仁宗说："这个人喜欢风前月下的生活，让他还是去填他的词吧。"柳永因此很不得志。只声称自己是"奉旨填词柳三变"。

**纂组成文** 司马相如说：“要想写好一篇文章，要有好的形式，一字一句，一辙一韵，都要认真推敲，这是赋的形迹。还要有丰富的内容，作者要有广阔的胸怀，总览世间众生相，这样，你的文章才能内涵深广，而不只是罗列一些表面现象，这是无法传授的。”

**登高作赋** 古人如果登高能赋诗，对山川能唱祭祀之辞，率军队能征战，遇丧事能作诔文，制礼器物能作铭文，那就可以当大夫了。

**五经鼓吹** 东晋的孙绰博学多才，擅长写文章，非常推崇左思、张衡的赋，常常说：“《三都赋》《二京赋》，那可是对五经的宣扬。”

**雕虫小技** 有人问扬雄说：“先生是幼时就喜欢作赋吗？”扬雄回答说：“是的。那就是小孩子所学的雕虫篆刻之类的小技罢了。”然后又说：“大人就不应该再干这事了。”

**风送滕王阁** 都督阎伯屿整修滕王阁，完工后宴请宾客，让自己的女婿吴子章提前写好了一篇《滕王阁赋》，准备到时候拿给客人看以自夸。当时王勃从马当顺风走了七百多里，到南昌参加了这次宴会。等主人请诸客作赋，他接过纸笔毫不推辞。阎伯屿非常生气，便回到屋子里去了，吩咐手下人等王勃写完就来汇报。听到“落霞与孤鹜齐飞，秋水共长天一色”一句时，他长叹说：“这真是天才啊！”便让他的女婿放弃了写赋。

**张融海赋** 南朝齐的张融写了《海赋》给朋友顾恺之看，

顾恺之说："你这篇赋确实写得很玄虚，只是没有说盐。"张融立即挥笔增加了几句："漉沙构白，熬波出素。积雪中春，飞霜暑路。"

**木华海赋** 西晋的木华写《海赋》，思路有些阻滞，有人提醒他说："你为什么不从海的上下和四方来写呢？"木华按照此人的提点，完成了《海赋》。

**八叉手** 温庭筠长于写赋，每当有人请他作赋，他把手叉八次就能完成八韵的赋。又有人说温庭筠写赋，从不打草稿，吟诵一声便成一韵，在场之人都称他为温八吟，也叫温八叉。

# 书简

伏羲最早创制契这一方法记录文字，即在木头上刻字。黄帝开始用刀来书写。舜开始用漆书写。中古时就开始用石头磨墨汁书写了。黄帝开始在鼎、彝[①]之类的祭器上铸刻文字。周宣王开始在石头上刻文字。五代时的和凝开始用梨木的木板来刻书印刷。

**印板** 隋文帝制作了印板。冯道恳请唐明宗李嗣源发行印板，从那时开始印制《五经》，也开始依据石经上的文字，刊行了《九经》板。宋真宗时开始摹印司马迁、班固所写史书的各种版本。

**鲤素** 《古乐府》诗说："客从远方来，赠我双金鲤；唤僮烹鲤鱼，鱼肚藏书信。长跪读书信，信中说何事？前劝多吃饭，后诉相思意。"

**云锦书** 李白的《以诗代书答元丹丘》中说："青鸟海上来，今朝发何处？口衔云锦书，为我忽飞去。鸟去凌紫烟，书留绮窗前。开缄方一笑，乃是故人传。"

① 古代盛酒的器具，也泛指古代宗庙祭器。

**青泥书** 东汉的邓训为上谷[①]太守。以前的属吏知道邓训喜欢用青泥来为书信封口，便从黎阳推着小车，装了青泥一路运到上谷送给邓训。

**飞奴** 张九龄家里养了一群鸽子，每当张九龄要给亲朋好友送信时，就把信系在鸽子的腿上放出去，并将鸽子称为飞奴。

**代兼金** 陆机《赠冯文罴》诗说："愧无杂佩赠，良讯代兼金。"（意思是：很惭愧没有什么东西可以赠给你，就用好消息代替吧。）

**寄飞燕** 南朝的江淹诗说："袖中有短札，欲寄双飞燕。"孟郊诗说："欲写加餐字，寄之西飞翼。"（意思是：想要写问候的信，用西飞的燕子寄走。）

**白绢斜封** 卢仝《谢孟简惠茶歌》："日高丈五睡正浓，将军扣门惊周公，口传谏议送书信，白绢斜封三道印。"

**十部从事** 西晋的刘弘当荆州刺史，每次给所辖州郡发文时，都殷切叮咛，细心关照，没有人不感动喜悦，都说："得到刘大人一封信，胜过做十个从事官。"

**家书万金** 南朝的王筠在沙阳（今湖北省嘉鱼县东北）久

---

① 上谷郡始建于战国燕昭王姬平二十九年（公元前283年），因建在大山谷上边而得名，所辖范围大致包括今张家口市怀来县、宣化区、涿鹿县、赤城县、沽源县以及北京延庆区等地。遗址在今河北省张家口市怀来县小南辛堡镇大古城村。

住。一天，他接到家里来的信，说：“家信抵得上万金啊。”杜甫也有诗：“烽火连三月，家书抵万金。”

**风月相思** 南朝的周弘让在《答王褒书》中说：“苍雁赪鳞，时留尺素，清风明月，俱寄相思。”

**千里对面** 唐高祖说：“房玄龄每次对我的儿子陈述事情，在千里外也好像当面谈话一样。”

**不为致书邮** 东晋的殷浩要去豫章（今南昌）任太守，都城里的人让他捎信的有上百人，当他走到石头城的时候，便把这些书信全都扔到了水里，说：“愿意沉下去的就自己沉底，愿意漂上来的就自己浮起来，我殷浩绝不做传送书信之人。”

# 字学

神农最早制定历法。文王创制经书。周公创作政书。黄帝受玄女指教创作《兵符》。吕望创作《六韬》。周公开始做记录四方地理风俗的志书。李悝开始分别编写诸国的律令，创作《法经》。周公开始设置稗官①。战国的时候开始作小说。宋高宗的时候开始作词话。神农氏尝百草，并记为药书。黄帝与岐伯互相问答。雷公学习了这些，写出了《黄帝内外经》。师巫通过研究六岁以下小孩儿的存亡情况，写下了《颅囟经》。汉代的甘公开始创作算命的书，唐举开始创作看相的书，郭璞开始创作看风水的书。景虑最早从大月氏使者尹存那里听到了《浮屠经》。蔡愔、秦景二人最早奉汉明帝之命到天竺国取得佛书，梁武帝把五千四百卷佛经合为《三藏》。黄帝让史甲作戒，这是著书之始。成汤开始制定书的名字（从那时起书才自有名字）。黄帝开始制作铭和箴。帝喾开始制作颂。伏羲开始作记事的书。司马迁创史书之本纪。沈约创史书之类事。子夏最早制作序。公羊高开始作注。郑玄开始作笺释。赵岐开始写题跋。庄周开始创作说体文。田骈开始创作辨体文。荀子开始创作论解体。夏启开始作檄文，伊尹开始作训文。黄帝

① 辑录野史杂说的小官。

开始作传记。周公开始作诔文。鬻熊开始作诸子之文。庾仲容开始作钞体文。刘歆开始辑录成集。南朝开始分清楚哪些是文、哪些是笔（现在诗文通称为文笔）。晋朝至刘宋的时候才开始为了文章而收受礼品。隋朝开始为了文章而收受钱财，唐代开始盛行此风。汉代开始称贾逵为舌耕，唐朝开始称王勃为笔耕（因为写文章获取的钱财丰厚）。高颎（jiǒng）开始索要润笔费（当时他正为郑译写《封沛国制》）。王隐君开始唱歌卖文（段湛卖文）。

任昉的《文章缘起》论述了一些文体的起源：三言诗，是晋朝散骑常侍夏侯湛最早开始写的。四言诗，始于西汉楚王的老师韦孟创作的《谏楚王戊诗》。五言诗，始于汉代骑都尉李陵的《与苏武诗》。六言诗，始于汉代大司农谷永。七言诗，始于汉武帝的《柏梁台》连句。九言诗，最早由魏国的高贵乡公曹髦所作。赋，始于楚国大夫宋玉。歌，始于荆轲的《易水歌》。《离骚》，楚国的屈原所作。诏令，起于秦朝的玺文（秦始皇传国玺）。册文，汉武帝封三王的册文。表，淮南王刘安有《谏代闽表》。让表，汉代东平王刘苍《上表让骠骑将军》。上书，是秦国的丞相李斯《上始皇书》和汉代的太史令司马迁《报任少卿书》。对贤良策，是汉代太子家令晁错。上疏，是汉代大中大夫东方朔。启，晋代吏部郎山涛作了《选启》。作奏记，有汉代江都相《诣公孙弘奏记》。笺，汉代护军班固《说东平王笺》。谢恩，汉代丞相魏相《诣公车谢恩》。令，汉代淮南王《谢群公令》。奏，汉代枚乘《奏书谏吴王濞》。驳，汉代吾丘寿王《驳公孙弘禁民不得挟弓》。议论，王褒《四子讲德论》，汉代韦玄成《奏罢郡国庙议》。弹文，晋朝刘州刺史王深《集杂弹文》。骚，汉代扬雄所作。荐，后汉云阳令朱云《荐伏湛》。教，京兆尹王尊《出教告属县》。封事，汉代魏相《奏霍氏专权封事》。白事，汉代孔融主簿作《白事书》。移书，汉代刘歆《移书谏太学博士》，论《左氏春秋》。铭，秦始皇会稽山刻石铭。箴，扬雄《九州百官箴》。封禅书，汉代文园令司马相如作。赞，司马相如作《荆轲赞》。颂，汉代王褒作《圣主得贤臣颂》。序，汉代沛郡太守作《邓后序》。引，琴操有《箜篌引》。《志录》，扬雄作。记，扬雄作《蜀记》。碑，汉惠帝作《四皓碑》。碣，西晋的潘尼作《潘黄门碣》。诰，汉代的司隶从事冯衍作。誓，汉代蔡邕作《艰誓》。露布，汉代贾弘为马超伐曹操作。檄，东汉的丞相祭酒陈琳作《檄曹操文》。明文，汉代泰山太守应劭作。对问，宋玉作《对楚王问》。传，汉代东方朔作《非有先生传》。上章，孔融作《上章谢大中大夫》。《解嘲》，扬雄作。训，汉代丞相主簿繁钦作《祠其先生训》。乐府，即古诗各体。词，汉武帝作《秋风词》。旨，后汉崔骃作《达旨》。劝进，魏国尚书令荀攸作《劝魏王进文》。喻难，汉代的司马相如作《喻巴蜀》和《难蜀父老文》。诫，东汉杜笃作《女诫》。吊文，贾谊作《吊屈原文》。告，魏国阮瑀为魏文帝作《舒告》。传赞，刘歆作《列女传赞》。谒文，东汉别部司马张超作《谒孔子文》。析文，东汉的傅毅作《高阙析文》。祝文，董仲舒作《祝日蚀文》。行状，汉代丞相仓曹傅朝幹作《杨元相行状》。哀策，汉代乐安相李亢作《和帝哀策》。哀颂，汉代会稽东郡尉张纮作《陶侯哀颂》。墓志，晋代东阳太守殷仲文作《从弟墓志》。诔，汉武帝作《公孙弘诔》。悲文，蔡邕作《悲温舒文》。祭文，东汉车骑郎杜笃作《祭延钟文》。哀词，汉代的班固作《梁氏哀词》。挽词，魏光禄勋缪袭作。发，汉代的枚乘作《七发》。离合词，孔融作《四言离合诗》。《连珠》，扬雄作。篇，汉代的司马相如作《凡将篇》。歌诗，枚乘作《丽人歌诗》。遗命，晋散骑常侍江统作。图，汉代的河间相张人作《玄图》。势，汉代的济北相崔瑗作《草书势》。约，王褒作《僮约》。

伏羲命令仓颉和沮诵开始创造文字。仓颉造出文字，天上下起了粟米，鬼在夜里哭泣，龙也潜藏起来了。

**六书** 仓颉造字的方法，有所谓的六书：一是象形（指“日、月”之类的字，画出如日、月的形状），二是假借（如“令、长”之类的字，一个字可以借用为另一个意思），三是指事（指“上、下”这类的字，如“人”在“一”上就是“上”的意思，“人”在“一”下就是“下”的意思，分别指示其字所代表的意义，从而组成新的字），四是会意（如“武、信”之类的字，“止戈”就是“武”，“人言”就是“信”，用两个字合在一起表示一个字的意思），五是转注（如“考、老”这类字，左右相转，分别代表不同的字），六是形（声如“江、河”之类的字，用“水”旁来作为形旁，用“工、可”作为声旁）。

**字祖** 蝌蚪文是最早的汉字。庖牺氏时出现了龙的祥瑞，就创造了龙形文字。神农氏的时候出现了嘉禾合穗的祥瑞，所以创造了穗形文字。黄帝因为出现了卿云的祥瑞创造了云文。尧因为出现了灵龟的祥瑞而创造了龟形文字。夏后氏制作了钟鼎，便产生了钟鼎文。朱宣氏因为出现了凤的祥瑞而创造了凤形文。周文王因为有红色的大雁衔书而来，周武王因为有红色的鸟进入室内，所以创造了鸟形文字，因为白鱼跃入舟中而创造了鱼形文字。

**篆** 周宣王时的史籀最早开始写大篆，名为籀篆。李斯开始写小篆，名为玉箸篆。

**历朝断书** 从仓颉造字以来，古代文字的书写方式共有五次变化：古文，蝌蚪文，籀篆文，隶书，草书。

**秦书八体** 秦代书写字体有八种，分别是：大篆、小篆、刻符（书鸟形文，但带有云脚，用于印符）、虫书、摹印（字体均用弯曲的笔画，刻印专用，也叫缪篆）、署（书萧何为未央宫题名的字体）、殳（shū）书（随兵器的形状来写、隶书）。

**汉六体** 考试官吏的六种字体：古文、奇字、篆、隶、缪篆、虫书。

**唐定五体** 唐代官方通用的五种字体是：古文、大篆、小篆、虫书、隶书。

**张怀瓘十体断书** 张怀瓘所著《书断》中说细介绍了“古文、大篆、籀文、小篆、八分、隶、章、草、行书、飞白”这十种字体的源流和发展。

**唐度之十体** 唐度也论述了书法的十种字体：古文、大篆、小篆、八分、飞白、薤叶（源于隐士务光）、悬针、垂露（多用于表章，三曹喜欢用）、鸟书、连珠。

**宋十二体** 殳书、传信、鸟书、刻符、萧籀、署书、芝英书（汉武帝种植灵芝时作）、气候直时书（司马相如选择日月星辰和虫子的形状创制）、鹤头书（汉代颁发诏令时使用）、偃波书（在鹤头书的基础上再纤细凌乱一些）、转宿篆（宋国的司星官子韦因为荧惑星相对星宿位置改变而创制）、蚕书（秋胡的妻子创制）。

**小篆体八** 鼎小篆、薤叶、垂露、悬针、缨络（东汉刘德昇夜观星象而创制）、柳叶（卫瓘创作）、剪刀（韦诞创作）、外国胡书（阿马鬼魅王传授的）。

**字数** 沈约整理的韵字共有一万一千五百二十字，陈彭年、丘雍编修的《广韵》收录了二万六千一百九十四字。

**八分书** 蔡文姬说，割去秦人程邈所创隶书字体的八分，取二分；割去李斯篆字的二分，取八分，所以称为八分书。

**章草** 汉元帝时的黄门令史游创作了《急就章》，把隶书体式解散了，叫作章草。

# 书画

**兰亭真本** 王羲之所写的《兰亭集序》，秀媚中不失遒劲，如有神助一般。后来又写几十幅，但都不及第一次写得好。王羲之把这幅字传给第五子王徽之，从王徽之又传到王羲之第七代孙僧人智永，智永传给自己的弟子辨才，辨才被御史萧翼哄骗，使这幅字进了皇家府库，后来为唐太宗殉葬于昭陵。

**草圣草贤** 唐代的张旭擅长写草书，酒后大醉，大喊大叫，到处狂奔，有时甚至用头发蘸墨汁来写字，人们称他为草圣。崔瑗擅长写章草，人们称他为草贤。

**怒猊渴骥** 唐代的徐浩写《张九龄告身》时，多用渴笔，也就是用干枯无墨的笔写字，这对于书法家来说相当难。世人形容他的书法就好像发怒的狻猊扔石头，口渴的良马奔向泉水。

**家鸡野鹜** 东晋的庾翼小时候，书法与王羲之齐名，可学书法的人大多学王羲之的字。庾翼很不满，他在《与都人书》中说："现在的年轻人竟然厌恶家鸡，反倒喜欢野鸡，都去学习王羲之的字。"

**伯英筋肉**　西晋的卫瓘、索靖都擅长书法，当时人都说卫瓘得张芝的筋，而索靖得到了张芝的肉。

**池水尽黑**　东汉的张奂的长子张芝，字伯英，喜欢写草书，学习崔瑗和杜度的书法，家里的布帛，都一定要在上面写过再拿去煮染。张芝在池边写字，把池里的水都写黑了。

**游云惊鸿**　王羲之擅长草书，论书法的人称他的笔势如游云一样飘忽，似惊雁一样矫健。

**龙跳虎卧**　王羲之擅长书法，人们都说他的书法就好像龙跳天门，虎卧凤阙。

**风樯阵马**　北宋的米芾擅长书法。苏轼说："米芾平生所写的篆、隶、真、行、草等书法作品，共分为十卷，文笔之遒劲，就像满涨的帆船、临阵的战马一样，应当与钟繇、王羲之并驾齐驱，完全不输于他们。"

**柿叶学书**　唐代的郑虔喜欢书法，但常常苦于没有纸，就在慈恩寺贮藏了几屋子柿树叶，每天取来练字，时间长了柿叶都用没了。

**绿天庵**　唐代的怀素喜欢学习书法，种了几万株芭蕉，用它的叶子来代替纸张，称他所住的地方叫绿天庵。

**驻马观碑**　欧阳询在赶路时看到有一块索靖所写的古碑，就停下马看这块碑，看了很久才走，走了几百步又回来，下马站在碑前看，累了就坐在地上看，夜里就睡在石碑下，待了三天才走。

**铁户限** 僧人智永，是王羲之的七世孙，精于书法。来找他求字和请题匾额的人，多得就好像闹市一样，他住处的门槛都被踩烂了，只好用铁皮包裹起来，人们称之为铁门槛。

**溺水持帖** 南宋的赵孟坚曾得到姜夔所藏的定武不损本《兰亭集序》法帖（tiè）[①]，晚上乘舟回来，走到霅溪的升山时，刮起了大风，把船掀翻了，行李和包裹都被淹没了。赵孟坚浑身湿透立在浅水中，手里拿着那个《兰亭集序》的法帖，对人说："《兰亭集序》的法帖在这里，其他的都不重要。"

**钟繇掘墓** 魏国的钟繇向韦诞借蔡邕的书法作品看，韦诞吝啬不肯给他，钟繇便捶打自己的胸口以致吐血，魏祖用五灵丹救活了他。等到韦诞死了，钟繇便让盗贼偷偷掘开了他的墓，从中得到了他要的东西。由此钟繇的书法技艺大为进步，无论白天还是晚上都在全心思考书法的事。躺着的时候在被子上写字以至于把被子的外面划破，到厕所去有时一整天都忘了回来。每每看到外界的事物，都想着书法。钟繇的儿子叫钟会，字士季，书法有其父的风格。

**字以人重** 书法上有绝妙之处的人，都是因为品行而被看重，如果品行不好则只会留下污点。所以曹操的书法虽然好却没有流传下来，而褚遂良、颜真卿、柳公权的书法，只要家里藏有一块小纸片那么大的，也会像一尺大的玉璧一样珍惜，这显然不

① 供人临摹或欣赏的名家书法的拓本或印本。

只是因为字写得好的缘故啊。

**换羊书** 黄庭坚对苏轼说："从前王羲之的书法被称为换鹅书。现在韩宗儒每次得到您的一张法帖，就去拜访殿帅姚麟，要求换十几斤羊肉。所以可以称先生的书法为'换羊书'了。"一天，苏轼在翰林院，因为当天正好是皇帝的诞辰，所以要写的东西非常多，韩宗儒一天里写了数封要苏轼回报的书信，还让人立在庭下索取。苏轼笑着对那人说："请帮我传个话：本官今天禁止杀生。"

**见书流涕** 王羲之十岁的时候就很擅长书法了，十二岁时，他在父亲的枕中看到了前代的《笔说》，便偷着阅读。他的父亲说："你为什么偷看我的秘藏之物？"还不满一个月，王羲之的书法便大有进步。卫夫人看到了，对太常王荣说："这个孩子一定看到了《笔诀》，近来看到他的书法，很有前人之神韵。"并因此流泪说："这个孩子将来一定会盖过我的名声。"

**书不择笔** 唐代的裴行俭擅长草书和隶书，常说："褚遂良如果不是精美的纸和上佳的笔就不肯写字，如今不挑选笔墨而又成书很快的人，只有我和虞世南了吧。"

**五云佳体** 唐代的韦陟被封为郇公，擅长草书，让侍妾拿着五彩的笺纸，按他授意写书信内容，自己只签署名。人们都说他写的"陟"字，就好像五朵云，所以称之为郇公五云体。

**登梯安榜** 韦诞精于书法。魏明帝曹叡建了一所大殿，想要挂一榜文，让韦诞登上梯子来书写。写完下来后，头上的鬓角都白了，所以告诫儿孙们不要学习书法了。

**换鹅书** 山阴有一个道士养了一些很好看的鹅，王羲之前去观看，心中很喜欢，便请求买几只。道士说："如果你为我写《道德经》，我就把鹅赠给你。"王羲之非常高兴地为他写完了，用笼提着鹅回来了。有人问："鹅又不是什么特别的东西，你却那么喜爱它，为什么？"王羲之说："我爱它鸣叫之声清而且长。"

**寝食其下** 阎立本看张僧繇在江陵的壁画，说："真是浪得虚名呀。"再去的时候，说："张僧繇也可称为近代的名手吧。"第三次去看，便在壁画下歇宿、吃饭，几天后才离开。

**画龙点睛** 张僧繇为了躲避侯景之乱逃到湘东来，曾经在天皇寺画龙，但没有立即点上眼睛。僧人和民众都请求他点睛，为此施舍的钱有数万，他便答应了，等他下笔之后，天色突然变暗并且雷雨倾盆，而龙也不见了。

**画鱼** 唐代的李思训画完一条鱼，刚想点染一些藻荇（xìng）做装饰，听到有客人敲门，只是出去看了下，回来所作的画便不见了。让人寻找，原来是被风吹到池子里了，拿起来看却没有了鱼，只有一张白纸。后来李思训画大同殿的墙壁，唐明皇对他说："你画的墙壁，夜里经常能听到水声，真是出神入化的笔墨啊。"李思训在开元年间官拜卫将军，与他的儿子李道昭都深得山水创作之妙趣，当时人们称他们为大李、小李。

**画牛隐见** 宋太宗在位的时候，李后主李煜进献了一幅上面有牛的画作，里面的牛白天在栏外吃草，晚上就回到栏里卧下，没人知道是什么缘故。僧人赞宁说："这是用幻药画的。倭国有一种蚌的分泌物，混到颜料里画东西，白天能看到晚上看不到。沃焦山有一种石头，用它研磨颜料来染物体，则白天看不到晚上可以看到。"

**滚尘图** 唐代的宁王擅长画马，在花萼楼的墙壁上画了一幅《六马滚尘图》，唐明皇最爱其中的玉面花骢，后来这匹马却不见了，只剩下了五匹马。

**画龙祷雨** 三国吴的曹不兴曾经在小溪中看到有条赤龙，在波浪之间嬉戏，他便画出来献给了孙皓。到南朝宋文帝刘义隆的时候，旱了好几个月，祈祷也不见应验。文帝把曹不兴画的龙放在水边，立刻就下起了大雨。

**画鹰逐鸽** 润州的兴国寺，有斑鸠、鸽子之类的鸟栖息在梁上污秽了佛像，寺院为此很是苦恼。张僧繇便在东边的墙壁上画了一只鹰，西边的墙壁上画了一只鹞子，都侧着头向着房檐外，从此以后斑鸠、鸽子就不敢再来了。

**李营丘** 李成，营丘（今山东昌乐）人，善于画山水林木，在当时被称为第一，能看到他的画就已经很难得了。他平生所画，只用来自己娱乐，权势逼迫不了他，利益也无法诱惑他，所以传世作品并不多。郭熙就是他的弟子。

**范蓬头** 北宋的范宽住在山林里，经常终日端坐，眼睛四处观看，用来寻找山林的趣味。北宋的时候，天下画山水有名的人，只有范宽和李成，谈论的人说李成的画作，近看也如同有千里那么遥远；范宽的画作，远看也觉得不超过座席之外。他们都达到了神奇的地步。

**董北苑** 沈括的《梦溪笔谈》中记载：南唐中主李璟的时候，北苑董源善于画画，尤其擅长秋山远景，为人画的江南山水，可以称为奇峭。后来建康的僧人巨然，便是学习董源的手法，他们都达到了绝妙的境界。

**王摩诘** 唐代的王维，字摩诘，他的别墅在辋川，曾经画过《辋川图》，山谷重叠，白云与流水相连，其意似在画面之外，奇景从笔尖生出。秦观说："我病了，朋友高符仲带着《辋川图》来看我，并说：'看这个可以治病。'我非常高兴，看了后，恍然中好像与王维一起进入了辋川一样，几天后病就好了。"

**李龙眠** 北宋时舒城的李公麟号龙眠，长于白描，特别喜欢研习前人技巧，画人物时学习陆探微和吴道子，画牛马则又专心学习唐代的韩幹、戴嵩，画山水又研究了王维、李思训。他画画不用颜料，纯粹用澄心堂的纸来画。只有临摹古代的画，才用绢素。着色和笔法，像行云流水，堪称宋人第一。

**画仕女** 仕女画的精妙，在于体现画中女子的闺阁之态。唐代的周昉、张萱，五代的杜霄、周文矩，再往下到苏汉臣等人，都有其精妙之处，而不是把涂抹颜色或点缀金玉作为重点。

**画人物** 人物画是最难画好的。顾恺之、陆探微的画，世上流传得并不多，吴道子是画家之圣手，到了宋朝李公麟一出，则可与古人一争高下。有李公麟的三张画，便相当有吴道子的两张画，相当于有顾恺之的一张画，其地位比例就是这样的。

**扇上图山水** 《南史》记载：萧贲，是竟陵王萧子良的孙子，长于书法和绘画，常在扇子上画些山水，咫尺的画面中，便让人有万里之遥的感觉。但他非常谨慎，从不外传，只是自娱。

**画圣** 北齐的杨子华在墙壁上画马，这些马每到夜晚就会又咬又踢并大叫，好像在索要水草。人们都称他为画圣。

**颊上三毛** 顾恺之画裴楷，竟将脸颊上的三根毛都画出来了，使脸上更具神采。画殷仲堪的像时，因为殷仲堪的眼睛有点问题，顾恺之就点出瞳子，并用飞白法轻拂其上，就好像轻云蔽日，殷仲堪对这一妙法非常称赞。

**周昉传真** 唐代的周昉长于画写真像。郭令公为他的女婿赵纵画像，让韩幹画，又让周昉画，分不出优劣来。赵国夫人说："两幅画都很像。不过前面的画只画出了赵郎的形貌，而后边的画在样貌之外还画出了神气、性情以及说笑时的姿态。"

**一丘一壑** 顾恺之把谢鲲画在岩石上，别人问他为什么这样画，顾恺之说："谢鲲说过：'一丘一壑，自谓过之[①]。'所以这个人适宜放置在丘壑中啊。"

**郑虔三绝** 唐代的郑虔善于画山水，曾经在自己的画上亲笔题了自己写的诗，并献给皇帝，画尾用大字题着："郑虔三绝"。

① 谢鲲的"过"字是超过的意思，此处顾恺之故意取其"拜访"的意思。

**传神阿堵** 顾恺之画人物，有的几年都不点出瞳子。别人问他原因，顾恺之说："四肢画的好坏，本来也并不影响整人物画作的好坏，传神之笔，就在这里啊。"

**画风鸢** 北宋初期的郭忠恕寓居于岐山之下，有一个富人的儿子很喜欢画，每天供给他非常好的酒，对他十分照顾，时间久了，便告诉郭忠恕自己想要一幅画，并且给了他一匹画布。郭忠恕为他画了一个小孩，正拿着线车放风筝，风筝线就有几丈长，轻易就把画布填满了。富人的儿子大怒，与郭忠恕断绝了来往。

**维摩像** 顾恺之要在瓦官寺画一个维摩诘的像，关上门专心创作了一百多天。画完后，将要画眼睛，对僧人说："开光第一天，就要让参观的人布施十万，第二天布施五万，第三天就依你们的旧例即可。"等到开光的那天，整个寺庙佛光闪耀，布施的人把庙门都挤满了。

**画花鸟** 五代的时候，黄荃与他的儿子黄居寀（cǎi）都长于画花卉，称之为写生。他们的绝妙之处在于上色不用墨线勾勒，直接上色，人们把他们的画称为没骨图。

**画枝叶蕊萼** 江南的徐熙画画时，先用笔来勾勒出枝叶蕊萼，然后再上色，所以画显得很有骨力，气韵丰满而有神采，是为古今绝笔。

**韩幹马** 唐明皇让韩幹去看皇宫里收藏的历代画家所画的马，韩幹说："不必看了，陛下马厩中所养的上万匹马，都是我的老师。"

**戴嵩牛** 戴嵩善于画牛。如果画一头牛正在喝水，那么水中都能看牛的影子。画一个牧童牵着牛，那么牛的瞳仁中也会有牧童的影子。

**错画斗牛尾** 《东坡志林》记载：蜀地有一个姓杜的隐士，喜欢书画，他收藏的珍奇书画有上百件。其中有戴嵩所画的一幅牛，杜隐士尤其钟爱，用锦囊、玉轴来装饰它，而且经常带在身边。一天，正在晾晒书画，有一个牧童看到了，拍手大笑说："这是画的斗牛，斗牛的力气用在牛角上了，所以它们的尾巴应该夹在两腿中间，而这幅画画它们扬着尾巴角斗，这是大错啊！"杜隐士笑着同意了他的看法。古人说"耕种应该询问奴仆，织布应当询问婢女"，这话真是正确啊。

**鲍鼎虎** 宣城的鲍鼎每到画虎的时候，就把屋里扫干净，也不许人进来，把门窗都堵上，从屋顶上开个小洞来采光，然后喝一斗酒，脱了衣服在地上爬，卧倒、起来、走路、回顾，像审视真老虎那样来体味其中精妙。

**画竹** 文同画竹，可称是画竹子的左丘明，而苏轼却类似于庄子。又有一个号息斋名李衎的人，也以画竹出名。所以说苏轼的竹子，绝妙但不真实；李衎的竹子，真实却不绝妙。元代梅花道人吴镇刚开始研究，就达到了画竹的极致，然而画作传世时间长了以后，便出现了真假混杂的状况。

**画梅花** 衡州的花光长老擅长画梅花，黄庭坚看到后说："就像清晨行走在早春西湖孤山水边的篱墙之间一样，只是还少一点香气罢了。"此外杨补之的墨梅画也清丽绝俗。

**花竹翎毛** 宋代的崔白、艾宣擅长画花、竹、鸟、兽。唐代人画花鸟的，属边鸾画得最好，像活的一样。

**画草虫** 吴地的一个僧人善于画草虫，给司马光送了一个他画的扇面，司马光写了一首诗来表示感谢："吴僧画团扇，点染成微虫。秋毫皆不爽，真窃天地功。"

**米南宫** 米芾字元章，天赋异禀，资质过人。初见宋徽宗，进献他画的《楚山清晓图》，很合皇上的心意。他的画，哪怕是寻常的枯木松石，也常常有新的意趣，然而作品传世的并不多。他的儿子米友仁，字元晖，能继承家学，所画的山水，也清新雅致，自成一家。

**名画** 宋代的四大家，在南宋以后，就是李唐、刘松年、马远、夏珪四家了，他们都入朝廷供职，名扬艺苑。

**元四大家** 赵子昂字孟頫，号松雪。吴镇字仲圭，号梅花道人。黄公望字可久，号大痴，又号一峰老人。王蒙字叔明，一号黄鹤山樵。都是元代的人，因画作而扬名于世。

# 不学

**没字碑**　五代的任圜说："崔协不识字，虚有其表，人称其为没字碑。"

**腹负将军**　晋代的党进官职是太尉，却不识字不能看书。一天，他摸着自己的肚子说："我可没有辜负你啊！"一个女婢听了立刻说："将军的确没有辜负这个肚子，只是这个肚子有点辜负将军。"

**视肉撮囊**　庄子说："一个人不学习，就可将他视为一块肉；一个人不能学以致用，那就是悬而不用的袋囊。"

**马牛襟裾**　韩愈的《符读书城南》中说："一个人如果不通古今之事，那就是穿了衣服的牛马罢了。"

**书簏**　晋代的傅迪读了很多书但不理解其中的意义，唐代的李德博古通今，却不能写文章：他们都可以称作是装书的书簏。

**杕（dì）杜**　唐代奸相李林甫不认识"杕杜"一词，对韦陟说："这里'杖杜'一词，是什么意思呢？"韦陟低下头，不敢回答。

**金根车** 韩愈的儿子韩昶，秉性愚昧顽劣，官任集贤校理。史传中有“金根车”，韩昶以为是误字，便改“根”为“银”，韩愈斥责了他。

**弄璋** 唐代的姜度生了儿子，李林甫亲手写信祝贺他说：“听说有弄獐之喜。”（古代称生儿子为“弄璋”）客人看到后，都掩口而笑。苏轼《贺陈述古弟章生子》诗说：“甚欲去为汤饼客，却愁错写弄獐书。”

**蹲鸱** 张九龄有一天给萧炅送山芋，所附信中用了芋的代称“蹲鸱”。萧炅回信说：“您赐赠的山芋我已收到了，只是那个‘蹲鸱’还没有到。不过我们这等小户人家没见过世面，所以也不愿意见这样的恶鸟。”张九龄把信拿给在座的宾客看，没有不大笑的。

**纥字** 鲁国的臧武仲名为纥，孔子的父亲叫叔梁纥（古时“纥”字读 hā，音同“瞎”），世人却大多数将“纥”读为“核”。唐代的萧颖士听到有人读错了臧武仲的名，就说：“你连‘纥’字都不认识！”

**伏猎** 萧炅为侍郎，读书少。他给严挺之写信，经常把“伏腊”[①] 写成“伏猎”。严挺之笑着说：“台省之中岂能容伏猎侍郎呢？”于是便将其逐出了朝廷。

---

① 一指古代两种祭祀的名称，“伏”在夏季伏日，“腊”在农历十二月；一指伏祭和腊祭之日，或泛指节日；也借指生活或生活所需的物质资料。

**春蒐** 桓温篡位的时候，尚书错把“春蒐（sōu）”[1]写成了“春菟”，结果从丞相以下的官员全被罢免。

**目不识丁** 唐代的张弘靖曾写：“现在天下没有战事，你们这些人能拉两石的弓，还不如认识一个字。”但是他将“个”字错写成了“丁”字，因为这两个字笔画很相似。

**行尸走肉** 《拾遗记》记载，任末说：“一个人如果不学习，那他不过是行尸走肉罢了！”

**心聋** 《列子》记载：人如果不学习，那就犹如心变成了聋人。

**白面书生** 宋太祖想要北征，沈庆之进谏阻止。江湛之说：“耕种应当咨询男仆，织布应该咨询女婢。现在想要讨伐外国，却与白脸书生来商量，有什么用呢？”

**口耳之学** 《荀子》有文：“没见识之人的学习，是从耳朵进，再从嘴里出，嘴与耳之间只有四寸，于七尺身躯有什么益处呢！”

① 指古代天子或王侯在春季围猎。

舜开始制造羊毛笔，并用鹿毛做笔柱（笔头中间的部分）。蒙恬开始制造兔毫笔，用狐狸毛为笔柱。

**毛颖** 韩愈的《毛颖传》写道：毛颖，中山人，蒙恬把他带回来，秦始皇把管城封给他，所以号为管城子，积累功勋，官拜中书令，被称为中书君。

**蒙恬造笔** 蒙恬选取中山的兔毫来造笔。王羲之《笔经》记载：各地的兔毫中，只有赵国中山一带的山兔肉肥毫长，很适用来做笔。但一定要在仲秋月采集，先用几根人发的发梢部分，再杂以青羊毛和兔毛，把它们裁得平整一些，然后用麻纸裹紧底部以方便制作；最后取来上等兔毫薄薄地覆盖在笔柱上，把笔柱全部盖住。其实，蒙恬开始造笔时，用枯木来做笔管，用鹿毛做笔柱，羊皮做笔被，这就是所谓的苍毫。

**毛锥** 五代的史弘肇说："上安朝廷，下定祸乱，这些只需要长枪大戟就可以了，那些小毛笔杆子能干什么呢？"三司使王章说："如果没有那些笔杆子，军费从哪里来呢？"史弘肇听完默然不语。

**椽笔** 东晋的王珣梦见有人把一根像屋椽一样的大笔给了他，醒来之后说："看来将有用到大笔的事。"不一会儿，晋武帝驾崩，颂扬皇帝德行的哀策和拟定谥号的谥议，都是由王珣来写。

**鼠须笔** 王羲之从天台白云先生那里得到了用笔的方法，白云先生赠给他鼠须。张芝、钟繇都是用鼠须笔写字的，笔锋强劲，字有锋芒。

**鸡毛笔** 岭外很少有兔子，用鸡或野鸡的毛来制作笔自有妙处，也就是苏轼所说的三钱鸡毛笔。苏轼书写的《归去来辞》，笔法很像李邕，非常流丽而有逸趣，但稍微缺乏一些遒劲的之感，应当就是用三钱鸡毛笔写的。

**呵笔** 李白被朝廷召来在便殿对策，并让他撰写诏诰。当时正是十月大寒的时节，李白的笔都冻住了。唐玄宗让十个宫女侍奉在李白左右，并让她们每人都拿着牙笔呵气使其变暖不硬。

**笔冢** 长沙的僧人怀素学到了草圣张旭的精髓，就将自己练完扔掉的笔埋在山下，人们称之为笔冢。

**右军《笔经》** 王羲之在其所著《笔经》中写道：从前的人用琉璃、象牙做笔管，装饰得十分美丽，可毛笔应该以轻便为主，太重就会运笔不畅。近来有人赠给我绿沉漆[1]竹管和镂管的笔，我用了多年，很是喜欢，何必一定要用黄金珠宝去雕饰，才作为赠品呢？

---

① 绿沉漆始于魏晋南北朝时期。"绿沉漆"是一种暗绿色的漆。如物沉在水中，其色深沉静穆，故名"绿沉"。

**梦笔生花** 李白少年的时候，梦见笔尖上长出了花，后来诗文词采富丽，感情奔放，名扬天下。

**五色笔** 南朝的江淹梦见有人给了他一支五色笔，因此文思辞藻日益华丽。后来他歇宿在一座野亭，梦见有一个人自称是郭璞，对江淹说："我的笔曾放在你那里，现在可以还给我了。"江淹便伸到怀里去摸，果然有一支五色笔，便给了那人。从那以后江淹写诗，再无好的词句，当时人都说他是把才能用完了。

**笔匣** 汉代开始用各种宝物来装饰笔匣，用犀角、象牙、琉璃来做笔管。王羲之最早崇尚用竹管。

**笔床** 南朝梁的简文帝开始做笔床，以四支笔为一床。

**大手笔** 唐代的苏颋被封许国公，张说被封为燕国公，他们都因为文章写得好而显身扬名，声望也差不多，当时人称他们为燕、许大手笔。

**研** 黄帝得到一块玉，开始制成墨海那样的大砚，上面刻着"帝鸿氏研"的文字。孔子做石研，仲由做瓦研，汉代有漆研，晋代有铁研，魏代有银研。

**溪研** 唐玄宗的时候，一个姓叶的人开始选取龙尾溪上的石头来做砚台，深溪的是上品。南唐时开始开掘端溪砚坑的石头来做砚台，北岩是上品，有辟雍样、郎官样。到宋仁宗的时候，端溪石、龙尾溪石都开掘完了。

**研谱** 端溪有三种岩石，即上、中、下三岩。西坑、后历、下岩没有新的，上、中岩要分新旧。旧坑的话就是龙岩、汲绠、黄圃三种石头；新坑的话就是后历、小湘、唐窦、黄坑、蚌坑、铁坑六处，都在山的东边。其中最好的籽石出在水中，其次是鸲鹆（qú yù）眼，上有红、白、黄色的点，绿的绦、环绕着金线纹，纹理是黄色的。还有白绦、青绦、青纹，眼筋短纹，火黯微斑。赤裂、黄霞、铁线、白钻、压矢，都有色斑。龙尾溪的岩石中最好的是金星，次一等的是罗纹眉子、水舷、枣心、松纹、豆斑、角浪、刷丝、驴坑等。另外《研谱》还说：最好的是红丝，是出于土中的，次一等的是黑角、褐金、紫金、鹊金、黑玉等。

**苏易简研谱** 端溪的砚石，在水里的石头颜色为青色；在山中间的石头颜色为紫色；在山顶的石头非常温润，颜色像猪肝的是最好的。如果有知晓山的脉理的开采匠人，开凿一窟，就会有自然形成的圆石，琢成砚台，价值千金，称作紫石研。苏轼写的《铭》说："自然界中的一切皆由情而成，连石头也是卵生的呢。在黄色胎衣之下，便孕育着黑红色的佳砚。"

**即墨侯** 文嵩《石虚中传》记载：南越人，姓石，名虚中，字居默，官拜即墨侯。薛稷做了砚台，被封为石乡侯。

**马肝** 西汉元鼎五年（前112年），郅支国进贡马肝石，用它混合丹砂制成药丸，吃了之后，全年都不会饿。用它来擦拭头发，头发就会全部变黑。用它做砚台，墨就会有光芒。

**凤咮** 苏轼有诗："苏子一研名凤咮，坐令龙尾羞牛后。"龙尾，是溪水名的名字，出产一种石头，可以做砚。

**龙尾研** 李后主对于笔墨之事非常在意，他所用的澄心堂纸、李廷珪墨、龙尾砚，三者都是天下最好的，当时很珍贵。龙尾石多产自水中，所以非常温润，质地非常坚硬细密。敲击它，声音清亮悠扬，如玉石之声，与别的石头不同，颜色大多是黑色。也有青绿色的，石的纹理稍微粗一些，用手抚摸，会觉得有细细的锋芒，发墨速度尤其快。

**鸲鹆眼** 《东坡笔录》记载：鸲鹆眼这种砚台，黄色和黑色相间，墨的眼睛在内，看上去晶莹可爱的称为活眼；四边纹理不清晰的称为泪眼；看形状不错，但内外都是白色的，没什么光彩的称为死眼。活眼胜过泪眼，泪眼胜过死眼。

**澄泥研** 米芾说：绛县人善于制作澄泥研，用细绢淘洗两遍，再澄清，取非常细的泥浆来制砚，有一种砚的颜色像春季的绿水一样的，非常细滑，书写起来不费笔。

**铁研** 苏易简《砚谱》记载：青州用熟铁做砚台，还很发墨。五代时的桑维翰第一次参加进士考试，主考官嫌他的姓与“丧”字同音，所以没有录取他。桑维翰就铸造了一个铁研，拿给别人说：“等这块砚用坏了我再改换志业。”最后终于考取了进士。

**铜雀研** 魏国铜雀台遗址，人们常去发掘其中的古瓦，细致雕琢打磨，贮水几天都不会干燥。世人传说：这里的瓦都是用陶澄泥烧制的，泥都用纱滤过，再加胡桃油以水和土来制作的，所以与其他的瓦不一样。

**结邻** 李卫公收藏了很多砚台，其中最好的是结邻，意思是说要互相结为邻居。按：结邻是月神的名字，这块砚台形状很圆而且有光泽，以“形”像而为名。

**纸** 古代用布帛来书写，汉代用幡纸来书写。蔡伦制出了麻纸，又捣旧的渔网做网纸，用木皮做縠纸。王羲之制作了縠藤皮纸。王玙开始用竹子和草来造纸。晋代的桓玄开始制造青赤嫖姚笺纸。石虎开始制造五色纸。薛涛最早制出短笺。

**笺纸** 蔡伦的玉版纸、贡余纸，都是用些碎布头、破草鞋和乱麻来做的。还有经屑、表光纸。晋代有密香纸[①]。大秦国（即古罗马帝国）出现了唐代的硬黄纸，是用黄柏[②]染的。段成式记有云蓝纸。南唐后主李煜用的是澄心堂纸。齐高帝有凝光纸。萧诚的斑纹纸采用野麻、土縠来制成。蜀地的王衍有霞光纸。宋代有黄白经笺、碧云春树笺、龙凤笺、团花笺、金花笺、乌孙栏等。颜方叔（宋朝人）有杏红笺、露桃红笺、天水碧，都在上面压制出花、竹、鸟、鱼或者山水、人物的图案，还有元春膏笺、冰玉笺、两面光蜡色茧纸。越剡藤苔笺，就是汉代时的侧理纸，用南越的海苔来制作。蜀地有麻面、薛骨、金花、玉屑、鱼子十色笺，也就是薛涛的深红、粉红、杏红、铜绿、明黄、深青、浅绿云笺。

**密香纸** 以密香树的皮来做，浅褐色，有花纹像鱼子，有香味而且很坚韧，用水泡着也不会烂

① 即蜜香纸，用蜜香树皮和叶所造。下文中的密香树，亦指蜜香树，也就是现代认为的沉香树。

② 指黄檗，在南方有时会被称为“黄柏”。

**玉版**　成都浣花溪造的纸，非常光滑，所以就用玉版为名。苏轼有诗句：“溪石作马肝，剡藤开玉版。”

**剡藤**　剡溪古藤很多，造出来的纸也非常漂亮。唐代的舒元舆写了《吊剡溪藤文》，说现在乱写文章的人，都玷污了剡溪的古藤。

**蚕茧纸**　王羲之写《兰亭集序》，用的是蚕茧纸。这种纸好像蚕丝制成，很有光泽。

**赫蹄**　赫蹄，是指薄而小的纸。《西京杂记》称这种纸为薄蹄。

**蔡伦纸**　汉和帝的时候，中常侍蔡伦掌管为皇帝制造器物的尚方署，于是便想出新方法，用树皮、麻头和旧布、渔网来做纸，进献给皇帝。所以天下人都称其为蔡侯纸。

**侧理纸**　张华写完《博物志》，晋武帝赐给他于阗的青铁研、辽西的麟角笔、南越的侧理纸，侧理纸也叫水苔纸，是南越人用海苔做的，它的纹理无论横竖都斜侧着的，所以有了这样的名字。

**澄心堂纸**　南唐后主李煜创造了澄心堂纸，又细密又光洁，是当时最好的纸。据说《淳化帖》就是用这种纸拓的。宋代各名家写的字与李公麟画的画，也大多用这种纸。

**薛涛笺**　元和初年，元稹出使蜀地，军中官妓薛涛赠给元稹十色彩笺纸，元稹在松花纸上写诗来赠给薛涛。蜀中有松花纸、金沙纸、杂色流沙纸、彩霞金粉龙凤纸，现在都没有了，只有绫纹纸还存在。薛涛笺很窄很短，但便于使用，能写一首四韵的小诗。

**左伯纸** 左伯与蔡伦是同时代的人，也会造纸，比蔡伦造的更精美。皇上召韦诞来写诏书，韦诞说："如果用张芝的笔、左伯的纸和我的墨，这三者全了，再用我的手来写，就可以写出直径一丈的大字。"

**《墨谱》** 《墨谱》记载：上古时代没有墨，在竹子和木板上用漆来写字。中古时代用石头来磨汁，也有人说是延安府出产的石油。到了魏晋时，开始有了墨丸，是用漆烟和松煤混合在一起制作的。所以晋代人多用中心有些凹的砚台，是想在磨墨后沉淀杂质。

**麦光** 苏轼诗有"麦光铺几净无瑕"的句子，还有"香云蔼麦光"的句子。麦光，是纸的名字。香云，就是墨。

**李廷珪墨** 唐代的李超是易水人，与他的儿子李廷珪逃亡到歙州。这个地方多松树，所以他们便留下来居住，以制墨出名，所制的墨坚硬如玉，纹理像犀角一样。他们的制法是：松烟一斤、珍珠三两、玉屑一两、龙脑一两，再和一些生漆，捣上十万次，所以他们的墨坚硬如玉，能放在水里，三年都不坏。

**小道士墨** 唐玄宗御案上有一块叫龙香剂的墨。有一天，唐玄宗看到墨上有一个小道士，像苍蝇一样爬着走。玄宗呵斥他，他就立刻高呼万岁，并说："小臣我就是墨精，名叫黑松使者。世上凡是会写文章的人，都会有十二个守墨之神龙宾[①]跟随。”唐玄宗觉得很惊异。后来便把这块墨分赐给了掌管文章的官员。

**陈玄** 《毛颖传》记载：毛颖与绛县人陈玄、弘农人陶泓、会稽的褚先生关系非常好，他们只要出游，就一定相携而行。

**客卿** 西汉扬雄的《长杨赋》虚构子墨这个客卿来讽喻汉成帝。另外，有燕人名叫易玄光[②]，字处晦，被封为松滋侯[③]。

**隃麋** 隃麋，就是墨。唐代时高丽进贡松烟墨，再加入一些麋鹿胶来造墨，名叫隃麋。

① 龙宾即守墨之神。
② 亦作“易元光”，是墨的别称。
③ 松滋侯是墨的戏称。

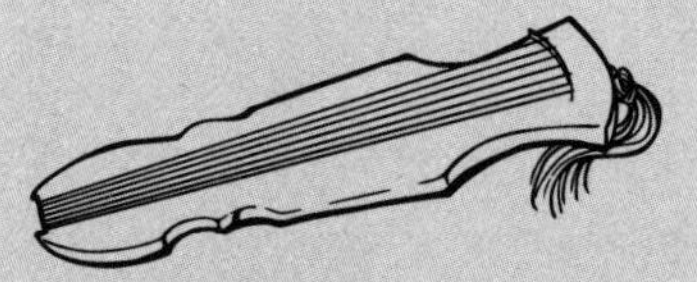

卷九

# 礼乐部

婚礼有纳采、问名、纳吉、纳征、请期等几个步骤。

纳采，就是交纳大雁作为向女方求婚的礼物。

问名，就是问女子的姓名和生辰八字。

纳吉，就是男方卜得吉兆而告诉女方。

纳征，就是给女方钱币作为婚姻的证明。

请期，就是男方把婚姻的日子告诉女方以请示。

# 婚姻一 礼制·

**冠礼** 古时人举行冠礼[1]，要占卜冠礼的日子和主持冠礼的大宾，这是表示敬重冠礼。加冠时，男孩站在大堂前东面的台阶上，表示这个男孩已长大，可代父亲承担责任。在客位（西面台阶）行加冠礼，加三次就显得更为尊贵，先加缁布冠，再加皮冠，第三次加爵弁（biàn），证明他已成人。加冠并为他取字，这是成人礼的必要步骤。去拜见母亲，母亲也向他回礼；去见兄弟，兄弟也向他回礼，即已经是成人了，所以要对他回礼。然后受冠者穿玄色冠冕礼服，向君王行奠挚之礼，亦可以成人之礼拜见卿大夫、乡绅士人。

**鲁两生** 汉代的叔孙通制定了礼仪，朝廷征召鲁地诸生三十多人参与。有两人不肯去，说:“礼乐必须积累德行百年之后才会兴盛，现在天下刚刚安定，哪里有闲暇来制作这个呢？”叔孙通笑着说:“没有见识的儒士，不知俗随时变的道理啊。”

**应时而变** 《庄子》记载：三皇、五帝时候的礼义和法度，

① 古代男子二十岁（天子、诸侯可提前至十二岁）举行的加冠之礼。

并不在意是否相同，而要看它们对治理天下是不是有用，就好像山楂、梨子、橘子、柚子，它们的味道不同，但都很好吃。所以，礼义和法度要随着时间的变化而变化。

**晋侯受玉** 《左传》记载：周天子派召武公和内史过到晋国传命令给晋侯。晋侯接受周天子所赠玉的时候很怠慢。内史过对周天子说："晋侯可能会没有后人了！大王向他下达命令，他竟然很不在乎地去接受，他这是先抛弃自己，怎么能有后人呢？礼，是固国之本；恭，是守礼之本。如果不恭敬，那么礼就无法实行；如果礼不能贯彻执行，上下的尊卑就会混乱，这怎么能够长久呢？"

**绵蕞** 叔孙通与自己的弟子一百多人在野外制定研习整顿朝仪的典章，练习了一个多月，便制成了。汉高祖让群臣在长乐宫学习，学成之后，群臣都来按礼朝贺，因仪礼章法气势臣无不惶恐肃敬。汉高祖说："我今天才知道当皇帝的尊贵啊。"

**婚礼** 人皇氏制定了夫妇之道，伏羲制定了嫁娶之规。女娲氏与伏羲同母而生，辅佐伏羲来纠正婚姻之道，从而成为主管婚姻的神。夏后氏开始制定迎亲的礼仪。秦始皇开始规定在娶妻的时候要给丝麻鞋一双，取"和谐"之意。东汉开始用墨作为聘礼。汉代很重视墨，直到现在婚约之礼都用墨。后来就在婚礼上用羊，之所以用羊，是取其谐音"祥"。巫咸创制出用撒帐压制邪气的巫术。西汉易学家京房把女儿嫁给另一位经学家翼奉的儿子，京房认为当天非吉日，翼奉便以撒豆谷的方式来避邪。唐代宰相张嘉贞想把女儿嫁给郭元振，便制定了让女儿们藏在垂幕之后，以牵红丝的办法来确定哪个女儿出嫁。唐代新媳妇的轿子到了大门口，用席子抬进，不可着地。晚唐的制度是：新媳妇上了车，用蔽膝的布来盖住脸。五代时开始了新媳妇进门有跨马鞍的习俗。北朝迎亲，十几个人大喊，催着新媳妇上轿，妻子家的亲戚与宾客中的女子都来打新郎，且拳脚相加。

**昏礼**[①] 婚礼，是将要有两家人合为一家的喜事，这是上祭祀宗庙，下有后人继承的大事，所以君子很重视这件事。婚礼有纳采、问名、纳吉、纳征、请期等几个步骤，都是主人在祖庙中办筵席，并拜迎于门外。进来，要揖让然后再升堂，要遵从庙中卜算的结果，以此来表示恭敬、慎重，从而使婚礼一归于正。纳采，就是交纳大雁作为向女方求婚的礼物。问名，就是问女子的姓名和生辰八字。纳吉，就是男方卜得吉兆而告诉女方。纳征，就是给女方钱币作为婚姻的证明。请期，就是男方把婚姻的日子告诉女方以请示。这五种礼再加上最后的迎亲，就叫作六礼。

**礼亲迎** 父亲倒酒给儿子喝，之后命令儿子去迎接，因为男先于女。儿子奉命出来迎接，主人在宗庙中设筵，并拜迎于门外。女婿拿着大雁进来，揖让着上堂，拜两次然后献上雁，表明对父母的亲爱之情。降称为下堂，即岳父牵过拉女子的车，女婿接过驾车的绳索，驾车行驶三圈，然后先在门外等候。新娘到婆家后，女婿作揖请新娘进屋，同用一个容器吃饭，并用一瓠所剖的两个瓢来饮酒，是要让结合以后的夫妻无论尊卑都能亲密以待。

**见舅姑** 早晨起来，新娘洗漱完毕后等着拜见公婆。等到天

---

① 即婚礼，《礼记·昏义》里面记载为“昏礼”，古人认为黄昏是吉时，会在黄昏行娶妻之礼，故称“昏礼”。

亮，赞礼者引导新娘前去拜见公婆，新娘拿笲装着一筐枣子、栗子之类干果和特制的干肉来参见，先是赞礼给新娘倒酒，新娘献上祭肉和祭酒，便完成了新娘的拜见之礼。公婆这时进入室内，新娘要献上很好的猪肉，表明新娘的孝顺。这里说的天亮，指的是婚礼的次日。赞，指司仪。笲，是竹子编的筐子之类的器物，用来盛枣、栗、肉干之类的礼物。脩，就是肉干，加了姜、桂等调味料而制作的叫作段脩。

**飨以一献** 天明的时候，公婆要共同用一献之礼来完成奠酬礼仪，即主人敬酒而客人并不举杯之礼。公婆先从西边台阶下来，新娘则从阼阶（东边台阶）下来，用来表明辈分的不同。所谓的天明，指的是婚礼的第二天早上。公婆各斟一次酒，共同完成一献之礼。阼是主要的台阶，表明新娘将要代替婆婆成为家庭的主妇了。

**结缡（lí）三命** 女儿出嫁时，父亲告诫她说：“要谨言慎行，听公公的话！”母亲告诫她说：“要谨言慎行，听婆婆的话！”伯母、叔母等人为她系盛手巾细物的小囊，并告诫她说：“谨慎小心，要听从你父母的话！”

**四德三从** 古代的女子出嫁后的前三个月里，如果祖庙还在，那就在君王的宫中教育她；祖庙已毁，就在宗室的宫中教育她，教她妇德、妇言、妇容、妇功四种规矩。教完后要进行祭祀，献神之礼用鱼，并伴用海藻，这是可以助成妻子顺从丈夫的意思。三从，指的是女子在家里要服从父亲，出嫁要服从丈夫，丈夫死后要服从儿子。

**伉俪** 《左传》记载：齐侯向晋国请求娶一个女子为继室，韩宣子让叔向说："这也是我们国君的想法，（国君没有正式的配偶，让国君无法承担国家大事），您提出（求婚这事），是给我们很大恩惠啊。"

**朱陈** 白居易诗说："徐州古丰县，有村曰朱陈。去县百余里，桑麻青氛氲。一村惟两姓，世世为婚姻。"

**撒帐果** 汉武帝的李夫人刚进皇宫时，乘坐七宝流苏辇，用凤羽长生扇遮着，武帝把她迎入帐中，一起坐着喝合卺（jǐn）酒。提前已告诉宫女远远地撒五色同心花果，武帝与李夫人用衣服的前摆来接，这叫"得多"，即多多得到儿子的意思。后世也传袭了撒帐的习俗。

**月老检书** 唐代的韦固在旅途中于宋城歇宿，遇到一个老人在月下翻书，他对韦固说："这是全天下人婚姻的记录册。"韦固便问他自己的妻子姓什么，老人回答说："你的妻子就是旅店后边卖菜的那个陈婆婆的女儿。"韦固第二天决定去看看，发现一个老太婆抱着一个两岁的女孩，长得很丑。于是就让人去刺杀她，但只刺中了眉心。十四年后，相州刺史王泰把自己的女儿嫁给韦固，韦固见妻子面貌很美丽，但眉心总贴着花钿之类的饰品。仔细问她，她才说："其实我是刺史大人的侄女。我的父亲在宋城去世，我还很小的时候曾经被贼人刺伤，眉心的伤痕还在。"宋城的长官听到了这个消息，便把当年韦固住过的客店命名为订婚店。

**金屋贮之** 汉武帝小的时候，汉景帝问他："儿子，你愿意娶个妻子吗？"长公主指着自己的女儿说："把阿娇嫁给你好不好？"武帝说："如果真的能得到阿娇，那我就用金子建的屋子把她藏起来。"

**丹桂近嫦娥** 袁筠要娶萧安的女儿，已经订了婚，没过多久，袁筠考上了进士。罗隐赠诗给他说："细看月轮还有意，定知丹桂近嫦娥。"

**女萝附松柏** 隋朝末年，李靖去拜见杨素，有一个侍妾手执红拂立于一旁，看了李靖很久。李靖回到旅馆，半夜忽然有人敲门，请到屋中，来人脱下衣帽，竟然是一个美女。李靖非常惊讶，问她来此的原因，她告诉李靖说："我就是杨素家那个手执红拂的侍妾。需要依靠的女萝愿意依附松柏。"于是便与他一起回了太原。

**续断弦** 志怪小说《十洲记》记载：凤麟州用凤凰的喙和麒麟的角来做胶，可以把断了的弦重新续上。

**门楣** 唐玄宗对杨贵妃一家恩宠有加，杨贵妃的堂兄杨国忠加封御史大夫，杨铦封为鸿胪卿，姐妹们也分别封为韩国、虢国、秦国三夫人。当时的民谣说："男不封侯女作妃，君看女却为门楣。"

**冰人** 晋代的令狐策梦见自己站在冰上，与冰下的人说话。占卜的人说："在冰上面与冰下面的人说话，这是阳向阴说话，这是要为做媒，时间大概在冰将消融的春天。"果然太守田豹为自己的儿子求娶张徵的女儿，派令狐策为媒人，仲春成婚。后来就称"媒人"为"冰人"。

**卖犬嫁女** 晋代的吴隐之将要嫁女儿，谢石知道他很穷，不会有值钱的陪嫁，便下令让自己的厨房和账房人员去帮忙操办。人们到了以后，看到只有一个婢女牵着一只狗在卖，除此什么都没有准备。

**练裳遣嫁** 汉代的隐士戴良有五个女儿，女儿结婚时，他给的陪嫁只有白布衣服、竹筐和木鞋。苏轼有诗句说：“竹笥与练裳，愿得毕婚嫁。”

**葭莩（jiā fú）** 汉代中山靖王封手下群臣，连葭莩那样薄的私情都没有。葭莩，指竹子内壁上的薄膜。

**潘杨** 晋代的潘岳为杨经写的诔文说：我们是世亲姻亲，你的姑姑是我的妻子。潘、杨两家的和睦是有渊源的。

**凤占** 《左传》记载：陈国公子陈完跑到齐国，齐侯想让他做卿。齐国的大夫懿氏想把女儿嫁给他，占卜得到卦辞是：“夫妻会像凤凰双双飞翔，鸣叫应和响亮清脆，发出锵锵之声。陈完是有妫氏的后人，将在姜姓之国繁育昌盛。五代以后就将发达，地位与正卿并驾齐驱。”

**结缡** 《诗经·豳风·东山》记载：“这个姑娘将做新娘，迎亲骏马红中带黄。妈妈为女儿结上佩巾，婚仪繁缛太多过场。”缡，指女子的佩巾。

**示之以礼** 马超逃到蜀国，却非常轻视刘备，经常直呼刘备的名字。关羽大怒，奏请杀了马超。刘备说：“他在穷途末路时投奔咱们，因为直呼名字就杀了他，怎么对天下人交代呢？”张飞说：“既是这样，就要让他知道什么是上下之礼。”第二天，刘备大摆宴席请各位将领，也请了马超进来，而关羽、张飞都拿着刀站立着侍卫。马超环顾席间，没看到关羽和张飞，看到他们在做守卫，大吃一惊。从那以后马超开始尊敬刘备，不敢再叫名字了。

**议礼聚讼** 汉章帝（刘炟）想要制定礼乐，班固说："很多贤人懂礼并能说礼，应该多召集他们前来。"章帝说："俗话说'道边修房子，三年也修不成。'如果把大家都召来商讨礼乐，那就是让大家来争论了。"

# 礼制·丧事二

**丧礼** 黄帝最早制作了棺椁。周公制作了车棺旁的装饰扇。周代开始用陶俑来陪葬。虞卿开始在殉葬中用桐木偶。左伯椀制作了明衣（尸体上穿的新衣）。史佚制作了下殇（8—11岁间死为下殇）的棺衣。夫差制作了冥帽，并最早开始在死者脸上盖面帛。夏代开始有了专门用于随葬的明器。五代开始在灵位前用木、土、蜡等制作供祭祀或观赏用的果品。舜制定了吊祭之礼。晋代的制度是吊丧的客人到有丧事的人家要鸣鼓为号。巫咸制作了纸钱来代替真钱叫寓线。汉代向神祈祷有了埋钱之礼。王玙开始在丧事祭奠中烧纸钱。周代的制度是在丧事中请能驱除疫鬼和山川精怪的方相神来做前驱。汉代的制度则改为戴魌（qī）头面具，俗称为开路显道神。这源自嫘祖死于路边，嫫母监护时所制定。商代开始制作铭旌来书写死者的姓名。魏国时开始书写死者的字号。东汉开始制作墓碑，上面刻着文字和易于辨识的东西。黄帝建立京观，这也是建坟墓的源头。周公开始有合葬的做法。周桓王开始有改葬的做法。秦武公最先用人殉葬。宋文公开始在殉葬中使用非常贵重的东西。秦朝把天子的墓称为山，汉代开始称为陵。汉文帝开始在生前便预先建造寿陵。少康封地给儿子以祭祀祖先。大禹开始设立了守陵人。秦始皇开始修建皇帝死后的寝宫，有石麟、辟邪、兕（sì）马，臣子的墓则有石人和羊、虎之类的柱子，因为水怪罔象喜欢吃死人的肝，所以制作这些东西来驱逐罔象。宋真宗开始给民众建造义冢，名叫漏泽园。

**服制** 黄帝开始制定丧礼。禹开始制定分别亲疏的五种丧服。尧制定了三年的守丧期，如果是父亲的丧事，要穿粗麻布制成且左右襟和下边不缝的丧服，为母亲服丧要穿粗麻布制成但左右襟和下边缝齐的丧服。唐代武则天规定，如果父亲还在而母亲去世，那就为母亲守丧三年，各种仪式相当于为父亲守丧的仪式。宋太祖规定，为公公和婆婆也要守丧三年。周公规定，对于自己的生身母亲要穿齐衰（zī cuī）的丧服三个月。鲁昭公创制了慈母服（古时为抚育己之庶母所穿的丧服）。唐玄宗又增加了母党（母族）服。魏徵规定，叔嫂的关系使用小功服。戴德规定，朋友的关系穿缌（sī）麻服。晋襄公创建了守父亲之丧未满便应召出仕的起复之礼，始于伯禽征讨徐戎时，兵卒虽有丧事仍应征而出，汉、唐都沿用了此礼，对大臣的夺情之礼也基于此。汉元帝有了让博士回家为父母守丧之制。汉文帝开始用天数换月数来计算守丧的时间。汉景帝便以三十六天为期满而脱去丧服。唐肃宗开始规定二十七天就期满。

**丧礼五服** 斩衰即丧服用粗麻布制成且左右襟和下边不缝，需要三年，这是儿子为父母服丧的丧服。女儿如果在家，或者订了婚但还没有出嫁的，或者嫁了却被休而仍在家的，与儿子的妻相同。儿子为继母、为慈母（亲生母亲死后，父亲让别的妾来抚养）、为养母服丧也用斩衰，儿子的妻子与此相同。庶子为自己的生母、为名分上的嫡母也用斩衰，庶子的妻子相同。上门继承人家香火的女婿与妻子相同，嫡孙为自己的祖父母、高曾父母用斩衰，若父亲先子而死，则承受宗庙与丧祭之重任的孙子也同样用斩衰。妻子为丈夫用斩衰，妾若为家长也相同。

**齐衰杖期** 嫡子、众子为父亲的妾守丧要穿粗麻布制成且有缝边的丧服并手里拿着丧棒，他们的妻子也一样。儿子为已经改嫁了的母亲、为已经被休了的母亲；丈夫为妻子；如果祖父还在世，而父亲已经不在时，嫡孙为祖母，都用这一丧礼。

**齐衰不杖期** 祖父为嫡孙，父母为嫡长子及嫡长子的妻子，还有除嫡长子以外的其他儿子，包括没有出嫁的女儿，以及自己的儿子但过继给别人的，都要穿粗麻布制成且有缝边的丧服，但不拿丧棒。另外，继母为长子，众子侄为伯叔父母，为亲兄弟，以及亲兄弟没有出嫁的女儿或没有分家另过的儿子。孙子为祖父母，孙女在家的和出嫁的都一样。过继给别人的为他的亲生父母，出嫁的女儿为她的亲生父母，小妾为丈夫的正妻，小妾为丈夫的父母，小妾为丈夫的儿子以及与自己所生的儿子，都用这一丧制。

齐衰五个月的礼制，适用于曾孙为曾祖父母，曾孙女相同。齐衰三个月的，适用于玄孙为高祖父母，玄孙女相同。

**大功九月** 穿用熟麻布做成针脚稍粗的丧服，需守这一礼制的人有：祖父母为除了嫡长孙之外的其他孙子们以及还没有出嫁的孙女们；父母为长媳之外的其他儿媳及已经出嫁的女儿；伯叔父母为侄媳及已出嫁的侄女；妻子为丈夫的祖父母，妻子为丈夫的伯叔父母；丈夫过继给别人的，他的妻子为丈夫的亲生父母。

**小功五月** 穿用熟麻布做成针脚稍细的丧服，需守这一礼制的人有：为伯叔的祖父母，为堂伯叔的父母，为同曾祖的兄弟，为兄弟的妻子，祖父为嫡孙的妻子，为外祖父母，为母亲的兄弟姐妹。

**缌麻三月** 穿用细麻布制成的丧服，需守这一礼制的人有：祖父为除嫡长孙媳之外的其他孙媳，曾祖父母为曾孙，祖母为嫡孙，众孙妇为乳母，为妻子的父母，为女婿，为外孙，为叔伯兄弟的妻子。

**三父** 有一起居住的继父，不一起居住的继父，以及跟随母亲出嫁而成的继父。这些继父中，都是说父亲死后母亲再嫁儿女跟着去的情况。如果住在一起，那么要穿一年丧服，没有住在一起就不用穿丧服。而跟随继母出嫁而去的，则应该穿齐衰的丧服并持丧棒一年。

**八母** 嫡母、继母、养母、慈母、嫁母（亲生母亲因为父亲去世而再嫁）、出母（亲生母亲被父亲休弃）、庶母（父亲的妾生的子女）、乳母（就是奶妈，也要穿缌麻丧服）。

**七出** 无子，恣纵逸乐，不孝，挑拨是非，盗窃，妒忌，身患重病。

**三不去** 三种不可休妻的情况：曾与丈夫为其父母守三年丧的；婚前贫贱而婚后富贵的；娘家亲人散亡，妻子无家可归的。

**读礼** 《礼记·曲礼》记载：家有丧事还未下葬就要赶快读关于下葬的礼仪，已经下葬了就要读祭祀的礼仪。

**弥留** 将死的状态，还有呼吸，眼睛没有合上，称为弥留。

**属纩（kuàng）** 属，放置之意。纩，丝绵。因为绵很轻又易动，所以把它放在将死之人的嘴和鼻子上，来检验是否已经死亡了。

**易箦（zé）** 曾子得了重病，他的儿子曾元、曾申坐在曾子脚下，童仆坐在角落里掌着蜡烛。童仆说："这个席子华丽而细腻平滑，是大夫才能享用的竹席吗？"曾子说："是啊，这是大夫季康子赠给我的，我竟然没有换了它。曾元，把我扶起来换席！"大家扶起他来换了席子，还未将曾子再放到席子上他便死了。

**捐馆** 《史记·苏秦传》记载：奉阳君（李兑）死了，这是舍弃自己的馆舍（官位）去了。

**鬼录** 魏文帝（曹丕）在《与吴质书》中记载：从前大疫之年，亲人朋友也因此遭难，现在看他们的姓名，都在死人的名录上了。

**就木** 晋文公（重耳）逃亡到狄国，娶了季隗为妻，他将要去齐国，便对季隗说："等我二十五年，如果我不回来你就再嫁了吧。"季隗回答说："我要是像你说的那样再嫁的话，都已经快要进棺材了。"

**盖棺论定** 东晋的刘毅说："一个人只有进了棺材，对他的评论才能确定。"

**修文郎** 春秋时期，苏韶死了，后来他的堂弟苏节在白天见到他，便问他阴间的事。苏韶说：“颜回、卜商死了以后，都在阴间官任修文郎。”

**白玉楼** 李贺将死时，有穿着红衣服的人骑着红色的龙，捧着天庭玉版来对李贺说：“天帝建成了白玉楼，立刻召你去作记文。天上的差事很快乐，不痛苦。”

**一鉴亡** 魏徵死后，唐太宗在朝廷上叹息说：“以铜做镜子，可以照出美丑；以人为镜子，可以明白自己的得失。现在魏徵死了，我的一个镜子没了。”

**月犯少微** 东晋谢敷隐居在剡中。当时月亮犯少微星，占卜的结果是“对隐士不利”。谯国的戴逵名气比谢敷大，就很担心。不久，谢敷死了，当时人便说：“吴中高士，求死不得。”

**岁在龙蛇** 东汉郑玄梦见孔子对他说：“醒醒，醒醒，或在龙年尾，或在蛇年初。”郑玄醒来后，想起这与当时流传的一个谶语相合，便知道自己快要死了。谶语说：“岁在龙蛇贤人嗟。”

**梦书白驹** 杜牧梦到在写“白驹”两个字，醒来后叹气说：“这是指‘过隙’啊。”于是他把自己的文章都毁了，果然就死了。

**一朝千古** 唐代的薛收死了，秦王（李世民）说：“我与薛收（伯褒）曾共同带兵，哪里知道有一天竟成千古之别啊！”

**脱骖** 孔子偶遇以前掌管馆舍之人的丧事，便进去很哀伤地痛哭，出来让子贡把马解下来作为奠礼。

**麦舟** 范尧夫（范仲淹次子）的船里有五百斛麦子，全给了老友石曼卿，来帮助他完成丧事。

**生刍一束** 东汉郭林宗在为母守丧，徐稺前往吊唁，在门前放一束鲜草就走了。众人都很奇怪这种行为。郭林宗说："这肯定是南州高士徐稺。《诗经》不是说吗，'生刍一束，其人如玉'，我有何德值此夸奖啊？"

**素车白马** 东汉的范式（巨卿）、张劭（元伯）是好朋友。张劭死了，范式梦见张劭喊他说："巨卿兄，我已经在某某日死了，某某日要下葬。"范式忙驾车赶去吊唁。还没到达的时候张劭的葬礼已经开始了。快到墓前了，棺材却无法移动。他的母亲说："元伯啊，难道你还在等什么人吗？"便停下了棺材。过了一会儿，看到素车白马，有人大哭着过来了。他的母亲说："这一定是范巨卿。"范式于是拉着牵引棺材的大绳走在前面，棺材这才移动了。

**归见父母** 北宋陈尧佐临终前，为自己写了墓志铭，说道：大宋颍川书生陈尧佐，字希先，年纪八十二，已经不算夭折；官居一品，也不算低贱；卿相名录中也有名字，也不算辱没祖先，可以归去见父母了。

**翁仲** 《水经注》记载：鄗（hào）南的千秋亭[①]坛庙东边的

① 汉光武帝刘秀即位处。

枕道上，有两个石翁仲[1]。黄庭坚有“往者不可言，古柏守翁仲”的诗句。

**九京** 晋献文子（赵武）说：“能够在这里祭祀唱诗，在这里居丧哭泣，在这里宴请国宾、聚会宗族，说明我可以免于刑戮而善终，能跟先祖、先父一起长眠在九原[2]啊。”

**佳城** 西汉的滕公夏侯婴驾车到东都门，马悲鸣着不走。滕公让人就地挖掘，得到了一口石棺，上面用蝌蚪文写着：“佳城郁郁，三千年见白日，吁嗟滕公居此室。”滕公长叹说：“天啊！我死后是要安葬在这里吗？”后来果然埋葬于此。

**牛眠** 晋代的陶侃家里举行的葬礼本来已进行到埋葬这一步了，忽然丢了一头牛，也不知道牛去了哪里。遇到一位老人，对陶侃说：“前边山头上看到一头牛卧在那里，那个地方如果埋人的话，他的后代一定位极人臣。”陶侃找到了牛，也看到了那个地方，便把先人埋葬在那里。

**寿藏** 唐代姚崇的曾孙姚勖（xù）活着的时候在万安山姚崇的墓旁为自己建了一个墓地，题名为“安居穴”，用土做床，叫“化台”。

**挽歌** 汉高祖的时候，田横自杀而死，从前跟随他的人都不敢哭，只是跟随着他的灵柩诉说哀情，后人便将这种方式继承下

① 立于宫阙庙堂和陵墓前的铜人或石人称为“翁仲”。

② 晋国卿大夫的墓地。

来，成为挽歌。汉武帝的时候，李延年把挽歌分为两类：《薤露》，是送王公贵客的；《蒿里》，是送士大夫和庶人的。

**吊柳七**[①] 北宋柳永死的时候，家里竟无余钱，一群妓女凑钱把他埋葬在郊外，每年的春天都来上坟，称之为吊柳七。

**漆灯** 唐代沈彬的住处有一棵大树，他说："我死之后可以埋在这里。"等他死后下葬的时候，挖开才发现这里有一个古墓，里面还有一盏古灯，灯台上有用漆写的篆文："佳城今已开，虽开不葬埋。漆灯犹未灭，留待沈彬来。"

**金粟冈** 唐玄宗驾幸桥陵（唐睿宗李旦之陵墓），看到金粟冈有龙盘凤翥（zhù）的地势，就对侍臣说："我死后要埋葬在这里。"他去世的时候，大臣们依其意愿将他葬在这里。

**马鬣封** 《礼记》记载，子夏说："从前孔夫子说，我见过把坟筑成正屋的样子，见过像堤坊一样狭窄的，见过像夏朝房子那样上面覆盖而成的，见过像斧头那样简单省事的。这样形状的坟墓形制就是俗称的马鬣封。"

**长夜室** 苏轼《赠章默》诗说："章子亲未葬，余生抱羸疾，朝吟噎邻里，夜泪腐茵席。愿求不毛田，亲筑长夜室。"（意思是：章生的亲人尚未安葬，自己又有病。白天悲哀的泣声让邻居听了也不免流泪，晚上泪水浸透枕席。他只是希望有一块贫瘠的田地，亲手筑造一个可以为亲人守墓的屋子。）

---

① 柳七即柳永，字耆卿，因排行第七，又称柳七。

**土馒头** 范成大（石湖）《重九日行营寿藏之地》诗说："家山随地可松楸，荷锸（chā）[①] 携壶似醉刘（刘伶）。纵有千年铁门限，终须一个土馒头。"

**要离冢** 东汉梁鸿死后，皋伯通等人为他请求营葬之地，于是埋在要离墓的旁边，说："梁鸿是高人，要离是烈士，他们是同类人。"后人便把那个地方叫梁溪，就是今天的无锡。

**玉钩斜** 在吴公台[②]下面，隋炀帝埋葬宫女的地方。唐代窦巩《宫人斜》诗说："离宫路远北原斜，生死恩深不到家。云雨今归何处去，黄鹂飞上野棠花。"

**葬龙耳** 晋元帝（司马睿）听说郭璞为别人选择埋葬的地方，便换了普通的衣服去看，对那家的主人说："这样的墓地称'龙角'，若葬于此必有灭族之祸。"主人说："郭璞说这叫'龙耳'，三年内就有天子到来。"元帝说："是要出一个天子吗？"回答说："不是，是能让天子来问询。"

**方相** 《周礼》记载：用逐疫驱鬼方相神驱逐罔象，罔象喜欢吃死者的肝，但却害怕老虎和柏树，所以墓上种植柏树，路口设置石虎，原因在于此。

**不慭（yìn）遗一老** 孔子死后，鲁哀公致悼词说："上天

---

① 古代一种掘土用的工具。

② 南朝宋时，沈庆之攻打竟陵王刘诞时所筑之弩台，后来陈朝名将吴明彻围攻北齐，增筑以射城内，故名。

不仁，不肯为我留下这位贤人，让他保障我居于君位，使我无人辅助忧愁成疾。呜呼哀哉尼父！谁还能让我不犯错呢。”子贡说：“国君恐怕不能在鲁国善终吧。”

**五谷瓶** 魏国王肃的《丧服要记》记载，鲁哀公说：“五谷囊起始于伯夷、叔齐，他们不愿吃周国的粮食而死，怕他们魂魄依旧受饥饿之苦，所以作了五谷囊。我父亲又没有这种无饭之苦，要这有什么用呢？”现在人便制作了五谷瓶。

**青蝇为吊客** 吴国虞翻字仲翔，被流放到海南，嗟叹自己太过刚正，全身无媚骨，所以冲犯在上之人而得罪，以后要死在海之尽头了。活着的时候没有人可以说话，死后也只有青蝇来吊唁吧，如果天下有一个人能成为知己，也可以死而无憾了。

**墓木拱** 《左传》记载，秦穆公让人对蹇（jiǎn）叔说：“你知道什么？你如果在中寿六七十岁的年龄死去，你墓上的树也该长到两手合抱那么粗了。”

**瓜奠** 唐代莱国公杜如晦死了，唐太宗诏令虞世南写碑铭。有天太宗吃了一个瓜，觉得很甜美，又想到了他，便停下不吃，派人把瓜放在杜如晦的灵前来祭奠他。

**哀些** 宋玉的《招魂》里面有“光风转蕙，汜崇兰些”的句子。“些”是语气助词。《招魂》中句末都有个“些”，所以挽歌也说“哀些”

**长眠** 《太平广记》记载，郑郊在路上见到一个坟墓，上面有两棵竹子。郑郊便吟诗道："冢上两竿竹，风吹常袅袅。"墓里的人忽然续诗道："下有百年人，长眠不知晓。"

**赙赗（fù fèng）** "赙"是"助"，"赗"是"报"，赙赗就是帮助生者、送别死者，并表达自己的情意。钱财叫赙，车马叫赗。用于玩的东西叫赠，衣服叫襚。

**铭旌** "铭"是"明"，因为死了的人无法言说自己，所以用代表他生平的旗来作标识。杜牧的诗说："黄壤不沾新雨露，粉书空换旧铭旌。"

**谥** 姜太公和周公为周天子之相，开始制定谥号的规矩。天子的谥始自黄帝。加谥号达到十几字的，是从唐玄宗开始的。太子的谥号始自申生。卿大夫的谥号始自周代。隐士的谥号始自陶弘景。公卿没有爵位而有谥号始自王导。宦官和术士有谥号始自北魏。公卿大夫的祖父有谥号始自元代。妇人有谥号始自穆天子赠给盛妃谥号。哀悼皇后的谥号始自汉高祖尊谥其母为昭灵。公主的谥号始自唐高祖为女儿平阳公主加谥号为昭。活着就赐给谥号始自卫侯赐谥北宫喜为贞子、析朱钼（chú）为成子。私人有谥号始自黔娄。妻子私下为丈夫取谥号始自柳下惠。

**窀穸（zhūn xī）** 《左传》记载：得以保全性命而善终，才有了这些祭祀安葬的事情。

**襄事** 《左传》记载：埋葬鲁定公的时候，天下起了雨，便没有把丧事办完，这是符合礼的。

**葛茀（fú）**《左传》记载：埋葬敬嬴（鲁宣公的母亲）的时候，天气旱，没有麻，只好用葛茀。

**祖载**《白虎通义》记载："祖载"，指的是开始把灵柩放在车上停在庭院中，然后乘着出丧的车去告知祖庙，所以叫祖载。

**命终** 天子的死叫崩，诸侯的死叫薨，大夫的死叫卒，士人的死叫不禄，庶人的死就叫死。死后还在床上的叫尸体，在棺材中的叫柩。飞鸟死了叫降，四足之兽死了叫渍。死于敌人之手的叫兵。

**执绋（fú）**《礼记》记载：在出葬时去吊丧就一定要帮忙拉柩车，如果跟着柩车到了墓穴旁，就一定要帮忙拉着绋下葬。

# 礼制·祭祀三

**祭法** 有虞氏用禘（dì）礼来祭祀黄帝，用郊礼来祭祀帝喾；庙祭则以颛顼为祖而以尧帝为宗。夏后氏也用禘礼来祭祀黄帝，用郊礼来祭祀鲧；庙祭则以颛顼为祖而以大禹为宗。殷人用禘礼来祭祀帝喾，用郊礼来祭祀冥；庙祭则以契为祖而以汤为宗。周人用禘礼来祭祀帝喾，用郊礼来祭祀稷；庙祭则以文王为祖而以武王为宗。

少昊开始设立宗庙，周公开始立朝廷的七庙[①]，舜开始制定庙号。舜接受帝位于尧帝始祖的庙中，开始制定有大事必祭告于祖庙的制度。伏羲开始制定祭祀祖先之礼，少昊开始制定四季的庙祭之礼。舜开始制定帝王的大祭之仪，即禘祭，夏朝的帝槐开始制定不迁宗的祭礼。殷商时期规定五年举行一次大合祭，即祫（xiá）祭。周代每三年在文王庙中大祭一次。北齐开始制定别室，增加献祭的烧烤之物。殷商的太甲开始规定功臣可以在太庙中享配灵位。大禹制定在墓前建祭台，开始设立灵位。伊尹制定宗庙中藏木制神位的石盒（就是石室。现在的牌位，古代用石头来装）。宋真宗制定了百官从祭的位次牌（用漆匣来装，放在床上并

① 指四亲（高祖、曾祖、祖、父）庙、二祧（高祖的父和祖父）庙和始祖庙。

盖着缣布）。左彻用木头刻了黄帝的像。

秦始皇开始制定守墓的形制，汉代沿用了这种方式，并布置了模仿死者生前起居、衣冠等使用的物品，并上饭。天子正月要上陵，开始祭祀洒扫。王导拜祭元帝陵墓，开启了大臣拜祭帝王陵墓的先例。祭祀神灵，开始于伏羲冬、夏到郊外去祭祀皇天后土。殷汤开始制定对感生帝的祭祀。周公开始制定祭祀地祇的活动。舜制定了禘祭和郊祭的配食。秦始皇规定每三年举行一次郊祭。汉平帝开始在南郊合祀天地，面向南，位置要偏皇城东一些（当时由王莽主持制定的）。神农氏开始制定在明堂大享五天帝。尧帝规定了五人帝、五人神，来配五天帝。舜制定了五郊，祭祀五方天帝来迎接气候的变化。黄帝开始制定设坛而祭。秦献公制定了祭祀白帝的畦畤（在田中划出像韭菜地一样，名叫一土封）。秦始皇开始制定四畤，源于襄公的西畤、文公的鄜畤都是祭祀白帝的，宣公的密畤祭祀青帝，灵公的上、下畤上畤祭祀黄帝，下畤祭祀炎帝。汉高祖开始增加制定为五畤。汉武帝开始祭祀太乙（这是五帝之主），从晚上到白天，开始设立泰畤。

汉文帝开始让五帝同在一个庙宇（五帝在一个屋子里，只是各立门户）。晋武帝开始下诏让五帝一同被尊称为昊天，除掉五帝座（听从王肃的建议）。秦始皇开始规定郊祀的时候要爟（guàn）火，爟，就是举的意思。不同的祭祀之地举火为号便可远远地拜祭了。帝喾开始制定六宗，祭日月、星辰、寒暑、四时、风雨、雷云。无怀氏开始制定封禅之礼。黄帝制定了四坎来祭祀川、谷、水、泉，四坛来祭祀山、林、丘、陵。舜制定秩祭，来祭祀四岳和四水。黄帝开始制定社祭来祭祀五土，在五土之中制定稷，特指原野泽薮中的神灵（稷是百谷之长，这是表彰原野中能生长谷物，不是仅仅祭祀粮食）。秦朝规定太守为郡县建庙祭祀社稷。宋真宗开始制定郡县祭社稷的礼仪。神农开始制定年终的蜡（zhà）祭。少昊规定祭祀先农与蚕从。舜规定祭祀四方的百物。大禹祭祀掌管寒冷的冰神。秦德公祭祀伏天。商汤时因为大旱，开始把稷神的庙迁移并弃祀。商汤开始了五种祭祀，即户祭、灶祭、门祭、路祭、中霤（liù）祭。周公制定了七祀，加了泰厉和司命。汉高祖废除了户祭，又加了祭井的活动。汉高祖开始祭祀蚩尤。唐玄宗开始祭祀九宫神（在皇帝生日设坛祭祀）。颛顼制定了在军队驻地进行的祃（mà）祭。舜制定了祭天与五帝的类祭。大禹制定了祭天的大旅。神农开始制定祝文。汉武帝开始郊祀，并建立了乐府。黄帝开始规定在祭祀前要沐浴，并进行斋戒。后魏开始拜祭时行香（用香末散发或熏手来祈祷）。太康被后羿篡权而失国，开始有了日食，也开始有了救日的祭祀。神农开始制定禖（méi）祭来求子。商汤制定了求雨的雩（yú）祭来为旱情祈祷。周公制定了大雩祭来祈祷谷物丰收。神农氏开始制定求雨之法。商汤制作了土龙来求雨。隋文帝规定求雨时禁止屠宰，禁止用扇子。

**宗伯** 宗伯的职责是在祭祀大神、大鬼、大祇时，带领执事人员用龟壳占卜来确定日期，然后到祭祀场所煮香草，审察祭祀用的牲畜，向主祭报告牲畜洁净，报告准备好了，把祭余之肉归至皇帝以示受福。

**九祭六器** 《周礼》记载：太祝的职责是办理九祭六器。六器，指的是苍璧、黄琮、青珪、赤璋、白琥、玄璜（黄麟之琮，苍螭之璧，青龙之圭，朱雀之璋，白虎之琥，玄武之璜）。九祭，一叫命，二叫衍，三叫炮，四叫庙，五叫振，六叫擩（rǔ），七叫绝，八叫燎，九叫共。

**郊祀** 把玉帛、牲畜等置于积柴上而后焚之于泰坛祭天之坛，在都城南郊，这是祭天。把这些东西埋于城北祭地的泰折，这就是祭地。牲畜要用红色的牛犊。

**六宗** 把羊、猪两种祭品埋在泰昭，这是祭祀季节。在坎坛进行祖祭，这是祭祀寒暑。在日坛的王宫之祭是祭祀日。在月坛的夜明之祭是祭祀月。幽宗之祭是祭祀星。云宗之祭是祭祀水旱。

**五畤祠** 祭祀青帝的叫密畤祠，祭祀黄帝的叫上畤祠，祭祀炎帝的叫下畤祠，祭祀白帝的叫畦畤祠，祭祀黑帝的叫北畤祠。

**五祀** 春季祭祀户神，夏季祭祀灶神，秋季祭祀门神，冬季祭祀行神，农历六月祭祀守家的土神。

**七祀** 皇帝有七祀，即宫中之神司命、土神、国门、国行、泰厉帝王无后之鬼、户、灶。诸侯有五祀，即宫中之神司命、土神、国门、国行、公厉诸侯无后之鬼。大夫有三祀，即古族厉大家族无后之鬼、门、行。士人有二祀，即门、行。庶人有一祀，或立户，或立灶。

**八蜡** 天子大的蜡祭有八种：一是先啬（神农）；二是司啬（后稷）；三是农（掌管农事的官员）；四是邮表畷（田间督耕之邮舍）；五是猫（因为它吃田鼠）和虎（因为它吃野猪）；六是坊（用来蓄水，也可以防水）；七是水庸（就是水沟，用来盛水，也可以疏导水）；八是昆虫（就是螟、蝗等害虫）。

**祀典** 圣贤之王制定了配享祭祀之礼的范围原则：所施之法于民有惠的就祭祀他，为民众的公务而死的就祭祀他，用自己的勤劳来安邦定国的就祭祀他，为民众防止大的自然灾害的就祭祀他，为捍卫国家免于战乱的就祭祀他。因此厉山氏统治天下的时候，他有个儿子叫农，能帮助民众种植百谷；后来夏代衰亡了，周人的祖先弃又继承了农的事业，所以他们被后人当作稷神来祭祀。当共工氏称霸九州的时候，他有个儿子叫后土，能安定九州，所以后人把他当作社神来祭祀；帝喾以星辰来安排时间并让民众明白季节更替；尧帝能公平地赏善惩恶，最后又让位给贤者；舜帝勤于国事而死在郊野，鲧为了堵截洪水未成功而被流放至死，他的儿子大禹修改鲧治水的方式从而成功；黄帝制定了人们不同的身份和职业，使人们能够分工合作，颛顼继承并增加了内容；契为舜的司徒从而使民众受到教化；冥为水利之官而殉职；商汤用宽厚的政策来治理民众从而推翻了夏桀的暴虐之政；周文王用文化施以教化、周武王用武力来除去民众的灾难：所有这些都是对民众有丰功伟绩的。此外，如日月星辰，是民众所要瞻仰的；山林、川谷、丘陵，是民众财物和日用品的来源。除这些之外，就不在祭祀的范围之内了。

**祭主** 天子要祭祀天地、四方、山川、五祀，每年都要祭祀一遍。诸侯则各祭祀其一方的神祇、山川、五祀，每年祭祀一遍。士大夫祭祀五祀，每年一遍。士人只祭祀其祖先。

**祭孔庙** 唐玄宗最早给孔子封王。宋太祖开始下诏在孔子庙中立戟[①]，宋仁宗开始下令使用祭歌，宋徽宗开始听从蒋靖（当时

① 官、阶、勋三品以上者得于邸院门前立戟。

官为司业）的奏请，穿戴了有十二条垂饰的礼冠、有九种花纹的礼服。汉武帝开始封孔子的后人为侯来供奉祭祀。汉成帝开始为孔子后人封谥号。北周开始下诏让孔子的后代做曲阜令。宋仁宗开始下诏封孔子的后人为衍圣公。

**丁祭用鹿** 汉高祖路过曲阜，用牛、羊、猪这种太牢之礼来祭祀孔子。现在的规制是郡县祭祀孔子用鹿。

**淫祀** 凡是祭祀之礼，该废除的，就没有人敢兴起。必须举行的，也没有人敢废除。不应该祭却偏要去祭的，叫作淫祀。淫祀不会有福佑之功。

**牺牲** 祭祀的牲畜，天子用纯色的牛，诸侯用专门养在祭牲之室的牛，大夫用挑选出来的牛，士人用羊或猪。凡是宗庙的祭礼，牛叫作一元大武，大猪叫作刚鬣，小猪叫作腯（tú）肥，羊叫作柔毛，鸡叫作翰音，犬叫作羹献，雉叫作疏趾，兔叫作明视。干肉叫作尹祭，干鱼叫作商祭，鲜鱼叫作脡（tǐng）祭。水叫作清涤，酒叫作清酌，黍叫作芗（xiāng）合，粱叫作芗萁，稷叫作明粢（zī），稻叫作嘉蔬，韭叫作丰本，盐叫作咸鹾（cuó），玉叫作嘉玉，币叫作量币。

**方诸明水** 方诸就是大蚌，把它摩擦变热再向着月亮，就会生出水来，古人将这种水用于庙祭，称之为“明水”。

**祭号** 祭祀祖父叫作皇祖考，祭祀祖母叫作皇祖妣。祭祀父亲叫作皇考，祭祀母亲叫作皇妣，祭祀丈夫叫作皇辟。

**庙制** 天子有七庙，三昭三穆[①]，加上太祖之庙共有七个。诸侯有五庙，二昭二穆，加上太祖之庙共有五个。大夫有三庙，一昭一穆，加上太祖之庙共有三个。士人只有一庙。普通人没有庙就在卧室祭祀。

**祭时** 天子、诸侯在宗庙祭祀，在春天举行的叫礿（yuè），夏天举行的叫禘、秋天举行的叫尝、冬天举行的叫蒸。天子单独进行礿祭，而后禘、尝、蒸三祭都是合祭。诸侯如果进行了礿祭就不再举行禘祭，举行了禘祭就不再举行尝祭，举行了尝祭就不再举行蒸祭，举行了蒸祭就不再举行礿祭。诸侯的礿祭也是特祭；诸侯的禘祭，一年为特祭，一年为合祭；尝祭与蒸祭则均为合祭。

**牲制** 天子祭祀社稷要用牛、羊、猪三牲这种太牢之礼，诸侯祭祀社稷要用羊、猪这种少牢之礼。大夫和士人祭祀宗庙，有禄田的用祭礼，无禄田的用荐礼[②]。普通民众春天以韭菜来献荐，夏天以小麦来献荐，秋天以黍米来献荐，冬天以稻米来献荐；韭菜要配鸡蛋，小麦要配鱼，黍米要配猪肉，稻米要配大雁。

**牛制** 祭祀天地用的牛，应该选用像蚕茧或栗子那么小的牛角；祭祀宗庙用的牛，牛角可以用四指长的；宴请宾客用的牛，牛角选一尺长的。

**六礼** 冠礼、婚礼、丧礼、祭礼、乡礼、相见礼。

---

① 左为昭、右为穆；父为昭，子为穆。

② 用新熟的五谷或时新的瓜果祭祀祖先。

**七教**　七种应当遵从的伦理纲常：父子、兄弟、夫妇、君臣、长幼、朋友、宾客。

**八政**　国家在施政时要考虑八个方面：饮食为上，衣服次之；事为，意思是百工技艺；异别，意思是五方用器不同；度，意思是丈尺；量，意思是斗斛；数，意思是百十；制，意思是布帛幅广狭。郑玄注

**乡饮酒礼**　主人在乡学门外拜迎宾客，客人入门三揖后走到台阶旁，彼此推让三次然后才升阶，这是为了表达尊重和礼让。洗手、洗杯才举杯饮酒，这是为了表示洁净。宾客到了，主人拜迎；主人洗爵（饮酒器），宾客拜谢；主人献酒，宾客拜受；宾客接受了酒，主人在阼上拜送，宾客干杯而拜，这样是为了表达敬意。彼此尊重、谦让、洁净、恭敬，这是君子相互交往的原则。

**五象**　宾与主，象征着天和地。作为陪客的介和受邀观礼的僎（zhuàn），象征着阴与阳。主宾、介僎和众宾，象征着日月星三光。谦让三次，象征月朔三天后就会现出光明。落座要四方对坐，象征春夏秋冬四季。

**贵礼贱财**　宾在席上祭主人所献的菜肴与酒，这是向主人表达敬意之礼。尝一下肺，是表示接受主人所献菜肴的礼仪。尝一口酒，是表示成就主人献酢的礼仪。移到席的末位，是说这次宴会的真正意义不只是为饮食，而是为了行礼，这是重礼仪而轻财物的表现能够做到先礼仪而后财物，那么百姓中就会兴起一种恭敬谦让的风气，不会发生互相争夺的事了。

**别贵贱** 乡饮酒礼开始之前，主人亲自到宾及介的家中敦请，其他宾客则先到宾家的门外，等候与宾一同前往。到了主人门外，主人拜迎宾及介，而揖请其他宾客进去。这样做贵贱（主次）就分得很清楚了。

**辨隆杀** 宾主彼此三揖然后走到阶前，互相推让三次然后主人引导宾登阶。拜迎、揖让宾的来到，又酌酒献宾，宾又回敬主人，辞让的礼节十分繁杂。到主人与介之间，礼节就减省了许多。至于其他众宾，只是登阶接受，然后献爵，坐着行祭，站着喝酒，饮毕也不用回敬主人就可下堂。招待规格的高低，由此也就容易看出来。

**和乐不流** 乐工入室之后，登堂唱《鹿鸣》《四牡》《皇皇者华》三篇后，主人献酒给他；吹笙的人入室之后，在堂下吹奏《南陔》《白华》《华黍》三曲后，主人献酒给他；唱歌的与吹笙的人交替一唱一吹，各自表演完三篇之后，然后再一唱一吹同时表演，表演三首后，乐工就向主宾报告，歌乐已经表演完毕，然后就可以出去了。这时主人身边管事的人对宾举杯，表示开始旅酬[①]，于是就设立了司正[②]，可知乡饮酒礼能使大家和谐欢乐而又不放肆失礼。

**弟长无遗** 主宾先向主人敬酒，主人又向介敬酒，介又向众宾客敬酒，按年龄的长幼顺序饮酒，一直到侍候宾主盥洗的

---

① 古代在酒宴上，主人要向客人敬酒（叫酬），客人要回敬主人（叫酢），敬酒时还要说上几句敬酒辞。

② 古代行乡饮酒礼或宾主宴会时的监礼者。

人为止。由此可知，乡饮酒礼能够使无论长幼皆被恩泽而无所遗漏。

**安燕不乱** 撤祭之后，大家下堂脱掉鞋子，然后重新升堂入座。下酒菜端上来以后，大家就开始彼此劝酒，不计其数，尽兴为止。饮酒时间的掌握，以早上不耽误早朝、晚上不耽误办事为原则。乡饮酒礼结束，来宾退出，主人拜送于门外，自始至终，礼节毫无差错。由此可知，乡饮酒礼能够使大家玩得痛快而又井然有序。

# 律吕

伏羲开始记录阳气初生的状态，从而制定了历法。在建日[①]冬至那天吹出的声音，用黄钟为宫。黄钟从冬至开始，依次运行，每到一天就分用吕角、太蔟徵、应钟羽，相对应来用乐器。黄帝听到凤凰的鸣叫，而节候也与气相应，就用黄钟宫来比附，这样便可以相生了，于是开始制作黄钟本律。神瞽（gǔ）协调了中声，开始制作律度。周武王伐纣的时候，吹律管而听声音，从而制定了七律。各有岁、月、日、星、辰五位和三所来使用，与其数相同，从而用律来和声。汉武帝命张苍制定音律，张苍向京房学习了律吕相生的变化，开始制定六十律。在十二律之外，中宫之上生执、始，执、始之上生去、减，这样上下相生，最后回到本律。五代的钱乐之、沈重二人又依据京房的六十律再扩展六倍，制定了三百六十律。每天对应一管，宫、徵等音旋转而对位，各以类相从。黄帝取用了嶰（jiè）谷的竹子，从两节之间截断来吹律。京房认为竹子声音太小无法定调，开始制作音准来以确定音位。音准的形状就像瑟，长一丈，有十三弦，分寸很粗而容易达成。

① 古时历家以建、除、满、平、定、执、破、危、成、收、开、闭，共十二日周而复始观其所值，以定吉凶。

后魏陈仲儒请求用准来代替律。曹魏杜夔命令柴玉铸造铜钟。荀勖校订了杜夔的钟律，制造了十二支笛子。笛子都具有五音，以此来对应京房的律法。他们依凭各自的律法，用本宫为基调上行，宫就是高音，所以在宫音处钻洞作为本音。而以徵音上行，就徵音亢急。南朝梁的君主萧衍制作了四通。立四个乐器，把它们叫通，每种都安装了两根弦，用来通声调，并转而也通了月令。又用笛子来模仿通的声音。沈重开始制定半律音，以正常的音来统摄半音，无论多少都可以合为整体，以一部中正常的律数为母音，以一中气[①]的所有日为子音。并且还可以为变宫、变徵之音。在羽音与宫音之间，近于宫音的地方设置一声，稍微高于宫音，这便是变宫。角音和徵音之间，近于徵音的地方设置一声，稍微低于徵音，这就是变徵。还有四个清声。如果以黄钟调为宫，第七律蕤宾调为之商，那就把一律之音减半，制清声来应和。隋朝的郑译开始创立七调，用他的七调来校对七声。在七声之外，再立一声为应调。姜宝常开始制定八十四调，一百四十律，而变化则终于十声，其音率比郑译所创之调低二律。何妥向唐高祖奏请只用黄钟一个宫调。何妥的提议否定了古调轮流作宫音。只击打七钟，其余五钟称为哑钟[②]。唐代张文收与祖孝孙二人吹调那五钟，才使得十二钟都能响应。唐末黄巢之乱，工匠与乐器都散失殆尽。博士殷盈孙铸造了镈钟[③]十二面。隐士萧承训也校定了石磬的音准。都是在金石铭刻上求得其方法。王朴开始寻找古法，得到十二律管，依此律管校准了十三弦，用来宣扬这一准声。宋太祖命令和岘把王朴的乐声调低两个音符。宋仁宗又下诏令李炤（zhāo）校

① 中气就是二十四节气中排在双数位置上的节气，按时间顺序每隔一个节气就是一个中气。

② 指因未能调试而弃置的古乐钟。

③ 铸刻有花纹图案的钟。

订。宋代礼官杨杰请求依照人的声音来制定乐音，以歌声为本。蜀地的方士魏汉津采用夏禹以自己的身体为标准的记载，取了夏禹中指三寸来作为标准。

伏羲开始创作音乐。黄帝的大臣伶伦开始制定六律和六吕。荣缓铸造十二钟，用来协调时间与乐律的关系，并和以五音。周礼规定要奏鼓吹（大乐都是以钟鼓来演奏的。钟师则掌管敲击金属乐器），并制定了古乐九夏。梁武帝依据九夏而制定十二雅（按照十二律才开始制定大乐，此后便世世沿袭）。祖孝孙依据十二雅变为十二和。秦朝烧了《乐经》。汉朝立国后，汉高祖才开始制定《武德》之乐，文帝广为四时乐。叔孙通开始制定庙乐。汉武帝开始制定《郊祀》乐十九章。汉明帝确定了四种音乐（郊庙、上陵等祭祀奏大予乐，辟雍、燕射等教育类活动奏雅颂乐，燕飨黄门等娱乐性活动奏鼓吹乐，在军中唱短箫就奏铙歌乐）。东汉末年遭受战乱，音乐都散佚了。魏武帝曹操开始命令杜夔创作雅乐，有四箱有关音乐的器具。到了晋代永嘉之乱，音乐又散佚了。梁武帝变革了乐制。到了周太祖、隋文帝再详细校订雅乐，很是适用。到了唐高宗，命令祖孝孙考据古音，再斟酌南北的地方音乐，开始制作唐乐。汉武帝制定了乐府，各种乐调和杂舞都要用乐器来伴奏。陈后主创制了《玉树后庭花》这一新乐，隋炀帝有《金钗两臂垂》（有人说都是陈后主所创）。唐玄宗有立部伎、坐部伎，还有三十六曲。隋文帝开始分为雅、俗二部。唐玄宗开始将佛曲与胡乐合奏。汉代开始设立鼓吹署隶，北狄之乐分为二部。朝会的时候用鼓吹曲，也有用箫笳的。军中马上用横吹曲，也有用鼓角的。隋代以后，开始把横吹曲用到皇帝的卤簿大驾中，与鼓吹曲同列为四部（掆鼓部、铙鼓部、大横吹部、小横吹部），总称为鼓吹，为皇帝大驾及皇太子和王公所用。张骞进入西域，得到边地民族的音乐，开始用胡角来应和。胡笳源于黄帝之吹角，在涿鹿之战时用过。曹魏的时候减成半鸣的声音才开始衰落。西汉的唐山夫人创作了房中祠乐，它出自周代的房中乐讽，用丝竹遗声来奏清乐。隋高祖创制房内乐。隋炀帝开始增加了歌钟、歌罄，并用丝竹来配合。元魏孝文帝篡汉，获得了南音[①]，开始制作清商乐，这是源于汉的三调。隋文帝非常喜欢清乐[②]，设置了清商署共七部。隋炀帝开始规定清乐为九部。唐高祖也相沿设九部，唐太宗设十部，都主要是清商乐。唐玄宗开始设置教坊隶。散乐始于周代，有缦乐、散乐。秦、汉沿袭，变为杂伎。汉武帝开始用于俳优百戏，总称为散乐。

舜调制了八音，使用的乐器有八百种之多。到了周代，改为宫、商、角、徵、羽五音，使用的乐器减到五百种。唐代又减到三百种。周代创制音乐，编悬钟磬各有八种，二八一十六，全在一个悬挂钟鼓的木架上，半叫堵，全叫肆（肆，是陈列的意思。堵，犹如墙壁之堵，是一列的意思）。黄帝杀死夔，用它的皮来制作鼓面，帝喾制作了小摇鼓，禹制作了鞀（táo）鼓（小鼓），倕制作了军队用的鼙（pí）鼓。周代有瓦鼓，汉代有杖鼓，唐代有羯鼓。母句氏最早制作磬。南齐制作了云板。梁代制作了方响（制旹 [suì] 编磬，用铁做成）。黄帝与蚩尤征战，始做钲（zhēng）角；帝喾平定共工之乱，始做埙篪（chí）、柷敔（yǔ）[③]（就是控揭）。神农最早制作了钟，大禹制作了铎，汤制作了錞（chún）（用钟来应和鼓声）。女娲氏制作了笙簧，随制作了竽，神农制作了籥（yuè），伏羲制作了箫（有人说是女娲，有人说是舜），师延制作了控箜篌，蒙恬制

① 弦管。

② 佛经偈颂和笙笛唱之。

③ 奏乐开始时击柷，终止时敲敔。

作了筝。沈怀远制作了绕梁（像箜篌）。伶伦砍昆溪竹制作了笛子，汉代的丘仲完善了笛子的规制。女娲氏开始制作管，唐代刘係（xì）制作了七星管。伏羲开始制作瑟，黄帝让素女将瑟的弦减成二十五弦（伏羲制作的瑟是五十弦）。梁代的柳恽制作了可以打击的瑟和琴。唐代道源制作了击瓯。李琬制作了水盏（两者都用筷子击打）。师旷制作了月琴。秦代一个苦役把鼗（táo）鼓[①]加上弦来弹奏，这是最早的琵琶。李伯阳进入西戎，制作了胡笳。黄幡绰侍奉唐明皇，制作了拍板琴。伏羲氏初用桐木制作了成琴，有十弦。神农制作了五弦琴，有五种音色。文王开始增少宫、少商二弦，成为七弦。伏羲制作了《琴操》。师延开始创作新曲。赵定（汉宣帝时的人）最早创作散操，有九引十二操，都用声音互相应和，没有歌辞（有人认为琴曲都是魏晋人作的）。到了梁代琴曲才开始有了歌辞。

**古琴名**　伏羲制作的琴叫离徽，黄帝制作的琴叫清角，帝俊的琴称电母，伊陟的琴称国阿，周宣王的琴称响风，秦惠文王的琴称宣和、闲邪，楚庄王的琴称绕梁，齐桓公的琴称鸣廉、号钟，庄子的琴称橘梧，闵损的琴称掩容，卫国师曹的琴称凤嗉，鲁国谢涓的琴称龙腰，魏国师坚的琴称履杯，鲁国贺云的琴称龙颔，魏国杨英的琴称凤势，秦国陈章的琴称神晖，赵国胡言的琴称亚额（琴额阴刻亚字），李斯的琴叫龙腮，秦始皇的琴叫秦琴（弦、轸、徽、尾俱黑色），司马相如的琴叫绿绮，荣启期的琴叫双月，张道的琴叫响泉，赵飞燕的琴叫凤凰，梁鸿的琴叫灵机，马明的琴叫四峰，宋蒙的琴叫蝉翼，扬雄的琴叫清英，晋代刘安的琴叫云泉，王钦的琴叫古瓶，谢庄的琴叫怡神、仙人，庄女的琴叫落霞，李勉的琴叫百纳，徐勉的琴叫玉床，荀季和的琴叫龙唇、枧敔，祝

① 带柄的小鼓。

牧的琴叫太古，赵孟頫的琴叫震馀（是用许旌阳亲手种植的梧桐做的），吴越的忠懿王钱俶的琴叫洗（凡是他派人砍下瀑布泉的亭柱做成的）。

**琴操** 雅音的标准有五等：伏羲、舜、仲尼、灵关、云和。有十二操：孔子有《将归》《猗兰》《龟山》，周公有《越裳》，周文王有《拘幽》，太王有《岐山》，尹伯奇有《履霜》，牧渎有《雉朝飞》，商陵牧子有《别鹤》，曾子有《残形》，伯牙有《水仙》《怀陵》。有九引：楚国的樊姬有《烈女引》，鲁国的伯妃有《伯妃引》，晋国的漆室女有《贞女引》，卫女有《思归引》，楚国的商梁有《霹雳引》，樗里牧恭有《走马引》，樗里子有《箜篌引》，秦国的屠高门有《琴引》，楚国的龙丘高有《楚引》。蔡邕有五弄：《游春》《渌水》《幽居》《坐愁》《秋思》。师涓有四时操：表现春天的离鸿、去雁、应蘋；表现夏天的明晨、焦泉、流金；表现秋天的商风、落叶、吹蓬；表现冬天的凝和、流阴、沉云。

# 乐律

**历代乐名** 黄帝创作了《咸池》，颛顼创作了《六英》，帝喾创作了《五茎》，尧创作了《大章》，舜创作了《大韶》，禹创作了《大夏》，汤创作了《大濩（hù）》，武王创作了《大武》。

**嶰谷** 黄帝下令让伶伦制作音律。伶伦用了嶰谷所生的竹子，选那些中空与外壁厚薄比较均匀的，从两节之间截断，制成六寸九分的长度后吹，成为黄钟管。再制作十二筒以便仿效凤凰的鸣声，雄凤鸣声有六，雌凰鸣声有六，成为基本律音。

律吕是五音的根本，是从黄钟律中生发出来的。黄钟律有十二音，其中六阳叫作律，六阴叫作吕。律是统领气息来模仿事物的，一叫作黄钟，二叫作太蔟，三叫作姑洗，四叫作蕤宾，五叫作夷则，六叫作无射。吕是阻聚阳气后抒发气息之音，一叫作林钟，二叫作南吕，三叫作应钟，四叫作大吕，五叫作夹钟，六叫作中吕。律吕有表明朝代正朔的含义。其职责在太常，由太常来掌管。

**葭灰气候** 隋文帝取来律吕，向里面装入葭草之灰来判断节候，向牛弘咨询，牛弘回答说："如果草灰飞出一半那就是和气，全部飞出就是猛气，一点都不出那就是衰气。”

**五音** 宫象征君王，商象征臣子，角象征民众，徵象征事，羽象征物，这五音若不混乱，就不会有不和谐的音乐。宫音混乱就会流于散漫，这是因为君主骄惰；商音混乱就会流于邪僻，这是因为臣子作乱；角音混乱就会流于忧伤，这是因为民有怨声；徵音混乱就会流于悲哀，这是因为劳役过多；羽音混乱就会处于危险，这是因为财物匮乏。如果五音都混乱，互相侵犯，这就是轻慢，这样的话离国家灭亡也就不远了。

**乱世之音** 郑、卫两国的音乐，是乱世的音乐，各音都显出轻慢之声。桑间、濮上的音乐，那是亡国的音乐，其国政令博杂，民众流亡，诬蔑居上位者且做事只满足自己私心而无人能制止。

**溺音** 魏文侯问：“什么是淫溺之音？”子夏回答说：“郑国的音乐无节制将导致人心也无节制；宋国的音乐多表现宴会与女子，所以会让人的心志沉溺；卫国的音乐过于急促所以会让人厌烦；齐国的音乐傲慢而故弄险辟之声，所以会让人心志骄逸。这四种音乐都过于沉溺于色相而有害于德行，所以祭祀时不能使用。”

**六声** 钟的声音铿锵有力，铿锵有力的声音可以使人气势勃发，气势可以激起勇武之心。君子听到钟声，就会想起武将。石磬的声音清脆，清脆的声音可以表现节义分明，节义分明可以使人献身。君子听到石磬的声音，就会想起为为国捐躯的臣子。丝弦的声音有些伤感，伤感之音可以使人反躬自省，自省可以使人立志。君子听到琴瑟的声音，就会想起有气节的臣子。竹管可以发出多种声音，多种声音可以会合，会合则能使众人集聚。君子听到竽、笙、萧、管的声音，就会想起亲和民众的臣子。鼓鼙的声音很欢腾，欢腾的声音可以使人激动，激动可以促使民众前进。君子听到鼓鼙的声音，就会想起统率大军的臣子。君子听音乐，不只是听音乐的铿锵之声，而是要从其中生发出联想和共鸣。

**学琴师襄** 孔子向师襄学琴。孔子说："我学会了这支曲子，又学习了弹奏的技法，现在又感受到它表达的情志，于是便很恭敬地深思，继而欣然喜悦，志向高远。又仿佛看到作曲的人了，黑黑的皮肤，高高的个子，眼睛好像汪洋大海，胸襟好像能包容天下、统治四方诸侯，如果不是周文王，谁能这样呢？"师襄离开座席，对孔子拜了又拜说："我的老师说这就是《文王操》啊。"

**四面** 王宫县（xuán）（四面都悬挂乐器）、诸侯轩县（把南面悬挂的乐器去掉，以区别君王礼制规格）、大夫判（县再去掉北面的乐器，仅存一半）、士人特（县再去掉西南的乐器，以示特立之意）。

**铜山崩** 汉武帝的时候，未央宫殿前的钟无故自己响了。汉武帝下诏问东方朔，东方朔回答说："我听闻铜是山的儿子，山是铜的母亲。母子之间互相可以感应，钟自己鸣响，山肯定会有呼应。"过了三天，南郡太守上书说有山崩，长二十余里。

魏国皇宫前的大钟，不敲击却自己响，人们都觉得很奇怪，拿这件事来问张华，张华回答说："这应是蜀地的铜山崩塌了，所以钟鸣相应。"不久蜀地上书说到这件事，正与张华所说一样。

**镎于** 北魏孝武帝被迫西迁长安，庙堂雅乐多有缺失，有一种乐器叫镎于，已经很久未出现了。有人在蜀地得到了它，没人认识。斛斯徵[①]曰："这是錞于。"于是便依照干宝《周礼注》所言的内容，用芒筒敲击，声音非常宏大。

**金錞**《周礼》记载：少师用金錞应和鼓声。金錞的外形像钟，顶上大，腹口是封住的，用蹲伏之兽做鼻，里面挂着铃，铃上有铜舌。奏乐的时候，摇它就响了，可以与鼓声相应和（样子很像寺院礼佛的铃）。

**蕤宾铁** 乐工廉郊在池塘边弹奏蕤宾调，忽然听到荷叶之间有东西在跳跃，细看是一片方响（用铁制成的，用来代替磬）。认识的人知道那是蕤宾铁，音乐的感应竟然能达到这种程度。

**驷马仰秣** 伯牙弹琴，连驷马都为他"仰秣"。"仰秣"是说仰着头出气吐出草料，即马笑了。

**万壑松** 郭伯山找到了唐代名琴万壑松，这是北宋宣和年间皇宫的东西。李白曾有诗："蜀僧抱绿绮，西下峨眉峰。为我一挥手，如听万壑松。客心洗流水，余响入霜钟。"

**琴有杀心** 蔡邕应邻居之邀前去小酌。到了门口，听到有人弹琴，蔡邕听了一会儿，说："用音乐迎我，听着却有杀伐之意，这是为什么呢？"于是便回去了。主人知道后，忙亲自去追他。蔡邕详细地述说了原因。客人说："我刚才在弹琴，看到有螳螂正在捕蝉，唯恐它失败了，难道是这个让杀心出现在手指下了吗？"蔡邕笑着说："这就足够了呀。"

---

① 北魏恭帝末期时，拜司乐中大夫。著有《乐典》。

**高山流水** 伯牙弹琴，钟子期听秦。伯牙想到高山，子期说："真好啊，高耸如嵩山！"伯牙想到流水，子期说："真美啊，奔腾如江河！"后来钟子期死了，伯牙摔了琴并把琴弦弄断，从此终生不再弹琴。

**濮水琴瑟** 晋人师延为商纣王创作了靡靡之乐，周武王讨伐纣王，师延自己跳到濮水里死了。后来卫灵公夜里在濮水上听到弹琴的声音，召来师涓倾听并让他记录了下来。师旷说："这是亡国之音啊！"

**焦尾** 蔡邕在吴地时，当地人用桐木当柴烧，蔡邕听到着火的声音说："这是好木头啊。"并请求允许他截一段来做琴，做完琴后果然声音优美。琴尾还是焦的，所以将其命名这把琴为焦尾。

**相如琴台** 司马相如有琴台，在浣花溪正路的金花寺北边，魏国讨伐蜀国，曾在这里安营挖筑工事，得到了二十余口大缸，是用来扩大琴声的。

**松雪** 雷威制作琴不拘泥于必须选用桐木。遇到大风雪的天气，他就独自前往峨眉山，穿着蓑笠到松林深处去，听到有声音连绵清越的松树，就砍下来做琴，品质之妙竟超过了桐木。世人称之为雷公琴。其中他最爱的一把琴，名叫"松雪"。

**斫琴名手** 晋代的雷威、雷珏、雷文、雷迅、郭亮都是蜀地人，沈镣、张钺都是江南人，这些人都是制琴的有名之人。

**震馀** 鲜于枢（伯机）把一把震馀琴送给了赵孟頫（文敏），

这是许逊（旌阳）亲手种植的桐树，因被雷击断才砍来做琴。琴的背面还能清楚地看到许旌阳的印剑痕迹，真是人间至宝啊。

**绿绮** 司马相如有把琴叫绿绮，据说是将峄阳的一棵孤桐砍下来做成的，一时名重天下。

**无弦琴** 陶渊明不会弹琴，却收藏了一张素琴，弦、徽都没有，他经常抚摩着琴说："但识琴中趣，何劳弦上声。"

**将移我情** 伯牙向成连学琴，三年还没有学成。成连说："我的老师方子春在东海之中，能传授培养人的情志。"于是便将伯牙领到东海蓬莱山的旁边，他自己说要撑船去接方子春过来，但十天半个月都不回来。伯牙引颈四望，没有一人，只听到海水汹涌震动的声音，山林绵远而昏暗，群鸟在天际悲鸣，伯牙怆然叹息说："先生是想这样来培养我的情志啊！"于是便弹出了《水仙操》。

**绕殿雷** 冯道的儿子能弹琵琶，用皮当弦，周世宗令他弹奏，非常喜欢。所以称之为"绕殿雷"。

**游鱼出听** 荀子说："瓠巴弹起瑟来，连游鱼也会钻出水面来倾听。"

**箜篌** 箜篌的形状像瑟却小一些，要用拨片来弹奏。汉灵帝非常喜欢弹箜篌。它形体长而且弯，有二十三弦，竖着抱在怀里，用两只手一齐弹奏，俗语称之为劈箜篌。

**见狸逐鼠** 孔子正在弹琴，曾子、子贡在门边听。一曲终了，曾子说："哎！夫子的琴声，竟显出贪狼的情志、邪僻的行为，这多么不仁啊！"子贡把这话告诉了孔子，孔子说："刚才弹琴的时候，有一只老鼠出来，狸猫看到后，便沿着屋梁行进，想要去抓又躲开，压着身子弯曲着脊背，但却没有抓到。我用琴来表达，曾参认为是贪狼、邪僻，不是很恰当的解释吗？"

**筑** 筑的形状像琴但头部大一些，有十三弦，它的项部很细，肩部很圆，弹奏的方法是用左手抱着筑，右手用竹尺击打，随着调子来呼应节拍。

**寇先生** 嵇康经常到离洛阳数十里、一个叫华阳的亭子住宿。一更的时候，弹琴。听到空中有声音称好，嵇康便招呼它下来相见，于是它现出形体，只见它用手拿着自己的头，与嵇康一起讨论音乐，后来传授给嵇康《广陵散》。这个鬼的名字叫寇先生，生前很擅长弹琴，后被宋景公杀害。嵇康得到《广陵散》后，秘藏家中而不肯传授给别人。后来临刑的时候长叹说："《广陵散》从今以后就失传了！"

**楚明光** 晋人王彦伯曾经路过吴地，把小舟停靠在河边，登上小亭望月，弹琴而歌《泫露》之诗。一会儿有一个女子掀开帷幕进来，拿琴去弹，音调和韵律既哀伤又优雅。王彦伯问这是什么曲子，女子说："这是古人说的《楚明光》，嵇康能弹这个曲子。从那以后，得到这个曲子的只有寥寥几个人罢了。"王彦伯请求女子传授给他，女子说："这个曲子并不适宜浮夸的俗世，只有隐居于山谷的隐士才可以用此曲来自娱。"说着便弹琴而歌，唱完，天已经亮了，告辞而去。

**天际真人想**　大司马桓温说：“谢尚（仁祖）跷着脚在北窗下弹琵琶，有天上神仙的意思。”

**拨阮**　武则天的时候，有人打开古墓得到了一个铜器，看上去像琵琶，形体端正而圆，人们不知它叫什么。元行冲说：“这是阮咸制作的。”命令匠人用木头仿造，于是乐师们给它取名为“阮咸”。因为它的形状像月亮，而声音像琴，所以又称其为月琴。现在人只称呼“阮”，又叫“拨阮”“摘阮”，都可以。

**柯亭竹椽**　蔡邕避难于江南，歇宿于柯亭，听到庭院中第十六根竹椽迎风发出好听的声音，蔡邕说：“这是上好的竹子。”取来做笛子，声音独特而绝美，代代相传，后来在孙绰侍妓的手中被折断了。

**秦声楚声**　李龟年到岐王的宅第，听到琴声，说：“这是秦地的音乐。”过了一会儿，又说：“这是楚地的音乐。”主人进来时他便问主人，果然前面弹琴的人是陇西的沈妍，后面弹琴的人是扬州的薛满。两个歌妓大为佩服。

**好竽**　齐王非常喜欢听竽，有到齐国求官的人，拿着一把瑟前去，在齐国待了三年，也不得其门而入。有客人说：“齐王喜欢竽，你却弹瑟，瑟弹得再好，齐王不喜欢有什么用呢！”

**羯鼓**　唐明皇不喜欢琴，弹奏者一曲还没有弹完，唐明皇便呵斥弹奏者出去，并对内侍说：“快让花奴拿羯鼓来，给我除去秽气。”

**渔阳掺挝** 祢衡被魏武帝曹操贬谪为鼓吏。正月十五，要试鼓，祢衡扬起桴（音“孚”）奏出了《渔阳》掺挝（音“伞查”），鼓声竟有金石之声，四座的宾客听后都严肃起来。掺，是击鼓的技法。挝，是击鼓用的鼓槌。

**回帆挝** 大将军王敦曾经坐在武昌的钓台上，听行船打鼓，叹赏其鼓声之妙。忽然有一捶稍有不同，王敦用扇柄敲打桌子说：“可恨！”当时王应陪侍在旁边说：“这是回帆挝。”让人去看，回报说：“船正入夹口。”

**十八拍** 蔡琰字文姬，先嫁给河东人卫仲道，后来丈夫去世了。兴平（194—195）年间遭遇丧乱，被胡人虏获，到了南匈奴。左贤王十二年的春天，登上胡人的宫殿，有感于胡笳的声音，创作了《胡笳十八拍》，后来曹操用钱财赎回了她，并把她嫁给董祀。

**簨虡（音“损巨”）** 横曰簨，直曰虡。《周礼》记载：木工制作了簨和虡。天下大的兽类有五种：牛羊之类、猪一类、虎豹之类、飞禽之类、鱼类。将这些动物的图案刻画在悬挂的乐器之上，那些声音大而有力的动物就画在钟虡上，声音清而无力的动物就画在磬虡上。

**周郎顾** 周瑜精于音律，即使酒过三巡，若演奏有一点小失误，周瑜必然会回头去看。当时人说：“曲有误，周郎顾。”

**击壤** 击壤是一种投掷游戏。“壤”用木头做成，前宽后尖，长四尺三寸，宽三寸，它的形状像鞋子。将要开始游戏时，先把一个壤侧放在三四十步外，用手中的另一个壤去击打它，击中的人就胜利。

**禁鼓** 响一千一百三十声叫一通，三千六百九十声便是三通。更鼓响三百六十挝叫一通，一千挝便是三通。其余的鼓响三百三十三声叫一通。画角响十二声叫一叠。

**钟声** 早晨和晚上各撞钟一百零八下，是有一年的含义。因为一年有十二个月，有二十四个节气，又有七十二候[①]，加起来正好得到这个数字。《越州歌》说："紧十八，慢十八，六遍共成一百八。"

**埙篪** 埙是用土做的，尖头平底，形状像秤锤一样，有六个孔，也有八孔之说。大的像鸭蛋，叫作雅埙。小的像鸡卵，叫作颂篪。它们是用竹子做的，大的长一尺四寸、有八个孔，小的长一尺二寸、有七个孔，横着吹，与埙的声音相应和。埙、篪两种乐器，是周昭王时的暴辛公所创制的。

**柷敔** 柷，形状有些像漆桶，是用木头做的，直径二尺四寸，深一尺八寸，中间有椎柄，连着底部，撞击旁边的壁，就开始奏乐。方圆二尺四寸，这个数字是阴数。敔，形状像伏虎，背上有二十七个栉齿形的东西，是用木头刻成的，长有一尺多，用木头敲击它，表示音乐要停止了。二十七个栉齿，这个数字是阳数。柷、敔两种乐器，是舜帝的时候创制的。

① 古代以五日为一候，一月六候，三候为一节气。

**洗凡清绝** 吴越的忠懿王钱俶得到天台寺中对着瀑布的泉屋的柱子，制作成两张琴。一张叫洗凡，一张叫清绝，是稀世之宝。后来钱俶把它们献给了宋太宗，收藏在皇家的御府。参见《辍耕录》。

**舞剑器** 《剑器》是武术类舞蹈的曲名。这种舞要让跳舞者女扮男装，事实上是空手来舞的。参见《文献通考》。

**梨园子弟** 唐明皇酷爱法曲，挑选了坐部伎[①]的子弟们三百人，在梨园教育他们，称他们为梨园子弟，住在宜春北苑。当时有马仙期、李龟年、贺怀智都通晓音律。安禄山从范阳入朝觐见，也进献了白玉箫管之类乐器几百种，都陈列在梨园。从此以后其音乐之声就不像是人间所有。

**李天下** 唐庄宗李存勖说，如果有一天不听音乐，那么饮食都没滋味。他暴怒鞭打左右的人时如果听到音乐的声音，就怡然自适，什么事都忘了。他又善于唱歌，有时自己粉墨登场，与优伶们一起演戏。自己取了艺名叫李天下。

**雍门鼓** 雍门周[②]带着琴去见孟尝君，孟尝君说："先生弹琴，能让我田文悲伤吗？"雍门周说："千秋万年之后，亭台楼榭都已坍塌，坟墓也都陷入地下，那些小孩、年轻人和打柴的人都这样徘徊并唱道：孟尝君那样尊贵的人，竟然也变成如此吗？"孟尝君泪流满面说："先生你让我顿时有国破家亡之感啊！"

---

① 中国唐代宫廷宴乐。在堂上表演，规模较小，舞者 3—12 人。

② 战国时齐国琴家，名周，居住在齐国的首都西门，当时称"雍门"，故以为号。

**桓伊弄笛** 晋代的桓伊有一支柯亭笛，有一次吹奏时，王徽之停船在清溪，听到笛声赞叹不已。有人说："这是桓伊。"王徽之让人去恳请他为自己吹笛。桓伊立即下车，坐在胡床上，吹了三弄之后，就上车而去，主人和客人都没有说一句话。

**皋亭石鼓** 吴郡临平有河岸崩塌，有人得到了一个石鼓，但敲不响。问张华，张华说："用蜀中的铜刻成鱼的形状，用这个来敲就会响了。"那人按照他的话去做了，果然声音能传几十里。

**响遏行云** 《列子》记载：薛谭向秦青学习唱歌，还没有学完秦青的技能，就自以为学尽了，要告辞回家。秦青也不阻止，在郊外饯别他，这时秦青打着节拍唱出悲壮的歌，声音振动了树木，遏止了行云。薛谭立刻谢罪，请求再回来学习，从此再没说过回家的话。

**余音绕梁** 秦青说：从前韩娥向东去齐国，没有了粮食，路过雍门的时候，用唱歌来换粮食。在她去后，这里还余音绕梁，三日不绝。李白也有"醉舞纷绮席，清歌绕飞梁"的诗句。

**声入云霄** 戚夫人擅长跳翘袖、折腰的舞蹈，唱《出塞》《入塞》的歌曲，有几百名侍女来学习。后宫齐声高唱，声入云霄。

**水调歌头** 唐明皇喜爱《水调歌》，安禄山进犯京城，明皇想要到蜀地避难，他登上花萼楼，让楼下少年中善于唱《水调歌》的人来唱这个曲子，有一个唱道："山川满目泪沾衣，富贵荣华不几时。不见只今汾水上，惟有年年秋雁飞。"唐明皇听了潸然泪下，问："这是谁作的词？"左右的人回答说："是宰相李峤。"明皇称赞说："这才是真才子啊。"

# 卷十

# 兵刑部

黄帝征讨蚩尤才有了战争，颛顼诛杀共工才开始有设阵，
风后开始排布奇阵图，力牧开始创建营垒。
黄帝在涿鹿之役中才开始征兵，大禹征讨三苗才开始传令，
商纣王抵御周的军队才开始有戍守。

# 军旅

黄帝征讨蚩尤才有了战争，颛顼诛杀共工才开始有设阵，风后开始排布奇阵图，力牧开始创建营垒。黄帝在涿鹿之役中才开始征兵，大禹征讨三苗才开始传令，商纣王抵御周的军队才开始有戍守。

黄帝发明了记录里程的鼓，最早设置侦察兵。汉武帝建了墩台，黄帝创建了演武场，周公创建了辕门。黄帝制造了战车来辅助军队，设置了骑兵来供军队侦察。

吕公望开始造战舰。武王大会诸侯于孟津，命仓兕制备舟楫。公输班制作了船战时用的钩拒。伍子胥督水战，制造了楼船、滩船。智伯决汾水之堤，是最早将水用于战争的。

蚩尤最早开始用火攻。孙子制作了火人、火积、火辎、火库、火队五种火攻的方法。魏国的马钧制造出了爆竹来引火。隋炀帝用火药来制作杂戏，开始有了火铳。

黄帝开始制造炮，吕公望制造了枪，范蠡制造可以射出石块的机械。

黄帝制作了战旗和五彩牙幢。大禹制作了旗上的飘带，悬挂在车上作为区别。周公制备了九旗。

伏羲制造了盾牌和戈矛。张挥制作了弓。夷牟制作了箭。舜帝制作了弓袋、箭筒。黄帝制作了弩。

黄帝开始采用首山的铜来铸造刀、斧。蚩尤开始选取昆吾山的铁来制造剑、铠、矛、戟和长刀。

蚩尤开始用皮革制成铠甲。大禹制作了函甲。

黄帝开始制作枪，诸葛亮加大了枪的形制。舜制造了匕首。

黄帝制作了云梯，古时叫钩援。夷牟用木片和绳索制作了叫挨牌的盾牌，古时叫傍排。

孙武制造了铁蒺藜。三国时的刘馥制造了悬苫（shān），现在叫悬帘。岳飞制造了藤牌。

殷商的盘庚制定了用烽燧之火来报警的规则。赵武灵王规定了用刁斗[①]来传讯。魏国规定用鸡翘旗来报急，并制作了露布与漆竿来报捷。

**五兵** 人们将矛、戟、戈、剑、弓这五种兵器称为五兵。

**专主旗鼓** 战国的吴起在开战前，侍卫献上了一把剑，吴起说："将帅应专注于用旗鼓指挥作战，面临困难要果断解决，指挥兵士杀敌，这才是将帅要做的事。拿一把剑上阵杀敌，那不是将帅要做的。"

**授斧钺** 国家面临危难，君王需占卜选定吉日，授予征战的旗鼓。将军入太庙，要小步急行到堂下，面向北站立，君王亲自拿着斧钺，持斧头，将柄递给将军，说："从这里到天上的一切，都请将军来节制。"又拿着斧头，把柄递给将军，说："从这里直到地下的一切，都请将军节制。"

---

① 古代行军之器具。铜质，有柄，能容一斗，白天煮饭，夜间敲击巡逻防卫。

**投醪** 秦穆公讨伐晋国，到了黄河，将军慰劳他，只有一杯浊酒。蹇叔说：“一杯酒可以倒在河里，使河水皆有酒酿。”秦穆公便把酒倒进河里，三军都取河水来当酒喝。

**吮疽** 吴起为魏国攻打中山国。士兵中有人身上长了毒疮，吴起用嘴为他吸去脓。士兵的母亲听到后便哭。别人就说：“你的儿子不过是个士兵，吴起将军亲自为他吸脓，你哭什么啊？”回答说：“从前吴将军曾帮孩子的父亲吸脓，孩子的父亲没多久便战死了。今天又来为我儿子吸脓，也不知他会死在哪里啊。”后来吴起到楚国作战，那个士兵果然战死了。

**纶巾羽扇** 武侯诸葛亮与司马懿驻兵于渭水边上，约定日期要进行夜战。司马懿穿着军服到了军营，就派人去看诸葛亮，只见他自己乘着素车，戴着纶巾帽，挥着鹅毛扇，指挥三军，随他一起进退。司马懿赞叹说：“诸葛亮真可称得上名士啊！”

**金钩** 吴王阖闾将越国的莫邪宝剑视为宝贝，便命令国内的人锻造金钩（吴国的拿手兵器），说：“能做出上品钩的人赏赐千金。”有人贪图赏赐，便杀了自己的两个儿子，以血献祭金钩，终于做成了两只钩，献给了吴王，吴王说：“这钩有什么奇特之处呢？”回答说：“我为了做钩，贪图赏赐而杀了我的两个儿子，献祭后做成了这两只钩，所以与其他的钩不一样。”于是对着钩叫自己两个儿子的名字说：“吴鸿、扈稽，我在这里！”声音未落，两只钩都飞了起来，停在父亲的胸膛上。吴王大吃一惊，便赏赐了他，从此佩带金钩宝剑不再离身。

**七制** 用兵有七种叫法：一叫作征服、二叫作攻打、三叫作侵略、四叫作讨伐、五叫作列阵、六叫作大战、七叫作争斗。

**挟纩** 楚国军队围住了萧国，申公巫臣说："兵士们都很冷。"楚王巡视三军，拍着他们的肩膀来勉励他们，兵士们感觉像穿上了棉衣一样。

**呼庚癸** 吴国申叔仪到晋国去借粮，公孙有山氏回答说："细粮已经没有了，粗粮还有一些。如果你登上首山，大声喊'庚癸乎'，就答应你的请求。"庚，指西方，主掌谷物。癸，指北方，主掌水。这是在教他隐语。

**盗马** 秦穆公丢了马车的右边服马，后来看到有一个住在郊野的人正在吃那匹马，秦穆公笑着说："吃马肉不喝酒，恐怕会有害处。"于是提供酒让他喝个痛快，然后走了。过了一年，秦、晋之间发生了韩原之战，晋军围住了秦穆公的车。那位吃马肉的人带着三百多人快速到车下战斗，很快打败了晋军。

**剑名** 剑口叫作镡，剑鼻叫作璏（音"位"），剑把叫作铗（jiá），剑鞘叫作室，剑衣叫作韬，也叫作襓（音"绕"），剑把上穿的绳叫作蒯缑（音"勾"）。

**五名剑** 越王勾践有五把宝剑：一叫纯钩，二叫湛卢，三叫豪曹，四叫鱼肠，五叫巨阙。

**斩蛇剑** 汉高祖刘邦在南山得到一把铁剑，长有三尺，上面的铭文是"赤霄"，是用大篆书写的，就是那把斩蛇剑。发迹后，就经常佩戴着它。晋朝太康三年（282年），收藏兵器的武库失火，中书监张华派兵去防卫，看到汉高祖的斩蛇剑穿破屋顶飞走，不知去向。

**佽飞** 荆地有一个叫佽飞的人，在长江边上得到了一把宝剑。过江到江中间时，有两只蛟龙夹着小舟。佽飞除去衣服，拔剑与蛟龙斗，并杀死了它们。荆王任命他为官员。

**干将莫邪** 干将是吴国人，妻子叫莫邪，他为吴王阖闾铸剑，一直不能做成。干将说："神异东西的变化，要有人加入才可以。"妻子便把头发、指甲剪下来扔到火炉中，金属立刻都熔化了，于是铸成了两把剑，一把叫干将，是雄剑，一把叫莫邪，是雌剑。

**龙泉太阿** 张华看见斗宿星和牛宿星之间有紫气，对应的分野在丰城，便让雷焕当丰城县令。到了县里，挖监狱二丈深，打开一个石匣，得到两把宝剑，一把叫龙泉，一把叫太阿。雷焕留下其中一把，另一把进献给张华，且说："灵异的东西，最终都会幻化离去的。"张华死后，剑就飞进了襄城的大水中。后来雷焕的儿子任建安从事，经过延津，他腰上插的剑忽然直跃水中，他让人下水去寻找，只见有两条龙在水中盘着，他便不敢靠近。

**华阴土** 雷焕从丰城的大狱里找到了一把宝剑，便取来南昌西山的黄白土擦拭它，宝剑光艳照耀；张华又用华阴的红土擦拭它，宝剑就更加明亮鲜艳。

**金仆姑** 是箭的名字。《左传》记载：鲁庄公用金仆姑来射南宫长万[1]。

**石马流汗** 安禄山叛乱，哥舒翰与叛贼将领崔乾祐激战，忽然看到有几百名黄旗军来助战，之后忽然又不见了。当天，唐太宗的昭陵里那些石马身上都流了汗。

**露布** 军中之所以有露布这种东西，是因为北朝后魏每次出兵征伐，战胜后便想让全天下的人都知道，于是将捷报写在布帛之上并挂在漆竿上，名叫露布，用来传战事捷报。

**蒋庙泥兵** 在南京的钟山上，有东汉秣陵尉蒋子文的庙。因蒋子文追捕盗贼战死于此处，孙权为他立了庙，并封其为蒋侯。孙权为了避讳祖父孙钟的“钟”字，便改此山名为蒋山。后来孙权与敌人大战，夜里下着大雨，蒋侯前来帮助，第二天，人们看到庙里的泥兵身上都是湿的。

**箭塞水注** 南宋时的刘锜善于射箭。他用箭射装满水的水桶，把箭拔出来水便冒出来，然后他再射一箭来堵住那个孔，人们都佩服他精妙的箭法。

**檿（yǎn）弧箕服** 檿，就是山桑。用檿木制的弓叫作弧。服，就是装箭的器具。箕草像荻，将箕草细细编织，就可以制成箭囊。

---

① 南宫长万（？－前682）是春秋时期宋国将领，在乘丘之战中被鲁国俘虏，被释放回国后，因怨恨宋闵公辱骂其曾被俘而杀害宋闵公，拥立公子游为君，但最后被宋国人剁成肉酱。

**娘子军** 唐代的平阳公主嫁给了柴绍。起初，唐高祖起兵反隋，与柴绍一起把家中的资财都拿出来招纳强盗和勇士。渡过黄河之后，平阳公主率领了精兵万人与秦王李世民会于渭北。柴绍与公主各自设置了幕府，一起围攻京城，军队号为娘子军。

**夫人城** 东晋的朱序镇守襄阳，苻坚派兵去攻打他。朱序的母亲看到城西北角会先被攻破，便亲自率领一百多名婢女和其他女兵，侧斜着修筑了一道二十多丈长的城墙。敌人猛攻西北角，守兵果然溃败，众人退到新城守卫，敌人只好退了回去，故此号为夫人城。

**紫电青霜** 王勃在《滕王阁序》写道：紫电、青霜那样的宝剑，出自王将军的武库。

**榻侧鼾睡** 宋太祖想讨伐江南，徐铉（xuàn）入朝上奏请求不要用兵。宋太祖说："其实，江南的君主并没有什么罪，但是自己睡觉的床边，怎能容忍别人鼾睡呢！"

**廉颇善饭** （赵王派使者去探察廉颇身体能否再带兵打仗）廉颇一顿饭吃掉了一斗米，十斤肉，并披甲上马，以此来表示自己还可以打仗。但郭开贿赂使者让他对赵王说："廉将军虽然老了，但还很能吃饭，然而在谈话的过程中，就上了三次厕所。"赵王于是认为廉颇老了，便不召用了。

**杜彪** 梁代的荆州刺史杜嶷，臂力过人，即使骑在飞驰的马上射箭也从不落空。他佩带的霞明朱弓，需拉力四石多，每次出战，北魏的军队都很害怕他，称他为杜彪。

**飞将** 唐代的单雄信非常勇敢，尽全力辅助李密，人们称他为飞将。后周的韩果打败了稽胡，稽胡畏惧韩果威武勇猛，也称其为飞将。

**铁猛兽** 后周的蔡祐与齐国军队交战时，他穿着明光铠甲，所向无敌，齐军很害怕他，称他为铁猛兽。

**熊虎将** 周瑜曾经对孙权说："刘备有关羽、张飞这样似熊虎的猛将，就一定有在长江饮马的志向。"又说关羽、张飞二人能敌万人。

**细柳营** 西汉文帝的时候，匈奴人大举入侵边境。文帝让周亚夫驻军细柳，以防匈奴。文帝亲自来犒劳军队，先骑兵到军队门口说："天子到了！"守门的都尉说："在军队中只听从将军的命令，不听从天子的诏令。"文帝又派使者持符节下诏给将军周亚夫说："我想要来犒劳军队。"周亚夫打开营门。文帝拉着缰绳慢慢行进。周亚夫全副武装来参见文帝。文帝说："哎呀，这才是真正的将军啊！"

**飞将军** 西汉的李广当北平太守时，匈奴人都很畏惧他，称他为汉家飞将军，多年来一直回避他。

**贯虱** 《列子》记载：纪昌向飞卫学射箭，飞卫说："看小的东西就像看大的东西，看细微的就像看明显的东西。达到那个境界了再告诉我。"纪昌用氂（máo）牛尾毛绑一个虱子放在窗上，面向南看它。十天的时间，他看到的虱子逐渐变大了；三年后，他看到的虱子像车轮那么大。然后用弓箭去射它，射穿了虱子的心脏。

**来嚼铁** 唐代的来瑱为颍川太守。贼人来攻城，来瑱用箭射敌人，只要他的弦响就一定会有人倒下。贼人向城跪拜请求归降，并称他为“来嚼铁”。

**半段枪** 唐代哥舒翰为河西卫前将军，吐蕃大犯边境，哥舒翰拿着半截枪直接与敌人精锐部队交锋，仍然是所向披靡。

**黄骝少年** 北周的裴果勇冠三军，与敌国交战，他总是骑一匹黄骝马一马当先，军中都称他为黄骝少年。

**白袍先锋** 唐代的薛仁贵曾跟随唐太宗出征。他每次出战，都身披白袍，所向无敌。唐太宗从远处看到，问那个冲在前面穿白袍的是谁。薛仁贵于是被特别引见给唐太宗，被赐予战马、绢布，唐太宗更因得到了一员虎将而高兴。

**大树将军** 东汉的冯异性格谦虚恭谨，从不夸耀自己的功劳，其他将领安下营来，就坐在一起讨论功劳，只有冯异常常独自隐身于树下，人们称他为大树将军。

**霹雳闪电** 唐代长孙无忌的父亲长孙晟讨伐突厥，突厥人都很害怕长孙晟，听到他拉弓的声音，称其为“霹雳”；看见他骑马奔跑，称之为“闪电”。晋王杨广笑着说：“将军震怒，神威都传到外邦了。”

**辕门二龙** 唐代的乌承玼，在开元年间，与族兄乌承恩都是平虏先锋，被称为辕门二龙。

**一韩一范** 文正公范仲淹和魏国公韩琦都当过西部边疆的统帅，边地的士兵有歌谣说："军中有一韩，西贼闻之心胆寒；军中有一范，西贼闻之惊破胆。"西夏皇帝元昊因为害怕他们，就向宋朝称臣。

**八遇八克** 唐代的娄师德在武则天招募勇猛兵士讨伐吐蕃时，因为想成就一番功业，就戴着红色的抹额前来应诏。后来与敌人作战，他八次遇敌八次都打了胜仗。

**七纵七擒** 诸葛亮与孟获作战，抓了孟获七次又放了他七次。后来孟获终于折服，并说："您有如此神威，我们南边的人再也不敢造反了。"

**钲止兵进** 北宋的狄青与西夏人交战，给军中下密令，钲响一声就停止行动，响两声就保持阵型而假装退却，钲声停止就大声呼喊着冲锋。敌人又惊又怕，狄青便因此取得了胜利。

**以少击众** 唐代的马璘武艺高超，率一百名骑兵就打败了五千名敌人。李光弼说："我没有见过以少胜多能像马将军这样的！"人们称马璘为中兴锐将。

**朕之关张** 狄青在京城被称为狄天使，皇上欣赏他的能力与勇敢气魄，封其为泾原路兵马总管。皇上想见他一面，就下诏让他入朝。正赶上有敌人侵犯平凉，便又下令让他赶快前往平凉，只好让人画了狄青的画像送往京城。皇上看了这幅画像后说："这是我的关羽、张飞啊。"

**立汉赤帜** 韩信带兵攻打赵国时，命令兵士说："赵军看到我们败走，必然将营寨里的所有兵士都调集起来追赶我们，你们要迅速潜入他们的营盘，拔掉赵的白旗，插上汉的红旗。"于是韩信假装败走。赵军果然前来追赶，回营时看到汉的了红旗，军队大乱。汉兵内外夹击，打败了赵军。

**下马作露布** 《南史》记载：北魏的傅永官拜安远将军，孝文帝赞叹说："上马能杀贼，下马能写露布，只有傅永能做到啊！"

**三箭定天山** 薛仁贵为行军副总管时，铁勒九个部落联盟共有十多万人，部落派精兵挑战，薛仁贵射了三箭，就杀了三个敌人，敌人气势被压住，很快就投降了。

**三鼓夺昆仑** 狄青平定广西的时候，叛军首领侬智高镇守昆仑关。狄青到了宾州，正赶上上元节，就命令城中大张灯火，第一天晚上摆宴，饮酒欢歌到天亮，第二天晚上又摆宴，二更鼓的时候，狄青忽然说身体不舒服便到内室去了，让孙元规以主人身份继续宴乐。狄青说他吃点药就出来，还多次让人给在座的宾客劝酒，直到天亮，酒席都没有散。忽然有快马来报："当天晚上三更鼓时，狄青将军已经夺取了昆仑关。"

**顺昌旗帜** 宋代的刘锜与金兀术在柘皋交战，敌人远远望见刘锜的军队，十分惊惧地说："这是顺昌府的旗帜啊。"于是就带兵离开了。

**每饭不忘钜鹿** 汉文帝对冯唐说："从前有人对我说过赵国李齐的贤能，讲述他在钜鹿指挥作战的情形。现在我每次吃饭，没有一次不想起他在钜鹿作战的情形。”

**铸错** 唐代魏博节度使罗绍威因为魏博的牙兵[1]太过骄横，（就设计请来朱温）把他们全杀了，然而也因此受制于梁国的朱温，罗绍威对亲近的属吏说：“就是聚集六州四十三县的铁，也铸不出这么大一个‘错’字啊！”

**得陇望蜀** 司马懿对曹操说：“现在若攻克了汉中，益州就会震动，迅速进兵攻打，势必瓦解。”曹操说：“人的苦恼都是因为不知足啊，得到陇地了又想再得到蜀地。”

**塞创复战** 隋代的张定和，被敌人刺中了脖子，张定和用草塞住伤口继续作战，神气自若，于是敌人大败而逃。

**杜伏威** 唐代的杜伏威与陈稜交战，敌人射中了杜伏威的额头，杜伏威大怒说：“不杀了你，我决不拔箭！”便骑马冲进敌阵，抓住了射箭的那个将领，让他为自己拔了箭，然后就把他杀了。

**首级** 秦代的法令是斩下一个敌人的头就拜爵一级，所以叫作首级。后人说：“割下一个首，就势必割下他的生殖器，所以认为只是割下首级的说法并不对。”

**梓树化牛** 秦文公讨伐雍地时，南山的梓树变成了牛，秦文公派骑兵去攻击它们，但无法制胜。有人从马上掉到地上，头发

---

① 即亲兵或卫兵，是唐末和五代时期特有的一种军队名称，中唐以后节度使的私兵，是节度使专兵的产物。

披散开来，那些牛就很害怕，钻到水中去了。秦国因此而设置了髦头兵，让他们在骑兵前先行。

**勒石燕然** 燕然，是山的名字，离边塞有三千里。汉代的窦宪大败单于，登上了燕然山，在石上刻字来记录功勋，同时也颂扬大汉功德。

**九章** 《管子》记载：举有太阳图案的旗子就表示要白天行军，举有月亮图案的旗子表示要夜间行军，举有龙图案的旗子表示要在水中行军，举有老虎图案的旗子表示要在树林中行军，举有飞鸟图案的旗子表示要在山坡上行军，举有蛇图案的旗子表示要在沼泽中行军，举有鹊图案的旗子表示要在陆地上行军，举有狼图案的旗子表示要在山中行军，举着牲畜图案的旗子表示要带着食物行军。

**啼哭郎君** 宋代的曲端任都统制，强悍勇猛，每次与敌人作战，都叫来副将及其他头目，告诉他们徽、钦二帝正遭受羞辱，穿着奴仆的衣服在五国城中伺候金人喝酒，身为臣子的人听到这些都应该痛心，想到这里也生出切骨之痛，于是放声大哭。将佐军士听后也大哭，然后奋身上马，勇气百倍，敌人远远看到他们就避退了，称他为啼哭郎君。

**鸽笼分部** 南宋曲端的军队分为五部，他在一只笼子里养了五只信鸽，想要哪一部军队前来，就开笼放一只对应的信鸽前往，那一部兵就立刻到达，非常迅速，看到的敌人都吓得勇气尽失。

**玉帐术** 杜甫有“空留玉帐术，愁杀锦城人”的诗句。玉帐是领兵之人施展兵术的方位，主将若在这个方位设置了军帐，那就坚不可摧。其方法：按《黄帝遁甲》中的月建之法，取第三个的方位，如正月建寅，则巳为玉帐（巳在寅后第三）。

**寇来没处畔**　南朝陈后主兴建了齐云观，当时有歌谣说："齐云观，寇来没处畔。"所以现在把躲避别人叫作"畔"。

**府兵**　西魏创立了府兵制。隋唐开始编制了府兵，来到部队是士兵，出去便是农民。后周太祖开始在士兵脸上刺字。唐末的刘仁恭抓住百姓刺字为兵，供给食物，作为补充兵源。

**渠答**　就是铁蒺藜，用铁制作，安营扎寨后撒在营帐周围。

**绕指柔**　平望湖中掘出了一把宝剑，弯曲它可以剑头与剑尾相接，放手就又挺直如常，剑锋犀利，可以切断金属。认识的人说："这就是古人所说的'绕指柔'啊。"

# 刑法

郑国制订了《刑书》，晋国制定了《执秩》，赵国制定了《国律》，楚国制定了《仆区》（“区”，读音为“欧”），这些都是法令律条的名字。仆，就是隐匿的意思；区，就是藏匿的意思；《仆区》是一个关于隐匿逃亡者的法令。



**历代狱名**　夏朝的监狱名叫夏台，商朝的监狱名叫羑（yǒu）里，周朝的监狱名叫囹圄，汉朝的监狱名叫请室。

**五听**　《周礼》记载：主管刑狱的少司寇要用五种方法来审查案情以断案，一是听他的言辞，二是观他的气色，三是观察他的呼吸，四是测试他听别人说话的反应，五是看他的眼睛。

**三刺**　审判重大案子时，断案者应该听三方面的意见：一是向群臣咨询，二是向群吏咨询，三是向万民咨询。

**古刑**　墨（以刀刺面并染黑为记）、劓（割鼻）、剕（fèi，断足）、宫（破坏生殖器）、大辟（死刑），后来又增加了流放、赎罪、鞭打、朴击，合称为九刑。

**古刑名** 城旦、舂：城旦，是男子早上起来去修建城墙；舂，是女子舂米。这两种的刑罚期限都是四年。鬼薪、白粲：鬼薪，就为宗庙打柴；白粲就是坐着把精米挑出来。这两种的刑罚期限都是三年。

**五毒** 给脖子和脚戴上枷锁叫作桁杨，只给脖子带枷锁叫荷校，给手脚都带上枷锁叫桎梏，用锁链绑着叫锒铛，用鞭子抽打叫作榜掠。拷打逼供叫作五毒俱备，是说五种刑罚都使用了。

**三木** 三木是指用枷锁铐住脖子和手足。

**三宥** 第一种可以宽宥的情况是不知情，第二种可以宽宥的情况是不小心而有的过失，第三种可以宽宥的情况是遗忘。

**三赦** 第一种可以赦免的情况是年幼，第二种可以赦免的情况是年迈，第三种可以赦免的情况是愚痴。

**虞芮争田** 周文王的时候，虞国和芮国的国君争执一块田地的归属，一时没有决断，就请周文王裁断。进入周文王的辖境，看到那里耕种的人都让出地边，走路的人都让路。两个国君互相说："我们这样的小人，不可以走到君子的庭院中啊！"于是把有争议的田地让出来成为闲田。

**除肉刑** 汉代太仓令淳于意没有儿子，但有五个女儿。淳于意犯了罪应当判肉刑，便骂道："只生女儿不生儿子，无论何时都用不上！"最小的女儿缇萦便向朝廷上书，说人死了便不能再活过来，处刑后也不可能再赎罪。自己愿意卖身成为官奴，用来赎父亲的罪。汉文帝很可怜她，就一并废除了肉刑。

**后五刑** 残害肉体的刑罚被废除之后，把笞（鞭打）、杖（用荆条或木板打）、徒（关押并强制劳动）、流（流放）、死五种刑罚称为五刑。

**髡钳** 髡，就是剃掉头发。钳，就是用铁制的东西罩住头颈。钳钛，《汉书·陈咸传》有“私解脱钳钛”的话。钳是罩头的，钛是锁脚的，都是用铁制成的。

**胥靡** 胥，就是互相的意思；靡，就是跟随的意思；合起来，就是让人们互相跟随着服役的意思。就好像现在役使囚徒，要用铁索把他们连起来。

**弃市** 汉景帝把磔刑改为弃市，不再用磔刑了。磔刑是指分裂尸体。弃市，指在闹市将犯人杀死。

**刑具** 《汉书·刑法志》记载：大刑是实行军事讨伐，次一点的用斧钺；中刑用刀锯，次一点的用钻凿，最轻的刑罚用鞭子或大板。

**锻炼** 锻，就是锤打的意思。锻炼就是精熟的意思。苛细严峻的官吏审讯犯人，就好像锻炼铜铁使之成熟，让人无处可逃。

**钳网** 李林甫为宰相，会用大罪名来诬陷与不同意自己的人，宠信任用吉温、罗希奭二人为御史，给人强加罪名。当时人称之为罗钳吉网。

**罗织** 武则天任用来俊臣、周兴二人，撰写了几千字的《罗网经》(即《罗织经》)，教他们的同党来给别人罗织罪名，没有人能逃脱。

**蚕室** 受了阉割之类刑罚的人一定要放在蚕室里，因为蚕适宜生活在不透风的密室里，烧火使环境比较温暖。新受刑的人最忌吹风，所以应该待在防风的密室，方可保全性命，所以称这种密室为蚕室。

**瘐死** 汉宣帝下诏说："被关在监狱中的人都因挨饿受冻而死在狱中，我非常痛惜他们。"

**枭首** 百劳的名字叫枭，因它会吃掉自己的母亲，只剩下头，被认为不孝，所以古代皇帝以枭肉制成羹汤赐给臣下，寓有除绝邪恶之意，并把枭的头悬挂在树上。所以处决人之后把人头张挂示众的行为就叫作枭首。

**缿(xiàng)筒** 西汉的赵广汉任颍川太守，痛恨勾结为奸，便鼓励官吏和百姓写信告状或匿名告发，设置了缿筒(举报箱)，让大家把告状的信放在里面。

**铜匦** 武则天自从李敬业反叛之后，害怕有人谋害自己，便大开告密之门。有一个叫鱼保家的人请求用铜造一个盒子，其式样是每个盒子有四面，上面各有一个孔，只能投放东西，但无法拿出来，武则天觉得非常好。不久，鱼保家的仇人就向这个告密箱里投信状告鱼保家曾经为李敬业造过兵器，于是鱼保家便被处死了。

**请君入瓮** 武则天时左金吾大将军丘神勣因谋反罪而被杀，有人状告右丞周兴与丘神勣通谋，武则天让来俊臣去审理。来俊臣与周兴在审案间隙吃饭，便问周兴说:“囚犯大多不肯招认，有什么办法呢？”周兴说:“这很容易啊！拿一只大瓮，用炭火在四周烤它，让囚犯到里面去，有什么他不招认的呢？”来俊臣立刻要了一只大瓮，就像周兴所说的那样用炭火烤瓮，然后起来对周兴说:“有人告你，那么请你进这个瓮吧。”周兴吓得只好服罪。依法当判死刑，从轻发落，流放于岭南。

**炮烙之刑** 商朝的纣王非常残暴，民怨四起。诸侯有反叛的，妲己认为对他们的处罚太轻，立不了威信。纣王便建了铜柱，涂上油，放在炭火上烤，让有罪的人在铜柱上走，立刻就会掉到炭火中，以博妲己一笑，此刑名叫炮烙之刑。

**苍鹰** 西汉的郅都执法极为严苛，不避权贵。列侯和宗室见到郅都，只敢侧着眼看，称他为苍鹰。

**乳虎** 西汉的宁成爱生气，当小吏的时候，就顶撞他的上司；而居上位时，对待下属就像捆湿柴，奸猾、凶残、任性逞威。慢慢升为济南都尉，他的治理就好像用狼来牧羊一样，令百姓无法忍受。后来官拜关都尉，凡是出入郡国关卡的人，都说:“宁愿碰到小老虎，也不愿意碰到宁成发怒。”

**鹰击毛挚** 西汉的义纵为定襄太守，治理地方就像老鹰张开翅膀捕捉猎物，所以诛杀甚多，郡中的人都不寒而栗。

**掘狱讯鼠** 西汉的张汤小的时候，父亲让他看家，有老鼠偷了肉吃，父亲大怒，用鞭子打张汤。张汤掘了老鼠洞抓到了老鼠和没吃完的肉，还写了狱辞，将老鼠分尸于堂下。父亲读后，觉得他的文辞就好像老狱吏，十分吃惊，于是让他审理案件，后来张汤成为有名的酷吏。

**十恶不赦** 十种不赦之罪有：一是谋反，阴谋危害国家政权，二是谋大逆，阴谋毁坏宗庙、坟墓和宫阙，三是谋叛，阴谋叛变国家，暗中服务他国，四是谋恶逆，殴打或谋杀祖父母、父母及丈夫，五是不道，杀一家没有死罪的三个人、肢解人体，比如捕杀活人来祭祀、把人变成牲畜、用蛊毒之法害人、用邪术诅咒别人，六是大不敬，偷大祀时神灵所用的东西及帝王所用之物，七是不孝，被告咒骂祖父母及丈夫的祖父母；父母还在世就分家且赡养上有缺失，八是不睦，谋杀或者出卖行缌麻之礼以上亲戚，殴打丈夫及大功[①]以上的尊长、小功[②]以上的亲属，九是不义，民众杀害官长，兵士杀害所属指挥的官长，十是内乱，强奸行小功之礼以上的亲人、父祖的妾以及通奸。

**八议** 有八种情况可以酌情减轻处罚：一是议亲，皇帝家五服以上的亲人，还有太皇、太后、皇太后行缌麻礼以上的亲人，皇后小功以上的亲人，皇太子妃大功以上的亲人，二是议故，与皇家有故旧且常常侍见者，蒙皇恩相待日久的人，三是议功，能斩将夺旗，驱敌万里，或者率众来降，保一时安宁，或开疆拓土建不世功勋，其功被铭刻在太常寺的人，四是议贤，德行高洁的贤人君子，言行可以成为天下法则的人，五是议能，才干卓群，

① 指同一个祖父的亲人，如堂兄弟。

② 指从己身数起上下四代血亲和三代以内的姻亲。

能整顿军旅，治理政事，可辅佐帝王、并是人间伦理的表率的人，六是议勤，大将吏谨守公职，日夜奉公，或者出使远方，历经艰难不辱使命的人，七是议贵，爵位一品以及军中文武职三品以上，散官二品以上的人，八是议宾，前朝国君的后代享国宾之礼的人。

**例分八字**　明律例中量刑用语，例分：以、准、皆、各、其、及、即、若八个字。以：与真犯相同。是说如果监守人买卖公有物品，就与真的盗贼无异了，就要以枉法论罪，也可以盗贼论处，并且可以革职、刺字，甚至罪行大的可以处斩首、绞刑以及其他所有的刑罚。准，是与真犯有一些区别的人。是说按照枉法论处，盗窃论处，但只按照其罪论处，却不在革职、刺字之例，罪也只杖一百，流放三千里。皆，不分首犯还是从犯，都按相同的罪来论处。是说监护、守卫等职以及与盗贼勾结的人，他所谓监守的财物和分得的赃物如果达到斩首范围的。各，就是彼此都一样定罪。各类匠人到宫内工作，本人不去而雇人私自顶替，那么与代替的人都各杖一百。其，就是改变此前的意见。即如果对一个人的定罪与此前奏请的不同，就需要再请求另议。犯有十恶不赦之罪的，不适用这一律条。及，就是定的罪还要考虑此后的事。彼此都是犯罪的赃物及应禁的物品，就直接充公之类。即，就是主犯在逃但犯的罪很明确的。也就是说犯罪者事发在逃后，众人证词却很明白，那就可以定罪。若，就是文字表达不同，但并不影响判决结果。是说犯罪时既不老也没病，等到发现时却已经老了或者病了。如果还在判刑的年限之内，那么老了的和病了的也应一样判罚。

**顾山钱**　女子犯罪但被释放回家的，要求她每月出三百钱，雇人在山上伐木，这叫作顾山钱。

**平反** 西汉的隽不疑任京兆尹。每次到属县去核录囚犯回来，他的母亲总要问："有平反的吗？救活多少人呢？"平，是说把不公平的事重新审理；反，是说把有罪的判词推翻过来，使之可以从轻发落。

**录囚** 北方人说话把"录"发音为"虑"。现在所说的"录囚"，有人误以为是"虑囚"，这是错的。

**颂系** 汉景帝下令，年龄在八十以上或十岁以下的、怀孕或有待哺乳婴儿的、盲人、侏儒，审问时都要"颂系"。"颂"读为"容"，是宽容的意思，就是不戴枷锁。

**爰书** 爰，就是换的意思，用文书代替他的口供。

**末减** 从轻处罚的意思。末，就是薄的意思；减，就是轻的意思。

**狱吏之贵** 西汉的周勃被下狱，狱吏侮辱他。周勃后来出狱，说："我常带兵百万，然而哪里知道狱吏竟如此尊贵啊！"

**死灰复燃** 西汉的韩安国犯法论罪，狱吏田甲侮辱他。韩安国说："难道死灰就不会复燃了吗？"田甲说："死灰复燃就用尿浇灭。"

**六月飞霜** 邹衍事奉燕惠王非常忠心，但燕惠王左右的人诬陷他，燕惠王就将其下狱。邹衍仰天长叹，六月天竟为他降下霜来。

**太子断狱** 汉景帝的时候，防年因继母杀了自己的父亲，就杀了继母。廷尉判他为大逆不道之罪，汉景帝有些犹豫。汉武帝当时只有十二岁，还是太子，在一旁侍奉，回答说："因为父亲的关系，继母就像母亲一样。现在继母杀了他父亲，下手的时候，就不再是母亲了，只是父亲的仇人，不应该判为大逆。"

**钱可通神** 唐代的张延赏想要重新审理一件冤案，忽然案子上有一张纸条，上面写着："奉上钱三万，请您不再审理这个案了。"张延赏大怒，把左右的人都抓起来审问。第二天，又在洗漱的地方看到一张纸条，上面写道："送钱五万。"后来又在寝室的门上看到一张纸条写着："送钱十万。"张延赏长叹说："钱到了十万，已能通神了！我也害怕祸事啊。"便不再审问了。

**祭皋陶** 东汉的范滂因为党锢之祸，被关在黄门北寺狱里。狱吏对他说："凡是因罪入狱的都要祭拜皋陶[①]。"范滂说："皋陶是古之贤者，如果知道我没有罪，就会向皇帝理论；如果我有罪，祭拜他又有什么好处呢！"

**刮肠涤胃** 南齐高帝有一个老部下竺景秀，因为过失而下狱，经常说："如果给我改过自新的机会，我就要吞刀刮肠，饮灰洗胃。"齐高帝觉得他的话说得很好，就把他放了。

**青衣报赦** 苻坚避开众人正在写赦文，有一只大苍蝇飞进来，声音很大，被驱赶出去后又飞进来。不久，人人都知道要大

① 皋陶曾被舜任命为掌管刑法的"理官"，以正直闻名天下。后亡于皋城（今安徽六安市），有"皋陶造狱，画地为牢"的传说，被后世奉为狱神。

赦天下了，问他们从哪里听到的，他们说有一个青衣童子在闹市中大声宣传，原来童子就是那只大苍蝇。

**于门高大** 西汉的于公，家里的大门坏了，父老乡亲帮他修理。于公让大家修的时候把门建得高大些，要能容纳四匹马拉的车通过，并且说："我治理监狱时暗中做了很多好事，子孙后代必然有发达的人。"后来他的儿子于定国当上了丞相。

**论囚渭赤** 秦国的商鞅性情非常严酷，曾在渭水之上斩囚犯，渭水都因此变红了。

**肉鼓吹** 五代时后蜀的李匡远性情严苛而峻急，一天不做刑罚判决之事，就不高兴。有次听到用刑杖打人的声音，就说："这就是一首用肉弹奏出的音乐啊。"

**无冤民** 张释之、于定国两人做廷尉时，恪尽职守，朝廷称赞他们："张释之为廷尉，天下没有冤民；于定国为廷尉，民众会觉得所判不冤。"

**疏狱天晴** 宋代淳熙二年（1175年），下了很长时间的雨，皇帝亲笔批问，想要让天下各路府都疏散释放狱中的囚犯。当天天气就晴了，皇帝非常高兴。

**上蔡犬** 秦朝的李斯被赵高诬陷，秦二世把他逮捕入狱。李斯父子二人临刑的时候，李斯长叹道："我想牵着黄狗出上蔡县的东门去追捕狡猾的兔子，还能再有这样的机会吗？"后来朝廷夷灭了他的三族。

**华亭鹤** 陆机在晋朝做官，孟玫在成都王司马颖前诬陷他，成都王立刻让人抓捕陆机，陆机长叹说："还能听到故乡华亭的鹤鸣声吗？"之后便遇害了。

**走狗烹** 韩信被吕后诛杀时，长叹说："高飞的鸟没有了，好弓箭就会被收藏起来；狡猾的兔子死了，追逐兔子的猎狗也被煮了吃肉；敌国被攻破了，出谋划策的臣子也就死期到了。"

**支解人** 齐景公的时候，百姓中有犯罪的人，齐景公愤怒地把他绑到朝廷，准备让人把他肢解。晏子左手拿着头，右手拿着刀问："不知古代贤明的君王在肢解人的时候，从哪里开始呢？"齐景公听后赶快离开座席说："把他放了吧。"

**屦贱踊贵** 齐景公的刑罚很多，所以国内有很多卖踊（被砍了脚的人穿的特制鞋）的人。齐景公问晏子："你住的地方离闹市比较近，你知道什么东西贵什么东西便宜吗？"晏子说："踊贵而正常的鞋子便宜。"齐景公立刻醒悟了，便赶快减省刑罚。

**同文馆狱** 北宋的章惇设置了同文馆狱，是想杀刘挚、梁焘和王岩叟等人。后来的元祐党人碑，也是从这里开始的。

**金鸡集树** 《新唐书·百官志》记载：中书令在供赦日颁布赦诏时，要树立一只金鸡在仪仗南边，竿长七尺，鸡高四尺，用黄金来装饰鸡头，口中衔一长七尺布幅，用红色的旗子，以此来做供物。武则天封嵩山的时候，天下大赦，坛的南边有树，就把金鸡放在树梢上，号称为金鸡树。

**天鸡星动** 天鸡星动，古代叫作“金鸡放赦”，现在也是在五凤楼写诏书，然后用金鸡口衔垂下。《三国典略》记载，司马膺之说：“据《海中星占》一书所载，天鸡星一动就会有大赦之诏。于是君王用金鸡来发布特赦诏书。”

**雀角鼠牙** 《诗经》：“谁说雀儿无角喙，怎么啄穿我的屋？谁说你尚未娶妻，怎么害我无端进牢狱？”“谁说老鼠没牙齿，怎么打穿我的墙？谁说你尚未娶妻，怎么非要害我吃官司！”

**吹毛求疵** 汉武帝的时候，天下人大多误解了晁错的政策，以为（削藩）是要打击并减抑诸侯王的权利，于是就多次上奏说他的坏话。就像吹开皮上的毛寻疤痕一样挑毛病，并用武力使臣子屈服，使之指正其君主。

**犴狴** 犴狴（bì），就是监狱。犴，是胡地的狗。野狗可以用来守卫，所以称监狱为犴狴。造狱要用肺石和嘉石，所以监狱也叫肺嘉。《周礼》规定：“用肺石来传达孤苦无依百姓的心声。”肺石，是一种红色的石头，石有红心，是希望人们不要诬告别人。用嘉石来平定不服教化、不事劳作的民众。嘉，指的是有纹路的石头，让民众看到石头都有平顺的纹理而思过并认罪。

**子代父死** 南朝梁的吉翂（fēn）的父亲任原乡令，被奸邪的属吏诬陷，论罪当死。吉翂当时只有十五岁，便去敲击登闻鼓，请求代父受刑。梁武帝怀疑有人教他这样做的，便让廷尉把刑具都摆满，吉翂仍然不改心意，梁武帝就宽恕了他父亲的罪。

**发奸擿（tī）伏** 擿，就是挑的意思，发奸擿伏是说做了坏事而隐藏起来的，必然会被揭发出来。

**请谳（yàn）** 谳，就是商议的意思，请谳是说对定了罪但尚有可疑之处的人，再与廷尉商议。

**刑狱爰始** 黄帝创制了分尸的刑罚，并制定了流放、鞭打、杖击、斩首等刑罚。蚩尤制定了割鼻、割耳、刺面、宫刑等刑罚。商纣王制定了煮人、剁成肉酱、车裂、凌迟等刑罚。周公制定了绞刑。黄帝斩杀蚩尤，开始割了他的头悬挂起来。秦文公最早施行诛族刑罚。商鞅开始制定了连坐之法。大禹制定了城旦和舂这两种刑法。周公制定了徒刑。唐太宗开始增加了服役、流放。后周太祖开始增加了刺配。

**赎刑** 舜最早制定用钱来赎罪的方法，从而可以避免被鞭打。周穆王规定，犯墨、劓、刖、宫、大辟这五刑的人，不能确定其罪的均可赎。汉宣帝开始规定女子徒刑可以雇人服役。宋太祖开始规定各种刑罚的受杖数目。

**三法司** 隋文帝开始让被判死罪的人要经过三次上奏后再行刑。唐代开始，凡是大案都要诏令刑部尚书、都御史、大理寺正卿三司一起来审问。

**越诉** 隋文帝下令，申诉自己的案情应该自下而上，从此开始禁止越级申诉。

皋陶最早建立了监狱。汉代下令用周代的图圄为监狱。北齐创制监狱并将犯人囚于官府的治所。

皋陶最早制作了律法。萧何制作了《九章律》，张仓又重新进行了修订。

# 卷十一

# 日用部

有巢氏最早用木头搭建可居住的巢穴。古皇氏开始用木槿编结草庐。

黄帝开始建造宫室。黄帝最早设计了庭院、楼、阁、观。

神农最早建造了堂。燧人氏制作了台。黄帝制作了榭。

尧帝制作了亭。汉宣帝制作了轩。

# 宫室

**房屋**　有巢氏最早用木头搭建可居住的巢穴。古皇氏开始用木槿编结草庐。黄帝开始建造宫室。黄帝最早设计了庭院、楼、阁、观。神农最早建造了堂。燧人氏制作了台。黄帝制作了榭。尧帝制作了亭。汉宣帝制作了轩。唐虞制作了宅。周代创制了房和府。汉代创制了邸。六朝后开始扩建听事成为厅。秦孝公开始制作殿，于是也便有了陛。萧何建造未央宫，立了东阙、北阙，从这时起才有了后世沿用的阙。后梁的朱温按照《河图》制作了五凤楼。魏开始制作城门楼，名叫丽谯。张说制造了京城的鼓楼。鲧创建了城郭。禹创建了宫室。

**寺观**　左徹创制了祠庙，汉宣帝创制了斋室。周穆王召来尹轨、杜冲住在终南山尹真人的草楼上，从那时起，把道士居所称为观。汉明帝时，摩腾、竺法兰从西域来到鸿胪寺，开始把僧人所居称为寺。隋炀帝建立了道场，观改称玄坛，五代和宋改制为宫。孙权开始建佛塔。东晋何充最早把自己的住宅施舍出来当寺庙。

**书院**　唐玄宗创制了书院。东汉的刘淑始创精舍。晋代的殷仲堪创制了读书斋。北宋的欧阳修退朝闲居，开始把许多房间打通，起名叫画舫斋。

**门户**　黄帝创制了大门，周文王创制了墙壁的门，周公创制了戟门、辕门（战车相对而设用来表示门）、人门（用人环列护卫以为门）。秦始皇创制了走马廊和千步廊。黄帝创制了台阶和梯子。尧建立了墙。伊尹创制了能透光的窗格。神农创制了地窖。伏羲创制了厨房。黄帝创制了灶台和养蚕的蚕房。周代创制了专染衣料的暴室。黄帝创制了畜养禽兽以供观赏的园林。尧创制了城池。秦始皇创制了护城河。

**公署**　汉代建立了开府制，创制九卿办理公务的官府。北齐开始用官名来称呼寺。隋代创制了监。唐代创制了院、省、局。汉代设置南宫。唐代创制了东台。唐玄宗创制了黄门省。周代创制了馆。汉创制了藁（gǎo）街（就是接待四夷使节的馆舍，是汉武帝创制的）。宋代设置了马铺，从此有了驿站。夏代建立了官府来收藏文书和财货。商汤、周武都建立了仓库来作为收藏的场所。

**平泉庄**　李德裕的平泉庄周长有十里，建有上百所堂榭，天下的奇花、异卉、怪石、古松，都搜罗于庄内。还留下记文："如果有人把平泉庄卖了，那就不是我的子孙！把平泉庄中的一石一树给别人的，也不配是这家族好的后代！我死后，如果此庄被有权势的人夺走，就把自己祖宗所说的话哭着告诉他吧。"

**午桥庄**　张齐贤以司空的官职退休回洛阳，得到了裴度的午桥庄，于是凿渠通流水，栽花种竹，每天与老朋友坐着小车拿着酒去游玩垂钓。

**辋川别业** 辋川别业在蓝田，是宋之问建的，后为王维所得。辋川的水四通八达，联系着竹洲和花坞，王维每天与秀才裴迪泛舟赋诗，斋中也只有茶铛、酒臼、经案、竹床而已。

**高阳池** 东汉的侍中习郁在岘山之南，按范蠡养鱼的方法建了鱼池，池边有高堤，遍植竹子和长楸，临近岸边的地方种了许多芙蓉花，水面上则覆盖着满目的菱芡，是有名的游玩宴饮之地。山简[①]每次到这里，没有不大醉而回的，他说："这就是我的高阳池啊[②]。"

**迷楼** 隋炀帝没有一天不建造宫室，浙江人项昇进献了一幅新宫殿图纸，隋炀帝看后大为高兴，当天就召来专管修建的官府备办材料、召集工匠，过了一年就建成，但国库一下子被耗空了。隋炀帝驾幸后非常高兴地说："就算真的神仙在这里游玩，也会迷路的。"所以题名为迷楼。

**西苑** 隋炀帝建造了西苑，周长三百里，它里面有象征东海之水的大湖，周长有十多里，建有方丈、瀛洲、蓬莱等山和岛，高出水面一百多丈，其中名为龙鳞筑的建筑在海内蜿蜒，沿着建筑的十六个院的门都临水，每院由一个四品夫人来主管。殿堂楼观，极尽奢华，秋冬季节树木凋落，就剪彩布做成花，点缀在枝干上，颜色褪了就换新的，永远像阳春三月一样。炀帝喜欢在月色皎洁的夜晚带着数千宫女来西苑游玩，并创作了《清夜游曲》，在马上演奏。

---

① 西晋时期名士，司徒山涛第五子。

② 取郦食其高阳酒徒之意。秦朝末年，刘邦驻守陈留县，穷书生郦食其才学过人，前去投奔刘邦，刘邦听说来者是儒生就不接见。郦食其气愤地握剑对侍者说自己是高阳酒徒，刘邦一听赶忙接见。后来用高阳酒徒指代嗜酒而放荡不羁的人。

**阿房宫** 东西有五百步，南北有五十丈，上面可以坐一万人，下面可以立起五丈高的旗子。宫殿四周建了天桥，从殿下可以直抵南山。在山顶修建门楼来作为标志。又修造天桥跨过渭水，与咸阳连接。役使七十多万受过宫刑或徒刑的人。卢生劝说秦始皇不要让别人知道他的行踪和居所，这样才有可能得到不死之药。于是秦始皇下令咸阳宫三百里内的宫观都用天桥相连，各处都妥帖地搭帷帐、置钟鼓、住美人。如果有人说出他所驾幸的地方，就会被处死。

**驾霄亭** 南宋的张功甫是循王张俊的曾孙，他的池沼园林、乐师歌伎、衣服珍玩都甲于天下，他曾在南湖园建了一个驾霄亭，在四棵古松之间，用很大的铁索连接悬于半空之中，在风清月明之夜，与客人由梯子登上驾霄亭，就好像飘荡在白云之外。

**水斋** 南北朝的羊侃性格豪放生活奢侈。初到衡州为官，在两个小船之间建起了三间水斋，用珠玉来装饰，并用锦缎装饰，设置了很多围屏，歌舞女伎居于其中。若有潮水来就解开缆绳，随着波涛摆酒饮乐，沿岸前行，前来观看的人们都堵住了道路。

**清秘阁** 元末明初的倪云林居住的地方，有清秘阁和云林堂。其中清秘阁尤其有名，前边种着绿色的梧桐，四周布满各种奇石，阁内藏有古代的书法、名画，客人如果不是有品位的人就不可以进人。曾经有一个外国人来进贡，路过无锡，听说了倪云林的大名，想要拜见一下，用一百斤沉香来作为进见之礼，倪云林让人骗他说："主人恰好去惠山饮用泉水去了。"第二天再来，又说出去看梅花去了。外国人得不到一次见面的机会，在倪家前后徘徊。倪云林暗中让人打开云林堂让他登堂观赏，东边陈列着古代的玉器，西边陈设的是古代的鼎、彝、尊、罍（léi）等器物，外国人怀着惊奇之心看完，又问陪同的家人："听说还有清秘阁，可以看一下吗？"家人说："清秘阁不是谁都可以进入的，况且我家主人已经出去了，所以不能去看。"外国人对着清秘阁拜了两次才走。

**泖湖** 明初的杨维桢晚年住在泖湖，曾经说："我还不到七十岁，就辞官闲居在九峰三泖之间，已经过了二十年，优游的光景超过了白居易。有李五峰、张句曲、周易痴、钱思复等人是我的唱和诗友，又有桃叶、柳枝、琼花、翠羽这样的歌伎相伴。在风光明媚的日子里，驾着名为春水宅的小船赴吴越之间朋友的邀约，这些热心的朋友招我来，是为仿效前人水仙舫的旧事，荡漾于湖光山色与绿岛之间，看见的人称我为铁龙仙伯，不知香山老人白居易有这样的享受没有。"客人中有一个叫小海生的人称贺杨维桢是"江山风月神仙福人"，并且把杨维桢老年时的样子画了下来，并将这八个字写在上边，又在上题诗："二十四考中书令，二百六字太师衔。不如八字神仙福，风月湖山一担担。"

**咸阳北阪** 秦始皇消灭六国之后，记下了他们的宫室的样子，在咸阳北阪上重新修建，从雍门以东到泾水与渭水的交界处，各种楼阁和天桥四周相连，但各自为独立区域。即使一砖一瓦，都造得与原来一样。而且上面各自写着原来的国号，绝不雷同，并把所抓获的诸侯和他们的宫女安顿在这里居住。

**花萼楼** 唐玄宗对自己的兄弟非常友爱，他设置了一张五王幄，与各位兄弟住在一起。后来在皇宫中建楼，就题名叫"花萼相辉之楼"。

**黄鹤楼** 晋代时，有一个酒保姓辛，在江夏卖酒，常有一个道士来喝酒，辛从不要钱，这样持续了三年。有一天，道士喝完酒，用橘子皮在墙壁上画了一只仙鹤，如果有人用筷子招呼它，它就从墙上下来跳舞，从此以后这里便贵客盈门，辛很快就变富了，于是建了一座黄鹤楼。此后道士便驾鹤离去。

**滕王阁** 滕王，是唐高祖的儿子，武德年间任洪州刺史，喜欢山水，酷爱蝴蝶，尤其擅长书法，妙解音律。闲暇时就驾着青雀舸，在河中美丽的小岛上建起楼阁以登临远眺，并用滕王来命名这个楼阁。

**轮奂** 晋国赵文子建造好了宫室，晋国大夫都来祝贺。张老说:“好宏伟壮观啊！好华丽气派啊！在这儿祭祀奏乐，在这儿居丧哭泣，还可以在这儿宴饮同僚和宗族的人。”赵文子说:“能够在这里祭祀奏乐，在这里居丧哭灵，在这里与国宾、宗族聚会，这是希望保全性命，来追随亡祖亡父于九原啊。”知礼的君子都说他善于赞扬，也善于祈福。

**爽垲** 齐景公想让晏子换个住宅，便对晏子说:“你的住宅离闹市太近，没法住，请你换到爽垲（地名）吧。”晏子出使晋国时，景公便为他更换了住宅。晏子回来，住宅已经更换完了。拜谢过景公之后，晏子仍然回到了自己旧宅里去。

**绿野堂** 唐代的裴度任职东都留守加中书令，这时他已不再有参与国事的想法了，于是就在洛阳的集贤里建了一所府第，称为绿野堂，树木青翠浅近，穿着便装生活，潇散自然。

**铜雀台** 铜雀台在彰德县，是曹操建造的。上面建有一楼，铸了一个大铜雀，高有一丈五尺，放在楼顶。曹操临终时说：“在楼顶安排好帷帐，让宫女们在里面奏乐演唱，看着我的西陵。”西陵，就是埋葬曹操的地方。

**华林园** 梁简文帝每次进入华林园，就回头对左右随从说：“让人心神舒畅的地方，不一定非在远方，幽林深水，便自然有闲居在濠水、濮水的情趣了[①]，就连鸟兽禽鱼都会自然与人亲近。”

**金谷园** 石崇为荆州刺史的时候，劫掠远行的使者和商人，积累了很多财富。他有一处别墅，在河阳县的金谷，又称梓泽园，其中有清泉、竹林、松柏、药草之类，无所不备。石崇曾经与众人游乐开宴，多次转换地方，有时登高临下，有时排列着坐在水边，琴瑟笙筑等乐器都装在车里，在路上便开始演奏，与打鼓的人循环演奏，日夜不停。石崇的姬妾也有几百人，都是从众多美人中挑选出来的，她们都用精美的饭菜来互相竞争，以求得石崇的恩宠。

---

① 相传庄子游于濠梁之上，垂钓于濮水之中，后人因以“濠濮”喻高人闲居之地。

# 衣冠

**冠** 辰氏最初开始教民众把头发编起来并用帽子来覆盖头部。尧开始制定戴帽子的礼仪。黄帝开始使用冠冕。女娲氏最早制作了束发的簪导。尧创制冠缨。伏羲开始制作弁，使用了熟牛皮。鲁昭公开始改用白色的绢布。周公创制了幅巾。汉末开始流行幅巾，并创制了角巾。晋代创制了接诸巾和葛巾，并开始用巾来作为礼品。秦始皇为武将加了袶袙（jiàng pà），用来区别贵贱的品级，开始创制了扎发的帻。汉元帝的额前有丛生突下的头发，便开始使用帻。王莽因为头秃无发，开始在帻上加屋，从而开始用头巾。古时没有头巾，古时的巾只用来覆盖容器。

**帽** 黄帝的大臣荀始制作了最早的帽子，舜制作了帽冠。汉成帝时开始制作了尊贵之臣戴的乌纱帽，后来从魏到隋都因袭使用。唐太宗时开始制纱帽，为了临朝理事或会见来宾，上下通用。秦、汉开始仿效羌人制作毡帽。晋代开始用席做帽骨撑起帽子，制作席帽。隋朝开始创制了帷帽子来挡尘土，这是为远行的人准备的，用黑色的大幅纱布接连悬织在油帽或毡笠前边。唐代创制了大帽，北魏孝文帝开始将帽赐给百官。魏文帝开始在立冬时赐给百官暖帽。现在赐给百官暖耳的帽子，就原于此。

**幞头** 北朝的周武帝开始裁开布制作幞头。另一种说法是六国时赵、魏使用全幅的布向后扎住头发，通称为头巾，俗称为幞头。

**帢** 魏武帝制作了帢帽，开始在闲居时戴帢，帢帢之类的便帽相同，用布来做，并以其颜色来分别尊卑。荀文若开始制作有分岔帽尾的帢，是因为他的帢被树枝挂住而有了分岔，后来人们纷纷仿效。

**纵** 周公创制了纵，用来束头发。宋太祖创制了网巾，明太祖使其流行天下。

**古冠名** 尧有黄收、牟追；汤有哻（hàn）；周武王有委貌；秦始皇有远游冠；汉高祖有通天冠、高山冠、鹊尾冠、长冠、竹皮冠；唐太宗有翼善冠、交天冠；宋有平天冠，这些都是皇帝的冠。殷商有章甫冠；汉代有梁冠，用帽梁的数量来区分，东汉有进贤冠；唐太宗有进德冠；楚王有獬豸冠；汉代有却非冠；赵武灵王有惠文冠，用金珰、豹尾来装饰。汉武帝的帽子仿效惠文冠而增加了蝉、鵔鸃（jùn yí）冠、繁冠、鹖（hé）冠。秦孝公有武帻，汉文帝有介帻。西汉有翠帽，唐代有縠帽，李晟有绣帽，沈庆之有狐皮帽，汝阳王琎有砑光帽，南汉有平顶帽，后周有独孤帽、侧帽，韩熙载有轻纱帽，萧载有小博风帽。唐代有乌匼（qià）纱巾、夹罗巾，员头、平头、方头巾，宋代有云巾、鹖鸥巾，汉文帝有平巾，唐中宗有踣养巾，昭宗有珠巾，诸葛孔明有纶巾，谢万有白纶巾，祢衡有练巾，石季伦有紫纶巾，桑维翰有蝉翼纱巾。张孝秀有縠皮巾，陶弘景有鹿皮巾，王衍有尖巾，顾况有华阳巾，山简有白鹭巾，高九万有渔巾，程伊川有阔幅巾，苏子瞻有加辅方巾，牛弘有卜桐巾，王邻有菱角巾，罗隐有减样平方巾。

**履** 黄帝的大臣於则最早制作了单层底的鞋，周公制作了双层底的鞋、还制作了有绑带的单底鞋、制作了木屐。伊尹制作了草鞋，周文王制作了麻鞋，秦朝开始用丝来做鞋，秦始皇开始制作鞁金泥飞头鞋，也第一次使用鞋这个名字。汉代开始用布的圆丝带为鞋上下做装饰，东晋开始用草木编织成鞋，好像漂洗过的芙蓉花做成的一样。

**靴** 赵武灵王制作了靴，短靿（yào）。隋炀帝制做了皂靴，开始用长靿。马周加了鞋垫和丝带，开始穿着上朝奏事。

**三代冠制** 夏代称冠帽为毋追（音"牟堆"），周代叫委貌。衡，是维持帽冠平衡的；紞（dǎn），是冠两侧垂下的丝绳；弦缨，是从下而上固定帽子的；綖（yán），是蒙在冠上的部分，以上这四种都是冠帽上的装饰。

**冕制** 有虞氏的冕叫作皇，夏后氏的冕叫作收，商汤氏的冕叫作啍，周武王的叫作冕。衮冕，一品官员的服饰；鷩（bì）冕，二品官的服饰；毳（cuì）冕，三品官的服饰；希冕，四品服饰；玄冕，五品服饰；平冕，郊庙武舞郎的服饰；爵弁，六品以下、九品以上的官员随从祭祀的服饰；武弁，武官参殿廷、武舞郎、堂下鼓人鼓吹按工的服饰；弁服，九品文官处理公事时的服饰。

**旒制** 汉明帝采用《周官》和《礼记》的记载，来制定冠冕的制度，宽七寸、长一尺二寸，在前后两端系上白色的珍珠，装饰的珍珠串就叫作旒。规定天子为十二旒，三公和诸侯为九旒，卿大夫为七旒。

**冠制** 太白冠，是远古时用白布制成的冠。通天冠，天子所戴之冠。惠文冠，汉代执法者所戴法冠，御史戴这种冠。葛巾，是用葛布做的冠，隐居者或乡野之人所戴。方山冠，歌舞演奏艺人所戴之冠。铁柱冠，就是獬豸冠，后来用铁来做冠柱，取其执法如铁的象征意义，所以御史戴这种冠。

**鵕鸃冠** 汉惠帝的时候，郎中令都戴鵕鸃冠，还要涂脂抹粉。岸帻，掀起冠帽露出前额叫作“岸”。

**雄鸡冠** 子路性格粗野，好用武力，戴着雄鸡冠，佩着公猪带，欺凌孔子，孔子用礼法来诱导子路。子路后来折服，带着见面礼通过门人请求成为孔子的弟子。

**竹皮冠** 汉高祖当亭长的时候，戴竹皮做的冠帽。等到成为皇帝，也常常戴这种冠帽，就是所谓的“刘氏冠”。还下诏说：“爵位不在公乘以上的人，不可以戴刘氏冠。”公乘[①]，是指第八爵。

**弁髦** 男子开始加冠时先用弁髦，正式加冠后就抛弃不用了。所以凡是被弃置不用的物品就说是弁髦。

**帽制** 接，指白色的帽子。浑脱，指毡帽。褦襶（nài dài），就是现在暑天所戴的凉帽，里面用笠作为帽骨，外面用青布垂在

① 意思是可以乘坐皇帝赐的车。

帽檐下来遮蔽日光。

**进贤冠** 现在文臣所戴的纱帽，就是古代的进贤冠。

**貂蝉冠** 是侍中、中常侍所戴的冠，用黄金作耳饰，并附有蝉的文样，用貂尾来装饰，侍中插在左边，常侍插在右边。

**鹖冠** 战国时，一个楚地人隐居在深山之中，用鹖鸟的羽毛装饰冠帽，他写了一本书，共有十六篇，书名便叫《鹖冠子》。

**虎贲冠** 勇士所戴的虎贲冠要插两支鹖鸟的尾羽，竖在左右两边。鹖鸟是猛禽中刚毅果敢的一种，所以秦、汉时武士才有资格戴此冠。

**黄冠** 就是道士所戴的冠。文天祥愿意戴黄冠而回故乡，就是为了有人来问一些问题。

**椰子冠** 苏东坡有椰子冠，这是广东所产，就是俗称为茄瓢的东西。

**束发之冠** 古时的制式。古代三王的画像多戴这种冠，虽然名字叫束发，其实只能束住一个发髻而已。

**折角巾** 东汉的郭林宗经曾经行走于梁、陈两国间，遇到了下雨，头巾有一角沾了雨而折起来。梁陈两国的名士从那时起，戴头巾没有不折起角来的，号称为林宗巾。从这就可以知道大家有多么为郭林宗所倾倒了。

**折上巾** 汉、魏以前的人都戴幅巾来裹头发，晋、宋时期开始用幂，后周用三尺长的黑色绢布向后把头发笼束起来，叫作折上巾。

**方巾** 元代的杨维桢被召入朝觐见，元太祖问他："你戴的是什么头巾？"杨维桢回答道："四方平定巾。"元太祖很喜欢这个名字，便下诏让中书省颁此巾样式于天下，于是天下人都开始戴这种冠帽了。

**网巾** 明太祖有一天微服走到神乐观，有一个道士扎着网巾，明太祖问这样扎有什么用，那个道士回答："扎网巾是用来裹头发的，这样所有的头发都整齐了。"第二天，朝廷便下旨，命令管理道观的官员取来十三顶网巾颁行天下，无论贵贱，都用这个来裹头发。

# 衣裳

有巢氏最早用动物的毛皮做衣服。轩辕的妃子嫘祖开始用机杼来纺丝成布。尧帝开始使用絺（chī）苎、木棉、草布、毛罽（jì）制作衣服。黄帝的臣子胡曹开始制作只穿在上身的衣，伯余开始制作穿在下身的裳，并给衣裳加皮制的垂饰，当时形制很短小。舜创制了韨（fú）[①]，冕服之韠，古字，以前偏旁是“韦”，现在偏旁是“丝”，夏商周三代增加了图饰；汉明帝使用红色的皮制作；魏、晋开始改用绛纱。黄帝开始创制了衮袍，舜时衮袍的制度趋于完备，周代开始有了明确的规制。

傅说制作了长袍，长到脚面。隋代制作了大袍，宇文护最早设计了衣摆上的襕（lán）。舜创制了上、下衣相连的深衣款式。马周始创襕衫。汉代创制了方心曲领的衣服，唐代创制了圆领。

唐太宗创制了在朝堂奏事时所穿的朝服，谒见、谈论公事时穿戴，从此公服才开始有了分别。北齐进入中原后，人们开始穿窄袖的胡服。唐玄宗开始让官服变得很宽大。

伏羲开始用裘做衣（有人说是黄帝）。大禹最早制作了披风（像褙子，但更长一些，袖子比衣身还宽）、创制了襦短衣。伊尹

① 一种祭服。形似围裙，系在腰间，其长蔽膝，为跪拜时所用。

创制了夹袄。汉高祖创制了汗衫（很小，仅能覆盖胸口和背部，就是古代的中禅[①]，汉高祖与楚争战，汗把衣服湿透了，所以叫汗衫）。唐高祖创制了半袖（隋文帝时有半臂余，就是长袖。唐高祖缩短为秃袖，就像背心）。马周创制了开骻（就是现在的四骻衫）。周文王创制了有裆的裤，禹最早制作分腿的裤子，周武王改为可骑马的褶裤，用布来制作；敬王用缯[②]来做；汉章帝用绫来做，开始增加了下摆。

晋代的董威创制了百衲衣（用杂色小碎布来做）。宋太祖创制了截褶、海青（都是仿照南番的式样制作的）。宇文涉创制了毡衫。

陈成子创制了雨衣、雨帽。宇文涉创制了雨笼。於则创制了角袜（前后两对接，中间用带系住）。魏文帝的吴妃开始裁制成现在的样子。北魏开始赐给僧尼偏衫。

黄帝开始制定君主的服装，颜色随着帝王运势而改变。周公开始制定天子的服装，四季变换颜色。隋文帝时才开始尊尚黄色。唐玄宗时，韦韬奏请天子服装和用具都用黄色，并禁止他人使用。

隋炀帝下诏命牛弘等人来划分服装的颜色，三、四品官员穿紫色，五品官员穿红色，六品以下官员穿绿色，胥吏穿青色，平头百姓穿白色，商人穿黑色。这是依据秦始皇时期紫、绯、绿三种颜色的服饰制度。

北魏创制了僧衣，用红布制作，后周时改用黄色布，北周时使用褐色布。北齐忌讳黑色，因为僧衣多用黑色，所以开始在出兵时忌讳僧人。

鱼袋就是古代的鱼符，刻画上鱼的形象，用袋子装着，并用

① 古时朝服、祭服的里衣。

② 古代对丝织物的总称。

金、银、玉来装饰。夏商周三代就已经有了区别等级的袋子，当时用熟牛皮制作。唐高祖创制了鱼袋，用金银来装饰。武则天改为龟形，主要是为了与前代有区别；后来又恢复为鱼形，并增加铜饰；宋仁宗增加玉饰。唐玄宗下令让官品低下的人可以使用绯色的官衣和鱼袋。

**笏** 成汤创制了笏，是为书写皇命以防疏忽和遗忘。武王诛杀殷纣王，太公解剑带笏，开始制为标识等级之物。周代规定诸侯用象笏。晋、宋以来，只有朝廷中央的八种官员可以使用笏，其余的人只能拿手板。从北周武帝宇文邕开始，百官都拿着笏来朝奏事，且用笏来行礼。汉高祖制定了像笏一样的手板，魏武帝创制了露板（奏事用的木简）。

**带绶** 黄帝创制了衣带（用皮革反插垂头），秦二世称之为腰带，唐高宗开始制定金、玉、犀、银、鍮（tōu）、鉐（shí）、铜、铁等不同材料的衣带，且各有等级的差别。

**佩** 尧开始创制出佩饰，周代使其成为一种制度。战国七国去掉佩玉而留下绶带，开始用彩色丝带连接绶带。转赠给别人称之为绶（古代用绶来穿佩），这是从秦代名称改称而来，最早的名字来自夏商周三代。汉高祖规定为不同等级加不同的丝织绶带。天子佩戴白玉并用黑色的组绶，公侯佩戴玄玉并用红色的组绶，大夫佩水苍玉并用白色的组绶，世子佩戴美玉并用青黑色的组绶，士佩像玉一样的美石并用赤黄色的组绶，孔子佩象环五寸并用青黑色的组绶。

**牙牌** 宋太祖创制了牙牌，赐给立功的武将悬带，并命令上朝的官员都用。颛顼创制了丝绦。商汤创制了小皮包。

厕牏是指贴身小衣服，也就是现在说的汗衫。

绣鬊，就是用羽衣来做半袖，如《后汉书》说的“诸于绣𧝓”，字的写法虽不同，但其意义却是一样的。

襳褵（xiān lí），就是羽衣，又叫作氅衣。缊黂（wēn fén）是乱麻为絮制的冬衣。袯襫（bó shì），就是蓑衣。𧞤褕（yí yú），就是雨衣。

襜褕（yú），就是单衣。武安侯田蚡因为穿着襜褕进入皇宫，被判了不敬之罪，他的封国也被取消了。

**吉光裘** 汉武帝的时候，西域有人献上了吉光裘，裘是黄色的，认为用神兽吉光的毛皮做的，所以入水不会沾水，入火也不会燃烧。

**雉头裘** 太医程据献上雉头裘，晋武帝下诏对程据说：“这件裘衣不是寻常衣服，是个消耗人的才智心力的东西，所以把它在殿前烧掉了。”

**狐白裘** 孟尝君派人游说秦昭王所宠幸的妃子，以求让自己离开秦国，这个妃子说：“我想要你的白色狐裘衣。”但这件裘衣孟尝君已经献给昭王了，其门客中有人善于偷窃，便在晚上到秦昭王的宫中，把狐裘偷出来献给这位妃子，于是才被释放了。

**集翠裘** 武则天把集翠裘赐给张昌宗，并让狄仁杰与张昌宗去赌集翠裘。狄仁杰拿自己穿的紫色长袍为赌注，武则天说：“这个赌注不等价。”狄仁杰说：“这可是大臣上朝时穿的服装。”后来张昌宗连续几局都败了，狄仁杰夺下他的集翠裘，向武则天谢恩后出来，并将其赐给了自己轿前的仆人。

**鹔鹴（sù shuāng）裘** 司马相如与卓文君刚回到成都时，因为贫困潦倒，便把常穿的鹔鹴裘拿到商人杨昌那里换来酒，与卓文君共饮排解郁闷。

**深衣** 古时的深衣，是有固定规制的，短的不能露出肌肤，长的不能拖到地面上。衣服用布规定用十二幅，来对应十二月；袖子为圆形来对应“规”；领子为方形用来对应“矩”；背缝长达脚后跟来对应“直”；下摆如权衡之器来对应公平。

**黑貂裘** 苏秦起初游说赵国，赵相李兑赠给他一件黑貂裘。等到苏秦再去游说秦王时，秦王一直不任用他，他等得黑貂裘都破败了。

**通天犀带** 南唐严续相公的歌姬、给事中唐镐的通天犀带，都是一个时代中的珍品，所以二人分别拿出歌伎和犀带来作赌注。唐镐博得彩头大胜，便给严续倒酒，让歌伎唱一曲与严续告别，严续怅然许久。

**月影犀带** 张九成有一条犀角饰带，文理细密，中间有一轮月影，每月十五就会出现，远比通天犀珍贵，应是犀牛望月时间很长，使月亮的影子留在它的角上了。

**黄琅带** 唐太宗赐给房玄龄黄琅带，据说佩带这条玉带，鬼神都会畏惧他。

**百花带** 南朝的宗测春天时在山谷中游玩，看到奇花异卉就摘下系在腰带上，回家就画出它的形状，起名百花带，旁人也都纷纷仿效。

**笏囊** 唐代文献记载：公卿大夫都要把笏插在腰带上，然后上马。张九龄身体虚弱，需要有人帮忙，所以佩了一个笏囊。笏囊从此就开始应用起来。

**只逊** 殿上当值者的鹅帽锦衣，总称为“只逊”。曾经看到有圣旨给到工部，要造只逊八百副。

**身衣弋绨** 张安世贵为公侯，身上却穿着粗布衣服，并且都是他的夫人自己纺织的。

**衣不重帛** 晋国为奢侈的风气所苦，晋文公决定亲自历行俭朴来矫正风气，于是穿衣不穿两层帛，每顿饭不吃两道肉菜。没过多久，晋国的人都开始穿粗布衣服，吃糙米饭。

**韎（mèi）韦跗注** 韎，就是红色。跗注，就是军服，像裤子但到脚面，与裤子相连，韎韦跗注是说军中君子的服饰。

**飞云履** 白居易在庐山草堂炼丹，做了一双飞云履，用黑绫为材料，四面用素绢做成云朵样，再熏染很多种香，摇动这双鞋，就像在烟雾中一样。白居易常穿这双鞋来给他的道友看，并说：“我脚下生云，估计不久后便可升天成仙了。”

**襕衫** 明朝高皇后看到秀才的服饰与小吏相同，便更改样式制作了儒巾和襕衫，让明太祖穿着。太祖说："这才是真的儒士之服啊。"于是颁行天下。

**毳衣** 《诗经》载："毳衣[1]如菼（tǎn）。"这是天子、大夫的服装。纨袴[2]，是富贵人家子弟的服装。逢腋，是肘部和腋部非常宽大的衣服，是老百姓穿的服装。

**初服** 初，是开始的意思，是指未出仕为官时的清洁之服，所以告老还乡时，叫作"得遂初衣"。

**轻裘缓带** 羊祜在军中身穿轻裘并用腰带随便一系。偏裻（dú），是军衣的名字；肠夷，是铠甲的名字，这都是从军的人所穿的服装。

**赤芾** 芾，是冠冕上的饰物。大夫以上的官员，可以穿红色的蔽膝[3]乘车。

---

① 鸟兽毛经过加工而制成的衣服。

② 现多写作"纨绔"，借指富贵人家的子弟。

③ 上窄下宽，上端固定在腰部衣上，按官品不同而有不同的颜色。

# 饮食

有巢氏最早教人吃水果。燧人氏最早教人用火来烹调食物，制作醴酪（蒸、酿来让食物变熟）。神农氏最早教人吃五谷，放在烧热的石头上弄熟再吃。黄帝最早有了五谷的种子（地神所献）。烈山氏之子柱最早种庄稼，并教人吃蔬菜和水果。燧人氏最早做干肉和肉块。黄帝做烤肉。商汤做肉酱。大禹做干鱼，吴国的寿梦做鱼酱。

神农时的部落首领夙沙氏最早煮盐，嫘祖开始做醷（yì）浆，神农氏制作了油，殷果制作了醋，周公制作了酱，公刘制作了糖。东汉所说的软糖就是《楚辞》中所载的“餦餭”。《方言》记载：江东以糖代蜜。唐太宗时煎煮甘蔗来做砂糖。黄帝最早做羹汤、腌菜。少昊做碎肉粥。神农做炒米饭。黄帝开始蒸饭和做粥。公刘做了糕饼、麻团和糕。周公做了汤圆。汝颓做了粽子。诸葛亮做了馒头和饸餄。石崇最早做了馄饨。秦昭王做了蒸饼。汉高祖创制了汉饼。金日磾做了胡饼。汤饼最早出现在魏国。晋代出现了不托（就是面条，但比汤饼简单）。

**酒** 酒最早在空桑[①]制成，是因为剩饭时间久了生出了其他的味道。黄帝开始制作醴酒一夜就可食用，仪狄开始做酒醪，杜康做米酒。周公反复多次醇出的酒，是三重酒。汉代制出宗庙祭祀时用的九酝酒五月开始酿造，八月才能完成。魏文侯制作了最早的酒杯。齐桓公创制了酒令。汝阳王李琎写成了《酒法》。唐代人开始用“春”字来给酒命名。刘表因酒器而称雅。有伯、仲、季等雅称。“雅集”一词也源于此。晋代隐士张元做了酒帘。南齐用樗蒲游戏赌酒喝。宋武帝延请萧介来吟诗摆酒，从那才开始称为即席。

**名酒** 古时名酒有：齐人田无已的中山酒（一种说法认为是狄希所酿），汉武帝的兰生酒（采来百味，即百草之花来做的美酒），曹操的缥醪，刘白堕的桑落酒（此酒成于桑落之时）、千里（酒在六月曝晒且不挪动），唐玄宗的三辰酒，虢国夫人的天圣酒（用鹿肉来做），裴度的鱼儿酒（用凝固的龙脑香刻成鱼形投入酒中），魏徵的翠涛，孙思邈的屠苏（在元日那天入药），隋炀帝的玉薤仿照胡人制法，陈后主的红粱新酝，魏国贾锵的昆仑觞（红色，用瓢接河源水来酿造），房寿的碧芳酒，羊雅舒的抱瓮醪（冬天让人抱着瓮来酿造），向恭伯的芗林、秋露，殷子新的黄娇，易毅夫的瓮中云，胡长文的银光，宋代安定郡王的洞庭春用柑酿造，苏轼的罗浮春、真一酒，陆游的玉清堂，贾似道的长春法酒，欧阳修的冰堂春。

**茶** 商汤发明了茶，黄帝试食百草，知道茶可以解毒。晋代的王蒙、齐代的王肃开始习惯于喝茶（三代以下都烤茗菜或者煮羹）。钱超、赵莒兴办了茶会。唐代的陆羽写作《茶经》，创制茶

① 上古地区名，因有大片桑林而得名。

具，茶才开始盛行。唐代的常衮，是唐德宗时期的人，任建州刺史，开始将茶叶蒸、焙并研磨为末。宋代的郑可闻剔出银丝叶制成冰牙，开始去除龙脑香。唐代茶叶以阳羡的为最佳，唐末北苑才开始出产。南唐最早鼓励县民采茶，北苑造出了研膏茶、腊面茶，另外便是京铤茶最好。宋太宗时制出了龙凤模型，在北苑造出团茶，与普通人所饮的茶区别开来，并用茶碾，现在炒制茶叶是用茶芽，废除了茶团。王涯最早献茶给皇帝，朝廷便让王涯享有茶叶专卖权。唐代回纥开始入朝交易茶叶。宋太祖开始禁止私自交易茶叶，宋太宗开始在官场贴射[①]以决定茶叶的交易权，后来慢慢改为用交引的方式。宋代开始称绝品的茶叫斗，次一级的叫亚斗。开始制作进贡的茶，列出粗细不同的标准。

**蒙山茶** 蜀地蒙山顶上的茶多不胜数，每片都很重，在唐代被认为是仙品。现在的蒙茶，是青州蒙阴山石头上的地衣，味道苦涩并且性寒，也是难得之品。

**密云龙** 苏轼有密云龙茶，非常甘美馨香。当时黄庭坚、秦观、晁补之、张耒号称“苏门四学士”，苏轼对待他们很亲厚，每次他们来，一定会让侍妾朝云取来密云龙款待。

**天柱峰茶** 唐代的李德裕有一亲信之人将任舒州牧，李德裕说：“到任后，请给我带三四角天柱峰茶吧。”那个人就给李德裕进献了好几斤，李德裕却拒不接受。第二年那人要离任了，便用心地千挑万选，得到几角茶，拿回来献给李德裕，李看到后接受了，说：“这种茶可以消化酒肉之毒。”于是命人煮一碗茶倒在肉上，用

① 宋代实行的一种有关茶叶买卖的税收制度。

银盒密封起来，第二天早上打开看，肉已经化成了水，众人都非常佩服李德裕见闻广博。

**惊雷荚** 觉林院的和尚志崇将自己所采的茶分为三等，用其中的惊雷荚来待客，自己喝萱草带，用紫茸来供佛。进寺上香的客人凡是来赴茶会的，都用不会漏的油布口袋把喝剩下的残茶装好拿回家去。

**石岩白** 蔡襄擅长识别茶叶。建安的能仁寺有茶生在石缝之间，名叫石岩白，寺里的僧人派人送给翰林王禹玉。蔡襄到京城拜访王禹玉，王煮茶来款待他，蔡襄捧着茶杯还没喝，就说："这茶非常像能仁寺的石岩白，你是怎么得到的？"王禹玉大为叹服。

**仙人掌** 荆州的玉泉寺，紧靠清溪与群山，那里的山洞多有石钟乳溶洞，溶洞里有很多清泉流出，水边茶苗丛生，树枝与叶子翠绿如玉，重重叠叠，形状就像人手握拳一样，人们称其为仙人掌，这是自古以来从未见过的茶。只有玉泉寺的真公经常采来煮着喝，都八十多岁了，脸色还像桃花一样。这种茶香味浓烈，与别的茶大为不同，所以能使人的容颜返老还童并让人干枯的气血又振作起来，可以延长人的寿命。

**水厄** 晋代的司徒长史王濛喜欢喝茶，客人到他家后就不停地让人喝茶，士大夫都很害怕，每次要前去拜会，就一定会说："今日要有水灾啊。"

**汤社** 和凝在朝廷为官时，常常率同僚每日用茶来相互款待，供茶不好的人要接受处罚，号称为汤社。

**茗战** 建阳人把斗茶称为茗战。

**卢仝七碗** 唐代的卢仝有《走笔谢孟谏议寄新茶》诗："一碗喉吻润，二碗破孤闷；三碗搜枯肠，惟有文字五千卷；四碗发轻汗，平生不平事，尽向毛孔散；五碗肌骨清，六碗通仙灵；七碗吃不得也，惟觉两腋习习清风生。"

**九难** 《茶经》上记载茶会遭遇九种灾难：阴天采摘夜晚烘焙，这不是制茶的好方法；大嚼来尝、用鼻子闻茶香，不是品茶的好方式；膻腥的容器，不是饮茶的好用具；普通的厨房之火，不是烘焙茶叶的上佳之火；湍急的溪水与停滞的潭水，不是冲茶的上佳之水；水表面烧开了却还没有烧透，不是冲茶的好温度；青碧色的茶粉不是好茶；操作生疏又不停搅拌，不是煮茶的好方式；夏天喝而冬天停，不是喝茶的好习惯。



**六物** 《礼记·月令》记载：命令酿酒的大酋[①]，必须要选择洁净的秫米，制作时机必须适宜，浸渍与炊蒸必须干净，所用的泉水必须香甜，使用的器皿必须精良，火候必须充足。这六项都要缺一不可，并要有大酋来监督，不可以有差错。

**昆仑觞** 北魏的贾锵有一个仆人善于识别水质，贾锵经常让他乘着小艇去黄河中流，用瓢去接河源的水，一天接到的水不过七八升，放一夜，颜色变为红色，用来酿酒，名字叫作昆仑觞，气嘉兴芳香世间罕有。

① 古代酒官之长。

**白堕鹤觞** 河东人刘白堕善于酿酒，他常在六月时用罂装酒，在太阳下暴晒，晒十天，里边的酒静止不动。喝的人会感觉这种酒非常香美，醉后一个月都不会醒。朝廷大臣互相馈赠这种酒，甚至传到了千里之外。因为此酒能到如此远的地方，所以被称为“鹤觞”，是说像鹤那样可以飞到千里之外。

**椒花雨** 杨万里致仕隐居后，把家中温和的酒称为“金盘露”，烈酒叫作“椒花雨”。

**鲁酒** 楚国会盟诸侯，鲁国、赵国都向楚王献酒。楚国主管酒的官员向赵国索贿要酒，赵国不给，官员很生气，便把赵国滋味醇美的酒换成鲁国滋味寡淡的酒献了上去，楚王因为赵国献的酒很寡淡，于是发兵围住了赵国首都邯郸。所以说：“鲁酒薄而邯郸围。”

**酿王** 唐代汝阳王李琎，自称“酿王”。种放号称“云溪醉侯”。蔡邕能喝一石酒，常常喝醉，躺在路上，人称“醉龙”。李白非常爱喝酒，醉后写的诗更加奇绝，号称为“醉圣”。白居易自称“醉尹”，又称“醉吟先生”。皮日休自称“醉士”。王绩被称为“斗酒学士”，又称“五斗先生”。山简被称为“高阳酒徒”。

**狂花病叶** 喝酒的人中，称醉后骂人打架的人为狂花；称喝醉了就睡觉的人为病叶。

**八珍** 所谓八珍，分别是：龙肝、凤髓、豹胎、猩唇、鲤尾、鸮炙、熊掌、驼峰。

**内则八珍** 《礼记·内则》记载的八珍：一是淳熬，即用肉酱煎米饭再拌油；二是淳母，就是用肉酱煎黍米饭再拌油；三是烤猪肉；四是烧烤羊肉；五是捣珍，就是将牛羊背部的肉捶捣，去除肉筋再烹熟；六是渍，就是把煮熟的牛肉用酒来腌制；七是熬，就是把牛肉用盐和调料腌制后放在炭火上烤熟；八是肝膋（liáo），就是把油涂在肝上烤熟。这八种烹饪的方法，是赡养老人时用的。

**麟脯** 东汉的王方平到蔡经家，和麻姑一起摆下宴席，撕着麒麟的胸脯肉下酒。

**牛心炙** 王羲之十三岁的时候，拜见周顗，周顗惊异他的才华。当时非常崇尚烤牛心肉这道菜，出席的其他客人还没有吃，周顗便先割了一些让王羲之吃。于是王羲之开始为世所知。

**五侯鲭（zhēng）** 西汉外戚王氏有五侯[①]，但他们都独自宴请宾客，互不来往。娄护轮流在五侯家吃饭，很得五侯的欢心，竞相摆出珍奇的饭菜，娄护将其合在一起成为鱼脍，世人称之为五侯鲭，成为人间的绝味。

**醒酒鲭** 南朝齐世祖驾幸芳林园，向侍中虞悰（cóng）要扁米粽子，虞悰献上粽子和各种菜肴共几十道，宫中菜肴的味道都无法与之相比。齐世祖向虞悰要这些菜的制作方法，虞悰保密而不愿意告诉他。齐世祖醉后，身体不舒服，虞悰于是就献上了一道醒酒鱼汤的菜谱。

---

① 指汉成帝母舅王谭等五人，五人同日封侯而称五侯。

**甘露羹** 李林甫的女婿郑平为省部郎官，李林甫看见郑平的胡须和鬓角都已经斑白了，就把皇帝赐的甘露羹给他吃，一夜过后，那些胡子和鬓角就变黑了。

**玉糁羹** 苏轼说：“小儿苏过忽然别出心裁，用山芋来作玉糁羹，色、香、味都非常绝妙。天上的酥酡不知道是什么味道，但人间没有比这更美味的了。”然后写诗赞道：“香似龙涎仍酿白，味如牛乳更全清。莫将南海金齑脍，轻比东坡玉糁羹。”

**三升良醪斗酒学士** 唐代的王绩，字无功。武德初年（618年），在门下省做官。按以前的旧例，门下省的官员每天供给三升酒，有人问：“做官有什么乐趣呢？”他回答说：“每天三升美酒是最大的安慰呀。”门下省长官侍中陈叔达听说后，命令每天给王绩美酒一斗，人们便称王绩为“斗酒学士”。

**六和汤** 医生用酸味来养骨，用辛味来养节，用苦味来养心，用咸味来养脉，用甘味来养肉，用滑来养窍。

**段成式食品** 段成式在《酉阳杂俎》中记载的食品有寿木花、玄木叶、梦泽芹、具区菁、杨朴姜、招摇桂、越辂囷、长泽卵、三危露、昆仑井、蒲叶菘、竹根粟、麻湖菱、绿施笋。

**伞子盐** 朐腮县有一方盐井，其中有一块方寸大的盐，中央隆起，好像打开的伞，名叫伞子盐。

**鸡栖半露** 晋代的苻朗善于辨别味道。会稽王司马道子为他准备了菜品丰富的宴席。饭后，问他与关中的菜肴相比哪个味道好。苻朗说："都很好，只是盐放晚了点。"司马道子立刻问厨子，果然如此。有人杀鸡来款待他，苻朗说："这只鸡栖息时应有一半身子是露天的。"问养鸡的人，也果然如此。

**崖蜜** 崖蜜也称石饴，味道甘甜，能滋润五脏，益气强志，可治疗百病，服用后就不会饥饿，其实就是石崖间的蜂蜜。

**豆腐** 是汉代淮南王刘安发明的，所以孔庙祭祀时不用豆腐。（刘安曾鄙视儒家是"俗世之学"）

**五谷** 五谷是指稻、黍、稷、麦、菽。黍，就是小米；稷，就是高粱；菽，就是大豆。

**昆仑瓜** 茄子也称落苏，又叫昆仑瓜。

**莼** 八月以前的莼叫绿莼，冬至时的莼叫赭莼，秋天的时候长到一丈多长，凝脂清透。张翰在秋风起时所思念的，正是这种秋莼。

**食宪章** 唐朝宰相段文昌精于做美食：家中的厨房题名叫"练珍堂"，传菜的地方题名叫"行珍馆"，段文昌自己编写《食经》五十卷，当时人称《邹平公食宪章》。

**郇公厨** 韦陟承袭祖上的封号为郇国公，性格骄纵，生活奢侈，尤其喜欢研究各种的饭菜。厨房里各种饮食，香味繁富，进去的人，都吃撑才出来。当时人说："人欲不饭筋骨舒，夤（yín）缘须入郇公厨。"

**遗饼不受** 王悦之年轻时就秉持清廉的节操。官至吏部侍郎的时候，邻省有来朝会的人赠给他一盒饼，他坚辞不受，他说：“虽然东西不贵，但我不愿意为此而费心思迎合别人。”

**嗟来食** 齐国遭遇大饥荒。黔敖在路上准备了食物，等待饥民来吃。有一个饥饿的人用袖子蒙着脸，拖着鞋一步一挪地走来。黔敖左手拿着食物，右手端着水，说：“喂，来吃饭！”那人瞪大了眼睛看看黔敖，说：“我就是因不愿意吃这样傲慢地施舍的食物，才落到这步田地的。”说完便辞谢离开了。这人终因不吃东西而死。

**馒头** 武侯诸葛亮南征孟获的时候，泸水汹涌澎湃，无法渡过。有人说必须杀一人，用人头来祭奠才能过去，诸葛亮说：“我们是仁义之师，怎么能忍心用人来祭祀用的牺牲呢？”于是就用面做成皮，里面裹上猪羊肉的馅，模仿人头的样子来祭祀。后来的馒头，就是开始于此。

**五美菜** 诸葛亮率军出征时，只要扎营，就在安营处种上蔓菁，就是萝卜菜，蜀人称之为诸葛菜。这种菜有五美：可以生着吃，为一美；可以做腌菜，为二美；根茎可以充饥，为三美；生着吃可以消痰止渴，为四美；煮着吃能补人，为五美。所以又叫五美菜。

**酪奴** 北魏彭城王元勰对王肃说：“您放弃如羊肉一样肥美的齐、鲁大邦，而接受了像鱼肉这样的邾、莒小国，请允许我明天为您设下如邾、莒小国一样的宴席吧，也备有酪奴。”所以称茶为“酪奴”。

**龙凤团** 古人把茶做成饼，上面印出龙、凤花纹，供给皇宫的用金妆龙凤，八块饼重一斤。北宋庆历年间，蔡君谟开始造小片茶饼，二十片重一斤。天子每次到南郊去祭祀，都会赐给中书、枢密院各一饼，宫女们常常给这些茶饼镂刻上金花的图案。

**茶异名**《国史》载：剑南有茶叫蒙顶石花，湖州有茶叫霍山嫩笋，峡州有茶叫碧涧明月。

**露芽** 陶弘景的《杂录》记载："蜀地雅州蒙山上顶有茶叫露芽，火前的最好，火后的稍差些。"火，指的是禁火，就是寒食节。

**雪芽** 越郡的茶有龙山、瑞草、日铸、雪芽。欧阳修说：两浙的茶，日铸排第一。

**反覆没饮** 郑泉曾说："希望能有一艘装满五百斛美酒的大船，再在船两头摆上一年四季所需要的肥美可口的菜肴，之后就是不停地喝酒，不也是很快乐吗！"

**上樽**《汉书·平当传》记载：一斗稻米酿造出一斗酒，称之为上樽，一斗稷米酿造出一斗酒，称之为中樽，一斗粟米酿造出一斗酒，称之为下樽。

**梨花春** 杭州酿酒，要趁梨花开的时候酿好，号称梨花春。

**碧筒劝** 用荷叶盛酒，再用簪子把叶柄刺透与叶子联通，然后把叶柄如象鼻一样盘绕起来，拿着叶柄便可吸酒来喝了，人们称其为碧筒劝。

**蕉叶饮** 苏轼曾对人说："我的族兄苏不疑喝酒用浅底蕉叶杯，不能超过三杯。我小的时候看到酒杯就醉了，现在也能用蕉叶杯喝酒了。"

**中山千日酒** 刘玄石在中山买酒，酒家给他千日酒让他喝，他大醉而归，他的家人以为他死了，便将他埋了。后来卖酒的人算着日子去他家看望，忙让家人打开棺材，刘玄石才从这场大醉中醒来。

**青州从事** 《世说新语》记载：桓温的主簿善于识别酒的好坏：称美酒为青州从事，因为青州有一齐郡，脐与齐同音，意思是好酒喝了之后味道便一直深入到腹脐；称不好的酒为平原督邮，因为平原郡有一个鬲县，鬲与膈同音，是说不好的酒喝了以后到膈上就停住了。

**防风粥** 白居易在翰林院的时候，朝廷赐给他一碗用防风熬的粥，吃了以后，一连七天嘴里都是香的。

**胡麻饭** 晋代的刘晨、阮肇到天台山去采药，迷了路，在流水中得到一个装着胡麻饭渣的杯子，两人说："这里离人家肯定不远。"所以沿着水流向源头找，见到两个女子，女子对他们说："郎君，你们怎么来得这样晚！"于是邀请他们到家中，用胡麻饭、山龙脯来款待他们，并与他们结为夫妇。过了一个月，两个人告辞归家，好不容易找到自己的家，才发现他们的子孙后代已经过了七代人。

**青精饭** 道士邓伯元得到一块青精石，把它当作饭来吃，能延年益寿。

**莼羹** 从前陆机拜诣王济，王济指着羊酪对陆机说：“你们东吴有什么美味能与这个相比呢？”陆机说：“千里湖的莼菜羹不需加盐豉便可匹敌。”

**锦带羹** 荆、湘之间有一种草花，红白相间就好像锦带一样，它的嫩苗很脆，可以做成羹。杜甫有“滑忆雕胡饭[①]，香闻锦带羹”的诗句。

**安期枣** 安期生是琅琊人，在海上卖药，称自己已经有一千岁了，他所吃的枣有瓜那么大。

**韭萍齑** 石崇待客，在冬天常常做韭萍齑，豆粥顷刻间就能做好。王恺私下问石崇的下人怎么做到的，回答说豆子最难熟，所以要预先煮熟，等客人来了以后，只做白米粥然后加些韭萍齑就可以了。韭萍齑，是韭菜夹杂些麦苗捣碎做成的。

**金齑玉脍** 南方人制作生鱼片，用切成细丝的金橙来拌，称为“金齑玉脍”。隋朝时，吴郡进献松江鲙，隋炀帝说：“这就是被称为金齑玉鲙的东南美味啊。”

**玉版** 苏轼邀请刘器之一起去参见玉版禅师。到了寺中后，吃烧笋，觉得味道非常好，苏轼说：“称此为‘玉版’吧。”并作一偈说：“不怕石头路，来参玉版师。聊凭锦珠子，与问箨（tuò）龙儿。”

① 即胡麻饭。

**碧海菜**《汉武内传》记载，西王母说："神仙中的上乘之药，有一种就是碧海之上的美玉之菜。"

**肉山酒海** 魏国的曹植在《与季重书》中写道："希望能把泰山拿来作肉，倾倒出东海的水作酒。"又：古代殷纣王曾悬肉为林，注酒为池。

**石髓** 嵇康遇到王烈，就一同进山，王烈看到山中有石头裂开，得到石髓吃了。又取了一些给嵇康，但已经变成了青石，敲击它有琤琤的声音。他们再去看，发现裂开的山石又合起来了。

**松肪** 苏轼诗中有"为探松肪寄一车"的句子（松肪就是松脂）。另外，松花又叫作松黄，吃了可以使身体变轻。

**杯中物** 晋代的吴衔喜欢喝酒，有一次喝醉骂了有权势的人，就戒了酒。阮宣用拳打他的背，并说："眼看就老了，忍心戒掉杯中物吗？"于是他又像之前一样快乐地喝起酒来了。

**惩羹吹齑** 唐代的傅奕说："唐朝建立后当有大的改变，被热粥烫过的人端着冷粥也会吹气，被弓箭伤过的鸟看到弯曲的木头也会受到惊吓。"陆贽在奏议中说：从前有人因吃饭时噎到了就不再吃饭，也有人因为害怕被淹死就干脆自己跳水自杀。

**酒肉地狱** 苏轼任杭州通判时，酒量不大。同僚都尊崇苏轼的才能与名望，于是每天都聚会宴饮，苏轼感到疲于应酬，把杭州通判之职视为酒肉地狱。后来袁毂代苏轼为通判，而同僚及下属很疏远他，袁毂对人说："听说这个地方是酒肉地狱，怎么我来，却正赶上监狱空着。”大家都把这句话当作笑谈来传播。

**齑赋** 范仲淹少年时写过一篇《齑赋》，其中有一名句：“陶家瓮内，腌成碧、绿、青、黄；措大[1]口中，嚼出宫、商、角、徵。”应是曾亲身经历贫困的生活，所以才能发现齑中深藏的趣味。

**绛雪嵰雪** 《汉武帝内传》记载：“神仙的妙药，有叫玄霜、绛雪的。”另外，西王母进献的嵰山红雪，也叫绛雪。还有，雪糕又叫作甜雪。

**冰桃雪藕** 周穆王广集方士于春霄宫，西王母乘着飞辇而来，与周穆王相会，进献万岁冰桃、千年雪藕。

**玉食珍羞** 《尚书》有“惟辟玉食”的文字；李白也有“金鼎罗珍羞”的诗句。

**竹叶珍珠** 杜甫有“三杯竹叶春”的诗句；李白有“小槽酒滴真珠红”的句子。

**鸭绿鹅黄** 李白诗说：“遥看春水鸭头绿，恰似葡萄初泼醅。”杜甫诗说：“鹅儿黄似酒。”苏轼诗说：“小舟浮鸭绿，大杓泻鹅黄。”

**白粲** 长腰的米叫白粲。苏轼有“白粲连樯一万艘”的诗句。

---

① 贫寒的读书人。

江南有“长腰粳米、缩项鳊鱼”的谚语。

**钓诗扫愁** 苏轼把酒叫作“钓诗钩”，也叫“扫愁帚”。

**太羹玄酒** 《礼记》记载：“太羹不和[①]。”玄酒，就是清水，可以用于祭祀。

**僧家诡名** 《东城志林》记载：僧人把酒称为般若汤，把鱼称为水梭花，把鸡称为穿篱菜。如果有人做了不义的事，却用赋仁义的名字来称呼它，与这些和尚有什么不同呢！

**饕餮** 《左传》记载：缙云氏有个不成器的儿子，沉溺于饮食，贪得无厌，全天下的人都叫他饕餮。

**欲炙** 《晋书》记载：顾荣与同僚饮酒，看到传送烤肉的人十分想吃烤肉，顾荣撤下自己的烤肉给他吃。后来赵王司马伦篡位，顾荣身处险境，被一个人救了出来，免于灾难，正是接受他烤肉的人。

**每饭不忘** 《史记》记载，汉文帝说：“每次吃饭，我的心无一时不在钜鹿。”

**白饭青刍** 杜甫有诗句说：“与奴白饭马青刍。”

**炊金爨玉** 骆宾王称丰盛的宴席为“炊金爨玉”，是说饮食

---

① 只烹不调，突出本味。

的精美，就像佝金、玉这类贵重的东西一样。

**抹月批风** 苏轼诗中有“贫家无可娱客，但知抹月披风”的句子。

**敲冰煮茗** 《白孔六帖》记载：王休住在太白山，每到冬月就取冰煮茶，用来款待宾客。

**酒囊饭袋** 宋代《荆湖近事》记载：“五代十国时，南楚的马殷一族奢侈而僭越，各院的王子，都仆从如云；但文武之道，从不学习。当时人称他们为酒囊饭袋。”

# 夜航船（下）

张岱 著　云山 译

天津出版传媒集团
天津人民出版社

# 卷十二

# 宝玩部

周王室有镇国之宝玉，名为砥砨，
春秋时宋国的宝玉名为结绿，西汉梁国有美玉名为县藜，
楚国有美玉名为和璞，这四种美玉是天下有名的珍宝。

# 金玉

**历代传宝** 赤刀、先王留下典谟遗训、大玉璧、玉圭，要摆在西墙朝东的地方；华山进献的玉器、夷人进献的玉器、雍州进献的玉器、河图洛书，要摆在东墙朝西的地方。这八个都是历代传承的珍宝。

**九鼎** 从前夏朝强盛的时候，远方的人画图并进贡金属，九州的官员用金属铸造大鼎来模仿百物，让民众清楚地了解那些害人的神灵鬼怪。这样民众进入沼泽山林，就避开魑魅魍魉之类的怪物，免受伤害。

**四宝** 周王室有镇国之宝玉，名为砥砨（è），春秋时宋国的宝玉名为结绿，西汉梁国有美玉名为县藜，楚国有美玉名为和璞[1]，这四种美玉是天下有名的珍宝。

**六瑞** 被封王的人上朝拿的玉制信符叫镇圭，公爵上朝拿的叫桓圭，侯爵上朝拿的叫信圭，伯爵上朝手拿的叫躬圭，子爵上

① 即和氏璧。

朝拿的叫榖璧，男爵上朝拿的叫蒲璧。

**环玦** 定婚下聘礼时要用玉圭，求得高洁士人要用玉璧，召人约见要用玉瑗，与人绝交要用玉玦，恢复交情用玉环。

**琬琰** 夏桀讨伐岷山有缗氏，有缗氏战败献上了他的两个女儿，一个叫琬、一个叫琰，夏桀非常喜爱这两个人，便把她们的名字刻在苕（tiáo）华美玉上，苕上刻的是“琬”字，华上刻的是“琰”字。

**鼎彝尊卣（yǒu）** 鼎彝尊卣这些祭器，不只是刻上饕餮用以警戒，刻毒虫于鼎上是用来防备被毒虫螫到，刻同舟来防止溺水，刻车觚的花纹来防止败德而倾覆。

**照胆镜** 秦始皇有一面方镜，能照见人的心胆。凡是女子生有邪心的，照镜子，会发现她的胆张开，心也动起来。

**辟寒金** 魏明帝时期，昆明国进献一只鸟，名为漱金鸟，经常会吐出小米大小的金屑，古人用这种金屑来装饰簪钗，称之为辟寒金。

**火玉** 《杜阳杂编》记载：唐武宗的时候，扶余国进贡了一种火玉，其光照出数十步远，放在室内，都不用穿厚衣服。

**尺玉** 《尹文子》记载，春秋时魏国的农夫得到一块直径达一尺的玉，邻居说：“这是一块奇怪的石头。”农夫就随便把它放在了房檐下，第二天去看，发现它发出的光把一间房子都照亮了，非常害怕，就把它扔到了野外。邻居把它拿来献给魏王，琢玉匠人说："这可是无价之宝啊。"魏王赐给献玉的人千金，并让他领上大夫的俸禄。

**玉燕钗** 《汉武洞冥记》记载：汉武帝的时候建起了招灵阁，有两位神女前来并各留了一支玉钗，武帝把它们赐给了赵婕妤。到了元凤年间，宫女发现了这两支玉钗，就想把它砸碎。第二天打开匣子看，只看到两只白色的燕子飞上天去，因此称之为玉燕钗。

**解肺热** 《天宝遗事》记载：杨贵妃常常犯躁热的病，唐明皇让她含着玉咽唾液，以解肺热。

**麟趾马蹄** 汉武帝下诏说：以前在太山发现了金子，又有白色麒麟和神马这样的祥瑞，理应用黄金来铸造白麒麟的爪子和神马的蹄子，用来与祥瑞呼应。

**碧玉** 碧玉有云碧和西碧两种，质地枯涩的叫云碧，产于云南；质地细嫩温润，并有跳蚤大小斑点的叫西碧，产于西洋。

**五币** 五币中珠币、玉币是最上品的，黄金币、白银币次之，刀布币是最下品的。

**瓜子金** 宋太祖驾幸赵普的府第，正遇见吴越王钱俶的使者来给赵普送信，同时还有十罐海产，陈列在廊下。宋太祖说："这些海产一定很好。"命人打开，却发现里面全是瓜子形的小金粒。赵普十分惊恐，磕头谢罪说："我完全不知道里面是什么。"宋太祖笑着说："他还以为国家大事，都是由你们这些书生来做主呢。"

**晁采** 晁，就是古时的"朝"字；采，就是光彩。这是说美玉每天早晨就有白虹一样的气色，光彩飞腾，所以叫"晁采"。

**十二时镜** 文正公范仲淹家有一面古镜，背面有十二时辰标记，标记的样子很像博戏所用的棋子，到哪个时辰，所在时间点的棋子就明亮如月。如此循环不停。

**碔砆（wǔ fì）乱玉** 碔砆，是最像玉石的一种石头，它的样子常常能混淆为玉。

**燕石** 宋国有人把一种产于燕山的石头当作美玉，世代珍藏，知道的人都嘲笑他。

**削玉为楮** 《列子》记载：宋国有人用玉来雕刻楮树的叶子，用三年时间才完成。

**怀瑾握瑜** 《楚辞》中有："拿着瑾瑜这样的美玉，却命穷而不知向谁展示。"

**钓璜** 半璧叫作璜。《尚书 · 中侯》记载：周文王到了磻溪，看到吕望钓得一个玉璜，上面刻着"姬受命，吕佐之"六个字。

**抛砖引玉** 用砖来比喻自己，用玉来赞誉别人，是说因自己的某事而引出别人的行动。

**匹夫怀璧** 《左传》记载：虞公向虞叔索要稀世美玉，虞叔不给。后来虞叔又后悔地说：“一个人即使没有罪，但拥有贵重的东西本身就是罪。我为什么用这个东西招灾惹祸呢？”便又献给虞公。

**璠瑜** 《逸论语》记载：璠瑜，是鲁国的宝玉。孔子说：璠瑜多么美丽啊，远望则光彩绚烂；近看则纹理细腻。一方面以纹理美丽取胜，一方面以光华闪烁的吉祥征兆取胜。

# 珍宝

**十二时盘** 唐代皇家内库有一个盘子，颜色是正黄色，周长有三尺，四周刻着动物的形象。比如辰时，就刻在草丛间游戏的龙，到了巳时就变为蛇，午时就是马。号称十二时盘。

**游仙枕** 龟兹国进献了一个枕头，颜色像玛瑙，枕着它睡觉，那么十洲、三岛、四海、五湖，都会进入梦中，皇帝把它命名为游仙枕。

**火浣布** 外国有个火林山，山里有一种火光兽，大小像老鼠，尾长有三四寸，身体或红或白。山绵延三百里，到了晚上就能看到这片山林，就是这种火光兽的光照亮的缘故。外国人用它的兽毛来织布，衣服脏了，用火一烧，脏的东西就像洗了一样落下来，所以叫作“火浣布”。

**冰蚕丝** 东海的员峤山上有一种冰蚕，长有七寸，黑色，有鳞和触角，能用霜雪把自己包裹起来，然后成茧。茧长有一尺一，上面有五种色彩，如果织成锦缎，放到水里不会湿，放到火里不会烧着；盛夏时放在椅子上，整间屋子都会清凉无比。在唐尧的时代，有海上的人献上了冰蚕，尧帝将它织为黼黻。

**耀光绫** 越地有人在石帆山中采收野茧缫丝，夜里梦到有个神人告诉他：“禹穴三千年开一次，你所得到的茧就是《江淹集》中所写的‘壁鱼’变成的，用它的丝来织布作衣裳，就会有奇异的花纹。”后来果然与梦里所说的一样。

**各珠** 龙的珠子在下巴里，蛟的珠子在皮里，蛇的珠子在口中，鱼的珠子在眼睛里，蚌的珠子在肚子里，鳖的珠子在脚里，乌龟的珠子在甲里。

**九曲珠** 有人得到一颗九曲珠，想要穿绳却无论如何都没法穿过那九曲的孔。孔子让他给线上涂上油，然后让蚂蚁带着线爬过去。

**木难** 木难的直径有一寸，产于黄支国，是金翅鸟嘴里的唾液结成的碧色宝珠。古代所说的夜光珠就是这个。

火齐音“霁”，火齐就是红色的珍珠，又叫玫瑰，是珍珠中的下品。

**火珠** 《白孔六帖》记载：南方地区有种像鸡蛋一样大的珍珠，正午的时候把艾绒放在珠子上，就会着火，因此号称火珠。

**水珠** 唐顺宗的时候，拘弘国进贡了一颗水珠，颜色像铁，拿着它进入江海，就可以行走在水面上，后来它变成了龙。

**记事珠** 张说当宰相的时候，有人献给他一颗珍珠，紫蓝色，还有光芒。如果总是忘事，就把玩这颗珍珠，然后便会觉得心神明朗，记起所忘之事，所以叫它记事珠。

**定风珠** 蜘蛛的肚子里有珍珠，色泽皎洁，如果拿着它到江海中去，遇到大风，手中握着此珠，风就会停，所以叫定风珠。

**鲛人泣珠** 《博物志》记载：鲛人从水中出来，曾经寄住在一户人家，每天卖绡，准备离开时，主人索要器皿，她哭出的眼泪都变成了珍珠。

**宝贝** 贝是海里的蚧虫，大的称为宝，交趾以南的海里都有。

红靺鞨像大粒的栗子，赤红灿烂像樱桃，看上去好像都不能触碰，但真摸上去感觉非常坚硬，不会被摸破，佩带的人便可被鬼神保护，进入水中不会被淹，进入火中不会被烧。

青琅玕长在海底，海边的人用网打捞。刚捞上来时是红色的，时间长了就变成青黑色，分开的枝丫像珊瑚，上面有孔洞就像虫蛀成的一样，敲打它会发出金石一样的声音。

金刚钻长得像老鼠，粪便颜色青黑，生长在西域百丈深的水底磐石上，当地人潜水捕捞，用它来镌刻东西，无坚不破，只有用羚羊角敲击它时才会立即破碎。

奇南香，也称迦南。奇南木非常高大，树枝之间有孔洞外露，大蚂蚁便在这里钻穴，蚂蚁吃了石蜜，回到洞里排出粪便，树木浸润了蜜的香气，结成了香木瘿。颜色发红且坚硬的叫作生结，颜色发黑而质地稍软的叫作糖结，木头的成分多而香味稀薄的叫作虎斑结、金绿结。

猫儿眼是一种宝石。它的形状与颜色酷似猫眼，宝石里有一线光，就如同猫眼中的瞳仁一样，可以用来确定时辰。

祖母绿也是一种宝石。颜色是像鹦鹉身上的毛一样的绿色，光芒四射，观看的距离不同，光也闪烁变幻。武将上阵打仗时，用祖母绿来装饰头盔，就会使敌方箭手眼睛发花，无法瞄准射击。

**刚卯**《汉书·王莽传》记载：刚卯，长有三寸，宽一寸四分。有的用金玉来制作，上面刻有两行字“正月刚卯”，还有的刻“疾日刚卯”。共六十六个字。在正月的卯日做来佩戴，可以除去不祥的事。

**镔铁** 吐蕃有一种镔铁，在铁面上做出螺旋花纹或者芝麻似的小雪花。凡是用它制造刀剑器皿，再把它打磨光亮，用黄矾来擦拭，上面的花就越加清楚，价格比银子都高。

**聚宝盆** 明朝初年，沈万三家里有一个聚宝盆，只要把金银珠宝放到里面，过一夜就满了。明太祖在南门修筑陵墓，陵下有一个龙潭，深不可测，用土石来填埋，却怎么也填不满。明太祖取来这个聚宝盆扔进去，再填石头，立刻就满了。而且太祖还骗龙说到五更就把龙潭还给它。但直到现在南门都不打五更，打四更时天就亮了。

**钱名**《通典》记载：从太昊时起，就已经有了钱这种东西。太昊氏、高阳氏称之为金；有熊氏、高辛氏称之为货；陶唐氏称之为泉；商、周称之为布；齐、莒二国称之为刀。又说：教化会随着世俗而慢慢改变，货币也随着世间变化而更换：夏朝使用黑色的贝壳，周朝则用紫色的石头，后世或用金钱，或用刀布。

**朱提** 朱提是县的名字，过去隶属犍为，出产质量很好的白银。就是现在四川嘉定州的犍为县（今四川省乐山市犍为县）。

**青蚨** 《搜神记》记载：青蚨像蝉但稍大一些，其母子永不分离，生活在草间，像蚕一样。如果捕获了幼子，它的母亲也就会飞来。用母亲的血涂八十一文铜钱，再用幼子的血涂八十一文铜钱，每次去买东西，先用母钱，或者先用子钱，钱最后都会再飞回来，可以永远如此循环下去，不会停止。

**阿堵物** 晋代王衍的妻子喜欢聚敛钱财，王衍讨厌她的贪婪鄙俗，所以口中从来不说“钱”字。妻子想要试试他，让丫鬟将钱堆放在床的四周，让他无法走路。王衍早上起来看到钱，对丫鬟说：“把这些阿堵物拿走！”

**鹅眼** 《宋略》记载：南朝宋明帝泰始年间，有人私自铸造铜钱，造的钱又薄又小，质量也差，一贯钱长只有三寸，被人称为鹅眼钱。

**明月夜光** 《南越志》记载：海中有明月珠、水精珠。《魏略》记载：大秦国出产夜光珠、真白珠。

**剖腹藏珠** 《资治通鉴·唐史》记载，唐太宗说：“西域有商人得到了漂亮的珍珠，就剖开肚子藏了起来，这是爱珍珠而不爱自己的身体啊。”

**钱成蝶舞** 《杜阳杂编》记载：唐穆宗的时候，宫禁中花开，有一群蝴蝶飞来聚集在花上，皇帝让人拿网来把蝴蝶都抓住，一共抓了数万只，仔细看时，才发现是国库中的金钱。

# 玩器

**柴窑** 柴世宗的时候，地方给皇帝进献瓷器，其颜色翠绿，赛过绿宝石，如果能得到这种瓷器的碎屑，再用网圈定修复，也是难得的奇宝。

**定窑** 定瓷有白定、花定之分，样式非常质朴，颜色净白，看不出一点火气。

**汝窑** 宋代时，皇家因为定州白瓷有未被釉子覆盖的“芒”，所以不能用，于是下令在汝州制造青色瓷器，所造的瓷器冠绝邓州和耀州。

**哥窑** 宋代时处州章生一与弟弟章生二都制作瓷器。章生一制造出的瓷器比弟弟制造的颜色稍白一些，而且断纹多，号白级碎，被称为“哥窑”，为世人所珍爱。

**官窑** 宋代政和年间，汴京开窑烧制瓷器，章生二烧制出来的青色瓷器，纯净如玉，虽次于汝窑，但同样被世人珍爱。

**钧州窑** 钧州窑出产的瓷器稍微大些，有各种颜色，但光彩太露，大多作为花缸或花盆。

**内窑** 宋代的郁成章做提举，在汴京修内司开窑制瓷器，造出来的瓷器非常精细，颜色晶莹清澈，不输于官窑。

**青田核** 《鸡跖集》记载：乌孙国有一种青田核，没人知道它的树木与果实是什么样的，但它的核像瓠瓜，容量有五六升，用来盛水，一会儿就会变成酒。刘章曾经得到两个，召集宾客后把它摆出来，一个核里的酒刚刚喝完，另一个核里的酒又好了，可以供应二十名客人饮用，名为青田壶。

**金银酒器** 唐代的李适之的酒器有蓬莱盏、海山螺、瓠子卮、幔卷荷、金蕉叶、玉蟾儿，每一酒器的工艺都可以说是鬼斧神工。

**金叵罗** 李白有诗句："葡萄酒，金叵罗，吴姬十五醉马驮。"

**银凿落** 韩愈有联句："泽发解兜鍪，酡颜倾凿落。"白居易有诗句："金屑琵琶槽，银含凿落盏。"

**婪尾杯** 唐代的宋景有"迎新送旧只如此，且尽灯前婪尾杯"的诗句。另外白居易诗中也有"三杯蓝尾酒"的句子，只是把"婪尾"改为了"蓝尾"。

**高丽席** 高丽席不太宽大，长一丈多，花纹很精美，却很坚牢紧凑，不易损坏。

**蕹叶簟** 蕲（qí）州出产的竹子非常好，可以用来制造梅花笛、蕹叶席。白居易有诗句："笛愁春梦梅花里，簟冷秋生蕹叶中。"

**博山炉** 《初学记》记载：西汉时的丁谖制作了九层的博山炉，在上面镌刻奇禽怪兽，还能自己动。黄庭坚有诗句："博山香霭鹧鸪斑。"

**偏提** 唐代元和年间，称斟酒的酒壶为注子。后来宦官仇士良厌恶这个名字与郑注的名同音，就去掉了一边的把手，变成茗瓶的样子，称为偏提。

**三代铜** 古代盛酒的花觚因在土中埋了上千年，通体呈青绿色，其中以细腰美人觚为第一，有全花、半花的区别，花纹全的器形瘦小，但价钱达到数百。山西、陕西出土的多为商彝、周鼎；河南出土的大多是汉时所造，因为河南地中盐碱比较多，所以器物上的铜都剥落了，价格也就不贵。所以铜器有河南、陕西之分。

**灵壁石** 米芾镇守涟水时，因涟水与灵壁接壤，所以他收藏了很多奇石，他常常把这些石头拿出来一一赏玩，而且一把玩就整天不出门。杨杰时任廉访使，规劝他说："朝廷把千里之郡托付给您，哪能整天玩弄石头！"米芾直接走到他跟前，从左袖中取出一块石头，玲珑剔透，峰峦、洞穴都有，颜色青翠温润，翻来覆去让杨杰看，对杨杰说："这块石头怎么样？"杨杰不理。米芾便把它放回袖中，再拿出一块来，层峦叠嶂，奇巧更胜前边那块，然后又放回袖中。最后拿出一块石头，极尽神工鬼斧的巧妙，对杨杰说："这样的东西哪能不爱呢？"杨杰忽然说："不只您爱，我也喜爱。”说完就从米芾手上抢了石头，径直登车而去。

无锡瓷壶以龚春所造的最好，时大彬制造的次之，其形状大体上比较粗笨；那些精细巧妙的都是后人伪造的。

成窑建于明代成化年间。有一种五彩鸡缸杯，还有淡青花的各种瓷器，例如茶瓯、酒杯，都被标出高价。

宣窑建于明代宣德年间。青花瓷与纯白瓷的工艺都达到了顶峰，瓷面上仔细看有鸡皮纹。道士祭神的坛场所用茶杯，有的要一两银子一只，有酒字枣汤、姜汤之类的稍微便宜一些。

靖窑建于明代嘉靖年间，质地为白色，上面有青花纹，世上没有可以与之比拟的。

**万历初窑** 万历年间的官窑瓷器，以万历初年的最好，即使是淘汰的次品都非常精妙，民间非常珍视它。

**厂盒** 古延厂，建于永乐年间，出产瓷器上的花纹重枝叠叶，坚固如珊瑚，稍微带些沉色。新厂，建于宣德年间，出产的瓷器雕刻得非常惊喜，其颜色像朱砂，鲜艳无比，有蒸饼式、甘蔗节二种，越小的越好，价格很高。

**宣铜** 宣德年间，三殿发生了火灾，金、银、铜器都熔在了一起，堆积如山。明宣宗拿出内库所藏的古代窑器，让匠人仿效其形状，铸成香炉、花瓶之类，妙绝古今，成为传世之宝。

**倭漆** 论漆器的精妙，没有超过日本的。宣德皇帝派杨瑄去日本学习数年，精熟地掌握了他们的技艺。所以宣德漆器像日本的一样精美。

**宣铁** 宣德年间所制的铁琴、铁笛、铁箫，声音清澈嘹亮，是那些用竹子或木头所造的东西所赶不上的。

**照世杯** 洪武初年，帖木儿派使者来上表，有“钦仰圣心，如照世杯”的话。有人说他们国家一直有个关于杯子的传说，有个照世杯，杯体光明洞彻，对着它照就可以知道世间的事，所以才这么说。

**嘉兴锡壶** 嘉兴的锡壶制作精良，以黄元吉所造的最好，归懋德次之。开始的时候价钱非常贵，后来渐渐便宜了。

**螺钿器皿** 嵌镶螺钿的梳妆匣、印箱等物，以周柱所造的最好，花色娇艳，像鲜花一样。他造的螺钿杯箸等器皿，无不巧妙。

**竹器** 南京制造的竹器中，以濮仲谦所制的最好，他雕琢东西，一定找到错节、盘结、怪异的竹子，才肯动手。当时人得到他的一件东西，都很珍重。又有用斑竹来做椅桌等物的人，以姓姜的一家做得最好，因此有姜竹之称。

**夹纱物件** 明代的赵士元擅长制作夹纱以及夹纱的帐帏、屏风，其刻绘的花鸟图案，颜色明丽，毛羽生动逼真，妙不可言。每扇上都是黄荃、吕纪的得意名画。

# 卷十三

# 容貌部

尧帝的眉毛有八种色彩。舜帝的每只眼睛有两个瞳孔。

文王有四个乳头。仓颉有四只眼睛。

大禹的耳朵有三个耳孔，被称为大通，

可以兴利除害，疏通江河。

# 形体

**圣贤异相** 尧帝的眉毛有八种色彩。舜帝的每只眼睛有两个瞳孔。文王有四个乳头。仓颉有四只眼睛。大禹的耳朵有三个耳孔，这被称为大通，可以兴利除害，疏通江河。

**四十九表** 孔子出生时就有四十九种特异的外表特征：发长而乱，凹脸，额头像月亮，鼻子像太阳，长眼睛，大嘴，厚嘴唇，脸色红润，方下巴，双喉结，牙齿重叠，形如龙，脊背如龟，手如虎爪，肋骨长在一块，有三块胸肌，头后凹陷，肚脐如山，骨头如树林，手臂如飞翼，头顶凹陷，鼻子隆起，耸肩，眉毛像河堤，平足，七窍如山谷深而明显，声音像雷，腹部像沼泽，面部像腊月驱鬼的蒙倛，两个眼睛像方相那样，手能垂过膝盖，眉毛有十二种色彩，眼睛有二十四种纹理，站立如同凤凰停立，坐着仿佛龙蹲，掌纹如天书，脚底有“度”字，远望他好像要摔倒，近看他仿佛要飞升，上面身长下身短，驼着脊背竖着耳朵，目光四射，耳垂于珠庭，他的脖子像尧，额头像舜，肩膀像子产，但从腰以下却比大禹短了三寸，胸前有文字是“制作定世符”，身高九尺六寸，腰有六十围。参见《祖庭广记》

老子有七十二种相，八十一处优点。参见《法轮经》

如来佛祖有三十二种表相。参见《般若经》

**昭烈异相** 蜀国的先主刘备身高七尺五寸，眼睛回视可以看到自己的耳朵，手臂垂下可以超过膝盖。

**碧眼** 孙权小的时候眼睛是绿色的，号称“碧眼小儿”。

**猿臂** 汉代的将军李广臂长如猿，可以运转自如，很擅长射箭。

**独眼龙** 五代的李克用有一只眼睛瞎了，时称“独眼龙”。

**胆大如斗** 姜维死后，剖开他的腹来看，只见他的胆有斗那么大。宋末的张世杰也胆大如斗，焚烧也不化。

**半面笑** 贾弼梦见自己换了头，从此便能一半脸哭，一半脸笑。

**玉楼银海** 苏轼《雪后书北台壁》有诗句：“冻合玉楼寒起粟，光摇银海眩生花。”王安石说：“道家以两肩为玉楼，两眼为银海。”苏轼说：“只有荆公才知道这些啊。”

**缄口** 孔子看到周庙里有金人，多次想说什么却终未开口，然后在金人的背后写了一篇铭文：古人慎言人也。戒之哉！戒之哉！毋多言，多言，多败。毋多事，多事，多患。（意思是：这是古代慎于言语的人啊。大家要警戒啊！要警戒！不要多话，多话就容易失败；不要多事，多事就多有祸患。）

**舌存齿亡** 常摐（chuāng）病了，老子说："先生的病已经很重了，没有遗言留给弟子吗？"常摐便张开嘴，说："舌头还在吗？"老子回答说："在。难道不是因为它软吗？"常摐说："牙齿没了吧？"老子回答说："没了。难道不是因为它太刚硬了吗？"常摐说："天下事的道理都在这里了。"

**芳兰竟体** 梁武帝平定了建业，朝廷中人都来造访。谢览当时年仅二十，官为太子舍人，气质娴雅，看上去非常聪慧。梁武帝看了他很久，对徐勉说："感觉此人遍体都如芳香的兰花。"

**眼如岩电** 西晋的王戎字濬冲，身形矮小，但眼睛清澈明亮，直视太阳都不会觉得炫目。裴楷说："王戎的眼睛灿烂就像山岩下的闪电。"

**面如傅粉** 何晏姿容气质俊美，脸非常白。魏明帝怀疑他抹了粉，盛夏时，赐给何晏热汤面。何晏吃过后，满头大汗，就用自己红色的衣服擦，结果脸色更白了。

**璧人** 晋代的卫玠年幼的时候，乘坐白羊车在洛阳街道上行走，大家都问："这是谁家容貌如玉的人啊？"

**看杀卫玠** 卫玠从豫章来到京都，京都的人早就听说了他的美貌，来看他的人繁多仿佛形成了一堵墙。卫玠本来就身体羸弱而易生病，不堪劳累，最后竟得病而死。当时人都说是"看杀卫玠"。

**觉我形秽** 王济是卫玠的舅舅，丰姿俊朗。但每次见到卫玠，便会赞叹说：“珠玉在身边，自感形态容貌鄙陋啊。”

**渺小丈夫**　孟尝君访问赵国，赵国人听说他是贤良之人，就都出来观看他，见后都大笑说：“开始以为孟尝君是一个魁梧的大丈夫呢，现在看来，只不过是一个瘦小的男子罢了。”

**妇人好女**　司马迁说：“我本以为留侯张良是个身材魁梧奇伟之人，等到看到他的画像才发现，他的外貌却如同年轻美貌的女子一样”

**精神顿生**　张九龄风仪秀美，穿着得体，皇帝在朝廷上看到他，对左右大臣说：“我每次看到张九龄，都会觉得精神顿生。”

**琳琅珠玉**　有人拜访太尉王衍，见到王戎、大将军王敦、丞相王导在座。到别的屋子里去，看见了王季胤（名诩）、王平子（王衍的儿子）。他对别人说：“今日此行，所见全是琳琅珠玉。”

**若朝霞举**　李白在紫宸殿参见唐玄宗，神情自若、气宇轩昂如同朝霞升起。

**倚玉树**　魏明帝让皇后的弟弟毛曾与仪表出众的夏侯玄坐在一起，当时的人称之为“芦苇靠玉树”。

**掷果**　西晋的潘安长得十分漂亮。年少时拿着弹弓坐小车行驶在洛阳道上，女人见到他，没有不停下围住看的，争相给他的车里扔水果，把车都装满才回来。

**屋漏中来** 祖广走路时总是缩着脖子。南郡公桓玄刚刚到任，便打趣说："天气晴朗，祖参军却像刚从漏雨的屋子里出来。"

**四肘** 成汤的臂长四肘。《韵会》记载："一肘是二尺。"也有人说一尺五寸为一肘。

**姬公反握** 周公的手可以反握。

**骈胁** 骈，就是联的意思。晋文公名字叫重耳，他的肋骨是连在一起的。

**铄金销骨** 西汉有文章说："众人之口可以铄金，积毁销骨。"这是说谗言诽谤的可怕。

**敲骨吸髓** "髓"就是骨髓。敲开骨头吸食骨髓，比喻朝廷用暴虐的政策来横征暴敛。

**掣肘** 《说苑》记载：鲁国派宓子贱任单父县的县令，宓子贱要了两个擅长写字的人来写文书，在他们写字的时候就从旁边拉他们的胳膊；如果写得不好看，就对他们发怒；他们想另写，宓子贱就又来拉胳膊。书写者告辞而归，并告诉了鲁国的国君。国君说："这就像我总干扰他，使他的治理无法好好进行。"于是下令不要向单父县征求徭役。没多久，单父县无论是政治还是民风都大为改观。

**厚颜** 《尚书》记载："脸上不自在，心中惭愧。"这是说羞愧的神色显示在脸上。

**摇唇鼓舌** 《庄子》记载:“逞口舌之利的人,最是长于拨弄是非。”

**怒发冲冠** 秦王答应用十五座城池来换赵王的和氏璧,蔺相如护送和氏璧到了秦国,看到秦王没有诚意付出城池,气得头发都支起把冠帽顶掉了,气概英武豪迈。

**生而有髭** 《皇览》记载:周灵王生下来时就有髭须,所以被称为髭王。

**注醋囚鼻** 《旧唐书》记载:酷吏来俊臣审问囚犯时,常常把醋灌到囚犯的鼻子里去。

**春笋秋波** “春笋秋波”是说纤细的手指如同春天的笋一样又尖又长,含情的眼眸如秋天的水波一样清澈深幽。

**蓝面鬼** 唐代的卢杞外号叫蓝面鬼,经常到郭子仪家去拜访问候。郭子仪听到卢杞来,就让所有的姬妾侍女躲起来,自己一个人躺在床上等卢杞来。家人问他原因,他说:“卢杞外貌丑陋而内心险恶,身边这些人见了一定会嘲笑他,如果他日后掌了权,我们这一族便会因此死无葬身之地了。”

**善用三短** 北魏的李谐身材矮小,而且是六指。因为他脖子上有瘿,所以总是昂首挺胸;因为走路有些跛,所以走路就尽量慢些;因为有些口吃,所以他的语速尽量放慢。人们都说李谐善于利用自己这三个短处。

**乱唾掷瓦石** 左思长得很丑，可他竟学美男子潘安那样乘车在闹市游玩，一群妇女都向他吐唾沫，结果他只好神情沮丧地回家了。张载也很丑，每次出行，小孩子都用瓦片、石块来扔他，也可以装满一车。

**龙虎变化** 韩愈的《马燧志》记载：当时在北亭拜见北平庄武王马燧的时候，仿佛看到了雄伟的高山和幽深的森林，气势如龙虎一样变化，一看就是豪杰一类的人。再回来拜见马燧的弟弟太子少傅，却像看见青翠的竹林和碧绿的梧桐，鸾凤与黄鹄停歇在树上。

**长人** 苻坚的拂盖郎申香、夏默、护磨那三人，身高都有一丈九尺，每顿饭要吃一石粮食、三十斤肉。

**矮短人** 东晋的王蒙身高只有三尺，东汉的张仲师身高只有二尺五寸。

**重人** 唐代的安禄山重达三百五十斤，西晋的司马保有八百斤，南朝的孟业有一千斤。

**澹台灭明** 李龙眠画的孔门七十二子画像中，澹台灭明看上去比子路还要勇猛刚毅，那么孔子所说的“以貌取人，失之子羽”，就是指澹台灭明外貌威武而行为举止很儒雅。

**祖龙** 秦始皇的嘴像虎口，额头隆起，眼睛似乎有火，高鼻梁，胸像鸷鸟，声音像豹子，身高八尺六寸，腰有七围，手能握兵器、拉弓射箭，号称祖龙。侯生历数他的贪淫暴虐，说他超过商均、丹朱一万倍，超过夏桀、商纣一千倍。

**好笑** 陆云特别爱笑。曾有一次穿着丧服上船，在水中看到自己的倒影，就大笑不止，差点落水。

**笑中有刀** 李义府表面总是恭敬的样子，与人说话时总是和善地微笑着，但背地里很阴毒，气量狭小，凡是与他意见不合的人，都被他诬陷。当时人称他笑中有刀。

**方睛** 管辂说："眼中有方形的瞳仁，是高寿的面相。"陶弘景晚年，眼中的瞳仁偶尔便会呈方形。

**百体五官** 人的身体有上百块骨骼，所以叫百体。官，就是司职的意思。五官指耳朵、眼睛、口、鼻子、心。

**须发所属** 头发归心脏管辖，秉承火气，所以向上生长；胡须归肾脏管辖，秉承水气，所以向下生长；眉毛归肝脏管辖，秉承木质，所以向两边生长。男子肾气向外扩散，在上为胡须，在下边就是男根；女人和宦官因为没有男根，所以没有胡须。

**重瞳四乳** 舜帝有一只眼睛有两个瞳仁，项羽也是这样，隋朝的鱼俱罗、后梁康王朱友敬、永乐年间的楚王朱桢之子，也都是重瞳。周文王有四个乳房，宋代的范镃百、常文子、明代的倪谦也都有四个乳房。

**身长一丈** 中国人身高有一丈的，皇帝中有黄帝、尧帝和周文王；臣子中有吴国的伍子胥、汉代的巨毋霸，都高十尺。巨毋霸腰围有三尺，伍子胥两眉相距有一尺。孔子身高十尺，又有一种说法是九尺六寸。按《庄子》载："孔子从腰以下比大禹短三寸"，那么后一种说法就是对的。宋代《桯史》中，记载了一姓唐姓兄妹身高都有一丈二尺。

**身长七尺以上**　大禹身高有九尺九寸，商汤九尺，秦始皇八尺七寸，汉高祖刘邦七尺八寸，光武帝刘秀七尺三寸，昭烈帝刘备七尺五寸，宋武帝刘裕七尺六寸，陈武帝陈霸先七尺五寸，北周太祖宇文泰八尺，项羽八尺二寸，韩王韩信八尺九寸，王莽七尺五寸，刘渊八尺四寸，刘曜九尺四寸，慕容皝七尺八寸，姚襄八尺五寸，曹交九尺四寸，冉闵、什翼健、宇文泰都高八尺，慕容垂七尺四寸，慕容德八尺二寸。从唐朝以后，臣子非常高的人就少了。韦康成十五岁时就身高八尺，姜宇十五岁高七尺九寸，刘曜的儿子刘胤十岁时身高七尺五寸，而且形体与面貌非常美丽，面目如画。很少有人这么小的年纪就长到这么高，但刘胤最后只长到八尺四寸，没到达到他父亲的高度。

**丈六金身**　释迦牟尼佛高一丈六尺，人们认为很神异，但他的堂弟阿难和徒弟调达都有一丈四尺五寸，那时候印度的高个子真不少啊。

**谗国**　五代沈颜的《谗论》记载：太宰伯嚭陷害伍子胥而使吴国灭亡，赵高陷害李斯导致秦国灭亡，无极陷害伍奢致使楚昭王败逃，靳尚陷害屈原导致楚怀王被囚。所以说：人们都知道奸佞之臣的谗言害死忠良，却不知道他们的谗言真正害的是国家。

**舌本间强**　俗话说："三天不说话，舌头就僵硬如木。"殷仲堪说：“三天不读《道德经》，就觉得舌头强直如木。”

**皮里阳秋** 东晋的褚裒字季野，桓彝评价他说：“季野皮里阳秋”。是说虽从不见他对别人有何评价，其实心里褒贬分明。

**断送头皮** 宋真宗到东岳泰山去行封禅之礼，遇到隐士杨朴就想请他出仕。宋真宗问：“你临行前，有人写诗作别吗？”杨朴回答说：“臣下的妻子作了一首：‘更休落魄耽杯酒，切莫猖狂爱作诗。今日捉将官里去，这回断送老头皮。’”

**唾掌** 东汉的公孙瓒说：“天下大军四起，都觉得天下唾掌可得。”唐代的李翱说：“天下太平就像把手掌翻过来一样容易达到。”

**扪膝** 北魏的贾景兴隐居不出来做官，葛荣攻陷冀州，贾景兴称病不去拜见，常常抚摸膝盖说：“我可没有辜负你们啊！”因不屈膝去拜见葛荣才说了这句话。另外，宋朝的喻汝砺自称“扪膝先生”。

**鸡肋** 晋代的刘伶有次喝醉了，与市井之人争吵，那个人捋袖挥拳要动手。刘伶说：“我这几根鸡肋一样的骨头抵挡不住好汉的拳头。”那人大笑放下了拳头。曹操进入汉中讨伐刘备，后来无法更进一步，便想放弃，于是传军中口令为“鸡肋”。官吏与下属都不知是什么意思。杨修说：“鸡肋这种东西，扔了感觉可惜，要吃却没什么可吃的，就像今日汉中，大王是想要回师了。”于是禀报曹操，果然回兵了。

**噬脐** 楚文王讨伐申国，路过邓国。邓祁侯说：“这是我的外甥啊。”便让军队停下来款待他们。邓侯其他几个外甥：骓、聃、养都请求杀死楚文王，但邓侯不同意。外甥聃说：“灭掉邓国的一定就是这个人。如果不早做计划，君王将来肯定后悔莫及。”

**交臂** 《庄子》记载，颜渊问孔子说：“老师您走我也走，您小跑我也小跑。但您若狂奔，我就只能在后面看着了。”孔子说：“我一直和你这样接近，你却不明白这个道理，不是很可悲吗？”

**三折肱** 晋国权臣范氏和中行氏准备讨伐晋定公，齐国的高彊说：“久病成良医。我就是因为攻打国君才沦落至此啊。”

**髀里肉生** 刘备在刘表的宴上长叹流泪说：“过去身子不离马鞍，大腿上的肉都瘦下去了；现在长时间不骑马，大腿又长了肉。时间如流水，眼看将老，却没建功立业，真让人觉得悲哀啊。”

**炙手可热** 唐代的崔铉官升左仆射，与郑鲁、杨绍复、段瑰、薛蒙等人一起参议国事。当时的人都说：“郑、杨、段、薛，炙手可热；想要官运亨通，一定要交好鲁、绍、瑰、蒙。”

**如左右手** 韩信逃亡而去，萧何亲自去追赶。有人向汉高祖刘邦报告说：“丞相萧何逃跑了。”汉高祖大怒，感觉像失去了左右手。

**高下其手** 指断案时徇私，耍手腕。

**幼廉一脚趾** 北齐的李幼廉任瀛州长史，神武帝高欢巡视诸州并要求查验文簿，李幼廉领命后很快就查完了。高欢斥责其他人说：“你们能抵得上李幼廉一个脚趾头吗？”

**握拳啮齿** 苏东坡写了一副对联说：“张睢阳生犹骂贼，啮齿穿龈；颜真卿死不忘君，握拳透爪。”

**豕心** 《左传》记载：以前有仍氏生了个女儿，后来乐正后夔娶了她，并生下了伯封，伯封贪婪粗鄙像猪一样。人们都叫他“封豕”。

**锁子骨** 邺侯李泌小时候身形轻巧，能在屏风上行走。长大后，又练习道家的辟谷和导引之术，骨节戛戛有声。人们称之为“锁子骨”。

**一身是胆** 赵子龙与魏国军队大战，一直追到敌营门口，魏兵怀疑周边有伏兵，就带兵离开了。第二天，刘备到军营来视察，说：“子龙一身都是胆啊。”

**抽筋绝髓** 郭弘霸讨伐徐敬业时说：“我发誓要抽其筋，吃其肉，饮其血，吮其髓。”武则天听说后很高兴，就封他为御史。当时人称“四其”御史。

**铁石心肠** 皮日休说：“宋广平当丞相，让人怀疑他长着铁石一样的心肠，从不说软媚温柔之词。但看他的《梅花赋》，却精巧富丽，与他的为人完全不一样。”

**伐毛洗髓** 《汉武记》记载，黄眉翁指着东方朔说：“我每三千年便洗一次身上的骨头，三千年换一次身上的皮毛。现在我已经洗骨三次，换毛三次了。”

**笑比黄河清** 宋代的包拯非常严肃，没人见过他的笑容，人们都说他的笑容如黄河变清一样难以见到。

**连璧** 西晋的潘岳与夏侯湛都长得美，两个人行则同车，眠则同榻，京城里的人称他们是连璧。

**乳臭** 刘邦让韩信去攻打魏王豹，问郦食其“魏的大将是谁？”郦食其回答说“是柏植”，刘邦说：“这不过是个乳臭小儿，怎么能敌过我们的韩信？”

**貌不扬** 晋国的叔向去郑国，鬷（zōng）蔑其貌不扬，站在堂下，但说了一句高明的话，叔向听了便说：“这一定是鬷蔑！”便下堂拉着他的手上来，说：“你若不说话，我几乎错失了你呀。”

**貌侵** 汉代的田蚡，是孝景帝皇后同母异父的弟弟，官至丞相。因“貌侵”之容让人印象深刻，“貌侵”的意思是人长得矮小而丑陋。

**獐头鼠目** 唐代的苗晋卿推荐元载。李揆认为元载长得不好，对苗晋卿说：“见不到龙凤之相的人，贼眉鼠眼之辈却来求官？”元载便一直对他怀恨在心。

**龙钟** 裴度还未考中科举时，曾在洛中停留，有次骑着驴上天津桥。当时淮西很不安定，有两个老人靠着桥栏杆说：“蔡州什么时候才能平定啊？”看到裴度，惊异地说：“刚才还担心蔡州之乱，等这个人当宰相就可平定。”仆人听到后告诉了裴度，裴度说：“这是看到我有龙钟之态，戏弄我罢了。”后来裴度在唐宪宗的时候果然当了宰相，并平定了淮西和蔡州。

**牙缺** 张玄之八岁的时候，掉了牙，大人开玩笑说：“你的嘴为什么开了个狗洞？”张玄之说：“是为让你们这些人从这里出入呀。”

**口吃** 西汉的周昌在争论立太子的事时说：“臣期期不能奉命。”邓艾自称“艾艾”。韩非和扬雄也都口吃，却擅长写文章。后来北宋的刘攽、王汾都供职史馆，王汾口吃，刘攽性滑稽，喜嘲谑，就给他写了赞语：“恐是昌家（周昌之名谐音娼家），又疑非类（明指韩非，暗有非人之意）；未闻雄名（即名气），只有艾气（即呆气）。”

**吾舌尚存** 张仪曾经和楚相喝酒，楚相丢失了玉璧，认为是张仪偷了，便抓住张仪用鞭子抽打他。张仪回家后，他的妻子就嘲笑他。张仪说：“看看我的舌头还在不在？”妻子笑说：“在。”张仪说：“这就够了。”

**借听于聋** 韩愈在《答陈生书》中说：足下想求得快速成仙的法术，便来问我，这可真是让聋人听音，向盲人问路，没见过有得到结果的。

**青白眼** 阮籍可做青、白眼这样的动作，看到自恃懂礼法的世俗之士，就翻白眼以对。他的母亲去世了，嵇喜前来吊唁，阮籍便用白眼来接待。嵇喜的弟弟嵇康抱着琴带着酒来访，阮籍就高兴得用青眼来接待。

**邯郸学步** 班固的《汉书叙传》记载：传说曾有人学习邯郸人的走路方法，还没有学会，又忘了自己以前的走法，最后只好爬着回去了。

**美须** 谢灵运的胡须很漂亮，要被处刑的时候，把胡须施舍给了南海祇洹寺维摩诘像。唐中宗的时候，安乐公主在端午节玩斗草游戏，想要获胜，便派人骑驿站的马去取这些胡须，又怕别人也来取，便把其余的都剪掉扔了。

**貌似刘琨** 桓温觉得自己英姿飒爽，是司马懿、刘琨这样的人物。等到讨伐前秦而还军时，在北方遇到一个做手工活的老妪，曾经是刘琨的仆人。一看到桓温，就潸然流泪说："您很像我们刘司空。"桓温非常高兴，忙到外面，整理了一下衣冠，再叫来仔细问，那个老妪说："脸很像，遗憾的是福薄了点；眼睛也像，遗憾的是小了点；胡须也像，遗憾的是有些发红；体形很像，遗憾的是太矮；声音也像，遗憾的是太女气。"桓温听后扔掉帽子解下衣带，倒下就睡，好几天都不高兴。

**补唇先生** 唐代的方干有唇裂的毛病，官府认为不可以给他科举功名。他连着考了十几次都没被录取，便隐居在鉴湖。过了几十年，他遇到一个医生把唇裂补好了，但此时年级已经大了。人们称他为补唇先生。

**眇一目** 梁元帝萧绎还是湘东王时，有一只眼睛是瞎的，在与刘谅游览长江的时候，赞叹秋天的美丽。刘谅回答说：“今天可以称得上是‘帝子降于北渚’了。”《离骚》有文：“帝子降于北渚，目渺渺而愁予！”萧绎觉得这是在讽刺自己，非常怨恨。后来萧绎起兵，王伟为侯景写檄文说：“项羽有两个瞳孔，还有乌江之败；湘东王只有一只眼睛，难道还能是天命所归之人吗？”后来竟因此而被当上皇帝的萧绎所杀。

**半面妆** 徐妃因为梁元帝萧绎只有一只眼睛，知道他要来了，便只画了半面妆。梁元帝见了大怒而去。

**塌鼻** 刘攽晚年得了重病，胡须和眉毛都落光了，鼻梁也塌了。一天，与苏轼在一起喝酒，苏轼引用刘邦的《大风歌》来戏谑他说：“大风起兮眉飞扬，安得猛士兮守鼻梁！”

**头有二角** 隋文帝生下来头上就有两只角，身上一天里出现三次鳞甲，他的母亲很害怕就把他扔了。有老尼姑来，很勤谨地喂养他。有次尼姑外出，叮嘱他的母亲看着他。他的母亲看到他胡须都长出来了，角也很明显，还闪着光，大为惊恐，就把他扔到地上。尼姑赶快跑回来，抱起来说：“惊吓了我的孩子，让我的孩子晚得天下。”后来他果然六十岁才登极为帝。

**岐嶷** 《诗经》说：“克岐克嶷，以就口食。”是用来赞美后稷幼年聪慧的。岐嶷，就是形容高峻茂盛的样子。

**口有悬河** 西晋时的郭象长于清谈。王衍说：“每次听到郭象的话，就像悬河倾泻而下，多久都不会枯竭。”

**侏儒** 《左传》记载：鲁国大夫臧纥在狐骀战败。鲁国人说："侏儒，侏儒，使我败于邾。"注：狐骀，是一个地名，在邾地。侏儒，就是矮小的意思。

**捷捷幡幡** 《诗经·巷伯》说："捷捷幡幡，谋欲谮言，"意思是不停摇弄口舌，就是想诬陷别人。

**胸中冰炭** 俗话说：如果不在世间惹风波，也就不会有不愉快的事情存在心中了。

**唇亡齿寒** 《左传》记载：晋国君主又向虞国提出借路去攻打虢国。宫之奇进谏说："虢国是我们虞国的屏障。谚语说，车子与它的夹板要互相支撑，嘴唇若没有了牙齿就会感到寒冷，这就是虞国和虢国的关系啊。"

**足上首下** 《庄子》说：失信于民俗，就是把人颠倒着放，如脚在上头在下，是颠倒尊卑的行为。

**扬眉吐气** 李白在《与韩朝宗书》中写道：现今天下人视君侯您为评文章、权衡人物的权威人士，一旦得到您的肯定，便立刻成为名人。您何必吝惜自家台阶前那一尺见方的地方，使我李白不能有扬眉吐气、激昂青云的机会呢！

**推心置腹** 《后汉书》记载：萧王刘秀把自己的真诚展示出来，好像把自己的心放到别人的肚子里一样。

**方寸已乱** 《三国志》记载：徐庶的母亲被曹操抓走，徐庶向先主刘备告辞时说：“本来想跟将军一起共创统一天下的千秋大业，但现在失去了老母亲，心绪大乱，请允许我就此告辞吧。”

**黑甜息偃** 苏轼《发广州》有诗句：“三杯软饱后（浙江人把喝酒叫‘软饱’），一枕黑甜余（睡得很好叫‘黑甜’）。”《诗经》有‘或息偃在床’的句子。

**肉眼** 《唐摭言》记载：郑光业去参加科举考试，夜里突然有人闯他的住所，郑光业留他住下。那人又让郑光业给他端茶倒水，郑光业也欣然去做。后来郑光业考中了状元，那人送信谢罪说：“既为我取水，又帮我泡茶。当时不识贵人，因我是肉眼凡夫；今天又成您的晚生后辈，只因我是穷相骨头。”

**青睛** 《南史》记载：徐陵的眼珠又黑又亮，人们认为这是聪慧之相。

**丹心** 心又称“丹府”，心神则称“丹元”。

**腼颜** 《文选·奏弹王源》记载：“明目张胆，厚颜无耻，难道就没有一点惭愧和畏惧？”

**可口** 《庄子》说：楂梨和橘柚虽味道不同，但都很可口。

**置之度外** 《后汉书》记载，“光武帝说：‘不要把这两人放在心上。’”这两人是指隗嚣和公孙述。

**秦人视越** 韩愈的《争臣论》中说：就好像秦国人看待越国

人的胖瘦，他的心里没有一点高兴或忧伤的感受。

**行尸走肉** 《拾遗记》记载，东汉人任末说："喜欢学习的人即使死了，也像活着一样；不学习的人即使活着，也不过是行尸走肉罢了。"

**颜甲** 《开元天宝遗事》记载：有一个进士杨光远，拜谒攀缘权势豪族不知收敛。有时遭到鞭挞的羞辱，也脸不变色。当时人都说："杨光远的脸皮有十层铁甲那么厚。"

**高髻** 东汉的马廖上疏说："吴王喜欢剑客，百姓身体上就多剑刺的伤痕；楚王爱细腰，宫中就有许多宫女饿死。""京城如果流行高耸的发髻，其他地方的人就会把发髻增高一尺；京城人把眉毛画得长一些，其他地方就会画半个额头那么长；京城若流行穿大袖的衣服，那么其他地方就会用整匹布来做衣服。"

**面谩** 樊哙说："我愿意率领十万大军，纵横在匈奴的土地上。"季布说："樊哙说大话，这是当面欺骗！"

**掉舌** 汉代的郦食其游说齐王与汉讲和。蒯彻对韩信说："郦食其不过是一个士子，扶着车辕动动三寸不烂之舌，就能拿下齐国七十余座城池。"

# 妇女

**妲己赐周公** 五官中郎将曹丕趁乱娶了袁熙的妻子甄宓，孔融在《与曹操书》中说："周武王讨伐商纣，然后把纣王的妃子妲己赐给了周公。"曹操因为孔融博学，就信以为真。后来问孔融是否真是这样，孔融回答说："以当今的事来推测，大概是这样吧。"

**效颦** 西施心痛的时候会手捂心口皱着眉，这样却愈发显出她的娇媚。有一个很丑的女子非常羡慕并效仿她，这就叫"效颦"。黄庭坚有诗句："今代捧心学，取笑类西施。"

**新剥鸡头肉** 杨贵妃沐浴后，对着镜子化妆，衣裙滑落露出了一个乳房，唐明皇用手抚摸着说："柔软温润，如新剥鸡头肉（芡实）。"安禄山在旁边立刻接上说："温润滑腻，犹如塞上酥。"

**长舌** 《诗经》中说："妇有长舌，维厉之阶。"意思是：妇女花言巧语说谎成性，那是灾难邪恶的祸根。

**守符** 楚昭王的夫人是齐国的女子。昭王出去游玩，把夫人留在渐台[①]。长江突发洪水，昭王派使者去接夫人，却忘了拿信符。夫人说："大王与我约定，要召见我必定用信符。"现在使者没有拿信符，夫人不敢同往。使者急忙回去拿信符，没等返回，渐台崩塌，夫人被淹死了。

**女博士**　曹丕的文昭甄皇后九岁时，喜欢读书，常常用她哥哥的笔和砚。哥哥说："你是想要做女博士吗？"她说："古代贤良女子没有不看经书的，不然，事情成败的原因如何知晓呢？"

**灵蛇髻**　甄皇后入魏宫后，宫中有一种绿色的蛇，嘴里常衔着颗红色的像梧桐籽那么大的珠子，从不伤人；如果有人想伤害它，它就没了踪影。每天皇后梳妆的时候，它就盘成一个发髻的形状，皇后就仿效它来盘发髻，巧夺天工。于是皇后的发髻每天都不同，号称灵蛇髻。宫女也学着梳这种发髻，十人中难有一两个像的。

**女怀清台**　《史记·货殖传》记载：巴蜀之地有个寡妇叫清，她的祖先得到一个产朱砂的丹穴，几代人从中得利，家里很富有。用家中的财产来养兵自卫，所以就一直没有受到侵犯与欺辱。秦始皇为她建造了"女怀清台"。

**国色**　《公羊传》记载：骊姬是一国中最美的女子。《开元天宝遗事》记载：京都名妓楚莲香，国色无双，每次出门身边都有蝴蝶和蜜蜂相随，那是因为蜂蝶也爱慕她身上的香气。

---

① 在湖北省江陵县东。

**长女子** 东汉明帝的马皇后、东汉桓帝的邓皇后都身高七尺三寸，刘曜的刘皇后身高七尺八寸，她们都以美貌而闻名。

**妇人有须** 唐代李光弼的母亲李氏被封为韩国太夫人，她有数十根胡须，长达五寸，这是女子奇贵的面相。

**夜辨绝弦** 蔡琰六岁的时候，夜里听父亲蔡邕弹琴，有一根弦断了。蔡琰说："断的是第二根弦。"蔡邕便故意又弄断了一根，蔡琰说："这是第四根弦。"蔡邕说："这不过是偶然猜中的罢了。"蔡琰说："季札观赏《国风》，就知道四个国家的兴衰；师旷吹律吕，从南方乐音的微弱知道楚国必败。从这些例子来看，怎么能说我不知道断的是哪根弦呢？"

**尤物** 《左传》记载：叔向想要娶申公巫臣的女儿，叔向的母亲说："你为什么要做这件事呢？那些绝色美女，足以改变一个人。所做之事若不合乎礼义，就一定会招来灾祸。"

**钩弋宫** 钩弋夫人是齐地的人，右手总是紧握着拳。会观气的相士说："东方有贵人气。"等到了齐地，发现钩弋夫人姿容美丽，汉武帝打开她的手，得到一个钩子，从此她的手就不握拳了。所以把她居住的宫殿称为钩弋宫。

**花见羞** 五代时刘鄩（xún）的侍女王氏有绝世美色，人称花见羞。

**疗饥** 隋炀帝每次看到妃子吴绛仙，都对左右宦官说："古人说'秀色可餐'。像绛仙这样的人，就可以充饥了。"

**倾城倾国** 李延年的《佳人歌》中说："北方有美人，绝世而独立。一顾倾人城，再顾倾人国。宁不知倾城与倾国，佳人难再得。"

**远山眉** 赵飞燕为她的妹妹赵合德蓄养头发，称之为新兴髻；修淡眉，称之为远山黛；施一点朱砂，称之为慵来妆。另外，《玉京记》记载："卓文君的眉毛不用黛色来描画，看上去像远山一样。人们纷纷效仿，称之为远山眉。"

**鸦髻** 巴陵地区的乌鸦不怕人，除夕夜，女子各抓来一只，用粮食来喂它，第二天早上，就把五色丝线系在乌鸦的头顶，然后放飞，看它飞的方向，以此来占卜一年的吉凶。其占辞说："鸦子东，兴女红；鸦子西，喜事齐；鸦子南，利桑蚕；鸦子北，织作息。"非常灵验。还有，在正月初一梳头前，先用梳子梳理乌鸦的羽毛，并祈祷："愿我家女子，头发密又长。愿有生之年，像它的羽毛一样光亮。"楚地人称女子的发髻为"鸦髻"。

**淡妆** 《杨妃传》记载：杨贵妃的姐姐虢国夫人不涂脂抹粉，自恃容貌美丽，经常只化淡妆便来朝见天子。杜甫有诗："虢国夫人承主恩，平明骑马入宫门，却嫌脂粉涴颜色，淡扫蛾眉朝至尊。"

**嫫母** 黄帝的妃子嫫母，相貌非常丑陋，但人很贤惠，黄帝非常爱她。欧阳修在《答原父》中写道："反蒙华衮褒，如誉嫫母艳"。（意思是：反而收到君王的褒奖，就好像在称赞嫫母长得漂亮。）

**无盐** 《列女传》记载：无盐是齐国的丑女，她自请拜见齐宣王，论述时政，齐宣王封她为皇后。

**书仙** 《丽情集》记载：长安城中有个妓女曹文姬，擅长书法，是关中第一，被当时人称为书仙。

**钱树子** 《乐府杂录》记载：许子和，吉州永新人，以歌妓的身份入宫，便改名为永新，能化出各种新鲜的妆容。临死的时候，她对母亲说："阿妈，摇钱树倒了呀！"

**章台柳** 唐代的韩翃与妓女柳姬交情很深，第二年，淄青节度使侯希逸进奏请韩翃担任从事。历经三年离别，韩翃寄诗给柳姬："章台柳，章台柳，往日青青今在否。纵使长条似旧垂，也应攀折他人手。"柳姬答诗："杨柳枝，芳菲节，可恨年年赠离别。一夜西风忽报秋，纵使君来不堪折！"

**桐叶题诗** 蜀地的侯继图倚靠着大慈寺楼，看见一片大桐叶随风飘落，上面有诗："拭翠敛蛾眉，为忆心中事。搦管下庭除，书作相思字。天下有心人，尽解相思死。天下负心人，不识相思意。有心与负心，不知落何地？"过了两年，侯继图娶了任氏为妻，妻子任氏原来就是在桐叶上写诗的人。

**白团扇** 东晋中书令王珉与嫂子的侍婢感情深厚，而嫂子对待侍婢不好，经常鞭打她。侍婢擅长唱歌，而王珉又喜欢拿着白团扇，侍婢就作了一首《团扇歌》："团扇复团扇，许持自障面。憔悴无复理，羞与郎相见。"

**金莲步** 南齐东昏侯萧宝卷用金子凿成莲花的样子贴在地上，让潘妃在上面行走，说：“这就是步步生金莲啊。”

**邮亭一宿** 五代时的陶穀出使江南，韩熙载让妓女秦弱兰装作驿站小吏的女儿，拿着笤帚扫地，陶穀因此与她成鱼水之欢，并写了一阕《风光好》赠给她：“好因缘，恶因缘，只得邮亭一夜眠，别神仙。琵琶拨尽相思调，知音少。待得鸾胶续断弦，是何年？”

**司空见惯** 唐代的杜鸿渐官为司空，镇守洛阳的时候，苏州刺史韦应物路过洛阳，杜鸿渐设宴招待他，并叫来两个歌妓唱歌伴舞以助兴，喝到酒酣时，便让歌妓向韦应物求诗。后来韦应物醉得厉害，便睡下了。半夜醒来看到竟然有两个歌妓在旁边，大吃一惊，便问原因，歌妓回答说因为酒席上他作了诗，所以司空大人命她们来侍寝。韦应物让她们念一下他作了什么诗，她们读道：“高髻云鬟宫样妆，春风一曲杜韦娘。司空见惯浑闲事，恼乱苏州刺史肠。”

**媚猪** 南汉之主刘鋹（chǎng）得到一个波斯女子，长得黑而丰腴，极为妖艳，刘鋹宠爱非常，赐她封号为“媚猪”。

**燕脂虎** 陆慎言的妻子朱氏，为人阴沉残酷、狡猾善妒。陆慎言在尉氏做县尉，但政事不能自己做主，官民都称朱氏为“燕脂虎”。

**燕脂** 商纣王用红蓝花汁做成膏脂，来化桃花妆。因为出自燕国，所以取名叫“燕脂”。现在写成“燕”字加“月”字旁，已经不对了；甚至有人写为“因”字加“月”字旁，更是大错特错。《留青日札》记载：美人化妆，先在脸上涂底粉，再在手掌中把燕脂调匀，轻抹在两颊，浓的叫“酒晕妆”，浅的叫“桃花妆”，薄薄涂一些朱砂再用粉覆盖，就叫“飞霞妆”。唐代僖宗和昭宗的时候，京城女子涂嘴唇斗艳，以此来评判妆容的美丽与否。其中有名为石榴娇、大红春、小红春等十七种。

**偷香** 西晋的韩寿体态、面容都很美，贾充让他当自己的掾史。贾充的女儿偷看韩寿，很喜欢他，便与他私通。当时，有外国进贡了一种珍奇香料，沾到衣服上香气一个月都不会散尽，皇帝把它赐给贾充。贾充的女儿偷来送给韩寿。后来贾充发现了这件事，便把女儿给韩寿做妻子。

**宿瘤女** 《列女传》记载：齐王继位之初，出朝游玩，百姓都去观看，有一个脖子上长着瘤子的女子却只管采桑不去观看。齐王觉得很奇怪就问她原因，她回答说：“小女子受父母之命来采桑，却没有受命来看大王。”齐王认为她很贤惠，便想请她上车带她入宫，她说：“有父母在，如果没有得到父母允许便跟人走，那就是私奔。”齐王便捧着礼物去她家里下聘。她的父母很吃惊，想要让她沐浴换些衣服再走，她说：“改变容貌和衣服，齐王就不认识了。”于是便如采桑时一样来到内宫，齐王封她为王后。

**飞天紒** 唐末宫廷内流行的发髻叫“闹扫妆”，就好像被大风吹散了一样，其实也属于盘鸦髻、堕马髻一类。宋文帝元嘉年间，民间有女子梳发髻的时候，从发髻中抽出三分，向上梳直，称之为“飞天紒”。

**流苏髻** 有个叫轻云的女子头发很长，每次梳头时，站在床上头发还是会垂到地下，发髻梳好后，左右剩余的头发还各有一指粗，便再扎起来梳成同心带的式样，垂在两边的肩上，再用珠宝来装饰，这就叫作“流苏髻”。富人家的女子大多用黑色的丝线来模仿这种发型。

**断臂** 五代时的王凝娶了妻子李氏。王凝家在青州和齐地之间，官拜虢州司户参军，因病死于任上。王凝一直很穷，有一个儿子年纪还很小。李氏带着孩子运送他的骸骨回乡。过开封的时候，旅舍的主人不让她住宿。正赶上天晚，李氏不肯离开，主人拉着她的胳膊把她拉出去。李氏痛哭说：“我身为妇人，却不能守节，我的胳膊被人碰触了！我不能让这只手使我的身体蒙羞。”便拿起斧头砍断了胳膊。开封府尹听到了这件事，就给李氏优厚的抚恤，并用板子打了那个店主。

**截耳断鼻** 夏侯令的女儿，是谯国人曹爽堂弟曹文叔的妻子。曹文叔很早就死了，她怕家里逼她改嫁，便剪断头发来明志。后来家里果然要她改嫁，她便又用刀割掉双耳。等到曹爽被司马懿诛杀，她丈夫家被诛族，她父亲又让人来劝说她改嫁，她就割掉自己的鼻子，表示决不改变守节的志向。

**割鼻毁容** 高行是梁国的贞节妇女，容貌美丽，行为端庄。她的丈夫早死得早，她没有再嫁。梁王派国相去下聘，去了几次。高行说：“妇女美好的德行，在于嫁一次而不再更改。如果贪生怕死，见利忘义，怎么能算是人呢？”于是对着镜子拿刀割下了自己鼻子，说：“梁王之所以要娶我，不过是因为我的美貌罢了。现在我已经成了毁容之人，大王可以放弃我了吧。”国相回去报告给了梁王，梁王表奖了她，给她取名叫“高行”。

**守义陷火** 伯姬是宋共公的夫人，鲁宣公的女儿。宋共公死了，伯姬守寡独居。有天夜里房子着火，左右侍从问：“夫人可以出去躲避一下吗？”伯姬说：“妇人应守的义，是在侍从女官的陪同下才可以在夜里走出房间。”过了一会儿，身边的人又问：“夫人能否稍微出去躲避一下呢？”伯姬说：“越过妇人应守的节义而活下去，不如守着义死去！”于是死于火中。

**请备父役** 有个女孩叫女娟。赵简子征伐楚国时，与渡口的小吏约好了日期，到了那天小吏却喝醉了，不能撑船渡河，赵简子想杀了他。女娟请求让自己来代替父亲抵罪，说：“我父亲还醉着，哪怕心里知道错了但身体却不知道痛吧。”赵简子释放了她的父亲。将要渡河时，缺了一个撑船的人，女娟请求负担父亲的任务，赵简子不允许，女娟说：“商汤讨伐夏朝的时候，左边是纯黑色的母马，右边是黄色的母马，仍然可以流放夏桀；周武王讨伐殷朝的时候，左边是有青色斑纹的母马，右边是红色黑鬃黑尾的母马，仍然打败了殷纣王。大王渡河，用一个女子又有什么关系呢？”并唱了一首《河激之歌》来表达自己的想法。赵简子很高兴，说：“从前我梦到娶妻子，难道就是这个女子吗！”便要让人祈祷上天赐福，然后娶她为妻。女娟说：“女子有行事的原则，没有媒聘之礼就不能出嫁。小女子有父亲在堂，恕不能听命于大人。”于是赵简子给她父亲送上聘礼，然后娶她为妻。

**以身当熊** 冯昭仪是冯奉世的女儿，汉元帝把她选入内宫封为婕妤。元帝驾幸虎圈游玩，有只熊跑了出来，左右的人都吓跑了。只有冯婕妤挡在熊前面，后来熊被左右的人杀死了。元帝问她："人人都害怕，你为什么站在熊面前呢？"她回答说："我听说猛兽抓住一个人就不会再伤害别人，怕它伤害皇上，所以用我的身体挡住它。"元帝慨叹了很久，并立她为昭仪。

**速尽为幸** 皇甫规的妻子善于写文章，而且工于草书和篆书。皇甫规死后，董卓用重金下聘想要娶她，她大骂说："你不过是羌胡的杂种，毒害天下还不满足！皇甫氏是汉朝的忠臣，你不过是大汉的一个小吏，竟敢对上无礼！"董卓大怒，把她的头悬在套马的辕轭中，用鞭子和棍子来打她。她对打她的人说："快点将我打死就好了。"

**义保** 鲁孝公有个保姆。起初，鲁武公生了三个儿子，长子叫括，次子叫戏，最小的叫称。鲁武公去朝见周宣王，带着括、戏同去。周宣王看到戏非常端庄稳重，就让鲁武公立戏为世子。等到鲁武公死后，国人便拥立了戏为国君，这便是鲁懿公。括的儿子伯御杀了鲁懿公并自立为君，还到处搜寻公子称并想杀了他。那个保姆听闻有人来搜查，就把自己的孩子放在了公子床上，让公子换了衣服藏在其他地方。伯御便杀了床上的孩子。保姆抱着换了衣服的公子，逃到公子母族家里。鲁国的大夫们都为她的忠义所感动，就上书请求周天子诛杀伯御并立称为君，这就是鲁孝公。其他诸侯也都很敬重保姆的行为，于是称其为"义保"。

**作歌明志** 陶婴是鲁国陶门的女儿，她的丈夫很早就去世了，她靠着纺织为生并抚养儿子。鲁国人听说她年轻貌美，都想向她求婚。陶婴听说后创作了一首歌来表明自己的心志，唱道："黄鹄之早寡兮七年不双，鹅颈独宿兮不随众翔，半夜悲鸣兮故雄系肠，天命早寡兮独宿可伤！寡妇念此兮泣下数行。呜呼哀哉兮死者不可忘！飞鸟尚然兮况于贞良，虽有贤匹兮终不重行。”鲁国人听后都肃然起敬，没有再敢说去下聘的人了。

**天子主婚** 胡氏是学士胡广的女儿。解缙与胡广是同乡，而且同年中进士，一起在翰林院任职。一天，他们一起侍奉建文帝。建文帝说：“听说二位爱卿都快要生孩子了，我为你们主婚，让你们两家结为亲家吧。”胡广回答说：“昨天晚上解缙已经生了儿子，如果我再生个男孩，那该怎么办？”建文帝笑着说：“既然我已有了这样的想法，你就一定会生女儿。”结果胡广家果真生了女儿。后来建文帝被迫让位，而解缙又被汉王朱高煦诬陷而死，妻子、儿女都被流放到辽东，胡广就想毁掉婚约。胡氏哭着说：“女儿虽然命不好，可这是天子亲自指定的婚约，怎敢轻贱自己而失身于他人呢？”于是就割去左耳来明志。仁宗登上皇位后，下诏赠解缙官爵，并命他的儿子为中书舍人，给他假期让他与胡氏举行婚礼，同时赐给胡氏金币作为嫁妆。听闻此事的人都觉得这是一件荣耀之事。

# 卷十四

# 九流部

眼是精神的窗户，鼻是气息的门户，尾闾穴是精气的通路。
人用眼太多就耗费精神，呼吸过多就会导致气息虚弱，
欲望太多就会精气枯竭。所以必须闭上眼睛来养神，
调理呼吸来养气，清心寡欲来养精。

# 道教

**道家三宝** 《太经》说：眼是精神的窗户，鼻是气息的门户，尾闾穴是精气的通路。人用眼太多就耗费精神，呼吸过多就会导致气息虚弱，欲望太多就会精气枯竭。所以必须闭上眼睛来养神，调理呼吸来养气，清心寡欲来养精。精气充足则气息充裕，气息充裕则神气充足。这就是道家的“三宝”。三全《洞灵经》说：疏导筋骨就可以保全形体，剪除情欲就可保全精神，少说话就可保全福气。保此三全，即为圣贤。

**铅汞** 《东坡志林》说：人的生死都由坎离决定。坎离相融就生，分开就死；离指的是心，坎指的是肾。所谓的龙，就是汞，也就是精和血，它出自肾肝，是藏在坎中的物质。所谓的虎，就是铅，也就是气和力，它出自心肺，是藏在离中的物质。不修道法的人，龙就经常从水中出来，龙一飞走汞就轻了；虎经常从火中出来，虎一出来铅就枯了。所以有道行的真人会说：“龙从火里出，虎向水中生。”人若在平时总能正襟危坐，闭目调息很久，就会丹田湿润而水气上行，有如云气一样在泥丸宫蒸腾而起。火是水之“妃”，“妃”就是从属的意思，热气也必然跟从着水，这就是所谓的“龙从火里出”。龙出于火，那么龙就不飞所以汞也不干，半个月后，觉得头重而腰、足轻，这时就常卷起舌头舔喉间的小舌和上腭。时间长了就觉得汞进入口中，然后咽下去送到丹田，时间长了就化为铅，这就是所谓的“火向水中生”。

**三闭** 道家的三闭是指：收回视线，不听声音，不说话。

**八禽** 道家经书记载有熊罴行进之术、飞鸟伸脚之术、凫雁游泳之术、猿猴攀缘之术、鸱鸮夜视之术、老虎回顾之术、鷮(jiāo)鸟引气之术和乌龟伸缩之术，总称为“八禽术”。

**五气朝元** 不用眼睛看，那么魂就安放在肝里；不用耳朵听，那么精气就安放在肾里；不用舌头说话，那么神就安放在心里；不用鼻子闻，那么魄就安放在肺里；不用四肢去运动，那么意就安放在脾里。这就是道家的“五气朝元”。

**三华聚顶** 把精化为气，把气化为神，把神化为虚空，这就叫“三华聚顶”。

**九易** 西王母对汉武帝说：你只要固守精气不使它外流，呼吸放缓并吞咽唾液，这样一年就可换气，两年可以换血，三年可以换精，四年可以换脉，五年可以换骨髓，六年可以换皮肤，七年可以换骨骼，八年可以换头发，九年可以换形体。可换形体就说明可以变化，可以变化就表明你修成了道，修成道的话你就是仙人了。

**三关** 华阳真人说：子时肺的精华都在肾里，称为金晶。晶，就是金和水还没有分开，这是说肺、肾之气融为一个整体。通三关的修炼之法是：从尾闾穴的下关移气到夹脊的中关，从中关移至玉京的上关，按顺序开关之后，一下子冲过三关，直入泥丸宫。所谓的三关，海波对着大骨节的地方是尾闾下关；腰内两肾对着夹脊的地方是中关，又叫双关；左右两肩的正中，在胸顶部下会处的高骨节那块是玉枕上关。这就是道家所说的“三关”。

**三尸** 刘根遇到一个奇异之人，对刘根说：“想要长生不老，就要斩掉三尸。人体中有神，都想让人活，但三尸却只想让人死。人死了神也跟着变化，尸则会变成鬼；后代祭祀神，鬼也一起跟着享受到了祭祀。人梦到与坏人争斗，其实就是尸和神在战斗。”

**鸣天鼓** 《道书》记载：“学道的人必须要鸣天鼓，以召众神。”左边的牙齿互相叩击就是鸣天钟，右边的相互叩击就是鸣天磬，上下相互叩击就是鸣天鼓。想驱除不祥，就鸣天钟，这是讨伐鬼灵的；想制伏邪恶就鸣天磬，这是召集百神的；如果要静养修道，就鸣天鼓，这是朝拜真人、圣人的。鸣天鼓的时候要闭上嘴、舒缓脸颊，让声音虚空并且响声深远。

**三清** 玉清，就是元始天尊；上清，就是玉宸道君，也叫灵宝天尊；太清，就是混元老君，也叫道德天尊。此三位就是道家的三清。

**老君** 老君就是老聃李耳，写了五千字的《道德经》，道家奉其为祖师。因为他的年纪很大，所以称他的书叫《老子》。在亳州南宫的九龙井前，有升仙桧、炼丹井，都是他的遗迹。

**羡门** 紫阳真人周义山进入蒙山，遇到仙人羡门子乘着白鹿，佩戴着青髦节，他连连下拜乞求长生的秘诀。羡门子说："你的名字本来就在天府之中，还担心成不了神仙吗？"

**偓佺** 《列仙传》记载：偓佺，是槐里的采药人，吃松果，身体上长出四寸长的毛，既能飞又能跑。

**壶公** 汉代的壶公卖药，在市场上挂着空壶，晚上就跳到壶里去。费长房在楼上看到了这一幕，知道他不是常人，便每天送给他糕饼，壶公对他说："随我跳到壶里去吧，我传授给你仙术。"

**广成子** 黄帝听说广成子在崆峒山，就去询问长生之术。广成子说："必静必清，毋劳尔形，无摇尔精，可以长生。"

**许飞琼** 西王母降临汉武帝的宫殿，带着四名侍女。汉武帝问她们的名字，西王母回答说："许飞琼、董双成、婉凌华、段安香。"

**安期生** 安期生在海边卖药，秦始皇东游的时候，请求与他交谈，谈了三天三夜，赏赐给他几千万金玉。他出来买了阜乡亭后就离开了，留下一双玉鞋作为报答，并留下一封信给秦始皇："再过几十年到蓬莱山下找我。"安期生曾经喝醉了把墨汁洒在石头上，墨汁都变成了桃花。

**隔两尘** 韦子威拜丁约为师，一天韦子威要告辞离去，丁约对韦子威说："你离得道还隔着两尘。"儒家称"世"，佛家称"劫"，道家称"尘"，这是说韦子威还有两世的尘缘未了。

**地行仙** 张安道生日的时候，苏轼用一根拐杖来贺寿，并作诗："先生真是地行仙，住世因循五百年。"

**仙台郎** 《续仙传》记载：山西人侯道华某日早起，便飞上了松树顶，拜别众人说："玉皇大帝召我当仙台郎，现在就要走了。"

**仙人好楼居** 《郊祀志》记载：汉武帝因为道士公孙卿说神仙喜欢住在楼里，于是建造了首山宫，又建了章安宫、光明宫，殿宇千门万户，极为华丽奢侈，希望神仙来居住。

**画水成路** 东晋的吴猛喜欢道术，带着弟子回豫章的时候，江水湍急，无法渡过。吴猛用手里的扇子在江水中作画，江便成了陆路，大家悠闲地走过去。过了一会儿，水又恢复成原先的样子。

**噀酒救火** 东汉的栾巴任尚书郎。正月初一，皇帝赐酒给他，他含一口酒向着蜀地方向喷，有官员上奏说他不敬。栾巴谢罪说："臣是因为成都失火，所以喷酒来救火。"后来成都上奏朝廷说失了火，但很快就下雨浇灭了火，不过雨中却带着酒气。

**吐饭成蜂** 《列仙传》记载：葛玄向左元放学习《九丹经》。仙人与客人相对着吃饭，把饭吐出来就变成几百只大蜂，再张口，蜂飞进嘴里，咀嚼，又成了饭。大旱的时候，百姓很发愁，左元放做符书到社庙里，天很快就暗下来，然后便大雨如注。

**叱石成羊** 《神仙传》记载：黄初平小时候放羊，有一个道士把他带到金华山的石室里，在几年的时间里，教他学仙家的导引之术。他的哥哥黄初起到处找他，后来问一个道士，那人说："金华山里有一个放羊的孩子。"哥哥便跟着去了，见到初平，就问羊在哪里，初平回答说："在山的东边。"哥哥与他一起去看，只见山下都是白色的石头，初平吆喝了一声，这些石头都变成了羊。

**钻石成丹** 《真诰》记载：傅先生进入焦山，太上老君给了他一个木钻，让他把一块厚有五尺的石头钻穿，说钻穿了就可以得道成仙。傅先生便日夜不停地钻，钻了四十七年，终于把石头钻穿了，于是得到仙丹飞升成仙。

**剪罗成蝶** 宋代庆历年间，有一个叫九哥的人，混在市区乞丐中间，燕王叫他来并赐酒给他，于是他请求表演杂技让燕王高兴。他要了一匹黄绮罗、一把金剪刀，把绮罗叠起来用剪刀剪碎，那些碎布一下就变成了无数的蜜蜂和蝴蝶，有的飞到燕王的衣袖上，有的乱停在宫女的头发上。九哥召唤它们，便都飞回来，又恢复成一匹绮罗。但中间有一个像蝴蝶的孔，原来是一个宫女好奇地捉住了一只蝴蝶。燕王问："还能用蝴蝶把绮罗补上吗？"九哥回答："不必了，让它做这个奇迹的见证吧。"

**羽客** 南唐保大年间，有个道士叫谭紫霄，号称金门羽客。

**外丹内丹** 道家把用烹鼎冶炼金石之术称为"外丹"，把吐纳之术称为"内丹"。

**黄冠** 唐代李淳风的父亲叫李播，曾在隋朝做官，后来弃官当了道士，自号黄冠子。

**卧风雪中** 谭峭字景升，冬天就穿绿色的布衫，有时还躺在雪中。他的父亲常派家僮出来找他，同时还给他寄冬天的衣物和钱财。但谭峭得到这些东西，就分给贫穷的人；或者留在旅店，自己一点儿也不留。

**八仙** 汉钟离，本名权，字云房，以裨将的身份跟着周处大战齐万年，败后逃进了终南山，遇到东华王真人。到了唐代才到世上来一次，度吕洞宾成仙。称自己是“天下都散汉”。

吕纯阳，名岩，字洞宾。参加进士考试没考上，遇到了汉钟离。他们就一起到旅店休息，汉钟离自己烧火做饭。吕洞宾却忽然昏睡了过去，梦见自己以进士身份进京，并考中状元，做了好多位高权重的官，前后两次娶了权贵之女，有五个儿子十个孙子，全家都是高官，就这样过了四十年。后来官至宰相，并且一人独揽宰相大权长达十年，权势熏天。忽然有一天被判重罪，抄没了家产，押到云阳行刑，就在人头落地的刹那，他忽然惊醒，大发慨叹之声。汉钟离在旁边，饭还没有熟，便笑着问他：“黄粱饭还没有熟，而你却已经梦到了华胥国。”吕洞宾大吃一惊说：“你知道我梦到什么了？”汉钟离曰：“你刚才做的梦，升沉起浮，荣辱变化，五十年来，也不过转眼间，若无大梦点悟，怎可知人生一世不过梦一场呢！”吕洞宾听后忽然开悟了，便向汉钟离下拜，请求他度自己成道。

蓝采和，不知道是哪里的人。总是穿着破烂的蓝衣服，系着黑木腰带，一只脚光着，一只脚穿鞋，醉了就拿着三尺长的大拍板，边走边唱：“踏踏歌，蓝采和，世界能几何？红颜一春树，光阴一掷梭。古人滚滚去不返，今人纷纷来更多。朝骑鸾凤到碧落，暮见桑田生白波。”歌词大多是随便写成的。后来走到濠梁，忽然飞升，于是他便扔下靴子、腰带和拍板，乘着云朵上天了。

韩湘子，是韩愈的堂侄。小时候便开始学道，流落异乡，多年后才回到故里，正赶上韩愈的生日。韩愈对他多年流落在外很生气，韩湘子说：“不要生气！请让我献上一点学到的小技艺。”他当即表演了让花忽然，每个花瓣上都写了一联诗：“云横秦岭家何在？雪拥蓝关马不前。”韩愈不明白什么意思，便让他走了。后来韩愈被朝廷贬到了潮州，到蓝关的时候，韩湘子早在那等候。韩愈这才醒悟，所以又按前韵吟出了三句诗，来补前边那一联，然后就分别了。

张果老，隐居在恒州的中条山，曾应唐代的朝廷征召出山。开元年间，得到的宠幸、待遇与叶静能天师差不多。他说自己在尧帝时官为侍中，叶静能偷偷告诉别人：“他是天地初分时的白蝙蝠精。”朝廷授他为银紫光禄大夫，然后任他归隐。天宝年间留下形骸仙去。《明皇杂录》记载：张果老隐居在中条山，经常骑着白驴，每天可走一万里，晚上就把驴叠起来，放在箱子里，原来是纸做的；想骑时用水一喷，就又变成驴了。

曹国舅，没人知道他的名字，有说是丞相曹彬的儿子，曹皇后的弟弟，所以称为国舅。小时候长得很美，性格恬淡安静，皇上与皇后都很看重他。有一天他请求出家求道，皇上赐给他金牌。到了黄河岸边，因为船家要渡资，他一急就用金牌来抵。吕洞宾见到这一情景知他非凡人，就点化他，他便拜吕洞宾为师从而得道成仙了。

何仙姑，零陵市人，是位女性。出生的时候有紫色的云朵绕着屋子，家住云母溪，梦见有神人教她吃云母粉，于是行走如飞。遇到吕洞宾给了她一个桃子，她只吃了一半，从此就再无饥饿之感。她很会预测未来的吉凶。唐代武则天召见她，但中途就不知道她到哪里去了。

铁拐李，原本身材魁梧，少年就学道，并在山洞里修炼。有一天应太上老君之邀去华山赴会，叮嘱他的徒弟："我的身体在这里，如果我的魂七天不回来，就把身体火化了吧。"徒弟因为母亲得病想快点回家，忘了具体的日子，结果在第六天就给火化了。而铁拐李第七天回来没有了身体可以依存，只好附在一个饿死鬼的尸体上起来，所以外形丑陋，还跛足，其实这不是他本来的样子。

**化金济贫** 王霸在南朝梁时渡过长江进入福建，住在西郊外，凿井炼药，还能变出黄金。在发生饥荒的年岁里，他就把金子拿出来买米，救济了很多穷人。

**擗麟脯麻姑** 王方平有一次到蔡经家拜访，派使者请麻姑也过来相见，转眼间麻姑就到了。蔡经全家人都看到了，麻姑是个漂亮的女子，手像鸟的爪子一样，衣服上有美丽的花纹，但并不是人织出的锦绣。坐定后，他们各自进献饭菜，香气飘到了门外，麻姑拿了麒麟肉来下酒。麻姑说："咱们相会这段时间，东海已经三次变为了桑田，蓬莱的水也又一次变浅了。"宴会结束后，便乘云而去。麻姑是后赵（石勒政权）麻胡秋的女儿，她的父亲勇猛凶悍，人们都怕他。他修筑城墙时法令严酷，日夜不停，只在鸡叫时才让百姓稍微休息一下。麻姑体恤百姓，便模仿鸡叫的声音，这样别的鸡也都打起鸣来。她父亲发觉后想要鞭挞她，麻姑因为害怕便逃进了山洞，后来竟然飞升成了神仙。

**蓑衣真人** 何中立是淮阳的一个书生。一天，他把书都烧了，把帽子也撕了，隐匿于苏州，在天庆观建了一个草庐，披着一件蓑衣，无论何时都不脱下，所有预言都很应验。有得病的人，他就把蓑衣的草给病人吃，吃后立刻就好；如果不给草，那人的病就不好。因此人们称他为蓑衣真人。宋孝宗派宦官带着厚礼来问询，却不说到底想问什么，何中立转过头说："有华夏人也就有异族人，有太阳就有月亮。"宦官回去禀报，宋孝宗说："确实说中了我的心事。"原来他想问的，就是收复北方和当时没有皇后这两件事。

**自举焚身** 颜笔仙是宋代建炎初年人，他每天只卖十支笔。遇到转运使，转运使给了一斗酒让他喝，喝完后，他作了个揖就走了，留下了盛笔的篮子。转运使派人拿去还给他，但无论怎么用力都拿不起来。凡是得到他笔的人，笔管中或有诗或有偈语，所说的祸福之事没有不应验的。九十七岁那年，他堆好芦苇，然后坐在上面，点火自焚，有人看到他乘着火云飞升而去。

**金书姓名** 广陵人李珏，以贩卖粮食为生，每斗粮只赚两分，以此来赡养父母。有买粮的人，他就把斗拿出来让他们自己量。当朝丞相李珏节度淮南，梦见自己进入一个洞府，看到有块石头，上面有凿刻且用金子填充的一些姓名，其中就有"李珏"二字，正高兴的时候，有两个仙童说："这个是广陵江阳的平民李珏。"

**独立水上** 葛仙公名玄，会仙术。曾跟随吴国君主到溧阳，突然狂风大作，船翻了。葛玄一个人立在水上，衣服和鞋子都不湿。后来白天就飞升成仙。勾漏县令葛洪就是他的孙子。

**李白题庵** 许宣平隐居在城阳山，什么都不吃，但容貌像四十岁的人，走路就像疾驰的马一样快。他常背着柴到市场上去卖。曾吟诗："负薪朝出卖，沽酒日西归。借问家何处，穿云入翠微。"李白到山里去拜访他，没有见到，只好在他隐居的庵上题字而归。

**使聘不出** 墨子名叫墨翟，是宋国人。外研经典，内修道术，写了十篇文章，名为《墨子》。八十二岁时，汉武帝派使者去请他出山，他不出来。当时看他的面色，就像五十多岁。

**冬日卖桃** 李犊子活了几百岁，他的面貌时而年轻时而老迈，有时漂亮有时丑。阳都有一酒家的女儿，生得眉毛连着耳朵，又细又长，人们都觉得很奇怪。有次李犊子牵着一头黄牛从这里经过，那个女子很喜欢他，就跟着他走了，人们无法追上。冬天，还常看到李犊子在市场上卖桃子和李子。

**贞一司马** 司马承祯拜潘师正为师，学习辟谷、导引之术。唐睿宗召他问起这些修炼之术，他回答说："修道就是每天失去一点，这样不停地失去，直到无可失去。"唐睿宗说："修身是这样，那治国应该怎样呢？"他回答："国家跟身体一样，把心放淡，使心性淡然，以自然之理与外物相处，且不要心怀私念，这样天下就太平了。"皇帝叹息说："广成子也是这样说的呀！"并在他死后赐下"贞一先生"的谥号。

**点化天下** 贺兰善于食气。宋真宗召他前来，问他："人们都说先生能点石成金，是真的吗？"他回答："我希望陛下用尧舜之道来点化天下，方士那些虚假的法术，没什么值得说给陛下听的。"宋真宗便给他赐号为宗玄大师。

**临葬复生** 张三丰住在宝鸡县金台观。洪武二十六年九月二十日，自言要辞别人世，然后留下颂语就仙逝了。当地百姓杨轨山等人置办了棺材并把他安顿好，正准备下葬时，他却复生了。

**弘道真人** 周思得是钱塘人，会施灵官法，可以预知祸福。明成祖朱棣北征，召他随行，多次预测都很灵验，就称他为弘道真人。早年，朱棣曾在东海获得一个灵官的藤像，早晚都崇信礼拜，征伐之时也带着它一起行军；等到了金川河的时候，藤像却怎么也抬不走了，便问周思得，周回答说："上天立限，止于此地。"后来，果然就有了榆木川之役（朱棣驾崩于此）。

**瓶中辄应** 冷谦，在洪武初年官为协律郎，朝廷祭祀的乐章，都是他撰写的。他有一个朋友非常穷，冷谦便在国库墙上画了一扇门，让这个朋友进去拿两锭银子。朋友进去却贪婪地拿了很多，还不小心把通行证丢在了里面。后来，朝廷的库房发现丢了银子，只有两锭没有被登记在案。小吏拿着通行证搜捕，抓到了那个朋友，同时也抓了冷谦。冷谦说口渴想喝水，捕吏灌了一瓶水给他，冷谦便跳进了瓶中，捕吏又急又惧，冷谦说："不要害怕，你只要把瓶子拿到皇上面前就行了。"皇帝叫冷谦，瓶子便也答应。皇帝说："你为什么不出来？"他回答："我有罪，不敢出来。"皇帝命人把瓶子打碎，却发现每一个碎片都能回答。

**入火不热** 明朝初年，皇帝到南昌，周颠仙在路旁拜见，必定说："告太平，打破一个桶，另置一个桶。"并跟随圣驾到了金陵。他说自己可以到火里而感觉不到热。皇帝让人用大瓮把他扣上，在外面堆了木柴来烧。火都灭了，揭开瓮一看，里面却还有丝丝寒意。后来他告辞去了庐山，便不知踪迹了。

**指李树为姓** 老子的母亲看见太阳之精像流星一样从天而落，飞到了自己嘴里，于是怀了孕。过了七十二年，在陈国涡水的李树下，剖开左腋才把孩子生下来。孩子一生下来便指着李树说："这就是我的姓。"他的耳朵有三漏，头顶有日光，身上到处是白血，脸上凝结着金色，舌头上布满锦文，身高一丈二尺，牙齿有四十八颗。学到了元君宝章变化之方，还有还丹、伏火、冰汞、液金的炼制之法，共有七十二篇。

**陆地生莲** 尹文始先生出生的时候，他家地上生出了莲花。长大后他用草结为楼，在里面研修高妙的道法。

**白石生** 白石生煮白石当食物，有人问他为什么不乘霞飞升上天呢，他笑着回答说："天上有太多身份尊贵的人要侍奉，比人间更痛苦。"当时人们称其为隐遁仙人。

**古丈人** 嵩华松下边有古代的一个老人和两个女子，据说："老人是秦朝服役的人，两个女子是宫女，本该殉葬，但幸运地从骊山逃脱了，藏在此地。"

**掌录舌学** 董谒用讨来的犬皮和羊皮做成裘衣，编棘草为床，把鸟兽的毛堆在一起取暖睡觉。他非常喜欢奇异的文字，见了就写在手掌上，回家后再用竹片写下来，写完后用舌头把手上的字舔去，最后竟使舌头变黑、手掌溃烂。人们都说董谒是用手掌记录而用舌头学习。

**负图先生** 季充号负图先生。伏生十岁时，便到石室向季充学习《尚书》，季充还传授了四代之事。伏生用绳子缠绕腰和脖子，怎么也不能使两头对接上，十丈长的绳子都用完了。季充吃菊花与黄术，经常十天半月不说话，有人问他为什么，他回答说："这世界上没有可以吃的东西，也没有可以与之说话的人。"

**目光如电** 涉正闭着眼睛已有二十年了，他的弟子一直请求他睁开，终于，涉正睁开了眼，弟子听到霹雳一样的声音，还看到像闪电一样的光芒。然后，涉正又把眼睛闭上了。

**守天厕** 淮南王刘安拜见太清仙伯的时候，因就座起身时不恭敬，被罚去守天上的厕所。

**墨池** 梅福住在南昌县，居所有水有竹，清静幽雅。后来王羲之在临川郡为官时，每次路过此地都盘桓良久不舍离去，因此这个居所号称墨池。起初，梅福在池中种了莲花，叹息着说："生命令我感到残酷，身体是我的桎梏。形貌是我的耻辱，妻子是我的毒物。"于是抛弃妻子，去了洪厓先生所居的仙山。

**青童绛节** 张道陵居住在渠亭山，他看到有青衣童子持红色符节做先导，说："太上老君到了。"还有两个人跟随，都在二十岁左右。有人指着跟随的二人说："这个是子房，那个是子渊。"

**金莲花** 元藏几有三只驯服的鸟，有点像鹤，经常在空中飞翔，召唤它们就会立刻飞来，能学人说话。元藏几曾在航海时漂到一个小岛上，有人说："这就是沧州。"那里出产一种分蒂瓜，长有一尺；还有绿枣和红色栗子，都像梨那样大。水池中有长脚的鱼和金莲花，女人采来花做首饰，并说："不戴金莲花，不得在仙家。"

**刺树成酒** 葛玄遇到亲朋故友，就邀请他们停下来，然后折下草来刺树，并用杯子接着，树汁像泉水一样流下来，杯子满了就停了，喝着甜美如酒。取来瓦砾盛着草木变的果实来劝客人吃，都像果脯一样。指着蛤蟆、飞龟让它们跳舞，也都立刻响应如神仙点化。想要劝饮，杯子就会自己到客人面前，如果不喝完这杯酒，杯子就不离开。

**林樾长啸** 黄野人游览罗浮山的时候，长啸几声，声震林木。宋代咸淳年间，有一个人戴着乌方帽穿着靴子，在罗浮山往来穿行，见人就大笑，并且立刻回头就跑，三年了也不说自己的姓氏。有一天他喝醉回来，忽然拿起一块煤在墙上写道："云意不知沧海，春光欲上翠微。人间一堕十劫，犹爱梅花未归。"这也是黄野人一类的人吧。

**脑子诵经** 司马承祯善写一种名为"金剪刀书"的字体；他的头里有小孩子诵经的声音，清晰如振玉；额头上有一块像铜钱大小的太阳，可以照亮一席的范围。

**许大夫妇** 许大就是许旌阳，平日做些家务。夫妇二人隐居在西山，不想让人知道他们的姓氏，便改姓"午"，后来又改姓“干”。夫妻二人都会写诗。许大曾写道：“不是藏名混世俗，卖柴沽酒贵忘言。”他的妻子续道：“儿家只在西山住，除却白云谁到门！”

**服石子** 东晋的单道开吃小石子，一次吃了几块。唐子西为他写了一首赞辞说：“世人茹柔，刚则吐之。匙抄烂饮，牛口如饲。至人忘物，刚柔一致。其视食石，如啖饼饵。北平饮羽，出于无心。食石之理，于此可寻。我虽不能，而识其理。庶几漱之，以砺厥齿。”

**驱邪院判官** 白紫清说：“颜真卿现在的官职是北极驱邪院的左判。”

**符钉画龙** 毒龙潭的两条龙飞进殿中，与张僧繇所画的龙恶斗，一时间竟然雷电交加，风雨大作。丁玄真画了铁符来镇压毒龙潭的龙，但那两条龙穿山而逃；他便再钉住所画之龙的眼睛，这场恶战之祸才算停下了。

**摸先生** 有一位先生，头顶梳着两个发髻，背着一个小竹筐卖药，如果遇到有患病的人，他就用手摸一下，病马上就好了。人们都称呼他为“摸先生”。

**尊号道士** 周穆王求仙问道，这才有了道士这个尊称。西王母让周穆王看到元始天君的真面目，这才开始有了道士行礼的仪式。汉桓帝把老子的画像迎入皇宫，并用郊天乐来祭祀道教，这才使其有了可与佛教相提并论的尊崇。

魏世祖曹丕拜寇谦之为道教的天师，设下道场，领受符箓。周武帝又封其为国公，唐中宗增加了使用金紫的品位，唐玄宗赐号为先生，宋神宗赐号为处士。寇谦之修炼张鲁的法术，开始只是用声音来诵读并做一些仪式，后来便可号召百神来引导修养丹砂的法术。唐高祖开始授给道官。宋太宗增加设置了道副录、都监。宋太祖开始规定道士不可以娶妻生子。

**改称真人** 张道陵的子孙世袭道教的天师职位，来执掌道教。后来明太祖说："天是至尊，怎么会有'师'？"下诏改为"真人"。最初，张道陵在蜀地的鹤鸣山修习长生之术。山上有一只石鹤，如果鸣叫就证明有得道之人来了。张道陵住在这里时，石鹤就鸣叫了。

**真武** 净乐国王的太子遇到天神，天神授给他一把宝剑，进入武当山修道。过了很久，也没有收获，便想出山。看到一个老婆婆正拿着铁棒在石头上磨，问她磨这个要做什么，她说："做针。"问她："这岂不是太难了吗？"老婆婆说："功到自然成。"太子大悟，于是继续努力修炼了四十二年，后来白日飞升成仙。

**陈抟** 陈抟字图南，亳州人。四五岁的时候，遇一个青衣妇人喂了他一次奶。从那以后便聪慧异常，看书一目十行。有次遇到孙君仿，孙君仿对他说武当山的九室岩可以居住，便去了，辟谷二十多年。忽然夜里看到有一个金人拿着剑说："你的道成了。"后来他迁到华山。宋太宗召见他，给他赐号为"希夷先生"。

**周颠** 周颠这个人，举止非常诡异，让人无法理解。每次见到明太祖朱元璋，都一定说："告太平。"明太祖十分讨厌他，命人把他盖在瓮下，堆上木柴来烧。火灭后打开来看，周颠安然稳坐。明太祖亲自为他写了传记。

**张三丰** 张三丰又叫“邋遢张”。明太祖寻访不可得。有人问他成仙之术，他不回答；问他经书，却说得津津有味、不绝于口。一顿饭可以吃好几斗粮食，但也可以几个月不吃东西，仍然谈笑自若。深冬时常躺在雪里面。

# 佛教

**禅门五宗** 唐代的南岳怀让禅师的法嗣：南岳怀让禅师下三世是百丈海禅师，下四世是沩山灵祐禅师，下五世是仰山慧寂禅师，他们建立了沩仰宗；南岳怀让禅师下四世是黄蘗希运禅师，下五世是临济义玄禅师，他们建立了临济宗。 青原思禅师的法嗣：青原思禅师下六世是曹山本寂禅师，下七世是洞山道延禅师，他们建立了曹洞宗；青原思禅师下五世是德山宣鉴禅师，下六世是雪峰义存禅师，下七世是云门文偃禅师，他们建立了云门宗；青原思禅师下八世是罗汉琛禅师，下九世是清凉文益禅师，他们建立了法眼宗。这五宗之中，现在天下属曹洞宗、临济宗最兴盛。

**佛入中国** 汉明帝梦到一个身长一丈多的金人，从空中飞下来。于是他就咨询群臣，傅毅说："西域有神，其名为佛。"于是汉明帝便派蔡愔等人前往天竺国寻求佛道，得到了佛家经典和传教的和尚，从此佛教便传入了中国。

**象教** 如来佛坐化以后，他的弟子都想念不已，便用木头雕刻为佛的样子，以供敬仰。杜甫有"方知象教力"的诗句。

**优昙钵** 《法华经》中说：此人比优昙钵还稀有。优昙，是花的名字，三千年才应瑞而出，如果优昙花出现，那么金轮王就会出现。

**般若航** 清凉禅师说："所谓的'般若'，就是救众生于苦海中的航船，黑暗道路上的巨烛。"

**兜率天** 《法苑珠林》中说：兜率天像下雨一样降下摩尼珠，护世城则降下美味佳肴，阿修罗天则降下兵器，阎浮世界降下清净。之所以说是下雨一样，是说人们承其恩惠，也就像是说"赐"一样。

**西方圣人** 《列子》记载：太宰嚭问孔子："谁是圣人？"孔子说："西方有圣人，不治理天下但天下不乱，不说话但大家都信他，不施教化人民却自我领悟了，德行高贵浩荡呀，人民无法为他命名。"

**不二法门** 《文选·头陀寺碑文》注引《维摩诘经》记载，文殊菩萨对维摩诘说："什么是不二法门？"维摩诘不语，文殊菩萨说："已经达到了没有文字和语言的境界，这才是真的不二法门啊。"

**即心即佛** 《传灯录》记载，有僧人问大梅和尚："你见到马祖收获了什么？"大梅说："马祖对我说'即心即佛'。"僧人便说："马祖最近又说'非心非佛'。"大梅说："这老汉专门来扰乱人心，管他说什么'非心非佛'，我只管'即心即佛'。"那个僧人把这话告诉了马祖，马祖说："梅子熟了（即大梅和尚已得道）。"

**舍利塔** 《谈苑》记载：阿育王造的释迦牟尼真身舍利塔，出现在明州鄞县。宋太宗命人取出舍利，在开宝寺中找了一块地方，建造了一个十一层的塔来供奉。

**沙门** 《汉记》记载：沙门，汉语的意思是“息心”，就是要停息在无为的地方。梵语为“沙门那”，或者叫“沙门”，汉语译作“勤息”，或译“勤行”，又称“善觉”，也称“沙弥”，又称“比丘”。秦地则称“乞士”，又称“上人”。

**苾刍** 《尊胜经》记载，苾刍，是一种草的名字，有五种含义：生长在阳光普照的地方；四季常青；它外形与内在都非常柔软；它香气四溢；引蔓草遍布身旁。它是佛的徒弟，所以称它为“僧”。

**紫衣** 《史略》记载：唐代武则天的时候，赐给僧人法朗等人紫色的袈裟。给僧人赐紫衣，就是从武则天开始的。

**五戒** 凡是出家人，师父已承认的，就要受五戒，即一不杀生，二不偷盗，三不邪淫，四不妄语，五不饮酒。

**传灯** 佛家经典都用灯来作喻，是因为它能破除黑暗。六祖所传之法就叫“传灯”。现在有《传灯录》。杜甫有“灯传无白日”的诗句。

**飞锡** 《高僧传》记载：梁武帝时期，僧人宝志非常喜爱舒州潜山的奇绝景色，当时有一个方士叫白鹤道人，也想得到这个地方。梁武帝让二人各自用东西来标记想得到的地方，得到的就可居住修行。道人说用仙鹤停栖之处为标记，宝志说以禅杖停下的地方为标记。说完，仙鹤先飞了出去，忽然空中传来禅杖飞过的声音，只见禅杖停在了山脚下，仙鹤只好停在别的地方，于是二人就各自到标记的地方去建房屋。所以称呼行僧为“飞锡”，住僧为“卓锡”，也称“挂锡”。

**祝发** 祝发是指祝贺僧人剃发皈依佛门，头顶要剃得光亮。《唐书》中有“祝发划草”一词，僧人剃去头发称为“划草”。

**檀那檀越** 梵语发音为“陀那钵底”，汉语称“施主”为“檀那”，就是把“陀”读成“檀”，又省掉了“钵底”的读音，所以便成了“檀那”。也有称“檀越”的，是说此人能实行“檀施”，能越过贫穷之海。

**伊蒲馔** 东汉时楚王刘英到朝廷献缣布以赎罪，朝廷下令说：“楚王爱好黄老之言，也崇尚西域的佛教，那你把这些东西拿回去做供养‘伊蒲塞桑门’的食物吧。”

**风幡论** 《传灯录》记载：六祖惠能刚到法性寺时，风吹幡动。有两个僧人争论，一个说是风动，一个说是幡动。六祖说：“既不是风动，也不是幡动，是你们自己的心动。”

**传衣钵** 五祖想要传衣钵给徒弟，便召集手下五百名僧人说：“谁能作出无形迹的偈语，就付给他衣钵。”首座诵道：“身似菩提树，心为明镜台。时时勤拂拭，勿使染尘埃。”惠能随后把此改诵为：“菩提本非树，明镜亦非台。本来无一物，何处惹尘埃？”五祖大吃一惊说：“这偈语全是悟道之言，而且超然毫无形迹，我可以放心了。”便把法宝和所传袈裟都付给了惠能。

**得真印** 南朝梁时，达摩敬奉着佛衣来到中国，得道的人将此佛衣如真印一直往下传。六祖惠能在韶州受戒，在曹溪说法，从那时起将佛衣放下不传，后来皇帝给惠能赐下谥号为大鉴禅师。

**杨枝水** 佛图澄是天竺人，精通玄妙的法术，可念诵咒语调动鬼神。石勒听说了他的名气，召他来试验他的法术。他取钵盛水然后焚香，一会儿，钵中就生出了青莲花。石勒爱子突然得急病死了，佛图澄取来杨树枝洒水并念咒语，死者就立刻活了。

**披襟当箭** 《传灯录》记载：石巩和尚经常对着前来求学的人拉弓搭箭。义思禅师去拜访他，石巩和尚说："看箭！"义思禅师解开衣服对着他。石巩和尚笑着说："三十年张弓架箭，却只射中了半个汉子。"

**一坞白云** 广严院的咸泽禅师终日逍遥自乐。有僧人问："广严院的家风是什么呢？"咸泽禅师说："一坞白云，三间茅屋。"

**安心竟** 可大师问初祖达摩说："诸佛的法印，可以讲给我听吗？"初祖说："诸佛的法印，不是从别人那里得来的。"可大师说："我的心不宁静，请师父帮我安定。"初祖说："把心拿来，我帮你安定。"可大师过了好久才说："找不到那个躁动之心了。"初祖说："我已让你的心安定了。"

**求解脱** 信大师向三祖施礼道："希望和尚大发慈悲，请告诉我解脱的法门。"三祖说："谁束缚你了？"信大师说："没有人。"三祖说："既然没人束缚，你求什么解脱呢？"信大师当下便悟了。

**入门来** 世尊看见文殊菩萨站在门外，便说：“为什么不进门来？”文殊菩萨说：“我在门外没有看到任何的法，拿什么让我进门来呢？”

**再转法轮** 世尊快要涅槃的时候，文殊菩萨请求佛再转法轮。世尊训斥说：“我在世间住了四十九年，不曾给人一个字。你请我再转法轮，是说我曾转过一次法轮了吗？”

**汝得吾髓** 达摩将寂灭，让门人各说一下自己所得之道。副座说：“像我所见到的，不执着于文字、也不离开文字才是道。”达摩说：“你得到了我的皮毛。”总持僧说：“我现在看到的，以后便不会再看到了。”达摩说：“你得到了我的血肉。”道育说：“天地皆空，所见皆不可得。”达摩说：“你得到了我的筋骨。”最后慧可礼拜达摩后不发一言站在自己的位置上，达摩说：“你得到了我的骨髓。”

**不起无相** 般若尊者问达摩：“天下各种物体中什么物体无相？”达摩答道：“在世间万物中没有无相。”

**洗钵盂去** 有僧人问赵州和尚：“求学者刚刚进入寺庙，请师开示。”赵州和尚说：“喝粥了没有？”回答说：“喝了。”赵州和尚说：“那就洗碗去。”那个僧人一下子便悟了。

**使得十二时** 有僧人问赵州和尚：“在十二个时辰里应该怎么用心？”赵州和尚说：“你被十二个时辰所使，而我可以使十二个时辰。”

**天雨花** 南朝梁有一个高僧在天龙寺里讲经，天降宝花，缤纷落下。徐玉泉赠诗道："锡杖飞身到赤霞，石桥闲坐演三车（三车指'三乘'，即大乘、中乘、小乘）。一声野鹤仙涛起，白昼天风送宝花。"

**石点头** 晋代有一个叫玉生的奇异僧人，又叫竺道生，人称其为生公。他在虎丘寺讲经，没有信众。于是他便把石头聚在一起当他的徒弟，然后坐下来说法，石头听了都点头。

**龙听讲** 南朝梁的时候，一个僧人讲经，有一个老者坐听，问老者的姓名，原来是潭中的龙，说"今年大旱，所以很闲，便来这里听法"。僧人问："能解决大旱吗？"他说："天帝封了江湖，不能擅自使用。"僧人又问："砚台里的水可以吗？"他说："可以。"便在砚台边上吸水而去，当天晚上便下了大雨，只是水都是黑的。

**离此壳漏子**《传灯录》记载：洞山良价和尚将要圆寂了，对众人说："离开这个壳漏子，到什么地方再相见？"众人不回答，他便俨然坐化。

**只履西归** 二十八祖达摩到中国传播天竺的佛法，自初祖迦叶尊者开始，传到达摩是第二十八祖。达摩在梁武帝大通元年（529 年）才到中国，被奉为禅宗的始祖，后来安然而逝。过了三年，北魏的宋云出使西域，归来时在葱岭竟然遇到了达摩祖师，手里拿着一只鞋，翩然远去，问他到哪里去，他说："西天去。"北魏孝明帝打开他的坟，发现只有一只鞋在里面。

**阇（dū）维茶毗** 天竺国的第九祖将寂灭，众人用香油和檀香来涂抹他将“阇维”的身体。僧人死亡火化叫作“阇维”，又叫“茶毗”。苏轼在曹溪借宿，借来《传灯录》读，灯花落下烧出一个“僧”字，苏轼便用笔在台上写道：“曹溪夜岑寂，灯下读传灯。不觉灯花落，茶毗一个僧。”

**截却一指** 天龙和尚合掌举过头顶拜问古德：“请问佛在什么地方？”古德说：“佛在你的指头上。”天龙和尚就竖起一个指头早晚观看，古德从背后截断了他那个指头，天龙和尚豁然开悟。后人说：“天龙截却一指，痛处即是悟处。”

**吃在肚里** 有老和尚吃饭，有人问道：“和尚吃饭与常人一样吗？”和尚说：“老僧吃饭，口口都吃到肚里。”

**放生** 北朝的使者李谐到了梁朝，梁武帝和他一起四处游赏。偶然走到放生的地方，梁武帝问他：“你们国家也放生吗？”李谐说：“不去抓也不去放。”梁武帝大为惭愧。

**海鸥石虎** 佛图澄依附于石勒、石虎，号为大和尚。用麻油涂在手掌上，可以预测几百里以外的吉凶。听寺庙的铃声，便可以知祸福。石虎即位，把他当老师一样来侍奉，当时人说佛图澄把石虎当作海鸥鸟。

**帝言日中** 虎丘的生公坐在石头上讲经，宋文帝召集僧众施舍食物给他们，有人说僧人的戒律是太阳过了中天就不能再吃东西了。宋文帝说：“刚到中天。”生公说：“太阳在天上，天子说是中天，如何不是中天呢？”说完拿起筷子就吃。

**碎却笔砚** 唐代的李泌在衡山以师礼侍奉明瓒禅师，明瓒禅师说："想学道的人，必须先把笔和砚台砸碎了。"

**六道** 佛家有六道轮回的说法，即天道、人道、魔道、地狱道、饿鬼道、畜生道。

**捱日庵** 善导和尚居住的庵叫"捱日"，并告诉众人说："若体悟到这两个字的意义，就可以一生受用。"

**抱佛脚** 云南省的南边有一个小国，举国崇尚佛教。有犯了死罪之人，跑到寺庙中，抱着佛脚忏悔自己的过失，并愿意剃发为僧，官府就会赦免他的罪过。谚语"闲时不烧香，急来抱佛脚"，就源于此。

**九日杜鹃** 唐代的周宝镇守润州的时候，听闻鹤林寺的杜鹃花非常奇特，冠绝天下，便对僧人殷七七说："你能让这些花在重阳节开放，为节日助兴吗？"殷七七说："没问题。"到了九月九日，杜鹃花果然开得非常繁盛，就像春天一样。

**摩顶止啼** 宋代安东有一个叫娄道的人，天生异相，他的手掌中有一只眼睛，中指有七个关节，长大后做了承天寺的和尚。有次被召入宫，正好宋仁宗刚刚生下来，不停地啼哭，他摸着宋仁宗的头说："莫叫莫叫，何似当初莫笑。"宋仁宗果然就不哭了。

**玉带镇山门** 了元号佛印，住在金山寺，苏轼去拜访他。了元和尚说："大人为什么来这里？这里没有你坐的地方。"苏轼戏谑道："借和尚的'四大'[1]来作禅床。"了元和尚说："四大本是虚空，连聚为身心的'五蕴'也不存在。"苏轼便赠给他一条玉带来镇守山门，了元和尚回赠了一件僧衣。

**白土杂饭** 新罗国的僧人金地藏，在唐代至德年间渡过大海来到中国，住在了九华山，取岩石间的白土就饭吃。九十九天后忽然召来众位徒弟告别，然后在棺中坐化了。三年后打开棺材来看，脸色还和活着时一样，抬他的时候，骨节还都能动。

**涤肠** 小释迦，是保昌黎姓人家的儿子，九岁的时候到了山中，潜心修炼五年而悟道。有一天他回家看望母亲，母亲为他做了肉，他出来后就到小溪里，用刀剖开肠子洗涤干净。唐代给他赐号为澄虚大师。

**释解** 文通慧本姓张，后来剃发当了和尚，师父让他负责厕所的洗手盆。忽然有一个卖鱼的在盆中洗鱼，文通慧打了他一下，结果那个人倒在地上死了。文通慧非常害怕，便逃到了西华寺。多年后，他成了西华寺的长老。有一天忽然说："三十年前有一段公案，今天应当了结了。"众人问他是什么，他说："到中午就知道了。"中午，一个兵卒拿着弓箭到了法堂，瞪着文通慧，想用箭射他。文通慧笑着说："老衲已经等你很久了。"兵卒说："我一看到你就想加害于你，不知道与你有什么仇？"文通慧告诉了他原因。兵卒恍然大悟道："冤冤相报何时了，劫劫相缠岂偶然。不若与师俱解释，如今立地往西天。"再看时发现他已经死了，文通慧随即要了笔写下偈语后也坐化了。

---

① 佛教称人的身体为四大。

**冤家亦生** 梁武帝把宝志和尚当老师来侍奉。梁武帝生了皇太子，宝志和尚说:“冤家也出生了。”后来才知道皇太子与侯景是同一天生的。

**正大衍历** 僧人一行拜普寂禅师为师。唐玄宗召一行来问:“你有什么本事呢？”他回答说:“善记忆。”唐玄宗拿来宫女的名册来考他，果然一个都没遗漏，唐玄宗称他为圣人。汉代的洛下闳制订《太初历》时说:“过八百年，这个历法会有一天的误差，那时就会有出来修正这个误差的人。”一行正在这个日期里，于是便订正了《大衍历》。

**雨随足注** 莲池大师俗家名字叫袾（zhū）宏，是沈家的儿子，本已考中生员，后来出家为僧。他看到云栖这个地方非常幽静，便建茅庐住下来，断粮七天，靠墙壁正襟危坐。云栖这个地方有很多老虎，都迁徙到远处去了。逢大旱之年，他敲击着木鱼绕着田地念佛，雨会随着他的足迹降落。人们都觉得他是神人。于是就在这里建造了一座寺庙，以净土这一门来作为修行的普遍法门。他的著述颇丰，各方都尊他为佛教的周公、孔子。

**为让帝剃发** 南州法师的名字是溥洽，是山阴人，在修禅养性之余，还努力学习辞章，住在金陵。在靖难之役时，曾开金川门为建文帝举行落发之仪。明成祖朱棣听说后把他囚禁了十多年。姚荣靖临死前，皇帝来看他，问他想说什么，他在床上叩头说:“溥洽在监狱的时间太久了。”皇帝当天便放了溥洽。后来明仁宗即位，溥洽几次被召来问事。宣德年间，留下偈语坐化。

**赍药僧** 住得号为赤脚僧，曾居住在庐山。洪武年间，皇帝身体不舒服，住得拿着药来到朝堂，说这药是天眼尊者和周颠仙奉上的，皇帝服用后，立刻就好了，于是写了诗赐给他。

**乞宥沙弥** 冰蘖名叫维则，洪武二十五年（1392 年），明太祖朱元璋命令全天下在册的和尚，都要有一个俗世之人为其代服兵役。维则当时奏上偈语七首，第七首道："天街密雨却烦嚣，百稼臻成春气饶。乞宥沙弥疏戒检，袈裟道在祝神尧。"明太祖看到这些偈语，就收回了命令。

**日月灯** 王安石看到别人点蜡烛，就说："佛书里有一个'日月灯光明佛'，烛光怎么能与日月同提呢？"吕吉甫说："太阳照亮白天，月亮照亮夜晚，烛光却可以不分昼夜随时照亮，这是日月不能比的，所以它们的作用应该没有什么差别。"王安石深以为然。

**卧佛** 《涅槃经》中说："如来佛背痛，就在两树之间头朝北躺下了。"后来人们画如来佛时就画成卧着的样子。晋朝的庾亮有次进入寺庙，看到这样的卧佛，便说："他是疲于普度众生啊。"当时人们把这看作是一句名言。

**佛像** 张玄之和顾敷分别是顾和的外孙和孙子，都年幼聪慧，顾和也知道他们的聪慧，但总觉得顾敷要比张玄之聪明些。当时张玄之九岁，顾敷七岁。顾和带他们一起到寺庙，看到如来佛涅槃的像，佛的弟子有哭的，有不哭的。顾和拿这个来问两个孙子。张玄之说："佛祖所亲重的就哭，不亲重的就不哭。"顾敷道："不是这样的。忘情的就不哭，不能忘情的就哭。"

**天女散花** 《维摩经》说：法会中有天女来散花，花落到诸位菩萨身上后都会再落到地上，落到大弟子身上的却沾在身上不再落下去。天女说："烦恼没有除尽的，花就沾在身上；烦恼除尽了的，花就不沾身。"

**三乘** 佛家说大乘、中乘、小乘。乘就是"车乘"的乘。阿罗汉只了结自己的生死，不度其他人，所以叫"小乘"；圆觉的人，一半为别人，一半为自己，所以叫"中乘"；菩萨就是行"大乘"的人，就如很大的车，可以带一切众生解脱。所以人们把佛教也叫"三车之教"。

三空，就是生、法、俱。三慧，就是闻、思、修。三身，就是法、报、化。三宝，就是佛、法、僧。三界，就是欲界、色界、无色界。三毒，就是贪、嗔、痴。三漏，就是欲漏、有漏、无明漏。三业，就是身、口、意。三灾，就是饥馑、疾疫、刀兵。三大灾，就是火、水、风。

**努目低眉** 薛道衡游览开善寺的时候，问一个和尚："金刚为什么怒目视人？菩萨为什么低眉善目？"和尚回答："金刚怒目，是要镇服群魔；菩萨低眉善目，是用慈悲来化解六道。"

**速脱此难** 《大集经》记载：从前有一个人要远避两个灾难：迷醉的众生和人的生死，于是就顺着一根藤象征命根进入井中象征无常，发现有一黑一白两只老鼠象征日、月一直在啮咬藤条，都快要咬断了，旁边有四条大蛇象征物质世界想要咬人，下面还有三条龙象征三毒吐着火张牙舞爪地等着他，这人抬头看天，已经到了井口边上了，忧愁和烦恼将要远离。忽然有一只蜜蜂飞过，掉下一滴蜜到人口中象征人的五种欲望，这个人就用嘴接了吃掉，完全忘记了危险和恐惧。智者见到这一情景，一定会努力修行，迅速逃脱人世的苦难吧。

**五蕴皆空** 五蕴，就是世间众生所具有的本质，有形状与数量的物质名为色蕴；用现在所经历顺、逆两种境界，感知苦乐的影响叫作受蕴；用所结之缘去思考过去、现在、未来三世境界的名叫想蕴；把想法付诸行动，开始则不停止叫作行蕴；能理智地分辨叫作识蕴。五蕴可以掩盖人的本性，也会遮盖妙明之心，所以总称为“蕴”，也称“五阴”，或称“五众”。

**慧业文人** 会稽太守孟顗奉佛非常用心，但被谢灵运所轻视。谢灵运曾经对他说：“能得道的就是有慧业的文人，你升天在我谢灵运前面，但成佛应当在我后边。”

**拔絮诵经** 佛图澄左乳房旁有一个小孔，可以一直通到肚子里，他经常用棉絮来塞住。到了夜里想要诵读佛经，就把棉絮拔出，便会空澈洞明；有时走过水边，还把肠子拉出来洗一洗，然后再装进去。

**世尊生日** 《周书异记》记载：周昭王二十四年的四月八日，忽然山川震动，有五色光芒穿过太微星。太史苏由上奏道：“有一个大圣人生于西方，一千年之后，名声和教理就会来到这里。”那天就是如来佛的生日。周穆王五十三年二月十五日，天地开始震动，西方有十二道白虹日夜不灭。太史扈多说：“西方的大圣人将灭度，现在显现衰相。”当时正是如来佛涅槃的时候。

**悉达太子** 《周书异记》还记载：天竺迦维卫国的净饭王妃，梦见天上降下一个金人，于是有了身孕，四月八日从右胁生下太子，名叫悉达多。悉达多十九岁的时候，进入檀特山修行证道，在周穆王三年明星出现时成佛，号为世尊。在熙连河边讲《大涅槃经》，用正法眼藏把金缕僧伽黎衣传给了弟子大迦叶，这便是第一世祖。周穆王五十三年二月十五日时，走到拘尸城娑罗树之间涅槃，在这个世上施行教化四十九年，这便是释迦牟尼，姓刹利。

**六祖** 中土的第一祖是达摩，二祖是慧可，三祖是僧灿，四祖是道信，五祖是弘忍，六祖是慧能。一祖留下一只鞋，二祖只有一条手臂，三祖当初一身是罪，四祖凭借一只虎说法，五祖原是栽松道人，六祖能解五祖敲碓的深意。梁武帝大通元年（527年），达摩从西方来到这里，把袈裟授付给慧可，说："如来佛用正法眼藏传给了迦叶，辗转传到了我，现在我传给你。我死后二百年，袈裟将不再传。"于是说了一个偈语："我本来兹土，传法救迷情。一花开五叶，结果自然成。"

**佛始生** 周昭王二十四年到周孝王元年，如来佛涅槃，佛的名字开始现于经书，汉武帝得到休屠部落祭天的金人，佛像从那时起开始传入中国。周穆王的时候，西极国才开始有僧人来中国。秦始皇的时候，才开始有和尚室利房等人来到中国，秦始皇把他们囚禁起来，夜里，有金人破门而出。到了汉明帝，才开始有僧人天竺摩腾进入中国，隋文帝时开始有从西域大食进入中国回回教。北魏时开始建造巨大的佛像，高达四十三尺，用黄金和铜来做。五代宗用铁做罗汉像。

后秦开始尊称鸠摩罗什为法师，宋徽宗称僧人为德士。汉灵帝的时候安世高开始立戒律，曹魏时的朱士行是第一个受戒的中国人。北魏开始创立戒坛，宋太祖另外创立了尼戒坛。

汉明帝允许阳城侯刘峻的女儿出家，石虎听任百姓成为僧、尼，唐睿宗把公主度为道士。

北魏太祖开始给僧人授以官职，隋文帝开始制定僧官十统，唐代制定两处僧录司，唐代的武则天开始把僧尼隶属礼部，唐玄宗开始给僧人发放度牒。

汉章帝的时候，西域的僧人做了念珠，用来象征一年的十二月、二十四节气、七十二节候，共有一百零八颗珠子。五代时的僧人志林制作了木鱼。

汉武帝崇尚南越方士，才开始有了禁咒之辞，唐中宗的时候西京才开始投筊。当时寿安的墨石山有一个灵神祠，从那路过的客人都投筊来求得吉利。

唐太宗派玄奘到西域去求取各种经籍和佛像。到了罽宾国，道路危险无法通过，玄奘关起门来坐下，忽然看到一个老和尚来，给他传授了一卷《心经》，让他诵读，虎豹就都不见了。到了佛国，取得六百部经书回来了。

**孰为大庆法王** 傅珪任礼部尚书时，明武宗喜欢佛教，自称“大庆法王”。外国僧人上奏请求良田千亩来做寺庙的产业，明武宗做批示让礼部议行，并自署“大庆法王”，与圣旨放在一起。傅珪假装不知道，便向这个外国僧人问罪：“谁是大庆法王，竟敢与皇用一样的名字，这是‘大不敬’的罪！”明武宗忙下诏让傅珪不要问罪。

# 医

《神农经》记载："上药养命"是说丹砂、雄黄、白礬、曾青、慈石这五种石料可以修炼形体，龙仙芝、参成芝、燕胎芝、夜光芝、玉芝这五种灵芝可延年益寿；"中药养性"是说合欢可以祛除愤怒，萱草可以让人忘掉忧愁；"下药治病"是说大黄可以除去积食、当归可以止痛。

**君臣佐使** 药分上、中、下三品，配药时最好用一份君药、二份臣药、三份佐药、四份使药，这是方家开药的规范。还要分辨药的五味、三性、七情，然后才能制成良药。五味指的是咸、酸、甘、苦、辛。酸是肝，咸是肾，甘是脾，苦是心，辛是肺，所以这五味是属于五脏的。三性是说寒性、湿性、热性。七情有适宜独行的，有同类相互配合不可分离的，有相互为佐使的，有相互受制的，有相互抵消的，有不相合的，有相互钳制的，所以更需要辅佐来使其发挥功用。然后究竟是以水服丸还是以黄酒行散，都要看病的深浅和所处的部位。

**砭石** 梁代的金元起想给《素问》作注，便向人请教砭石之事，王僧孺说："古人常用石头来做针，而不用铁来做；后世没有好的石头了，所以只好用铁来代替了。”

**病有六不治** 病有六不治，骄奢恣情且不讲道理，这是一不治；轻身重财，这是二不治；吃穿用度不能适度，这是三不治；阴阳错乱、脉气不稳定，这是四不治；身体羸弱不能服药，这是五不治；信巫师而不信医生，这是六不治。

**兄弟行医** 魏文侯问扁鹊：“你们兄弟三人，谁的医术最好？”扁鹊回答说：“大哥为人看病只需观察病人的神气，病还没开始发作便已经被治好了，所以大哥的名气连家门都没出；二哥治病，在病刚开始就治好了，所以他的名气没能出乡；像我这样，弄坏血脉，让人吃烈药，伤肌肤，名气连诸侯都知道。”魏文侯说：“说得太好了！”

**见垣一方** 扁鹊年少时遇到长桑君，长桑君拿出怀中的药，让他用上池的水服下，三十天过后，扁鹊就可以看到隔墙的人。用这种本领来看病，就能看到五脏中有病的地方，诊脉不过是个说辞。见垣一方，是说隔着墙也能看到另一边的人。

**病在骨髓** 扁鹊到齐国去，蔡桓公宴请他。扁鹊入朝拜见，说：“君王在皮肤和肌肉之间有疾病，如果不医治恐怕要加重。”齐桓侯说：“我没有病。”过了五天又见齐桓侯，扁鹊说：“君王的病在血脉中了。”齐桓侯仍说没病。又过了五天再见，扁鹊说：“君王的病已经在肠胃里了。”齐桓侯依旧说没病。又过了五天，扁鹊远远望见齐桓侯，急忙走开说：“君王的病已深到骨髓，这是用汤药、针石或是酒药都无法达到的地方。”几天后，齐桓侯病情加剧，派人叫扁鹊，扁鹊已经逃走了，齐桓侯很快就死了。

**扁鹊被刺** 扁鹊名闻天下。经过邯郸的时候，听说这个地方十分看重妇人，就主治妇人的疾病；经过洛阳的时候，听说这个地方很爱护老人，就主治听力与视力的方面的疾病；进入咸阳，听说秦地的人爱护小孩，便主治儿童的疾病，总之，是随着世俗的不同而改变治病的方向。秦地的太医令李醯（xī），知道自己医术不如扁鹊，便派人刺杀了扁鹊。

**病入膏肓** 晋侯向秦国求医，秦伯让一个叫缓的医生去治病。缓还没到的时候，晋侯梦到有两个小孩说："那人是个高明的医生，恐怕会伤到我们，逃到哪里去呢？"其中一个说："藏在肓之上、膏之下，他能奈我何？"医生到后，看了说："病已经无法治了。在肓之上、膏之下，已无法攻击到病所在位置，针石不行，药也走不到。"晋侯说："真是高明的医生啊。"就送他很多贵重的礼物让他回去了。

**姚剂三解** 后周的姚僧垣医术高超。伊娄从腰到肚脐，好像被绑了三道绳索。姚僧垣开了三剂药，伊娄喝了第一剂，上边那道绳索就解除了；喝了第二剂，中间那道也解除了；再喝第三剂，三道绳索就完全解除了。

**太仓公** 太仓公姓淳于，名意。为人治病，当时就知道能否治好，大多都非常准确，用药也非常灵验。

**东垣十书** 李杲继承了易州张元素的秘方，士大夫如果不是很危急的病，就不敢请他，当时的人把他看作神医。他著有医书《东垣十书》。

**刮骨疗毒** 华佗说：病在肠胃中不能驱散的，可以给他喝药酒，然后剖开肚子把积累的病毒洗净，再涂上一些神奇的药膏缝合，立刻就能痊愈。就像割开关公的胳臂可以刮去毒素、用针刺曹操的头可治疗头风痛一样。

**医国手** 《国语》记载：晋平公有病，秦伯派人去看望他。赵文子问："能医治国家吗？"那人回答说："最好的医生就是救国家的，其次是救人，医治国家本来就是医生的职责。"

**杏林** 《庐山记》记载：董奉每治疗一个病人，病愈后，就会让其种一棵杏树，后来便成了一片杏林。董奉最后也成仙，飞到天上去了。

**徙痈** 薛伯宗擅长移动疮痈。公孙泰背上长了个疮，薛伯宗用气把它封住，然后将它移到书斋前的柳树上。第二天疮就消了，但树上长出了一颗有拳头那么大的瘤。等长了二十多天后，瘤变大并且溃烂，流出一斗多黄色和红色的汁液，树从此凋萎了。

**橘井** 晋代的苏耽种橘、挖井，用来治疗人们的疾病。当时有人得了传染病，就让他们吃橘叶，喝井水，立刻就好了。世人称此为橘井。

**肘后方** 葛洪抄录了一百卷《金匮方》、四卷《肘后要急方》。

**千金方** 孙思邈治好了龙的病，被授以《龙宫秘方》一卷，用来治病有奇效，后辑集为《千金方》并流传于世。

**照病镜** 叶法善有一面铁镜，就像水一样能照出物体来。生病的人拿镜来照，便可清楚地看到脏腑里的瘀滞之物，然后对症下药，病立刻就好了。

**医称郎中** 任职郎中的人要知道朝廷五府六部的事，医生要知道人体内五脏六腑的事，所以医生也被称为郎中。北方人因郎中指称医生，所以也将医生称为大夫。

**蕲水名医** 庞安常，在宋朝神宗、哲宗年间驰名京都，关于医药之书无所不读，最精通的是《伤寒论》，张仲景医理的精髓悉数通晓。他性格豪爽豁达，每次有人来请他去看病，一定要驾四条船，一条船上是歌伎，一条船上是厨子，一条船上是宾客，一条船上是各种艺人，每天的花费巨大。

俞跗，是医生中最早割开病人皮肤与肌肉并洗涤内脏的；然后是仓公开始解剖头颅，卢医开始开刀看心脏，华佗就学习了他们的技术。黄帝创制针灸之术，神农让僦贷季（岐伯的老师）来观察面色与脉象，巫彭开始制造丸药，伊尹开始制造煎药，秦和（战国时人）开始记录药方。

**医谏** 高鳌在明朝正德年间当太医院医士，明武宗朱厚照将要南巡，高鳌以医生的身份来劝谏。皇帝大怒说："高鳌是我家的官，难道也附和外官来阻碍我吗？"命人把他打了一百杖并发配到乌撒去。明世宗即位改元，召高鳌回来还复旧职。当时有个占星的官员杨源，也以占候的身份来进谏，死在了谪戍的地方。

# 历代名医图赞

**伏羲氏赞** 渺渺茫茫上古，世代推及伏羲。开始画出八卦，一年分成四季。深究致病之源，依例以此类推。自从神农之后，国人得以沿袭。

**神农氏赞** 仰望唯有神农，教民种植五谷。国民得以为生，进行教化繁育。又念夭折伤害，遍尝百种草木。民众直到今天，都拜神农赐福。

**黄帝轩辕氏赞** 一代伟人黄帝，圣德为天所授。医师岐伯俞跗，一直侍奉左右。细心引导保养，时时刻刻研究。福泽天下万民，定要传承于后。

**岐伯全元起赞** 伟大的天师岐伯，回答了黄帝轩辕。创制下医书《素问》，才开始显出医源。

**雷公名敩（xiào）赞** 太乙之神雷公，是为医药之宗。炙煿炮制之法，千古受用无穷。

**秦越人扁鹊赞** 秦地神人扁鹊，精研医术药方。编集医术《难经》，古今钦佩敬仰。

**淳于意赞** 汉代淳于意，遇到汉文帝。被封增仓公，大名传万世。

**张仲景机赞** 汉代张仲景，《伤寒》来论病。表里与实虚，青史名亚圣。

**华佗赞** 魏国有华佗，设立皮肤科。刮骨可疗毒，神奇疗效多。

**太医王叔和赞** 晋代王叔和，极擅长脉理。作一部《脉决》，救万人苦难。

**皇甫士安谧赞** 黄埔字士安，治法有千般。撰成《甲乙经》，造化也为难。

**葛稚川洪赞** 隐居罗浮乡，优游养寿长。世人号仙翁，传世《肘后方》。

**孙思邈赞** 唐代孙真人，药方值千金。扶危又助弱，灵验如有神。

**韦慈藏讯赞** 大唐有药王，道号为慈藏。老师名韦讯，万古美名扬。

# 相

**相圣人** 姑布子卿给孔子相面后说："他的额头像尧，头顶似皋陶，肩膀像子产，不过从腰部以下比大禹短了三寸，身高有九尺三寸，疲惫落魄如丧家之犬。"

**弹血作公** 陶侃的左手有条纹理，直达中指最上边的横指节为止。有一个叫师圭的相面人对他说："你左手中指上有竖的纹理，如果能一直贯到指尖，你将会做到很高的官位。"陶侃便用针把皮肤挑开让纹理通到指尖，鲜血流下来，他把血弹到墙壁上写成了一个"公"字。后来果然应验了。

**官至封侯** 卫青年少时，父亲让他放羊，他的兄弟都把他当作奴仆来对待。有一个被施过钳刑的人看了他的面相说："你以后一定会封侯。"卫青笑着说："作为人家的奴隶，不被打骂就已经很满足了，哪里能封侯呢？"

**须如猬毛** 刘惔说桓温的胡须就像倒长的刺猬毛，眉毛就像紫石发光有棱，一定是孙权（仲谋）、司马懿（宣王）之流的人物。

**臃蛇入口** 汉代的周亚夫官当河南郡守时，许负给他相面，说：“你三年之后当封侯。八年后为宰相，秉持国政。但再过九年就会饿死。”周亚夫笑着说：“既然能到你所说的高位，又怎么会饿死？”许负指着他的嘴说：“因为有臃蛇进入了你的嘴啊。”后来果然如此。

**豕喙牛腹** 《国语》记载：叔鱼出生时，母亲看到他，说：“这个孩子眼睛像老虎，嘴巴像猪，肩膀像鸟，肚子像牛，溪流峡谷可以填满，这个人却不知餍足，他必定会因为钱财而死。”

**虎厄** 晋朝简文帝一直没有儿子，便让相面的人把宫内女子全相一遍。当时李太后（李陵容）正在宫内服苦役，相面人指着李太后说她会生下贵子，但她会因为老虎而遇到危险。简文帝临幸了李太后，果然生下了晋孝武帝，她成为太后，于是就叹服相面人的灵验，但却很奇怪相面人说的虎灾没有应验。她也从未见过老虎的样子，就让人画了老虎的形状来看，她开玩笑地用手打了图一下，但手立刻肿了，后来竟因此而驾崩。

**蜂目豺声** 潘滔看到小时候的王敦就对他说：“你那如蜂一样的眼睛已经显露出来了，但豺狼一样的声音还没有显露。你一定会害人，但最终也会被人所害。”

**鬼躁鬼幽** 管辂说：“邓飏走路的时候，筋束不住骨，这叫作‘鬼躁’。何晏脸如枯败之木，这叫作‘鬼幽’。”

**识武则天** 唐代的袁天罡看见武则天的母亲时说：“夫人你生了一个显贵的孩子。”当时武则天年龄还小，她母亲抱她出来给袁天罡看，谎称她是男孩，袁天罡仔细看了一会儿说：“龙的瞳仁，凤的脖子，如果是男孩，应当会成为天子。”

**伏犀贯玉枕** 袁天罡看见窦轨说:“你前额隆起一直到玉枕骨，下巴全部扬起，十年之内会显身扬名，立功的地方在梁州、益州之间。”

**盻刀** 相士陈训背后说甘卓:“甘大人向上看时头扬得很高，这在相术上叫‘盻刀’；眼睛里有红色的脉络从外边进入，他一定会在两军交战中被杀。”

**识王安石** 李承之在宋仁宗时做郡守，属吏报告说包拯当了参政，有人说:“朝廷从此要发生很多事了。”李承之严肃地说:“包公不能做大事，我现在知道鄞县人王安石，眼睛里眼白多，非常像王敦。以后使天下大乱的，一定是这个人。”

**麻衣道人** 宋代的钱若水拜谒陈希夷，陈希夷正与一个老和尚围坐在火炉边。老和尚端详了钱若水一会，用火钳在灰上写:“做不成。”并慢慢说，“这不过是知道在急流中勇退的人。”后来再去，陈希夷说:“我开始因为你神气清朗，觉得你可以成仙，就请麻衣道人来判断，他说你只可以做公卿。”

**耳白于面** 欧阳修耳朵比脸白，所以名扬天下；但嘴唇包不住牙齿，总受到无缘无故的诽谤。

**始相人** 史佚最早相面识人，另一种说法是姑布子卿观风而知人，内史服唐举、吕公都精通这种风鉴之术，伯益最早相马。

**柳庄相** 明代的袁珙在嵩山寺庙遇到了僧人道衍，袁珙给他相面后说:“眼睛是三角形而且多有眼白，形体像病虎，喜欢杀人，将是刘秉忠之类的人物。”后来道衍在北平的小酒店里推荐袁珙，使他结识了燕王朱棣，袁珙当即相面说他当为太平天子。袁珙的儿子袁忠彻也很善于相面，燕王朱棣让他把谢贵等人全相了一遍，然后发动了靖难之役。

**好相人**　单父人吕公喜欢给人看面相，看到刘邦的面貌与形体，觉得很惊奇，就把女儿嫁给他，这就是后来的吕太后。

**有封侯骨**　西汉的翟方进小时候就没了父亲，对后母非常孝顺。曾经在郡中当小吏，被很多上级官员辱骂，于是让蔡父给相一下面，蔡父大为惊奇，说："这个小吏骨相竟能封侯。"所以他辞别母亲，到长安去游学。他母亲觉得他年龄还小，便随他一起进京，织草鞋来维持日常生活用度，后来他成了一代名儒，做了高官，还官拜丞相，被封为高陵侯。

**五老峰下叟**　五代时的黄损与桑维翰、宋齐丘一起游览五老峰，看到一个老者长啸着来到近前，老者相了桑维翰后说："你以后会做宰相，但太狡猾，狡猾就不得好死。"再相宋齐丘说："你也会做宰相，但太残忍，残忍的人也不得好死。"唯独惊异于黄损的面相，说："你有清静无为之相，应会得善终。"后来桑维翰成为后晋的宰相，宋齐丘为南唐的宰相，但都被杀了，世人都认为这是前生注定的。而黄损在后梁当官，做到左仆射，以诗文扬名。

**贵不可言**　蒯彻用相术来游说韩信时说："看你的面相，只不过封侯；但看你的背，则贵不可言。"

**龟息**　李峤的母亲让袁天罡为李峤看相，袁天罡答道："神清气秀，就怕寿命不长。"之后她就请求等李峤睡下再看，袁天罡听他的鼻息，随即祝贺："这是龟息，一定会富贵长寿。"

# 葬

**客土无气** 僧人泓师帮张说买坟地，看到东北角已经被挖了两道坎，大吃一惊说："大人富贵了一辈子，但你的儿子们无法保持富贵。"张说很害怕，想要把那两个坎平了，泓师说："从别处运来的土没有地气，无法连通地脉，就好像身上长了疮，用别的地方的肉来补也没用。"

**折臂三公** 晋时有一个术士看了羊祜家的祖坟，认为应该有当皇帝的人，羊祜听了，便把地势挖断了，以破坏风水。相士说："还是会出现断了胳臂的三公。"羊祜后来从马上掉下来摔断了胳臂，但仍位至三公。

**冢上白气** 萧吉路过华阴，看见杨素的坟墓上有白气冲向天空，便偷偷告诉隋炀帝，说："杨素家应当有兵祸，有被灭门的迹象。若改地而葬，或者可以免除。"隋炀帝从容地把这些都告诉了杨玄感（杨素的儿子），还告诉他早点改葬他父亲。杨玄感认为这是吉祥的事，便借口辽东还没有平定，没时间考虑私事。没过多久，他便因为谋反而被杀。

**示葬地** 孙钟以种瓜为业。有一天，有三个人登门拜访，孙钟用瓜来招待三人。三个人说："我们指给你一块葬人的风水宝地，往山下走一百步，不要回头。"孙钟没走六十步，便回头看，只见有三只白鹤凌空飞去，于是在那里埋葬了他的母亲，后来孙钟生了孙坚。

**相冢书** 方回写了《山经》，书中说："山川若能说话，风水先生就没饭吃了。肺腑若能说话，医生就会面色如土。"

**风水地理** 大禹开启了看风水和地貌的习惯，公刘开始看阴阳，周公开始设置了二十四山会局，汉代王况制定了五宅姓，管辂制格盘来选择埋人的地方。

**不卜日** 汉代的吴雄官至廷尉。小时候他家里很穷，母亲死了，只好埋到别人不要的地方，丧事也办得很仓促，来不及选择日子。风水先生都说他家这一支脉要没了，但他的儿子吴䜣、孙子吴恭，连他三代都官至廷尉。

**真天子地** 明代的王贤梦见有人传授给他一本书，并说："读这本书可以穿只有高官才能穿的红色官服，不读此书只能穿低级官吏穿的绿色官服。"几天后王贤在路上便得到了一本书，仔细看，名为《青乌说》。藏起来读了很久，他慢慢因为会相地脉而闻名。于钧州的佐官任上，皇上召他去选择一处风水宝地，他看到了窦五郎以前的旧地，说："势如万马，自天而下，真是天子安息的地方啊。"

**鸟山出天子** 梁武帝的时候有童谣说："鸟山出天子。"结果江南的山凡是用“鸟”来命名的都被开凿以破坏风水，只有长兴的雉山没被破坏。后来，陈武帝陈霸先的祖坟就埋在这里，那个童谣竟然应验了。

**堪舆** 《扬子》有文：“属堪舆以壁垒兮。”颜师古注：“堪舆，就是天地的总名。”现在人称呼“地师（风水先生）”为“堪舆”。

**凿方山** 秦始皇的时候，有相士说金陵有天子气，秦始皇就让三千身穿红衣的人前去开凿方山，疏浚淮水，就是为了挖断地脉。

**牛眠** 陶侃在要安葬母亲时，家里的一头牛忽然走失了，怎么也找不到。他遇到一个老人说：“在前边山冈上卧着一头牛，那是个大吉之地，如果把人葬在那里，后人一定会做很高的官。”陶侃找到后，就把母亲葬在了那里。

# 卜算

**君平卖卜** 西汉末年，严君平隐居在成都，靠给人算卦为生，若发现有人想做邪恶的事，便用占卜的方法向其陈说利害；对做儿子的说要行孝，对做弟弟的说要守悌，对臣子说要尽忠。不同的人就用不同的方法，因势利导，用善意来引导。每天要见数人，赚一百文钱够日常用度，便关门放下帘子，开始讲《老子》。

**青丘传授** 唐代的王远知通晓易理，能预知人的生死，写了《易总》十五卷。有一天雷雨交加，云雾中出现一个老人斥责道："那本泄露天机的书在哪里？天帝命令我带着六丁（行风雷之神）来追回。"王远知跪在地上。老人说："天帝为禁天书外传，特派飞天神王守卫，你是怎么得到并藏在箱底的？"王远知说："是青丘元老传授给我的。"老人取书后就直接走了。

**青囊经** 郭璞受业于河东的郭公，郭公将九卷《青囊书》给了他，于是他便通晓了五行、天文、卜筮的道术，能向鬼神祈祷化灾为福，无所不能。后来《青囊书》被门人赵载偷走，还没来得及打开阅读，就被火烧了。

**震厄** 丞相王敦让郭璞算一个卦，卦成后，郭璞脸色变得很难看，说："大人会有雷击之灾。"王敦问："有解除之法吗？"郭璞说："大人乘车往西数里后，会看到一棵柏树，截一段像您这么高的树枝，拿回来放在您经常睡的床上，灾祸就可消除。"王敦依他所说行事。几天后那段木头果然被雷击中，被击得粉碎。

**蓍筮掘金** 晋代的隗炤，精通易理。隗炤临终时，在木板上写字给妻子，说："我死后五年的春天，会有一个姓龚的使者来，他曾欠我的钱，你就拿这块木板去向他要吧。"到了那一天，果然来了一个姓龚的使者。他的妻子拿着木板去了。龚使者迷惑很久，突然明白了，于是拿来蓍草占卜，并唱道："吾不负金，汝夫自有金。知我善卜，故书于板。黄金五百斤，就在屋东，离壁丈许。"妻子挖掘开来，果然如占卜所说。

**占算辄应** 唐代的闭珊居集是霑益人，精于占卜。他的方法是用细竹片四十九根，有时也用鸡骨代替，算得都很灵验。夷中人都称他为筮师。

**京师火灾** 郎颛的父亲郎宗，主要研究京房《易》学，善于风角[①]、占星术以及六日七分[②]之类的占卜之术，能从天象变化上预言吉凶。郎宗在吴县做小吏时，有一天突然刮起一阵奇怪的大风，便知道京城有火灾，记下当时的时间，后来果然像他说的一样。

---

① 用五音之理占四方之风来预测吉凶。

② 《坎》《离》《震》《兑》为四正卦，主春夏秋冬四时。余六十卦，卦主六日七分，合周天之数。一年 365 又 1/4 日除以 60 等于 6 又 7/80，称为六日七分。

太卜郑詹尹曾经用占卜的方法为屈原解决疑难。

**飘风哭子** 管辂正在王弘直家里坐着，突然起了二尺高的风，从庭院申位吹来，旗杆都被吹动了。管辂说："东方有信使来，恐怕有父亲要为儿子哭了。"第二天有送信官差来了，果然报告了王弘直儿子的死讯。

伏羲创制龟甲占卜，神农最早使用蓍草算卦。颛顼开始把龟甲上裂如玉纹的称为王兆，尧帝制出瓦兆。师旷始造谶语，鬼谷子王诩创制了怀镜胸前的镜听占卜方式。汉武帝创制了用鸡骨占卜的方式，并让军中使用这种方式。张良创制了灵棋占卜之术，共有十二个子，分为上中下掷。京房创制了易课，开始用铜钱来占卜。王远知创制了玄女课，邵尧夫用拆字和观梅数来占卜。北魏的孙绍开始推算人的禄食命运，唐代李虚中开始研究一个人出生的年、月、日、时八字所代表的生死兴衰，还有人说李虚中来自西域。

徐子平，名居易，写了《子平》，现在的人都认为宋末人徐彦升整理的《渊海子平》更权威。鬼谷子创作了《纳音》。赵达开始阐明了《九宫算》。北齐的祖亘创作了《缀术》。

**各卜** 所谓鸟卜，在女国这个地方，人们会在新年开始进入山中，有鸟飞来停在手掌上，长得像雌野鸡，剖开肚子看，如果肚子里有粟就表示今年会丰收，如果有砂石就表示有灾害。所谓钱卜，是西蜀严君平用铜钱来占卜的方法。有诗道："岸余织女支机石，井有君平掷卦钱。"所谓瓦卜，元稹有诗道："病赛乌称鬼，巫占瓦代龟"。所谓棋卜，是黄石公用它来占卜打仗的。所谓鸡卜，是柳州洞民用鸡骨来占卜年景的。胡人用羊胫骨来占卜吉凶。

苗人用鸡蛋来占卜墓地。所谓响卜，李郭、王建都是怀中放着镜子来听卜辞的。

**为上皇筮** 仝寅，山西人。小时候眼就瞎了，学习了京房的《易》理，占卜推断大多都很准。明英宗被瓦剌俘虏后，曾派使者去镇守。太监裴当来问仝寅，仝寅占卜得到了“乾之初九”的卦相，便上奏说：“大吉之卦。龙象征君王，四卦，是开始的意思。潜龙跃起，一定会用秋天来对应，在‘庚午浃岁’的时候出现变化；龙，是变化莫测的神物，‘庚’，就是‘更’。庚午的中秋，皇上的鸾驾应该回来了吧！回来一定会被禁闭起来不得任用。所以说‘或跃应焉’。说‘或’，就是表示怀疑啊。但再过七八年一定复位。午，是火德之正。丁，是壬之合。那一年一定是丁丑年，壬寅月，壬午日。从今年开始出现九，‘九跃则必飞’。‘九’，是乾之用，南面子冲午，所以说大吉。”明英宗后来果然复位，便授仝寅为锦衣卫百户。

**占与仝合** 万祺小时候遇到了异人，那人相了他的面说：“你生有仙骨，不然也是大贵之人。”就给了他一本书，原来是《禄命法》。于是他开始精研占卜之术。后来以吏员的身份到吏部任职。朝中公卿贵戚都认为他占卜之术灵验，通过考核授他为鸿胪寺序班，并升为主簿。景泰帝召见他，他所有的预测后来都应验了，景泰帝赐给他白金、华丽的锦缎。后来景泰帝身体不好，而太子还没确定下来，石亨来问万祺，万祺说：“皇帝（指明英宗）就在南宫，还用到别的地方去寻找吗？”他占卜的复辟时间，与仝寅一样。后来他官至尚书。

**当有圣母出** 《汉书》记载：王翁孺搬到了魏郡的委粟里。元城建公说："春秋时沙麓崩塌。晋国太史占卜说：'此后六百四十五年，应当有圣母出现。'王翁孺所迁之地，正是这个地方，时间也正对。"后来王翁孺的儿子王禁生下了元后。汉平帝年幼，元后果然临朝听政。

**占定三秦** 西汉时的扶嘉，他母亲在万县的汤溪岸边，因为感应到龙而生下扶嘉。他预测吉凶非常准确。汉高祖还是汉王的时候召见他，他以占卜的方式劝刘邦先平定三秦，所以刘邦赐他扶姓，是说他志在扶持国家。后来官拜廷尉，以朐䏰为食邑。

# 拆字 杂技

**朝字** 开元年间，有一个术士以能拆字测吉凶而闻名。唐玄宗写了一个“朝”字，让一个宦官拿去考验他。术士看到字，又端详了宦官一会儿说：“这不是大人写的字。”宦官很惊讶地说：“那你只根据字来说吧。”术士用手拍着脑门说：“朝字，拆开来就是十月十日，若不是此月此日出生的天子（十月十日是唐玄宗的生日），还能是谁写的呢！”在座的人都大吃一惊，宦官急忙去汇报。第二天皇帝召见了术士，给了他补承信郎的职位，赏赐很多。

**杭字** 宋代建炎年间，有一个叫周生的术士，看人写字时如何运笔，就可以判断吉凶。宋高宗乘车驾逃往杭州的时候，被金兵惊吓得不轻，人心惶惶。当时的宰相叫来周生，随便写了一个“杭”字让他看。周生说：“将有让人惊惧的消息，因为金兵又要进逼了。”于是拆了这个字，把右边那一点放在“木”字上，便成了“兀术”。没过半个月，果然就得到了金兀术向南侵犯的军情。

**串字** 有一个士人想问功名，写了一个“串”字来问周生，周生说：“不但能科举中第，而且还会接连传出捷报。因为串字包含了两个‘中’字。”后来果然如他所说。又一次科考，有一个人听到了这个故事，也来问功名，也写了一个串字，周生说："先生不但不能考中，还得小心生病。"那个儒生问："为什么同样一个字却有两种说法？"周生说："前边那个人写串字，是出于无心，所以预言他要连中；现在你写这个串字，是有心为之，便成了患字，怎么能没有病呢！"

**春字** 宋高宗让谢石拆一个"春"字，谢石说："'秦'字的字头太重了，压得'日'也没有了光芒。"结果这触犯了丞相秦桧，后来谢石死在了发配的地方。

**奇字** 贾似道有谋朝篡位之心。一个术士能拆字，贾似道便用马鞭在地上写了一个"奇"字让他拆。术士说："大人的事不能成！说'立'又不能立，说'可'又立不成。"贾似道默然不语，让他走了。

**也字** 有一个朝廷官员，他的妻子因怀孕过了月份还没生，便手写了一个"也"字，让她丈夫拿去问一下谢石。谢石端详了很久，对官员说："这是您的夫人写的吧？"官员说："为什么这么说？"谢石说："因为写的是语气助词'焉哉乎也'中的字，所以能知道是贤内助所写。"又问："她的年龄是三十一岁吧？因为'也'字上面为'卅'，下边是'一'。"官员说："我想换个职位，能如愿吗？"谢石说："也字加水旁就是'池'，靠着马就是'驰'。现在是'池'没有水，'驰'也没有马，哪里能改换呢？"接着又问："您夫人的父母兄弟应当没有一个还活着吧，就是家产也应花光了吧。因为'也'字加人字就是'他'，现在只看到'也'却看不到'人'；加土字就是'地'，现在看到不'土'，所以知道她既无'人'，也没有产业了。"官员说："确实如你所说。不过这些都不是我想问的，我要问的是怀孕过了月份的事。”谢石说：“难道已有十三个月了吗？因为‘也’字中间有‘十’字，加上旁边两竖就是‘十三’。”谢石细看了下官员说：“有一件事我正觉得奇怪，本不想说，但你问的又正是此事，我能直说吗？”官员让他尽管说。谢石说：“‘也’字加‘虫’就是‘虵’字，您夫人所怀的，恐是蛇妖。不过现在看不见‘虫’，那么就不会有害。我这里有药，可以打下来，也不痛苦。”官员对他的说法大为惊异，就请他一定到家里去，让妻子把药服下，果然打下来数百条小蛇。京城的人都很惊奇，但不知道他究竟用的什么法术。

**囚字** 郑仰田年少时有些迟钝，不知道去为生活经营打算，父母都很厌恶他，他便在田野里哭泣。这时来了一个老和尚，对他说：“我已等你很久了。”就带他进山，向他传授了青囊、六壬遁甲等各种法术，从那以后，吉凶祸福没有他说不中的。宦官魏忠贤召他来问卜，指着“囚”字问，郑仰田说：“这是国中唯一人的意思。”魏忠贤非常高兴。郑仰田出来对人说：“‘囚’字就是囚犯！我不过用假话逃离死亡罢了。”

**洴澼（pì）纩** 《庄子》记载：宋国有人善做不让手冻裂的药，他家世代以洗棉布为业，因为有这种让手不冻裂的药，所以可以洗棉布。有个人听到了这件事，就想用一百两黄金的高价来买他的秘方。这个人把族人找来商量：“我们家世代靠洗棉布生活，也不过挣得几两黄金。现在把方子卖了，立刻就可以得到黄金百两。我觉得还是卖给他吧。”那人得到这个方子后，去献给吴王，吴王任他为将，冬天与越国打水战，大败越国，因此得到封地。那个不裂手的药是一样的，有人因为它而得到封地，有人却只会用来洗棉布，那是他们使用的方法不同啊。

**轮扁斫轮** 《庄子》记载：齐桓公在堂上读书，轮扁在堂下砍削车轮，他放下斧凿问："大王所读的，不过是古人的糟粕。我砍轮子，不快不慢，心中所想，手中即可做到，嘴里虽然说不出来，却心里有数。这样就无法教给我的儿子，我的儿子也无法从我这里学去，所以我已经七十岁了还在砍轮子。"（意思是我死去后我所不能言传的技艺会跟着死去，古人们所不能言传的东西都随古人一起死去了，能留下的无非是古人的糟粕罢了。）

**屠龙技** 《庄子》记载，朱泙漫跟随支离益学习屠龙的技巧，将千金产业，全用来学习如何屠龙，三年后学成了，却没有地方可以使用这技巧。

**象纬示警** 宦官王振力劝明英宗亲自率兵征讨瓦剌的也先，文武百官在大殿上叩头请求不要去，英宗不听从。很快，从居庸关到宣府大败的消息接踵而至，跟从的人接连上奏章请求皇上不要前行了。王振大怒，让这些人都来压阵。到了大同，王振行军更急，钦天监彭德清斥责王振说："各种占卜卦辞都已经示警，不可以再往前走。如果有闪失，让万乘之主落入敌人手中，谁可承担这个责任？"王振大怒并骂他。后来导致了土木堡之变。

卷十五

# 外国部

雁臣，北方的酋长秋天到洛阳朝见汉朝天子，
冬天再回自己的部落，所以称为雁臣。
三表五饵，三表，是说仁、信、义；
五饵，是指声色、车服、珍珠、房屋、娱乐，
是败坏人的耳、目、口、腹、心的东西。

# 夷语

撑犁孤涂，匈奴把天称为“撑犁”，把儿子叫作“孤涂”。戎索，是夷人的法律。鞮，是夷人乐官的称谓。倓（tàn），就是夷人赎罪的财物。喽丽，是南方夷人的语言。象胥，做翻译的人。款塞，款，是“叩”的意思，款塞就是叩塞门[①]来降。驰义，仰慕仁义奔驰而来的意思。区脱，胡人建造用来防备汉人的土堡哨所。阏氏音“胭脂”，单于的皇后。裨王，匈奴的小王。藁街，接待四夷使节的馆舍，汉朝时设立的。兜鞮音“兜达”，是夷人的服装。谷蠡音“鹿厘”，匈奴的名字。雁臣，北方的酋长秋天到洛阳朝见汉朝天子，冬天再回自己的部落，所以称为雁臣。天兄日弟，倭国之王把天当兄，把日当弟。天没亮就出来听政，太阳出来便停止理事，说是委托给弟弟来办理。賨（cóng）幏，蛮夷人织的布。鞥（áng）角，朝鲜的洌水之间叫作鞥角。犛薄，就是旄牛。徼外，就是夷人的地方。绝幕，幕，就是沙漠；横着走过叫作“绝”。白题，是国家的名字。汉代颍阴侯斩了白题国一个将领。戎狄荐居，就是聚集而居的意思。魋（zhuī）结，匈奴人的发型。休屠，匈奴的首领。浑邪，匈奴部落的一支。蟠（音

① 扣塞门即外族前来通好，指异族诚意来到边界归顺。

"带")林，匈奴祭祀的名称。龟兹音"纠慈"，是国家的名字。《汉书》写作"丘慈"；《后汉书》写作"屈沮"。乌孙，也是国家的名字。《吕氏春秋》写作"户孙"。煇粥音"熏育"，《史记·五帝本纪》记载："向北驱逐煇粥。"冒顿音"幕突"，匈奴的名字。日磾音"密底"，人名。令音"零"支，国家的名字。乌托音"鸦茶"，国家的名字。朝鲜音"招先"，太阳刚出来，就照在他们的土地上，所以就以此为名。现在大家读作"潮"，这是错的。可汗音"克寒"，匈奴君主的尊号。唐朝时匈奴称唐朝天子为天可汗。弓闾，出自《汉书·卫青传》，就是穹庐。轒辒（fén wēn），就是匈奴的车。革笥、木荐，《治安策》记载："匈奴之革笥木荐"，都是盾甲一类的东西。左薁（yù）健，匈奴王的尊号。强彍（guō），戎夷强彍。彍，就是粗俗凶恶的样子。呼韩邪，汉代匈奴单于的名字。屠耆，匈奴的习惯是将"贤"称作"屠耆"。赞普，吐蕃国称豪雄之人为"赞"，称男子汉大丈夫为"普"，所以他们称君王为"赞普"。牙官，戎狄国中的大官的名称。叶护，回纥国称太子为"叶护"。南膜，胡人做礼拜时念诵"南膜"，就是现在口诵佛号时的"南无"。徼人，就是边界外的人，边民的意思。那颜，就是汉语所说的"大人"。者，就是汉语说的"是"。身毒音"捐烛"，西域的国家名字。煩蠡音"觅螺"，是匈奴的部落。襜褴音"担蓝"，又称临驷，是代国之北的国家名字。三表五饵，三表，是说仁、信、义；五饵，是指声色、车服、珍珠、房屋、娱乐，是败坏人的耳、目、口、腹、心的东西。二庭，是指匈奴分为南北两部。卢龙，就是里永，属于辽西，现在属永平府。北方人称"里"为"卢"，称"永"为"龙"。吐谷浑，是慕容廆（wěi）的堂兄，后来也以此称他的国家。丏月，突厥国中有丏月城。越裳南蛮，就是九真。殊裔遐圻，意思是教化协调了其他不同的民族，风气熏染了遥远的地方。竫（音"净"）人，就是矮小的人。柳宗元有诗："竫人长九寸。"海外有竫人国。月氏音"肉支"，西域国家的名字。楼烦、白羊，都是匈奴的地名。白登，在大同，上面有白登台。夜郎，夷人的地名，现在属于贵州。蛮烟棘雨，夷地的风景。筰（zuó）关，西南夷地名称。邛筰，现在属叙州。冉駹（máng），是西夷的两个民族。羌棘，西南夷人的地方。龙城，西边夷人的地方。朔方，现在属于宁夏。大宛，西域国家的名字。于寘，西域国家的名字。越嶲，现在属于邛州。玄菟，朝鲜的一个郡名。受降城，汉武帝派公孙敖在塞外修筑的城池。庐朐，匈奴山名。渠犁，西域国家的名字。楼兰，西域国家的名字。釜鍑（fǔ fù），《汉书·匈奴传》记载："多釜鍑爇（ruò）炭（胡人带着炊具和柴薪），重不可胜（重得拿不动）。"比疏，装饰辫子的饰物。径路留犁，径路，是匈奴的宝刀；留犁，是吃饭用的刀子。根肖速鲁奈奈，榜葛剌国唱歌跳舞来敬客人喝酒的人，称作根肖速鲁奈奈。坚昆国，那里的人红头发，绿眼睛。李陵曾住在那里，后来当地出生后眼睛为黑色的人，都说是李陵的后代。阴山，汉武帝占领了这块地方，路过这里的匈奴人，没有不哭的。逻些（音"琐"）城，吐蕃的都城。徼音"教"外，东北称作塞，西南称作徼。嬴膢音"连篓"，是交趾的地名。

# 外译

**朝鲜国** 周朝时箕子的封国，秦朝时属于辽东。汉武帝平定朝鲜，设置了真番、临屯、乐浪、玄菟四个郡，汉昭帝将四郡合为乐浪、玄菟两个郡，汉末被公孙度占据。传到公孙渊，被魏国消灭。晋朝永嘉末年，为高丽人占据。高丽原是扶余国的分支，他们的君王高琏住在平壤城。唐代征伐高丽，攻下了平壤，设置了安东都护府。后唐的时候，王建代替高氏，并同时占领了新罗、百济，当时设平壤为西京，历宋、辽、金三朝都派使臣前来朝贡。元代的时候，西京纳入元朝版图。明洪武初年，朝鲜上表祝贺朱元璋即位，朱元璋赐给他们金印，并下诏封为高丽王。后来他们的君主昏庸，让门下侍郎李成桂主持国家大事。不久下诏改为朝鲜，每逢年节都来朝贡，从未间断。万历年间，日本丰臣秀吉侵略朝鲜，朝鲜求救于明朝，明朝派兵征伐并助朝鲜复国。

**日本国** 就是古代的倭奴国，他们的国主以王为姓，一直没有改朝换代。汉武帝的时候开始交往，直到光武帝时才开始来朝贡。后来其国发生变乱，国人拥立一个叫毕弥呼的女子为王，她的长女又继承了她的王位，后来又再立男子为王，并接受中国所赐的爵位，魏朝、晋朝、刘宋、隋朝时，都来进贡，同时也稍微学习些汉语。唐代咸亨初年的时候，他们因为厌恶“倭”这个名字，便改国号为“日本”，这是因为他们国家离日出的地方很近，所以叫这个名字。宋朝时前来进贡的日本使臣，都依臣礼行事。元世祖派使者招他们来进贡，但最终没有来。明代洪武初年，又派使者来朝贡了，从永乐以来，他们的国王及后继者都接受明朝册封，他们的国土面积东西南北各有几千里，有五畿七道，作为附庸的国家有一百多个。

**琉球国** 这个国家有三个君主，一个是中山王，一个是山南王，一个是山北王。汉魏以来，没有与中国通使往来。隋朝大业年间，隋炀帝命令羽骑军朱宽寻访异国，才到了这个国家。因为语言不通，他便抢了一个人回来。唐代、宋代和元代，从未朝贡过。到了明代初年，三个君王都派使者前来朝贡，后来中山王亲自到中国朝见，朝廷还允许中山王的王子和随臣游于太学，当时，他们国家山南、山北的两个王大概都已经被中山王吞并了。

**安南国** 就是古代的南越交趾，秦朝的时候是象郡。汉朝初年，南越王赵佗占据了这个地方。汉武帝平定了南越，设置了交趾、九真、日南三个郡。建安年间改为交州，设置了刺史。唐代改为安南都护府，安南的名字就是从那时开始的。唐末时被当地豪强曲承美偷偷占据，不久又被汉南的刘隐兼并，没过多长时间，众人推举丁涟为州帅。宋代乾德初年归顺朝廷，不久黎桓篡了丁氏的权，李公蕴又篡了黎氏的权，陈日煚（jiǒng）再篡李氏的权。宋朝时因为太远，也就不再管那里的事，都封为交趾郡王。元代的时候兴兵讨伐此地，于是此地就归附朝廷，其君主被封为安南国王。明朝洪武初年，派使臣朝贡，沿袭了旧的封号，赐给他们金印。权臣黎季杀了君主并立自己的儿子为王。永乐初年，明朝发兵征讨此地，俘虏了黎氏父子，在整个国土中设置郡县，设了十七个府，四十七个州，一百五十七个县。此后还是有人经常反叛，宣德年间，陈氏的后人陈暠上表恳请继续做安南王，所以明朝放弃了这个地方，封给了陈氏。陈暠不久就去世了，黎氏又拥有了这个地方。嘉靖中期，莫登庸篡位，乞求归顺明朝，于是降为安南都统使司，以莫登庸为使。万历年间，黎氏再次掌握权力，莫氏逃到高平，明朝下诏封黎维谭为都统使，封莫敬用为高平令，世代守卫并朝贡，不要再互相侵犯。

**占城国**　就是古代越裳氏的国界。秦朝的时候是象郡的林邑，汉代属于日南郡，唐代称之为占城。到明代洪武初年开始入贡，下诏封为占城国王。

**暹逻国**[①]　本来是暹和罗斛两个国家，暹是汉代赤眉军的后裔。元代至正年间，暹向罗斛投降，合并为一个国家。明朝洪武初年，向明朝呈交用金叶写的表文来进贡，皇帝下诏赐下印绶，并赐给他们《大统历》，他们请求量衡规制也与明朝一样，明朝允许了。

**爪哇国**　就是古代的阇婆国。南朝刘宋元嘉年间，才开始与中国通好，后来中断了。元朝时称其为“爪哇”。明朝洪武初年前来朝贡，永乐二年，朝廷赐给了他们镀金的银印。

**真腊国**　原是扶南的属国，也称“占腊”。隋朝时开始与中国通好，有水真腊、陆真腊的区别，明洪武初年入贡。

---

① 即暹罗国，指现在的泰国。

**满剌加国** 明朝以前一直没有与中国通好，从明朝永乐初年开始朝贡，明朝给其赐印，并以文书封其君主为国王。永乐九年，他们的国王带他的儿子前来朝贡，从那时起进贡再无中断。

**三佛齐国** 南蛮国家中的一个，有十五个州。唐代时才开始与中国通好，明朝洪武初年开始来朝贡，赐给他们驼纽镀金印。

**浡泥国** 本属于阇婆国，统辖十四个州。宋代太平兴国年间开始与中国通好。明洪武年间，进献金表。永乐初年，其国王率妻子和儿子来中国朝见，死于南京的会同馆。永乐皇帝下诏赐谥号为“恭顺”，赐葬在石子冈。并让他的妻子和儿子回国。

**苏门答剌国**[1] 明朝以前没有关于他们的文字记载。明洪武年间，他们奉上用金叶书写的表文，进贡了当地的特产。永乐初年，赐给他们印和诰文。

**苏禄国** 这个国家分为东西两峒，共有三个王：东王为尊，西峒的两个王次之。明永乐年间，其国王率妻子和儿子来朝见，住在德州，死了。中国按照王的礼制埋葬了他，赐给他谥号“恭定”。并让他的妃妾回国。

**彭亨国** 此前无法考证。明洪武十一年，派了使者送来表文，并进贡特产。永乐十二年，再次来朝进贡。

① 即苏门答腊国，在元代称为“须文达那国”，位于今苏门答腊岛八昔河口，后被亚齐酋长国所灭，而苏门答腊则成为全岛的名字。

**锡兰山** 古代无法考证。明代永乐年间，太监郑和虏获他们的国王并带了回来，于是又封他的族人耶巴乃那为国王，他们国家的人认为此人贤良，所以才封的他。正统、天顺年间，曾派使者来朝贡。

**柯支** 古代的槃国。明代永乐二年，派使者前来朝贡。

**祖法儿** 也叫“左法儿”。过去没有留下可以考证他们的文献，明代永乐年间来中国进贡。

**溜山** 此前没有记载他们的史料。明代永乐年间，派使者前来中国进贡。

**百花** 其史不可考。明代洪武年间来中国进贡。

**婆罗** 又称“娑罗”。其史不可考。明代永乐年间来中国进贡。

**合猫里** 其史不可考。明代永乐年间，与爪哇国一起来中国进贡。

**忽鲁谟斯** 其史不可考。明代永乐年间入贡。

**西洋古里国** 在西洋各个国家的交会之地。明代永乐年间，派使者前来朝贡，其君主被封为古里国王。

**西番**　就是土蕃[①]。他们的祖先本来是羌族，大概共有一百多支，散处在黄河、西宁河、长江、岷江一代。唐贞观年间，才开始与中国通好。有宋一代，从未中断朝贡。元代时，曾将他们的国家改为郡县。明代洪武初年，下诏各族的酋长，让所有本来就有官职的人到京师以让皇帝授职。从此开始，吐蕃被封为灌顶国师及赞善王、阐化王、正觉大乘法王、如来大宝法王的僧人，都赐下银印。三年一朝贡，或者隔一年便来朝贡。这个地方有三个指挥司、一个宣慰使司、六个招讨司、四个万户府，另外还有两个宣慰使司、十七个千户所。

**撒马儿罕**　就是汉代的罽宾国。明朝洪武、永乐、正统年间，都曾派使者来国入贡。

**罕东卫**　古代的西戎部落。在明洪武年间来中国通好并进贡，朝廷在那里设置了卫所，任命酋长锁南吉剌思为指挥佥事。

**安定卫**　鞑靼的一支。从明洪武年间开始朝贡，赐给他们织金的绸缎，设立了安定和阿端两个卫所。

**曲先卫**　古代西戎的部落。明洪武四年在此地设置了卫所。

**榜葛剌国**　西方有五个印度国，这是东印度，这个国家最大，在明代永乐初年来朝贡。

**天方国**　就是古时称为筠冲的地方，又叫西域。明代宣德年

① “土蕃”与后文的“吐番”“土番”均指吐蕃。

间朝贡。

**哈烈** 又称“黑鲁”。全国四面是大山。明洪武年间，下诏谕示其国酋长，赐给金币。永乐、正统年间，派遣使臣前来贡马。

**于阗** 在葱岭（帕米尔高原）以北。从汉到唐，都到中国进贡。明代永乐初年，派使臣进贡美玉。

**哈蜜卫**[①] 就是古时称伊吾庐的地方，是西域诸国往来的交通要道，汉明帝时在这里屯田。唐代是西伊州。明代永乐初年在这里设置卫所，封克安帖木儿为忠顺王，赐予文书和大印。

**火州** 本来是汉代时车师前后王的旧地。汉元帝的时候，设置了戊己校尉，在这里屯田，称高昌垒。前凉时张骏设置了高昌郡，唐代改为交河郡，后来被吐蕃所灭。这个地方有回鹘人杂居，所以又叫回鹘。在宋、元两朝都派了使者来朝贡。明朝称此地为火州。永乐、宣德年间，火州都曾派遣使臣入朝贡马。

**亦力把力** 位于沙漠之中，怀疑就是焉耆，或者龟兹的旧地。从明洪武年间以来，一直入贡，从未中断。

**赤斤蒙古卫** 西戎之地。战国时为月氏国所在地，秦末汉初时属于匈奴，汉武帝时成为酒泉、敦煌二郡的属地。唐代被吐蕃吞并，宋代并入西夏。明永乐初年，从前的鞑靼丞相率领他手下的男女老少前来归顺。下诏建了千户所，不久又升级为卫所。明

---

① 即哈密卫，现新疆维吾尔自治区哈密市。

代正德年间卫所被废弃。

**土鲁番**　汉朝车师前王旧地。唐代设置了西州交河郡，并分拆成县，有一个安乐城，方圆一二里，地面很平坦，四面都是山。明代永乐年间开始入贡，直到现在也未断绝。然而他们曾入侵夺取哈密，并进犯嘉峪关外的七个卫所，地方广大、人口众多，实力不是从前可比的。

**拂林（lǐn）**　其史无从考证。明代洪武年间入贡。

**鞑靼**　他们的种族与部落没有统一的说法，历代叫法也不尽相同。夏朝时叫作“獯鬻”，周代则称“玁（xiǎn）狁”，秦汉时都叫“匈奴”，唐代称“突厥”，宋代叫“契丹”。汉代以后匈奴势力略有衰弱，而乌桓兴起，自鲜卑消灭了乌桓后，北魏的蠕蠕独家兴盛，蠕蠕灭亡，突厥兴起。唐代李靖消灭了突厥后，契丹又开始强大。然后蒙古把契丹兼并，灭宋改国号为元。明朝建立，元朝君主逃回到沙漠，其后裔世代自称可汗。永乐初年，马哈木、阿鲁台朝奉很恭谨，于是封马哈木为顺宁王，阿鲁台为和宁王。

明代正统年间，马哈木的孙子也先大举入侵。成化年间，也先的后人、被称为小王子的人又开始通好入贡，他的次子叫阿著者先，阿著者先有三个儿子：长子叫吉囊、次子叫俺答、第三个叫老把都，其中俺答最是桀骜不驯。隆庆年间，俺答抓住叛变的人来进献，便被封为顺义王，他的儿子黄台吉等人被授为都督官，开放市场并通好入贡。

**兀良哈**　古代山戎之地。秦朝时为辽西郡的北部，汉代时被奚族占据，后来归属契丹。元代为大宁路北部，明洪武年间，割让锦义、建刹等州给辽东管理，又在惠州设置了都司，管理营兴，合起来有二十多个卫所，属于北平行都司。朱元璋又封儿子朱权为宁王，建大宁、宽河州、会州、富峪四座城池，留下重兵把守，后来北边来讲和投降的人很多，便下诏分拆兀良哈的旧地，设置了三个卫所，从锦义、辽河到白云山叫泰宁，从黄泥洼经沈阳、铁岭到开原叫福余，从广宁前屯过喜峰近宣府叫朵颜，任命其长官为指挥，这些所部就是东北外藩。靖难之役初期，朱棣先攻打大宁，就召来兀良哈各部酋长，说只要他们率领各自部落随军出征就有功，于是用大宁来作为三卫的分界，把宁王移封到南昌，把行都司也迁到保定，自己把藩篱撤了，其中朵颜所属之地最为险要，他们与北卤互相通婚，暗中为向导，名为外卫实际上却成了萧墙之祸。后来另二卫都衰弱了，只有朵颜卫独自强盛，所以世人都称之为“朵颜三卫”。

**女真** 古时肃慎人居住之地。在混同江的东边，开原的北边，也就是金人的后裔。汉代称“挹娄”，魏国称“勿吉”，唐代称“靺鞨”，元代称“合兰府”。明朝时全境都来归降，朝廷便在其部落所在地设置了一个都司、一百八十四个卫所、二十个千户所，任命其官吏为都督指挥、指挥千百户、镇抚等官职，给他们官印，让他们仍旧统治自己的族人，他们也按时来朝贡。他们的辖地共有三十八座城池，二站九口、三河口。

吏部员外郎陈诚记录：明代洪武年间来朝贡的有西洋琐里、琐里、览邦、淡巴四国。永乐年间来进贡的有古里班卒、阿鲁、阿丹、小葛兰、碟里、打回、日罗夏治、忽鲁毋思、吕宋、甘巴里、古麻刺（其国王前来朝贡，到了福州却死了。皇帝赐给他谥号“康靖”，赐他葬在闽县）、沼纳扑儿、加异勒、敏真诚、八答黑商、别失八里、鲁陈、沙鹿海牙、赛蓝、火剌札、吃刀麻儿、失剌思、纳失者罕、亦思把罕、白松虎儿、答儿密、阿迷、沙哈鲁、黑葛达等国。还有同黑葛达，一起来进贡的共计十六个国家，是南巫里、急兰丹、奇剌尼、夏剌北、窟察尼、乌涉剌踢、阿哇、麻利、鲁密、彭加那、舍剌齐、八可意、坎巴夷替、八答黑、日落。到宣德中期曾来过的朝贡的国家有黑娄、哈失哈力、讨来思、白葛达。

# 卷十六

# 植物部

桐树有十二片叶子，每边都有六片，

从下往上数，一片叶子为一月，如果当年有闰月，

就会有十三片叶子，小的叶子就代表闰月。

如果不长叶子，那代表着天下就要换君王了。

# 草木

**蓂荚** 尧帝时期，庭院里生长了一种叫蓂荚的草，这种草每月十五号之前，每天都会长出一片叶子，过了十五号，每天会落一片叶子，如果当月是小月，会有一片叶子蔫败，却不落下。通过观察这种草，就可以确切知道一个月中的日子，所以这种草又被称为历草。

**翣（shà）脯** 尧帝的时候，厨房中会长出肉脯，这种肉脯的形状薄薄的如同扇子，摇一摇会有风，可以让食物温度降低而不致发臭。

**佳谷** 神农在羊头山（现在的山西晋城高平市北的神农镇）得到了非常好的谷种。宋真宗时开始给民众占城稻的种子，也就是今天所说的糯米 。

**屈轶** 尧帝的时候，庭院里会生长一种草，如果有奸人进入朝廷，这种草就会弯曲，然后指向这个人，所以这种草名叫“屈轶”。

**峄阳孤桐** 峄阳孤桐在峄县的峄山上，从夏、商、周三代到现在，只剩下了一截孤桐。明代天启年间，有贼人作乱，人们想拿桐树来烧饭，没想到孤桐却消失不见了。

**五大夫松** 现在的人称泰山上的“五大夫松”，都以为是五棵松树，他们却不知道，秦始皇上泰山封禅，突然大风大雨来到，于是就在松树下休息，后来封这棵树为五大夫。五大夫，是秦朝官职的第九等爵位。这段话可以订正千古相传的错误。

**虞美人草** 虞美人自刎之后，葬在了雅州的名山县，在她的墓中长出了一种草，这种草的形状就像鸡冠花，它的叶子都相对着长，如果有人唱《虞美人曲》，这种草就会随着节拍跳舞，所以俗称为虞美人草。

**蓍草** 蓍草是一千年才长一株，这种草的草秆下一定有神龟守护，多用于占卜，而且他们多数生长在伏羲陵与文王陵上。

**挂剑草** 季札的墓前生长着一种草，这种草的形状如同挂着的剑，所以名字叫作挂剑草，它可以用来治疗心病。

**斑竹** 尧帝的两个女儿是舜帝的两个妃子，分别称为湘君、湘夫人。舜帝死在苍梧，她的两个妃子放声大哭，哭出的泪洒到湘竹上，湘竹上都是斑点，所以这种有斑点的竹子又叫作湘妃竹。

**梅梁** 会稽山的大禹庙里有一根梅梁，遇到雷雨的夜晚，这根大梁就会飞出去，到了五更时才飞回来。第二天早上起来一看，这根梁上还常常带着水藻。后来这根梁被梅太守换掉了。

**萍实** 楚王渡江的时候得到了萍实，萍实的形状大得像斗，红得像太阳，刨开来吃，甜得像蜜一样。

**孔庙桧** 曲阜的孔庙中有孔子亲手种植的桧树，它长得像降香，整棵树都没有枝叶，坚硬得像铁一样，树纹都向左转，如果有圣人出生，树就会生出一个旁枝来，这样就可以通过其来占卜预测时代的气运。按：桧树经历了周、秦、汉、晋千百余年，它在晋怀帝永嘉三年枯萎了；枯萎了三百零九年后，到了隋恭帝义宁元年它又复活了；过了五十一年，到了唐高宗乾封三年它再一次枯萎；枯萎了三百七十四年后，到了宋仁宗康定元年它再一次繁茂；到金宣宗贞祐三年它遭遇了兵火，枝叶都被烧了，仅留下了树干；后来过了八十一年，元世祖三十一年它再次萌发；到了明太祖洪武二十二年，它长出好几枝，并且长得非常茂盛；到了建文四年，它又枯萎了。

**汉柏** 泰安州东岳庙的东廊，有汉武帝亲手种植的六株柏树，树枝叶茂盛，颜色翠得像铜绿一样，去敲它的树干，就好像在敲打金属一样，会发出金属的声音。曹操的时候赤眉军作乱，这些士兵用大斧砍这些树，看到树流出了血便停下了。至今都还能看见柏树上留下来的斧头印。

**唐槐** 峄县的孟子庙中有唐太宗亲手种植的槐树，这些槐树枝叶浓密，树干粗壮，只是树身有些矮。

**邵平瓜** 邵平是秦朝的东陵侯。不过秦朝灭亡后，他成了平民百姓，独自在长安城的东边种瓜，他种出的瓜经常会有五种颜色，除此之外，味道还非常甘美，世人称这瓜为“东陵瓜”。到了五代，胡峤才开始把回纥的西瓜引到中国。

**赤草** 刘小鹤说：未央宫所在的地方，有一丈多长的一块地，这块地里生长的草都是红色的，据说这是淮阴侯韩信受刑的地方，他的怨恨愤怒之气郁结于此，长出了这种草。

**桐历** 从桐树可以看出日子、月份和闰月。桐树有十二片叶子，每边都有六片，从下往上数，一片叶子为一月，如果当年有闰月，就会有十三片叶子，小的叶子就代表闰月。如果不长叶子，那代表着天下就要换君王了。

**知风草** 南海有一种丛生的草，长得像藤蔓一样。当地人通过看它的枝节来占卜这一年的风，有一节就代表有一场风，没有节就代表没有风，所以它的名字叫“知风草”。

**护门草** 护门草长在常山上。将这种草取下来放在门边，如果有人从门前过，草就会呵斥他。所以这种草又叫“百灵草”。

**虹草** 乐浪的东边有一个背明国，这里生长着一种虹草，这种草的枝干有一丈长，叶子像车轮那么大，草根大得像车毂，花的颜色像早上彩虹。齐桓公讨伐山戎时，其国人进献这种草的种子并种植在庭院中，用来表示成就霸业者的瑞气。

**不死草** 东海的祖洲上有一种不死草，这种草又叫养神芝，生长在琼田中，它的叶子长得像菰苗，丛生，长有三四尺。如果有人死了，用这种草盖住就可以复活，一株草可以复活一个人，吃这种草可以让人延年益寿。

**怀梦草** 钟火山有一种长得像蒲的红色香草，这种草白天缩到地里，半夜抽芽萌发，将这种草放在身上，就可以知道梦的好坏。汉武帝思念逝世的李夫人，东方朔献上了这种草。汉武帝把它放在怀里，果然梦见了李夫人，所以这种草也叫怀梦草。

**书带草** 郑玄字康成，住在城南山中教授徒弟。山下有一种长得像薤的草，这种草的叶子又长又细，非常坚韧，当时人们称它为“康成书带”。

**八芳草** 宋代的宫廷艮岳旁边长有八芳草，八芳草分别指：金蛾、玉蝉、虎耳、凤毛、素馨、渠那、茉莉、含笑。

**钩吻草** 有一种草长在深山之中，它的形状像黄精，吃进嘴中，嘴就会裂开，碰到肉，肉会溃烂，这种草的名字叫钩吻，吃了它立即会死。但是钩的花是紫色的，而黄精的花是白色的；钩吻的叶子有一些小绒毛，黄精的叶子是光滑的，可以通过这些来分辨它们。

**金井梧桐** 世人经常说：“金井梧桐一叶飘”，是指梧桐叶上的黄圈纹理像井一样，所以名字叫“金井”，并不是真的井栏。

**沙棠木** 沙棠木可以防水，它的果实叫蒉，形状像葵，味道像葱，吃它可以解除疲劳，又可以让人入水不会被淹死。

**君迁** 《吴都赋》中有“平仲君迁”的语句，平仲、君迁都是树木的名字，但没有注释出来。按：司马光《名苑记》里记载：君迁的果实像马奶，俗称牛奶柿。现在制造扇子要用它的柿油，所以也叫柿漆。

**芋历** 芋艿会结子十二个，有闰月就会多结一个。当时人们称之为“芋历”。

**肉芝** 萧静之挖地时得到一个“人手”，这个“人手”光润亮泽还很白，把“人手”煮了吃，过了一个月，萧静之已经掉了的牙齿和头发又长出来了。有一个道士说：“这就是肉芝啊。”《抱朴子》记载：在山中行走，如果看到有七八寸的小人乘着车马的，那就是肉芝，捉住服用的话，就可以成仙。

**桑木** 是箕星的精华，是神木。蚕吃了会吐出漂亮花纹，老人吃了会变成小孩。

**肉树** 肉树就是端山的猪肉子。端山在德庆州，这种猪肉子就像茶杯一样大，如果烤着吃，它的味道会像猪肉一样鲜美。

**哀家梨** 汉代的哀仲家中有一株梨，这种梨味道好，长得有升（量粮食的器具）那么大，入口即化。汉武帝的樊川园有一种大梨，这种大梨有五升的瓶子那么大，落到地上就碎。要摘的话先需用布囊接着，这种梨名叫“含消梨”。

**涂林** 张骞出使安石国十八年，得到涂林的种子后便回来了，涂林是安石榴的别名。除此之外，还得到了胡麻的种子，后来胡麻种遍中国。

**阿魏树** 阿魏树出自三佛齐国，这种树上面有树瘿，瘿中的汁液毒性最强，如果沾到人的身体上，人的身体就会糜烂，所以人们不敢接近。每到采摘的时候，把羊拴在树下，骑快马从远处射树，有毒的汁液就会沾到羊身上，羊也就烂了。所以也被叫作“飞鸟取阿魏”。

**葡萄苜蓿**　西汉将军李广利开始移植大宛国的苜蓿、葡萄到国内。

**甘蔗**　宋神宗问吕惠卿：“‘蔗’字从‘庶’，这是为什么呢？”吕惠卿回答：“所有的草木种下后都是正着生长，只有甘蔗是横着破土而出，这是庶出，所以‘蔗’从‘庶’。”顾恺之吃甘蔗，会先从尾巴吃起，别人问他为什么，他回答：“这样可以渐入佳境。”

**乌树**　乌树就是柘树。这种树的枝条非常长而且坚韧，乌鸦停在树上将树枝压弯，将要飞的时候，柘树的枝条会把乌鸦弹出去，乌鸦此时便会呼号。用这种树枝作弓，又快又有力，所以称作“乌号之弓”。

**共枕树**　潘章长相很美，他和楚国人王仲先的交情深厚，两人死后埋葬在了一起。后来墓上长了棵树，枝条和叶子都簇拥在一起。所以叫它“共枕树”。

**木奴**　三国的李衡官为丹阳太守，在龙阳洲上种了上千棵橘树。临终的时候，他告诉他的儿子说：“我在龙阳洲种有千头木奴，不用你负责衣食，每年还能给你供应一匹绢，也足够你用了。”

**化枳** 晏子说："橘子生在淮南是橘子，生在淮北却变成了枳。只有叶子极其相似，果实味道却大不相同。这是因为水土不同的原因。"

**七星剑草** 七星剑草长得像剑的形状，这种草上面有七颗星，排列得像北斗七星一样。

**骨牌草** 骨牌草的叶子上分别有一、二、三、四、五、六的斑点，和骨牌没有什么区别。

**刘寄奴草** 南朝宋的刘裕贫寒的时候有一次在新洲砍柴，他看到一条几丈长的大蛇，便用箭来射蛇。等他第二天再到这里的时候，他看到几个小孩在捣树叶，刘裕就问他们为什么做这个，小孩回答说："我家的大王被刘寄奴伤了，现在正弄药来治疗。"刘裕说："为什么不直接杀了仇人呢？"小孩们回答说："刘寄奴是要当皇帝的人，是不会死的。"刘裕大喝一声，这些人就都跑了。刘裕得到药之后，抹在刀枪所致的伤口处，这些伤立刻就好了。于是称这种草为"刘寄奴"，"寄奴"其实是刘裕的小名。

**益智树** 益智树的叶子如同蘘荷，树干像竹箭，它的果实从中心长出。一个树枝上有十颗果实，果肉又白又滑。如果四面打开，把果肉去掉，只取它的外皮，然后用蜜煮后包成粽子，味道就会有些辛辣。卢循曾用这种粽子款待过南朝的宋武帝刘裕，还款待过慧远大师，这种粽子名叫"益智粽"。

**祁连仙树** 祁连山有一棵仙树，它的果实像枣，有四种味道。如果用竹刀剖开，味道就是甜的；用铁刀剖开，味道就是苦的；用木刀剖开，味道就是酸的；用芦刀剖开，味道就是辣的。

**桂** 《南方草木状》记载：桂树有三种，叶子像柏树叶，树皮红色的是丹桂；叶子像柿子树叶的叫菌桂；叶子像枇杷树叶的叫牡桂。现在福建一带桂树很多，一年四季都开花结子，这是真桂。江南一带八九月开花却没有结子的，是木樨。

**酒树** 《扶南记》记载：顿逊国有一种长得像石榴的树，采摘花并将花中的汁液采下来放到瓮里，几天就会变成酒，这种酒的味道很美，所以称这种树叫酒树。

**面树** 面树名叫桄榔树。这种树有四五抱那么粗，有五六丈高，树干非常直没有枝条，树顶上有叶子，也不过只有几十片，有些像栟（bīng）榈；它的果实呈穗状，生在树顶；它的皮可以做绳子，遇到水会更加柔韧。胡人用这种绳连接木头来做舟，树皮里有像面一样的碎屑，多的会有好几十斛，吃起来跟正常的面没有什么差别。

**杨柳** 隋炀帝开凿运河成功后，虞世基请求在河堤上栽种柳树，为什么要栽种柳树呢？一是因为柳树的根四通八达，可以保护河堤；二是拉纤的女子可以在树下乘凉；三来拉舟的羊也可以吃到树叶。隋炀帝听后大喜，于是下令：民间如果进献一株柳树就赐给一匹布；老百姓都争相进献。隋炀帝自己也种了一棵，文武百官依次各自种了一棵。种完后，隋炀帝亲笔赐给垂柳杨姓，所以现在有“杨柳”的称呼。

**薏苡** 马援在交趾的时候，听说薏苡的果实可以抑制瘴气，所以当他从交趾回来的时候，便拉了一车薏苡。等到马援去世的时候，有人便上书诬陷他，说以前马援回来时，车上拉的全是宝珠、犀牛角之类的宝物。

**橄榄** 橄榄也叫南威。《金楼子》记载：有一种树名叫独根，这种树会分出两个大枝，其中向东的一枝是木威，向南的一枝便是橄榄。这种树长得非常高，人无法攀爬。在树根下面划个口子，将盐放进去，一个晚上，它的果实就会掉落。这种树的木头可以制作船和桨，因为它到了水里就会浮起来。苏轼曾有诗："纷纷青子落红盐，正味森森苦且严。待得余甘回齿颊，已输崖蜜十分甜。"三国时的吴国开始进贡橄榄，皇帝将它赐给近臣。

**瑞柳** 唐代的中书省有一株古柳，忽然之间，一下子就枯死了。唐德宗从梁州归来后，柳树又重新茂盛起来，人们便称此树为"瑞柳"。

**义竹** 《唐纪》记载：唐明皇的后苑中有幽深稠密的竹丛，唐明皇对几个封王的兄弟说："兄弟之间应该互相亲近，就像这些竹子一样。"所以称此竹为"义竹"。

**椰树** 椰树就像栟榈，树高有五六丈，没有枝条，它的果实像一个西瓜那么大，外面有粗皮，皮下有壳，壳是圆的，而且很坚固，剖开里面的果肉是白色，果肉足足有半寸厚，味道很像核桃但是比核桃更甘美，还有果浆，喝起来有酒气。俗人称它为"越王头"。椰子的果壳可以镶成杯子或水壶，也可以做成水瓢。

**文林果** 宋代的王谨担任曹州从事的时候，得到林檎（qín）

果，他将林檎果进贡给了宋高宗，这种果子长得很像朱柰。宋高宗得到后非常喜欢，于是赐王谨为文林郎，称呼这种果子为文林果。还有一种说法，唐高宗时的王方言开始广泛栽种林檎。

**不灰木**《抱朴子》记载：在南海的萧丘上，有一种自生自灭的火，这种火春天烧起来，秋天熄灭。萧丘上只长一种树木，这种树木被火烧过之后只有一点点焦黑。如果有人得到这种木头来做柴火，饭一熟，就用水把火浇灭，这样木头就永远用不完。束皙在《发蒙》中说："西域有用火来洗的布，东海有烧不完的木头。"

**三槐** 王旦的父亲王祐积有阴德，曾经亲手在庭院里种了三株槐树，并说："我们家后代一定有官至三公的人，我种这三棵树来作为标记。"

**寇公柏** 寇凖最初授官巴东令，人们称呼他为"寇巴东"。他亲自在院子里种了两棵柏树，这两棵柏树被称为寇公柏，人们拿这两棵柏树与邵伯的甘棠相比。

**铁树** 明代的广西驯象卫指挥使殷贯的家中，有一棵高三四尺的铁树，树干和树叶都是紫黑色的，叶子的形状有些像石榴叶。这棵树遇到丁卯年就开花，花是四瓣的，颜色为紫白色，很像瑞香，不过形状稍微圆一点。盛开后几个月都不会谢，闻起来有铁的气味。

**莱公竹** 寇凖（莱公）去世后，准备葬在西京（今西安）。需要经过荆南的公安县，当时人们在路上设祭祀的灵位大哭，并且折下竹子插在地上，方便来挂纸钱。过了几个月再去看时，那些枯竹竟然都长出了竹笋，于是人们称这些竹子为“莱公竹”。人们在这个地方建立祠庙，取名为“竹林寇公祠”。

**迎凉草** 李辅国夏天会见宾客时，在庭院里种植了迎凉草，于是院中清风徐来。这种草的颜色碧绿，它的枝干很像苦竹，叶子细小就像杉树一样。

**荔枝** 宋代的蔡君谟（蔡襄）说：福建的荔枝，以兴化的最奇特，尤其推重紫荔枝。这种荔枝的果子熟得晚，果实上面大下面圆，整个果子的直径可以达到一寸五，香气清新而悠远，色泽是鲜艳的紫色，果壳薄又平，果瓤厚但是晶莹剔透，果膜的颜色像桃花那样鲜红，果肉像丁香母，剥开它就像凝结的水晶一样，吃起来就像绛雪一样易化，味道甘甜芬芳，好得简直难以形容出来。

**宋家香** 宋氏家族曾经拿他们家的香荔枝赠送给蔡君谟，蔡君谟写了《诗序》表示感谢：这种植物在世上传承已经有三百年了。黄巢的部队路过的时候想要砍伐它，当时它的主人姓王，他家的老太太抱着树想与树一起死，这样树才得以保存。现在这棵树虽然已经老了，但它结的果实越来越繁密，而且味道也越来越甘甜爽滑了，真是一个神奇的品种啊。

**瑞榴** 宋代时期，邵武的县学门口长了一株石榴，士子们通过观察这株石榴结石榴的多少，来占卜预测县学考上进士的人数，每次都能准确应验，所以给这株石榴起名“瑞榴”。

**柯柏** 明朝莆田的状元柯潜官拜少詹，他亲手在翰林苑的后堂种植了两株柏树，将这两株柏树称为“学士柏”，后又建造了瀛洲亭与柏树相伴。

**种松** 晋代的孙绰隐居在会稽山里，写了一篇《天台赋》，范荣期说：“这篇赋如果扔在地上，一定会有金石一样的响声。”孙绰在书斋前种了一棵松树，经常亲自培土浇水。邻居高柔说：“你种的松树虽然不是不楚楚可怜，只是不是栋梁之材啊！”孙绰说：“枫树、柳树即使有合抱起来那么粗，又有什么用呢？”

**连理木** 宋代的梁世基家里的荔枝树长成了连理，宋神宗赐了一首诗给梁世基：“横浦江南岸，梁家闻世贤。一株连理木，五月荔枝天。”

**树头酒** 缅甸有一种树，得很像棕树，有五六丈高，它结出的果实像手掌一样大。当地人把面放在罐子里，把罐子挂在果实下，把果实划破，取出它的汁液就成了酒。它的叶子就是贝叶，这种叶子可以用来写缅书。

**嗜鲜荔枝** 唐代天宝年间，杨贵妃非常喜欢吃新鲜的荔枝。涪州每年都会让驿站快马传递，经过七天七夜送到长安，这时人和马都累死了。杜牧的诗中有句子：“一骑红尘妃子笑，无人知是荔枝来。”

**荔奴** 龙眼和荔枝长得很像，但是叶子比荔枝小一些，到了冬天也不会凋谢。龙眼七月的时候结果实，果壳为青黄色，上面有鳞甲一样的花纹，形状圆得像弹丸一样，果肉是白色的而且有浆，味道非常甘美。果实结得极多，一串上面有五六十颗，作穗状，就像葡萄一样。荔枝成熟以后，龙眼就熟了。所以南方人把龙眼看作是荔枝的奴仆。

**此君** 东晋名士王子猷暂居在别人的空屋子里，他让人种上竹子，别人问他为什么这样做，他回答道：“怎么可以一天没有这些君子呢！”

**报竹平安** 唐朝将军李靖（卫公）说：“北都（太原）只有童子寺有一丛竹子，才有几尺高。寺庙的管理者每天都要向方丈报告这丛竹子的平安。”

**蕉迷** 南汉的宦官赵纯卿独爱芭蕉，家里凡是轩窗馆宇都种上了芭蕉。当时人们称他为“蕉迷”。

**卖宅留松** 海虞的孙齐之亲手种了一棵松，他对这棵松非常爱护。他的家产已经全部卖给了别人，唯独留下这棵松树不肯卖。他与一个做小买卖的邻居约好：每年赠送给邻居一千钱，请求邻居在墙上开一个小窗户，时常带着一壶茶水，从窗户里看松树，要是从窗户里看到松树上有刺毛，就请求邻居立刻告诉自己，孙齐之便会亲自去梳理剔除，清理完成后就离开。后来他的儿子孙林和孙森很孝顺，努力地把家产又买了回来。

**青田核** 《鸡跖集》记载：乌孙国有一种果实的核叫青田核，不知道这种树和果实是什么模样，但是果核大得像瓢一样，可以装下五六升东西，如果用来装水，不一会儿就会变成酒。刘章得到两个这样的果核，召集宾客时用它们，一个果核中的酒刚喝完，另一个果核中的酒就又酿好了，可以同时供应二十个客人畅饮。这种果核还有个名字叫“青田壶”。

**桃核** 明代洪武乙卯年展出过元代宫廷内库所珍藏的巨型桃核，这个桃核半面长达五寸，宽四寸七分，前面刻着“西王母赐汉武桃”和“宣和殿”十个字，并且涂上了金粉，中间画了龟鹤云气的图像，除此之外还刻了“庚子甲申月丁酉日记”的字样。皇帝命令宋濂作赋来记录这件事。

**龙眼荔枝** 汉高祖时，南粤王进献龙眼树；汉武帝的时候才得到交趾的荔枝，将它种在了上林苑；魏文帝时期开始下诏让南方每年都进贡龙眼和荔枝。

**药名** 将要分别时人们会赠给对方芍药，所以芍药还有个名字叫可离。召集朋友就送文无，因为文无也叫当归。想让人忘掉忧愁，就送给他丹棘，因为丹棘也叫忘忧。想要消除别人的愤怒，可以给他送青棠，因为青棠又叫合欢。人们在送别的时候会折下柳枝来相赠，也有人会把梅花折下来寄给远方的游子（见《古今注》和《董子》）。还有叫帝不愁的植物（见《山海经》），芍药能怡养性情（见《博物志》），皋苏可以释放愤懑的心情（见《王粲志》），甘枣可以让人不迷惑（见束皙《发蒙记》），树中有可以长生的树（见《邺中志》），木中有可以辟鬼的无患木（见《纂异文》）。

**碧鲜赋** 五代时扈载到相国寺去游玩，他看到院中的竹子很是可爱，于是写了一篇《碧鲜赋》。柴世宗派遣小黄门到墙壁前抄录了下来，看完后大为称赞。刘宽夫《竹记》中说：“（竹子）要论坚实，可以比得上松柏；论劲节，可以凌霜不凋；说起稠密，它可以消散清烟；如果比稀疏，又可以漏下霄月。”

**榕城** 福州有很多榕树，这种树有十围粗，到了冬天叶子也不会凋谢，郡城里的榕树长得特别茂盛，所以福州又号称“榕城”。

**相思树** 潮州的凤凰山上有很多相思树，树里有树神，树神都披着头发、光着脚。

**念珠树** 念珠树生长在大理府，它的每个穗上都能结出一百零八颗果实。从前有一位姓李的贤者寓居在大理周城，借住的这家主人的妻子难产，这位李姓贤者便摘下自己的一颗念珠让她吞下去，孩子得以顺利出生，并且手里还拿着那颗念珠。之后，扔那颗念珠的地方，生长出了很多树，这些树的名字就是念珠树。

**席草** 储福是靖难时的守兵，他流落在曲靖，因为不吃东西饿死了。他的妻子范氏侍奉婆婆细心周到，有一天，她看到河边有一种长得像苏草的草，便采集来织成席子给婆婆用。后来她的婆婆死后，这种草就不再生长了。

**蒌叶藤** 蒌叶藤的叶子像葛，但是它的蔓缠绕在树上，还可以做成酱，也就是《汉书》中所说的“蒟（jǔ）酱”，它的果实像桑葚，皮是黑的、果肉是白的、味道辛辣，和槟榔一起吃的话，可以抵御瘴气。

**神木** 明朝永乐四年，官府在沐川采伐楠木。正准备开通道路把楠木送出来，不料有天晚上，楠木竟然自己移动了几里路，所以朝廷封这座山为神木山。

**独本葱** 元代初年，马湖的蛮人每年都会进献独本葱，沿途郡县忙于运送独本葱，不堪其苦，于是在元贞初年就停止了。

**邛竹** 《蜀记》记载：张骞奉皇帝的命令出使西域时，在邛山得到了高节竹的种子。现在这种竹子常被用来做手杖，样子非常雅致。

**天符** 容子山有一种树木的叶子叫天符，叶子很像荔枝叶但是略长一些，叶子的纹路好像虫蚀的篆文，人们不知道这是什么树木，有人认为这是刘真人的仙迹。

**吕公樟** 松江的北禅寺，宋代有一个姓回的先生从这里经过，他在殿里亲手种了一棵樟树。过了几年，树死了，回先生又来造访，问樟公怎么样了，然后从自己的瓢里取了一丸药，埋到树根下，樟树竟然活过来了，不过每片叶子上都显露出瓢的痕迹。人们这才醒悟过来，这个回先生正是吕洞宾。

**陈朝双桧** 静安寺里有两棵桧树，宋代政和年间，奸臣朱勔把桧树画成图进献给朝廷，朝廷看过画后派宫中使者去伐取，不料此时天上风雨交加，雷电还把其中的一棵劈裂了，朝廷也就停止了砍伐的行为。

**竹诗** 胡闰在吴芮祠的墙壁上题诗："幽人无俗怀，写此苍龙骨。九天风雨来，飞腾作灵物。"明太祖看到这首诗后非常赞赏，召来胡闰，封他为大理卿。

**苦笋反甘** 《梦溪笔谈》记载：太虚观里有一丛修竹，相传是陆修静（道教上清派祖师）亲手种植的，生出的苦笋味道很甘美；归宗寺里造的盐薤味道清淡，这些都是中山的佳品。

**水晶葱** 宋孝宗皇帝问左丞相周必大说："你的家乡吉安盛产什么呀？"周必大回答道："金柑玉版笋，银杏水晶葱。"

**巨楠** 赤城阁前长有一棵巨楠，这棵巨楠有几十丈高，三十尺粗，世人相传这棵树是范寂亲手种植的。范寂学会了长生不老之术，蜀汉先主刘备曾多次征召他，他却不来，先主就敕封他为逍遥公。

**希夷所种** 《方舆胜览》记载：普州这个地方土地贫瘠，没有特产，只有铁山枣、崇龛梨、天池藕三种东西，这三样东西还是希夷先生陈抟种的。

**骑鲸柏** 大邑凤凰山上有一株紫柏，这株紫柏有十围粗，它的树根盘在巨石上，号称骑鲸柏。

**芦根** 秦始皇因为发现东南有王者之气，所以凿开了连江的九龙山，得到了一个芦根，这根芦根有几丈长，砍断以后还有血迹，后来将这座山命名为获芦峡。

**榕树门** 榕树门是桂林府的南门。唐代修建城门的时候，有一棵榕树跨在城门内外，盘根错节长成城门的样子，车马往来，都直接从树根下穿过。杨基为此写了一句诗：“榕树城门却倒垂。”诗中的城门就是这个榕树门。

**苴草** 苴草产自广西，这种草的形状像茅草，人吃了会长寿。夏天将这种草放在筵席上，苍蝇和蚊子都不敢飞近，食物也不会腐烂，所以它还有一个名字：不死草。另外还有一种木生子，形状像猪肾，能够解除药毒，所以又名叫“猪腰子”。

**罗浮橘** 严州城南有一座非常险峻、不易攀登的山，上面长有一棵罗浮橘，果实成熟时便会随风飘落在地上，捡到的人都说这是仙橘。

**玉芝** 会稽山陶堰岭有一种花生，花生叶子下的根每年生出一个臼，把臼拿来用面裹住煮熟了吃，可以达到辟谷的效果。

**百谷** 《名物通》记载：所谓的“粱”就是小米、粟子之类作物的总称。“稻”则是水田出产作物的总称。“菽”是各种豆类作物的总称。这三种谷物各二十种，一共有六十种。蔬菜、水果辅助谷物，各有二十种，这样合起来便称为“百谷”。

**君子竹** 苏轼的诗说：“惟有长身六君子，猗猗犹得似淇园。”另外，“筼筜（yún dāng）”也属于竹类，它们生长在水边，有数丈高，粗有一尺五寸，一节就有六七尺。

**樗栎** 《庄子》记载：我有一棵大树，人们称其为樗。它的树干因为过于臃肿粗大而不符合绳墨取直的要求；它的小枝又因为太过于弯曲而圆规和角尺取材的需要。《通志》记载：南方多有槲

（hú）树，北方多有栎树，长得像槲树的，就是柞栎树。古话说：“社庙前的栎树因为不成材，所以能长寿。”

**梗楠** 《文选》记载：梗木、楠木以及豫章木都是能胜任大用的木材。

**瓜田李下** 《文选·君子行》中说：君子要防患于未然，特殊情况需要避嫌。瓜田边上莫提鞋，李子树下莫正冠。

**薰莸异器** 《左传》记载：一薰一莸，十年之后还有臭气。注释中这样解释：薰，是香草；莸，是臭草。

**蒲柳先槁（gǎo）** 《世说新语》记载：顾悦之和简文帝同岁，顾悦之的头发却早已经白了。简文帝于是问他，顾悦之回答道：“松树和柏树经过秋霜之后依然还是那样茂盛；然而蒲柳还没到秋天就已经凋零了。”

**余桃** 《韩非子》记载，弥子瑕吃桃子时觉得很甜，于是便把剩下的那半个给卫国国君吃，卫国国君说：“弥子瑕是真爱我啊。”后来弥子瑕失宠了，国君就说：“这就是那个把吃剩下的桃子给我吃的人。”

**二桃杀三士** 齐国的公孙接、田开疆、古冶子三人都很勇猛，然而不懂礼仪。晏子告诉齐景公可以赏给他们三个人两个桃，让他们三个人论功来分。最后这三个人都自杀而死了。

**祥桑** 在商朝的亳都，桑树和榖树共同生长在朝堂之上，只过了七天，这两棵树长得就有两手合抱那么粗了。大臣伊陟说：“这种变化虽然妖异，但是不能胜过德行。”于是皇帝太戊开始修行先王的德政，赡养老人、怜惜贫弱、问候病人，一大早就开始朝见群臣，到了很晚才退朝。就这样做了三天后，桑树和穀树都死了。

**金杏** 金杏出产自分流山。它长得比梨大，比橘子黄。汉武帝寻访蓬莱、瀛洲的时候，有人把它进献给汉武帝，现在人们称金杏为汉帝果。

# 花卉

**桂花** 一般草木的花是五瓣，雪花是六瓣，朱熹（文公）说这是“地六生水”的原因。然而桂花只有四瓣，潘笠江先生说土地生长出来的物品，成数应该是“五”，所以草木的花都是五瓣，只有桂花是月亮中的草木，位于西方，而“四”是西方属金的成数，所以桂花四瓣是金色，而且还在秋天开放。

**天花** 天花生长在五台山，属于草本植物。花长得很像牡丹，但是比牡丹要大一些，花的颜色白得像雪一样，花下面有白蛇守护，如果有人来悄悄摘花，一定会受伤。不过当地人会巧妙地偷花，等白蛇看到没有花了，就会自己撞死。将天花晒干后，其中大的花瓣如同新鲜的牡丹花，拿几片花瓣放进汤中，汤的味道便会非常鲜美，这种花的价格也很昂贵。

**琼花** 王兴在秋长山看到一种琼花，花茎有八九寸长，花的叶子像白檀叶，花像荷花，香气可以飘几里远。唐代时，有人在广陵的蕃釐观种过一株，没想到到了元代就枯死了，于是就用八仙花补种在原来的琼花台前。

**金带围** 江都总共有三十二种芍药，其中只有金带围这种是最不容易得到的。韩琦担任郡守的时候，金带围忽然开了四朵。当时王珪担任的是郡守副职，王安石是幕官，卫尉丞陈升之刚到这里，于是韩琦在花下大摆宴席，并且他们四人各自戴了一朵花（唐宋士人向有簪花习俗）。后来这四个人相继官至宰相，这便是“花瑞”。

**蔓花** 胡人把茉莉称为蔓花，宋徽宗的时候才开始取名为茉莉。

**洛如花** 吴兴的山里长有一棵树，这棵树长得像竹子却结有果实，果实像皂荚，乡里的人看到这棵树后，便来问陆澄。陆澄说：“这种花的名字叫洛如花，一个州郡如果有名士，就会长出这种花。”

**王者香** 《孔子家语》记载：孔子看见兰花，便叹息着说：“兰花本来应该是王者之花，如今却只得与普通的花为伍。”于是拿琴创作了一首《猗兰操》。

**伊兰花** 金粟花的香气相当浓烈，将它戴在发髻上，散发的香气可以让十步之外的人闻到，并且过一个月也不会消散。在西域，“伊”字非常尊贵，尊贵程度就好像中国的“天”字一样，所以人们将“蒲”称为“伊蒲”，将“兰”称之为“伊兰”，都是因为它们尊贵而这样称呼，当然它们的香气也无花可比。大概就是我们今天说的真珠和木兰吧。

**断肠花** 从前有一个女子，她思念自己的情人，看不到情人的时候就会哭，她的眼泪就这样流到了北墙下。后来被她的泪水打湿的地方长出一种草，开出的花很美丽，颜色很像女子的脸，它的叶子正面是绿的，背面却是红的，秋天的时候盛开，也就是现在的秋海棠。

**蝴蝶花** 贵州的玄妙观长有蝴蝶花，春天开花，花开时很娇艳。花落的时候，会变成蝴蝶翩翩飞远，枝头不会残留一朵花。

**优钵罗花** 优钵罗花长在北京礼部仪制司，这种花开放的日子一定是四月八日，到了冬天就会结果实，果实的形状像鬼莲蓬，剥开外壳，里面的核像一尊金色的佛，形体和相貌都非常像。

**娑罗** 夏津担任昌化县令的时候，当地有一棵娑罗树，开花的时候，十里内都能闻到花香。夏津笑着说："这里真是'花县'啊。"

**兰花** 蜜蜂采花的时候，如果采的是普通花，它会用脚把花粉沾走。但如果采的是兰花，就会背着花粉走，因为兰花花粉是要献给蜂王的。如果蜜蜂进献其他花的花粉，蜂王会赏赐给它蜂蜜，而进献稻花花粉的话，它会被处死，这是蜂王的道德准则。

**婪尾春** 桑维翰说：唐末文人把芍药称为"婪尾春"，这样称呼是因为婪尾酒是宴席上的最后一杯酒，芍药花正好在春天快结束时开放，所以芍药花就有了这样的名字。唐代留守李迪将芍药装在驿车内进献给皇帝，唐玄宗从此将芍药种植在皇宫之中。

**姚黄魏紫** 《西京杂记》记载：牡丹花中最为奇异的两个品种是姚家黄和魏家紫。

**木莲** 白居易说：我游览临邛的白鹤山寺时，看到佛殿前有两棵木莲，它们有几丈高，叶子坚实肥厚，和桂树叶很像，开花的时节是在盛夏，形状像荷花，就连香气也非常像。山里的僧人说："折花的响声就像竹子破开的声音一样。"这种花一郡也只有两棵，不知道是从哪里来的。成都虽然说有很多奇花，但是像这样的并不常见。只知道世上有木芙蓉，但还没听说过有木莲花呢。

**国色天香** 唐文宗在内殿赏花，问程修己："京师现在传唱的牡丹诗中，谁的诗最好？"程修己回答说："李正封有诗'国色朝酣酒，天香夜染衣'。"唐文宗听完对贵妃说："你如果在化妆镜前用紫金盏喝一杯酒，这个场景就正好符合李正封的诗句了。"

**茶花** 茶花以滇茶为第一，其次是日丹。滇茶产自于云南，是大红色的，这种花像茶碗一样大，花瓣不多，花瓣的中间多有分层和皱褶，是红花黄心，模样非常可爱。

**佛桑** 佛桑产自岭南，枝叶的形状很像江南的木槿，花的形状则像中州的芍药，不过与芍药相比更轻柔。花开的时节是二三月，花朵娇媚可爱，颜色有深红、浅红、淡红几种，剪下花的枝条插在地上就可以成活。

**花癖** 唐代诗人张籍生性喜爱花卉，听说王公贵族家里有一株山茶，花朵像盆那么大，他心里猜测自己可能无法得到，于是用自己心爱的姬妾来换。人们称他为"张籍花淫"。

**海棠** 宋真宗的时候海棠与牡丹齐名。宋真宗亲笔写了十首杂诗，其中《海棠》为第一首。从晏殊开始种植红海棠和红梅，把黄梅命名为蜡梅则是从苏东坡开始的。

**花品** 周敦颐在《爱莲说》中说：菊花，是花中的隐居逸士；牡丹，是花中的富贵之人；莲花，则是花中的君子。

**舍东桑** 《三国志·蜀书》记载：先主刘备房舍的东边有一棵桑树，这棵桑树有一丈多高，枝条垂下来好像车盖一样，从这个地方经过的人都惊讶于这棵树的非凡气象，认为此地必出贵人。刘备小时候和一群小孩在这棵树下游戏，他说："我长大以后一定要乘坐这样的帝王车驾。"

**张绪柳** 《南史》记载：齐武帝的时候，益州进献蜀地的柳树，这种柳树枝条很长，形状如同丝线一样。齐武帝把柳树种植在太昌灵和殿的前面，并说："这棵柳树长得风流可爱，就好像张绪少年时候一样。"

**美人蕉** 美人蕉这种花一年四季都会盛开，颜色是深红的，绚丽夺目，盛开后一个月都不会凋谢。

**海棠香国** 从前有一个人被调到昌州做太守，但是他请求换到一个更好的地方。彭渊听说后就制止他，并说："昌州是个好地方啊！"这个州守便问好在哪里，彭渊说："海棠最大的缺点在于没有香气，但是唯独昌州产的海棠有香气，所以昌州又被称为'海棠香国'，这难道不是一个好地方吗？"

**思梅再任** 南朝诗人何逊担任扬州的法曹，在他的公馆旁边有一棵梅树，何逊经常在这棵树下写诗。后来他到了洛阳，很想念梅花却看不到，于是请求再次到扬州任官。到达扬州的那一天，梅花开满了整棵树，于是何逊遍请宾客到树下来赏花、喝酒。

**榴花洞** 唐代有一个名叫蓝超的砍柴樵夫，他在福州东山追逐一头鹿，这头鹿跑进了一个石门，里面有鸡犬和人烟，蓝超遇到一个老人，老人对他说："我们都是为了躲避秦时的战乱来到这个地方的，你留下来，好吗？"蓝超回答说："等我回去与妻子告别后再来。"老人赠给蓝超一枝石榴花，然后蓝超就出来了。后来等他再去寻找，却迷路了，找不到当时的地方了。

**桃花山** 桃花山在定海，千岁翁安期生在这里炼丹，他将墨汁洒在石头上，这些墨汁就成了桃花，等到下雨过后，这些桃花的颜色就更加鲜艳，好像真的一样。

**攀枝花** 攀枝花产自广州，有四五丈高，跟山茶花长得很像，颜色像锦缎一样是殷红色的，所以又叫木棉。

**一年三花** 嵩山西麓，汉代的时候，有道士从外国带了贝多子到这里种植，最后成活了四棵，它们一年开三次花，花是白色的，而且散发出的香味很独特。

**白蒻** 韩愈的诗《古意》中写道："太华峰头玉井莲，开花十丈藕如船。冷比雪霜甘比蜜，一片入口沉疴痊。"

**萱草忘忧宜男** 《博物志》记载：萱草又被称作忘忧草，也叫作宜男花。孟郊在《百忧》诗中说："萱草女儿花，不解壮士忧。"

**冰肌玉骨**　袁丰之品评梅花时说："冰肌玉骨，实乃世外佳人，遗憾的是它没有倾国倾城的笑容啊。"

**菊比隐逸**　菊花，不和其他的花争夺春天的芬芳，它是在百花盛开过后才开放，所以一般用隐逸之士来比拟菊花。

**花似六郎**　称赞张昌宗（武则天的男宠）的人都会说："六郎的面貌真像莲花。"宰相杨再思却说："其实应该是莲花长得像六郎啊。"

**先后开**　大庾岭上的梅花，向南枝条上的花落了，向北枝条上的花则刚刚开放，这完全是由于冷热不同造成的。

卷十七

# 四灵部

凡是长得像凤凰的鸟基本都有五色，
红色多的是凤凰，青色多的是鸾，黄色多的是鹓雏，
紫色多的是鸑鷟，白色多的是鹄。

# 飞禽

**鸟社** 大禹即位十年后，到东方去巡狩，未曾想却死在了会稽，也就埋葬在了会稽。后来有一种鸟飞到大禹的坟头除草，春天拔草根，秋天就去啄杂草，所以这种鸟被称为鸟社。县官后来严令民众不得迫害这种鸟，如有违犯者，绝不轻饶。

**精卫鸟** 炎帝的女儿淹死在渤海，后来变成精卫鸟，每天都会衔西山的木头、石块来填渤海，到死都没有停止。

**凤** 《论语谶》中说："凤凰有六象九苞。"六象九苞是什么意思呢？所谓的"六象"，就是说凤凰的头像天，眼睛像太阳，脊背像月亮，翅膀像风，足像大地，尾巴像群星。而"九苞"则是指口可包命，心能合度，耳朵聪达，舌可屈伸，色彩光泽，冠与矩为红色，脚上的距有尖锐的钩子，声音激扬，腹部有花纹。它行走时的鸣叫被称为"归嬉"，栖止时的鸣叫称为"提扶"，夜里鸣叫称为"善哉"，早晨鸣叫称为"贺世"，飞行时的鸣叫称为"郎都"。凤凰只吃梧桐和竹子的果实。所以连孔子都想隐居到九夷之地去与凤凰嬉游。

**鸾** 是一种吉祥的鸟。张华注释说：鸾是仅次于凤凰的鸟，它刚出生时长得很像凤凰，不过过一段时间后身上的五彩会发生改变，它的声音像风铃。周代的礼乐制度相当完备，法车上会系大铃，声音很像鸾的叫声，所以把法车的名字改为鸾驾。

**像凤** 太史令蔡衡说：凡是长得像凤凰的鸟基本都有五色，红色多的是凤凰，青色多的是鸾，黄色多的是鹓雏，紫色多的是鸑（yuè）鷟，白色多的是鹄。这种鸟的颜色以青色为多，那就是鸾，不是凤凰。

**迦陵鸟** 迦陵鸟的鸣叫声像笙箫一样清越，巧妙地合了五音的规律，所以可以模仿出百虫的声音。《楞严经》中说："迦陵鸟的仙音，传遍十方世界。"

**毕方鸟**《山海经》记载：章峨山有一种鸟，形状像鹤，只有一只脚，羽毛是青色的、花纹是红色的、嘴巴是白色的，这种鸟的名字叫毕方。它的鸣叫声就像在叫自己的名字。它出现的地方就会有磷火。

**鸾影** 南朝刘宋时的范泰在他的《鸾鸟诗序》中说："从前罽宾国王在峻卯山结网捕获了一只鸾，这只鸾三年之中从不鸣叫。国王的妻子说：'我曾经听说鸟如果看见自己的同类，就会鸣叫，为什么不悬挂一个镜子让它照一下呢？'国王听从了。后来鸾看到自己的样子后果然开始悲哀地鸣叫，接着一飞冲天而死。这种鸟用情如此之深，真是让人叹息啊！"据说鸾鸟的血可以做胶，用来接续弓箭、琴瑟断了的弦。

**吐绶鸡** 这种鸡的形状、毛色都像普通的大鸡。不过它不一样的地方在于：天气晴朗、景色宜人的时候，它的颔下会吐出一条绶带，这条绶带一尺见方，金碧辉煌，上面的花纹很像蜀地的锦缎，中间还有一个篆文字体的“寿”字；如果是阴雨天就不会吐。所以吐绶鸡也叫寿字鸡，又名锦带功曹。

**孔雀** 孔雀非常爱惜自己的尾巴，遇到好天气和好景色时，听到音乐声响起它就会把尾巴张开，左顾右盼而后开始翩翩起舞。不过孔雀本性妒忌，如果看到有盛装打扮的妇女，它们一定会追上去啄人。孔雀在山中栖息的时候，会先选择好放尾巴的地方，然后再考虑安置身体。如果想要活捉它，下大雨的时候是最好的。因为这个时候它的尾巴沾雨变重，人走到它眼前了，它却十分爱惜自己的尾巴，不会轻举妄动。

**杜鹃** 蜀地有一个国王叫杜宇，他将自己的王位让给了鳖灵，自己则隐居在西山，死后变成了杜鹃。蜀地的人听到杜鹃的鸣叫，就开始思念他，所以杜宇又被叫作望帝。又有人说杜鹃把自己的蛋生在别的鸟巢里，其他鸟便会帮杜鹃养育。

**鸿鹄六翮（hé）** 刘向说：“现在鸿鹄虽然可以一飞冲天，但它所凭借的是六翮[①]啊。这才是关键的部位。如果肚子下的毛或者脊背上的毛增加或减少一把，并不会让它飞得更高或者更低。”

**号寒虫** 五台山有一种名叫“号寒虫”的鸟。这种鸟有四只

① 鸟类双翅中的正羽。

脚，长有肉翅却不能飞，它的粪便是五灵脂[①]。在盛夏时，它身上的颜色与花纹十分绚烂，于是便自己鸣叫说："凤凰都不如我。"到了冬天，它的毛都脱落了，这时又自己鸣叫："得过且过。"

**秦吉了** 秦吉了是岭南的一种灵鸟。又叫了哥。它的形状像八哥，身体是黑色的，只有两肩是黄色的，头顶上的毛有缝，就像人的头发中分的一样，此鸟听力好，也很聪明，舌头巧，能学人说话。有一个外国人用几万钱买了一只带走，秦吉了此时却说："我是汉地的鸟，决不进入胡人的地方！"于是突然死了。

**变化** 《礼记·月令》记载：三月的时候，田鼠会变成鴽（rú），八月会再变为田鼠。这两种动物会互相变化，"鴽"就是我们现在所说的鹌鹑。二月时鹰会变成斑鸠，八月斑鸠再变为鹰，也是这种互相变化。

**赤乌** 周武王讨伐殷纣王渡过孟津的时候，有火球从天上降下，落在了周武王住的屋上，变成了乌鸦，颜色依然是红的，并且发出噼啪的声音。

**布谷** 布谷鸟就是斑鸠。杜甫诗中有"布谷催春种"的句子。张华说：农活刚开始时，这种鸟就在桑林间飞鸣，发出的声音似乎是"谷可布种"。也有人说它的声音像在说"家家撒谷"，还有人的说像"脱掉破裤"。这些都是因为它们的声音相似。

**蟁（wén）母** 这种鸟像鸡一样大，颜色是黑色的，生长

① 中药材名。

在南方池塘沼泽的芦苇丛中，叫声很像人呕吐的声音，它每叫一声，嘴里就能吐出一二升的蚊子。

**稚子** 稚子又被叫作竹豚。它喜欢吃竹笋，善于隐藏自己，不会让人轻易发现自己。杜甫有“笋根稚子无人见”的句子。

**鹢（yì）** 鹢是一种水鸟，据说能制住水神，所以经常将它的形象画在船头，船因此也被叫作彩鹢。

**捕鹯** 魏国的公子无忌正与客人喝酒。这时忽然有鹯鸟正追击一只斑鸠，斑鸠跑到了公子无忌的案下躲藏，鹯鸟追到后在公子面前杀了这只斑鸠。公子觉得羞愤极了，便让人设网捕获了十多只鹯鸟，然后斥责它们杀斑鸠的罪名，并且宣布：“杀斑鸠的那只鹯鸟要被处死。”有一只鹯鸟低下头不敢仰视，其他的鹯鸟都扇着翅膀鸣叫。公子无忌便杀了那只低头认罪的，把其他的都放了。

**鹁（bó）鸽井** 汉高祖的庙，在临城的鹁鸽井旁边，庙里的《碑记》上说：“沛公刘邦曾经在井中避难，当时井中有两只鸽子，追兵便没有怀疑这里，高祖刘邦才得以逃脱。”

**雪衣娘** 唐明皇在位时，岭南进献了一只白色的鹦鹉，该鹦鹉聪明灵慧，能学人说话，皇上将这只鹦鹉命名为“雪衣娘”。皇帝平日里经常和诸王以及贵妃玩赌博的游戏，如果皇帝快输了，左右的宫女便会呼叫雪衣娘，这时只见雪衣娘飞到博局里，把博局弄乱。有一天，这只鹦鹉竟然说：“昨天晚上我梦见自己被猛禽搏杀。”后来，它果然被猛禽所杀害，鹦鹉死后被埋在宫苑之中，号称“鹦鹉冢”。唐代李繁说：“在东都有一个养鹦鹉的人，因为自己养的这只鹦鹉很聪明，便施舍给了僧人。僧人便教鹦鹉诵读佛经。鹦鹉时常站立在架上，不过既不说话也不动，问鹦鹉为什么，只见鹦鹉回答说：‘身心俱不动，为求无上道。’等到鹦鹉死后，火化竟然有舍利。”

**白鹇** 宋末皇帝赵昺被元兵追赶到厓州山，丞相陆秀夫抱着他跳海而死。当时御舟上恰巧有一只白鹇，它看到这种情景后大声哀鸣，然后便投海殉死。

**鹁鸽诗** 宋高宗喜欢养鸽子，并且亲自放飞鸽子。有一个士人对此题诗说道：“鹁鸽飞腾绕帝都，朝收暮放费工夫。何如养个南来雁，沙漠能传二帝书。”宋高宗听到这首诗后，立即召见了士人，下令让他为官。

**长鸣鸡** 宋处宗曾经买过一只长鸣鸡，他把这只长鸣鸡放到窗下。后来这只鸡竟然开始说人话，可以整日与宋处宗不停谈论。宋处宗因此学业大进。

**宋厨鸡蛋** 宋文帝的尚食厨准备御膳，正在煮鸡蛋，忽然听到锅里传来很细微的声音，仔细一听，发现原来这些鸡蛋在叫观世音，叫声非常凄怆。当值的人便把这件事报告给宋文帝，宋文帝听后决定亲自去验证，他到了后发现果然如此，便叹息着说：“我想不到佛家的神力竟然已经达到这种地步了！”于是宋文帝下令从今后不许再食用鸡蛋，同时还禁止宰杀。

**雁书** 苏武出使匈奴，没想到被匈奴羁留在北海边上放羊。汉朝的使者来寻找苏武，匈奴却谎称苏武已经死了。西汉外交家常惠便给使者出主意说："汉天子在上林射雁的时候，发现大雁的脚上绑着一封用帛写的书信，说苏武在某大泽之中。"单于听到使者的这番话后很是惊讶，赶紧谢罪，并最终让苏武还朝。《礼记》中有"鸿雁来宾"的话。指先到的是主人，后到的是宾客 。

**孤雁** 张华说：大雁晚上千百成群地栖息在大河或沼泽中，这时一定会让一只孤雁巡逻守夜，如果发现紧急情况，它就会立即鸣叫通知众雁。所以师旷《禽经》中说："群栖独警。"

**飞奴** 张九龄家里养了一群鸽子，他每次给亲朋好友写完信，就会将信系在鸽子的脚上让鸽子去送，鸽子因此被称为"飞奴"。

**鸩毒** 《左传》记载："宴安鸩毒，不可怀也。"鸩，是一种毒鸟，身体是黑的，眼睛是红的，而且爱吃蝮蛇，所以用鸩毛蘸过的饮食能毒死人。

**周周鸟** 有一种鸟的名字叫周周。这种鸟头重，尾巴是弯曲的，如果它想要在河里喝水，直接用嘴喝可能会栽到河里去，所以它用嘴衔着尾巴来喝水。

**金衣公子** 唐明皇在禁苑游玩时看见一只黄莺，羽毛相当鲜艳光洁，所以便称呼这只黄莺为金衣公子。

**黄鹂** 南北朝的戴颙在春阳高照的时候带着两只柑橘和一斗酒出门，人们问他打算去干什么，他回答说："我去听黄鹂鸟的叫声，这可是治疗俗耳的良药，并且是能够激发诗兴的仙音。"

**养木鸡** 《庄子》记载：渻（shěng）子帮宣王饲养斗鸡，过了十天，宣王问渻子："鸡可以战斗了吗？"渻子回答说："目前还不行。它空洞又骄傲，目前战斗仅仅是凭借意气支持。"又过了十天，宣王问渻子。渻子这次回答说："现在差不多了。这时如果有别的鸡打鸣，它已经不会有什么变化了。看上去就像木头刻的鸡一样，如此一来，它的战斗能力相当不错。再与别的鸡打斗，别的鸡没有敢来应战的，都会转身就逃。"

**季郈（hòu）斗鸡** 《左传》记载：季平子和郈昭伯氏斗鸡，季氏在鸡的羽毛上洒上芥粉，郈氏给鸡的爪子装上金距。刘孝威写诗说："翅中含白芥，距外曜金芒。"

**乘轩鹤** 卫懿公喜欢鹤，不仅在王宫里养鹤，有的鹤还身居高位，可以乘坐轩车。后来狄人来讨伐卫国时，卫国的兵士就说："鹤身居高位，为什么不让鹤来打仗呢？"后来卫国就灭亡了。

**翮成纵去** 僧人支道林非常喜欢鹤。有人送给他一对鹤，他担心鹤飞走，于是剪去了它们的翅羽。剪去翅羽后，鹤经常懊恼疼惜地看着自己的翅膀。支道林想了想说："鹤本来应该是翱翔在天空中的，哪里愿意成为人们身边的玩物呢！"后来等鹤的翅羽长好，便放飞了它们。

**羊公鹤** 从前羊叔子养了一只擅长舞蹈的鹤，他为此曾经向客人夸耀，客人便让他把鹤叫出来，被叫出的鹤却表现得神情委顿，不肯跳舞。后来人们便用"羊公鹤"来比喻有名无实的人。

**斥鷃（yàn）笑鹏** 《庄子》记载：草木不生的极北之地，

有一只叫鹏的鸟，此鸟可以乘着云气上飞九万里，鹏将要去南溟，池中的小麻雀嘲笑它说：“你为什么要到那里去呢？我向上飞腾跳跃，超不过几丈就会掉下来，最多在蓬蒿之间翱翔，这就是我飞翔的极致。你为什么一定要飞到南海去呢？”

**打鸭惊鸯**　吕士隆担任宣州太守的时候，喜欢鞭打官妓。后来杭州有一个官妓来到他这里，吕士隆很是喜欢她。有一天，他手下的官妓有了一点小过失，吕士隆此时又想鞭打她们。此时这些官妓说：“我们万万不敢推卸自己的罪责，只是担心鞭打了我们，会让杭州来的那位官妓心里不安。”吕士隆听完便饶恕了她们。梅尧臣听说此事后写了一首《打鸭诗》：“莫打鸭，惊鸳鸯。鸳鸯新向池中落，不比孤州老鸹（guā）鸧。”

**乌**　燕国太子丹在秦国当人质，秦王对他相当无礼，太子丹想回国。可是秦王不允许，便给了一个托词说：“如果让乌鸦的头变白了、马生出犄角来，你就可以回国。”太子丹听完只好仰天叹息，说来也怪，乌鸦的头果然变白了，马也长出了犄角，秦王迫于自己说出口的话，不得已只好送太子丹回去。

**乌伤**　西汉经学家、文学家颜乌很孝顺，他父亲死后，他便自己一点一点地背土修墓，一群乌鸦看见了，便用嘴衔土来帮助他，结果乌鸦的嘴喙都伤了，后来人们便将这个地方命名为“乌伤”。

《广雅》说：“纯黑色并且懂得反哺的鸟叫乌；个头小一些、肚子下面是白色，并且不会反哺的就叫鸦。”

**燕居旧巢**　武瓘在一首诗中说：“花开蝶满枝，花谢蝶还希。

惟有旧巢燕，主人贫亦归。”另外，唐代文学家刘禹锡在《乌衣巷》中说：“旧时王谢堂前燕，飞入寻常百姓家。”

**斗鸭** 陆龟蒙有个斗鸭栏。有一天，驿站使者经过陆龟蒙的居住之地，用弹弓打死了其中最优秀的一只斗鸭。陆龟蒙对驿站的使者说：“你打死的这只鸭子擅长说人话，我正准备进贡给朝廷，你为什么把它打死了？”使者听完陆龟蒙说的话，既震惊又惭愧，马上把自己口袋里所有的钱掏出来给了陆龟蒙，临走的时候还不忘询问这只鸭子是怎么说话的，陆龟蒙回答道：“它不过是能叫自己的名字罢了。”使者此时既愤怒又觉得可笑，甩了甩自己的袖子，很不高兴地准备上马离开，陆龟蒙立刻还了他的钱，并说：“我跟你闹着玩的。”

**孝鹅** 唐代天宝末年，长兴的沈氏养了一只母鹅，母鹅快要病死的时候，小鹅开始悲伤地鸣叫，而且不再吃东西；等到母鹅死后，小鹅便衔来破席子将母鹅盖住，接着又衔了刍草放在母鹅面前，好像祭祀的样子，最后向天长号着死去了。沈氏觉得很惊奇，便将小鹅埋在蒋湾，将埋葬的地方取名孝鹅冢。

**蔡确鹦鹉** 北宋大臣、宰相蔡确被贬到新州后，有一个侍妾的名字叫琵琶，养了一只非常聪慧的鹦鹉，该鹦鹉经常为蔡确呼唤琵琶，后来琵琶死了，鹦鹉还时时呼唤她的名字。蔡确便写了一首诗来哀悼凭吊此事。

**雁丘** 金代的元好问路过阳曲时遇见一个猎人，猎人说：“我捕获了两只大雁，其中一只大雁死了，另一只虽然逃脱了网罗，但是在空中哀鸣了很久之后也撞地死去。”元好问听完后便用钱买了这两只大雁，并且将这两只雁埋在汾水的岸边，还给它们垒土做坟。这个地方就是现在的雁丘。

**见弹求鸮**　《庄子》记载长梧子说过这样的话：“你的计划也太早太急了，看到鸡蛋就想着夜里打鸣，看到弹弓就想到烤好的鸟肉。”

**燕巢于幕**　季札到晋国去，准备在戚邑住宿，忽然听到音乐声，季札说：“孙文子仕在这里，就像燕子在帘幕上筑巢一样危险，晋国刚死去国君的灵柩目前还没有安葬，他怎能奏乐呢？”《吕氏春秋》中说：燕雀住在屋子里，母子之间相亲相爱，但是灶起了火烧着了房子，它们还不知道自己要大祸临头。

**禽经**　金子沾上伯劳的血就会变得昏暗，铁器得到鸊鷉（pì tī）的油就会变得晶莹光洁，石头沾上鸟鹊的骨髓就会化，银子沾上雉的粪色泽就会干枯。翡翠可以粉碎金子，鵁鶄（jiāo jīng）鸟可以扑灭火。

**风雨霜露**　《禽经》说：“风翔则风”中的风，就是鸢鸟。“雨舞则雨”中的雨，就是商羊。“霜飞则霜”中的霜是鹔鹴。“露翥则露”中的露就是鹤。又说：“用豚可以预测风，用鼍可以预测雨。”其中豚就是江豚。喜鹊能预测风，蚂蚁能预测雨。

**禽智**　陈所敏说：鸂鶒鸟可以操纵水，所以水中的动物无法伤害到它。啄木鸟遇到蠹虫的洞穴，能用嘴画出符咒，这样做之后蠹虫就出来了。鹤走天罡之步时，蛇都不敢动。乌鸦有自己隐秘的巢穴，猛禽看不见。燕子衔泥筑巢时一般都会避开戊己日，所以燕子的巢不会倾覆。鹳有可以长时间存水的石头，这样当它在自己巢里养鱼时，水都不会干。燕子不喜欢艾草，当雀鸟想要夺取它的巢穴时，便会衔来艾草放在燕子的巢穴里，燕子看见后就会躲开了。这些都是飞禽中有智慧的。

**大鸟悲鸣**　东汉名臣杨震在下葬的前几天，有高一丈多的大鸟，在杨震出丧的地方悲鸣，等到葬完后才离开。皇上听说这件事之后，才猛然醒悟到杨震是蒙冤而死的，于是派使臣去祭祀，并且封他的儿子为官。

**化鹤**　《职方乘》记载：南昌有个洗马池，有个少年曾看到七位女子来到池中沐浴，七位女子将彩色的衣服脱在岸边。少年想要开个玩笑，便藏了其中的一件衣服，这些女子沐浴完来穿衣服，接着变成白鹤飞走了。只有丢失衣服的这名女子留了下来，跟随少年到了家中，两人结为夫妇，少年约定三年后还她衣服。三年到了，她也穿上衣服飞走了。七位女子洗澡的地方现在又叫浴仙池。

**化为大鸟**　王仲把仓颉的旧字体变成了现在的隶书。秦始皇曾经征召王仲为官，没想到他不愿意前来，秦始皇大怒，下诏让囚车把王仲接来。王仲就变成大鸟飞走了，鸟身上落下两根翮毛在延庆州，现在延庆还有大翮山。

**五色雀**　五色雀生长在广东的罗浮山。如果有贵人要来，它就会先跳舞。

**鵔鸃鸟**　此种鸟生长在广东肇庆，长得很像山鸡，羽毛有光泽，汉代用它的羽毛来装饰侍中的官帽。

**凤巢** 隋代时有两只凤凰来到广西永福筑巢，宋代初年这两只凤凰又来了，当地长官便向朝廷报告，宋太宗派使者去开凿巢下的石头，从石头下得到了一块美玉，于是把这座山叫凤凰山。

**群乌啼噪** 浙江省海盐县有个乌夜村，晋朝时何准寓居在此地。一天晚上，一群乌鸦一直在叫，这时何准的女儿恰巧出生。过了一段日子，乌鸦又在晚上开始叫，这天正是晋穆帝立何准的女儿为皇后的日子。

**问上皇** 郭浩到陇州巡查，一红一白两只鹦鹉在树间鸣叫，并且问："皇上可好？"郭浩便问鹦鹉这样询问的原因，后来得知是因为陇州每年都要向朝廷进贡鹦鹉，宋徽宗得到这两只鹦鹉后将它们放在安妃阁。后来把它们送回了本土，这两只鹦鹉一直感恩不忘。

**凤历** 凤凰知道天时，所以用"凤"字来称历法。只要凤凰鸣叫，全天下的鸡就都会跟着鸣叫。凤凰的尾巴有十二根翎毛，闰年时可以生出第十三根翎毛。现在乐府调尾声有十二板，就是模仿凤凰的尾巴，所以也被称作尾声。有人再增加四个字，同时再加一板，用来模仿闰年。

**鸡五德** 《韩诗外传》记载："鸡的头上戴着鸡冠，这是有'文'。脚上有可以用来搏斗的距，这是有'武'。看到敌人不退缩敢于战斗，这是有'勇'。看到食物会互相呼唤，这是有'义'。为人类守夜从不误时，这是有'信'。"所以鸡又被称作"德禽"。

**陈宝** 秦穆公的时候，陈仓有人挖地时得到一个东西，此人想要将这个东西进献，在路上遇到了两个童子，这两个童子告诉此人："这个东西是蝹（yūn）。"蝹这时却开口说话了："那两个童子叫陈宝，如果得到雄的，可以称王，得到雌的，可以称霸。"这个陈仓人听完后便舍弃蝹而去追那两个童子，童子此时变成野雉，飞进了树林。陈仓人于是将这个消息告诉给了秦穆公，穆公便大范围地围猎童子，总算得到了一只雌的，没想到这个童子却变成了石头。穆公将石头放在汧河和渭河之间，并且建立了陈宝祠，于是秦国便真的称霸于西戎。

**腰缠骑鹤** 从前，有几个人在诉说着各自的志向。其中一个人说希望自己能当扬州刺史，另一个人则希望有很多财产，还有一个人希望骑鹤飞升以成仙。最后有个人发言了："我希望能腰缠十万贯，骑鹤上扬州[①]。"

**隋珠弹雀** 古话说，假如用隋侯的珍珠去打千丈高山上的麻雀，世人一定会笑话此人的行径。因为他用的东西很贵重，得到的东西却很轻微。

雀跃是形容人在喜悦时的一种状态，会像麻雀一样跳跃。

**爱屋及乌** 《诗经》中有"瞻乌爰止，于谁之屋"的句子，这句话是说怕因为打乌鸦而伤到了房屋。

**越鸡鹄卵** 《庄子》记载："越地的鸡不能孵化鸿鹄的卵。"是说鸡的身体很小。

---

① 化用释道颜《颂古》中"最好腰缠十万贯，更来骑鹤下扬州。"

**燕贺** 《淮南子》记载：大厦建成的时候，燕子和麻雀都会飞来祝贺。

**贯双雕** 《唐书》记载，高骈看到有两只大雕飞过来了，心中便开始暗自祈祷："如果注定我以后会富贵，就保佑我一箭射中。"不曾想他一射却中了两只，所以高骈又被称为"双雕侍郎"。

**鹊巢鸠占** 《诗经》中有句子："维鹊有巢，维鸠居之。"（喜鹊建了巢穴，斑鸠却来居住）

**闻鸡起舞** 祖逖与刘琨睡在一张床上，半夜鸡开始鸣叫，祖逖听到后，便把刘琨踢醒了，并说："这个声音并不是那么让人讨厌！"然后起身开始练剑。

# 走兽

**药兽** 神农时期，有人向神农进献了一头药兽。如果有人得了病，就摸着这个兽，并且对它说话，说完话后，这头兽就会到野外去，然后衔回一棵草，只要将草捣出草汁，得病的人喝了，病就好了。神农于是命令风后记住这头药兽衔回来的是什么草，能治什么病。时间长了，这些治病的方子居然都得到了验证。虞卿说："神农是以药兽为师，从而学会了医术。"

**夔** 黄帝在东海的流波山得到了一只奇异的兽，这只兽的形状像牛，身上是黑色的，没有犄角，只有一只腿，能进入水下，如果吐水，就会下雨。它的目光像日月一样，声音像雷一样，它的名字叫夔。后来黄帝让人杀了它，于是它的皮被便拿来蒙了鼓，而且支撑鼓的正好是这只兽的骨头，相传，这只鼓的声音可以传五百里远。

**觟鯱（zhì）** "中国司法始祖"皋陶判案的时候，觟鯱（一种独角兽）会在法庭上，如果有人的罪行迟迟无法判决，就会让觟鯱来判断，如果有罪，它就会用角来抵那人，没有罪的话就不会抵，通过这种方式来断案。

**黄熊** 舜帝将鲧流放到了羽山。鲧变成了黄熊，进入了羽泉。所以大禹庙一律严禁用熊作祭品。

**白狐** 大禹直到三十岁都没有娶妻成家，经过涂山时，有一只九尾白狐来拜访大禹。涂山当地的民众便唱：“白狐绥绥，九尾庞庞。成子家室，乃都攸昌。”后来大禹便娶她为妻，将她称为女娇。

**野兔** 周文王被囚禁在羑里长达七年之久，他的儿子伯邑考去探望父亲文王。纣王叫来伯邑考下围棋，伯邑考的态度相当不好，纣王一怒之下就杀了伯邑考，并且将伯邑考剁成了肉酱，派人送去给周文王吃。等到周文王吃完之后才告诉他真相，文王听后，大声痛哭把吃的东西全部呕吐了出来，吐出的东西竟然变成野兔跑了。

**麟绂（fú）** 孔子的母亲怀孕时，有一只麒麟来到家里吐出一本玉书，书上的文字说：“水精的子孙，维系衰弱周朝的无冕之王。”于是孔子的母亲用绣了花纹的丝带系在麒麟的角上，麒麟住了两晚后便离开了。到了鲁定公的时候，鲁国人鉏商在大沼泽打猎时捕获到了一只麒麟，便将这只麒麟拿给孔子看，只见绑在麒麟角上的丝带还在。于是孔子知道自己的生命将要结束了，便抱住麒麟解开丝带，一时间竟泪如雨下。

**白泽** 东望山上有一种野兽叫白泽，可以说话。如果在位的君主有德行，能察微知著，恩泽广布，白泽就会到来。

**昆蹄** 昆蹄是大地上的神兽，英明灵秀，可以说话，据说是因为大禹治水有功才出现的。

**角端** 元太祖把军队驻扎在东印度时，发现了一只很大的野兽，有几丈高，只有一只角，长得很像犀牛，这只野兽用人的语言对元太祖说：“这里不是大王您的世界，您最好还是赶快回去吧。”耶律楚材向元太祖进言说：“这只野兽名叫角端。如果圣人在位，它就会奉书前来。每天能走一万八千里，它像鬼神一样灵异，不可以冒犯。”

**象** 象就是猪一类的动物。它张开嘴五脏都会露出来，所以叫“豖”。《易经》中的“彖曰”，也正是用的这个意思。

**狮子** 又叫狻猊。《博物志》记载：魏武帝曹操讨伐匈奴的单于，经过白狼山的时候，遇到了狮子，便命令人猎杀狮子，没想到狮子咬死、咬伤了很多人。这时候忽然有一个生物从树林里出来，长得像狸猫一样，跳上了魏武帝的车轨。狮子要进攻到这里时，这个动物就跳到狮子头上，狮子马上就趴下不敢动，于是通过这种方式杀了狮子。后来曹操带着狮子来到洛阳的时候，方圆三十里内的鸡犬竟然没有敢打鸣、吠叫的。

**酋耳** 酋耳的身体像虎豹一样，尾巴的长度却是身体的三倍，能吃虎豹。如果君主能威服四周的夷族，它就会出现。

**虎伥** 如果一个人被老虎吃了，他的魂魄就会成为虎的仆役，成为虎的前导。所以只要是被老虎咬死的人，他的衣服、帽子、鞋都会被脱在地上，这并不是老虎的威风使人脱下的，实际上是鬼魂脱的。

**虎威** 老虎身上有一根形状像“乙”字的骨头，有一寸多长，位于老虎两胁旁边的皮肤里，老虎的尾巴尖上也有骨头，这种骨头的名字叫“虎威”，如果佩带它做官，可以威服众人。又：老虎晚上能看见，它的一只眼睛放光，另一只眼睛用来看东西。猎人等待机会射杀它，箭刚要射到老虎，老虎眼里放出的光突然让箭掉在地上变成了白色的石头，并且深入到地下一尺多。如果能够记住箭掉下来的地方并且将石头挖掘出来，就可以抑制小孩的哭闹。

**仓兕** 尚父为周朝的司马，他率领大军讨伐纣王。到了孟津渡口处，他靠着斧钺举着大旗，对众人说：“河中有仓兕。”这里所说的“仓兕”，其实是一种水中的兽类，非常善于弄翻人类乘坐的船，因神而多变，尚父的意思是让你赶快渡河，稍有延缓，仓兕就会害你。

**斗穀於菟** 《左传》记载：斗伯比奸淫了䢵（yún）子的女儿，之后䢵子的女儿生下了子文。䢵夫人认为这个孩子是私生子，就将他扔到了荒野之中，荒野之中老虎喂养了这个孩子。䢵子去打猎的时候，看见有一只老虎正在喂养一个小孩，他很害怕这样的情景，回来后便告诉夫人自己所见到的情况，夫人这时才将实情和盘托出，于是䢵子便把孩子抱了回来。楚语中“乳”叫“穀”，“虎”为“於菟”，所以子文被称为“斗穀於菟”。

**貘（mò）** 貘这种野兽的样子有点奇怪：长着大象一样的鼻子，犀牛一样的眼睛，尾巴和牛一样，脚和老虎一样，它喜欢吃铁，主要生长在南方的山谷里。睡在它的皮上可以防潮，如果把它画下来，就可以辟邪。

**穷奇** 西北有一种野兽名叫穷奇，又叫神狗。它长得像像老虎，有翅膀可以飞，能吃人，会说人的语言。如果遇到忠诚正直的人，会将此人咬死吃掉；遇到奸邪的小人呢，则会抓捕飞禽走兽给他吃。

**梼杌** 西方蛮荒之地有一种形状像老虎的野兽，它的毛有三尺多长，长着人的脸、虎的爪子，嘴里的牙有一丈八尺长，喜好争斗，到死都不会退却，是野兽中最凶恶的动物。

**山都** 山都的形状很像昆仑奴，它遍体是毛，如果看到了人，就会闭上眼睛、张开嘴巴，好像在微笑一样，它很喜欢在深洞里翻石头寻找螃蟹吃。

**饕餮** 饕餮这种动物长着羊的身子、人的脸，并且它的眼睛长在腋窝下面，牙齿像老虎一样，爪子像人手一样，声音则像婴儿，钩玉山里就住着这种野兽。

**狼狈** 狼狈原是两种野兽的名字。其中狼前面两条腿长，后面两条腿短。狈则是前面两条腿短，后面两条腿长。狼没有狈就立不起来，狈没有狼就无法行走。如果它们二者分开了，就会进退两难。所以现在人们如果要形容一件事情很不顺利，就会说“狼狈”。

**风马牛** 马喜欢逆着风奔跑，牛却喜欢顺着风奔跑，因此吹北风的时候，牛会向南跑而马则会向北跑；吹南风的时候，牛会向北跑而马向南跑。所以有“风马牛不相及”的说法。

**种羊** 西域有一个种羊的风俗。在初冬时节，人们会选择一个未日杀一只羊，然后把羊肉切成方寸大小埋到土中。到了第二年春季的时候，再选择一个上未日，请一个僧人来吹奏胡笳，僧人念完咒语，土里就会冒起一个像鸭蛋一样的泡。过了几天，风会吹破这个泡，就会有小羊从土里生出来。这是在胎生、卵生、湿化和化生四种生命形态之外，又一种新的产生生命的方式。

**猫** 猫产于西方的天竺国，唐三藏把猫从天竺带回来是用来保护经书，这样可以防止老鼠来咬经书，猫因此才开始在中国繁衍。所以“猫”这个字在古代的典籍中是没有的。《诗经》中的“貓”字,《礼记》中的“迎貓”，都不是指咱们所理解认识的这种猫。

**万羊** 唐代丞相李德裕曾招来一个僧人询问自己前途的吉凶，僧人告诉他说:“您不久将会被贬到南方，大人命里是万羊丞相，现在已经吃过九千六百只了，几天后会有人给大人赠送四百只羊，正好满了一万只的数量。”李德裕大吃一惊，想不接受赠的羊，僧人说:“羊到这了，就已经是大人的了。”十几天，他果然被贬为潮州司马，接着被贬为连州司户，不久后就去世了。

**艾豭（jiā）** 卫灵公的夫人南子与宋国公子宋朝通奸，老百姓就此事唱道:“既然搞定了你们的娄猪，为什么不归还我们的艾豭呢。”（娄猪，就是母猪。艾豭，就是公猪 。）

**辽东豕** 辽东有一种猪，生下的小猪头都是白的，主人觉得这是个奇怪的事情，于是想要将这种猪进献给皇帝。走到河东才发现，河东的猪头都是白的。现在彭宠炫耀自己的功劳，与这又有什么不同呢?

**李猫**　唐朝宰相李义府外表温和恭敬，但为人实际既狡猾阴险又妒忌刻薄，当时人称他为“李猫”。

**麋鹿触寇**　秦始皇想要扩大自己的园林，一个叫旃的优伶说：“这是个非常好的主意，在园林里多放些禽兽，如果敌人从东边打来，我们可以让麋鹿来抵抗，这样就足够了！”

**犹豫**　犹是一种野兽，生性较多疑。一旦听到声音，就会赶紧先爬上树，四处观看，等到没有人才从树上下来。过一会儿再上去，像这样反复多次。所以现在，如果有人考虑事情，无法决定，我们就会将这种行为叫作“犹豫”。

**沐猴**　沐猴是一种小猴，出自罽宾国。《汉书》中说“沐猴而冠”是说沐猴戴帽子，如果将此词中的“沐”当作“沐浴”的“沐”，那就是错的。

**刑天**　刑天是一种野兽的名字，也就是“浑沌”，出自《山海经》。可以拿着盾和斧挥舞。陶渊明有“刑天舞干戚”的诗句，现在人们误写成“刑天無干戚”。

**猬**　猬长得像野猪，经常在地下吃死人的脑子。如果想要杀掉它，就可以把柏树枝插在坟墓上，所以现在我们经常看见坟墓上多种柏树。秦缪公的时候，陈仓有人挖地得到了一个猬。

**猾**　猾这种野兽没有骨头，被老虎吃进嘴里，老虎也无法咬死它。进入到虎的肚子中，猾还会从里面咬出来。《尚书》中说“蛮夷猾夏”，其中“猾”取的就是这个义项。

**犀角** 犀角还有其他的名字：通天、分水、骇鸡："通天"是说用它来做簪子，就会做梦登上天府，从而知晓天上的事情；"分水"是说把它刻成鱼的形状，衔着它进入水中，水就会自动分开三尺，这样就可以呼吸换气；"骇鸡"是说鸡看到它的样子，就会被吓跑。

**驯獭** 永州驯养水獭，人们用水獭代替鸬鹚去水里捕鱼，这样经常一次能得到几十斤的鱼，这些数量可以供应一户人家食用。如果捕到重达一二十斤的鱼，就会有两只水獭一起抬出来。

**明驼** 骆驼卧着时，脚不会贴在地上，是屈着脚的。这样能漏光，可以行走千里，所以叫明驼。唐代的驿站有明驼使，并且朝廷下了规定：如果不是边塞的军情，就不得擅自使用明驼。杨贵妃却私自派出明驼，给安禄山送荔枝。

**瘈（zhì）狗** 《左传》中有"国狗之瘈，无不噬也"的句子，杜预对此句注释："瘈，就是狂犬。"也就是我们现在说的疯狗。《宋书》说："张收被疯狗咬伤，吃虾蟆后痊愈了。"另外，还可以将杏仁砸碎放到被咬伤的地方，伤口也会立即痊愈。

**畜犬** 《晋书》记载：养一条全身白色，唯独头是黑色的狗，会得到财物；养一条全身是白色，但尾巴是黑色的狗，家里会世代做高官。养一条全身是黑色，但耳朵是白色的狗，会变得富贵；养一条浑身是黑色，但两条前腿是白色的狗，会给子孙带来好运。养一条全身是黄色，但耳朵是白色的狗，世代都会是名门望族。

**风生兽** 风生兽生于炎州，大小像狸那么大，黑色。堆几车木柴来烧它，木柴都烧尽了但是它还不会死，甚至连毛都不会烧焦，用斧头砍、刀刺都伤害不了它，打它就像打在装了灰的布袋上一样，只有用铁锤在它头上打几十下，它才会。但是如果它张着嘴对着风，那一会儿就又会复活。想要它真的死，就需要用石头上的菖蒲塞住它的鼻子。等它死了之后取出它的脑子和菊花一起吃，吃上十斤，就可以活五百年。

**月支猛兽** 汉武帝的时候，月支国进献一头猛兽，长得像生下来五六十天的小狗，大小像狐狸但却是黄色的。汉武帝对这个猛兽很是轻视，使者说："野兽的能力不在于体型的大小。"于是就指着那只野兽，让它叫一声。那只野兽舔着嘴唇过了好久，忽然间叫了一声，声音就像天上打了一个很大的霹雳，而它的两只眼睛也很像闪电的光。汉武帝当时就被震慑住了，战战兢兢，不能自已。有一些卫士也被吓得将仪仗扔掉趴在地上，别的野兽都吓跑了，就连老虎也被吓得趴在地上。

**舞马** 唐玄宗有四百匹舞马，这些马被分为左右两部，其中有的名叫"某家骄"。马舞蹈时的乐曲叫作《倾杯乐》。马的身上都穿着锦绣，佩戴着金银的饰物，每当音乐响起时，这些舞马便扬头甩尾，踏着节拍跳舞。

**舞象** 唐明皇有几十头舞象。安禄山叛乱占据咸阳后，命人放出舞象，然后让左右的人教它们向自己朝拜。此时舞象却都愤怒地瞪着眼，一动也不动，安禄山大发雷霆，下令把这些舞象都杀了。

**弄猴** 唐昭宗逃离长安时，有一只供人玩耍的猴子也跟随着皇帝的车驾，这只猴子有自己独特的技能，可以随着文武百官一起朝拜。唐昭宗赐给这只猴子绯红的官袍，号为供奉。罗隐有一句诗“何如学取孙供奉，一笑君王便著绯”，说的就是这只猴子。后来朱全忠篡位创立后梁，自然也就得到这只猴子，命令猴子在殿下朝拜。当猴子看到朱全忠时，直接跑到前边来，跳起来奋力袭击朱全忠，于是被朱全忠杀掉了。

**忽雷驳** 忽雷驳是秦叔宝所骑的马。秦叔宝在给这匹马喂草料的时候，也常常让它喝酒。秦叔宝经常在月光明亮的时候骑它，它能一下子跳过三个毡房。秦叔宝死后，这匹马非常悲伤，常常悲鸣，最后绝食而死。

**铁象** 南宋的曲端入狱后，便知道自己一定会死，于是仰天长叹，指着他乘坐的那匹铁象马说：“老天爷是不想让我收复中原吗？真是可惜啊！”说完，他的铁象马也流下了眼泪。

**铸马** 慕容廆有匹叫赭白的骏马，此马相貌奇特，耐力持久。前秦光寿元年时，此马已经四十九岁了，可是仍然神采动人并且奔跑如飞，慕容廆对此觉得惊异，于是把它比作鲍宣那匹著名的骏马，命人为它铸了一个铜像，并且亲自为它写了铭文，刻在铜像旁，不过等到像铸成后，马就死了。

**白獭** 魏国的徐邈善于绘画，作画水准很高，魏明帝出游洛水时，看到一只白獭喜爱之极，可是却抓不到。徐邈此时说：“白獭喜欢吃鲻（zī）鱼，为了能吃到鲻鱼，它们死都不怕。”徐邈于是画了一条鲻鱼悬在岸边，这时一群白獭争先恐后地跑来，一下子便被抓住了。魏明帝赞叹道：“爱卿的画真是太神奇了！”

**赎马** 周代的田子方出门后看到路上有一匹老马，询问后得知这是一只家畜，于是叹息说道:“年轻时使用了它的力气，可是等它老了，人们便抛弃了它，这根本不是仁者做的事啊。”便把这匹老马买了回来。

**袁氏** 后唐有一个人叫孙恪，娶了袁氏为妻。后来袁氏来到峡山寺进香，拿了一个碧玉环献给寺里的老和尚。过了一会儿，数十只野猴便攀着藤萝跳跃而来。袁氏此时拿起笔题诗，题完诗后就变成猿猴跑了。和尚这才醒悟，袁氏是以前寺庙里养的猿猴，而送给自己的那个碧玉是戴在它脖子上的旧物。

**果下马** 罗定州有一种马，高度不超过三尺，其中漂亮的马有两条脊梁骨，所以此马又叫双脊马，体格非常健壮，而且很擅长走路。因为此马能在果树下走，所以也有“果下马”的称呼。

**秽鼠易肠** 西汉唐公房全家包括家里的鸡、狗都升天成了仙，唯独老鼠不干净，所以不能成仙。老鼠非常后悔，每天呕吐三次，想由此换掉自己的肠子，让自己洁净一些。

**八骏** 周穆王有八匹骏马，第一匹叫绝地，此马奔跑时脚不沾地；第二匹叫翻羽，奔跑时比飞鸟还快；第三匹叫奔宵，夜里能奔走一万里；第四匹叫超影，可以追着太阳跑；第五匹叫逾辉，毛色闪闪发光；第六匹马叫超光，因为跑得太快，所以一匹马的身形会有十个影子；第七匹马叫腾雾，可以乘云雾奔跑；第八匹马叫挟翼，身上长着翅膀。在这八骏之外，还有一匹骅骝，也是古代的良马。

**黑牡丹** 唐末的刘训是京师的富贵人家。京师的春游玩乐，把观看牡丹当成最好的方式。刘训邀请客人来赏花，把自家的上百头水牛绑在门口。于是人们指着水牛说："这是刘训家的黑牡丹。"

**辟暑犀** 《孔帖》记载：唐文宗延请学士到朝廷内殿。李训给学士们讲《易》，当时正值盛夏。唐文宗便命人拿来辟暑犀赐给李训。

**辟寒犀** 《开元天定遗事》记载：交趾进贡了一只犀牛角，颜色像金子一样黄。冬天将此犀牛角放在宫殿里，宫殿温暖得就好像在熏笼里一样。唐玄宗询问使者这是什么，使者回答说："这是辟寒犀。"

**养虎遗患** 汉王刘邦想回到东边去，张良说："汉现在已经占据了天下的一大半，楚兵此时却是又饥饿又疲劳，如果现在放松，不去攻击他们的话，那分明就是养老虎来给自己留下祸患。"刘邦听从了他的建议。

**狐假虎威** 楚王问群臣："现在北方人都害怕我的大臣昭奚恤，这是怎么一回事呢？"江乙回答说："老虎抓到了一只狐狸，狐狸对老虎说：'你不要吃我，因为上帝让我掌管百兽，你如果不信，我走在前面，你跟在我后边，就知道我说的是不是真的了。'后来看到它们的野兽果然都跑了。老虎不知道这些野兽实际上害怕的是自己，还以为是狐狸的威望。其实现在北方人也不是害怕昭奚恤，实际上他们害怕的是大王的军队啊。"

**狐疑** 所谓“狐疑”，是因为狐狸生性多疑，所以现在人们把心中无法决断的状态称作狐疑。

**黔驴之技** 柳宗元《黔之驴》一文记载：黔地本来没有驴，一个多事的人用船运来一只驴，放在山下。黔地的老虎看见这个庞然大物，便试探着在树木间环绕，并且窥视。驴此时叫了一声，老虎大吃一惊，以为驴要吃自己。等到仔细去看的时候，发现驴好像也没有什么特殊的能力。渐渐习惯了它的声音，老虎便想离驴更近一些，用各种方式去挑逗它。驴当然非常生气，用蹄子来踢老虎。老虎没有发怒反而非常高兴，心想：“原来驴的本事也就这样了。”于是跳起来攻击驴，咬断了驴的喉咙，吃完了它的肉后才离开。

**马首是瞻** 晋国的大将荀偃对部下说：“鸡一打鸣咱们就出兵，大家把井填上，把灶推平，全军都看我的马头所向来行事！”

**不及马腹** 楚国讨伐宋国，宋国向晋国告急。晋侯想去相救，伯宗说：“不可以。古人曾经说：‘马鞭虽然长，却够不着马的肚子。’上天此时正保佑楚国，所以不可以与他们争斗。”

**塞翁失马** 《北史》记载：塞上有一位老人家，他家有一匹马跑到胡地去了，人们此时都来安慰他。老人家说：“怎么知道这不是一种福气呢？”后来，这匹马领着胡人的骏马回来了。人们此时又来向他祝贺，老人家又说了：“怎么知道这不是祸患呢？”再后来，他的儿子骑这匹马摔断了自己的腿。人们跑来慰问，老人家此时却又说：“怎么知道这一次不是福气呢？”后来发生了战争，每户都要抓壮丁，老人的儿子因为跛脚被免除了兵役。

**弃人用犬** 晋灵公请赵盾喝酒，私底下却埋伏下了士兵将想要杀赵盾，幸亏赵盾的护卫提弥明知晓了这个秘密，于是小跑着登上车，扶赵盾下来。晋灵公随后放出猛犬，提弥明在搏斗中把猛犬打死了。赵盾说："不用人而用犬，虽然犬很凶猛但又能如何呢？"

**跖犬吠尧** 汉高祖刘邦杀了韩信之后，下诏令逮捕蒯彻。捕获蒯彻以后，汉高祖问："是你让淮阴侯韩信反叛的吗？"蒯彻回答："正是。秦朝既然失去了统治地位，那么天下人都可以争夺。最后只不过是才能高、跑得快的人先得到罢了。盗跖[①]的狗竟然会对着尧帝吠叫，这当然不是因为尧帝不仁，冲他叫只是因为他不是自己的主人。"

**指鹿为马** 秦朝的赵高想要专权，便先做了一个试验：牵了一头鹿献给秦二世，对着鹿说："这是马！"秦二世听完大笑说："丞相错了，把鹿当成了马。"于是他转而问左右的人，这时有的人沉默，有的人发表了自己的意见。赵高后来暗中陷害了那些发表意见说是鹿的人。

**守株待兔** 《韩非子》记载：宋国有一个人在耕地，这块地边上正好有棵树，有一只兔子跑来撞在树上，因为折断脖子而死，耕地的人不费吹灰之力便得到了这只兔子。这人从此便不再耕地而一直守着树，希望可以再得到兔子，后来他的事迹成为宋国的笑话。

---

① 中国古代很有名的盗贼。

**多歧亡羊** 《列子》记载：杨子的邻居丢了一只羊，邻居不但率领自己的家人，还请来杨子的仆人一起去寻找。杨子问："仅仅丢了一只羊，为什么要这么多人去追呢？"邻居回答说："因为有岔路。"后来大家都回来了，杨子便问："追到羊了吗？"邻居说："羊已经不见了。"杨子说："为什么会不见呢？"邻居说："因为岔路中又有岔路，我不知道该向哪条岔路去追，所以只好回来了。"

**飞越峰** 明代洪武初年，有夷人进献了十匹良马，其中有一匹马是白色的，这匹是在贵州养龙坑得到的。坑边的水非常深也非常远，水下面有灵物。天气晴和的时候人们会在坑边拴一些母马，不一会儿云雾便开始弥漫，这时就会有灵物来与马交配，交配之后产下的都是龙驹。所以这种龙驹的头有九尺高，身长一丈有余，没办法正常驾驭。于是皇帝下令：让饲养的人用袋子装四百斤沙子，然后将这个袋子压在马身上然后骑马，可是马奔跑起来仍然像电一样快，并且连一粒尘土都不会惊动，皇帝给这种马赐名为飞越峰，并且命令学士宋濂写了一篇赞美它的文章。

燧人氏开始给物、虫、鸟、兽命名。鲧开始驯服牛。相土开始骑马。伏羲开始用牺牲来祭祀。夏后氏开始吃蛋。汉文帝开始在养六畜的时候进行阉割。后魏开始禁止屠宰牛和马。唐高祖开始禁止屠宰一切动物。

**黄耳** 西晋文学家陆机养有一只跑得很快叫黄耳的狗，它不仅跑得快，而且异常聪明灵慧，能够听懂人说的话，跟随陆机到了洛阳。因为很长时间都没有与家人书信往来，陆机便写了一封信，将此信用竹筒装着，然后挂在狗的脖子上，让它跑回去，它回去送了信之后，还带了回信再回来。现在都还有黄耳冢。

**白鹿夹毂** 汉代的郑弘当淮阴太守时，有一年天大旱，郑弘行走在田间，大雨突然就来了。当时正好有白鹿在路上行走，挨着郑弘的车轮往前走。主簿看到后便祝贺他说：“我听说三公的车轮上画着鹿，大人将来一定会官拜三公的！”后来这话果然应验了。

**麈** 麈这种动物出自终南山。是鹿中体型大的一类，群鹿喜欢跟随它，将它的尾巴作为向导，所以古代聊天的人都会用手拿着麈尾挥动。

**飞鼠** 飞鼠可以在飞着的时候产子。这时候如果有人难产，用飞鼠的皮盖住她，就会容易生下来，所以飞鼠又叫催生。

**糖牛** 糖牛最早出于桂平。当地人知道糖牛喜欢吃盐，于是用皮裹住手，然后把盐涂在自己的手上，再将手伸到洞穴里去抓糖牛。它的角像玉一样，取来可以制成器皿。

**射鹿为僧** 陈惠度在剡山射了一头鹿，可谁知这头鹿却怀了孕，等生下小鹿，用自己的舌头舔舐完小鹿之后，母鹿就死了。于是陈惠度便到寺庙里出家为僧。后来在母鹿死的地方长出一种草，这种草名叫鹿胎草。

**野宾** 宋代王仁裕曾经养过一只猿猴，名字叫野宾。有一天，王仁裕把它在嶓冢山放生了。后来王仁裕再经过这里的时候，看见一只猿猴在路边相迎，随从说：“这是之前放生的野宾啊。”野宾就这样跟随了几十里，最后哀伤地叫着走了。

**凭黑虎** 卓敬十五岁的时候，在宝香山读书，一个风雨之夜，他回家时迷了路，偏巧这时他看到一只兕牛，卓敬跟随它回到了家，进入家门的时候，才发现原来是一只黑虎。

**题《虎顾众彪图》** 明成祖拿出一幅《虎顾众彪图》让解缙题诗，解缙做的诗是："虎为百兽尊，谁敢撄其怒。惟有父子恩，一步一回顾。"明成祖看到这首诗后深有感触，马上命令夏原吉把太子从南京接回京城。

**熊入京城** 明朝弘治年间，有一只熊进入了西直门，于是何孟春对同事说："出现熊是一种征兆，要小心失火。"果然没过多久，有好几处都出现了火灾。有人便问何孟春："这个预测出自哪本占卜的书呢？"何孟春回答："我曾经看到过宋人的记载：永嘉那场大火的前几天，有熊到城下，当时的永嘉太守高世则对通判赵允縚说，'熊'这个字拆开来看是'能火'，郡中要小心火灾。后来果然一场大火牵连着烧掉了百分之七八十的地方。我想起这件事便提醒了一下，却不料真的应验了。"

**不忍麑（ní）** 孟孙打猎捕获了一只小麑，让西巴带回去。母麑跟着西巴一直哭泣不停，西巴不忍心看见这样的情景，于是放了它。孟孙大怒，于是赶走了西巴。但不久之后又召西巴来当自己儿子的老师，他对左右的人这样解释道："他对麑都不忍心伤害，怎么会忍心伤害我的儿子呢？"

**的卢** 刘表赠给刘备一匹马，名字叫的卢。有一天，刘备遇到伊籍，伊籍说："这匹马的面相很凶恶，将来一定会害主人。"刘备并不相信。刘表的妻子蔡氏很忌恨刘备，于是叮嘱弟弟蔡瑁设立筵席来暗害刘备。刘备发现后赶紧骑马跑了出来，但前面被檀溪挡住了去路，后边又有蔡瑁的追兵，便只好自己下到溪水中，边赶马边说："的卢的卢，今日害吾。"没想到的卢马在急流的深处，一下子跳了三丈远，直接跃到了西岸。蔡瑁看到后惊骇不已，只好退兵回去了。

**获两虎** 《史记》记载，陈轸说："卞庄子准备杀虎，馆竖子阻止他说：'现在两只虎正在同吃一只牛，牛肉味道好的话它们必然会争斗，有争斗的话，大老虎极有可能会受伤，小老虎会死亡，这时再去刺杀它们，岂不是一举两得。'后来卞庄子果然猎获了两只虎。"

**牛羊犬豕别名** 《礼记》记载：牛叫太牢。羊叫少牢。另外，牛还有名字叫一元大武。羊也叫柔毛，又叫长髯主簿。猪叫刚鬣，又叫乌喙将军。韩卢是六国时韩氏的黑狗。楚犷、宋猎，都是上等的良犬。书中又说："大夫的家里，不会无缘无故杀死猪狗的。"家豹、乌圆，都是猫的美称。

**鹿死谁手** 后赵开国皇帝石勒说："如果我遇到汉高祖，我只能向他臣服。但假如遇到光武帝，我可以和他并驱中原，至于鹿死谁手还是未知之数。"

**续貂** 《晋书》记载：赵王司马伦篡位后奴仆兵卒都封了官，当时官员上朝都要戴貂尾帽子，因封官太多，貂尾不足，有的官员便用狗尾代替。俗话说："貂不足，狗尾续！"

**拒虎进狼** 《鉴断》记载：汉和帝十四岁的时候，就能抓捕窦氏，足可以继承汉昭帝的威猛。可惜他经常与宦官一起商量事情，这也就开启了中常侍灭亡汉朝的开端。俗话说：“前门拒虎，后门进狼。”说的就是这样的事情啊。

**焉得虎子** 《三国志·吴书》记载：吕蒙想要跟随姐夫邓当去杀贼，吕蒙的母亲便训斥他。吕蒙回答：“不入虎穴，焉得虎子？”另外：班超出使西域，鄯善王一开始对他礼数很周全。但是匈奴的使者来了以后，鄯善王的礼数便开始松懈起来。班超集合手下的三十六个人，说：“不入虎穴，不得虎子。”于是夜里趁势攻击了敌人的营寨，斩了匈奴的使者。

**羊触藩篱** 《易经》记载：公羊如果强行用角去撞篱笆，它的角就会被困住。

**制千虎** 《宋史》记载，常安民给吕公著的书信里写道：“送走小人很容易，但是要战胜小人很难。我曾经见过猛虎负隅顽抗，却最终还是被人战胜了的事迹，那是因为人多虎少。现在为什么要用几十个人去打上千只虎呢？”吕公著看到这封信，默默无语。

**搏蹇兔** 《史记》记载，范雎对秦昭王说：“用强大的秦国来统治诸侯，就好像放出名犬韩卢去追逐跛足的兔子一样。”

**瞎马临池** 《世说新语》记载，顾恺之和殷仲堪两人比试谁说的事情更危险，恰巧这时有一个参军也正好坐在旁边，只见该参军说：“盲人骑瞎马，夜半临深池。”他这么说是因为殷仲堪正好有一只眼睛看不见。

**教猱（náo）升木** 猱，属于猴类，生性擅长爬树，这是不用教就有的能力。《诗经》中有“毋教猱升木”的句子。

**城狐社鼠** 《韩诗外传》中有“不要打社庙里的老鼠，不要烧城墙上的狐狸”的句子，这主要是害怕殃及城墙和社庙。

**陶犬瓦鸡** 《金楼子》记载：用陶瓷做成的狗，不能守夜，用泥土做成的鸡，也不能报晓。

**羊质虎皮** 《杨子》记载：一只羊，即使穿上老虎的皮，看到草仍然很高兴，看见豺狼仍然战栗不已，忘了自己所穿着的老虎皮了。

**九尾狐** 宋代的陈彭年非常奸诈阴险，当时人们称他为九尾狐。

**猬务** 刺猬长得像豪猪但稍微小一些，它的毛像箭一样竖着，人们常说，事务繁多就像刺猬的毛。后来人们把又多又难处理的事情称为“猬务”。

# 鳞介

**龙有九子** 龙有九个儿子：第一个叫赑屭，长得像乌龟，喜欢背着重物，所以被立为碑座；第二个儿子叫螭吻，喜欢远望，所以多半将它立在屋脊上；第三个儿子叫蒲牢，像龙但是要小一些，喜欢吼叫，所以刻在钟纽上；第四个儿子叫狴犴，长得像老虎，有威力，所以立在狱门旁；第五个儿子叫饕餮，贪婪好吃，所以一般被刻在锅盖上；第六个儿子叫趴蝮，生性喜欢水，所以立在桥柱上；第七个叫睚眦，喜欢杀戮，所以被刻在刀环上；第八个儿子叫金猊，形状像狮子，喜欢烟火，所以刻在香炉上；第九个儿子叫椒图，样子像螺蚌，喜欢紧闭合起来，所以刻在门铺上。

**尺木** 龙的头上有一个东西，形状像博山炉，名字叫尺木。龙如果没有尺木，就不能升天。

**攀龙髯** 黄帝采集了铜在荆山下铸造大鼎。大鼎铸成后，有一条龙垂下自己的胡须迎接黄帝，让他骑在自己的身上，群臣和后宫跟随着一起上去的有七十多个人，有一些小臣上不去，就去抓龙的胡须，龙的胡子被拔掉了，掉下来了一张弓。小臣们便抱着那张弓大哭。后来人们把那个地方叫鼎湖，把那张弓叫乌号。

**龙漦（chí）** 夏后氏把龙的唾沫藏在宝匣中，周厉王打开来看，龙的唾沫便化为一只大鳖爬进了周厉王的王府，王府中有人碰上这只鳖，便受了孕，生下一个女婴。女婴后来被扔弃在路边，有一对夫妇偷偷把她带回了褒国。后来褒国人获罪，该女子被献给周幽王，也就是褒姒。

**痴龙** 从前有人掉到洛中的一个洞穴里，看到宫殿和人物九处，此人抓住大羊的胡须，得到一枚宝珠，便取来吃了。出洞后请教张华，张华说：“你到的那个地方是九仙馆。见到的那只大羊是痴龙。”

龙看不见石头，人看不见风，鱼看不见水，鬼看不见地。

**梭龙** 陶侃小时候曾经在雷泽捕鱼，得到了一枚铁梭，回家后将铁梭随手挂在墙壁上。过了一会儿，雷雨大作，铁梭变成一条赤龙，腾空飞升而去。

**画龙** 叶公子高很喜欢龙，他的家里到处都画着龙。有一天，当真龙来到他的家中时，叶公却被吓得转身就跑，失魂落魄。所以，叶公并不是真的喜欢龙，他喜欢的是像龙却又不是真龙的东西。

**行雨不职** 唐代的普闻法师聚集徒弟说法，这时恰巧有一个老人在旁边，有人问这个老人，老人回答说：“我本是这座山上的龙，因为病了，执行下雨的任务时出现了偏差所以受到了惩罚，请求大师救我。”普闻法师回答：“你可以改变形体后再来找我。”过了一会儿，老人变成小蛇，普闻法师便把他引进了净瓶，然后用袈裟覆盖住。忽然间乌云遮蔽了天空，一片黑暗，继而开始雷电交加，随后又都停了。小蛇此时再出来变成老人致谢：“要不是大师您的法力，我的小命早就不保了，如此恐怕会弄脏这块地方。”随后，老人引出一泓泉水作为报答。

**金吾** 金吾也是一种龙。形体像美人，头和尾巴像鱼，有两个翅膀，秉性通灵，整晚都不睡觉，所以也用这种龙来巡警。

**螺女** 福建人谢端得到一个田螺，像斗一样大，谢瑞将它养在家里。他每次回家，不知为何家里的饭都做好了。他便开始偷偷查看，竟然发现是一个很美的女子为自己做的。问她原因，女子回答说：“我本来是天上银河中的白水素女。天帝派我来给你做饭。今天正是我离开的时候，我把壳留给你吧。”谢端后来便用这个壳来储藏粮食，粮食一直都是满的。

**射鳝** 越王郢在福州的小溪中，看到一条长三丈的鳝鱼，郢射中了它，但是鳝鱼用自己的尾巴将越王郢和马都缠了起来，于是人和马都被拖到溪水里了。

**鲙残鱼** 鲙残鱼出自松江。从前吴王在江上航行时吃鲙鱼，吃完后把吃剩的扔到水面上，就变成了鲙残鱼。

**横行介士** 《抱朴子》记载：山林中如果在辰日那天有自称是无肠公子的，那么它就是螃蟹。《蟹谱》中也说：“在外出兵安营扎寨时，如果忽然看见螃蟹，那么应该称螃蟹为横行介士。”

**蛟龙得云雨** 周瑜对孙权说：“刘备拥有关羽、张飞这样勇猛的将士，怎么会愿意长久地屈居人下呢？恐怕会像蛟龙得到云雨的帮助一样，不会愿意蛰伏在池中。”

**生龟脱筒** 金华的俞清老说：王安石想让我脱下儒生的衣服，穿上僧人的袈裟，他说这样就可以摆脱家室妻子的拖累，但这样做就好像把活着的乌龟剥去壳一样，是会很难忍受的啊。

**杯中蛇影** 西晋名士乐广担任河南尹，有一次宴请宾客，他家墙壁上悬挂的弓弩的影子正好落到杯子里，这个影子就像蛇一样，有位客人以为酒杯中有蛇，喝进了肚子，回家之后就病了。后来等他再回到原来的地方，才知道是杯子里是弓箭的影子，病便好了。

**率然** 《博物志》记载：常山有一种叫率然的蛇，有一个身体、两颗头，如果去攻击其中一个头，它的另一个头就会反击；如果攻击两个头中间的位置，那么两个头都会反击。所以带兵打仗的人会有长蛇阵的阵法。

**鱼求去钩** 汉武帝想要讨伐昆明，便凿池让士兵来练习水战，还将石头刻成鲸鱼的样子，每次到打雷下雨的时候，石刻的鲸鱼就会鸣叫，而且鲸鱼的胡须和尾巴都会动。曾经有人在这里钓鱼，鱼挣断钓丝逃跑了。后来有鱼给汉武帝托梦，请求他帮忙把鱼钩去掉。第二天，汉武帝在池上游玩的时候，看见一条鱼衔着一个鱼钩，汉武帝说：“这难道就是昨天夜里梦到的那条鱼吗？”于是为这条鱼去掉鱼钩并且放了它。后来汉武帝再次到池边游玩时，得到了一双明月珠，于是他感叹说：“这应该就是那条鱼的报答吧。”

**打草惊蛇** 王鲁担任当涂县令的时候，一心只想着搜刮民脂民膏。当时正好有一些百姓递上状子去告县里的主簿贪污受贿，王鲁在判案时说："你们虽然只是打草，但我这条蛇已经受到惊吓了。"

**干蟹愈疟** 《梦溪笔谈》记载：关中地区没有螃蟹，有人收到一只干蟹，当地人觉得收到的这只螃蟹样子非常怪异，但奇怪的是，如果有人家里患了疟疾，只要将这只干螃蟹借去悬挂在门上，家里的病人就会痊愈。所以这说明，不但是人不认识这种干螃蟹，连鬼也不认识它。

**鱼婢蟹奴** 《尔雅》记载：鱼婢就是小鱼，同时也叫作妾鱼。大螃蟹肚子下面的几十只小螃蟹，叫作蟹奴。

**画蛇添足** 陈轸对楚国的使者说：有三个人在一起喝酒，相约一齐在地上画蛇，先画成的人先喝酒。其中有一个人先画成了，于是把酒拿了起来，可他停顿了一下并说："我最先画成，让我再给它添上几只脚吧。"另外一个人赶紧夺过了酒就喝，并且说："蛇本来没有脚，你给它添上了脚，画的就不再是蛇了。"

**髯蛇** 髯蛇有十丈长，七八尺粗。经常在树上等待鹿一类的野兽经过，等鹿经过时，它便低头缠住鹿，不一会儿，鹿就死了，它会先用唾沫把鹿弄湿，然后将鹿吞吃下去，过一阵子，鹿的头、角、骨头就会都从蛇的皮肤里钻出来。

**珠鳖** 广东电白的海里有一种珠鳖，它的形状像肺，有四只眼、六只脚，还能吐出珍珠。它还有一个名子叫文魮，头像鸟、尾巴像鱼，鸣叫的声音像磬声，并且还能生出美玉。

**鯈（tiáo）鱼** 建昌的修水出产鯈鱼。郭璞说："有水名修，有鱼名鯈。天下大乱，此地无忧。"一般都会将修水称为西河。

**墨龙** 抚州的学校有一个王羲之洗笔砚的墨池。韩子苍在《杂记》中记载：墨池中的水有时会突然变黑，这叫作墨龙。如果出现这种现象，应试的士人考中的就会很多。这个说法多次应验。

**飞鱼** 晋朝的吴隶在湖里修筑了一条鱼塞，他忽然听到空中有人说："今天晚上将会有大鱼冲过鱼塞，请不要杀它。"过了一会儿，大鱼果然来了，后面还跟着一群鱼。吴隶误杀了大鱼，当天晚上风雨大作，湖中的鱼都飞到了树上。

**咒死龙** 石勒当政时天下大旱，高僧佛图澄在石井冈挖到一条死龙，念着咒语祭奠此龙，龙便腾空而上，立刻也就降下了大雨。现在还有个龙冈驿。

**四蛇卫之** 开州有一座鲋山。《山海经》里记载：颛顼埋葬在这座山的南面，颛顼的九个妃子葬在山的北面，有四条蛇在这里守卫着陵墓。

**白帝子** 汉高祖还是平民时，看见有白蛇在路中间，便拿剑将蛇杀了。后来有一个老婆婆哭诉说："我的儿子是白帝之子，他变成蛇挡住了道路，想不到却被赤帝之子杀了。"

**唤鱼潭** 青神县的中岩有一个唤鱼潭，假如有客人到这里，只需要拍拍手，潭中的鱼就会成群结队地涌出来。

**斩蛟** 隋朝的赵昱担任嘉州太守。犍为县的水潭中有一条老蛟作恶，赵昱拿了刀跳进水中，不一会儿，潭水变红了，老蛟已经被他斩杀了。之后有一天，赵昱弃官而去。后来嘉陵水涨，有人看到赵昱在云雾中骑着白马下来，宋太宗赐封赵昱为“神勇”。

**孩儿鱼** 磁州出产一种长有四只脚、长尾巴的鱼，声音像孩子哭，所以名叫孩儿鱼，如果点燃这种鱼的骨头，火就一直不会熄灭。

**黄雀鱼** 这种鱼产自惠州。八月的时候会变成雀，十月后进入海中变成鱼。

**五色鱼** 陇州的鱼龙川有一种鱼，身上有五种颜色，人们都不敢去抓。杜甫写有“水落鱼龙夜”的诗句，说的就是这种鱼。

**视龙犹蝘（yǎn）蜓** 大禹去南方巡狩时在涂山会见诸侯，当时有上万个国家拿着玉帛来进贡。大禹渡江时，有黄龙游来拱起船，船上的人都很害怕。大禹此时仰天长叹说：“我受上天的命令，拼尽全力辛辛苦苦为了天下苍生。活着的时候不过就是暂且寄于世，死了也不过是回到故乡，我又怎么会害怕龙呢？”大禹看着龙就好像看着壁虎一样，脸上丝毫没有畏惧之色。过了一会儿，黄龙低下头，耷拉着尾巴走了。

**双鲤** 萧山县有一座城山，山顶有一眼泉，泉中有一种上好的鱼。吴王阖闾侵犯越国，越王勾践退守到此山，吴王认为山上一定缺水，于是将大米和盐赠给勾践。勾践从泉中取出一对鲤鱼作为回报，吴国当天晚上便退兵了。

**石蟹** 石蟹生于崖山（属于海南岛）的榆林中，海港之内有半里见方的土地，这里的土壤非常细腻，性寒，螃蟹一进来就不能动了，过一会儿就会被冻成石块，人们得到它后，称此为石蟹。将它放在桌子上，可以明目。

**鲥鱼** 鲥鱼又叫箭鱼。肚子下有像箭一样的细骨，这就是让北宋名士彭渊材有“鲥鱼多骨之恨”的东西。这种鱼味道最鲜美的地方在鱼皮和鱼鳞之间，所以吃它的时候不去鳞。肋鱼很像鲥鱼，只不过稍小一些，肋鱼的身体很薄、鱼骨也细，冬天抓住的叫雪肋，味道最好。到了夏天，味道就差些了。

**龟历** 尧帝时，越裳国进献了一只千岁神龟，有三尺见方，龟的背上有文字，都是蝌蚪文，记录了开天辟地以来的事情。尧帝命人抄录了下来，后称之为龟历。

**元绪** 孙权时期，有个永康县的人进山遇到一只大乌龟，便将乌龟装到船上运到吴地去，这人夜晚将船停泊在越里，把船系在大桑树下。到了半夜时分，大桑树对乌龟说：“元绪，你辛苦了，你要做什么呢？”因此人们把乌龟称作元绪。

**河豚** 河豚的形状像蝌蚪，但肚子是白的，脊背是青黑色，有黄色的纹理，眼睛能开能合，一碰到东西就会发怒，肚子鼓得像个球，漂浮在水上，人们就可以去捕获了。河豚的毒主要在眼睛、产的鱼子、血液三个地方。中毒的人，会有血麻、子胀、眼睛酸等一系列症状，这时只需用芦笋、甘蔗、白糖就可以解毒。

**集鳣** 杨震聚集门徒讲学，这时有一只鸟雀衔着三条鳣鱼停在讲堂前。大家说："鳣鱼是卿大夫官服上的图案。现如今有三只，这就是三公的意思。老师恐怕要高升了。"后来果真是这样。

**子鱼** 宋代的显仁太后对秦桧的妻子说："鲻鱼很少有块头特别大的。"秦桧的妻子说："我们家就有大的。"秦桧知道这件事后，斥责妻子说错了话，于是拿了上百头青鱼进献。显仁太后看见鱼后笑着说："我就说这个婆子没见过世面吧，看来果然是这样！"

**鳍鱼** 鳍鱼长达两丈，鱼皮可以用来打磨东西。它的孩子早上从它的嘴里出来，晚上从它的肚脐眼里回去，鳍鱼的肚子里有两个洞肠，肠子里面装着水，来养育后代，一个肠子可以容纳两条小鱼，两个肠子可以养四条小鱼。

**岩蛇** 岩蛇长有乌龟的身体、蛇的尾巴、鹰的嘴、鼍的外壳，下面有四只脚，脚上有五个爪子，大小和癞头鼋差不多，坚硬得如穿山甲一样，岩蛇的壳非常硬，爪子非常锋利，竹子、木柴到它嘴里立即就碎了，如果咬到了人，那么足以将人的骨头咬穿。台州和温州的山下，有很多这种动物。

**懒妇鱼** 江南有一种懒妇鱼，也就是我们现在所说的江豚。脂肪很多，熬出它的油便可以用来点灯。用这种灯的光来纺织会很暗，但如果用来照宴席就会很明亮，所以人们称这种灯为馋灯。

**脆蛇** 脆蛇没有胆，害怕人。产自昆仑山下。一旦听到人的声音，身体便会断为小截，过一会儿自己会再接续上，重新还原成原来的模样。患了色痨病的人，因为惊恐伤了胆，吃它就可以延续寿命，它还可以治疗恶疽、大麻疯和瘌痢。腰以上生病用它的头，腰以下生病就吃它的尾巴。

**瓦楞蚶（hān）** 宁海的沿海处有蚶田，将大蚶捣成汁，用竹刷子蘸汁洒出，一点水就会变成一只蚶，蚶的形状像荸荠，如果用缸砂将其遮盖起来，就会变肥大。

**蝤蛑（yóu móu）** 陶穀出使吴越，忠懿王钱俶宴请他，陶穀在席间吃到了梭子蟹，于是询问它的名字以及种类，忠懿王命人罗列了十几种梭子蟹给陶穀看。陶穀看到后，笑着对忠懿王说:"这就是俗话说的'一蟹不如一蟹'啊。"

**牡蛎** 牡蛎又叫蠔山。《本草衍义》记载：牡蛎是依附在石头上生活的，一块一块的牡蛎连在一起像房子一样。刚开始它们生在海岸上，身体像拳头那么大的石头，然后慢慢地向四面生长，有的可以长到一两丈长。一个小房子里有蠔肉一块，肉的大小取决于房子的大小。每到海潮来的时候，牡蛎的每间房子都会打开，这时如果有小虫子进入，就立刻合上，用来填自己的肚子。

**绿毛龟** 蕲州出产一种绿毛龟。背部有绿毛，有一尺多长，浮在水中的时候，它的毛就会自己浮上来。把它压在墙壁之间，不仅几年都不会死，而且还能驱除飞蛇。

**蛤** 隋炀帝很喜欢吃蛤蜊，平生吃过的蛤蜊数以千万计。有一次，他将一只蛤蜊放在案上，这只蛤蜊整夜放光。到了天亮的时候，蛤蜊的肉自己脱落了，里面却有一个佛像和两个菩萨像，隋炀帝从此以后再也不吃蛤蜊了。

**蚌** 沈宫闻在栖水玩耍的时候得到了一只蚌。当他煮了准备吃的时候，发现这个蚌中间有一颗长达半寸的珠子，仔细看竟然是观音菩萨的像，可惜的是珠子煮熟后失去了应有的光彩。后来被一个安徽人买走了。

**舅得詹事** 燕文贞公张说的女儿嫁给了卢氏的儿子，张说的女儿曾经为自己公公向父亲求官。张说下朝后，她来问情况。张说没有说话，只是指着支床的乌龟。女儿拜谢而归，并且对丈夫说："公公得到詹事的职位了。"

**三足鳖** 黄庭宣在太仓担任知府的时候，当地的百姓有人吃了三只脚的鳖之后就在地上融化了，只留下衣服和一缕头发，好像蜕壳一样，人们纷纷说是此人的妻子杀了自己的丈夫，便报了官。黄庭宣于是命人捕来三足鳖，再次招来那个妻子，让她按照之前的方法再烹调一次，再派出一个死刑犯吃，这个死刑犯吃完竟然也融化了。

**鱼羹荆花** 襄毅公许进在山左为官，当时有一个百姓正在耕田，此百姓的妻子给他拿来食物，没想到吃完后百姓竟然死了。许进就询问这名妇女带来的是什么食物以及路过了一些什么地方。妻子回答说："我带的是鱼汤和米饭，从荆林过来。"许进听后便买了鱼来做饭，并把荆花放入饭中，饭好后让狗和猪来试吃，结果吃了后全部都死了。

**毒鳝** 铅山有一个卖柴的人特别爱吃鳝鱼。有一天，他买了鳝鱼回来，煮熟了吃，没想到吃完后，腹痛而死。张昺负责判这个案子。他先是招了渔夫来打捞一些鳝鱼，共捕了几百斤，其中有七条昂着头在水面上，大概有两三寸长，将这几条鳝鱼煮熟了给死刑犯吃，这些死刑犯吃过之后，也都因肚子痛而死。

**两头蛇** 孙叔敖小的时候，在路上遇到一条两头蛇，他将这条蛇杀死并埋了起来。传说见过两头蛇的人都会死，他回来哭着将这件事情告诉了母亲。母亲说："那条蛇现在在哪里呢？"孙叔敖回答说："我担心它再害别人，已经将它杀死并埋了起来。"母亲说："你能为其他人着想，上天一定会保佑你的！"后来他果然没有出现什么灾难。

**筝弦化龙** 唐代刺史韦宥，在永嘉江边上的沙子里得到一根筝上的弦，他将此弦扔到江里，忽然看见弦变成一条白龙腾空而去。

**喋蚌珠之仇** 明朝重臣夏原吉治理浙西的水灾，借宿于湖州的慈感寺，夜里忽然有一位老妇人带着一个女孩来说："我住在潮音桥下，每年势力强大的邻居都想夺走我的女儿，乞求大人写幅字来镇住他们。"于是夏原吉就写了一首诗给她。后来夏原吉到了吴淞江，梦到一个金甲神来告诉他说："我给一个邻居的女儿下聘礼很久了，但是她耍无赖骗来了大人的手笔，然后抵赖，不愿意嫁过来，希望大人改判。"夏原吉瞪大眼睛盯着他，金甲神很害怕地躲避。夏原吉突然之间回想起来："他就是慈感寺那个蚌珠的仇人"。于是夏原吉给海神下了一道命令。只见第二天风雨交加，上天在钱溪的北边震死了一条蛟龙。

**与蛇同产** 窦武出生的时候，同时生出了一条蛇，家人将蛇放进树林中。后来窦武的母亲死了，有一条大蛇径直来到停灵的地方用头撞棺材，好像在悲伤地哭泣，过了一会儿才离开。当时人们都说这是窦氏的祥兆。

**得鱼忘筌** 《庄子》记载:“鱼篮本是用来捕鱼的，可是捕到鱼后就忘记了鱼篮。”所以“得鱼忘筌”比喻受到恩惠却不知道报答。

**鱼游釜中** 广陵叛乱的张婴听了张纲的劝说后哭着说:“我是边荒之地没有见过世面的人，举兵叛乱不过是苟且偷生罢了，这就好比是鱼在锅里游泳，自己也知道这不可能长久。现在见到大人，正是我重生的时候啊。”

**巴蛇** 《山海经》记载：巴蛇吞吃了大象，三年后才吐出它的骨头。

# 虫豸

**鞠通** 孙凤有一把琴，这把琴能够自己弹奏，自己发出声音，有一个道士指着琴背的蛀孔对孙凤说："这把琴里面有虫子，如果不除去，琴很快就会朽烂。"只见这个道士从袖子里拿出一个竹筒，倒了一点黑色的药放在琴蛀孔的边上，这时一只绿色的虫子爬了出来，虫子的背上有金线一样的纹路，道士把虫子放到竹筒里就走了。从这以后，琴就不能自己演奏了。知道这件事情的人说："这只虫子叫鞠通，如果有人的耳朵聋了，将这只虫子放在他耳朵边上，过一会儿，这人的耳朵就能听到声音。这种虫子喜欢吃古墨。"孙凤这才醒悟，道士倒的黑药其实就是古墨的碎屑。

**蝗虫** 蝗虫有四种：吃花蕊的叫螟，吃叶子的叫蝥，吃根的叫蟊（máo），最后一种吃枝干的叫贼。赵抃担任青州太守的时候，当时有蝗虫从青州、齐州飞来，这些蝗虫遇到大风便向后飞，然后全都掉在水里淹死了。马援担任武陵太守的时候，当地接连有蝗灾，于是马援赈济贫困的人，并且减低百姓的赋税，蝗虫飞到海里竟然都变成了鱼虾。孙觉担任合肥主簿时，命令百姓捕蝗虫，官府拿米来交换，破天荒地，蝗虫竟然没有损害庄稼。宋均担任九江太守时，蝗虫到九江就散去了。贞观二年，唐太宗祈求上天吞灭蝗虫，蝗虫便不能为害。

**水母** 东海有一种动物，形状像凝结的血块，有几尺大，接近于正方形或圆形，名字叫水母，俗名海蜇，又叫虾蛇 。它没有头没有眼，在它停留的地方有无数的虾跟着，它就把虾当作自己的眼睛。它的颜色呈淡紫色。《越绝书》说："水母把虾当作眼睛，海镜把螃蟹当作肠子。"

**海镜** 广东的海中有一种带着圆壳的动物，也就是海镜，海镜中间部分晶莹润滑，光照上去就像云母一样。圆壳里有少许像蚌一样的肉，肚子里面有小螃蟹。海镜如果饿了，肚子里的螃蟹就会出去觅食，吃饱后再回到海镜肚子里，这样海镜也就饱了。如果用火来烤海镜，螃蟹就会出来，海镜也会立刻死去。

**百嘴虫** 温会在江州看鱼，忽然看到一个渔夫上岸狂奔。温会问他怎么了，渔夫却只能用手指着脊背，说不出话。渔夫的头和脸都变黑了，仔细看才发现，有一种像荷叶一样的东西，大小约一尺见方，上面到处都是眼睛，咬住渔夫的脊背拿不下来。温会让人用火来烤它，这个东西才落下来，这才发现每一只眼下面都有一张像钉子一样的嘴。渔夫的背上流了几升血然后便死了。而这个东西还是没有人认识。

**自缢虫** 东汉光武帝六年，山阴出现了上千万只小虫子，这些小虫子都长得很像人，第二天全都悬挂在树枝上，自缢而死。

**螟蛉** 《诗经》说："螟蛉有子，蜾蠃（guǒ luǒ）负之。"螟蛉，就是桑虫。蜾蠃，就是蒲芦蜂。蒲芦蜂偷去桑虫产的卵，把它背回去，养大后便成了自己的孩子。所以世人把养子称为螟蛉。蒲芦蜂背着螟蛉的幼虫，祈祷着说："像我，像我！"果然七天七夜后就变得像它了，所以又称为"速肖"。

**萤火** 萤火虫是由腐烂的草变化而成。隋炀帝在景华宫的时候，下令征求萤火虫，最终得到几袋子的萤火虫，于是用大纱囊装着，夜里出来游玩的时候，这些纱囊透出的光就像把火光散布在山谷中一样。

**怒蛙** 越王勾践受到吴国侮辱之后，便想着要报复。有一天他出去游玩，看见一只鼓着气的青蛙，就向它敬礼，左右随从便问越王为什么要这样做，越王说："它能如此争气，我怎么能不向它敬礼呢！"士兵听了后都斗志昂扬，决定一心反抗吴国。

**守宫** 用容器喂养蜥蜴，给它喂丹砂吃，当蜥蜴吃满七斤的时候，把蜥蜴捣烂成糊状，点在女子身上，这个点终身都不会消失，但是如果有了性行为，就会消失。这一做法据说可以防止女人淫邪，所以将它称作"守宫"。

**绿螈（yuán）**《瑯嬛记》所引《二酉余谈》记载：从前有一个人被蛇咬伤了，非常痛苦。这时有一个小孩对他说："你可以将两把刀在水里磨，然后喝掉磨刀后的水，这样会有神奇的效用。"说完小孩就变成绿螈，跑到墙壁的小洞里去了。那个人便照小孩所说的做，被咬伤的地方当时便好了。所以人们将绿螈称为蛇医。除此之外，还有一种说法：有一种虫子体形很大，颜色为黄色，如果蛇身上有伤，这种虫子就会衔草给蛇敷药，所以就有"蛇医"这个名字。

**蜥蜴噏（xī）油** 钱镠王的宫中，有一个老婆婆守夜。有一天晚上，老婆婆看见一只蜥蜴正沿着灯盏偷油喝，喝完后就突然不见了。第二天钱镠王说：“我昨天晚上做梦梦见喝芝麻油喝得很饱。”守更的老婆婆听完大吃一惊。

**寄居虫** 寄居虫长得像蜘蛛，只是脚比蜘蛛更长一些。本来没有壳，它常钻进空的螺壳里背着壳走。如果这时你碰它一下，它就会像螺一样把脚缩进壳里，需要用火烤才会出来。

**蝤虫** 有一种蝤虫，虽然只有一个身体，却长有两个嘴，它们经常互相争斗撕咬，最后自取灭亡。一个国家的臣子之间互相争斗，并最终导致国家灭亡的，都是蝤虫一类。

**螳臂** 螳螂，还有一个名字叫刀螂。因为它前面的两只脚像刀一样并且有很多锯齿，可以捕蝉。当它看到动物后，便想用两只前足去抓，遇到车轮也会想用前足来挡，所以有成语“螳臂当车”。

**蚬（xiǎn）** 蚬还有个名字叫缢女。它长一寸多，头是红色的，身体是黑色的，喜欢吐丝自缢而死。据说这种虫是以美色使齐国大乱的东郭姜自缢而死后变成的。

**恙** 恙是一种毒虫，能伤人。古时的人通常住在草地上露天而眠，所以人们早上起来问候时一定会问一句：“无恙吗？”有人说，恙是忧愁的意思。还有人说，㺊是一种吃人的野兽。

**泥** 南海有一种虫子，没有骨头，名叫泥。这种虫子在水中可以活，离开水就像醉了一样，像一堆泥。所以后汉时有人讽刺周泽，就说他“一日不斋醉如泥”。

**蜮（yù）** 蜮是又叫短狐，生活在江水里，可以含着沙子射人，被它射中的人会头痛发热，严重的还会死亡。它还有个名字叫射影，凡是影子被射中的人，会生出疥疮。这种虫子四月一日开始射人，八月一日才停止，人是看不见它的，但是鹅能吃它。有人说如果被这种虫子射中，生疮后将鸡肠草捣烂涂抹于患处，过一天就好了。

**蚁斗** 东晋将领殷仲堪的父亲患了疟疾，他听到床下有蚂蚁打架，心里非常害怕，说是牛在打架。

**书押** 米芾担任无为州太守时，池塘里的蛙声相当吵人，于是米芾拿了一个瓦片，在瓦片上写了一个“押”字扔进去，青蛙顿时不再叫了。这个池塘现在还有米芾写的“墨池”匾额。

**白虾** 赵抃镇守蜀地的时候，给妻子余氏寄去了白虾，这种白虾如果养在池子中，便可以正常地活下去；如果养在其他地方，虾的颜色就会变白。虾池的位置在开化县。

**西施舌** 这种虫长得像车螯但是稍微有些扁，生在海泥之中，会经常吐出一寸多长的肉，看起来像舌头一样。世人很喜欢这种肉的味道，它的味道很甘美，因此取名为西施舌。

**蛛鹰** 才宽担任淮安太守时，有人被暗杀了，但不知道凶手的名字。此时正好有蜘蛛掉在案子上，又有鹰停在庭院中。于是才宽就说："凶手难道叫朱英吗？"手下按照户籍名单去查，果然朱英是凶手。

**五蜂飞引** 万鹏举担任万安县丞的时候，有一个妇女来告状，说自己的丈夫和五个孩子被强盗杀害，但是至今不知道尸体在哪里。忽然有一天，有五只蜜蜂在万鹏举面前盘旋，万鹏举说："如果你们真是死者的魂魄，就请在前面带路。"于是蜜蜂将万鹏举带到了埋尸体的地方，万鹏举在死者身上看见了几个买布人的名字，回来后他把这些人抓来讯问，立刻真相大白，死者的冤情也得到了伸张。

**水虎** 沔水里有一种叫水虎的动物，好像三四岁的小孩子，身上的鳞甲很像穿山甲，用箭都射不进去。七八月的时候，它喜欢在石头上晒太阳。它的膝盖像老虎，爪子经常藏在水下，只露出膝盖。小孩子如果不知道，想要拿来玩耍，就可能会被它杀死。

**商蚷（jù）** 《庄子》记载："这就好像去让蚊子背起大山，让商蚷去渡过黄河，肯定是无法胜任的。"商蚷，也就是马陆 。

**偃鼠** 《庄子》中说："鷦鷯（jiāo liáo）在深林之中筑巢，只占用其中的一个树枝；偃鼠在河中饮水，也只是把肚子喝饱。"

**谢豹** 虢郡有一种叫谢豹的虫子，看到人的时候，会将前脚交叉起来盖在头上，好像很害羞的样子。所以得罪人的时候，会说"负谢豹之耻"。

**玄驹** 玄驹就是蚂蚁。唐代河内人曾经看到有数万兵马，但只有小米粒那么大，他们来往奔驰，从早到晚。家人拿火来烧，其中的人全都变成了蚊子，马全都变成了蚂蚁。所以现在人们还把蚊子叫黍民，把蚂蚁叫玄驹。

**鼷（xī）鼠五技** 《荀子》记载：“鼷鼠有五种技艺，但依然常常陷入困窘的境地。”这句话具体指的是：鼷鼠会飞，但飞不上屋；会爬树，但爬不到树顶；会游泳，但渡不过溪；会钻洞穴，但钻出的洞穴连自己的身子都藏不住；会跑，却跑不过人。

**飞蝉集冠** 梁代的朱异官至通事舍人，后来又任官中书郎。中书郎的任命要到秋天才出，在这之前就有飞蝉停在朱异的帽子上，有人说这就是做高官的兆头。

**群蚁附膻** 卢垣在一封信中说：“现在的人为了区区一点俸禄而竞相奔走，为了一丝一毫的利益而追逐不止，这就好比一群蚂蚁依附于膻腥之味，飞蛾投向火一样，巧取豪夺不怕出丑，贪污受贿也不怕死亡。”

**萤丸却矢** 萤，又叫宵烛、丹凤。《艺文类聚》记载：“用萤做弹丸可以抵挡弓矢。”汉代的武威太守刘子南知道了这个方法，便用萤做成弹丸佩带到在身上。刘子南曾经和胡虏交战，被敌人包围后，箭如雨发，但是这些箭在离他还有一段距离时，纷纷落在地上，根本无法伤害到他。胡虏觉得这太神异，便惊奇地散去了。

**丈人承蜩（tiáo）**《庄子》记载：一个驼背的人捕捉蝉，就好像从地上拾取东西一样容易。孔子便问：“你是有技巧呢，还是有道？”驼背的人回答：“我是有道。经过五六个月的练习，便可以在竿上累积两个弹丸而不掉下来，再去粘蝉，失手的机会就会很少；如果累积三个弹丸而不掉下来，失手的机会就变得只有十分之一；如果累积五个弹丸而不掉下来，那么粘蝉就好像在地上捡东西一样容易。”孔子说：“用心于一而不分散，就可以聚精会神于一处。”

**以蚓投鱼**　陈朝派傅縡出使北齐，北齐让薛道衡来迎接他。傅縡给薛道衡赠诗五十韵，薛道衡也立即和诗一首，一时间南北都称赞他们的诗。当时的太子太傅魏收说：“傅縡这是所谓的‘以蚓投鱼’啊。”

**投鼠忌器**　贾谊在《治安策》中说：“俗话说‘想打老鼠却害怕殃及瓷器’，老鼠离瓷器比较近，所以心里存有顾虑而不敢打，何况那些地位高贵的臣子距离皇上那么近呢！”

**蝶庵**　后唐时的李愚喜欢睡觉，他一直想要建一个蝶庵，以庄周为开山第一祖师，将陈抟列在旁边一同供奉，宰予、陶渊明等人供在廊屋里。

**箕敛蜂窠**　皇甫湜曾经命令他的儿子皇甫松抄几首诗，如果有一个字抄错，皇甫湜就会跳着大声辱骂，如果来不及用手杖打他，就会用自己的牙来咬皇甫松的手腕，直到咬得鲜血直流。皇甫湜曾经被蜂螫了手指，他便勃然大怒，散钱给乡里的小孩和奴仆，让他们把蜂窠想办法弄到庭院里，接着命人将它捶碎成汁，将之作为把他手螫痛的代价。

**石中金蚕** 丹阳有个人想在乱石中找一块可以当碑的石头，找到了一块拳头大小的。将石头打破后，发现里面有一只小虫，长得很像金龟子，可以蠕动，但是人们都不知道此乃何物，于是就扔掉了。后来有人告诉这个人，说："如果你想要富贵，不如想办法得到一个石头里的金蚕，养着金蚕，财物自己就会到来。"待继续询问金蚕的形状，得知正是他此前在石头中看到的小虫。

**凤子** 凤子是一种大蝴蝶，韩偓的诗中写过它。《异物志》记载：从前有人出海，看到一个长得像蒲草帆的怪物，等快到船前了，大家都争着用船桨打它，终于将它打落在地上，仔细一看，原来是一只蝴蝶。人们去掉蝴蝶的翅膀和爪子，剩下的肉称了一下，足足有八十斤，众人将肉分着吃了，味道很鲜美。

**蜈蚣** 葛洪的《遐观赋》记载：最大的蜈蚣有一百步长，这种蜈蚣的头就像马车的车厢，如果杀死它并割取它的肉，会发现肉相当洁白。《南越志》记载：大蜈蚣的皮可以拿来蒙鼓，将它的肉晒成肉干，味道比牛肉还好吃。

**蝶幸** 春天时，唐明皇在宫中大摆宴席，嫔妃们的头上都插满鲜花，唐明皇亲自捉一只蝴蝶放飞，这只蝴蝶停在哪位妃子的头上，唐明皇就临幸哪位妃子。这个游戏就叫作蝶幸。后来杨贵妃专宠，宫中也就不再有这种游戏了。

**蠋（zhú）**《埤雅》记载：蠋，是大青虫，既像手指头又像蚕，也被叫作戹。《韩非子》记载：鳝鱼像蛇一样，蚕则像大青虫，人们看到蛇就害怕，看到大青虫就汗毛直立。但是女子捉蚕，渔夫抓鳝鱼，他们丝毫不感到害怕，所以说只要有利益，人人都可以变得像古代勇士孟贲和夏育一样勇敢。

**蠁（xiǎng）**《广雅》记载：蠁是一种能听懂声音的虫子。《埤雅》记载：蠁，可以让人不迷路，因为它的字从“鄉（xiàng）”字而来。左思《蜀都赋》中有“景福肸蠁而兴作”的句子，是说福气总是像虫一样成群降临。

**蟋蟀** 贾似道在《促织经》里说：蟋蟀，白色不如黑色，黑色不如红色，红色不如青麻头。蟋蟀中最上等的是青色的脖子、金色的翅膀、额头上有金银丝；次一等的是黄麻头；再次一等的是紫金黑色。蟋蟀的形状中上品的特征是：头和脖子肥壮，腿长，身体和背部宽阔。还有一类也是上品：头和脖子很紧，脚瘦腿薄。蟋蟀有四种病：一是仰头，二是卷须，三是练牙，四是踢脚。如果有其中任意一种病，蟋蟀也就不能用了。蟋蟀还有个名字叫促织，从字面意思来看是督促织布，所以有“促织鸣，懒妇惊”的说法。袁瓘在《秋日诗》中说：“芳草不复绿，王孙今又归。”人们都不知道这是什么意思，施荫看见后说：“王孙，指的就是蟋蟀啊。”

**虱** 苏隐晚上躺在床上，听到被子下有一群人在齐诵杜牧的《阿房宫赋》，声音既快又小，他急忙打开被子看，却没有发现别的东西，只有十几只大虱子。

**蠛蠓（miè měng）** 蠛蠓，还有一个名字叫醯鸡，属于蜉蝣一类的昆虫。郭璞说：“蠛蠓飞行的样子如果像研磨东西，就会有风；如果像舂米，会有雨。”

**虮（jǐ）虱**　《东观汉记》记载：马援攻打寻阳山的盗贼，但是贼人难以抓捕。于是他上书朝廷说："准备把山上的竹子全部砍掉，因为这就好比婴儿头上长了很多虱子，只要把头发剃了，头上的虱子就没有可以依附的地方了。"书奏上后，皇上看了大喜，赶紧把小宦官全部拉出来，凡是头发上有虱子的都把头给剃了。

**蚊**　传说有个女子和她的嫂子路过高邮，到了离开城郭三十里远的地方，天阴了，蚊子突然多了起来，路边正好有农民的田舍，嫂子想要与女子在此地留宿。女子回答说："我宁肯被蚊子咬死也不能失节呀。"于是在外露宿了一夜，结果被蚊子咬死了，连青筋都露出来了。人们为她立了祠庙，取名"露筋庙"。

**当蚊**　鲁国的展禽，小时候就没了父亲，与母亲相依为命，通过给人做工来赡养母亲。蚊子很多的时候，展禽就躺在母亲床下，用自己的身体来喂蚊子。

**为官为私**　晋惠帝曾经在华林园听到蛤蟆叫，于是他对左右的随从说："蛤蟆在这里鸣叫是为公呢，还是为私呢？"

# 卷十八

# 荒唐部

传说中管理书籍的鬼名字叫长恩。

除夕之夜叫他的名字祭祀他，

那么老鼠便不敢咬你的书，书也不会生书虫。

# 鬼神

**伯有为厉** 郑国的子皙杀死了本国大夫伯有，伯有死后化为了厉鬼。赵景子便问郑国的子产："伯有真能变成厉鬼吗？"子产说："能。人刚刚死去时会化作魄。变成魄之后，阳气被称作魂。如果人活着在世的时候衣食物品精美丰富，那么魂魄就强大有力，因此有现形的能力，可以一直达到神明的境界。普通的男人和女人如果不能善终，他们的魂魄就会附在别人身上，大肆惑乱他人，何况伯有在我国三世执政最终却横死不能善终，他成为厉鬼，难道不是应该的吗？"

**豕立人啼** 齐襄公在贝丘（今山东省博兴县东南）打猎时，看到一头大猪，随从说："这是被主公杀死的公子彭生[①]。"说完这句话，那头猪便像人一样立起来大喊大叫。

**披发搏膺** 晋侯杀了赵同和赵括，后来晋侯得了病，在病中他梦见有一个厉鬼，披头散发，拍着胸脯跳跃着对他说："你杀了我的孙子，这是不义，我已经请求天帝为我申冤了。"

① 春秋初期齐国大夫，杀害鲁桓公，齐襄公归罪于彭生而杀了他。

**何忽见坏** 王伯阳在润州城的东边租借了一块地用来埋葬妻子，他忽然看见一个人乘着轿子，被簇拥着来到他面前对他说："我是鲁肃（子敬），埋在这里已经二百多年了，为什么忽然把我的坟弄坏？"说完命令左右的随从让王伯阳看刀，王伯阳看完刀就死了。

**墓中谈易** 陆机第一次去洛阳的时候，路过河南，进入偃师。晚上迷了路，便到一个旅舍去投宿。旅舍的主人是个少年，他邀请陆机坐下，与陆机谈《周易》中的义理，言语非常精妙玄微，第二天早上，陆机告别离开。他到一个村子去租马，趁机向村子里的人打听那位少年主人的情况，村子里的人回答说："从这个地方往东走并没有村落，只有山阳郡王家的墓。"陆机听后非常惆怅，因为他这才知道昨天投宿的旅舍，原来是王弼的墓（王弼曾为《周易》作注）。

**生死报知** 王坦之与佛门中的竺法师关系很亲密，两人每次谈到阴阳轮回和报应的事情时，都约定先去世的人要给还活着的人报告阴间的消息。就这样过了几年，竺法师忽然来拜访王坦之，并说："贫僧我已经死了，阴间的奖惩都是真的。只有努力地修道积德，才能上升为神。"说完，就消失不见了。

**乞神语** 赵普病了很长时间，眼看生命快走到终点了，他解下自己所珍爱的双鱼犀带，指派自己的心腹小吏甄潜到上清宫去祭神谢罪。上清宫的道士姜道玄为赵普叩求神明，祈求神灵给出指示。神说："赵普是开国元勋，可奈何他的冤家不放过他啊。"姜道玄只好又叩头求问冤家是谁。神用淡墨写了四个字，因为有浓烟笼罩，姜道玄依稀只能看见最后有一个"火"字。姜道玄把这些都一一告诉了赵普。赵普听完后说:“我知道了,一定是‘秦王廷美’。”后来便去世了。

**无鬼论** 阮咸的儿子阮瞻向来秉持无鬼论,他自称这个道理可以辨明阴阳的分界。有一天,一个客人送上名片要拜见阮瞻,阮瞻便与他谈论起鬼神的事,就这样两人互相辩论了很久。客人突然变脸说:“古今圣贤都承认鬼神,为什么你不信,还偏偏说没有?我就是鬼!”说完就变成异形,不一会儿便消失了。

**魑魅争光** 嵇康曾在灯下弹琴。有一个人进到他的屋中,刚来时脸很小,没一会儿就变大了,身高有一丈多,整个人颜色很黑,是穿单衣、系皮带的打扮。嵇康仔细看了半天,突然把灯吹灭了,并说:“我为和鬼共用一盏灯而感到羞耻!”

**厕鬼可憎** 阮侃曾经在厕所里见过一个鬼,身高一丈多,黑颜色,大眼睛,穿黑色的单衣,戴平头巾,与阮侃的距离相当近。阮侃注视了一会儿,缓缓地笑着说:“人们都说鬼难看,果然没错。”那个鬼听完就惭愧地走了。

**大书鬼手** 少保冯亮小时候,有天夜里读书,忽然有一只大手从窗子处塞了进来,冯亮用笔在他手上画了一个押。只听到窗外大声喊叫:“快给我洗掉!”冯亮并没有理睬,独自一人便睡了。天快亮的时候,只听到窗外有哀鸣的声音,并且说道:“大人您马上就大富大贵了。我只是与大人开玩笑,未曾想触犯了大人,但您又怎么忍心置我于这样的绝境呢!大人您难道不知道温峤燃犀[①]

① 见“牛渚矶”词条。

照水而死的事吗？”冯亮听完突然醒悟，赶紧用水洗干净了自己所画的押，鬼这才态度恭谨地谢恩而去。

**司书鬼** 传说中管理书籍的鬼名字叫长恩。除夕之夜叫他的名字祭祀他，那么老鼠便不敢咬你的书，书也不会生书虫。

**上陵磨剑** 汉武帝驾崩后有一次突然现形，只见他对守墓的官员薛平说：“我虽然现在不在帝位，但依然是你的君主。你为什么允许小吏在我的坟上磨刀剑？从今以后一定要严厉禁止这样的事。”薛平磕头认错，汉武帝这才消失不见。薛平后来仔细查看，发现墓边上真的有一块方石可以充当磨刀石，果真有小吏曾经偷偷在这上面磨刀剑。霍光知道此事后便准备把磨刀的小吏斩了，大司马张安世出面劝阻说：“神道茫茫不可知，不应该太过当真。”霍光这才放弃了惩罚的念头。

**见奴为祟** 北宋名将石普喜欢杀人，他也从来没有后悔自己杀人。有一次他喝醉了，便绑了一个奴仆，命令手下把这个奴仆扔到河里去。手下人可怜这个奴仆，于是悄悄放了他。等到石普酒醒后，十分后悔。手下人因为害怕他的残暴不敢告诉他实情。过了很久，石普生病了，病得还不轻，他总是能看到那个奴仆的鬼魂，他觉得自己一定会死。这时手下人才将奴仆带到石普面前来，自此，石普便看不见鬼魂了，病也就痊愈了。

**再为顾家儿** 唐代诗人顾况死了一个才十七岁的儿子，这个儿子的灵魂不愿意离开家。顾况非常悲伤，便作诗来哭悼他：“老人丧子心中苦，日夜哭泣泪成血。老人年纪已七十，过不多久当分别。”他的儿子听了这几句诗，便发誓：“如果有轮回一说，那么我一定要再当顾家的儿子。”后来顾况又生了一个儿子，这个儿子到了七岁还不会说话，他的哥哥们便开玩笑用手打他，这时他忽然开口说话：“我是你们的兄长，你们竟然敢打我。”一家人对此都很惊异。他便开始讲述自己以前的经历，不曾想居然一点都不差，完全对应得上。

**鬼揶揄** 襄阳有一个人叫罗友。当时有一个人得到了郡守之职，罗友的上司桓温要为此人设宴送行，罗友来得最晚，桓温便问他为什么来得这样迟，他回答说：“早上出门的时候，我遇到一个鬼揶揄我说：‘我总看见你送别人去做郡守，却从没见过有人送你去做郡守。’我觉得很羞惭。”桓温听后，愧而退席。

**鬼之董狐** 晋朝干宝的哥哥因病去世，过了很多天身体竟然还有温度。后来竟然又醒了过来，说自己见识了天地间各种鬼神的事，现在就好像梦醒了一样，不知道自己死了一回。于是干宝便将古往今来鬼神灵异及人物变化的故事搜集在一起，并写成了一本书，书名为《搜神记》，他将写好的书送给刘惔。刘惔说：“你真的可以说是写鬼的董狐[①]先生。”

**昼穿夜塞** 吴王孙皓要开凿一条运河，可奇怪的是每次白天凿开了，晚上又被堵上了，过了几个月运河都还没有完工。一天有个工人晚上在运河旁边躺着，夜里看到有鬼来把白天挖开的运河填上了，边填边叹息说：“为什么不用布袋装上土然后扔在江里呢，也可以让我们免去每夜都要来这里堵塞的辛苦！”工人第二天早上就把自己听到的这个情况告诉了负责开挖运河的长官，长

① 春秋晋国太史，亦称史狐。

官便按照鬼说的去做，运河才得以建成，总共长达十四里。

**舌根生莲** 西晋的时候，有一个地方突然长出两朵莲花，人们报告给官府，官府便派人来到这里挖掘，挖出了一个瓦棺。打开棺材一看，发现里面是一个老和尚，莲花从和尚的舌头根部经过头顶长出来。官府问这里的父老乡亲，有人说："从前有一个和尚诵读了上万次的《法华经》，临死的时候他有遗言，要用瓦棺把自己埋在这里。"现在这个地方已经建成了一座瓦棺寺。

**卞壸（kǔn）墓** 卞壸父子二人死于苏峻之乱[①]，被埋葬在金陵。曾经有盗墓的贼人打开过他们二人的墓，发现墓里的人脸色竟然像活人一样，指甲长得能环绕手背。晋安帝赐下十万钱把这个墓又完好无缺地封上了。后来明高祖朱元璋想把这个墓迁走，偏巧夜里看见一个白衣妇人守在井边哭泣，她哭完又大笑着说："做父亲的尽忠而死，做儿子的尽孝而死，现如今难道还保不住这三尺大的坟墓吗？"说完，就跳到井里去了。朱元璋见此有所感悟，便放弃了迁墓的想法。

**酒黑盗唇** 五代的李克用墓里的金钱被盗贼偷走了，当地的郡守梦见李克用告诉他说："墓里有酒，盗贼喝了之后嘴唇会变成黑的，可以此为证据来抓捕他们。"第二天，郡守按照梦中所示果然抓住了盗贼，盗贼里面竟然有一半是寺庙里的和尚。

**为医所误** 东晋名臣颜含的哥哥颜畿死在外地，颜畿的妻子

① 东晋成帝年间发生的一次大规模叛乱，爆发于咸和二年（327年），由历阳内史苏峻发起，联结镇西将军祖约以讨伐庾亮为名起兵进攻建康。

梦见颜畿对自己说："我是被医生误诊的，目前还不该死，赶紧打开棺材。"颜含当时年纪还小，也竭力请求父亲打开棺材，开棺后发现哥哥竟然还有呼吸。颜含从此便早晚照顾，就这样足不出户照顾了长达十三年，颜畿才死。颜含的嫂子双目失明，颜含苦苦寻找蚺蛇胆，可一直都没有找到。忽然有一天，一个童子给了他一个青囊，打开一看，发现正是自己辛苦寻找的蛇胆。后来童子变成青鸟飞走了。

**柳侯祠** 韩愈的《柳州罗池庙碑》记载，柳宗元与部将欧阳翼等人在驿亭喝酒，柳宗元说："明年我就要死了，我死后会变成神，你们要建庙来祭祀我。"一年后柳宗元果然死了，欧阳翼等人便为他建了一座庙。当时有个 路人李仪因为喝醉了，在庙里说了不敬的话，便得了病，前脚刚扶着出了庙门，立刻就去世了。

**义妇冢** 四明的梁山伯和祝英台两人年少时是同学，梁山伯不知道祝英台是女子。后来梁山伯官至鄞县县令，他去世后也就葬在鄞县。祝英台前来墓地凭吊，墓地忽然裂开，祝英台便掉了进去，人们便将这两人合葬在了一起。谢安向朝廷上奏请封此墓为义妇冢。

**三年更生** 梁代的主簿柳苌死了，被埋葬在江西九江。三年后的一天，天下大雨，柳苌的坟墓损坏了，他的儿子柳褒打算将父亲移葬。当儿子打开棺材的时候，却意外发现柳苌睁开了眼，对柳褒说："九江神知道我是意外致死的，便派了地神一直用乳汁养着我，所以我今天才能复活。"柳褒便把父亲迎回了家，父亲就这样过了三十年后才死。

**开圹棺空** 米芾所写的《颜鲁公碑阴记》记载，颜真卿以使者身份到叛将李希烈那里去劝降，临走的时候，他对饯行的人说："我从前在江南遇见过道士陶八，陶八给了我仙丹，说服用了仙丹就可以不死。道士还说我七十岁后会有大灾难，应当会与我在罗浮山相见。可能就是这次了。"后来颜真卿被叛军所害，埋葬在偃师的北山。有一个商人经过南海，看到有道士在下棋，道士便托商人捎信到偃师的颜家。等这个商人来拜访颜家时，却只看到了颜真卿的墓。守墓的仆人认识信中颜真卿的笔迹，大吃一惊。后来颜家人选择了一个日子打开坟墓，发现棺材里已经空了。

**婢伏棺上** 干宝的父亲有一个宠爱的小妾，干宝的母亲对此非常妒忌。所以丈夫去世，埋葬丈夫的时候，把这个小妾也推到了墓里。几年后干宝的母亲也去世了，家人打开父亲的墓，却看见那个小妾伏在棺材上，并且还有呼吸，将小妾抬回家，竟然又复活了。问她为什么会这样，小妾说干宝的父亲和她一起饮食，还将家里的大小事都告诉她，与平常并没有什么不同。

**海神** 秦始皇准备在海里建造石桥，海神帮他竖起桥柱。秦始皇请求与海神相见。海神说："我的相貌相当丑陋，如果不画我的样子，我就可以与你相见。"于是秦始皇向海中走了四十里，终于见到了海神。当时左右的随从中夹杂了一些画工，这些画工暗中用脚画出海神的长相。海神发怒，说："皇帝不信守约定，你们都快回去吧。"秦始皇转过马往回走，前脚还能正常站在地上，后脚处却开始崩塌了，后来勉强才登上岸，不过画工却死在海中。又有传说：文登的召山，是秦始皇造桥渡海去看日出的地方。于是有神人召唤来巨石相随而行。石头如果不走，人们就用鞭子把石头打得出血。现在召山下的石头都还是红色的。

**黄熊入梦** 晋侯生病，梦到了黄熊。当时子产正好到晋国来做聘问。于是晋侯派韩子问子产："梦到黄熊是什么厉鬼在作怪呢？"子产回答说："从前尧帝流放鲧到羽山，鲧的神灵便变成了黄熊，进入到羽渊，而他的神灵却受到夏朝的郊祭，甚至到了三代也一直祭祀他。现如今晋国成为盟主，晋侯梦见黄熊，或许是因为没有祭祀他吧。"晋侯听完赶紧去祭祀鲧，自从祭祀后，晋侯的病便渐渐好了。

**犨沙为阜** 秦始皇到了孔林，想要打开孔子的墓。来到屋里，发现了一个孔子留下的瓮，瓮里有一纸丹书，上面写道："后世有一个男子，自称秦始皇。进我家，登我堂，颠倒我的衣裳。到了沙丘就会亡。"秦始皇大怒，便命人把墓打开了。这时墓中有一只兔子跑了出来，秦始皇让人去追，谁知过了曲阜十八里兔子就不见了，掘地三尺也没有找到兔子，因此这里被叫作兔沟。于是又到了沙丘，秦始皇便让人再开辟一条路。秦始皇看见有一群小孩把沙子堆成了小丘，问这是什么，回答说是"沙丘"。从此秦始皇开始得病，不久后便死了。

**钟馗** 唐明皇白天睡觉，梦见一个小鬼，穿着红色的围裙，一只脚光着，另外一只脚穿着鞋，腰间挂着一只鞋和一把竹扇，就这样明目张胆地来偷杨贵妃的绣香囊。唐明皇便呵叱责问他是谁，小鬼说："小臣就是虚耗[①]啊。"唐明皇大怒，正准备叫高力士来，忽然又看到一个大鬼，大鬼戴着破帽，穿着蓝袍，系着鱼带，倒拖着朝靴，二话不说就直接来捉小鬼。先是剜了小鬼的眼睛，然后把小鬼劈开吃掉了。唐明皇问："你是谁？"只见大鬼说："我

① 古代民间传说中的鬼怪之一，是给人招来祸害的恶鬼。

是终南山的进士钟馗。”

**藏璧** 东汉永平年间，钟离意担任鲁王的国相，他拿出自己的三千文钱给了户曹[①]孔䜣，请他修缮一下孔子的车。钟离意还亲自进入孔庙，把孔子的桌子、席子和鞋全都擦了一遍。接着又让一位名叫张伯的男子来清除院子里的草，张伯在清理院子的时候，在土里捡到了七枚玉璧。他悄悄偷藏了一枚，然后把剩下的六枚交给了钟离意。钟离意便让主簿将这六枚玉璧安放在孔庙的桌子上。孔子寝室的床头挂着一个瓮，钟离意看见了，便召来孔䜣问：“这个是什么瓮？”孔䜣回答说：“这是孔夫子留下的瓮，里面装有丹书，人们都不敢打开。”钟离意打开一看，只见里面是一纸素书，上面写的是：“后世整理我的书，要看董仲舒。保护我的车，擦拭我的鞋，打开我的瓮的，那一定是会稽的钟离意。玉璧总共有七枚，张伯藏了其中一枚。”钟离意看完书信赶紧召张伯来问，张伯果然招认了。

**灶神** 灶神姓张名单，字子郭，又名隗。还有人说祝融主管火，所以祭祀他为灶神。东汉经学大师郑玄认为灶神祝融应该是一位老年妇女，这是不对的。灶神会在己丑日的卯时到天上，去汇报人的罪过，如果这一天祭祀他，就会得到福气。《五行书》中说：“在五月的辰日用猪头来祭灶神，做生意就会得到万倍的利润。”

**祠山大帝**[②] 祠山大帝的父亲张秉是武陵人，有一天，张秉

① 掌管民户、祠祀、农桑等的官署。
② 江南一带信奉的道教神仙，每年农历二月初八日举行宗教活动。

行走在山间，遇到了一位仙女，仙女对他说："天帝因为你在吴地有功，所以派我与你结为夫妻。生下的长子会因木德而在吴地称王。"并约好过几年再相会。张秉按照约定的时间去了，上次见到的仙女果然来了，仙女对张秉说："以后应该世代相传，并享受吴、楚之人的祭祀。"后来两人生下了一个儿子，这个孩子后来成为祠山神。祠山神开始从长兴自己疏浚圣泽，想要将水通到广德，便自己变成猪，并派出阴兵。这一举动被他的夫人李氏看到了，工程才停了下来，后来他们都不吃猪肉。

**泷冈阡表**　欧阳修刻写了《泷冈阡表》碑，写完后便雇船运回，到了鄱阳湖一带，船停在庐山下。到了晚上，一位老人带着五个人来到船上，拱手对欧阳修说："听说您文章盖世，龙宫想借去欣赏一下。"于是就背着碑下到水里，转眼就不见了。欧阳修是既惊恐又惋惜。到了天亮时，泰和的县令黄庭坚来了，欧阳修向他说起这件事，黄庭坚便写了文章来讨伐。刚把讨伐的檄文投到湖里，忽然听到空中有人说："我是天兵，正押解骊龙把碑送到永丰去。"欧阳修回家扫墓时，看到水洼中云雾迷漫，突然有一只大龟背着碑出来，转眼又不见了，不过石碑上的龙涎还清晰地留着。

**五百年夙愿**　张英到仪陇任职的时候需要路过采石江，在采石江，他遇到一个绝色女子，该女子对张英说："咱俩有五百年的夙愿，我们会在大仪山相会。"张英听完这荒唐的言语便呵退了她。张英到达仪陇任职半年的时间里，每天都能听到织布机的响声。有一天，张英便率领部下循着声音去找，就这样找到了大仪山，只见山上洞门半开，自己半年前遇到的那个女子出来迎接自己，两人便携手入洞，等两人进去后，洞门立刻闭上了。后来只见有一对圆石，从门缝里面伸出来，众人便取了圆石往回抬。抬到半路上抬不动了，于是人们就地建立了塑有张英像的祠庙，并把取回的这个圆石放在了塑像张英的肚子里。

**芙蓉城主** 石曼卿死后，他的老朋友仿佛在梦游的时候见过他，只见石曼卿说："我现在成仙了，主管芙蓉城，想和你一起去游玩。"老朋友不愿意去，石曼卿便气愤地骑着一头驴走了。

**文山易主** 赵弼的《文山传》中写道：文天祥就义后，那天大风里夹杂着沙，天地之间一片黑暗，完全看不清，距离很近的事物都看不见，城门白天也是关着的。那天以后连续几天都是阴暗的天气，皇宫里为了走路方便，只好点着蜡烛，群臣上朝也只能点着火把开道。元世祖询问张真人之后才得知文天祥是文曲星下凡，为此他很后悔，便封赠文天祥为特进金紫光禄大夫、太保、中书令平章政事、庐陵郡公，并赐谥号忠武。接着又命令王积翁写牌位，洒扫柴市，特设祭坛来祭祀。丞相孛罗行礼之后初奠，这时候狂风忽然席地而起，飞沙走石，人都睁不开眼，瞬间就把神主的牌位卷上了天空，空中隐隐传来雷声，很像发怒的声音，天色这时更暗了。于是只好把牌位改为"前宋少保右丞相信国公"，天空才开始慢慢晴朗。按：正史和各家文集都没有记录这件事，我把这件存疑的事情如实记录下了。信国公到了明朝景泰年间又被赐谥号为忠烈公，大多数人仍然不知道，所以附记在这里。

**杜默哭项王** 和州士人杜默，多次参加科举考试却不中，他的性格倜傥不羁。过乌江的时候，去拜谒项王庙。当时他因喝酒正微醉，便直接登上神座，坐在项羽脖子上，抱着他的头大哭说："天下的事有这样不公平的，像大王你这样的英雄却得不到天下，像我杜默写一手好文章却得不到一官半职！”说完，又大哭，眼泪像泉水一样。庙祝怕他得罪了神灵，把他搀扶了出去，并举着蜡烛查看神像，神像竟然也泪下如雨，擦拭不尽。

**天竺观音** 五代后晋的时候，杭州天竺寺僧人夜里看到山涧有一片奇木放光，便让匠人用这块木头刻成观音大士的像。

**弄潮** 吴王赐死伍子胥后，把他的尸体装在皮袋里，扔到江中。伍子胥凭借流水扬起波涛，借着潮水往来。有人看见他坐着素车白马立在潮头，便为他立神庙。每年的八月十五潮头最大，杭州人用旗鼓来迎接。弄潮的游戏，就是从这里开始的。

**黄河神** 黄河福主金龙四大王，姓谢名绪，是会稽人，宋末的时候以诸生的身份为宋尽忠而死，跳到苕溪中。死后水高了几丈。明太祖与元将蛮子海牙厮杀，此神来为明太祖助阵，黄河水向北倒流，元兵大败。明太祖夜里得到梦兆，封他为黄河神。

**木居士** 韩昌黎《木居士庙》诗说：“偶然题作木居士，便有无穷求福人。”

**显忠庙** 《吴越备史》记载：吴主孙皓病得很严重，有神附体于一个小宦官说：“金山咸塘有风潮为害，海盐县城差点被淹没。我是霍光，经常统率众人来镇守那里。”第二天，孙皓的病就好了，于是立了座庙。

**毛老人** 南京的后湖，还有个名称是玄武湖。明朝时在湖上建立了黄册库[1]，户科给事中和户部主事各派出一人到这个地方来掌管，烟火是绝对不允许被带到这个地方的。明太祖的时候，有一个毛老人进献黄册，明太祖想到此时仓库中正闹老鼠，而这个老人正好姓毛，读音与“猫”相同，便下令将这名毛姓老人活埋到仓库里，让他来镇老鼠。仓库中果然连一片纸、一个字都没有损失。后来明太祖命人为死去的毛老人立了祠，并且春秋两季都来祭祀他。

① 中国明朝京师应天府（南京）专门收贮全国赋役档案的中央档案库，为中国古代规模最大的档案库，位于南京玄武湖中的群岛上。

# 怪异

**贰负之骸** 《山海经》记载："神祇贰负的大臣叫危，危和贰负一起杀死了人头蛇身的吃人怪兽窫窳（yà yǔ）。天帝把贰负囚禁在疏属山上，先捆住他的右脚，然后把他的两只手背过去与他自己的头发绑在一起，并且给他系上一块石头。"汉宣帝曾经去过疏属山，见到一个光着身子的尸体，披头散发，双手被反绑着，并且他的一只脚被铐着。便询问问群臣知不知道这是谁，群臣都表示不知道。刘向便按照《山海经》中的记载禀报，汉宣帝听完不相信，说刘向是妖言惑众，把刘向关进了狱中。刘向的儿子刘歆为了救父亲，便对汉宣帝说："如果用七岁女孩的奶汁来喂那个尸体，就会复活。"汉宣帝便命令七岁的女子去喂，尸体果然复活了，而且能说话交流，和刘向所说的一样。汉宣帝非常高兴，于是封刘向为中大夫，封刘歆为宗正。

**旱魃** 南方有一种长得像人的怪物，有三尺长，眼睛长在头顶上，走路带风。如果这个怪物出现，不久就会大旱，附近的千里之地都没有收成。这个怪物一般藏在古墓里。现在山东人如果遇到大旱的天气，就会在古墓里搜寻，如果找到这种怪物，把它焚烧了就会下雨。

**两牛斗** 秦昭王任命李冰为蜀地太守，李冰开凿了成都两江，让万顷农田都得到了灌溉。江神每年都要娶两个少女为妻。李冰便派自己的女儿去和江神结婚，直接将女儿送到江神祠，李冰一直劝江神喝酒，江神酒杯里的酒却一直在荡漾。李冰开始大声斥责江神，然后便消失不见了。过了很长时间，人们发现有两头牛在江边打斗。又过了一会儿，李冰回来了，只见他汗流浃背地对下属说："打斗实在是太累了，你们应该帮助我。面朝南而且腰中间有白色的，就是我的绶带。"主簿帮助他刺杀了面向北的牛，江神便死了。

**随时易衣** 北宋初期宰相卢多逊被流放而亡后，朝廷允许将他归葬回原籍。他的儿子卢察护丧，暂且停灵于襄阳的寺庙里。卢察准备换一个大一点的棺材，等他打开棺材后却发现，父亲的尸体并未腐烂，就像活着一样。于是卢察开始经常给父亲换衣服，到了大中祥符年间，父亲的尸体仍然如此。难道是因为卢多逊是五月五日出生的缘故吗？要是佛门中人知道了，估计又该大张旗鼓宣扬，就像现在所说的无量寿佛一样了。

**钱镠异梦** 宋徽宗梦见钱武肃王钱镠向自己讨要两浙的旧地，态度非常恳切，又听到钱镠说："因为交情好所以来朝见，为什么要把我拘押？我要派我的第三个儿子来讨要。"宋徽宗梦醒后便对郑皇后说了，郑皇后说："我也做了一个同样的梦，这到底是什么兆头呢？"过了一会儿，从韦妃处来的人报告说韦妃生了儿子，这个孩子就是后来的宋高宗赵构。到了第三天，宋徽宗去看这个孩子，心情很高兴，便将他抱到膝盖上，与韦妃开玩笑说："长得像浙江人呢。"韦妃的籍贯是河南开封，但她的原籍在浙江。难道这个孩子的出生的确有什么来历吗？后来宋室南渡，宋室的疆界正好是钱武肃王的版图，而且钱镠活了八十一岁，宋高宗也正好活了八十一岁，以梦来预测，看来确有其事。

**马耳缺**　欧阳修说：“丁元珍曾经梦见和我一起来到一座庙，刚出庙门便看到有一匹只有一只耳朵的马。后来丁元珍担任了峡州通判，我做了夷陵县令。一天，我与丁元珍一起沿峡向上走，去拜黄牛庙。进了庙门后，觉得眼前的景象好像在梦中见过，而且门外正好有一匹石马，也正好缺了一只耳朵，我们两人互相看看，都大吃一惊。”

**见怪不怪**　唐朝宰相魏元忠为人向来正直宽厚，不信鬼邪。家里曾经有鬼暗中作弄戏耍他，他不以为怪。这只鬼既尊敬又佩服地说：“这真是一位宽厚的长者，能把他当一般人看待吗？”

**苌弘血化碧**　苌弘的墓在偃师。他是周灵王时期的贤臣，没有罪却被杀了。他的血被藏了起来，三年后变成了碧玉。

**二尸相殴**　贞元初年，河南少尹李则死后还没入殓。当时有一个穿着红衣的人来吊唁，自称是苏郎中。进来后，他便悲伤地痛哭。过了一会儿，尸体竟然站起来与这个人搏斗，家人全都吓跑了。只见这两个人关上门开始互殴，一直到晚上才停下。这时族人发现两具尸体一起躺在床上，长短、形状、容貌、姿态、胡子、衣服都一模一样。全族人都不能分辨谁是李则，只好将两人放在一个棺材里下葬了。

**家中箭发沙射**　刘宴的判官李邈有一个奴仆，曾经打开过一座古墓，古墓非常高大壮观，进入松林两百步后，才能到达墓前。墓边的荒草里，有一块被扔的墓碑，墓碑上的字已经磨灭得无法辨识。挖掘几十丈之后遇到一扇石门，因为石门是用铁汁浇铸的，所以用了好几天才打开，打开之后就箭如雨下，射死了好几个人，众人都很害怕，便想要出去，这时有一个人说话了：“这不过是个机关而已。”于是大家便往里面扔石头，每扔一块石头就会有箭射出来，扔了十几块石头后，就没有箭再射出来了。于是大家又打着火把去开第二道门，这个门后边又有几十个人瞪着眼睛挥舞宝剑，砍伤了好几个人。众人拥上去攻打的时候才发现这些都是木头人，木头人手上的兵器都被打掉了。但是墙上画的卫兵好像跃跃欲试。古墓的中间用铁索悬挂着一个漆过的很大的棺材，棺材下堆满了不计其数的金银珠宝，众人都有些害怕不敢去取。这时棺材的两边忽然起了风，沙子直接扑向众人的脸，风越来越急，飞扬的沙子就像下雨一样，不一会儿便淹没到了膝盖。众人赶紧仓皇逃走，刚出古墓，门就立刻关上了，但有一个人已经被埋在了里边。

**公远只履** 道士罗公远的墓在辉县。唐明皇想求他的法术，他却不传，唐明皇一怒之下便把他杀了。后来有使者从蜀地回来，说自己看到了罗公远，不仅如此，罗公远还对使者说：“我在这里候驾。”唐明皇便让人挖开罗公远的墓，打开棺材一看，发现里面只有一只鞋。道士叶法善下葬后的一个月，棺材忽然打开了，里面只有一把剑和一只鞋。

**鹿女** 南朝梁的时候，在甄山旁边，有个砍柴人看到一只鹿生了一个女孩，砍柴人便收养了这个女孩。等到女孩长大了，砍柴人让她当了女道士，名为鹿娘。

**风雨失柩** 汉代阳羡县令袁玘经常说："我死后一定会成为神。"有天晚上，袁玘大醉之后死了，风雨中他的灵柩不见了。晚上人们听到荆山上有几千人吃饭的声音，都跑去看，发现袁玘的棺材已经下葬并且隆起了一座陵墓。世人便称这座山为铜棺山。

**留待沈彬来** 沈彬会道术，他曾经在沈山下种了一棵树，并且叮嘱他的儿子把他埋在这里。后来人们挖墓的时候，在墓中发现一块铜牌，铜牌上面有篆文说："漆灯犹未灭，留待沈彬来。"

**辨南零水** 李秀卿在扬州的时候遇到了茶圣陆羽，李秀卿派一个士兵到江中去打桶南零水来以便他们煮茶。等水打来以后，陆羽用木勺舀水说："这是江水，但却不是江中的南零水，应该是在岸边打的吧？"然后他就把桶中的水倒掉，倒了一半，又拿起勺子舀水说："这好像是南零水了。"取水的人大为惊讶，他说："我的确先是取了南零水，已经快到岸边了，水却不小心洒了一半，只好在岸边又取了些江水补充进去。先生真是神鉴啊！"

**试剑石** 徐州汉高祖刘邦的庙旁边有一块高达三尺多的石头，石头中间像破竹一样裂开寸许。有名望的老人们说："这块石头是汉高祖的试剑石。"此外，漓江伏波岩洞的旁边，悬挂着一块像大柱子一样的石头，离地面只有一条缝。相传这块石头是伏波将军马援试剑时所砍的。

**妇负石** 妇负石在大理府城南，世人相传汉兵入境时，观音变成一个妇人，用稻草捆着一块大石头背着行走，将士们看到了，都吓得连吐舌头说："连妇女都有这么大的力气，何况男人呢！"于是就退兵了。

**燃石** 燃石出自瑞州，颜色呈黄白色，上面有稀疏的纹理，用水浇灌它会发热，如果把锅放在它上面，完全可以用来做饭。雷焕曾经拿着石头鱼给张华看，张华看后说："这是燃石啊。"

**他日仗公主盟** 隋末的温陵太守欧阳祐不屑于向新朝投降，于是拉着夫人跳水自杀了。后人为夫妇俩立了庙来祭祀，在此祈祷很灵验。宋代大臣李纲曾经在庙中过夜，梦见有神灵邀请自己上座，李纲坚决推辞了，神灵说："以后还要仰仗大人来主盟。"后来李纲官拜丞相，正好梦中的神灵受到加封，果然是由李纲来题写匾额。

**天河槎** 横州横槎江上有一个旧木筏，用来编筏的枝条茂盛异常，坚硬得像铁石一样，颜色像漆一样，木筏黑光照人，就这样横在河滩上。传说这个木筏是天河上流下来的，所以又名槎浦。

**愿留一诗** 陆贾[①]庙在肇庆的锦石山下，宋代的梁竑曾经在这里停船留宿，梦见一个自称是陆大夫的客人来访，此人说："我在这里抑郁无聊已经有千年之久了，今天幸好先生路过，希望先生能够为我留诗一首。"于是梁竑便为他在墙壁上写了一首诗。

**请载齐志** 元代的司马于钦，曾经梦见一位赵先生对他说："听说先生要编修《齐志》，我有一个葬在齐地安丘的好朋友，他的节操与仁义恐怕在天下很难寻找，当世已经很难找到这样的人了，我想拜托先生把他的事迹记录下来，用他的事迹来激励全天下的庸人。"司马于钦醒来后觉得这件事很奇异，后来等到他读

① 陆贾，汉初楚国人，西汉思想家、政治家、外交家。

《后汉书·赵岐传》时，才猛然醒悟梦中的赵先生即是赵岐，需要被记下来的人则是孙嵩。赵岐惧祸逃亡，被孙嵩藏匿在墙壁的夹层里，其间赵岐写出《孟子章句》而扬名于后世，自然也算是杰出的人，但如果没有孙嵩的相助，他的志向怎么能实现呢？反过来看，司马于钦的梦，不也很令人惊异吗？

**三石** 十六国成汉时期，有军队要进入靖江，需要从永安州经过。黎明时分士兵看见一个打猎的人牵着黄狗正在追一头鹿，便用枪去刺那头鹿，等仔细一看，才发现原来是石头。过了一小会儿，人、狗都和鹿一样变成了石头立在路边。如果现在去看，有一块石头上面还有枪刺的痕迹呢。

**悟前身** 焦竑奉命出使朝鲜时，中途停泊一个小岛上，看到一个大门紧闭的茅庵，于是询问旁边的僧人这里有什么故事，僧人回答道：“以前有一个老和尚在此修行，偶然看到天子册封的使臣路过此地，发现使臣是一位官拜侍郎的及第状元，老和尚非常羡慕再三感慨，然后就去世了。这就是他的塔院。”焦竑便命人打开门，当他看到室内的桌椅和摆放的经书时，感觉好像曾经见过一样，于是猛地醒悟，原来那个老和尚是自己的前身。

**告大风** 宋代的官员陈尧佐曾经把船停在三山矶下，有一个老人对他说：“明天午时有大风，你的船应该躲避一下。”到了第二天午时，没有躲避的船都翻了，只有陈尧佐的没翻。这时那个老人又来了，并且说：“我是长江中的巡逻兵，因为大人你是未来的贤明宰相，所以才事先告诫大人。”

**追魂碑** 叶法善曾请求刺史、书法家李邕为他的祖先叶国重写一篇碑文，李邕写完文章后，叶法善又请求李邕写到碑上，李邕不答应。叶法善便提前备好了纸和笔，夜里悄悄摄来李邕的魂魄，让他写完，等第二天叶法善拿给李邕看时，李邕大吃一惊。世人将此碑称为追魂碑。

**牛粪金** 东吴时有一个道士牵牛乘船过江，等过了江，道士对船家说："船里有牛拉的粪，算作我对你的谢礼。"船家回头一看，哪里有什么牛粪，全是金子。后来便把这个地方叫金石山。

**谓琯前身** 唐朝房琯担任桐庐县令的时候，风水家邢和璞曾经拜访过他。房琯与邢和璞一起到外面散步，看到一座破旧的寺庙，庙周围的松树与竹子都长得茂盛，邢和璞便坐在树下，用手杖敲地，敲完后让侍从挖地，挖了几尺之后，得到了一个瓶子，打开后发现里面是娄师德（唐朝宰相）给永公的书信。邢和璞问房琯："认识这个吗？"为什么邢和璞会这样问呢？因为永公是房琯的前身。

**木客** 兴国的上洛山有木客，一种长得很像人的鬼怪。他说自己是秦朝时建造阿房宫的伐木工人，因为吃了树上的果实而长生，除此之外他还能写诗，偶尔会到民间来找吃的。

**铜钟** 宋代绍兴年间，有天晚上，兴国大乘寺内遗失了一口钟，此钟被文潭的渔夫得到后卖给了天宝寺，但怎么敲都不响。大乘寺的僧人四处寻访终于找到了钟所在的地方，他们来到天宝寺请求将这口钟买回去，被天宝寺拒绝，后来便约定："谁能敲响这口钟就是谁的。如果僧人敲不响，那就说明不是自己寺里的东西。"天宝寺的僧人敲击了多次都不响，然而大乘寺的僧人一敲就响，于是这口钟便被运回了大乘寺。

**驱山铎** 晋朝时的分宜县，大雨后有一口大钟从山中出现，查看钟上的铭文，应该是秦朝铸造的。又有个渔人得到一口像铎的钟，把此钟举起来，它的声音像雷一样，草木听到后都会震动。渔人害怕极了，便把钟扔到了水里。有人说这是秦朝的驱山铎。

**旋风掣卷** 王越中了进士，在朝廷对策的时候，突然有股旋风把他的卷子吹走了。秋天的时候，高丽的使臣进贡时竟然带着王越的卷子，并声称那天国王正巧坐在朝堂上，卷子便突然落在了桌子上，国王读完卷子后觉得很惊异，所以派人送回来。

**风动石** 漳州的鹤鸣山上，有一块高达五丈、周长十八丈的石头，底座是一块天生的大盘石，只要风一吹，这块大石头就会动，所以取名风动石。

**去钟顶龙角** 宋代的一天晚上，灵觉寺的大钟忽然飞走了，天明的时候，大钟又从空中飞回来了。周围的居民都说江湾中每晚都能听到钟声，想必是钟和龙去搏斗了。寺里的和尚听完赶紧把钟顶上的龙角削去，此后钟就不再飞走了。

**投犯鳄池** 《搜神记》记载：扶南王范寻曾经在池子里养了十头鳄鱼，如果有谁犯了罪，就将此人扔到池子里，鳄鱼不吃他的话，就赦免此人。后来发现鳄鱼不吃被连累的人。

**雷果劈怪** 熊翀（chōng）少年时在南坛求学，有天晚上一个美女立在松树上，众人看到后都惊愕地跑了，只有熊翀不大惊小怪，他慢慢用刀削下松树皮，在上面写道：“松树有妖怪依附一定会被风雷所折，修成人形后定会被斧锯所分。”果不其然，到了半夜，松树被雷劈了。

**飞来寺** 南朝梁时，峡山有两个神人变成方士后前往舒州延祚寺，夜里叩见真俊禅师问：“峡山居于清远的上流，我们想要建一座寺庙，以此作为当地的名胜，师父您允许吗？”真俊禅师答应了。到了半夜，突然间风雨大作，天明后打开门一看，寺庙和塑像都已经被神运到峡山了。真俊禅师坐下来说了一句偈语：“此殿能飞来，何不飞回去？”这时忽然听见空中有人说：“动不如静。”于是此寺便得名“飞来寺”。

**橘中二叟** 《幽怪录》记载：巴邛人剥开橘子吃，发现橘子里有两个老人正在下棋。其中一个老人说：“橘子中的乐趣，不比商山差。”另外一个老人说：“你输给我九斛瀛洲玉尘，八双龙缟袜，记得后天在青城草堂还给我。”说完从袖子里拿出一根草，吃了草根，说：“这是龙根脯。”吃完后，用水去喷那根草，只见草变成了龙，两个老人便骑着龙走了。

**牛妖** 明朝天启年间，沅陵县某户百姓家的一头母牛生了一只小牛犊，这只小牛犊有一只眼睛、两颗头、三个尾巴，将小牛犊杀死解剖后发，它有一颗心，但有三个肾。

**猪怪** 有户人家的猪生了四个小猪，最小的一只长得很怪，它有一个很长的嘴，身子是猪的身子，但腿是人的腿，而且只有一只眼。

**陕西怪鼠** 明朝天启年间，有一种老鼠长得很像逮鸡的狸，有一尺八寸长，一尺宽，两旁有肉翅，肚子下没有脚，脚长在肉翅的四角上，前爪有四趾，后爪有五趾，毛是细长的，毛的颜色很像鹿，尾巴很大，如果有人追它，它就会跑得非常快。它专吃谷子和豆类，如果剖开它的肚子，会发现里面大约有一升小米。

**无支祁** 大禹治水到了桐柏山，捕获了一只名叫无支祁的水兽，它长得很像猕猴，力气比九头大象还大，人们都不敢看它。命令庚辰把它锁在龟山下，于是淮水就不再泛滥了。唐代永泰初年，有渔人到水中去捕鱼，发现一根大铁索锁着一只青猿，青猿昏睡不醒，唾沫的味道腥臭难闻，让人无法靠近。

**饮水各醉** 沉酿堰在绍兴的柯山前，郑弘要赶赴洛阳参加科举考试，亲友便在这里为他饯别。人们把钱扔到水中，按照当时的市价取相应的水来喝，最后各自大醉而去。所以此地被称为"沉酿"。

**林间美人** 罗浮山飞云峰的旁边有个梅花村，有一天傍晚，赵师雄路过梅花村，在树木间看到一个化着淡妆、着素净衣服的美女走到他跟前来，赵师雄和她说话，感觉到一股芳香袭来，两人一起到酒家去喝酒。过了一会儿，有一个绿衣童子前来，边唱歌边跳舞。赵师雄大醉而睡。过了很久，天已经大亮，赵师雄此时再看大梅树下，有一只翠鸟在啾啾地叫着，天上参星横斜月亮已经落下，留给他的只有惆怅。

**变蛇志城** 晋代永嘉年间，一个韩姓婆婆偶然捡到一个很大的蛋，便将它带回家孵化，最后竟孵化出一个小孩，老婆婆便给这个小孩取名为韩橛。韩橛四岁时，刘渊修筑平阳城总是不成功，于是招募能修城的人。韩橛听后便变成蛇，让老婆婆拿着灰在他后边做记号，并且说：“按照灰做的记号来修城，就可以很快修成。”后来城果然修成了。刘渊觉得此事很蹊跷，就把韩橛变成的这条蛇扔到山中的洞里，只露出几寸长的尾巴，忽然有泉水涌出慢慢成为池塘，后来就命名为金龙池。

**有血陷没**　硕顶湖位于安东，秦代时有童谣传唱：“城门若有血，全城被淹没。”有一个老婆婆听到这个童谣后非常担心害怕，于是每天早上就跑到城门那里去看。守门的人知道她来看的原因后，便故意把血涂在门上。老婆婆看城门有血立刻就跑了。过了一会儿，果不其然大水来了，城池也被淹没了。在北齐的时候，硕顶湖曾经干涸过，不过城池还在。

**张龙公**　六安的龙穴山有个张龙公祠，《赵耕龙公碑》记载，张路斯是颍上人，在唐朝官至宣城县令，生了九个儿子。他曾经对妻子说：“我是龙，蓼地人。郑祥远也是龙，不过他占据了我的水池，我曾多次和他搏斗，但一直不能取胜，明天我们就要决战了。到时候让我的儿子们去射他，怎样区分他和我呢？在鬣毛上系青绢的是郑祥远，系红绢的是我。”到了第二天，他的儿子射中了系青绢的，郑祥远大怒之下跑到合肥的西山后便死了，也就是今天的龙穴。

**城陷为湖**　巢湖在合肥，世人传说，有一次江水暴涨，沟里突然出现一只重达万斤的鱼，这条大鱼三天后死了，整个合肥的人都去分吃鱼肉，唯独一个老婆婆不去吃。这时忽然来了一个老人对老婆婆说：“这条大鱼是我的儿子，你不吃他的肉，我怎么能没有报答呢，我告诉你，东门外石龟的眼睛如果红了，这座城就要被淹没了。”自此老婆婆每天都去看那只石龟。有调皮的小孩子玩游戏时故意将石龟的眼睛涂红。老婆婆看到后，赶紧跑到山上，这座城池方圆四百多里瞬间被淹没成了湖。

**人变为龙** 元朝时，兴业的大李村有一个姓李的人一直在修炼道术。有一天，他和妻子从丈母娘家回来，走到半路的时候，他对妻子说：“我想到前边的小溪中洗个澡，你等我一小会儿。”过了一会儿，风雨大作，他的妻子去看，只见丈夫浑身都是鳞片。丈夫嘱咐妻子说：“我每年都会回家一次的。”然后他就变成龙腾空而去。后来他果然每年回一次家。他家乡的人便称他住的地方为李龙宅。

**妇女生须** 宋徽宗的时候，一个卖酒人的妻子朱氏，已经年过四十，却突然长了六七寸长的胡须。于是朝廷下令让她去做女道士。

**男人生子** 宋徽宗的时候，一个卖菜的男子忽然怀孕，并且生下了小孩。

**童子暴长** 元代枣阳的村民张氏有一个儿子，男孩四岁的时候，忽然长了四尺多，而且容貌异常，挺着臃肿的大肚子，见人就笑，就像世俗画中的布袋和尚一样。

**男变为妇** 明代万历年间，陕西的李良雨忽然变成了女人，而且与一起做买卖的人悄悄结成了夫妇。他的弟弟李良云把这件奇异的事上报给了官府。

# 卷十九

# 物理部

把盐撒到火里，炭就不会爆裂。

将香油抹在乌龟的眼睛上，乌龟进入水中就不会沉。

荆叶可以驱逐蚊子，台葱可以驱逐苍蝇。

唾液可以溶解掉水银，茶叶末则可以凝结水银。

# 物类相感

磁石能吸引针。

琥珀能吸住芥子。

将螃蟹的蟹黄放到漆里，漆就会变成水。

把皂角放到灶里，烟囱里的煤灰就会自动脱落。

把核桃带壳烧红，壳里面的火可以好几天都不灭。

把醋倒进坛子里可以清除水垢。

灯芯可以让乳香这味中药碎裂。

把盐撒到火里，炭就不会爆裂。

碾花椒时放一点点盐，花椒的味道会更好。

四川的花椒很麻，用水就可以解除花椒的麻味。

用带壳的核桃来煮臭肉，可以除去肉的腥臭味。

瓜遇到白梅就会腐烂。

栗子遇到橄榄会更香。

用猪油炒榧（fěi）子，榧子的外皮会脱落。

芽茶中放点盐，芽茶就不会苦反而会有点甜。

用井水洗螃蟹，可以把螃蟹身上的沙子洗净。

石灰可以用来储藏铁器。

用草结成的绳索可以驱蝇。

燃烧后的木炭可以隔断蚂蚁的道路。

香油可以杀死各类虫子。

狗粪里的米，鸽子吃了会死。

桐油可以杀死荷花。

江茶可以让菱角枯萎。

蜘蛛害怕花椒。

蜈蚣害怕油。

松毛可以杀死米虫（大米里的蛀虫）。

麝香可以驱除墙壁上的虱子。

马吃了鸡粪，就会长骨眼。

苍蝇叮了桑蚕，就会生肚虫。

三月三日那天，如果收集荠菜花的茎放在灯盏上，飞蛾和蚊虫就不会来扑灯火。

五月五日那天抓到的蛤蟆，不仅能够治疗疟疾，还能治小儿疳（gān）积。

将香油抹在乌龟的眼睛上，乌龟进入水中就不会沉。

把唾沫吐到蝴蝶翅膀上，蝴蝶就可以在天空中高飞。

乳香放的时间久了，就能生出舍利。

用羚羊角可以打碎佛牙。

用柿子煮螃蟹，螃蟹就不会红。

把橙子放到酱里，酱就不会酸。

麸子遇到肥皂便会坏掉。

荆叶可以驱逐蚊子，台葱可以驱逐苍蝇。

唾液可以溶解掉水银，茶叶末则可以凝结水银。

薄荷可以除去鱼的腥味。

荸荠在铜器里煮会变软，甘草在铜器里煮会变硬。

蝎子害怕蜗牛。

磬石[①]害怕慈菇，斧头害怕肥皂。

螺蛳害怕下雪，螃蟹害怕起雾。

河豚能把树毒死，狗胆可以让树再生。

灯芯可以用来煮江里的泥鳅。

麻叶可以驱逐蚊子。

用酒点着的火如果发青，用布做的衣服扇一下就可以止住。

琴瑟的弦如果长时间不弹，用桑叶捋一遍，它们的声音就会响亮如初。

黑鲤鱼是老鼠变成的，鳜鱼是由蛤蟆变成的，鳝鱼是人的头发变成的。

燕子害怕艾草，如果麻雀衔来艾草，便可以夺走燕子的巢穴。

将骡马的蹄子晒干研成细末放在酒里，酒就会变成水。

柳絮过一晚上就会变成浮萍。

杜大黄的嫩子扔进水里也会变成浮萍。

选择在庚午、癸卯两天舂米，米就不会生蛀虫。

柳叶落到水中，就会变成杨叶丝鱼。

人参和细辛放在一起就不会坏。

槿树叶加一些石灰捣烂，用这个来敷酒醋的缸，缸就不会漏。

寻找泉水之脉的方法：用竹子火把在地上照，如果有气将火焰冲起来了，气的下边一定有泉水。

要测试卤的盐味，可以把十个石莲子扔到卤里，如果浮起五个，就是五成，浮起六个就是六成，浮起七个就是七成。五成以下就证明卤的味道太薄少盐味。

用生锈的铁钉加上醋磨成的墨写字，再用浓墨刷纸的背面，

---

① 磬石是一种石头，产自安徽灵璧县渔沟镇石磬山，音质清脆，余音绵长，可制作打击乐器。

这就叫作顼刻碑。

用乌贼的墨汁来写文书，时间一长墨就脱落了，文书从而也就成为白纸了。

往灯盏里加一点盐，灯油就不会很快被烧干。

往一斤油里扔一个捣碎的核桃，这样就可以省油。

制造油烛（即蜡烛）的时候，先用麻油浸泡灯芯，就算在梅雨天气也不会发霉。

风一吹，蜡烛就会流烛泪，这时用少许盐堵住蜡烛流泪的缺口，烛泪就停了。

点蜡时如果蜡烛有缺口，嚼一些藕渣补上，蜡烛的缺口就不会再漏了。

在绢上写字，如果用姜汁代替水来磨墨，那么写出来的字就不会渗透到另一面去。

用蒲花掺和着石灰来敷墙壁或者水缸、坛子，效果会比用纸筋好。

将蓖麻子加水研磨后写字，看上去就像是一张没有字的空纸，但只要用灶里的煤灰或者红丹来染一下，字就会显现。

用鸡蛋清调和石灰来粘接瓷器，效果非常好。

要粘接山石，将生羊肝研细再和到里面来粘，就会很坚牢。

池子里的水如果浑浊了，在瓶子里装上粪，再用竹叶包上扔到水里，水就会由浑浊变清澈。

金子遇到铅就会碎。

把核桃和铜钱放在一起嚼，铜钱就容易碎。

如果水银洒了，可以用青石来引导，这样洒了的水银就会聚集到石头上来。

三伏天的时候不可以铸造钱币，因为这时铁汁不消融，这个现象被称为炉冻。

菟丝子没有根却能生长，蛇没有脚却能行走，鱼没有耳朵却能听到声音，蝉没有嘴却能鸣叫。龙用角来听，牛用鼻子来听。

石脾是含矿物质的咸水蒸发后凝结成的中药，放入水中是干的，出了水却是湿的。独活这味中药有风的时候不动，没有风的时候却开始自己摇摆起来。

鸺鹠（xiū liú）在白天时看不见，晚上却可以看见。老鼠是夜里行动，白天休息。日本南海滩上的蚌，如果有泪滴在它上面便会有颜色，但是这颜色白天看不到，晚上才能看到。沃山石滴水也有颜色，可这个颜色白天能看到，晚上看不到。

睡莲白天开放，夜晚便缩到水底。蔓草则相反，白天缩到地下，夜里再出来。

用身体来变化的例子是牛哀[①]变成老虎；用魂魄来变化的例子是商朝时蜀国的君王望帝变成杜鹃，还有炎帝的小女儿变成精卫鸟；用血来变化的例子是苌弘的血变成了碧玉[②]，人的血变成了磷；用头发来变化的例子是梁武帝的宫女头发变成蛇；用气来变化的例子是蜃龙用气变成楼台；用眼泪来变化的例子是湘妃的泪变成斑竹；没有情感的东西变成有情的生物的例子是腐烂的草变成萤火虫，朽烂的麦子变成蝴蝶，烂掉的瓜变成鱼；有情的生物变成无情之物的例子是蚯蚓变成百合花，望夫女变成石头，燕子变成石头，螃蟹变成石头；事物互相变化的例子是麻雀变成蛤蟆，野鸡变成蜃龙，田鼠变成鹌鹑，鹰变成斑鸠，鸠变成鹰，蛤蟆变成麻雀，松树变成石头；人也有互相变化的情况，武都的妇人变为

① 牛哀即公牛哀，春秋鲁国人，一说韩国人。传说他病了七日，而后变成虎把去看他的哥哥吃了。

② 周朝时期，刘文公的大夫苌弘一生忠于朝廷，有浩然正气。后因为正直而得罪了朝中权贵，蒙冤被周人杀害，传说他被杀时，有人慕名收集他的血液藏在家里，三年后这些被收藏的干血块全都化为碧玉。

男子，广西的老人变成了老虎。

人若吃了矾石就会死，但蚕吃了矾石可以充饥。鱼吃了巴豆会死，但老鼠吃了巴豆会变肥。

风生兽被菖蒲塞住鼻子就会死。鳖遇到苋菜就会活。蜈蚣遇到蜘蛛就会腐烂。猫头鹰吃了桑葚就会醉。猫吃了薄荷就会醉。虎吃了狗就会醉。橘子碰到糯米就会腐烂。荷花遇到油就会衰败凋谢。香蕉遇到铁器就会茂盛。金子遇到翡翠就会变成金色的粉末。

犀角碰到人的气息就会破碎。漆遇到蟹黄就会剥落。

萱草可以使人忘却忧愁，合欢草可以让人平息怒气。鸧鹒鸟可以治疗妒妇吃醋，鵸䳜（qí tú）鸟可以治疗做噩梦，橐𩿧鸟可以让人胆大不害怕。

金刚石碰到羚羊角会碎裂。龙的唾沫遇到烟煤也不会分散。

把雀芋放在干燥的地方它会显得很湿，放在潮湿的地方它反而会显得很干燥。飞鸟如果碰到它就会落下来，走兽如果遇到它就会僵硬。

如果一整年都没有看到乌鸦，就一定会有强盗。

家里的鸡如果无缘无故自己飞走，那就是家里有人被下了蛊。

如果鸡在中午的时候还不下树，那就表示家里的妻妾有奸情。屋子里的柱子如果无缘无故长了芝草，芝草的不同颜色代表了不同的情况，白色表示要有丧事，红色表示要见血，黑色表示会有贼，黄色则表示有喜事。

鸡进门会变穷，狗进门会变富，猫进门家里会开当铺。

如果狗生了只独（一种比猿大的猴类），家里便会富足。

乌鸦叫，预示着即将刮风；喜鹊叫，预示着会下雨。

猫生小猫时，如果正赶上有天德和月德，那么做什么事都会成功。但是忌讳让寅年生的人看，也忌讳让生人看。

如果老鼠咬发巾和衣服，第二天就会有喜事降临。

鹳鸟忽然移动巢穴，必有火灾。

鸡上鸡窝时发出“啾啾”的声音，第二天一定会有雨。

鸡如果回来得早，第二天就会是个晴天；如果回来得晚，第二天就会有雨。

乌鸦夜里叫，预示着米价会跌。

乌鸦缓慢地叫是吉祥的征兆，急速地叫就是不祥之兆。叫一声代表着不祥，叫两声代表着吉利，叫三声预示会有酒菜吃。如果乌鸦点着头摇着尾巴对人叫，那么就会有口舌之祸，多为不祥之事。

母鸡孵出的小鸡中如果公的多一些，家里一定会有喜事。

半夜鸡叫，一定会有让人担心的事。

燕子在有人的家中做巢，如果做出的巢向内，且长度超过一尺，就预示着吉祥。

下雨的时候如果有斑鸠正在鸣叫，有其他斑鸠应和天就会晴，没有应和的话就还会继续下雨。

蚂蚁无缘无故地聚集在一起或者挪窝，就一定会有暴雨来临。若蚯蚓出来，也会如此。

如果有白蚁虫出现，当天一定会是良辰吉日。凡是看见蛇交配的，就一定会有喜事。

遇到蛇聚会，赶紧跪拜，你所祈求的一定会如意。

看见蛇脱皮，赶紧脱了衣服盖住，心中谋划的事情一定会大吉大利。

把生鳖甲剪成一寸长的小段，用红苋盖住，这些小生鳖甲都会变成小鳖。

水里如果虾特别多，就预示着今年是荒年。水里如果螃蟹多，则表示一定会发生动乱。

将麻秆插在竹园里，四周的竹子就不会长到园外去。用芝麻秆也可以达到一样的效果。

梓木作屋柱，若放在下首的位置，木柱就会有响声，这就是要争座位的意思。

杉木烧成炭再研成细末，放在门臼里，它自己就能发出响声。

钉楼板的时候，用蹇漆树削成钉子，再用淘米水浸泡，等到放干后，就很容易钉进楼板，而且钉子会坚硬如铁。

将荷花的花枝塞进老鼠洞里，老鼠就会离开。

将黄蜡和果子一起吃，蜡会自动化掉。

用萝卜来提炼硝，提炼出来的硝洁白光润。

先将灯芯蘸点油，再蘸上一些白矾末，灯芯就能粘起炭火。

在鸡蛋顶上开一个小孔，把蛋黄和蛋清倒出来，紧接着往里灌些露水，再用油纸把小孔糊上，放在太阳下晒，这时鸡蛋就可以自己离地升起来，离开地面可以达到三四尺。

夏天的时候收集松木柴，劈碎后用黄泥水泡到掉皮，再晒干，冬天烧的时候，松木就没有烟。青竹子也可以这样操作。

竹篾片用石灰水煮一下，就可以代替藤条。

# 身体

身上如果长了肉丁，就可以用芝麻花来擦拭。

飞丝迷眼并且肿起来的，用头上的少许头皮屑揩下就可以了。当然也有人说用珊瑚效果更好。

人看见漆树就会生疮，将三四十粒川椒捣碎涂在口鼻上，这样漆树就不能为害了。

指甲里如果有污垢，用白梅和肥皂一起洗就会干净了。

弹琴的人如果觉得指甲薄，可以将僵蚕烧出烟来熏，这样指甲就会变厚。

染头发，可以用乌头、薄荷再加绿矾来染。

吃梅子时牙会软，但吃藕就不会软，牙软时用铅粉擦一擦就会好。

油手用盐来洗，盐可以作为肥皂。也有人说顺势用手洗，自然就会干净。

脚后跟有厚皮，可以用有布纹的瓦或者钟乳石将其磨去。

干洗头的方法：将蒿草根、白芷等研成粉末，晚上涂在头上，第二天早上起来梳掉，头上的脏东西自然就没有了。

有狐臭的话，可以将白灰和陈醋掺到一起，涂在腋下。还有一个更奇妙有用的方法，用烧过的明矾来擦拭。

女孩缠足时，先用杏仁、桑白皮放到瓶子里熬汤，然后放入硝和乳香，接着把脚放到瓶口来熏。等水温了，再将水倒在盆里泡洗，这时脚上的骨头就会柔软如绵。

要想去除身体和脸上的风尘，可以用山芋煮成汁后清洗，不过洗完后半天不可见风。

梳头让头发不掉的办法：将两大片侧柏的叶子、两个去壳的核桃、三个榧子一起研碎来擦头皮，或者也可以蘸着水经常涂。

去黑痣的方法：将桑树灰、柳树灰、小灰、陈草灰、石灰五种灰，用水煎成浓汤，再放些浓醋进去，然后用它来点痣就可以了。

人鼻子里的气息，阳盛时在左边，阴盛时在右边，阴阳交换时左右两边的气息都微弱。

女人的月经停止三天或五天后同房会生男孩，两天或四天后同房会生女孩。

夏天脸是最热的，用扇子扇脸，身体也会觉得凉快；冬天脚最冷，用火烤脚，脚暖和了身体也会觉得暖和。

嗜睡的话，可以将淡竹叶晒干，研成细末，取二钱，用凉水冲服一杯，喝完就能整夜不睡，还可防贼。如果用热水冲服，就可以一觉睡到大天亮。

取几钱附子末，用两碗水煎沸后洗脚，走远路时脚就不会痛。

宣州产的木瓜可以治疗脚气，用它煎汤洗脚即可。

脸上长了疮，如果怀疑是因为漆树过敏，可以用生姜来擦拭，擦拭的时候如果感觉发热，就可以确定是漆树的原因，如果不热就不是。

如果总是打嗝，就屏住呼吸，一会儿打嗝声就可以停止。

如果脚感觉到麻木，把草芯贴在眉毛中间就可以止麻，左脚麻的话将草芯贴在右眉，右脚麻的话将草芯贴在左眉。

如果岔气了感觉筋、骨拉扯得很痛，可以先坐正，然后在疼痛的那一侧，把脚放在膝盖上岔气就会立刻好了。

男性脚抽筋的解决方法，如果是左脚抽筋就抓起右边的睾丸，如果是右脚抽筋就抓起左边的睾丸，这样抽筋就会立刻停止。

身上如果生了疮毒，用晚上睡觉没说话时的唾沫涂抹，涂抹几十次，疮毒就会逐渐消失。

左边鼻子流血，用一根带子绑住七里穴就可以止住。

脚抽筋了，慢慢抓住脚的大拇指，抽筋一会儿就可以停止。

刚成为僧人或道士，可以熬些猪油涂抹在头皮上以前戴网巾处，几天后头皮上的颜色就会统一。（明人多以网巾拢发，常年系束又兼日晒，难免留痕。）

# 衣服

夏天时衣服如果发霉，用冬瓜汁浸泡后再洗，那些发霉的痕迹就可以洗掉了。

北绢变黄后，用鸡粪来煮立刻就会变白，用鸽粪来煮也是不错的方法。

墨汁如果沾染在丝绢上，调一些牛胶涂抹，干了之后揭起来，墨迹就会和牛胶一起脱落，只要是绢类都可以用这种方法来除墨汁。

如果血弄脏了衣服，将尿液烧开，用它的蒸气来熏衣服，隔一晚上再用水洗，就可以将衣服上的血洗掉。

绿矾或者草的汁液弄脏了衣服，可以用乌梅来清洗。

鞋里放樟脑，可以治疗脚气。用椒末可以祛除风邪，这样就不会疼痛。

洗头巾的时候，开水里放些盐来漂洗，污垢自然就会脱落。还有一种方法是用热面汤来漂洗，效果也很好。

如果槐花汁弄脏了衣服，用酸梅就可以洗净。

用绢作布的夹里，如果用杏仁先浆洗一遍，就不会脱线。

在夏天缝制棉衣，棉花不会起球；秋冬季节缝制，棉花就会起球。在棉絮上放一点灯芯，就不会起球。

如果茶弄脏了衣服，衣服上生出了白点，可以用乌梅熬成浓汤，再用新毛笔蘸了汤涂在有白点的地方，这样弄脏的地方立刻就会恢复原色。

如果酒、醋、酱弄脏了衣服，用藕擦拭一下就没有脏的痕迹了。

如果衣服发霉了，可以把枇杷核研成细末来洗衣服，衣服上的霉斑自然就掉了。

毡袜[1]用生芋头擦拭一遍，就能经穿耐用而且不会被虫蛀。

用红苋菜来煮生麻布，煮完后布的颜色就会洁白如同苎麻。

如果杨梅或者苏木弄脏了衣服，可以用硫黄烟熏后再用水洗，这些红颜色就会被洗掉。

如果油弄脏了衣服，可以用蚌粉来熨，或者用滑石粉、图书石灰熨，效果都不错。

膏药如果粘在衣服上，可以先用香油搓洗，再用萝卜汁洗去香油的痕迹即可。

墨汁弄脏了衣服，把杏仁嚼烂擦拭弄脏的地方即可。

清洗毛衣或毡衣上的污迹，用猪蹄熬的汤趁热清洗，这样脏的痕迹就去掉了。

将用葛布做的衣服折叠好放在瓦盆里，用蜡梅叶熬成的汤浸泡并拍打它，衣服上的污垢就会脱落。如果将梅叶揉到水里来浸泡，衣服就会变得柔软。

如果油弄脏了衣服，用白面水涂在油迹上，过一夜，油迹就会没有了。

要去除墨迹，只需要用饭粘住然后搓洗，墨迹自然就会掉了。

罗绢质地的衣服有了污垢，将脏衣服叠起来放在瓦盆里，用

---

① 毡制的袜子。

温水浸泡后再用皂荚汤清洗，提起、按下、翻转，一边浸泡一边拍打，衣服上的污垢就会被洗掉。倒掉脏水，再用温水浸泡，然后再搓洗、拍打，不要展开，等到干了以后就折叠着收藏起来，不用上浆熨烫。

衣服被有颜色的水染脏后，可以用牛胶水浸泡半天，再用温水洗。

洗白色衣服上的污垢时，可以将白菖蒲用铜刀切成薄片，晒干后研成细末，先放到瓦盆里用水搅拌均匀，然后提着衣服在里面晃荡，衣服上的污垢就会脱落了。

洗绸、绢的衣服，可以用萝卜汁来煮。

黑色的衣服，可以用煎得很浓的栀子汤来洗。

如果衣服不小心被黄泥弄脏了，先用生姜汁搓一遍，再用水清洗就干净了。

被油弄脏的衣服，滑石粉、天花粉不论数量多少，先研成末，把脏的地方用炭火烘热，再用研成的粉末擦拭那些污点。如果还不干净，就再烘一回，再擦拭，最脏的一幅也不会超过五次。

如果漆弄脏了衣服，可以用等量的杏仁和川椒研烂涂在脏的地方，然后用水洗净即可。

如果墨汁弄脏了衣服，可以把杏仁去掉皮和尖，再加上等量的茶子一起研成细末敷在脏处，接下来用温水漂洗。如果衣服上有字迹，就把杏仁的油压榨出去，然后研磨过滤成细末敷在字上，用火来熨。还有一个方法：可以用白梅捶洗。

如果蟹黄弄脏了衣服，用蟹脐擦拭，就可以除。

血弄脏了衣服，立刻用冷水来洗，就可以洗掉。

洗被油弄脏的帽子时，可以先把芥末捣成膏状糊在帽子上，等膏状的芥末干了，再用冷水淋着洗。

# 饮食

烤肉时，把芝麻花研成末放在肉上，这样肉里的油就不会流出来。

糟蟹保存时间久了会变坏，见到灯光也会变坏。将一个一寸长的皂角果放在装糟蟹的瓶内，糟蟹就不会坏了。（古代没有冰箱，便用此法来保存糟蟹。）

煮老鸡的时候，加一些山楂来煮，鸡肉便可很快煮烂，或者用白梅来煮，效果也很好。

用枳实这味中药来煮鱼，鱼刺就会变软，也有人用凤仙花子来煮鱼。

如果酱里生了蛆，把马草乌切碎放进去，酱里的蛆立刻就会死。

糟茄子的时候可以放孔雀石进去，这样茄子切开后里面不会黑。

糟姜时往瓶子里放些蝉壳，这样就算糟的是老姜也会没有筋。

吃了大蒜后，把生姜和枣放一起，少量吃一点，嘴里就不会有臭气。

蒸米饭时放一些盐硝进去，这样蒸出来的米饭便粒粒独立，不会粘在一起。

米醋里放一些炒过的盐，就不会长醋花。

用盐洗猪的内脏，这样内脏就不臭。

腌鱼时，用矾和盐一起腌，可以去腥。

在杂色羊肉里放些松子，可以去毒。

将藕皮和菱米一起混着吃，就会又甜又软。

芥末味道很辣，如果再加上少许细辛和蜜一起研磨，味道就会更辣。

晒葫芦干的时候，如果事先用香草藁本熬的汤洗过，葫芦干就不会引来苍蝇。

杨梅核和西瓜子，用柿漆拌一下后晒干，就会自己裂开，可以吃到果仁了。

鸭蛋上用火山灰来画花写字，等这些字干了，再用头发灰调制的水来清洗这些鸭蛋，画的花纹就直接透过蛋壳进到蛋里面了。

炒白果、栗子时，放些油纸揉搓，果壳就会自己脱落。

夏天在鱼肉里放点香油，鱼肉可以长时间不臭。将萝卜梗和银杏一起煮，就不会有苦味。

煮芋头，用灰来煮就会酥。煮藕，用柴灰来煮，就会烂软，如果换水需要再放糖。

榧子和甘蔗一起吃，甘蔗渣就会自己变软，像纸一样。

晒肉干时，在肉上多抹些香油，就不会招苍蝇。

吃荔枝，吃多了会醉；如果吃醉了，可以把荔枝壳泡在水里，喝些泡过的水就可以解除。

腌鸭蛋最好在每月月半，这样腌出来的鸭蛋蛋黄就正好在正中间。也有人说要在中午腌。

铅粉可以除酒里的酸味，红豆炒热后放些进去，效果也很好。

煮肉时放一些荷花蒂，瘦肉会浮起来，肥肉会沉底。

鸭蛋和金刚根一起煮，蛋白就会变红。

用天上降下的雨水做饭，可以让白米变红，红米变白。

想要喝酒不醉，可以吃些硼砂末。

吃栗子时，在栗子要长芽的地方咬破放气，再一口气剥开，壳就脱落了。

将竹叶和栗子一起吃，栗子就没有渣。

茄干的灰可以腌海蜇。

把稻草切成一寸长来煮臭肉，肉的臭味就可以进到稻草里。

煮老鹅的时候，在灶边取一片瓦和老鹅一起煮，老鹅很快就能煮烂。

吃过螃蟹后，用蟹脐来洗手，手上就不会有腥气。

用豆油来煮豆腐，豆腐会很有味道。

将篱笆上的旧竹片捆着煮肉，肉很快就可以煮烂。

馄饨里放些香菇，吃过馄饨就不会打嗝。

吃完河豚后，用萝卜烧的水来洗碗碟，就可以去除河豚的腥气。

把灯草切成一寸长的小段，贮藏白糖时以一层白糖一层灯草效果最好。

白糖最好用新瓶来装并贮藏，装好后用竹叶纸包好，悬挂在灶上，两三年都不会消融。

糟好的姜要放在瓶里的时候，撒一些熟栗子的细末在瓶口，姜就不会有沉渣。

糟姜的时候，瓶子的底部放几个核桃仁，姜就不会辣。糟茄子的时候，茄子摘了就要立刻糟，而且最好不要把茄子的蒂去掉。

贮藏糯米时上下铺盖干的蓼草，就可以防虫蛀。

豌豆黄和松叶一起吃，味道是极好的，这个还可以作为隐居的食物。

在水里放些砂糖来洗石耳（也称石木耳），可以洗得很干净。

吃梅子牙齿会又酸又软，这时嚼一片梅叶，牙齿就不再酸软。

生甜瓜用腌鱼的鱼刺扎一下，过一晚上就会熟了。

夏天做酱和面，就不会生蛆。

采收花椒时，将花椒籽一起收了，千万不要带着叶收，这样花椒就不会变色。

太阳还没有出来或者已经落下的时候做酱，就不会招苍蝇。

喝醉时如果喝冷水，手就会打战。

做酱的时候，酱缸上面放四个草乌头，就不会有苍蝇、蚊子。

# 器用

加了镶嵌装饰的铜器用肥皂涂抹一遍，将铜器烧红后，放到梅锅里烧，这样烧出来的铜器就会黑白分明。

黑漆器上如果有红色的字，用盐擦拭后这些红字就会变成红水流下来。

油笼漆笼漏了，可以用马勃菌来堵塞，立即就不漏了。用肥皂来围塞，也是一个不错的方法。

柘木如果用酒醋调和着矿灰来涂抹，一夜之间就会变成有缝隙的乌木。

漆器不可以用来装莼菜，一旦装了莼菜，就算是最好的漆也会被破坏。

如果热碗底把漆桌烫出了痕迹，可以用锡器装沸水冲一下，冲完痕迹也就消失了。

铜器和石头上如果有青斑，用醋将它们浸泡一夜，再用水洗一下就会脱落。

针眼如果经常切断线，用灯烧针眼就可以解决这个问题。

锡器上如果有黑垢，用鸡、鹅所炖的热汤来清洗就可去除。

酒瓶如果漏酒，用羊血擦拭后就不再漏了。

碗上如果有污垢，用盐擦拭即可清洗干净。

往木炭缸里倒水，夏天也可以用来冻东西。

刀如果生锈，用木贼草擦拭即可去除锈迹。

把皂角放进灶里直到烧出烟来，锅底和烟囱里的煤灰就会自己脱落。

肉案上的抹布，如果用猪胆来洗，抹布上面的油污就会脱落。

将猫食放进炭瓶里，猫食就不会发臭，即使到了夏天也不会变臭。

用香草藁本熬的汤来擦酒器或者酒桌，苍蝇就不会来。

用香油蘸抹刀，刀就不会太脆。

用酱汤来洗琉璃，可以把琉璃上面的油洗掉。

铁锈可以用炭打磨去除。刀如果钝了，用干炭擦拭后就会变锋利。

泥瓦经过火的煅烧，便可以用作磨刀石。

清洗刀或铁皮时，把松木、杉木、铁艳粉（即铁华粉）研为细末，然后用羊油炒干来擦拭。用来擦拭到，可以让刀光洁得像月亮。

清洗发臭的缸、瓶，先用水多次清洗，然后把银杏捣碎，泡汤后再洗。

用荷叶烧出的水来洗锡器效果是最好的。

锅如果生锈了，将锅里的水烧开，然后用皂荚洗，洗完后的锅就好像刮的一样干净。

用松板来做压榨酒的东西，这样做出来的酒里就没有木头的气味。

如果器皿上镀了白铜，用萱草根和水银擦拭就会像新的一样。

用木柴灰来煮水，再混合着木贼草一起来洗锡器，锡器就会像银器一样亮。除此之外，用蜡梅叶或者肥皂热水，都是可以的。

瓷器上如果要做记号，可以用代赭石来写，这样水便洗不掉记号。

竹器如果被虫蛀了，用雄黄、巴豆烧的烟来熏，就永远不会被蛀了。

竹器被虫蛀了，用莴苣来煮汤，将竹器放在汤里泡一下就可以了。

定州的定窑瓷器只要被狗舔舐，就会有裂纹。

如果用漆器来盖苋菜，漆器上就会有断纹。

雨伞、油衣、笠子如果淋了雨，必须用井水清洗；不然，它们就容易变脆损坏。

铜器不可以放在米上，因为这样铜器可能会发霉，从而影响它的声音。

手里拿过荸荠，就不可以再把玩铜器，不然一定会把铜器打破的。

新锅需要先在里面涂一层黄泥，装满水后，煮一小时后洗净，然后再干烧到十分热，最后用猪油和酒糟擦拭一遍，这样才可以用。

如果油漆弄脏了器物，用盐直接擦就能去脏。

如果酒弄脏了衣服，用藕来擦即可。

器物旧了，可以用酱水来洗。

藤床、藤椅旧了，可以用豆腐板来刷洗。

鼓皮旧了，可以用橙子瓤来洗。

水壶如果生了水垢，把几枚山石榴放进水壶里煮，水垢就就能全部去掉。

用桐木来做轿杠，又轻又耐久。

瓷器如果缺损了，用细筛筛出一二钱石灰、二钱白及末，用水调和后就可以粘上。

铁器上如果有锈，放在酸泔里浸泡一晚后再取出，铁锈就没了。

用松木做的勺子，第一次用的时候应该盛热水；如果盛了冷水，勺子就一定会破。

试金石上如果有磨痕，用盐擦一下，上面的磨痕就会全部去掉。

# 文房

研墨的时候如果有泡沫，可以加一些耳屎或头垢，泡沫就可以消去。

用蜡梅树皮蘸水磨出来的墨汁，看起来非常有光泽。

用矾水写完字放干[1]，再用五倍子煎汤浇在上面，就会变成黑字。

肥皂浸水后拿来磨墨，就可以在油纸上写字。

肥皂水调完颜色，就可以在蜡烛上画花。

用磨好的黄芩在纸上写字，用水把纸脱去，写好的字画就可以脱在水面上。

画上的粉如果被黑色或者硫烟熏黑了，用笔蘸着石灰汤洗两三次，画上的颜色就会复原了。

用蓖麻子油在纸上写字，将纸灰撒在上面，就可以看到字。还有人说用杏仁的效果更好。

冬天用酒来磨墨，墨就不会冻上。

用盐卤在纸上写字，火烘烤纸后，字迹会变成黑色。

冬天将杨花铺在砚槽里，水就不会结冰。

---

① 正常情况下，矾水写字是看不出来的。

在花瓶中放上一片火烧瓦，花就不会发臭。

收毛笔的方法：毛笔用过后，大文豪苏轼一般会先用黄连来煎汤，汤里再调些轻粉来蘸笔，等毛笔干了以后再收起来。

擦金扇上油污的方法：用棉花团浸一些鹿血，将它收藏起来，收藏的时间久一点，然后用它来擦金扇上的油污，效果非常好。

补字的办法：打开一个新面巾，然后放少量的石灰进去，就会变成胶水，将胶水贴到要补的地方上，既持久又没有痕迹。

洗字的办法：扇头或绫轴上如果有错字，用笔蘸着陈酱调的水，照字的样子写上去，过一会儿擦去，上面的字便没有了。

去除错字的方法：将二钱蔓荆子、一钱龙骨、五分相子霜、少许定粉[①]一起研成细末，在错字上点水，然后再用细末敷上，等水干了擦去即可。

砚台不可以用热水来洗。

真的龙涎香烧出的烟可以进入水中，如果是假的，烟一遇水就散了。外国使者来到我朝，朝廷烧了龙涎香，使者说："这如果是真的龙涎香，烧的烟就可以入水。"果然就像他所说的那样。

制作裱褙用的糨糊时，加入白矾、黄蜡、椒末一起搅拌调和，再来装褙书画，蛀虫和老鼠都不敢损害破坏。

裱褙书画如果在午时上墙，书画就会很平整。也有人说如果在正午的时候多晒几天，也会是平的。还有人说如果用少许萝卜汁来打浆糊，裱褙的书画也会是平的。

拓碑的纸，需先用胶矾水湿一下才可以使用。

新刻的书画雕版，快要印刷时，用糯米糊和墨汁先印上两三次，雕版就会变得光滑分明。

想要拓碑，用滤去渣子的皂荚水来磨墨，拓出的墨色便会光

① 定粉是铅粉的别称，一种中药材。

彩如漆。

用鹿角胶来和墨效果最好。和一两墨，放入两片金箔，三十文麝香，调出的墨就会熟且紧。

用秋天的水做出的墨最好。

用蓖麻子来擦拭砚台，砚台会极其滋润。

洗去书画上油污的方法：用海漂硝、滑石各二分，一分半龙骨，一钱白垩，一起研成细末，对待纸上的污垢就像对待脏衣服一样去熨它，如果油污已经干了，就用油来点它。油迹大了也无所谓。还可以用水把书画泡一晚上，绞干后，用药也可以去除它。

要在瓶中养花，可以先用草紧紧绑着花枝，然后再插在瓶中，这样花就可以活得更久。

试墨的时候，先把墨点在黑漆器里，如果墨可以与漆争光，那么就是绝品的墨。

# 金珠

珍珠如果被油浸泡多年或者被尸体的气息所冲犯而变得气色昏暗，可以将珍珠混合在喂给鸡、鸭、鹅的饭食里，等这些动物吃完排泄后，再重新捡回来洗一下，珍珠便会光亮如新。

将鹅、鸭的粪晒干烧成灰，用热水沉淀，把被油污了的珍珠放在绢袋里，用这种水洗，珍珠就会重新变得光彩洁净。

银丝器不可以用杉木制作的梳妆盒来装，因为时间久了，银丝会变黑。

用代赭石研成的细末和盐来煮金器，金器的颜色会变得非常鲜明。

玉器如果打破了，将白矾在火上熔化，就可以把破处粘起来，这种方法补瓷器也很好。

象牙如果旧了，用水把木贼草煮软，先清洗第一遍，再用甘草煮水洗一遍，象牙的颜色就会像新的一样。

放置多年的玉上面如果有灰尘，用白梅汤来煮玉，再刷洗一遍就会洁净。

珠子用乳汁浸泡一晚，再拿出来洗干净就会鲜艳明亮。

象牙如果像笏那样弯曲了，用白梅汤煮棉布，将加热后的棉布裹住象牙压直就可以了。

要使旧的象牙筷子变干净，可以先用煮软的木贼草擦拭一遍，再用甘草汤清洗一遍。除此之外，用白梅来清洗，然后将它插在芭蕉树里，过两三天后取出来，筷子就会光亮如新。

清洗烧红的珍珠，需要将木槵（huàn）子皮加热水浸泡，然后清洗。也可以用榨出的萝卜汁泡一晚上，这样珍珠就白了。

想让象牙变软，可以用醋或酒来煮。

# 果品

贮藏枣子时，可以铺一层稻草、放一层枣，这样间隔着收藏，枣就不会被虫蛀。

想要贮藏的栗子不被虫蛀，可以将栗蒲烧成灰然后用水调成汁，把栗子泡在汁水两个晚上后再拿出来，晾干后，放到盆里，再用沙子盖住就可以防止蛀虫。

贮存西瓜的时候，最好不让太阳照到西瓜，因为西瓜一照到太阳就会发芽。

贮存鸡头时，可以将鸡头晒干再放到瓶中，再用竹叶包好埋到地下。

金橘放到绿豆中间，长时间都不会变坏。

贮藏柑子和木瓜都可以用的方法：用盆来盛，并用干潮的沙子盖住。

贮藏湘橘，用开水煮过的器皿收藏，这样湘橘就可以多年不坏。

贮藏核桃，不可以烘焙，因为一烘焙，核桃就会出油。

存储梨子，用萝卜将梨子分开，不要让梨子挨着，这样梨子多年都不会坏。

把梨蒂插到萝卜里，梨蒂就不会烂。贮藏香团，也可以用同样的办法。

栗子和橄榄一起吃，就会有梅花的清香。

炒栗子或白果的时候，抓其中的一个攥在手里，不要让别人知道，这样就不会爆。

水杨梅中放入木炭，就不会烂。

缸里装上细沙，将柑橘、梨、石榴之类的水果贮藏在里面，这样水果长时间都不会坏。如果将柑橘放在靠近米的地方，柑橘很快就会腐烂。

将梨子用纸裹好放入新的瓶了，可以一直贮藏到来年的二月。

石榴用煎米泔百沸汤过一遍后再晾干，可以放到来年的夏天也不会损坏。

将梨子贮藏在北枣里，就可以运到远处。

将榧子用装茶的瓶子来贮藏，就可以经久不坏。

用新沙罐来贮存生枣子时，可以先铺一层淡竹叶枝，再放入几个古旧的铜钱，少量的白矾，最后浸到水井里，这样枣子可以经年不坏。

如果要在竹林里贮藏桃、梅之类的果子，可以先拣一棵大竹子，截去它的上节，留到差不多五尺长，接着把竹子的中间凿通，然后把要贮存的果子放到竹子中，最后用竹叶将竹子封起来并用泥涂抹，隔一年之后再拿出来，就还会像新摘的一样。

摘银杏的简便方法，用竹篾箍住银杏树的树根，过一个晚上，第二天早上敲一下竹篾，银杏果就会全部落下来。

芡实与蒲元水一起装在新瓷器里，随时都可以剥，非常方便。

蜜饯在夏天最容易变酸，用大缸装上细沙子，缸里经常用水浸湿，然后把装蜜饯的瓶子放在上面，这样蜜饯就不会坏了。

梨子最怕冻，可以将它们放在沙瓮里，然后加稻糠拌一下来贮存，最后用草塞住瓶口，让瓶子可以自由通气，这样梨子就能留到春节。

贮藏松子的时候，将几两防风和松子一起放在包裹里，这样松子就不会出油。

贮藏梨子的时候把梨子的柄部插到萝卜里，再收藏到漆盒内，这样梨子可以放很长时间。

做风栗的方法：先用皂荚水将风栗泡一晚上，然后取出晾干，晾干后用篮子装着迎风挂起来，时不时地摇一摇。

贮藏柑橘要用黄砂坛，坛子底部装上晒干的搅拌好的松针，柑橘就不会烂。松针如果湿了，再换些晒干的即可。如果没有松针，用些铡断的早稻草，效果也很好。

福建一带贮藏荔枝的方法：挑选六七分熟的荔枝，用一瓮蜂蜜来浸泡，将瓮密封起来，不让水进去，然后将瓮整个放到井里，等到要吃的时候再取出来，荔枝的颜色就像新鲜的一样。

贮存核桃、松子，可放到用粗布做成的袋子里，然后挂在迎风的地方。

储存桃子的方法：可以先把麦麸熬成粥，放一点盐，把粥装在盆里，等到冷却了，再把桃子放在里面，这样保存下来的桃子，到了冬天拿来下酒，味道非常好。注意选择的桃子不可以熟得太过，要选择颜色青红漂亮的。

凡是果品，都必须忌酒，因为它们被酒气一熏就会坏。

葡萄刚熟的时候，用蜡纸裹紧，再用蜡密封起来，这样就可以留到冬天。

栗蒲放在壳里，可以放很长的时间。

人如果吃太多核桃的话，就会吐血。

黄蜡和栗子一起嚼，会化成水。橄榄和栗子一起嚼，味道会很甜美，这种食物名叫风流脯。

# 菜蔬

收芥菜籽，最好收隔年的，因为隔年的味道会很辣。

生姜，在社日前收取就没有筋。

茄子如果洒些水然后放进柴灰里贮藏，就可以放到来年的四五月份。

小满前收取并腌制芥菜，就可以吃到新菜长出的时候。

葫芦藤临着水种植，就会长出来很多。如果有三四棵葫芦藤，稍微把它们的薄皮去掉一点，用肥沃的土壤将它们包作一棵，用麻皮捆扎好，如果胡芦藤很粗大并且生出葫芦，只需要留一两棵等它长到老，留下的葫芦便长得会有斗那么大，可以做容器用。

# 花木

将冬青树嫁接到梅花上，就会开出洒墨梅。

石榴树如果用麻饼水来浇灌，就会结出很多果实。

种植石菖蒲时，如果看上去蔫蔫的并且泛黄，可以洒点鼠粪。

花树如果有虫孔，用硫黄末塞住即可。

木樨被蛀了之后，可以把带壳的芝麻秆绑成一束挂在树上。

竹子时间长了会生竹米[①]，这时需要赶紧把生了竹米的竹子截断，把离地二尺的竹节全打通，往里面浇一些狗粪，这样其他的竹子就不会生竹米了。

海棠花用薄荷水浸泡，就很容易泡开。

银杏树如果不结果，可以在雌树上凿开一个小孔，小孔里放入从雄树上取来的一块木头，再用泥将这个小孔涂上，这样雌银杏树就会结果了。

草、树、花的枝条如果被羊吃了，就不会再萌发了。

将芝麻秆挂在树上，树上便不会生蓑衣虫。

在牡丹花根底下面放些白术，所开的牡丹花颜色都是腰金。

午时用笤帚拍打冬瓜蔓，冬瓜蔓就会结很多冬瓜。

---

① 竹米是竹子的种子。

天上的规则崇尚左，所以星辰都是向左旋转的。地上的规则崇尚右，所以地上的瓜果是右边结得多。

每一朵牡丹花都有十二瓣，闰月时会开十三瓣。

瓜果一般都是地下的部分供养地上的部分来结果，只有莲子的根是地上的部分来供养地下的部分结果。

将贯众和柏叶一起咀嚼，就没有苦味。

蜀葵的枯枝烧成灰，可以用来贮藏火。用干竹子做成火把，即使在雨里也不会灭。茄子秆烧成灰贮藏火，也同样是很好的方法。

皂荚树是有刺的，无法攀登。到了秋天要收获果实的时候，可以先用大竹片围住树身，再用木板来敲击它，只需一个晚上，皂荚就自行落下了。

将油纸灯放进荷花池，里面的荷叶就会腐烂。

将杏树嫁接到梅树上，就会长成台阁梅。

将桑树嫁接到梨树上，结出的梨子又甜又脆。

将红梨花嫁接到海棠上，就成了西府海棠；将樱桃树嫁接到海棠上，就成了垂丝海棠。

把麻秆插到椑柿[①]里，柿子一晚上就会熟。

枸橘树可以嫁接各种品种好的橘子和柑子。

柳树可以嫁接桃树，桃树可以嫁接梅树。

冬青树可以嫁接木樨。

---

① 指油柿。

# 鸟兽

如果小狗一直不停地吠叫，可以装一蚬壳香油灌到它的鼻子里，这样它一晚上都不会再叫。

乌骨鸡的舌头如果是黑色的，那么骨头也是黑色的；舌头如果不是黑色的，那么就只有肉是黑色的。

小鸡在还没有长翅膀的时候，用笤帚去赶它，它翅膀上的毛就会倒着长。

母鸡生蛋后，把青麻子给母鸡吃，它就会一直生蛋，但是不孵小鸡。

竹鸡的叫声，可以去除壁虱[1]和白蚁。

鹳鸟如果叼了帽子飞走，这时候如果站着叫，它就会高飞而去；如果趴在地上叫，它就会飞回来。

鸡蛋如果是双黄的，那么孵出的小鸡就会有两个头和三只爪。

通过看猫眼就知道一天之中的时间，有歌谣是这么唱的："子午之时眯成线，卯酉之时滴溜圆，寅申巳亥像银杏，辰戌丑未像铜钱。"

香狸有四个外肾。

① 一般指蜱虫。

鹰有肚子却没有胃，这是因为鹰吃肉。吃粮食的飞禽都有胃。

鸡如果吃了猫食，就会啄人。

用胡麻面来喂狗，狗吃完后，身上会变得又黑又光，体态雄健。

老虎跑到人家里偷吃猪狗，只要一听到刀刮锅底的声音，就会逃跑，因为听到这种声音后老虎的牙会发酸。

尾巴短的牛寿命长，尾巴长的牛寿命短。

猫的鼻子一年四季只有在六月六日那天会热。

狗如果吃了杏仁末，就会立即死。

狗褪毛时，喂它吃酒糟，毛就容易褪。

鹿群晚上休息的时候，个头大的鹿犄角向外，小鹿在鹿群的里边，整个鹿群重重围住像营寨一样。行兵打仗的人模仿鹿群创造了鹿角寨。

虎豹的毛皮只能用火焙干，不可以在太阳底下晒。

猴子如果病了，只要吃墙壁上的蜘蛛，就会痊愈。

狗的身上如果长了癞疮，生虫蝇，可以用百部汁涂抹，很快就能消除。

马背上被马鞍磨破的地方，用车辙中的淤泥涂抹，很快就会好。

辨别牛黄真假的办法：牛黄的形状像鸡蛋一样大，并且重叠着，取一些放在人的指甲上磨，黄色透过指甲，并且擦不掉的，就是真的牛黄。

猫如果长癞疮，可以用柏油来擦拭。再长的话，就再擦。擦到第三次，就会根除了。猪如果长癞疮，那就用猪油来擦拭，癞疮也会很快消除。

猫洗脸的时候如果洗到了耳朵后，家里会有客人来。

家里的燕子、麻雀等忽然消失了的话，就预示着一定会有火灾。

鹳鸟如果仰着脖子叫，天就会放晴，如果低下头叫就会下雨。

喜鹊的巢如果很低，那么这一年一定会发大水。鹘鸟初次试着鸣叫的时候，如果有人躺着听到，那么听到的人这一年都会平安快乐。

如果家里生下的猫和狗都是公的，那么这家人一定会有喜事来临。

狗如果死了，用葵根塞住它的鼻子，过段时间就会复活。

孔雀毛进入眼睛，眼睛就会受到损害；孔雀胆的毒性很大，可以杀人。

如果狗有虱子，用樟脑擦它毛下的皮，再用大桶或箱子把狗盖在里面，虱子就会掉下来，及时让人把掉下来的虱子掐死就可以了。

猫和狗如果有虱子又有癞疮，可以先将桃叶捣烂，把它的皮毛擦一遍，隔一会儿再洗掉，这样一两次后就可以除掉。

鸡如果生病了，可以用芝麻油灌它。鸡如果有哮喘，用白菜叶包些老鼠屎、香油喂给它，立刻就会好。

鸡生了瘟疫后，可以把猪肉切碎喂给它，还可以把雄黄研成细末拌饭喂它，鸡立刻就会痊愈。

猪如果生了瘟疫，用萝卜菜连根喂它就会好转。牛和马如果有癞疮，将荞麦秆烧成灰，浇上水做成灰汁，往它们身上浇，癞疮就会痊愈。

牛马如果生了瘟疫，用酒加少量麝香末和在一起灌给它们，就会痊愈。

如果牛马长了癞疮，将藜芦研成细末，用水调好然后涂在患处即可。

鹤如果生了病，将蛇或老鼠或大麦煮熟了喂它即可。

如果鹿生病了，可以用盐拌豆料喂它，鹿经常吃豌豆就不会生病。

治疗煨灶猫[1]，可以在猪肠或鱼肠中加入少许雄黄一起煨熟，然后喂给猫吃。

牛如果中暑了，将胡麻苗捣成汁灌服，牛立刻就会好。如果没有胡麻苗，也可以将二三两麻子捣烂，加井水调匀后给它灌服。

如果牛、马、猪、驴生了瘟，将狼毒、牙皂各一两，黄连一两五钱，雄黄、朱砂各五钱研成细末。猪的话就擦到它眼睛里，牛、马、驴就吹到它的鼻子中。

如果想要让鸡、鹅、鸭迅速长肥，那就用胡麻子拌饭，再加少量硫黄，按照这样的食谱喂上七天，就会非常肥壮。

① 一般是指怕冷的猫。

# 虫鱼

养的鱼如果变瘦了而且身上还长了白点，那就是有虱子了，把枫树皮扔到水里，就可以治好。

鳖和梭子蟹如果被蚊子叮上一口，立即就会死。

把水里的浮萍晒干后用来熏蚊子，蚊子立刻会死。

蚂蚁怕肥皂。

蛇怕姜黄。

在墙上悬挂几条稻草绳索，苍蝇就不会来。

蚕怕雷声，也怕鼓声，只要听到鼓声就会趴着不起来。

想要让青蛙不再叫，月中时把野菊花研磨成细末，顺风吹撒即可。

防苍蝇的方法：把腊月里的猪油装在瓶子里悬挂在厕所的墙壁上。

麻叶烧出的烟能驱走蚊子。

陈茶末烧出来的烟，可以快速驱赶苍蝇。

用荞麦秆作席子，就能驱除壁虱。

五月五日这天，将田中取来的紫萍晒干，再取蝙蝠血浸泡后晒干，这样数次后，研成细末制成香来烧，可以驱除蚊虫。另外一种说法是烧蝙蝠屎也可以驱除蚊子。

海中蛟龙一类的动物准备捕捉燕子时，会有一些外在的变化。例如蜃龙吐气变成楼台，就是专门用来引诱燕子的。

凡是鱼、虾、蟮一类，到了夜晚它们都是朝着北方的。

用黄牛粪和泥来密封蜜蜂桶，就能驱除各种虫子，把蜂蜜收了，蜜蜂也不会到别的地方去，非常绝妙。

收蜜蜂的时候，先用水泼向蜜蜂，蜜蜂就会聚成一团，再嚼完薄荷后含着水喷蜜蜂，最后把薄荷涂在手上，慢慢掠过蜂群，把蜜蜂赶到桶中干燥的地方。蜜蜂害怕薄荷，所以不会蜇人。

蚕如果只吃东西不喝水，二十二天后就能变成蝉；如果只喝水不吃东西，三十天就会蜕变。蜉蝣如果不吃不喝，三天就会死。

驱除蚊子和其他虫子的方法：将苦楝子、柏树子、菖蒲研成细末，用慢火烧磨好的细末，虫子闻到这个味道就跑了。

驱除蚊虫，可以烧干鳗鱼骨熏蚊子，蚊子就会化成水。

将干菖蒲切成片，放在床褥下面，可以驱除壁虱。

头上如果有虱子，将藜芦研成细末洒在头发里，一晚上过后，虱子就会干死并从头发里掉落。

去除头上的虱子，可以将少许轻粉洒在头上，过一两天，虱子自行就死了。

八角虱多长在阴毛上，只需用轻粉敷上，虱子就跑了。

大象的粪便可以驱除壁虱，用大象吃剩下的草来编席子，就永远没有壁虱。

将辣蓼晒干铺在席子上，可以驱除壁虱。

把芸香放在书盒里，可以驱除蠹鱼；放在席子下，则可以驱除壁虱。

如果虱子进到耳朵里，用猪毛蘸着胶塞进去，就可以将虱子粘出来。

要根治毛毡里的蛀虫，可以用鳗鱼骨烧出的烟来熏；把鳗鱼骨放在衣箱里，可以根治白鱼等虫子咬衣服；用鳗鱼骨烧烟来熏房屋，可以避免竹木生蛀虫。

如果被山里的大蚂蚁咬伤了，要赶紧用地上的土擦拭伤处，这样就不会痛了。

治理厕所里的蛆，抓一把莼菜扔进厕缸里，蛆就没有了。

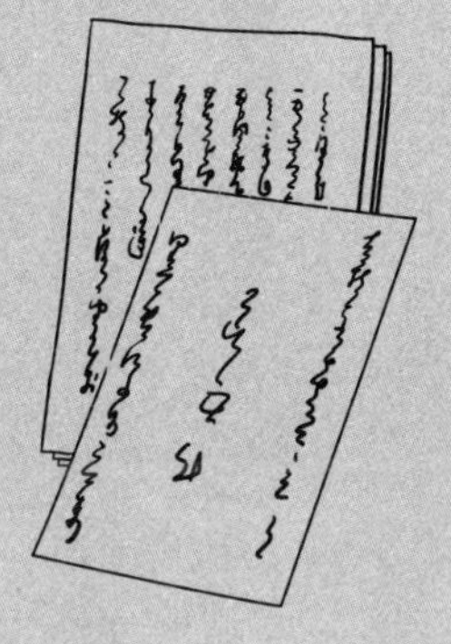

卷二十

# 方术部

倒着念七遍《揭谛咒》，可以使捕鱼的人一无所得。

闭着气默念七遍“乾元亨利贞”，就可以把银元嚼碎。

锅如果发出声响，就大声念七遍“婆女”。

每次听到乌鸦叫，就默念七遍“乾元亨利贞”。

# 符咒

治脚麻的方法，嘴对着木瓜说："还我木瓜钱，急急如律令！"一口气念七遍，脚立刻就不麻了。

对油饼念咒语来治疟疾的方法是，先面朝东虔诚烧香，接着在油饼中间写一个"摊"字，用笔从左边画圈三次围住字，再将油饼拿到香上念诵"乾元亨利贞"七遍。在疟疾发作的那天，早上把油饼上写字的地方掐出来，和着枣汤嚼着吃了，这样就没有不起效的。

腹内如果郁结有病，多念《秽迹咒》就能好。

避除各种邪鬼，让人不生病的方法：经常在鸡鸣的时候在心里念二十一遍四海神的名字，四海神的名字分别是"东海神阿明，南海神祝融，西海神巨来，北海神禺彊"。每次进入病人家里时，也要在心里念三遍。不可以诵读出来。

用咒除疟疾的方法是，取一个梨，先向南方吸气一口，然后对着梨子念咒语道："南方有池，池中有水。水中有鱼，三头九尾。不食人间五谷，唯食疟鬼。"将这个咒语念三遍，吹在梨子上，并且在梨子上写上"敕杀死"三字，让病人在要发病前吃了梨即可。

所有的疼痛疾病都可以用的咒枣方法治疗：这咒语就是"金木水火土，五行助力，六甲同威，天罡大神，收入枣心，枣入肠中，六腑安宁，万病俱息，急速求荣！”拿一个枣，念一遍咒，吸一口罡气吹到枣里。如果是男子就去掉枣尖，是女子就去掉枣蒂，然后和着水嚼着吃下。在七天之内忌讳见到令人憎恶的东西。

用咒语治牙痛的方法是，将一张无论大小方圆的纸折成七层，在房屋的大梁上取一枚三寸的铁钉，对着纸的中心位置钉下。钉的时候，先向南呼吸一口气，然后默念咒语：“南山赤虫子，故来食我齿。钉在栿（fú）梁上，永处千年纸。”每念一次咒语，就让病人咳嗽一声，吸入一口气，并且用钉锤砸一下。重复七遍，念七遍咒语，吸七次气，最后用钉锤敲打七次，这样操作之后，牙痛病人的牙齿立刻就不痛了。

咒风疹的方法是，取一张纸，将纸揉成团，然后在病人身体上下来回走一圈。在最开始做法时首先向东方吸一口气，默念咒语：“东来马子，西来驴子，好面败容待文书，急急如律令！敕。”然后浑身上下再绕上一遍，最后把纸扔到门外东边路口后再回来。

如果进入山林，要默念“仪方不见蛇”的咒语，或者默念“仪康不怕虎”。有蛇的地方，多用小瓦片写“仪方”二字，蛇自然就会害怕地躲开了。

如果被蜈蚣咬伤了，要赶快用手指在地上的“乾上”方位写一个“王”字，并且在“王”字里撮土敷在被蛇咬的地方，这样就会没事了。

“多求致怨憎，少求人不爱，梵智求龙珠，水不复相见。”写下这四句话，刻或者贴在墙壁上，这样蛇虫就不会来惊扰。

驱除蚊子的咒语是：“天地太清，日月太明，阴阳太和，急急如律令！敕。”正对着北方心里默念七遍，然后吸一口气吹到灯草上，再点着灯草就可以了。

每天晚上点上蜡烛后，面向北默念七遍“唵地哩穴哩娑婆诃”的咒语，然后用剔灯的木棍在灯焰上掠过，再用木棍搅七遍油，就能免除一切飞蛾投火的苦难。

去除壁虱的方法：在纸上写“欠我青州木瓜钱”，将纸条贴在床脚上，壁虱立刻就走了。

倒着念七遍《揭谛咒》，可以使捕鱼的人一无所得。

走夜路或者睡觉做了噩梦时，就念咒语：“婆珊婆演底，摄。”

脚抽筋时，在抽筋的地方写上“木瓜”二字，疼痛就会立刻止住。

闭着气默念七遍“乾元亨利贞”，就可以把银元嚼碎。

锅如果发出声响，就人声念七遍“婆女”。

每次听到乌鸦叫，就默念七遍“乾元亨利贞”。

渡江的人用红笔写了“禹”字佩带在身上，就可以免除风浪的危险，保佑平安吉祥。

蜂蜇了人，就地用竹子写七遍“丙丁火”三个字，然后取土敷在被蜇的地方就可以了。

降伏狗的方法：左手挑寅、剔丁、掐戌，念“云龙风虎，降伏猛兽”，狗就会乖乖离开，也不会咬人。

降服蛇的咒语，其中一个是：“天迷迷，地迷迷，不识吾时。天濛濛，地濛濛，不识吾踪。左为潭鹿鸟乙步，右为鸟鹳三二步。”另外还有一个咒语是：“吾是大鹏鸟，千年万年王。”

包治百病的咒枣法：念七遍“华表柱”，望天罡吸一口气，吹在枣上，把枣和着热水嚼吃。“华表柱”是鬼怪先祖的名字。

遇到有人捕鱼鳖、飞禽、走兽之类，只要口中念“南无宝胜如来”，那人就会一无所获。

赌骰子的时候可以念咒语“伊帝弥帝，弥揭罗帝”。

如果有很多鸟粪落到衣服上，就默念七遍“护罗”。

# 方法

女子怀孕如果想要生男孩，就把斧头偷偷放在床下，刀口向下，这样一定能生男孩。鸡孵蛋，也可以采用这个方法，这样就可以孵出很多公鸡。

如果皂荚水不慎溅到人眼睛里，痛得无法忍受时拿衬衣的衣角擦拭，就不会痛了。

凡是患了偷针眼（即睑腺炎）的，取一条布针，对着井水用眼睛斜看它，然后将布针折成两段扔在井里，眼疾就好了，但是不要让别人知道。

有脚汗的人，正月初一的时候偷偷站在捣衣石上，脚汗就可以治好。

护生草（即荠菜），清明时早早采集其花茎阴干，夏天用它来做挑灯杖，就能驱除蚊子、飞蛾。

在腊月里将灯草（又称灯芯草）用溪水、河水浸泡七天七夜，然后阴干，夏天用它点灯，能驱除青虫。

每月的辰日是消灭老鼠的日子，在这一天堵住老鼠的洞穴，老鼠就会自己死掉。

翼日挂帐，就没有蚊子。

吃鱼的时候如果被鱼刺卡住了，拿渔网罩住头，鱼刺就会下去了。

如果想要驱除蚊子，可以在除夕夜五更的时候，一个人在房里向窗外扇，另一人问：“扇什么？”此人回答：“扇蚊子。”总共这样七问七答，然后停下。端午节晚上五更的时候，也这样做。

树如果不结果，可以用这样的办法解决。除夕夜让一个人先藏在树下，另一个人拿着斧头对树说：“你结果不？不结果，我就把你砍了当柴烧！”树下藏的那个人立即回答说：“我结！我结！”这棵树当年便可以结果。

辟火的方法：用五尺到一丈长绯红的绢帛，剪成幡的样子，悬挂在竹竿上，然后扔到迎着风的火里，风吹来火就灭了。如果没有绢帛，也可以用红色衣服代替。

将逃走人的衣服和腰带，用纸裹住磁石，悬挂在井中，逃走的人就会回来。

取一块霹雳木（被雷击毁的树木）刻成鸟的形状，放在露天的高处，许多鸟就会聚集在这里，不会离开。

将两根麦秆放在上流，让这样的水流到池塘里，可以驱除蚂蟥。

求雨的方法是，让巫师进入深山，选择一棵形状奇怪的枫树，用茅缆将这棵枫树绑住，然后喝问：“有雨吗？”跟随的一人回答道：“一定有雨！一定有雨！”

在猪尿胞里装上萤火虫，放在渔网里并将它们一起沉到水底，那么鱼就会聚集来看，夜里收网的话会捕到很多鱼。

将头皮上的污垢涂到针上，并塞住针孔，就可以让针自己在水上浮起来。

拿戎盐涂在鸡鸭蛋上，相连十枚都不落。

取蚕沙一石二升，在丁日找一块吉祥的地方埋下，当年蚕茧就会大丰收。

取水獭的胆，用篾子蘸一下然后在酒杯中划一下，酒杯中的一半酒倒掉，剩下的一半还在酒杯里，倾斜也不会倒出来。

把牛骨埋在地下，水就不会干涸。

把一块木头削圆，举起来对着太阳，艾绒一靠近木头的影子，就会着火。

将黑狗的血和螃蟹一起烧，老鼠就全会逃跑。

如果遇上火灾，快速用瓶子或罐子扣在坑上，火立刻就灭了。

用白矾煮灯芯，点灯时，比较省油。

用猪血浸泡新砖，砖如果掉在水里，就会引得鱼群聚集。

除夕夜用富贵人家地里的泥来砌灶，可以招财进宝。

桃树抵门可以辟邪，鬼祟就不敢进门。

在没有月亮的夜晚，用土塞住老鼠洞，老鼠就会远离。

把人的头发挂在果树上，鸟雀就不敢来吃树上的果子。

惊蛰这天将灰洒在门外，虫蚁都不敢出来。

如果在七月上旬的辰日刨木料，木料就不会生蛀虫。

在熨斗里用纸衬着炒银杏，银杏就不会爆。

锅发出响声时，不可以惊呼，这时候只要男人做妇人拜[①]的姿势，或者妇人做男人拜[②]的姿势，响声自然就会停止。

夜里睡觉时，将一只鞋正着放，另一只扣着放，就不会做噩梦。

遇到恶狗，从左手自寅位吹一口气，轮至戌位再用指甲掐，狗就会退回去卧下了。

暗中传递书信的方法是，将少量的杜仲末、白矾、蓖麻子研细，再加入少量的黄丹，稍微浸泡一会儿，用它写字，等干了以

① 女子立拜屈膝为礼。

② 古代男子跪拜礼的一种。

后，完全看不见字迹。用火烘，才会出现字迹，看过之后就可以烧了。

用鸡蛋清调白矾末刷纸，将纸做成茶壶来煎茶，茶开了纸却不会被烧。

用五倍子在墙上写字，写完用青矾水喷一下，字迹就会出现。

竹子的内膜性质纯阴，在上面涂上酥，遇到阳光就会飞，又名飞蝴蝶。

上丑日取土来敷蚕室，对蚕大有好处。

上辰日取路上的土来敷门户[①]，可以避开官司纷扰。

读书用的灯里每一斤香油，搭配加入桐油三两，就会非常耐用，还能避开鼠患灾害。灯盏里放盐，也能省油。

用姜来擦灯盏，灯就不会有晕影。

① 指房屋的出入口。

# 原文



## 序

天下学问，惟夜航船中最难对付。盖村夫俗子，其学问皆预先备办，如瀛洲十八学士，云台二十八将之类，稍差其姓名，辄掩口笑之。彼盖不知十八学士、二十八将虽失记其姓名，实无害于学问文理，而反谓错落一人，则可耻孰甚。故道听途说，只办口头数十个名氏，便为博学才子矣。余因想吾八越，惟余姚风俗，后生小子，无不读书，及至二十无成，然后习为手艺。故凡百工贱业，其《性理》《纲鉴》，皆全部烂熟，偶问及一事，则人名、官爵、年号、地方枚举之，未尝少错。学问之富，真是两脚书厨，而其无益于文理考校，与彼目不识丁之人无以异也。或曰："信如此言，则古人姓名总不必记忆矣。"余曰："不然。姓名有不关于文理，不记不妨，如八元、八恺、厨、俊、顾、及之类是也。有关于文理者，不可不记，如四岳、三老、臧穀、徐夫人之类是也。"

昔有一僧人，与一士子同宿夜航船。士子高谈阔论，僧畏慑，拳足而寝。僧人听其语有破绽，乃曰："请问相公，澹台灭明是一个人、两个人？"士子曰："是两个人。"僧曰："这等，尧舜是一个人、两个人？"士子曰："自然是一个人！"僧乃笑曰："这等说起来，且待小僧伸伸脚。"余所记载，皆眼前极肤浅之事，吾辈聊且记取，但勿使僧人伸脚则可已矣。故即命其名曰《夜航船》。

——古剑陶庵老人张岱书

# 卷一 天文部

## 象纬

**九天** 东方苍天，南方炎天，西方浩天，北方玄天，东北旻天，西北幽天，西南朱天，东南阳天，中央钧天。

日、月、星谓之三光。日、月合金、木、水、火、土五星谓之七政，又谓之七曜。日月所止舍，一日更七次，谓之七襄。

**二十八宿** 东方七宿：角，木蛟；亢，金龙；氐，土貉；房，日兔；心，月狐；尾，火虎；箕，水豹。北方七宿：斗，木獬；牛，金牛；女，土蝠；虚，日鼠；危，月燕；室，火猪；壁，水貐。西方七宿：奎，木狼；娄，金狗；胃，土雉；昴，日鸡；毕，月乌；觜，火猴；参，水猿。南方七宿：井，木犴；鬼，金羊；柳，土獐；星，日马；张，月鹿；翼，火蛇；轸，水蚓。

**分野** 角、亢、氐：郑，兖州。房、心：宋，豫州。尾、箕：燕，幽州。斗、牛、女：吴，扬州。虚、危：齐，青州。室、壁：卫，并州。奎、娄、胃：鲁，徐州。昴、毕：赵，冀州。觜、参：晋，益州。井、鬼：秦，雍州。柳、星、张：周，三河。翼、轸：楚，荆州。

**纳音五行** 甲子乙丑海中金，丙寅丁卯炉中火，戊辰己巳大林木，庚午辛未路旁土，壬申癸酉剑锋金，甲戌乙亥山头火，丙子丁丑涧下水，戊寅己卯城头土，庚辰辛巳金蜡金，壬午癸未杨柳木，甲申乙酉泉中水，丙戌丁亥屋上土，戊子己丑霹雳火，庚寅辛卯松柏木，壬辰癸巳长流水，甲午乙未沙中金，丙申丁酉山下火，戊戌己亥平地水，庚子辛丑壁上土，壬寅卯金箔金，甲辰乙巳覆灯火，丙午丁未天河水，戊申己酉大驿土，庚戌辛亥钗钏金，壬子癸丑桑柘木，甲寅乙卯大溪水，丙辰丁巳沙中土，戊午己未天上火，庚申辛酉石榴木，壬戌癸亥大海水。

天裂阳不足，地动阴有馀。

梁太清二年六月，天裂于西北，长十尺，阔二丈，光出如电，声若雷。

唐中和三年，浙西天鸣，声如转磨，无云而雨。无形有声，谓之妖鼓；无云而雨，谓之天泣。

**忧天坠** 《列子》：杞国有人常忧天坠，身无所寄，至废寝食。比人心多过虑，犹如杞人忧天。

**三才** 天、地、人谓之三才。混沌之气，轻清为天，重浊为地。天为阳，地为阴。人禀阴阳之气，生生不息，与天地参，故曰三才。

**回天** 天者，君象；回者，言挽回君心也。唐太宗欲修洛阳宫，张玄素谏止之。魏徵曰："张公有回天之力。"

**戴天** 《礼记》：君父之仇，不共戴天。兄弟之仇，不反兵革。交游之仇，不与同国。

**补天** 女娲氏炼石补天。

**如天** 《通鉴》：帝尧其仁如天，其智如神，就之如日，望之如云。

**补天浴日之功** 宋赵鼎疏曰：顷者陛下遣张浚出使川陕，国势百倍于今，浚有补天浴日之功，陛下有砺河之誓，终致物议以被窜逐。臣无浚之功，而当此重任，去朝廷远，恐好恶是非，行复纷纷于聪明之下矣。

**二天** 后汉苏章为冀州刺史，行部，有故人清河守，赃奸。章至，设酒叙欢。守曰："人皆有一天，我独有二天。"章曰："今日与故人饮，私恩也；明日冀州按事，公法也。"遂正其罪。

**焚香祝天** 后唐明宗登极之年，每于宫中焚香祝天，曰："某，胡人，因乱为众所推，愿天早生圣人，为生民主。"

**威侮五行** 《通鉴》：帝启立，有扈氏无道，威侮五行，怠弃三正，启征之，大战于甘，灭之。

**五星会天** 《通鉴》：颛顼作历，以孟春之月为元。是岁正月朔旦立春，五星会于天，历营室。

**五星聚奎** 宋太祖乾德五年，五星聚于奎。初，窦俨与卢多逊、杨徽之周显德中同为谏官。俨善推步星历，尝曰："丁卯岁五星聚奎，自此天下始太平。二拾遗见之，俨不与也。"

**五星斗明** 神宗万历四十七年，五星斗于东方，杜松、刘綎全军战没于浑河及马家寨等处。

**日月** 东隅，日出之地；桑榆，日入之地。日拂扶桑，谓之及时。日经细柳，谓之过时。

**龙猇** 《天文志》：日月会于龙猇尾。（猇音斗。）

《广雅》：日初出为旭，日昕曰晞，日温曰煦；日在午曰亭午，在未曰昳，日晚曰旰，日将落曰晡。

《天官书》曰：日月薄蚀，日月之交。月行黄道，而日为掩，则日食。是曰阴胜阳，其变重。月行在望，与日冲，月入于暗之内，则月食。是曰阳胜阴，其变轻。圣人扶阳而尊君曰："日，君道也。"于其食，谨书而备戒之，日食为失德，月食为失刑。

**日落九乌**　乌最难射。一日而落九乌，言羿之善射也。后以为羿射落九日，非是。

**向日取火**　阳燧以铜为之，形如镜，向日则火生，以艾承之则得火。

**夸父追日**　《列子》：夸父不量力，欲追日影，逐之于隅谷之际，渴欲得饮。赴河饮不足，将北走大泽中，道渴而死。

**鲁戈返日**　鲁阳公与韩构战，战酣日暮，援戈挥之，日返三舍。又：虞公与夏战，日欲落，以剑指日，日返不落。

**白虹贯日**　荆轲入秦刺秦皇，燕太子丹送之易水上，精诚格天，白虹贯日。

**田夫献曝**　《列子》：宋国有田夫曝日而背暖，顾谓其妻曰："负日之暄，人莫知其美者，以献吾君，必有重赏。"人皆笑之。

**白驹过隙**　《魏豹传》：人生易老，如白驹过隙。白驹，日影也。

**黄绵袄**　冬月之日，有"黄绵袄"之称。

**薄蚀朒朓**　薄，无光也。蚀，亏缺也。朔见东方曰朒，晦见西方曰朓。（朒音肉。朓音挑。）

朏未成明，魄始成魄。月初三则生明也，月十六则生魄也。

**翟天师**　乾祐间尝于江岸玩月，或问："此中何所有？"翟笑曰："可随吾指观之。"俄见月规半天，琼楼玉宇烂然，数息间，不复见矣。

尹思遣儿视月中有物，知兵乱。

《淮南子》：日出于旸谷，浴于咸池，拂于扶桑，是谓晨明。登于扶桑，爰始将行，是谓朏明。至于曲阿，是谓朝明。临于曾泉，是谓早食。次于桑野，是谓晏食。臻于衡阳，是谓禺中。对于昆吾，是谓正中。靡于乌次，是谓小迁。至于悲谷，是谓晡时。至于女纪，是谓大迁。经于虞渊，是谓高舂。顿于连石，是谓下舂。至于悲泉，爰止羲和，爰息六螭，是谓悬车。薄于虞泉，是谓黄昏。沦于蒙谷，是谓定昏。日入崦嵫，经细柳入虞泉之汜，曙于蒙谷之浦，垂景在树端，谓之桑榆。

《汉书》：新垣平文帝时上言“日当再中，臣以候知之”，居顷之，日果再中。

《释名》：月，阙也，言满则复阙也。晦，灰也，月死而灰，月光尽似之也。朔，苏也，月死后苏生也。弦，月半之名也，其形一旁曲，一旁直，若张弓弦也。望，月满之名也，日在东，月在西，遥相望也。

**蟾蜍**　月中三足物也。王充《论衡》：羿请不死之药于西王母，其妻嫦娥窃之奔月，是为蟾蜍。

**月桂**　《酉阳杂俎》：月桂高五百丈，有一人常伐之，树创随合。其人姓吴名刚，西河人，学仙有过，谪令伐桂。桂下有玉兔杵药。

**爱日**　言子爱父母，当如爱日之诚。

**日光摩荡**　周主遣赵匡胤率兵御辽、北汉，癸卯发汴京。苗训善观天文，见日下复有一日，黑光摩荡者久之，指示楚昭辅曰：“此天命也。”是夕，次陈桥，遂有黄袍加身之变。

**日为太阳之精**　《广雅》：阳精外发，故日以昼明。羲和，日御也。日中有金乌。《通鉴》：太昊有圣象，日月之明。

**日出而作**　尧时有老人，含哺鼓腹，击壤而歌，曰：“日出而作，日入而息；凿井而饮，耕田而食，帝力何有于我哉？”

**日亡乃亡**　桀尝自言：“吾有天下，如天之有日；日亡，吾乃亡耳！”

**如冬夏之日**　夏日烈，冬日温。赵盾为人，严而可畏，故比如夏日；赵衰为人，和而可爱，故比如冬日。

**东隅桑榆**　冯异大破赤眉，光武降书劳之曰：“始虽垂翅回溪，终能奋翼渑池，可谓失之东隅，收之桑榆。”

**蜀犬吠日**　柳文：庸、蜀之南，恒雨少日，日出则群犬吠之。

**日食在晦**　汉建武七年三月晦，日食，诏上书不得言圣。郑兴上疏曰：“顷年日食，每多在晦。先时而合，皆月行疾也。日，君象；月，臣象。君亢急，则臣促迫，故月行疾。”时帝躬勤政事，颇伤严急，故兴奏及之。

**太阴**　《史记》：太阴之精上为月。《淮南子》：月御曰望舒，亦曰纤阿，中有玉兔。

**瑶光贯月**　《通鉴》：昌意娶蜀山氏之女曰女枢，感瑶光贯月之祥，生颛顼高阳氏于若水。

**月食五星**　崇祯十一年四月己酉夜，荧惑去月仅七八寸，至晓逆行，尾八度掩于月，丁卯退至尾，初度渐入心宿。杨嗣昌上疏言："古今变异，月食五星，史不绝书，然亦观其时。昔汉光武帝建武二十三年，月食火星，明年呼韩单于款五原塞。明帝永平二年，月食火星，皇后马氏德冠后宫，明年图画功臣于云台。唐宪宗元和七年，月食荧惑。明年兴师，连年兵败。今者月食火星，犹幸在尾，内则阴宫，外则阴国。皇上修德召和，必有灾而不害者。"然实考嗣昌所引年月俱谬。

**论月**　徐穉年九岁，尝月下戏，人语之曰："若令月中无物，当极明耶？"穉曰："不然。譬如人眼中有瞳子，无此必不明。"

**如月之初**　后汉黄琬，祖父琼，为太尉，以日食状闻。太后诏问所食多少，琼对未知所况。琬年七岁，时在旁，曰："何不言日食之馀，如月之初。"琼大惊，即以其言对。

**赋初一夜月**　苏福八岁时，赋《初一夜月》诗，云："气朔盈虚又一初，嫦娥底事半分无。却于无处分明有，恰似先天太极图。"

**吴牛喘月**《风俗通》：吴牛苦于日，故见月而喘。

**命咏新月**　明太祖见太孙顶颅侧，乃曰："半边月儿。"一夕，太子、太孙侍，太祖命咏新月。懿文云："昨夜严滩失钓钩，何人移上碧云头？虽然未得团圆相，也有清光遍九州。"太孙云："谁将玉指甲，掐破碧天痕；影落江湖里，蛟龙未敢吞。"太祖谓"未得团圆""影落江湖"，皆非吉兆。

## 星

**北斗七星**　第一天枢，第二璇，第三玑，第四权，第五玉衡，第六开阳，第七瑶光。第一至第四为魁，第五至第七为杓，合之为斗。按《道藏经》：七星，一贪狼，二巨门，三禄存，四文曲，五廉贞，六武曲，七破军。堪舆家用此。

**斗柄**　斗柄东，则天下皆春；斗柄南，则天下皆夏；斗柄西，则天下皆秋；斗柄北，则天下皆冬。

《史记》：中宫、文昌下六星，两两相比，名曰三能。台，三台。色齐，君臣和；不齐，为乖戾。

**泰阶六符**　泰阶，三台也。每台二星，凡六星。符，六星之符验也。三台，乃天之三阶。经曰：泰阶者，天之三阶也。上阶为天子，中阶为诸侯、公卿、大夫，下阶为士、庶人。

**景星** 形如半月，王者政教无私则景星见。

**始影琯朗** 女星旁一小星，名始影，妇女于夏至夜候而祭之，得好颜色。始影南，并肩一星，名琯朗，男子于冬至夜候而祭之，得好智慧。

**参商** 高辛氏二子，长阏伯，次沉实，自相争斗。帝乃迁长于商丘，主商，昏见；迁次于大夏，主参，晓见。二星永不相见。

长庚即太白金星，朝见东方，曰启明；夕见西方，曰长庚。

**太白经天** 太白，阴星，昼当伏，昼见即为经天；若经天，则天下草昧，人更主，是谓乱纪，人民流亡。

**六符** 应劭曰："上阶上星为男主，下星为女主；中阶上星为三公，下星为卿大夫；下阶上星为上士，下星为庶人。三阶平则天下太平，三阶不平则百姓不宁，故曰六符。"

《晋志》：角二星，为天关，其间天门也，其内天庭也。故黄道经其中，七曜之所行。左角为理，主刑；右角为将，主兵。亢四星，天子内朝，天下之礼法也，亦为疏庙主疾疫。氐四星，为天根，王者之宿宫，又为后妃之府，将有淫欲之事，氐先动。房四星为明堂，天子布政之室也，亦四辅也。又为四表，中间为天衢，亦为天关，黄道之所经也。七曜繇乎天衢，则天下和平，亦天驷，为天马，主车驾，亦曰天厩，又主开闭为蓄藏之所由。又北小星为钩钤，房之钤键，天之管钥，明而近房，天下同心。心三星，天王正位也。中星曰明堂，天子位，为大辰，主天下之赏罚。前星为太子，后星为庶子。尾九星，后宫之场，亦为九子，色欲均明，大小相承，则后宫有叙。箕四星，为天津，后宫后妃之府，一曰天箕，主八风，凡日月宿在箕、东壁、翼者，风起北方，又主口舌。南斗六星，天庙也，为丞相太宰之位，酌量政事之宜，褒贤进良，禀受爵禄，又主兵。牵牛六星，天之关梁，主牺牲。其北二星，一曰即路，一曰聚火。又曰：上一星主道路，次二星主关梁，次三星主南越。须女四星，天之少府也，妇女之位，主布帛裁置、嫁娶。虚二星，冢宰之象也，主邑居庙堂祭祀之事，又主死丧。危三星，主天府、天市架屋，动则土功起。营室二星，为太庙天子之宫也，主土功事。东壁二星，主文章，天下图书之秘府。西方奎十六星，天之武库也，主以兵禁暴。娄三星，亦为天狱，主苑牧牺牲供给郊祀。胃三星，天之厨藏，五谷之仓也，又名大梁，主仓廪。

昴七星，天之耳目也，主西方，又为旄头，胡星也，又主丧，主狱。昴、毕间二星，为天衢，三光之道也，主伺候关梁。毕八星，状如掩兔之毕，主边兵，主弋猎，又主刑罚。觜嶲三星，在参之右角，如鼎足形，主天之关，又为三军之候。参七星，白兽之体。中三星横列者，三将军也。南方东井八星，天之南门，黄道所经，为天之亭侯，主水衡事。鬼五星，天之目也，主视明察奸谋。中央一星，曰积尸，摇动失色则病疾。柳八星，天之厨宰，主尚食，和滋味。昴七星，一曰天都，主衣裳文绣。张六星，主珍宝宗庙之用及衣服，天厨饮食赏赉之事。翼二十二星，为天子之乐府，又主夷狄远宾负海之客，明则礼乐兴，四夷来宾。轸四星，为冢宰辅臣也，主车骑足用，亦主风，有军出入，皆占于轸。

**荧惑守心** 荧惑，火星也。守心，谓行经心度，住而不过也。宋景公时，荧惑守心。公问子韦，对曰："祸当君，可移之相。"公曰："相，吾辅也。不可！"曰："移之民。"曰："民死，吾谁与为君？"曰："移之岁。"曰："岁饥则民死。"子韦曰："君有至德之言三，荧惑必三徙。"果徙三舍。

**岁星** 木星也。所居之国为福，所对之国为凶。福主丰稔，凶主饥荒。一曰：岁星所在之国，有称兵伐之者必败。

**彗星** 曰长星，亦曰欃枪。芒角四射者曰孛，芒角长如帚曰彗，极长者曰蚩尤旗。

金星一月移一宫，木星一岁移一宫，水星一月移一宫，火星两月移一宫，土星二十八月移一宫。

**客星犯牛斗** 有人居海上，每年八月，见浮槎到岸，乃赍粮，乘之。至一处，见妇人织机。其夫牵牛饮水次。问："此是何处？"答曰："归问严君平。"君平曰："是日客星犯牛斗，即尔至处。"

**问使者何日发** 汉和帝时，遣使者二人，微行至蜀。李郃为郡侯吏，出酒共饮，问曰："君来时，知二使者以何日发行？"二人怪问其故，郃曰："见有二使星入益部耳。"自此名著。

**五星奎聚** 宋乾德五年三月，五星聚于奎。初，窦俨与卢多逊、杨徽之周显德中同为谏官，俨善推步星历，尝曰："丁卯岁五星聚奎，自此天下始太平。二拾遗见之，俨不与也。"吕氏中曰："奎星固太平之象，而实重启斯文之兆也。文治精华，已露于斯矣。"

**德星** 颍川陈寔、荀淑，俱率子弟宴集一堂。太史奏德星聚颍，分百里内必有贤人会合。

**客星犯御座** 光武引严光入内，论道旧故，相对累日。因共偃卧，光以足加帝腹上。明日，太史奏客星犯御座甚急。帝笑曰："朕与故人严子陵共卧耳。"

**晨星** 刘禹锡曰："落落如晨星之相望。"谓故人寥落，如早晨之星，甚稀少也。

**望星星降** 何讽于书中得一发卷，规四寸许，如环而无端，用力绝之，两头滴水。方士曰："此名脉望，蠹鱼三食神仙字，则化为此。夜持向天，规中望星，星立降，可求丹服食也。"

**吞坠星** 五代汤悦，自少颖悟。尝见飞星堕水盘中，掬而吞之，文思日丽。仕南唐，拜相。凡书檄制诰，皆出其手。

**上应列宿** 馆陶公主为子求郎，不许，赐钱十万缗。汉明帝谓群臣曰："郎官上应列宿，出宰百里，苟非其人，则民受其殃。"

**文曲犯帝座** 明景清，建文中为御史大夫。文皇即位，清独委蛇侍朝，文皇颇疑之。时星者奏文曲犯帝座甚急，色赤。是日，清衣绯入。遂收清，得所带剑，不屈死，死后精灵犹见。

**星长竟天** 唐天祐二年，彗星长竟天。宋徽宗五年，有星孛于西方，长竟天。明成化七年，彗星见。正德元年，彗星见，参井侵太微垣。万历四十六年，东方有白气，长竟天，其占为彗象，辽阳震报相踵。天启元年，土星逆入井宿。

**星飞星陨** 宋徽宗元年正月朔，流星自西南入尾抵距星，其光烛地。是夕，有赤气起东北，亘西方，中出白气二，将散，复有黑气在旁。任伯雨言：时方孟春，而赤气起于暮夜之幽，以天道人事推之，此宫禁阴谋下干上之证也。散而为白，而白主兵，此夷狄窃发之证也。明成化二十三年，有飞星流，光芒烛地。正德元年，陨星如雨。崇祯十七年，星入月中。占曰："国破君亡。"

## 风云

**风神** 名封十八姨，又名冯异。

**云神** 名云将。

**八风** 八节之风：立春条风（赦小过，出稽留），春分明庶风（正封疆，修田畴），立夏清明风（出币帛，礼诸侯），夏至景风（辩大将，封有功），立秋凉风（报土功，祀四郊），秋分阊阖风（解悬垂，琴瑟不张），立冬不周风（修宫室，完边城），冬至广汉风（诛有罪，断大刑）。

**四时风**　郎仁宝曰：春之风，自下升上，纸鸢因之以起；夏之风，横行空中，故树杪多风声；秋之风，自上而下，木叶因之以陨；冬之风，著土而行，是以吼地而生寒。

**少女风**　管辂过清河，倪太守以天旱为忧。辂曰："树上已有少女微风，树间已有阳鸟和鸣，其雨至矣。"果如其言。

**飓风**　《岭表录》：飓风之作，多在初秋，作则海潮溢，俗谓之飓母风。

**石尤风**　石氏女为尤郎妇。尤为商远出，妻阻之，不从。郎出不归，石病且死，曰："吾恨不能阻郎行。后有商贾远行者，吾当作大风以阻之。"自后行旅遇逆风，曰："此石尤风也。"

**羊角风**　《庄子》：大鹏起于北溟，而徙南溟也，抟扶摇羊角而上者九万里。宋熙宁间，武城有旋风如羊角，拔木，官舍卷入云中，人民坠地死。

《尔雅》：南方谓之凯风，东方谓之谷风，北方谓之凉风，西方谓之泰风。焚轮谓之颓，扶摇谓之猋。风与火为庉。回风为飘。日出而风谓之暴。风而雨为霾。阴日风为曀。猛风曰飀，凉风曰飉，微风曰飚，小风曰飕。

**花信风**　唐徐师川诗云："一百五日寒食雨，二十四番花信风。"《岁时记》曰："一月二气六候，自小寒至谷雨。四月八气二十四候，每候五日，以一花之风信应之。"

**泰山云**　《公羊传》：泰山之云，触石而起，肤寸而合，不崇朝而雨天下。

**卿云**　若云非云，若烟非烟，郁郁纷纷，萧索轮菌，谓之庆云。王者德至于山陵，则卿云出。《春秋繁露》："人君修德，则矞云见。"云五色为卿，三色为矞。

**沆瀣**　夜半清气从北方起者，谓之沆瀣。

**神瀵**　《列子》言：神瀵即《易》所谓山泽气相蒸，云兴而为雨也。陈希夷诗："倏尔火轮煎地脉，愕然神瀵涌山椒。"

**白云孤飞**　狄仁杰尝赴并州法掾，登太行山，见白云孤飞，泣曰："吾亲舍其下。”

**五色云** 宋韩琦弱冠及第，方传胪时，太史奏：“五色云现。”出入将相，为一代名臣。

风，天地之使也，大块之噫气，阴阳之怒而为风也。《洛神赋》：“屏翳收风”。屏翳，风师也，又名飞廉。飞廉，神禽，即箕主也。又曰：“箕主簸扬，能致风雨。”

**风霾** 明天启间，魏阉肆毒，风霾旱魃，赤地千里，京师地震，火灾焚烧，震压死伤甚惨。崇祯十七年正月朔，大风霾。占曰：“风从乾起主暴。”兵破城。三月丙申，大风霾，昼晦。

**风木悲** 《春秋》：皋鱼宦游列国，归而母卒，泣曰：“树欲静而风不息，子欲养而亲不在。”遂自刎死。

**歌南风之诗** 大舜弹五弦之琴，歌《南风》之诗，曰：“南风之熏兮，可以解吾民之愠兮；南风之时兮，可以阜吾民之财兮。”

**占风知赦** 汉河内张成善风角，推占当赦，教子杀人。司隶李膺督促收捕，既而逢宥获免，膺愈愤疾，竟按杀之。

**祭风破操** 操连船舰于赤壁，周瑜用黄盖火攻之策。时隆冬无东南风，诸葛孔明筑坛而祭，应期风至，大破曹兵。

**云霞** 云，山川之气也。日旁彩云名霞，东西二方赤色，亦曰霞。《易经》：“云从龙，风从虎。”孔子曰：“于我如浮云”。

**云出无心** 陶词：“云无心而出岫。”

**占云** 二至、二分，望云色以卜岁之丰凶水旱。

**行云** 楚襄王游于高唐，梦一女曰：“妾在巫山之阳，高丘之上，朝为行云，暮为行雨。”比旦视之，如其言。

**落霞** 王勃《滕王阁序》：“落霞与孤鹜齐飞。”后一士子夜泊江中，闻水中吟此，此士曰：“何不云‘落霞孤鹜齐飞，秋水长天一色’。”鬼遂绝。

**飓风** 《岭表录》：飓风之作，多在初秋，作则海潮溢，俗谓之飓母风。明正德七年，流贼刘大等舟至通州狼山，遇飓风大作，舟覆，贼尽死。

## 雨

**雨神** 名漭漭滉本郎。

**雨师** 名萍翳。

**商羊舞** 齐有一足鸟，舞于殿前。齐侯问于孔子，孔子曰："此鸟名商羊。儿童有谣曰：'天将大雨，商羊鼓舞。'是为大雨之兆。"后果然。

**石燕飞** 《湘州记》：零陵山有石燕，遇风雨则起飞舞，雨止还为石。

**洗兵雨** 武王伐纣，风霁而乘以大雨。散宜生谏曰："非妖与？"武王曰："非也，天洗兵也。"

**雨工** 唐柳毅过洞庭，见女子牧羊道畔，怪而问之。女曰："非羊也。此雨工雷霆之类也。"遂为女致书龙宫，妻毅以女。今为洞庭君。

**蜥蜴致雨** 关中求雨，寻蜥蜴十数，置瓮中，童男女咒曰："蜥蜴蜥蜴，兴云吐雾，致雨滂沱，放汝归去。"宋咸平时用此法祷雨，屡验。

于小春月内雨为液雨。时雨为澍雨。雨雪杂下为雨汁。

**御史雨** 唐平原有冤狱，天久不雨。颜真卿为御史，按行部邑决狱而雨，号御史雨。

**随车雨** 宋陈戬知处州，时大旱，公下车，雨遂霑足，人谓之随车雨。

**三年不雨** 于公，东海郡决曹，决狱平恕。海州孝妇少寡，无子，姑欲嫁之，不肯。姑自经。姑女诬告孝妇，捕治，狱成。于公以为冤，太守竟杀之，郡中三年苦旱。后守听于公言，徒步往祭，立雨。

**侍郎雨** 正统九年，浙江台宁等府久旱，民多疾疫。上遣礼部右侍郎王英，赍香帛往祀南镇。英至绍兴，大雨，水深二尺。祭祀之夕，雨止见星。次日，又大雨，田野沾足。人皆曰："此侍郎雨也。"

**雨雹如斗** 汉方储，官太常。永元中郊祀，储言且有天变，宜更择日，上不从。已而风日晴畅。郊还，责其欺罔，因饮鸩死。须臾，雨雹大如斗，死者千计。上使召储，无及矣。

**冒雨剪** 郭林宗友人夜至，冒雨剪韭作炊饼。杜诗："夜雨剪春韭"。

**雨粟雨金钱** 仓颉造字成，天雨粟，鬼夜哭。大禹时，天雨金三日。翁仲儒家极贫，天雨金十饼，称巨富。熊衮至孝，父母死，不能葬，呼天号泣，天雨钱十万，以终其葬事。

**雨** 《大戴经》云：天地积阴，温则为雨。雹，雨冰也，盛阳雨水温暖，阴气胁之不相入，则转而为雹。

**毕星好雨** 月行西南入于毕，则多雨。《易》曰："云行雨施，品物流行。"俗云："雨三日以往为霖。"小雨曰霡霂，大雨曰雺霈，久雨为霪雨，亦曰天漏。

**祷雨** 汤有七年之旱，太史占之曰："当以人祷。"汤曰："吾所为请雨者，民也。若以人祷，吾请自当。"遂斋戒，剪发断爪，素车白马，身婴白茅，以为牺牲，祷于桑林之野，以六事自责曰："政不节欤？民失职欤？宫室崇欤？女谒盛欤？苞苴行欤？谗夫昌欤？"言未已，大雨，方数千里。

**霖雨放宫人** 宋开宝五年，大雨，河决。太祖谓宰相曰："霖雨不止，得非时政所阙。朕恐掖庭幽闭者众。"因告谕后宫："有愿归其家者，具以情言。"得百名，悉厚赐遣之。

**上图得雨** 宋神宗七年，大旱，岁饥，征敛苛急，流民扶携塞道，羸疾无完衣，或茹木实草根，至身被锁械，而负瓦揭木，卖以偿官，累累不绝。监安上门郑侠乃绘所见为图，发马递上之言："陛下亲臣图，以行臣之言，一日不雨，乞斩臣，以正欺君之罪。"帝见图长叹，寝不能寐。翌旦，命罢新法十八事。民闻之，欢呼相贺。是日，大雨，远近霑洽。

**商霖** 宋徽宗时，蔡京久盗国柄，中外怨疾。商英能立异同，更称为贤，帝因人望而相之。时久旱，彗星中天，商英受命。是夕，彗不见。明日，雨。帝喜书"商霖"二字赐之。

**兵道雨** 明蔡懋德以参政备兵真定。天久旱，尺寸土皆焦。懋德祷雨辄应，属邑民争迎之祷，所至即雨，民欢呼曰"兵道雨"。

**大雹示警** 周孝王命秦非子主马于汧渭之间，马大蕃息，王封为附庸之君，邑于秦，使续伯益后。其日大雨雹，牛马死，江汉俱冻。明天启二年，大雨雹著屋，瓦碛俱碎，禾稼多伤。

**雨血** 元顺帝二年正月朔，雨血于汴梁，著衣皆赤。

## 雷电虹霓

**雷神** 名丰隆。

**电神** 名缺列。

**虹霓** 一名挈贰，一名天弓，一名蝃蝀。

**雷候** 仲春之月，雷乃发声，始电。蛰虫咸动，启户始出。仲秋之月，雷始收声，蛰虫坏户。《传》曰：雷八月入地百八十日。

**闻雷造墓** 三国王裒父仪，以直言忤司马昭，见杀。裒终身未尝西向而坐，示不臣晋也。庐墓悲号，流涕著树，树为之枯。读《诗》至“哀哀父母”则三复呜咽，门人辄废《蓼莪》。母存日，畏雷，殁后，每雷震，即造墓，曰：“哀在此。”

**霹雳破倚柱** 《世说》：夏侯玄尝倚柱读书，时暴雨，霹雳破所倚柱，衣服焦然，神色无变，读书如故。与《晋纪》诸葛诞事相同。

**照郊** 《世纪》：神农氏之末少昊氏娶附宝，见大电光绕北斗枢星照郊，感附宝孕，二十月生黄帝于寿丘。

**雷电遽散** 《南唐书》：陆昭符，金陵人，开宝中为常州刺史。一日，坐厅事，雷雨猝至，电光如金蛇绕案，吏卒皆震仆，昭符神色自若，抚案叱之，雷电遽散。得铁索，重百斤，徐命举索纳库中。

**赤虹** 孔子作《春秋》，制《孝经》，书成，告备于天，天乃洪郁起白雾摩地，赤虹自上而下，化为黄玉，长者三尺，上有刻文，孔子拜而受之。

**天投蜺** 汉灵帝时，有黑气堕温德殿中，大如车盖，隆起奋迅，五色，有头，体长十馀丈，形貌如龙。上问蔡邕，对曰：“所谓天投蜺也，不见足尾，不得称龙。”占曰：“天子内惑女色，外无忠臣，兵革将起。”

**雷州** 雷州英灵冈，相传雷出于此。《国史补》：雷州春夏多雷，秋日则伏地中，其状如彘，或取而食之。又夜城西南有雷公庙，每岁乡人造雷鼓、雷车送入庙中，或以鱼彘同食者，立有霆震。

**感雷精** 《论衡》曰：子路感雷精而生，故好事。

**雷神** 曹州泽中有雷神，龙身而人颊，鼓其腹则鸣。《史记》：“舜渔于雷泽。”即此。

**占虹霓诗** 彭友信以贡至京师，遇上微行，占《虹霓》诗二句云：“谁把青红线两条，和云和雨系天腰。”命友信续之，应声曰：“玉皇昨夜銮舆出，万里长空驾彩桥。”上大悦，问其籍，命翌晨候于竹桥，同入朝。友信如言，候久不至，遂入朝。上召问故，以实对。上曰：“此秀才有学有行。”遂授北平布政使。

**雷神名** 雷，阴阳薄动，生物者也。又黔雷，天上造化神名。电，雷光也，阴阳激耀也。霹雳，雷之急激者。闪电曰雷鞭。唐诗：“雷车电作鞭。”又电神，名列缺。《思玄赋》：“列缺晔其照夜。”

**律令** 《资暇录》：律令是雷边捷鬼，善走，与雷相疾连，故符咒云：

“急急如律令。”

**阿香** 《搜神记》：永和中，有人暮宿道旁女子家。夜半闻小儿呼：“阿香！官唤汝推雷车。”急骤雷雨。明日视宿家，乃一新冢。

**谢仙** 《国史》：祥符中，岳州玉仙观为天火所焚，惟留一柱，有“谢仙火”三字，倒书而刻之。何仙姑云：“谢仙，雷部，司掌火。”

**雷震而生** 陈时，雷州民陈氏获一卵，围及尺馀，携归。忽一日，雷震而开，生子，有文在手，曰“雷州”。及长，名文玉，后拜本州刺史，多惠政。没而灵异，立庙以祀。

**霹雳斗** 齐神武道逢雷雨，前有浮图一所，使薛孤延视之。未至三十步，震烧浮图。薛大声喝杀，绕浮图走，火遂灭。及还，须发皆焦。

**雷同** 《论语谶》：雷震百里，声相附也，谓言语之符合，如闻雷声之相同也。

**冬月必雷** 《隋史》：马湖府西，万岁征西南夷过此，镌“雷番山”三字于石。山中草有毒，经过头畜，必笼其口，行人亦必缄默，若或高声，虽冬月必有雷震之应。

**暴雷震死** 商武乙无道，为偶人，谓之天神。与博不胜，而戮之。为革囊盛血，仰射之，谓之射天。猎于河渭之间，暴雷震死。

**假雷击人** 《广舆记》：铅山人某，常悦东邻妇某氏，挑之，不从。值其夫寝疾，天大雷雨，乃著花衣为两翼，跃入邻家，奋铁椎杀之，仍跃而出。妇以其夫真遭雷击也。服除，其人遣媒求娶。妇因改适，伉俪甚笃。一日，妇检箱箧，得所谓花衣两翼者，怪其异制。其人笑曰：“当年若非此衣，安得汝为妻！”因叙事始末。妇亦佯笑。俟其出，抱衣诉官，论绞。绞之日，雷大发，身首异处，若肢裂者。

**虹霓** 虹，蝃蝀也。阴气起而阳气不应则为虹。又音绛，亦螮蝀也。《诗经》：“蝃蝀在东。”霓，屈虹也。《说文》：“阴气也。”通作“蜺”。《天文志》：“抱珥虹蜺”。一云雄曰虹，雌曰霓。沈约《郊居赋》：“雌霓连蜷”。《西京赋》：“直螮霓以高居。”又朝西暮东，东晴西雨。

**虹绕虹临** 《通鉴》：太昊之母履巨人迹，意有动，虹且绕之，因娠而生帝于成纪。少昊，黄帝之子，母曰螺祖，感大星如虹下临华渚之祥而生。

## 雪霜

**雪**　雪神名滕六。

**霜**　霜神名青女。

**滕六降雪**　唐萧志忠为晋州刺史，欲出猎，有樵者见群兽哀请于九冥使者（山神）。使者曰："若令滕六降雪，巽二起风，则使君不出矣。"天未明，风雪大作，萧果不出。

**霙**　《韩诗外传》：凡草木花多五出，雪花独六出。阴极之数，立春则五出矣。雪花曰霙。

**柳絮因风**　晋谢太傅大雪家宴，子女侍坐。公曰："白雪纷纷何所似？"兄子朗曰："撒盐空中差可拟。"兄女道韫曰："不若柳絮因风起。"公大称赏。

**雪水烹茶**　宋陶穀得党家姬，遇雪，取雪水烹茶，谓姬曰："党家亦知此味否？"姬曰："彼武夫安有此？但知于锦帐中饮羊羔酒耳。"公为一笑。

**欲仙去**　越人王冕，当天大雪，赤脚登炉峰，四顾大呼曰："天地皆白玉合成，使人心胆澄澈，便欲仙去！"

**剡溪雪**　王子猷居山阴，于雪夜棹小舟往剡溪访戴安道，未到门而返。仆问之，答曰："乘兴而来，兴尽而返，何必见戴？"

**卧雪**　袁安遇大雪，闭门僵卧。洛阳令行部，见民家皆除雪出。至安门，无行迹。疑安已死，急令人除雪入户，见安僵卧。问安何以不出。安曰："大雪人皆饿，不宜干人。"令贤之，举为孝廉。

**嚼梅咽雪**　铁脚道人尝爱赤脚走雪中，兴发则朗诵《南华·秋水篇》，嚼梅花满口，和雪咽之，曰："吾欲寒香沁入心骨。"

**神仙中人**　晋王恭尝披鹤氅涉雪而行，孟旭见之，曰："此真神仙中人也。"

**大雪践约**　环州蕃部奴讹者，素倔强，未尝出谒郡守。闻种世衡至，出迎。世衡约明日造其帐。是夕大雪，深三尺。左右曰："地险不可往！"世衡曰："吾方结诸羌以信，讵可失期？"遂缘险而入。奴讹讶曰："公乃不疑我耶！"率部落罗拜听命。

**雪夜入蔡州**　李愬乘雪夜入蔡州，搅乱鹅鸭池，及军声达于吴元济卧榻，仓卒惊起，围而擒之。

**踏雪寻梅** 郑綮情怀旷达，常冒雪骑驴寻梅，曰："吾诗思在灞桥风雪中、驴背上。"

**雪** 《大戴经》云：天地积阴，寒则为雪。《氾胜之书》：雪为五谷之精。又云"冬雪兆丰年"。故冬雪为瑞雪。诗有"宜瑞不宜多"之句。

**啮雪咽毡** 苏武持节使匈奴。幽武大窖中，啮雪咽毡，数日不死，匈奴神之。

**映雪读书** 孙康家贫，好学，尝于冬夜映雪读书。

**雪夜幸普家** 宋太祖数微行过功臣家。一日大雪，向夜，普意太祖不出。久之，闻叩门声，普亟出，太祖立风雪中。

**霜** 露之所结也。《大戴礼》云：霜露阴阳之气，阴气盛则凝而为霜。《易》曰：履霜坚冰至。《诗》：岐节贯秋霜。

**五月降霜** 《白帖》：邹衍事燕惠王，尽忠。左右谮之，王系之狱。衍仰天而哭，五月为之降霜。

## 露雾冰

**露** 一名天乳，一名天酒。

**花露** 杨太真每宿酒初消，多苦肺热。凌晨，至后苑，傍花口吸花露以润肺。

**仙人掌露** 汉武帝建柏梁台，高五十丈，以铜柱置仙人掌，擎玉盘，以承云表之露，和玉屑服之，以求仙也。

**露** 夜气著物为露。《玉篇》曰：天之津液，下所润万物也。

**雾** 地气上天不应也。《元命苞》曰：阴阳乱为雾，气蒙冒覆地之物。

**冰** 冬水所结。天寒地冻，则水凝结而坚也。

**甘露** 梁绍，贵县人，以孝名，有甘露著松树上。后为广东提刑干官。苏轼询知状，为署其斋曰"甘露"，林曰"瑞松"，其读书处曰"薰风"。

**作十里雾** 神农氏世衰，诸侯相侵伐，炎帝榆罔弗能征。轩辕修德治兵，以征不享。与蚩尤战于涿鹿，蚩尤作雾十里，以迷轩辕，乃以指南车擒杀之。

**伐冰之家** 卿大夫以上丧祭，用冰者也。

**冰人冰泮** 晋令狐策梦立冰上，与冰下人语。索占之，曰："为阳语阴，媒介事也。当为人作媒，冰泮成婚。”后太守田豹为子求张嘉贞女，使策为媒，果于仲春成婚。故今称媒人亦曰“冰人”。《诗经》曰：“迨其冰泮。”

**冰生于水** 《荀子》：“冰生于水而寒于水。”比后进之过于先生也。

**冰山** 唐杨国忠为右相，或劝陕郡进士张彖谒国忠，曰：“见之，富贵立可图。”彖曰：“君辈倚杨右相若泰山，吾以为冰山耳。若皎日既出，君辈得无失所恃乎？”遂隐居嵩山。

**冰柱** 明正德十年，文安县一日河水忽僵立，风色甚寒，冻结为柱，高围俱五丈，中空而旁穴。数日，流贼过县，乡民走入穴中避之，赖以保全者，何啻百万！

## 时令

**律吕** 六律属阳，十一月黄钟，正月太簇，三月姑洗，五月蕤宾，七月夷则，九月无射。六吕属阴，十二月大吕，二月夹钟，四月仲吕，六月林钟，八月南宫，十月应钟。

**十干** 甲曰阏逢，乙曰旃蒙，丙曰柔兆，丁曰强圉，戊曰著雍，己曰屠维，庚曰上章，辛曰重光，壬曰玄黓，癸曰昭阳。

**十二支** 子曰困敦，丑曰赤奋，寅曰摄提，卯曰单阏，辰曰执徐，巳曰大荒落，午曰敦牂，未曰协洽，申曰涒滩，酉曰作噩，戌曰阉茂，亥曰大渊献。

**十二肖** 子鼠无胆，丑牛无上齿，寅虎无颈，卯兔无唇，辰龙无耳，巳蛇无足，午马无下齿，未羊无瞳，申猴无脾，酉鸡无外肾，戌狗无胃，亥猪无筋。鼠前四爪、后五爪，虎五爪，龙五爪，马单蹄，猴五爪，狗五爪，故属阳。牛两爪，兔缺唇，蛇双舌，羊分蹄，四爪，鸡四爪，猪四爪，故属阴。

**三春** 三春曰陬月、如月、宿月。三夏曰余月、皋月、且月。三秋曰相月、壮月、玄月。三冬曰阳月、辜月、涂月。

**节水** 正月解冻水，二月白水，三月桃花水，四月瓜蔓水，五月麦黄水，六月山矾水，七月豆花水，八月荻苗水，九月霜降水，十月复槽水，十一月走凌水，十二月感凌水。

伏羲始立八节。周公始定二十四节，以合二十四气。

**节气** 立春正月节，雨水正月中；惊蛰二月节，春分二月中；清明三月节，谷雨三月中；立夏四月节，小满四月中；芒种五月节，夏至五月中；小暑六月节，大暑六月中；立秋七月节，处暑七月中；白露八月节，秋分八月中；寒露九月节，霜降九月中；立冬十月节，小雪十月中；大雪十一月节，冬至十一月中；小寒十二月节，大寒十二月中。

**改岁** 唐虞纪岁曰载，夏改载曰岁，商改岁曰祀，周改祀曰年，秦改年曰遂。

**百六阳九** 《律历志》：凡四千六百一十七岁为一元。一元之中有上元、中元、下元。九度，阳厄五、阴厄四。初入元，百六岁有阳厄，故曰百六阳九。

**甲子** 尧元年至万历元年癸酉，三千九百六十二年，六十七甲子。

**上元** 洪武十七年甲子为中元，正统九年甲子为下元，洪治十七年甲子为上元，嘉靖四十三年甲子为中元。天启四年甲子为下元。

**浃旬浃辰** 十日则天干一周，故曰浃旬。十二月则地支一周，故曰浃辰。

**三余** 谓冬者岁之余，夜者日之余，雨者月之余。魏董遇以三余读书。

**五夜** 五夜即五更，分甲乙丙丁戊也。故三更谓之丙夜。

**月忌** 俗以初五、十四、廿三为月忌，盖三日乃《河图》数之中宫五数也。五为君象，故庶民不敢用之。

**闰月** 冬至后馀一日，则闰正月；馀二日，则闰二月；馀十二日，则闰十二月；若十三日，则不闰矣。

**四离四绝** 春分、秋分、冬至、夏至前一日，谓之四离。立春、立夏、立秋、立冬前一日，谓之四绝。

**大往亡** 立春后六日，惊蛰后十三日，清明后二十日，立夏后七日，芒种后十五日，小暑后二十三日，立秋后八日，白露后十七日，寒露后二十三日，立冬后九日，大雪后十九日，小寒后二十六日，谓“往亡”。

**百忌日** 甲不开仓，乙不栽植，丙不修灶，丁不剃头，戊不受田，己不破券，庚不经络，辛不合酱，壬不决水，癸不词讼。子不问卜，丑不冠带，寅不祭祀，卯不穿井，辰不哭泣，巳不远行，午不苫盖，未不服药，申不安床，酉不会客，戌不吃狗，亥不嫁娶。

**改火**　燧人掌火。春取榆柳之火，夏取枣杏之火，秋取柞楢之火，冬取槐檀之火。

**五行分旺**　东方乘震而司春，其帝太皞，其神句芒，其日甲乙。甲乙属木，水旺于春，其色青，故春曰青帝。南方居离而司夏，其帝炎帝，其神祝融，其日丙丁。丙丁属火，火旺于夏，其色赤，故夏曰赤帝。西方当兑而司秋，其帝少皞，其神蓐收，其日庚辛。庚辛属金，金旺于秋，其色白，故秋曰白帝。北方乘坎而司冬，其帝颛顼，其神玄冥，其日壬癸。壬癸属水，水旺于冬，其色黑，故冬曰黑帝。中央属土，黄帝乘权，其日为戊己。戊己属土，土旺于四时，其色黄。

**天时长短**　每年小满后，累日而进，积三十日为夏至，而一阴生，天时渐短。小寒后累日而进，积三十日为冬至，而一阳生，日晷初长。《周礼》注：冬至日在牵牛，景长一丈二尺，夏至日在东井，景长五寸。

**玉烛**　《尔雅》："四时和谓之玉烛。"谓言道光照也。

**月分三浣**　上旬曰上浣，中旬曰中浣，下旬曰下浣。浣，沐浴也。古制：朝臣十日一给假，一月三给，为浣沐之期。

**朝三暮四**　《庄子》：狙公养狙，曰："与若茅栗也，朝三暮四。"众狙皆怒。又曰："朝四暮三。"众狙皆喜。

**寒岁燠年**　东周懦弱，政失之舒，故衰周无寒岁。嬴氏凶残，政失之急，故暴秦无燠年。

**当惜分阴**　《晋书》：陶侃曰："大禹圣人，乃惜寸阴。至于凡人，当惜分阴，无使日月其除也。"

## 春

**邹律回春**　刘向《别录》：燕有寒谷，黍稷不生，邹衍吹律，暖气乃至，草木皆生。

**端月**　《索隐》曰："秦二世二年正月，以避秦始皇讳，改名端月，至汉始易。"

楚俗立春日，门贴宜春字。唐人立春日作春饼、生菜，号春盘。

**元日**　伏羲置元日。汉武置岁元、月元、时元。

**贺正**　汉高祖十月定秦，遂为岁首。七年，长乐宫成，制群臣朝贺仪，改用夏正。建寅之月，则元日贺，始高祖。

东方朔占曰：正月元日至八日，一鸡，二犬，三豕，四羊，五马，六牛，七人，八谷。其日晴明，主所生之物繁衍，阴雨则夭折。

**人日** 宋富郑公于正月七日朝见，真宗劳之曰："今日卿至，可谓人日。"

宋真宗以正月三日为天庆节。

晋人日造华胜相遗，剪彩缕金插鬓。

**悬羊磔鸡** 元旦县官悬羊头于门，又磔鸡覆之。草木萌动，羊啮百草，鸡啄五谷，杀之以助生气也。

**桃符** 黄帝于元旦立桃板，门上画神荼、郁垒。尧时献重明鸟如鸡，国人利宝鸡。户上悬苇索，插符，三代异尚：夏插茭苇，即今插芝麻秸；殷螺首以谨闭塞也，一名椒图；周桃梗。

**屠苏酒** 屠苏，庵名。汉时有人居草庵造酒，除夕以药囊浸酒中，辟除百病，故元旦饮之。其饮法：先少者，后老者。以少者得岁，故先之；老者失岁，故后之。

**椒觞** 元日取椒置酒中饮之，谓之椒觞。以椒为玉衡星精，服之令人却老。

周制迎春。唐中宗制迎春彩花。

**五辛盘** 元日取五木煎汤沐浴，令人至老发黑。道家谓青木香为五香，亦云五木。庾诗："聊倾柏叶酒，试奠五辛盘。"

**火城** 元日晓漏前，宰州三司金吾以桦烛数百炬，拥马前后如城，谓之火城。

**元夕放灯** 以正月十五天官生日放天灯，七月十五水官生日放河灯，十月十五地官生日放街灯。宋太宗淳化元年六月丙午诏，罢中元、下元两夜灯。

**买灯** 上元张灯止三夜，其十七、十八，始于钱镠王人贡疏买两夜灯。乾德五年正月有诏："上元张灯，旧止三夜。朝廷无事，区宇乂安，方当年谷之丰登，宜纵士民之行乐。其令开封府更放十七、十八两夜灯。"

**广陵灯** 唐玄宗元夕与天师叶靖能登虹桥，往广陵看灯。士女望见，以为神仙。帝敕伶人奏《霓裳曲》。数日后，广陵果奏其事。

**踏歌入云** 唐睿宗于安福门外作灯树，高二十丈，宫女千数，并长安少妇千馀人，衣锦绣，于灯轮下踏歌三日，令朝士作歌，以纪其胜。歌中有“踏歌声调入云中”之句。

**金吾不禁** 《西京杂记》：西都京城街衢，有执金吾晓夜传呼，以禁止夜行，惟正月十五敕金吾弛禁，前后各一日，谓之放夜。

**卯刚** 正月卯日，佩卯刚辟邪。唐制：正月下旬送穷，晦日湔裳。

**卜紫姑** 紫姑，人家侍妾，为大妇所杀，置之厕中。后人作其形于厕，元夕迎之，能占农事及桑叶贵贱。

**青藜照读** 元夕人皆游赏，独刘向在天禄阁校书。太乙真人以青藜杖燃火照之。

**耗磨日** 正月十六日谓之耗磨日，人皆饮酒，官司不令开库。

**天穿日** 正月二十日为天穿，以红彩系饼饵投屋上，谓之补天。

**水湄度厄** 元日至晦日，士女悉湔裳，酌酒于水湄，以为度厄。

**雨水** 前此为霜为雪，水气[①]凝结。立春后，天气下降，当为雨水。

**中和节** 唐李泌以二月朔为中和节，以青囊盛百谷瓜果种相问遗，酿宜春酒，祭句芒神，百官进农书。

**磔鸡** 魏文帝制。春分磔鸡，祀厉殃。

**花朝** 二月十二日谓之花朝。俗传是日为百花生日。徐文长考是十五日，谓的确不差。东京以是日为扑蝶会。

**勾龙** 《左传》：共工氏有子曰勾龙，能平水土。故祀以为社神，于仲春祭之。

**清明节** 清明万物齐于巽。巽。洁也，齐也。清明取洁齐之义。谷雨，言滋五谷之雨也。

唐制，清明取火以赐近臣。韩翃诗：“日暮汉宫传蜡烛，轻烟散入五侯家。”

**探春** 《天宝遗事》：都人士女，至春时，郊外为探春之宴。

**飞英会** 范蜀公居许，作长啸堂，前有荼蘼，花时宴客，有花落酒杯中，饮以大白，举座无遗，谓飞英会。

**斗花** 长安春时，盛于游赏。士女斗花，栽插以奇多者为胜。皆用多金市名花，以备春时之斗。

---

① 气，通“汽”。

**花裀**　开元时，学士许慎春日宴客花圃，不张幄设座，使童仆聚落花铺坐下，曰："吾自有花裀。"

**移春槛**　开元中，富家至春时，以各花植木槛中，下设轮脚，挽以彩，所至牵引，以供观赏，号移春槛。

**护花铃**　宁王春时纫红丝为绳，缀金铃，系花梢。有鸟雀翔集，则令园吏掣铃索以惊之，号护花铃。

**治聋酒**《石林诗话》：世言社日饮酒治耳聋。五代李涛有《春社从李昉求酒》诗："社公今日没心情，为乞治聋酒一瓶。"

**罢社**　汉王修年七岁，母以社日亡。来岁社，修哭之哀，邻父老皆为之罢社。

**禁火**《十六国春秋》：石勒下令寒食不许禁火。后有冰雹之异，徐元曰："介子推帝乡之神也，历代所尊，未宜替也。"勒从之，令并州复寒食如故。

**寒食**　冬至后一百六日谓之寒食，以介子推是日焚死，晋文公禁火而志痛也。

**雕卵**　周制，季春雕卵斗鸡子，始为寒食戏。玄宗制：寒食秋千舞。后唐庄宗制：寒食出祭。

**拜墓**　唐制，清明拔河戏、踏青，士大夫拜墓。

**上巳**　洛阳上巳日，妇女以荠花蘸油，祝而洒之水上，若成龙凤花卉之状则吉，曰油花卜。

**祓禊**　起于汉成帝。三月上巳日，官民皆祓禊于东流水上。禊者，洁也，于水上盥洁之也。巳者，止也，邪疾已去，祈介祉也。

**踏青**　三月上巳，赐宴曲江，都人于江头禊饮，践踏青草，曰踏青，侍臣于是日进踏青履。王通叟词："结伴踏青归去好，平头鞋子小双鸾。"

**柳圈**　唐制，上巳祓禊，赐侍臣细柳圈，云："带之免虿毒瘟疫。"今小儿清明戴柳圈，本此。

周公制，上巳女巫禊于水上。郑制，上巳溱洧祓除，秉兰招魂续魄。

**流觞**　兰亭流觞曲水，不始于兰亭。周公卜洛邑，因流水以泛酒，故《诗》曰："羽觞随波"。

**观灯赐钞**　永乐十年元宵，赐文武群臣宴，听臣民赴午门外观鳌山三日，遂岁以为常。时尚书夏元吉侍母观鳌山，上命中官赍钞二百锭，即其家赐之，曰：“以为贤母欢也。”

**社无定期** 一云春分后戊日为春社，秋分后戊日为秋社。春社燕来，秋社燕去。一云立春立秋后第五戊为社日。

**梅花点额** 刘宋寿阳公主人日卧含章殿檐下，梅花点额上，愈媚。因仿之，而贴梅花钿。

**桑叶贵贱** 三月十六晴则贵，阴雨则贱。谚曰：“三月十六暗𩅦𩅦，桑叶载去又载来。”

## 夏

**天祺节** 宋真宗以四月一日为天祺节。

**麦秋** 《月令》：麦秋至。蔡邕《章句》曰：百谷各以生为春，熟为秋。故麦以夏为秋。

**浴佛** 王钦若于四月八日作放生会。《荆楚岁时记》：四月八日建斋，作龙华会，浴佛。

**小满** 四月中小满后，阴一日生一分，积三十分，而成一昼，为夏至。四月乾之终，谓之满者，言阴气自此而生发也。又孟夏万物生长稍得盈满，故云小满。

**黴黰** 一作霉黰。俗云：早间芒种晚间黴。又云：夏至落雨主重黴，小暑落雨主三黴。

**䠷（音札）柳** 五月五日，士人于郊野或演武场走马较射，谓之䠷柳。

**制百药** 午日午时，头柄正掩五鬼，于此时制百药，无不灵验。

**采艾** 师旷制，五日采艾占病。齐景公制，五日百索悬臂及钗头符。

**续命缕** 午日以五彩丝系臂上，谓之续命缕，辟兵及鬼，令人不病。

**角黍** 屈原午日投汨罗，楚人以竹筒贮米，投水祭之。有欧回者，见三闾大夫曰：“君所祭物，多为蛟龙所夺，须裹以楝树叶，五彩丝缚之，可免龙患。”故后人制为角黍。一曰唐天宝中，宫中五日造粉团角食，以小角弓射之，中者方食，故曰角黍。

**竞渡** 屈原以五日死，楚人以舟楫拯之，谓之竞渡。又曰：五日投角黍以祭屈原，恐为蛟龙所夺，故为龙舟以逐之。

**五瑞** 端阳日以石榴、葵花、菖蒲、艾叶、黄栀花插瓶中，谓之五瑞，辟除不祥。

**五毒**　蛇、虎、蜈蚣、蝎、蟾蜍，谓之五毒。官家或绘之宫扇，或织之袍缎，午日服用之，以辟瘟气。

**赐枭羹**《郊祀志》：汉令郡国进枭鸟，五日为羹，赐百官，以恶鸟故食之，以辟诸恶也。

**浴兰汤**　五月五日蓄兰为汤以沐浴。《楚辞·离骚》："浴兰汤兮沐芳华。"

**天贶节**　宋祥符四年，诏六月六日天书再降，为天贶节。

**夏至数九**　一九和二九，扇子不离手。三九二十七，饮水甜如蜜。四九三十六，拭汗如出浴。五九四十五，头带黄叶舞。六九五十四，乘凉入佛寺。七九六十三，床头寻被单。八九七十二，思量盖夹被；九九八十一，家家打炭墼。

**赐肉**《汉书》：伏日诏赐诸郎肉。东方朔拔剑割肉，谓其同官曰："伏日宜早归，请受赐。"即怀肉而去。

**三伏**　立春、立夏、立冬皆以相生而代。至于立秋，以金代火。金畏火，故至庚日必伏。盖庚者金也。夏至后第三庚为初伏，四庚为中伏，立秋后初庚为末伏。秦穆公于是日进辟恶饼。

**天中节**《提要录》：端午为天中节。又曰蒲节，以是日用菖蒲泛酒故耳。

**竹醉日**　五月十日为竹醉日。是日移竹易活。又三伏内斫竹则不蛀。

## 秋

**一叶知秋**《淮南子》：一叶落而天下知秋。古诗：梧桐一叶落，天下尽知秋。

**鹊桥**《淮南子》：七月七夕，乌鹊填河成桥，以渡织女，谓与牛郎相会也。

**得金梭**　蔡州丁氏女精于女工，每七夕祷以酒果，忽见流星坠筵中。明日，瓜上得金梭。自是巧思益进。

**晒衣**　七月七日，诸阮庭中晒衣，无非锦绣。阮咸以长竿摽大布犊鼻裈于上，曰："未能免俗，聊复尔尔。"

**晒书**　郝隆七月七日见富家皆晒曝衣锦，郝隆乃出日中仰卧。人问其故，曰："我晒腹中书耳。"

**乞巧**　唐玄宗以七夕牛女相会，命宫中作高台，陈瓜果于上。宫人暗中以七孔针引彩线穿之，以乞天巧，穿过者以为得巧。又以蜘蛛纳小金盒中，至晓，开视蛛丝之稀密，又为得巧之多寡。

**化生**　七夕，以蜡作婴儿，浮水中以为戏，为妇人生子之祥，谓之化生。

**吉庆花**　薛瑶英于七月七日剪轻彩，作连理花千馀朵，以阳起石染之，当午散于庭中，随风而上，遍空中，如五色云霞，久之方散，谓之渡河吉庆花，藉以乞巧。

**摩睺罗**　泥孩儿也。有极巧饰以金珠者，七夕用以馈送，以作天仙送子之祥。

**盂兰会**　目连尊者见其母落饿鬼道，以钵盛饭飨之，入口即成灰炭，目连白佛求救。佛于七月十五日设兰盆大会，焰口咒食，其母乃得脱饿鬼之苦。

**处暑**　处，上声，止也，息也。谓暑气将于此时止息之也。白露，秋属金；白，金色也。

**天炙**　八月十四日以朱墨点小儿额，谓之天炙，以厌疫。

八月望日，广陵曲江观涛。

**游月宫**　开元二年八月十五夜，明皇与天师申元之游月宫，及至，见大府，榜曰“广寒清虚之府”，翠色冷光相射，极寒，不可少留。前见素娥十馀人，皆皓衣，乘白鸾，笑舞于广寒大桂树之下，音乐清丽。明皇制《霓裳羽衣曲》以记之。一说叶静能，一说罗公远，事凡三见。

**登峰玩月**　赵知微有道术。中秋积阴不解，众惜良辰。知微曰：“可借酒肴，登天柱峰玩月。”既出门，天色开霁。及登峰，月色如昼，会饮至月落方归。下山则凄风苦雨，阴晦如故。

**中秋无月**　俗云：“云掩中秋月，雨打上元灯。”二者皆煞风景之事，故对举言之，非连属语，以卜上元之灯也。今人多误。

**重阳**　九为阳数，其日与月并应，故曰重阳。汉宫人贾佩兰九日食饵，饮菊花酒，长寿。

**登高**　费长房语桓景曰：“九月九日，汝家有大灾，急作绛袋，盛茱萸系臂上，登高山，饮菊花酒，此祸可消。”景如其言，举家登山。至夕还，鸡犬皆暴死。长房曰：“代之矣。”今人登高，本此。

**落帽**　孟嘉为桓温参军，重九日宴姑孰龙山，风吹落帽。温敕左右勿言，良久取之还，令孙盛作文嘲之。

**白衣送酒**　陶潜九月九日无酒，宅边有菊，采之盈把，坐其侧。久而望见白衣人至，乃王弘送酒。就便酌酒，大醉而归。

**游戏马台**　宋武帝为宋公时，在彭城，九月九日游项羽戏马台。今相仍为故事。

**茱萸酒**　汉武帝宫人，九月九日皆饮茱萸菊花酒，令人长寿。

**观涛**　风俗：八月望日，广陵曲江观涛；浙江于十八日看戏潮。

**九日开杜鹃**　唐周宝镇润州，知鹤林寺杜鹃花奇绝，谓殷七七曰："可使顷刻开花，副重九乎？"殷曰："诺。"及九日，果烂熳[①]如春，宝游赏后，花忽不见。

**九日飞升**　汉张陵在富川山修道，晋永和九年九月九日，登白霞山飞升，惟遗丹灶药臼于山下。

## 冬

**十月朝**　宋制，十月朔拜暮，有司进暖炭，民间作暖炉会。

**亚岁**　魏晋冬至日受万国百僚称贺，少杀其仪，亚于岁朝，故曰亚岁。

**日长一线**　魏晋宫中女工刺绣，以线揆日长短，冬至后比常添一线之功，故曰日长一线。

**冬至数九**　一九和二九，相唤不出手。三九二十七，笆头吹觱篥。四九三十六，夜眠如露宿。五九四十五，太阳开门户。六九五十四，笆头抽嫩刺。七九六十三，破絮担头担。八九七十二，黄狗相阳地。九九八十一，犁耙一齐出。

**嘉平节**　秦人以十二月为嘉平节，民间以酒果馈遗，谓之节礼。

**腊八粥**　宋制，十二月八日浴佛，送七宝五味粥，谓之腊八粥。

**傩神逐疫**　颛顼氏有三子亡而为疫鬼，一居江中为疟鬼，一居山谷为魍魉，一匿人家室隅中惊小儿。于是除夕制为傩神，赤帻玄衣朱裳，蒙以熊皮，执戈持盾以逐之，其祟乃绝。

---

① 同"烂漫"。

**土牛**　周公制土牛，以纳音设色，出城外丑地送寒。今于立春日前迎春，设太岁土牛像，以送寒气。

**神荼郁垒**　黄帝时，有兄弟二人，名神荼、郁垒，能执鬼除疫。后世祀以为神。

**爆竹**　上古西方深山中有恶鬼，长丈馀，名山魈，人犯之即病寒热，畏爆竹声。除夕，人以竹烧火中，毕剥有声，则惊走。今人代以火炮。

**粈（音松）盆**　除夕，各家于街心烧火，杂以爆竹，谓之粈盆。视其火色明暗，以卜来岁禨祥。

**商陆火**　裴度除夕围炉守岁叹老，迨晓不寐，炉中商陆火凡数添之。

**祭诗文**　贾岛常于岁除，取一年所作诗文，以酒脯祭之，曰："劳吾精神，以此补之。"

**火炬照田**　吴中村落，除夕燃火炬，缚长竿杪以照田，烂然盈野，以祈来岁之熟。

**卖痴呆**　吴俗分岁罢，小儿绕街呼叫："卖汝痴，卖汝呆，谁来买？"

**火山**　隋炀帝于除夜设火山数十座，用沉香木根，每一山焚沉香数车，火光暗则以甲煎沃之，焰起数丈，香闻十数里。尝一夜用沉香二百馀乘，甲煎二百馀石。

## 历律

**定气运**　黄帝受《河图》，始设灵台。羲和占日，常仪占月，车区占星气，伶伦造律吕，大挠作甲子，隶首造算数。容成总六术，以定气运。

**历纪**　少昊使玄鸟氏司分，伯赵氏司至，青鸟氏司起，丹鸟氏司闭，颛顼受之，以孟春建寅为元，始为历宗。尧使羲仲叔主春夏，和仲叔主秋冬，以闰月正四时，始为历纪。

**历元**　黄帝始为历元，起辛卯，高阳氏起乙卯。舜用戊午，夏用丙寅，殷用甲寅，周用丁巳，秦用乙卯。汉作《太初历》元以丁丑。夏、商、周以三统改正朔。三代而下，造历者各有增创：如太初起之以律，而候气于黄钟，《太衍》符之以《易》，而较数于分秒，《授时》准之以晷，而测验于仪象。

**造历**　黄帝迎日推策，尧闰月成岁。舜在璇玑玉衡。三代历无定法，周秦闰馀乖次。刘歆造《三统历》，而是非始定。东汉李梵造《四分历》，而仪式方备。刘洪造《乾象历》，始悟月行迟速。魏黄初间始以日食课其疏密。杨伟造《景初历》，始立交食起亏术。又何承天造《元嘉历》，始悟朔望及弦皆定大小馀，及以晷影验气。又祖冲之造《大明历》，始悟太阳有岁次之数极，极星去不动之处一度馀。又张子信始悟日月交道有表里，五星有迟速留逆。又张胄玄造《大业历》，始立五星入气加减法，及日应食不食术。刘焯造《七曜历》，始悟日行有盈缩，及立推黄道月道。又傅仁均造《戊寅元历》，颇采旧历，始用定制。又李淳风造《麟德历》，始为总法，用进朔以避晦晨月见。又一行造《大衍历》，始以朔有四大三小，定九服轨满交食之异，及创立岁星差合术。又徐昂造《宣明历》，始悟日食有气刻时三差。又边冈崇《玄历》，始立相减相乘法，以求黄道月道。又王朴《钦天历》，始变五星法，迟留逆行，舒亟有渐。又周琮造《明天历》，始悟日法积年自然之数。又姚舜辅造《纪元历》，始悟食甚泛馀差数。以上计千一百八十二年。创法有三家，汉洛下闳（洛姓，下闳名）始取法黄钟律数创历（律容一龠，积八十一寸，则一日之分也）。唐僧一行（姓张名璲）始改从大易蓍策数修历（本易大衍以四十九分为算）。晋虞喜始立岁次，以五十年退一度。何承天为太过进之。刘焯取二家中数折之。至元郭守敬始测景验气，积六十年奇退一度，始定差法。

**改历** 按自黄帝讫秦末凡六改，汉高讫汉末凡五改，隋文讫隋末凡十三改，唐高讫周末凡十六改，宋太祖讫宋末凡十八改，金熙宗讫元末凡三改。而法，西汉莫善于太初；东汉莫善于四分；由魏至隋莫善于皇极；在唐则称大衍，在五代则称钦天；至元授时，郭守敬立仪测验，较古精密。

**仪象** 黄帝命成容作盖天，舜察玑衡（以璇为玑，用以转动为玑，以玉为管。横置其中为衡）。颛顼始为浑仪，尧复之，浑仪遭秦灭。洛下闳始复经营运仪，鲜于妄人又度之。耿寿昌始铸为象。张衡仪始为内规外规。李淳风仪表里三重。洛下闳为员仪，梁令瓒为游仪，郭守敬为简仪、仰仪。后汉有铜仪，后魏有铁仪，李淳风有木浑仪，唐明皇有水浑天。张衡始造候风地动仪（形似樽，外有八龙衔丸，震则机发，吐丸下，蟾蜍承之）。伏羲始作土圭测影，伊尹作水准，得日晷辨方向。黄帝始为刻漏，夏商宣其制为漏箭。宋燕肃作水秤，周公始分更点。宋太祖闻陈抟怕五更头之言，始去前后二点。

# 卷二 地理部

## 疆域

**九州** 人皇氏兄弟九人，分天下为九州，梁、兖、青、徐、荆、雍、冀、豫、扬是也。至舜时，以冀、青地广，分冀东恒山之地为并州，分东北之医无间之地为幽州，又分青之东北为登州，共成十二州。

**历代方舆** 商九州；周亦九州；秦分天下为三十六郡；汉分天下为十二部。三国蜀制巴蜀，置二州。吴北据江、南尽海，置五州；魏据中原，置十二州；晋制十九州；唐分十道；玄宗分十五道；宋分二十三路；元置十二省，又分天下为二十三道；明分两直隶、十三省。

**吴越疆界** 钱镠王以苏州平望为界，据浙闽，共一十四州。

**古扬州所辖之地** 南直隶、浙江、福建、广东、广西、江西，凡六省。

**古会稽所辖之地** 浙江除温、台，九府：杭、嘉、湖、处、宁、绍、金、衢、严；福建除福州，七府：漳、泉、汀、兴、建、延、邵；南直隶苏、松、常、镇四府，共二十府。会稽郡驻匝苏州府。

**二周** 镐京为西周，洛阳为东周。

**两都** 前汉都长安，曰西都；东汉都洛阳，曰东都。

**蜀三都** 成都、新都、广都。

**魏五都** 魏因汉祚都洛阳，以谯为先人本国，许昌为汉之所居，长安为西京之遗迹，邺为王业之本基，故号五都。

**三辅** 长安以京兆、冯翊、扶风为三辅；宋都汴梁，以郑州、滑州、汝州为三辅。

**三亳** 曹州考城县曰北亳，西京谷熟县曰南亳，西京偃师县曰西亳。

**三吴** 苏州曰东吴，润州曰中吴，湖州曰西吴。

**三楚** 江陵曰南楚，徐州曰西楚，苏州曰东楚。

**三齐** 临淄曰东齐，博阳曰济北，蓬州即墨曰胶东。

**三蜀** 成都为蜀都，汉高分置汉广，汉武分置犍为。

**三晋** 赵都邯郸，魏都大梁，韩都郑，三家皆晋卿，故曰三晋。

**三秦**　章邯都废丘，司马欣都栎阳，董翳都高奴，三人皆秦降将，项羽分关中地以王之，曰三秦。

**三虢**　太阳曰北虢，荥阳曰东虢，雍州曰西虢。

**三越**　吴越杭州、闽越福州、南越广州。

**三巴**　渝州为巴中，绵州为巴西，归夔、鱼复、云安为巴东。

**三湘**　曰湘乡，曰湘潭，曰湘原，在湖南，属潭州。

**三河**　周都曰河南，商都曰河内，尧都曰河东。

**四京**　开封曰东京，河内曰西京，应天曰南京，大名曰北京。

**四辅**　唐都长安，以同州、华州、岐州、蒲州为四辅。

**四川**　成都为西川，潼州为东川，利州为北川，夔州为南川。

**五服**《禹贡》：五服，曰甸服、侯服、绥服、要服、荒服，每服五百里，计二千五百里。

**九服**　周九服，曰侯服、甸服、男服、采服、卫服、蛮服、夷服、镇服、藩服，谓之服者，责以服事天子为职也。

**百二山河**　秦地险固，二万人，足当诸侯百万人，故曰百二山河。

**九边**　明朝设以限华夷。洪武初设重镇六，曰宣府，曰大同，曰甘肃，曰辽东，曰延绥，曰宁夏；永乐初增设蓟州；正统间又增榆林、固原，是为九边。

**六关**　直隶三关，曰居庸，曰紫荆，曰倒马。山西三关，曰雁门，曰宁武，曰偏头。

**陶唐九州**　冀州。《禹贡》：帝都之地三面距河。时盖黄河由冀入海也。《释名》：冀州，其地有险有易，乱则冀治，弱则冀强，荒则冀丰也。《春秋元命苞》曰：昴、毕之间为天街，散为冀州，分为赵国，立为常山。

兖州。《禹贡》：济河惟兖州。谓东南据济，西北距河，盖冀之东南也。《元命苞》曰：五星流为兖州。兖之言端也，言阳精端，其气纤杀，分为郑国。

青州。《禹贡》：海岱惟青州。谓东北距海，西南距岱，又在兖之东也。《释名》：青州在东，取生物而青也。《元命苞》曰：虚危之精，流为青州，分为齐国，立为莱山。

徐州。《禹贡》：海岱及淮惟徐州。谓东至海，北至岱，南至淮，又在青州之南也。《元命苞》曰：天弓星司弓弩，流为徐州，别为鲁国。徐之为舒也，言阴牧内雨，安详也。

扬州。《禹贡》，淮、海惟扬州。谓北至淮，东南至海。又曰：江南之气躁劲，厥性轻扬也。《元命苞》曰：牵牛流为扬州，分为越国，立为扬山。

荆州。《禹贡》：荆及衡阳惟荆州。谓北距南条前山，南包衡山之阳，盖在扬州之西，而豫州之西南也。《释名》：荆，警也。南蛮数为寇逆，言当警备之也。《元命苞》曰：轸星散为荆州，分为楚国。

豫州。《禹贡》：荆河惟豫州。谓西南至南条荆山，北距大河，盖在冀州之南，荆州之北，徐、兖之西也。《元命苞》曰：钩钤星别为豫州。言地在九州之中，所在常安豫也。

梁州。《禹贡》：华阳黑水惟梁州。谓东距华山之南，西距黑水，盖在雍州之南，荆州之西也。以西方属金，其气强梁，故曰梁州。当夏殷，为蛮夷之国，至周始并入雍州。

雍州。《禹贡》：黑水西河惟雍州。谓西距黑水，东距西河，盖在冀州之西，梁州之北。《太康地记》：雍州并得梁州之地，西北之位，阳所不及，阴气雍阏，故取名焉。《元命苞》曰：东井鬼星，散为雍州，分为秦国。

**虞十二州**　九州之外，分设并州，则盖冀之东北医无间之馀地也。《元命苞》曰：营室星流为并州，分为郑国，立为明山。并之言诚也。精舍交并，其气勇抗。诚，信也。幽州，即冀东恒山诸地，盖在北幽昧之地也。《元命苞》曰：箕星散为幽州，分为燕国。营州，即青之东北、辽东等处。《释名》：齐卫之地，于天文属营室，故取其名。盖舜为冀、青地广而分之也。

**周九州**　东南曰扬州，其山镇曰会稽，其薮泽曰具区，其川三江，其浸五湖（彭蠡、洞庭、青草、太湖、丹阳也），其利金、锡、竹、箭，其民二男五女（盖通以一州之民计之，二分为男，五分为女也），其畜鸟兽，其谷宜稻。正南曰荆州，其山镇曰衡山，其薮泽曰云梦，其川江、汉，其浸颍、湛，其利丹银、齿、革，其民一男二女，其畜鸟兽，其谷宜稻。河南曰豫州，其山镇曰华山，其薮泽曰圃田，其川荥、雒，其浸波溠（音诈），其利材、漆、丝、枲，其民二男二女，其畜宜六扰（鸡、豚、犬、马、牛、羊也），其谷宜五种（稻、黍、稷、麦、菽也）。正东曰青州，其山镇曰沂山，其薮泽曰望诸，其川淮、泗。其浸沂、沭，其利蒲、鱼，其民二男二女，其畜鸡狗，其谷宜稻麦。河东曰兖州，其山镇曰泰山，其薮泽曰大野，其川河、泲，其浸卢、维，其利蒲、鱼，其民三男三女，其畜六扰，其谷宜四种。正西曰雍州，其山镇曰岳山，其薮泽曰弦蒲（在汧阳），其川泾、汭，其浸渭、洛，其利玉石，其民三男二女，其畜宜牛马，其谷宜黍稷。东北曰幽州，其山镇曰无闾（辽东），其薮泽曰貕养（在莱阳），其川河、泲，其浸菑、时（莱芜、殷阳），其利鱼盐，其民一男三女，其畜牛马羊豕，其谷宜黍麦稻。河内曰冀州，其山镇曰霍山，其薮泽曰扬纡，其川漳，其浸汾、潞（汾出汾阳，潞出归德），其利松柏，其民五男三女，其畜牛羊，其谷宜黍稷。正北曰并州，其山镇曰恒山，其薮泽曰昭馀邪（在鄔），其川虖池、呕夷，其浸涞易，其利布泉，其民二男三女，其畜牛马犬豕羊，其谷宜五种。

**秦三十六郡**　始皇初并天下，罢诸侯，置守尉，遂分天下为三十六郡，每郡置一守、一丞、两尉以典之。郡名曰内史、三川、河东、南阳、南郡、九江、鄣郡、会稽、颍川、砀郡、泗水、薛郡、东郡、琅琊、齐郡、上谷、渔阳、北平、辽西、辽东、代郡、钜鹿、邯郸、上党、太原、云中、九原、雁门、上郡、陇西、北地、汉中、巴郡、蜀郡、黔中、长沙。后又置闽中、南海、桂林、象郡四郡。凡四十郡。

**汉十三部**　汉分天下为十三部，每部置刺史，领天下郡国一百三。　司隶校尉（领京兆、扶风、冯翊、弘农、河东、河内、河南七郡）。豫州刺史（领颍川、汝南、沛郡、梁国、鲁国五郡）。冀州刺史（领魏郡、钜鹿、常山、清河、广平、真定、中山、信都、河间、赵国十郡）。兖州刺史（领陈留、东郡、山阳、济阴、泰山、城阳、东平七郡）。徐州刺史（领琅琊、东海、临淮、泗水、楚国五郡）。青州刺史（领平原、千乘、济南、齐郡、北海、东莱、胶东、高密、菑川九郡）。荆州刺史（领南阳、南郡、江夏、桂阳、武陵、零陵、广陵、长沙八郡）。扬州刺史（领镇江、九江、会稽、丹阳、豫章、六安六郡）。益州刺史（领汉中、广汉、巴郡、蜀郡、犍为、越嶲、牂牁、益州八郡）。凉州刺史（领安定、北城、陇西、武威、金城、天水、武都、长掖、酒泉、敦煌十郡）。并州刺史（领太原、上党、上郡、西河、朔方、五原、云中、定襄、雁门九郡）。幽州刺史（领涿郡、渤海、代郡、上谷、渔阳、北平、辽西、辽东、广阳、乐浪、玄菟十一郡)。交州刺史(领海南、郁林、苍梧、交趾、合蒲、九真、日南七郡)。

**三国州郡** 蜀汉全制巴蜀，置二郡，日益州(成都)、曰梁州(汉中)，有郡二十。先主初置九郡，曰巴东、曰巴西、曰梓潼、曰河阳、曰文山、曰汉嘉、曰朱提、曰云南、曰涪陵，并得旧汉，曰巴郡、曰广汉、曰犍为、曰牂牁、曰越嶲、曰益州、曰汉中、曰永昌、曰南安、曰武都。

孙吴北据江、南尽海，置州五，曰交州(安南)、曰广州(南海)、曰荆州(江陵)、曰郢州(江夏)、曰扬州(丹阳)。孙权置临贺、武昌、朱厓、新安、卢陵五郡。

孙亮又置临川、临海、衡阳、湘东四郡。孙休又置天门、建平、合浦三郡。孙皓置始安、始兴、邵陵、安成、新昌、武平、九德、吴兴、平阳、桂林、荥阳十一郡。因立宜阳一郡，并汉十八郡，共四十三郡。

魏据中原，有州十二，曰司隶(河南)、曰豫州(谯)、曰荆州(襄阳)、曰兖州(武威)、曰青州(临淄)、曰徐州(彭城)、曰凉州(天水)、曰秦州(上邽)、曰冀州(代郡)、曰幽州(范阳)、曰并州(晋阳)、曰扬州(寿春)。

**晋十九州** 曰司州(河南)、曰兖州(濮阳)、曰豫州(项城)、曰冀州(赵郡)、曰并州(晋阳)、曰青州(临淄)、曰徐州(彭城)、曰荆州(江陵)、曰扬州(初寿春，后建业)、曰雍州(京兆)、曰秦州(上邽)、曰益州(成都)、曰梁州(南郑)、曰宁州(云南)、曰幽州(范阳)、曰平州(昌黎)、曰交州(番禺)、曰凉州(武威)、广州(南海)。

**唐十道** 自晋荡阴败，复南北分争，州郡割裂，宋、齐、梁、陈狃于江左，隋氏虽能混一，而享祚不长。至唐太宗肇造区夏，并有州郡，始因山以形便，分天下为十道，曰关内、曰河南、曰河东、曰河北、曰山南、曰陇右、曰淮南、曰江南、曰剑南、曰岭南。贞观十五年大簿，凡州府三百五十八。玄宗开元初，又分为十五道，曰京畿(西京)、曰都畿(东都)、曰关内(京官遥领)、曰河南(陈留)、曰河北(魏郡)、曰陇右(西平)、曰山南东(襄阳)、曰山南西(汉中)、曰江南东(吴郡)、曰江南西(豫章)、曰剑南(蜀郡)、曰淮南(广陵)、曰黔中(贵州)、曰岭南(南海)。

**宋二十三路** 太宗分天下为十五路，至仁宗又分为二十三路，曰京东东路、京东西路，曰京西南路、京西北路，曰河北东路、河北西路，曰陕西路，曰秦凤路，曰河东路，曰淮南东路、淮南西路，曰两浙路，曰江南东路、江南西路，曰荆湖南路、荆湖北路，曰成都路，曰梓州路，曰利州路，曰夔州路，曰福建路，曰广南东路、广南西路。

**元十二省** 元建中书省十二，辖天下州郡，曰都省（治腹里路）、曰河南行省（汴梁）、曰湖广行省（武昌）、曰江浙行省（杭州）、曰江西行省（龙兴）、曰陕西行省（京兆）、曰四川行省（成都）、曰云南行省（中庆）、曰辽阳行省（辽东）、曰镇东行省（高丽）、曰甘肃行省（甘州）、曰岭北行省（和州）。又分天下为二十二道。

**明两直隶十三省** 北直隶八府，十七州，一百一十六县，赋六十万一千。（北京在顺天。）南直隶十四府，十七州，九十六县，赋五百九十九五万千。（南京在应天。）河南八府，十州，九十六县，赋二百四十一万四千。（省城在开封。）陕西八府，二十二州，九十五县，赋一百九十二万九千。（省城在西安。）山东六府，十五州，八十九县，赋二百八十五万一千。（省城在济南。）湖广十五府，十六州，一百零七县，赋二百十六万七千。（省城在武昌。）浙江十一府，一州，七十五县，赋二百五十一万。（省城在杭州。）江西十三府，一州，七十七县，赋二百五十二万八千。（省城在南昌。）福建八府，五十七县，赋一百一十万一千。（省城在福州。）山西五府，二十州，七十八县，赋二百二十七万四千。（省城在太原。）四川八府，二十州，一百零七县，赋一百二十万六千。（省城在成都。）广东十府，八州，七十五县，赋一百一万七千。（省城在广州。）广西十一府，四十七州，五十三县，赋四十三万一千。（省城在桂林。）云南十四府，四十一州，三十县，赋一十四万。（省城在云南。）贵州八府，六州，六县，赋四万七千。（省城在贵阳。）

**建都** 伏羲都陈（今河南陈州）。神农亦都陈，或曰曲阜（今山东曲阜县）。黄帝都涿鹿（今顺天府涿州），少昊都曲阜。颛顼都帝丘（今山东濮州）。帝喾都亳（今河南偃师县）。帝尧都平阳（今山西平阳县）。虞舜都蒲阪（今平阳蒲州）。夏禹都安邑（今平阳夏县）。商汤都亳。周都丰镐（今陕西长安县，是谓关中）。周平王迁洛阳（今河南洛阳县）。秦都咸阳（今西安府咸阳县）。汉都洛阳，因娄敬说，西迁长安。东汉都洛阳。

魏因汉祚，亦都洛阳。蜀汉都成都（今四川成都府。）吴初居镇江，都武昌（今湖广武昌府），后迁建业（今南直应天府）。西晋都洛阳。东晋都建业，元帝东渡，避愍帝讳，改名建康。宋、齐、梁、陈俱都建康。元魏初居云中（今大同府怀仁县），后迁洛阳。北齐都邺（今河南彰德府）。西魏都长安关中。后周都长安。隋都长安，炀帝以巡幸，徙都洛阳。唐都长安。梁都汴（今河南开封府）。后唐、石晋、汉、周、宋俱都汴。南宋都临安（今杭州府）。元都大都（今顺天府）。明都建康，永乐迁于北平，即元之大都也。

**地名** 雈苻（音完蒲，郑地）。龙兑（兑音夺，赵地）。连縠（縠音斛，楚地）。方与（音防预，赵地）。番昜（音婆阳，楚地）。曲逆（逆音遇，汉邑。陈平封曲逆侯）。虔亭（虔音逞，吴兴有亭）。葰人（葰，数瓦切，县在上党）。越巂（巂音髓，郡府，在蜀地）。阌乡（阌音文，县名，在虢）。盩厔（音周质，在西安。水曲曰盩，山曲曰厔）。鄜（音孚，在陕西延安府）。毌丘（毌音贯，地在济阳南）。祋祤（音兔户，在冯翊）。朐䏰（音瞿门，本虫名，巴郡多此虫。因为邑名）。酇（音赞，在南阳，篹在沛国，二地音不同。萧何封侯）。缑氏（缑音沟，山名、邑名，本义剑头缠丝）。牂牁（音臧柯，郡名）。允吾（音铅牙，谷名。在陇西）。裴（音肥，邑名）。须句（须音渠，地在鲁东平）。衙氏（音权精，又宜音，县名）。令支（音零岐，县名）。郫（音埤，一在晋，一在成都）。不其（其音箕）。祝其（其音基）。敦煌（音屯黄，郡名）。冤句（音冤勾，在曹州，今废）。临朐（朐音渠，县名，在山东）。令居（令音连，邑名）。虑虒（音卢夷，县名）。罕开（音罕牵，羌地）。取虑（音趋闾，县名，在临淮）。黑尿（音眉拟）。禚（音灼，齐地）。句鼆（冥上声，鲁邑）。枹罕（音央谦，县名）。戳城（戳音资，齐地）。鄄城（鄄音绢，卫地）。射洪（音石红，县名）。崞音（郭，县名）。先零（零音连）。沭阳（沭音术，县名）。虒祈（音思奇，地名）。乘丘（乘音胜，鲁地）。句绎（音勾亦，邾地）。盱眙（音虚宜，县名）。都庞（庞音龙，邑名）。繁畤（畤音止，邑名）。澶渊（澶音禅，今开州）。槜李（槜音醉，在嘉兴）。郎瞫（瞫音枕）。犍为（犍音乾，蜀郡名）。厎穰（厎音縻）。厹犹（音仇由，邑名）。毋掇（音无拙，县属益州）。泊罗（泊音博，县名）。虹县（虹音降）。苴芊（音斜米）。徙（音斯，邑名）。岢岚（音可婪，州名，近太原）。磨县（瘔音疾，县名，在清河）。祊（音崩，郑地）。渑池（渑音免，县在河南）。袳（音侈，上声，宋地）。趡（翠，上声，鲁地）。夫童（童音中）。儋州（儋音丹）。酅（尸圭切，邑在齐东）。蒧（其寄切）。宁母（音宁某，鲁地）。鄠杜（音户古，汉陂令县，属凤翔）。郪丘（郪音西。齐地）。虚朾（音区汀，宋地）。鄎钒（音求，地名）。僰邛（僰音匐，地名，在犍为）。鄬（于轨切，郑地）。狸脤（音刹蜃）。邿（音诗，鲁地）。皋（由去声，郑地）。橐皋（皋，章夜切，在淮南）。涪（音浮，州名，在重庆府）。叶县（叶音涉）。泷水（泷音商，县名）。朱提（音殊时，邑名）。承阳（承音蒸）。馀汗（汗音干）。番禾（番音盘）。栎阳（栎音约，邑名）。平舆（舆音玉）。郯城（音谈，县名）。沙羡（羡音夷）。莲勺（莲音辇，邑名）。不羹（音郎，邑名）。堵阳（堵音者，邑名）。渑淄（音承脂，县名）。沁（音倩，山西沁州）。新淦（淦音干，县名）。隆虑（音林闾，邑名）。霅川（霅音靸，湖州）。阳夏（夏音贾）。睢州（睢音虽）。会稽（会音贵，邑名）。

**山水异名**　昆仑一名昆岑。君山一名娲宫。武当一名篸岭。普陀一名梅岑。青城一名天谷。大复一名胎簪。衡山一名芝冈。齐云一名白岳。东海一名岱渊。

## 古迹

**赤县神州**　《古今通论》：东南方五千里，名曰赤县神州，中有和美乡，方三千里，五岳之城，帝王之宅，圣贤所居也。

**榆社**　汉高帝祷于榆社，帝之故乡也。高帝以丰沛为其汤沐之邑，令世世无有所予。

**新丰**　太上皇居深宫，以生平所好，皆贩徒少年、酤酒卖饼、斗鸡蹴踘[①]之辈，今皆无此，故怏怏不乐。高祖乃作新丰，移旧乡里。命匠人胡宽悉仿其衢巷门闾，士女老幼相携路首，各认其门而入。放牛羊鸡犬于通途，亦各识其家。上皇大悦。

**洋川**　洋川者，戚夫人之所生处也，高祖得而罢之。夫人思慕本乡，

① 踘，通“鞠”。

追求洋川。高帝为驿致长安，蠲复其乡，更名曰县。又故目其地为洋川，用表夫人诞载之休祥也。

**桑梓地** 祖父植桑梓以遗其子孙，子孙思其祖泽，不忍剪伐。故《诗》曰：“维桑维梓，必恭敬止。”

**汉寿** 汉寿在四川保宁府广元县。汉封关公为汉寿亭侯，即此地。后人称“寿亭侯”者误。

**度索寻橦** 度索，以绳索相引而度也。寻橦者，植两木于两岸，以绳贯其中，上有一木筒，所谓橦也。人缚橦上，以手缘索而进，以达彼岸，有人解之，所谓寻橦也。

**井陉道** 韩信与张耳将兵击赵，李左车说赵王曰：“井陉道险，车不得方轨，骑不能成列。愿假臣三万人，从间道绝其辎重，两将之头可致之麾下。”

**九折坂** 汉王阳为益州牧，至九折坂，叹曰：“奉先人遗体，奈何数乘此险！”后王尊至此，曰：“此非王阳所畏处耶？”乃叱其御，历险而上。后人以王阳不失为孝子，王尊不失为忠臣。

**赤地青野** 地空无物曰赤地；野无人民无禾稻曰青野。

**息壤** 古地名，有二：一在荆州；一在永州，地中不可犯畚锸，犯者立死。

**解池盐** 不必煎煮。居人疏地为畦，决水灌其中，俟南风起，此盐即成。故大舜歌曰：“南风之时兮，可以阜吾民之财兮。”

**保俶塔** 钱忠懿王名俶，入朝，恐其羁留，作塔以保之。称名，尊天子也。今误作“保叔”，不知者遂有“保叔缘何不保夫”之句。

**妫汭（音“规芮”）** 河东有二泉，南流曰妫，北流曰汭。《尚书》：“釐降二女于妫汭。”

**孔林** 自泰山发脉，石骨走二百里，至曲阜结穴，洙泗二水会于其前。孔林数百亩，筑城围之。城以外皆孔氏子孙，围绕列葬，三千年来，未尝易处。南门正对峄山，石羊石虎皆低小，埋土中。伯鱼墓，孔子所葬，南面居中，前有享堂；堂右横去数十武，为宣圣墓。墓坐一小阜，右有小屋三楹，上书“子贡庐墓处”；墓前近案，对一小山，其前即葬子思：父、子、孙三墓，所隔不远，马鬣之封不用石砌，土堆而已。林中树以千数，惟一楷木老本，有石碑刻“子贡手植楷”，其下小楷生植甚繁。此外合抱之树皆异种，鲁人世世无能辨其名者，盖孔子弟子异国人，皆持其国中树来种者。林以内不生荆棘，并无刺人之草。

**土著（音着）** 言着土地而有常居者，非流寓迁徙之人也。今人误读为注。

**雒邑** 汉光武定居洛邑。汉以火德王，忌水，故去“水”而加“隹”，改“洛”为“雒”。后魏以土德王，以水得土而流，土得水而柔，故又除“隹”加“水”。

**京观** 谓高丘如京；观，阙形也。古人杀贼，战捷陈尸，必筑京观，以为藏尸之地。古之战场所在有之。

**玉门关** 汉班超久在绝域，年老思归，上书曰：“臣不愿到酒泉郡，但愿生入玉门关。”

**雁门关** 在大同府马邑县。北雁入塞，必衔芦一根，掷之关门，然后飞入，如纳税然，芦柴堆积如山。设有芦政主事，岁进芦银以万计。

**夏国** 扬州漕河东岸有墓表，题曰：“夏国公墓道。”“夏”音“虔”，与“夏”字相类，少一发笔，下作“又”，行人遂误为夏国公。盖明顾公玉之封号，赐地葬此也。

**鲁鱼米之地** 唐田澄《蜀城》诗：“地富鱼为米。”故称沃土为鱼米之地。

**漏泽园** 创始于宋元丰间，立为埋葬之所，取“泽及枯骨，不使有遗漏”之义也。明初，令民间立义冢。天顺四年，令郡县皆置漏泽园。

**瓯亭**（音欧），汉蒋澄封亭侯。今溧阳有瓯山。

**鬼门关** 在交趾南。其地多瘴疠，去者罕得生还。谚曰：“鬼门关，十去九不还。”

**铁瓮城** 在镇江，孙权所筑。邗沟，在扬州，夫差所开。

**女阳亭** 在崇德县。勾践入吴时，夫人产女于此亭。及吴灭后，乃名女阳，更就李为女儿乡。

**崖州为大** 宋丁谓贬崖州司户，常语客曰：“天下州郡孰为大？”客曰：“京师也。”谓曰：“朝廷宰相今为崖州司户，则惟崖州为大也。”

**戒石铭** 宋高宗绍兴二年六月，颁黄庭坚所书《戒石铭》于州县，令刻石，文曰：“尔俸尔禄，民膏民脂。下民易虐，上天难欺。”

**悲田院** 《唐会要》曰：开元五年，宋璟、苏颋请建悲田院，使乞儿养病，给以廪食。亦曰“贫子院”。

**筑城**　周公筑洛阳城，公孙鞅筑咸阳城，伍员筑苏城。范蠡筑越城，张仪筑成都城，萧何筑长安城，孙权筑建康城、泗州城，王审知筑福州城，钱镠筑杭城。

**燕长城**　燕始城上谷至辽东。赵始城雁门至灵州。秦始皇补筑，始名长城。北齐文宣帝复筑长城。汉武帝复筑辽东城。

**开险**　司马错开巴蜀，秦昭王开义渠，赵武灵王开代、楼烦、白羊，燕惠王开辽东，秦始皇开朔方，汉彭吴开秽貊，唐蒙开邛僰、夜郎、牂牁、越巂，庄助开东瓯、西越，卫青开阴山。

**胜国**　灭人之国曰胜国，言为我所胜之国也。《左氏》曰胜国者，绝其社稷，有其土地。

**支无祁**　大禹治水，至桐柏山，获水兽，名支无祁，形似猕猴，力逾九象，人不可视。乃命庚辰锁于龟山之下，淮水乃安。唐永泰初，有渔人入水，见大铁索，锁一青猿，昏睡不醒，涎沫腥秽，不可近。

**雷峰塔**　在钱塘西湖净寺前，南屏之支麓也，昔有雷就者居之，故名。上有塔，遭回禄，今存其残塔半株。

**雪窦**　在奉化县。唐时雪窦禅师居之鸟窠，衣褶寂然不动。

**岳林寺**　在奉化。布袋和尚道场，其钵盂佛迹尚在。

**虎丘**　吴王阖闾死，治葬，穿土为川，积壤为丘，铜棺三重，以黄金珠玉为凫雁。葬三月，金精上腾为白虎，蹲踞山顶，因名虎丘。

**坑儒谷**　在临潼。秦始皇密令冬月种瓜于骊山谷中，温处皆熟，诏博士诸生说之。前后七百人，言人人殊，则皆使往视，因伏机陷之，后人号“坑儒谷”。

**鹤林寺**　在润州，有马素塔。米元章爱其松石深秀，誓以来生为寺伽蓝，呵护名胜。公没时，鹤林伽蓝无故自倒。里人知公欲践夙愿，遂塑其像于寺之左偏。

**祖堂**　在应天府治南。唐法融和尚得道于此，为南宗第一祖师，在山房禅定，有百鸟献花，故又名献花岩。

**雨花台**　梁武帝时，有云光法师讲经于此，天花乱坠，故名雨花。

**飞来峰**　在杭州虎林山之前。晋时西僧叹曰：“此是天竺国灵鹫山之小岭，不知何日飞来？”因名之飞来峰。

**躲婆弄** 在绍兴蕺山下，王右军居此。有老妪鬻扇，右军为题其扇，媪有愠色。及出，人竞买之。他日，媪又持扇乞书，右军避去。故其下有题扇桥、躲婆弄。

**笔飞楼** 在蕺山之麓。王右军于此写《黄庭经》，笔从空中飞去。今其地有笔飞楼址。

**樵风径** 在会稽平水。汉郑弘少时采薪，得一遗箭。顷之，有老人觅箭，还之，问弘何欲，弘知其神人，答曰："常患若耶溪载薪为难，愿朝南风，暮北风。"后果如其言。

**雷门** 即绍兴府城之五云门。《会稽志》：雷门上有大鼓，声闻洛阳。后鼓破，有二鹳从鼓中飞出，声遂不远。

**兰渚** 在绍兴府城南二十五里。晋永和九年上巳日，王右军与谢安、孙绰、许询辈四十一人会此修禊事。今传有流觞曲水、兰亭故址。

**西陵** 在萧山，一名固陵。范蠡治兵于此，言可固守，因名。

**箪醪河** 在绍兴府西。勾践行师日，有献壶浆者，跪而受之，取覆上流水中，命士卒乘流而饮。人百其勇，一战遂有吴国，因以名之。

**浴龙河** 在绍兴西门外。宋理宗与弟芮，少时同浴于河。鄞人余天锡卧舟中，梦二龙负舟，起视之，则二小儿缘舟戏。问之，知是宗室，遂与史弥远言其异，卒嗣帝位。

**沉酿堰** 在山阴柯山之前。郑弘应举赴洛，亲友饯于此，以钱投水，依价量水饮之，各醉而去。

**曹娥碑** 在曹娥江浒。汉上虞令度尚所立，尚弟子邯郸淳所撰，蔡邕题"黄绢幼妇外孙齑臼"，隐"绝妙好辞"四字。魏武问杨修曰："解否？"修曰："解。"魏武曰："卿勿言。"行三十里始悟，乃叹曰："吾不如卿三十里。"（按：魏武不曾过钱塘，所见碑应是拓本。）

**钱塘** 梁开平四年，钱武肃王始筑捍海塘，在候潮门外，潮水昼夜冲击，版筑不就。王命强弩数百以射潮头，潮水东击西陵，海塘遂就。

**桃源** 晋时有渔人乘舟捕鱼，缘溪行，忘路远近，见洞口桃花，舍舟入。其中土地开朗，民居稠杂，鸡犬桑麻，怡然自乐。渔人惊问，云是先世避秦来此，遂与外隔。问今是何世，不知有汉，无论魏晋。渔人出，乃属曰："不足为外人道也。"

**牛渚矶** 在姑孰。水深不可测。相传其下多怪物，温峤燃犀角照之，须臾，见水族奇形怪状，有乘车马、著赤衣者。是夜，峤梦一人谓曰：“与君幽明道隔，何事相窘？”峤觉而恶之。未几，以齿疾拔齿，中风而卒。

杜宇始凿巫峡，汉武帝凿曲江，张九龄凿梅岭。秦始皇厌天子气掘淮流，西入江（《禹贡》：东入海），始名秦淮。隋炀帝东游，穿河，自京口至余杭。六朝自云阳凿运渎，径至建康，始复禹通渠故道，穿通齐渠，为后世通漕转运。

**金箧玉策** 泰山上有金箧玉策，能知人年寿修短。汉武帝探策得十八，倒读曰八十。后寿果八十。

**八咏楼** 在金华府府治西南，即沈约玄畅楼也。宋守冯伉更今名。

**古蜀国** 今成都府。蜀之先自黄帝子曰昌意，娶蜀山氏女，生帝喾，乃封其支庶于蜀。历夏商，始称王，首名蚕丛，次曰柏灌，次曰鱼凫。

**八阵图** 在新都牟弥镇。孔明八阵图凡三：在夔州者六十有四，方阵法也；在牟弥者一百二十有八，当头阵法也；在棋盘市者二百五十有六，下营法也。（又：沔之定军山下亦有之，夜常闻金鼓声。）

**神女庙** 在巫山。楚襄王游于高唐，梦一妇人曰：“妾在巫山之阳，高丘之上。朝为行云，暮为行雨。”比旦视之，如其言，遂立庙。

**华表柱** 辽阳城内鼓楼东，昔丁令威家此，学道得仙，化鹤来归，止华表柱，以咮画表，云：“有鸟有鸟丁令威，去家千岁今始归，城郭虽是人民非，何不学仙冢累累。”

**麦饭亭** 在滹沱河上，冯异进光武麦饭处。

**芜蒌亭** 无蒌亭在饶阳，冯异进豆粥处。

**柏人城** 在唐山。汉高祖过此，欲宿，心动，问县何名。曰：“柏人。”高祖曰：“柏人者，迫于人也。”不宿而去。

**孟姜石** 山海卫长城北，石上有妇人迹，相传为秦时孟姜女寻夫之地。

**九层台** 《太平》按《说苑》：晋献公筑九层台，其臣荀息谏曰：“臣能累十二棋子加卵于上。”公曰：“危哉。”遂止其役。遗址尚存。

**虒祁宫** 在曲沃。《左传》：晋作虒祁宫，而诸侯畔，谓此。卫灵公之晋，晋平公置酒于虒祁，令师涓奏靡靡之乐。师旷曰：“此必得之濮上，乃亡国之声也，不可听！”

**三冈四镇** 俱在大同应州。赵霸冈在城东，黄花冈在城西，护驾冈在城南；安边镇在城东，大罗镇在城南，司马镇在城西，神武镇在城北。元好问诗：“南北东西俱是名，三冈四镇护全城。”

**桑林** 在阳城。汤有七年之旱，祷雨于此，至今多桑。

**天绘亭** 在平乐府治。一日，郡守欲易名，忽从土中得片石，云：“予择胜得此亭，名曰天绘。后某年月日，当有俗子易名清晖者。”遂已。

**洛阳桥** 在泉州府城东北，跨洛阳江，一名万安桥。郡守蔡襄建，长三百六十丈，广丈有五尺。先是海渡岁溺死者无算，襄欲垒石为梁，虑潮漫，不可以人力胜。乃遗檄海神，遣一吏往。吏酣饮，睡于海厓，半日潮落而醒，则文书已易封矣。归呈襄，启之，惟一“醋”字。襄悟曰：“神其令我廿一日酉时兴工乎？”至期，潮果退舍。凡八日夕而功成，费金钱一千四百万。

**社仓** 在崇安。宋乾道中，县大饥，朱文公请于郡，得粟六百石赈给之，秋成，民偿粟于官，因乞留里中立社仓，夏贷冬收，以为常规。文公自作记。后请颁其法于天下。

**五羊城** 即广州府城。初有五仙人骑五色羊至此，故名。

**梅花村** 罗浮飞云峰侧。赵师雄，一日薄暮，于林间见美人淡妆素服，行且近。师雄与语，芳香袭人，因扣酒家共饮。少顷，一绿衣童来，且歌且舞。师雄醉而卧。久之，东方已白，视大梅树下，翠羽啾啾，参横月落，但惆怅而已。

**滕王阁** 南昌府城章江门上。唐高宗子元婴封滕王时建。都督阎伯屿重九宴宾僚于阁，欲夸其婿吴子章才，令宿构序。时王勃省父经此与宴。阎请众宾序，至勃不辞。阎恚甚，密令吏得句即报，至“落霞秋水”句，叹曰：“此天才也！”其婿惭而退。

**岳阳楼** 岳州西门，滕子京建楼，范希文记，苏子美书，邵竦篆，称四绝。

**巴丘山** 岳州府城南。羿屠巴蛇于洞庭，积骨为丘，故名。

## 山川

**九山** 会稽山、衡山、华山、沂山、岱山、岳山、医无间山、霍山、恒山。

**九泽** 大陆泽、雷夏泽、彭蠡泽、云梦泽、震泽、菏泽、孟潴泽、滎泽、具区泽。

**五岳** 东岳泰山，山东济南府泰安州。南岳衡山，湖广衡州府衡山县。中岳嵩山，河南河南府登封县。西岳华山，陕西西安府华阴县。北岳恒山，山西大同府浑源县。

**九河** 曰徒骇、曰太史、曰马颊、曰覆釜、曰胡苏、曰简、曰絜、曰钩盘、曰鬲津。

**五镇** 东镇沂山，东安公，在沂州。南镇会稽山，永兴公，在绍兴。中镇霍山，应圣公，在晋州。西镇吴山，成德公，在陇州。北镇无闾山，广宁公，在营州。

**五湖** 一洞庭，二青草，三鄱阳，四丹阳，五太湖。一曰五湖者，太湖之别名也，一名震泽，一名笠泽。

**四渎** 四渎者，江、淮、河、济是也。禹平水土，名曰四渎。《礼记》：天子祭天下名山、大川：五岳视三公；四渎视诸侯。

**四海** 天地四方，皆海水相通，九戎、八蛮、九夷、八狄，形类不同，总而言之，谓之四海。渤澥者，又东海之别支也。

**三岛** 东海之尽谓之沧海，其中有蓬莱、方丈、瀛州三神山，金银为宫阙，神仙所居。

**五山** 渤海之东有大壑，名归墟，其中有岱舆、员峤、方壶、瀛州、蓬莱五山。

**三江** 三江者，松江、娄江、东江也。其分流处，曰三江口。

**三泖** 在松江府。俗传近山泾者为上泖，近泖桥者为中泖，自泖桥而上萦绕百馀里曰长泖，是谓三泖。

**昆仑山** 在西番。山极高峻，积雪至夏不消，延亘五百馀里，黄河经其南。

**黄河** 在西番。其水从地涌出，百馀泓，东北汇为大泽。又东流为赤宾河，合忽兰诸河，始名黄河。从东北至陕西、兰州，始入中国。元招讨使都实始穷河源。

**华山** 韩昌黎夏日登华山之岭，顾见其险绝，恐栗，度不可下，据崖大哭，掷遗书为诀。华阴令搭木架数层，给其醉，以毡裹缒下之。

**匡庐山** 在南康府。周时匡裕兄弟七人结庐隐此，故名。志中言有二胜，开元漱玉亭、栖贤三峡桥，内有白鹿洞，为朱晦庵读书处。今另设学校，以教习诸生。

**武夷山** 在崇安。高峰三十有六，道书第十六洞天，当有神人降此，自称武夷君。又《列仙传》：篯铿二子，长曰武，次曰夷，故名。

**龙虎山** 在贵溪。两石峙，如龙昂虎踞，即上清宫也。世为张道陵所居，上有壁鲁洞，即天师得异书处。

**墔务（音“权旄”）山** 在柏人城之东北。《尚书》言：舜纳于大麓，迅雷风烈，弗迷。即此。

**华不注** 不音夫，与跗同。言此山孤秀，如花跗之注于水也。《九域志》云：大明湖望华不注山，如在水中。

**白岳山** 在休宁县。一名齐云，岩上有石钟楼、石鼓楼、香炉峰、烛台峰，皆奇景。上供玄帝像，云是百鸟衔泥所塑，灵应异常，人称小武当。时时有王灵官响山鞭，声如霹雳。

**镇江三山** 一曰北固，一曰金山，一曰焦山。焦山者，汉末隐士焦光隐此，故名。上有《瘗鹤铭》，陶隐居所书，雷火断之，今坠江岸。

**八公山** 在寿州。淮南王安与宾客八公修炼于此。谢玄陈兵淝水，苻坚望见八公山草木，风声鹤唳，皆为晋兵。

**天童山** 在鄞县。晋僧义兴卓锡于此，有童子给役薪水，久之辞去，曰：“吾太白神也，上帝命侍左右。”言讫不见。遂名太白山，又名天童山。

**招宝山** 在定海。天气晴朗，朝鲜、日本诸国，一望可见。山中有棋子坪，以白饭撒之得白子，以黑豆撒之得黑子。

**翁洲山** 在定海。徐偃王所居。勾践欲封夫差于甬东，即此地也。唐开元中置翁洲县。

**鸡鸣山** 在应天府东，旧名鸡笼山。雷次宗开馆于此，齐高宗常就次宗受《左氏春秋》。

**牛首山** 在祖堂之北，上有二峰相对，如牛角，故名。晋王导曰：“此天阙也。”又名天阙山。

**摄山** 在应天府治东北。产摄生草。上有千佛岩、栖霞寺，即明僧绍舍宅。

**茅山** 在句容，初名句曲山。茅君得道于此，更今名。上有三峰，三茅君各占其一，谓之三茅峰。三峰之北，曰玉晨观，即所谓金陵地肺也。

**莫愁湖** 三山门外。昔有妓卢莫愁家此，故名。

**天台山** 上应台星，高一万八千丈，周八百里，从昙花亭麓视石梁瀑布，如在天半上。有琼台玉阙诸景，旧名金庭洞天。

**天姥山** 在浙之新昌县。李太白梦游天姥，即此。近产茶，名天姥茶。

**文公山** 在尤溪。朱晦庵父松为尤溪尉，任满，假馆于郑氏。建炎庚戌九月，朱子生，所对二山，草木繁密，野烧焚之，山形露出“文公”二字。

**云谷山** 在建阳。群峰上蟠，中阜下踞，虽当晴昼，白云坌入，则咫尺不可辨。朱文公作草堂其中，榜曰“晦庵”。

**钟山** 在分宜。晋时，雨后有大钟从山峡流出，验其铭，乃秦时所造，故名钟山。后有渔人，山下得一铎，摇之，声如霹雳，山岳动摇。渔人惧，沉之水。或曰：此秦始皇驱山铎也。

**寒石山** 唐寒山、拾得二僧居此。丰干和尚谓闾丘太守曰：“寒山、拾得，是文殊、普贤后身。”太守往谒之，二人笑曰：“丰干饶舌。”遂隐入石中，不复出。

**石镜山** 在临安。有圆石如镜，钱镠少时照之，冠冕俨然王者。唐昭宗封为衣锦山。镠常于此宴故老，木石皆披锦绣。

**宛委山** 在会稽禹穴之前。上有石匮，大禹发之，得赤珪如日，碧珪如月，长一尺二寸。又传禹治水毕，藏金简玉字之书于此。

**宝山** 一名攒宫。在会稽县东南。宋高、孝、光、宁、理、度六陵在焉。元妖僧杨琏真伽发诸陵，唐珏潜收陵骨，瘗于兰亭山之冬青树下，陵骨得以无恙，独理宗头大如斗，不敢更换，元人取作溺器。我太祖得之沙漠，复归本陵，有石碑记其事。

**越城中八山** 卧龙、蕺山、火珠、白马、峨眉、鲍郎、彭山、怪山。更有黄琢山，在华严寺后，人不及知。峨眉山，在轩亭北首民居之内，今指土谷寺神桌下小石为峨眉山者，非是。怪山在府治东南，《水经注》云：是山自琅琊东武海中一夕飞来，居民怪之，故曰怪山。上有灵鳗井，鳗大如柱，能致风雨。越王筑台其上，有观云气。

**尾闾** 台州宁海县东，海中水湍急，陷为大涡者十馀处，百凡浮物，近之则溺。

**瓠子河** 汉武帝元光三年，河决顿丘，复决濮阳，瓠子泛郡十六，发卒数万人塞瓠子河。天子自临决河，沉白马玉璧于河，筑室其上，名宣防宫。

**钱塘潮** 朝夕两至，初三日起水，二十日落水。每月十八潮大，八月十八潮尤大。有《候潮歌》曰："午未未未申，寅卯卯辰辰，巳巳巳午午，朔望一般轮。"

**磻溪** 在凤翔府宝鸡县。吕望钓此，得一鱼，腹有璜玉，文曰："周受命，吕氏佐。"今石上隐隐见两膝痕。

**滟滪堆** 在瞿唐峡口。有孤石，冬出水二十馀丈，夏即没入水。土人云："滟滪大如象，瞿唐不可上；滟滪大如马，瞿唐不可下。"以为水候。庾子舆奉父榇还巴东，至瞿唐，水壮。子舆哀号，峡水骤退，舟得安行。人为之语曰："滟滪如幞本不通，瞿唐水退为庾公。"

**长江三峡** 瞿唐峡与西陵峡、巫山峡，世称三峡，连亘七百里，重岩叠障，隐蔽天日，非亭午、夜分，不见日月。《水经》云杜宇所凿。

**烂柯山** 衢州府城南，一名石室。道书谓青霞第八洞天。晋樵者王质入山，见二童子弈，质置斧而观。童子与质一物，如枣核，食之不饥。局终，示质曰："汝斧柯烂矣。"质归家，已百岁矣。

**江郎山** 在江山。世传江氏兄弟三人登其巅，化为石，故名。山顶有池，产碧莲、金鲫。

**金华山** 府城北。金星与婺女星争华，故名。又名长山，周三百六十馀里，其最胜者曰金华洞，道书第三十六洞天。

**四明山** 在余姚县。高三万八千丈，周二百一十里，由鄞小溪入，则称东四明；由余姚白水入，则称西四明；由奉化雪窦入，则直谓之四明。道经第九洞天也。峰凡二百八十有二，中有峰曰芙蓉，有汉隶刻石上，曰四明山心。其右有石窗。

**天水池** 在重庆江津县。邑人春月游此，竞于池中摸石祈嗣，得石者生男，得瓦者生女，颇验。

**大瀼水** 在奉节县。杜甫诗"瀼东瀼西一万家"，即此。郡人龙澄，尝于瀼中见一石盒，探取之，获玉印五，文字非世间篆籀。忽有神人诧曰："玉印乃上帝所宝，昔授禹治水，水治复藏名山大川。今守护不谨耳！可亟投元处。"澄如其言。后登上第。

**牛心山** 龙安府城之东。梁李龙迁葬此。武后时凿断山脉。玄宗幸蜀，有老人苏垣奏：龙州牛山，国之祖墓，今日蒙尘，乃则天掘凿所致也。玄宗命刺史修筑如旧。未几，诛禄山。

**峨眉山** 眉州城南，来自岷山，连冈叠障，延袤三百馀里，至此突起三峰，其二峰对峙，宛若蛾眉。

**磨针溪** 彭山象耳山下，相传李白读书山中，学未成，弃去。过是溪，逢老媪方磨铁杵，白问故，媪曰："欲作针耳。"白感其言，遂卒业。

**长白山** 在开原东北千馀里。横亘千里，其巅有潭，周八十里，深不可测，南流为鸭绿江，北流为混同江。

**太行山** 怀庆府城北。王烈入山，忽闻山北雷声，往视之，裂开数百丈，石间一孔径尺，中有青泥流出，烈取抟，即坚凝，气味如香粳饭。

**神农涧** 在温县。神农采药至此，以杖画地，遂成涧。

**卧龙岗** 南阳府城西南。即诸葛亮躬耕处，有三顾桥。

**丹水** 在内乡县。《抱朴子》云：水有丹鱼，先夏至十日，夜伺之，鱼皆浮水，赤光如火，取其血涂足，可步行水上。

**天中山** 汝宁府城北。在天地之中，故名。自古考日影测分数，莫正于此。

**金龙池** 在平阳府城西南。晋永嘉中，有韩媪偶拾一巨卵，归育之，得婴儿，字曰橛。方四岁，刘渊筑平阳城不就，募能城者。橛因变为蛇，令媪举灰志其后，曰："凭灰筑城，可立就。"果然，渊怪之，遂投入山穴间，露尾数寸，忽有泉涌出，成此池。

**五台山** 在五台县。五峰高出云汉，文殊师利所居。曰清凉山，即此。

**尼山** 曲阜，接泗水邹县界。颜氏祷此，而孔子生。记云："颜氏升之谷，草木之叶皆上起；降之谷，草木之叶皆下垂。"

**雷泽** 在曹州。泽中有雷神，龙身而人颊，鼓其腹则鸣。《史记》："舜渔于雷泽。"即此。

**鸣犊河** 在高唐。孔子将西见赵简子，闻杀窦鸣犊，临河而叹，因名。

**濮水** 濮州上有庄周钓台。昔师延为纣作靡靡之乐。武王伐纣，师延自投濮水而死。后卫灵公夜止濮上，闻鼓琴声，召师涓听之。师涓曰："此亡国之音也。"

**牛山** 临淄。齐景公登牛山，流涕曰："美哉国乎！若何去此而死也？"艾孔、梁丘据皆从而泣，晏子独笑。公问故，对曰："使贤者不死，则太公、桓公常守之矣。勇者不死，则庄公、灵公常守之矣，吾君安得此位乎？至于君独欲常守，是不仁也。二子从而泣，是谄谀也。见此二者，臣所以窃笑。"公举觞自罚、罚二臣者。

**愚公谷** 临淄愚公山之北。齐桓公逐鹿至此，问一老父："何以名愚公谷？"对曰："臣畜牸牛生犊，卖犊而买驹。少年谓牛不能生马，遂持驹去。邻人以臣为愚，故名。"

**九华山** 青阳，旧名九子山。李白谓"九峰似莲华"，乃更今名。刘梦得尝爱终南、太华，以为此外无奇；爱女几、荆山，以为此外无秀。及见九华，深悔前言之失也。

**禹祁山** 姑苏城西，相传禹导吴江以泄具区，会诸侯于此。

**洞庭山** 姑苏城西太湖中，一名包山，道书第九洞天。苏子美记："有峰七十二，惟洞庭称雄。"

**孔望山** 海州。孔子问官于郯子，尝登此望海。

**夹谷山** 在赣榆。即孔子会齐侯处。

**硕项湖** 在安东。秦时童谣云："城门有血，当陷没。"有老姆忧惧，每旦往视。门者知其故，以血涂门，姆见之，即走。须臾，大水至，城果陷。高齐时，湖尝涸，城址尚存。

**龙穴山** 六安上有张龙公祠，记云：张路斯，颍上人，仕唐为宣城令，生九子，尝语其妻曰："吾龙也。蓼人郑祥远亦龙也，据吾池。屡与之战，不胜，明日取决，令吾子射系鬣以青绢者郑也，绛绢者吾也。"子遂射中青绢者，郑怒，投合肥西山死。即今龙穴。

**巢湖** 合肥。世传江水暴涨，沟有巨鱼万斤，三日而死，合郡食之。独一姥不食。忽遇老叟，曰："此吾子也。汝不食其肉。吾可亡报耶？东门石龟目赤，城当陷。"姥日往窥之。有稚子戏以朱傅龟目。姥见，急登山，而城陷，周四百馀里。

**滇池** 云南府城南。一名昆明池，周五百馀里，产千叶莲。《史记》：滇水源广末狭，有水倒流，故曰滇。

**金马山** 云南府城东，世传金马隐现于上。往西则碧鸡山，峰峦秀拔，为诸山长。俯瞰滇池，一碧万顷。汉宣帝时，方士言益州有金马碧鸡可祭祷而致，乃遣王褒入蜀。

**大庾岭** 南雄府城北。一名梅岭。张九龄开凿成路，行者便之。上有云封寺、白猿洞。卢多逊南迁岭上，憩一酒家，问其姓，妪曰："我中州仕族，有子为宰相卢多逊挟私窜以死。我且寓此岭，候其来。"多逊仓皇避去。

**罗浮山** 在博罗。高三千六百丈，周三百馀里，岭十五，峰四百三十二，洞八，大小石楼三，登之可望海。又有璇房瑶宫七十二所。《南越志》：罗浮第三十一岭半是巨竹，皆七八围，节长丈二，叶似芭蕉，谓之龙葱竹。

**鳄溪** 在潮州府城东。一名恶溪。溪有鳄鱼，身黄色，四足，修尾，状如鼍，举止疾，口森锯齿，往往为人害。鹿行崖上。群鳄鸣吼，鹿怖坠岸，鳄即蚕食。

**石钟山** 在湖口。下临深潭，微风鼓浪，水石相搏，响若洪钟。苏轼尝泛舟醉此。

**麻姑山** 在建昌府城西。上有瀑布、龙岩、丹霞洞、碧莲池，皆奇境也。周四百馀里，中多平地可耕。道书三十六洞天之一。麻姑修炼于此。

**曲江池** 西安府城东南。汉武帝凿，每赐宴臣僚于此，池备彩舟，惟宰相学士登焉。宋子京尝夜饮曲江，偶寒，命取半臂，十馀宠各送一枚，子京恐有去取，不敢服，冒寒而归。

**岐山** 一名天柱山。《禹贡》：导汧及岐。太王邑于岐山之下，文王时凤鸣岐山，皆此。

**君子津** 大同。古东胜州界上。汉桓帝时，有大贾赍金至，死此，津长埋之。贾子寻父丧至，悉还其金。帝闻之曰："君子也。"遂以名津。

**柳毅井** 在君山。唐柳毅下第归，至泾阳，道遇牧羊妇，泣曰："妾洞庭君小女，嫁泾川次郎，为婢所谮，见黜至此，敢寄尺牍。洞庭之阴有大橘树，击树三，当有应者。"毅如其言。忽见一叟引至灵虚殿，取书以进。洞庭君泣曰："老夫之罪。"顷之，有赤龙拥一红妆至，即寄书女也。宴毅碧云宫，洞庭君弟钱唐君曰："泾阳嫠妇欲托高义为姻。"毅不敢当，辞去。后再娶卢氏，即龙女也。

## 泉石

**八功德水** 一清、二冷、三香、四柔、五甘、六净、七不噎、八除病。北京西山、南京灵谷，皆取此义。

**斟溪** 在连州，一日十溢十竭。

**潮泉** 在安宁州，一日三溢三竭。

**漏勺** 在贵阳城外，一日百盈百涸，应铜壶漏刻。

**中泠泉** 在扬子江心。李德裕为相，有奉使者至金陵，命置中泠水一壶。其人忘却。至石头城，乃汲以献李。饮之，曰："此颇似石头城下水。"其人谢过，不敢隐。

**惠山泉** 在无锡县锡山。旧名九龙山，有泉出石穴。陆羽品之，谓天下第二泉。

**趵突泉** 在济南。平地上水趵起数尺，看水者以水之高下，卜其休咎。

**范公泉** 在青州府。范仲淹知青州，有惠政，溪侧忽涌醴泉，遂以范公名之。今医家汲水丸药，号青州白丸子。

**妒女泉** 在并州。妇女不得靓妆彩服至其地，必致风雨。

**阿井水** 在东阿县。以黑驴皮，取其水煎成膏，即名"阿胶"。

**虎跑泉** 在钱塘。唐元和十四年，性空大师栖禅其中，以无水欲去。有二虎跑山出泉甘冽，乃建虎跑寺。观泉者，僧为举梵呗，泉即觱沸而出。

**六一泉** 在孤山之南。宋元祐六年，东坡与惠勤上人同哭欧阳公处也。勤上人讲堂初构，阙地得泉，东坡为作《泉铭》。以两人皆列欧公门下，此泉方出，适哭公讣，名以六一，犹见公也。　参寥泉在智果寺。东坡泉在昌县。醉翁亭侧，亦有六一泉。

**夜合石** 新昌东北洞山寺水口，有二石，高丈馀，土人言：二石夜间常合为一。

**热石** 临武有热石，状如常石，而气如炽炭，置物其上立焦。

**松化石** 松树至五百年，一夜风雷化为石质，其树皮松节，毫忽不爽。唐道士马自然指延真观松当化为石，一夕果化。

**望夫石** 武昌山有石，状如人。俗传贞妇之夫从役远征，妇携子送至此，立望其夫而死，尸化为石。

**醒酒石** 唐李文饶于平泉庄，聚天下珍木怪石，有醒酒石，尤所钟爱。其属子孙曰："以平泉庄一木一石与人者，非吾子孙也。"后其孙延古守祖训，与张全义争此石，卒为所杀。

**赤心石** 武后时争献祥瑞。洛滨居民，有得石而剖之中赤者，献于后，曰："是石有赤心。"李昭德曰："此石有赤心，其馀岂皆谋反也！"

**十九泉** 在严滩钓台下。陆羽品天下泉味，谓此泉当居第十九。

**一指石** 在桐庐县缀岩谷间，以指抵之则动，故名。

**鱼石** 涪州江心有石，上刻双鱼，每鱼三十六鳞，旁有石秤石斗，现则岁丰。

**龙井** 在汤阴。相传孙登尝寓此。岁旱，农夫祷于龙洞，得雨。登曰："此病龙雨也，安能苏禾稼乎？"嗅之果腥秽。龙时背生疽，变一老翁，求登治，曰："痊当有报。"不数日，大雨，见石中裂开一井，其水湛然，即龙穿此以报也。

**温泉** 在汝州城西者，武后尝幸此。其侧又有冷泉。顺天府汤山下有泉，四时常温，浴之愈疾。遵化亦有汤泉。阜平有二泉，一温一冷。云南安宁温泉，色如碧玉，可鉴毛发。骊山西绣岭下有温泉。

**玉泉** 在玉泉山下。泉出石罅间，因凿石为螭头，泉从螭口出，鸣若杂佩，色若素练，味极甘美，潴而为池，广可三丈，流于西湖，遂为燕山八景之一。

**神农井** 在长子羊头山，即神农得佳谷处。

**杜康泉** 舜祠东庑下，康汲此以酿酒。或以中冷水及惠山泉称之，一升重二十四铢，是泉较轻一铢。

**金鸡石** 建德草堂寺之北，罗隐常过此，戏题曰："金鸡不向五更啼。"石遂迸裂，有鸡飞鸣而去。

**玉乳泉** 丹阳刘伯刍论此水为天下第四泉。

**绿珠井** 在博白双角山下，梁氏女绿珠生此。汲饮者产女必丽色。容县有杨妃井，因妃生此而名。郁林有司命井，甘淡半之，可给阖境。

**龙焙泉** 建宁凤凰山下，一名御泉。宋时取此水造茶入贡。

**仁义石** 建阳二石对立，左曰仁，右曰义。

**一滴泉** 在广信南岩。泉自石窦中出，四时不竭。宋朱熹诗有："一窍有灵通地脉，平空无雨滴天浆。"

**谷帘泉** 南康府城西。泉水如帘，布岩而下者三十馀派。陆羽品其味为天下第一。

**玉女洞** 盩厔。洞有飞泉，甘且冽。苏轼过此，汲两瓶去。恐后复取为从者所绐，乃破竹作券，使寺僧藏之，以为往来之信，戏曰“调水符”。

**画山石** 宁州石上有文，灿然若战马状，无异画图。故名。

**山鸡石** 宝鸡陈仓山下有石，似山鸡状，晨鸣山巅，声闻三十里。

**石泉** 井陉有石泉，隋妙阳公主久疾，浴此遂愈。

**瀑布泉** 庐州开先寺。李白诗:“挂流三百丈，喷壑数十里。”

**醴泉** 在新喻。黄庭坚尝饮此，叹曰:“惜陆鸿渐辈不及知也。”题曰醴泉。

**卓锡泉** 在大庾岭。唐僧卢能被众僧夺衣钵，追至大庾岭，渴甚。能以锡卓石，泉涌清甘，众骇而退。

**愈痞泉** 鹤庆符城东南，有温泉。每三月，郡人有痞疾者浴此即愈。

## 景致

**泰山四观** 日观，鸡一鸣，见日始欲出，长三丈所。秦观，望见长安。吴观，望见会稽。周观，望见齐西北。

**燕山八景** 蓟门飞雨、瑶岛春阴、太液秋风、卢沟晓月，居庸叠翠、玉泉垂虹、道陵夕照、西山晴雪。

**关中八景** 辋川烟雨、渭城朝云、骊城晚照、灞桥风雪、杜曲春游、咸阳晚渡、蓝水飞琼、终南叠翠。

**桃源八景** 桃川仙隐、白马云涛、绿萝晴昼、梅溪烟雨、浔阳古寺、楚山春晓、沅江夜月、潼坊晓渡。

**姑孰十咏** 姑孰溪、丹阳湖、谢公宅、凌歊台、桓公井、慈母竹、望夫石、牛渚矶、灵墟山、天门山。

**潇湘八景** 烟寺晚钟、沧江夜雨、平沙落雁、远浦归帆、洞庭秋月、渔村夕照、山市晴岚、江天暮雪。

**越州十景** 秦望观海、炉峰看雪、兰亭修禊、禹穴探奇、土城习舞、镜湖泛月、怪山瞻云、吼山云石、云门竹筏、汤闸秋涛。

**西湖十景** 两峰插云、三潭印月、断桥残雪、南屏晚钟、苏堤春晓、曲院荷风、柳浪闻莺、雷峰夕照、平湖秋月、花港观鱼。

雁荡山顶有一湖，春雁归时，尝宿于此。内有七十七峰，在温州乐清县。谢康乐剔隐搜奇，足迹所不能到。至宋祥符，造玉清宫，伐木至此，乃始知名。

**大龙湫** 雁荡山西，有谷曰大龙湫，瀑布自绝壁泻下，高五千丈，随风旋转，变态百出。更有峰曰小龙湫，从岩洞中飞流而下，高三千丈。

**玉甑峰** 在乐清。峰峦奇，岩洞棱层，莹白如玉，世称白玉洞天。

**嶀浦** 在嵊县剡溪，近画图山。《会稽三赋》“嵊县溪山入画图”，即此。

**海市** 登州海中，有云气如楼台殿阁、城郭人民、车马往来之状，谓之海市。苏轼知登州，被召将去，以不见海市为恨，祷于海神，次日遂见。

**瓯江** 在温州府城北。东至盘石村，会于海洋，是曰瓯江。常有蜃气结为楼台城橹，忽为旗帜甲马锦幔。

**山市** 在淄州焕山。相传嘉靖二十三年，县令张其辉过之，天将明，忽见山上城堞翼然，楼阁巍焕，俄有人物往来，与海市无异。

**神灯** 余姚龙泉山，当春夏烟雨晦冥，见神灯一二盏，忽然化为几千万盏，燃山熠谷，数时方灭。

**火井** 在阿速州。烟来火出。投以竹木则焚。邛有火井，以外火投之，生焰，光照数里。

**山灯** 四川蓬州，现凡五处。初不过三四点，渐至数十。在蓬山者尤异，土人呼为圣灯。彭山北平山亦夜见五色神灯。

**商山** 商州。即四皓隐处，一名商洛山。开元时，高太素避居山中，建六逍遥馆，曰晴夏晚云、中秋午月、冬日初出、春雪未融、暑簟清风、夜阶急雨。

**唤鱼潭** 青神中岩，即诺距罗尊者道场，上有唤鱼潭，客至抚掌，鱼辄群出。

**山庄** 崇仁浮石岩，三岩鼎立，中贯一溪，可容舫。宋尚书何异辟为山庄，表其胜迹五十馀所，题曰“三山小隐”。理宗书“衮庵”二大字赐之，异揭于方壶室。洪迈有《记》。

**八镜台** 在赣州府城上。东望七闽，南眺五岭。苏轼赋诗八章。

**辋川别业** 蓝田，宋之问建，后为王维庄。辋水通竹洲花坞，日与裴秀才迪浮舟赋诗，斋中惟茶铛、酒臼、经案、绳床而已。为关中八景之一。

**逍遥别业** 骊山鹦鹉谷，韦嗣立建。中宗尝幸此，封为逍遥公。上赋诗勒石，令从臣应制。张说《序》云："丘壑夔龙，衣冠巢许。"

**湟川八景** 雪溪春涨、龙潭飞雨、楞伽晓月、静福寒林、巾峰远眺、秀岩滴翠、圭峰墓霭、岩湖叠巘。

# 卷三 人物部

## 帝王（附后妃、太子、公主）

天皇始称皇，伏羲始称帝，夏、商、周始称王。神农母安登感天而生，始称天子。文王始称世子。秦始皇始尊父庄襄王为太上皇。周制称王妃为王后。秦称皇帝，遂称皇后。汉武帝始尊祖母窦为太皇太后。魏称诸王母为太妃。晋元帝始称生母为皇太妃。

**当宁** 《礼记》：天于当宁而立，诸公东面，诸侯西面：曰朝。宁，门屏间。

**皇帝** 古或称皇或称帝。秦始皇自谓德过三王，功高五帝，乃更号曰皇帝。命曰制，令曰诏，自称曰朕。（古者称朕，上下共之。咎繇与帝言称朕；屈原曰“朕皇考”。至秦独以为尊。）

**山呼** 汉武帝登嵩山，帝与左右吏卒咸闻呼万岁者三。后人袭之，遂名“山呼”。

**大宝** 圣人之大宝曰位。何以守位，曰仁。

**神器** 天下者，神明之器也。《王命论》曰：神器有命，不可以智力求。

**龙飞** 新主登极曰龙飞，取《易经》“飞龙在天，利见大人”。盖乾九五为君位，故云。《华林集》：“位以龙飞，文以虎变。”

**虎拜** 群臣觐君曰虎拜。《诗经》：“虎拜稽首，天子万寿。”谓召穆公（虎）既拜，受王命之辞，而祝天子以万寿也。

**如丝如纶** 《礼记》：“王言如丝，其出如纶。”注：纶，绶也。言王言始出之，小如丝；群臣举之，若绶之大。故皇帝之言谓之纶音。皇后之命又曰懿旨，懿，美也。

**元首** 《书经》：“元首明哉，股肱良哉。”言君乃臣之元首，臣乃君之股肱，君明则臣自良。

**麟趾龙种** 《诗经》：“麟之趾，振振公子。”唐诗：“元师归龙种。”俱誉宗藩也。

**玉牒** 帝胄之谱名玉牒。韩文：“明德镂白玉之牒。”又宗人府曰玉牒所。

**邦贞国贰** 《尚书》:“一人元良，万邦之贞。”太子之谓也。高允曰:“太子，国之储贰。”

**日重光** 崔豹《古今注》:汉明帝为太子时，乐人歌诗四章以赞美之，其一日重光，其二月重轮，其三星重辉，其四海重润。

**逍遥晚岁** 《唐书》:高祖谓裴寂曰:“公为宗臣，我为太上皇，逍遥晚岁，不亦善乎?”

**女中尧舜** 高琼赞宋宣仁太后曰:“笃生圣后，女中尧舜。”

**仪宾** 汉制:皇女皆封县公主，诸王女皆封乡亭公主，承王女、宗女者封仪宾、封郡马。

**官家** 李侍读仲容侍真宗饮，命饮巨觥。仲容曰:“告官家免巨觥。”上问:“卿之称朕何谓官家?”对曰:“五帝官天下，三王家天下，兼三五之德，故称官家。”

**县官** 《霍光传》称天子为县官。

**华祝** 尧观于华，华封人曰:“嘻!请祝圣人多富、多寿、多男子”。

**陛下** 陛，阶也。天子必有近臣，执兵器陈于陛侧，以戒不虞。谓之陛下者，群臣与天子言，不敢指斥天子，故呼在陛下者而告之，因卑达尊之义也。上书亦如之。

**秉箓握符** 《东都赋》曰:“圣王握乾符，阐坤珍，披皇图，稽帝文。”乾符，赤伏符箓也。坤珍，洛书也;皇图，图谶也;帝文，天文也。

**行在** 蔡邕《独断》谓天子以天下为家，车舆所至之处，皆曰行在。谓行幸之所在也。

**天潢** 《曹固表》:“王孙公子，疏派天潢，宜亲宗室，强干弱枝。”

**警跸** 唐太宗即位，数骑射，孙伏伽谏曰:“天子禁卫九重，出也警，入也跸。”警，戒肃也;跸，清道也。

**璇宫椒房** 帝少昊母星娥处于璇宫，以椒涂壁，取其温和，以辟恶气。一曰取椒实繁衍之义。

黄帝立四妃，夏增三三，为九嫔;殷增三九，为二十七世妇;周增九九，为八十一御妻。魏明帝置淑妃，宋武帝置贵妃，隋炀帝置德妃，唐置贤妃，汉武帝置婕妤，汉元帝置昭仪，汉光武置贵人，晋武帝置才人。

**前星** 《晋书·天文志》:“心三星，天王正位也。中星曰明堂，天子位；前星为太子，后星为庶子。”

**少海** 《山海经》：“元皋之上，南望幼海。”注：幼海，即少海也。天子比大海，太子比少海。

**青宫** 东明山有宫，青石为墙，门有银榜，以青石碧缕，题曰“天地长男之宫”。故太子名青宫，又曰东宫。

**公主** 天子嫁女，不亲主婚，命同姓诸侯主之，故称公主。若诸侯，则自主之，故称翁主。娶公主者，曰尚。娶翁主者，曰承。周始称公主，汉始称姊妹长公主，武帝始称姑太长公主，唐宪宗始称王女县主，睿宗始封女代国。秦以后始称尚主，舅姑下于妇。王珪始制坐受妇礼。魏始拜尚主者驸马。驸马都尉本汉武帝置，掌御马。

**女官** 周始制女史，佐内治。汉制女官十四等，数百人。唐设六局、二十四司，官九十人，女史五十馀人。

**宗室** 周公始置中士奠世系。唐玄宗始诏李衢、林宝撰玉牒百十卷。宋真宗始崇皇属籍。周始建宗盟，选宗中之长为正。唐宗室始期亲加皇属，外任不著姓。宋神宗始换授，始外官加姓，始诏宗室应举。

**五行迭王** 太昊配木，以木德王天下，色尚青；炎帝配火，以火德王天下，色尚赤；黄帝配土，以土德王天下，色尚黄；少昊配金，以金德王天下，色尚白；颛顼配水，以水德王天下，色尚黑。

**建元** 古者只有纪年，未有年号。汉武帝建元元年，后王年号盖始于此。帝王改元亦未曾有。秦惠文十四年更为元年，是为改元之始。黄帝始制国号加有字，汉加大字。汉文帝始制年号用一字，武帝始用二字。

国祚五帝：伏羲一百一十五年；神农一百四十年，传七世，共三百七十五年；黄帝一百年；少昊八十四年；颛顼七十八年；帝喾七十年；帝挚九年；帝尧七十二年；帝舜六十一年。三王：夏禹十七世，共四百五十八年；商汤二十八世，共六百四十四年；周三十七世，共八百七十三年。秦三世，共三十九年。西汉十一世，共二百三十一年；东汉十四世，共一百九十六年；蜀汉二世，共四十四年。晋四世，共五十二年；东晋十一世，共一百五年。前五代共一百六十九年。唐二十世，共二百九十年。后五代共五十六年。北宋九世，共一百六十八年；南宋九世，共一百五十五年。元十世，共八十九年。

**皇明国祚** 洪武三十一年，建文四年，永乐二十二年，洪熙一年，宣德十年，正统十四年，景泰八年，天顺八年，成化二十三年，弘治十八年，正德十六年，嘉靖四十五年，隆庆六年，万历四十八年，天启七年，崇祯十七年，共二百七十七年。历朝御讳：太祖元璋，惠宗允炆，成祖棣，仁宗高炽，宣宗瞻基，英宗祁镇，景帝祁钰，宪宗见济，孝宗祐樘，武宗厚照，世宗厚熜，穆宗载垕，神宗翊钧，光宗常洛，熹宗由校，思宗由检。

**前五代**　南朝：宋刘裕八世，历六十年；齐萧道成七世，历二十三年；梁萧衍四世，历五十七年；后梁萧詧（昭明太子之子）三世，历三十三年；隋杨坚四世，历三十九年。北朝：元魏拓跋珪十二世，历一百四十九年；西魏拓跋修四世，历二十四年；东魏拓跋善见一世，历十七年。北齐高洋（魏丞相高欢之子）五世，历二十九年；后周宇文觉（魏冢宰宇文泰之子）五世，历二十六年。

**后五代**　梁朱温二世，历十七年。后唐李存勖（本姓朱邪氏，沙陀人，先世事唐，赐姓李）四世，历十四年。后晋石敬瑭二世，历十一年。后汉刘暠初名知远，三世，历四年。北汉刘崇，高祖之弟，四世，历三十年。后周郭威，邢州人，传内侄柴荣，三世，历十年。

**五胡乱华**　汉刘渊，匈奴人也；后赵石勒，武乡羯人也；后秦姚弋仲，赤亭羌人也；前秦苻洪，氐人也；后燕慕容垂，鲜卑人也：总曰“五胡乱华”。

蜀汉之继东汉，非特名义而已，实炎祚之正统也。按《异苑》记：蜀有火井，汉室之盛则赫炽。桓灵之际火势渐微，孔明窥而复盛。至景曜元年，人以烛投之而灭，其年蜀并于魏，是亦一征也。

**年号**　西汉：武帝：建元、元光、元朔、元狩、元鼎、太初、征和、后元；昭帝：始元、元凤、元平；宣帝：本始、地节、元康、神爵、五凤、甘露、黄龙；元帝：初元、永光、建昭、竟宁；成帝：建始、河平、阳朔、鸿嘉、永始、元延、绥和；哀帝：建平、元寿；平帝：元始；孺子婴：居摄、初始。

东汉：光武：建武、中元；明帝：永平；章帝：建初、元和、章和；和帝：永元、元兴；殇帝：延平；安帝：永初、元初、永宁、建光、延光；顺帝：永建、阳嘉、永和、汉安、建康；冲帝：永嘉；质帝：本初；桓帝：建和、和平、元嘉、永兴、永寿、延熹、永康；灵帝：建宁、熹平、光和、中平；献帝：初平、兴平、建安；后汉昭烈帝：章武；后帝：建兴、延熙、景曜、炎兴。

西晋：武帝：泰始、咸宁、泰康；惠帝：永熙、元康、永康、永宁、太安、永兴、光熙；怀帝：永嘉；愍帝：建兴。

东晋：元帝：建武、大兴、永昌；明帝：太宁；成帝：咸和、咸康；康帝：建元；穆帝：永和、升平；哀帝：隆和、兴宁；帝奕：太和；简文帝：咸安；孝武帝：宁康、太元；安帝：隆安、元兴、义熙；恭帝：元熙。

南北朝：宋：武帝：永初；少帝：景平；文帝：元嘉；孝武帝：孝建、大明；废帝：景和；明帝：泰始、泰豫；苍梧王：元徽，顺帝：昇明。齐：高帝：建元；武帝：永明；明帝：建武；东昏侯：中兴。梁：武帝：天监、普通、大通、中大通、大同、中大同、太清；简文帝：大宝；元帝：承圣；敬帝：绍泰、太平。陈：武帝：永定；文帝：天嘉、天康；临海王：光大；宣帝：太建；后主：至德、祯明。

隋：文帝：开皇、仁寿；炀帝：大业；恭帝：义宁。

唐：高祖：武德；太宗：贞观；高宗：永徽、显庆、龙朔、麟德、乾封、总章、咸亨、上元、仪凤、调露、永隆、开曜、永淳、弘道；中宗：嗣圣、神龙、景隆；睿宗：景云、太极；玄宗：开元、天宝；肃宗：至德、乾元、上元、宝应；代宗：广德、永泰、大历；德宗：建中、兴元；顺宗：永贞；宪宗：元和；穆宗：长庆；敬宗：宝历；文宗：太和、开成；武宗：会昌；宣宗：太中；懿宗：咸通；僖宗：乾符、广明、中和、光启、文德；昭宗：龙纪、大顺、景福、乾宁、光化、天复、天祐；昭宣帝：天祐。

后五代：梁：太祖：开平、乾化；均王：贞明、龙德。唐：庄宗：同光；明宗：天成、长兴；闵帝：应顺；潞王：清泰。晋：高祖：天福；齐王：开运。汉：高祖：乾祐；隐帝：乾祐。周：太祖：广顺；世宗：显德；恭帝：显德。

宋：太祖：乾德、开宝；太宗：太平兴国、雍熙、端拱、淳化、至道；真宗：咸平、景德、大中祥符、天禧、乾兴；仁宗：天圣、明道、景祐、宝元、康定、庆历；英宗：治平；神宗：熙宁；哲宗：元祐、绍圣、元符；徽宗：建中靖国、崇宁、大观、政和、重和、宣和；钦宗：靖康。

南宋：高宗：建炎、绍兴；孝宗：隆兴、乾道、淳熙；光宗：绍熙；宁宗：庆元、嘉泰、开熙、嘉定；理宗：宝庆、绍定、端平、嘉熙、淳祐、开庆、景定；度宗：咸淳；恭宗：德祐；端宗：景炎；帝昺：祥兴。

元：世祖：至元；成宗：元贞、大德；武宗：至大；仁宗：皇庆、延祐；英宗：至治；泰定帝：泰定、致和；明宗：天历；文宗：天历、至顺；顺帝：元统、至元、至正。

**陵寝** 盘古，青县。女娲，阌乡。伏羲，陈州。神农，曲阜。黄帝，中都。少昊，曲阜。颛顼，高阳。帝喾，滑县。高阳氏，东昌。华胥氏，蓝田。帝尧，东平。帝舜，永州。大禹，会稽。夏：太康，太康；成汤，偃师；太甲，济南。殷：中宗，内黄；商高宗，西华。周：文武，成康咸阳；威烈王河南；昭王少室。秦始皇骊山。汉：高祖长陵、咸阳；文帝西安；武帝兴平；景帝，咸阳；宣帝，长安；光武，原陵、孟津；明帝，洛阳、照烈，成都。隋文，武功。晋元帝，江宁。晋十一帝陵，上元。吴大帝，钟山；吴景帝，太平。齐：高、武、明，丹阳。梁：武、简、文，丹阳。陈：文帝，武功；陈高祖，高要。隋炀帝，扬州。唐：高祖，三原；太宗，九嵕山；宪宗，满城；宣宗，景阳；中宗，偃师。西魏武帝，富平。石勒，顺德。宋：太祖，昌陵；太宗，熙陵；真宗，定陵；仁宗，照陵，俱巩县。南宋：高、孝、光、宁、理、度，会稽；宋三陵，钦陵、庆陵、安陵，保定；宋端宗，厓山；徽宗，五国城。辽太祖，宁远卫。

明：洪武皇帝，孝陵，江宁；永乐，长陵；洪熙，献陵；宣德，景陵；正统，裕陵；成化，茂陵；弘治，泰陵；正德，康陵；嘉靖，永陵；隆庆，昭陵；万历，庆陵；泰昌，定陵；天启，德陵；崇祯，思陵，俱顺天天寿山；建文君，自滇还，迎入南内，号老佛，卒葬西山，碑曰“天下大师之墓”。

## 仪制

**黄屋左纛** 黄屋，黄盖也。左纛，以牦牛尾为旗纛，列之左也。

**羽葆** 聚五采羽为幢，建于车上，天子之仪卫也。

**九旂** 画日月曰常；画蛟龙曰旂；通帛曰旃；杂帛曰物；画熊虎曰旗；画鸟隼曰旟；画龟龙曰旐；全羽曰旞，析羽曰旌。

**卤簿** 车驾出行，羽仪导护，谓之卤簿。卤，大盾也，所以捍蔽，部位之次，皆著之于簿。五兵盾在外，馀兵在内。以大盾领一部之人，故名卤簿。

**髦头**　武祖问髦头之义，彭权对曰：“《秦纪》云：国有奇怪，触山截水，无不崩溃，惟畏髦头。故使武士服之，卫至尊也。”

**传国玺**　秦始皇以卞和玉制传国玺，命李斯篆文。其文曰：“受命于天，既寿永昌。”相传卞和玉制为三印，一传国玺，一天师印，一茅山道士印。

**十二章**　日、月、星、辰、山龙、华虫六者绘之于衣，宗彝、藻、火、粉米、黼、黻绣之于裳，所谓十二章也。华虫，雉也；宗彝，虎蜼。藻，水草，黼，若斧形，取其断也；黻，为两巳相背，取其辨也。

**皇后六服**　袆衣（袆音挥。色玄，刻绘为翚。从王祭先王之服。翚亦音辉）。揄狄（揄音遥。色青，刻绘为揄。从王祭先公之服）。阙狄（色赤。刻绘为翟。从王祭群小祀之服）。鞠衣（色黄。告桑之服）。展衣（色白，以礼见王及宾客之服）。褖衣（色黑。进御见王之服。）

**九门**　天子一关门，二远郊门，三近郊门，四城门，五皋门，六库门，七雉门，八应门，九路门。

**丹墀**　《西京赋》曰：“右平左墄，青琐丹墀。”注：天子赤墀列为九级，中分左右，有齿介之，右则平之，令辇得上阶也。

**尺一**　天子诏曰尺一。汉制：简一尺一寸。中行说教匈奴以尺二简报汉。

**金根车**　天子所乘之车曰金根，驾六马。有五色安车，有五色立车，各一，皆驾四马，是为五时副车。

**鹤禁**　太子所居之宫，白鹤守之，凡人不得辄入，故曰鹤禁。

**九府圜法**　圜法，即钱法也。天子九府，曰泉府、大府、王府、内府、外府、天府、职内、职金、职币，皆掌钱帛之府也。

**五库**　天子五库，曰车库、兵库、祭器库、乐器库、宴器库。

**黼扆**　天子坐则黼扆列在后，如背负之也。黼扆，形如屏风，画斧而无柄，设而不用，取金斧断割之义。

**象魏**　宫门双阙悬法象，其状巍然高大，曰象魏。

**列土分茅**　天子大社，以五色土为坛，封诸侯，各以其色与之，帱以黄土（黄取王者覆被四方之义），苴以白茅（白茅取其洁也），归而立社，谓之列土分茅。

**枫宸** 汉宫殿前多植枫树，故曰枫宸。一名紫宸。

**罘罳（音环思）** 注：罘罳，伏思也。君退至内廷，思维机务，故曰罘罳。

**金马** 汉武帝得大宛马，以铜铸其像，立于署门，名金马门。《扬雄传》："历金马，上玉堂。"翰林官称玉堂金马。

**黄牛白腹** 公孙述废铜钱置铁钱。蜀中童谣曰："黄牛白腹，五铢当复。"言王莽称黄，述自号白；五铢，汉钱也，言天下当复还刘氏。

**两观** 古者帝王每门树两观于其前，所以标表宫门也。其上可居，登之可以观远，故谓之观。

**琼林大盈** 唐德宗起琼林、大盈等库，以储私钱。陆贽谏，不听。后朱泚之乱，罄于兵火。

**泽宫** 天子习射之地。泽，取择贤之义也。

**水晶宫** 大秦国中有五宫殿，皆以水晶为柱，故名水晶宫。

**桥门** 汉明帝幸辟雍，冠带缙绅之人，环桥门而观者，以亿万计。

**虎闱** 晋武帝临辟雍，立国子监以育士庶，名之曰虎闱，又名虎观。

**石渠** 汉施雠，甘露中拜博士，与五经诸儒论异同于石渠阁。

**凤诏** 后赵石季龙，置戏马观，观上安诏书，用五色纸，衔于木凤口而颁行之。凤五色漆画，咮脚皆用金。

**紫泥** 阶州武都紫水有泥，其色紫而粘，贡之，用封玺书，故诏诰曰紫泥封。

**黄麻** 敕书旧用白纸，唐高宗以白纸多蠹，改用黄麻。拜除将相，其制书皆用黄麻。黄麻者，以黄檗染纸，取其辟蠹也。

**内官** 成周始为寺人。秦始皇初立中车府，置令。魏文帝置殿中制监。隋置内侍省，始以监为太监，加少监、监正。秦六局，置尚衣、尚冠等官。

**仪仗** 神农始为仪仗，秦汉始为导护，五代始为宫中导从。黄帝制钺，秦始皇改为镗（即斧）。晋武帝制干枪，元帝加仪刀、仪镗、斑剑。黄帝制麾、制曲盖。吕尚制华盖。黄帝始警跸。周制鸣鞭。黄帝制旗，天子出，大牙建于前。周制：树旗表门。陶榖始备岳渎、日星、龙象、大神诸旗。尧始制车驾，周改鸾驾。晋文公制左右虞候掖驾。汉武帝钦飞驾前。周公始制属车悬豹尾。唐始加豹尾于卤簿。周公置记里鼓车。隋文帝制行漏车。秦始皇兼车服始饰器为金根车，上施华盖相风鸟，制辟恶车前导，更定大驾、法驾。周制：步辇以人组挽。秦始皇去其轮为舆，以人荷。汉制：后宫羊车以人牵。宋制：檐子以竿牵。汉制皇屋。宋制棕榈屋，即逍遥车。汉武帝制十二障扇。唐玄宗制上殿索扇，阎则先奏，以宦官升陛执扇。

**戒不虞**《汉官仪》："属车八十一乘，作三行。尚书、御史乘之。"最后一乘悬豹尾于竿。豹尾过后，执金吾方罢屯解围，所以戒不虞也。

**名臣**

**六佐** 伏羲六佐：金提主化俗，鸟鸣主建福，视默主灾恶，纪通主中职，仲起主海陆，阳侯主江海。

**六相** 轩辕六相：风后、力牧、太山、稽、常先、大鸿。得六相而天下治。

**八元** 元，善也。高辛氏有才子八人：伯奋、仲堪、叔献、季仲、伯虎、仲熊、叔豹、季狸，天下谓之八元。

**八恺** 恺，和也。高阳氏有才子八人：苍舒、隤敳（音皑）、梼戭（音稠演）、大临、尨降、庭坚、仲容、叔达，天下谓之八恺。

**四凶** 帝鸿氏有不才子曰浑沌（即驩兜），少昊氏有不才子曰穷奇（即共工），颛顼氏有不才子曰梼杌（即鲧），缙云氏有不才子曰饕餮（即三苗），谓之四凶。

**五臣** 舜有臣五人，禹、稷、契、皋陶、伯益。

**九官** 舜命九官，禹、契、稷、伯益、皋陶、夔、龙、垂、伯夷。

**十乱** 武王有乱臣十人，太公望、周公旦、召公奭、毕公高、闳夭、散宜生、南公适、荣公、太颠、邑姜。

**八士** 周有八士，伯达、伯适、仲突、仲忽、叔夜、叔夏、季随、季騧。

**四皓** 东园公，姓辕名秉字宣明；绮里季，姓朱名晖字文季；夏黄公，姓崔名廓字少通；角里先生，姓周名述字元道，隐于商山，谓之商山四皓。

**淮阳一老** 汉应曜隐于淮阳，与四皓并征，曜独不至。时人语曰："商山四皓，不如淮阳一老。"

**三良**　秦子车氏三子，奄息、仲行、鍼虎。秦穆公死，命以为殉，国人为赋《黄鸟》之诗以哀之。

**十八元功**　汉高祖封功臣十八人，萧何为首，曹参次之，其下张敖、周勃、樊哙、郦商、奚涓、夏侯婴、灌婴、傅宽、靳歙、王陵、陈武、王伋、苏欧、周昌、于护、虫达。

**麒麟阁十一人**　汉宣帝以夷狄宾服，思股肱之美，乃图画其人于麒麟阁，共十一人，唯霍光不名，曰大司马、大将军博陆侯姓霍氏。其次张安世、韩增、赵充国、魏相、丙吉、杜延年、刘德、梁丘贺、萧望之、苏武。

**云台二十八将**　汉光武思中兴功臣，乃画二十八将于南宫云台，其位次以邓禹为首，次马成、吴汉、王梁、贾复、陈俊、耿弇、杜茂、寇恂、傅俊、岑彭、坚镡、冯异、王霸、朱祐、任光、祭遵、李忠、景丹、万修、盖延、邳彤、铫期、刘植、耿纯、臧宫、马武、刘隆，后又益以王常、李通、窦融、卓茂，共三十二人。马援以椒房不与。

**十八学士**　唐高祖以秦王世民功高，令开府置属，秦王乃开馆于宫西，延四方文学之士杜如晦、房玄龄、虞世南、褚亮、姚思廉、李玄道、蔡允恭、薛元敬、颜相时、苏勖、于志宁、苏世长、薛收、李守素、陆德明、孔颖达、盖文达、许敬宗，使库直阎立本图像。预其选者，时人谓之登瀛洲。

**凌烟阁二十四人**　唐太宗图其功臣于凌烟阁，长孙无忌、赵郡王孝恭、杜如晦、魏徵、房玄龄、高士廉、尉迟敬德、李靖、萧瑀、段志玄、刘弘基、屈突通、殷开山、柴绍、长孙顺德、张亮、侯君集、张公谨、程知节、虞世南、刘政会、唐俭、李世勣、秦叔宝，共二十四人。

**三君**　君者言一世之所宗也。窦武、陈蕃、刘淑，为三君。

**八俊**　俊者言一世之英也。李膺、荀昱、杜密、王畅、刘祐、魏朗、赵典、朱富，为八俊。

**八顾**　顾者能以德行引人者也。郭泰、范滂、尹勋、巴肃、宗慈、夏馥、蔡衍、羊陟，为八顾。

**八及**　及者言使人之所追从者也。张俭、翟超、岑晊、范康、刘表、陈翔、孔昱、檀敷，为八及。

**八厨**　厨者能以财救人者也。度尚、张邈、刘儒、胡毋班、秦周、蕃向、王章、王考，为八厨。

**八友** 齐王之子开西邸延宾客，范云、萧琛、任昉、王融、萧衍、谢朓、沈约、陆倕，并以文学见称，故曰八友。

**浔阳三隐** 周续之入庐山，事远公；刘遗民遁迹匡山；陶渊明不应诏命，人称“浔阳三隐”。

**竹林七贤** 嵇康、阮籍、山涛、向秀、刘伶、王戎、阮咸为竹林七贤，日以酣饮为事。颜延之作《五君咏》，独述阮步兵、嵇中散、刘参军、阮始平、向尚侍，而山涛、王戎以贵显被黜。

**竹溪六逸** 李白少有逸才，与鲁中诸生孔巢父、韩准、裴政、张叔明、陶沔，隐于徂徕山，终日沉饮，号竹溪六逸。

**虎溪三笑** 惠远禅师隐庐山，送客至虎溪即止。一日，送陶渊明、陆静修，与语道合，不觉过虎溪，因大笑。世传《三笑图》。

**何氏三高** 梁何胤二兄求、点，并栖遁世，谓何氏三高。或乘柴车，或蹑草履，恣心所适，致醉而归。时人谓之通隐。

**饮中八仙** 李白、贺知章、李适之、汝阳王琎、崔宗之、苏晋、张旭、焦遂。杜甫有《饮中八仙歌》。

**荀氏八龙** 荀淑，颍川人，有八子，俭、绲（音魂）、靖、焘、汪、爽、肃、旉。县令范康曰：昔高阳氏有才子八人，遂署其里为高阳里。时人号荀氏八龙。

**河东三凤** 薛元敬与收及族兄德音齐名，世称河东三凤。收为长雏，德音为鸑鷟，元敬年少为鹓雏。

**马氏五常** 马良字季常，兄弟五人，并有才名。时人语曰：“马氏五常，白眉最良。”

**香山九老** 白乐天、胡杲、吉皎、郑据、刘真台、卢慎、张浑，年俱七十以上。狄兼谟、卢贞未及七十，白香山重其品，亦拉入会，日饮于龙门寺。时人称香山九老。

**洛社耆英** 文潞公慕香山九老，乃集洛中年德高者为耆英会，就资圣院建大厦，曰耆英堂，命闽人郑奂画像其中，共十二人，文彦博、富弼、席汝言、王尚恭、赵丙、刘况、冯行已、楚建中、王谨言、张问、张焘、王拱辰。独司马光年未七十，潞公用香山狄兼谟故事，请温公入社。

**白莲社** 远公与十八贤同修净土，以书招渊明。答曰：“弟子嗜酒，许饮即赴矣。”远公许之，遂造焉。勉令入社，渊明攒眉而去。谢灵运求入莲社，远公以灵运心杂，却之。

**建安七才子**　徐干、陈琳、阮瑀、应玚、刘桢、孔融、王粲，皆好文章，号建安七才子。

**兰亭禊**　王右军兰亭修禊，与孙绰、许询辈四十二人，大会于此。是日不成诗王大令辈一十六人，各罚酒三觥，如金谷酒数。

**西园雅集十六人**　苏东坡、王晋卿、蔡天启、李端叔、苏子由、黄鲁直、晁无咎、张文潜、郑靖老、秦少游、陈碧虚、王仲至、圆通大师、刘巨济，李伯时画《西园雅集图》，而米元章书记其上。

**四杰**　唐王勃、杨炯、卢照邻、骆宾王，皆以文章齐名天下，号为四杰。

**铛脚刺史**　唐大鼎守沧州，郑德本守瀛州，贾敦颐守冀州，皆有治名，故河北称为铛脚刺史。

**易水三侠**　燕丹送荆轲易水之上，高渐离击筑而歌，宋如意和之。《国策》《史记》俱无如意名。陶靖节《咏荆轲》诗，有“渐离击悲筑，宋意唱高声”，与《水经注》俱有之。

**五马**　南齐柳元伯之子五人，皆领五州，五马参差于庭。殷文圭启云：“荀家门内罗列八龙，柳氏庭前参差五马。”

**窦氏五龙**　宋窦仪字可象，蓟州渔阳人。父禹钧在周为谏议大夫，五子曰仪、俨、侃、偁、僖，相继登科。时人谓之窦氏五龙。又曰燕山五桂。

**汉三杰**　张良、韩信、萧何。

**程门四先生**　谢良佐、游酢、吕大临、杨时。

**四贤一不肖**　范仲淹、余靖、尹洙、欧阳修，谓之四贤。高若讷谓之一不肖。

**睢阳五老**　宋冯平与杜衍、王焕章、毕世长、朱贯，咸以耆德挂冠，优游桑梓间。暇日宴集，赋诗云：“醉游春圃烟霞暖，吟听秋潭水石寒。”时人谓之睢阳五老。

**昭勋阁二十四人**　宋理宗宝庆二年，图功臣神像于昭勋阁，赵普、曹彬、薛居正、石熙载、潘美、李沆、王旦、李继隆、王曾、吕夷简、曹玮、韩琦、曾公亮、富弼、司马光、韩忠彦、吕颐浩、赵鼎、韩世忠、张浚、陈康伯、史浩、葛邲、赵汝愚，凡二十四人。

**二十四孝**　大舜耕田，汉文尝药，曾参啮指，闵损推车，子路负米，董永卖身，郯子鹿乳，江革行佣，陆绩怀橘，山南乳姑，吴猛饱蚊，王祥卧冰，郭巨埋儿，杨香搤虎，寿昌寻母，黔娄尝粪，老莱戏彩，蔡顺拾椹，黄香扇枕，姜诗跃鲤，王裒泣墓，丁兰刻母，孟宗泣竹，庭坚涤皿。

**三珠树** 王勃六岁能文，与兄勔、勮竞爽。杜易简奇之曰："此王氏三珠树也。"勃凡命草，先磨墨数升，引被覆面而卧，忽起书之，不加点窜，人谓之腹稿。

**北京三杰** 唐富嘉谟与吴少微、魏谷倚者，并负文辞，时称"北京三杰"。天下文章浮俚不竞，独少微、嘉谟本经术，雅厚雄迈，人争慕之。号吴富体。

**五子科第** 黄汝楫，方腊犯境，汝楫出财物二万缗，赎被掠士女千人。夜梦神告曰："上帝以汝活人多，赐五子科第。"其后子开、阁、闶、闻、闾，皆登科。

**四豪** 列国赵平原君胜，齐孟尝君田文，楚春申君黄歇，魏信陵君无忌，称四豪。

**五龙** 南北朝张镜与颜延之邻居，延之每酣饮，喧呼不绝，而镜寂无言声。一日与客谈，延之从篱落取胡床坐听，辞言清远，心服之。谓客曰："彼中有人"。自是不复酣叫。镜兄弟五人俱名士，时号"五龙"。

**河东三绝** 唐徐洪，蒲州司兵参军。时司户韦暠善判，司工李登善书，洪善属辞，号河东三绝。

**兖州八伯** 羊曼，祜从孙，任达嗜酒，与阮放等八人友善，时称阮放为宏伯，郗鉴为方伯，胡毋辅之为达伯，卞壶为裁伯，蔡谟为朗伯，阮孚为诞伯，刘绥为委伯，而曼为黯伯，号"兖州八伯"，又号为"八达"。

**五忠** 刘韐，崇安人，其先自京兆徙闽，子孙仕宋，得谥忠者五人，世号五忠。刘氏以学士使金，金人留之，自缢，谥忠显。长子子羽官枢密，首荐吴玠、吴璘可大用，中兴战功居多，子羽之力也。

**九牧林氏** 唐林披，官太子詹事。子九人，俱刺史，号"九牧林氏"，而藻、蕴尤知名。

**八子并通籍** 明许进至吏部尚书，谥襄毅。子诰南，户部尚书，谥庄敏；赞，大学士，谥文简；论，兵部尚书。其八子并通籍，海内莫京焉。

**一门仕宦** 宗资，南阳人，世居宛。一门仕宦，至卿相者三十四人，东汉时无与比者。

## 附：奸佞大臣

**历代奸佞** 夏帝启元年，有扈氏无道，威侮五行，怠弃三正。启征之，大战于甘，灭之。

夏帝相权归后羿，为羿所逐。羿臣寒浞杀羿自立，而弑帝相。相后缗，有仍国君之女，方娠，奔归有仍，生少康。夏之旧臣靡举兵杀浞而立少康焉。

周成王幼，周公摄政。管叔、蔡叔、霍叔流言曰："公将不利于孺子。"既而与武庚同反，周公乃作《大诰》，奉王命以讨平之。

吴太宰伯嚭受越赂，而许越行成，复谗杀伍员，以亡吴国。

晋大夫魏斯、赵籍、韩虔，三分晋地。田氏伐姜而有齐国，皆周天子坏礼，而宠命之也。

秦李斯请：史官非秦记皆烧之，偶语《诗》《书》者弃市，以古非今者族，所不烧者医药、卜筮、种树之书。若欲有学法令，以吏为师。制曰："可。"遂坑儒四百六十馀人。始皇崩于沙丘，赵高与斯诈为遗诏，废死太子扶苏，立胡亥为太子，是为二世。高恃恩专恣，恐斯以为言，族诛斯，而自为丞相。及章邯军败，恐罪其身，乃与其婿咸阳令阎乐，谋弑二世于望夷宫，立子婴为秦王。子婴与其子二人刺杀高，夷其三族。

楚项王将丁公逐窘汉王彭城西，短兵接，汉王急，顾谓丁公曰："两贤岂相厄哉！"丁公乃还。汉王即帝位，丁公谒见。帝以狗军中，曰："丁公为项王臣不忠，使项王失天下。"遂斩之。

汉田蚡为丞相，骄侈极欲，金玉、妇女、狗马、声乐、玩好，不可胜计。入奏事，所言皆听。荐人或起家至二千石，权移人主。上曰："君除吏尽未？吾亦欲除吏。"尝请考工地为宅，武帝曰："君何不遂取武库？"是后乃稍退。

赵人江充初为赵敬肃王客，得罪亡，诣阙告赵太子阴事。太子坐废，上召充与语，大悦，拜为直指绣衣使者，使督察贵戚。近臣与太子有隙，因言上疾，祟在巫蛊。于是上以充治巫蛊狱。充云："于太子宫得木人尤多，又有帛书，所言不道。"持太子甚急。太子发长乐宫卫卒收捕充等，斩之。太子亦自经。后武帝感田千秋言，族灭充家。

汉昭帝初，左将军上官桀亦受遗诏辅少主，其子安有女，即霍光外孙，安因光欲内之，光以其幼，不听。安遂因帝姊盖长公主内入宫为婕妤，月馀立为皇后，于是怨光而德盖主。知燕王旦以帝兄不得立，亦怨望，乃令人诈为燕王上书，欲共执退光。书奏，光不敢入。上召光入，免冠顿首，上曰：将军冠！朕知是书诈也，将军无罪。将军调校尉未十日，燕王何以知之？是时帝年十四，左右皆惊，而上书者果亡。后谋令长公主置酒请光，伏兵格杀之，因废帝。会盖主舍人知其谋以告，捕桀、安等族诛之，盖主亦自杀。

汉元帝以史高领尚书事，弘恭、石显典枢机。萧望之等建白，以为宜罢中书宦官，应古不近刑人之义。由是大与高、恭、显忤。恭、显因奏望之与周堪、刘更生朋党，请召致廷尉。上初不允，强而可其奏。望之饮鸩自杀。上闻之惊，拊手曰："曩固疑其不就狱，果然杀吾贤相！"

汉成帝委政王凤，悉封诸舅，王谭、王商、王立、王根、王逢时为列侯。谷永阴欲自托于凤，乃曰："骨肉大臣有申伯之忠，无重合安阳博陆之乱。"以推颂之。时上书言灾异之应，多讥切王氏专政所致。上亲问张禹，禹曰："灾变之意，深远难见，新学小生乱道误人。"戴永嘉断曰："王氏代汉，始于杜钦、谷永，成于张禹、孔光，终于刘歆。此数子皆号称儒者，以贤良直谏为名，以通经学古为贤，假托经术，缘饰古义，以售奸邪，以济谀佞，依凭宠禄，以苟富贵，相与误国如此，曾鄙夫小人不若也！"

汉平帝五年五月，策命安汉公王莽以九锡。十二月，莽因腊日上椒酒，置毒酒中。帝有疾，莽作策请命于泰畤，愿以身代，藏策金縢，置于前殿，敕诸公莫敢言。已而帝崩，群臣纪逡、郇越、郇相、唐林、唐遵、扬雄、谷永、刘歆、孔光等奏太后，请安汉公摄皇帝位，诏曰："可。"寻即真天子位。定号曰新，僭位十八年，汉兵杀之。

汉章帝宠任窦宪，宪以贱直请夺沁水公主田园，寻以争权刺杀都卿侯畅。窦太后使击匈奴赎罪，以致兄弟专权。和帝与中常侍郑众密求故事，勒兵收捕，迫宪自杀。窦氏虽除，而寺人之权从兹盛矣。

汉安帝崩，阎太后临朝，欲久专国政。与阎显等定策，立幼年济北惠王子懿，未几，薨。中常侍孙程、王康等十九人，谋迎济阴王即皇帝位，是为顺帝。诛阎显，迁太后，封孙程等皆为列侯，世称十九侯。

汉顺帝崩，太子炳立，才二岁，梁太后临朝，在位一年。征渤海孝王子缵即位，年八岁，生而聪慧，尝因朝会，目梁冀曰："此跋扈将军。"冀闻恶之，置毒于煮饼而弑之，在位一年。冀迎蠡吾侯志即帝位，是为桓帝。梁冀一门，前后七侯、三皇氏、六贵人、二大将军，尚公主者三人，其馀卿、将、尹、校五十七人。冀专擅威柄，凶恣日积，威行内外，天子拱手，不得有所亲与。桓帝不平，乃与中常侍单超、徐璜等议，诛杀之。封单超等五人为县侯，世谓之五侯。是时梁氏虽除，五侯肆虐，贤人君子忠愤激烈，卒成党锢之祸矣。

汉桓帝无子，窦太后立解渎亭侯苌之子宏，是为灵帝。时中常侍曹节、王甫等共相朋结，谄事太后，太后信之。陈蕃、窦武疾焉。会有日食之变，武乃白太后诛曹节等，太后犹豫未忍。曹节召尚书，胁使作诏板，拜王甫为黄门，令持节捕收武等。武不受诏，执蕃送北寺狱杀之。王甫将虎贲、羽林等合千馀人围武，武自杀。宦官愈横流毒。缙绅、忠臣、义士骈首就戮。灵帝崩，皇子辩即位，何太后临朝。中军校尉袁绍劝太后兄何进悉诛宦官，进白太后，不听。绍等又为画策，召四方猛将，使并引兵向阙，以胁太后。进然之。召董卓将兵诣京，卓未至，进为中常侍张让等矫诏所杀。袁绍闻进被杀，乃勒兵捕诸宦者，无少长杀尽之。张让势迫，遂将帝与陈留王协出谷门。让投河而死。董卓至，以王为贤，废帝而立陈留王协，是为献帝。董卓擅政，浊乱宫禁，关东州郡皆起兵以讨卓。卓遂迁都以避，乃烧焚宫庙官府，劫迁天子入都长安。司徒王允、司隶校尉黄琬，使吕布诛卓，百姓歌舞于道。

王允欲悉诛卓党，卓部将李傕、郭汜等攻长安，杀王允。杨奉、韩暹奉车驾至雒阳。曹操劫迁于许，挟天子以令诸侯，杖杀伏后，久蓄无君之心，畏于名义，欲学周文王，以欺后世。子丕始篡位，奉汉帝为山阳公，汉室遂亡。

蜀汉宦官黄皓便辟佞慧，后主爱之。初畏董允，不敢为非。允卒，而陈祇代允为侍中。祇与皓相表里，皓始预政。魏司马昭大兴入寇，姜维奏：遣左右车骑张翼、廖化督诸军分护阳安关口，及阴平之桥头，以防未然。黄皓信巫鬼，谓敌终不自致，启帝寝其事，群臣莫知。邓艾果冒阴平险僻而入，汉兵不意魏兵卒至，百姓扰扰。谯周劝帝出降，国遂亡。

魏曹爽用何晏、邓飏、丁谧之谋，太后于永宁宫专擅朝政。司马懿称疾，不与政事，阴与其子昭谋诛爽及晏、飏等，而自操国柄。懿卒，以其子师废大将军。师废主芳，迎立高贵乡公髦。师卒，封其弟昭为晋公，加九锡。魏主髦见威权日去，不胜其忿，曰："司马昭之心，路人所知也。吾不能坐受废辱，今日当自出讨之。"遂拔剑升辇，率殿中宿卫、苍头、官僮，鼓噪而出，为昭党贾充、成济刺殒于车下。追废髦为庶人，迎立常道乡公璜为主。昭卒，子炎嗣晋王篡位，奉魏主为陈留王。自懿及炎，其弑逆不道，比操之处献帝尤甚，人谓之天报。

孙吴孙琳废主亮为会稽王，迎立琅琊王休。休殂，侄皓立。皓骄愎残虐，深于桀纣，降于晋，封归命侯。贾充谓皓曰："闻君在南方凿人目，剥人面皮，此何等刑也？"皓曰："人臣有弑其君及奸回不忠者，则加此刑耳。"充默然深愧。

晋世祖后父杨骏交通请谒，势倾内外。世祖崩，惠帝立。贾后凶悍，欲干预政事，而为骏所抑，遂构骏以谋反，杀之，废太后。寻贾后毒杀太子。赵王伦、孙秀等起兵杀后，赵王篡位。齐王等起兵讨伦，杀之，乘舆反正。齐王既得志，骄奢擅权，中外失望。河间王颙、成都王颖等，起兵讨齐王冏，杀之，以颖为太弟。河间王将张方废太弟颖，更立豫章王炽为皇太弟，是为怀帝，后为刘聪所执而遇害。

东晋王敦与刘隗、刁协构难，欲除君侧之患。上疏罪状，举兵据石头："吾不复得为盛德事矣。"元帝命刁协、刘隗、戴渊帅众攻石头，协、隗俱败。帝令公卿百官诣石头见敦，以敦为丞相，都督中外诸军事。吕猗说敦收周顗、戴渊，杀之，不朝天子，竟还武昌。明帝元年，敦疾甚，司徒导率子弟为发哀，众以为信死，于是腾诏下敦府，列敦罪恶。敦见诏甚怒，而病转笃，不能自将，以兄含帅众五万，奄至江宁。明帝帅诸军袭击，大破之，敦寻卒。敦党悉平。乃发敦瘗出尸，跽而斩之。

晋成帝二年，庾亮以苏峻在历阳终为祸乱，下诏征之。峻不应命，知祖约怨望，与其连兵讨亮。率众至蒋陵，攻青溪、卞壶死之，因风纵火烧台省，亮奔走浔阳。峻兵入台城，府藏一空。温峤、陶侃、郗鉴等起兵讨峻。峻闻四方兵起，逼迁帝于石头。侃等攻峻，杀之，祖约奔后赵。

晋帝奕五年，大司马桓温阴蓄不臣之志，尝抚枕叹曰："男子不能流芳百世，亦当遗臭万年。"及枋头之败，威名顿挫，郗超谓温曰："明公不为伊、霍之举者，无以立大威权。"温然之。遂诣建康，宣太后令，废帝奕为东海王，立会稽王昱，是为简文帝。温卒，使弟冲领其众。冲既代温居任，尽忠王室。

晋烈宗时，南郡公桓玄负其才地，以雄豪自处。朝廷疑而不用。年二十三，诏拜太子洗马，后出补义兴太守，郁郁不得志，叹曰：“父为九州伯，儿为五湖长。”遂弃官归。后篡安帝位，登御坐，而床忽陷，群臣失色。殷仲文曰：“将由圣德深厚，地不能载。”玄大悦。后为刘裕破斩之。

刘宋徐羡之、檀道济等废宋王义符，寻弑之。太子劭弑君义隆。寿寂之弑君业。萧道成弑苍梧王昱，弑顺帝準。

齐西昌侯鸾弑君昭业，迎立昭文，寻复废为海陵王，而自即位，是为明帝。太子宝卷立，为萧衍所弑。

梁武帝为侯景所饿死。简文帝纲为侯景所弑。世祖绎降魏被弑。敬帝为陈霸先所弑。

隋杨广杀兄谋为皇太子，后弑父坚而自立。后巡狩扬州，天下兵起。内史侍郎虞世基以帝恶闻贼盗，诸郡县有告败求救者，世基辄抑损不以闻。由是盗贼遍海内，陷没郡县，帝皆弗之知也。后为宇文化及所弑。

隋晋阳宫监裴寂与晋阳令刘文静等谋，夜醉李渊，以晋阳宫人侍渊，劫渊起兵。

唐太宗尝止树下，爱之，宇文士及从而誉之不已。太宗正色曰：“魏徵尝劝我远佞人，我不知佞人为谁。意疑是汝，今果不谬！”

唐太宗太子承乾，喜声色田猎，所为奢靡。魏王泰多艺能，有宠于上，潜有夺嫡之志。太子知之，阴养刺客纥干、承基等，谋杀魏王泰。会承基坐事系狱，上变，告太子谋反，敕中书门下参鞫之，反形已具，废为庶人，侯君集等皆伏诛。乃立晋王治为皇太子。

唐高宗欲立太宗才人武氏为后，褚遂良固执不可。上问于李勣，勣曰：“陛下家事，何必更问外人？”许敬宗宣言于朝，曰：“田舍翁多收十斛麦，尚欲易妇，况天子立一后，何预诸人事，而妄生异议乎？”遂废王皇后、萧淑妃为庶人，命李勣赍玺绶，册皇后武氏。

唐武太后因宗室大臣怨望，欲诛戮威之，乃盛开告密之门。胡人索元礼因告密擢为游击将军，令按制狱。元礼性残忍，推一人，必令引数十百人。又周兴、来俊臣之徒效之，纷纷继起，共撰《罗织经》数千言，教其徒网罗无辜。中外畏此数人甚于虎狼。后周兴罪流岭南，在道为仇家所杀。索元礼为太后杀之，以慰人望。

唐侍御史傅游艺，上表请改国号曰周，太后可之。乃御则天楼，赦天下，以唐为周。以豫王旦为皇嗣，赐姓武氏。游艺期年之中，历衣青绿朱紫，时人谓之四时仕宦。

唐杨再思为相，专以取媚。司礼少卿张同休，易之、昌宗之兄也，尝召公卿宴乐，酒酣，戏再思曰：“杨内史面似高丽。”再思欣然起为高丽舞，举座大笑。

唐中宗使韦后与武三思双陆，而自居傍，为之点筹，三思遂与后通。武氏之势复振。

唐中宗宴近臣，国子祭酒祝钦明自请作八风舞，摇头转目，备诸丑态。钦明素以儒学著名，卢藏用语人曰：“祝公五经扫地矣。”

唐杨洄又谮太子瑛、鄂王瑶、光王琚潜构异谋，玄宗召宰相谋之。李林甫对曰：“此陛下家事，非臣等所宜预。”上意乃决，废瑛、瑶、琚为庶人，赐死城东驿。大理卿徐峤奏：今岁天下断死刑五十八人，大理狱院由来相传杀气太盛，鸟雀不栖，今有鹊巢其树，于是百官以几致刑措，上表称贺。上归功宰辅，赐李林甫爵。晋国公牛仙客、豳国公落华阳曰：“明皇一日杀三子，而李林甫以刑措受赏，谗谀得志，天理灭矣！安得久而不乱乎？”

唐安禄山为虏所败，张守珪奏请斩之。上惜其才，敕令免官。张九龄固争曰：“禄山失律丧师，于法不可不诛。且臣观其貌有反相，不杀必有后患。”上曰：“卿勿以王夷甫识石勒，枉害忠良。”竟以为节度使，出入禁中。因请为贵妃儿，颇有丑声闻于外，上不之疑。时委政李林甫，林甫媚事左右，排抑胜己，口有蜜而腹有刀，养成天下之乱。禄山以林甫狡猾逾己，亦畏服之。及杨国忠为相，禄山视之蔑如也。由是有隙。然禄山虽蓄异，以上待之厚，欲俟上晏驾而后作乱。会国忠欲其速反以取信己，言于上，数以事激之，禄山遂反。

唐肃宗张后，初与李辅国相表里，专权用事。晚年更有隙，欲杀辅国，废太子。内侍省使程元振与辅国谋，迁张后于别殿，寻杀之。丁卯上崩，代宗即位，恶李辅国专横，以其有杀张后之功，不欲显诛之。夜遣盗入其第，窃辅国之首及一臂而去。

唐代宗宠任程元振。吐蕃入寇，元振不以闻，子仪请兵，元振不召见，致上仓卒幸陕州。吐蕃入长安，剽掠府库市里，焚庐舍，京师中萧然一空。上发使征诸道兵，李光弼等皆忌元振居中，莫有至者。中外切齿莫敢言。太常博士柳伉疏其迷国误朝，上以元振有保护功，但削其官爵，放归田里而已。

观军容宣慰处置使鱼朝恩，专典禁兵，宠任无比，势倾朝野。上令元载为方略。擒而缢杀之。元载自诛鱼朝恩，上宠用以为中书侍郎，专横无比，寻赐自尽。有司籍载家财，胡椒至八百石，他物称是。

唐德宗悦卢杞，擢为门下侍郎。杞欲起势立威，引裴延龄为集贤直学士，亲任之。谮杀杨炎，独擅国柄，浊乱朝政，以致有姚令言、朱泚之叛逆。出幸奉天，泚复攻围奉天经月。李怀光倍道入援，败于醴泉。泚引兵遁归长安。怀光数与人言卢杞、赵瓒、白志贞之奸佞，且曰："吾见上，当请诛之。"杞闻而惧，奏上，诏怀光直引兵屯便桥，与李晟刻期进取长安。怀光自以数千里竭诚赴难，咫尺不得见天子，怏怏引兵去。后上从容与李泌论即位以来宰相，曰："卢杞忠清强介，人言其奸邪，朕殊不觉。"泌曰："此乃杞之所以为奸邪也。倘陛下觉之，岂有建中之乱乎？"

唐宪宗疑李绛、裴度俱朋党，而于李吉甫、程异、皇甫镈则不之疑。盖绛、度数谏，吉甫、异、镈顺从阿谀，而不觉其欺也。范氏曰：汉之党锢始于甘陵二部相讥，而成于太学诸生相誉。唐之朋党始于牛僧孺、李宗闵对策，而成于钱徽之贬。皆由主德不明，君子小人杂进于朝，不分邪正忠谗出黜陟之，而听其自相倾轧，以养成也。

唐穆宗时，李逢吉用事，所亲厚者，张文新、李仲言、李续之、李虞、刘栖楚、姜治及张权舆、程昔范，又有从而附丽之者八人，时人目为八关、十六子。有所求请，先赂关、子，后达逢吉，无不得所欲也。

唐文宗时，李德裕、李宗闵各有朋党，互相济援。上患之，每叹曰："去河北贼易，去朝中朋党难。"

唐文宗九年，初，宋申锡获罪，宦官益横，上内不能堪，与李训、郑注谋诛之。训、注因王守澄以进，先除守澄，则宦官不疑。乃遣中使李好古就第赐鸩，杀之。守澄出葬浐水，郑注请令内臣尽集浐水送葬，因阖门令亲兵斧之，使其无遗。训与其党谋曰："如此事成，则注专有其功，不若先期诛宦者，已而并注去之。"壬戌，上御紫宸殿。韩约奏："左金吾厅事石榴树，夜有甘露。"先命宰相两省视之。训还奏非真。上顾仇士良，帅诸宦者往视。至，左仗风吹幕起，见执兵者甚众，诣上告变。训遽呼金吾卫士上殿。宦者扶上升舆，决后殿罘罳，疾趋北出。卫士纵击宦官，死伤者十馀人。训知事不济，脱走。士良等命禁兵出，杀金吾吏卒千六百馀人、诸司吏民千馀人，王涯、贾餗、舒元舆皆收系，斩之。明日，训、注皆被杀，族其家。自是天下事皆决于北司，宰相行文书而已。

唐僖宗专事游戏，以宦官田令孜为中尉，政事一委之，呼为阿父。

唐昭宗为散骑常侍郑綮为礼部侍郎同平章事。綮好诙谐，多为歇后诗，讥嘲时事。上以为有所蕴，命以为相，闻者大惊，堂吏往告之。綮笑曰："诸君大误，使天下更无人，未至郑綮。"吏曰："特出圣意。"綮曰："果如是，奈人笑何？"既而贺客至，綮搔首言曰："歇后郑五作宰相，时事可知矣！"累让不获，乃视事。未几，致仕去。

唐昭宗二年，王行瑜、韩建将兵犯阙，称韦昭度、李溪作相不合众心，杀昭度、溪于都亮驿。李克用举兵讨行瑜，斩之。

唐昭宗以崔胤为相。胤与上谋诛宦官，宦官惧。中尉刘季述、王仲先等阴谋废立，乃引兵哭入宣化门。季述乃扶上适少阳院，以银挝画地，数上罪数十，锁锢之，矫诏立太子裕。胤密遣人说神策指挥使孙德昭，擒述等斩之，迎上复位。胤以宦官典兵，终为肘腋之患，乃称被密诏命朱全忠以兵入讨。全忠遂发大梁。中尉韩全诲闻之，劫帝幸凤翔。朱全忠进攻凤翔，李茂贞出战，屡败。储偫已竭，上鬻御衣及小皇子衣于市以充食。茂贞请诛韩全诲等，与全忠和，并杀宦官七十馀人，奉车驾还长安。复以崔胤同平章事。胤复奏剪宦官之根。朱全忠以兵驱第五可范以下数百人于内侍省，尽杀之。出使者诏所在收捕诛之，止黄衣幼弱三十人，留备洒扫。寻全忠密表崔胤专权，诛之。迁上至洛阳，使蒋玄晖弑昭宗，而立昭宣帝以篡之。

周太师冯道卒。道少以孝谨知名，唐庄宗世始贵显，自是累朝不离将相、三公、三师之位。为人清俭宽容，人莫测其喜愠，滑稽多智，浮沉取容。尝著《长乐老叙》，自述累朝荣遇之状，人皆以德量推之。

周恭帝元年正月，陈桥兵变，拥赵匡胤还汴，自仁和门入。时早朝未罢，闻变，亲军指挥韩通谋率众御之，军校王彦升逐焉。通驰入其第，未及，阖门为彦升所害，妻子俱死。将士拥范质、王溥等至，匡胤流涕而言六军相迫之由，质等未及对，列校罗彦环挺剑厉声曰："我辈无主，今日必得天子。"质等相顾，不知所为。溥降阶先拜，质不得已亦拜，遂奉匡胤入宫，召百官至。晡时班定，犹未有禅诏，翰林承旨陶穀出诸袖中，遂用之，以登极。

宋太宗七年，贬秦王廷美为西京留守。初，昭宣太后遗命太祖传位于太宗。太宗传之廷美以及德昭。及德昭不得其死，德芳相继夭殁，廷美始不自安。柴禹锡因上变以摇之，帝意不决，召赵普谕以太后遗旨。普对曰："太祖已误，陛下岂容再误！"廷美遂得罪。

开宝皇后宋氏崩，群臣不成服。翰林学士王禹偁对客言，后尝母仪天下，当遵用旧礼。坐谤讪，责知滁州。

宋真宗之相吕氏曰："景德以前多君子，祥符以后如王钦若之闭门修斋，丁谓之潜结内侍，雷允恭与钱惟演擅权于外，而冯拯、曹利用相与为党，陈尧叟之附和天书，皆小人也。"

宋仁宗谓辅臣曰："王钦若久在政府，观其所为，真奸邪也。"王曾对曰："钦若与丁谓、林特、陈彭年、刘永珪同恶，时称五鬼，奸邪憸伪，诚如圣谕。"

宋仁宗朝，国子监直讲石介以韩琦、范仲淹等同时登用，而欧阳修、蔡襄等并为谏官，夏竦既罢，乃作《庆历圣德》诗，有曰："众贤之进，如茅斯拔，大奸之去，如距斯脱。"大奸，指竦也。初，介曾奏记于富弼，责以行伊、周之事。夏竦怨介斥己，欲因是倾弼等。乃使女奴阴习介书，习成，遂改"伊、周"曰"伊、霍"，又伪作介为弼撰废立诏草，飞语上闻。弼与仲淹惧。适闻契丹伐夏，遂请行边。介亦不自安，乃请外，得濮州通判。

宋杜衍好荐引贤士，群小咸怨，御史中丞王拱辰之党尤嫉之。衍婿苏舜钦时监进奏院，循前例祀神，以伎乐娱宾。拱辰闻之，欲因是倾衍，乃讽御史鱼周询举劾其事，被斥者十馀人，皆知名之士。拱辰喜曰："吾一网打尽矣。"

宋神宗立，制置三司条例司，议行新法，诏陈升之、王安石领其事，以苏辙、吕惠卿检详文字，章惇为条例官，曾布检正中书、五房公事。吕诲疏安石十事，苏辙谏青苗法。安石欲止。会京东转运使王广渊乞留本道钱帛贷民获息事，与青苗法合，于是决意行焉。及秀州判官李定被召至京，即谒安石。安石立荐于上。帝问青苗法何如，定曰："民甚便之。"于是诸言新法不便者，帝皆不听。

宋神宗罢曾公亮，时人有"生老病死苦"之喻，谓安石为生，亮为老，唐介死，富弼议论不合称病，赵抃无如安石何，惟称“苦苦”而已。刘深源曰：“王安石之进始于曾公亮，吕惠卿之进亦始于公亮。盖曾公亮始欲结党以排韩琦，而不知小人易进而难退，变法之祸，公亮可逃其罪耶？”

宋邓绾通判宁州，知王安石得君专政，乃条上时事，且言：“陛下得伊、周之佐，作青苗、免役等法，民莫不歌舞圣泽成不世之良法”。复贴书安石，极颂其美，由是安石力荐于帝，而遂集贤校理，寻为侍御史判司农事。乡人在都者，皆笑且骂。绾曰：“笑骂从他笑骂，好官我还为之。”

宋王安石子雱，为人栗悍阴刻，无顾忌，性甚敏。未冠，举进士。与父谋曰：“执政子虽不预事，而经筵可处。”安石欲帝知自用，乃以雱所作策论天下事三十馀篇达于帝。邓绾、曾布又力荐之。遂召拜为崇政殿说书。一日，安石与程颢语，雱囚首跣足，携妇人冠以出，问：“父所言何事？”曰：“以新法为人所阻，故与程君议之。”雱大言曰：“枭韩琦、富弼之首于市，则法行矣。”安石遽曰：“儿误矣！”

宋知谏院唐坰奏十二疏论时事，皆留中，不出。坰于百官起居日扣陛请对曰：“臣所言皆大臣不法，请一一陈之。”遂大声宣读，几六七十条治要，以安石专作威福，曾布等表里擅权，天下但知惮安石威权，不复知有陛下；文彦博、冯京知而不敢言；王珪、王韶曲事安石，无异厮仆；元绛、薛向、陈绎，安石颐指气使，无异家奴；张璪、李定为安石牙爪，张商英乃安石鹰犬；至诋安石为李林甫、卢杞。神宗屡止之，坰慷慨自若，读已，下殿再拜而退。安石讽阁门纠其渎乱朝仪，贬潮州别驾。

宋王安石罢相，知江宁，因荐韩绛、吕惠卿以自代，时号绛为传法沙门，惠卿为护法善神。惠卿既得志，忌安石复用，遂逆闭其途，出安石私书，有“勿令上知”之语，凡可以害安石者，无所不用其智。韩绛颛处中书，事多稽留不决，数与惠卿争论，度不能制，密请帝复用安石。帝从之。安石承命，即倍道而进，七日至汴京，惠卿寻罢。

宋以蔡确参知政事。宰相吴充数为帝言新法不便，欲稍去甚者，确阻之，法遂不变。确善观人主意，与时上下，以王安石谏，居大位，而士大夫交口笑骂，确自以为得计。

宋哲宗亲政，杨畏上疏，乞绍述先政。初，吕大防称畏敢言，且先密约畏助己，竟超迁畏为礼部侍郎。畏首叛大防，上言神宗更法，以垂万世，乞早讲求，以成绍述之道。帝即询以故臣孰可召用。畏即疏章惇、吕惠卿、邓温伯、李清臣等，帝深纳而尽用之。惇遂引其党蔡卞、林希、黄履、来之邵、张商英、周秩、翟思、上官均等居要地，协谋朋奸，报复仇怨，罗织贬谪元祐宰执及刘奉世以下三十人有差，请发司马光、吕公著冢，斫棺暴尸。帝问许将，将对"非盛德事"，帝乃止。又恐元祐旧臣复起，结内侍郝随为助，媒孽宣仁欲危帝之事，自作诏书，请废宣仁为庶人。皇太后号泣，为帝言曰："吾日侍崇庆，天日在上，此语曷从出？且帝必如此，亦何有于我！"帝感悟，取惇、卞奏，就烛焚之。明日，再具状坚请，帝曰："卿等不欲朕入英宗庙乎？"抵其奏于地。

宋徽宗复召蔡京为翰林学士。先是供奉官童贯顺承得幸，诣三吴访书画，京谄附之。由是帝属意用京。会韩忠彦与曾布交恶，布谋引京自助，故有是命。寻帝欲相京，邓洵武献《爱莫助图》，言必欲继志述事，非蔡京不可。帝以图示温益，益欣然请相京，而籍异论者。于是善人皆不见容。复追贬元祐党，籍司马光等四十四人官，以京为尚书右仆射。京籍元祐及元符末执宰司马光等、侍从苏轼等、文臣程颢等、武臣王献可等、宦者张士良等百二十人为奸党，请帝书之，刻石于端礼门。又颁蔡京所书党人碑，刻石于州县。

宋徽宗垂意花石，以朱勔领应奉局花石纲。凡士庶之家，一石一木稍堪玩者，即领健卒直入其家，用黄帕覆之，加封识焉，指为御前之物。及发行，必撤屋抉墙以出。人不幸有一物小异，共指为不祥，惟恐芟夷之不早。又篙工、柁师倚势贪横，凌轹州县，道路以目。

宋中书侍郎林摅于集英殿胪唱贡士姓名，不识甄、盎字。帝笑曰："卿误耶。"摅不谢而诋同列，御史论黜之。

宋以王黼为少宰，加蔡京子攸开府仪同三司，二人有宠，进见无时，得预宫中秘戏。攸尝劝帝以四海为家，遂数微行。因令苑囿皆仿浙江，为白屋及村居野店，多聚珍禽异兽。都下每秋风静夜，禽兽之声四彻，宛若山林陂泽之间，识者知其不祥之兆。蔡攸权势既与父相轧，由是京、攸各立门户，遂为仇敌。

宋徽宗用童贯为检校司空。贯与黄径臣、卢航表里为奸，进方士林灵素，大兴道教，纷创殿宇，每设大斋，费缗钱数万，谓之千道会。道箓院上章，册帝为教主道君皇帝。贯又荐李良嗣于朝，约女真攻辽，遂至二帝北狩。

金人奉册宝至，立张邦昌为楚帝，北向拜舞，受册即位。阁门舍人吴革率内亲事官数百人，皆先杀其妻子，焚所居，举义金水门外。范琼诈与合谋，令悉弃兵仗，乃从后袭之，杀百馀人，捕革并其子，皆杀之。是日风霾，日昏无光，百官惨沮，邦昌亦变色。唯吴幵、莫俦、范琼等欣然，以为有佐命功。

宋高帝闻金粘没喝入天长军，即被甲乘骑驰至瓜州，得小舟渡江，惟护圣军卒数人，及王渊、张浚等从行。汪伯彦、黄潜善方率同列听浮屠克勤说法，或有问边耗者，犹以“不足畏”告之。堂吏大呼曰：“驾已行矣！”二人相顾，仓皇策马南驰，居民争门而出，死者相枕籍，无不怨愤。司农卿黄锷至江上，军士以为左相潜善，骂之曰：“误国误民，皆汝之罪！”锷方辩其非是，而首已断矣。

扈从统制苗傅、刘正彦作乱，奉皇子魏国公即位，请隆祐太后临朝，尊高宗为睿圣仁孝皇帝，居显宁，大赦，改元。张浚乃草檄声傅、正彦之罪，与韩世忠、张俊、刘光世、吕颐浩合兵进讨。傅等忧恐，不知所为，乃听朱胜非言，率百官请复帝位。勤王师至北阙，苗、刘南走，擒诛之。

宋高宗以王德为淮西都统制，统刘光世军，郦琼副之。琼、德不相下，列状交讼于都督府及御史台，乃召德还建康。参谋吕祉密奏，乞罢琼兵柄。书吏漏语于琼，怒以众叛降刘豫。祉死之。

宋秦桧同宰执入见，独留不出，言于帝曰：“臣僚畏首尾，多持两端，不足与断大事。若陛下决欲讲和，乞专与臣议。”帝许之。三日，桧复留身奏事，复进前说，知帝意不移，遂排赵鼎、刘大中，而一意议和，然犹以群臣为患。中书舍人勾龙如渊为桧谋曰：“相公为天下大计，盍不择人为台谏，使尽击去，则事定矣。”桧大喜，即擢如渊，劾异议者。兀术遗桧书曰：“汝朝夕以和请，而岳飞方为河北图，必杀飞，使可和。”桧亦以飞不死，终梗和议，已必及祸，故力谋杀之。遂讽张俊、罗汝楫、万俟卨等，矫诏杀飞于大理寺狱。桧居相位凡十九年，劫制君父，倡和误国，一时忠臣良将诛锄略尽。临终犹兴大狱，诬赵汾、张浚、胡寅、胡铨等五十三人谋逆。狱成，而桧病亟，不能书，获释。桧无子，取妻兄王焕孽子熺养之。南省擢为进士第一，桧以为嫌，以陈诚之为首，以其策专主和议云。后孙埙修撰实录院，祖、父、孙三世同领史职，前此未之有也。

宋孝宗立，以辛次膺同知枢密院事。初，次膺力谏和议，为秦桧所怒，流落二十年。及帝召为中丞，若成闵之贪饕，汤思退之朋比，叶义问之奸罔，皆为其一时论罢。思退终身比于和议，恐不成，讽右正言尹穑论浚跋扈。张浚请解督府去。朝廷遂决弃地求和之议。太学生张观等七十二人上书论思退奸邪误国，乞斩之以谢天下。诏贬永州，忧惧而死。

宋宁宗即位，韩侂胄恃定策功，欲窃国柄，谋于京镗，引李沐为左右正言，奏赵汝愚以同姓居相位，将不利于社稷，乃出汝愚知福州，朝廷大权悉归侂胄。御史胡紘乞禁伪学之党，侂胄复命沈继祖诬论朱熹十罪，藩职罢祠，窜其徒蔡元定于道州。赵师羼、张釜、程松谄事侂胄，闻者莫不鄙之。侂胄专政十四年，宰执、侍从、台谏、藩阃，皆其门庑之人，天子孤立于上，威行宫省，权震宇内。其嬖妾张、谭、王、陈，皆封郡国夫人，号四夫人。每内宴则与妃嫔杂坐，恃势骄倨，掖庭皆畏之。侂胄力主恢复，以金人欲罪首谋，锐意出师，中外忧惧。侍郎史弥远入对，力陈危迫之势，请诛侂胄以安邦。皇后杨氏素怨侂胄，亦使荣王具疏。帝乃命后兄杨次山与弥远共图之。翼日，侂胄入朝，令殿前司夏震以兵三百，拥侂胄至玉津园侧，殛杀之，枭其首，并苏师旦之首畀金人，金乃罢兵。

宋史弥远为相，权势熏灼。皇子竑心不能平，尝书于几上，曰："弥远当决配八千里。"弥远闻之，大惧。宁宗有疾，无子，弥远矫诏立沂王嗣子贵诚为皇太子，更名昀。帝崩，白后立昀，称遗诏封竑济阳郡王，出居湖州，寻杀之。弥远用梁成大、莫泽、李知孝为鹰犬，凡忤弥远意者，三人必相继击之。由是名人贤士排斥殆尽，人目为三凶。帝德弥远立己，恩宠终其身焉。

宋理宗用史嵩之开督府，竭国用，而无成功，论者甚众。及以父丧去位，诏起复之。太学生黄恺伯等百四十人上书谏，不报。武学生刘耐知帝向意用嵩之，遂叛诸生而逢迎之。时范钟领相事，讽京尹赵与筹逐游士。诸生闻之，作卷堂文，以辞先圣。嵩之自知不为公论所容，上疏乞终丧制。

宋度宗即位，以己为太子贾似道有功，加似道太师，封魏国公。每朝，帝必答拜，称之曰"师臣"而不名，朝臣皆称为周公。诏以十月一朝。时襄樊围急，似道日坐葛岭，起楼台亭榭作半闲堂，延羽流，塑像肖己于中，取宫人叶氏及娼尼有美色者为妾，穷奢极欲，日肆淫乐。尝与群妾踞地斗蟋蟀，所狎客戏之曰："此军国重事耶？"又酷嗜宝玩，建多宝阁，一日一登玩，有言边事者，辄加贬斥。丧师失地，殆无虚日，秘不上闻。及鄂州既破，诏似道都督诸路军马，大溃，贬似道于循州安置。监押官会稽尉郑虎臣至建宁开元寺，侍妾尚数十人，虎臣悉屏去之；压其宝玉，撤轿盖，暴行秋日中，令舁轿夫唱杭州歌谑之，窘辱备至。至漳州木绵庵，虎臣讽令自杀，似道不从。虎臣曰："吾为天下杀似道，虽死何憾！"遂拘似道之子于别室，即厕上拉似道胸，杀之，殡于庵侧。

元顺帝性柔少断，伯颜、哈麻相继弄权，朝政日紊，遂至于亡。

明洪武朝：胡惟庸、蓝玉；永乐朝：纪纲；正统朝：王振；天顺朝：石亨、石彪、曹吉祥、门达；成化朝：江直、王越、陈钺、戴缙、李孜省；弘治朝：李广、杨鹏；正德朝：刘瑾、陆完、江彬、许泰、刘晖、钱宁、张忠、朱泰；嘉靖朝：陶仲文、严嵩、严世蕃、丁汝夔、赵文华、鄢懋卿、罗龙文、仇鸾、陆炳；万历朝：庞保、刘戍；天启朝：魏忠贤、客氏、崔呈秀、田尔耕；崇祯朝：周延儒、袁崇焕、杜勋、马士英。

# 卷四 考古部

## 姓氏

仓颉，姓侯刚氏。见《古篆文》注。许由，字武仲。见《庄子释文》。尧，姓伊祁。少昊，名挚，字青阳。帝喾，名夋。成汤，字高密。见《帝王世纪》。皋陶，字庭坚。孤竹君，姓墨，名台。见《孔丛子》注。伯夷，名允，一名元，字公信。叔齐，名智，字公达。见《论语》疏。中子，名仲达。见周昙《咏史诗》。彭祖，姓篯（音戋），名铿。见《论语疏》。其子胥馀。见《庄子》司马彪《注》。老子父，名乾，字元果。见《前凉录》。

老子初生时，名玄禄。见《玄妙内品》。管叔，名度。见《史记》注。易牙，名亚。见孔颖达《疏》。逢蒙之弟，名鸿超。杨朱之弟，名布。见《列子》。伯乐，姓孙，名阳。师旷，字子野。见《庄子疏》。君陈，为周公之子、伯禽之弟。《周书》有《君陈篇》。见《坊记注》。鬼谷子，姓王，名诩，河南府人。见《姓氏考》。公孙弘，字次卿。见邹长蒨《书》。杜康，字仲宁。见魏武《短歌行》注。孟轲，字子舆见《汉书》并《孔丛子》，又字子居。见《圣证论》。庄周字休。见《列子》注　孙叔敖，名饶。见《孙叔敖碑》。计然，一名研，一名倪；又姓辛，字子文。见《史记索隐》。文种，字子禽。见《吴越春秋》。陈仲子，字子终。见甫皇谧《高士传》。汉高祖父太公，名湍见《后汉书注》，又名煓，字执嘉。见《帝王世纪》。昭灵后，名含。高祖兄仲，名喜。曾参，字敬伯。申公，名培。见《史记注》。项伯名缠，字伯。见《汉书注》。叔孙通，名何。见《楚汉春秋》。壶关三老，姓令胡，名茂。见荀悦《汉纪》。杨王孙，名贵。见《西京杂记》。佽非，亦名荆轲。见《续博物志》。伏生，名胜，字子贱。见西汉碑。文翁，名党，字仲翁。见张崇文《历代小说》。张宗，字诸君。杜茂，字诸公。见《陈忠传志》。杨子云所称李士元者，名弘。见《蜀秦宓传》。郑子真，名朴。严君平，名遵。见《王贡两龚传注》。施延，字君子。见《后汉书注》。田生，字子春。见《楚汉春秋》。侯苞，字辅子。见《论衡》。丁公，名固。见《楚汉春秋》。卫夫人，名鑅，字茂漪。

见《翰墨志》。绿珠，姓梁，白州人。见《绿珠小传》。吕安，字仲悌。居苗，姓应，玚从弟。俱见《文选注》。花卿，名惊定。见《旧唐书》。僧一行，姓张，名璲。见《续博物志》。窦滔，字连波。见《武后纪》。神和子，姓屈突，名无为，字无不为，张咏布衣时遇之。见《张咏传》 失马塞翁，姓李。见《高谷诗序》。

## 辨疑

**禹陵** 大禹东巡，崩于会稽。现存陵寝，岂有差讹？且史载夏启封其少子无余于会稽，号曰“於越”，以奉禹祀，则又确确可据。今杨升庵争禹穴在四川，则荒诞极矣。升庵言石泉县之石纽村，石穴深杳，人迹不到，得石碑有“禹穴”二字，乃李白所书，取以为证。盖大禹生于四川，所言禹穴者，生禹之穴，非葬禹之穴也。此言可辨千古之疑。

**甘罗十二为丞相** 古今大误。《史记》云：甘罗事吕不韦。秦欲使张唐使燕，唐不肯行。罗说而行之，乃使罗于赵。赵王郊迎，割五城以事秦。罗还报秦，封为上卿。不曾为丞相。相秦者是甘罗之祖甘茂。封罗后，遂以茂之田宅赐之。

**共和** 幽王既亡，有共伯和者摄行天子事，非二相共和也。见《姓氏考》。

**子产字子美** 见《左传》注，东坡《放鱼诗》：“不怕校人欺子美。”注者疑是杜少陵，则误矣。

**蒙正住破窑** 吕蒙正父龟图与母不合，并蒙正逐之。贫甚，投迹龙门寺僧，凿山岩为龛以居。今传奇谓同妻住破窑，殊为可笑。

**日落九乌** 乌最难射。一日而落九乌，言羿之善射也。后以为羿射落九日，非是。

**汉寿** 在四川保宁府广元县。汉封关公为汉寿亭侯。汉寿，邑名；亭侯，爵名。后人称“寿亭侯”者，误。

**五大夫松** 秦始皇登泰山，风雨暴至，避于松树之下，封其树为“五大夫”。五大夫，秦官第九爵。今人有误为五株松者，非也。

**夏国** 扬州漕河东岸有墓表，题曰“夏国公墓道。”“夏”音虔，与夏字相类，少一发笔，下作“又”。行人遂误为夏国公。盖明顾公玉之封号，赐地葬此也。

**饭后钟** 王播字明。少孤贫，客游扬之木兰院，寄食僧斋。僧颇厌薄，乃斋罢而后击钟。播怒题诗于壁。今以为吕蒙正事，则非也。

**马前覆水** 太公望妻马氏，弃夫而去，后见太公富贵求归。命收覆水。今指为朱买臣，非。

**女儿乡** 吴败越，勾践与夫人入吴，至此产女而名。今误传范蠡进西施于吴，与之通而生女，殊为可笑。

## 析类

**有同时同姓名者** 两曾参：一曾参杀人，而致曾子之母投杼。两毛遂：一毛遂堕井，而致平原君之痛哭。

**异世则两鲁秋胡** 列国一鲁秋胡，因妇采桑，调其妻，投水死；汉一鲁秋胡，求聘翟氏女，翟公误传调妻事，以为薄行，而不许婚。俱可笑也。

**其次如国师刘秀** 以名应图谶，为王莽所杀，而诛王莽者为光武，亦刘秀；莽遣太师安新公王匡，攻更始定国上公王匡，不胜，为所执杀；唐李尚书益与宗人益者，俱赴饮，据上坐，因笑曰："今日两副坐头俱李益"；代宗用韩翃知制诰，宰相以平卢幕府员外及江淮刺史请，上书："春城无处不飞花，用此韩翃。"而员外得之，事皆奇。

**其他同时者** 汉时两韩信，俱高帝时，一封楚王，一封韩王。三邵平：一故秦东陵侯；一为齐王上柱国；一齐相。两恢，俱武帝时，一浩侯；一大行，谋诱匈奴者也。两王臧，武帝朝：一，二年以郎中令自杀；一，六年为太常。两王商，俱成帝外戚：一为丞相、乐昌侯；一为大司马、成都侯。两王章，俱成帝时，一，河平三年以太仆为右将军，六年复为太常；一，四年以京兆尹直言死。两王崇，俱平帝时，一新甫侯，故丞相嘉子；一大司空、扶平侯。魏两王烈：一字彦方，有隐德；一字长体，有道术。鲁两王浑：一为凉州刺史，系戎之父；一为司徒，系济之父。两王澄：一即济之弟，封侯；一即戎从弟，荆州都督。两孙秀：一吴降将；一赵王伦嬖臣。俱拜骠骑将军，封公。两周抚：一为王敦将；一为彭城内史诛。梁两王琳，一散骑常侍；一德州刺史。唐两李光进，俱代宗朝：一为光弼弟；一为光颜兄。俱蕃将，赐姓，为节度使，封公。唐两李继昭，俱昭宗时：一为孙德昭；一为符道昭。俱赐姓名，降朱梁，为使相。宋两王著，俱太祖时：一以文学典制；一以书学待诏。金两讹可，俱大将。

**稍先后者**　吴两公子庆忌：一王僚子，一夫差末年将。楚两庄蹻：一庄王时大盗；一庄王裔孙，将军，平滇自王者。汉两王莽：一右将军；一大司马，篡位者。两王凤：一大司马、大将军，一更使成国上公。两王谭：一宜春侯，一平阿侯。两徐干：一都护班超司马，一丞相曹操掾。　晋两刘毅：一光禄大夫，一卫将军。两张禹：一丞相，一太傅，俱封侯。两解系：一见《陶璜传》，一自有传。两王铠：一武帝舅，一安帝时丹阳尹。元两伯颜：一太傅淮阳王，一大丞相秦王。两萧钧：一萧鸾子，梁武时中书郎；一萧瑀从子，唐太宗时率更令。

**异代而相类者**　两王肃：曹魏中领军，为魏制礼；元魏尚书令，亦为魏制礼。两王殷：朱梁，以节度使叛诛；后周太祖，亦以节度使叛诛。两王彦章：梁大将，为晋擒；吴统军，为楚擒。两王珪：唐侍中；宋左仆射、门下侍郎。两王溥：一唐懿宗时；一周世宗时，俱宰相。仙人有两王乔：其一即子晋也；其一为柏人令，天坠玉棺以葬者。僧有两智永：一梁书僧，一宋画僧。两辨才：一唐藏《兰亭》真本者，一宋与苏子瞻友者。光武时，固始侯李通；魏武时，都亭侯李通。卫大夫王孙贾，齐大夫王孙贾。魏徐邈，字景山，见重武帝，为侍中；晋徐邈，字仙民，见重武帝，为中书舍人。魏将军张辽；汉兖州刺史张辽，字叔高。汉中郎将江革，梁御史中丞江革。梁李膺为蜀使至郡，武帝悦之，问曰："今李膺何如昔李膺？"晋文公有咎犯，平公有咎犯，善隐任政。晋李密以祖母老辞官，后魏李密以母老习医，又隋李密封蒲山公。则天时王方庆为相，又王方庆领尚药奉御。高宗初张昌宗，为修文馆学士；则天末张昌宗，为春官侍郎。

**父子同名者二人**　隋处士罗靖，父亦名靖；魏大将安同，父名屈，子亦名屈。

**有数世同之字者**　王彪之、临之、纳之、淮之、与之、进之，凡六世；王胡之、茂之、裕之、瓒之、秀之，凡五世；王羲之、献之、靖之、悦之，凡四世；王晏之、昆之、陋之、徐逵之、湛之、书之，凡三世；胡毋辅之、谦之；吴隐之、瞻之；颜悦之、恺之，凡两世；俱仍"之"字。

**古今事有绝相类者**　圣主时投水，人知有卞随、务光，而不知有北宫无择。骑青牛，人知有老子，而不知有封达。生空桑，人知有伊尹，而不知有孔子。白鱼入舟，人知有周武王，而不知有宋明帝。河澌永合，人知有汉光武之滹沱，而不知有慕容德之黎阳。凤雏，人知有庞统，而不知有顾邵。献胙加毒，以谗赐死，人知有晋献公子申生，而不知有秦孝文王子西蜀侯恽。思妾令方士致魂，人知汉武之于李夫人，而不知宋武之于殷淑仪。治阿誉闻而阿不治，人知齐宣王之大夫，而不知景公之晏子。梦寐求相，人知高宗之傅说，而不知文王之臧丈人。题壁作龙蛇歌，人知有晋文之介子推，而不知晋文之舟子侨。秦许楚地而背之，人知张仪之于楚怀王，而不知冯章之于楚王。先食不死之药，而以巧言免死，人知东方朔之于汉武帝，而不知中射之士之于楚王。倚柱读书，雷震不辍，人知有夏侯玄，而不知有诸葛诞。一字值百金，人知《淮南子》，而不知《公孙子》。妻弃夫，人知朱买臣，而不知太公望。沉江负父，人知孝女曹娥，而不知赵祉女光络。掘地得石椁，人知有滕公，而不知有卫灵飞廉。看竹不问主人，人知有王徽之，而不知有袁粲。获偷侍儿人试文不杀，因以赐之，人知有杨素之于李靖，而不知有蔡兴宗之于孙敬玉。侍儿环执饮馔，人知有王武子，而不知有杨国忠、孙晟。国忠、晟，又俱号肉台盘。羊羹不遍致败，人知华元之于御斟，而不知中山王之于司马子期。乳生潼，人知有元德秀，而不知有李善。彩衣娱亲，人知有老莱，而不知有伯俞。智囊，人知有晁错，而不知有樗里子鲁匡。读《易》至《损》《益》而叹，人知有向平，而不知有孔子。佩六国印，人知有苏秦，而不知有栾大。以石为虎，射之没羽，人知有李广、李远，而不知有熊渠子。逐兔堕马，折胁而殂，人知有齐主高演，而不知燕主慕容皝。倒用印，人知有段秀实之阻朱泚，而不知有李崧之安蜀。一日杀二烈，人知有袁绍之于臧洪、陈容，而不知有张敬儿之于边荣、程邕之。能使人主前席，人知有贾谊，而不知有商鞅、苏绰。饮千日酒，至期发冢而醒，人知有刘玄石，而不知有赵英。御屏隔座，人知有汉郑弘、第五伦，而不知有吴纪亮、纪骘。杯中蛇影，人知有乐广，而不知有南皮令应柳（乐弓应弩）。杀孝妇，大旱三年，人知有前汉之东海，而不知有后汉之上虞。万石君，人知有石奋，而不知有秦袭、张文瓘。留犊事，人知有时苗，而不知有羊篇。食脱粟，人知有公孙弘，而不知有晏婴。《钱神论》，人知有鲁褒，而不知有胡毋民、成公绥。记半面人，人知有杨愔，而不知有应凤。陈蕃下榻，人知有徐稺，而不知有周璆。雪中高卧，人知有袁安，而不知有胡定。梦赠笔，人知有江淹，而不知有王彪之、王珣、纪少瑜、陆倕、李白、和凝、李峤、马裔孙。啰酒救火，人知有栾巴，而不知有樊英、邵信臣、郭宪、佛图澄、武丁。入水戮蛟，人知有周处，而不知有澹台子羽、荆佽飞、丘䜣。羊车游后宫，以盐水洒地，人知有晋武，而不知有宋文。御膳中有发，自数三罪以免死，人知晋平公之疱人，而不知光武之陈正。因病尝粪，人知勾践之于吴夫差，而不知郭弘霸之于魏元忠。以酒赐妒妇，饮之无恙，人知太宗之于房玄龄，而不知庄宗之于任圜。即席尽器饮酒，归而尚醒，称所得器，人知裴弘泰之于裴钧，而不知潘岏之于朱梁太祖。下第献燕诗，座主以明年登第，人知有章孝标，而不知有于化成。刻石高山深谷，人知有杜预，而不知有颜真卿。赐行酒人炙，人知有顾荣，而不知有何逊、阴铿。一箭落双雕，人知有斛律光，而不知有拓跋干、高骈。锦缆事，人知有隋炀，而不知有甘宁。燃脐膏为烛，人知有董卓，而不知有满奋。还带阴德至相位，人知有裴中令，而不知白中令。少孤门生废《蓼莪》，人知有王裒，而不知有顾欢。发冢，类远祖貌，人知有萧颖士之于鄱阳王，而不知有吴纲之于长沙王。入山，妻二仙女而归，人知有天台之刘晨、阮肇，而不知有剡县之袁相、根硕。因食辨劳薪，人知有荀勖，而不知有师旷。强索妾，人知有孙秀、武承嗣，而不知有阮佃夫。闻鼓角声加敬，人知有范云之于梁武，而不知有到仲举之于陈武。誓墓不仕，人知有王羲之，而不知有何偃。通它心观，人知有国忠师之于大耳三藏，而不知有普寂之于柳中庸。祭赛忘书刀在庙，鲤鱼为送，人知有马当山之王昌龄，而不知有宫亭湖之祐客。弈棋覆局，人知有王粲，而不知有到溉。制《千字文》，人知有周兴嗣，而不知有萧子范。赠柳妾，人知有韩翃，而不知有李还古。即位御床陷地，人知有桓玄，而不知有侯景。误食澡豆，人知有王敦，而不知有陆畅。殡逆旅书生，人知有王忳，而不知有鲍子都、廖有方。桥神貌丑，以足潜画之，人知有定州之张平子，而不知有忖留神之鲁般。骆驼负水，养鱼军中，人知有宋孙仁祐，而不知有隋虞孝仁。杀负心仆，人知有张咏，而不知有柳开。金莲归院，人知有苏轼，而不知有王珪。晋平公出言不当，师旷举琴撞之，跌衽宫壁；魏文侯出言不当，师经举琴撞之，中旒溃。一见《淮南子》，一见刘向《说苑》。燕太后不肯以少子质齐，因陈翠爱子之说而许；赵太后不肯以少子质秦，因左师触龙爱少子之说而许。一见《赵世家》，一见《战国策》。高齐神武不贵慕容绍宗，以留文襄；唐文皇暂出李勣，以留高宗。俱见《本纪》。申鸣援桴而进战，为贼杀其父，功成而自杀；赵苞援桴而进战，为贼杀其母，功成而呕血死。一见《说苑》，一见《后汉书》。医诊脉晋平公，而曰："君之病在膏之下，肓之上。"秦武王示扁鹊病，而曰："君之病在耳之前，目之上。"谓皆以色致也。一见《左传》，一见《战国策》。东方朔知赤物为怪哉，饮酒十石；李章武知铁斧为厌物，饮血三斗。一见《搜神记》，一见《酉阳杂俎》。怀素习书数亩芭蕉。郑虔习书数屋柿叶。俱见《法书录》。孙膑刖足于魏，而为齐师；司马喜刖足于宋，而为中山相。一见本传，一见《吕氏春秋》。王济以钱千万与王恺赌射八百里牛，一胜而探牛心；尔朱文略以好婢与高归彦赌射千里马，一胜而截马头。一见《晋书》，一见《北齐书》。鄂千秋明萧何功高，立封侯；公孙戎明樊哙不反，立封二千户。一见《萧何传》，一见《王莽传》。兖州刺史李恂，郡园小麦、胡麻，悉付从事；扬州刺史费遂，郡园小麦、胡麻，悉付从事。一见《东观记》，一见谢承《后汉书》。孙权得诸葛恪，而以老桑熟龟精。张华得雷焕，而以老桑辨狐精。一见《搜神记》，一见《集异志》。汉郭林宗遇雨，巾折角，人遂为折角巾；周独孤信驰马，帽微侧，人遂为侧帽。一见《后汉书》，一见《北史》。严畯为吴大帝诵《孝经·仲尼居》，张辅、吴昭以为鄙生，请诵《君子之事上章》；陆澄为齐武帝诵《孝经·仲尼居》，王卫军俭以为博而寡要，请诵《君子之事上章》。一见《吴志》，一见《南齐书》。吴大帝梦人以笔点额，熊循贺以当作主；齐文宣梦人以笔点额，王昙哲贺以为当作主，俱遂即位。一见吴祚《国统志》，一见《齐书》。魏文帝为王时，梦日堕地，分为三分，已得一分，纳诸怀中；陈文帝微时，梦亦然：后俱为三分之主。一见《谈薮》，一见《陈本纪》。张茂先白鹦鹉梦为鸷鸟搏；杨太真白鹦鹉亦梦为鸷鸟搏。一见《异苑》，一见《明皇杂录》。欧阳率更见《索靖碑》，初看曰："浪得虚名。"次日看，曰："名下定无虚士。"坐卧其下，十日不能去；阎立本见张僧繇画，亦然。俱见《宣和书画谱》。杨司空素出见客，挟侍姬红拂，因奔李靖；郭汾阳子仪出见客，亦挟侍姬红绡，因奔崔千牛。一见《虬髯客传》，一见《昆仑奴传》。饱蚊温席，人知有吴猛，而不知汉时番禺之有罗威。

# 卷五 伦类部

## 君臣

**在三之义** 晋武公伐翼，杀哀侯，止栾子曰："苟无死矣，吾令子为上卿。"辞曰："成闻之：'人生于三，事之如一'。父生之，师教之，君食之。"

**无忘射钩** 管仲将兵遮莒道，射桓公，中带钩。后鲁桎梏管仲送于齐。齐忘其仇以为相。谓桓公曰："愿君无忘射钩，臣无忘槛车。"

**前席** 贾谊为长沙王傅，文帝征之至。入见，上问鬼神之事，谊具道所以然；至夜半，文帝前席听之。

**温树** 孔光领尚书事，典枢机十馀年，守法度，修政事，不苟合。或问："温室省中树皆何木也？"光答以他语。其谨密如此。

**下车过阙** 卫灵公与夫人南子夜坐，闻车声辚辚，至阙而止，过阙复有声。公问为谁，夫人曰："此必蘧伯玉也。妾闻礼下公门，式路马。伯玉，贤大夫也，敬于事上，必不以暗昧废礼。"视之果然。

**枯桑八百** 诸葛亮谓后主曰："成都有枯桑八百株，薄田十五顷，子孙衣食自足。臣决不长尺寸，使库有馀帛，廪有馀粟，以负陛下。"

**醴酒不设** 楚元王敬礼穆生，每食必设醴酒。一日不设，穆生曰："醴酒不设，王意怠矣。"遂去。

**一动天文** 李泌谓肃宗曰："臣绝粒无家，禄位与茅土皆非所欲，为陛下运筹帷幄，收复京城，但枕天子膝睡一觉，使有司奏客星犯帝座，一动天文足矣。"

**封留** 张良，其先五世相韩。秦灭韩，良即弃家，求刺客报韩仇，不果。乃佐高帝灭秦。定天下，大封功臣，令良自择万户。良曰："臣初从帝于留，封留足矣。"寻弃人间事，从赤松子辟谷。吕后强食之，曰："人生一世间，如白驹过隙，何至自苦如此！"

**御手调羹** 唐玄宗召李白至，见金銮殿，论当世事，奏颂一篇。帝赐食，亲手为调羹。

**御手烧梨** 唐肃宗常夜召颍王等二弟，同于地炉罽毯上坐。时李泌绝粒，上自烧二梨，手擘之以赐泌。颖王恃恩固求，上不与，曰："汝饱食肉，先生绝粒，何乃争耶？"

**盐酒同味** 崔浩论事，语至中夜，太宗大悦，赐浩缥醪酒十斛，水晶戎盐一两，曰："朕味卿言，若此盐酒，故与卿同此味也。"

**学士归院** 唐令狐绹在翰林日，夜入对禁中。宣宗命以乘舆金莲烛送还院，院吏望见，以为天子来，俄传呼云："学士归院。"

**撤金莲炬** 苏轼任翰林，宣仁高太后召见便殿曰："先帝每见卿奏疏，必曰：'奇才，奇才！'"因命坐赐茶，撤金莲宝炬送院。

**登七宝座** 唐玄宗于勤政殿，以七宝装成大座，召诸学士讲论古今，胜者升座。张九龄论辩风生，首登此座。

**昼寝加袍** 韦绶在翰林，德宗常至其院，韦妃从幸。会绶方寝，学士郑絪欲驰告之，帝不许。时适大寒，帝以妃蜀锦袍覆之而去。

**金箸表直** 唐开元时，宋璟为相，朝野归心。时侍御宴，帝以所用金箸赐之，曰："非赐汝箸，以表卿直也。"

**药石报之** 唐太宗时，中书高季辅上封事，特赐钟乳一剂，曰："卿进药石之言，故以药石报之。"

**世执贞节** 于忠迁散骑常侍，尝因侍宴，宣武赐之剑杖，举酒属忠曰："卿世执贞节，故恒以禁卫相委。昔以卿行忠，赐名曰忠。今以卿才堪御侮，以所御剑杖相锡。"

**一门孝友** 崔郸缌麻同爨，兄弟六人，至三品。邠、郸、郾凡为礼部五、吏部再，唐兴无有也。居光德里。宣宗曰："郸一门孝友，可为士族法。"因题曰"德星堂"，里为"德星里"，以旌之。

**亲手和药** 曹彬疾革，真宗亲问，手为手药，仍赐白金万两。问以从事，答曰："臣无事可言。臣二子璨与玮，材器可取。臣若内举，皆堪为将。"真宗问以优劣，答曰："璨不如玮。"

**相门有相** 王训年十六，召见文德殿，应对爽彻。梁武帝目送之，曰："可谓相门有相。"

**有古人风** 刘查为东宫舍人，昭明太子以瓠食器赐之，曰："卿有古人风，故遗卿古人之器。"

**赐灵寿杖** 孔光字子夏，经学尤明，举方正，为谏议大夫。兄弟妻子燕语不及朝省政事。赐灵寿杖，归老于第。

**剪须和药**　李勣既忠力，帝谓可托大事。尝暴病疾，医曰："用须灰可治。"帝乃自剪须以和药。及愈，入谢，顿首流血。帝曰："吾为社稷计，何谢为？"

**赐胡瓶**　《汉纪》：李大亮为金州司马，有台史见名鹰，讽大亮献之。大亮密表曰："陛下绝畋猎久矣，使者犹求鹰，信陛下意邪？乃乖昔旨；如其擅求，是使非其才。"太宗报书曰："有臣如此，朕何忧！古人以一言之重订千金，今赐胡瓶一，虽亡千镒，乃朕所自御。"又赐荀悦《汉纪》曰："悦议论深博，极为政之体。公宜绎味之。"

**赐二铭**　马燧，帝赐《宸扆》《台衡》二铭，以言君臣相成之美，勒石起义堂，帝榜其颜以宠之。

**诗夺锦袍**　宋之问与杨炯分直习艺馆。武后游洛南龙门，诏从臣赋诗。左史东方虬诗先成，后赐锦袍。之问俄顷献，后览之嗟赏，更夺袍以赐之。

**赐玉堂字**　淳化中，翰林苏易简献《续翰志》二卷，太宗赐御诗二章，又飞白书"玉堂之署"四字赐之。

**赐金龙扇**　宋张诙为御史中丞，时真宗令进所著述，帝称善，取所执销金龙扇赐之，曰："美卿今日献文事。"

**赐酴醾酒**　唐李吉甫盛赞天子。李绛曰："今日西戎内讧，烽燧相接，正陛下求治之时，何得仅以赞颂为言？"帝入谓左右曰："绛言骨鲠，真宰相也。"遣使赐酴醾酒。

**用读书人**　宋太祖建元，命毋袭旧号，遂命"乾德"。一日，宫中见古镜有"乾德"字，怪问臣下，俱不能知。独窦仪对曰："昔蜀王有此年号，此必蜀中宫女带来者。"问之果然。上叹曰："宰相须用读书人。"

**朕之裴度**　宋庆历中，贝州兵乱，师久无功。参知政事文彦博请行。凯旋，上劳之曰："卿，朕之裴度也。"

**禁中颇牧**　唐毕诚为翰林学士，羌人扰河西，宣宗召访边事，諴论破羌状甚悉。上曰："颇、牧近在禁中。"

**朕之汲黯**　宋田锡，天性骨鲠，奏经史中治体之要三十篇。真宗手诏褒奖，每见锡，色必矜庄。帝自谓曰："田锡是朕之汲黯。"

**巾车之恩**　冯异朝京师，光武诏曰："仓卒芜蒌亭豆粥、滹沱河麦饭，厚恩久不报。”异曰：“臣欲国家无忘河北之难，臣不敢忘巾车之恩。”

**尚书履声**　汉郑宗为尚书仆射，数谏，上纳用之。每闻其革履声，曰：“我识郑尚书履声。”

**软脚酒**　唐郭子仪自同州归，代宗诏大臣就宅作软脚局，人出钱三千。

**佐朕致太平**　王旦，祐次子，器诚远大，真宗尝目送之曰：“佐朕致太平者，必斯人也。”

**儒与吏不及**　明王兴宗初为皂隶，洪武特命为金华知县。李丞相言：“隶也，奈何为令？”上曰：“兴宗勤而不贪，又善处事，儒与吏不及也，何有于县？”后苏乏守，上曰：“莫如兴宗。”用之，有善政。

**风度得如否**　唐玄宗每访士，必曰：“风度得如九龄否？”

**文武魁天下**　宋薛奕，兴化人，中武举第一。时同郡徐铎亦冠文科，神宗赐以诗，有“一方文武魁天下，万里英雄入彀中”之句。后于国变死难。

**奖谕赐食**　明王来巡按苏松，奉敕同侍郎周忱考察官吏，制词有“请上裁”语，来曰：“贪官污吏当去，宜即去之。奏请迟留，民益受弊矣。”三杨览奏曰：“王来明达治体。”遂易与之。由是贪暴望风引去。有巨珰陈武，奉太后懿旨，散经江南，要索百端，人人畏之。来收其榜，谓与诏书不合，拟劾之。珰哀祈得免。及还，诉于上。上问顾佐曰：“苏州巡按为谁？”佐曰：“王来。”上曰：“记之。”及代还，佐引以奏，上加奖谕，赐食光禄。

**赐金奉祀**　汉朱邑官至大司农，卒。天子惜之，曰：“朱邑退食自公，无疆外之交，可谓淑人君子。”赐其子黄金百斤奉祀。

**有唐忠孝**　韩思复儿时，母为语父亡状，呜咽欲死。举茂才高第，家益贫，杜瑾以百绫饷思复，方并日食，而百绫完封不发。累迁襄州刺史，治行名天下。及卒，上手题其碑，曰“有唐忠孝韩长山之墓”。

**骨格必寿**　明宋讷，仕至祭酒，严立学规。学录金文徵之嗾冢宰余熂移文，以老致仕。及陛辞，上讯知其故，诛熂及文徵，讷居职如故。上恒谓讷骨格必寿，命画工绘其像。年八十馀，终于官。上自制文祭之。后每思讷，举为教国子者法。命仍官其子复祖为司业。

**不避艰险**　昭烈与关羽、张飞，寝则同床，恩若兄弟；而稠人广座，侍立终日，随备周旋，不避艰险。

**遂从不去** 张良聚少年百人，道遇沛公。良数以《太公兵法》说沛公，沛公善之，尝用其策。良为他人言，皆不省。良曰："沛公殆天授。"故遂从不去。

**鱼之有水** 刘备见诸葛亮于隆中，凡三往而始得，情好日密，关羽、张飞不悦。备解之曰："孤之有孔明，犹鱼之有水也。"

**安刘者必勃** 汉高祖疾甚，吕后问曰："陛下百岁后，萧相国即死，令谁可代之？"曰："曹参。""其次？"曰："王陵。然陵少戆，陈平可以助之。平智有馀，然难以独任。周勃重厚少文，然安刘氏者必勃也，可令为太尉。"

**赐周公图** 汉武帝以子弗陵年稚，察群臣，唯奉车都尉霍光忠厚，可任大事。乃使黄门画周公负成王朝诸侯以赐光。上病笃，霍光涕泣问曰："如有不讳，谁当嗣者？"上曰："君未谕前画意耶？立少子，君行周公之事。"

**去襜帷** 汉刺史郭贺，官有殊政，明帝赐以三公之服黼黻冕旒，敕行部去襜帷，使百姓见其容服，以章有德。

**一见如旧友** 苻坚自立为秦天王，尚书吕婆楼荐王猛于坚。坚召猛，一见如旧友，语及时事，大悦，自谓如刘玄德之遇孔明也。

## 父子

**弄璋弄瓦** 《诗经》：吉梦维何？维熊维罴。男子之祥；维虺维蛇。女子之祥，乃生男子，载衣之裳，载弄之璋。乃生女子，载衣之裼，载弄之瓦。

**诞日弥月** 《诗经》：载生载育，时维后稷，诞弥厥月。

**岳降** 《诗经》：崧高维岳，峻极于天。维岳降神，生甫及申。

**悬弧设帨** 男子生，桑弧蓬矢，以射天地四方，欲其长而有事于四方也。《礼记》：男子生，设弧于左。女子生，设帨于门右。

**初度** 《离骚》云："皇览揆余初度兮，肇锡余以嘉名。"

**添丁** 唐卢仝生子，名添丁。宋贾耘老子亦名添丁。耘老生子之妾，名双荷叶。

**汤饼会** 生子三朝宴客，曰汤饼会。刘禹锡《送张盥》诗："尔生始悬弧，我作座上宾。引箸举汤饼，祝词生麒麟。”

**拿周** 曹彬始生周岁，父母罗百玩之具，名曰晬盘，观其所取以见志。彬左手提戈，右手取印，后果为大将封王。

**太白后身** 郭祥正母梦李太白，而生祥正，有诗名。梅尧臣曰：“功夫天才如此，真太白后身也。”

**玉燕投怀** 张说梦生。一玉燕飞入怀中，有孕，生说，后为宰相，封燕公。

**九日山神** 三衢陈主簿妻梦一伟人来谒，怪问之，告曰：“吾九日山神也。”已而生子，有异征。因合“九日”二字，名旭。后避庙讳，改升之。神宗朝拜相。

**灵凤集身** 《南史》：王昙逸母，梦灵凤集身，有孕，又闻腹中啼声。僧宝曰：“生子当如神仙宗伯。”

**金凤衔珠** 南昌许逊，母梦金凤衔珠堕掌而生。晋初为旌阳令，得异人术，周游江湖，悉斩蛟蜃，除民害。精修山中，年一百三十六。举家飞升。

**授五色珠** 宋乐史，母梦异人授五色珠而生。史力学能文，举进士第一，立朝有声，著《太平寰宇记》。

**五日生** 田文以五月五日生。其父婴欲弃之，毋窃举。及长，谓婴曰：“君相齐久矣，齐不加广而私家赀累巨万，门下不见一贤者。文窃怪之。”婴乃礼文，使治家，通宾客。

**梦邓禹** 宋范祖禹生，母梦一丈夫被金甲，至寝所，曰：“吾汉将邓禹也。”祖禹生，遂以为名。

**梦枫生腹** 唐张志和母，梦枫生腹上而产志和。母亡，不复仕。自号烟波钓徒。

**电光烛身** 宋宗泽母刘，梦天大雷，电烛其身，翌日举泽。少有大志，累功拜副元帅，起兵勤王，大破金兵。

**梦贤人至** 谢灵运父不宜子，乃于杜明甫舍寄养。是夕，梦有贤人至。及晓，乃灵运也。武林山有梦儿亭。

**右胁生** 老子姓李，名耳，字伯阳。谥聃。母怀之八十一岁，从右胁生，因号老子。

**梦虎行月中** 滕元发母，梦虎行月中，堕其室，而元发生。九岁能诗。举进士，治边，威行西夏。

**真英物** 桓温生未期，而温峤见之，曰："此儿有奇骨。"及闻其声，曰："真英物也。"父彝以峤所赏，故名温。豪爽有风概，累功进大司马。

**龟息** 李峤母以峤问袁天纲，答曰："神气清秀，恐不永耳。"请伺峤卧而候其鼻息，乃贺曰："此龟息也，必贵而寿。"

**梦长庚** 李白母娠时，梦长庚星现，幼名长庚，后改曰白。

**产有异光** 虞允文产之日，户外有异光，识者知其为大器。十岁赋诗，多惊人语。

**将校有梦** 杨价，璨子，未生时，将校有梦，神自靖州来，号蜀威将军者。暨价生，貌状如之。袭职，著边功。

**钟巫山之秀** 扬雄之父寓巫山而生雄，论者为钟十二峰之秀。

**皆名将相** 陈省华官谏议大夫，陈抟尝谓省华曰："君之子皆名将相也"。后省华谢政家居，三子并衣金紫扶杖。长尧叟，世称贤相；次尧佐，官太子太师；季尧咨，官节度使，善射，世称小由基。

**孕灵此子** 五代王承肇母崔氏，梦山神牵五色兽逼其衣，遂生承肇。有异僧见而抚之，曰："老僧所居周公山，佳气减半，乃孕灵此子耶？"后节制洛州，以功名著。

**父辱子死** 彭修年十五，侍父出行，为盗所劫，修拔刀向盗，曰："父辱子死，汝不畏死耶？"盗惊曰："童子义士，毋逼之。"遂遁去。

**一子不可纵** 刘挚儿时，父居正课以书，朝夕不少间。或谓："君止一子，独不加恤耶？"居正曰："正以一子，不可纵也。"

**事父犹事君** 殷渊刚介多大节，从父宦游，父行事未当，必辩论侃侃。尝言事父犹事君，不以谀诺为恭。后死闯贼难。

**娶长妻** 冯勤祖父偃，长不满七尺，自耻短陋，乃为子伉娶长妻，生勤，八尺三寸。

**一门七业** 刘殷有七子，五子各授一经，一子授太史公《史记》，一子授《汉书》，一门之内，七业俱兴。北州之学，殷门为盛。

**胎教** 孟子少时，问："东家杀猪何为？"母曰："啖汝！"既而悔曰："吾闻胎教，割不正不食，席不正不坐。今适有知而欺，是教之不信。"乃买猪肉啖之。

**七子孝廉** 赵宣妻杜泰姬生七男，教之曰："中人性情，可上下也。昔西门豹佩韦以自宽，宓子贱佩弦以自急，汝曹念哉！”后七子皆辟孝廉，而元珪、稚珪更以令德著。

**各守一艺** 邓禹有子十三人，各守其艺，闺门雍睦。累世宠贵汉庭者，凡百馀人。

**儿必贵** 王珪母李氏尝曰：“儿必贵，未知所与游者何人？”适玄龄、如晦造访，母大惊曰：“二客皆公辅器，汝贵不疑矣。”

**苏瓌有子** 苏颋父瓌同李峤拜相。一日，召二子进见，帝曰：“苏瓌有子，李峤无儿。”

**是父是子** 吕昭知沁州，临行，父老持金相赠。昭曰：“吾无刘宠之爱，敢为父老留一钱哉！”却不纳。子旦初第，昭诫之曰：“苟酌贪泉，死不歆祀。啮冰茹蘖，是父是子。”

**父子四元** 伦文叙弘治已未会元，三子以谅、以训、以诜皆成进士。以谅乡试第一，以训会试第一，以诜殿试第二。父子居四元，为科名盛事。

**一如其父** 范仲淹知耀、邠二州，皆有善政。赵元昊叛，知永兴军时，称小范“老子胸中有数万甲兵”。子纯礼，亦知永兴，为政一如其父。

**一褐寄父** 邝埜仕副使，尝市一褐寄父。贻书问：何处得此褐，毋以不义污我。家教严，故埜制行最清谨。

**天上麟麟** 杜诗：“徐卿二子生绝奇，感应吉梦相追随。孔子释氏亲抱送，并是天上麒麟儿。”

**厉人生子** 昔有厉人夜半举子，急持灯烛之，盖恐肖己也。

**三迁** 孟子少时，居近墓，乃好为墓间之事。孟母曰：“此非所以教吾子也。”乃去。居市廛，孟子又好为贸易之事。母曰：“此非所以教吾子也。”复去。居学宫之傍，孟子乃设俎豆，揖让进退。孟母曰：“此可以教吾子矣。”遂居之。

**和熊** 柳公绰妻韩氏，常命粉苦参、黄连和熊胆为丸，赐其子仲郢等夜学含之，以资勤苦。

**画荻** 欧阳修四岁而孤，郑氏教之。家贫，乏纸笔，以荻画地学字。后成大儒，官至观文殿大学士。

**截发** 陶侃孤贫，孝廉范逵尝过，仓卒无以款待。母湛氏乃截以易酒，又撤所卧草荐，锉以喂马。逵见卢江守张夔称之。夔召侃领枞阳令。

**跨灶** 灶上有釜，故子过于父，谓之跨灶。盖“父”与“釜”同音，借以相喻也。

**凤毛** 宋谢凤子超宗，善文词，作《殷妃诔》。帝叹赏曰：“超宗殊有凤毛。”杜诗：“欲知世掌丝纶美，池上于今有凤毛。”

**双珠** 后汉韦康、韦诞俱有时名。孔融语其父端曰：“不意双珠近出老蚌。”

**豚犬** 曹操见孙权，叹曰：“生儿当如孙仲谋，如刘景升儿子豚犬耳！”

**老牛舐犊** 杨彪子修为曹操所杀。操后见彪，曰：“何瘦之甚！”曰：“愧无日磾先见之明，犹怀老牛舐犊之爱。”操为之改容。

**伯道无儿** 邓攸字伯道，石勒之乱，挈妻子及弟子绥以逃，度不能两全，乃弃子存侄，后卒绝嗣。时人语曰：“皇天无知，使伯道无儿。”

**萱堂** 萱草一名宜男，妊妇佩之即生男。故称母为萱堂。《诗·伯兮》章：“焉得萱草，言树之北”。

**椿庭** 《庄子》云：“上古有大椿，以八千岁为春，八千岁为秋。”今人称父曰椿庭。

**乔梓** 乔木高而仰，父道也；梓木实而俯，子道也。故称父子曰乔梓。

**楂梨** 张敷小字楂，父邵小字梨。宋文帝戏之曰：“楂何如梨？”敷曰：“梨是百果之宗，楂何敢比！”

**菽水承欢** 子路曰：“伤哉贫也！生无以为养，死无以为礼也。”孔子曰：“啜菽，饮水，尽其欢，斯之谓孝。”

**为母杀鸡** 后汉茅容，郭林宗访之，留宿。旦日，容杀鸡为馔，林宗以为己设，已而，供奉其母。林宗拜之，曰：“卿贤乎哉！”因劝之学，以成其德。

**自伤未遇** 晋赵至年十二，与母道旁看令上任。母曰：“汝后能如此不？”至曰：“可尔耳。”早闻父耕叱牛声，释书而泣。师问之，曰：“自伤未遇，而使老父不免勤苦。”

**风木之悲** 春秋皋鱼宦游列国，归而亲故，泣曰：“树欲静而风不息，子欲养而亲不在！”遂自刎死。

**毛义捧檄** 毛义以孝行称。府檄至，以义为安阳令。义捧檄而喜动颜色，张奉薄之。后义母亡，遂不仕。奉叹曰："往日之喜，盖为母也。"

**为母遗羹**　颖考叔为封人，郑庄公赐之食。食舍肉，曰："小人有母，皆尝小人之食矣，未尝君之羹，请以遗之。"

**倚闾而望**　王孙贾事齐闵王，王出走，贾不知其处。其母曰："汝朝出而晚归，则吾倚门而望；汝暮出不归，则吾倚闾而望。汝今事王，王出走，汝不知其处，汝尚何归？"

**对使伏剑**　王陵归汉，项羽取陵母置军中，以招陵。陵母私送使者曰："汉王长者，吾儿毋以老妾故持二心，妾以死送。"遂伏剑而死。

**封还官物**　陶侃少为县吏，常监鱼池，以鱼鲊遗母。母封鲊责之，曰："尔以官物遗我，反增我忧耳！"拒却之。

**勿以母老惧**　刘安世除谏官，白母曰："朝廷使儿居言路，须以身任国，脱有祸谴，如老母何？"母曰："谏官为天子诤臣，汝父欲为而弗得。汝幸居此，当捐身报主，勿以母老惧流放耳。"

**对食悲泣**　陆续系洛阳。母往馈食，续对食悲泣。使者问故，曰："母来不得见耳。"问："何以知之？"曰："吾母切肉未尝不方，断葱以寸为度，此必母所飧也。"使者以闻，特赦之。

**暴得大名**　陈婴母，东阳少年杀其令，欲立婴为王。母曰："吾自为汝家妇，未闻汝先有贵者。今暴得大名，不祥。"婴乃属汉。

**人不可独杀**　严延年为河南守，母从东海来，适见报囚，乃大惊，不肯入。延年叩首谢。母曰："天道神明，人不可独杀。我不意垂老见壮子被刑戮也！"岁馀，果败。

**击堕金鱼**　陈尧咨秩满归。母问有何异政，对曰："荆南当孔道，过客以儿善射，莫不叹。"母曰："忠孝辅国，尔父之训也。尔不能以善化民，顾专卒伍一人之技。因击以杖，堕其金鱼。"

**得与李杜齐驱**　汉诛党人，诏捕急。范滂白母曰："仲博孝敬，足供养，滂从龙舒君九原，存亡得所。惟大人割不忍之恩。"母曰："汝得与李、杜齐驱，死亦何恨！令名寿考，可兼致乎？"

**吾知善养**　尹焞尝应举，发策有诛元祐诸臣议。焞不对而出，归告其母。母曰："吾知汝以善养，不知汝以禄养也。"

**能为滂母**　苏轼生十岁，母程氏亲授以书，闻古今成败，辄能领其要。程读《范滂传》，慨然叹息。轼请曰："轼若为滂，母能许之否？"程曰："汝能为滂，我独不能为滂母耶？"

**口授古文**　虞集母杨氏归虞汲。宋末兵乱，汲挈家奔岭外，无书可携读。母口授集《左传》、欧苏文，卒以文章名世，皆母训也。

**得父一绝**　唐宋之问父名令文，富文词，且工书。有力绝人，世谓之三绝。后之问以文章显，之悌以骁勇闻，之逊精草隶，各得父一绝。

**父子谥文**　明倪谦与子同入史局，谦终南礼部尚书，子岳终南吏部尚书。父谥文僖，子谥文毅。父子谥文，世以为荣。

**父长号**　何遵幼阅范滂母事，告母曰："儿设为滂，大人能慨然为滂母乎？"母笑而许之。后为工部主事，谏武宗南巡，荷校暴午门外五日，杖死。廷杖日，父铧在里，有乌悲鸣而前，心异之。比闻工部有以言获罪者，父长号曰："遵其死夫！"已而果然。

**以屏隔座**　三国纪亮与子骘俱仕吴，亮为尚书令，骘为中书令，每朝会，以云母屏隔座，时论荣之。

**教忠**　周狐突，晋大夫。怀公时，突子毛及偃从重耳如秦。公执突曰："子来则免。"对曰："子之能仕，父教之忠，古之道也。今臣子从公子亡，若又召之，教之贰也。"卒就死。

**当有五丈夫子**　商瞿同年有梁鳣者，年三十，未举子，欲出其妻。瞿曰："未也！吾齿三十八无子，吾母为吾更娶。夫子曰：'无忧也。瞿过四十当有五丈夫子。'果然。吾恐子自晚生，且未必妻过也。"居二年，而梁有子。

**不如一经**　韦玄成，贤之子，与萧望之诸儒辩五经同异于石渠阁。汉元帝朝拜相，守正持重不及父，而文采过之。邹、鲁谚曰："遗子黄金满，不如一经。"

**义继母**　齐二子之母，宣王时有死于道者，吏执其二子，兄曰："我杀之。"弟曰："非兄也，我杀之。"吏以告王，王召问其母，母泣对曰："杀其少者。"王问故，母曰："少者妾之子。长者前妻之子，其父临终，嘱妾善视。今杀兄活弟，是以私废公也。背言忘信，是欺死也。"王高其义，皆赦之。

**他日救时宰相**　于忠肃父与如兰为方外交。忠肃弥月，如兰赴汤饼之会，摩其顶，曰："此他日救时宰相也。"

**墨庄**　宋刘式殁，惟遗书数千卷，夫人陈氏指谓诸子曰："此乃父墨庄也。”其后诸子及孙并起高第，为时名臣。

**各授一经** 宋田辟行高学博，游成均二十年，不遇，浩然归隐。子九人，各授一经，俱登第。时称义方者，必曰田氏。

**箕裘** 《礼记》：良冶之子，必学为裘；良弓之子，必学为箕。

**亲导母舆** 唐崔邠为太常卿，亲导母舆入太常署，公卿皆避道。

## 附：各方称谓

蜀人称父曰郎罢。吴人呼父曰奢（音遮），呼祖曰阿爹，又有呼曰公爹。有呼父曰爷（音涯），有呼父曰爸（音霸）。有呼父曰爸（音播）。辽东人呼父曰阿嘛，母曰峨娘。湖南人呼母曰哎祖。有呼父曰阿叭，母曰阿宜。江淮人呼母曰社。李长吉呼母曰婺。吴人呼母曰媸（音寐）。羌人呼母曰姐。江湖有呼母谓媞（音侍）。青、徐人呼兄曰阿荒。荒，大也。又曰皖（音选）。越人呼兄曰况。楚人呼姊曰嫛，呼妹曰媦（音位）。江淮人呼子曰崽（音宰），呼女曰婟（音悟）。又有呼子曰男，女曰媛（音媆）。越人呼子曰婧。吴人呼子曰孖（音牙）。楚人呼妻母曰姼（音氏）。东齐人呼婿曰倩。呼贱役曰傖。妇人呼夫之兄曰兄公，称夫之姊曰女伀（音中）。呼姊妹之子曰出（音翠）。自称曰姎（音盎），犹称我也。称舅母曰妗。齐人呼姊曰㜷（音稍）。

## 夫妇（附妾）

**举案齐眉** 梁鸿至吴，依皋伯通庑下，为人赁舂。妻孟光具食，举案齐眉。伯通异之，曰：“彼佣能使其妻敬之如此，非凡人也。”以礼遇之。

**归遗细君** 东方朔割肉怀归，武帝问之，曰：“归遗细君。”

**糟糠** 光武姊湖阳公主新寡，欲下嫁宋弘。帝语弘曰：“贵易交，富易妻，人情乎？”弘对曰：“贫贱之交不可忘，糟糠之妻不下堂。”帝顾主曰：“事不谐矣。”

**断机** 乐羊子游学，未三月而归，其妻引刀断机，曰：“君子寻师，中道而归，何异断斯织乎？”羊子乃发愤卒业。

**二乔** 周瑜从孙策攻皖，得乔公两女，皆有殊色。策自纳大乔，瑜纳小乔。策谓瑜曰：“乔公二女虽流离，得吾二人为婿，亦足为欢。”

**有兄之风** 孙权妹，刘先主初在荆州，孙权以妹妻之。妹才捷刚猛，有诸兄之风，侍婢百馀人，皆执刀侍立。先主每入，心常凛凛。

**妇有四德**　许允妇貌丑，允曰：“妇有四德，卿有几德？”妇曰：“妾之所不足者色耳。士有百行，卿有几行？”允曰：“皆备。”妇曰：“君好德不如好色，何谓皆备？”允大惭，礼之终身。

**执巾栉**　《左传》：晋太子圉质于秦，秦妻之。将逃归。嬴氏曰：“寡君使婢子执巾栉，以固子也。纵子私归，弃君命也，不敢从。”

**奉箕帚**　单父人吕公好相人，见刘季状貌，异之，曰：“仆阅人多矣，无如季相！仆有弱息女，愿为箕帚妾。”

**吾知丧吾妻**　刘庭式尝聘乡人女。及登第，女丧明，家且贫甚，乡人不敢复言。或劝改聘，庭式叹曰：“心不可负！”卒娶之，生数子。死，哭之恸。苏轼时为州守，问曰：“哀生于爱，爱生于色。足下爱何从生？哀何从出乎？”庭式曰：“吾知丧吾妻而已。”轼深感其言。

**画眉**　张敞为京兆尹，为妇画眉。有司奏闻。上问之，对曰：“夫妇之私，有过于此者。”上弗责。

**牛衣对泣**　王章家贫无被，卧牛衣中，与妻涕泣。妻怒曰：“京师贵人，谁逾仲卿者，不自激昂，乃反涕泣，何鄙也！”后果为京兆。

**剔目**　房玄龄布衣时，病且死，谓妻卢氏曰：“吾病不起，卿年少，不可寡居，善事后人。”卢泣入帷中，剔一目以示信。玄龄疾愈，后入相，礼之终身。

**织锦回文**　窦滔妻苏氏，字若兰，苻坚时滔拜安南将军，镇襄阳，携宠姬赵阳台以行。苏悔恨，因织锦为回文，题诗二百馀首，纵横反复皆为文章，名曰《璇玑图》，以寄滔。

**不从别娶**　宋黄龟年为侍御史，劾秦桧，遂夺桧职。初，邑簿李朝旌许妻以女。既登第，而朝旌已死，家甚贫，或劝其别娶，不从。

**小吏名港**　汉庐江小吏焦仲卿妻，为姑所逐，自誓不嫁。其母屡逼之，遂投水死。仲卿闻之，亦自缢。今府境有小吏港，以仲卿名。

**相思树**　韩凭妻封丘息氏，康王夺之，凭自杀。息与王登台，遂投台下死，遗书于带，愿以尸骨赐凭。王弗听，使人埋之，冢相望也。信宿，有交梓本生于二冢之旁，旬日而枝成连理，鸳鸯栖其上，交颈悲鸣。宋人哀之，号曰相思树。

**知礼**　季敬姜，鲁大夫公甫穆伯之妻也。子文伯相鲁，退朝，敬姜方绩，文伯曰："以歜之家，而犹绩乎？"敬姜叹曰："夫民，劳则思，思则善心生；逸则淫，淫则忘善，忘善则恶心生。吾惧穆伯之绝祀也！"及文伯卒，敬姜朝哭穆伯，暮哭文伯。仲尼闻之，曰："季氏之妇知礼矣！"

**作诔** 柳下惠卒，门人欲诔之。妻曰："将诔夫子之德耶？则二三子不如妾知之也。"乃作诔。

**谥康** 黔娄先生卒，曾西往吊，见其尸覆布被，手足不尽敛。曾西曰："邪引其被则敛矣。"妻曰："邪而有馀，不若正而不足。死而邪之，非先生意也。"曾西曰："何以为谥？"妻曰："先生不戚戚于贫贱，不汲汲于富贵，其谥曰康，可乎？"曾西叹曰："惟斯人也，而有斯妇。"

**预结贤士** 晋大夫伯宗好以直辩凌人，人恶之。妻曰："危可立待也！何不预结贤士，以州犁托焉。"伯宗乃得毕羊而交之。未几，伯宗以谮死。毕羊送州犁于荆，幸免。

**柏舟** 共姜，卫世子共伯妻。共伯蚤折，父母欲夺而嫁之，以死自誓，作《柏舟》诗。

**共隐终身** 王霸少与令狐子伯善，后子伯相楚。其子为郡功曹，尝诣霸。霸子耕于野，投耒见客。颜色惭阻。客去，霸卧不起，妻问故，霸曰："彼子容服都，儿曹有惭色。父子恩深，不觉自失耳。"妻曰："子伯之贵孰与君之高？奈何忘夙志而惭儿女子乎？"霸起而笑曰："有是哉！"遂共隐，终其身。

**女宗** 鲍苏仕卫三年，而娶外妻。其妻养姑甚谨。其姒曰："子可以去矣。"答曰："妇人从一为贞，以顺为正，岂有专夫室之爱为贤哉？"事姑愈谨。宋公表其闾曰"女宗"。

**封发** 唐贾直言坐事贬岭南。妻董氏名德贞，年甚少。诀曰："死生未期，汝可亟嫁。"贞不答，引绳束发，封以帛，使直言署，曰："非君手不可解！"直言贬二十年乃还，帛如故。

**受羊埋之** 羊舌子好直，不容于晋，去三室之邑。邑人攘羊而遗之，羊舌子不受。妻叔姬曰："不如受而埋之。"羊舌子曰："何不饷肸与鲋？"姬曰："不可。南方有鸟为吉乾，食其子，不择肉，子多不义。今肸与鲋童子也，随大人而化，不可食以不义之肉。"乃盛以瓮，埋垆阴。后攘羊事败，吏发视之，羊尚存。曰："君子哉！羊舌子不与攘羊矣。"

**弓工妻** 晋繁人之妻也。平公使繁为弓，三年乃成。公引射而不穿一札，将杀之。其妻请见，曰：“妾夫造弓，劳矣！君不能射，反以杀人。妾闻射之道，左手如拒，右手如附；右手发之，左手不知。”公用其言，而射穿七札，立释繁人。

**迎叔隗** 晋文公与赵衰子奔狄，狄人隗氏入二女，公纳季隗，以叔隗妻衰，生盾。及反国，文公又以女赵姬妻之，生三子。赵姬请迎盾与其母，衰不敢从。姬曰：“得宠忘旧，安富室而弃贱交，不可。君其迎之。”衰乃迎叔隗于盾于狄。

**提瓮出汲** 桓氏字少君，鲍宣就少君父学，父奇其清苦，以女妻之，装送甚盛。宣不悦。少君悉屏去侍从服饰，更布素，与宣共挽鹿车归里。拜姑，即提瓮出汲，修妇道。

**御妻** 晏子出，其御之妻从门间窥其夫，意气扬扬自得。既而归，妻请去，曰：“晏子身相齐国，名显诸侯。观其志常有以自下者。子为人御，自以为足，妾是以求去也。”御者乃重自抑。晏子怪而问之，以实对，荐为大夫。

**效少君** 马融女适汝南袁隗，礼初成，隗曰：“妇奉箕帚则已，何乃珍丽？”对曰：“慈亲爱重，不敢违命，君若慕鲍宣之高，妾亦效少君之事。”

**破镜** 乐昌公主下嫔徐德言。陈亡，德言与主破镜，各分其半。后主为杨素所得，德言寄诗云：“镜与人俱去，镜归人未归。”乐昌得诗，悲泣不已。素怆然，召德言还之。

**造庐而吊** 杞梁死国事，丧归，齐庄公遇于途，欲吊。其妻曰：“君以吾夫之死为有罪，则不敢辱君之吊；如以为无罪，则先人有敝庐在，何吊于途？”公乃造其庐而吊焉。

**琴心** 司马相如与临邛令善。富人卓王孙闻令有贵客，为具召之。酒酣，令请相如抚琴。时卓王孙女新寡，窃听。相如以琴心挑之，文君遂夜奔，相如与之归成都。

**白头吟** 司马相如将聘茂陵女为妾，卓文君作《白头吟》以自绝，相如感之，乃止。

**妒妇津** 刘伯玉妻段氏悍妒，闻其夫诵《洛神赋》，投洛水死。后人名其地为妒妇津。有妇人渡此者，必湿其衣妆。

**四畏堂** 王文穆作三畏堂。夫人悍妒。杨文公戏曰：“可改作四畏堂。”公问故，曰：“兼畏夫人。”

**狮子吼** 陈季常妻柳氏悍妒，客至，或闻诟詈声。坡公诗戏之曰："谁似龙丘居士贤，谈空说有夜不眠。忽闻河东狮子吼，拄杖落手心茫然。"

**恐伤盛德** 谢太傅刘夫人性妒，常帷诸妓作乐，太傅暂见，便下帷。太傅索更一开，夫人拒之，曰："恐伤盛德。"

**鸧鹒止妒** 梁武帝平齐，获侍儿千馀，郗后愤恚成疾。左右曰："《山海经》云，食鸧鹒止妒。"后食之，妒果减半。

**炊扊扅** 百里奚为秦相，堂上作乐，有浣妇自言知音，援琴歌曰："百里奚，五羊皮。忆别时，烹伏雌。炊扊扅，今当富贵忘我为？"寻问之，乃其妻也。

**周姥撰诗** 谢太傅欲置伎妾，命兄子往劝夫人，因言《关雎》《螽斯》不妒之诗。夫人问谁为此诗？云是周公。夫人曰："周公是男子，周姥撰诗，当无是语。"

**何由得见** 桓温尚南康公主，经年不入其室。一日，温与司马谢奕饮，奕以酒逼温，温逃入主所。奕遂升厅事，引一直兵共饮，曰："失一老兵，得一老兵，何怪也！"主谓温曰："君若无狂司马，我何由得见！"

**羞墓** 朱买臣刈薪自给，妻求去，买臣笑曰："我年五十当富贵。"妻恚曰："如公等，终饿死沟中耳！"买臣不能留。无何，拜会稽太守，乘传入吴，见故妻从夫治道，载之后车。妻愧死，葬于嘉兴，呼为羞墓。方正学有诗云："青草塘边土一丘，千年埋骨不埋羞，丁宁嘱咐人间妇，自古糟糠合到头。"

**秋胡挑妻** 鲁秋胡娶妻五日，官于陈。后归，见采桑女子，下车挑之，曰："力田不如逢年，力桑不如见郎。吾有黄金，愿以与子。"妇不受。归，及见其夫，乃挑我者也，遂数胡罪，而沉于河。

**难做家公** 郭汾阳子暧与升平公主诟詈，暧曰："汝倚父为天子耶？我父薄天子而不为耳！"主入奏，子仪囚暧入待罪。代宗曰："不哑不聋，难做家公。小儿女闺阃之言弗听。"

**妒不畏死** 唐任环为兵部尚书，太宗赐宫女二人，妻柳氏妒之，欲烂其发使秃。太宗赐酒曰："饮之立死，不妒不须饮。"柳氏拜敕曰："诚不如死！"举卮饮尽。太宗谓环曰："人不畏死，卿其奈何！"二女令别室安置。

**鼓盆** 庄子妻死，惠子吊之。庄子方箕踞，鼓盆而歌。惠子曰："不太甚乎？”庄子曰：“人且偃然寝于巨室，而我且噭噭然随而哭之，自以为不通乎正命，故止之也。”

**牝鸡司晨** 周武王曰：“牝鸡无晨。牝鸡之晨，惟家之索。今商王受，惟妇言是用。”

**加公九锡** 王导惧内，乃以别馆畜妾。夫人知之，持刀寻讨。导飞辔出门，以左手扳车栏，右手提麈尾柄以打牛，狼狈而前。蔡司徒谟曰：“朝廷欲加公九锡。”王信以为实。蔡曰：“不闻馀物，惟闻短辕犊车，长柄麈尾。”王大羞愧。

**何况老奴** 桓温平蜀，以李势妹为妾，妻闻，拔刀袭之。李方梳头，发垂委地，姿貌端丽，乃徐结发，敛手向妻，曰：“国破家亡，无心至此。若能见杀，犹生之年！”神情闲正，辞气凄惋。妻乃掷刀，前抱之曰：“我见犹怜，何况老奴！”遂善视之。

**如夫人** 齐侯好内，多内宠，内嬖如夫人者六人。

**解白水诗** 管仲妾名婧。桓公出游，宁戚扣牛角而高歌。公使管仲迎之，戚曰：“浩浩乎白水。”管仲不知所谓。婧曰：“古有《白水》之诗，曰：‘浩浩白水，倏倏之鱼，君来召我，我将安居。’此戚之欲仕也。”管仲大悦，以报桓公，遂相齐。

**居燕子楼** 关盼盼，张建封侍姬也。建封殁，盼盼独居燕子楼十馀年。一日，得白乐天和诗，泣曰：“自我公薨，妾非不能死，恐世以我公重色，有从死之妾，而玷公也。”遂快快不食而卒。但吟云：“儿童不识冲天物，漫托青泥污雪毫。”

**何惜一女** 周𫖮母姓李，字络秀，𫖮父浚，为安东将军，出猎遇雨，过李氏。会其父兄他出，络秀与一婢具数十人馔，甚精办，而不闻人声。浚怪，使人觇之，独见一女子美甚。浚固求为侍妾。父兄初不许，络秀曰：“门户衰微，何惜一女！”遂许之，生𫖮及嵩。

**抱骨赴水** 赵淮妾，长沙人。元将使淮招李廷芝，淮至城下，大呼曰：“廷芝，男子死耳，无降也！”将怒杀之，掳其妾。妾伪告将曰：“妾夙事赵运使，今死不葬，不忍忘情。愿往埋之，即事公无憾。”乃聚薪焚淮骨，置缶中，自抱骨赴水死。

**察妾忧色** 袁升五旬无子，往临安置妾。既得妾，察其有忧色，问故。妾曰：“吾故赵太守女也，家四川，且贫，母卖妾为归葬计耳。”升即送还，并倾橐以赠。妻曰："君施德如此，何患无子！"次年生韶，为浙西使。孙洪，官郡司马。

**不如降黄巢**　王铎镇渚宫，以拒黄巢，兵渐逼。先是赴任，多带姬妾，夫人不知。忽报夫人离京在道。谓从事曰："黄巢渐以南来，夫人又自北至，旦日情味，何以安处？"幕僚戏曰："不如降了黄巢！"

**讽使出妻**　宋夏执中，姊为孝宗后，累官节度。初执中与其微时妻至京，后讽使出之，择配贵族。执中诵宋弘语以对，后遂止。

**六十未适**　南北朝顾协少时，将聘舅女，未成婚，而母亡。免丧后，不复娶。至六十馀，此女犹未他适，协义而迎之，卒无嗣。

**遣妾献诗**　陈陶操行高洁，累辟不起。严譔守南昌，欲试之，遣小妾莲花往持，陶竟夕不纳。妾献诗曰："莲花为号玉为腮，珍重尚书遣妾来。处士不生巫峡梦，空劳云雨下阳台。"陶答云："近来诗思清于水，老去风情薄似云。已向升天得门户，锦衾深愧卓文君。"

**计赚解后**　沈襄父炼，疏劾严嵩父子，被谪。复诬入白莲邪教，戮之原籍。逮襄部讯，并解其妾。抵山东，起早下于客店，妾密语襄曰："君至京，必无生理，盍以计脱，以存宗祧。妾拚一死，与之图赖，或得免落奸相之手。"于是绐之，曰："此地有吏部某为我父同年，在都时曾贷我父三百馀金，索来可作路费，亦可以馀者赠尔两人为还乡需，不识可行否？"二差以其有妾为质，去其手刑，易其衣巾。一差守妾于店，一差押之同往。行不一里，其差腹疼登厕，襄逸去。差至所谓吏部家，与襄所言迥异。奔回客店，云襄脱逃，吓妾吐真。妾乃号叫曰："我夫妻耐苦到此，京师已近，满望事白生还。汝受严氏嘱，潜杀我夫，汝必还我夫尸！我以身殉，决不甘孱弱女流又遭汝之污辱。"闻者酸鼻，告之。当道亦疑为严氏所谋，将妾寄养尼庵，日比二差还尸。拖延二载，严氏败，襄出为父陈冤，恩蒙赠荫。妾亦受封，与襄白首告终。

**名分定矣**　嘉靖己丑，瑞州孝廉刘文光、廖暹同上公车，皆下第，欲归。廖倩媒买妾，拉刘同往选择，相中一女，下定订期。其女问曰："二位相公何者聘妾？"廖暹戏指刘曰："是这刘相公娶你。"刘亦大笑，女乃对刘肃拜而进。次日备礼往娶，女见仪状大骇，曰："刘君娶我，何以帖出廖某？"媒告以实，女变色曰："作妾虽然微贱，亦关夫妻父子之道，岂可轻指他人以为戏，我已拜刘，名分定矣！"父母婉转再四，誓死不从。廖追悔无及，劝刘纳之。刘力不继，约以下科。后刘正室逝世，娶女为正。

**各送半臂** 宋子京夜饮曲江，偶寒，命取半臂，十馀宠各送一枚。子京恐有去取，不敢服，冒寒而归。

**臼中炊釜** 江淮王生善卜，有贾客张瞻将归，梦炊臼中。问王生，生曰："君归不见妻矣。臼中炊，无釜也。"瞻归而妻已卒。

**覆水难收** 姜太公初娶马氏，读书不事产业，马求去。太公封于齐，马求再合。太公取水一盆倾于地，令妇收水，惟得其泥。太公曰："若能离更合，覆水岂难收？"

## 婿

**红丝** 唐郭元振，美丰姿。宰相张嘉贞欲纳为婿，曰："吾五女，各持一丝于幔后。子牵之，得者为妇。"元振牵一红丝，得第三女。

**厩中骐骥** 《南史》：杜广初为刘景厩卒，及与景语，景大惊曰："久负贤者！"告其妻曰："吾为女求婿二十年，不意厩中有骐骥。"遂以女妻之。

**屏间孔雀** 唐高祖皇后窦氏父毅曰："此女有奇相，不可轻许人。"因画二孔雀于屏，求婿者令射二矢，阴约中目。高祖最后至，各中一目，遂归于帝。

**玉镜台** 晋温峤姑有女，属峤觅婿。峤自有婚意，曰："但得如峤何如？"姑曰："何敢希汝比也？"复一日，峤云："已得婿矣。门第不减峤。"因下玉镜台一枚，姑喜。婚毕，姑女披纱扇，抚撑笑曰："我固疑是老奴，果如所卜！"

**再娶小姨** 欧阳公与王拱辰同为萧简肃公婿，欧公先娶其长，拱辰娶其次。后欧公再娶其幼女，故欧公有"旧女婿为新女婿，大姨夫作小姨夫"之戏。

**东床坦腹** 郗鉴使门生求婿婚于王导，导东厢下遍观子弟。门生归谓郗曰："王氏诸子弟，咸自矜持。唯一人，在东床坦腹卧，食胡饼，独若不闻。"鉴曰："此正佳！"访问，乃羲之，遂妻以女。

**快婿** 后魏刘延明，十四就博士郭瑀学。弟子五百馀人，瑀有女选婿，意在延明。设一座，曰："吾有女，欲觅一快婿，谁坐此者？"延明奋衣坐，曰："延明其人也。"遂妻之。

**乘龙** 魏黄尚与李元礼俱为司徒，俱娶太尉桓叔元女。时人谓桓叔元女俱乘龙，言得婿如龙也。

**岳丈** 青城山为五岳之长，名丈人山，故称妇翁曰岳丈。又云泰山有丈人峰，故称泰山。

**岳公泰水** 欧阳永叔常云：今人呼妻父为岳公，以泰山有丈人峰。呼妻母为泰水，不知出何书也。

**冰清玉润** 晋卫玠，妻父乐广，皆有重名。议者以为妇翁冰清，女婿玉润。

**天缘** 蒙氏有女，欲为择配。女曰："王择配，非天婚也。我欲倒骑牛背，任牛所之，即嫁之。"王从其请。至一委巷，牛侧其角而入，见一樵者，女曰："此吾婿也。"王怒绝女。一日，婿问："首饰是何物？"曰："金也。"婿曰："吾樵处甚多。"载归，皆金砖。王难之曰："汝能作金桥银路，吾当来访。"果作以迎王。王叹曰："信天缘也。"后名其地曰辘角庄。

**门多长者辙** 张负女孙五嫁而夫辄死，平欲娶之。负曰："平虽贫，门多长者辙。"卒与之。诫曰："无以贫故，事人不谨。"

**佳婿** 唐杨於陵补句容主簿，时韩滉节制金陵，杨以属吏谒，滉异之。谓其妻柳氏曰："夫人欲择佳婿，无有如杨主簿者！"遂以女妻之。

**翁婿登相府** 范文正一见富弼，器之，曰："王佐才也。"适晏元献谓文正曰："吾一女，烦君为择婿。"文正曰："必求国士，无如富弼者！"元献妻之。后弼与元献共登相府，盖异观也。

**此必国夫人** 宋马亮知夔州。时吕蒙亨为属吏，子夷简在焉，亮一见，许妻以女。妻怒，亮曰："此必国夫人也。"人服其鉴。

## 兄弟（附子侄）

**田氏紫荆** 田真、田广、田庆兄弟同居，紫荆茂盛。后议分析，树即枯槁。兄弟不复议分，树乃茂盛如故。

**昆玉** 陆机、陆云兄弟二人，生于华亭，人比之昆冈出玉，因名昆玉。

**三间瓦屋** 蔡司徒在洛，见陆机兄弟住参佐廨中，三间瓦屋，士龙住东头，士衡住西头。士龙为人文弱可爱，士衡长七尺馀，声作钟声，言多慷慨。

**难兄难弟**　陈元方子群，陈季方子忠，各论其父功德，争之不能决，咨于太丘，太丘曰：“元方难为兄。季方难为弟。”

**手足**　袁绍二子谭、尚，父死争立，治兵相攻。王修谓曰：“兄弟者，手足也。人将斗，而断其右臂，曰我必胜可乎？”二子不从，为曹操所灭。

**折矢**　吐谷浑阿柴有子二十人。疾革，令诸子各献一箭，取一箭授其弟慕利延，使折之，利延折之。取十九箭使折之，利延不能折。乃叹曰：“孤则易折，众则难摧。若曹识之！”

**尺布斗粟**　淮南厉王与汉文帝兄弟，徙蜀道死。民谣曰：“一尺布，尚可缝。一斗粟，尚可舂。兄弟二人不相容。”

**分痛**　《宋使》：晋王有病，太祖亲往视之，自为灼艾，晋王觉痛，太祖亦取艾自灼，以分其痛。

**皆有文名**　罗愿兄颢、籲、颉、颂、弟颓，皆有文名，朱熹特称之。

**大小秦**　唐秦景通与弟暐，皆精《汉书》，号大秦、小秦。凡治《汉书》者，非出其门，谓无师法。

**束带未竟**　刘琎，瓛弟。瓛尝隔壁夜呼之，琎下床著衣立，然后应。兄怪其久，曰：“顷束带未竟。”其操立如此。

**龙虎狗**　诸葛瑾仕吴，弟亮仕蜀，弟诞仕魏。时谓蜀得龙，吴得虎，魏得狗。

**棠棣碑**　贾敦颐为洛州司马，洛人为刻碑市旁。弟敦实又为长使，洛人亦为立碑其侧，号棠棣碑。

**三张**　晋张载博学，能文章，尝作《剑阁铭》，武帝命镌之剑阁。弟协少有隽才，为河间内史；亢亦娴词赋。时号三张。

**三魏**　魏允中南乐人，兵使王元美赏识之。丙子秋试，元美偕同官饮使院，戒阍吏曰：“小录至，非魏允中元毋传鼓。”夜半鼓发，相与欢叫，已，与其兄允贞、弟允孚皆举进士。时人号曰“三魏”。

**自缚请先季死**　王琳年十馀岁，父母俱亡。遭乱，乡邻逃窜，惟琳兄弟独守冢庐，号泣不去。弟季出，遇赤眉，将杀之。琳自缚，请先季死。贼矜而放之。

**时称四皓**　徐伯珍少孤贫，以箬叶学书。杜门十九年，淹贯经史，累召不出。兄弟四人俱白首，时称四皓。

**人所难言**　刘正夫官左司谏。徽宗方究蔡邸狱，正夫入对，引淮南“斗粟”“尺布”之谣。上意遂解，谓正夫曰：“兄弟之间，人所难言。卿能及此，不觉感动。”

**俱九岁贡**　宋王应辰年九岁，以能诵九经、作《春秋》《语》《孟》义，兼通子史，贡于礼部。后数年，其弟应申亦九岁贡礼部。

**一母所生**　吴思达兄弟六人，先以父名析居。及父卒，泣告其母曰：“吾兄弟别处十馀年，今多破产。一母所生，忍使苦乐不均耶？”复共居。

**金友玉昆**　辛攀父奭，尚书郎，兄鉴、旷，弟宝、迅，皆以才识知名。秦雍为之语曰：“五龙一门，金友玉昆。”

**相煎太急**　曹丕欲杀其弟植，植赋诗曰：“煮豆燃豆萁，豆在釜中泣，本是同根生，相煎何太急！”

**火攻伯仲**　周颉弟嵩，因醉詈其兄，曰：“兄才不及弟，横得重名！”然蜡烛投之。颉颜色无忤，徐曰：“阿奴火攻，诚出下策。”

**姜被**　后汉姜肱与弟重海、季江各娶，兄弟相恋，不忍别。作一大布被，寝则兄弟与共。人称其友爱。

**花萼集**　李乂兄弟俱以文章著，同为一集，号《李氏花萼集》。

**贾氏三虎**　后汉贾彪兄弟三人，并有高名，而彪最优。故天下称之曰：“贾氏三虎，阿彪最优。”

**二惠竞爽**《左·昭公三年》，齐公孙灶卒。晏子曰：“惜也！子旗不免，殆哉！二惠竞爽犹可，又弱一个，姜其危哉！”

**双璧**　陆暐与弟恭之，并有时誉。洛阳令见之，曰：“仆已年老，幸睹双璧。”

**佳子弟**　王右军少时为从伯敦、导所器，常谓右军曰：“汝是吾家佳子弟，当不减阮主簿。”

**吾家麒麟**　晋顾和族叔荣，见其总角志气不凡，曰：“此吾家麒麟，兴吾宗者，必此子也。”

**我家龙文**《北史》：杨愔幼聪慧绝人，其叔奇之，曰：“愔也，将相器。”常语人曰：“此儿驹齿未落，已是我家龙文；更十岁，当求之千里之外。”

**犹子**　卢迈进中书侍郎，再娶无子。或劝蓄姬媵，迈曰：“兄弟多子，犹子也，可以主后。”

**千里驹** 苻朗，苻坚从兄之子，坚常称之曰："吾家千里驹也。"

**乌衣子弟** 晋王氏子弟多居乌衣巷，一时贵盛。人称之曰乌衣子弟。

**小阮** 竹林七贤，阮咸为阮籍兄子，故称小阮。

**大小王东阳** 王承出守东阳，多惠政。弟幼亦东阳守。时朱异用事，车马填门。魏郡申英指异门曰："此中辐辏，惟势是趋。不能屈者，大小王东阳耳。"

**臣叔不痴** 王湛雅抱隐德，不知者以为痴。兄子济往省，见床头有《周易》，因共谈《易》，剖析精微，出济意外，乃叹曰："家有名士，三十年不知！"武帝尝问济："卿家痴叔死未？"对曰："臣叔不痴。"又问："谁比？"曰："山涛以下，魏舒以上。"

**芝兰玉树** 谢玄为叔父东山所器重。安常谓子侄曰："子弟亦何豫人事？正欲使之佳。"玄曰："譬如芝兰玉树，欲使其生于庭阶耳。"

**屐齿之折** 谢太傅与客围棋，俄而谢玄淮上信至，展书毕，摄放床下，了无喜色，下棋如故。客问之，徐答云："小儿辈遂已破贼。"既罢，还内，过户限，不觉屐齿之折。

**三桂堂** 宋王之道刚直，尚风节，与兄之义、之深同科名，颜其堂曰"三桂"。尝梦帝命之曰："以尔有功，当录其后。"子十人，仕者九人。

**刻鹄类鹜** 马援戒其子侄曰：龙伯高敦厚周慎，吾愿汝曹效之；杜季良豪侠好义，吾不愿汝曹效之。效伯高不得，犹为谨敕之士，所谓刻鹄不成，尚类鹜者也；效季良不得，陷为天下轻薄子，所谓画虎不成，反类狗者也。

**析产取肥** 汉许武以二弟晏、普未显，欲使成名，乃析产为三，自取肥田广宅，二弟无后言，人皆称其克让。晏、普并举孝廉，武乃会宗人，泣言析产故，悉以田宅归晏、普，一郡叹服之。

**兄弟感泣** 何文渊知温州府。民有兄弟争财而讼者，文渊判其状，曰："只缘花底莺声巧，致使天边雁影分。"兄弟感泣亲睦。

**兄弟争牛** 张袞年汝南郡守。有兄弟分一牛争讼不能决者，袞年赐以己牛一头，使均之。于是境中相戒，咸敦敬让。

**翕和堂** 韩祥与弟补同登进士，俱以德行文章显名。宋理宗书"翕和堂"以赐之。

**弟请抵罪** 唐陆南金官太子洗马。尝匿卢崇道，捕当重法。弟璧请抵罪，御史怪之。璧曰：“母未葬，妹未妇，兄能办之。我生无益，不如死。”御史义之，并免。

**兄惟一子**　许荆兄子世，尝报仇杀人，怨者操刃攻之。荆跪曰：“世无状，咎在荆。兄惟一子，死则绝嗣，荆愿代之。”怨家曰：“许掾郡中贤者，吾何敢犯？”遂委去。

**急即扑杀**　李勣疾，子弟固以药进。勣曰：“我山东田夫尔，位极三台，年将八秩，非过分耶？”命置酒奏乐，列子弟，谓弟弼曰：“我见房、杜诸公，苦作门户，为后人计，并遭痴儿破家。我有如许豚犬，将付汝；若不率教，急即扑杀。”

## 叔嫂

**戛羹**　汉高祖微时至丘嫂家，嫂方食羹，厌叔至，阳云羹尽轑釜。已而视釜有羹，由是怨嫂。后乃封其子为戛羹侯。

**为叔解围**　谢道韫适王凝之。叔献之与客议论，词理屡屈。道韫遣婢白献之：“为小郎解围。”乃于帐后与客辩议，客愧服而去。

**亦食糠籺**　陈平家负郭穷巷，以敝席为门。或谓平曰：“何食而肥？”嫂曰：“亦食糠籺耳，有叔如此，不如无有。”伯闻而逐其妇。

**嫂不为炊**　苏秦出游，大困而归，妻不下机，嫂不为炊。及为从约长，佩六国相印，秦之妻嫂，俱侧目不敢仰视，俯伏侍取食。秦乃笑谓嫂曰：“何前倨而后恭也？”嫂委蛇蒲伏，以面掩地而谢曰：“见季子位高而金多也。”

## 姊妹

**聂政姊**　聂政刺韩相侠累，因自皮面抉目，自屠出肠。韩人暴尸购其名。其姊往哭之曰：“是轵深井里聂政也。以妾在故，自刑以绝其迹。妾敢畏死以泯贤弟之名！”遂死于政尸之旁。

屈原姊女媭，闻屈原放逐，来归，喻令自宽。乡人冀其见从，因名曰姊归。故《离骚》云：“女媭之婵媛兮，申申其詈予。”

**李勣姊**　唐李勣性友爱，其姊病，尝自为粥，而燎其须。姊戒止之。答曰：“姊且疾，而且老，虽欲进粥，尚几何？”

**班超妹**　汉曹寿妻曹大家，闻超在绝域，妹为上书，乃征超还。

**宋太祖姊** 赵匡胤将北征，闻军中欲立点检为天子，走告家人。太祖姊方在厨，引面杖逐之，曰："丈夫临大事，可否当自决。乃来恐吓妇女耶？"太祖即趋出。

**姚广孝姊** 姚广孝以靖难功，封荣国公，谒其姊姚婆。姚婆阖门麾出之，曰："做和尚不了，岂是好人？"终拒不见。

**骆统姊** 络统值岁饥减食。姊问故，曰："士大夫糟糠不足，我何心独饱！"姊助粟若干，统一日散尽。

**李燮姊** 李燮姊，固女。闻父危，泣曰："李氏灭矣！"密遣弟燮诣父门生王成而告之曰："君执义先公，有古人之节。今以六尺委君，李氏存灭在此矣。"遂变服入徐，而成卖卜丁市，阴相往来。比燮赦还，姊相对而恸，因戒之曰："先公正直，为汉忠臣，虽死之日，犹生之年。慎勿以一言加梁氏。"闻者悲感。

**季宗妹** 季儿者，季宗之妹，任延寿之妻也。延寿怨季宗而阴杀之。赦免。季儿振衣求去。延寿曰："汝其杀我！"季儿曰："杀夫不义，事兄之仇亦不义。与子同枕席，而杀吾兄，又纵兄之仇，何面目戴天履地乎？"乃告女曰："吾义不可留，又无所往。汝善视两弟！"遂自经。

## 师徒 先辈

**北面** 唐崔日用请武甄言《春秋》疑义，甄条举无留语。日用曰："吾请北面。"

**函丈** 《礼》："若非饮食之客，则布席，席间函丈。"

**夏楚** "夏"与"榎"同，山楸木也。榎形圆，楚形方，以二物为朴，以警其惰慢，使之收敛威仪也。

**解颐** 汉匡衡深明经术，诸儒为之语曰："无说《诗》，匡鼎来。匡说诗，解人颐。"

**绛帐** 汉马融教授诸生，常有千数，坐高堂，施绛纱帐，前授生徒，后列女乐。

**负笈** 汉苏章负笈寻师，不远千里。

**立雪** 游酢、杨时为伊川先生弟子。一日，侍先生侧，先生隐几而卧。二生不敢去，候其寤，则门外雪深尺馀矣。

**坐春风中** 朱公琰，名光庭，见明道先生于汝州。归语人曰："光庭在春风中坐了一月。”

**舌耕**　汉贾逵通经，来学者不远千里，广有赠献，积粟盈仓。或云：“逵非力耕，乃舌耕也。”

**牧豕**　后汉孙期少为诸生，通《京氏易》《古文尚书》。家甚贫，牧豕于泽中。学者皆执经垅畔，以追随之。

**白首北面**　贾琼曰：“文中子十五为人师。陈留王孝逸，先达之傲者矣。然而白首北面，岂以年乎？”

**人师难遭**　童子魏照求入事郭林宗，供洒扫。林宗曰：“当精义讲书，何来相近？”照曰：“经师易获，人师难遭。欲以素丝之后南，附近朱蓝。”

**青出于蓝**　《荀子》：学不可已。青出于蓝，而青于蓝；冰出于水，而寒于水。

**师何常**　《北史》：李谧初师事孔璠，后璠还就谧请业。同门生语曰：“青成蓝，蓝谢青。师何常？在明经。”

**一字师**　张诛诗云：“独恨太平无一事，江南闲杀老尚书。”萧楚才曰：“恨字未妥，宜改幸字。”诛曰：“子，吾一字师也。”

**东家丘**　汉邴原就学于孙崧，崧曰：“子近舍郑君郑玄，而蹑屩至此，岂以郑为东家丘耶？”原曰：“人各有志，所向不同。君谓仆以郑为东家丘，则君以仆为西家之愚夫矣。”崧谢。（《家语》：孔子西家有愚夫，不识孔子为圣人，乃曰：“彼东家丘，吾知之矣。”）

**吾道东**　汉郑玄事马融，学有得。及辞归，融喟然谓门人曰：“吾道东矣！”

**吾道南**　宋杨龟山师明道先生。及归，送之出门，谓坐客曰：“吾道南矣。”

**易已东**　汉丁宽学《易》于田何，学既有成，宽东归。何喜谓弟子曰：“吾《易》已东矣！”

**关西夫子**　后汉杨震明经博览，为诸儒所宗，号曰：“关西夫子”。

**南州阙里**　兖州曲阜县阙里，孔子所居之地。朱熹居建阳，有考亭，明经论道，诸士子号“南州阙里”。

**教授河汾**　晋王通教授于河汾之间，弟子自远至者甚众。累征不起。赵郡李靖、清河房玄龄、钜鹿魏徵，一时王佐之才，皆出其门。

**师友渊源**　古人学问必有渊源，杨恽一书，迥出当时流辈，则司马迁外孙也。

**吾道之托** 黄榦字直卿。朱熹曰："直卿志坚思苦，与之处，甚有益。"遂以女妻之。熹病革，出所著书授榦，曰："吾道之托在此。"

**此吾老友** 蔡元定八岁能诗。及长，登泰山绝顶，日惟啖荠，于书无所不读。朱熹扣其学，大惊曰："此吾老友也，不当在弟子列。"

**通家** 孔融年十岁，闻李膺有重名，造之。膺问："高明父祖常与仆周旋乎？"融曰："然。先君孔子与君家老子，同德比义而相师友，则融与君累世通家也。"

**父执** 《曲礼》曰："见父之执（执，父同志之友也），不谓之进不敢进，不谓之退不敢退，不问不敢对。"

**识荆** 李白《与韩荆州书》曰："白闻天下谈士言曰：生不用封万户侯，但愿一识韩荆州。何令人之景慕至此哉！"

**山斗** 韩昌黎以六经之文为诸儒倡。自愈殁后，其学盛行，学者仰之如泰山北斗。

**函关紫气** 老子将度函谷关，关吏尹喜望见紫气，知有神人来。果见老子骑青牛薄板车过关，喜拜之。老子教喜炼气，授以《道德》五千言。

**倒屣** 蔡邕闻王粲在门，倒屣迎之。粲至，年既幼弱，容貌短小，一座尽惊。邕曰："此王公孙也，有异才，吾不如也，吾家书籍文章，尽当与之。"

**下榻** 徐稺字孺子，豫章人。陈蕃为豫章太守，罕所接见，惟设一榻以待孺子，去则悬之。稺屡荐不仕。郭林宗称为南州高士。

**御李** 李膺性简亢，无所交接。荀爽常谒膺，因为其御，既还，喜曰："今日乃得御李君。"

**李郭仙舟** 郭泰游洛阳，与河南尹李膺相友善。后归乡里，衣冠送至河上，车骑数千。泰与膺同舟而济，众宾望之，以为神仙。世称李郭仙舟。

**北海樽** 孔北海性宽容好客，及退闲职，宾客日盈其门，常叹曰："座上客常满，樽中酒不空，吾无忧矣。"

**千里命驾** 晋吕安服嵇康高致，每一相思，辄千里命驾赴之。

**高轩过** 李贺七岁能文，韩愈、皇甫湜过之，贺作《高轩过》诗以谢之。

**投辖** 汉陈遵，每大饮，宾客满堂，辄闭门取客车辖投井中，虽有急，不得去。

**附骥** 《公孙述传》：苍蝇之飞不过数步，附托骥尾得以绝群。

**披云** 晋卫瓘见乐广，奇之，命子弟造焉，曰："此人，冰壶濯魄，见之莹然，若披云雾而睹青天。"

**景星凤凰** 韩愈遗李勃书曰："朝廷士引领东望，若景星凤凰始见，争先睹之为快。"

**鄙吝复萌** 汉黄宪，陈蕃尝谓周举曰："旬日间不见黄叔度，鄙吝之私复萌于心矣。"

## 朋友

**莫逆** 子祀、子舆、子犁、子来四人相与语曰："孰知死生存亡之一体，吾与之友矣。"四人相视而笑，莫逆于心，相与为友。

**友道君逆** 周宣王将杀其臣杜伯，而非其罪。伯之友左儒争之于王，九复之，而王不听。王曰："汝别君而异友也。"儒曰："君道友逆，则顺君以诛友；友道君逆，则顺友以违君。"王杀杜伯，左儒死。

**倾盖** 孔子之郯（音谈，国名），遭程子于途，倾盖而语终日，甚相浃洽，顾谓子路曰："取束帛以赠先生。"

**雷陈** 后汉雷义与陈重为友，义举茂才，让于重，刺史不听。遂佯狂，被发走，不应命。乡里为之语曰："胶漆虽谓坚，不如雷与陈。"

**侨札之好** 季札见郑子产，如旧相识，与之缟带，子产献纻衣。后称交契者，谓之侨札之好。

**杵臼定交** 后汉公孙沙穆游太学，无资粮，乃变服客佣，为吴祐赁舂，祐与语，大惊，遂定交于杵臼之间。

**刎颈交** 陈馀年少，父事张耳，两人相与为刎颈之交，后乃有隙。

**如饮醇醪** 程普尝以气凌周瑜，瑜未尝有愠色，承奉愈谨。普自惭，投分于瑜曰："与公瑾交，若饮醇醪，不觉自醉。"

**廉庆** 廉范与洛阳庆鸿为刎颈交。时人称曰："前有管鲍，后有廉庆。"

**管鲍分金** 管仲与鲍叔相友善。仲曰："吾困时，尝与鲍叔贾，分财则吾多自与，鲍叔不以我为贪，知我贫也。生我者父母，知我者鲍叔也。"

**停云** 陶元亮《诗叙》："停云，思亲友也。"故称知交谓之停云。

**旧雨**　言旧交也。杜工部云："卧病长安旅次，多雨，寻常车马之客，旧，雨来，新，雨不来。"

**题凤**　嵇康与吕安善。后安来，值康不在，嵇喜延之，不入，题"鳳"字而去。喜以告康，康曰："'鳳'字，'凡鸟'也。"

**指囷**　鲁肃以散财赈穷，结交俊杰。周瑜过肃，并告资粮。肃家有两囷米，各三千斛。肃乃指一囷与瑜，瑜惊异之，遂相与结亲。

**弹冠结绶**　王吉与贡禹为友，萧育与朱博为友，交相荐达。长安人语曰："王贡弹冠，萧朱结绶。"

**更相为仆**　宋韩亿、李若谷未第时，俱贫。赴试京师，仅有一毡一席，割分之。每出谒，更相为仆。李先登第，韩为负箱，至长社，分钱而别。后韩亦登第。

**尔汝交**　祢衡逸才飘举，少与孔融作尔汝交。时衡未满二十，而融已五十，敬衡才秀，共结殷勤。

**忘年交**　张镒有重名，陆贽年十八，往见。语三日，奇之，称为忘年之交。

**金兰簿**　戴弘正每得一密友，则书于简编，焚香以告祖考，号金兰簿。

**三友一龙**　华歆与邴原、管宁相善，时号三友为一龙，谓歆为龙头，原为龙腹，宁为龙尾。

**鸡坛**　五代时，三人为朋，筑坛，以丹鸡、白犬歃血而盟，曰："卿乘车，我戴笠，他日相逢下车揖。我步行，卿乘马，他日相逢马当下。"

**总角之好**　孙策曰："公瑾与孤有总角之好，骨肉之分。"

**耐久朋**　唐魏元同与裴炎缔交，能保终始。时人号为耐久朋。

**平生欢**　后汉马援与公孙述同里闬相善，以为当握手，欢如平生。

**青云交**　江淹曰："袁叔明与我，有青云交，非直衔杯酒而已。"

**班荆**　楚声子与伍举相善，遇之郑郊，布荆于地，共食而言也。

**范张鸡黍**　范式、张劭为友，春时京师作别，式曰："暮秋当拜尊堂。"至期，劭白母，杀鸡以俟。母曰："巨卿相距千里，前言戏耳。"劭曰："巨卿信士。"言未毕，果至。升堂拜母，尽欢而别。

**系剑冢树**　季札出使过徐，徐君好季札剑，口不敢言。季札知之，使上国，未献。还，至徐，徐君已死，乃解剑系其冢树而去。季札交情，不以生死易念。

**生死肉骨** 薳子冯曰："吾见申叔夫子，所谓生死而肉骨者也，敢忘报哉！"

**口头交** 孟郊诗："古人形如兽，皆有大圣德。今人表似人，兽心安可测。虽笑未必和，虽哭未必戚，但结口头交，肚里生荆棘。"

**交若醴** 《庄子》：君子之交淡如水，小人之交甘若醴，君子淡以亲，小人甘以绝。

**贫交行** 杜诗："翻手作云覆手雨，纷纷轻薄何须数。君不见管鲍贫时交，此时令人弃如土。"

**面朋面友** 颜荛志："面交如携手，见利即解携而去也。"杨子曰："朋而不心，面朋也；友而不心，面友也。"同类曰朋，同志曰友。

**绝交恶声** 燕乐毅书："古之君子，交绝不出恶声；忠臣去国，不洁其名。"

**五交** 刘孝标《广绝交论》，谓势交、论交、穷交、量交、贿交，此五交皆不能恤贫，故绝之也。

**识半面** 汉应奉尝诣袁贺，贺闭半户，出半面视奉，奉即去。故与人曾相见者，曰识半面。

**无逢故人** 公孙弘食故人高贺脱粟饭，覆以布被。贺曰："何用故人富贵为？脱粟布被，我自有之。弘内厨五鼎，外膳一肴，诈也。"弘叹曰："宁逢恶宾，无逢故人。"

**怀刺漫灭** 祢衡尚气刚傲，自荆州北游许都，书一刺怀之，字灭而无所遇。或曰："何不从陈长文、司马伯达乎？"衡曰："君使我从屠沽儿辈耶！"

**负荆请罪** 蔺相如为赵上卿，位在廉颇右。颇曰："我见相如，必辱之。"相如望见颇，引车避之。左右以为耻。曰："强秦不敢加兵于赵者，以吾两人耳。今两虎相斗，势不俱生。吾先国家之急而后私仇。"颇闻之，肉袒负荆，至门谢罪。

**翟公书门** 《郑当时传》：翟公为廷尉，宾客填门。及废，门外可设雀罗。后复为廷尉，客欲往，翟公大书其门，曰："一死一生，乃见交情。一贫一富，乃知交态。一贵一贱，交情乃见。"

**布衣交** 李孔修自号抱真子，混迹阛阓，人莫之识。陈献章见之，曰："此非俯首当世人也。"平居冠管宁帽，衣朱子深衣，惟攻《周易》。一日，输粮至县，令异其容止，问姓名，不答，第拱手。令叱曰："何物小民，乃拱手耶！"再拱手。令怒，笞之五，竟无言而出。令疑焉。徐得其情，乃大敬礼之。吴延举藩臬于粤，引为布衣交。卒无子，尚书霍韬葬之西樵山。

**呼字定交** 服虔字子慎，善《春秋》。闻崔烈集门人都讲，乃匿姓名，赁诸生作食。每当讲时窃听。稍共诸生叙其短长。烈疑是虔。早往，及未寤，便呼："子慎！子慎！"虔不觉惊应，遂定交。

**死友** 半角哀、左伯桃往楚，道遇雪，度不能俱生，乃并衣与角哀，伯桃入树死。角哀至楚，为大夫，王备礼葬伯桃。角哀自杀以殉。

## 奴婢

**纪纲之仆** 《左传》：晋侯迎夫人嬴氏以归，秦伯送卫于晋三千人，实纪纲之仆。

**渔童樵青** 唐肃宗赠高士张志和奴婢二人，志和配为夫妇，名曰渔童、樵青。人问其故，曰："渔童使捧钓收纶，芦中鼓枻。樵青使刈兰薪桂，竹里煎茶。"

**海山使者** 晋陶侃家僮百馀人，惟一奴不喜言语，尝默坐。侃一日出郊外，奴执鞭随，胡僧见而惊，礼之曰："海山使者也。"侃异之。至夜，失其所在。

**读书婢** 郑玄家奴婢皆读书，一婢不称指，玄使人曳跪泥中。须臾，一婢问曰："胡为乎泥中？"曰："薄言往愬，逢彼之怒。"

**慕其博奥** 萧颖士性褊无比，畜一佣仆杜亮，每一决责，便至力殚。亮养创平复，为其指使如故。或劝之去，答曰："岂不知，但慕其博奥，以此恋恋不能去耳。"

**温公二仆** 司马温公家一仆，三十年，止称"君实秀才"。苏学士来谒，闻而教之，明日改称"大参相公"。温公惊问，仆实告。公曰："好一仆被苏东坡教坏了。"

温公一日过独乐园，见创一厕屋，问守园者从何得钱。对曰："积游赏者所得。"公曰："何不留以自用？"对曰："只相公不要钱。"

**臧获** 海岱之间骂奴曰臧，骂婢曰获。盖古无奴婢，犯事者被臧，没入官为奴；妇女逃亡，获得者为婢。

**措大** 奴婢之称，有曰厮养，有曰苍头，有曰卢儿，有曰奚童，有曰钳奴，有曰措大。措大者，以其能举措大事也。

**开阁驱婢** 王处仲尝荒恣于色，体为之疲，左右谏之，曰："吾乃不觉耳。如此甚易。"乃开后阁，悉驱诸婢出，任其所之。

**追婢** 阮咸先幸姑家鲜卑婢。及居母丧，姑当远徙，竟将婢去。咸借客驴，著重服，自追之，累骑而返，曰："人种不可失！"婢即阮孚之母。

**银鹿** 唐颜真卿家僮名曰银鹿。欧阳公云："银鹿，鼎名。"

**便了** 汉王子渊名褒，从成都杨惠买夫时户下一髯奴，名便了，决卖万五千，与立券，约从百使役。

**长须赤脚** 韩愈《寄卢仝诗》云："玉川先生洛城里，破屋数间而已矣。一奴长须不裹头，一婢赤脚老无齿。"又东坡云："常呼赤脚婢，雨中撷园蔬。"

**掌笺婢** 唐潞州节度使薛嵩，有侍婢红线，嵩使掌笺表，号内记室。

**吹篪婢** 后魏河间王有婢曰朝云，善吹篪。诸羌叛，王使朝云假为妪吹篪，羌皆流泪，思乡而去。

**桃叶** 晋王献之爱妾名桃叶，尝渡秦淮口，献之作歌送之。今名曰桃叶渡。（献之有歌曰：桃叶复桃叶，渡江不用楫。但渡无所苦，我自来迎接。）

**雪儿歌** 唐李密宠姬名雪儿，每宾客有辞章奇丽者，付雪儿协律歌之。故号雪儿歌。

**绛桃柳枝** 韩退之二侍姬，名绛桃、柳枝。退之初出使未归，柳枝窜去，家人追获。及镇州，有云："别来杨柳街头树，摆乱春风只欲飞，惟有小桃园里在，柳花不发侍郎回。"自是专属意绛桃。

**樊素小蛮** 白乐天两婢，一名樊素，一名小蛮。有云："樱桃樊素口，杨柳小蛮腰。"

**瓦剌辉** 明太祖驸马梅殷仆也。谭深、赵曦谋杀驸马，文皇帝杀此二臣，瓦剌辉取心肝以祭驸马，痛哭而殉。

**仆地泼毒酒** 卫国主父为周大夫，不归者三年。其妻巫氏与人通。一日，主父回。其妻虑事败，以毒酒饮，命婢葵枝行酒。葵枝知其谋而忖曰:“从主母而杀主人，不可谓义；受主母托而破其状，则害主母，不可谓忠。”乃故仆于地，而泼其酒。主父反以婢为不敬，而重责之，葵枝受而不怨。

**李元苍头** 李善，汉李元之苍头也。元尽室疫死，惟孤儿续始生数旬，而资财巨万，诸奴欲谋续，分其财。善潜以续出亡，隐瑕丘界中，亲自乳哺。及长，诉叛奴于官，悉杀之。时钟离意为瑕丘令，上书以闻，光武拜善及续并太子舍人。善还旧里，脱冠解带，扫元墓门修祭，泣数日乃去。

**定国侍儿** 王巩字定国，坐苏轼党，贬宾州。轼临北归，别巩，出侍儿柔奴进酒。轼问柔奴:“岭南应是不好？”柔奴曰:“此心安处，便是吾乡。”轼因作《定风波》一词以赠。

# 卷六 选举部

## 制科

**宾兴** 《周礼·地官·大司徒》：以乡三物教万民而宾兴之。一曰六德：智、仁、圣、义、忠、和；二曰六行：孝、友、睦、姻、任、恤；三曰六艺：礼、乐、射、御、书、数。

**槐花黄** 科举年，举子至八月皆赴科场。时人语曰："槐花黄，举子忙。"

**棘围** 《通典》：礼部阅试之日，严设兵卫，棘围之，以防假滥。五代和凝知贡举时，进士喜为喧哗以动主司。放榜则围之以棘，闭省门，绝人出入。凝撤棘围，开省门，而士皆肃然无哗。所取皆一时英彦，称为得人。

**乡贡进士** 《唐·选举志》：唐制取士之科，多因隋旧。其大略有二：由学校曰生徒，由州县曰乡贡，皆升于有司而进退之；其科目，有秀才，有明经，有进士。

**观国之光** 《易经·观卦》：六四爻，观国之光，利用宾于王。《象》曰：观国之光，尚宾也。

**试士沿革** 汉文帝始取士以策，武帝加问经疑，左雄加章奏。武帝始取士以词赋，唐太宗加律判及射。玄宗取士以诗赋，德宗加论及诏诰。宋仁宗始加试经义，时王安石始去声律对偶。哲宗始诏专习经义，始废诗赋。唐太宗始制乡试会试。宋始定秋乡试，春礼部会试。唐玄宗始移贡举礼部典试，唐初郎官试。宋真宗始诏礼部三年一贡试。唐中宗始设三场。汉文帝始亲策士。唐武后策问贡士于洛城殿，始殿试。宋太祖始御殿复试。先是武后复试，崔沔后间行之。宋太宗始临轩，宰臣读卷。仁宗始殿试贡士，不黜落。宋孝宗始进士引射，有陛甲。唐武后始制武举。宋始印给试题。唐高祖始贡院设兵卫，搜衣服、稽察出入棘围。武后始弥封，始糊名。宋真宗始席舍。后唐始禁怀挟。唐玄宗始严乡贯，禁举人冒籍。萧何试学童，诵九千字以上为史。左雄奏年十二通经为童子郎始制童科。汉文帝始纳粟。宋仁宋始置太学三舍。汉武帝始制补博士弟子，称秀才。元魏始制生员。唐高祖始制秀才，州县类考。后魏令公卿子弟入学。唐睿宗令举人下第听入学。宋开宝六年，因徐士廉诉知举不公，帝御讲武殿复试，亲试自此始。及第人赐绿袍、靴、笏，赐宴赐诗，自兴国二年吕蒙正榜始。分甲次，赐同进士出身，自兴国八年宋白、王世则榜始。唱名自雍熙二年梁灏榜始。封印试卷，自咸平三年始。置誊录、弥封、复考、编排，皆自祥符八年始。唐制：礼部试举人，夜以三鼓为限。宋率由白昼，不复继烛。

**关节** 士子行贿，请求试官，曰关节。明朝杨士奇主试，有柱联曰："场列东西，两道文光齐射斗；帘分内外，一毫关节不通风。"

**甲乙科** 汉平帝时，岁课甲科四十人为郎中，乙科二十人为太子舍人，丙科四十人补文学掌故。

**通籍** 举子登科后，禁门中皆有名籍，可恣意出入也。

**正奏特奏** 科甲为正奏，恩贡为特奏。

**金榜题名** 崔绍暴卒复生，见冥司列榜，将相金榜，其次银榜，州县小官并是铁榜。今人得第，谓之金榜题名。

**银袍鹄立** 隋唐间试举人，皆以白衣卿相称之，又曰白袍子。试日，引于院中，谓银袍鹄立。

## 乡试

**天府贤书**《周礼 · 地官 · 乡大夫》：三年则大比德行道艺，而兴贤者、能者，乡老及乡大夫以礼礼宾。厥明，乡老、乡大夫群吏献贤能之书于王，王再拜受之，登于天府。

**鹿鸣宴**《诗 · 鹿鸣》篇，燕群臣嘉宾之诗也。贡院内编定席舍，试已，长吏以乡饮酒礼，设宾主，陈俎豆，歌《鹿鸣》之诗。

**孝廉** 汉制举人皆名孝廉，不由科目始也。曹操亦举孝廉。

**破天荒** 荆州应试举人，多不成名，为"天荒解"。刘蜕以荆州解及第，时号为"破天荒"。

**郁轮袍** 王维善琵琶，岐王使为伶人，引至公主第，独奏新曲，号《郁轮袍》。因献怀中诗，主惊曰："皆我亲所诵习，尝谓是古人佳作，乃子为之耶！"因命更衣，引之客座，召试官至第，遣宫婢传教，作解头及第。

## 会试

**南宫** 唐开元中，谓尚书省为南省，门下、中书为北省。南宫，礼部也。旧以礼部郎中掌省中文翰，谓之南宫舍人。后之赴春榜，曰赴南宫。

**知贡举** 《唐·选举志》：玄宗开元二十四年，考功员外郎李昂与贡举，诋诃进士李权文章，大为权所陵诟。帝以员外郎望轻，遂移贡举于礼部，以侍郎主之，永为例。礼部进士自此始。

**玉笋班** 唐李宗闵知贡举，所取多知名士，世谓之玉笋班。

**朱衣点头** 欧阳修知贡举，考试阅卷，常觉一朱衣人在座后点头，然后文章入格。始疑传吏，及回视，一无所见，因语同列而三叹。常有句云："文章自古无凭据，惟愿朱衣暗点头。"

**文无定价** 韩昌黎应试《不迁怒不贰过》题，见黜于陆宣公。翌岁，公复主试，仍命此题；韩复书旧作，一字不易，公大加称赏，擢为第一。

**奏改试期** 宋朝科试在八月中，子由忽感寒疾，自料不能及矣。韩魏公知而奏曰："今岁制科之士，惟苏轼、苏辙最有声望。闻其弟辙偶疾，如此人不得就试，甚非众望，须展限以待之。"上许之。直待子由病痊，方引就试，比常例迟至二十日。自后科试并在九月。相国吕徽仲不知其故，东坡乃为吕言之，吕曰："韩忠献之贤如此哉！"

**同试走避** 二苏初赴制科之召，同就试者甚多。相国韩公偶与客言曰："二苏在此，而诸人亦敢与之较试，何也？"于是不试而去者十八九。

**屈居第二** 嘉祐二年，欧阳修知贡举，梅尧臣得苏轼《刑赏论》以示修，修惊喜，欲以冠多士，疑门生曾巩所作，乃置第二。

**龙虎榜** 唐贞观八年，陆贽主试，欧阳詹举进士，与韩愈、李绛、崔群、王涯、冯宿、庾承宣联第，皆天下名士，时称"龙虎榜"。

## 殿试

**状元** 唐武后天授元年二月，策问贡士于洛阳殿前。状元之名，盖自此始。

**淡墨书名** 唐人进士榜必以夜书，书必以淡墨。或曰名第者阴注阳受，以淡墨书，若鬼神之迹也。

**胪传** 集英殿唱第日，皇帝临轩，宰臣进三名卷子，读于御案前，用牙棍点读。宰臣拆视姓名，则曰某人。鸿胪寺承之，以传于阶下，卫士六七人，齐声传其名而呼之，谓之传胪。

**糊名** 唐初择人以身、言、书、判，六品以下集试，选人皆糊名，令学士考判。

**临轩策士** 宋熙宁三年，吕公著知贡举，密奏曰："天子临轩策士，用诗赋，非举贤求治之意。令廷试，乞以诏策，咨访治道。"自是上御集英殿亲试，乃用策问。

**天门放榜** 范仲淹判陈州时，郡守母病，召道士伏坛奏章，终夜不动。至五更，谓守曰："夫人寿有六年。"守问奏章何久，曰："天门放明年春榜，观者骈道，以故稽留。"问状元，曰："姓王，二字名，下一字涂墨，旁注一字，远不可辨。"明春，状元王拱寿，御笔改为拱辰。

**湘灵鼓瑟** 钱起宿驿舍，外有人语曰："曲终人不见，江上数峰青。"起识之。及殿试《湘灵鼓瑟诗》，遂赋曰："善鼓云和瑟，常闻帝子灵。冯夷徒自舞，楚客不堪听，雅调凄金石，清音发杳冥。苍梧来暮怨，白芷动芳馨。流水传湘曲，悲风过洞庭。"末联久不属，忽记此二语，足之。试官曰："神句也。"遂中首选。

**志不在温饱** 王曾初举进士，省试礼部、廷对皆第一。人或曰："状元中三杨，一生吃著不尽。"曾曰："某生平志不在温饱。"

**琼林宴** 宋太平兴国二年，宋白等及第，赐宴琼林苑，后遂为定制。又曰自吕蒙正始。

**泥金报喜** 《天宝遗事》：新及第，以泥金帖子附家书报捷，谓之泥金报喜。

**雁塔题名** 唐韦肇及第，偶于慈恩寺雁塔上题名，后人效之，遂为故事。自神龙以来，杏林宴后于雁塔题名，同年中推善书者记之。他时有将相，则易朱书。

**曲江宴** 曲江在西安府，唐朝秀士登科第者，赐宴曲江。每年三月三日，游人最盛。

**蕊榜** 世传：大罗天放榜于蕊珠宫，故称蕊榜。

**一榜京官** 宋太祖幸西都。张齐贤以布衣献《十策》，语太宗曰："我到西都得一张齐贤，异时可作宰相。"太宗即位，放进士榜，欲置齐贤高等，而有司落名三甲榜末，上不悦。及注官，一榜尽除京官。

**夺锦标** 唐卢肇、黄颇皆宜春人，同举乡试，郡守独厚饯颇。明年，肇状元及第归，郡守延肇观竞渡，有诗："向道是龙君不信，果然夺得锦标归。"守大惭。

**释褐** 宋兴国二年，始赐吕蒙正等释褐加袍带。后遂为例。

**烧尾宴** 唐士人得第，必展欢宴，谓之烧尾宴。谓鱼化为龙，必烧其尾。

**赐花** 唐懿宗开新第，宴于同江，乃命折花于金盒，令中使驰之宴所，宣口敕曰："便令簪花饮宴。"无不为荣。

**红绫饼餤** 唐昭宗幸南内兴庆池，泛舟，方食饼餤。时进士在曲江，有闻喜宴。上命御厨依人数各赐红绫饼。所司以金盒进，上命中官驰以赐。故卢延让诗云："莫欺老缺残牙齿，曾吃红绫饼餤来。"

**柳汁染衣** 李固言行古柳下，闻弹指声曰："吾柳神也，用柳汁染子衣矣。得蓝袍，当以枣糕祀我。"未几，及第。

**英雄入彀** 唐太宗贞观中私幸端门，见进士缀行而出，喜曰："天下英雄入吾彀中矣！"时人语曰："太宗皇帝真长策，赚得英雄尽白头。"

**取青紫** 汉夏侯胜曰："士患不明经术耳，经术一明，取青紫，如俯拾地芥耳。"

**席帽离身** 宋初士子犹袭唐俗，皆曳袍垂带，出则席帽自随。李巽累举不第，乡人曰："李秀才不知恁时席帽离身？"及第后，乃遗乡人诗曰："为报乡闾亲戚道，如今席帽已离身。"

**一日看遍长安花** 孟郊登第，得意之甚，有"一日看遍长安花"之句。

**踏李三** 王十朋正榜第一，李三锡副榜第一。时有戏正榜尾者，曰："举头虽不见王十，伸脚犹能踏李三。"

**五色云见** 韩忠献弱冠举进士，名在第二。方唱名，太史奏曰："下五色云见。"遂拜右司谏，权知制诰。

**青钱学士** 唐张鷟举制科甲第，员半千称：鷟文辞犹青铜钱，万选万中。时号"青钱学士"。

**天子门生** 王奇幼有声场屋间，为李文靖客。文靖薨于位，章圣临奠，见屏间有诗云："雁声不到歌楼上，秋色偏欺客路中。"爱之，召见。占对称旨，特许赴殿试。既登科，有谢诗云："不拜春官为座主，亲逢天子

原文

作门生。”

**读卷贺得士** 开庆间，王应麟充读卷官。至第七卷，顿首曰：“是卷古谊若龟鉴，忠肝如铁石，臣敢以得士贺。”遂擢第一，乃文天祥也。

## 门生

**春官桃李** 唐刘禹锡《寄王侍郎放榜》诗：“礼闱新榜动长安，九陌人人走马看。一日声名遍天下，满园桃李属春官。”

**谢衣钵** 《摭言》：状元以下，到主司宅，缀行而立，敛名纸通呈，与主司对拜。执事云：“请状元请名第。第几人，谢衣钵。”衣钵，谓与主司名第同者，或与主司先人名第同者，谓之谢衣钵。

**传衣钵** 范质举进士，主司和凝爱其才，以第十三人登第，谓质曰：“君文宜冠多士，屈居第十三者，欲君传老夫衣钵耳。”后和入相，质亦拜相。

**沆瀣一气** 杜审权知贡举，收卢处权。有戏之者曰：“座主审权，门生处权。”乾符二年，崔沆收崔瀣，说者谓：“座主门生，沆瀣一气。”

**头脑冬烘** 郑侍郎薰主试，疑颜标为鲁公之后，擢为状元。及谢主司，知其非是，乃悔误取。时人嘲之曰：“主司头脑太冬烘，错认颜标是鲁公。”

**好脚迹门生** 唐李逢吉知贡举，榜未发而拜相，及第士子皆就中书省见座主。时人谓好脚迹门生。

**陆氏荒庄** 唐崔群知贡举归，其妻劝令置田。群曰：“予有美庄三十所。”妻曰：“君非陆贽门人乎？君主文柄，约其子不令就试，贽如以君为良田，则陆氏一庄荒矣。”

**门生门下见门生** 唐裴皞官仆射，宰相马胤孙、桑维翰皆其所取士。胤孙知贡举，引新进诣皞，皞作诗曰：“门生门下见门生。”世以为荣。维翰尝过皞，皞不迎不送。或问之，曰：“我见桑公于中书，庶僚也；桑公见我于私第，门生也。何送迎之有？”

**天子门生** 宋赵逵，绍兴中对策当旨，擢第一，独忤秦桧意，外除。帝问逵安在，授校书郎，单车赴阙。关吏迎合桧，搜逵，橐中仅书籍耳。比桧卒，迁起居郎。帝曰：“卿知之乎？始终皆朕自擢。桧一语不及卿，以此信卿不附权贵，真天子门生也。”

## 下第

**点额** 《三秦记》：龙门跳过者，鱼化为龙；跳不过者，暴腮点额。

**康了** 柳冕应举，多忌，谓“安乐”为“安康”。榜出，令仆探名，报曰：“秀才康了！”

**曳白** 天宝二年，以御史中丞张倚之子奭为第一，议者蜂起。玄宗复试，奭终日不成一字，谓之曳白。

**孙山外** 孙山应举，缀名榜末。朋侪以书问山得失，答曰：“解名尽处是孙山，馀人更在孙山外。”

**我辈颜厚** 刘蕡对策，极得罪宦官。考官冯宿等见蕡策叹服，而畏宦官，不敢收取。榜出，物论嚣然。李郃曰：“刘蕡下第，吾辈登科，能无颜厚？”

**红勒帛** 刘幾屡试第一，骤为险怪之语，欧公恶之。场卷有曰：“天地轧，万物茁，圣人发。”欧公曰：“此必刘幾。”批曰：“秀才辣，试官刷。”一大朱笔横抹之，谓红勒帛。后数年，又为御试。考官试《尧舜性仁赋》曰：“静以延年，独高五帝之寿；动而有勇，形为四凶之诛！”公大称赏，及唱名第一，乃刘幾易名刘辉。公愕然久之。

**花样不同** 卢仝下第出都，逆旅有人嘲之曰：“如今花样不同，且自收拾回去。”

**倒绷孩儿** 苗振第四人及第，召试馆职。晏相曰：“宜稍温习熟。”振曰：“岂有三十年为老娘而倒绷孩儿者乎？”既试，果不中。公曰：“苗君果‘倒绷孩儿’矣！”

**大器晚成** 《老子》云：“大器晚成。”汉马援失意。其兄马况谓援曰：“汝大器晚成。”

**眼迷日五色** 唐李程试《日五色》题，呈卷杨於陵。杨称许当作状元，而榜发无名。杨持卷示主司，主司懊恨，因谋之於陵，擢状元。后李廌为东坡客，坡知贡举，廌下第，东坡送之诗曰：“平生漫说古战场，过眼终迷日五色。”

**举子过夏** 《遁斋闲览》：长安举子，六月后落第者不出京，谓之过夏，多借静坊庙院作文，曰夏课。

**文星暗** 唐大中间，天官奏云：“文星暗，科场当有事。”后经三科皆复试，复多落第。考官皆罚俸。

**操眊矂** 《国史补》：进士籍而入选，谓之春关。不捷而醉饱，谓之操眊矂。匿名造谤，曰无名子。

**傍门户飞** 唐元和中，士人下第，多为诗刺试官。独章孝标作《归燕诗》以上庾侍郎，曰："旧垒危巢泥已落，今年故向社前归。连云大厦无栖处，更傍谁家门户飞？"

## 荐举

**征辟** 凡访求遗佚，有诏召之曰征，郡国举擢曰辟。三代官由访举。汉始诏刺史，守相得专辟。隋炀帝始州县僚属选举，一由吏部。唐玄宗始文武选，分属吏、兵两部。

**劝驾** 汉高帝诏曰："贤士大夫有肯从我游者，吾能尊显之。其有称明德者，长吏必身劝，为之驾。"

**计偕** 汉武帝元光五年，诏征吏民有明当世之务，习先圣之术者，县次续食，令与计偕。

**鹗荐** 后汉祢衡始冠，孔融爱其才，与为友，上表荐之曰："鸷鸟累百，不如一鹗；使衡立朝，必有可观。"

**先容** 《邹阳传》："蟠木根柢，轮囷离奇。为万乘器者，以左右先为之容也。"

**公门桃李** 唐狄仁杰荐张柬之为宰相，又荐夏官侍郎姚崇、监察御史桓彦范、太平州刺史敬晖数人，皆为名臣。或谓仁杰曰："天下桃李尽属公门。"仁杰曰："荐贤为国，非为私也。"

**药笼中物** 元行冲谓狄仁杰曰："下之事上，譬之富家积贮以自资也。脯脂膎胰，以供滋膳；参术芝苓，以防疾病。门下充为味者多矣，愿以小人充备一药石。"仁杰叹曰："君正吾药笼中物，不可一日无也。"

**道侧奇宝** 韩愈荐樊宗师于袁滋相公书曰："诚不忍奇宝横弃道侧。"

**向阳花木** 范文正公知杭州，苏麟为属县巡检。城中官弁往往皆获荐，独麟在外邑，未见收录。因公事入府，献诗曰："近水楼台先得月，向阳花木早为春。"文正见而荐之。

**夹袋** 吕蒙正夹袋中有折子，每四方人谒见，必问有何人才。客去，即识之。朝廷求贤，取诸夹袋以应。

**明珠暗投** 《邹阳传》：明月之珠，夜光之璧，以投于道，莫不按剑相顾盼，无因而至前也。

**相见之晚** 主父偃上书阙下，朝奏，暮召。时徐乐、严安上书言世务。上召三人，曰："公等安在？何相见之晚也！"

**齿牙馀论** 《南史》：谢朓好奖予人才。会稽孔闿有才华，未贵时，孔珪尝令草让表以示，朓嗟吟良久，手自折简荐之，谓珪曰："士子声名未立，应共奖成，无惜齿牙馀论。"

**铅刀一割** 晋以谯王承为湘州刺史，行至武昌，敦与之宴，谓承曰："足下雅素佳士，恐非将相才也。"承曰："公未见知耳，铅刀岂无一割之用？"

**四辈督趋** 《唐·马周传》：中郎将常何言："臣客马周，忠孝人也。"帝即召之。未至，又遣四辈督趋之。

**举贤良** 汉武帝建元初，始诏天下举贤良方正、直言敢谏之士。又用董仲舒议，令郡县岁举孝廉各一人，限以四科：一曰德行高洁，志节清白；二曰学通行修，经中博士；三曰明习法令，足以决疑，按章复问，文中御史；四曰刚毅多略，遭事不惑，明足决断，材任三辅。县令四科取士，终汉世不变。

**举茂才** 后汉安帝元嘉初，尚书令左雄上言：郡国强仕，自今孝廉年不满四十，不得察举，皆请诣公府，诸生试经学、文吏课笺奏。若有茂才异行，自可不拘年齿。帝从之。

## 滥爵

**麒麟楦** 唐杨炯每呼朝士为麒麟楦，或问之，炯曰："今之扮麒麟者，必修饰其形，覆之驴上，象貌宛然；及去其皮，还是驴耳。无德而朱紫，何以异是！"

**白版侯** 唐武后时，封侯者众，铸印不给，遂有以白版封侯者。

**斜封官** 唐太平公主与安乐等七公主皆开府，而主府官属皆滥用，悉出屠贩，纳资求官，降墨敕，斜封授之，故号斜封官。

**铜臭** 汉灵帝鬻官爵。崔烈进钱五百万为司徒。常问其子钧曰："吾居三公，外议若何？"钧曰："大人少有英称，历位卿守，论者但嫌其铜臭耳。"

**斗酒博梁州**　汉孟佗以一斗葡萄酒遗张让，得凉州刺史。东坡诗云：“伯一斗酒博梁州。”

**烂羊头关内侯**　更始刘圣公纳赵萌女为后，委政于萌，日夜饮宴后庭，群小膳夫，滥受美爵。长安人语曰：“灶下养，中郎将。烂羊胃，骑都尉。烂羊头，关内侯。”

**貂不足狗尾续**　晋赵王伦篡位，同谋者越阶次，奴隶厮奴，亦加爵位。每会，貂蝉盈座。时人语曰：“貂不足，狗尾续。”

**弥天太保**　更始时，官爵太滥，有弥天太保、遍地司空之称。

**欋椎碗脱**　武后时滥用人，时人为之语曰：“欋椎侍御史，碗脱校书郎。”四齿耙为欋椎，言用官之滥，如用耙齿椎聚之多。碗，小盂也。碗脱之形模，言个个相似也。

## 官制

**三公三孤**　三公：太师、太傅、太保。三孤：少师、少傅、少保。师，天子所师；傅，傅相天子；保，保护天子。

**六卿**　吏部曰太宰、冢宰，户部曰大司徒，礼部曰大宗伯，工部曰大司空，兵部曰大司马，刑部曰大司寇。

**六官**　吏部曰天官，户部曰地官，礼部曰春官，兵部曰夏官，刑部曰秋官，工部曰冬官。

**以龙纪官**　伏羲以龙纪官：春官曰苍龙，夏官曰赤龙，秋官曰白龙，冬官曰黑龙，中官曰黄龙。

**以火纪官**　神农以火纪官：春官为大火，夏官为鹑火，秋官为西火，冬官为北火，中官为中火。

**以云纪官**　黄帝始以云纪官：春官曰青云，夏官曰缙云，秋官曰白云，冬官曰黑云，中官曰黄云。

**以鸟纪官**　黄帝后以鸟纪官：祝鸠氏为司农，雎鸠氏为司马，司鸠氏为司空，爽鸠氏为司寇，鹘鸠氏为司事。

**以民事纪官**　颛顼氏以民事纪官：以少昊之子重为木正，曰勾芒；该为金正，曰蓐收；修熙相代为水正，曰玄冥；炎帝之子为土正，曰勾龙；颛顼之子为火王，曰祝融。勾龙能平水土，后世祀以配社。

**太尉仆射**　太尉，秦官也，等于三公，掌兵。左右仆射，亦秦官也，等于六卿。

**九锡**　一、大辂，玄牡。二驷马。三、衮冕之服，赤舄副之。三、轩县之乐，六佾之舞。四、朱户以居。五、纳陛以登。六、虎贲之士三百人。七、斧钺各一。八、彤弓一，彤矢百；旅弓十，旅矢千。九、秬鬯一卣，珪瓒副之。

**勒名钟鼎**《周礼·司勋职》："铸鼎铭勋。"言有功勋者，铸器以铭之也。

**纪绩旗常**《周书》：王命君牙曰："惟乃祖乃父，服劳王家，厥有成绩，纪于太常。"太常者，王之旌旗也。有功者书焉，以表显也。

**砺山带河**　汉高帝定天下，剖符封功臣，刳白马而盟之，封爵之誓曰："使黄河如带，泰山若砺。国以永存，爰及苗裔。"

**丹书铁券**　汉高与功臣剖符作誓，丹书铁券，金匮石室，藏之宗庙。

**尚宝**　天子玉玺龙章，王后玉玺凤章，亲王金宝龟钮，勋爵金印麟钮，总兵银印虎钮，布政银印，府州县铜印，御史铁印。

**六部称号**　礼部曰祠部、仪部、膳部。户部曰民部、版部、金部、仓部。兵部曰驾部。刑部曰比部。工部曰水部、虞部。此称自唐朝始。

**都御史**　左都御史，以其为御史之率，故曰御史大夫。巡抚都御史，以其为宪台之长，故曰御史中丞。

**大九卿**　六部尚书、都察院、通政、大理寺卿，谓之大九卿。

**小九卿**　太常、太仆、光禄、鸿胪、上林苑等卿，翰林院、国子监祭酒、顺天府尹，谓之小九卿。

**执金吾**　汉武帝改秦中尉，更名曰执金吾。盖吾者，御也。执金刀以御非常者也。又曰：金吾，鸟名，取以辟除恶鸟。

**率更令**　师古曰："掌知漏刻，故曰率更。"率，音律。

**三独坐**　光武诏御史中丞与司隶校尉、尚书令会同，并专席而坐，京师号曰"三独坐"。

**三老五更**　后汉永平二年，三雍成，拜桓荣为五更。晋某年，天子幸太学，命王祥为三老。三老、五更总是一人，与《尚书》四岳一例。

**四姓小侯**　汉外戚樊、郭、阴、马四姓非列侯，故曰小侯。

**诰敕**　人臣五品以下，其父母与妻封赠之命曰敕命，其宝用敕命之宝，受封者曰敕封。五品以上，其祖父母、父母与妻封赠之命曰诰命，其宝用诰命之宝，受封者曰诰封。

**封赠** 人臣父母与妻生前受封者曰敕封、诰封，人称之曰封君；死后受封者曰敕赠，人称之曰赠君。

**母妻封号** 凡品级官员封及其母妻者，正从一品，母妻封一品夫人；正从二品，母妻封夫人；正从三品，母妻封淑人；正从四品，母妻封恭人；正从五品，母妻封宜人；正从六品，母妻封安人；正从七品，母妻封孺人。

**文官补服** 一二仙鹤与锦鸡，三四孔雀云雁飞。五品白鹇惟一样，六七鹭鸶、鸂鶒宜。八九品官并杂职，鹌鹑、练雀与黄鹂。风宪衙门专执法，特加獬豸迈伦夷。

**武官补服** 公侯驸马伯，麒麟白泽裘，一二绣狮子，三四虎豹优。五品熊罴俊，六七定为彪。八九是海马，花样有犀牛。

**文勋阶** 文正一品，初授特进荣禄大夫，升授加授俱特进光禄大夫、左右柱国，月俸八十七石。 从一品，初授荣禄大夫，升授加授俱光禄大夫、柱国，月俸七十二石。正二品，初授资善大夫，升授资政大夫，加授资德大夫、正治上卿，月俸六十一石。从二品，初授中奉大夫，升授通奉大夫，加授正奉大夫、正治卿，月俸四十八石。正三品，初授嘉议大夫，升授通议大夫，加授正议大夫、资治尹，月俸三十五石。从三品，初授亚中大夫，升授正中大夫，加授大中大夫、资治少尹，月俸二十六石。正四品，初授中顺大夫，升授中宪大夫，加授中议大夫、赞治尹，月俸二十四石。从四品，初授朝列大夫，升授、加授俱朝议大夫、赞治少尹，月俸二十石。正五品，初授奉议大夫，升授、加授俱奉政大夫、修正庶尹，月俸十六石。从五品，初授奉训大夫，升授、加授俱奉直大夫、协正庶尹，月俸十四石。正六品，初授承直郎，升授承德郎，月俸十石。从六品，初授承务郎，升授儒林郎（儒士出身）、宣德郎（吏员才干出身），月俸八石。正七品，初授承仕郎，升授文林郎（儒士出身）、宣议郎（吏员才干出身），月俸七石五斗。从七品，初授从仕郎，升授征仕郎，月俸七石。正八品，初授迪功郎，升授修职郎，月俸六石六斗。从八品，初授迪功佐郎，升授修职佐郎，月俸六石。 正九品，初授将仕郎，升授登仕郎，月俸五石五斗。从九品，初授将仕佐郎，升授登仕佐郎，月俸五石。未入流，月俸三石。

**武勋阶** 正一品，初授特进荣禄大夫，升授、加授俱特进光禄大夫、右柱国。从一品，初授荣禄大夫，升授、加授俱光禄大夫、柱国。正二品，初授骠骑将军，升授金吾将军，加授龙虎将军、上护军。从二品，初授镇国将军，升授定国将军，加授奉国将军、护军。正三品，初授昭勇将军，升授昭毅将军，加授昭武将军、上轻车都尉。从三品，初授怀远将军，升授定远将军，加授安远将军、轻车都尉。正四品，初授明远将军，升授宣威将军，加授广威将军、上骑都尉。从四品，初授宣武将军，升授显武将军，加授信武将军、中骑都尉。正五品，初授武德将军，升授武节将军，加骁骑尉。从五品，初授武备将军，升授武毅将军，加飞骑尉。 正六品，初授昭信校尉，升授承信将军，加云骑尉。从六品，初授忠显校尉，升授忠武校尉，加武骑尉。正七品，初授忠翊显校尉，升授忠武校尉，加武骑尉。从七品，初授毅武校尉，升授修武校尉。正八品，初授进义校尉，升授保义校尉。凡月俸俱与文官同。

## 品级

**正、从一品** 正一品：太师，太傅，太保，宗人令，左右宗正，左右宗人，左右都督。从一品：少师，少傅，少保，太子太师，太子太傅，太子太保，都督同知。

**正、从二品** 正二品：太子少师，太子少傅，太子少保，尚书，都御史，都督佥事，正留守，都指挥使，袭封衍圣公。从二品：布政使，都指挥同知。

**正、从三品** 正三品：太子宾客，侍郎，副都御史，通政使，大理寺卿，太常寺卿，詹事，府尹，按察使，副留守，都指挥佥事，指挥使。从三品：光禄寺卿，太仆寺卿、行太仆寺卿，苑马寺卿，参政，都转运盐使，留守司指挥同知，宣慰使。

**正从四品** 正四品：佥都御史，通政，大理寺少卿，太常寺少卿，太仆少卿，少詹事，鸿胪寺卿，京府丞，按察司副使，行太仆寺少卿，苑马寺少卿，知府，卫指挥佥事，宣慰司同知。从四品：国子监祭酒，布政司参议，盐运司同知，宣慰司副使，宣抚司宣抚。

**正、从五品** 正五品：华盖、谨身、武英殿大学士，文渊、东阁、春坊大学士，翰林院学士，庶子，通政司参议，大理寺丞，尚宝司卿，光禄寺少卿，六部郎中，钦天监正，太医院使，京府治中，宗人府经历，上林苑监正，按察司佥事，府同知，王府长史，仪卫正，千户，宣抚司同知。从五品：侍读侍讲学士，谕德，洗马，尚宝、鸿胪少卿，部员外郎，五府经历，知州，盐运司副使，盐课提举，卫镇抚，副千户，仪卫副，招讨，宣抚司副使，安抚使安抚。

**正、从六品** 正六品：大理寺正，詹事，丞，中允，侍读，侍讲，司业，太常寺丞，尚宝司丞，太仆寺，行太仆寺丞，主事，太医院判，都察院经历，京县知县，府通判，上林苑监副，钦天监副，五官正，兵马指挥，留守司、都司经历，断事，百户，典仗，审理正，神乐观提点，长官，副招讨，宣抚佥事，安抚同知，善世正。从六品：赞善，司直郎，修撰，光禄寺丞、署正，鸿胪寺丞，大理寺副，京府推官，布政司经历、理问，盐运司判官，州同知，盐课司提举，市舶司、河梁副提举，安抚司副使。

**正、从七品** 正七品：都给事中，监察御史，编修，大理寺评事，行人司正，五府、都察院都事，通政司经历，太常寺博士、典簿，兵马副指挥，营膳司所正，京县丞，府推官，知县，按察司经历，留守司、都司都事、副断事，审理，安抚司佥事，蛮夷长官。从七品：翰林院检讨，左右给事中，中书舍人，行人司副，光禄寺典簿、署丞，詹事府、太仆寺主簿，京府经历，灵台郎，祠祭署奉祀，州判官，盐课司副提举，布政司都事，副理问，盐运司、仪卫、宣慰、招讨司经历，蛮夷副长官。

**正、从八品** 正八品：国子监丞，五经博士，行人，部照磨，通政司知事，京主簿，保章正，御医，协律郎，典牧所提领，营缮所副，大通关、宝钞、龙江司提举，卫知事，府经历，县丞，煎盐司提举，按察司知事，宣慰都事，王府典宝、典簿、奉祀、良医、典膳正、纪善，讲经，至灵，元符崇真宫灵官。从八品：清纪郎翰林院典籍，国子监助教、典簿、博士，光禄录事、监事，鸿胪寺主簿，京府、运司知事，挈壶正，祠祭署祀丞，布政司照磨，王府典膳、奉祀、典宝、良医副，宣慰司经历，神乐观知观，崇真宫副灵官，左右觉义、玄义。

**正、从九品** 正九品：校书，侍书，国子监学正，部检校，鸿胪寺署丞，五官监候、司历，营缮所丞，典牧所、会同馆、文思院丞、承运、宝钞广运、广积、赃罚、十字库，颜料、皮作、鞍辔、宝源局、织染所、京府织染局大使，龙江宝钞副提举，府知事，县主簿，长史司主簿、典仪正、典乐，牧监正，茶马大使，赞礼郎，奉銮、宣抚、安抚知事。从九品：侍诏，司谏，通事舍人，正字，詹事府录事，司务，学录，典籍，鸣赞，序班，司晨，漏刻博士，司牧大使，牧监副，圉长，太医院、提举司、盐课司、州所吏目，军储、御马、都督府、门仓、军器局大使，承运、宝钞广运、广积、赃罚、十字库副使，典牧所、会同馆、文思院副使，广盈、太仓银库、太仆寺、京府库、都税、宣课、柴炭司大使，颜料、皮作、鞍辔、宝源局、织染局、京府织染局副使，草场大使，孔、颜、孟子孙教授，按察司检校，府、宣抚司照磨，典仪，副教授，伴读，都司、运司、府、京卫，宣抚、宣慰司学教授，司库司、府仓、杂造、织染司、税库司大使，司狱，巡检，茶马副使，正术，正科，都纲，都纪，太常同乐，教坊韶舞，司乐。

**未入流** 孔目，国子监掌馔，学正，教谕，训导，兵马、断事、长官司吏目，司牲、司牧副使，府检校，县典史，军器局、柴炭司副使，递运所大使，驿丞，河泊所闸坝官，关大使，牧监，录事，郡长，提控，案牍，都督府、御马、军储、门仓副使，广盈库、都课、都税、税课司副使，茶盐课司使，府州县卫所仓场大使、副盐运司、府卫提举，司所州县库大使、副使，司府州军器、织染、杂造局副使，宣德仓、司竹、铁冶、河州、辽阳、青州府、乐安税课司大使，茶运批验所、巾帽针工局、庆远裕民司大副使，司库副使，盐仓、税课、钞纸、印钞、铸印、抽分竹木、惠民金银场、惠民局、水银朱砂场局、生药库、长史司仓、库大副使，县杂造局副使，典术，典科，训术，训科，副都纲，都纪，僧正，道正，僧会，道会。

**仕途** 隋炀帝始置进士科取士。唐始缙绅必由科目，始重资格。汉二千石满三载，任同产子一人为郎。秦始试吏入仕，汉丙吉、龚胜是也。始纳粟拜爵，始皇因旱蝗，汉武帝沿之。至灵帝时，富者先入钱，贫者赴官倍输。尧始考功。魏崔亮始限年。汉制久任如古。晋宋始制守宰六期为满。汉左雄始孝廉核年满四十察举。宋叙官阀，有官年、实年。后周始制举主连坐。 汉顺帝制，选用不得互官，谓姻家乡里人不交互为官。今隔选。唐太宗制，大功不得连职。今回避。唐高宗始给告身，即给札。唐武后始设门籍。籍，朝参奏事，待诏官出入，每月一易之。伊尹始致仕。汉制，二千石吏予告、赐告。唐制，致仕五品以上表，六品以下转奏。　唐太宗许子弟十九以下父兄随任。宋太祖诏群臣父母迎养。

## 宰相　参政（下丞相一等）

**历代置相**　颛顼置乐正。黄帝七辅。汤六傅。伏羲置二相。秦献公置左右二卿，称丞相。庄襄王改相国。唐庄宗置丞相兼枢密。唐中宗始置大学士。五代置文明殿大学士，始为宰相兼职，宋真宗置资政殿学士，班翰林上。汉武帝置秘书令，置太史令。汉桓帝置秘书监。唐太宗始置宰相监修国史。唐德宗始宰相政事，诏迭秉笔。

**通明相**　汉翟方讲为丞相，智能有馀，兼通文法吏事，以儒术缘饰法律，人号通明相。

**救时宰相**　唐姚崇拜相，问齐澣曰："予为相，何如管晏？"澣曰"管晏之法，虽不能施于后世，犹可以终其身。公所为法，随复更之，只可为救时宰相。"

**知大体**　汉丙吉不问横道死人，而问牛喘。吏谓失问。吉曰："宰相不亲细事，民斗伤命，则有司存。方今春月牛喘，恐阴阳失调，宰相职司燮理阴阳，是以问之。"人称其知大体。

**伴食相**　唐卢怀慎为相，自以才能不及姚崇，政事皆推委不与，人讥其为伴食宰相。

**纱笼中人**　唐卜者胡芦生，卜筮甚验，李藩常问之，生曰："公乃纱笼中人。"藩不解所以。后有异僧言：凡宰相，冥司必潜以纱笼护之，恐为异物所扰。藩默喜卜者言，果拜相。

**琉璃瓶覆名**　五代唐废帝择相，问左右，皆言卢文纪、姚觊有声望。帝因悉书清望官名，纳琉璃瓶中，夜焚香祝天，以箸挟之，得卢文纪，欣然相之。

**金瓯覆名**　唐玄宗卜相，皆书其名，纳之金瓯，名曰瓯卜。一日，书崔琳等名，问太子曰："此宰相名，若谓谁？"太子曰："非崔琳、卢从愿乎？"上曰："然。"

**枚卜**　古天子卜相，必书清望官名，纳金瓯或琉璃瓶中，焚香祝天，以箸挟之，得其名，即拜相，故曰枚卜，又曰瓯卜。

**鱼头参政**　宋鲁宗道为参政，时枢密使曹利用恃权骄横，公屡折之帝前。时贵戚用事者，莫不惮之，称为鱼头参政。

**骰子选**　宋丁谓作参政，或率杨文公贺之，谓曰："骰子选耳，何足道哉！"

## 尚书　部曹　卿寺

**古纳言**　唐玄宗用牛仙客为尚书，张九龄谏曰：尚书，古之纳言，多用旧相居之。仙客，本河、湟一使典耳，拔升清流，齿班常伯，此官邪也。

**天之北斗**　李固疏：陛下有尚书，犹天之有北斗。北斗为天之喉舌，尚书为陛下之喉舌。

**六卿**　隋文帝始定六部，本汉光武分署六曹。吏曹职起伏羲。汉光武为选部，魏始名吏部，始居诸曹右。户曹职起黄帝，吴始为户部，唐武后始以户部居礼部右。礼曹职起颛顼之秩宗，隋始为礼部。兵刑曹职起黄帝，隋始为兵部、刑部。工曹职起少昊，晋起部，隋始为工部。宋神宗复唐故事，以吏、户、礼、兵、刑、工为次序。

**尚书**　秦遣吏至殿中文书，始号尚书。后汉始专席。魏三品，陈加至一品。

**侍郎**　隋炀帝置六曹侍郎。副尚书名始秦。

**郎中**　汉置尚书郎，分掌尚书事，名始秦。

**员外**　隋文帝命尚书六曹增置员外郎，名始汉。

**主事**　隋炀帝置主事副员外郎，名始汉武帝。

**司务**　宋置六部司务。

**九卿**　夏后氏始置九卿。汉设九卿，不以官名，但称九寺。梁武帝始加卿字。后魏始置少卿，以卿为正卿。

**大理寺**　黄帝立士师，有虞为士师。夏始称大理。秦置大理正，今卿；置廷尉正，今寺正。魏置少卿。晋武帝置丞。隋炀帝置评事。

**太常寺**　本周官春官之职。秦称奉常。汉改太常，名始有虞。后汉置卿。秦置丞。魏文帝置博士。汉武帝置郎，置司乐，置协律。隋置郊社署，今天地坛祠祭署。唐置簿。太仆寺、苑马寺，职始周官，梁置簿，汉置监。

**光禄寺**　本秦置，郎中令掌宫掖。汉为光禄勋。梁始改光禄卿。北齐

原文

兼膳羞。隋始专掌。唐始署珍羞官，因隋。隋始署大官名，因秦始署良酝，即汉汤官，掌酝，本周官酒正人置。

**鸿胪寺** 汉武帝置大鸿胪，梁武帝除“大”字，本秦典客、周大行人。

**国子监** 周以师氏、保氏教养国子，始名国子。晋武帝始立国子学。隋炀帝始改国子监。汉始定祭酒，衔名本周。隋炀帝置司业，并周职。汉武帝置博士，名始秦。晋武帝置教。隋炀帝置丞。北齐高洋置簿。宋神宗置录。

## 宫詹 学士 翰苑

**东宫官** 秦始皇置詹事，汉因掌太子家。唐玄宗置少詹事，并辅导东宫。周公置左右庶子。唐高宗置左右谕德、赞善。隋文帝置内允，即中允。北齐置门下、典书二坊。秦始皇置洗马，先导太子。晋始为詹事属官，掌图籍。汉兰台置校书。北齐置正字。

**翰林** 伏羲始立史官。唐玄宗置修撰、编修、检讨。宋文帝置学士。后魏置太子侍讲。唐玄宗置侍讲学士、侍读学士、侍讲、侍读、待诏。汉武帝置博士。宋置孔目。

**玉堂** 宋苏易简充承旨，多振举翰林故事。太宗为飞白书院额曰“玉堂”，及以诗赐之。太宗曰：“此永为翰林中一美事。”易简曰：“自有翰林，未有如今日之荣也！”

**木天** 《类苑》：秘书阁下穹隆高敞，谓之木天。

**鳌禁** 宋公白、贾公黄中，皆先达巨儒，同在鳌禁。

**内相** 唐陆贽博学弘词，入翰林。德宗重其才，呼先生而不名。虽外有宰相主大议，贽常居中参议，号曰内相。

**摛文堂** 宋真宗政和五年，御书摛文堂榜，赐学士院。

**五凤齐飞** 宋太宗时，贾黄中、宋白、李至、吕蒙正、苏易简，同时拜翰林学士。扈蒙云：“五凤齐飞入翰林。”

**北门学士** 唐刘祎之，少以文词称，迁右弘文馆直学士。上元中，与万元顷等召入禁中，参决政事，时称“北门学士”。

**八砖学士** 唐李程为学士。常规：学士入院，以阶前日影为候。程性懒，日过八砖乃至。时号八砖学士。

## 谏官

**忠言逆耳** 沛公见秦宫室之富，欲留居之。樊哙谏曰："凡此奢丽之物，皆秦所以亡也，公何用焉？愿还灞上。"不听。张良曰："忠言逆耳利于行。"乃还。

**真谏议** 萧钧为谏议大夫，永徽中，争盗库财死罪，曰："囚罪当死，但恐天下谓陛下重货轻法，任喜怒杀人"。帝曰："真谏议也。"

**六科给事中** 名始秦，汉置给事黄门，职始秦，置谏大夫，唐分为左右。

**真谏官** 唐李景伯为谏议。中宗宴侍臣，命诸臣为《回波诗》。众皆以谄言媚上。景伯独为箴规语以讽，帝不怿。中书令萧至忠曰："景伯乐不忘规，真谏官也。"

**碎首金阶** 唐敬宗好游畋，刘栖楚为拾遗，出班苦谏，以额叩龙墀，血流被面。

**铁补阙** 唐乾宁中杨贻德为谏议，正直敢言，不避权幸。人目为"铁补阙"。

**殿上虎** 宋刘安世正色立朝，面折廷诤。每犯雷霆之怒，则执简却立，俟天威少霁，复前极论，必得请乃已。人称之曰"殿上虎"。

**戆章** 宋任伯雨性刚鲠，持论劲直。为谏官仅半载，所上一百疏，皆系天下治体，号"戆章"。

**鲁直** 鲁宗道为右正言，风闻弹疏，真宗厌之，自讼罢去。他日上追念其言，御笔题曰"鲁直"。

**朝阳鸣凤** 唐高宗时，自韩瑗、褚遂良死，内外以言为讳。高宗造奉天宫，李善感始上书，极言之。时人谓之朝阳鸣凤。

**立仗马** 李林甫专权，恐谏官言事，谓之曰："诸君见立仗马乎？终日无声，食三品料，及其一鸣辄斥，虽欲勿鸣，其可得乎？"

**拾齿** 宋张霭，太祖方弹雀后苑，霭亟请入奏事。及见所奏乃常事耳。上怒，霭曰："窃谓急于弹雀。"上以斧柄撞其齿，齿堕，徐拾之。上曰："欲讼朕耶？"霭曰："臣何敢讼陛下？但有史官在耳。"

**古忠臣** 宋邹浩官右正言，极论章惇误国，未报而刘后立。复反，复廷诤，被窜。史谓之古忠臣。浩与阳翟田昼善，初，刘后立，谓人曰："邹志完不言，可以绝交矣。”浩既得罪，昼迎诸途，正色曰：“使志完隐默居京师，遇寒疾不汗，五日死矣，岂独岭海之外能死人哉？”

**抵家复逮** 杨爵言朝廷政事有失人心，而致危乱者五，系狱数年始得释。会复有谏者，上曰：“吾固知释爵，妄言者立至矣！”复就逮。时爵抵家方一日，忽锦衣校至，校佯曰：“吾便道省公耳。”爵笑曰：“吾固知之。”与校同饭，饭已，曰：“行乎？”校曰：“盍一人为别？”爵立屏间曰：“朝廷有旨见逮，吾行矣。”再系狱，逾年乃出。

**为朕家事受楚毒** 章纶疏陈修德弭灾十四事。又请复汪后于中宫，以正壸仪；复沂王于东宫，以正国本。诏逮狱，廷杖不死。英宗复辟，叹曰：“纶好臣子，为朕家事受楚毒。”拜礼部侍郎。

**碎朕衣矣** 陈禾劾童贯弄权，反复不置，徽宗欲起，禾引帝衣，请毕其奏。衣裾落。帝曰：“正言碎朕衣矣！”禾曰：“陛下不惜碎衣，臣岂惜碎首以报！”内侍请易衣，帝却之，曰：“留以旌直臣。”

**惮黯威棱** 武帝尝曰：“甚矣，黯之戆也！”“古有社稷臣，黯近之矣。”黯前奏事，帝不冠，不敢见。淮南王谋逆，惮黯威棱，遂寝。

**贲育不能过** 唐魏徵，太宗朝谏议大夫，状貌不扬，有胆气，犯颜敢谏，虽上怒甚，而徵神色自若，议者谓贲育不能过。

**瓦为油衣** 谷那律博洽群书，褚遂良称曰九经库。从太宗出猎，遇雨，因问：“油衣若何而不漏耶？”那律曰：“以瓦为之，当不漏。”上嘉其直。

**谪死** 陈刚中性慷慨，敢论事。故铨以劾桧贬。刚中启曰：“知无不言，愿借尚方之剑！不遇故去，聊乘下泽之车。”桧怒，遂与张九成同谪，客死，贫不能葬。士论惜之。

**小官论大事** 曹辅为秘书正字。徽宗多微行，辅上疏极谏。太宰余深曰：“辅小官，何敢言大事？”辅对以“大官不言，故小官言之。官有大小，爱君之心则一”。遂编管郴州。

**忠良鲠直** 陈谔负抗直声，举劾权贵无所避。上呼为“大声秀才”。尝忤旨，命坎瘗奉天门外，七日不死，赦还，搏击愈甚。历任中外，所至能其官，终为忌者致贬。上一日问“大声官儿何在？宜署辅导，使人得闻过。”乃召还，上书“忠良鲠直”四字赐之，示宠异焉。

**直声震天下** 海瑞为南平教谕，谒上官，止长揖，曰：“参师席，不可屈膝也。”主户部政，疏谏下狱，直声震天下。

**劾严嵩得惨祸** 沈炼疏劾严嵩父子为奸，窜名白莲教中，僇于边。杨继盛论嵩专权误国五奸十大罪，弃东市。劾逆珰而受酷刑死者：万璟廷杖死；高攀龙投水死；杨琏、左光斗、周顺昌、缪昌期、周宗建、黄尊素、魏大中被逮，诏狱拷掠死；邹维连谪戍死，俱江浙人。

## 御史

**白简** 晋傅玄为御史，每有奏劾，或值日暮，捧白简，整簪带，竦诵不休，坐以待旦。贵游慑服，台阁风生。

**乌台** 汉成帝时，御史府列柏树，有野乌数千栖其上，故称乌台，亦称柏台。

**法冠绣衣** 《汉书》：法冠，御史冠也，本楚王冠也。秦灭楚，以其君冠赐御史也。绣衣御史，汉武帝所置。法冠一名獬豸冠。

**独击鹘** 宋王素既升台宪，风力愈劲。尝与同列奏事，上有不怿，众皆引去，素方论列是非，俟得旨，乃退。帝叹曰：“真御史也。”人皆目为独击鹘。

**石御史** 唐刘思立举进士，高宗擢为御史，执法不阿，弹劾权贵，人号石御史。

**骢马御史** 后汉桓典为侍御史，直言无所忌讳。常乘白马，京师惮之，为语曰：“行行且止，避骢马御史。”

**铁面御史** 宋赵抃少孤贫，举进士，及为殿中侍御，弹劾不避权贵，号为铁面御史。

**豹直** 《汉·舆服志》：大驾属车八十一乘，皆尚书台省官所载，最后一乘，侍御史所乘，独悬豹尾，故名豹直。

**节度胆落** 唐敬宗朝，夏州节度使李祐入朝，违诏进奉，御史温造弹之。祐趋出待罪，股栗流汗，谓人曰：“吾夜逾蔡州，擒吴元济，未尝心动，今日胆落于温御史矣。”

**埋轮当道** 后汉张纲为御史。安帝时，遣八使按行风俗，纲独埋其车轮于洛阳都亭，曰：“豺狼当道，安问狐狸？”遂劾大将军梁冀兄弟。

**头轫乘舆** 申屠刚，建武初拜侍御史，延臣畏其鲠直。时陇蜀未平，上欲出游，刚力谏，不听。以头轫乘舆，马不得前。

**贵戚泥楼**　汉李景让为御史大夫，刚直自持，不畏权幸。内臣贵戚有看街楼阁，皆泥之，畏其弹劾。

**劾灯笼锦**　宋唐介为御史，劾文彦博知益州日以灯笼锦媚贵妃，致位宰相，请逐彦博。仁宗怒，谪介英州别驾。

**炎暑为君寒**　唐岑参《送侍御韦思谦》诗曰：“闻欲朝金阙，应须拂豸冠。风霜随雁去，炎暑为君寒。”

**天变得末减**　杨瑄，天顺初为御史，劾曹吉祥、石亨怙宠擅权。后为曹、石文致坐死。将刑，会大风拔木，吹正阳门下马牌于郊外，得末减。子源为五官监候，以占候上言指斥刘瑾。瑾怒曰：“尔何官，亦学为忠臣乎？”杖而戍之。刘瑾之乱，大臣科道同日勒令致仕四十八人，以其名榜示天下。源之同乡御史熊卓与焉。

## 使臣

**一介行李**　《左传》：子员曰：“君有楚命，亦不使一介行李，告于寡君。”

**一乘之使**　韩信破赵，欲移兵击燕，武涉说信曰：不如发一乘之使，奉咫尺之书以使燕，燕必从风而靡。

**堂堂汉使**　苏武使匈奴，匈奴胁武令拜，武不从。以刀临之，武曰：“堂堂汉使，安能屈膝于四夷哉！”

**埋金还卤**　唐杜暹使卤，以金遗暹，固辞。左右曰：“公使绝域，不可失戎心！”乃受焉，阴埋幕下。已出境，乃移文，俾取之，突厥大惊。

**口伐可汗**　唐突厥攻太原，郑元玮持节往劳。既至，虏以不信咎中国。玮随语折让无所屈。徐乃数其背约，突厥愧赧，引兵还。太宗赐书曰：“知卿口伐可汗，边火息燧。朕何惜金石赐于卿哉！”

**斩楼兰**　龟兹、楼兰二国常杀汉使，傅介子谓霍光曰：“楼兰、龟兹反复，不诛无所惩。”霍光使介子行。介子赍金币，以赐外国为名。楼兰王贪汉宝物，求见。介子与饮，陈物示之。王饮醉，介子使壮士刺杀之，谕以“王负汉罪”，遂将王首还诣阙。上嘉其功，封义阳侯。

**少年状元**　宋王拱辰，至和二年聘契丹，见其主于混同江。设宴垂钓，每得鱼，必酌酒饮客，亲鼓琵琶侑觞，谓其相曰：“此南朝少年状元也。”

**臣不生还** 曹利用契丹议和，假崇仪副使奉书以行。真宗曰："契丹如贪岁币，非国家细事，或求不厌，当以理绝之。"利用答曰："虏若妄有所求，臣不敢生还。"

**执节不屈** 张骞以使通大夏，还为校尉，封博望侯。后为将军，使大夏，穷河源。《杨子·渊骞篇》："张骞、苏武之奉使也，执节没身，不屈王命，虽古之名使，其犹劣诸！"

## 郡守

**京府** 始君陈尹东郊，汉武帝因更名内史为京兆尹，置丞，置治中。宋太祖置通判推官，本唐节度使，属有推官、判官。

**五马** 《遁斋闲览》：汉时朝臣出使以驷马，为太守增一马，故称"五马"。

**刺史** 《唐志》：武德中，改太守曰刺史。天宝中又改刺史曰太守。

**郡守** 魏文侯始置郡守。秦始皇置郡丞，即今同知。汉置州牧，景帝更太守。宋高宗始称知府，始改唐郡称府。

**黄堂** 《吴郡志》：吴郡太守所居之堂，乃春申君所居之殿也。数火，涂以雌黄，故曰黄堂。

**驱蚊扇** 唐袁光庭典守名郡，有异政。明皇谓宰辅曰："光庭性逐恶，如扇驱蚊。"

**五袴** 汉廉范为蜀郡太守，除火禁，百姓便之，歌曰："廉叔度，来何暮？不禁火，民安作。昔无襦，今五袴。"

**麦两岐** 汉张堪为渔阳太守，击匈奴，开稻田千万顷，劝农，致殷富。百姓歌曰："桑无附枝，麦秀两岐。张君为政，乐不可支。"

**禾同颖** 梁柳浑为吴兴太守，嘉禾同颖，一茎两穗。

**水晶灯笼** 赵宋张中庸为详州刺史，洞察民伪。民号为水晶灯笼。

**照天蜡烛** 田元均治成都有声，民有隐恶，辄摘发之。蜀人谓之照天蜡烛。

**卖刀买犊** 汉龚遂为渤海太守，民有带刀剑者，遂令卖剑买牛，卖刀买犊。

**独立使君** 五代裴侠守河北，入朝，周太祖命独立，曰："裴侠清慎奉公，为天下之最。有如侠者，与之俱立。"众默然。朝野叹服，号独立使君。

**天下长者** 汉文帝谓田叔曰："公知天下长者乎？"田叔请其人，帝曰："公长者，宜知之。"对曰："云中太守孟舒是也。"

**召父杜母** 汉召信臣为南阳太守，兴利除害，吏民信爱，号为召父。杜诗亦为南阳守，性节俭，而政治清平。南阳为之语曰："前有召父，后有杜母。"

**愿得耿君** 汉耿纯为东郡太守，多善政，盗贼清宁。内召去任，百姓思慕不已。光武驾过东郡，百姓数千随车驾，云："愿复得耿君。"

**借寇** 汉寇恂为颍川太守，光武召为执金吾。后光武幸颍川，百姓遮道，曰："愿复借寇君一年。"乃留镇之。

**魏郡岑君** 后汉岑熙为魏郡太守，视事二年，人歌之曰："我有枳棘，岑君伐之。我有蟊贼，岑君遏之。犬不吠夜，足下生氂。"

**平州田君** 唐田仁会为平州太守，岁旱，自暴以祈雨，时雨大至，年遂丰登。人歌曰："父母育我兮田使君，挺精神兮上天闻。"

**大小冯君** 汉冯立徙西河上郡太守，与兄冯野王相代。民歌之曰："大冯君，小冯君，兄弟继踵相因循。聪明贤知恩惠民，政如鲁卫德化均，周公、康叔犹二君。"

**二邦争守** 宋杜衍知乾州，未期，安抚使察其治行，以公权凤翔。二邦之民争于界上，一曰："此我公也，汝夺之！"一曰："今我公也，汝何有焉？"

**一龟一鹤** 宋赵抃任成都，携一龟一鹤以行。其再任也，屏去龟鹤，止一苍头。执事张公裕赠以诗云："马谙旧路行来滑，龟放长沙不共来。"

**卧治淮阳** 汉武帝拜汲黯为淮阳太守，黯伏谢不受印。帝曰："君薄淮阳耶？吾以淮阳军民不相得，欲借卿之郡，卧而治之耳。"乃进黯以诸侯相秩，居淮阳。

**良二千石** 汉宣帝曰："庶民所以安其田里，而无叹息愁恨之心者，政平讼理也。与我共此者，其良二千石乎！"

**承流宣化** 董仲舒曰："今之郡守县令，民之师帅，所以承流宣化。"

**褰帷** 贾琮为冀州刺史，行部，升车言曰："刺史当远听广视，纠察美恶，何可反垂帷幄以自蔽乎？"乃命御者褰帷。

**露冕** 郭贺为荆州刺史，治有殊政。明帝巡狩，赐以三公之服，敕行部去襜露冕，使百姓见之，以彰有德。

**儿童竹马** 郭伋，字细侯，拜并州牧。行部西河，有数百小儿，骑竹马，迎于路次。问曰："儿曹何来？" 对曰："闻使君到，喜，故来迎耳。"

**河润九里** 郭伋为颍川太守，召见，帝劳之曰："郡得贤能太守，去帝城不远，河润九里，冀京师并受其福也。"

**虎北渡河** 后汉刘昆初为江陵令，县有火灾，昆叩头反风，火随灭。守弘农，虎负子渡河而去。帝嘉之，征为光禄勋，召问："反风灭火及虎北渡河，行何德政而致此？" 昆对曰："偶然耳。" 帝叹曰："长者之言也！"

**别利器** 虞诩为朝歌长时，贼数千人攻杀长吏，故旧皆吊。诩曰："不遇盘根错节，何以别利器乎？"

**二天** 后汉苏章为冀州刺史，有故人为清河令，以赃败，章乃设酒款之。故人喜曰："人有一天，我独有二天。" 章曰："今夕，苏孺文与故人饮酒，私情也。明日，冀州刺史白奏事，公法也。" 遂举正其罪，郡界肃清。

**治行第一** 汉黄霸为颍川太守，户口岁增，治行为天下第一。是时凤凰神雀数集郡国，颍川尤多。赐爵关内侯，黄金百斤。

**开鉴湖** 汉马臻为会稽太守，开鉴湖，得田九千馀顷。豪右恶之，告臻开河发掘古冢无数。征下狱，遣官复按，诡称并不见人，云是鬼讼。臻竟被戮。其后越民承河之利，立祠祀之。

**一钱清** 后汉刘宠为会稽太守，多善政。将去，父老赍钱送之，曰："明府下车以来，狗不夜吠，民不识吏。今当迁去，聊为赆送。" 宠为选一大钱受之。今号其地曰钱清。

**鱼弘四尽** 梁鱼弘尝语人曰："我为郡守有四尽，水中鱼鳖尽，山中麋鹿尽，田中米谷尽，村中人庶尽。"

**清恐人知** 《魏志》：胡质为常山太守，在郡九年，吏民便安，将士用命。子威厉操清白，尝省其父，告归，赐其绢一匹。威跪曰："大人清白，不审于何得此绢？" 质曰："是吾俸禄之馀。" 威乃受之。官至前将军、青州刺史。对武帝曰："臣父清，恐人知；臣清，恐人不知。"

**酌泉赋诗** 吴隐之有清操，由晋陵太守转广州刺史。至石门，酌贪泉，赋诗曰："古人云此水，一歃怀千金。试使夷齐饮，终当不易心。" 清操不渝，屡被褒饰。子延之为太守，延之弟及子为郡县者，皆以廉慎为门法。

**常悬蒲鞭**　崔祖思仕齐，为青、冀二州刺史，在政清勤，而廉卑下士，常悬一蒲鞭，而未尝用。去任之日，士人思之，为立祠。

**清风远著**　崔光伯为北海太守，明帝诏曰："光伯自莅海沂，清风远著，可更用三年，以广风化。"

**清廉石见**　虞愿，会稽人，为晋安太守。海边有越王石，常隐云雾。相传云清廉太守乃得见，愿往观之，清彻无所隐蔽。

**万石秦氏**　后汉秦彭与群从同时为二千石者五人，三辅号曰万石秦氏。迁山阳太守，百姓怀爱，莫有欺犯。转颍守，有凤凰麒麟、嘉禾甘露之瑞，集其郡境。

**得如马使君**　马默为登州知府，士民爱戴。其后苏轼起知是郡，父老迎于路，曰："公为政爱民，得如马使君乎？"轼异之。

**邓侯挽不留**　邓攸清和平简，贞正寡欲。授吴郡太守，载米之郡，俸禄无所受，惟饮吴水而已。后去郡，百姓数千人留牵攸船，不得进。吴人歌曰："紞如打五鼓，鸡鸣天欲曙。邓侯挽不留，谢令推不去。"

**六驳食兽**　张华原兖州刺史，折狱明恕，囹圄一空。先是境内有猛兽为民患，华原下车，甑山中忽有六驳食兽，民害顿除。

**虎去蝗散**　宋均为九江守。郡多虎暴，民患之。均至，下令曰："勤劳张捕，非忧恤之本也。其务退奸贪，进良善，除一切槛阱！"虎皆渡江而东。时楚、沛飞蝗蔽天，入九江界者辄散去。

**冰上镜中**　王觌知苏州，民歌之曰："吏行冰上，人在镜中。"

**民颂守德**　陶安为饶州知府，民谣曰："千里榛芜，侯来之初。万姓耕辟，侯去之日。"又曰："湖水悠悠，侯泽之流。湖水有塞，我侯之德。"

**合浦还珠**　孟尝为合浦太守。合浦产珠，居人采珠易米。时二千石贪污，珠徙去。及尝至，廉洁化行，一年，去珠复还。

## 州县（附幕、判、丞、簿、尉、吏）

**知州**　宋置知州，名因唐始。舜有州牧。宋太祖置州通判。

**知县**　周置县正。秦孝公置县令、丞。唐宣宗始置知县。宋仁宗置县丞。隋炀帝置主簿。

**上应列宿**　后汉馆陶公主为子求郎，不许，赐钱十万缗。明帝谓群臣曰："郎官上应列宿，出宰百里，苟非其人，则民受其殃矣！"

**凫舄** 东汉时，王乔为叶县令，有神术。每朔望朝，帝怪其来速，不见车骑，密令太史伺之。言其临至，有双凫从南飞来，举罗张之，但得双舄。诏尚方视之，则向年所赐尚书履也。

**良令** 《韩子》：晋公问赵武曰："中牟，三国之股肱，邯郸之肩髀也。寡人欲得一良令，其谁可？"武曰："刑伯可。"

**中牟三异** 后汉鲁恭为中牟令，蝗不入境，司徒袁安遣使往察之，值恭息桑阴下，有雉在旁，使者谓小儿曰："何不捕之？"曰："雉将雏。"乃语恭曰："公为政有三异：积德禳灾，一异；仁及禽兽，二异；童子有仁心，三异。"

**琴堂** 宓子贱治单父，喜弹琴，身不下堂而单父治。唐诗云："百里春风回草野，一轮明月照琴堂。"

**花满河阳** 潘岳为河阳令，公馀值桃李花，人称曰花满河阳。

**神君** 晋乔智明为隆虑令，县民爱之，号为神君。黄浮为童阳令，亦号神君。

**圣君** 晋曹摅补临淄令，纵死囚归家，克日而还，一县叹服，号曰圣君。

**慈父** 唐房谦为长葛令，治为天下第一。百姓号为慈父。擢司马，县民泣曰："房明府今去，吾属何以生为？"乃立碑颂德。

**陈太丘** 汉袁隗问陈元方曰："卿家君在太丘，远近称之，何所履行？"元方曰："强者绥之以德，弱者抚之以仁。"杜诗云："姚公美政谁与俦，不减当年陈太丘。"

**元鲁山** 唐元德秀为鲁山令，诚信化人，士夫高其行，称之元鲁山。

**治县谱** 齐傅僧祐、子琰并为山阴令，父子并著奇绩。世谓傅氏有《治县谱》，子孙相传，不以示人。

**莱公柏** 宋寇準知巴东县，手植双柏于县庭，民以比甘棠，谓之莱公柏。

**鲁公浦** 宋真宗朝，鲁宗道为海盐令，疏治东南旧港口，导海水至邑下，人以为利，号鲁公浦。

**晋阳保障** 晋赵简子使尹铎为晋阳，将行，请曰："以为茧丝乎，为保障乎？"简子曰："保障哉。"

**花迎墨绶** 唐岑参《送宇文舍人出宰元城》诗："县花迎墨绶，关柳拂铜章。别后能为政，相思淇水长。”

**第一策** 刘玄明历建康、山阴令，治每为天下第一。傅翙代之，问玄明曰：“愿闻旧政。”对曰：“作令无他术，惟日食一升米饭而莫饮酒，此第一策也。”

**公田种秫** 陶潜为彭泽令，县有公田，悉令种秫，曰：“令吾常醉于酒，足矣。”

**民之父母** 王士弘为宁海知县，有惠政，祷甘霖，除虎害。邑人歌曰：“打虎得虎，祈雨得雨。岂弟君子，民之父母。”

**辟荒** 温县知县沃墅令民垦辟荒芜，树艺桑枣。百姓歌曰：“田野辟，沃公力。衣食足，沃公育。”

**思我刘君** 刘陶，顺阳长，多惠政，以疾免。民思而歌之曰：“悒然不乐，思我刘君。何得复来，安我下民。”

**进秩还治** 周健知全州，任满，民诣阙请留，进秩还治。杨士奇赠以诗，有云：“归到清湘三月暮，郊南骑马劝春耕。”

**三善名堂** 沈度为馀干令，父老以“三善”名其堂：一曰田无废土，二曰市无游民，三曰狱无宿系。

**雀鹿之瑞** 吴在木知馀干，有白雀青鹿之瑞。民歌曰：“吴在木，政严肃，恶者忧羁囚，善者乐化育。鸟有白翎雀，兽有青毛鹿，不见大声急走人，昔之屡空今皆足。”

**张侯** 张说为德兴令，民颂之曰：“张侯张侯，敷政优游。农乐其业，禾麦有秋。”

**侯御侯食** 何正为萍乡令，民歌之曰：“寇至侯御之，民饥侯食之。”

**入幕之宾** 晋郗超为桓温参谋，谢安、王坦之诣新亭论事，温令超卧帐中听之，风动帐开。安笑曰：“郗生可谓入幕之宾矣。”

**莲花幕** 《南史》：王俭用庾杲之为卫将军长史，萧沔与俭书曰：“盛府元僚，实难其选；庾景行泛绿水、依芙蓉，何其丽也！”时人以入俭府为莲花幕。

**解事舍人** 唐齐澣，开元初姚崇擢为中书舍人。论驳诏诰，皆援证古谊。朝廷大政，必资之。时号解事舍人。

**判决无壅** 《南史》：孔觊除长史，醉日居多，而明晓政事，醒时判决，未尝有壅。人曰：“孔公一月二十九日醉，胜世人二十九日醒也。”

**髯参短簿**　晋桓温辟王珣为主簿，郗超为参军。超多须髯，珣体短小。人语曰：“髯参军，短主簿，能令公喜，能令公怒。”

**沧海遗珠**　狄仁杰为汴州参军，以吏诬诉，即讯。黜陟使阎立本异其才，谢曰：“仲尼称观过知人。君可谓沧海遗珠矣。”荐授并州法曹参军。高宗幸汾阳宫，道出妒女祠。俗言：盛服过者致风雷之变。更发卒数万，改驰道。仁杰曰：“天子之行，风伯清尘，雨师洒道，何妒女避耶！”止其役，帝壮之。出为宁州刺史。

**亲耕劝农**　裘贤通判潮州，为政勤，爱民笃。尝出劝农，释冠带，执农具以耕，其妻馌之。其年大熟，人皆以为劝农所致。

**不宽不猛**　杨玙为高邮判，民颂曰：“为政不宽还不猛，处心无党更无偏。”

**好官人**　杨瑾知华亭，秩满，父老为二旗以饯，题其上曰：“农人不为题诗句，但称一味好官人。”

**老吏明**　何瀚为松江司李，知府王衡赠诗云：“关门共惜寒毡苦，断狱争夸老吏明。”

**第一家**　陶安字主敬，明太祖留参幕府，尝榜其门曰：“国朝谋略无双士，翰苑文章第一家。”

**筑围堤**　王斌，龙阳丞，为民筑堤，无旱潦灾。民歌之曰：“王父母，筑围堤。民乐业。我无饥。”

**祷神毙虎**　王昇，桐城县丞。时黄檗山虎白昼噬人，昇祷于神，虎忽自毙。

**余下负丞**　唐崔斯立为蓝田丞。始至，喟然曰：“丞哉，丞哉！余不负丞，而丞负余。”庭有老槐四行，南墙巨竹千挺，斯立痛扫溉对，树二松，日吟哦其间，有问者，辄对曰：“余方有公事，子姑去。”

**赞府**　裴子羽为下邳令，张晴为县丞，二人俱有声气，而善言语，论事移时。吏人相谓曰：“县官甚不和：长官道雨，赞府称晴，以此终不得合也。”

**廉吏重听**　汉黄霸为令，许丞年老，病聋，吏白欲逐之，霸曰：“许丞廉吏，虽老，尚能拜起，重听何妨！”

**清静无欲**　后汉张玄迁陈仓县丞，清静无欲，专心经史。

**仇香**　后汉仇览，陈留人。考城令王涣闻览以德化人，署为主簿。涣

原文

谓曰："主簿得无少鹰鹯之志耶？"览曰："以为鹰鹯，不如鸾凤。"涣曰："枳棘非鸾凤所栖，百里岂大贤之路！"

**鸿渐之宾** 《白氏六帖》：凤栖之位，鸿渐之宾。

**千里驹** 韦元将为郡主簿，杨彪称曰："韦主簿年虽少有老成之风，昂昂然千里驹也。"

**关中三杰** 朱光庭调万年主簿，邑人谓之明镜。时程伯淳鄠县簿，张三甫武功簿，与光庭均有才名，故关中号为三杰。

**才拍翰林肩** 黄山谷《送谢主簿》诗云："官栖仇览棘，才拍翰林肩。"

**米易蝗** 孙觉为合肥簿，值岁旱，课民捕蝗。觉言民方艰食，捕得蝗若干，官以米易之，捕必尽力。守悦，推其法行之，竟不损禾。

**少府** 李白《赠瑕丘王少府》，杜甫《赠华阳李少府》，唐朝县尉多称少府。

**黄绶** 唐朝县尉之绶黄色。陈之昂《送齐少府序》：黄绶位轻，而青云望重。

**梅仙** 西溪梅福为南昌县尉，上疏言事不用，遂弃官，一朝携妻子去九江，不知所终。后为吴门市卒。

**聪明尉** 唐魏奉古为雍丘尉。尝公宴，有客草序五百言。奉古曰："此旧作也。"朗背诵之。草序者默然。奉古徐笑曰："适览记之，非旧习也。"由是知名。人号"聪明尉"。

**铁面少府** 宋杨王休，调台州黄岩尉。邑有豪民，武断一方，具得其奸状，白于郡，黥隶他州。闾里欢称为铁面少府。

**五色丝棒** 曹操年二十，举孝廉为郎，除洛阳北部尉。入尉廨，缮治四门，造五色棒，悬门左右。犯罪者，不避豪强，皆棒杀之。京师敛迹。

**金滩鸂鶒** 唐河南伊间县前水中，每僚佐有入台省者，先有滩出，石砾金砂。牛僧孺为尉，一日报滩出，有老吏观之曰："此必分司御史。若是西台，当有双鸂鶒至。"僧孺祝曰："既有滩，何惜鸂鶒？"语未竟，一双飞下。不旬日，召拜西台御史。

**郑尉除奸** 郑虎臣会稽尉也，解贾似道安置循州，侍妾尚数十人，虎臣悉屏去，夺其宝玉，撤轿盖，暴烈日中，令异轿夫唱杭州歌谑之，窘辱备至。至漳州木绵庵，虎臣讽令自杀，似道不从。虎臣曰："吾为天下杀此贼，虽死何憾！"遂囚似道子于别室，即厕上拉似道椎杀之。

**霹雳手** 唐裴琰之为同州司户，年少，刺史李崇义轻之。州中积年旧案数百，崇义促之判决。琰之命吏书数人递纸笔，须臾，剖断毕。崇义惊曰："公何忍藏锋，以成鄙人之过？"由是大知名。人称霹雳手。

**廉自高** 刘子敏由御史左迁侯官典史，自署曰："禄薄俭常足，官卑廉自高。"

**刀笔** 萧曹出身刀笔。古者用版牍，吏书以刀削书之，故吏称刀笔功名。

## 学官

**学校** 有虞氏始立国学。汉文翁守蜀，起学宫，始天下皆立学。后魏文帝始立郡县学。唐高祖始诏国学立周孔庙。高宗始敕天下皆立庙，特祀孔子，初并祀周公。舜始制释奠、释采。魏正始七年，始祀孔子于太学，前此皆祀于阙里释奠。晋武帝始皇太子释奠。隋，四仲月上丁释奠。魏曹芳始以颜子配飨。唐太宗加左丘明等配享。宋神宗加孟子配享。

**儒学** 宋神宗各府置教授，掌教诸生，始战国博士祭酒。汉武帝置博士于京师，文学于郡国。及唐太宗诏天下惇师为学官。

**取法为则** 胡瑗尝为湖州学官，言行而身化之，使诚明者达，昏愚者厉，而顽傲者革。其为法严而信，为道久而尊。自明道、景祐以来，学者有师，惟瑗与孙复、石介三人。庆历四年，建太学于京师，有司请下湖州取瑗教学之法以为则，召为诸生官教授。

原文

# 卷七 政事部

## 经济

**平米价** 赵清献公熙宁中知越州。两浙旱蝗，米价涌贵，饥死者相望。诸州皆榜衢路，立告赏，禁人增米价。公独榜通衢，令有米者增价粜之，于是米商辏集，米价顿贱。

**禁闭籴** 抚州饥，黄震奉命往救荒，但期会富民耆老以某日至。至则大书"闭籴者籍，强籴者斩"八字揭于市，米价遂平。

**但笑佳禾** 张全义见田畴美者，辄下马，与僚佐共观之。召田主，劳以酒食，有蚕麦善收者，或亲至其家，呼出老幼，赐以茶彩衣物。民间言张公不喜声伎，独见佳麦良蚕乃笑耳。由是民竞耕蚕，遂成富庶。

**击鼓剿贼** 魏李崇，为兖州刺史。兖旧多劫盗，崇令村置一楼，楼悬鼓，盗发之处，乱击之。旁村始闻者，以一击为节，次二，次三。俄顷之间，声闻百里，皆发人守险，由是贼无不获。

**断绝扳累** 薛简肃公帅蜀，一日置酒大东门外。中有戍卒作乱，既而就擒，都监走白诸公，命只于擒获处斩决。民间以为神断，不然，妄相扳引，受累必多矣。

**擢用枢密** 都指挥使张旻被旨选兵，下令太峻，兵惧，谋为变。上召二府议之。王旦曰："若罪旻，则自今帅臣何以御众？急捕谋者，则震惊都邑。陛下数欲任旻枢密，今若擢用，使解兵柄，反侧者自安矣。"上曰："王旦善处大事，真宰相也。"

**分封大国** 汉患诸侯强，主父偃谋令诸侯以私恩自裂地封其子弟，而汉为定其封号。汉有厚恩，而诸侯自分析弱小云。

**征卤封禅** 张说以大驾东巡，恐突厥乘间入寇，议加兵备边。召兵部郎中裴光庭谋之。光庭曰："四夷之中，突厥最大，比屡求和亲，而朝廷勿许。今遣一使，征其大臣从封泰山，彼必欣然承命。突厥来，则戎狄君长无不皆来，可以偃旗息鼓，高枕而卧矣。"说曰："善，吾所不及。"即奏行之。

**预给岁币** 契丹奏请岁给外别假钱币。真宗以示王旦。公曰："夷狄贪婪，渐不可长。可于岁给三十万内各借三万，仍谕次年额内除之。”契丹得之，大惭。次年，复下有司：“契丹所借金帛六万，事微末，依常数与之，以后永不为例。”

**责具领状**　王阳明既擒宸濠，囚于浙省。时武庙南幸，驻跸留都。中官诱令阳明释濠还江西，俟圣驾亲往擒获，差中贵至浙省谕旨。阳明责中贵具领状，中贵惧，事遂寝。

**竞渡救荒**　皇祐二年，吴中大饥。范仲淹领浙西，发粟及募民存饷，为术甚备。吴人喜竞渡，好为佛事。淹乃纵民竞渡，太守日出宴于湖上，自春至夏，居民空巷出游。又召诸佛寺主僧谕之曰：“饥岁工价至贱，可以大兴土木之役。”于是诸寺工作并兴。又新仓廒吏舍，日役千夫。两浙大饥，唯杭宴然。

**比折除过**　韩琦知郓州，京中素多盗，捕法以百日为限，限中不获，抵罪。琦请获他盗者听比折除过，故盗多获。

**中官毁券**　梅国祯知固安，有中官操豚蹄为飨，请征债于民。国祯曰：“今日为君了此。”急牒民至，趋令鬻妻偿贵人债，伪遣人持金买其妻，追与偕入，民夫妇不知也。祯大声语民曰：“非尔父母官立刻拆尔夫妻，奈贵人债，义不容缓。但从此分离，终身不复见矣！容尔尽言诀别。”阳为堕泪。民夫妇哀恸难离。中官为之酸楚，竟毁券而去。

**宣敕毙奸**　况钟知苏州，初视事，阳为木讷，胥有弊蠹，辄默识之。通判赵忱，肆慢侮钟，亦不之校。既期月，一旦，宣敕召府中胥悉前，大声言：“某日某事窃贿若干，然乎？某日，某如之！”群胥骇服，不敢辩。立掷杀六人，肆诸市。复出属官贪者五人，庸懦者十馀人。由是吏民震悚，革心奉命。民称之曰况青天。

**积弊顿革**　刘大夏为户部侍郎，理北边粮草。尚书周经谓曰：“仓场告乏，粮草半属京中贵人子弟经营。公素不与此辈合，此行恐不免刚以取祸。”大夏曰：“处天下事以理不以势，定天下事在近不在远，俟至彼图之。”既至，召边上父老日夕讲究，遂得其要领。一日，揭榜通衢曰：“某仓缺几千石，每石给官价若干，封圻内外官民客商之家，但愿告报者，粮自十石以上，草自百束以上，俱准告，虽中贵子弟，不禁也。”不两月，公有馀积，民有馀财。盖往时来告者，粮必限以千百石，草必限以十万束方准，以至中贵子弟为市包买，以图利息。自大夏此法立，有粮草之家皆自往告报，不必中贵包买足数，然后整告也。几十年积弊，一朝顿革。

**筑墙屋外** 许逵为乐陵令，时流寇势炽，逵预筑墙城浚隍，使民各筑墙屋外，高过其檐，仍开墙窦如圭，仅可容人。家令二壮者执刀俟于窦内，其馀人各入队伍，设伏巷中，洞开城门。贼至，旗举伏发，贼火无所施，兵无所加，尽擒斩之。自是贼不敢近乐陵境。

**承命草制** 梁储在内阁时，秦王疏请陕之边地，益其封疆。朱宁、江彬等受其贿，助之请，上许之。兵部及科道执奏不听，大学士杨廷和当草制，引疾不出。上震怒，内臣至阁督促储曰："如皆引疾，孰与事君？"遂承命草上制曰："昔太祖皇帝著令曰：'此土不畀藩封，非吝也！念此土广且饶，藩封得之，多蓄士马，饶富而骄，奸人诱为不轨，不利宗社。'今王请祈恳笃，朕念亲亲，畀地不吝。务得地宜益谨，毋收聚奸人，毋多养士马，毋听奸人劝为不轨，震及边方，危我社稷，是时虽欲保全亲亲，不可得已。王慎之，毋忽！"上览制，骇曰："若是，其可虞，其弗与！"事遂寝。

**平定二乱** 张佳胤因浙兵减粮，辱巡抚为乱，受命视师两浙。将抵杭，复闻市民因受役不均，聚众焚劫乡绅，有亡赖丁仕卿者为首倡。佳胤促驾曰："速驱之，尚可离而二也。"到台，召营兵为乱者抚之曰："汝曹终岁有守卫功，前抚减粮诚误。今市井亡赖亦为乱，彼无他劳，不可以汝曹为例，可为我捕之，功成不独论赎，且有赏也。"众踊跃听命，遂薄乱民，败之，擒捕丁仕卿等，立会诸司讯之，得其挟刃而要金帛者五十余人，皆枭之，余悉放归。于是诸亡赖皆帖然解散。佳胤乃复营兵饷，密廉其倡乱者名，因捕数人曰："汝为乱首，吾故欲贷汝，天子三尺不贷汝！"遂斩之，因驰使遍赦七营，曰："乱者已服辜。今以尔有功天子，不欲尽诛。汝当尽力报国！"不五日，二乱平定。

**转赐将士** 李正己为平卢节度使，畏德宗威名，表献钱三十万缗，上欲受之，恐见欺，却之则无辞。崔祐甫请遣使慰劳淄、青将士，因以正己所献钱赐之，使将士人人感上恩；又诸道闻之，知朝廷不重货财。上悦从之，正己大惭服。

**一军皆甲** 段秀实为邠州都虞候。行营节度郭晞纵士卒为暴，秀实列卒取十七人，断首注槊上，植市门外，一军皆甲。秀实诣军门，曰："杀一老卒，何甲也？吾戴吾头来矣。"因让晞，晞谢过。邠州由是无祸。

**各自言姓名** 大将田希鉴附朱泚，泚败。李晟以节度使巡泾州，希鉴郊迎，晟与之并辔而入，道旧甚欢也，希鉴不复疑。晟于伏甲而宴，宴毕，引诸将下堂曰："我与汝曹久别，可各自言姓名。"于是得为乱者三十馀人，数其罪，杀之。顾希鉴曰："田郎不得无过。"并立斩。

**为三难** 鲜于侁，字子骏。方新法行，诸路骚动。侁奉使九载，独公心处之。苏轼称上不害法、下不伤民、中不废亲为"三难"。司马光当国，除京东转运，曰："子骏，福星也。"

**平原自无** 史弼为平原相时，举钩党，惟平原独无，诏书前后迫切。从事坐传舍责曰："青州六郡，其五有党，平原何治而得独无？"弼曰："先王疆理天下，画界分境，水土异齐，风俗不同。五郡自有，平原自无，胡可相比？若承望上司，诬陷良善，则平原之人，户可为党，相有死而已，所不能也！"

## 烛奸

**责具原状** 李靖为岐州刺史，或告其谋反，高祖命一御史案之。御史知其诬罔，请与告事者偕行数驿，诈称失原状，惊惧异常，鞭挞行典，乃祈求告事者别疏一状，比验与原不同，即日还以闻，高祖大惊，告事者伏诛。

**验火烧尸** 张举为句章令。有妻杀其夫，因放火烧舍，诈称夫死于火，其弟讼之。举乃取猪二口，一杀一活，积薪焚之，察死者口中无灰，活者口中有灰。因验夫口，果无灰，以此鞫之，妻乃服罪。

**市布得盗** 周新按察浙江，将到时，道上蝇蚋近马首而聚，使人尾之，得一暴尸，惟小木布记在，取之。及至任，令人市布，屡嫌不佳，别市之，得印志者，鞫之，布主即劫布商贼也。

**旋风吹叶** 周新坐堂问事，忽旋风吹异叶至前，左右言城中无此木，独一古寺有之，去城差远。新曰："此必寺僧杀人埋其下也，冤魂告我矣！"发之，得妇尸，僧即款服。

**帷钟辨盗** 陈述古令浦城。有失物，莫知为盗者，乃绐曰："某所有钟能辨盗，盗摸则钟自鸣。"阴使人以煤涂而帷之。令囚入摸帷，一囚手无煤，讯之果服。

**折芦辨盗** 刘宰为泰兴令，民有亡金钗者，唯二仆妇在，讯之，莫肯承。宰命各持芦去，曰："不盗者，明日芦自若；果盗，明旦则芦长二寸。"明旦视之，则一自若，一去芦二寸矣。讦之，盗遂服。

**遣妇缚奸**　陆云为浚仪令，有杀人不得其主者。云囚其妻十许日，密令人尾其后，属曰："其去不远十里，当有男子候之与语，便缚至。"既而果然。问之，乃与妇私通，共杀其夫，闻出狱探消息，惮近县，故远相候耳。一县称为神明。

**捕僧释冤**　元绛摄上元令。有甲与乙被酒相殴，甲归卧，夜为盗断足，妻执乙诣县，而甲已死。绛遣其妻曰："归治而夫丧，乙已服矣。"阴使迹其后，见一僧迎之私语。即捕僧，乃乘机与其妻共杀甲者。

**井中死人**　张昇知润州，有报井中死人者，一妇人往视曰："吾夫也。"昇令其亲邻验之，井深莫可辨。昇曰："众不能辨，妇人何遂知其为夫？"即付所司鞫之，果其妇与奸夫所谋者。

**食用左手**　王维熙，盐城尉，有群饮而毙者，俱不伏罪。脱其械而与饮食，问一人曰："汝用左手，而死者伤右，尚何拒？"囚无辩，而拟抵。

**盗首私宰**　叶宾知南安，有盗截牛舌，其主以闻。宾阳叱去，阴令屠之。即有首私宰耕牛者，宾曰："截牛舌者汝也。"果服。

**留刀获盗**　刘崇龟为广州刺史。有少年泊舟江滨，见一妙姬倚闾，殊不避，少年挑之，曰："黄昏到宅。"是夕，果启扉待之。少年未至，一盗入扉，姬不知，即身就之。盗疑见执，遂刺姬死，遗刀而逃。少年后至，践其血，仆地，扪之，见死者，急出。明日，其家随血迹至江岸，岸上人云："夜有某客船去矣。"捕者追获，具实吐之。观其刀乃屠家物，崇龟下令曰："某日演武，大飨士，集合境庖丁。"既集，复曰："已晚。留刀于厨。"阴以杀人刀换下。比明，各来请刀，独一屠不认，因诘之，曰："此非某刀，乃某人刀耳。"命擒之，则已窜矣。崇龟以合死之囚代少年，侵夜毙于市。窜者知囚已毙，不一二夕归家，遂就擒服罪。

**命取佛首**　程颢为鄠主簿，僧寺有石佛，岁传佛首放光，士民竞往。颢戒曰："俟后现，当取其首。"就观之，光遂止。

**识猴为盗**　杨绘知兴元。有盗库缣者，绘迹踪之，不类人所出入。乃呼戏沐猴者，一讯而服。

**闻哭知奸**　国侨，字子产，尝晨出，闻妇人哭，使吏执而讯之，则手绞其夫者也。吏问故，子产曰："凡人于所亲爱也，始病而忧，临危而惧，已死而哀。今哭夫已死，不哀而惧，是以知其有奸也。”

**河伯娶妇** 西门豹为邺令，俗故信巫，岁月河伯娶妇以攫利，选室女以投于河。豹及期往视，指女曰：“丑！烦大巫先报河伯，如其不欲，还当另选美者。”呼吏投巫于河。少顷，曰：“何久不复我？”又投一人往速。群奸惊惧，乞命。从此弊绝。

**哭夫不哀** 严遵为扬州行部，闻道旁女子哭，而声不哀，问之，云：“夫遭火死。”遵使舆尸到，令人守之，曰：“当有物往。”更日，有蝇聚头所。遵令披视，铁锥贯顶，乃以淫杀其夫者。

**命七给子** 张诉知杭州。有子与婿讼家产者，婿言：“舅终，子才三岁，遗书令异日三分付子，婿得其七。”诉曰：“汝妇翁，智人也，以七与子，子死矣。”命三给婿，七给子。

**怒逮妇人** 王克敬为两浙运使，有逮犯私盐者，以一少妇至。克敬怒曰：“岂有逮妇人于百里外，与吏卒杂处者，污教甚矣！”自后不许。著为令。

**断丝及鸡** 傅琰山阴令，有卖针、卖糖老妪，争团丝诉琰，琰令挂丝于柱，鞭之，微视有铁屑，乃罚卖糖者。又二野父争鸡，问何以饲鸡，一云豆，一云粟。破鸡得粟，罪言豆者。民称傅圣。

**老翁儿无影** 丙吉知陈留，富翁九十无男，娶邻女，一宿而死，后产一男。其女曰：“吾父娶，一宿身亡，此子非吾父之子。”争财久而不决。丙吉云：“尝闻老翁儿无影，不耐寒。”其时秋暮，取同岁儿解衣试之，老翁儿独呼寒，日中果无影，遂直其事。

**断鬼石** 石璞，江西副使。时有民娶妇三日，婿与妇往拜岳家。婿先妇，妇后，失之，遍索不获。妇翁讼婿杀女，婿不胜榜掠，自诬服。璞犹疑杀人而弃尸，必深怨者为之。彼新婚燕好，胡乃尔尔。夜斋沐焚香，祝曰：“此狱关纲常，万一妇与人私，而夫枉死，且受污名，于理安乎？神其以梦示我！”果梦神授一“麦”字。璞曰：“此两人夹一人也，狱有归矣！”比明，令械囚待时行刑。囚未出，璞见一童子窥门内，乃令人牵入，曰：“尔羽客，胡为至此，得非尔师令侦某囚事耶？”童子大惊，吐实，乃二道士素与妇通，见匿之麦丛中。人因号曰断鬼石。

**视首皮肉** 民有利侄之富者，醉而拉杀之于家。其长男与妻相恶，欲借奸名并除之，乃斩妻首，并拉杀之，首以报官。时知县尹见心迎上司于二十里外，闻报时已三鼓，见心从灯下视其首，一首皮肉上缩，一首不然。即诘之曰："两人是一时杀否？"答曰："然。"曰："妇有子女乎？"曰："有一女，方数岁。"见心曰："汝且寄狱，俟旦鞫之。"别发一票，速取某女来。女至，则携入衙，以果食之，好言细问，竟得其情，父子服罪。

**法验女眉及喉** 刘鸣谦守杭州，有刘氏女所居浅陋，邻少年张窥其艾，夜跃上楼，穴窗入。女大呼贼，父惊起，邻少年不能脱，执而髡之。少年昆弟号于众曰："伊父实以女伥而又阱之。"女闻之，拊膺曰："天乎！辱人至于此。"遂自缢。张乃贿其父金，当谳诉女已承污，特羞奸露耳。鸣谦得女贞烈、父受金状，乃令以法验女眉及喉，实处子。与从事刘公讯治之，张伏法。百姓谣曰："两刘哲，一刘烈，江河海流合。"

**花瓶水杀人** 汪待举守郡部。民有饮客者，客醉卧空室中。客夜醉渴，索浆不得，乃取花瓶水饮之。次早启户，客死矣，其家讼之。待举究中所有物，惟瓶中浸旱莲花而已。试以饮死囚，立死，讼乃白。

## 识断

**斩乱丝** 高洋内明而外晦，众莫能知，独欢异之，曰："此儿识虑过吾。"时欢欲观诸子意识，使各治乱丝，洋独持刀斩之，曰："乱者必斩。"

**立破枉狱** 陆光祖为濬令。濬才士卢柟被前令枉坐重辟，数十年相沿，以其富不敢为之白。陆至，访实，即日破械出之，然后闻于台使者。使者曰："此人富有声。"陆曰："但当问其枉不枉，不当问其富不富。不枉，夷、齐无生理；果枉，陶朱无死法。"使者甚器之。后行取为吏部，黜陟自由，绝不关白台省。

**即斩叛使** 胡兴为赵府长史。汉庶人将反，密使至，赵王大惊，将执奏之。兴曰："彼举事有日矣！何暇奏乎？万一事泄，是趣之叛。"一日尽歼之。汉平，宣庙闻斩使事，曰："吾叔非二心者！"赵遂得免。

**监国解纷** 张说有辨才，能断大议。景云初，帝谓侍臣曰："术家言，五日内有急兵入宫，奈何？"左右莫对。说进曰："此谗谋动东宫耳！陛下若以太子监国，则名分定，奸胆破，蜚语塞矣。"帝如其言，议遂息。

**断杀不孝** 张晋为刑部，时有与父异居而富者，父夜穿垣，子以为盗也，其人，扑杀之，取灯视之，父也。吏议：子杀父，不宜纵；而实拒盗，不知其为父，又不宜诛。狱久不决。晋判曰："杀贼可恕，不孝当诛。子有余财，而使父贫为盗，不孝明矣！"竟杀之。

**刺酋试药**　曹克明有智略，真宗朝累官十州都巡检。酋蛮来献药一器，曰："此药凡中箭者傅之，创立愈。"克明曰："何以验之？"曰："请试鸡犬。"克明曰："当试以人。"取箭刺酋股而傅以药，酋立死。群酋惭惧而去。

**杖逐桎梏**　黄震为广德通判。广德俗有自带枷锁求赦于神者，震见一人，召问之，乃兵也。即令自招其罪，卒曰无有。震曰："尔罪必多，但不可对人言，故告神求赦耳。"杖而逐之。此风遂绝。

**一钱斩吏**　张咏在崇阳，一吏自库中出，鬓边一钱，诘之，乃库中钱也。咏命杖之，吏勃然曰："一钱何足道！乃杖我耶？"强项不屈。咏固命杖之。吏曰："尔能杖我，不能杀我。"咏判云："一日一钱，千日千钱，绳锯木断，水滴石穿。"自杖剑下阶斩其首，申府自劾。崇阳人至今传之。

**强项令**　董宣为洛阳令，湖阳公主家奴杀人，宣就主车前取杀之。主诉于帝，帝令宣谢主，宣不拜。帝令捺伏，宣以手据地不俯。帝敕曰："强项令去！"

**南山判**　武后时，李元纮迁雍州司户。太平公主与僧争碾硙，元纮判与僧。长史窦怀贞大惧，促纮改判。大署判尾曰："南山可移，此判终无摇动也。"

**腕可断**　唐韩偓，宰相韦贻范母丧，诏还位，偓当草制，言贻范居丧不数月使治事，伤孝子心。学士使马从皓逼草之，偓曰："腕可断，制不可草！"

**麻出必坏**　唐德宗欲相裴延龄，阳城为谏议，曰："白麻出，我坏之！恸哭于廷。"龄遂不得相。

**判诛舞文**　柳公绰为节度使，行部至乡县，有奸吏舞文诬其县令贪者。县令以公素持法，必杀贪官。公绰判曰："赃吏犯法法在，奸吏犯法法亡。"竟诛舞文者。

**铁船渡海**　贾郁性峭直，不能容过。为仙游令，及受代，一吏酗酒，郁怒曰："吾再典此邑，必惩此辈。"吏扬言曰："造铁船渡海也。"郁后复典是邑，吏盗库钱数万，郁判曰："窃铜镪以肥家，非因鼓铸；造铁船而渡海，不假炉锤。"因决杖徙之。

**其情可原**　孙唐卿判陕州，民有母再嫁而死，乃葬父，遂盗母之丧而葬之。有司论以法，唐卿曰："是知有孝，不知有法，其情可原。"乃判释之。

**问大姓主名**　周纡为洛阳令。下车，先问大姓主名，吏数闾里豪强以对。纡厉声怒曰："本问贵戚若马、窦等辈，岂能知此卖蔡佣乎？"于是京师肃然。

**引烛焚诏**　李沆为平章。一夕，真宗遣使持手诏欲以刘美人为贵妃，沆对使者引烛焚诏，附奏曰："但道臣沆以为不可。"其议遂寝。

**天何言哉**　真宗耻澶渊之盟，听王钦若天书之计，而行封禅。待制孙奭言于帝曰："以臣愚所闻，天何言哉？岂有书也？"帝默然。

**礼宜从厚**　李宸妃薨，太后欲以宫人礼治丧于外，吕夷简为首相，奏礼宜从厚。后怒曰："相公欲离间吾母子耶！"夷简曰："他日太后不欲全刘氏乎？"时有诏，欲凿宫城垣以出丧。夷简乃谓内侍罗崇勋曰："宸妃诞育圣躬，而丧不成礼，异日必有受其罪者，莫谓夷简今日不言也。当以后服殓，用水银。"崇勋驰告太后，乃许之。后荆王元俨为帝言："陛下乃李宸妃所生，妃死以非命。"帝因恸号累日，下诏自责，幸洪福寺祭告，易梓宫，亲启视之。妃以水银，故玉色如生，冠服如皇后。帝叹曰："人言其可信哉！"待刘氏加厚。

**奏留祠庙**　张方平判应天府。时司农遵王安石鬻祠庙于民法，方平托刘挚为奏曰："阏伯迁商丘，主祀香火，为国家盛德，所乘历世尊为大祀。微子，宋始封之君，开国此地，是本朝受命建业所因。又有双庙，乃唐张巡、许远孤城死贼，能捍大患。今若令承买小人规利，冗亵渎慢，何所不为！岁取微细，实伤国体。欲望留此三庙，以慰邦人崇奉之意。"疏上，帝震怒，批牍尾曰："慢神辱国，无甚于斯！"于是天下祠庙皆得罢卖。

**收缚诬罔**　隽不疑为京兆尹。有男子乘犊车，诣北阙，自谓卫太子。诏列侯公卿以下杂职视。至者莫敢言。不疑后至，叱从吏收缚。曰："昔蒯聩出奔，辄拒而不纳，《春秋》是之。卫太子得罪先帝，亡不即死，今来自请，此罪人也。"遂送诏狱。上与霍光嘉之，曰："公卿大臣当用有经术明于大谊者。"验治，得奸诈，坐诬罔不道，要斩。

**捕脯小龙**　程颢为上元主簿，有善政。茅山池有小龙，得见者奉以神，民走若狂。颢捕而脯之。

**汰僧为兵** 宋胡旦通判昇州。时江南初平，汰李氏所度僧，十减六七。旦曰："彼无田庐可归，将聚而为盗。"乃悉黥为兵。以同时所汰尼僧配之。

**俟面奏** 寇天叙以应天府丞摄尹事。时武宗南巡，权嬖鸱张索贿，拂其意，祸且立至。天叙曰："与其行贿改节，不若得罪去官。"凡有所需，直阻之，曰："俟面奏，旨与则与！"皆莫谁何。驻跸九阅月，费且不赀，而民不病。

**破柱戮奸** 李膺拜司隶校尉，时小黄门张让弟朔为野王令，贪残无道，畏膺威严，逃还京师，匿于兄家合柱中。膺知其状，率吏卒破柱取朔，付洛阳狱。受辞毕，即杀之。自此诸黄门常侍皆鞠躬屏气。时朝廷日乱，纲纪颓弛，而膺独持风裁，以声自高，有景仰之者。

## 清廉

**冰壶** 杜诗："冰壶玉鉴悬清秋。"姚元崇所作《冰壶诫》，言其洞彻无瑕，澄空见底。杜诗清廉，有类于是。

**斋马** 唐冯元叔历浚仪、始平尹，单骑赴任，未常以妻子之官。所乘马，不食民间刍豆。人谓之斋马。

**廉能** 《周礼·天官》：以听官府之六计弊群吏之治，一廉善，二廉能，三廉敬，四廉正，五廉法，六廉辨。

**冰清衡平** 华康直知光化，丰稷知谷城，廉而且平。时人歌之曰："华光化，丰谷城，清如冰，平如衡。"

**釜中生鱼** 晋范冉字史云，桓帝时为莱芜长。人歌之曰："甑中生尘范史云，釜中生鱼范莱芜。"

**留犊** 魏时苗为寿春令。始至官，乘簿軬车、黄牸牛、布被囊。岁馀，牛生一犊。及去，留其犊，谓主簿曰："令来时，本无此犊，犊是淮南所生，故留之。"明交河令叶好文，亦留三犊与贫民为耕。

**酹酒还献** 后汉张奂，为安定属国都尉。有羌人献金、马者，奂召主簿张祁入，于羌前，以酒酹地曰："使马如羊，不以入厩；使金如粟，不以入怀。"悉以还之，威化大行。

**食馔一口** 北齐彭城王攸自沧州召还，父老相率具馔，曰："殿下惟饮此乡水，未尝百姓馔，聊献疏薄。"攸食一口。

**臣心如水** 前汉成帝时，郑崇为尚书，好直谏，贵戚多谮之。上责崇曰："君门如市，何以欲禁绝贵戚？"崇对曰："臣门如市，臣心如水。"

**清乎尚书之言** 后汉钟离意，为尚书令。交趾太守张恢坐赃伏法，以资物陈于帝前，诏颁赐群臣。意得珠玑，悉以委地。帝怪之，答曰："孔子忍渴于贪泉，曾参回车于胜母，恶其名也。赃秽之资，诚不敢拜受。"上叹曰："清乎尚书之言！"

**乘止一马** 朱敬则为卢州刺史，代还，无淮南一物，所乘止一马。

**酌水奉饯** 隋赵轨为齐州别驾。入朝，父老送之，曰："公清如水，请酌一杯水以奉饯。"

**郁林石** 吴陆绩为郁林太守，罢归无装，舟轻不能道海，乃取一大石置舟中以归。人号郁林石。

**只谈风月** 徐勉迁吏部尚书，常与门人夜集，有为人求官者，勉曰："今夕只可谈风月，不宜及公事。"

**市肉三斤** 海瑞为淳安令。一日，胡总制语三司诸道曰："昨闻海令市肉三斤矣，可往察之。"乃知为母上寿所需也。

**一文不直** 薛大楹主南昌簿，尝标其门曰："要一文，不直一文。"

**原封回赠** 吴让知临桂县，不三年，超升庆远知府。南丹诸土官各馈金为贽，让却不受，口占绝句遗之，曰："贪泉爽酌吾何敢，暮夜怀金岂不知。寄语丹州贤太守，原封回赠莫相疑。"

**书堂自励** 陈幼学知湖州，书于堂曰："受一文枉法钱，幽有鬼神明有禁；行半点亏心事，远在儿孙近在身。"

**画菜于堂** 徐九经令句容，及满去，父老儿稚挽衣泣曰："公幸训我！"公曰："惟俭与勤及忍耳。"尝图一菜于堂，题曰："民不可有此色，士不可无此味。"至是，父老刻所画菜，而书"勤俭忍"三字于上，曰："徐公三字经。"

**御书褒清** 程元凤官拜右丞相兼枢密。御书"清忠儒硕昭光"六字褒之。

**清白太守子** 王应麟守徽州，其父伪尝守是郡，父老曰："此清白太守子也。"

**刘穷** 刘玺，龙骧卫人。少业儒，长袭世职，居官廉洁，人呼为青菜刘，或呼为刘穷。继推总漕运，上识其名，喜曰："是刘穷耶？可其奏。"

**清化著名** 韦謏少好文学，群言秘要之义，无不综览。后仕石季龙，历守七郡，咸以清化著名。

**廉让之间** 范柏年初见宋明帝，言及广州贪泉，因问："卿州复有此水不？"答曰："梁州惟有文川武乡、廉泉让水。"又问："卿宅何处？"曰："臣所居廉让之间。"帝嗟其善答。

**清白遗子孙** 郑述祖仕齐，为兖州刺史。其父亦尝为此州。百姓歌之曰："大郑公，小郑公，相去五十载，风教尚有同。"及病，曰："一生富贵足矣！以清白之名遗子孙，死无所恨。"

**清有父风** 柳玭，仲郢子，为岭南节度副使。廨中桔熟，既食，乃纳直于官。拜御史大夫，清直有父风。

**悬鱼** 羊续，南阳守。入境，即微服间行，凡令长贪洁，吏民良猾者，皆廉知其状，一郡震竦。府丞以生鱼献，受而悬之庭柱，杜其后进。妻率子秘入郡舍，不纳，妻怒检室中，惟布衾盐菜而已。

**自控妻驴** 宋李若谷赴长社主簿，自控妻驴，故人韩亿为负行李。将入境，谓韩曰："恐县吏迎至。"箧中止有钱六百，以其半遗韩，相持大哭而别。

**埋羹** 王琎，宁波守。操行廉洁，自奉尤俭约。一日，见馔兼鱼肉，大怒，令辍而瘗之，号埋羹太守。

**进饼不受** 明戴鹏，会稽知县，清慎自守。时军驻四明，鹏往供馈饷。期限严急，率民步行，日晡饥甚，从者进饼，却不受，掬道旁水饮之。

**仅一簏** 明轩輗由御史出为按察使，清约自持，四时一布袍，常蔬食。约诸僚友，三日出俸市肉一斤，多不能堪。待故旧，惟一豆，或杀鸡，辄惊曰："轩廉使杀鸡待客矣。"后以都御史致仕。上问曰："昔浙江廉使考满归家，仅一簏，是汝乎？"輗顿首谢。

**符青菜** 明符验，守常州，不携家，持二敝簏，一童仆，日供惟蔬，人目为符青菜。锐意锄强，凡横于乡者，虽窜匿，期必得之。苟奉法而至，亦不深求。岁大旱蝗，日循行督捕。每出，以筐盛米数升、柴数束自给，不劳民供亿。

**清乃获罪** 南北朝沈巑之，丹徒令，以清介不通左右被谮，逮系尚方。帝召问，对曰："臣清乃获罪。"帝曰："清何以获罪？"曰："无以奉要人耳。”帝问要人为谁，指曰：“此赤衣诸郎皆是。”复任丹徒。

**橐无可赠** 南北朝刘溉，建安太守。故人任昉以诗寄溉，求一衫。溉检中无可赠者，答诗曰：“予衣本百结，闽乡徒八蚕。”

**不持一砚** 包拯知端州。州岁贡砚，必进数倍以遗要人。拯命仅足贡数即已。秩满归，不持一砚。

**日唯啖菜** 宋姚希得知静江。官署旧以锦为幕，希得曰：“吾起家书生，安用此！”命以布易之。日惟啖菜，一介不妄取也。

**命还砧石** 宋凌冲令含山，律己甚严，一介不妄取。见归装有一砧石，诧曰：“非吾来时物也。”命还之。

**毋挠其清** 唐蒋沇历长安、咸阳、高陵诸邑令，多卓异声。郭子仪过高陵，戒麾下曰：“蒋贤令供亿，得蔬食足矣。毋挠其清也！”

**杯水饯公** 隋赵轨，齐川别驾。东邻有桑椹落其庭，轨遣拾还之。及被召，父老挥泣送曰：“公清如水，不敢以壶浆相溷，敬持杯水饯公。”轨受而饮之。

**挂床去任** 三国裴潜，兖州刺史。尝作一胡床，及去任，挂之梁间。人服其介。

**置瓜不剖** 苏琼守清河。先达赵颖献园瓜，琼勉留置梁上，不剖食。人闻受颖瓜，竞献新果，至门，知瓜犹在，相顾而去。

## 受职

**筮仕** 《左传》：毕万筮仕于晋，遇屯之比。辛廖占之曰：“吉。”

**下车** 李白为南昌宰《去思碑》云：“未下车，人惧之；既下车，人爱之！”

**瓜期** 《左传》：齐侯使连称、管至父戍葵丘，瓜时而往，曰：“及瓜而代。”

**书考** 《书经》：三载考绩。三考黜陟幽明。

**增秩** 前汉宣帝曰：“太守吏民之本，数变易则下不安。民知其将久，不可欺罔，乃服从其教化。”故二千石有治绩，辄以玺书勉励，增秩赐金。

**报政** 《史记》：伯禽受封之鲁，三年然后报政。周公曰：“何迟也？”伯禽曰：“变其俗，革其祀丧，三年而后除之，故迟。”太公封于齐，五月而报政。周公曰：“何速也？”曰：“吾简其君臣礼，从其俗也，故速。”

**一行作吏**　晋嵇叔夜《与山巨源书》云："游山泽，观鱼鸟，心甚乐之。一行作吏，此事便废。"

**穷猿奔林**　李充字弘度，尝叹不被遇。殷浩问："君能屈志百里否？"李答曰："北门之叹，久已上闻。穷猿奔林，岂暇择木？"遂授剡县。

**有蟹无监州**　宋初通判与知州争权，每云："我是州监！"有钱昆者，浙人，嗜蟹，尝求补外郡，曰："但得有蟹无监州则可。"东坡诗云："欲向君王乞符竹，但忧无蟹有监州。"

## 致仕　遗爱

**蜘蛛隐**　龚舍仕楚，见飞虫触蜘蛛网而死，叹曰："仕宦亦人之罗网也。"遂挂冠而去。时号为蜘蛛隐。

**从赤松子游**　张良辞高祖曰："臣以三寸舌为帝者师，封万户侯，此布衣之极，于愿足矣。愿弃人间事，从赤松子游。"

**鸱夷子皮**　范蠡灭吴，以大名之下难以久居，且勾践可与同患难，不可以同安乐，遂乘轻舟泛湖而去，自号鸱夷子皮。

**东门挂冠**　汉逢萌见王莽杀其子，告友人曰："三纲绝矣！不去，祸将及。"遂挂冠东门而去。

**思莼鲈**　晋张翰，齐王冏辟为大司马功曹。翰见秋风起，思吴江莼羹鲈脍，叹曰："人生贵适意，安能羁官数千里！"遂命驾而归。

**二疏归老**　汉疏广为太傅，兄子受为少傅。广谓受曰："吾闻知足不辱，知止不殆，岂若告老，以归骸骨。"即日辞官，上许之。故人设饯东门，观者皆曰："贤者，二大夫！"

**襆被而出**　晋魏舒为尚书郎。时欲沙汰郎官，非其才者罢之。舒曰："我即其人也。"襆被而出。同僚素无清论者咸有愧色。

**弃荏席霉**　晋文公弃荏席，霉黑。舅犯辞归，言文公弃其卧席之霉黑。舅犯以其弃旧恋新，故辞归。

**乞骸骨**　汉宣帝朝，丞相韦贤以老病乞骸骨，赐黄金百斤，安车驷马，罢就第。丞相致仕自贤始。

**甘棠**《诗经》："蔽芾甘棠，勿剪勿伐，召伯所茇。"召伯巡行南阳，听政于甘棠。后人思其恩泽，故戒勿剪伐。

**生祠**　汉于公决狱，平民立祠生祀之。生祀始此。

**脱靴**　唐崔戎自刺史迁官，民拥留抱持，取其靴。今之脱靴始此。

**桐乡**　前汉朱邑为桐乡令，病且死，属其子曰："我故后，吏民必葬我于桐乡。后世子孙奉我，或不如桐乡百姓。"

**野哭**　子产相郑。及卒，国人哭于巷，农夫哭于野，商人罢市而哀，流涕三月，不闻琴瑟之声。

**堕泪碑**　晋羊祜以清德闻。及死，南州为之罢市，巷哭者声相接。葬于岘山，百姓望其碑者，辄流泪，谓之堕泪碑。

**童不歌谣**　秦五羖大夫百里奚卒，秦人巷哭，童子不歌谣，舂者不相杵。

**下马陵**　董仲舒墓在长安，人思其德，过者下马，人谓之下马陵。后世误称虾蟆陵。

**扳辕卧辙**　汉侯霸为临淮太守，被召，百姓扳辕卧辙，愿留期年，奔送百里。

**截镫留鞭**　唐姚崇受代日，民吏泣拥马首，截镫留鞭，止其不去。

**众庶从居**　魏德梁迁贵乡长，为政清静，不严而治。转馆陶长，既至，老幼如见父母。二县父老争请留之，郡不能决。会使者至，乃断从贵乡。馆陶众庶从而居者数百家。

**与侯同久**　柳不华，武冈路总管，守境卫民几二十年，民歌之曰："前有公绰，武冈父母。今之郡侯，无乃其后。足我衣食，安我田亩。我子我孙，与侯同久。"

**不犯遗钱**　郑綮，庐州刺史。黄巢掠淮南，綮移檄请无犯州境，巢为敛兵，州独完。秩满去，遗钱千缗，藏州库。后他盗至，曰："郑使君钱。"不敢犯。

**天赐策**　何比干，字少卿，汝阴人，汉武帝朝廷尉。时张汤持法严，而比干务平恕，所全活者数千人，淮南号曰何公。忽有老妪造门曰："先世有阴德及公之身，又治狱多平反。今天赐策，以广公后。"因出怀中策九百九十枚，曰："子孙佩印符者如此算。"

**再任**　陶侃再为荆州，黄霸再为颍州，郭伋再为并州，陈蕃再为乐安，寇恂再为河南，耿纯再为东郡。

## 降黜　贪鄙

**咄咄书空**　晋殷浩被黜，谈咏不辍，虽家人，不见其有流放之感。但终日书空，作“咄咄怪事”四字而已。

**胡椒八百**　唐元载受贿，后事败，有司籍其家，钟乳五百两，胡椒八百斛，他物不可胜计。

**簠簋不饰**　贾谊《策》:“古者大臣有坐不廉则废者，不谓不廉，则曰‘簠簋不饰’。”

**围棋献赂**　蜀刺史安重霸，性贪贿。州民有油客邓姓者，资财巨万，重霸召与围棋，令侍立。下子过于筹算，终日不下数十子。邓倦立，且饥馁不堪。次日，又召。或曰:“本不为棋，何不献贿？”邓献金三锭，获免。

**拔钉钱**　五代赵在礼令宋州，贪暴逾制，百姓苦之。后移镇永兴，百姓欣贺曰:“拔却眼中钉矣！”在礼闻之，仍求复任宋州，每岁，户口不论主客，俱征钱一千，名曰拔钉钱。

**捋须钱**　南唐张崇帅庐州，所为不法，尝入觐，庐人曰:“渠伊想不复来矣！”崇归，计日索“渠伊钱”。明年又入觐，盛有罢府之议，人不敢实指，道路相视，皆捋须相庆。崇归，又征“捋须钱”。

**破贼露布**　李义甫为相，杨行颖白其赃私，诏司刑刘祥道与三司杂讯，除名，流嶲州。或作《河道元帅刘祥道破铜山大贼李义甫露布》榜于衢。

**京师白劫**　后魏元修义为吏部尚书，惟事贿赂，官之大小皆有定价。中散大夫高居呼为“京师白劫”。

# 卷八 文学部

## 经史

**十三经** 《易经》《书经》《诗经》《春秋》《礼记》《论语》《孝经》《尔雅》《左传》《公羊》《穀梁》《周礼》《仪礼》。

伏羲始则龙马作易，神农始即其方列为八卦，帝王为传国之宝。

**三易** 夏易《连山》，其卦首艮；商易《归藏》，其卦首坤；周易首乾。伏羲定卦名，文王为彖辞，周公为爻辞，孔子为《十翼》，而易道始备。

**十翼** 孔子作《十翼》:《上彖传》一,《下彖传》二,《上爻传》三,《下爻传》四,《文言》五,《上系辞》六,《下系辞》七,《说卦》八,《序卦》九,《杂卦》十。

**洛书** 伏羲始则元龟为《洛书》，神农因之始制筮，黄帝因之始制卜。

**河图** 昔武库火，古《河图》始无传。今误以《洛书》为《河图》，以莽时龟文为《洛书》。

商瞿子木始受《易》于孔子。秦失《说卦》三篇，河内女子始得之。

**洪范九畴** 天锡禹《洪范》九畴。初一曰五行，次二曰敬用五事，次三曰农用八政，次四曰协用五纪，次五曰建用皇极，次六曰乂用三德，次七曰明用稽疑，次八曰念用庶征，次九曰向用五福，威用六极。

**五行** 一曰水，二曰火，三曰木，四曰金，五曰土。水曰润下，火曰炎上，木曰曲直，金曰从革，土爰稼穑。润下作咸，炎上作苦，曲直作酸，从革作辛，稼穑作甘。

**五事** 一曰貌，二曰言，三曰视，四曰听，五曰思。貌曰恭，言曰从，视曰明，听曰聪，思曰睿。恭作肃，从作，明作哲，聪作谋，睿作圣。

**八政** 一曰食，二曰货，三曰祀，四曰司空，五曰司徒，六曰司寇，七曰宾，八曰师。

**五纪** 一曰岁，二曰月，三曰日，四曰星辰，五曰历数。

**三德** 一曰正直，二曰刚克，三曰柔克。平康，正直；强弗友，刚克；燮友，柔克。沉潜，刚克；高明，柔克。

**稽疑** 稽疑建择立卜筮人，乃命卜筮。曰雨，其兆为水，曰霁，其兆为火，曰蒙，其兆为木，曰驿，其兆为金，曰克，其兆为土，曰贞，内卦为贞，曰悔，外卦为悔。

**庶征** 曰雨、曰旸、曰燠、曰寒、曰风、曰时五者来备，各以其叙，庶草蕃芜。一极备，凶；一极无，凶。曰休征，曰肃，时雨若；曰乂，时旸若；曰哲，时燠若；曰谋，时寒若；曰圣，时风若。曰咎征，曰狂，恒雨若；曰僭，恒旸若；曰豫，恒燠若；曰急，恒寒若；曰蒙，恒风若。

**五福** 一曰寿，二曰富，三曰康宁，四曰攸好德，五曰考终命。

**六极** 一曰凶短折，二曰疾，三曰忧，四曰贫，五曰恶，六曰弱。

**三坟五典** 三皇之书曰《三坟》，五帝之书曰《五典》。《抱朴子》云：《五典》为笙簧，《三坟》为金玉。少昊、颛顼、高辛、唐、虞之书谓之《五典》。坟，大也。三坟者，山坟、气坟、形坟也。山坟，言君臣、民物、阴阳、兵象；气坟，言归藏、发动、长育、生杀；形坟，言天地、日月、山川、云气，即伏羲、神农、黄帝之书。

**九丘八索** 九州之志曰《九丘》，八卦之说曰《八索》。

**金简玉字** 大禹登宛委山，发石匮，得金简玉字之书，言治水之要，周行天下。伯益记之为《山海经》。

**六义诗** 《诗经》有六义，一曰风，二曰赋，三曰比，四曰兴，五曰雅，六曰颂。

**诗经传** 卜商始序《诗》。辕固作传为《齐诗》。申公作训诂为《鲁诗》，浮丘伯授。毛苌作古训为《毛诗》，毛亨授。

**五始** 《春秋》义有五始，元者气之始，春者时之始，王者受命之始，正月者政教之始，公即位者有国之始。

**三传** 《左传》艳而富，其失也诬。《公羊》辨而裁，其失也俗。《穀梁》清而婉，其失也短。

**二戴** 汉宣帝时，东海后仓善说《礼》，于曲台殿撰《礼》一百八十篇，曰《后氏曲台记》。后仓传于梁国。戴德及德从子圣乃删《后氏记》为八十五篇，名《大戴礼》。圣又删《大戴礼》为四十六篇，为《小戴礼》。其后诸儒又加《月令》《明堂位》《乐记》三篇，为四十九篇，则今之《礼记》也。

**毛诗**　荀卿授汉人鲁国毛亨作训诂，传以授赵国毛苌。时人以亨为大毛公，苌为小毛公，以二公所传，故名《毛诗》。

**汲冢周书**　《束皙传》：晋太康二年，汲县人盗发安釐王冢，得竹书数十车，蝌蚪文字杂写经书。皙为著作，随宜分析，皆有考证，曰《汲冢周书》。

**乐记**　汉文帝始得窦公所献周公《大司乐章》，河间献王与毛生采作《乐记》。

**漆书**　杜林于西川得漆书《古文尚书》一卷。卫宏、徐巡来学，林授于二子，后遂得传。

**壁经**　鲁公王坏孔子故宅，欲以为宫，闻壁中琴瑟丝竹之声，得《古文尚书》。武帝乃诏孔安国较定其书。

**断书**　孔子断《书》百篇，鲁恭王始得孔腾所藏于壁，定五十九篇，伏生称为《尚书》。

**石经**　汉灵帝熹平四年，蔡邕与大史令单飏等正定《五经》，刊石，谓之石本《五经》。衡阳王钧始细书，为巾箱《五经》。

**集注**　《易经》程注、朱注。《诗经》朱注。《书经》朱熹婿蔡沈注。《春秋》今从胡传。《礼记》陈皓注，皓字青莲，以其娶再醮，故不入孔庙。

**武经七书**　《孙子》《吴子》《尉缭子》《司马兵法》《李靖》《三略》《六韬》。

**佶屈聱牙**　韩愈《进学解》曰："周《诰》殷《盘》，佶屈聱牙；《春秋》谨严；《左氏》浮夸；《易》奇而法，《诗》正而葩。"

**入室操戈**　《郑玄传》：任城何休好《公羊》学，著《公羊墨守》《左氏膏肓》《穀梁废疾》。郑玄乃发《墨守》，针《膏肓》，起《废疾》。休见而叹曰："康成入吾室，操吾戈，而伐吾乎！"

**二十一史**　司马迁《史记》，班固《前汉书》，范晔《后汉书》，陈寿《三国志》，唐太宗《晋书》，沈约《宋书》，萧子显《南齐书》，姚思廉《梁书》《陈书》，魏收《北魏书》，李百药《北齐书》，令狐德棻《后周书》，李延寿《南史》（宋、齐、梁、陈），《北史》（魏、齐、周、隋），魏徵《隋书》，宋祁、欧阳修《唐书》，欧阳修《五代史》，脱脱《宋史》《辽史》《金史》，宋濂《元史》。

**亥豕**　子夏见读史者曰："晋师伐秦，三豕渡河。"子夏曰："非也，己亥渡河耳。"问之鲁史，果然。

**无一字潦草**　司马温公作《资治通鉴》，草稿数千馀卷，颠倒涂抹，无一字潦草。其行己之度，盖如此。

**瓢史**　梁有僧，南渡赍一葫芦，有汉班仲坚《汉书》草稿，宣城太宗萧琛得之，谓之《瓢史》。

**即坏己作**　陈寿好学，善著述。少仕蜀，除著作郎，撰《三国志》。当时夏侯湛等多欲作《魏书》，见寿所著，即坏己作。

**探奇禹穴**　太史公曰：迁二十而游江淮，上会稽，探禹穴，窥九疑，浮于沅、湘；涉汶、泗，讲业齐，鲁之都，观孔子之遗风，过梁、楚以归，乃石室之书作《史记》。

**诸子**　有一百八十九家，故曰百家。

**石勒读史**　石勒目不知书，使人读史，闻郦食其请立六国后，曰："此法当失，何以有天下！"及闻留侯谏，乃曰："赖有此耳！"

**修唐书**　宋祁修《唐书》，大雪、添帘幕，燃椽烛，拥炉火，诸妾环侍。方草一传未完，顾侍姬曰："若辈向见主人有如是否？"一人来自宗室，曰："我太尉遇此天气，只是拥炉，下幕命歌舞，间以杂剧，引满大醉而已。"祁曰："自不恶。"乃阁笔掩卷起，遂饮酒达旦。

**下酒物**　苏子美豪放好饮，在外舅杜祁公家，每夕读书，以一斗酒为率。公密觇之，苏读《汉书·张良传》"与客狙击秦皇帝"，抚案曰："惜乎击之不中！"遂满饮一大白。又读至"良曰：始臣起下邳，与上会于留，此天以臣赐陛下"，又抚案曰："君臣相得，难遇如此！"复举一大白。公笑曰："有如此下酒物，一斗不足多也！"

**修史人**　李至刚修国史，只服士人衣巾，自称"修史人李至刚"。馆中诸公闻之，大笑，呼为"羞死人李至刚"。

**七十二人传**　孔安国撰《孔子弟子》，七十二人。刘向撰《列仙传》，七十二人。皇甫士安撰《高士传》，亦七十二人。陈长文撰《耆旧》，亦七十二人。

**索米作传**　陈寿尝为诸葛武侯书佐，受挞百下；其父亦为武侯所髡，故《蜀志》多诬罔。又丁廙、丁仪有盛名于魏，寿谓其子曰："可觅千斛米见与，当为尊公作一佳传。"丁不与，竟不为立传。

**雷震几**　陈子作《通鉴续编》，书宋太祖废周主为郑王。雷忽震其几，陈厉声曰："老天便打折陈柽之臂，亦不换矣！"

**直书枋头**　孙盛作《晋春秋》，直书时事。桓温见之，怒谓盛子曰："枋头诚为失利，何至乃如尊公所言！若此史遂行，自是关君门户事。"其子遽拜谢，请改之。时盛年老家居，性愈卞急。诸子乃共号泣稽颡，请为百口计。盛大怒，不许。诸子遂私改之。

**为妓詈祖**　欧阳永叔为推官时昵一妓，为钱惟演所持，永叔恨之，后作《五代史》，乃诬其祖武肃王重敛民怨。睚眦之隙，累及先人，贤者尚亦不免。

**心史**　郑所南作《心史》，丑元思宋，以铁函重匮沉之古吴智井。至明朝崇祯戊寅凡三百五十六年，而此书始出。

**明不顾刑辟**　孙可之曰："为史官者，明不顾刑辟，幽不见鬼怪，若梗避于其间，其书可烧也。"

**五代史韩通无传**　苏子瞻问欧阳修曰："《五代史》可传后也乎？"公曰："修窃于此有善善恶恶之志。"子瞻曰："韩通无传，乌得为善善恶恶乎？"公默然。

**赵盾弑君**　赵穿弑灵公，宣子未出境而复。太史书曰："赵盾弑其君。"宣子："不然。"对曰："子为正卿，亡不越境，反不讨贼，非子而谁？"孔子曰："董狐，古之良史也，书法不隐。"

**史评**　《晋书》《南北史》《旧唐书》，稗官小说也。《新唐书》，赝古书也。《五代史》，学究史论也。《宋》《元》史，烂朝报也。与其为《新书》之简，不若为《南北史》之繁；与其为《宋史》之繁，不若为《辽史》之简。

## 书籍

**二酉藏书**　大酉山、小酉山为轩辕黄帝藏书之所。

**兰台秘典**　汉朝图籍所在，有石渠、石室、延阁、广内，贮之于外府。又有御史中丞居殿中，掌兰台秘典。及麒麟、天禄二阁，藏之于内禁。

**石室紬书**　司马迁为太史，紬金匮石室之书。紬，谓缀集之也。以金为匮，以石为室，重缄封之，慎重之至也。

**家有赐书** 班彪家有赐书，好名之士自远方至，父党扬子云以下，莫不造门。

**南面百城** 李谧杜门却扫，绝迹下帷，弃产营书，手自删削。每叹曰：“丈夫拥书万卷，何暇南面百城！”

**三十乘** 晋张华好书，尝徙居，载书三十乘，凡天下奇秘，世所未有者悉在华所。有《博物志》行世。

**曹氏书仓** 曹曾积书万馀卷。及世乱，曾虑书籍散失，乃积石为仓，以藏书籍。世名曹氏书仓。

**五车书** 《庄子》：惠施多方，其书五车。

**八万卷** 齐金楼子聚书四十年，得书八万卷，虽秘书之省，自谓过之。

**三万轴** 唐李泌家积书三万轴。韩诗云：“邺侯家多书，架插三万轴，一一悬牙签，新若手未触。”

**黄卷** 古人写书，皆用黄纸，以黄蘗染之，驱逐蠹鱼，故曰黄卷。有错字，以雌黄涂之。

**杀青** 古人写书，以竹为简。新竹有汗，善朽蠹。凡作简者，先于火上炙去其汗，杀其竹青，故又名汗简。

**铅椠** 上古结绳而治。二帝以来，始有简册：以竹为之，而书以漆；或用板，以铅画之。故有刀笔铅椠之说。

**湘帖** 古人书卷外必有帖藏之，如今裹袱之类。白乐天尝以文集留庐山草堂，屡亡逸。宋真宗令崇文院写校，包以斑竹帖送寺。

**四部** 《唐·经籍志》：玄宗两都各聚书四部，以甲、乙、丙、丁为号：甲，经部，赤牙签；乙，史部，绿牙签；丙，子部，碧牙签；丁，集部，白牙签。

**芸编** 芸香草能辟蠹，藏书者用以熏之，故书曰芸编。古诗：“芸叶熏香走蠹鱼。”

**书楼孙氏** 孙祈六世祖长孺喜藏书，数万馀卷置之楼上，人谓之书楼孙氏。

**汗牛充栋** 陆文通之书，居则充栋，出则汗牛。

**悬国门** 吕不韦集《吕氏春秋》成，暴之咸阳市，悬千金其上，能增损一字者予千金。人莫能增损。

**市肆阅书**　王充好博览。家贫无书，常游洛阳市肆，阅所鬻书，一见辄能诵忆，遂博通众流百家之言。著《论衡》八十五篇。

**帐中秘书**　王充作《论衡》，中土未有传者，蔡邕入吴始得之，秘之帐中，以为谈助。后王郎得其书，及还洛下，时人称其才进。曰："不见异人，当得异书。"

**藏书法**　赵子昂书跋云："聚书藏书，良非易事！善观书者，澄神端虑，净几焚香，勿卷脑，勿折角，勿以爪侵字，勿以唾揭幅，勿以作枕，勿以作夹刺，随损随修，随开随掩。后之得吾书者，并奉赠此法。"

**等身书**　宋贾黄中幼日聪悟过人，父师取书与其身等，令读之，谓之等身书。

**蔡邕遗书**　蔡琰归自沙漠，曹操问邕遗书，琰曰："父亡，遗书四千馀篇，流离涂炭，罔有存者。今所诵忆，裁四百馀篇。因乞给纸笔，真草惟命。"于是缮写送入，文无遗误。

**嘉则殿**　隋炀帝嘉则殿书分三品，有红琉璃、绀琉璃、漆轴之异。殿垂锦幔，绕刻飞仙。帝幸书室，践暗机，则飞仙收幔而上，厨扉自启；帝出，扉闭如初。隋之藏书，计三十七万卷。

**补亡书三箧**　汉张安世博学。武帝幸河东，亡书三箧，诏问群臣，俱莫能知，惟安世识之，为写原本补入。后帝购求得书，以相较对，并无遗误。

## 博洽

**舌耕**　汉贾逵通经术，门徒来学，不远千里，献粟盈仓。或云，逵非力耕，乃舌耕也。

**书厨**　陆澄博览，无所不知，王俭自谓过之。及与语，澄谈及所遗编数百条，皆俭所未睹，乃叹服曰："陆公，书厨也。"

**学府**　《南史》：梁昭博及古今，人称为学府。

**人物志**　唐李守通晓天下人物臧否，世号肉谱。虞世南曰："昔任彦升通晓经术，世号五经笥。今以守为人物志，可乎！"

**九经库**　唐谷律耶博通经术，为世所重，号九经库。又房晖远博闻洽记，学者称为五经库。

**稽古力**　汉桓荣性嗜学，光武帝时拜太子太傅，以所赐车马陈于庭，谓诸生曰："此稽古力也。"

**柳箧子** 唐柳璨迁左拾遗，公卿竞托为笺奏，时誉日富，以其博学，号柳箧子。

**五总龟** 唐殷践猷博通经典，贺知章称之曰"五总龟"，龟千岁一总，问无不知。为秘书省学士。

**行秘书** 唐太宗尝出行，有司请载副书以从。上曰："不须。虞世南在此，即秘书也。"

**八斗才** 谢灵运曰："天下才共一石，曹子建独得八斗，我得一斗，自古及今共用一斗。奇才博识，安足继之。"

**扪腹藏书** 杨玠娶崔季让女，崔富图籍，玠游其精舍，辄览记。既而曰："崔氏书被人盗尽。"崔遽令检之，玠扪其腹曰："已藏之腹笥矣！"

**三万卷书** 吴莱好游，尝东出齐鲁，北抵燕赵，每遇胜迹名山，必盘桓许久。尝语人曰："胸中无三万卷书，眼中无天下奇山水，未必能文章；纵能，亦儿女语耳。"

**了却残书** 朱晦翁答陈同文书：奉告老兄，且莫相撺，留取闲汉存山里咬菜根，了却几卷残书。

**书淫** 刘峻家贫好学，常燎麻炬，从夕达旦，时或昏睡，爇其鬓发。及觉复读，常恐听见不博。闻有异书，必往祈借，崔慰谓之"书淫"。

## 勤学

**帐中灯焰** 范仲淹夜读书帐中，帐顶如墨。及贵，夫人以示诸子曰："尔父少时勤学，灯焰之迹也。"

**佣作读书** 匡衡好学，邑有富民家多书，与之佣作，而不取值，曰："愿借主人书读耳。"遂博览群书。

**带经而锄** 倪宽受业于孔安国，时行赁任，带经而锄，力倦，少休息，即起诵读。

**燃叶** 柳璨，少孤贫，好学，昼采薪给费，夜燃叶读书。

**圆木警枕** 司马光常以圆木为警枕，少睡则枕转而觉，即起读书，学无不通。

**穿膝** 管宁家贫好学，坐藜床五十馀年，未尝箕踞，当膝处皆穿。

**燃糖自照** 顾欢家贫，乡中有学舍，欢壁后倚听，无遗忘者。夕则燃松节读书，或燃糖自照。

**杜门读书** 邢劭，任丘人。少游洛阳，遇雨，乃杜门五日读《汉书》，悉强记无遗。文章典丽，既赡且速，与温子昇齐名。官太常卿，兼中书监、国子监祭酒，朝士荣之。雅性脱略，不以位望自尊，止卧一小室，未尝内宿。自云："尝昼入内阁，为犬所吠。"

## 著作

**字字挟风霜** 淮南王刘安撰《鸿烈》二十一篇，字字皆挟风霜之气。扬子云以为一出一入，字直百金。

**月露风云** 隋李谔书云："连篇累牍，不出月露之形；积案盈箱，尽是风云之状。"

**文阵雄师** 唐苏颋文章思若涌泉，张九龄谓同列曰："苏生之文俊赡无敌，真文阵雄师也。"

**词人之冠** 唐张九龄七岁能文，太宗时为中书舍人，时号为词人之冠。

**文章宿老** 唐李峤为凤阁舍人，富才思，文册号令多属为之。前与王、杨接迹，中与崔、苏齐名，学者称为文章宿老。

**口吐白凤** 汉扬雄作《甘泉赋》，才思豪迈，赋成，梦口吐白凤。

**咽丹篆** 唐韩愈少时，梦人与丹篆一卷，强吞之，傍有一人拊掌而笑。觉后胸中如物咽，自是文章日丽。后见孟郊，乃梦中傍笑者。

**锦心绣口** 唐李白《送弟序》："曰：'兄心肝五脏皆绣口耶？不然，何开口成文，挥翰雾散。'"

**宫体轻丽** 《梁高祖纪》：东海徐擒文体轻丽，时人谓之宫体。

**自出机杼** 祖莹以文学见重，常语人云："文章须自出机杼，成一家筋骨，何能共人作生活也！"

**倚马奇才** 桓温北征鲜卑，召袁宏倚马前作露布，手不停笔，俄得七纸，殊可观。

**文不加点** 江夏太守黄祖大会宾客，有献鹦鹉者，命祢衡曰："愿先生赋之。"衡揽笔而作，文不加点，辞采甚丽。

**干将莫邪** 李邕文名天下，卢藏用曰："邕之文如干将莫邪，难与争锋，但虞其伤缺耳。"

**洛阳纸贵** 左思作《三都赋》，豪贵之家竞相传写，洛阳为之纸贵。邢邵文章典丽，每文一出，京师传写，为之纸贵。

**此愈我疾** 陈琳少有辩才，草檄成以呈曹公。公先苦头疯，是日卧读琳檄，翕然而起，曰："此愈我疾！"

**台阁文章** 武处厚曰："文章有两等，有山林草野之文，有朝廷台阁之文。王安石曰：'文章须官样。'岂亦谓有台阁气耶？"

**捕龙搏虎** 柳宗元曰：人见韩昌黎《毛颖传》，大叹以为奇怪。余读其文，若捕龙蛇，搏虎豹，急与之角，而力不敢暇。

**捕长蛇骑生马** 唐孙樵书玉川子《月蚀歌》、韩吏部《进学解》，莫不拔地倚天，句句欲活，读之如赤手捕长蛇，不施鞅勒骑生马。

**驱屈宋鞭扬马** 《李翰林集序》：驰驱屈宋，鞭挞扬马，千载独步，惟公一人。

**点鬼簿算博士** 唐王勃、杨炯、卢照邻、骆宾王，皆有文名，人议其疵曰：杨好用古人姓名，谓之点鬼簿；骆好用数目作对，谓之算博士。

**玄圃积玉** 时人目陆机之文犹玄圃积玉，无非夜光。

**造五凤楼** 韩浦与弟洎皆有文名，洎尝曰："予兄文如绳枢草舍，聊庇风雨。予文是造五凤楼手。"浦因寄蜀笺与洎，曰："十样鸾笺出益州，近来新寄浣溪头。老兄得此全无用，助汝添修五凤楼。"

**梦涤肠胃** 王仁裕少时，尝梦人剖其肠胃，以西江水涤之，见江中沙石，皆为篆籀之文。由是文思并进，有诗百卷，号《西江集》。

**鼠坻牛场** 扬雄曰：雄为《太玄经》，犹鼠坻之与牛场也，如其用，则实五谷饱邦民；否则，为坻粪，弃之于道已矣。

**帖括** 帖者簿籍之义，以帖籍赅括义理而诵之。

**诊痴符** 和凝为文，以多为富，有集百卷，自镂板以行，识者非之，曰："此颜之推所谓诊痴符也。"

**焚弃笔砚** 陆机天才秀逸，辞藻宏丽，张茂先尝谓之曰："人之为文章，常患才少，而子患才多。"机弟云曰："茂先见兄文，辄欲焚弃笔砚。"

**齐丘窃谭峭** 五代时，宋齐丘欲窃谭景升《化书》以为己作，乃投景升于江。后渔人撒网，获景升尸，手中持《化书》三卷，遂改齐丘子为谭子化书。

**郢削** 《庄子》：郢人垩（音恶）漫其鼻端，若蝇翼，使匠石斫之。匠石运斤成风，斫之，尽垩而鼻不伤。故求人笔削其诗文，曰郢削。

**藏拙**　梁徐陵使于齐，时魏收文学北朝之秀，录其文集以遗陵，命传之江左。陵还，渡江而沉之，从者问故，曰："吾与魏公藏拙。"

**韩山一片石**　庾信自南朝至北方，惟爱温子昇所作《韩山碑》。或问北方何如，信曰："惟韩山一片石堪与语，馀若驴鸣犬吠耳。"

**福先寺碑**　裴度修福先寺，将求碑文于白居易。判官皇甫湜怒曰："近舍湜，而远取居易，请从此辞。"度亟谢，随以文属湜。湜饮酒，挥毫立就。度酬以车马玩器约千缗，湜怒曰："碑三千字，每字不直绢三匹乎？"度又依数酬之。湜又索文改窜，度笑曰："文已妙绝，增一字不得矣！"

**聪明过人**　韩文公尝语李程曰："愈与崔丞相群同年往还，直是聪明过人。"李曰："何处过人？"韩曰："共愈往还二十馀年，不曾说著文章。"

**金银管**　湘东王录忠臣义士文章，笔有三品：忠孝全者，金管书之；德行精粹者，银管书之；文章华丽者，斑竹管书之。

**杜撰**　五代广成先生杜光庭，多著神仙家书，悉出诬罔，如《感遇传》之类。故人以妄言谓之杜撰。或云杜默，非也。杜默以前遂有斯语。

**千字文**　梁散骑员外周兴嗣犯事在狱，梁王命以千字成文，即释之。一夕文成，须鬓皆白。

**兔园册**　汉梁孝王有圃名兔园，孝王卒，太后哀慕之。景帝以其园令民耕种，乃置官守，籍其租税，以供祭祀。其簿籍皆俚语之字，故乡俗所诵曰《兔园册》。

**书肆说铃**　扬雄曰："好学而不要诸仲尼，书肆也；好说而不要诸仲尼，说铃也。"

**昭明文选六臣注**　六臣：李善、吕延济、刘良、张铣、李周翰、吕向，并唐人；铣、向、周翰皆处士。

**艾子**　东坡有《艾子》一编，并是笑话。初不解其书，后见《杂记》云：宋仁宗灼艾，令优人竞说笑话，以忘其痛。"艾子"命书，亦此意也。或云子由灼艾，东坡作此，以分其痛。

**四本论**　钟会撰《四本论》始毕，甚欲使嵇公一见，置怀中，既定，畏其难，怀不敢出，于户外遥掷，便回急走。

**庄子郭注**　晋向秀注庄子《南华经》，剖析玄理。郭象窃之，以己名行世。

**叙字** 东坡祖名序，故为人作序，皆用“叙”字。

**颜鲁公书** 颜鲁公所著书，有《大言》《小言》《乐语》《滑语》《谗语》《醉语》，皆不传。

**无字** 《周易》“無”作“无”。晋王育曰：“天屈西北为无。”今于“无”上加一点，是古“既”字。

**三都赋序** 徐文长曰：皇甫谧序《三都》，足以重左太冲，而陈师锡之序《五代史》，不足以当欧阳永叔。则予虽无序，可也。

## 诗词

代羲始为长短句诗，汉武帝始为联句诗，曹植始为绝句诗，沈佺期始为律诗。

舜始为四言。汉唐山夫人始为三言诗。枚乘《十九首》始为五言诗，唐始为排句，宋始为集句。

颜延年、谢元晖始唱和，元微之、李、白始唱和次韵，颜鲁公始押韵。

宋周颙始为四声切韵，又沈约《四声谱》、夏侯该《四声韵略》，唐孙愐始集为《唐韵》。

魏孙炎始为反切字。本西域二合音，如“不可”为“叵”，“而已”为“耳”之类。僧守温始为三十二字母。

**乐府** 汉武帝始郊庙燕射，咸著为篇章，无总众体，制乐府，本《骚》《九歌》《招魂》。

李延年始造乐府新声二十八解（本胡曲造），古为章，魏晋以来皆为解。

唐始变乐府为词调，宋始变词调为长短篇。

晋荀勖始为清商三调，本周《房中》为平调、清调、瑟调。汉《房中》为楚调。又侧调生于清调，总谓相和调。

清商传江左，为梁宋新声，始尚辞（谓歌辞汉时但有其音耳。夷、伊、那、何之类则声也）。大曲有艳（在曲前），有趋，有乱（在曲后）。隋炀帝始倚声命辞（或云起于唐之季世）。王涯始曲中填辞（一云张泌，然六朝已有之）。李白始为小辞。

**诗体** 严沧浪云：诗体始于《国风》、三《颂》、二《雅》，流为《离骚》、古乐、古选（十九首）。后有建安体（汉末年号，曹氏父子及邺中七才子之诗）、黄初体（魏年号，与建安相接，其体一也）、正始体（魏年号，嵇、阮诸公之诗）、太康体（晋年号，左思、潘岳、二张、二陆之诗）、元嘉体（宋年号，颜、鲍、谢诸公之诗）、永明体（齐年号，齐诸公之诗）、齐梁体（通两朝而言之。杜云："恐与齐梁作后尘"）、南北朝体（通魏周而言之，与齐梁一体也）、初唐体（谓袭陈隋之体）、盛唐体（开元、天宝之诗）、中唐体、晚唐体、宋元祐体（黄山谷　苏东坡、陈后山、刘后村、戴石斋之诗）。

《唐诗品汇》总论曰：略而言之，则有初唐盛中晚之不同。详而言之，贞观、永徽之时，虞世南、魏徵诸公稍离旧习，王勃、杨炯、卢照邻、骆宾王因加美丽；刘希夷（庭芝）有闺帷之作，上官昭容有婉媚之姿：此初唐之制也。神龙以还，洎开元初，陈子昂古风雅正，李巨山（峤）文章宿老；沈佺期、宋之问之新声，苏颋、张说之大笔：此初唐之渐盛也。开元、天宝间，则有李翰林（白）之飘逸，杜工部（甫）之沉郁，孟襄阳（浩然）之清雅，王右丞（维）之精爽；储光羲之真率，王昌龄之隽拔；高适、岑参之悲壮，李颀、常建之雄快：此盛唐之盛者也。大历、贞元间，则有韦苏州（应物）之淡雅，刘随州（长卿）之闲旷；钱起、郎士元之清赡，皇甫冉曾之竞秀；秦公绪之山林，李从一（嘉祐）之台阁：此中唐之再盛也。下暨元和之际，则有柳愚溪（宗元）之超然复古，韩昌黎（愈）之博大沉雄；张籍、王建乐府得其故实，元、白叙事务得分明；与夫李贺、卢仝之鬼怪，孟郊、贾岛之瘦寒：此晚唐之变也。降而开元以后，则有杜牧之（牧）之豪纵，温飞卿（庭筠）之绮靡，李义山（商隐）之隐癖，许用晦（浑）之对偶；他若刘沧、马戴、李频、李群玉：此晚唐变态之极矣。

**诗评**　敖陶孙评："魏武帝如幽燕老将，气韵沉雄。曹子建如三河少年，风流自赏。鲍明远如饥鹰独出，奇矫无前。谢康乐如东海扬帆，风日流丽。陶彭泽如绛云在霄，舒卷自如。王右丞如秋水芙蓉，倚风自笑。韦苏州如园客独茧，暗合音徽。孟浩然如洞庭始波，木叶微落。杜牧之如铜丸走坂，骏马注坡。白乐天如山东父老课农桑，言言著实。元微之如龟年说天宝遗事，貌悴而神不伤。刘梦得如镂冰雕琼，流光自照。李太白如刘安鸡犬，遗响白云，核其归存，恍无定处。韩退之如囊沙背水，惟韩信独能。李长吉如武帝食露盘，无补多欲。孟东野如埋泉断剑，卧壑寒松。张籍如优工行乡，饮酬献秩，时有诙气。柳子厚如高秋独眺，霁晚孤吹。李义山如百宝流苏，千丝铁网，绮密环妍，要非适用。本朝苏东坡如屈注天潢，倒连沧海，变眩百怪，终归浑雄。欧阳文忠如四瑚八琏，止可施之宗庙。王荆公如邓艾缒兵入蜀，要以险绝为功。黄山谷如陶弘景袛诏入宫，析理谈玄，而松风之梦故在。梅圣俞如关河放溜，瞬息无声。秦少游如时女步春，终伤婉弱。陈后山如九皋独唳，深林孤芳，冲寂自妍，不求识赏。韩子苍如梨园按乐，排比得伦。吕居仁如散圣安禅，自能奇逸。其它作者，未易殚陈。独唐杜工部，如周公制作，后世莫能拟议。”语觉爽俊，而评似稳妥，惟少为宋人曲笔耳，故全录之。

**苦吟** 孟浩然眉毛尽落，裴祐至袖手皆穿，王维则走入醋瓮，皆苦于吟者。

**警句** 杨徽之能诗，太宗写其警句于御屏，僧文莹谓以天地浩露涤笔于金瓯雪盘，方与此诗神骨相投。

**推敲** 贾岛于京师驴背得句：“鸟宿池边树，僧敲月下门。”既下“敲”字，又欲下“推”字，炼之未字，引手作推、敲势。时韩愈权京兆尹，岛不觉冲其前导。拥至尹前，具道所以。愈曰：“敲字佳矣。”与并辔归，为布衣交。

**柏梁体** 七言诗始于汉柏梁体。武旁作柏梁台，诏群臣能诗者得上座，凡七言，每句用韵，各述其事。

**古锦囊** 李贺工诗，每旦出，骑款段马，从小傒奴辈，背古锦囊，遇所得，即内之囊中。母见之曰：“是儿呕出心肝乃已！”

**压倒元白** 唐宝历中，杨嗣复大宴，元稹、白居易亦与赋诗，惟杨汝士最佳，元、白叹服。汝士醉归，语其子弟曰：“我今日压倒元白！”

**诗中有画** 王维工于诗画。东坡曰：“摩诘之诗，诗中有画，观摩诘之画，画中有诗。”

**枫落吴江冷** 崔信明、郑世翼遇诸江中，世翼谓曰：“闻君有‘枫落吴江冷’之句，愿见其馀。”信明欣乐，出众篇，翼览未终，曰：“所见不逮所闻！”投诸水，引舟遽去。

**依样葫芦** 宋陶穀久在词林，太祖曰：“颇闻翰林皆简旧本换词语，此俗谓之依样葫芦。”后陶穀作诗，书玉堂壁曰：“官职须由生处有，才能不管用时无。堪笑翰林陶学士，年年依样画葫芦。”

**卖平天冠**　宋廖融精于《诗》学，多有生徒。太宗曰：“词赋策论取士，融生徒多引去。”融曰：“岂知今日之《诗》道，一似大市卖平天冠，并无人问。”

**技痒**　《懒真子》云：老杜哀《郑虔诗》，有“荟蕞何技痒”之句，谓人有技艺不能自忍，如人之搔痒也。

**投溷**　李贺有表兄，与贺有笔砚之仇，恨贺傲。忽贺死，复给取其稿，尽投溷中。

**点金成铁**　梁王籍诗云：“蝉噪林逾静，鸟鸣山更幽。”王荆公改用其句曰：“一鸟不鸣山更幽。”山谷笑曰：“此点金成铁手也。”

**易吾肝肠**　张籍爱杜甫诗，取其集，焚取灰烬，副以膏密，顿饮之，曰：“令吾肝肠从此改易。”

**贾岛佛**　李洞慕贾浪仙诗，铸铜像事之如神，尝念贾岛佛。

**偷诗**　杨衡初隐庐山，有窃其诗以登第者。衡后亦登第，见其人问曰：“‘一一鹤声飞上天’在否？”答曰：“此句知兄最惜，不敢偷。”衡曰：“犹可恕也。”

**诋诗**　张率年十六，作颂赋二千馀首，虞讷见而诋之。率乃一旦焚毁，更为诗示之，托云沈约。讷更句句嗟称无字不妙。率曰：“此率作也。”讷惭而退。

**爱杀诗人**　唐宋之问爱刘希夷诗，有“年年岁岁花相似，岁岁年年人不同”之句，恳乞不与，之问怒以土囊压杀之。

**出诗示人**　殷浩少与桓温齐名，常有竞心。桓问殷：“卿何如我？”殷曰：“我与我周旋久，宁作我。”殷尝作诗示桓，桓玩侮之曰：“卿慎弗犯我；犯我，当出汝诗示人也！”

## 歌赋

**古歌谣**　伏羲氏有《网罟之歌》，始为歌。葛天氏操牛尾，投足，歌八阕，始分阕。孔甲作《破斧之歌》，始为东音。涂山氏（禹妃）歌《侯人》，始为《周南》《召南》。有娀氏感飞燕，始为北音。周昭王时，西瞿徙宅西河，始为西音。（今歌曲统谓南北音。《凉州》《伊州》《甘州》《渭州》皆西音，并为北歌曲。）

**鼓吹**　黄帝命岐伯为鼓吹。凯歌，汉为铙歌，本鼓吹。

**相和歌**　汉始有杂歌、艳歌、倚歌、蹈歌，始为相和歌，本讴谣丝竹相和，执节而歌。

**乐府采诗**　汉武帝立乐府，采诗夜诵，则有赵代秦楚之讴，始以声为主，尚歌。

**白歌**　梁武帝本吴歌《白纻》，始改《子夜吴声四时歌》。

**薤露蒿里**　田横从者始为《薤露》《蒿里》歌。魏缪袭始以挽歌为辞。

郊祀歌，三言四言。谢庄歌《五帝》，三言九言，依五行数。汉歌篇八句转韵。张华、夏侯湛两三韵转。傅玄改韵颇数。王韶之、颜延之始四句转韵，赊促得中。

**铙吹**　唐柳子厚作《铙歌鼓吹曲》十二篇，歌唐战功。

**檀来歌**　周世宗南征军士作《檀来歌》，声闻数十里。

**阳春白雪**　《文选》：客有歌于郢中者，始为《下里》《巴人》，国中和者数千人；为《向阳》《薤露》，和者数百人；为《阳春》《白雪》，和者数十人。引商刻羽，杂以流徵，和者不过数人。其曲弥高，其和弥寡。

**填词柳三变**　柳耆卿为屯田员外郎，初名三变，自作词云："才子词人，自是白衣卿相。"后有荐于朝者，仁宗曰："此人风前月下，且去填词。"由是不得志。自称奉圣旨填词柳三变。

**纂组成文**　司马相如曰：合纂组以成文，列锦绣而为质，一经一纬，一宫一商，此赋之迹也。赋家之心，包括宇宙，总揽人物，斯乃得之于内，不可得而传也。

**登高作赋**　古者登高能赋，山川能祭，师旅能御，丧纪能诔，作器能铭，则可以为大夫矣。

**五经鼓吹**　孙绰博学，善属文，绝重张衡、左思赋，每云："《三都》《二京》，五经鼓吹。"

**雕虫小技**　或问扬子云曰："吾子少而好赋？"曰："然。童子雕虫篆刻。"既而曰："壮夫不为也。"

**风送滕王阁**　都督阎伯屿修滕王阁，落成设宴，属婿吴子章预作《滕王阁赋》，出以夸客。王勃自马当顺风行七百馀里，至南昌与宴。及逊作赋，受笔札而不辞。都督大怒，命吏伺其落句即报。至"落霞秋水"句，都督曰："此天才也！"命其婿辍笔。

**张融海赋**　张融为《海赋》，顾恺之曰："卿此赋实超玄虚，但不道盐耳。"融即援笔增曰："漉沙构白，熬波出素。积雪中春，飞霜暑路。"

**木华海赋**　木华作《海赋》，思路偶涩，或告之曰："何不于海之上下四旁言之？"华因其言，《海赋》遂成。

**八叉手**　温庭筠工赋，每人试作赋，八叉手而八韵成。又言庭筠作赋，未尝起草，一吟一韵，场中号温八吟，亦号温八叉。

## 书简

伏羲始制契，以木刻书。黄帝始以刀书。舜始以漆书。中古磨石汁书。黄帝始铸文于鼎彝。周宣王始刻文于石。五代和凝始刻书于梨板。

**印板**　隋文帝为印板。冯道请唐明宗行印板，始印《五经》，始依石经文字，刊《九经》板。宋真宗始摹印司马、班史诸史板。

**鲤素**　《古乐府》："客从远方来，遗我双鲤鱼；呼童烹鲤鱼，中有尺素书。长跪读素书，书中意何如？上有加餐饭，下有长相思。"

**云锦书**　李白诗："青鸟海上来，今朝发何处？口衔云锦书，为我忽飞去。鸟去凌紫烟，书留绮窗前。开缄方一笑，乃是故人传。"

**青泥书**　后汉邓训为上谷守。故吏知训好青泥封书，遂从黎阳步推鹿车，载青泥至上谷，以遗训。

**飞奴**　张九龄家养群鸽，每与亲知书，系鸽足上投之，呼为飞奴。

**代兼金**　陆机诗："愧无杂佩赠，良讯代兼金。"

**寄飞燕**　江淹诗："袖中有短札，欲寄双飞燕。"孟郊诗："欲写加餐字，寄之西飞翼。"

**白绢斜封**　卢仝《谢孟简惠茶歌》："日高丈五睡正浓，将军扣门惊周公。口传谏议送书信，白绢斜封三道印。"

**十部从事**　晋刘弘为荆州刺史，每发手书郡国，丁宁款密，莫不感悦，咸曰："得刘公一纸书，贤于十部从事！"

**家书万金**　王筠久住沙阳。一日，得家书，曰："抵得万金也。"杜诗："烽火连三月，家书抵万金。"

**风月相思**　周弘让《答王褒书》："苍雁赪鳞，时留尺素，清风明月，俱寄相思。"

**千里对面**　唐高祖曰："房玄龄每为吾儿陈事，千里外犹如面谈。"

**不为置书邮** 晋殷浩迁豫章太守，都下人士因其致书者百馀，行次石头，皆投之水中，曰："沉者自沉，浮者自浮，殷洪乔不能为致书邮。"

## 字学（汇入群书文章）

神农始为历日。文王始为经书。周公始为政书。黄帝受玄女始为《兵符》。吕望始为《韬略》。周公始为《四方志》。李悝次诸国律，始为《法经》。周公始为稗官。战国时始为小说。宋高宗始为词话。神农尝百药，始著方书。黄帝与岐伯问答。雷公受业，著《内外经》。师巫占六岁以下小儿寿天，著《颅囟经》。汉甘公始为命书，唐举始为相书，郭璞始为风水书。景虑始口授，大月氏王使尹存《浮屠经》。蔡愔、秦景始奉使得天竺佛书，梁武帝合五千四百卷为《三藏》。黄帝使史甲作戒，始著书。成汤始撰书名（凡书各有名）。黄帝始为铭、为箴。帝喾始为颂。伏羲始为记事。司马迁始为纪。沈约始为类事。子夏始为序。公羊高始为注。郑玄始为笺释。赵岐始为题跋。庄周始为说。田骈始为辨。荀卿始为论解。夏启始为檄，伊尹始为训。黄帝始为传。周公始为诔。鬻熊始为子。庾仲容始为钞。刘歆始为集。南朝始为文、为笔（今诗文通称文笔）。晋宋始为文受礼。隋始受钱，唐始盛。汉始称贾逵为舌耕，唐始称王勃为笔耕（以为文取丰金也）。高颎始索润笔（时为郑译草《封沛国制》）。王隐君始歌卖文（段湛卖文）。

任昉《文章缘起》：三言诗，晋散骑常侍夏侯湛作。四言诗，前汉楚王傅韦孟《谏楚王戊诗》。五言诗，汉骑都尉李陵《与苏武诗》。六言诗，汉大司农谷永作。七言诗，汉武帝《柏梁台》连句。九言诗，魏高贵乡公作。赋，楚大夫宋玉作。歌，荆轲作《易水歌》。《离骚》，楚屈原作。诏，起秦时玺文，秦始皇传国玺。册文，汉武帝封三王册文。表，淮南王安《谏代闽表》。让表，汉东平王苍《上表让骠骑将军》。上书，秦丞相李斯《上始皇书》；汉太史令司马迁《报任少卿书》。对贤良策，汉太子家令晁错。上疏，汉大中大夫东方朔。启，晋吏部郎山涛作《选启》。作奏记，汉江都相诣《公孙弘奏记》。笺，汉护军班固《说东平王笺》。谢恩，汉丞相魏相《诣公车谢恩》。令，汉淮南王《谢群公令》。奏，汉牧乘《奏书谏吴王濞》。驳，汉吾丘寿王《驳公孙弘禁民不得挟弓》。议论，王褒《四子讲德论》，汉韦玄成《奏罢郡国庙议》。弹文，晋刘州刺史王深《集杂弹文》。骚，汉扬雄作。荐，后汉云阳令朱云《荐伏湛》。教，京兆君王尊《出教告属县》。封事，汉魏相《奏霍氏专权封事》。白事，汉孔融主薄作《白事书》。移书，汉刘歆《移书谏太学博士》，论《左氏春秋》。铭，秦始皇会稽山刻石铭。箴，扬雄《九州百官箴》。封禅书，汉文园令司马相如。赞，司马相如作《荆轲赞》。颂，汉王褒《圣主得贤臣颂》。序，汉沛郡太守作《邓后序》。引，琴操有《箜篌引》。《志录》，扬雄作。记，扬雄作《蜀记》。碑，汉惠帝《四皓碑》。碣，晋潘尼作《潘黄门碣》。诰，汉司隶从事冯衍作。誓，汉蔡邕作《艰誓》。露布，汉贾弘为马超伐曹操作。檄，汉丞相祭酒陈琳作《檄曹操文》。明文，汉泰山太守应劭作。对问，宋玉《对楚王问》。传，汉东方朔作《非有先生传》。上章，孔融《上章谢大中大夫》。《解嘲》，扬雄作。训，汉丞相主簿繁钦《祠其先生训》。乐府，即古诗各体。词，汉武帝《秋风词》。旨，后汉崔骃作《达旨》。劝进，魏尚书令荀攸《劝魏王进文》。喻难，汉司马相如《喻巴蜀》，并《难蜀父老文》。诫，后汉杜笃作《女诫》。吊文，贾谊《吊屈原文》。告，魏阮瑀为文帝作《舒告》。传赞，刘歆作《列女传赞》。谒文，后汉别部司马张超《谒孔子文》。析文，后汉傅毅作《高阙析文》。祝文，董仲舒《祝日蚀文》。行状，汉丞相仓曹傅朝幹作《杨元相行状》。哀策，汉乐安相李亢作《和帝哀策》。哀颂，汉会稽东郡尉张纮作《陶侯哀颂》。墓志，晋东阳太守殷仲文作《从弟墓志》。诔，汉武帝《公孙弘诔》。悲文，蔡邕作《悲温舒文》。祭文，后汉车骑郎杜笃作《祭延钟文》。哀词，汉班固《梁氏哀词》。挽词，魏光禄勋缪袭作。发，汉枚乘作《七发》。离合词，孔融作《四言离合诗》。《连珠》，扬雄作。篇，汉司马相如作《凡将篇》。歌诗，枚乘作《丽人歌诗》。遗命，晋散骑常侍江统作。图，汉河间相张人作《玄图》。势，汉济北相崔瑗作《草书势》。约，王褒作《僮约》。

伏羲命仓颉、沮诵始造字。仓颉造字，天雨血，鬼夜哭，龙乃潜藏。

**六书** 仓颉造字，有六书：一曰象形（谓日、月之类，象日、月之形体也），二曰假借（谓令、长之类，一字两用也），三曰指事（谓上、下之类，人在一上为上，人在一下为下，各指其事，以为言也），四曰会意（谓武、信之类，止戈为武，人言为信，会合人意也），五曰转注（谓考、老之类，左右相转，以为言也），六曰谐声（谓江、河之类，以水为形，以工可为声也）。

**字祖** 蝌蚪书乃字之祖。庖牺氏有龙瑞，作龙书。神农有嘉穗，作穗书。黄帝因卿云作云书。尧因灵龟作龟书。夏后氏作钟鼎，有钟鼎书。朱宣氏有凤瑞，作凤书。周文王因赤雁衔书，武王因丹鸟入室作鸟书，因白鱼入舟作鱼书。

**篆** 周宣王史籀始为大篆，名籀篆。李斯始为小篆，名玉箸篆。

**历朝断书** 仓颉而降，凡五变：古文，蝌蚪，籀篆，隶，草。

**秦书八体** 大篆、小篆、刻符书（鸟有云脚，印符用），虫书、摹印（曲体，印用，亦名缪篆），置书（即萧何题笔未央），殳书（随势书，隶书）。

**汉六体** 试吏古文、奇字、篆、隶 缪篆、虫书。

**唐定五体** 古文、大篆、小篆、虫书、隶。

**张怀瓘十体断书** 古文、大篆、籀文、小篆、八分、隶、章、草、行书、飞白。

**唐度之十体** 古文、大篆、小篆、八分、飞白、薤叶（本务光）、悬针、垂露（表章用，三曹喜作）、鸟书、连珠。

**宋十二体** 殳书、传信、鸟书、刻符、萧籀、署书、芝英书（汉武帝植芝作）、气候直时书（相如采日辰虫形作）、鹤头书（汉诏板用）、偃波书（鹤头纤乱者）、转宿篆（司星子韦以荧惑退舍作）、蚕书（秋胡妻作）。

**小篆体八** 鼎小篆、薤叶、垂露、悬针、缨络（刘德昇观星作）、柳叶（卫瓘作）、煎刀（韦诞作）、外国胡书（阿马儿抹王授）。

**字数** 沈约韵一万一千五百二十字，《广韵》二万六千一百九十四字。

**八分书** 蔡文姬言，割程隶字八分，取二分；割李篆字二分，取八分，故名八分书。

**章草** 汉元帝时黄门令史游作《急就章》，解散隶体，谓之章草。

## 书画

**兰亭真本** 王右军写《兰亭记》，韵媚遒劲，谓有神助。后再书数十馀帧，俱不及初本。右军传于徽之，徽之传七世孙智永，智永传弟子辨才，辨才被御史萧翼赚入库内，殉葬昭陵。

**草圣草贤** 晋张旭善草书，饮酒大醉，呼叫狂走，或以发濡墨而书，人称之草圣。崔瑗善章草，人称之草贤。

**怒猊渴骥** 唐徐浩书《张九龄告身》，多渴笔，谓枯无墨也，在书家为难。世状其法如怒猊决石，渴骥奔泉。

**家鸡野鹜** 晋庾翼少时，书与右军齐名，学者多宗右军。庾不忿，《与都人书》云：“小儿辈乃厌家鸡，反爱野鹜，皆学逸少书。”

**伯英筋肉** 晋卫瓘、索靖俱善书，时谓瓘得伯英之筋，靖得伯英之肉。

**池水尽黑** 张奂长子芝，字伯英，好草书，学崔、杜法，家之布帛，必书而后练。临池学书，池水为之尽黑。

**游云惊鸿** 晋王羲之善草书，论者称其笔势，飘若游云，矫若惊鸿。

**龙跳虎卧** 晋王右军善书，人谓右军之书如龙跳天门，虎卧凤阙。

**风樯阵马** 宋米芾善书。东坡云：“元章平生篆隶真行草书，分为十卷，风樯阵马，当与钟、王并行，非但不愧而已。”

**柿叶学书** 郑虔好书，常苦无纸，遂于慈恩寺贮柿叶数屋，逐日取以学书，岁久乃尽。

**绿天庵** 怀素喜学书，种芭蕉数万株，取其叶以代纸，号其所曰绿天庵。

**驻马观碑** 欧阳率更行见古碑是索靖所书，驻马观之，良久而去，数百步复还，下马伫立，疲倦则席地坐观，因宿其下，三日乃去。

**铁户限** 智永，右军七世孙，精于书法。人来觅书，并请题额者如市，所居户限为穿，乃用铁叶裹之，人号铁户限。

**溺水持帖** 赵子固常得姜白石所藏定武不损本禊帖，乘舟夜泛而归，行至霅之升山，风起舟覆，行李襆被皆淹溺无馀。子固方披湿衣立浅水中，手持禊帖，语人曰：“《兰亭》在此，馀不足问也。”

**钟繇掘墓** 魏钟繇问蔡伯喈笔法于韦诞，诞吝不与，繇乃自捶胸呕血，魏祖以五灵丹救活之。及诞死，繇使盗掘其墓，得之。由是书法更进，日夜精思。卧画被穿过表，如厕终日忘归。每见万类，皆画。繇之子会，字士季，书有父风。

**字以人重** 书法擅绝技者，每因品重，非其人只贻玷耳。故曹操书法虽美不传，褚仆射、颜鲁公、柳少师则家藏寸纸，珍若尺璧，不专以字重也。

**换羊书** 王鲁直谓东坡曰：“昔王右军书为换鹅书。韩宗儒每得公一帖，即干殿帅姚麟许换羊肉十数斤，可名公书为‘换羊书’矣。”一日，坡在翰苑，以圣节撰著纷冗，宗儒日作数简以图报书，使人立庭下督索甚急。公笑语之曰："传语：本官今日断屠。"

**见书流涕** 王羲之十岁善书，十二，见前代《笔说》于其父枕中，窃而读之。父曰："尔何来窃吾所秘？"不盈期月，书便大进。卫夫人见之，语太常王荣曰："此儿必见用《笔诀》，近见其书，便有老成之法。"因流涕曰："此子必蔽吾名。"

**书不择笔** 唐裴行俭工草隶，每曰："褚遂良非精纸佳笔未尝肯书，不择笔墨而研捷者，惟予与虞世南耳。"

**五云佳体** 唐韦陟封郇公，善草书，使侍妾掌五彩笺，裁答授意，陟惟署名。人谓所书"陟"字，若五朵云，号郇公五云体。

**登梯安榜** 韦诞能书。魏明帝起殿，欲安榜，使诞登梯书之。既下，头鬓皓然，因敕儿孙勿复学书。

**换鹅书** 山阴一道士养好鹅，右军往观，意甚喜，因求市之。道士云："为我写《道德经》，当举鹅相赠耳。"右军欣然写毕，笼鹅以归。或问曰："鹅非佳品，而公爱之，何也？"右军曰："吾爱其鸣唤清长。"

**寝食其下** 阎立本观张僧繇江陵画壁，曰："虚得名耳。"再往，曰："犹近代名手也。"三往，于是寝食其下数日而后去。

**画龙点睛** 张僧繇避侯景来奔湘东，尝于天皇寺画龙，不时点睛，道俗请之，舍钱数万，落笔之后，雷雨晦冥，忽失龙所在。

**画鱼** 唐李思训画一鱼甫完，方欲点染藻荇，有客叩门，出看，寻失去画鱼。使人觅之，乃风吹入池，拾起视之，鱼竟失去，止剩空纸。后思训画大同殿壁，明皇谕之曰："卿所画壁，常夜闻水声，真入神之手。"思训开元中除卫将军，与其子道昭俱得山水之妙，时号大李、小李。

**画牛隐见** 宋太宗时，李后主献画牛，昼则啮草栏外，夜则归卧栏中，莫晓其故。僧赞宁曰："此幻药所画。倭国有蚌泪，和色著物，昼见夜隐。沃焦山有石，磨色染物，昼隐夜见。"

**滚尘图** 唐宁王善画马，花萼楼壁上画《六马滚尘图》，明皇最爱玉面花骢，后失之，止存五马。

**画龙祷雨** 曹不兴尝于溪右见赤龙，夭矫波间，因写以献孙皓。至宋文帝时，累月旱暵，祈祷无应。帝取不兴画龙，置之水傍，应时雨足。

**画鹰逐鸽** 润州兴国寺，苦鸠鸽栖梁上污秽佛像。张僧繇乃就东壁上画一鹰，西壁上一鹞，皆侧首向檐外，自是鸠鸽不敢复来。

**李营丘** 李成，营丘人，善画山水林木，当时称为第一，遇目矜贵。生平所画，只用自娱，势不可逼，利不可取，传世者不多。郭熙是其弟子。

**范蓬头** 范宽居山林，常危坐终日，纵目四顾，以求其趣。北宋时，天下画山水者，惟宽与李成，议者谓李成之笔，近视如千里之遥；范宽之笔，远望不离坐外，皆造神奇。

**董北苑** 沈存中云："江南中主时有北苑董源善画，尤工秋岚近景，为写江南山水，可为奇峭。其后建康僧巨然，祖述源法，皆臻妙理。"

**王摩诘** 唐王维字摩诘，别墅在辋州，常画《辋州图》，山谷盘郁，云水飞连，意在尘外，怪生笔端。秦太虚云："予病，高符仲携《辋川图》示予曰：'阅此可愈病。'予喜甚，恍然若与摩诘同入辋川，数日病愈。"

**李龙眠** 舒城李公麟号龙眠，工白描，人物远师陆、吴，牛马斟酌韩、戴，山水出入王、李。作画多不设色，纯用澄心堂纸为之。唯临摹古画，用绢素。著色笔法，如行云流水，当为宋画中第一。

**画仕女** 仕女之工，在于得其闺阁之态。唐周昉、张萱，五代杜霄、周文矩，下及苏汉臣辈，皆得其妙，不在施朱傅粉、镂金佩玉以为工。

**画人物** 人物于画，最为难工，顾陆世不多见。吴道子画家之圣。至宋李龙眠一出，与古争先。得龙眠画三纸，可敌道子画二纸，可敌虎头画一纸，其轻重相悬类若此。

**扇上图山水** 《南史》：萧贲，竟陵王子良之孙。善书画，常于扇上为图山水，咫尺之内，便觉万里为遥。矜慎不传，自娱而已。

**画圣** 北齐杨子华画马于壁，每夜必踶啮长鸣，如索水草。人谓之画圣。

**颊上三毛** 顾上康画裴叔则，颊上三毛，神采愈俊。画殷荆州像，荆州目眇，顾乃明点瞳子，飞白拂其上，如轻云之蔽日，殷贵其妙。

**周昉传真** 周昉善传真。郭令公为其婿赵纵写照，令韩幹写，复令昉写，莫辨其优劣。赵国夫人曰："二画俱似。前画空得赵郎形貌，后画兼得其神气、性情、笑语之姿。"

**一丘一壑** 顾长康画谢幼舆在岩石里，人问其所以，顾曰："谢云：'一丘一壑，自谓过之。'此子宜置丘壑中。"

**郑虔三绝** 唐郑虔善画山水，尝自写其诗并画，以献帝，大署其尾，曰："郑虔三绝。"

**传神阿堵** 顾长康画人，或数年不点目睛。人问其故，顾曰："四体妍媸，本无关于妙处，传神写照，正在阿堵中。"

**画风鸢** 郭恕先寓岐山下，有富人子喜画，日给醇酒，待之甚厚，久乃以情言，且致匹素。郭为画小童，持线车放风鸢，引线数丈，满之。富人子大怒。与郭遂绝。

**维摩像** 顾恺之于瓦棺寺画一维摩相，闭户揣摩百馀日。画毕，将欲点睛，谓僧曰："第一日开者，令施十万；第二日五万；第三日开，如例。"及开，光明照寺，施者填门。

**画花鸟** 五代时，黄荃与子居寀，并画花卉，谓之写生。妙在傅色不用笔墨，俱以轻色染成，谓之没骨图。

**画枝叶蕊萼** 江南徐熙，先落笔以写其枝叶蕊萼，然后著色，故骨气丰神，为古今绝笔。

**韩幹马** 唐明皇令韩幹睹御府所藏画马，幹曰："不必观也，陛下厩马万匹，皆是臣师。"

**戴嵩牛** 戴嵩善画牛。画牛之饮水，则水中见影。画牧童牵牛，则牛瞳中有牧童影。

**错画斗牛尾**《东坡志林》：蜀中杜处士，好书画，所宝以百数。有戴嵩《牛》一轴，尤所爱，锦囊玉轴，常以自随。一日，曝书画，有一牧童见之，抚掌大笑曰："此画斗牛也，斗力在角，尾夹入两股间，今乃掉尾而斗，谬矣！"处士笑而然之。古语云"耕当问奴，织当问婢"，不可改也。

**鲍鼎虎** 宣城鲍鼎每画虎，扫室，屏人声，塞门牖，穴屋取明，饮斗酒，脱衣据地，卧起行顾，自视真虎也。

**画竹** 文与可画竹，是竹之左氏也，子瞻却类庄子。又有息斋李衎者，亦以竹名。所谓东坡之竹，妙而不真；息斋之竹，真而不妙者是也。梅道人始究极其变，流传既久，真赝错杂。

**画梅花** 衡州花光长老善画梅花，黄鲁直观之曰："如嫩寒春晓，行孤山水边篱落间，但欠香耳。"又杨补之墨梅清绝。

**花竹翎毛** 唐崔白、艾宣工花竹翎毛。唐人花鸟，边鸾画如生。

**画草虫** 吴僧善画草虫，以扇送司马君实，因谢云："吴僧画团扇，点染成微虫，秋毫皆不爽，真窃天地功。"

**米南宫**　米芾字元章，天姿高迈。初见徽宗，进所画《楚山清晓图》，大称旨。枯木松石，时出新意，然传世不多。其子友仁，字元晖，能传家学，作山水，清致可掬，成一家法。

**名画家**　宋四大家：南宋以后，李唐、刘松年、马远、夏珪四家，俱登祗奉，名著艺苑。

**元四大家**　赵子昂字孟頫，号松雪。吴镇字仲圭，号梅花道人。黄公望字可久，号大痴，又号一峰老人。王蒙字叔明，一号黄鹤山樵。俱胜国时人，以画名世。

## 不学

**没字碑**　五代任圜曰："崔协不识文字，虚有其表，号没字碑。"

**腹负将军**　晋党进官太尉，目不知书。一日，扪腹语曰："吾不负汝！"一家妓应曰："将军不负此腹，但此腹负将军耳。"

**视肉撮囊**　庄子曰："人而不学，谓之视肉；学而不行，谓之撮囊。"

**马牛襟裾**　人不通古今，牛马两襟裾。

**书簏**　晋傅迪广读书而不解其义，唐李德淹贯古今，而不能属辞：皆谓之书簏。

**杕杜**　李林甫不识"杕杜"字，谓韦陟曰："此云杖杜，何也？"陟俯首，不敢应。

**金根车**　韩退之子昶，性暗劣，为集贤校理。史传有"金根车"，昶以为误，改"根"为"银"，愈责之。

**弄獐**　唐姜度生子，李林甫手书贺之曰："闻有弄獐之喜。"客视之，掩口笑。东坡诗："甚欲去为汤饼客，却愁错写弄獐书。"

**蹲鸱**　张九龄一日送芋于萧炅，书称"蹲鸱"。萧答云："惠芋拜嘉，惟蹲鸱未至。然寒家多怪，亦不愿见此恶鸟也。"九龄以视座客，无不大笑。

**纥字**　鲁臧武仲名纥，孔子父叔梁纥（纥音恨发切，恨兴轩辖），而世多呼为"核"。萧颖士闻人误呼武仲名，因曰："汝纥字也不识！"

**伏猎**　萧炅为侍郎，不知书，常与严挺之书，称"伏腊"为"伏猎"。挺之笑曰："省中岂容伏猎侍郎乎？"乃出之。

**春蒐**　桓温篡位，尚书误写"春蒐"为"春菟"，自丞相以下皆被黜。

**目不识丁**　唐张弘靖曰："天下无事，尔辈挽两石弓，不如识一个字！”“个”字误书“丁”字，以其笔画相近也。

**行尸走肉** 《拾遗记》：“任末曰：人而不学，乃行尸走肉耳！”

**心聋** 《列子》：人不涉学，犹心之聋。

**白面书生** 宋太祖欲北征，沈庆之谏不可。江湛之曰：“耕当问奴，织当问婢。今欲伐国，而与白面书生谋之，曷克有济？”

**口耳之学** 《荀子》：“小人之学也，入乎耳，出乎口；口耳之间，则四寸耳，曷足以美七尺之躯哉！”

## 文具

舜始造羊毛笔，鹿毛为柱。蒙恬始造兔毫笔，狐狸毛为柱。

**毛颖** 《毛颖传》：毛颖，中山人，蒙恬载以归，始皇封诸管城，号管城子，累拜中书令，呼为中书君。

**蒙恬造笔** 蒙恬取中山兔毫造笔。右军《笔经》：诸郡毫，惟赵国中山山兔肥而毫长可用，须在仲秋月收之，先用人发杪数茎，杂青羊毛并兔毛，裁令齐平，以麻纸裹至根令治；次取上毫薄薄布柱上，令柱不见。恬始造笔，以枯木为管，鹿毛为柱，羊皮为被，所谓苍毫。

**毛锥** 五代史弘肇曰：“安朝廷，定祸乱，直须长枪大戟，若毛锥子安足用哉？”三司使王章曰：“无毛锥子，军赋何从集乎？”肇默然。

**椽笔** 晋王珣梦人以大笔如椽与之，既觉，曰：“此当有大手笔事。”俄，武帝崩，哀策谥议，皆珣所草。

**鼠须笔** 王羲之得用笔法于白云先生，先生遗之鼠须。张芝、钟繇亦皆用鼠须笔，笔锋强劲，有锋芒。

**鸡毛笔** 岭外少兔，以鸡雉毛作笔亦妙，即东坡所谓三钱鸡毛笔。东坡书《归去来辞》，颇似李北海，流便纵逸，而少乏遒劲，当是三钱鸡毛笔所书者。

**呵笔** 李白召对便殿，撰诏诰。时十月大寒，笔冻。帝敕宫嫔十人，侍白左右，令各执牙笔呵之。

**笔冢** 长沙僧怀素得草圣三昧，弃笔堆积，埋于山下，曰笔冢。

**右军笔经** 昔人用琉璃象牙为管，丽饰则有之，然笔须轻便，重则踬矣。近有人以绿沈漆竹管及镂管见遗，用之多年，颇可爱玩，讵必金宝雕饰，方为遗乎。

**梦笔生花** 李白少时，梦笔头上生花，后天才赡逸，名闻天下。

**五色笔** 江淹梦人授以五色笔，由是文藻日丽。后宿野亭，梦一人自称郭璞，谓淹曰："吾有笔在君处多年，可见还。"淹乃探怀中，得五色笔以授之。嗣后为诗，绝无佳句，时人谓之才尽。

**笔匣** 汉始饰杂宝为笔匣，犀象琉璃为管。王羲之始尚竹管。

**笔床** 梁简文帝始为笔床，笔四矢为一床。

**大手笔** 唐苏颋封许国公，张说封燕国公，皆以文章显，称望略等，时号燕许大手笔。

**研** 黄帝得玉，始治为墨海，文曰："帝鸿氏研"。孔子为石研，仲由为瓦研，汉漆研，晋铁研，魏银研。

**溪研** 唐玄宗时，叶氏始取龙尾溪石为研，深溪为上。南唐时始开端溪坑石作研，北岩为上，有辟雍样、郎官样。宋仁宗时，端溪石、龙尾溪石并竭。

**研谱** 端溪三种岩石，上中下三岩。西坑、后历、下岩无新，上中岩有新旧。旧坑则龙岩，汲绠、黄圃三石；新坑则后历、小湘、唐窦、黄坑、蚌坑、铁坑六处，俱山东。其最佳子石出水中者，次鸲鸽眼，赤白黄色点，绿絛、环金线纹，脉理黄。白絛、青絛、青纹，眼筋短纹，火黯微斑。赤裂、黄霞、铁线、白钻、压矢，色斑。龙尾佳者金星，次罗纹眉子、水舷、枣心、松纹、豆斑、角浪、剧丝、驴坑。又《研谱》称：最佳者红丝，出土中者，次黑角、褐金、紫金、鹊金、黑玉。

**苏易简研谱** 端溪研，水中者石色青，山半者石色紫，山顶者石尤润，色如猪肝者佳。若匠者识山之脉理，凿一窟，自然有圆石，琢而为研，其值千金，谓之紫石研。东坡《铭》曰："孰形无情，石亦卵生。黄膘胞络，以孕黝赪。"

**即墨侯** 又嵩《石虚中传》：南越人，姓石，名虚中，字居默，拜即墨侯。薛稷为研，封石乡侯。

**马肝** 汉元鼎五年，郅支国贡马肝石，和丹砂为丸，食之，则弥年不饥；以拭白发，尽黑。用以作研，有光起。

**凤咮** 东坡诗："苏子一研名凤咮，坐令龙尾羞牛后。"龙尾，溪名，出石可为研。

**龙尾研** 李后主留意翰墨，所用澄心堂纸、李廷珪墨、龙尾研，三者为天下冠，当时贵之。龙尾石多产于水中，故极温泽，性本坚密，扣之其声清越，宛若玉振，与他石不同，色多苍墨。亦青碧者，石理微粗，以手擘之，索索有锋芒者，尤发墨。

**鸲鹆眼** 《东坡笔录》：黄墨相间，墨睛在内，晶莹可爱者活眼；四傍漫渍，不甚精明者为泪眼；形体略具，内外皆白，殊无光彩者为死眼。活胜泪，泪胜死。

**澄泥研** 米元章云：绛县人善制澄泥研，以细绢二重淘洗，澄之，取极细者磻为研，有色绿如春波者细滑，著墨不费笔。

**铁研** 苏义简：青州以熟铁为研，甚发墨。五代桑维翰初举进士，主司恶其姓与“丧”同，故斥之。维翰铸一铁研，示人曰：“研敝则改业。”卒举进士及第。

**铜雀研** 魏铜雀台遗址，人多发其古瓦，琢研甚工，贮水数日不燥。世传云，其瓦俱陶澄泥，以绤滤过，加胡桃油埏埴之，故与他瓦异。

**结邻** 李卫公收研极多，其最妙者名结邻，言相与结为邻也。按结邻，乃月神名，其研圆而光，故取以为喻。

**纸** 古帛书，汉幡纸。蔡伦为麻纸，又捣故鱼网为网纸，木皮为穀纸。王羲之为穀藤皮纸。王玙始以竹草造纸。晋桓玄始造青赤嫖姚笺纸。石季龙造五色纸。薛涛始为短笺。

**笺纸** 蔡伦玉版、贡馀，俱杂零布、破履、乱麻为之。经屑表光纸。晋密香纸。大秦国出唐硬黄纸，黄柏染。段成式云蓝纸。南唐后主澄心堂纸。齐高帝凝光纸。萧诚斑文纸（采野麻、土穀）。蜀王衍霞光纸。宋黄白经笺、碧云春树笺、龙凤笺、团花笺、金花笺、乌孙栏。颜方叔宋人杏红笺、露桃红笺、天水碧，俱砑花、竹、翎、鳞及山水、人物，元春膏笺，冰玉笺，两面光蜡色茧纸，越剡藤苔笺，即汉时侧理纸，南越海苔为之。蜀麻面、薛骨、金花、玉屑、鱼子十色笺，即薛涛深红、粉红、杏红、铜绿、明黄、深青、浅绿云笺。

**密香纸** 以密香树皮为之，微褐色，有纹如鱼子，极香而坚韧，水渍之不溃。

**玉版** 成都浣花溪造纸，光滑，以玉版为名。东坡诗：“溪石作马肝，剡藤开玉版。

**剡藤** 剡溪古藤极多，造纸极美。唐舒元舆作《吊剡溪藤文》，言今之错为文者，皆大污剡藤也。

**蚕茧纸** 王右军书《兰亭记》，用蚕茧纸。纸似茧而泽也。

**赫蹏** 赫蹏，薄小纸也。《西京杂记》称薄蹏。

**蔡伦纸** 汉和帝时，中常侍蔡伦典作上方，乃造意，用树肤、麻头及敝布、鱼网以为纸。奏上之。故天下咸称蔡侯纸。

**侧理纸** 张华著《博物志》成，晋武赐于阗青铁研，辽西麟角笔，南越侧理纸，一名水苔纸，南人以海苔为之，其理纵横邪侧，故以为名。

**澄心堂纸** 李后主造澄心堂纸，细薄尤润，为一时之甲。相传《淳化帖》皆此纸所拓。宋诸名公写字及李龙眠画，多用此纸。

**薛涛笺** 元和初，元稹使蜀，营妓薛涛以十色彩笺遗稹，稹于松花纸上写诗赠涛。蜀中有松花纸、金沙纸、杂色流沙纸、彩霞金粉龙凤纸，近年皆废，惟绫纹纸尚存。薛涛笺狭小、便用，只可写四韵小诗。

**左伯纸** 左伯与蔡伦同时，亦能为纸，比蔡更精。上召韦诞草诏，对曰：若用张芝笔、左伯纸及臣墨，兼此三具，又得臣手，然后可以成径丈之势。

**《墨谱》**《墨谱》：上古无墨，竹板点漆而书。中古以石磨汁，或云是延安石液。至魏齐，始有墨丸，乃漆烟松煤夹和为之。所以晋人多用凹心研，欲磨墨储沈耳。

**麦光** 苏诗："麦光铺几净无瑕。"东坡诗："香云蔼麦光。"麦光，纸名。香云，墨也。

**李廷珪墨** 唐李超，易水人，与子廷珪亡至歙州。其地多松，因留居，以墨名家，其坚如玉，其纹如犀。其制：每松烟一斤、真珠三两、玉屑一两、龙脑一两，和以生漆，捣十万杵，故坚如玉，能置水中，三年不坏。

**小道士墨** 唐玄宗御案上墨曰龙香剂。一日，见墨上有小道士，似蝇而行。上叱之，即呼万岁，曰："小臣墨精，黑松使者是也。世人有文章者，皆有龙宾十二随之。"上异之。乃以墨分赐掌文官。

**陈玄** 《毛颖传》：颖与绛人陈玄、弘农陶泓、会稽楮先生友善，其出处必偕。

**客卿** 《长杨赋》借子墨客卿以为讽。又燕人易玄光，字处晦，封为松滋侯。

**隃麋** 隃麋，墨也。唐高丽贡松烟墨，和麋鹿胶造墨，名隃麋。

# 卷九 礼乐部

## 礼制·婚姻一

**冠礼** 古者冠礼，筮日筮宾，所以敬冠事也。冠乎祚，以著代也。醮于客位，三加弥尊（始加缁布冠，再加皮冠，三加爵弁），加有成也。已冠而字之，成人之道也。见于母，母拜之；见于兄弟，兄弟拜之，成人而与为礼也。玄冠玄冕，奠挚于君，遂以挚见于卿大夫、乡先生，以成人见也。

**鲁两生** 汉叔孙通制礼，征鲁诸生三十馀人。有两生不肯行，曰："礼乐必积德百年而后兴，今天下初定，何暇为此？"通笑曰："鄙儒，不知时变者也。"

**应时而变** 《庄子》：三皇、五帝之礼义法度，不矜于同，而矜于治，譬犹楂梨橘柚，其味相反，而皆可于口。或礼义法度，应时而变也。

**晋侯受玉** 《左传》：天王使召武公、内史过赐晋侯命，受玉惰。过归，告王曰："晋侯其无后乎！王赐之命，而惰于受瑞，先自弃也已，其何继之有？礼，国之干也；敬，礼之舆也。不敬，则礼不行；礼不行，则上下昏，何以长世？"

**绵蕞** 叔孙通与其徒百馀人为绵蕞野外，习之月馀，礼成。高帝令群臣习肄长乐宫，成，群臣朝贺，莫不振恐肃敬。帝曰："吾今日知为皇帝之贵也。"

**婚礼** 人皇氏始有夫妇之道，伏羲始制嫁娶。女娲氏与伏羲共母，佐伏羲正婚姻，始为神媒。夏后氏始制亲迎礼。秦始皇始娶妇纳丝麻鞋一緉（取和谐也）。后汉始聘礼用墨。汉重墨，今答聘用之。始婚礼用羊（取羊者，祥也）。巫咸制撒帐厌胜。京房嫁女翼奉子，撒豆谷穰煞。张嘉贞嫁女，制绣幕牵红。唐新妇舆至大门，传席勿履地。晚唐制：新妇上车，以蔽膝盖面。五代始新妇入门跨马鞍。北朝迎婚，十数人大呼，催新妇上舆，妇家宾亲妇女打新郎，喜拳手交下。

**昏礼** 昏礼者，将合二姓之好，上以祀宗庙，而下以继后世也，故君子重之。是以昏礼纳采、问名、纳吉、纳征、请期，皆主人筵几于庙，而

原文

拜迎于门外。入，揖让而升，听命于庙，所以敬慎重、正昏礼也。纳采者，纳雁以为采择之礼也。问名者，问女生之母名氏也。纳吉者，得吉卜而纳之也。纳征者，纳币以为婚姻之证也。请期者，请婚姻之日期也。五者合亲迎，谓之六礼。

**礼亲迎** 父亲醮子而命之迎，男先于女也。子承命以迎，主人筵几于庙，而拜迎于门外。婿执雁入，揖让升堂，再拜奠雁，盖亲爱之于父母也。降，出御妇车，而婿受绥，御轮三周，先俟于门外。妇至，婿揖妇以入，共牢而食，合卺而酳，所以合体同尊卑以亲之也。

**见舅姑** 夙兴，妇沐浴以俟见。质明，赞见妇于舅姑，妇执笲枣栗、段脩以见，赞醴妇。妇祭脯、祭醴，成妇礼也。舅姑入室，妇以特豚馈，明妇顺也。质明，婚礼之次日。赞，相礼之人也。笲，竹器，以盛枣栗、段脩之贽。脩，脯也，加姜桂治之曰段脩。

**飨以一献** 厥明，舅姑共飨妇，以一献之礼奠酬。舅姑先降自西阶，妇降自阼阶，以著代也。厥明，婚礼之二朝也。舅献姑酬，共成一献。阼者主人之阶，妇之代姑将以为主于内也。

**结缡三命** 女嫁，父戒之曰："谨慎，从舅之言！"母戒之曰："谨慎，从尔姑之言！"诸母施鞶绅，戒之曰："谨慎，从尔父母之言。"

**四德三从** 是以古者妇人先嫁三月，祖庙未毁，教于公宫；祖庙既毁，教于宗室，教以妇德、妇言、妇容、妇功。教成祭之，牲用鱼，芼之以藻，所以成妇顺也。三从，谓妇人在家从父，出嫁从夫，夫死从子。

**伉俪** 《左传》：齐侯请继室于晋，韩宣子使叔向对曰："寡君未有伉俪，君有辱命，惠莫大焉。"

**朱陈** 白乐天诗："徐州古丰县，有村曰朱陈。去县百馀里，桑麻青氛氲。一村惟两姓，世世为婚姻。"

**撒帐果** 汉武帝李夫人初入宫，坐七宝流苏辇，障凤羽长生扇，帝迎入帐中，共坐卺饮。预戒宫人遥撒五色同心花果，帝与夫人以衣裾盛之，云"得多"，得子多也。故后世有撒帐之遗。

**月老检书** 唐韦固旅次宋城，遇老人向月检书，谓固曰："此天下婚姻簿也。"因问韦妻何氏，答曰："尔妻乃店后卖菜陈妪女耳。"翌日往视，见妪抱三岁女，甚陋。遂使人刺之，中眉。后十四年，相州刺史王泰妻以女，姿容甚丽，眉间常贴花钿。细问之，曰："妾郡守侄女也。父卒于宋城。襁褓时为贼所刺，痕尚在眉。”宋城宰闻之，名其店曰定婚店。

**金屋贮之** 汉武帝幼时，景帝问：“儿欲得妇否？”长公主指其女曰：“阿娇好否？”武帝曰：“若得阿娇，当以金屋贮之。”

**丹桂近嫦娥** 袁筠娶萧安女，言定，未几，擢进士第。罗隐以诗赠之，曰：“细看月轮还有意，定知丹桂近嫦娥。”

**女萝附松柏** 李靖谒杨素，一伎执红拂侍侧，目靖久之。靖归逆旅，夜半有紫衣人扣门，延入，脱衣帽，乃美人也。靖惊诘之，告曰：“妾杨家红拂妓也。女萝愿附松柏。”遂与之俱适太原。

**续断弦** 《十洲记》：凤麟州以凤喙麟角作胶，能续断弦。

**门楣** 唐玄宗宠礼杨氏，其从兄国忠加御史大夫，铦鸿胪卿，女兄弟韩国、虢国、秦国三夫人。时谣曰：“男不封侯女作妃，君看女却为门楣。”

**冰人** 令狐策梦立冰上，与冰下人语。占者曰：“在冰上与冰下人语，为阳语阴，当为人作媒，期在冰泮。”太守田豹为子求张徵女，使策为媒，仲春成婚。故称“媒人”为“冰人”。

**卖犬嫁女** 晋吴隐之将嫁女，谢石知其贫，遣女必率薄，乃令移厨帐助其经营。使人至，见婢牵一犬卖之，此外萧然无办。

**练裳遣嫁** 汉逸民戴良有五女，练裳竹笥木履而遣之。东坡诗：“竹笥与练裳，愿得毕婚嫁。”

**葭莩** 汉中山靖王封群臣，非有葭莩之亲。葭莩，竹上薄衣。

**潘杨** 晋杨经，潘岳作诔文云：“藉三叶世亲之恩，而子之姑，予这伉俪焉。潘杨之睦，有自来矣。”

**凤占** 《左传》：陈公子完奔齐，齐侯使为卿。齐大夫懿氏欲妻以女，卜之曰：“凤凰于飞，和鸣锵锵。有妫之后，将育于姜，五世其昌。”

**结缡** 《诗》：“之子于归，皇驳其马。亲结其缡，九十其仪。”缡，妇人之袆也。

**示之以礼** 马超奔蜀，轻视先主，常呼先主字。关羽怒，请杀之。先主曰：“人穷来归，以其呼字而杀之，何以示天下？”张飞曰：“如是当示之以礼。”次日，大会诸将，请超入，羽、飞并仗刀立直。超顾坐席，不见羽、飞，见其直也，乃大惊。遂尊事先主，不敢呼字。

**议礼聚讼** 汉章帝欲定礼乐，班固曰：“诸贤多能说礼，宜广招集。”帝曰：“谚云‘筑舍道旁，三年不成。’会礼之家，名为聚讼。”

## 礼制·丧事二

**丧礼** 黄帝始制棺椁。周公制翣。周制俑。虞卿制桐人。左伯椀制明衣（新衣袭尸）。史佚制下殇棺衣。夫差为冥帽，而始制面帛。夏制明器。五代制灵座前看果。舜制吊礼。晋制，吊客至丧家鸣鼓为号。巫咸制纸钱名寓钱。汉铸神瘞钱。王玙始丧祭焚纸钱。周制方相先驱。汉制魌头，俗开路显道神。始嫘祖道死，嫫姆监护因制。商始制铭旌以书姓名。魏始书号。后汉始制墓碑，为文字辨识。黄帝封京观，始制墓。周公始合葬。周桓王始改葬。秦武公始人殉葬。宋文公始殉葬用重器。秦称天子墓为山。汉始为陵。汉文帝始预造寿陵。少康封其子杞。禹始设守陵人。秦始皇制皇寝石麟、辟邪、兕马，臣下石人羊虎柱；罔象，好食亡者肝，因制。宋真宗始给民义冢，制漏泽园。

**服制** 黄帝始制丧礼。禹始制五服。尧始定三年丧，父斩衰，母齐衰。唐武后制，父在为母三年，同父丧。宋太祖制，舅姑三年丧。周公制，生母齐衰三月。鲁昭公制，慈母服（他妾养己）。唐玄宗加母党服。魏徵制，叔嫂小功服。戴德制，朋友缌麻服。晋襄公制起复，始伯禽征徐戎卒哭，汉、唐沿之。始大臣夺情。汉元帝始令博士丁忧。汉文帝始易月。景帝为三十六日释服。唐肃宗始定二十七日之服。

**丧礼五服** 斩衰三年，子为父母。女在室，并已许嫁者，及已嫁被出而反在家者，与子之妻同。子为继母，为慈母，为养母，子之妻同。庶子为所生母，为嫡母，庶子之妻同。为人后者与妻同，嫡孙为祖父母、高曾祖父母，承重同。妻为夫妾，为家长同。

**齐衰杖期** 嫡子众子为庶母，其妻亦如之。子为嫁母，为出母；夫为妻；嫡孙，祖在，为祖母承重。

**齐衰不杖期** 祖为嫡孙，父母为嫡长子及嫡长子妇，及众子，及女在室，及子为人后者。继母为长子，众子侄为伯叔父母，为亲兄弟，及亲兄弟之子女在室者。孙为祖父母，孙女在室，与出嫁同。为人后者，为其本生父母。女出嫁，为其本生父母。妾为家长之正妻，妾为家长父母，妾为家长之子与其所生子。

齐衰五月，曾孙为曾祖父母，曾孙女同。齐衰三月，玄孙为高祖父母，玄孙女同。

**大功九月** 祖父母为众孙，孙女在室者。父母为众子妇，及女已出嫁者。伯叔父母为侄妇，及侄女已出嫁者。妻为夫之祖父母，妻为夫之伯叔父母。夫为人后，其妻为夫之本生父母。

**小功五月** 为伯叔祖父母，为堂伯叔父母，为再从兄弟，为兄弟之妻，祖为嫡孙妇，为外祖父母，为母之兄弟姊妹。

**缌麻三月** 祖为众孙妇，曾祖父母为曾孙，祖母为嫡孙，众孙妇为乳母，为妻之父母，为婿，为外孙，为同堂兄弟之妻。

**三父** 同居继父，不同居继父，从母嫁继父。诸继父，谓父死母再嫁他人随去者，同居有期年服，不同居者无服。随继母嫁继父，有齐衰杖期。

**八母** 嫡母、继母、养母（谓自幼过房与人）、慈母（谓生母死，父令别妾抚育者）、嫁母（谓妾母因父死再嫁他人者）、出母（谓亲母被父所出）、庶母（父妾之生子女者）、乳母（即奶母，亦服缌麻）。

**七出** 无子，淫佚，不孝，多言，盗窃，妒忌，恶疾。

**三不去** 与更三年丧；前贫贱后富贵；有所娶，无所归。

**读礼** 《曲礼》曰：居丧未葬读葬礼，既葬读祭礼。

**弥留** 疾革之时，气尚未绝，目不即瞑，谓之弥留。

**属纩** 属，付也。纩，绵也。以绵轻而易动，故付置于口鼻上，以验气之有无也。

**易箦** 曾子疾病，曾元、曾申坐于足，童子隅坐而执烛。童子曰："华而皖，大夫之箦与？"曾子曰："然。季孙之赐也，我未之能易也。元，起易箦！"举扶而易之，反席未安而殁。

**捐馆** 《苏秦传》：奉阳君死，捐馆舍而去。

**鬼录** 魏文帝《与吴质书》：昔年疾病，亲故多罹其灾，观其姓名，已登鬼录。

**就木** 晋文公奔狄，娶季隗，将适齐，谓隗曰："待我二十五年，不来而后嫁。"对曰："我又如是而后嫁，则就木矣。"

**盖棺论定** 晋刘毅云："丈夫盖棺论方定。"

**修文郎** 春秋时，苏韶卒，后从弟节昼见韶，因问幽冥事。韶曰："颜回、卜商死，俱为地下修文郎。"

**白玉楼** 李贺将死，有绯衣人贺赤虬，奉雷版召贺曰："帝成白玉楼，立召为记。天上差乐，不苦也。”

**一鉴亡** 魏徵卒，帝临朝叹曰：“以铜为鉴，可照妍媸；以人为鉴，可明得失。今魏徵逝，一鉴亡矣。”

**月犯少微** 谢敷隐居剡中。时月犯少微，占云“处士当之”。谯国戴逵名重于敷，甚以为忧。俄而敷死，时人语曰：“吴中高士，求死不得。”

**岁在龙蛇** 郑玄梦孔子告之曰：“起，起，今年岁在辰，明年岁在巳。”既寤，以谶合岁，知命当终。谶云：“岁在龙蛇贤人嗟。”

**梦书白驹** 杜牧之梦书“白驹”字，或曰“过隙也”。俄而悉毁其所为文章诗籍，果卒。

**一朝千古** 唐薛收卒，秦王曰：“吾与伯褒共军旅，岂期一朝成千古也！”

**脱骖** 孔子遇旧馆人之丧，入而哭之哀；出，使子贡脱骖而赙之。

**麦舟** 范尧夫舟有麦五百斛，悉与故人石曼卿，以助其葬。

**生刍一束** 郭林宗有母忧，徐稺往吊之，置生刍一束于闾前而去之。众怪不知其故。林宗曰：“此必南州高士徐孺子也。《诗》不云乎：‘生刍一束，其人如玉。’吾有何德足以当之？”

**素车白马** 范式巨卿、张劭元伯相与为友。元伯卒，式梦劭呼曰：“巨卿，吾已某日死，某日葬。”式驰往赴之。未及到而劭已发引。将至圹，而柩不前。其母曰：“元伯，岂有望耶？”停柩。移时，乃见素车白马，号哭而来。母曰：“是必范巨卿也。”式因执绋而引，其柩乃前。

**归见父母** 陈尧佐临终，自志其墓，曰：有宋颍川生尧佐，字希先，年八十二不为夭，官一品不为贱，卿相纳录不为辱祖，可归见父母栖神之域矣。

**翁仲** 《水经注》：鄗南千秋亭坛庙东枕道，有两石翁仲。山谷诗：“往者不可言，古怕守翁仲。”

**九京** 文子曰：“是全要领以从先大夫于九京也。”

**佳城** 汉滕公驾至东都门，马悲鸣不进。命掘之，得石椁，有蝌蚪书云：“佳城郁郁，三千年见白日，吁嗟滕公居此室。”公叹曰：“天乎！吾死，其安此乎？”后葬其处。

**牛眠** 晋陶侃。初，家将葬，忽失一牛，不知所在。遇一老父，谓曰：“前冈见一牛眠处，其地若葬，位极人臣。”侃寻牛得之，因葬焉。

**寿藏** 唐姚崇曾孙勗自立寿藏于万安山崇茔之旁，兆曰“安居穴”，以土为床，曰“化台”。

**挽歌** 汉高帝时，田横死，从者不敢哭，随柩叙哀，故承以为挽歌。汉武时，李延年分为二:《薤露》，送王公贵客;《蒿里》，送士大夫庶人。

**吊柳七** 柳永死日，家无馀财，群妓合金葬之郊外，每春月上冢，谓之吊柳七。

**漆灯** 唐沈彬居有一大树，尝曰:“吾死可葬于此。”既葬穴之，巧一古冢，其间一古灯，台上有漆篆文曰:“佳城今已开，虽开不葬埋。漆灯犹未灭，留待沈彬来。”

**金粟冈** 唐玄宗幸桥陵，见金粟冈有龙盘凤翥之势，谓侍臣曰:“吾千秋万岁后宜葬于此。”及升遐，群臣依旨葬焉。

**马鬣封** 《礼记》: 子夏曰:“昔夫子言之曰，吾见封之若堂者矣，见若坊者矣，见若覆夏屋者矣，见若釜者矣，马鬣封之谓也。”

**长夜室** 东坡《赠章默》诗:“章子亲未葬，馀生抱羸疾，朝吟噎邻里，夜泪腐茵席。愿求不毛田，亲筑长夜室。”

**土馒头** 范石湖《重九日行营寿藏之地》诗:“家山随地可松楸，荷锸携壶似醉刘。纵有千年铁门限，终须一个土馒头。”

**要离冢** 梁鸿卒，皋伯通等为求葬地，乃葬之要离冢傍。曰:“梁鸿高贤，要离烈士，政相类也。”后人遂以其所居名梁溪，今无锡是也。

**玉钩斜** 在吴公台下，隋炀帝葬宫人处也。唐窦巩《宫人斜》诗:“离宫路远北原斜，生死恩深不到家。云雨今归何处云，黄鹂飞上野棠花。”

**葬龙耳** 晋元帝闻郭璞为人葬坟地，微服往观，谓主人曰:“此葬龙角，必灭族。”主人曰:“璞云此是龙耳，三年当有天子至。”帝曰:“出天子耶？”曰:“非也，能致天子问耳。”

**方相** 《周礼》: 方相氏殴罔象，好食亡者肝，而畏虎与柏，故墓上列柏树，路口置石虎，本此。

**不憖遗一老** 孔子卒，哀公诔之曰:“旻天不吊，不憖遗一老，俾屏余一人以在位，茕茕余在疚。呜呼哀哉尼父！无自律。”子贡曰:“君其不没于鲁乎！”

**五谷瓶** 《丧服小记》: 鲁哀公曰:“五谷囊起伯夷、叔齐，不食粟而死，故作五谷囊。吾父食味含哺而死，何用此为？”今人遂为五谷瓶。

**青蝇为吊客** 虞翻字仲翔，放弃海南，自恨疏节，骨体不媚，犯上获罪，当长殁海隅。生无可与语，死以青蝇为吊客，使天下一人知己者，足以不恨。

**墓木拱** 《左传》秦伯使谓蹇叔曰："尔何知？中寿，尔墓之木拱矣。"

**瓜奠** 唐莱国公杜如晦薨，太宗诏虞世南制碑文。后因食瓜美，怆然悼之，遂辍食，遣使奠于灵座。

**哀些** 宋玉《招魂》曰："光风转蕙，汜崇兰些。"些，语词。宋玉《招魂》语末皆云"些"，故挽歌亦曰"哀些"。

**长眠** 《广记》：郑郊路逢一冢，有二竹。郑为诗曰："冢上两竿竹，风吹常袅袅。"冢中人续曰："下有百年人，长眠不知晓。"

**赙赗** 赙，助也。赗，报也。所以助生送死，副至意也。货财曰赙，车马曰赗。玩好曰赠，衣服曰襚。

**铭旌** 铭，明也，以死者为不可别已，故以其旌识之。杜牧之诗云："黄壤不沾新雨露，粉书空换旧铭旌。"

**谥** 太公周公相嗣王，始作谥法。人主谥始黄帝。加谥至十数字，始唐玄宗。太子谥始申生。卿大夫谥始周。处士谥始陶弘景。公卿无爵而谥始王导。宦者谥、方伎谥，始北魏。公卿大夫祖父谥始元。妇人谥始穆天子谥盛妃。哀后谥始汉高祖尊母昭灵。公主谥始唐高祖谥女平阳公主昭。生而赐谥始卫侯赐北宫喜贞，析朱钼成。私谥始黔娄。妇人私谥其夫始柳下惠。

**窀穸** 《左传》：获保首领以殁于地，惟是春秋窀穸之事。

**襄事** 《左传》：葬定公，雨，不克襄事，礼也。

**葛茀** 《左传》：葬敬嬴。旱，无麻，用葛茀。

**祖载** 《白虎通》：祖载者，始载柩于庭，乘輴车而辞祖祢，故曰祖载。

**命终** 天子死曰崩，诸侯曰薨，大夫曰卒，士曰不禄，庶人曰死。在床曰尸，在棺曰柩。羽鸟曰降，四足曰渍。死寇曰兵。

**执绋** 《礼记》：吊于葬者必执引，若从柩及圹皆执绋。

## 礼制 · 祭祀三

**祭法** 有虞氏禘黄帝而郊喾，祖颛顼而宗尧。夏后氏亦禘黄帝而郊鲧，祖颛顼而宗禹。殷人禘喾而郊冥，祖契而宗汤。周人禘喾而郊稷，祖文王而宗武王。

少昊始制宗庙，周公始为七庙，舜始制庙号。舜受终于文祖，始大事告庙。伏羲始制祀先，少昊始制四时庙祭。舜始制禘祭，帝槐始制不迁宗祭。殷制五年祫祭。周三年文王祭忌日。北齐始制别室，加荐爇味。殷太甲始制功臣配享。禹作世室，始立尸。伊尹制祏（宅也。即今木主，古用石函，故名）。宋真宗制板位（贮以漆匣舁床覆缣）。左彻刻黄帝制木像。

秦始皇始制寝墓侧，汉因之，为起居、衣冠象生之备，上饭。天子正月上陵，始祭扫。王导拜元帝陵，始人臣谒陵。祭神，伏羲始于冬夏至郊社，祭皇天后土。殷汤始制祭感生帝。周公始制祭神州地祇。舜始制禘郊配食。秦始皇制三岁一郊。汉平帝始南郊，合祀天地，位皆南向，地位差东（时王莽宰衡主之）。神农始制大享五天帝于明堂。尧制五人帝、五人神，配五天帝。舜制五郊，祭五方天帝迎气。黄帝始制坛畤。秦献公制畦畤（如韭畦于畤中，名为一土封也）。秦始皇始制四畤，本襄公西畤，文公鄜畤俱白帝，宣公密畤青帝。灵公上下畤上黄帝，下炎帝。汉高帝始增制五畤。汉武帝始祀太乙（五帝之主），自昏至明，始立泰畤。

汉文帝始制五帝庙同宇（一屋之下为五庙各门）。晋武帝始诏五帝同称昊天，除五帝座（从王肃议）。秦始皇始制郊祀爟火，爟，举也。不同祠所举火为节而遥拜也。帝喾始制六宗，祭日月星辰寒暑四时风雨雷云。无怀氏始封禅。黄帝制四坎祭川谷水泉，四坛祭山林丘陵。舜制秩，祭四岳四渎。黄帝始制社祭五土，制稷于五土之中，特指原隰之祇（稷为五谷之长，旌异其处能生谷也，非但祭其谷粒）。秦制守始郡县祠社稷。宋真宗始定郡县祭社稷仪。神农始制蜡。少昊制祭先农蚕。舜制祭四方百物。禹祭司寒冰神。秦德公祭伏。汤旱，始迁稷神柱祀弃。汤始五祀，户、灶、门、路、中霤。周公制七祀，加泰厉司命。汉高祖废户祭井。汉高祖始祭蚩尤。唐玄宗始祭九宫神（于千秋节设坛修祀）。颛顼制禂祭。舜制类祭。禹制大旅。神农始制祝文。汉武帝始郊祀，立乐府。黄帝始沐浴，修斋戒。后魏始行香（以香末散行或熏手祷祈）。太康失邦，始日食，始救日。神农始制禖求子。汤制雩祷旱。周公制大雩祈谷。神农始制请雨之法。汤制土龙祈雨。隋文帝制祈雨断屠宰，禁施扇。

**宗伯** 职掌凡祀大神、享大鬼、祭大祇，帅执事命龟卜日，次位筑鬻、省牲、告洁、告备、受釐、锡嘏。

**九祭六器** 《周礼》：太祝掌办九祭六器。六器者，苍璧、黄琮、青珪、赤璋、白琥、玄璜。九祭，一曰命，二曰衍，三曰炮，四曰庙，五曰振，六曰擩，七曰绝，八曰燎，九曰共。

**郊祀** 燔柴于泰坛，祭天也。瘗埋于泰圻，祭地也，用骍犊。

**六宗** 埋少牢于泰昭，祭时也。祖迎于坎坛，祭寒暑也。王宫祭日也。夜明祭月也。幽宗祭星也。云宗祭水旱也。

**五畤祠** 青帝曰密畤祠，黄帝曰上畤祠，炎帝曰下畤祠，白帝曰畦畤祠，黑帝曰北畤。

**五祀** 春祀户，夏祀灶，秋祀门，冬祀行，夏季祀中霤。

**七祀** 王立七祀，曰司命、曰中霤、曰国门、曰国行、曰泰厉、曰户、曰灶。诸侯立五祀，曰司命、曰中霤、曰国门、曰国行、曰公厉。大夫立三祀，曰族厉、曰门、曰行。士二祀，曰门、曰行。庶人立一祀，或立户，或立灶。

**八蜡** 天子大蜡八：一先啬（神农），二司啬（后稷），三农（田畯），四邮表畷（田畔屋），五猫（食田鼠）虎（食田豕），六坊（蓄水，亦以障水），七水庸（沟受水，亦以泄水），八昆虫（螟螽之类）。

**祀典** 夫圣王之制祭祀也，法施于民则祀之，以死勤事则祀之，以劳定国则祀之，能御大菑则祀之，能捍大患则祀之。是故厉山氏之有天下也。其子曰农，能殖百谷；夏之衰也，周弃继之，故祀以为稷。共工氏之霸九州也，其子曰后土，能平九州，故祀以为社；帝喾能序星辰以著众；尧能赏均刑法以义终；舜勤众事而野死；鲧障洪水而殛死；禹能修鲧之功；黄帝正名百物以明民共财，颛顼能修之；契为司徒而民成，冥勤其官而水死；汤以宽治民而除其虐；文王以文治，武王以武功去民之菑：此皆有功烈于民者也。及夫日月星辰，民所瞻仰也；山林川谷丘陵，民所取财用也。非此族也，不在祀典。

**祭主** 天子祭天地、祭四方、祭山川、祭五祀，岁遍。诸侯方祀，祭山川、祭五祀，岁遍。大夫祭五祀，岁遍。士祭其先。

**祭孔庙** 唐玄宗始封孔子王号。宋太祖始诏孔子庙立戟，仁宗始诏用祭歌，徽宗始从蒋靖请（时官司业），用冕十二旒、服九章。汉武帝始封孔子后为侯奉祀。成帝始谥孔子后。周始诏孔子后为曲阜令。宋仁宗始诏孔子后为衍圣公。

**丁祭用鹿** 汉高祖过曲阜，以大牢祀孔子。今制，郡县祭孔子以鹿。

**淫祀** 凡祭，有其废之，莫敢举也。有其举之，莫敢废也。非其所祭而祭之，名曰淫祀。淫祀无福。

**牺牲** 天子以牺牛，诸侯以肥牛，大夫以索牛，士以羊豕。凡祭宗庙之礼，牛曰一元大武，豕曰刚鬣，豚曰腯肥，羊曰柔毛，鸡曰翰音，犬曰羹献，雉曰疏趾，兔曰明视。脯曰尹祭，槁鱼曰商祭，鲜鱼曰脡祭。水曰清涤，酒曰清酌，黍曰芗合，粱曰芗萁，稷曰明粢，稻曰嘉蔬，韭曰丰本，盐曰咸鹾，玉曰嘉玉，币曰量币。

**方诸明水** 方诸，大蛤也，摩拭令热以向月，则生水，古人取以庙祭，谓之“明水”。

**祭号** 祭王父曰皇祖考，王母曰皇祖妣。父曰皇考，母曰皇妣，夫曰皇辟。

**庙制** 天子七庙，三昭三穆，与太祖之庙而七。诸侯五庙，二昭二穆，与太祖之庙而五。大夫三庙，一昭一穆，与太祖之庙而三。士一庙，庶人祭于寝。

**祭时** 天子诸侯宗庙之祭，春曰礿、夏曰禘、秋曰尝、冬曰蒸。天子犆礿、祫禘、祫尝、祫蒸。诸侯则不禘，禘则不尝，尝则不蒸，蒸则不礿。诸侯礿，犆；禘，一犆一祫；尝，祫；蒸，祫。

**牲制** 天子社稷皆太牢，诸侯社稷皆少牢。大夫、士宗庙之祭，有田则祭，无田则荐。庶人春荐韭，夏荐麦，秋荐黍，冬荐稻。韭以卵，麦以鱼，黍以豚，稻以雁。

**牛制** 祭天地之牛，角茧栗；宗庙之牛，角握；宾客之牛，角尺。

**六礼** 冠、婚、丧、祭、乡、相见。

**七教** 父子、兄弟、夫妇、君臣、长幼、朋友、宾客。

**八政** 饮食、衣服、事为、异别、度、量、数、制。

**乡饮酒礼** 主人拜迎宾于庠门之外。入三揖而后至阶，三让而后升，所以致尊让也。盥、洗、扬觯，所以致洁也。拜至、拜洗、拜受、拜送、拜既，所以致敬也。尊让、洁、敬也者，君子之所以相接也。

**五象** 宾主，象天地也。介，僎，象阴阳也。三宾，象三光也。让之三也，象月之三日而成魄也。四面之坐，象四方也。

**贵礼贱财**　祭荐、祭酒，敬礼也。哜肺，尝礼也。啐酒，成礼也。于席末，言是席之正，非专为饮食也，为行礼也，所以贵礼而贱财也。

**别贵贱**　主人亲速宾及介，而众宾自从之，至于门外，主人拜宾及介，而众宾自入，贵贱之义别矣。

**辨隆杀**　三揖至于阶，三让，以宾升，拜至，献、酬辞让之节繁。及介，省矣。至于众宾，升受、坐祭、立饮，不酢而降。隆杀之义辨矣。

**和乐不流**　工入，升歌三终，主人献之；笙入三终，主人献之；间歌三终，合乐三终，工告乐备，遂出。一人扬觯，乃立司正焉，知其能和乐而不介流也。

**弟长无遗**　宾酬主人，主人酬介，介酬众宾，少长以齿，终于沃、洗者焉，知其能弟长而无遗矣。

**安燕不乱**　降，说屦升堂，修爵无数。饮酒之节，朝不废朝，夕不废夕。宾出，主人拜送，节文遂终焉，知其能安燕而不乱也。

## 律吕

伏羲始纪阳气之初，为律法。建日冬至之声，以黄钟为宫。黄钟自冬至始，以次运行，当日者各自为宫，商、徵以类应焉。黄帝听凤鸣，候气应，比黄钟之宫，而皆可以相生，始为本令。神瞽协中声，始为律度。武王伐纣，吹律听声，制七律。各五位三所而用之，一同其数，以律和声。汉武帝时，令张仓定音律，访律吕相生之变于京房，始制六十律。十二律之外，中宫上生执始，执始上生去减，上下相生，终于南事。五代钱乐之、沈重因京房而六之，制三百六十律。日当一管，宫、徵旋韵，各以类从。黄帝取嶰谷之竹，断两节间而吹律。京房以竹声微不可度调，始作准以定数。准状如瑟，长丈，十三弦，分寸粗而易达。后魏陈仲儒请以准代律。魏杜夔令柴玉铸钟。荀勖较杜夔钟律，造十有二笛。笛具五音，以应京房之术。各以其律相因，以本宫管上行，则宫亢，因宫穴以本宫。徵上行，则徵亢。梁主衍制为四通。立为四器，名之为通，皆施二弦，因以通声，转通月气。又用笛以写通声。沈重始为子声，以母命子，随所多少合一律。一部律数为母，一中气所有日为子。为变宫变徵。羽、宫之间，近宫收一声，少高于宫。角、徵之间，近徵收一声少下于徵。四清声。如黄钟为宫，蕤宾为之商，则减一律之半，为清声以应之。隋郑译始立七调，以其七调勘较七声。七声之外，更立一声为应。姜宝常始为八十四调，百四十律，变化终于十声，率下于译调二律。何妥陈用黄钟一宫。妥立议非古，旋相为宫之乐。惟击七钟，五钟为哑钟。唐张文收与祖孝孙吹调，始十二钟皆应。唐末黄巢之乱，工器俱尽。博士殷盈孙铸镈钟十二。处士萧承训较定石磬。皆于金石求之。王朴始寻古法，得十二律管，依律准十三弦，以宣其声。宋太祖命和岘下王朴乐二律。仁宗复诏李炤较定。宋礼官杨杰请依人声制乐，以歌为本。蜀方士魏汉津用夏禹以身为度之文，取帝中指三寸为度。

伏羲始作乐。黄帝臣伶伦始制六律、六吕。荣缓铸十二钟，协月筒，以和五音。周礼始奏鼓吹（大乐皆以钟鼓礼。钟师，掌金奏），制九夏。梁武帝本九夏为十二雅准（十二律始定大乐，世世因之）。祖孝孙本十二雅为十二和。秦燔《乐经》。汉兴，高祖始为乐《武德》，文帝广为四时乐。叔孙通始定庙乐。武帝始定《郊祀》十九章。明帝始定四品（郊庙上陵大予乐，辟雍燕射雅颂乐，燕飨黄门鼓吹乐，军中短箫铙歌乐）。汉东京之乱，乐忘。魏武始命杜夔创定雅乐，四箱乐具。晋永嘉之乱，乐又忘。梁武帝更制。及周太祖、隋文帝详定雅乐，颇得其宜。至唐高宗，命祖孝孙考据古音，斟酌南北，始著为唐乐。汉武帝制乐府，始诸调杂舞悉被丝管。陈后主始制《玉树后庭花》新乐，隋炀帝《金钗两臂垂》（云俱陈后主）。唐玄宗立部伎、坐部伎，三十六曲。隋文帝始分雅、俗二部。唐玄宗始法曲与胡部合奏。汉始立鼓吹署隶，北狄乐分二部。朝会用鼓吹，有箫笳者。军中马上用横吹，有鼓角者。隋以后，始以横吹用之卤簿，与鼓吹列为四部（㧓鼓部、铙鼓部、大横吹、小横吹部），总为鼓吹，供大驾及皇太子王公。张骞入西域，得胡音，始为胡角以应。胡笳本黄帝吹角，战于涿鹿。魏时减为半鸣始衰。汉唐山（姓）夫人造房中祠乐，本周房中乐讽，用丝竹遗声为清乐。隋高祖制房内乐。炀帝始加歌钟、歌磬，丝竹副之。元魏孝文篡汉，获南音，始为清商乐，本汉三调。隋文帝笃好清乐，置清商署为七部。炀帝始定清乐九部。唐高祖仍设九部，太宗为十部，俱主清商。唐玄宗始制教坊隶。散乐始周，有缦乐、散乐。秦汉因之，为杂伎。武帝始沿为俳优百戏，总谓散乐。

舜调八音，用乐器八百般。至周，改宫、商、角、徵、羽，减乐器五百般。唐又减三百般。周制乐，编悬钟磬各八，二八十六，而在一虡，半为堵，全为肆。（肆，陈也。堵，犹墙之堵，言一列也）。黄帝始煞夔作冒披，帝喾作鼗鼓，禹作鞀鼓（小鼓），倕作鼙鼓。周有瓦鼓，汉有杖鼓，唐有羯鼓。母句始作磬。南齐作云板。梁作方响（制岂编罄以铁为之）。黄帝御蚩尤，作钲角；帝喾平共工，作埙篪、柷敔（即控揭）。神农始作钟，禹作铎，汤作镎（以钟以和鼓）。女娲氏作笙簧，随作竽，神农作籥，伏羲作箫（一云女娲，一云舜），师延作控箜篌，蒙恬作筝。沈怀远作绕梁（似箜篌）。伶伦伐昆溪之竹作笛，汉丘仲始充其制。女娲氏始作管，唐刘係作七星管。伏羲始作瑟，黄帝始使素女破二十五弦（伏羲瑟五十弦）。梁柳恽作击瑟击琴。唐道源作击瓯。李琬作水盏（二俱用箸击）。师旷制月琴。秦苦役弦鼗而鼓之，作琵琶。李伯阳入西戎，作胡笳。黄幡绰侍明皇，谱拍板琴。伏羲氏始削桐为琴，十弦。神农作五弦琴，具五音。文王始增少宫、少商二弦，为七弦。伏羲始为《琴操》。师延始为新曲。赵定（汉宣时人）始为散操，九引十二操，皆以音相援，不著辞（或云琴曲皆魏晋人为之）。至梁始琴有辞。

**古琴名**　伏羲离徽，黄帝清角，帝俊电母，伊陟国阿，周宣王响风，秦惠文王宣和、闲邪，楚庄王绕梁，齐桓公鸣廉、号钟，庄子橘梧，闵损掩容，卫师曹凤嗉，鲁谢涓龙腰，魏师坚履杯，鲁贺云龙颔，魏杨英凤势，秦陈章神晖，赵胡言亚额（琴额女亚字），李斯龙腮，始皇秦琴（弦轸徽尾俱黑），司马相如绿绮，荣启期双月，张道响泉，赵飞燕凤凰，梁鸿灵机，马明四峰，宋蒙蝉翼，扬雄清英，晋刘安云泉，王钦古瓶，谢庄怡神、仙人，庄女落霞，李勉百纳，徐勉玉床，荀季和龙唇、柷敔，牧太古，赵孟頫震馀（许旌阳手植桐），吴思懿王洗凡（斫瀑布泉亭柱）。

**琴操**　雅度五等，伏羲、舜、仲尼、灵关、云和。十二操：孔子《将归》《猗兰》《龟山》，周公《越裳》，文王《拘幽》，太王《岐山》，尹伯奇《履霜》，牧渎《雉朝飞》，商陵牧子《别鹤》，曾子《残形》，伯牙《水仙》《怀陵》。九引：楚樊姬《烈女引》，鲁伯妃《伯妃引》，晋漆室女《贞女引》，卫女《思归引》，楚商梁《霹雳引》，樗里牧恭《走马引》，樗里子《箜篌引》，楚龙丘高《琴引》。蔡邕五弄：《游春》《渌水》《幽居》《坐愁》《秋思》。师涓四时操：春操离鸿、去雁、应苹；夏操明晨、焦泉、流金；秋操商风、落叶、吹蓬；冬操凝和、流阴、沉云。

## 乐律

**历代乐名** 黄帝作《咸池》，颛顼作《六英》，帝喾作《五茎》，尧作《大章》，舜作《大韶》，禹作《大夏》，汤作《大濩》，武王作《大武》。

**嶰谷** 黄帝命伶伦作律。伶伦取竹于嶰谷生，其窍厚薄之均者，断两节间，作六寸九分而吹之，以为黄钟之管。制十二筒以听凤凰之鸣，雄鸣六，雌鸣六，以为律吕。

律吕，五声之本，生于黄钟之律。律有十二，阳六为律，阴六为吕。律以通气类物，一曰黄钟，二曰太簇，三曰姑冼，四曰蕤宾，五曰夷则，六曰无射。吕以旅阳宣气，一曰林钟，二曰南吕，三曰应钟，四曰大吕，五曰夹钟，六曰中吕。有三统之义焉。职在太常，太常掌之。

**葭灰气候** 隋文帝取律吕，实葭灰以候气，问于牛弘，对曰："灰飞半出为和气，全出为猛气，不出为衰气。"

**五音** 宫为君，商为臣，角为民，徵为事，羽为物，五者不乱，则无怗懘之音矣。宫乱则荒，其君骄；商乱则陂，其臣坏；角乱则忧，其民怨；徵乱则哀，其事动；羽乱则危，其财匮。五者皆乱，迭相陵，谓之慢，如此则国之灭亡无日矣。

**乱世之音** 郑卫之音，乱世之音也，比于慢矣。桑间濮上之音，亡国之音也，其政散，其民流，诬上行私而不可止也。

**溺音** 魏文侯问："何谓溺音？" 子夏对曰："郑音好滥淫志，宋音燕女溺志，卫音趋数烦志，齐音敖辟乔志。此四者皆淫于色而害于德，是以祭祀弗用也。"

**六声** 钟声铿，铿以立横，横以立武。君子听钟声，则思武臣。石声磬，磬以立辨，辨以致死。君子听磬声，则思死封疆之臣。丝声哀，哀以立廉，廉以立志。君子听琴瑟之声，则思志义之臣。竹声滥，滥以立会，会以聚众。君子听竽笙箫管之声，则思畜聚之臣。鼓鼙之声欢，欢以立动，动以进众。君子听鼓鼙之声，则思将帅之臣。君子之听音，非听其铿锵而已也，彼亦有所合之也。

**学琴师襄** 孔子学琴于师襄。孔子曰："丘习其曲，再习其数，今习其志，有所穆然而深思焉，有所怡然高望而远志焉。又得其人，黮然而黑，几然而长，眼如望羊，心如欲王四国，非文王，其谁能为此也！" 师襄辟席，再拜曰："师盖云《文王操》也。"

**四面**　王宫县（四面宫县）、诸侯轩县（去其南面，以避王也）、大王判县（又去其北面，仅存其半也）、土特县（又去其西南，以示特立之意也）。

**铜山崩**　汉武帝时，未央宫殿前钟无故自鸣。诏问东方朔，对曰："臣闻铜者，山之子；山者，铜之母。子母相感，钟鸣，山必有应者。"居三日，南郡太守上书言山崩，延袤二十馀里。

魏帝殿前大钟，不叩自鸣，人皆异之，以问张华，华对曰："此蜀郡铜山崩，故钟鸣应之耳。"寻蜀郡上其事，如张华言。

**錞于**　孝武西迁，雅乐多缺，有錞于者，近代绝此。或有自蜀得之者，莫识之。斛斯徵曰："此錞于也。"遂依干宝《周礼注》，以芒筒捋之，其声极振。

**金錞**　《周礼》：少师以金錞和鼓。其形象钟，顶大，腹口弇，以伏兽为鼻，内县铃子，铃铜舌。作乐，振而鸣之，与鼓相和（状似佛子铃）。

**蕤宾铁**　乐工廉郊，池上弹蕤宾调，忽闻荷间有物跳跃，乃方响一片（方响以铁为之，用以代磬）。识者知其为蕤宾铁也，音乐之相感若此。

**驷马仰秣**　伯牙弹琴，而驷马为之仰秣。仰秣者，仰头吹吐，谓马笑也。

**万壑松**　郭伯山收唐琴万壑松，乃宣和御府物。李白诗："蜀僧抱绿绮，西下峨眉峰。为我一挥手，如听万壑松。客心洗流水，馀响入霜钟。"

**琴有杀心**　蔡中郎赴邻人酌。至门，有客鼓琴，中郎潜听之，曰："以乐召我，而有杀心，何也？"遂返。主人知，自起追之。中郎具以告。客曰："我适鼓琴，见螳螂方捕蝉，惟恐失之，此岂杀心现于指下乎？"中郎笑曰："此足以当之矣。"

**高山流水**　伯牙鼓琴，钟子期听之。伯牙志在高山，子期曰："善哉，峻若崧岳！"伯牙志在流水，子期曰："善哉，泻若江河！"子期死，伯牙破琴绝弦，终身不复鼓琴。

**濮水琴瑟**　晋师延为纣作靡靡之乐，武王伐纣，师延自投濮水而死。后卫灵公夜止濮上，闻鼓琴声，召师涓听而习之。师旷曰："此亡国之音也！"

**焦尾**　蔡中郎在吴。吴人烧桐以爨，中郎闻其火爆声曰："良木也。"请截为琴，果有美音。其尾犹焦，因名其琴曰焦尾琴。

**相如琴台** 司马相如有琴台，在浣溪正路金花寺北，魏伐蜀，于此下营掘堑，得大瓮二十馀口，以响琴也。

**松雪** 雷威作琴，不必皆桐，遇大风雪，独往峨眉山，着蓑笠入深松中，听其声连绵清越者，伐之以为琴，妙过于桐。世称雷公琴，有最爱重者，以“松雪”名之。

**斫琴名手** 晋雷威、雷珏、雷文、雷迅、郭亮并蜀人，沈镣、张钺并江南人，皆斫琴名手。

**震馀** 鲜于伯几以震馀琴送赵文敏，是许旌阳手植桐，为雷所击断，斫以为琴。琴背许旌阳印剑之迹宛然，盖人间至宝也。

**绿绮** 司马相如有琴名绿绮，云是峄阳孤桐所斫，一时名重天下。

**无弦琴** 陶渊明不解琴，畜素琴一张，弦徽不具，常抚摩之，曰：“但识琴中趣，何劳弦上声。”

**将移我情** 伯牙学琴于成连，三年不成。成连曰：“吾师方子春，在东海中，能移人情。”乃引之东海蓬莱山之侧，刺船迎方子春，旬日不返。伯牙延望无人，但闻海水澒洞崩折之声，山林杳冥，群鸟悲鸣，怆然叹曰：“先生将移我情矣！”乃援琴而歌水仙之操。

**绕殿雷** 冯道之子能弹琵琶，以皮为弦，世宗令弹，深喜之。因号绕殿雷。

**游鱼出听** 孙卿子云：“瓠巴鼓瑟，游鱼出听。”

**箜篌** 箜篌其形似瑟而小，用拨弹之。汉灵帝好之，体曲而长，二十三弦，竖抱于怀，两手齐奏之，俗谓之劈箜篌。

**见狸逐鼠** 孔子鼓琴，曾子、子贡侧门而听，曲终，曾子曰：“嗟乎！夫子琴声，殆有贪狼之志，邪僻之行，何其不仁！”子贡以告，子曰：“向者鼓琴，有鼠出游，狸见于屋，循梁微行，造焉而避，厌身曲脊，求而不得。丘以琴淫其声，参以为贪狼邪僻，不亦宜乎！”

**筑** 筑状如琴而大头，十三弦，其项细，其肩圆，鼓法以左手抱之，右手以竹尺击之，随调应节。

**寇先生** 嵇中散常去洛数十里，有亭名华阳。投宿。一更，操琴。闻空中称善，中散呼与相见，乃出见形，以手持其头，共论音声，因授以《广陵散》。此鬼名寇先生，生前善琴，为宋景公所杀。中散得《广陵散》，秘不肯授人。后临刑叹曰：“《广陵散》于今绝矣！”

**楚明光** 王彦伯尝过吴，维舟中潜，登亭望月，倚琴歌《泫露》之诗。俄有女郎披帷而进，乃抚琴挥弦，调韵哀雅。王问何曲，女曰："古所谓《楚明光》也，嵇叔夜能为此声。自兹以后，得者数人而已。"彦伯请授教，女曰："此非艳俗所宜，惟岩栖谷隐，可以自娱耳。"鼓琴而歌，歌毕，迟明辞去。

**天际真人想** 桓大司马曰："谢仁祖，企脚北窗下弹琵琶，有天际真人想。"

**拨阮** 武后时，有人破古冢得铜器，似琵琶，身正圆，人莫能辨。元行冲曰："此阮咸所作也。"命匠人以木为之，乐家遂名之"阮咸"。以其形似月，声似琴，遂名月琴。今人但呼曰"阮"，曰"拨阮"，曰"摘阮"，俱可。

**柯亭竹椽** 蔡中郎避难江南，宿柯亭，听庭中第十六条竹椽迎风有好音，中郎曰："此良竹也。"取以为笛，声音独绝，历代相传，后折于孙绰妓之手。

**秦声楚声** 李龟年至岐王宅，闻琴，曰："此秦声。"良久，又曰："此楚声。"主人入问之，则前弹者陇西沈妍，后弹者扬州薛满。二妓大服。

**好竽** 齐王好竽，有求仕于齐者，操瑟而往，立于王之国三年，不得入。客曰："王好竽，而子鼓瑟，瑟虽工，其如王之不好何！"

**羯鼓** 唐明皇不好琴，一弄未毕，叱琴者出。谓内侍曰："速令花奴将羯鼓来，为我解秽。"

**渔阳掺挝** 祢衡被魏武谪为鼓吏。正月十五，试鼓，衡阳桴（音孚）为《渔阳》掺挝（音伞查），渊渊有金石声，四座为之改容。（掺，击鼓法。挝，击鼓捶[①]。）

**回帆挝** 王大将军尝坐武昌钓台，闻行船打鼓，嗟称其能。俄而一捶小异，王以扇柄撞几曰："可恨！"时王应侍侧曰："此回帆。"使视之，曰："船入夹口。"

**十八拍** 蔡琰字文姬，先适河东卫仲道，夫亡。兴平中丧乱，为胡骑所获，没于南匈奴。左贤王十二年春月，登胡殿，感胡笳之声，作《胡笳

---

① 捶，通"槌"。

十八拍》，后曹操以金帛赎之，嫁于董祀。

**簨虡（音损巨）** 横曰簨，直曰虡。《周礼》：梓人为簨虡。天下大兽五，脂者、膏者、蠃者、羽者、鳞者。雕画于乐县之上，大声有力者，以为钟虡，清声无力者为磬虡。

**周郎顾** 周瑜妙于音律，虽三爵之后，少有阙误，瑜必举目瞠视。时人语曰："曲有误，周郎顾。"

**击壤** 击壤，石戏也。壤以木为之，前广后锐，长四尺三寸，阔三寸，其形如履。将戏，先侧一壤，于三四十步外，以手中壤击之，中者为吉。

**禁鼓** 一千一百三十声为一通，三千六百九十声为三通。更鼓三百六十挝为一通。千捶为三通。馀鼓三百三十三为一通。角十二声为一叠。

**钟声** 晨昏撞一百单八者，一岁之义也。盖年有十二月有廿四气，又有七十二候，正得此数。《越州歌》曰："紧十八，慢十八，六遍共成一百八。"

**埙篪** 埙以土为之，锐上平底，如秤锤，六孔，一云八孔，大如鸭卵，曰雅埙。小如鸡卵，曰颂篪。以竹为之，大者长一尺四寸、八孔，小者长一尺二寸、七孔，横吹之，与埙声相应。埙篪二器，乃周昭王时暴辛公所作。

**柷敔** 柷，状如漆桶，以木为之，方二尺四寸，深一尺八寸，中有椎柄，连底撞而击其傍，所以起乐也。方二四寸者，阴数也。敔，状如伏虎形，背上有二十七钼铻，刻以木，长尺许，以水戛之，所以止乐也。二十七钼铻者，阳数也。柷敔二器，乃舜时所作。

**洗凡清绝** 吴越忠懿王得天台寺中对瀑布泉屋柱，斫二琴。一曰洗凡，一曰清绝，为旷代之宝。后钱氏献之太宗，藏于御府。见《辍耕录》。

**舞剑器** 《剑器》，乃武舞之曲名。其舞用女妓而雄装之，其实空手舞也。见《文献通考》。

**梨园子弟** 唐明皇酷爱法曲，选坐部伎子弟三百人，教于梨园，谓之梨园子弟。居宜春北苑。时有马仙期、李龟年、贺怀智洞知音律。安禄山自范阳入觐，亦献白玉箫管数百事，皆陈于梨园。自是乐响不类人间。

**李天下** 唐庄宗自言一日不闻音乐，则饮食都不美。方暴怒鞭笞左右，一闻乐声，怡然自适，万事都忘。又善歌曲，或时自傅粉墨，与优人共戏。优名谓之李天下。

**雍门鼓** 雍门周以琴见孟尝君，孟尝君曰："先生鼓琴，亦能令文悲乎？"雍曰："千秋万岁后，台榭已坏，坟墓已下，婴儿竖子樵采者，踯躅其足而歌其上，曰：夫以孟尝君之尊贵，乃若是乎？"孟尝君泫然承脸，曰："先生令文若破国亡家之人矣！"

**桓伊弄笛** 晋桓伊有柯亭笛，尝自吹之。王徽之泊舟清溪，闻笛称叹。人曰："此桓野王也。"徽之令人请之，求为吹笛。伊即下车，据胡床，三弄毕，便上车去，主客不交一言。

**皋亭石鼓** 吴郡临平崩岸，得石鼓，扣之不鸣。问张华，华曰："用蜀中铜材刻鱼形，扣之则鸣矣。"如其言，声闻数十里。

**响遏行云** 《列子》：薛谭学讴于秦青，未穷青之技，自谓尽之，遂辞归。青弗止，饯于郊衢，抚节悲歌，声振林木，响遏行云。薛乃谢，求反，终身不敢言归。

**余音绕梁** 秦青曰：昔韩娥东之齐，匮粮，过雍门，鬻歌假食。既去，而余音绕梁，三日不绝。李诗："醉舞纷绮席，清歌绕飞梁。"

**声入云霄** 戚夫人善为翘袖折腰之舞，歌《出塞》《入塞》之曲，侍婢数百习之。后宫齐音高唱，声入云霄。

**水调歌头** 唐明皇爱《水调歌》，胡羯犯京，上欲迁幸，登花萼楼，命楼下少年有善《水调歌》者歌之，曰："山川满目泪沾衣，富贵荣华不几时。不见只今汾水上，惟有年年秋雁飞。"上闻潸然曰："谁为此词？"左右曰："宰相李峤。"上曰："真才子也。"

# 卷十 兵刑部

## 军旅

黄帝征蚩尤始战，颛顼诛共工始阵，风后始演奇图，力牧始创营垒。黄帝战涿鹿始征兵，禹征有苗始传令，纣御周师始戍守。

黄帝制记里鼓，始斥候，汉武帝建墩台，黄帝制演武场，周公制辕门。黄帝制车以翼军，制骑以供伺候。

吕望始制战舰。武王会孟津，命仓兕具舟楫。公输班为舟战钩拒。伍子胥治水战，制楼船滩船。智伯决汾水，始水战。

蚩尤始火攻。孙子制火人、火积、火辎、火库、火队五法。魏马钧制爆仗起火。隋炀帝以火药制杂戏，始施药铳炮。

黄帝始制炮，吕望制铳，范蠡制飞石用机。

黄帝制纛、制五彩牙幢。禹制斿，悬车上为别。周公备九旗。

伏羲制干、制戈。挥制弓。夷牟制矢。舜制弓袋、制箭筒。黄帝制弩。

黄帝始采首山铜铸刀斧；蚩尤始取昆吾山铁制剑、铠、矛、戟、陌刀。

蚩尤始制革为甲。禹制函甲。

黄帝始制枪，孔明扩其制。舜制匕首。

黄帝制云梯，古名钩援。夷牟制挨牌，古名傍排。

孙武制铁蒺藜，刘馥（三国时人）制悬苫，今为悬帘。岳飞制藤牌。

殷盘庚制烽燧告警。赵武灵王制刁斗传。魏制鸡翘报急，制露布、漆竿报捷。

**五兵** 矛、戟、戈、剑、弓谓之五兵。

**专主旗鼓** 吴起临战，左右进剑，起曰："将专主旗鼓，临难决疑，挥兵指刃，此将事也。一剑之任，非将任也。"

**授斧钺** 国有难，君卜吉日，以授旗鼓。将入庙，趋至堂下，北面而立，主亲操斧钺，持斧头，授将军其柄，曰："从此上至天者，将军制之。"复持斧头，授将军其柄，曰："从此下至渊者，将军制之。"

**投醪** 秦穆公伐晋，及河，将军劳之，醪唯一杯。蹇叔曰："一杯可以投河而酿也。"穆公乃以醪投河，三军皆取饮之。

**吮疽** 吴起为魏将攻中山。卒有患疽者，起为吮之。卒母闻而哭。人曰："子，卒也，而将军自吮其疽，何哭为？"答曰："往年吴公吮其父，其父战不旋踵，遂死敌。今又吮其子，妾不知死所矣。"后起之楚，卒果见杀。

**纶巾羽扇** 诸葛武侯与司马懿治军渭滨，克日夜战。司马懿戎服莅事，使人视武侯独乘素车，纶巾羽扇，指挥三军，随其进止。司马懿叹曰："诸葛君可谓名士矣！"

**金钩** 阖闾既宝莫邪，复令国中作金钩，令曰："能为善钩者赏千金。"有人贪赏，乃杀其二子，以血衅金，遂成二钩，献之，王曰："钩有何异？"曰："臣之作钩，贪赏而杀二子，衅以成钩，是与众异。"遂向钩而呼二子之名，曰："吴鸿、扈稽，我在此！"声未绝，而两钩俱飞，著父之胸。吴王大惊，乃赏之。遂服之不去身。

**七制** 兵法七制，一曰征、二曰攻、三曰侵、四曰伐、五曰阵、六曰战、七曰斗。

**挟纩** 楚子围萧，申公巫臣曰："师人多寒。"王巡三军，拊而勉之，三军之士皆如挟纩。

**呼庚癸** 吴申叔仪乞粮于晋，公孙有山氏对曰："梁则无矣，粗则有之。若登首山，以呼曰'庚癸乎'，则诺"。庚，西方，主谷。癸，北方，主水。教以隐语也。

**盗马** 秦穆公失右服马。见野人方食之，公笑曰："食马肉不饮酒，恐伤。"遂遍饮而去。及一年，有韩原之战，晋人环穆公之车。野人率三百馀人疾斗车下，遂大克晋。

**剑名** 剑口曰镡，剑鼻曰璏（音位），剑握曰铗，剑鞘曰室，剑衣曰韬，亦曰襓（音绕），剑把绳曰蒯缑（音勾）。

**五名剑** 越王勾践有宝剑五，一曰纯钩、二曰湛卢、三曰豪曹、四曰鱼肠、五曰巨阙。

**斩蛇剑** 汉高帝于南山得一铁剑，长三尺，铭曰"赤霄"，大篆书，即斩蛇剑也。及贵，常服之。晋太康三年，武库火，中书监张华列兵防卫，见汉高斩蛇剑穿屋飞去，莫知所向。

**佽飞** 荆有佽飞者，得宝剑于江干。涉江，及至中流，两蛟夹舟。佽飞袪衣，拔剑刺蛟。杀之。荆王任以执圭。

**干将莫邪** 干将，吴人，妻莫邪，为吴王阖闾铸剑，不成。干将曰："神物之化，须人而成。"妻乃断发剪爪，投入炉中，金铁皆熔，遂成二剑，阳曰干将，阴曰莫邪。

**龙泉太阿** 张华见斗牛间有紫气，在丰城分野，乃以雷焕为丰城令。至县，掘狱深二丈，开石函，得二剑，一名龙泉，一名太阿，焕留其一，一以进华，且曰："灵异之物，终当化去。"华死，剑飞入襄城水中。后焕子为建安从事，经延津，剑忽于腰间跃入水，使人汆水求之，见双龙蜿蜒，不敢近。

**华阴土** 雷焕丰城狱中得剑，取南昌西山黄白土拭之，光艳照耀；张华更以华阴赤土磨之，鲜光愈亮。

**金仆姑** 箭名。《左传》：鲁庄公以金仆姑射南宫长万。

**石马流汗** 安禄山乱，哥舒翰与贼将崔乾祐战，见黄旗军数百来助战，忽不见。是日，昭陵内石马皆流汗。

**露布** 军中有露布，乃后魏每征伐，战胜欲天下闻知，书帛建于漆竿上，名为露布，以扬战功。

**蒋庙泥兵** 南京钟山，有汉秣陵尉蒋子文庙，盖因子文逐盗死此，孙权为立庙，封蒋侯。权避祖讳钟，改名蒋山。后孙权与敌人战，夜大雨，蒋侯助之，次日，见庙中泥兵皆湿。

**箭塞水注** 刘锜善射。水斛满，以箭射斛，拔箭水注，随射一箭窒之，人服其精巧。

**檿弧萁服** 檿，山桑也。木弓曰弧。服，乘箭具也。箕草似荻，细织之，而为服也。

**娘子军** 唐平阳公主，嫁柴绍。初，高祖起兵，与绍发家资招亡命。渡河，主引精兵万人与秦王会于渭北。绍与公主对置幕府，分定京师，号娘子军。

**夫人城** 晋朱序镇襄阳，时苻坚遣兵攻之。序母见城西北角当先坏，领白馀婢并女丁，斜筑城二十馀丈。贼攻西北角，果溃，众守新城，贼遂引退，号夫人城。

**紫电青霜** 《滕王阁序》："紫电青霜，王将军之武库"。

**榻侧鼾睡**　宋太祖欲伐江南，徐铉入奏乞罢兵。太祖曰："江南主有何罪，但卧榻之侧，岂容人鼾睡耶！"

**廉颇善饭**　廉颇一饭斗米，肉十斤，披甲上马，以示可用。郭开贿使谓赵王曰："廉将军虽老，尚善饭，然与臣坐，顷之，三遗矢矣。"王以为老，遂不召。

**杜彪**　梁荆州刺史杜嶷，膂力过人，便骋马，射不虚矢。所佩霞明朱弓，四石馀力，每出挑战，魏军惮之，号为杜彪。

**飞将**　唐单雄信极勇，力事李密。人号为飞将。后周韩果破稽胡，稽胡惮果矫健，亦号飞将。

**铁猛兽**　后周蔡祐与齐战，著明光铠甲，所向无敌，齐人畏之，号铁猛兽。

**熊虎将**　周瑜尝谓孙权曰："刘备有关、张熊虎之将，有饮马长江之志。"又言羽、飞为万人敌。

**细柳营**　汉文帝时，匈奴大入边。上使周晋夫军细柳，以备胡。上自劳军，先驱至军门，曰："天子至！"都尉曰："军中闻将军令，不闻天子诏。"上使使持节诏将军曰："吾欲劳军。"亚夫开壁门。天子按辔徐行。晋夫以军礼见。文帝曰："嗟乎，此真将军矣！"

**飞将军**　汉李广为北平太守，匈奴畏之，号曰汉飞将军，避之数岁。

**贯虱**　《列子》：纪昌学射于飞卫，卫曰："视小如大，视微如著，而后告我。"昌以氂尾垂虱于牖间，南面而望之。旬日之间，渐大；三年之后，大如车轮。乃以弧矢射之，贯虱之心。

**来嚼铁**　唐来瑱为颍川太守。贼攻城，来射皆应弦而仆。贼拜城请降，称为"来嚼铁"。

**半段枪**　唐哥舒翰为河西卫前将军，吐蕃大寇边，翰持半段枪当其锋，所向披靡。

**黄骢少年**　北周裴杲勇冠三军，与敌国战，乘黄骢当先，军中称黄骢少年。

**白袍先锋**　唐薛仁贵尝从太宗征伐，每出战，辄披白袍，所向无敌。太宗遥见，问白袍先锋是谁。特引见，赐马绢，喜得虎将。

**大树将军**　后汉冯异性谦退不伐，诸将于所止舍，辄并坐论功，异常独屏树下，人号大树将军。

**霹雳闪电**　唐长孙无忌父晟讨突厥，畏晟，闻其弓声，谓之“霹雳”；见其走马，谓之“闪电”。晋王笑曰：“将军振怒，威行域外。”

**辕门二龙**　唐乌承玼，开元中，与族兄承恩皆为平虏先锋，号辕门二龙。

**一韩一范**　范文正公与韩魏公俱为西帅，边士谣曰：“军中有一韩，西贼闻之心胆寒；军中有一范，西贼闻之惊破胆。”元昊惧，遂称臣。

**八遇八克**　唐娄师德，武后时募猛士讨吐蕃，乃自奋，戴红抹额来应诏。后与虏战，八遇八克。

**七纵七擒**　孔明与孟获战，凡七纵七擒。后乃叹服曰：“公天威也，南人不敢复反矣！”

**钲止兵进**　狄青与西贼战，密令军中，钲一声则止，再声则严阵而阳却，钲声止则大呼而突之。虏大骇愕，以是胜之。

**以少击众**　唐马璘武艺绝伦，以百骑破卒五千。李光弼曰：“吾未见以少击众，如马将军者！”人号为中兴锐将。

**朕之关张**　宋狄青京师呼为狄天使，上嘉其材勇，为泾原路兵马总管。上欲一见，诏令入朝。会寇逼平凉，乃令亟往，俾图像以进。上观其相曰：“朕之关、张。”

**立汉赤帜**　韩信攻赵，令卒曰：“赵见我走，必空壁逐我，若等疾入，拔赵白帜，立汉赤帜。”信佯走。赵果逐之，回壁见赤帜，大乱。汉兵夹击，遂克赵军。

**下马作露布**　《南史》：傅永拜安远将军，帝叹曰：“上马能杀贼，下马能作露布，惟傅修期能之耳！”

**三箭定天山**　薛仁贵为行军副总管。九姓众十馀万，令骁骑挑战，仁贵发三矢，辄杀三人，虏气慑，皆降。

**三鼓夺昆仑**　狄青宣抚广西。侬智高守昆仑关。青至宾州，值上元节，大张灯火，首夜宴乐彻晓，次夜复宴，二鼓时，青忽称疾如内，命孙元规主席。少服药乃出，数使人劝劳坐客，至晓未散。忽有驰报云：“是夜三鼓，狄将军已夺昆仑关矣。”

**顺昌旗帜**　宋刘琦与兀术战于柘皋，虏远望见，大惊曰：“此顺昌旗帜也。”即引兵而去。

**每饭不忘钜鹿**　汉文帝谓冯唐曰：“昔有为我言李齐之贤，战于钜鹿下。今吾每饭，意未尝不在钜鹿也。”

**铸错** 唐罗绍威以魏博牙兵骄甚，尽杀之，遂为梁朱温所制，乃谓亲吏曰：“聚六州四十三县铁，铸一个错不成！”

**得陇望蜀** 司马懿言于曹操曰：“今克汉中，益州震动，进兵临之，势必瓦解。”操曰：“人苦不知足，得陇复望蜀。”

**塞创复战** 隋张定和，虏刺之中颈，定和以草塞创而战，神气自若，虏遂败走。

**杜伏威** 唐杜伏威与陈稜战，射中伏威额，怒曰：“不杀汝，箭不拔！”驰入稜阵，获所射将，使拔箭，已，斩之。

**首级** 秦法斩敌一首拜爵一级，故曰首级。后人云：“割一首，必割其势，以为一级者非。”

**梓树化牛** 秦文公伐雍，南山梓树化为牛，以骑击之，不胜。或坠地，解髻披发，牛畏之，入水。秦因置髦头，骑使之先驱。

**勒石燕然** 燕然，山名，去塞三千里。窦宪大破单于，登燕然山，勒石纪功，颂汉功德。

**九章** 管子曰：“举日章则昼行，举月章则夜行，举龙章则水行，举虎章则林行，举鸟章则行陂，举蛇章则行泽，举鹊章则行船，兴狼章则行山，举韠则载食而驾。”

**啼哭郎君** 都统制曲端勇悍非常，每与虏战，呼裨将头目，备告以二帝蒙尘，今在五国城中青衣把盏，凡为臣子者闻之痛心，思之切骨，遂放声大哭。将佐军士皆哭，奋身上马，勇气百倍，虏人望之辟易，称为啼哭郎君。

**鸽笼分部** 曲端军分五部，一笼贮五鸽，随点一部，则开笼纵一鸽往，则一部之兵顷刻立至，其速如神，见者气夺。

**玉帐术** 杜子美诗：“空留玉帐术，愁杀锦城人。”玉帐乃兵家厌胜之方位，主将于其方置军帐，则坚不可犯。其法出黄帝遁甲，以月建后三位取之，如正月建寅，则巳为玉帐。

**冠来没处畔** 陈后主与齐云观，谣曰：“齐云观，寇来没处畔。”故今人避人谓之“畔”。

**府兵** 西魏始作府兵。隋唐始有番次，入为兵，出为农。周太祖始刺面见。唐末刘仁恭刺民为兵，给廪食，军丁佥补。

**渠答** 蒺藜也，以铁为之，匝营则撒之四外。

**绕指柔** 平望湖中掘得一剑，屈之则首尾相就，放手复直如故，锋铓犀利，可断金铁。识者曰："此古之绕指柔也。"

## 刑法

郑铸《刑书》，晋作《执秩》，赵制《国律》，楚作《仆区》（区，音欧），皆法律之名也。仆，隐也；区，匿也；作为隐匿亡人之法。

**历代狱名** 夏狱曰夏台，商狱曰羑里，周狱曰囹圄，汉狱曰请室。

**五听** 《周礼》：少司寇以五声听讼狱，一曰辞听，二曰色听，三曰气听，四曰耳听，五曰目听。

**三刺** 听讼者以三刺，一刺曰讯群臣，二刺曰讯群吏，三刺曰讯万民。

**古刑** 墨、劓、剕、宫、大辟，其后加流、赎、鞭、朴为九刑。

**古刑名** 城旦、舂：城旦者，旦起行治城；舂者，舂米，四岁刑也。鬼薪、白粲：取薪给宗庙为鬼薪；坐择米使正白为白粲，三岁刑也。

**五毒** 械颈足曰桁扬，械颈曰荷校，械手足曰桎梏，锁系曰锒铛，鞭笞曰榜掠。考逼曰五毒俱备，言五刑皆用也。

**三木** 三木者谓械枷锁及手足也。

**三宥** 一宥曰不识，二宥曰过失，三宥曰遗忘。

**三赦** 一赦曰幼弱，二赦曰老耄，三赦曰愚蠢。

**虞芮争田** 周文王时，虞、芮之君争田不决，相与质成于文王。入其境，见其民耕者让畔，行者让路。二君相谓曰："我等小人，不可以履君子之庭。"乃让其所争之田为闲田。

**除肉刑** 汉太仓令淳于意，无子，有五女。罪当刑，骂曰："生女不生男，缓急无可使！"其幼女缇萦上书，言死者不可复生，刑者不可复赎。愿没入为官奴，以赎父罪。文帝怜之，并除肉刑。

**后五刑** 肉刑既除，后以笞、杖、徒、流、死为五刑。

**髡钳** 髡，削发也。钳，以铁束头也。钳钛，《陈咸传》谓私解脱钳钛。钳在首，钛在足，皆以铁为之也。

**胥靡** 胥，相也；靡，随也；联系之，使相随而服役也。犹今之役囚徒，以铁索联缀之耳。

**弃市**　汉景帝改磔曰弃市，勿复磔。磔谓张其尸也，弃市，谓杀之于市。

**刑具**　《汉·刑法志》：大刑用甲兵，其次用斧钺，中刑用刀锯，其次用钻凿，薄刑用鞭朴。

**锻炼**　锻，锤也。锻炼犹言精熟也。深文之吏入人之罪，犹锻炼铜铁，使之成熟也。

**钳网**　李林甫为相，起大狱以诬陷异己者，宠任吉温、罗希奭为御史，锻炼人罪。时人谓之罗钳吉网。

**罗织**　武后任用来俊臣、周光二人，共撰《罗网经》数千言，教其徒罗织人罪，无有脱者。

**蚕室**　受腐刑者必下蚕室，盖蚕宜密室，以火温之。新受腐者最忌冒风，须入密室，乃得保全，因呼其室为蚕室。

**庾死**　汉宣帝诏曰："系者苦饥寒庾死狱中，朕甚痛之。"

**枭首**　百劳名枭，以其食母不孝，故古人赐枭羹，悬其首于木，故刑人以首示众者曰枭首。

**缿筒**　赵广汉为颍川守，恨朋比为奸，乃许相讦或匿名相告者，置缿筒，令投书于其中。

**铜匦**　武后自李敬业反后，恐人图己，盛开告密之门。有鱼保家者请铸铜为匦，其式一室四隅，上各有窍，可入不可出，武后善之。未几，其仇家投匦告保家曾为敬业造兵器，遂伏诛。

**请君入瓮**　武后金吾丘神勣以罪诛，有人告右丞周兴通谋，后命来俊臣鞫之。俊臣与兴方推事对食，问兴曰："囚多不承，当为何法？"兴曰："此甚易耳！取大瓮，以炭四围炙之，令囚入其中，何事不承？"俊臣索大瓮，如兴法，起谓兴曰："有内状推君，请君入此瓮。"兴惶恐服罪。法当死，宥之，流岭南。

**炮烙之刑**　商纣暴虐，百姓怨望，诸侯有叛者，妲己以为罚轻，威不立。纣为铜柱，以膏涂之，加于炭火上，令有罪者行，辄堕炭中，以取妲己一笑，名曰炮烙之刑。

**苍鹰**　郅都行法严酷，不避权贵。列侯宗室见都，侧目而视，号曰苍鹰。

**乳虎**　宁成好气，为小吏，必凌其长吏；为人上，操下如束湿薪，滑贼任威。稍迁至济南都尉，其治如狼牧羊，民不堪命。后拜关都尉，凡郡国出入关者，号曰："宁见乳虎，无值宁成之怒。"

**鹰击毛挚** 义纵为定襄太守，以鹰击毛挚为治，其所诛杀甚多，郡中人不寒而栗。

**掘狱讯鼠** 张汤儿时，父命守舍，鼠盗其肉，父怒，笞汤。汤掘窟得鼠及馀肉，为具狱辞，磔之堂下。其父见之，视其文辞如老狱吏，大惊，遂使治狱，后为酷吏。

**十恶不赦** 一曰谋反，谓谋危社稷；二曰谋大逆，谓谋毁宗庙山陵及宫阙；三曰谋叛，谓谋叛本国，潜从他国；四曰谋恶逆，谓殴及谋杀祖父母，父母及夫；五曰不道，谓杀一家非死罪三人，及支解人，若采生造畜蛊毒厌魅；六曰大不敬，谓盗大祀神御之物及乘舆御物；七曰不孝，谓告言咒骂祖父母及夫之祖父母，父母在，别籍异财，若奉养有缺；八曰不睦，谓谋杀及卖缌麻以上亲，殴告夫及大功以上尊长、小功尊属；九曰不义，谓部民杀官长，军士杀所属指挥守把；十曰内乱，谓奸小功以上亲，父祖妾与和者。

**八议** 一曰议亲，谓皇家袒免以上亲，及太皇、太后、皇太后缌麻以上亲，皇后小功以上亲，皇太子妃大功以上亲；二曰议故，谓皇家故旧之人素得侍见，特蒙恩待日久者；三曰议功，谓能斩将夺旗，摧锋万里，或率众来归，宁济一时，或开拓疆宇有大勋劳，铭功太常者；四曰议贤，谓大有德行之贤人君子，其言行可以为法则者；五曰议能，谓有大才业，能整军旅，治政事，为帝王之辅佐人伦之师范者；六曰议勤，谓有大将吏谨守官职，蚤夜奉公，或出使远方，经涉艰难，有大勤劳者之谓；七曰议贵，谓爵一品及文武职军官三品以上，散官二品以上者；八曰议宾，谓承先代之后为国宾者。

**例分八字** 以：以者，与真犯同。谓如监守贸易官物，无异真盗，故以枉法论，以盗论，并除名、刺字，罪至斩绞并全科。准：准者，与真犯有间矣。谓如准枉法论，准盗论，但准其罪，不在除名、刺字之例，罪止杖一百，流三千里。皆：皆者，不分首从，一等科罪。谓如监临主守职役同情盗，所监守官物并赃满数皆斩之类。各：各者，彼此同科此罪。谓如诸色人匠拨赴内府工作，若不亲自应役，雇人冒名私自代替，及替之人，各杖一百之类。其：其者，变于先意。谓如论人议罪犯先奏请议。其犯十恶，不用此律之类。及：及者，事情连后。谓如彼此俱罪之赃及应禁之物，则没官之类。即：即者，意尽而复明。谓如犯罪事发在逃者，众证既明白，即同狱成之类。若：若者，文虽殊而会上意。谓如犯罪未老疾，事发以老疾论。若在徒年限内，老疾者亦如之之类。

**顾山钱**　女子犯罪并放归家，但令一月出钱三百，顾人于山伐木，谓之顾山钱。

**平反**　隽不疑尹京兆。每行县录囚还，母辄问："有所平反（音幡），活几人耶？"平，谓平其不平也；反，言反罪人辞，使从轻也。

**录囚**　北人言以录为虑。今言录囚，误以为虑囚者，非是。

**颂系**　景帝著令年八十以上，十岁以下，及孕未乳，盲师，侏儒，当鞫问者，皆颂系之。"颂"读曰"容"，宽容之，不桎梏也。

**爰书**　爰，换也，以文书代换其口辞也。

**末减**　罪从轻也。末，薄也；减，轻也。

**狱吏之贵**　周勃下狱，狱吏侵辱之。勃后出，曰："吾常将百万兵，然安知狱吏之贵也！"

**死灰复然**　韩安国坐法抵罪，狱吏田甲辱之。安国曰："死灰独不复然乎？"甲曰："然即溺之。"

**六月飞霜**　邹衍事燕惠王尽忠，左右谮之，王系之狱。衍仰天而叹，六月天为之降霜。

**太子断狱**　汉景帝时，防年因继母杀其父，遂杀继母。廷尉以大逆谳，帝疑之。武帝年十二为太子，侍侧，对曰："继母如母，缘父之故，今继母杀其父，下手之时，母道绝矣！是父仇也，不宜以大逆论。"

**钱可通神**　张延赏欲理一冤狱，案上有一帖云："奉钱三万，乞不问其狱。"公恚，悉收左右讯之。明日，于盥洗处得一帖云："奉钱五万。"又于寝门所得一帖云："奉钱十万。"公叹曰："钱至十万，可通神矣！吾以惧祸也。"乃不问。

**祭皋陶**　范滂坐党锢，系黄门北寺狱。吏谓曰："凡坐系皆祭皋陶。"滂曰："皋陶贤者，知滂无罪，将理之于帝；有罪，祭之何益！"

**刮肠涤胃**　齐高帝有故吏竺景秀，以过系作坊，常云："若许某自新，必吞刀刮肠，饮灰涤胃。"帝善其言，乃释之。

**青衣报赦**　苻坚屏人作赦文，有大蝇入室，声甚厉，驱之复来。俄而，人皆知有赦，诘所从来，云有青衣童子呼市中，乃蝇也。

**于门高大** 前汉于公，门间坏，父老治之。公令高大门间，可容驷马，且言："我治狱多阴德，子孙必有兴者。"后子定国为丞相。

**论囚渭赤** 秦商君性极惨刻，尝论囚渭水之上，其水尽赤。

**肉鼓吹** 伪蜀李匡远性苛急，一日不断刑，则惨然不乐。尝闻锤挞声，曰："此一部肉鼓吹也。"

**无冤民** 张释之、于定国为廷尉，克尽其职，朝廷称之曰："张释之为廷尉，天下无冤民；于定国为廷尉，民自以为不冤。"

**疏狱天晴** 宋淳熙二年，天久雨，上御笔批问，欲行下诸路疏遣狱囚。是日天霁，上大悦。

**上蔡犬** 秦李斯为赵高所谮，二世收之。父子临刑，叹曰："吾欲牵黄犬出上蔡东门逐狡兔，其可得乎！"遂夷其三族。

**华亭鹤** 陆机仕晋，为孟玫谮于成都王颖，王即使人收机，机叹曰："华亭鹤唳可得闻乎？"遂遇害。

**走狗烹** 韩信为吕后所诛，叹曰："高鸟尽，良弓藏；狡兔死，走狗烹；敌国破，谋臣亡。"

**支解人** 齐景公时，民有得罪者，公怒缚至殿下，召左右支解之。晏子左手持头，右手持刀而问曰："古明王支解人，从何支解起？"景公离席曰："纵之。"

**屦贱踊贵** 齐景公烦刑。有鬻踊者（踊，刖足所用），公问晏子曰："子之居近市，知孰贵贱？"对曰："踊贵屦贱。"公悟，为之省刑。

**同文馆狱** 章惇起同文馆狱，欲杀刘挚及梁焘、王岩叟等。后为元祐党碑，皆始于此。

**金鸡集树** 《唐志》：中书令供赦日，值金鸡于仗南，竿长七尺，鸡高四尺，黄金饰首，衔幡七尺，盛以绛幡，将作供焉。武后封嵩山，大赦，坛南有树，置鸡其杪，号金鸡树。

**天鸡星动** 古称金鸡放赦，至今诏书于五凤楼，以金鸡衔下之。《三国异典》，司马膺之曰："案《海中星占》，天鸡星动皆有赦。故主王以金鸡建赦。"

**雀角鼠牙** 《诗经》："谁谓雀无角，何以穿我屋？谁谓女无家，何以速我狱？""谁谓鼠无牙，何以穿我墉？谁谓女无家，何以速我讼！"

**吹毛求疵** 汉武帝时，天下多冤晁错之策，务摧抑诸侯王，数奏其过恶。吹毛求疵，笞服其臣，使证其君。

**犴狴** 狱也。犴，胡地犬也。野犬所以守，故谓狱为犴狴。造狱用肺嘉之石，故狱又名肺嘉。《周礼》：以肺石达穷民。肺石，赤石也，使之赤心，不妄告，以嘉石平罢民。嘉，文石也，使之思其文理以折狱。

**子代父死** 梁吉玢父为原乡令，为奸吏所诬，罪当死。玢年十五，挝登闻鼓，乞代父命。武帝疑人教之，廷尉盛陈刑具，不变，乃宥父罪。

**父奸擿伏** 擿，挑也，言为奸而隐匿者，必摘发之。

**请谳** 谳，议也，谓罪可疑者谳于廷尉。

**刑狱爰始** 黄帝始制刑辟，制流、笞、杖、斩。蚩尤制劓、刵、黥、椓。纣制烹、醢、轘、剐。周公制绞。黄帝斩蚩尤始枭首。秦文公始族诛。公孙鞅始连坐。禹制城旦、舂。周公制徒。唐太宗始加役、流。周太祖始加刺配。

**赎刑** 舜始制赎止鞭朴。周穆王始制五刑之疑各得赎。汉宣帝始制女徒雇役。宋太祖始制折杖。

**三法司** 隋文帝始死罪三奏行刑。唐始大狱诏刑部尚书、都御史、大理寺正卿三司鞫问。

**越诉** 隋文帝令伸理由下达上，始禁越诉。

皋陶始制狱。汉诏以周图圄为狱。北齐制狱囚于治。

皋陶始制律。萧何制九章律，张仓复定。

# 卷十一 日用部

## 宫室

**房屋** 有巢氏始构木为巢。古皇氏始编槿为庐。黄帝始备宫室。黄帝制庭、制楼、制阁、制观。神农制堂。燧人氏制台。黄帝制榭。尧制亭。汉宣帝制轩。唐虞制宅。周制房、制第。汉制邸。六朝后始加听事为厅。秦孝公始制殿，乃有陛。萧何治未央宫，立东阙、北阙，始沿名阙。梁朱温按《河图》制五凤楼。魏始制城门楼，名丽谯。张说制京城鼓楼。鲧作城郭。禹作宫室。

**寺庙** 左徹制祠庙，汉宣帝制斋室。周穆王召尹轨、杜仲居终南尹真人草楼，始名道居为观。汉明帝时，摩腾、竺法兰自西域止鸿胪寺，始名僧居为寺。隋炀帝制道场，改观为玄坛，五代宋改制宫。孙权始为佛塔。东晋何充舍宅始为尼寺。

**书院** 唐玄宗制书院。后汉刘淑制精舍。殷仲堪制读书斋。欧阳修燕居，始为户室相通，名画舫斋。

**门户** 黄帝制门户，文王制璧门，周公制戟门、辕门（车相向以表门）、人门（立长大人之以表门）。秦始皇制走马廊，制千步廊。黄帝制阶、制梯。尧制墙。伊尹制亮槅。神农制窖。伏羲制厨。黄帝制灶、制蚕室。周制暴室。黄帝制囿。尧制池。秦始皇制汤池。

**公署** 汉制开府，制九卿治事之寺。北齐始以官名寺。隋制监。唐制院、制省、制局。汉制南宫。唐制东台。玄宗制黄门省。周制馆。汉制藁街（即今四夷馆，汉武帝制）。宋置马铺，制递站。夏制府藏文书财货。汤武制库藏。

**平泉庄** 李赞皇平泉庄周回十里，建堂榭百馀所，天下奇花、异卉、怪石、古松，靡不毕致。自作记云："鬻平泉者，非吾子孙也！以一石一树与人者，非佳子弟也！吾百年后，为权势所夺，则以先人所命泣而告之。"

**午桥庄** 张齐贤以司空致仕归洛，得裴晋公午桥庄，凿渠通流，栽花植竹，日与故旧乘小车携觞游钓。

**辋川别业** 在蓝田，宋之问所建，后为王维所得。辋川通流竹洲花坞，日与裴秀才迪浮舟赋诗，斋中惟茶铛、酒臼、经案、竹床而已。

**高阳池** 汉侍中习郁于岘山南，依范蠡养鱼法作鱼池，池边有高堤，种竹及长楸，芙蓉缘岸，菱芡覆水，是游燕名处。山简每临此池，未尝不大醉而返，曰："此是我高阳池也。"

**迷楼** 隋炀帝无日不治宫室，浙人项昇进新宫图，大悦，即日召有司庀材鸠工，经岁而就，帑藏为之一空。帝幸之，大喜曰："使真仙游其中，亦当自迷也。"因署之曰迷楼。

**西苑** 隋炀帝筑西苑，周三百里，其内为海，周十馀里，为方丈、瀛洲、蓬莱诸山岛，高出水百馀丈，有龙鳞筑萦回海内，缘筑十六院门皆临渠，每院以四品夫人主之。殿堂楼观，穷极华丽，秋冬凋落，则剪彩为花，缀于枝干，色渝则易以新者，常如阳春。上好以月夜从宫女数千骑游西苑，作《清夜游曲》，于马上奏之。

**阿房宫** 东西五百步，南北五十丈，上可以坐万人，下可以建五丈旗。周驰为阁道，自殿下直抵南山。表山颠以为阙。复道，渡渭，属之咸阳。役隐宫徒刑者七十馀万人。卢生说帝为微行所居，毋令人知，然后不死之药可得。乃令咸阳宫三百里内宫观复道相连，帷帐钟鼓美人不移而具，所行幸，有言其处者死。

**驾霄亭** 张功甫为张循王诸孙，园池声伎服玩甲天下，常于南湖园作驾霄亭，于四古松间，以巨铁之半空，当风月清夜，与客梯登之，飘遥云表。

**水斋** 羊侃性豪侈。初赴衡州，于两艖起三间水斋，饰以珠玉，加以锦缋，盛设围屏，陈列女乐。乘潮解缆，临波置酒，缘塘倚水，观者填塞。

**清秘阁** 倪云林所居，有清秘阁、云林堂。其清秘阁尤胜，前植碧梧，四周列以奇石，蓄古法书名画其中，客非佳流不得入。尝有夷人入贡，道经无锡，闻云林名，欲见之，以沉香百斤为贽，云林令人绐云："适往惠山饮泉。"翌日再至，又辞以出探梅花。夷人不得一见，徘徊其家。倪密令开云林堂使登焉，东设古玉器，西设古鼎彝尊罍，夷人方惊顾，问其家人曰："闻有清秘阁，可一观否？"家人曰："此阁非人所易入，且吾主已出，不可得也。"夷人望阁再拜而去。

**泖湖** 杨铁崖晚居泖，尝曰："吾未七十，休官在九峰三泖间，殆且二十年，优游光景过于乐天。有李五峰、张句曲、周易痴、钱思复为唱和友，桃叶、柳枝、琼花、翠羽为歌歈伎。风日好时，驾春水宅先生舟名赴吴越间，好事者招致，效昔人水仙舫故事，荡漾湖光鸟翠，望之呼铁龙仙伯，顾未知香山老人有此无也。”客有小海生贺公为“江山风月神仙福人”，且貌公老像，以八字字之，又赋诗其上曰：“二十四考中书令，二百八字太师衔，不如八字神仙福，风月湖山一担担。”

**咸阳北阪** 秦始皇灭六国，写其宫室，作之咸阳北阪上，自雍门以东至泾、渭交处，殿屋覆道，周围相属，然各自为区。虽一瓦一甓之造，亦如其式。各书国号，不相雷同，皆布其所得诸侯美人居之。

**花萼楼** 唐玄宗友爱至厚，设五王幄，与诸王同处。后于宫中造楼，题曰：“花萼相辉之楼”。

**黄鹤楼** 晋时有酒保姓辛，卖酒江夏，有道士就饮，辛不索钱，如此三年。一日，道士饮毕，以橘皮画一鹤于壁，以箸招之即下舞，嗣是贵客皆就饮，辛遂致富，乃建黄鹤楼。后道士骑鹤而去。

**滕王阁** 滕王，唐高帝之子，武德中出为洪州刺史，喜山水，酷爱蝴蝶，尤工书，妙音律。暇日泛青雀舸，就芳渚建阁登临，仍以王名阁焉。

**轮奂** 晋献文子成室，晋大夫贺焉。张老曰：“美哉轮焉，美哉奂焉！歌于斯，哭于斯，聚国族于斯。”子文曰：“武也得歌于斯，哭于斯，聚国族于斯，是全要领以从先大夫于九京也。”君子谓其善颂、善祷。

**爽垲** 齐景公欲更晏子之宅，谓晏子曰：“子之宅近市，不可以居，请更诸爽垲（地名）。”晏子如晋，公更宅焉。反，则成矣。既拜，乃复旧宅。

**绿野堂** 唐裴度以东都留守加中书令，不复有经世之意，乃治第东都集贤里，名绿野堂，竹木清浅，野服萧散。

**铜雀台** 在彰德县，曹操所筑。上有楼，铸大铜雀，高一丈五尺，置之楼颠。临终遗命：“施帐于上，使宫人歌吹帐中，望吾西陵。”西陵，操葬处也。

**华林园** 梁简文帝入华林园，顾谓左右曰：“会心处政不在远，翳然林木，便自有濠、濮间想，觉鸟兽禽鱼自来亲人。”

**金谷园** 石崇为荆州刺史时，劫远使商客，致富不赀。有别馆，在河阳之金谷，一名梓泽园，中有清泉茂林，竹柏药草之属，莫不毕备。尝与众客游宴，屡迁其处，或登高临下，或列坐水滨，琴瑟笙筑合载车中，道路并作，令与鼓吹递奏，昼夜不倦。后房数百，俱极佳丽之选，以翫羞精丽相高，求市恩宠。

## 衣冠

**冠** 辰氏始教民绹发闀首。尧始制冠礼。黄帝始制冠冕。女娲氏始制簪导。尧始制缨。伏羲始制弁，用皮韦。鲁昭公始易绢素。周公始制幅巾。汉末始尚幅巾，制角巾。晋制接诸巾及葛巾，始以巾为礼。秦始皇加武将袢袙，以别贵贱，始为帻。汉元帝额有壮发，始服帻。王莽秃，加屋帻上，始为头巾。古元巾，止用羃尊罍。

**帽** 荀始制帽，舜制帽冠。汉成帝始制贵臣乌纱帽，后魏迄隋因之。唐太宗始制纱帽，为视事见宾，上下通用。秦汉始效羌人制为毡帽。晋始以席为骨而挽之，制席帽。隋始制帷帽障尘，为远行，用皂纱连幅缀油帽及毡笠前。唐制大帽，后魏孝文始赐百官。魏文帝始赐百官立冬暖帽。今赐百官暖耳，本此。

**幞头** 北朝周武帝裁布始制幞头。一云六国时赵魏用全幅向后幞发，通谓头巾，俗呼幞头。

**帢** 魏武制帢，始燕居著帢，帢帢同裁缣布为之，以色别贵。荀文若始制帢有岐，因触树枝成岐，后效之。

**纵** 周公制纵，以韬发。宋太祖制网巾，明太祖颁行天下。

**古冠名** 尧黄收、牟追；汤冔；武王委貌；秦始皇远游冠；汉高祖通天冠、高山冠、鹊尾冠、长冠、竹皮冠；唐太宗翼善冠、交天冠；宋平天冠，并入君冠。殷章甫冠；汉梁冠，以梁数分别，后汉进贤冠；唐太宗进德冠；楚王獬豸冠；汉却非冠；赵武灵王惠文冠，饰金珰豹尾。汉武弁效惠文加蝉、鵔鸃冠、繁冠、鹖冠。秦孝公武帻，汉文帝介帻。西汉翠帽，唐縠帽，李晟绣帽，沈庆之狐皮帽、汝阳王琎砑光帽，南汉平顶帽，后周独孤帽、侧帽，韩熙载轻纱帽，萧载小博风帽。唐乌匼纱巾、夹罗巾，员头、平头、方头巾，宋云巾、歇鸥巾，汉文帝平巾，唐中宗踣养巾，昭宗珠巾，诸葛孔明纶巾，谢万白纶巾，祢衡练巾，石季伦紫纶巾，桑维翰蝉翼纱巾。张孝秀縠皮巾，陶弘景鹿皮巾，王衍尖巾，顾况华阳巾，山简白鹭巾，高九万渔巾，程伊川阔幅巾，苏子瞻加辅方巾，牛弘卜桐巾，王邻菱角巾，罗隐减样平方巾。

**履** 黄帝臣於则始制履单底，周公制舄复底、制屦施带、制屩。伊尹制草屧，周文王始制麻履，秦始用丝，始皇始制靸金泥飞头鞋，始名鞋。汉始以布上脱下加锦饰，东晋始以草木巧织成如掰芙蓉为履是也。

**靴** 赵武灵王制靴，短靿。隋炀帝制皂靴，始长靿。马周加毡及絛，始着入殿省敷奏。

**三代冠制** 夏曰毋追（音牟堆），周曰委貌。衡，维持冠者；紞，冠之垂者；弦缨，从下而上；綖，冠之上覆者，皆冠饰也。

**冕制** 有虞氏曰皇，夏后氏曰收，商汤氏曰冔，周武王曰冕。衮冕，一品服；鷩冕，二品服；毳冕，三品服；希冕，四品服；玄冕，五品服；平冕，郊庙武舞郎之服；爵弁，六品以下、九品以上从祀之服；武弁，武官参殿廷，武舞郎、堂下鼓人鼓吹按工之服；弁服，文官九品公事之服。

**旒制** 汉明帝采《周官》《礼记》，以定冕制，广七寸、长一尺二寸，系白珠于其端，曰旒。天子十二旒，三公及诸侯九旒，卿七旒。

**冠制** 太白冠，太古之白布冠也。通天冠，天子冠名。惠文冠，汉法冠也，御史服之。葛巾，葛布冠也，居士野人所服。方山冠，乐人之冠也。铁柱冠，即獬豸冠也，后以铁为柱，取其执法如铁也，故御史服之。

**鵔鸃冠** 汉惠帝时，郎中皆冠鵔鸃冠，傅脂粉。岸帻，起冠露额曰岸。

**雄鸡冠** 子路性鄙，好勇力，冠雄鸡，佩豭豚，凌暴孔子，孔子设礼稍诱子路。子路后服，委贽因门人请为弟子。

**竹皮冠** 汉高祖为亭长，以竹皮为冠。及贵，浑服之，所谓“刘氏冠”也。诏曰：“爵非公乘以上，不得冠刘氏冠”。公乘，第八爵也。

**弁髦** 男子始冠则用弁髦，既冠则弃之，故凡物弃之不用，则曰弁髦。

**帽制** 接，白帽也。浑脱，毡帽也。褦襶，即今暑月所戴凉帽也，内以笠为之，外以青缯缀其檐而蔽日者也。

**进贤冠** 今文臣所著纱帽，即古之进贤冠也。

**貂蝉冠** 为侍中、中常侍所服之冠，黄金珰附蝉为文，貂尾为饰，侍中插左，常侍插右。

**鹖冠** 楚人居于深山，以鹖为冠，著书十六篇，号《鹖冠子》。

**虎贲冠** 虎贲插两鹖尾，竖左右。鹖，鸷鸟中之劲果者，秦汉施之武人。

**黄冠** 道士冠也。文文山愿黄冠归故乡，以备顾问。

**椰子冠** 苏东坡有椰子冠，广东所产，俗言茄瓢是也。

**束发冠** 古制也。三王画像多著此冠，名曰束发者，亦以仅能束一髻耳。

**折角巾** 后汉郭林宗常行梁陈之间，遇雨，巾一角沾雨而折。三国名士著巾，莫不折其角，号林宗巾。其见仪则如此。

**折上巾** 汉魏以前戴幅巾，晋、宋用幂，后周以三尺皂绢向后幞发，名折上巾。

**方巾** 元杨维桢被召入见，太祖问："卿所冠何巾？"对曰："四方平定巾。"太祖悦其名，召中书省，依此巾制颁天下尽冠之。

**网巾** 明太祖一日微行至神乐观，有道士结网巾，问结此何用，对曰："网巾用以裹头，则万发俱齐。"明日有旨命道官取网巾一十三顶，颁行天下，无贵贱，皆令裹之。

## 衣裳

有巢氏始衣皮。轩辕妃嫘祖始兴机杼，成布帛。尧始加絺苎、木绵、草布、毛罽。黄帝臣胡曹始作衣，伯余始作裳，始衣裳加垂以衣皮，短小也。舜制韨（冕服之，古字，从韦，今从丝），三代增画文；汉明帝用赤皮；魏晋始易络纱。黄帝始制衮，舜始备，周始详。

傅说制袍，长至足。隋制大袍，宇文护始加襕。舜制深衣。马周制襕衫。汉制方心曲领，唐制圆领。

唐太宗制朝参拜表朝服，公事谒见，公服始分别。北齐入中国，始胡服窄袖。唐玄宗始公服褒博大袍。

伏羲制裘（一云黄帝）。禹制披风（如背子制较长，而袖宽于衫）、制襦（短衣）。伊尹制夹袄。汉高祖制汗衫（小仅覆胸背，即古中单，帝与楚战，汗透，因名）。唐高祖制半臂（隋文帝时半臂馀，即长袖也。高祖减为秃袖，如背心）。马周制开骻（即今四骻衫）。周文王制裈，禹始制袴，周武王改为褶，以布；敬王以缯；汉章帝以绫，始加下缘。

晋董威制百结（碎杂缯为之）。宋太祖制截褶、制海青（俱仿南番作）。宇文涉制毡衫。

陈成子制雨衣、雨帽。宇文涉制雨笼。於则制角袜（前后两只相承，中心系带）。魏文帝吴妃始裁缝如今样。后魏始赐僧尼偏衫。

黄帝始定人君服，色随王运。周公始制天子服，四时各以其色。隋文帝始专尚黄。唐玄宗时，韦韬请天子服御皆用黄，设禁。

隋炀帝诏牛弘等始别服色，三、四品紫，五品朱，六品以下绿，胥吏青，庶人白，商皂。本秦始皇以紫、绯、绿三等服为制。

后魏制僧衣，赤布，后周易黄，宇文周易褐色。北齐忌黑，以僧衣多黑，始行师忌僧。

鱼袋，即古鱼符，刻鱼，盛之以袋，而饰金银玉。三代为等袋，用韦。唐高祖始制鱼袋，饰金银。武后改制龟，盖为别；后复为鱼，加用铜；宋仁宗加用玉。唐玄宗敕品卑者借绯及鱼袋。

**笏**　成汤始制笏，书教令以备忽忘。武王诛纣，太公解剑带笏，始制为等。周制诸侯用象笏。晋、宋以来，惟八座用笏，馀执手板。周武帝始百官皆执笏朝参，以笏为礼。汉高祖制手板如笏，魏武帝制露板（奏事木简）。

**带绶**　黄帝制衣带（用革反插垂头），秦二世名腰带。唐高宗始制金、玉、犀、银、鍮、鉐、铜、铁等差。

**佩**　尧始制佩，周制为等。七国去佩留襚，始以彩组连结子。转相受为绶（古绶以贯佩），制更秦名，本三代。汉高祖制为等加缥。天子佩白玉而玄组绶，公侯佩山玄玉而朱组绶，大夫佩水苍玉而纯组绶，世子佩瑜玉而綦组绶，士佩瓀玟而缊组绶，孔子佩象环五寸而綦组绶。

**牙牌**　宋太祖始制牙牌，给赐立功武臣悬带，令朝参官皆用之。颛顼制丝绦。汤制鞶囊。

厕牏近身之小衫，即今之汗衫也。

绣鬄，盖以羽衣为半臂，如《后汉书》所谓“诸子绣龊”，其字不同，其义则一也。

襳褵，羽衣也。又曰氅衣。组麖敝衣。袯襫，蓑衣，畹（音夷），雨衣。

襜褕（音谄遥）单衣也。武安侯田蚡坐襜褕入宫，不敬，国除。

**吉光裘**　汉武帝时，西域献吉光裘，裘色黄，盖神马之类，入水不

原文

濡，入火不燃。

**雉头裘** 大医程据上雉头裘，武帝诏据：此裘非常衣服，消费功用，其于殿前烧之。

**狐白裘** 孟尝君使人说昭王幸姬求解，姬曰："愿得狐白裘"。此裘孟尝君已献昭王，客有能为狗盗者，夜入秦宫藏中，取以献姬，乃得释。

**集翠裘** 武后赐张昌宗集翠裘，后令狄仁杰与赌此裘。仁杰因指所衣紫拖袍，后曰："不等。"杰曰："此大臣朝见之服也。"昌宗累局连北，仁杰褫其裘，拜恩出，赐与舆前厮养。

**鹔鹴裘** 司马相如初与文君还成都，居贫愁悆，以所着鹔鹴裘，就市人杨昌贳酒，与文君拨闷。

**深衣** 古者深衣，盖有制度，短毋见肤，长毋被土。制有十二幅，以应十有二月；袂圆以应规；曲袷如矩以应方；负绳及踝以应直，下齐如权衡以应平。

**黑貂裘** 苏秦初说赵，赵相李兑遗以黑貂裘。及游说秦王，王不能用，黑貂之裘敝。

**通天犀带** 南唐严续相公歌姬、唐镐给事通天犀带，皆一代尤物，因出伎解带呼卢。唐彩大胜，乃酌酒，命美人歌一曲而别，严怅然久之。

**月影犀带** 张九成有犀带，文理缜密，中有一月影，遇望则见，贵重在通天犀之上，盖犀牛望月之久，故感其影于角也。

**黄琅带** 唐太宗赐房玄龄黄琅带，云服此带，鬼神畏之。

**百花带** 宗测春游山谷，见奇花异卉，则系于带上，归而图其形状，名百花带，人多效之。

**笏囊** 唐故事，公卿皆搢笏于带，而后乘马。张九龄体弱，使人持之，因设笏囊。笏囊自此始。

**只逊** 殿上直校鹅帽锦衣，总曰"只逊"。曾见有旨下工部，造只逊八百副。

**身衣弋绨** 张安世尊为公侯，而身衣弋绨，夫人自绩。

**衣不重帛** 晋国苦奢，文公以俭矫之，乃衣不重帛，食不兼肉。未几时，国人皆大布之衣，脱粟之饭。

**韎韦跗注** 韎，赤也。跗注，戎服，若袴而属于跗，与袴连，言军中君子之饰也。

**飞云履** 白乐天烧丹于庐山草堂，制飞云履，立绫为质，四面以素绢作云朵，染以诸香，振履，则如烟雾。常著示道友云，吾足下生云，计不久上升矣。

**襕衫** 乃明朝高皇后见秀才服饰与胥吏同，乃更制儒巾襕衫，令太祖著之。太祖曰："此真儒者服也。"遂颁天下。

**毳衣** 《诗经》："毳衣如菼。"天子、大夫之服。纨袴，贵家子弟之服。逢腋，肘腋宽大之衣，为庶人之服。

**初服** 初，始也，谓未仕时清洁之服，故致仕归，曰"得遂初衣"。

**轻裘缓带** 羊祜在军中尝服之。偏裻，戎衣名；肠夷，甲名；皆从军所服之饰。

**赤芾** 芾，冕之饰也。大夫以上，赤韨乘轩。

## 饮食

有巢氏始教民食果。燧人氏始修火食，作醴酪（蒸酿之使熟）。神农始教民食谷，加于烧石之上而食。黄帝始具五谷种（地神所献）。烈山氏子柱始作稼，始教民食蔬果。燧人氏作脯、作胾。黄帝作炙。成汤作醢。禹作羹，吴寿梦作鲊。

神农诸侯夙沙氏煮盐，嫘姐作醯，神农作油，殷果作醯，周公作酱，公刘作饧。后汉谓饴饧即《楚辞》餦餭也。《方言》：江东为糖作蜜。唐太宗煎蔗作沙糖。黄帝作羹、作葅。少昊作齑。神农作炒米。黄帝作蒸饭、作粥。公刘作飧、作麻团、作糕。周公作汤团。汝颓作粽。诸葛亮作馒头、作馅餤。石崇作馄饨。秦昭王作蒸饼。汉高祖作汉饼。金日磾作胡饼。魏作汤饼。晋作不托（即面。简于汤饼）。

**酒** 始自空桑委馀饭郁积生味。黄帝始作醴（一宿），仪狄始作酒醪，杜康作秫酒。周公作酎，三重酒。汉作宗庙九酝酒（五月造，八月成）。魏文侯始为觞。齐桓公作酒令。汝阳王琎著《酒法》。唐人始以酒名春。刘表始以酒器称雅。有伯仲季雅称。雅集本此。晋隐士张元作酒帘。南齐始以樗蒲头战酒。宋帝延萧介赋诗置酒，始称即席。

**名酒** 齐人田无已中山酒（一云狄希），汉武帝兰生酒（采百味即百末旨酒），曹操缥醪，刘白堕桑落酒（成桑落时）、千里酒（六月曝日不动），唐玄宗三辰酒，虢国夫人天圣酒（用鹿肉），裴度鱼儿酒（凝龙脑刻鱼投之），魏徵翠涛，孙思邈屠苏（元日入药），隋炀帝玉薤（仿胡法），陈后主红粱新酝，魏贾锵昆仑觞（绛色以瓢接河源水酿之），房寿碧芳酒，羊雅舒抱瓮醪（冬月令人抱而酿之），向恭伯芗林、秋露，殷子新黄娇，易毅夫瓮中云，胡长文银光，宋安定郡王洞庭春（以柑酿），苏轼罗浮春、真一酒，陆放翁玉清堂，贾似道长春法酒，欧阳修冰堂春。

**茶**　成汤作茶，黄帝食百草，得茶解毒。晋王蒙、齐王肃始习茗饮（三代以下炙茗菜或煮羹）。钱超、赵莒为茶会。唐陆羽始著《茶经》，创茶具，茶始盛行。唐常衮，德宗时人，刺建州，始茶蒸焙研膏。宋郑可闻剔银丝为冰牙，始去龙脑香。唐茶品阳羡为上，唐末北苑始出。南唐始率县民采茶，北苑造膏茶腊面，又京铤最佳。宋太宗始制龙凤模，即北苑时造团茶，以别庶饮，用茶碾，今炒制用茶芽，废团。王涯始献茶，因命涯榷茶。唐回纥始入朝市茶。宋太祖始禁私茶，太宗始官场贴射，徐改行交引。宋始称绝品茶曰斗，次亚斗。始制贡茶，列粗细纲。

**蒙山茶**　蜀蒙山顶上茶多不能数，片极重，于唐以为仙品。今之蒙茶，乃青州蒙阴山石上地衣，味苦而性寒，亦不易得。

**密云龙**　东坡有密云龙茶，极为甘馨。时黄、秦、晁、张号“苏门四学士”，子瞻待之厚，每来，必令侍妾朝云取密云龙饮之。

**天柱峰茶**　李德裕有亲知授舒州牧，李曰：“到郡日，天柱峰可惠三四角。”其人辄献数斤，李却之。明年罢郡，用意精求，获数角，投之赞皇，阅而受之，曰：“此茶可消酒肉毒。”乃命烹一瓯沃于肉，以银盒闭之，诘旦开视，其肉已化为水矣，众服其广识。

**惊雷荚**　觉林院僧志崇收茶三等，待客以惊雷荚，自奉以萱草带，供佛以紫茸。香客赴茶者，皆以油囊盛馀沥以归。

**石岩白**　蔡襄善别茶。建安能仁寺有茶生石缝间，名石岩白，寺僧遣人遗内翰王禹玉。襄至京访禹玉，烹茶饮之，襄捧瓯未尝，辄曰：“此极似能仁寺石岩白，何以得之？”禹玉叹服。

**仙人掌**　荆州玉泉寺，近清溪诸山，山洞往往有乳窟，窟中多玉泉交流，其水边处处有茗草罗生，枝叶如碧玉，拳然重叠，其状如手，号仙人掌，盖旷古未睹也。惟玉泉真公常采而饮之，年八十馀，颜色如桃色。此茗清香酷烈，异于他产，所以能还童振枯，扶人寿也。

**水厄**　晋司徒长史王濛好饮茶，客至辄命饮，士夫皆患之，每欲往候，必曰：“今日有水厄。”

**汤社**　和凝在朝，率同列递日以茶相饮，味劣者有罚，号为汤社。

**茗战**　建人以斗茶为茗战。

**卢仝七碗**　卢仝歌：“一碗喉吻润，二碗破孤闷；三碗搜枯肠，惟有文字五千卷；四碗发轻汗，平生不平事，尽向毛孔散；五碗肌骨清，六碗通仙灵；七碗吃不得也，惟觉两腋习习清风生。”

**九难**《茶经》言茶有九难：阴采夜焙，非造也；嚼味嗅香，非别也；膻鼎腥瓯，非器也；膏薪庖炭，非火也；飞湍壅潦，非水也；外熟内生，非汤也；碧粉缥尘，非茶也；操艰搅遽，非煮也；夏兴冬废，非饮也。

**六物**《月令》：乃命大酋，秫稻必齐，曲糵必时，湛炽必洁，水泉必香，陶器必良，火齐必得，兼用六物，大酋监之，无有差忒。

**昆仑觞**　魏贾锵有苍头善别水，常令乘小艇于黄河中流，以瓠匏接河源水，一日不过七、八升，经宿，色如绛，以酿酒，名昆仑觞，芳味世间所绝。

**白堕鹤觞**　河东刘白堕善酿，六月以罂贮酒，暴于日中，经一旬，其酒不动，饮之者香美，醉而经月不醒。朝贵相飨，逾于千里。以其远至，号曰鹤觞，如鹤之一飞千里也。

**椒花雨**　杨诚斋退居，名酒之和者曰金盘露，劲者曰椒花雨。

**鲁酒**　楚会诸侯，鲁、赵皆献酒于楚王。主酒吏求酒于赵，赵不与，吏怒，乃以赵厚酒易鲁薄酒献之，楚王以赵酒薄，遂围邯郸。故曰：“鲁酒薄而邯郸围。”

**酿王**　汝阳王琎，自称“酿王”。种放号“云溪醉侯”。蔡邕饮至一石，常醉，在路上卧。人名曰“醉龙”。李白嗜酒，醉后文尤奇，号为“醉圣”。白乐天自称“醉尹”，又称“醉吟先生”。皮日休自称“醉士”。王绩称“斗酒学士”，又称“五斗先生”。山简称“高阳酒徒”。

**狂花病叶**　饮流，谓睚眦者为狂花；谓目睡者为病叶。

**八珍**　龙肝、凤髓、豹胎、猩唇、鲤尾、鸮炙、熊掌、驼峰。

**内则八珍**　一淳熬，二淳母，三炮豚，四炮牂，五捣珍，六渍，七熬，八肝膋。盖烹饪之八法，养老所用也。

**麟脯**　王方平至蔡经家，与麻姑共设肴膳，擗麟脯而行酒。

**牛心炙**　王右军年十三，谒周顗，顗异之。时绝重牛心炙，座客未啖，先割以啖之，于是始知名。

**五侯鲭** 王氏五侯，各署宾客，不相来往。娄护传食五侯间，尽得其欢心，竞致奇膳，护合以为鲭，世称五侯鲭，为世间绝味。

**醒酒鲭** 齐世祖幸芳林园，就侍中虞悰求扁米栅，虞献栅及杂肴数十舆，大官鼎味不及也。上就虞求诸饮食方，虞秘不肯出，上醉后，体不快，悰乃献醒酒鲭一方而已。

**甘露羹** 李林甫婿郑平为省郎，林甫见其须鬓斑白，以上所赐甘露羹与之食，一夕而须鬓如黳。

**玉糁羹** 东坡云："过子忽出新意，以山芋作玉糁羹，色香味皆奇绝。天上酥酡则不可知，人间决无此味也。"诗曰："香似龙涎仍酽白，味如牛乳更全清。莫将南海金齑脍，轻比东坡玉糁羹。"

**三升良醪斗酒学士** 唐王绩，字无功，武德初，待诏门下省。故事，官给酒日三升，或问："待诏何乐耶？"答曰："三升良酝可慰耳。"侍中陈叔达闻之，日给一斗，号"斗酒学士"。

**六和汤** 医家以酸养骨，以辛养节，以苦养心，以咸养脉，以甘养肉，以滑养窍。

**段成式食品** 有寿木花、玄木叶、梦泽芹、具区菁、杨朴姜、招摇桂、越辂囷、长泽卵、三危露，昆仑井、蒲叶菘、竹根粟、麻湖菱、绿施笋。

**伞子盐** 朐腮县盐井，有盐方寸中央隆起，如张伞，名曰伞子盐。

**鸡栖半露** 晋苻朗善识味。会稽王道子为设精馔。讫，问关中味孰若于此。郎曰："皆好，唯盐少生。"即问宰夫，如其言。或杀鸡以飧之，朗曰："此鸡栖恒半露。"问之，亦验。

**崖蜜** 一名石饴，味甘，润五脏，益气强志，疗百病，服之不饥，即崖石间蜂蜜也。

**豆腐** 为淮南王鸿烈所造，故孔庙祭器不用豆腐。

**五谷** 稻，黍，稷，麦，菽。黍，小米；稷，高粱；菽，豆也。

**昆仑瓜** 茄子一名落苏，一名昆仑瓜。

**莼** 八月以前为绿莼，冬至为赭莼，秋时长丈许，凝脂甚清。张季鹰秋风所思，正为此也。

**食宪章** 段文昌丞相精馔事：第中庖所榜曰"练珍堂"，在途号"行珍馆”。文昌自编《食经》五十卷，时称《邹平公食宪章》。

**郇公厨** 韦陟袭封郇国公，性侈纵，尤穷治羞馔。厨中饮食，香味错杂，入其中者，多饱饫而归。时人语曰：“人欲不饭筋骨舒，夤缘须入郇公厨。”

**遗饼不受** 王悦之少厉清节。为吏部郎时，邻省有会同者遗以饼一瓯，辞不受，曰：“所费诚复小，然少来不欲当人之意。”

**嗟来食** 齐大饥。黔敖为食于路，以待饥者而食。有饥者蒙袂辑屦，贸贸而来。黔敖左奉食，右执饮，曰：“嗟！来食！”饥者扬其目而视之，曰：“予唯不食嗟来之食，以至于斯也。”从而谢焉。终不食而死。

**馒头** 诸葛武侯南征孟获，泸水汹涌，不得渡。有云须杀人以头祭之，武侯曰：“吾仁义之师，奚忍杀人以代牺牲？”于是用面为皮，裹猪羊肉于内，象人头而祭之。后之有馒头，始此。

**五美菜** 诸葛武侯出军，凡所止之处，必种蔓菁，即萝卜菜，蜀人呼为诸葛菜。其菜有五美：可以生食，一美；可菹，二美；根可充饥，三美；生食消痰止渴，四美；煮食之补人，五美。故又名五美菜。

**酪奴** 鼓城王勰谓王肃曰：“君弃齐、鲁大邦，而受邾、莒小国，明日请为设邾、莒之飧，亦有酪奴。”故号茗曰酪奴。

**龙凤团** 古人以茶为团饼，上印龙凤文，供御者以金妆龙凤，凡八饼重一斤。庆历间，蔡君谟始造小片，凡二十片重一斤。天子每南郊致祭，中书、枢密院各赐一饼，宫人镂金其上。

**茶异名** 《国史》：剑南有蒙顶石花，湖州有藿山嫩笋，峡州有碧涧明月。

**露芽** 陶弘景《杂录》：蜀雅州蒙山上顶有露芽，火前者最佳，火后者次之。火，谓禁火，寒食节也。

**雪芽** 越郡茶有龙山、瑞草、日铸、雪芽。欧阳永叔云，两浙之茶，以日铸为第一。

**反复没饮** 郑泉尝曰：“原得美酒满五百斛船，以四时肥甘置两头，反复没饮之，不亦快乎！”

**上樽** 《平当传》：稻米一斗得酒一斗为上樽，稷米一斗得酒一斗为中樽，粟米一斗得酒一斗为下樽。

**梨花春** 杭州酿酒，趁梨花开时熟，号梨花春。

**碧筒劝**　荷叶盛酒，以簪刺柄与叶通，屈茎轮囷如象鼻，持吸之，名碧筒劝。

**蕉叶饮**　东坡尝谓人曰："吾兄子明饮酒不过三蕉叶。吾少时望见酒杯而醉，今亦能蕉叶饮矣。"

**中山千日酒**　刘玄石于中山沽酒，酒家与千日酒饮之，大醉，其家以为死。葬之。后酒家计其日，往视之，令启棺，玄石醉始醒。

**青州从事**　《世说》：桓温主簿善别酒：好者谓青州从事，盖青州有齐郡，言饮好酒直至腹脐也；恶者谓平原督邮，盖平原有鬲县，言恶酒饮至膈上住也。

**防风粥**　白居易在翰林，赐防风粥一瓯，食之，口香七日。

**胡麻饭**　晋刘晨、阮肇入天台山采药，迷路，流水中得一杯胡麻饭屑，二人相谓曰："此去人家不远。"因穷源而进，见二女，曰："郎君来何暮也！"邀至家，待以胡麻饭、山龙脯，结为夫妇。逾月，二人辞归，访于家，子孙已七世矣。

**青精饭**　道士邓伯元受青精石，为饭食之，延年益寿。

**莼羹**　昔陆机诣王济，济指羊酪谓机曰："吴下何以敌此？"机曰："千里莼羹，未下盐豉。"

**锦带羹**　荆湘间有草花，红白如锦带，苗嫩脆，可作羹。杜诗："滑忆雕胡饭（即胡麻饭），香闻锦带羹。"

**安期枣**　安期生，琅琊人，卖药海上，自言寿已千岁，所食枣其大如瓜。

**韭萍齑**　石崇遇客，每冬作韭萍齑，豆粥咄嗟而办。王恺密问其帐下，云豆最难熟，预炊熟，客来，但作白粥投之。韭萍齑，是捣以韭根杂麦苗耳。

**金齑玉脍**　南人作鱼脍，以细缕金橙拌之，号为金齑玉脍。隋时吴郡献松江鲙，炀帝曰："所谓金齑玉鲙，东南佳味也。"

**玉版**　苏东坡邀刘器之参玉版禅师。至寺，烧笋，觉味胜，坡曰："名玉版也。"作偈云："不怕石头路，来参玉版师。卿凭锦珠子，与问箨龙儿。"

**碧海菜**　《汉武内传》：王母曰："仙之上药，有碧海之琅菜。"

**肉山酒海**　魏曹子建《与季重书》曰："愿举泰山以为肉，倾北海以为酒。”又古纣王以肉为林，以酒为池。

**石髓**　嵇康遇王烈，共入山，见石裂，得髓食之。因携少许与康，已成青石，扣之琤琤。再往视之，断山复合矣。

**松肪**　东坡诗：“为深松肪寄一车。”又松花为松黄，服之轻身。

**杯中物**　晋吴衍好饮酒，因醉诟权贵，遂戒饮。阮宣以拳殴其背，曰：“看看老逼痴汉，忍断杯中物耶？”乐饮如初。

**惩羹吹齑**　唐傅奕言：“唐承世当有变更，惩沸羹者吹冷齑，伤弓之鸟惊曲木。”陆贽奏议：昔人有因噎而废食，惧溺而自沉者。

**酒肉地狱**　东坡倅杭，不胜杯酌。奈部使者重公才望，朝夕聚首，疲于应接，乃目杭倅为酒肉地狱。后袁毂代倅，僚属疏阔，袁语人曰：“闻此郡为酒肉地狱，奈我来，乃值狱空。”传以为笑。

**齑赋**　范文正公少时作《齑赋》，其警句云：“陶家瓮内，腌成碧、绿、青、黄；措大口中，嚼出宫、商、角、徵。”盖亲处贫困，故深得齑之趣味云。

**绛雪嵰雪**　《汉武传》：“仙家妙药，有玄霜绛雪。”又，西王母进嵰山红雪，亦名绛雪。又，雪糕一名甜雪。

**冰桃雪藕**　周穆王方士集于春霄宫，王母乘飞辇而来，与王会，进万岁冰桃、千年雪藕。

**玉食珍羞**　《书经》：“惟辟玉食。”李诗：“金鼎罗珍羞。”

**竹叶珍珠**　杜诗：“三杯竹叶春。”李诗：“小槽酒滴真珠红。”

**鸭绿鹅黄**　李诗：“遥看春水鸭头绿，恰似葡萄初泼醅。”杜诗：“鹅儿黄似酒。”东坡诗：“小舟浮鸭绿，大杓泻鹅黄。”

**白粲**　长腰米曰白粲。东坡诗：“白粲连樯一万艘。”江南有“长腰粳米、缩项鳊鱼”之谚。

**钓诗扫愁**　东坡呼酒为钓诗钩，亦号扫愁帚。

**太羹玄酒**　《礼记》：“太羹不和。”玄酒，明水也，可荐馨香。

**僧家诡名**　《志林》：僧家谓酒为般若汤，鱼为水梭花，鸡为穿篱菜。人有为不义，而义之以美名者，与此何异。

**饕餮**　《左传》：缙云氏有不才子，贪于饮食，不可盈厌，天下之人谓之饕餮。

**欲炙**　《晋史》：顾荣与同僚饮，见行炙者有欲炙之色，荣彻己炙与

原文

之。后赵王伦篡位，荣在难，一人救之，获免，即受炙之人也。

**每饭不忘** 《史记》：汉文帝曰："吾每饭，意未尝不在钜鹿也。"

**白饭青刍** 杜诗："与奴白饭马青刍。"

**炊金爨玉** 骆宾王谓盛馔为炊金爨玉，言饮食之美，如金玉之贵重也。

**抹月批风** 东坡诗："贫家无可娱客，但知抹月披风。"

**敲冰煮茗** 《六帖》：王休居太白山，每冬月取冰煮茗，待宾客。

**酒囊饭袋** 《荆湖近事》："马氏奢僭，诸院王子，仆从烜赫；文武之道，未尝留意。时谓之酒囊饭袋。"

# 卷十二 宝玩部

## 金玉

**历代传宝** 赤刀、大训、弘璧、琬琰在西序，太玉、夷玉、天球、河图在东序，八者皆历代传宝。

**九鼎** 九鼎者，昔夏方有德，远方图物贡金，九牧铸鼎象物，使民知神奸。故民入川泽山林，而魑魅魍魉莫能逢之。

**四宝** 周有砥砨，宋有结绿，梁有县黎，楚有和璞，此四宝者，天下名器。

**六瑞** 王执镇圭，公执桓圭，侯执信圭，伯执躬圭，子执穀璧，男执蒲璧。

**环玦** 聘人以圭，问士以璧，召人以瑗，绝人以玦，反绝以环。

**琬琰** 桀伐岷山，岷山献其二女曰琬，曰琰，桀爱之，琢其名于苕华之玉，苕是琬，华是琰。

**鼎彝尊卣** 不独饕餮示戒，凡蚤鼎防刺也，同舟防溺也，奕车觚防覆也。

**照胆镜** 秦始皇有方镜，照见心胆。凡女子有邪心者，照之，即胆张心动。

**辟寒金** 魏明帝朝，昆明国献一鸟，名漱金鸟，常吐金屑如粟，古人以金饰钗，谓之辟寒金。

**火玉** 《杜阳编》：武宗时，扶馀国贡火玉，光照数十步，置室内，不必挟纩。

**尺玉** 《尹文子》：魏田父得玉径尺，邻人曰："怪石也。"取置庑下，明旦视之，光照一室，大怖，反弃于野。邻人取献魏王，玉工曰："此无价以当之。"王赐献玉者千金，食上大夫禄。

**玉燕钗** 《洞冥记》：汉武帝时起招灵阁，有二神女各留一玉钗，帝以赐赵婕妤。至元凤中，宫人犹见此钗，谋欲碎之。明旦视匣中，惟见白燕升天，因名玉燕钗。

**解肺热** 《天宝遗事》：杨贵妃常犯热躁，明皇使令含玉咽津，以解肺热。

**麟趾马蹄**　汉武帝诏曰：往者太山见金，又有白麟神马之瑞，宜以黄金铸麟趾马蹄，以协瑞焉。

**碧玉**　有云碧、西碧二种，其色枯涩者曰云碧，产于云南；其色娇润，有蛇蚤斑者曰西碧，产于西洋。

**五币**　珠、玉为上，黄、白为次，刀布为下。

**瓜子金**　宋太祖幸赵普第，时吴越王俶方遣使遗普书及海错十瓶，列庑下。上曰："此海错必佳。"命启之，皆满贮瓜子金。普惶恐，顿首谢曰："臣实不知。"上笑曰："彼谓国家事，皆由汝书生耳。"

**晁采**　晁，古"朝"字；采，光彩也。言美玉每旦有白虹之气，光彩上腾，故曰晁采。

**十二时镜**　范文正公家古镜，背具十二时，如博棋子，每至此时，则博棋中，明如月，循环不休。

**碔砆乱玉**　碔砆，石之似玉也，其状每能乱玉。

**燕石**　宋人以燕石为玉，什袭而藏，识者笑之。

**削玉为楮**　《列子》：宋人以玉为楮叶，三年而成。

**怀瑾握瑜**　《楚辞》："怀瑾握瑜兮，穷不知所示。"

**钓璜**　半璧曰璜。《尚书·中侯》：文王至溪，见吕望钓得玉璜，刻曰："姬受命，吕佐之。"

**抛砖引玉**　砖以自谓，玉以誉人，谓以此致彼。

**匹夫怀璧**　《左传》：虞公求虞叔之玉，叔弗献。后乃悔曰："匹夫无罪，怀璧其罪。焉用此以贾祸乎？"复献之。

**璠瑜**　《逸论语》：璠瑜，鲁之宝玉也。孔子曰：美哉璠玙，远而望之焕若也；近而视之瑟若也。一则理胜，一则孚胜。

## 珍宝

**十二时盘**　唐内库有一盘，色正黄，围三尺，四周有物象。如辰时，草间皆戏龙，转巳则为蛇，午则为马，号十二时盘。

**游仙枕**　龟兹国进一枕，色如玛瑙，枕之则十洲、三岛、四海、五湖，尽在梦中，帝名游仙枕。

**火浣布**　外国有火林山，山中有火光兽，大如鼠，尾长三四寸，或赤或白。山可三百里，晦夜即见此山林，乃有此兽光照。外国人取其兽毛织布，衣服垢秽，以火烧之，垢落如浣，故谓之火浣布。

**冰蚕丝** 东海员峤山有冰蚕，长七寸，黑色，有麟角。以霜雪覆之，然后作茧。茧长尺一，其色五彩，织为文锦，入水不濡，入火不燎，暑月置座，一室清凉。唐尧之世，海人献之，尧以为黼黻。

**耀光绫** 越人于石帆山中，收野茧缫丝，夜梦神人告曰："禹穴三千年一开，汝所得茧，即《江淹集》中壁鱼所化也，织丝为裳，必有奇文。"果符所梦。

**各珠** 龙珠在颔，蛟珠在皮，蛇珠在口，鱼珠在目，蚌珠在腹，鳖珠在足，龟珠在甲。

**九曲珠** 有得九曲珠，穿之不得其窍。孔子教以涂脂于线，使蚁通之。

**木难** 大径寸，出黄支，金翅鸟口结沫所成碧色珠也，古绝夜光者即此。

火齐（音霁），赤色珠也，一名玫瑰，盖珠品之下者也。

**火珠** 《孔帖》：南蛮有珠如卵，日中以艾著火上，辄火出，号火珠。

**水珠** 唐顺宗时，拘弘国贡水珠，色类铁，持入江海，可行洪水之上，后化为龙。

**记事珠** 张说为相，有人献一珠，绀色有光。事有遗忘，玩此珠，便觉心神开悟，名曰记事珠。

**定风珠** 蜘蛛腹中有珠，皎洁，持以入江海，遇大风，握珠在手，则风自定，故名定风珠。

**鲛人泣珠** 《博物志》：鲛人从水中出，曾寄寓人家，积日卖绡，临去，主人索器，泣而出珠。

**宝贝** 贝为海中介虫，大者名宝，交趾以南海中皆有。

红靺鞨大如巨栗，赤烂若珠樱，视之若不可触，触之甚坚，不可破，佩之者为鬼神所护，入水不溺，入火不燃。

青琅玕生海底，云海人以网得之。初出时，红色，久而青黑，枝柯似珊瑚，而上有孔窍如虫蛀，击之有金石声。

金刚钻形如鼠，粪色青黑，生西域百丈水底磐石上，土人没水觅得之，以之镌镂，无坚不破，唯以羚羊角击之即碎。

奇南香，一作迦南。其木最大，枝柯窍露，大蚁穴之。蚁食石蜜，归遗于中，木受蜜气，结而成香，红而坚者谓之生结，黑而软者谓之糖结。木性多而香味薄者谓之虎斑结、金绿结。

猫儿眼，宝石也。其状色酷似猫眼，内光一线，如猫睛一般，可定时辰。

祖母绿，亦宝石。绿如鹦哥毛，其光四射，远近看之，则闪烁变幻，武将上阵，取以饰盔，使射者目眩，箭不能中。

**刚卯** 《王莽传》：刚卯，长三寸，广一寸四分。或用金玉，刻作两行书曰："正月刚卯。"又曰："疾日刚卯。"凡六十六字。以正月卯日作此佩之，以祓除不祥。

**镔铁** 西番有镔铁，面上作螺旋花，或芝麻雪花。凡造刀剑器皿，磨令光，用金丝矾泽之，其花益现，价过于银。

**聚宝盆** 明初沈万三有聚宝盆，凡金银珠宝纳其中，过夜皆满。太祖筑陵南门，下有龙潭，深不可测，以土石投之，决填不满；太祖取盆投之，下石即满，且诳龙以五更即还。今南门不打五更，至四更即天亮。

**钱名** 《通典》；自太昊以来，则有钱矣。太昊氏、高阳氏渭之金；有熊氏、高辛氏谓之货；陶唐氏谓之泉；商周谓之布；齐莒谓之刀，又曰教与俗改，币与世易。夏后以玄贝。周人以紫石，后世或金钱、刀布。

**朱提** 县名。属犍为。出好银。即今四川嘉定州犍为县。

**青蚨** 《搜神记》：青蚨似蝉而稍大，母子不离，生于草间，如蚕，取其子，母即飞来。以母血涂钱八十一文，以子血涂钱八十一文，每市物，或先用母钱，或先用子钱，皆复飞归，循环无已。

**阿堵物** 晋王衍妻喜聚敛，衍疾其贪鄙，故口未尝言钱。妻欲试之，令婢以钱绕床，使不得行，衍早起见钱，谓婢曰："举此阿堵物去！"

**鹅眼** 《宋略》：泰始中通私铸，而钱大坏，一贯长三寸，谓之鹅眼钱。

**明月夜光** 《南越志》：海中有明月珠、水精珠。《魏略》：大秦国出夜光珠、真白珠。

**剖腹藏珠** 《唐史》：太宗曰：西域贾胡得美珠，剖腹而藏之，爱珠不爱其身也。

**钱成蝶舞** 《杜阳杂编》：穆宗时，禁中花开，群蝶飞集。上令举网张之，得数万，视之，乃库中金钱也。

## 玩器

**柴窑** 柴世宗时所进御者，其色碧翠，赛过宝石，得其片屑，以为网圈，即为奇宝。

**定窑**　有白定、花定，制极质朴，其色呆白，毫无火气。

**汝窑**　宋以定州白瓷有芒不堪用，遂命于汝州造青色诸器，冠绝邓、耀二州。

**哥窑**　宋时处州章生一与弟章生二皆作窑器。哥窑比弟窑色稍白，而断纹多，号白级碎，曰哥窑，为世所珍。

**官窑**　宋政和间，汴京置窑，章生二造青色，纯粹如玉，虽亚于汝，亦为世所珍。

**钧州窑**　器稍大，具诸色，光采太露，多为花缸、花盆。

**内窑**　宋郁成章为提举，于汴京修内司置窑，造模范，极精细，色莹澈，不下官窑。

**青田核**　《鸡跖集》：乌孙国有青田核，莫知其木与实，而核如瓠，可容五、六升，以之盛水，俄而成酒。刘章曾得二焉，集宾设之，一核才尽，一核又熟，可供二十客，名曰青田壶。

**金银酒器**　李适之有蓬莱盏、海山螺、瓠子卮、幔卷荷、金蕉叶、玉蟾儿，俱属鬼工。

**金叵罗**　李白诗："葡萄酒，金叵罗，吴姬十五醉马驮。"

**银凿落**　韩公联句："泽发解兜鍪，酡颜倾凿落。"白乐天诗："金屑琵琶槽，银含凿落盏。"

**婪尾杯**　宋景诗云："迎新送旧只如此，且尽灯前婪尾杯。"又乐天诗："三杯蓝尾酒。"改"婪尾"为"蓝尾"耳。

**高丽席**　不甚阔大，长一丈有馀，花纹极精，坚紧不坏。

**蕲叶簟**　蕲州出美竹，制梅花笛、蕲叶簟。白乐天诗："笛愁春梦梅花里，簟冷秋生蕲叶中。"

**博山炉**　《初学记》：丁谖作九层博山炉，镂以奇禽怪兽，自然能动。山谷诗："博山香霭鹧鸪斑。"

**偏提**　元和间，酌酒壶谓之注子。后仇士良恶其名同郑注，乃去其柄安系，名曰偏提。

**三代铜**　花觚入土千年，青绿彻骨，以细腰美人觚为第一，有全花、半花，花纹全者身段瘦小，价至数百。山、陕出土者，为商彝周鼎；河南出土者，为汉器，以其地有潟卤，铜质剥削，不甚贵，故铜器有河南、陕西之别。

**灵壁石**　米元章守涟水，地接灵壁，蓄石甚富，一一品目，入玩则终日不出。杨次公为廉访，规之曰："朝廷以千里郡付公，那得终日弄石！"米径前，于左袖中取一石，嵌空玲珑，峰峦洞穴皆具，色极青润，宛转翻落，以云杨曰："此石何如？"杨殊不顾，乃纳之袖。又出一石，叠峰层峦，奇巧又胜，又纳之袖。最后出一石，尽天画视镂之巧，顾杨曰："如此那得不爱？"杨忽曰："非独公爱，我亦爱也！"即就米手攫得之，径登车去。

无锡瓷壶以龚春为上，时大彬次之，甚规格大略粗蠢，细泥精巧，皆是后人所溷。

成窑，大明成化年所制。有五彩鸡缸，淡青花诸器茶瓯酒杯，俱享重价。

宣窑，大明宣德年制。青花纯白，俱踞绝顶，有鸡皮纹可辨。醮坛茶杯，有值一两一只者，有酒字枣汤、姜汤等类者稍贱。

靖窑，大明嘉靖所制。青花白地，世无其比。

**万历初窑**　万历之官窑，以初年为上，虽退器无不精妙，民间珍之。

**厂盒**　古延厂，永乐年间所造，重枝叠叶，坚若珊瑚，稍带沉色。新厂宣德年间所造，雕镂极细，色若朱砂，鲜艳无比，有蒸饼式、甘蔗节二种，愈小愈妙，享价极重。

**宣铜**　宣德年间三殿火灾，金银铜熔作一块，堆垛如山。宣宗发内库所藏古窑器，对临其款，铸为香炉、花瓶之类，妙绝古今，传为世宝。

**倭漆**　漆器之妙，无过日本。宣德皇帝差杨瑄往日本教习数年，精其技艺。故宣德漆器比日本等精。

**宣铁**　宣德制铁琴、铁笛、铁箫，其声清嗷，非竹木所及。

**照世杯**　洪武初，帖木儿遣使奉表，有"钦仰圣心，如照世杯"之语。或曰其国旧传有杯，光明洞彻，照之可知世事，故云。

**嘉兴锡壶**　所制精工，以黄元吉为上，归懋德次之。初年价钱极贵，后渐轻微。

**螺钿器皿**　嵌镶螺钿梳匣、印箱，以周柱为上，花色娇艳，与时花无异。其螺钿杯箸等皿，无不巧妙。

**竹器**　南京所制竹器，以濮仲谦为第一，其所雕琢，必以竹根错节盘结怪异者，方肯动手，时人得其一款物，甚珍重之。又有以斑竹为椅桌等物者，以姜姓第一，因有姜竹之称。

**夹纱物件**　赵士元制夹纱及夹纱帏屏，其所剜翎毛花卉，颜色鲜明，毛羽生动，妙不可言，扇扇是黄荃、吕纪得意名画。

# 卷十三 容貌部

## 形体

**圣贤异相** 尧眉八彩。舜目重瞳。文王四乳。仓颉四目，禹耳三漏，是谓大通，兴利除害，决江疏河。

**四十九表** 仲尼生而具四十九表：反首，洼面，月角，日准，河目，海口，牛唇，昌颜，均颐，辅喉，骈齿、龙形，龟脊，虎掌，骈胁，参膺，圩项，山脐，林背，翼臂、窪头，隆鼻，阜肷，堤眉，地足，谷窍，雷声，泽腹，面如蒙倛，两目方相也，手垂过膝，眉有十二彩，目有二十四理，立如凤峙，坐如龙蹲，手握天文，足履度字，望之如仆，就之如升，修上趋下，末偻后耳，视若营四海，耳垂珠庭，其颈似尧，其颡似舜，其肩类子产，自腰以下不及禹三寸，胸有文曰“制作定世符”，身长九尺六寸，腰六十围。见《祖庭广记》。

老子有七十二相，八十一好。见《法轮经》。

如来有三十二相。见《般若经》。

**昭烈异相** 蜀先主长七尺五寸，目顾见耳，臂垂过膝。

**碧眼** 孙权幼时眼碧色，号碧眼小儿。

**猿臂** 汉李广猿臂善射。

**独眼龙** 李克用一目眇，时号“独眼龙”。

**胆大如斗** 姜维死后剖腹视之，胆如斗大。张世杰亦胆大如斗，焚而不化。

**半面笑** 贾弼梦易其头，遂能半面啼，半面笑。

**玉楼银海** 东坡《雪》诗：“冻合玉楼寒起粟，光摇银海眩生花。”王荆公曰：“道家以两肩为玉楼，两眼为银海。”东坡曰：“惟荆公知此。”

**缄口** 孔子观周庙有金人焉，三缄其口，而铭其背曰：古人慎言人也。戒之哉！戒之哉！毋多言，多言，多败。毋多事，多事，多患。

**舌存齿亡** 常摐有疾，老子曰：“先生疾甚，无遗教语弟子乎？”摐乃张其口，曰：“舌存乎？”曰：“存。岂非以软耶？”“齿亡乎？”曰：“亡。岂非以刚也？”常摐曰：“天下事尽此矣！”

**芳兰竟体** 梁武帝平建业，朝士皆造之。谢览时年二十，为太子舍人，意气闲雅，瞻视聪明。武帝目送良久，谓徐勉曰："觉此生芳兰竟体。"

**眼如岩电** 王戎字濬冲，形状短小，而目甚清照，视日不眩。裴楷曰："王安丰眼烂烂如岩下电。"

**面如傅粉** 何宴美姿仪，面至白。魏明帝疑其傅粉，夏月，与热汤面。既啖，大汗出，以朱衣自拭，色转皎然。

**璧人** 卫玠少时，乘白羊车于洛阳市上，咸曰："谁家璧人？"

**看杀卫玠** 卫叔宝从豫章至都下，人久闻其名，观者如堵墙。玠先有羸疾，体不堪劳，遂成病而死。时人谓看杀卫玠。

**觉我形秽** 王济是卫玠之舅，隽爽有丰姿。每见玠，辄叹曰："珠玉在侧，觉我形秽。"

**渺小丈夫** 孟尝君过赵，赵人闻其贤，出观之，皆大笑曰："始以薛公为魁梧也，今视之，乃渺小丈夫耳。"

**妇人好女** 司马迁曰："余以为留侯其人必魁梧奇伟，至见其图，状貌如妇人好女。"

**精神顿生** 张九龄风仪秀整，帝于朝班望见之，谓左右曰："朕每见九龄，使我精神顿生。"

**琳琅珠玉** 有人诣王太尉，遇安丰、大将军、丞相在坐。往别屋，见季胤（名诩）、平子（夷甫子）。语人曰："今日之行，触目皆琳琅珠玉。"

**若朝霞举** 李白见玄宗于便殿，神气高朗，轩轩若朝霞举。

**倚玉树** 魏明帝使后弟毛曾与夏侯玄并坐，时人谓蒹葭倚玉树。

**掷果** 潘安甚有姿容。少时挟弹乘小车出洛阳道，妇人遇者，无不连手共萦之，竞以果掷，盈车而返。

**屋漏中来** 祖广行恒缩颈。桓南郡始下车，桓曰："天甚晴明，祖参军如从屋漏中来。"

**四肘** 成汤之臂四肘。《韵会》：一肘二尺。又云一尺五寸为肘。

**姬公反握** 周公手可反握。

**骈胁** 骈，联也。晋文公名重耳，其胁骈。

**铄金销骨** 西汉文："众口铄金，积毁销骨。"谓谗言诽谤之利害也。

**敲肤吸髓** 髓，骨髓也。敲其骨而吸其髓，喻虐政之诛求也。

**掣肘** 《说苑》：鲁使子贱为单父令，子贱借善书者二人使书，从旁掣其肘，书丑，则怒，欲好书，则又引之。书者辞归，以告鲁君。君曰：“若吾扰之，不得施善政。”令毋征发单父。未几，教化盛行。

**厚颜**　《书经》：“颜厚有忸怩。”谓愧之见于面也。

**摇唇鼓舌**　《庄子》：摇唇鼓舌，擅生得非。

**怒发冲冠**　秦王许以十五城易赵王和氏璧，蔺相如捧璧入秦，见秦王无意偿城，怒发冲冠，英气勃勃。

**生而有髭**　《皇览》：周灵王生而有髭，谓之髭王。

**注醋囚鼻**　《唐史》：酷吏来俊臣鞫囚，每以醋注囚鼻。

**春笋秋波**　言纤指如春笋之尖且长，媚眼如秋波之清且碧也。

**蓝面鬼**　卢杞号蓝面鬼，常造郭汾阳家问病。闻杞至，悉屏姬侍，独隐几待之。家人问故，汾阳曰：“杞外陋而内险，左右见之必笑，使后得权，吾族无噍类矣。”

**善用三短**　后魏李谐形貌短小，兼是六指，因瘿而举颐，因跛而缓步，因謇而徐言。人谓李谐善用三短。

**乱唾掷瓦石**　左太冲绝丑，亦效潘安乘车游市中，群姬乱唾之，委顿而返。张孟阳亦丑，每行，小儿以瓦石掷之，满车。

**龙虎变化**　韩文公撰《马燧志》云：“当是时见王于北平，犹高山深林，龙虎变化不测，魁杰人也。退见少傅，翠竹碧梧，鸾停鹄峙。”

**长人**　苻坚拂盖郎申香、夏默、护磨那三人，俱长一丈九尺，每饭食一石、肉三十斤。

**矮短人**　王蒙长三尺，张仲师长二尺五寸。

**重人**　安禄山重三百五十斤，司马保八百斤，孟业一千斤。

**澹台灭明**　李龙眠所画七十二子像，澹台灭明猛毅甚于子路，则夫子所谓“失之子羽者”，谓其貌武行儒耳。

**祖龙**　秦始皇虎口，日角，火目，隆準，鸷鸟膺，豹声，长八尺六寸，大七围，手握兵执矢，号曰祖龙，侯生数其淫暴，谓万万均朱，千千桀纣。

**好笑**　陆士龙好笑。常著缞绩上船，水中自见其影，便大笑不止，几落水。

**笑中有刀**　李义府，貌足恭，与人言，嬉怡微笑，而阴贼褊忌，凡忤其意者，皆中伤之。时号义府笑中有刀。

**方睛** 管辂云："眼有方睛，多寿之相。陶隐居末年，其眼有时而方。

**百体五官** 人身有百骸，故曰百体。官，司也。五官，耳、目、口、鼻、心也。

**须发所属** 发属心，禀火气，故上生；须属肾，禀水气，故下生；眉属肝，禀木性，故侧生。男子坚持气外行，上为须，下为势；女子、黄门无势，故无须。

**重瞳四乳** 舜重瞳，项羽重瞳，隋鱼俱罗、朱梁康、王友敬、永乐中楚王子，亦俱重瞳。文王四乳，宋范镃百、常文子、明倪文僖谦，俱四乳。

**身长一丈** 中国之人长一丈者，人君则黄帝、尧与文王；人臣则吴伍员、汉巨毋霸，俱十尺。毋霸腰大十围，员眉间一尺。孔子长十尺，又云九尺六寸。按庄子所谓自腰而下不及禹三寸，则后说是矣。宋《桯史》载，有唐某者与其妹各长一丈二尺。

**身长七尺以上** 禹长九尺九寸，汤九尺，秦始皇八尺七寸，汉高祖七尺八寸，光武七尺三寸，昭烈七尺五寸，宋武帝七尺六寸，陈武帝七尺五寸，宇文周太祖八尺，项王八尺二寸，韩王信八尺九寸，王莽七尺五寸，刘渊八尺四寸，刘曜九尺四寸，慕容皝七尺八寸，姚襄八尺五寸，曹交九尺四寸，冉闵、什翼健、宇文泰皆八尺，慕容垂七尺四寸，慕容德八尺二寸。自唐以后，人臣长者故少。韦康成十五长八尺，姜宇十五长七尺九寸，刘曜子胤十岁长七尺五寸，美姿貌，眉须如画。人固有少而长若此者，胤止八尺四寸，不能如其父也。

**丈六金身** 佛长一丈六尺以为神，然其小弟阿难与徒弟调达俱长一丈四尺五寸，彼时天竺之长者故不少也。

**谗国** 沈颜《谗论》曰：宰嚭谗子胥而吴灭，赵高谗李斯而秦亡，无极谗伍奢而楚昭奔，靳尚谗屈原而楚怀囚。故曰：人知佞之谗谗忠，不知佞之谗谗国。

**舌本间强** 俗语曰："三日不言，舌本强。"殷仲堪言，三日不读《道德经》，便觉舌本间强。

**皮里阳秋** 晋褚裒字季野，桓彝目之曰："季野皮里阳秋。"言其外无臧否，而内有褒贬也。

**断送头皮** 宋真宗东封，得隐者杨朴。上问："卿临行，有人作诗否？”对曰：“臣妻一首云：‘更休落魄耽杯酒，切莫猖狂爱作诗。今日捉将官里去，这回断送老头皮。’”

**唾掌** 公孙瓒曰：“天下兵起，谓可唾掌而决九州耳。”李翱：“太平可覆掌而致。”

**扪膝** 后魏贾景兴栖迟不仕，葛荣陷冀州，称疾不拜，每扪膝曰：“吾不负汝。”以不拜荣故也。又赵宋喻汝砺号“扪膝先生”。

**鸡肋** 晋刘伶尝醉，与俗人相忤，其人攘臂奋拳。伶曰：“鸡肋不足以安尊拳！”其人笑而止。曹操入汉中讨刘备，不得进，欲弃之，乃传令曰“鸡肋”。官属不知何谓。杨修曰：“鸡肋，弃之则可惜，啖之则无所得，比汉中，王欲去也。”乃白操，遂还。

**噬脐** 楚文王伐申，过邓。邓侯曰：“吾甥也。”止而享之。骓甥、聃甥、养甥请杀楚子，邓侯弗许。聃甥曰：“亡邓国者，此人也。若不蚤图，后君噬脐无及。”

**交臂** 《庄子》：颜渊问于仲尼，曰：“夫子步亦步，趋亦趋。夫子绝尘而奔，回瞠乎其后矣。”夫子曰：“吾终身于汝交一臂而失之，不可哀欤？”

**三折肱** 晋范氏、中行氏将伐晋定公，齐高疆曰：“三折肱知为良医。我以伐君为此矣。”

**髀里肉生** 刘玄德于刘表坐，慨然流涕曰：“平常身不离鞍，髀肉皆消；今不复骑，髀里肉生。日月如流，老将至矣，而功业未建，是以悲耳。”

**炙手可热** 唐崔铉进左仆射，与郑鲁、杨绍复、段瑰、薛蒙颇参议论。时论曰：“郑、杨、段、薛，炙手可热；欲得命通，鲁、绍、瑰、蒙。”

**如左右手** 韩信亡去，萧何自追之。人告高祖曰：“丞相何亡。”高祖大怒，如失左右手。

**高下其手** 言人断狱徇私，高下其手。

**幼廉一脚指** 北齐李幼谦为瀛州长史，神武行部征责文簿，应机立成。神武责诸人曰：“卿等作得李幼廉一脚指否？”

**握拳啮齿** 东坡帖云：张睢阳生犹骂贼，啮齿穿龈；颜平原死不忘君，握拳透爪。

**豕心** 《左传》：昔有仍氏生女，乐正后夔娶之，生伯封，实有豕心，贪婪无厌。人谓之封豕。

**锁子骨** 李邺侯少时身极轻，能于屏风上行。既长，辟谷，导引，骨节俱戛戛有声。人谓之锁子骨。

**一身是胆** 赵子龙与魏兵战，追至营门，魏兵疑有伏，引去。翌日，玄德至营视之，曰："子龙一身都是胆。"

**抽筋绝髓** 郭弘霸讨徐敬业云："誓抽其筋，食其肉，饮其血，绝其髓。"武后悦，授御史。时号四其御史。

**铁石心肠** 皮日休云："宋广平为相，疑其铁石心肠，不解吐软媚词。观其《梅花赋》，便巧富艳，殊不类其为人。"

**伐毛洗髓** 《汉武记》：黄眉翁指东方朔曰："吾三千年一反骨洗髓，三千年一剥皮伐毛。吾今已三洗髓，三伐毛矣。"

**笑比黄河清** 宋包孝肃极严冷，未尝见其笑容，人谓其笑比黄河清。

**连璧** 晋潘岳与夏侯湛并美姿容，行止同舆接茵。京都谓之连璧。

**乳臭** 汉王以韩信击魏王豹。问郦食其："魏大将谁？"对曰："柏植。"王曰："是儿口尚乳臭，安能敌吾韩信？"

**貌不扬** 晋叔向适郑，鬷蔑貌不扬，立堂下，一言而善。叔向闻之，曰："必然明也！"下执其手以上，曰："子若不言，吾几失子矣。"

**貌侵** 汉田蚡，孝景帝皇后同母弟也，为丞相，为人貌侵，言短小而丑恶也。

**獐头鼠目** 唐苗晋卿荐元载。李揆轻载相寒，谓晋卿曰："龙章凤姿士不见，獐头鼠目子乃求官耶？"载衔之。

**龙钟** 裴晋公未第时，羁旅洛中，策驴上天津桥。时淮西不平，有二老人倚柱语曰："蔡州何时平？"见晋公，愕然曰："适忧蔡州未平，须待此人为相。"仆闻告公，公曰："见我龙钟，故相戏耳！"后裴度于宪宗时果为相，平淮、蔡。

**牙缺** 张玄祖八岁，缺齿，先达戏之曰："君口何为开狗窦？"祖希曰："欲使君辈从此中出入。"

**口吃** 汉周昌争立太子，曰："臣期期不奉诏。"邓艾自称艾艾。韩非、扬雄俱口吃，善属文。后刘贡父、王汾在馆中，汾口吃，贡父为之赞曰："恐是昌家，又疑非类；未闻雄名，只有艾气。"

**吾舌尚存** 张仪常从楚相饮，相亡璧，意仪盗，执仪笞之。仪归，而其妻诮之。仪曰："视吾舌尚存否？"妻笑曰："在。"仪曰："足矣！"

**借听于聋**　韩昌黎《答陈生书》：足下求速化之术，乃以访愈，是所谓借听于聋，问道于盲，未见其得者也。

**青白眼**　阮籍能为青白眼，见礼俗之士，以白眼待之。母终，嵇喜来吊，籍作白眼。喜弟康乃挟琴赍酒造焉，籍大悦，乃见青眼。

**邯郸学步**　班氏《序》：传昔有学步于邯郸，曾未得其仿佛，又复失其故步，遂匍匐而归耳。

**美须**　谢康乐须美，临刑，施为南海祇洹寺维摩诘像须。唐中宗时，安乐公主端午斗草，欲广其地，驰驿取之。又恐为他所得，剪弃其余。

**貌似刘琨**　桓温自以雄姿风气，是宣帝、刘琨之俦，及伐秦还，于北方得一巧作老婢，乃刘琨婢也。一见桓温，便潸然曰："公甚似刘司空。"温大悦，出外，整理衣冠，又呼问之，婢曰"面甚似，恨薄；眼甚似，恨小；须甚似，恨赤；形甚似，恨短；声甚似，恨雌。"温于是褫冠解带，昏然而睡不怡者累日。

**补唇先生**　方干唇缺，有司以为不可与科名。连应十馀举，遂隐居鉴湖。后数十年，遇医补唇，年已老矣。人号曰补唇先生。

**眇一目**　湘东王眇一目，与刘谅游江滨，叹秋望之美。谅对曰："今日可谓'帝子降于北渚'。"《离骚》："帝子降于北渚，目渺渺而愁予！"王觉其刺己，大衔之。后湘东王起兵，王伟为侯景作檄云："项羽重瞳，尚有乌江之败；湘东一目，宁为赤县所归？"后竟以此伏诛。

**半面妆**　徐妃以帝眇一目，知帝将至，为半面妆。帝见之大怒而出。

**塌鼻**　刘贡父晚年得恶疾，须眉堕落，鼻梁断坏。一日，与东坡会饮，引《大风歌》戏之，曰："大风起兮眉飞扬，安得猛士兮守鼻梁！"

**头有二角**　隋文帝生而头有两角，一日三见鳞甲，母畏而弃之。有老尼来，育哺甚勤。尼偶外出，嘱其母视儿。母见须角棱棱，烨然有光，大惧，置诸地。尼疾走归，抱起曰："惊我儿，令吾儿晚得天下！"后帝果六十登极。

**岐嶷**　《诗经》云："克岐克嶷，以就口食。"美后稷也。岐嶷，峻茂之状也。

**口有悬河**　晋郭象能清言。王衍云："每听子玄之语，如悬河泻之，久而不竭。"

**侏儒** 《左传》：臧纥败于狐骀。国人曰："侏儒侏儒，使我败于邾。"注：狐骀，地名。侏儒，短小也。

**捷捷幡幡** 《诗经》："捷捷幡幡，谋欲谮言。"

**胸中冰炭** 语云：不作风波于世上，自无冰炭到胸中。

**唇亡齿寒** 《左传》：晋侯复假道于虞以伐虢。宫子奇谏曰："虢，虞之表也。谚所谓'辅车相依，唇亡齿寒'者，甚虞、虢之谓也。"

**足上首下** 《庄子》：失信于俗，谓之倒置之民，犹足上首下，倒置尊卑也。

**扬眉吐气** 李白《与韩朝宗书》：今天下以君侯为文章之司命，人物之权衡，一经品题，便作佳士。何惜阶前盈尺之地，不使白扬眉吐气，激昂青云耶！

**推心置腹** 《东观汉记》：萧王推赤心，置人腹中。

**方寸已乱** 《三国志》：徐庶母为曹操所获，庶辞先主曰："本欲与将军共图王霸之业，今失老母，方寸乱矣，请从此辞。"

**黑甜息偃** 东坡诗："三杯软饱后，一枕黑甜馀。"《诗经》："或息偃在床。"

**肉眼** 《摭言》：郑光业赴试，夜有人突入邸舍，郑止之宿。其人又烦郑取水煎茶，郑欣然从之。后郑状元及第，其人启谢曰："既取杓水，又煎碗茶，当时不识贵人。凡夫肉眼；今日俄为后进，穷相骨头。"

**青睛** 《南史》：徐陵目有青睛，人以为聪慧之相。

**丹心** 又心曰丹府，心神曰丹元。

**腆颜** 《文选》："明目腆颜，曾无愧畏。"

**可口** 《庄子》：梨橘柚，皆可于口。

**置之度外** 《后汉书》：光武帝曰："当置此两子于度外。"谓隗嚣、公孙述也。

**秦人视越** 韩文：秦人之视越人，忽焉不加喜戚于其心。

**行尸走肉** 《拾遗记》：任末曰："好学者虽死犹存，不学者虽存，行尸走肉耳！"

**颜甲** 《开元天宝遗事》：进士杨光远，干索权豪无厌，或遭挞辱，略无改色。时人云："光远颜厚如十重铁甲。"

**高髻** 后汉马廖疏云："吴王好剑客，百姓多疮瘢；楚王好细腰，宫中多饿死。”“城中好高髻，四方高一尺；城中好广眉，四方且半额；城中好大袖，四方全匹帛。”

**面谩** 樊哙:“愿得十万众，横行匈奴中。”季布曰:“哙妄言，是面谩！”

**掉舌** 汉郦生说齐王与汉平。蒯彻言于韩信曰:“郦生一士，伏轼掉三寸舌，下齐七十馀城。”

## 妇女

**妲己赐周公** 五官将既纳袁熙妻，孔文举《与曹操书》曰:“武王伐纣，以妲己赐周公。”曹以文举博学，信以为然。后问文举，答曰:“以今度之，想当然耳。”

**效颦** 西子心痛则捧心而颦，其貌愈媚。丑女羡而效之，曰“效颦”。山谷诗:“今代捧心学，取笑类西施。”

**新剥鸡头肉** 杨贵妃浴罢，对镜匀面，裙腰褪露一乳，明皇扪弄曰:“软温新剥鸡头肉。”安禄山在旁曰:“润滑犹如塞上酥。”

**长舌** 《诗经》:“妇有长舌，维厉之阶。”

**守符** 楚昭王夫人，齐女也。昭王出游，留夫人于渐台。江水大至，遣使迎夫人，忘持符。夫人曰:“王与约，召必以符。”今使者不持符，不敢行。使者还取符，台崩，夫人溺死。

**女博士** 甄后年九岁时，喜攻书，每用诸兄笔砚。兄曰:“欲作女博士耶？”后曰:“古者贤女未有不览经籍；不然，成败安知之？”

**灵蛇髻** 甄后入魏宫，宫廷有绿蛇，口中恒有赤珠，若梧子大，不伤人；人欲害之，则不见。每日后梳妆，则盘结一髻形，后效而为髻，巧夺天工。故后髻每日不同，号为灵蛇髻。宫人拟之，十不得其一二。

**女怀清台** 《货殖传》:巴蜀寡妇清，其先得丹穴，而擅其利数世，家亦不赀。用财自卫，不见侵侮。始皇为筑“女怀清台”。

**国色** 《公羊传》:郦姬者，国色也。《天宝遗事》:都下名妓楚莲香，国色无双，每出则蜂蝶相随，慕其香也。

**长女子** 明德马皇后、和熙邓皇后俱七尺三寸，刘曜刘皇后七尺八寸，俱以美称。

**妇人有须** 李光弼之母李氏，封韩国太夫人，有须数十茎，长五寸，为妇人奇贵之相。

**夜辨绝弦** 蔡琰六岁，夜听父邕弹琴，弦绝。琰曰："第二弦断也。"复故断一弦，琰曰："第四弦也。"邕曰："偶中耳。"琰曰："季札观风，知四国兴衰；师旷吹律，知南风不竞。由是言之，安得不知乎？"

**尤物** 《左传》：叔向欲娶申公巫臣女，其母曰：汝何以为哉？夫有尤物，足以移人。苟非礼义，则必祸及。

**钩弋宫** 钩弋夫人，齐人，右手拳。望气者云："东方有贵人气。"及至，见夫人姿色甚伟，帝批其手，得一钩，手遂不拳。故名其宫曰钩弋宫。

**花见羞** 五代刘鄩侍儿王氏，有绝色，人号花见羞。

**疗饥** 隋炀帝每视降仙，顾内使曰："古人谓秀色可餐。若降仙者，可以疗饥矣。"

**倾城倾国** 李延年歌曰："北方有佳人，绝世而独立，一顾倾人城，再顾倾人国。宁不知倾城与倾国，佳人难再得！"

**远山眉** 赵飞燕为妹合德养发，号新兴髻；为薄眉，号远山黛；施小朱，号慵来妆。又《玉京记》："卓文君眉色不加黛，如远山。人效之，号远山眉。"

**鸦髻** 巴陵鸦不畏人，除夕，妇人各取一只，以米粱喂之。明旦，各以五色缕系于鸦顶，放之，视其方向，卜一年休咎。其占云："鸦子东，兴女红；鸦子西，喜事齐；鸦子南，利桑蚕；鸦子北，织作息。"甚验。又元旦梳头，先以栉理其羽毛，祝曰："愿我妇女，黰发髟髟。惟有斯年，似其羽毛。"楚人谓女髻为鸦髻。

**淡妆** 《杨妃传》：虢国夫人不施妆粉，自有容貌，常淡妆以朝天子。杜甫诗："虢国夫人承主恩，平明骑马入宫门，却嫌脂粉涴颜色，淡扫蛾眉朝至尊。"

**嫫母** 黄帝妃嫫母，貌仳催（音灰，丑面也）而贤，帝甚爱之。文忠："反蒙华衮褒，如誉嫫母艳。"

**无盐** 《列女传》：无盐者，齐之丑女，自诣宣王，陈时政，王拜为后。

**书仙** 《丽情集》：长安中有妓女曹文姬，尤工翰墨，为关中第一，时号书仙。

**钱树子** 《乐府杂录》：许子和，吉州永新人，以倡家女入宫，因名永新，能变新妆。临卒，谓其母曰："阿母，钱树子倒矣！"

**章台柳** 唐韩翃与妓柳姬交稔，明，淄青节度使侯希逸奏以为从事。历三载离别，乃寄诗云："章台柳，章台柳，往日青青今在否？纵使长条似旧垂，也应攀折他人手。"柳答云："杨柳枝，芳菲节，所恨年年赠离别。一夜西风忽报秋，纵使君来岂堪折！"

**桐叶题诗** 蜀侯继图倚大慈寺楼，见风飘一大桐叶，上有诗："拭翠敛蛾眉，为忆心中事。搦管下庭除，书作相思字。天下有心人，尽解相思死。天下负心人，不识相思意。有心与负心，不知落何地？"后二年，继图卜任氏为婚，乃题叶者。

**白团扇** 晋中书令王珉与嫂婢情好甚笃，嫂鞭挞过苦。婢素善歌，而珉好持白团扇，其婢制《团扇歌》云："团扇复团扇，许持自障面。憔悴无复理，羞与郎相见。"

**金莲步** 齐东昏侯凿金为莲花以贴地，令潘妃行其上，曰："此步步生金莲也。"

**邮亭一宿** 陶谷学士出使江南，韩熙载命妓秦弱兰诈为邮卒女，拥帚扫地，陶因与之狎，赠词名《风光好》云："好因缘，恶因缘，只得邮亭一夜眠，别神仙。琵琶拨尽相思调，知音少。待得鸾胶续断弦。是何年。"

**司空见惯** 唐杜鸿渐为司空，镇洛时，韦应物为苏州刺史，过洛，杜设宴待之，出二妓歌舞，酒酣，命妓索诗于韦。韦醉甚，就寝。中夜见二妓侍侧，惊问故，对以席上作诗，司空命侍寝。令诵其诗，曰："高髻云鬟宫样妆，春风一曲杜韦娘。司空见惯浑闲事，恼乱苏州刺史肠。"

**媚猪** 南汉主刘鋹得波斯女，黑腯而妖艳，嬖之，赐号媚猪。

**燕脂虎** 陆慎言妻朱氏，沉惨狡妒。陆宰尉氏，政不在己，吏民谓之燕脂虎。

**燕脂** 纣以红蓝花汁凝作脂，以为桃花妆。盖燕国所出，故名燕脂。今写"燕"字加"月"，已非；甚有"因"旁亦加"月"者，更大謬矣。《日记》云：美人妆，面既傅粉，复以燕脂调匀掌中，施之两颊，浓者为酒晕妆，浅者为桃花妆，薄施朱以粉罩之，为飞霞妆。唐僖、昭时，都下竞事妆唇，妇女以分妍否，其有名石榴娇、大红春、小红春十七种。

**偷香** 晋韩寿美姿容，贾充辟为掾史，充女窥寿悦之，遂与通。是时，外国贡异香，袭人衣经月不散，帝以赐充。充女偷以赠寿，充觉，以女妻之。

**宿瘤女** 《列女传》：初齐王出游，百姓尽往观，宿瘤女采桑如故。王怪问之，对曰："妾受父母命教采桑，不受观大王。"王以为贤，欲载之后车，女曰："父母在堂，不受命而往，是奔也。"王奉礼往聘之。父母惊，欲洗沐加衣裳，女曰："变容更服，王不识也。"遂如故至宫，王以为后。

**飞天紒** 唐末宫中髻号"闹扫妆"，形如焱风散，盖盘鸦、堕马之类。宋文元嘉中，民间妇人结发者，三分抽其鬟，向上直梳，谓"飞天紒"。

**流苏髻** 轻云鬓发甚长，每梳头，立于榻上犹拂地，已绾髻，左右馀发各粗一指，束结作同心带，垂于两肩，以珠翠饰之，谓之流苏髻。富家女子多以青丝效其制。

**断臂** 五代王凝妻李氏，凝家青、齐之间，为虢州司户参军，以疾卒于官。凝素贫，一子尚幼。李氏携其子负骸以归。过开封，旅舍主人不与其宿。适天暮，李氏不肯去，主人牵其臂而出之。李氏恸曰："我为妇人，不能守节，此手为人所执耶！不可以此手并辱吾身。"遂引斧断其臂。开封尹闻之，厚恤李氏，而笞其主人。

**截耳断鼻** 夏侯令女，谯人曹爽从弟文叔妻。文叔早死，恐家必改嫁，乃断发为信。后家果欲嫁之，令女复以刀截两耳。及爽被诛，夫家夷灭已尽，父使人讽之，令女复断鼻，而不改其执义之志。

**割鼻毁容** 高行，梁之节妇，荣于色，美于行。夫早死，不嫁。梁王使相聘焉，再三往。高行曰："妇人之义，一醮不改。忘死而贪生，弃义而从利，何以为人？"乃援镜持刀割其鼻，曰："王之求妾者，求以色耶。刑馀之人，殆可释矣。"相以报王，旌之曰"高行"。

**守义陷火** 伯姬，宋共公夫人，鲁宣公之女。共公卒，伯姬寡居。夜失火，左右曰："夫人可避乎？"伯姬曰："妇人之义，保傅在前，夜始下堂。"顷之，左右又曰："夫人少避乎？"伯姬曰："越义而生，不若守义而死！"遂陷于火。

**请备父役** 女娟。赵简子伐楚，与津吏期，吏醉，不能渡，简子欲杀之。女娟请以身代，曰："妾父尚醉，恐心知非而体不知痛也。"简子释其父。将渡，少楫者一人，娟请备父役，简子不许，娟曰："汤伐夏，左骖牝骊，右骖牝黄而放桀；武王伐殷，左骖牝骐，右骖牝骝而克纣。主君渡，用一妇何伤？”因发《河激之歌》，以明其意。简子悦，曰：“昔者不穀梦娶，岂此女耶？”将使人祝祓，以为夫人。娟曰：“妇人之道，非媒不嫁。妾有严亲在，不敢闻命。”乃纳币于其亲，而娶为夫人。

**以身当熊** 冯昭仪，冯奉世女，汉元帝选入宫。上幸虎圈，熊逸出，左右皆惊走。惟婕妤当熊而立，熊见杀。上问冯曰：“人皆惊惧，汝何当熊？”对曰：“妾闻猛兽得人而止，恐至御座，故以身当之。”上嗟叹良久，立为昭仪。

**速尽为幸** 皇甫规妻善属文，工草篆。规卒，董卓厚聘之，骂曰：“君羌胡之种，毒害天下犹未足耶！皇甫氏为汉忠臣。君其走吏，敢非礼于上！”卓怒，悬其头庭中，鞭朴交下。规妻谓持杖者曰：“速尽为幸。”

**义保** 鲁孝公之保母。初，鲁武公生三子，长括，次戏，少称。武公朝周宣王，带子括、戏同往。宣王见戏端重，命武公立为世子。及武公薨，国人立戏，是为懿公。括子伯御弑懿公而自立，并欲求公子称而杀之。义保闻，即以己子卧公子床上，将公子易服而藏他所。伯御遂杀床上公子。义保抱所易服者，奔公子之母家。众大夫感其义，合词请于周天子，命戮伯御以立称，是为孝公。诸侯咸高保母之行，而呼为义保。

**作歌明志** 陶婴，鲁国陶门之女也，夫早死，以纺织抚孤。鲁人闻其少美，皆欲求聘之。婴闻而作歌以明志，曰：“黄鹄之早寡兮七年不双，鹓颈独宿兮不随众翔。半夜悲鸣兮故雄系肠，天命早寡兮独宿可伤！寡妇念此兮泣下数行。呜呼哀哉兮死者不可忘！飞鸟尚然兮况于贞良，虽有贤匹兮终不重行。”鲁人闻而起敬，无复敢言往聘者。

**天子主婚** 胡氏者，学士广之女。解缙与广同邑，同科，同入翰林。一日，同侍建文帝侧。帝曰：“闻二卿俱得梦熊之兆，朕为主婚，联作姻娅。”广对曰：“昨晚缙已举子，臣亦生男，奈何！”帝笑曰：“朕意如此，定当产女。”后果是女。建文逊国，解缙为汉邸谮死，妻子谪戍，广遂寒盟。胡氏泣曰：“女命虽蹇，实天子主婚，何敢自轻失身？”乃割去左耳以明志。仁宗登极，诏赠缙爵，荫子中书舍人，给假与胡氏合卺；复赐金币添妆，闻者荣之。

# 卷十四 九流部

## 道教

**道家三宝** 《太经》曰：眼者神之牖，鼻者气之户，尾闾者精之路。人多视则神耗，多息则气虚，多欲则精竭。务须闭目以养神，调息以养气，坚闭下元以养精。精气充则气裕，气裕则神完。是谓道家三宝。

**三全** 《洞灵经》曰：导筋骨则形全，剪情欲则神全，靖言路则福全。保此三全，是谓圣贤。

**铅汞** 《东坡志林》曰：人生死自坎离，坎离交则生，分则死；离为心，坎为肾。龙者，汞也，精也，血也，出于肾肝，藏之坎之物也。虎者，铅也，气也，力也，出于心肺，藏之离之物也。不学道者，龙常出于水，龙飞而汞轻，虎常出于火，虎走而铅枯。故真人曰："龙从火里出，虎向水中生。"人生能正坐瞑目，调息以久，则丹田湿而水上行，蓊然如云蒸于泥丸。火为水妃。妃，配也，热必从之，所谓龙从火里出也。龙出于火，则龙不飞而汞不干，旬日后，脑满而腰足轻，常卷舌舐悬雍上腭也。久则汞下入口，咽送直至丹田，久则化为铅，所谓火向水中生也。

**三闭** 收视，返听，内言。

**八禽** 道经有熊经、鸟申、凫浴、猨躩、鸱视、虎顾、鷯息、龟缩，谓之八禽。

**五气朝元** 以眼不视，而魂在肝；以耳不听，而精在肾；以舌不声，而神在心；以鼻不嗅，而魄在肺；以四肢不动，而意在脾：名曰五气朝元。

**三华聚顶** 以精化气，以气化神，以神化虚，曰三华聚顶。

**九易** 王母谓汉武曰：子但爱精握固，闭气吞液。一年易气，二年易血，三年易精，四年易脉，五年易髓，六年易皮，七年易骨，八年易发，九年易形。形易则变化，变化则道成，道成则为仙人。

**三关** 华阳真人曰：子时肺之精华并在肾中，号曰金晶。晶者，金水未分，肺肾之气，合而为一。当时用法，自尾闾穴下关搬至夹脊中关，自中关搬至玉京上关，节次开关以后，一撞三关，直入泥丸。三关者，海波对大骨节为尾闾下关，腰内两肾对夹脊为中关，一名双关，左右两肩正中，于胸顶下会处高骨节为玉枕上关。此谓之三关。

**三尸** 刘根遇异人，告之曰："必欲长生，先去三尸。人身中有神，皆欲人生，而三尸只欲人死。人死则神变，而尸成鬼，子息祭享，得歆享之。人梦与恶人争斗，皆尸与神战也。"

**鸣天鼓** 《道书》："学道之人须鸣天鼓，以召众神。"左相叩为天钟，右相扣为天磬，上下相扣为天鼓。若却不祥，则鸣钟，伐鬼灵也；制伏邪恶，则鸣磬，集百神也；念道至真，则鸣鼓，朝真圣也。要闭口缓颊，使声虚而响应深。

**三清** 玉清，元始天尊；上清，玉宸道君，即灵宝天尊；太清，混元老君，即道德天尊。

**老君** 即老聃李耳，著《道德经》五千言，为道家之宗。以其年老，故号其书曰《老子》。亳州南宫九龙井前，有升仙桧、炼丹井，皆其遗迹。

**羡门** 紫阳真人周义山入蒙山中，遇羡门子乘白鹿，佩青髦之节，再拜乞长生诀。羡门曰："子名在丹台，何忧不仙？"

**偓佺** 《列仙传》：偓佺，槐里采药人也，食松实，形体生毛四寸，能飞行捷足。

**壶公** 汉壶公卖药，悬空壶于市肆，夜辄跳入壶中，费长房于楼上见之，知其非常人，乃日进饼饵，公语曰："随我跳入壶中，授子方术。"

**广成子** 黄帝闻广成子在崆峒山，往问长生之术。广成子曰："必静必清，毋劳尔形，无摇尔精，可以长生。"

**许飞琼** 西王母降汉武帝殿，有侍女四人。帝问其名，曰："许飞琼，董双成，婉陵华，段安香。"

**安期生** 卖药海边，秦始皇东游，请与言，三日三夜，赐金璧数千万，出置阜乡亭而去，留玉舄为报，遗书与始皇曰："后数十年求我于蓬莱山下。"生以醉墨洒石上，皆成桃花。

**隔两尘** 韦子威师事丁约，一日辞去，谓子威曰："郎君得道尚隔两尘。"儒家曰世，释家曰劫，道家曰尘，言子威尚有两世尘缘也。

**地行仙** 张安道生日，东坡以拄杖为寿，有诗云："先生真是地行仙，住世因循五百年。"

**仙台郎** 《续仙传》：晋侯道华晨起，飞上松顶，谢众曰："玉皇召我为仙台郎，今去矣。”

**仙人好楼居** 《郊祀志》：汉武帝以道士公孙卿言仙人好楼居，于是作首山宫，建章安宫、光明宫，千门万户，皆极侈靡，欲神仙来居其上也。

**画水成路** 吴猛好道术，携弟子回豫章，江水大急，人不得渡。猛以手中扇画江水，横流遂成陆路，徐行而过。少顷，水复如初。

**噀酒救火** 后汉栾巴为尚书郎，正旦，上赐酒，向蜀噀之，有司奏不敬，巴谢曰：“臣以成都失火，故噀酒救之。”后成都奏失火，得雨而灭，雨中有酒气。

**吐饭成蜂** 《列仙传》：葛玄从左元放受《九丹经》。仙与客对食，吐饭成大蜂数百，复张口，蜂飞入口，嚼之，又成饭。大旱时，百姓忧之，乃飞符著社，天地晦瞑，大雨如注。

**叱石成羊** 《神仙传》：黄初平年幼牧羊，有一道士引入金华山石室中，数年，教以导引。其兄初起遍索之，后问一道士，曰：“金华山有牧儿。”兄随往，与初平相见，问羊何在？曰：“在山东。”兄同往，见白石遍山下，平叱之，皆起成羊。

**钻石成丹** 《真语》：傅先生入焦山，老君与之木钻，使穿一石，厚五尺，云穿此便当得道。傅日夜钻之，经四十七年，石穿，遂得丹升仙。

**剪罗成蝶** 宋庆历中，有九哥者，浪迹市丐中，燕王呼而赐之酒，因请以技悦王。乃乞黄罗一端，金剪一具，叠而剪碎之，俄成蜂蝶无数，或集王襟袖，或乱栖宫人鬓鬟。九哥复呼之，一一来集，复成一匹罗。中有一空如一蝶之痕，乃宫人偶捉之耳。王曰：“此蝶可复完罗否？”九哥曰：“不必，姑留以表异。”

**羽客** 唐保大中，道士谭紫霄，号金门羽客。

**外丹内丹** 道家所烹鼎金石为外丹，吐故纳新为内丹。

**黄冠** 唐李淳风之父名播，仕隋，弃官为道士，自号黄冠子。

**卧风雪中** 谭峭，字景升，冬则衣绿布衫，或卧雪中；父常遣家僮寻访，寄冬衣及钱帛。景升得之，即分给贫寒者；或寄酒家，一无所留。

**八仙** 汉钟离，名权，字云房，以裨将从周处与齐万年战，败，跳终南山，遇东华王真人。至唐始一出，度吕岩，自称天下都散汉。

吕纯阳，名岩，字洞宾。举进士不第，遇钟离，同憩一肆中，钟离自起炊爨。吕忽昏睡，以举子赴京，状元及第，历官清要，前后两娶贵家女，五子十孙，簪笏满门，如此四十年。后居相位，独相十年，权势熏灼，忽被重罪，籍没家资，押赴云阳，身首异处。忽然惊醒，方兴浩叹。钟离在傍，炊尚未熟，笑曰："黄粱犹未熟，一梦到华胥。"吕惊曰："君知我梦耶？"钟离曰："子适来之梦，升沉万态，荣瘁多端，五十年间，止为俄顷，非有大觉，焉知人世真一大梦也。"洞宾感悟，遂拜钟离求其超度。

蓝采和，不知何许人，常衣破蓝衫，黑木腰带，跣一足，靴一足，醉则持三尺大拍板，行歌云："踏踏歌，蓝采和，世界能几何？红颜一春树，光阴一掷梭。古人滚滚去不返，今人纷纷来更多。朝骑鸾凤到碧落，暮见桑田生白波。"词多率尔而作。后至濠梁，忽然轻举，掷下靴带拍板，乘云而去。

韩湘子，昌黎从侄，少学道，落魄他乡，久而始归。值昌黎诞日，怒其流落，湘子曰："无怒也！请献薄技。"因为顷刻花，每瓣书一联云："云横秦岭家何在？雪拥蓝关马不前。"昌黎不悟，遗之去。后果谪潮州，至蓝关，湘子来候。昌黎乃悟，因吟三韵，以补前诗，竟别。

张果老，隐恒州中条山，见召于唐。开元中，宠遇与叶静能比。自言尧时官侍中，叶公密识曰："此混沌初分白蝙蝠精也。"授银紫光禄大夫，放归。天宝时尸解。《明皇杂录》：张果老隐于中条山，常乘白驴，日行万里，夜即叠之，置箱箧中，乃纸也，乘则以水噀之，复成驴。

曹国舅，不知其名，言丞相曹彬之子，皇后之弟，故称国舅。少而美姿，安恬好静，上及皇后重之。一旦求出家云水，上以金牌赐之。抵黄河，为篙工索渡直，急以金牌相抵。纯阳见而警之，遂拜从得道。

何仙姑，零陵市人，女也。生而紫云绕室，住云母溪，梦神人教食云母粉，遂行如飞。遇纯阳，以一桃与之，仅食其半，自是不饥。颇能谈休咎。唐天后召见，中路不知所之。

铁拐李，质本魁梧，早岁闻道，修真岩穴。一日，赴老君华山之会，嘱其徒曰："吾魄在此，倘游魂七日不返，以火化之。"徒以母病遄归，忘其期，六日化之。七日果归，失魄无依，乃附一饿殍之尸而起，故形骸跛恶，非其质矣。

**化金济贫**　王霸，梁时渡江入闽，居西郊之外，凿井炼药，能化黄金。岁饥则售金市米，遍济贫者。

**擗麟脯麻姑**　王方平尝过蔡经家，遣使与麻姑相闻，俄顷即至。经兴家见之，是好女子，手似鸟爪，衣有文章而非锦绣。坐定，各进行厨，香气达户外，擗麟脯行酒。麻姑云："接待以来，东海三为桑田矣，蓬来水又浅矣"宴毕，乘云而去。姑为后赵麻胡秋之女，父猛悍，人畏之。筑城严酷，昼夜不止，惟鸡鸣稍息。姑恤民，假作鸡鸣，群鸡皆应。父觉欲挞之，姑惧而逃入山洞，后竟飞升。

**蓑衣真人** 何中立，淮阳书生。一旦焚书裂冠，遁至苏，结庐天庆观，披一蓑衣，坐卧不易，妄谈颇验。凡瘵者，与蓑草服之，立愈；不与者，疾必不起。因称之蓑衣真人。宋孝宗遣珰赍问，不言所求。中立掉首曰："有华人即有番人，有日即有月。"珰复命，上曰："诚如吾心。"盖所求者，恢复人计、中宫虚位两事也。

**自举焚身** 颜笔仙，宋建炎初，日售笔十则止。遇转运使，饮以斗酒。饮毕，长揖而去，遗笔篮。使左右取而还之，尽力不能胜。凡得其笔者，管中有诗或偈，祸福无不验。年九十七，积苇坐上，自举火焚之，人见其乘火云飞去。

**金书姓名** 广陵人李珏，以贩籴为业，每斗惟求利两文，以资父母。有籴者授以升斗，俾自量。丞相李珏节制淮南，梦入洞府，见石填金书姓名，内有李珏字，方自喜。有二仙童云："此乃江阳部民李珏尔。"

**独立水上** 葛仙公，名玄，有仙术。尝从吴主至溧阳，风大作，舟覆；玄独立水上，而衣履不湿。后白日冲举。勾漏令洪，即其孙也。

**李白题庵** 许宣平稳城阳山，绝粒不食，颜如四十，行及奔马。时负薪卖于市，尝独吟曰："负薪朝出卖，沽酒日西归。借问家何处，穿云入翠微。"李白入山寻之，不见，题其庵以归。

**使聘不出** 墨子名翟，宋人。外治经典，内修道术，著书十篇，号《墨子》。年八十有二，汉武帝遣使聘之，不出，视其颜色，如五十许人。

**冬日卖桃** 李犊子历数百岁，其颜时壮时老，时好时丑。阳都酒家有女，眉生而连耳，细而长，众异之。会犊子牵一黄犊过，女悦之，遂随去，人不能追也。冬日，常见犊子卖桃李市中。

**贞一司马** 司马承祯事潘师正，传辟谷导引之术。唐睿宗召问其术，对曰："为道日损，损之又损，以至于无。"帝曰："治身则尔，治国若何？"对曰："国犹身也，游心于淡，合气于漠，与物自然而无私焉，则天下治。"帝嗟叹曰："广成之言也！"谥贞一先生。

**点化天下** 贺兰善服气。宋真宗召至，问曰："人言先生能点金，信乎？"对曰："臣愿陛下以尧舜之道点化天下，方士伪术，不足为陛下道。"赐号宗玄大师。

**临葬复生** 张三丰居宝鸡县金台观。洪武二十六年九月二十日，自言辞世，留颂而逝。民人杨轨山等置棺殓讫，三丰复生。

**弘道真人** 周思得，钱唐人，得灵官法，先知祸福。文皇帝北征，召扈从，数试之不爽。号弘道真人。先是，上获灵官藤像于东海，朝夕崇礼，所征必载以行；及金川河，舁不可动，就思得秘问之，曰："上帝有界，止此也。"已而，果有榆川之役。

**瓶中辄应** 冷谦，洪武初为协律郎，郊庙乐章，皆其所撰。有友酷贫，谦于壁间画一门，令其友取银二锭。友入恣取而出，遗其引。他日，内库失银，惟二锭不入册。吏持引迹捕，因并执谦。谦渴求饮，拘者以瓶水汲与之。谦跃入瓶中，拘者惶急。谦曰："无害，第持瓶至御前。"上呼谦，瓶中辄应。上曰："汝何不出？"对曰："臣有罪，不敢出来。"击碎之，片片皆应。

**入火不热** 周颠仙，明初，上至南昌，颠仙谒道左，必曰："告太平，打破一个桶，另置一个桶。"随之金陵。尝曰入火不热。上命覆以巨瓮，积薪焚之。火灭揭视，寒气凛然。后辞去庐山，莫知所之。

**指李树为姓** 老子母见日精下落如流星，飞入口中，因怀娠。后七十二年，于陈国涡水李树下，剖左腋而生。指李树曰："此为我姓。"耳有三漏，顶有日光，身滋白血，面凝金生，舌络锦文，身长一丈二尺，齿有四十八。受元君神箓宝章变化之方，及还丹、伏火、冰汞、液金之术，凡七十二篇。

**陆地生莲** 尹文始生时，室中陆地生莲花。结草为楼，精思至道。

**白石生** 生煮白石为粮，问之何不霞举，笑曰："天上多有至尊相奉事，更苦于人间尔。"时号为隐遁仙人。

**古丈人** 嵩华松下古丈人、女子二，曰："老人，秦之役者，二女宫人，合为殉，幸脱骊山之役，匿此。"

**掌录舌学** 董谒乞犬羊皮为裘，编棘为床，聚鸟兽毛而寝。性好异书，见辄题掌，还家以片簭写之，舌黑掌烂。人谓谒掌录而舌学。

**负图先生** 季充号负图先生。伏生十岁，就石壁中受充《尚书》，授四代之事。伏生以绳绕腰领，一续一结，十寻之绳皆结矣。充饵菊术，经旬不语，人问何以，答曰："世间无可食，亦无可语之人。"

**目光如电** 涉正闭目二十年。弟子固请之，正乃开目，有声如霹雳，而闪光若电。已，复还闭。

**守天厕** 淮南王安见太清仙伯，以坐起不恭，谪守天厕。

**墨池** 梅福在南昌县，水竹幽蔚，王右军典临川郡日，每过此盘礴不能去，因号墨池。先是，福种莲花池中，叹曰："生为我酷，身为我梏。形为我辱，妻为我毒。"遂弃妻，入洪厓山。

**青童绛节** 张道陵居渠亭山，见青童绛节前导，曰："老君至矣。"从者二人，隽以弱冠。或指曰："此子房，此子渊。"

**金莲花** 元藏几有驯鸟三，类鹤，时翔空中，呼之立至，能授人语，常航海飘至一岛。人曰："此沧州也。"产分蒂瓜，长一尺；碧枣丹栗，大如梨。池中有足鱼，金莲花，妇人采为首饰。曰："不戴金莲花，不得在仙家。"

**刺树成酒** 葛玄遇亲朋，辄邀止，折草刺树，以杯盛之，汁流如泉，杯满即止，饮之皆旨酒。取瓦砾草木之实劝客，皆脯枣。指虾蟆、飞龟使舞，应节如神。为人行酒，杯自至客前，不尽，杯不去。

**林樾长啸** 黄野人游罗浮，长啸数声，递响林樾。宋咸淳中，有戴乌方帽著靴，往来罗浮山中，见人则大笑，反走，三年不言姓氏。他日醉归，忽取煤书壁云："云意不知沧海，春光欲上翠微；人间一堕十劫，犹爱梅花未归。"黄野人之俦云。

**脑子诵经** 司马承祯善金剪刀书，脑中有小儿诵经声，玲玲如振玉；额上小日如钱，耀射一席。

**许大夫妇** 许大为许旌阳扫爨。夫妇隐于西山，不欲人识姓，改姓曰午，又改姓曰干。夫妇皆解诗。许大诗云："不是藏名混世俗，卖柴沽酒贵忘言。"妻续云："儿家只在西山住，除却白云谁到门！"

**服石子** 单道开服细石子，一吞数枚。唐子西赞曰："世人茹柔，刚则吐之。匙抄烂饮，牛口如饲。至人忘物，刚柔一致。其视食石，如啖饼饵。北平饮羽，出于无心。食石之理，于此可寻。我虽不能，而识其理。庶几漱之，以砺厥齿。"

**驱邪院判官** 白紫青曰："颜真卿今为北极驱邪院左判。"

**符钉画龙**　毒龙潭二龙飞入殿，与张僧繇画龙斗，风雨震沸。丁玄真画铁符镇潭龙，穿山而去；复钉画龙之目，其患乃止。

**摸先生**　先生束双髻于顶，携小竹筒卖药，有疾者手摸之辄愈，人呼为"摸先生"。

**尊号道士**　周穆王求神仙，始尊号道士。西王母授帝元始真容，始有道士行礼之文。汉桓帝迎老子像入宫，用郊天乐祀道教，始崇与释并。

魏世祖拜寇谦之天师，立道场，受符箓。周武帝封国公，唐中宗加金紫阶，玄宗赐号先生，宋神宗赐号处士。寇谦之修张鲁法，始为音诵科仪，及号召百神导养丹砂之术。唐高祖始授道官。宋太宗增置道副录都监。宋太祖始令道士不得畜妻孥。

**改称真人**　张道陵子孙，世袭天师，掌道教。至明太祖曰："至尊者天，何得有师？"诏改真人。初，道陵学长生于蜀之鹤鸣山。山有石鹤，鸣则有得道者。道陵居此，石鹤乃鸣。

**真武**　净乐国王太子遇天神，授以宝剑，入武当山修道。久之，无所得，欲出山。见一老妪操铁杵磨石上，问磨此何为，曰："为针耳。"曰："不亦难乎？"妪曰："功久自成。"真武悟。遂精修四十二年，白日冲举。

**陈抟**　字图南，亳州人。四五岁，遇一青衣媪乳之。自是颖异，书一目十行。邂逅孙君仿，谓武当九室岩可居，遂往，辟谷二十馀年。忽夜见金人持剑呼曰："子道成矣。"后徙华山。宋太宗召见，赐号"希夷先生"。

**周颠**　周颠者，举错诡谲，人莫能识。每见明太祖，必曰："告太平。"上厌之，命覆之瓮，积薪以煅。火息启视，颠正坐晏然。上亲为作传。

**张三丰**　又名邋遢张。明太祖求之不得。人有问仙术者，竟不答；问经书，则津津不绝口。一啖数斗，辟谷数月亦自若。隆冬卧雪中。

## 佛教

**禅门五宗**　南岳让禅师法嗣：南岳下三世百丈海禅师，四世沩山灵祐禅师，五世仰山慧寂禅师，称沩仰宗；南岳下四世黄蘗希运禅师，五世临济义玄禅师，称为临济宗。青原思禅师法嗣：青原下六世曹山本寂禅师，七世洞山道延禅师，称为曹洞宗；青原下五世德山宣鉴禅师，六世雪峰义存禅师，七世云门文偃禅师，称为云门宗；青原下八世罗汉琛禅师，九世清凉文益禅师，称法眼宗。凡五宗，今天下惟曹洞、临济为盛。

**佛入中国** 汉明帝梦金人长丈馀，飞空而下。访之群臣，傅毅曰："西域有神，其名曰佛。"乃使蔡愔等往天竺求其道，得其书及沙门，由是教流中国。

**象教** 如来既化，诸大弟想慕不已，遂刻木为佛，瞻敬之。杜诗曰："方知象教力。"

**优昙钵** 《法华经》：是人希有过于优昙钵。优昙，花名，应瑞三千年一现，现则金轮王出。

**般若航** 清凉禅师云："夫般若者，苦海之慈航，昏衢之巨烛。"

**兜率天** 《法苑珠林》：兜率天雨摩尼珠，护世城雨美膳，阿修罗天雨兵仗，阎浮世界雨清净。雨者，被其惠，犹言赐也。

**西方圣人** 《列子》：太宰嚭问孔子："孰为圣人？"子曰："西方有圣人，不治而不乱，不言而自信，不化而自行，荡荡乎民无能名焉。"

**不二法门** 《文选》：文殊谓维摩诘曰："何为是不二法门？"摩诘不应，文殊曰："乃至无有文字言语，是真入不二法门。"

**即心即佛** 《传灯录》：有僧问大梅和尚："见马祖得个恁么？"大梅曰："马祖向我道'即心即佛'。"曰："马祖近日又道'非心非佛'。"大梅曰："这老汉惑乱人，任汝'非心非佛'，我只管'即心即佛'。"其僧白于马祖，祖曰："梅子熟矣。"

**舍利塔** 《说苑》：阿育王所造释迦真身舍利塔，见于明州鄞县。太宗命取舍利，度开宝寺地，造浮屠十一级以藏之。

**沙门** 《汉记》：沙门，汉言"息心"，息欲而居于无为也。梵云"沙门那"，或曰"沙门"，汉言"勤息"，译曰"勤行"。又曰"善觉"，又称"沙弥"，又称"比丘"。秦言"乞士"，又曰"上人"。

**苾刍** 《尊胜经》：苾刍，草名，有五义：生不背日；冬夏常青；性体柔软；香气远腾；引蔓旁布。为佛徒弟，故以名僧。

**紫衣** 《史略》曰：唐武则天朝，赐僧法朗等紫袈裟。僧之赐紫衣，自武后始。

**五戒** 凡出家，师已许之，乃为受五戒，谓之一不杀生，二不偷盗，三不邪淫，四不妄语，五不饮酒。

**传灯** 释书以灯喻，谓能破暗也。六祖相传法曰传灯。今有《传灯录》。杜诗曰："灯传无白日。"

**飞锡** 《高僧传》：梁武时，宝志爱舒州潜山奇绝，时有方士白鹤道人者亦欲之。帝命二人各以物识其地，得者居之。道人以鹤止处为记，宝志以卓锡处为记。已而，鹤先飞去，忽闻空中锡飞声，遂卓于山麓，而鹤止他处，遂各以所识筑室焉。故称行僧为飞锡，住赠为卓锡，又曰挂锡。

**祝发** 贺僧披剃从教，顶相堂堂。《唐书》："祝发划草。"僧剃发曰划草。

**檀那檀越** 梵语陀那钵底，唐言施主称檀那者，即讹"陀"为"檀"，去"钵底"，故曰檀那也。又称檀越者，谓此人行檀施，能越贫穷海。

**伊蒲馔** 后汉楚王英诣阙以缣赎罪，诏报曰：王好黄老之言，尚浮屠之教，还其赎以助伊蒲塞桑门之馔。

**风幡论** 《传灯录》：六祖惠能初寓法性寺，风扬幡动。有二僧争论，一云风动，一云幡动。六祖曰："风幡非动，动自心耳。"

**传衣钵** 五祖欲传衣钵，乃集五百僧谓曰："谁作无像偈，即付与衣钵。"首座云："身似菩提树，心为明镜台。时时勤拂拭，何处染尘埃？"卢慧能改曰："菩提本无树，明镜亦非台。本来无一物，何处惹尘埃？"五祖惊曰："此全悟道，脱然无像，且无虑矣。"即以法宝及所传袈裟尽以付之。

**得真印** 梁达摩奉佛衣来，得道者传付以为真印。六祖卢惠能受戒韶州，曹溪说法，乃置其衣而不传，后谥为大鉴。

**杨枝水** 佛图澄，天竺人，妙通玄术，善诵咒，能役使鬼神。石勒闻其名，召试其术。澄取钵盛水烧香，须臾，钵中生青莲花。勒爱子暴病死，澄取杨枝洒而咒之，遂苏。

**披襟当箭** 《传灯录》：石巩和尚常张弓架箭，以待学者。义思禅师诣之，石巩曰："看箭！"师披襟当之。巩笑曰："三十年张弓架箭，只射得半个汉。"

**一坞白云** 广严院咸泽禅师逍遥自足。僧曰："如何是广严家风？"师曰："一坞白云，三间茅屋。"

**安心竟** 可大师问初祖达摩曰："诸佛法印，可得闻乎？"祖曰："诸佛法印，匪从人得。"可曰："我心未宁，乞师与安。"祖曰："将心来，与汝安。"可良久曰："觅心了不可得。"祖曰："与汝安心竟。"

**求解脱** 信大师礼三祖曰："愿和尚慈悲，乞与解脱法门。"祖曰："谁缚汝？”曰：“无人缚。”祖曰：“既无人缚，何更求解脱乎？”信于言下有省。

**入门来** 世尊见文殊立门外，曰：“何不入门来？”殊曰：“我不见一法在门外，何以教我入门来？”

**再转法轮** 世尊临入涅槃，文殊请佛再转法轮。世尊咄云，“吾住世四十九年，不曾有一字与人。汝请吾再转法轮，是谓吾已转法轮耶？”

**汝得吾髓** 达摩将灭，命门人各言所得道。副曰：“如我所见，不执文字、不离文字而为道。”师曰：“汝得吾皮。”总持曰：“我今一见，更不再见。”师曰：“汝得吾肉。”道育曰：“四大本空，五阴非有，而我所见无一法可得。”师曰：“汝得吾骨。”最后慧可礼拜依位而立，师曰：“汝得吾髓。”

**不起无相** 般若尊者问达摩：“于诸物中何物无相？”曰：“于诸物中不起无相。”

**洗钵盂去** 僧问赵州，学人初入丛林，乞师指示。州曰：“吃粥了也未？曰：“吃了也。”州曰：“洗钵盂去。”其僧乃悟入。

**使得十二时** 僧问赵州：“十二时中如何用心？”师曰：“汝被十二时使，老僧使得十二时。”

**天雨花** 梁高僧讲经于天龙寺中，天雨宝花，缤纷而下。徐玉泉赠诗云：“锡杖飞身到赤霞，石桥闲人坐演三车（三车谓三乘，大乘、小乘、上乘）。一声野鹤仙涛起，白昼天风送宝花。”

**石点头** 梁有异僧玉生者，又名竺道生，人称曰生公。讲经于虎丘寺，人无信者。乃聚石为徒，坐而说法，石皆点头。

**龙听讲** 梁有僧讲经，有一叟来听，问其姓氏，乃潭中龙也，云“岁旱得闲，来此听法。”僧曰：“能救旱乎？”曰：“帝封江湖，不得擅用。”僧曰：“砚水可乎？”曰：“可。”乃就砚吸水径去，是夕大雨，水皆黑。

**离此壳漏子**《传灯录》：洞山良价和尚将圆寂，谓众曰：“离此壳漏子，向什么处相见？”众不对，师俨然坐化。

**只履西归** 后汉二十八祖达摩，中天竺国佛法，起自初祖迦叶尊者，至达摩乃二十八祖。梁武帝天通元年始至中国，是为东土始祖，端居而逝。后三载，魏宋云使西域，归遇师于葱岭，手持只履，翩翩独逝，问师何往，曰：“西天去。”明帝启其圹，惟一革履存焉。

**阇维荼毗**　天竺第九祖入灭，众以香油旃檀阇维真体。僧亡火化曰阇维，又曰荼毗。东坡宿曹溪，借《传灯录》读，灯花落烧一僧字，即以笔记台上："曹溪夜岑寂，灯下读传灯。不觉灯花落，荼毗一个僧。"

**截却一指**　天龙合掌顶礼拜问于古德，曰："敢问佛在何处？"古德曰："佛在汝指头上。"天龙竖一指朝夕观看。古德从背后截去其一指，天龙豁然大悟。后人曰："天龙截却一指，痛处即是悟处。"

**吃在肚里**　有老僧吃饭，人问之曰："和尚吃饭与常人异否？"僧曰："老僧吃饭，口口吃在肚里。"

**放生**　北使李谐至梁，武帝与之游历。偶至放生处，帝问曰："彼国亦放生否？"谐曰："不取亦不放。"帝大惭。

**海鸥石虎**　佛图澄依石勒、石虎，号大和尚。以麻油涂掌，占见吉凶数百里外，听浮屠铃声，逆知祸福。虎即位，师事之，时谓澄以石虎为海鸥鸟。

**帝言日中**　虎丘生公于石上讲经，宋文帝大会僧众施食，人谓僧律日过中即不食。帝曰："始可中耳。"生公曰："日丽天，天言中，何得非中？"即举箸而食。

**碎却笔砚**　李泌在衡山事明瓒禅师，瓒云："欲学道者，先将笔砚碎却。"

**六道**　释家有六道轮回之说，曰天道、人道、魔道、地狱道、饿鬼道、畜生道。

**捱日庵**　善导和尚庵名捱日，示众云："体此二字，一生受用。"

**抱佛脚**　云南之南一番国，俗尚释教。有犯罪当诛者，趋往寺中，抱佛脚悔过，愿髡发为僧，使贳甚罪。今谚曰："闲时不烧香，急来抱佛脚。"本此。

**九日杜鹃**　唐周宝镇润州，知鹤林寺杜鹃花奇绝，谓僧殷七七曰："可使顷刻开花副重九乎？"七七曰："诺。"及九日，果烂熳如春。

**摩顶止啼**　宋安东人娄通者，生有异相，掌中一目，中指七节，长为承天寺僧。尝召入大内，适仁宗生，啼哭不止，摩其顶曰："莫叫，莫叫，何似当初莫笑。"啼遂止。

**玉带镇山门**　了元号佛印，住金山寺，苏轼访之。了元曰："内翰何来？此间无坐处。"轼戏曰："借和尚四大作禅床。"了元曰："四大本空，五蕴非有。”轼投以玉带镇山门，了元报以一衲。

**白土杂饭** 新罗国僧金地藏，唐至德间渡海，居九华山，取岩间白土杂饭食之。九十九日忽召徒众告别，坐化函中。后三载开视，颜色如生，舁之，骨节俱动。

**涤肠** 小释迦，保昌黎氏子，九岁入山，精修五载得悟。一日归省其母，啖之肉，出至溪中，以刀刳肠涤净，唐赐号澄虚大师。

**释解** 文通慧姓张，弃家祝发，师令掌厕盥盆。忽有市鲜者沃于盆，文偶击之，仆地死。文惧，奔西华寺，久之，为长老。忽曰：“三十年前一段公案，今日当了。”众问故，曰：“日午自知之。”一卒持弓至法堂，瞠目视文，欲射之。文笑曰：“老僧相候已久。”卒曰：“一见即欲相害，不知何仇？”文告以故，卒悟曰：“冤冤相报何时了，劫劫相缠岂偶然。不若与师俱解释，如今立地往西天。”视之立逝矣，文即索笔书偈而化。

**冤家亦生** 宝志，梁武帝师事之。皇子生，志曰：“冤家亦生矣。”后知与侯景同日生。

**正大衍历** 一行从普寂禅师为徒。唐玄宗召问曰：“卿何能？”对曰：“善记览。”即以宫人籍试之，一无所遗，玄宗呼为圣人。汉洛下闳造大衍历云：“历八百岁当差一日，有出而正之者。”一行当其期，乃定《大衍历》。

**雨随足注** 莲池名袾宏，沈氏子，为诸生，辞家祝发。见云栖幽寂，结茅以居，绝粮七日，倚壁危坐。云栖多虎，皆远徙。岁旱，击木鱼循田念佛，雨随足迹而注。人异之。遂成兰若，专以净土一门普摄三根，著述甚多，诸方尊为法门周、孔。

**为让帝剃发** 南州法师名博洽，山阴人，禅定之余，肆力词章，居金陵。靖难时，金川门开为建文君剃发。文皇闻而囚之十馀年。姚荣靖临革，上临视，问所欲言，于榻上叩首曰：“博洽系狱久矣。”上即日出之。仁宗即位，数被召问，宣德中留偈而化。

**赍药僧** 住得号赤脚僧，常居庐山。洪武间，上不豫，住得赍药诣阙，谓天眼尊者及周颠仙所奉，上服之，立愈，御制诗赐之。

**乞宥沙弥** 冰蘗名维则，洪武二十五年，上命凡天下僧人有名籍者，皆要俗家馀丁一人充军。维则时进偈七章，其七曰：“天街密雨却烦嚣，百稼臻成春气饶。乞宥沙弥疏戒检，袈裟道在祝神尧。”上览偈，为收成命。

**日月灯** 王介甫尝见举烛，因言："佛书有日月灯光明佛，灯光岂得配日月？"吕吉甫曰："日昱乎昼，月昱乎夜，灯光昱乎昼夜，日月所不及，其用无差。"介甫大以为然。

**卧佛** 《涅槃经》云："如来背痛，于双树间北首而卧。"故后之图绘者为此像。晋庾公尝入佛图，见卧佛，曰："此子疲于津梁。"于时以为名言。

**佛像** 张玄之、顾敷，是顾和中外孙，皆少而聪慧，和并知之，而尝谓顾胜于张。时张九岁，顾七岁。和与之俱至寺中，见佛般泥洹像，弟子有泣者，有不泣者。和以问二孙。玄谓：被亲，故泣；不被亲，故不泣。"敷曰："不然。当有忘情，故不泣；不能忘情，故泣。"

**天女散花** 《维摩经》云：会中有天女散花，诸菩萨悉皆堕落，至大弟子便著不堕。天女曰："结习未尽，故花著身；结习尽者，花不著身。"

**三乘** 法门曰大乘、中乘、小乘。乘乃车乘之乘。阿罗汉独了生死，不度众人，故曰小乘；圆觉之人，半为人半为己，故曰中乘；菩萨为大乘者，如车之大者，能度一切众生。故曰三车之教。

三空，生、法、俱也。三慧，闻、思、修也。三身，法、报、化也。三宝，佛、法、僧也。三界，欲界、色界、无色界也。三毒，贪、嗔、痴也。三漏，欲漏、有漏、无明漏也。三业，身、口、意也。三灾，饥馑、疾疫、刀兵也。三大灾，火、水、风也。

**弩目低眉** 薛道衡游开善寺，谓一沙弥曰："金刚何以弩目？菩萨何以低眉？"沙弥曰："金刚弩目，所以摄服群魔；菩萨低眉，所以慈悲六道。"

**速脱此难** 《大集》云：昔有一人避二难：醉众生死，缘藤（命根）入井（无常），有黑白二鼠（日、月）嚼藤将断，旁有四蛇（四大）欲螫，下有三龙（三毒）吐火张爪拒之，其人仰望二象，已临井上，忧恼无托。忽有蜂过，遗蜜滴入口（五欲），是人接蜜，全忘危惧，知人见此，各宜修行，速脱此难。

**五蕴皆空** 五蕴者，就众生所执根身器界质碍形量之物名为色；以现前领纳违顺二境，能生苦乐者名受；以缘虑过现未三世境者名想；念念迁流，新新不住者名行；明了分别者名识。五者皆能盖覆真性，封蔀妙明，故总谓之蕴，亦名五阴，亦名五众。

**慧业文人** 会稽太守孟颢事佛精恳，而为谢灵运所轻。谢尝语曰："得道应须慧业文人，卿生天在灵运前，成佛当在灵运后。"

**拔絮诵经** 佛图澄左乳旁有一孔，通彻腹内，常塞以絮。至夜欲诵经，则拔絮，一空洞明；或过水边，引肠洗之，复纳入。

**世尊生日** 《周书异记》：周昭王二十四年四月八日，山川震动，有五色光入贯太微。太史苏由奏曰："有大圣人生于西方，一千年外，声教及此。"即佛生之日也。穆王五十三年二月十五日，天地震动，西方有白虹十二道连夜不灭。太史扈多曰："西方有大圣人灭度，衰相现耳。"此时佛涅槃也。

**悉达太子** 《异记》又云：天竺迦维卫国净饭王妃，梦天降金人，遂有孕，于四月八日太子生于右胁，名悉达多。年十九，入檀特山修行证道，至穆王三年明星出时成佛，号世尊。于熙连河说《大涅槃经》，以正法眼藏将金缕僧伽黎衣传与弟子大迦叶，为第一世祖。穆王五十三年二月十五日，往拘尸城娑罗树间入般涅槃，在世教化四十九年，是为释迦牟尼，姓刹利。

**六祖** 初祖达摩，二祖慧可，三祖僧灿，四祖道信，五祖弘忍，六祖慧能。一祖一只履，二祖一只臂，三祖一罪身，四祖一只虎，五祖一株松，六祖一张碓。梁武大通元年，达摩来自西土，以袈裟授慧可，曰："如来以正法眼藏付迦叶，展转至我，今付汝。吾灭后二百年，衣止不传。"遂说偈曰："我本来兹土，传法救迷情，一花开五叶，结果自然成。"

**佛始生** 周昭王之二十四年至孝王元年佛入涅槃，始佛著于经，汉武帝得休屠祭天金人，始佛像入中国。周穆王时，始西极国化人来。秦始皇时，始沙门室利房等至，皇囚之，夜有金人破户出。至汉明帝，始以僧天竺摩腾入中国，隋文帝始西域大食入中国（回回教门）。元魏始作大佛像，高四十三尺，用黄金、铜。五代宗作罗汉像用铁。

后秦始尊鸠摩罗什为法师，宋徽宗称为德士。汉灵帝时安世高始立戒律，魏朱士行始中国人受戒。后魏始立戒坛，宋太祖别立尼戒坛。

汉明帝始听阳城侯刘峻女出家，石虎听民为僧、尼，唐睿宗度公主为道士。

后魏太祖始授僧官，隋文帝制僧官十统，唐制两僧录司，唐武后始令僧尼隶礼部，唐玄宗始给度牒。

汉章帝时，西域僧作数珠象，一年十二月、二十四气、七十二候，共一百单八。五代僧志林作木鱼。

汉武帝尚南越，始禁咒，唐中宗时西京始投筊。时寿安墨石山有灵神祠，过客投筊仰吉。

唐太宗遣玄奘往西域取诸经像。至罽宾国，道险不可过，玄奘闭室而坐，忽见老僧授以《心经》一卷，令诵之，遂虎豹潜迹。至佛国，取经六百部以归。

**孰为大庆法王** 傅珪为大宗伯时，武宗好佛，自名“大庆法王”。番僧奏请腴田千亩为下院，批礼部议，而书大庆法王，与圣旨并。珪佯不知，劾番僧曰：“孰为大庆法王，敢与至尊并书，不大敬！”诏勿问。

## 医

《神农经》：上药养命谓五石之炼形，五芝之延年也；中药养性谓合欢之蠲忿，萱草之忘忧也；下药治病谓大黄之除实，当归之止痛也。

**君臣佐使** 凡药有上中下之三品，凡合药宜用一君、二臣、三佐、四使，此方家之大经也。必辨其五味。三性、七情，然后为和剂之节。五味谓咸、酸、甘、苦、辛。酸为肝，咸为肾，甘为脾，苦为心，辛为肺，此五味之属五脏也。三性谓寒、湿、热。七情有独相行者，有相须者，有相使者，有相畏者，有相恶者，有相杀者，其用又有使焉。汤丸酒散，视其病之深浅所在而服之。

**砭石** 梁金元起欲上《素问》，访以砭石，王僧孺曰：“古人常以石为针，不用铁；季世无佳石，故以铁代石。”

**病有六不治** 骄恣不论于理，一不治也；轻身重财，二不治也；衣食不能适，三不治也；阴阳并藏气不定，四不治也；形羸不能服药，五不治也；信巫而不信医，六不治也。

**兄弟行医** 魏文侯问扁鹊曰：“子昆弟三人，孰最善为医？”对曰：“长兄病视神，未有形而除之，故名不出于家。仲兄治病，其在毫毛，故名不出于闾。若扁鹊者，镵血脉，投毒药，副肌肤，故名闻于诸侯。”文侯曰：“善！”

**见垣一方** 扁鹊少时遇长桑君，出怀中药，饮以上池之水，三十日，视见垣一方人。以此视病，尽见五脏症结，特以诊脉为名耳。见垣一方，犹言隔墙见彼方之人也。

**病在骨髓** 扁鹊适齐，桓侯客之。入见，曰：“君有疾在腠理，不治将深。”侯曰：“寡人无疾。”后五日复见，曰：“君之疾在血脉矣。”侯曰：“无疾。”后五日复见，曰：“君之疾在肠胃矣。”候曰：“无疾。”后五日复见，望见桓侯，却走曰：“君之疾已在骨髓，此汤熨、针石、酒醪之所不及也。”数日后，侯病剧，召扁鹊，鹊已逃去。侯遂死。

**扁鹊被刺** 扁鹊名闻天下。过邯郸，闻贵妇人，即为带下医；过洛阳，闻周人爱老人，即为耳目痹医；来入咸阳，闻秦人爱小儿，即为小儿医；随俗为变。秦太医令李醯，自知伎不如扁鹊，使人刺杀之。

**病入膏肓** 晋侯求医于秦，秦伯使医缓治之。未至。公梦二竖子曰：“彼良医也，惧伤我，焉逃之？”其一曰：“居肓之上、膏之下，将若我何？”医至，曰：“疾不可为也。在肓之上、膏之下，攻之不可达，针之不可及，药不至焉。”公曰：“良医也！”厚礼而归之。

**姚剂三解** 后周姚僧垣善医。伊娄自腰至脐，似有三缚。僧坦处三剂，初服，上缚即解；次服，中缚即解；又服，三缚悉除。

**太仓公** 姓淳于，名意。为人治病，立决死生，多奇中，用药若神。

**东垣十书** 李杲传易州张元素之秘业，士大夫非危急之疾，不敢谒，时以神医目之。所著有《东垣十书》。

**刮骨疗毒** 华佗：疾在肠胃不能散者，饮以药酒，割腹湔洗积滞，傅神膏合之，立愈。如割关侯臂而去毒、针曹操头风而去风是也。

**医国手** 《国语》：晋平公有疾，秦伯使人视之，赵文子曰：“医及国家乎？”对曰：“上医医国，其次救人，固医职也。”

**杏林** 《庐山记》：董奉每治人病，病愈，令种杏一株，遂成林。奉后成仙，上升。

**徙痈** 薛伯宗善徙痈疽。公孙泰患背疽，伯宗为气封之，徙置斋前柳树上。明日疽消，而树起一瘤如拳大。稍稍长二十馀日，瘤大溃烂，出黄赤汁斗许，树为委损矣。

**橘井** 晋苏耽种橘凿井，以疗人疾。时病疫者，令食橘叶，饮井水，即愈。世号橘井。

**肘后方** 葛洪抄《金匮方》百卷，《肘后要急方》四卷。

**千金方** 孙真人愈龙疾，授以《龙宫秘方》一卷，治病神验，后集为《千金方》传世。

**照病镜** 叶法善有铁镜，鉴物如水。人有疾以镜照之，尽见脏腑中所滞之物，然后以药治之，疾即愈。

**医称郎中** 郎中知五府六部事，医人知五脏六腑事，故医人亦称郎中。北人因郎中而遂称大夫。

**蕲水名医** 庞安常，宋神、哲间驰名京邸，于书无所不读，而尤精于《伤寒》，妙得长沙遗旨。性豪俊，每应人延请，必驾四舟，一声伎，一厨传，一宾客，一杂色工艺之人，日费不赀。

俞跗，始为医割皮肌湔涤脏腑；后仓公解颅，卢医剖心，华佗祖之。黄帝始制针灸，神农始命僦贷季（岐伯师也），理色脉，巫彭始制丸药。伊尹始制煎药，秦和（战国人），始制药方。

**医谏** 高鳌，正德时为太医院医士。上将南巡，鳌以医谏。上怒曰："鳌我家官，亦附外官梗朕耶？"命杖之百而戍乌撒。肃宗改元，召还复职。时有星官杨源，亦以占候谏，死戍所。

## 历代名医图赞

**伏羲氏赞** 茫茫上古，世及庖牺。始画八卦，爰分四时。究病之源，以类而推。神农之降，得而因之。

**神农氏赞** 仰惟神农，植艺五谷。斯民有生，以化以育。虑及夭伤，复尝草木。民到于今，悉沾其福。

**黄帝轩辕氏赞** 伟哉黄帝，圣德天授。岐伯俞跗，以左以右。导养精微，日穷日究。利及生民，勿替于后。

**岐伯全元起赞** 天师岐伯，善答轩辕。制立《素问》，始显医源。

**雷公名敩赞** 太乙雷公，医药之宗。炙煿炮制，千古无穷。

**秦越人扁鹊赞** 秦神扁鹊，精研医药。编集《难经》，古今钦若。

**淳于意赞** 汉淳于意，时遇文帝。封赠仓公，名传万世。

**张仲景机赞** 汉张仲景，《伤寒》论证。表里实虚，载名亚圣。

**华佗赞** 魏有华佗，设立疮科。刮骨疗疾，神效良多。

**太医王叔和赞** 晋王叔和，方脉之科。撰成要诀。普济沉疴。

**皇甫士安谧赞** 皇甫士安，治法千般。经言《甲乙》，造化实难。

**葛稚川洪赞** 隐居罗浮，优游养导。世号仙翁，方传《肘后》。

**孙思邈赞** 唐孙真人，方药绝伦。扶危拯弱，应效如神。

**韦慈藏讯赞** 大唐药王，德号慈藏。老师韦讯，万古名扬。

## 相

**相圣人** 姑布子卿，相孔子曰："其颡似尧，其顶类皋陶，其肩类子产，然自腰以下不及禹三寸，身长九尺三寸，累累然若丧家之狗。"

**弹血作公** 陶侃左手有文，直达中指上横节便止。有相者师圭谓："君左手中指有竖理，若彻于上，位在无极。"侃以针挑之令彻，血流弹壁乃作"公"字。后果如其兆。

**官至封侯** 卫青少时，其父使牧羊，兄弟皆奴畜之。有钳徒相青曰："官至封侯。"青笔曰："人奴之生，得无笞骂足矣，焉得封侯？"

**须如猬毛** 刘惔道桓温须如反猬毛，眉如紫石棱，自是孙仲谋、司马宣王一流人。

**腾蛇入口** 汉周亚夫为河南守，许负相之，曰："君后三年为侯。八年为宰相，持国秉政。九年当饿死。"亚夫笑曰："既贵如君言，又何饿死？"负指其口曰："腾蛇入口故耳。"后果然。

**豕喙牛腹** 《国语》：叔鱼生，其母视之，曰："是虎目而豕喙，鸢肩而牛腹，溪壑可盈，是不可餍也，必以贿死。"

**虎厄** 晋简文初无子，令相者遍阅宫人，时李太后执役宫中，指后当生贵子而有虎厄。帝幸之，生武帝，既为太后，服相者之验，而怪虎厄无谓。且生未识虎，命图形以观，戏击之，患手肿而崩。

**蜂目豺声** 潘滔见王敦少时谓曰："君蜂目已露，但豺声未振耳。必能食人，亦当为人所食。"

**鬼躁鬼幽** 管辂曰："邓飏之行步，筋不束骨，此为鬼躁。何晏容若槁木，此为鬼幽。"

**识武则天** 唐袁天纲见武后母曰："夫人当生贵子。"后尚幼，母抱以见，绐以男，天纲熟视之，曰："龙瞳凤颈，若为男儿，当作天子。"

**伏犀贯玉枕** 袁天纲见窦轨曰："君伏犀贯玉枕，辅角全起，十年且显，立功在梁、益间。"

**昑刀** 相者陈训背语甘卓曰："甘侯仰视首昂，相名昑刀；目中赤脉自外人：必兵死。"

**识王安石** 宋李承之在仁宗朝官郡守，因邸吏报包孝肃拜参政，或曰："朝廷自此多事矣。"承之正色曰："包公无能为也，今知鄞县王安石，眼多白，甚似王敦。他日乱天下者，此人也。"

**麻衣道人** 宋钱若水谒陈希夷，希夷与老僧拥炉，熟视若水，以火箸画灰上，云："做不得。"徐曰："急流中勇退人也。"后再往，希夷曰："吾始以子神清，谓可作仙。时召麻衣道人决之，云子但可作公卿耳。"

**耳白于面** 欧阳公耳白于面，名满天下；唇不着齿，无事得谤。

**始相人** 史佚始相人，一云姑布子卿风鉴，内史服唐举、吕公通其术，伯益始相马。

**柳庄相** 明袁珙遇僧道衍于嵩山寺，相之曰："目三角影白，形如病虎，性嗜杀人，他日刘秉忠之流也。"后衍荐珙于北平酒肆中，识燕王，即相为太平天子。其子忠彻亦善相，燕王命其遍相谢贵诸人，而后靖难。

**好相人** 单父人吕公好相人，见季状貌，奇之，因妻以女，乃吕后也。

**有封侯骨** 汉翟方进少孤，事后母孝。尝为郡小吏，为诸掾所詈辱，乃从蔡父相，大奇之，曰："小吏有封侯骨。"遂辞母，游学长安。母怜其幼，随之入京，织履以给，卒成名儒，举高第，拜相，封高陵侯。

**五老峰下叟** 五代黄损，与桑维翰、宋齐丘尝游五老峰，见一叟长啸而至，相维翰曰："子异日作相，然而狡，狡则不得其死。"相齐丘曰："子亦作相，然而忍，忍则不得其死。"独异损曰："子有道气，当善终。"其后维翰相晋，齐丘相南唐，皆见杀，世以为前定。而损仕梁，官左仆射，雅以诗文名。

**贵不可言** 蒯彻以相术说韩信曰："相君之面，不过封侯；相君之背，贵不可言。"

**龟息** 李母以峤问袁天纲，答曰："神气清秀，恐不永耳。"请伺峤卧，而候鼻息，乃贺曰："是龟息也，必贵而寿。"

## 葬

**客土无气** 浮图泓师与张说市宅，视东北隅已穿二坎，惊曰："公富贵一世矣，诸子将不终。"张惧，欲平之。泓师曰："客土无气，与地脉不连，譬如身疮痏，补他肉无益也。"

**折臂三公** 晋有术士相羊祜墓当有授命者，祜闻，掘断地势，以坏其形。相者曰："尚出折臂三公。"祜后堕马折臂，位至三公。

**冢上白气** 萧吉经华阴，见杨素冢上白气属天，密言之炀帝，曰："素家当有兵祸，灭门之象。改葬，庶可免！”帝从容谓玄感，宜早改葬。玄感以为吉祥，托言辽东未灭，不遑私事。未几，以谋反灭。

**示葬地** 孙钟种瓜为业。一日，三人造门，钟设瓜分饮。三人曰：“示子葬地，下山百步，勿反顾。”钟不六十步，回首见三白鹤飞去，遂葬其母，钟后生坚。

**相冢书** 方回著《山经》，有曰：“山川而能语，葬师食无所。肺腑而能语，医师色如土。”

**风水地理** 禹始肇风水地理，公刘相阴阳，周公置二十四局，汉王况制五宅姓，管辂制格盘择葬地。

**不卜日** 汉吴雄官廷尉。少时家贫，母死，葬人所不封之地，丧事促办，不择日。术者皆言其族灭，而子祈、孙恭，并三世为廷尉。

**真天子地** 明王贤尝梦人授以书：读此可以绯，不读此止衣绿。数日于路得一书，视之，《青乌说》也。潜玩久之，乃以善地理闻。时为钧州佐，上取以往命相地，得窦五郎故址，曰：“势如万马，自天而下，真天子地也。”

**鸟山出天子** 梁武帝时谣曰：“鸟山出天子。”故江左山以鸟名者皆凿，惟长兴雉山独完。后陈武帝霸先祖坟发此，其谣竟验。

**堪舆** 《扬子》：“属堪舆以壁垒兮。”《注》：“堪舆，天地总名也。”今人称“地师”曰“堪舆”。

**凿方山** 秦始皇时，术者言金陵有天子气，乃遣朱衣三千人凿方山，疏淮水，以断地脉。

**牛眠** 陶侃将葬亲，忽失一牛，不知所在。遇老父曰：“前冈见一牛眠处，其地甚吉，葬之，位极人臣。”侃寻之，因葬焉。

## 卜算

**君平卖卜** 汉严君平隐于成都，以卜筮为业，见人有邪恶者，借蓍龟为正言利害：与人子言依于孝，与人弟言依于悌，与人臣言依于忠。各因势导之，以善裁之。日阅数人，得百钱足自养，即闭肆下帘，讲《老子》。

**青丘传授** 唐王远知善《易》，知人生死，作《易总》十五卷。一日雷雨，云雾中一老人叱曰：“所泄书何在？上帝命吾摄六丁追取。”远知跪地。老人曰：“上方禁文，自有飞天神王保卫，何得辄藏箱帙？”远知曰：

“是青丘元老传授也。”老人取书竟去。

**青囊经** 郭璞受业于河东郭公，公以《青囊书》九卷与之，遂洞五行、天文、卜筮之术，禳灾转福，通致无方。后《青囊书》为门人赵载所窃，未及开读，为火所焚。

**震厄** 王丞相令郭璞作一小卦，卦成，意色甚恶，云：“公有震厄。”王问：“有何消弭否？”郭曰：“命驾西出数里，得一柏树，截断如公长，置床上常寝处，灾可消矣。”王从其语。果数日中震，柏粉碎。

**蓍筮掘金** 晋隗炤，善易。临终，书板授妻，曰：“后五年春，有诏使姓龚者来，尝负吾金，即以板往责。”至期，果至。妻执板往。龚使惘然良久，乃悟，取蓍筮之，歌曰：“吾不负金，汝夫自有金。知我善易，故书板以寓意耳。金五百斤，在屋东，去壁一丈许。”掘之，如卜。

**占算辄应** 唐闭珊居集，霑益人。精卜筮之学，其法用细竹四十九枝，或以鸡骨代之，占算辄应。夷中称为筮师。

**京师火灾** 郎顗父宗，治京房《易》，善风角星算，六日七分，能望气占候。为吴县吏。风暴风卒起，知京师有火灾，记时日，果如其言。

太卜郑詹尹尝为屈的决疑。

**飘风哭子** 管公明在王弘直坐，有飘风高二尺，在庭中，从申上来，幢帜回转。公明曰：“东方有马吏至，恐父哭子。”明日吏至，弘直子果死。

伏羲始制占卦卜龟，神农始制揲蓍。颛顼始设兆为玉兆，帝尧制瓦兆。师旷制谶，鬼谷子即王诩制镜听。汉武帝制鸡卜，令军中用之。张良制灵棋，十二子，分上中下掷。京房制易课，始钱卜。王远知制玄女课，邵尧夫拆字观梅数。后魏孙绍始推禄命，唐李虚中始探生人年月日时所值生旺死衰。一云李师中来自西域。

徐子平，名居易，作《子平》，今宗宋末徐彦升。鬼谷子作纳音。赵达始阐《九宫算》。北齐祖亘作《缀术》。

**各卜** 鸟卜者，女国初岁入山，有鸟来集掌上，如雌雉，破腹视之，有粟年丰，砂石为灾。钱卜者，西蜀君平以钱卜。诗曰：“岸馀织女支机石，井有君平掷卦钱。”瓦卜，病赛乌称鬼，巫占瓦代龟。棋卜者，黄石公用之行师。鸡卜，柳州洞民以鸡骨卜年。胡人以羊胫骨卜吉凶。苗人以鸡蛋卜葬地。响卜者，李郭、王建皆怀镜以听词。

**为上皇筮** 仝寅，山西人。少瞽，学京房《易》，占断多奇中。上皇在北，遣使命镇守。太监裴当问寅，寅筮得“乾之初九”，附奏曰：“大吉。龙，君象也，四，初之应也。龙潜跃，必以秋应，以庚午浃岁而更；龙，变化之物也，庚者，更也。庚午中秋，车驾其还乎！还则必幽勿用。故曰：或跃应焉。或之者，疑之也。后七八年必复位。午，火德之正也。丁者，壬之合也。其岁丁丑，月壬寅，日壬午乎！自今岁数更，九跃则必飞。九者，乾之用也，南面子冲午也，故曰大吉。”上复位，授寅锦衣卫百户。

**占与仝合** 万祺少与异人遇，相之曰：“有仙骨，否则极贵。”因与一书，乃《禄命法》也。于是研精于卜，以吏员办事吏部。公卿贵戚神其术，考授鸿胪寺序班，升主簿。景帝召见，有言辄验，赐白金、文绮。景帝不豫，太子未定，石亨以问祺，祺曰：“皇帝在南宫，奚事他求？”其占复辟日时，与仝寅合，后官至尚书。

**当有圣母出** 《汉书》云：王翁孺徙魏郡委粟里。元城建公曰：“昔春秋沙麓崩。晋史卜之，曰：后六百四十五年，当有圣母出。翁孺徙居，正值其地，日月当之。”后翁孺子禁生元后。平帝幼，后果临朝称制。

**占定三秦** 汉扶嘉，其母于万县之汤溪水侧，感龙生嘉，预占吉凶，多奇中。高祖为汉王时召见，以占卜劝定三秦，赐姓扶氏，谓嘉志在扶诩也。拜廷尉，食邑朐䏰。

## 拆字　杂技

**朝字** 宣和时，有术士以拆字驰名。唐玄宗书一“朝”字，令中贵持往试之。术士见字，即端视中贵人曰：“此非观察所书也。”中贵人愕然曰：“但据字言之。”术士以手加额曰：“朝字，离之为十月十日，非此月此日所生之人，天人，当谁书也！”一座尽惊，中贵驰奏。翌日召见，补承信郎，锡赉甚厚。

**杭字** 建炎间，术者周生，视人书字分配笔画，以判休咎，车驾往杭州时，金骑惊扰之馀，人心危疑。执政呼周生，偶书“杭”字示之。周曰：“惧有惊报，虏骑相逼。”乃拆其字，以右边一点配“木”上，即为“兀术”。不旬日，果得兀术南侵之报。

**串字** 一士人卜功名，书一“串”字问周生，生曰：“不特登科，抑且连捷。以‘串’字有两中字也。”果应其言。下科一人侦知之，往问功名，亦书一“串”字，周生曰：“亲翁不特不中，还防有病”。士人曰：“如何一字两断？”周生曰：“前某公书‘串’字，出于无心，故断其连捷；今书‘串’字，出于有心，是‘患’字也，焉得无病！”

**春字**　高宗命谢石拆一“春”字，谢石言：“秦头太重，压日无光。”忤相桧，死于戍。

**奇字**　贾似道有异志。一术士能拆字，贾以策画地作“竒”字与之。拆术者曰：“相公之事不谐矣！道立又不可立，道可又立不成。”公默不语，遣之去。

**也字**　有朝士，其室怀娠过月，手书一“也”字，令其夫特问谢石。石详视，谓朝士曰：“此尊阃所书否？”曰：“何以言之？”曰：“为语助者‘焉哉乎也’，固知是内助所书。”问：“盛年卅一否？以‘也’字上为‘卅’，下为‘一’也。”朝士曰：“吾官欲迁动，得如愿否？”石曰：“‘也’字着水为‘池’，倚马为‘驰’。今池则无水，驰则无马，安能迁动？”又问：“尊阃父母兄弟当无一存者，即家产亦当荡尽。以‘也’字著人则是‘他’字，今独见‘也’并不见人；着土为‘地’，今不见土：故知其无人，并无产也。”朝士曰：“诚如所言。然此皆非所问者，所问乃怀娠过月耳。”石曰：“得非十三月乎？以‘也’字中有‘十’字，并旁二竖为‘十三’也。”石熟视朝士曰：“有一事似涉奇怪，欲不言，则所问又正为此事，可尽言否？”朝士请竟其说。石曰：“‘也’字著虫为‘虵’字，今尊阃所娠，殆蛇妖也。然不见虫，则不能为害，石亦有药，可以下之，无苦也。”朝士大异其说，固请至家，以药投之，果下数百小蛇。都人益共奇之，而不知其竟挟何术。

**囚字**　郑仰田少椎鲁，不解治生，父母恶之，呼泣于野。老僧遇之，曰：“吾迟子久矣。”偕入山，授之青囊、壬遁诸之术，于是言祸福无不中。魏阉召之问数，指“囚”字以问。仰田曰：“此中国一人也。”阉大悦，出谓人曰：“‘囚’则诚囚也！吾诡辞以逃死耳。”

**洴澼纩**　《庄子》：宋人有善为不龟手之药者，世以洴澼纩（洴澼，洗也。纩，绵也。有不龟手之药，而以洗绵为业。）客闻之，请买其方百金。于是聚族而谋曰：“我世为洴澼纩，不过数金；今一朝为鬻技，得百金，请与之。”客得之，以说吴王。吴王使之将，冬与越人水战，大败越人，裂地而封。夫不龟手，一也。或以封，或不免洴澼纩，则所用之异也。

**轮扁斫轮** 《庄子》：齐桓公读书于堂上，轮扁斫轮于堂下，释凿问曰："君之所读者，古人糟粕已夫。臣斫轮，不徐不疾，得之于心，应之于手，口不能言，有数存焉。臣不能以喻臣之子，臣之子不能受之于臣，行年七十而老于斫轮。"

**屠龙技** 《庄子》："朱泙漫学屠龙技于支离益，殚千金之产，以学屠龙，三年技成，而无所用其巧。"

**象纬示警** 王振劝上亲征瓦剌也先，百官伏阙上章恳留，不听。少顷居庸至宣府败报踵至，扈从连章留驾。王振大怒，皆令掠阵。至大同，振进兵益急，钦天监彭德清斥振曰："象纬示警，不可复前。若有疏虞，陷乘舆于草莽，谁执其咎？"振怒詈之，遂致土木之变。

# 卷十五 外国部

## 夷语

撑梨孤涂，匈奴称天为“撑梨”，称子为“孤涂”。戎索，夷法也。韎，夷乐官名。倓，夷赎罪货也。喽丽，南方夷语也。象胥，译语人也。款塞，款，叩也。驰义，慕义而来也。区脱，胡人所作以备汉者也。阏氏（音胭脂），单于之后也。裨王，匈奴小王也。藁街，蛮席之馆，汉时所立。氍毹（音兜达），夷服。谷蠡（音鹿厘），匈奴名。雁臣，北方酋长秋朝洛阳，冬还部落，谓之雁臣。天兄日弟，倭国王以天为兄，以日为弟。未明时出听政，日出便停理务，曰以委吾弟。賨幪，蛮夷布也。鞮角，朝鲜列水之间白角。犛薄，旄牛。徼外，夷地。绝幕，幕，沙漠之地也；直度曰绝。白题，国名。汉颖侯斩白题将一人。戎狄荐居，聚而居也。魋结，匈奴束发之形也。休屠，匈奴君长。浑邪，亦匈奴之属。蹛林（蹛音带），匈奴祭也。龟兹（音纠慈），国名。《汉书》作丘慈；《后汉书》作屈沮。乌孙，国名。《吕氏春秋》作户孙。獯粥（音熏育），《五帝纪》：“北逐粥。”冒顿（音幕突），匈奴名。日磾（音密底），人名。令支（令音零），国名。乌托（音鸦茶），国名。朝鲜（音招先），日初出，即照其地，故名。近读为“潮”，非。可汗（音克寒），匈奴主号也。唐时匈奴尊天子为天可汗。弓闾，出《卫青传》，即穹庐也。轒辒，匈奴车也。革笥木荐，《治安策》：匈奴之革笥木荐，盾之属也。左薁健，匈奴王号。强獷，戎夷强獷。獷，粗恶貌。呼韩邪，汉单于名。屠耆，匈奴俗谓肾曰屠耆。赞普，吐番俗谓强雄曰赞，谓丈夫曰普，故号其君长曰赞普。牙官，戎狄大官之称。叶护，回纥俗谓其太子曰叶护。南膜，胡人礼拜曰南膜，即今之称佛号曰“南无”也。徼人，界外之人也。那颜，华言大人也。者华，言是也。身毒（音捐烛），西域国名。煤蠡（音觅螺），匈奴聚落也。襜褴（音担蓝），一名临驹，代北胡名。三表五饵，三表，谓仁、信、义也；五饵，谓以声色、车服、珍珠、室宇、娱幸，环其耳、目、口、腹、心也。二庭，谓南北于也。卢龙，即里永也，属辽西，今属永平府。北人呼里为卢，呼永为龙。吐谷浑，慕容廆之庶兄也，后因号其国。丐月，突厥中有丏月城。越裳南蛮，即九真也。殊裔遐圻，言化协殊裔，风衍遐圻。竫人（竫音净），小人也。柳子厚诗：“竫人长九寸。”海外有竫人国。月氏（音肉支），西域国名。楼烦、白羊，匈奴地名。白登，今在大同，上有白登台。夜郎，夷地，今属贵州。蛮烟棘雨，夷地风景也。笮关，西南夷地。邛笮，今属叙州。冉駹。西夷二族。羌棘，西南夷地。龙城，西夷。朔方，今属宁夏。大宛，西域国名。于寘，西域国名。越嶲，今属邛州。玄菟，朝鲜郡名。受降城，汉武帝遣公孙敖塞外筑城也。庐朐，匈奴中山名。渠犁，西域国名。楼兰，西域国名。鬴鍑，《匈奴传》：多鬴鍑薪炭，重不可胜。比疏，辫发之饰。径路留犁，径路，匈奴宝刀也；留犁，饭匕也。根肖速鲁奈奈，榜葛剌国歌舞侑酒者，口根肖速鲁奈奈。坚昆国，其人赤发、绿瞳。李陵居其地，生而黑瞳者，必曰陵苗裔。阴山，汉武帝夺其地，匈奴过此者，未尝不哭。逻些城（些音琐），土番都城。徼外（徼音教），东北谓之塞，西南谓之徼。羸瞜（音连篓），交趾地名。

## 外译

**朝鲜国** 周为箕子所封国。秦属辽东。汉武帝定朝鲜，置真番、临屯、乐浪、玄菟四郡，昭帝并为乐浪、玄菟二郡，汉末为公孙度所据。传至渊，魏灭之。晋永嘉末，陷入高丽。高丽本扶馀别种，其王高琏居平壤城。唐征高丽，拔平壤，置安东都护府。后唐时，王建代高氏，并有新罗、百济，以平壤为西京，历宋、辽、金皆遣使朝贡。元时，西京内属。明洪武初，表贺即位，赐以金印，诰封高丽王。后其主昏迷，推门下侍郎李成桂主国事。寻诏更朝鲜，岁时贡献不绝。万历间，关白寇朝鲜，请救于朝，遣兵征复之。

**日本国** 古倭奴国，其国主以王为姓，历世不易。自汉武帝译通之，光武间始来朝贡。后国乱，人立其女子曰毕弥呼为王，其宗女又继之，后复立男，并受中国爵命，历魏、晋、宋、隋，皆来贡，稍习夏音。唐咸亨初，恶倭名，更名日本，以国近日所出，故名。宋时来贡者，皆礼也。元世祖遣使招谕之，终不至。明洪武初，遣使朝贡，自永乐以来，其国王嗣立皆授册封，其幅员东西南北各数千里，有五畿七道，附庸之国百馀。

**琉球国** 国主有三：曰中山王，曰山南王，曰山北王。汉魏以来，不通中华。隋大业时，令羽骑朱宽访求异俗，始至其国。语言不通，掠一人还。历唐、宋、元，俱未尝朝贡。至明初，三王皆遣使朝贡。后至中山王来朝，许王子及陪臣子来游太学，其山南、山北二王，盖为所并云。

**安南国** 古南交地，秦为象郡。汉初，南越王赵佗据之。武帝平南越，置交趾、九真、日南三郡。建安中改交州，置刺史。唐改安南都护府，安南之名始此。唐末为土豪曲承美窃据，寻为汉南刘隐所并，未几，众推丁涟为州帅。宋乾德初内附，寻黎桓篡丁氏，李公蕴又篡黎氏，陈日煚又篡李氏。宋以远译，置不问，皆封为交趾郡王。元兴讨之，遂归附，封安南国王。明洪武初，遣使朝贡，仍旧封号，赐金印。权臣黎季犛弑其主而立其子。永乐初，发兵进讨，俘黎氏父子，郡县其地，设府十七，州四十七，县一百五十七。嗣反叛不常，宣德中，陈氏后陈暠表恳嗣王安南，因弃其地，宥而封之。暠寻死，黎氏遂有其地。嘉靖中，莫登庸篡之，乞降于朝，乃降为安南都统使司，以登庸为使。万历间，黎氏复立，莫氏窜居高平，诏以黎维谭为都统使，莫敬用为高平令，世守朝贡，毋相侵害。

**占城国** 古越裳氏界。秦为象郡林邑，汉属日南郡，唐号占城。至明洪武初入贡，诏封占城国王。

**暹逻国** 本暹与罗斛二国，暹乃汉赤眉遗种。元至正间，暹降于罗斛，合为一国。明洪武初，上金叶表文入贡，诏给印绶，赐《大统历》，且乞量衡为中国式，从之。

**爪哇国** 古阇婆国。刘宋元嘉中，始通中国，后绝。元时称爪哇。明洪武初朝贡，永乐二年，赐镀金银印。

**真腊国** 扶南属国，亦名占腊。隋时始通中国，有水真腊、陆真腊，明洪武初入贡。

**满剌加国** 前代不通中国，自明永乐初朝贡，赐印，诰封国王。九年，国王率其子来朝后，进贡不绝。

**三佛齐国** 南蛮别种，有十五州。唐始通中国，明洪武初朝贡，赐驼纽镀金印。

**浡泥国** 本阇婆属，所统十四州。宋太平兴国中始通中国。明洪武中，进金表；永乐初，王率妻子来朝，卒于南京会同馆。诏谥恭顺，赐葬石子冈。命其妻子还国。

**苏门答剌国** 前代无考。明洪武中，奉金叶表，贡方物；永乐初，给

原文

印诰封之。

**苏禄国** 国分东西峒，凡三王：东王为尊，西峒二王次之。明永乐间，王率妻子来朝，次德州，卒。葬以王礼，谥曰恭定。遣其妃妾还国。

**彭亨国** 其前无考。明洪武十一年，遣使表，贡方物。永乐十二年，复入贡。

**锡兰山** 古无可考。明永乐间，太监郑和俘其王以归，乃封其族人耶巴乃那为王，国人以其贤，故封之。正统天顺间，遣使朝贡。

**柯支** 古槃国。明永乐二年，遣使朝贡。

**祖法儿** 亦名左法儿。前代无考。明永乐中入贡。

**溜山** 前代无考。明永乐中，遣使入贡。

**百花** 前代无考。明洪武中入贡。

**婆罗** 一名娑罗，前代无考。明永乐中入贡。

**合猫里** 前代无考。明永乐中，同爪哇国入贡。

**忽鲁谟斯** 前代无考。明永乐中入贡。

**西洋古里国** 西洋诸番之会。明永乐中，遣使朝贡，封古里国王。

**西番** 即土番也。其先本羌属，凡百馀种，散处河、湟、江、岷间。唐贞观中，始通中国。宋时，朝贡不绝。元时，曾郡县其地。明洪武初，诏各族奠长，举故有官职者至京授职。自是，番僧有封灌顶国师及赞善王、阐化王、正觉大乘法王、如来大宝法王者，俱赐银印。三年一朝，或间岁赴京朝贡。其地为指挥司三、宣慰司一、招讨司六、万户府四，又宣慰司二、千户所十七。

**撒马儿罕** 汉罽宾国地。明洪武、永乐、正统间，俱遣使入贡。

**罕东卫** 古西戎部落。于明洪武间通贡，置卫，以酋长锁南吉剌思为指挥佥事。

**安定卫** 鞑靼别部。自明洪武中朝贡，赐织金文绮，立安定、阿端三卫。

**曲先卫** 古西戎部落也。明洪武四年置卫。

**榜葛剌国** 西天有五印度国，此东印度也，其国最大，明永乐初入贡。

**天方国** 古筠冲地。一名西域。明宣德中朝贡。

**哈烈** 一名黑鲁。四面皆大山。维明洪武中，诏谕酋长，赐金币。永乐、正统间，遣使贡马。

**于阗** 居葱岭北。自汉至唐，皆入贡中国。明永乐初，遣使贡玉璞。

**哈蜜卫** 古伊吾庐地。为西域诸番往来要地，汉明帝屯田于此。唐为西伊州。明永乐初设卫，封克安帖木儿为忠顺王，赐诰印。

**火州** 本汉时车师前后王地。汉元帝时，置戊己校尉，屯田于此，名高昌垒。前凉张骏置高昌郡，唐改为交河郡，后陷于吐番。其地为回鹘杂居，故又名回鹘。宋、元皆遣使朝贡。明朝名曰火州。永乐间、宣德间，俱遣使入贡马。

**亦力把力** 地居沙漠间，疑即焉耆，或龟兹地也。自明洪武以来，入贡不绝。

**赤斤蒙古卫** 西戎地。战国时月氏居之，秦末汉初属匈奴，汉武帝时为酒泉、敦煌二郡地。唐没于吐番，宋入西夏。明永乐初，故鞑靼丞相率所部男妇来归。诏建千户所，寻升卫。正德时卫遂虚。

**土鲁番** 汉车师前王地。唐置西州交河郡，析以为县，有安乐城，方一二里，地平衍，四面皆山。明永乐中入贡，至今不绝。然侵夺哈密，犯嘉峪关外七卫，地大人众，昔悬绝矣。

**拂菻** 前代无考。明洪武中入贡。

**鞑靼** 种落不一，历代名称各异。夏曰獯鬻，周曰玁狁，秦汉皆曰匈奴，唐曰突厥，宋曰契丹。自汉后匈奴稍弱，而乌桓兴，自鲜卑灭乌桓，而后魏蠕蠕独盛，自蠕蠕灭，而突厥起。自唐李靖灭突厥，而契丹复强。既而蒙古兼并之，遂代宋称号曰元。至于明兴，元主遁归沙漠，其遗裔世称可汗。永乐初，有马哈木、阿鲁台奉贡惟谨，因封马哈木为顺宁王，阿鲁台为和宁王。

正统间，马哈木之孙也先大举入寇。成化中，也先之后称小王子复通贡，其次子曰阿著者先，子三：长吉囊、次俺答、次老把都，而俺答最犷桀。隆庆间执叛人来献，乃封顺义王，其子黄台吉等授都督官，开市通贡。

**兀良哈** 古山戎地。秦为辽西郡北境，汉为奚所据，所属契丹。元为大宁路北境，明洪武间，割锦义、建刹诸州隶辽东，又设都司于惠州，领营兴，会合二十馀卫所，北平行都司也。随封子权为宁王，筑大宁、宽河州、会州、富峪四城，留重兵居守，后以北和来降者众，诏分兀良哈地，置三卫处之，自锦义、辽河至白云山曰泰宁，自黄泥洼逾沈阳、铁岭至开原曰福馀，自广宁前屯历喜峰近宣府曰朵颜，命其长为指挥，各领所部为东北外藩。靖难初，首劫大宁，召兀良哈诸酋长率部落从行有功，遂以大宁界三卫，移封宁王于南昌，徙行都司于保定，自撤藩篱，而朵颜分地尤最险，与北卤交婚，阴为响导，名曰外卫肘腋之忧。后二卫浸衰。朵颜独强盛，故称朵颜三卫云。

**女真**　古肃慎地。在混同江之东，开原之北，即金人馀裔也。汉曰挹娄，魏曰勿吉，唐曰靺鞨，元曰合兰府。明朝悉境归附，因其部族所居置都司一、卫一百八十有四、千户所二十，官其长为都督指挥、指挥千百户、镇抚等职，给之印，俾仍旧族统厥属，以时朝贡，其地面凡三十八城，二站九口、三河口。

吏部员外郎陈诚所记：洪武间来贡者，则有西洋琐里、琐里、览邦、淡巴。永乐间来贡者，则有古里班卒、阿鲁、阿丹、小葛兰、碟里、打回、日罗夏治、忽鲁毋恩、吕宋、甘巴里、古麻剌（其王来朝，至福州卒。赐谥康靖，敕葬闽县）、沼纳扑儿、加异勒、敏真诚、八答黑商、别失八里、鲁陈、沙鹿海牙、赛蓝、火剌札、吃刀麻儿、失剌思、纳失者罕、亦思把罕、白松虎儿、答儿密、阿迷、沙哈鲁、黑葛达。又有同黑葛达来贡者，共十六国，曰南巫里、曰急兰丹、曰奇剌尼、曰夏剌北、曰窟察尼、曰乌涉剌踢、曰阿哇、曰麻利、曰鲁密、曰彭加那、曰舍剌齐、曰八可意、曰坎巴夷替、曰八答黑、曰日落。至于宣德中曾入贡，曰黑娄、曰哈失哈力、曰讨来思、曰白葛达。

# 卷十六 植物部

## 草木

**蓂荚** 尧时有草生于庭曰蓂荚，十五之前，日生一叶，十五后，日落一叶，小尽则一叶厌而不落，观之可以知旬朔，故又名之历草。

**翣脯** 尧时厨中自生肉脯，薄如翣形，摇鼓则生风，使食物寒而不臭。

**佳谷** 神农于羊头山（潞安长子县）得佳谷，宋真宗始给民占城稻种（今糯米）。

**屈轶** 尧时有草生于庭，佞人入朝，此草则屈而指之，名曰屈轶。

**峄阳孤桐** 在峄县峄山之上，自三代至今，止存一截。天启年间，妖贼倡乱，取以造饭，形迹俱无。

**五大夫松** 今人称泰山五大夫松，俱云五松树，而不知始皇上泰山封禅，风雨暴至，休于松树下，遂封其树为大夫。五大夫，秦官第九爵也。此言可订千古之误。

**虞美人草** 虞美人自刎，葬于雅州名山县，冢中出草，状如鸡冠花，叶叶相对，唱《虞美人曲》，则应板而舞，俗称虞美人草。

**蓍草** 千岁则一本，茎其下必有神龟守之，用以揲蓍。多生于伏羲陵与文王陵上。

**挂剑草** 季札墓前生草，其形如挂剑，故名。可疗心疾。

**斑竹** 尧二女为舜二妃，曰湘君、湘君夫人。舜崩于苍梧，二妃哭泣，以泪洒湘竹，湘竹尽斑，故又名湘妃竹。

**梅梁** 会稽禹庙有梅梁，雷雨之夜，其梁飞出，五鼓复还。晓视梁上常带水藻，后为梅太守易去。

**萍实** 楚王渡江得萍实，大如斗，赤如日，剖而食之，甜如蜜。

**孔庙桧** 曲阜孔庙有孔子手植桧，如降香，一株无枝叶，坚如金铁，纹皆左纽，有圣人生，则发一枝，以占世远。按桧历周、秦、汉、晋千百馀年，至怀帝永嘉三年而枯，枯三百有九年至隋恭帝义宁元年复生；五十一年至唐高宗乾封三年再枯，枯三百七十四年至宋仁宗康定元年再荣；至金宣宗贞祐三年罹于兵火，枝叶俱焚，仅存其干。后八十一年，元世祖三十一年再发；至太祖洪武二十二年发数枝，极茂盛，至建文四年复枯。

**汉柏** 泰安州东岳庙东庑，有汉武帝手植柏六株，枝叶郁苍，翠如铜绿，扣其馀干，如击金石，硁硁有声。曹操时赤眉作乱，大斧斫之，见血而止。今有斧创尚存。

**唐槐** 峄县孟子庙，有唐太宗手植槐，枝叶蓊郁，躯干茁壮而矮。

**邵平瓜** 邵平者，故秦东陵侯。秦破，为布衣，种瓜长安城东，瓜常五色，味甚甘美，世号“东陵瓜”。五代胡峤始以回纥西瓜入中国。

**赤草** 刘小鹤言：未央宫址，其地丈馀，草皆赤色，相传为韩淮阴受刑之处，其怨愤之气郁结而成。

**桐历** 桐知日月正闰。生十二叶，边有六叶，从下数一叶为一月，闰则十三叶，叶小者即知闰何月也。不生则九州异君。

**知风草** 南海有草，丛生，如藤蔓。土人视其节，以占一岁之风，每一节则一风，无节则无风，名曰“知风草”。

**护门草** 出常山。取置户下，或有过其门者，草必叱之。一名“百灵草”。

**虹草** 乐浪之东有背明之国，有虹草，枝长一丈，叶如车轮，根大如毂，花似朝虹之色。齐桓公伐山戎，国人献其种而植于庭，以表伯者之瑞。

**不死草** 东海祖洲上有不死之草，一名养神芝，生琼田中，其叶似菰苗，丛生，长三四尺。人死者，以草覆之即活，一株可活一人，服之令人长生。

**怀梦草** 钟火山有香草，似蒲，色红，昼缩入地，夜半抽萌，怀其草，自知梦之好恶。汉武帝思李夫人，东方朔献之。帝怀之，即梦见夫人，因名曰怀梦草。

**书带草** 郑玄字康成，居城南山中教授。山下有草如薤，叶长而细，坚韧异常，时人名为“康成书带”。

**八芳草** 宋艮岳八芳草，曰金蛾，曰玉蝉，曰虎耳，曰凤毛，曰素馨，曰渠那，曰茉莉，曰含笑。

**钩吻草** 生深山之中，状似黄精，入口口裂，著肉肉溃，名曰钩吻，食之即死。但其花紫，黄精花白；其叶微毛，黄精叶光滑，以此辨之。

**金井梧桐**　世尝言："金井梧桐一叶飘。"梧桐叶上有黄圈文如井，故曰金井，非井栏也。

**沙棠木**　可以御水，其实曰蕢，状如葵，味如葱，食之已劳，又使人入水不溺。

**君迁**《吴都赋》："平仲君迁。"皆木名，注缺。按司马温公《名苑记》云，君迁子如马奶，俗云牛奶柿是也。今之造扇用柿油，遂名柿漆。

**芋历**　芋艿生子十二子，遇闰则多生一子。时人谓之芋历。

**肉芝**　萧静之掘地得"人手"，润泽而白，烹而食之，逾月齿发再生。一道士云：此肉芝也。《抱朴子》言：行山中见小人乘车马长七八寸者，亦肉芝也，捉取服之，即仙矣。

**桑木**　桑木者，箕星之精，神木也。蚕食之成文章，人食之老翁为小童。

**肉树**　肉树者，端山猪肉子也。山在德庆州，子大如茶杯，炙而食之，味如猪肉而美。

**哀家梨**　哀仲家有梨，甚佳，大如升，入口即化。汉武帝樊川园有大梨，如五升瓶，落地则碎。欲取先以囊承之，名曰含消梨。

**涂林**　张骞使安石国十八年，得涂林种而归，即安石榴也。又得胡麻，遍植中国。

**阿魏树**　出三佛齐国，其树有瘿，出滋最毒，著人身即糜烂，人不敢近。每采时，系羊于树下，骑快马自远射之，脂著于羊，羊即烂。故曰飞鸟取阿魏。

**葡萄苜蓿**　李广利始移植大苑国苜蓿、葡萄。

**甘蔗**　宋神宗问吕惠卿，曰："蔗字从庶，何也？""凡草木种之俱正生，蔗独横生，盖庶出也，故从庶。"顾长康啖蔗，先食尾。人问所以，曰："渐入至佳境。"

**乌树**　号柘树也。枝长而劲，乌集之，将飞，柘枝反起弹乌，乌乃呼号。以此枝为弓，快而有力，故名乌号之弓。

**共枕树**　潘章有美容，与楚人王仲先交厚，死则共葬。冢上生树，柯条枝叶，无不相抱。故曰共枕树。

**木奴**　李衡为丹阳太守，于龙阳洲上种橘千树。临终，敕其子曰："吾州里有千头木奴，不责汝衣食。岁上一匹绢，亦足用矣。”

**化枳** 晏子曰：“橘生淮南则为橘，生于淮北则为枳。叶徒相似，其实味不同。水土异也。”

**七星剑草** 草如剑形，上有七星，列如北斗。

**骨牌草** 叶上有幺二三四五六斑点，与骨牌无异。

**刘寄奴草** 刘容微时伐荻新洲，有大蛇数丈，裕射之。明日至此，见数童捣叶，裕问故，答曰：“我王为刘寄奴所伤，今合药敷之。”裕曰：“何不杀之？”曰：“刘寄奴王者，不死。”裕叱之，皆散走。裕得药，敷金创立效。遂呼其草为“刘寄奴”，裕之乳名也。

**益智树** 叶如蘘荷，茎如竹箭，子从中心出。一枝有十子，子肉白滑，四破去之，取外皮，蜜煮为粽子，味辛。卢循飧宋武，又飧远公，名益智粽。

**祁连仙树** 祁连山有仙树一本，四味。其实如枣，以竹刀剖则甘，以铁刀剖则苦，以木刀剖则酸，以芦刀剖则辛。

**桂** 《南方草木状》：有三种，叶如柏叶，皮赤者为丹桂；叶如柿叶者为菌桂；叶似枇杷者为牡桂。今闽中多桂，四季开花有子，此真桂。其江南八九月开花无子者，此木樨也。

**酒树** 《拾遗记》：顾逊国有树似石榴，采其花汁注瓮中，数日成酒，味甚美，名其树曰酒树。

**面树** 名桄榔树。树大四五围，长五六丈，洪直无枝条，其颠生叶，不过数十，似栟榈；其子作穗，生木端；其皮可作绠，得水则柔韧。胡人以此联木为舟，皮中有屑如面，多者至数斛，食之，与常面无异。

**杨柳** 隋炀帝开河成，虞世基请于堤上栽柳，一则树根四出，鞠护河堤；一则牵舟之女获其阴樾；三则牵舟之羊食其枝叶。上大喜，诏民间进柳一株，赐一缣；百姓竞献之。帝自种一株，群臣次第种之。栽毕，上御笔赐垂柳姓杨，曰“杨柳”。

**薏苡** 马援在交趾，以薏苡实能胜瘴气，还，载之一车。及援死，有上书谮之者，以前所载皆明珠文犀。

**橄榄** 南威也。《金楼子》云：有树名独根，分为二枝，其东向一枝是木威树，南向一枝是橄榄树。其树高峻不可梯，刻其根下方许，纳盐其中，一夕子皆落。此木可作舟楫，所经皆浮起。东坡诗：“纷纷青子落红盐，正味森森苦且严。待得馀甘回齿颊，已输崖蜜十分甜。”三国吴时始贡橄榄，赐近臣。

**瑞柳** 唐中书省有古柳，忽一死枯，德宗自梁还，复荣茂，人谓之瑞柳。

**义竹** 《唐纪》：明皇后苑竹丛幽密，帝谓诸王曰：“兄弟相亲，当如此竹。”因谓之义竹。

**椰树** 如栟榈，高五六丈，无枝条，其实大如寒瓜，外有粗皮，皮次有壳，圆而且坚，剖之有白肤，厚半寸，味似胡桃而极肥美，有浆，饮之，作酒气。俗人呼之“越王头”。其壳可镶杯壶，可作瓢。

**文林果** 宋王谨为曹州从事，得林檎，贡于高宗，似朱柰。上大重之，因赐谨为文林郎，号文林果。一云，唐高宗时王方言始盛栽林檎。

**不灰木** 《抱朴子》：南海萧丘之上，自生之火，春起秋灭。丘上纯生一种木，虽为火所著，但少焦黑。人或得以为薪者，炊熟则灌灭之，用之不穷。束皙《发蒙》曰：“西域有火浣之布，东海有不灰之木。”

**三槐** 王旦父祐有阴德，尝手植三槐于庭，曰：“吾后世必有为三公者，植此所以志也。”

**寇公柏** 寇準初授巴东令，人皆以“寇巴东”呼之。手植双柏于庭，名“寇公柏”。人比邵伯甘棠。

**铁树** 广西殷指挥家，有铁树高三四尺，干叶皆紫黑色，叶类石榴。遇丁卯年开花，四瓣，紫白色，如瑞香，较少圆。一开，累月不凋，嗅之有铁气。

**莱公竹** 寇莱公死后，归葬西京。道出荆南公安县，人皆设祭哭于路，折竹植地，以挂纸钱。逾月视之，枯竹皆生笋，人号“莱公竹”。因立庙，号“竹林寇公祠”。

**迎凉草** 李辅国夏日会宾客，设迎凉草于庭，清风徐来。草色碧，干类苦竹，叶细如杉。

**荔枝** 蔡君谟曰：闽中荔枝，兴化最为奇特，尤重陈紫。其树晚熟，其实广上而圆下，大可径寸有五分，香气清远，色泽鲜紫，壳薄而平，瓤厚而莹，膜如桃花红，核如丁香母，剥之凝如水晶，食之消如绛雪，其味之甘芳，不可得而名状也。

**宋家香** 宋氏尝以馈蔡君谟，君谟以《诗序》谢之曰：世传此植已三百年。黄巢兵过，欲伐之，时王氏主其木，媪抱木欲共死，得不伐。今虽老矣，其实益繁，其味益甘滑，真异品也。

**瑞榴** 邵武县学宋时有石榴一株，士人观其结实之数，以卜登第多寡，屡验，因名“瑞榴”。

**柯柏** 柯潜官少詹，手植二柏于翰林苑后堂，号“学士柏”，复造瀛洲亭以临之。

**种松** 晋孙绰隐会稽山中，作《天台赋》，范荣期曰：“掷地有金石声矣。”绰于斋前种一松，恒手自壅治之。邻人高柔语曰：“松树子非不楚楚可怜，但无栋梁耳！”孙曰：“枫柳虽合抱，亦复何施？”

**连理木** 宋梁世基家有荔枝生连理，神宗赐以诗曰：“横浦江南岸，梁家闻世贤。一株连理木，五月荔枝天。”

**树头酒** 缅甸有树，类棕，高五六丈，结实大如掌。土人以面纳罐中，悬罐于实下，划实取汁成酒。其叶，即贝叶也，写缅书用之。

**嗜鲜荔枝** 唐天宝中，贵妃嗜鲜荔枝。涪州岁命驿递，七日夜至长安，人马俱毙。杜牧之诗：“一骑红尘妃子笑，无人知是荔枝来。”

**荔奴** 龙眼似荔枝，而叶微小，凌冬不凋，七月而实成，壳青黄色，文作鳞甲，形圆似弹丸，肉白有浆，甚甘美。其实极繁，一朵五六十颗，作穗如葡萄然。荔枝才过，龙眼即熟。南人目为荔奴。

**此君** 王子猷暂寄人空宅，便令种竹，人问之，曰：“何可一日无此君！”

**报竹平安** 李卫公言：北都惟童子寺有竹一窠，才长数尺。其寺纲维每日报竹平安。

**蕉迷** 南汉贵珰赵纯卿惟喜芭蕉，凡轩窗馆宇咸种之。时称纯卿为“蕉迷。”

**卖宅留松** 海虞孙齐之手植一松，珍护特至。池馆业属他姓，独松不肯入券。与邻人卖浆者约，岁以千钱为赠，祈开壁间一小牖，时时携壶茗往，从牖间窥松，或松有枯毛，辄道主人，亲往核剔，毕即便去。后其子林、森辈养志，亟复其业。

**青田核** 《鸡跖集》：乌孙国有青田核，莫知其木与实，而核如瓠，可容五六升，以之盛水，俄而成酒。刘章得二焉，集宾客设之，一核才尽，一核又熟，可供二十客。名曰“青田壶”。

**桃核** 洪武乙卯出元内库所藏巨桃核，半面长五寸，广四寸七分，前刻“西王母赐汉武桃”及“宣和殿”十字，涂以金，中绘龟鹤云气之象，复镌“庚子甲申月丁酉日记。”命宋濂作赋。

**龙眼荔枝** 汉高帝时，南粤王始献龙眼树；汉武帝时始得交趾荔枝，植上林；魏文帝始诏南方岁贡龙眼荔枝。

**药名** 将离赠芍药，亦名可离。相招赠文无，文无一名当归。欲忘人忧，赠丹棘，一名忘忧。欲蠲人之忿，赠青棠，青棠一名合欢。后人折柳赠行，折梅寄远（见《古今注》及《董子》)。又帝不愁（见《山海经》)，芍药养性（见《博物志》)，皋苏释忿（见《王粲志》)，甘枣不惑（见束皙《发蒙记》)。树有长生（见《邺中志》)。木有无患（见《纂异文》)。

**碧鲜赋** 五色扈载游相国寺，见庭竹可爱，作《碧鲜赋》。世宗遣小黄门就壁录之，览而称善。刘宽夫《竹记》：“坚可以配松柏，劲可以凌霜雪，密可以消清烟，疏可以漏霄月。”

**榕城** 福州有榕树，其大十围，凌冬不凋，郡城独盛，故号榕城。

**相思树** 潮凤凰山多相思树，树中有神，披发跣足。

**念珠树** 在大理府，每穗结实百八枚。昔李贤者，寓周城，主人其妇难产，李摘念珠一枚使吞，珠在儿手中擎出，弃珠之地，丛生珠树。

**席草** 储福，靖难时卫卒，流于曲靖，不食，死。妻范氏奉姑甚谨，一日见涧边草类苏，织席以奉姑。姑卒后，草遂不生。

**蒌叶藤** 叶似葛蔓附于树，可为酱，即《汉书》所谓蒟酱也，实似桑椹，皮黑、肉白、味辛，合槟榔食之，御瘴气。

**神木** 永乐四年，采楠木于沐川，方欲开道以出之，一夕，楠木自移数里，因封其山为神木山。

**独本葱** 元初，马湖蛮岁以独本葱来献，郡县疲于递送，元贞初罢之。

**邛竹** 《蜀记》：张骞奉使西域，得高节竹种于邛山。今以为杖，甚雅。

**天符** 容子山有木叶，名天符，叶如荔枝叶而长，其纹如虫蚀篆，不知何木，或以为刘真人仙迹。

**吕公樟** 松江之北禅寺，宋有回先生过之，手植一樟于殿。后数年樟死，回复造焉，问樟公安在，取瓢内药一丸，瘗诸根下，樟遂活，叶叶俱显瓢痕。人始悟吕仙也。

**陈朝双桧** 静安寺中有双桧，宋政和间，朱勔勒图以进，遣中使取之，风雨雷电震碎其一，遂止。

**竹诗** 胡闰题诗于吴芮祠壁云："幽人无俗怀，写此苍龙骨，九天风雨来，飞腾作灵物。"明太祖见而赏之，召拜大理卿。

**苦笋反甘** 《梦溪笔谈》云：太虚观中修竹，相传陆修静手植，出苦笋而味反甘；归宗寺造盐虀而味反淡，盖中山佳物也。

**水晶葱** 宋孝宗问周必大："吉安所产何物？"对曰："金柑玉版笋，银杏水晶葱。"

**巨楠** 赤城阁前有巨楠，高数十寻，围三十尺，世传范寂手植。寂得长生久视之术，先主累召不赴，封逍遥公。

**希夷所种** 《方舆胜览》云：普州硗瘠，无异产，惟铁山枣、崇龛梨、天池藕三者，皆希夷所种。

**骑鲸柏** 大邑凤凰山有紫柏十围，根盘巨石上，号骑鲸柏。

**芦根** 秦始皇以东南气王，凿连江之九龙山，得芦根一茎，长数丈，断之有血，因名其山曰荻芦峡。

**榕树门** 桂林府之南门也。唐筑门时，榕一株，久跨门内外，盘错至地，生成门状，车马往来，径于其下。杨基诗云"榕树城门却倒垂"是也。

**苴草** 广西产，状如茅，食之令人多寿。暑月置盘筵中，蝇蚊不近，物亦不速腐，亦名不死草。又有木生子，形如猪肾，能解药毒，名猪腰子。

**罗浮橘** 严州城南，其山峻险不易登，上有罗浮橘一株，熟时风飘堕地，得者传为仙橘云。

**玉芝** 会稽陶堰岭出花生，叶下其根岁生一臼，取以面裹熟食，可辟谷。

**百谷** 《名物通》：粱者，黍稷之总名。稻者，溉种之总名。菽者，众豆之总名。三谷各二十种，为六十种。蔬果助谷各二十种，共为百谷。

**君子竹** 东坡诗："惟有长身六君子，猗猗犹得似淇园。"又篔筜亦竹之类，生水边，长数丈，围尺五寸，一节相去六七尺。

**樗栎** 《庄子》：吾有大树，人谓之樗。其大本，拥肿而不中绳墨；其小枝，卷曲而不中规矩。《通志》：南多槲，北多栎，似樗，即柞栎也。古云：社栎以不材故寿。

**楩楠** 《文选》：楩、楠、豫章皆名克胜大任之材也。

**瓜田李下** 《文选》：君子防未然，不处嫌疑间。瓜田不纳履，李下不整冠。

**薰莸异器** 《左传》：一薰一莸，十年尚犹有臭。《注》：薰，香草也；莸，臭草也。

**蒲柳先槁** 《世说》：顾悦之与简文帝同年，发蚤白。帝问之，曰："松柏之姿，经霜犹茂。蒲柳之姿，望秋先零。"

**馀桃** 《韩子》：弥子瑕食桃而甘，以半啖卫君，君曰："爱我哉。"后子瑕得罪，君曰："是固啖我以馀桃者。"

**二桃杀三士** 齐公孙接、田开疆、古冶子皆勇而无礼。晏子谓景公馈之二桃，令计功而食。三子皆自杀。

**祥桑** 亳里有桑榖共生于朝，七日大拱，伊陟曰："妖不胜德。"于是太戊修先王之政，养老问疾，早朝晏退，三日而桑榖死。

**金杏** 分流山出。大于梨，黄于橘。汉武访蓬、瀛，有献此者，今呼汉帝果。

## 花卉

**桂花** 草木之花五出，雪花六出，朱文公谓地六生水之义。然桂花四出，潘笠江谓土之产物，其成数五，故草木皆五，惟桂乃月中之本，居西方，四乃西方金之成数，故四出而金色，且开于秋云。

**天花** 生五台山，草本。花如牡丹而大，其白如雪，下有白蛇守之，人摘其花，必伤之。土人作法窃取，蛇见无花，则自触死。晒干，大犹如鲜牡丹，取数瓣点汤，甚美，其价甚贵。

**琼花** 王兴入秋长山，见琼花茎长八九寸，叶如白檀，花如芙渠，香闻数里，唐人植一株于广陵蕃釐观，至元时朽，以八仙花补之于琼花台前。

**金带围** 江都芍药，凡三十二种，惟金带围者不易得。韩琦守郡时，偶开四朵。时王岐公珪为郡倅，荆公安石为幕官，陈秀公升之以卫尉丞适至，韩公命宴花下，各簪一朵。后四人相继大拜，乃花瑞也。

**蔓花** 胡人以茉莉为蔓花，宋徽宗时始名茉莉。

**洛如花** 吴兴山中有一树，类竹而有实，似荚，乡人见之，以问陆澄。澄曰："是名洛如花，郡有名士，则生此花。"

**王者香** 《家语》：孔子见兰花，叹曰："夫兰当为王者香，今与众花伍。"乃援琴作《猗兰操》。

**伊兰花** 金粟香特馥烈，戴之发髻，香闻十步，经月不散。西域以"伊"字至尊，如中国"天"字也，蒲曰"伊蒲"，兰曰"伊兰"，皆以尊称，谓其香无比也。大约今之真珠与木兰是也。

**断肠花** 昔有妇人思所欢，不见辄涕泣，洒泪于北墙之下，后湿处生草，其花甚美，色如妇面，其叶正绿反红，秋开，即今之海棠也。

**蝴蝶花** 在贵州玄妙观，春时开，花娇艳。至花落之时，皆成蝴蝶翩翩飞去，枝头无一存者。

**优钵罗花** 在北京礼部仪制司，开必四月八日，至冬而实，状如鬼莲蓬，脱去其壳，其核成金色佛一尊，形相皆具。

**娑罗** 夏津为昌化令，有娑罗树一株，花开时，香闻十里。津笑曰："此真花县也。"

**兰花** 蜜蜂采花，凡花则足粘而进。采兰花则背负而进，盖献其王也。进他花则赏以蜜，进稻花则致之死，蜂王之有德若此。

**婪尾春** 桑维翰曰：唐末文人以芍药为婪尾春者，盖婪尾酒乃最后之杯，芍药殿春，故名。唐留守李迪以芍药乘驿进御，玄宗始植之禁中。

**姚黄魏紫** 《西京杂记》：牡丹之奇者，有姚家黄、魏家紫。

**木莲** 白乐天曰：予游临邛白鹤山寺，佛殿前有木莲两株，其高数丈，叶坚厚如桂，以中夏开花，状如芙渠，香亦酷似。山僧云：花折时，有声如破竹然。一郡止二株，不知何自至也。成都多奇花，亦未常见。世有木芙蓉，不知有木莲花也。

**国色天香** 唐文宗内殿赏花，问程修己曰："京师传唱牡丹者谁称首。"对曰："李正封云，国色朝酣酒，天香夜染衣。"帝因谓妃曰："妆镜前饮一紫金盏，正封之诗可见矣！"

**茶花** 以滇茶为第一，日丹次之。滇茶出自云南，色似霨红，大如茶碗，花瓣不多，中有层折，赤艳黄心，样范可爱。

**佛桑** 出岭南，枝叶类江南木槿，花类中州芍药，而轻柔过之。开时当二三月间，阿那可爱，有深红、浅红、淡红数种，剪插即活。

**花癖** 唐张籍性耽花卉，闻贵侯家有山茶一株，花大如盎，度不可得，以爱姬换之。人谓之"张籍花淫"。

**海棠** 宋真宗时始海棠与牡丹齐名。真宗御制杂诗十题，以《海棠》为首。晏元献公殊始植红海棠红梅，苏东坡始名黄梅为蜡梅。

**花品** 周濂溪《爱莲说》：菊，花之隐逸者也；牡丹，花之富贵者也；莲，花之君子者也。

**舍东桑** 《蜀志》：先主舍东有桑树高丈馀，垂垂如盖，往来者皆怪此树非凡，谓当出贵人。先主少与诸儿戏树下，言："吾必当乘此羽葆车盖。"

**张绪柳** 《南史》：齐武帝时，益州献蜀柳，枝条甚长，状似丝缕。帝以植于太昌灵和殿前，曰："此柳风流可爱，似张绪少年时也。"

**美人蕉** 其花四时皆开，深红照眼，经月不谢。

**海棠香国** 昔有调昌州守者，求易便地。彭渊才闻而止之，曰："昌，佳郡守也！"守问故，曰："海棠患，患无香，独昌地产者香，故号海棠香国，非佳郡乎？"

**思梅再任** 何逊为扬州法曹，公廨有梅一株，逊常赋诗其下，后居洛，思梅花不得，请再任扬州。至日，花开满树，逊宾醉赏之。

**榴花洞** 唐樵者蓝超，于福州东山逐一鹿，鹿入石门，内有鸡犬人烟，见一翁，谓曰："皆避秦地，留卿可乎？"超曰："归别妻子乃来。"与榴花一枝而出。后再访之，则迷矣。

**桃花山** 在定海，安期生炼药于此，以墨汁洒石上成桃花，雨过则鲜艳如生。

**攀枝花** 广州产，高四五丈，类山茶，殷红如锦，一名木棉。

**一年三花** 嵩山西麓，汉有道士从外国将贝多子来，种之，成四树，一年三花，白色，其香异常。

**白藕** 韩诗：太华峰头玉井莲，开花十丈藕如船，冷比雪霜甘比蜜，一片入口沉疴痊。

**萱草忘忧宜男** 《博物志》：萱号忘忧草，亦名宜男花。韩诗：萱草女儿花，不解壮士忧。

**冰肌玉骨** 袁丰之评梅曰："冰肌玉骨，世外佳人，但恨无倾城之笑耳。"

**菊比隐逸** 菊不竞春芳，后群卉而开，故以隐逸之士比之。

**花似六郎** 誉张昌宗者曰："六郎貌似莲花。"杨再思曰："乃莲花似六郎耳。"

**先后开** 大庾岭上梅花，南枝已落，北枝方开，寒暖之候异也。

# 卷十七 四灵部

## 飞禽

**鸟社** 大禹即位十年，东巡狩，崩于会稽，因而葬之。有鸟来为之耘，春拔草根，秋啄芜秽，谓之鸟社。县官禁民不得妄害此鸟，犯则无赦。

**精卫鸟** 炎帝女溺死渤海中，化为精卫鸟，日衔西山木石，以填渤澥，至死不倦。

**凤** 《论语谶》曰："凤有六象九苞。"六象者，头象天，目象日，背象月，翼象风，足象地，尾象纬。九苞者，口包命，心合度，耳聪达，舌诎伸，色光彩，冠矩朱，距锐钩，音激扬，腹文户。行鸣曰归嬉，止鸣曰提扶，夜鸣曰善哉，晨鸣曰贺世，飞鸣曰郎都。食惟梧桐竹实。故子欲居九夷，从凤嬉。

**鸾** 瑞鸟也。张华注曰：鸾者，凤凰之亚，始生类凤，久则五彩变易，其音如铃。周之文物大备，法车之上缀以大铃，和鸾声也，故改为鸾驾。

**像凤** 太史令蔡衡曰：凡像凤者有五色，多赤者凤，多青者鸾，多黄者鹓雏，多紫者鸑鷟，多白者鹄。此鸟多青，乃鸾，非凤也。

**迦陵鸟** 鸣清越如笙箫，妙合宫商，能为百虫之音。《楞严经》云："迦陵仙音，遍十方界。"

**毕方鸟** 《山海经》：章峨之山，有鸟，状如鹤，一足，赤文青质而白喙，名曰毕方。其鸣自叫。见则邑有讹火。

**鸾影** 宋范泰《鸾诗序》：昔罽宾王结罝峻卯之山，获一鸾，三年不鸣。其夫人曰："尝闻鸟见其类则鸣，可不悬镜以照之？"王从其言。鸾观影悲鸣，冲霄一奋而绝。嗟乎慈禽！何情之深也。鸾血作胶，以续弓弩、琴瑟之弦。

**吐绶鸡** 形状、毛色俱如大鸡。天晴淑景，颔下吐绶，方一尺，金碧晃曜，花纹如蜀锦，中有一字，乃篆文"寿"字，阴晦则不吐。一名寿字鸡，一名锦带功曹。

**孔雀**　自爱其尾，遇芳时好景，闻鼓吹则舒张翅尾，盼睐而舞。性妒忌，见妇女盛服，必奔逐啄之。山栖时，先择贮尾之地，然后置身。欲生捕之者，候雨甚，往擒之。尾沾雨而重，人虽至，犹爱尾，不敢轻动也。

**杜鹃**　蜀有王曰杜宇，禅位于鳖灵，隐于西山，死，化为杜鹃。蜀人闻其鸣，则思之，故曰望帝。又曰杜鹃生子寄于他巢，百鸟为饲之。

**鸿鹄六翮**　刘向曰："今夫鸿鹄高飞冲天，然其所恃者六翮耳。夫腹下之毳，背上之毛，增去一把，飞不为高下。"

**号寒虫**　五台山有鸟，名号寒虫。四足，有肉翅不能飞，其粪即五灵脂也。当盛暑时，文采绚烂，乃自鸣曰："凤凰不如我。"至冬，毛尽脱落，自鸣曰："得过且过。"

**秦吉了**　岭南灵鸟。一名了哥。形似鸲鹆，黑色，两肩独黄，顶毛有缝，如人分发，耳聪心慧，舌巧能言。有夷人以数万钱买去，吉了曰："我汉禽不入胡地！"遂惊死。

**变化**《月令》：三月，田鼠化为鴽，八月化为田鼠。二物交化，鴽即今所谓鹌鹑也。二月鹰化为鸠，八月鸠化为鹰，亦交化也。

**赤乌**　周武王伐纣，渡孟津，有火自上而下，至王屋，流为乌，其色赤，其声魄。

**布谷**　即斑鸠。杜诗："布谷催春种。"张华曰：农事方起，此鸟飞鸣于桑间，若云谷可布种也。又其声曰："家家撒谷。"又云："脱却破裤。"因其声之相似也。

**蟁母**　大如鸡，黑色，生南方池泽葭芦中，其声如人呕吐，每一鸣，口中吐出蚊虫一二升。

**稚子**　一名竹豚。喜食笋，善匿，不使人见。故杜诗有"笋根稚子无人见"之句。

**鹢**　水鸟，能厌水神，故画于舟首，舟名彩鹢。

**捕鹯**　魏公子无忌，方与客饮。有鹯击鸠，走巡于公子案下，鹯追击，杀于公子之前。公子耻之，即使人多设罻罗，得鹯数十四，责让以杀鸠之罪，曰："杀鸠者死！"一鹯低头，不敢仰视；馀皆鼓翅自鸣。公子乃杀低头者，馀尽释之。

**鹁鸽井**　汉高祖庙，临城鹁鸽井旁，记云："沛公避难井中，有双鸽集井中，追者不疑，得脱。"

原文

**雪衣娘** 唐明皇时，岭南进白鹦鹉，聪慧能言，上呼之为“雪衣娘”。上每与诸王及贵妃博戏，稍不胜，左右呼雪衣娘，即飞入局中，以乱其行列。一日语曰：“昨夜梦为鸷所搏。”已而，果为鹰毙，瘗之苑中，号“鹦鹉冢”。唐李繁曰：“东都有人养鹦鹉，以甚慧，施于僧，僧教之能诵经，往往架上不言不动。”问其故，对曰：“身心俱不动，为求无上道。”及其死，焚之，有舍利。

**白鹇** 宋帝驻跸厓州山，为元兵所追，丞相陆秀夫抱帝赴海死。时御舟一白鹇，奋击哀鸣，堕水以殉。

**鹁鸽诗** 宋高宗好养鸽，躬自飞放。有士人题诗云：“鹁鸽飞腾绕帝都，朝收暮放费工夫。何如养个南来雁，沙漠能传二帝书。”帝闻之，召见士人，即命补官。

**长鸣鸡** 宋处宗尝买一长鸣鸡，著窗间。后鸡作人语，与处宗谈论，终日不辍。处宗因此学业大进。

**宋厨鸡蛋** 宋文帝尚食厨备御膳，烹鸡子，忽闻鼎内有声极微，乃群卵呼观世音，凄怆之甚。监宰以闻。帝往验之，果然，叹曰：“吾不知佛道神力乃能若是！”敕自今不得用鸡子，并除宰割。

**雁书** 苏武使匈奴，留武于海上牧羝。汉使求之，匈奴诡言武死。常惠教使者曰：“天子在上林射雁，雁足上系帛书，言武在某泽中。”单于惊谢，乃遣武还。《礼记》：“鸿雁来宾。”先至为主，后至为宾。

**孤雁** 张华曰：雁夜栖川泽中，千百成群，必使孤雁巡更，有警则哀鸣呼众。故师旷《禽经》曰：“群栖独警。”

**飞奴** 张九龄家养群鸽，每与亲知书，系鸽足上，移之，呼为“飞奴”。

**鸩毒** 《左传》：“宴安鸩毒，不可怀也。”鸩，毒鸟也，黑身赤目，食蝮蛇，以其毛沥饮食则杀人。

**周周鸟** 名周周。首重尾屈，将欲饮于河，则必颠，乃衔尾而饮。

**金衣公子** 唐明皇游于禁宛，见黄莺羽毛鲜洁，因呼为金衣公子。

**黄鹂** 戴颙春日携双柑斗酒，人问何之，答曰：“往听黄鹂声，此俗耳针砭，诗肠鼓吹。”

**养木鸡** 《庄子》：渻子为宣王养斗鸡，十日而问之曰：“鸡可斗乎？”曰：“未也。犹虚憍而恃气。”十日又问之。曰：“几矣。鸡有鸣者，已无变矣，望之似木鸡矣，其德全矣。异鸡无敢应者，反走矣。”

**季郈斗鸡** 《左传》：季、郈之斗鸡，季氏介其羽，郈氏为之金距。刘孝威诗：“翅中含白芥，距外曜金芒。”

**乘轩鹤** 卫懿公好鹤，鹤有乘轩者，及狄人伐卫，受甲者皆曰：“鹤有禄位，何不使战。”是以卫亡。

**翮成纵去** 僧支道林好鹤。有遗以双鹤者，林铩其羽，鹤反顾懊惜。林曰：“鹤有凌霄之志，何肯为人耳目近玩！”养令翮成，置使飞去。

**羊公鹤** 昔羊叔子有鹤善舞，尝向客称之。客试使驱来，氃氋而不肯舞。故比人之名而不实。

**斥鷃笑鹏** 《庄子》：穷发之北，有鸟名鹏，抟扶摇而上者九万里，且适南冥，斥斥鷃笑之曰：“彼且奚适也？我腾跃而上，不过数仞而下，翱翔蓬蒿之间，此亦飞之至也。而彼且奚适也？”

**打鸭惊鸯** 吕士隆知宣州，好笞官妓。适杭州一妓到，士隆喜之。一日群妓小过，士隆欲笞之。妓曰：“不敢辞责，但恐杭妓不安耳。”士隆赦之。梅圣俞作打鸭诗：“莫打鸭，惊鸳鸯，鸳鸯新向池中落，不比孤州老鸹鸧。”

**乌** 燕太子丹质于秦，秦遇之无礼，欲归。秦王不听，谬言曰：“令乌头白、马生角，乃可归。”丹仰天叹息，乌即兴白，马为生角，秦王不得已而遣之。

**乌伤** 颜乌纯孝，父亡，负土筑墓，群乌衔土助之，其吻皆伤，因以名县。《广雅》曰：“纯黑而反哺者谓之乌，小而腹下白，不能反哺者谓之鸦。”

**燕居旧巢** 武瓘诗：“花开蝶满枝，花谢蝶还希。惟有旧巢燕，主人贫亦归。”又唐诗：“旧时王谢堂前燕，飞入寻常百姓家。”

**斗鸭** 陆龟蒙有斗鸭阑。一日，驿使过焉，挟弹毙其尤者。陆曰：“此鸭善人言，欲进上，奈何毙之！”使者尽以囊中金窒其口，徐问人语之状，陆曰：“能自呼其名耳。”使者愤且笑，拂袖上马，陆还其金，曰：“吾戏耳。”

**孝鹅** 唐天宝末，长兴沈氏畜一母鹅，将死，其雏悲鸣，不复食；母死，啄败荐覆之，又衔刍草列前，若祭状，向天长号而死。沈氏异之，埋于蒋湾，名孝鹅冢。

**蔡确鹦鹉** 蔡确贬新州，有侍姬名琵琶，所蓄鹦鹉甚慧，每为确呼琵琶，及琵琶死，鹦鹉犹呼其名。确赋诗伤之。

**雁丘** 金元好问过阳曲，见一猎者云：“捕得二雁，内一死，一脱网去，空中哀鸣良久，投地亦死。”好问遂以金赎二雁，瘗之汾水滨，垒土为丘。今为雁丘。

**见弹求鸮** 《庄子》：长梧子曰：“汝亦太早计，见卵而求时夜，见弹而求炙鸮。”

**燕巢于幕** 季札如晋，将宿于戚，闻钟声曰：“夫子之在此也，犹燕之巢于幕上，而可以乐乎？”《吕氏春秋》：燕雀处堂，母子相爱，突厥栋焚，燕雀不知。

**禽经** 金得伯劳之血则昏，铁得䴙䴘之膏则莹，石得鹊髓则化，银得雉粪则枯。翡翠粉金，鸡鹊厌火。

**风雨霜露** 《禽经》云：风翔则风。风，鸢也。雨舞则雨。雨，商羊也。霜飞则霜。霜，鹔鹴也。露翥则露。露，鹤也。又云：以豚谶风，以鼍谶雨。豚，江豚也。鹊知风，蚁知雨。

**禽智** 陈所敏云：鸂鶒能敕水，故水宿之物莫能害。啄木遇蠹穴，能以嘴画字成符，蠹虫自出。鹤能步罡，蛇不敢动。鸦有隐巢，故鸷鸟不能见。燕衔泥常避戊己，故巢不倾。鹳有长水石，能于巢中养鱼，而水不涸。燕恶艾，雀欲夺其巢，即衔艾置巢中，燕遂避去。此皆禽之有智者也。

**大鸟悲鸣** 杨震将葬，先葬数日，有大鸟高丈馀，集震丧次悲鸣，葬毕方去。上闻，乃悟震坐枉，遣使具祭，官其子。

**化鹤** 《职方乘》云：南昌洗马池，尝有年少见美女七人，脱彩衣岸侧，浴池中。年少戏藏其一，诸女浴毕就衣，化白鹤去。独失衣女留，随至年少家，为夫妇，约以三年还其衣，亦飞去。故又名浴仙池。

**化为大鸟** 王仲变仓颉旧文为今隶书。秦始皇尝征仲，不至，大怒，诏槛车送之。仲化为大鸟飞去，落二翮于延庆州，今有大翮山。

**五色雀** 出罗浮山。贵人至，则先翔舞。

**鵔鸃鸟** 产肇庆。形似山鸡，其羽有光，汉以饰侍中冠。

**凤巢** 永福隋时双凤来巢，宋初复至，守臣以闻，太宗遣使凿巢下石，得美玉，名其山曰凤凰山。

**群乌啼噪**　海盐乌夜村，晋何准寓此。一夕，群乌啼噪，准生女。后复夜啼，乃穆帝立准女为后之日。

**问上皇**　郭浩按边至陇，见鹦鹉一红一白鸣树间，问："上皇安否？"浩诘其故，盖陇州岁贡此鸟，徽宗置之安妃阁。后发还本土，二鸟犹感恩不忘。

**凤历**　凤知天时，故以名历。凤鸣而天下之鸡皆鸣。凤尾十二翎，遇闰岁生十三翎。今乐府调尾声十二板，以象鸟尾，故曰尾声。或增四字，亦加一板，以象闰。

**鸡五德**　《韩诗外传》："头戴冠，文也。足搏距，武也。见敌敢斗，勇也。见食相呼，义也。守夜不失时，信也。"故又称"德禽"。

**陈宝**　秦穆公时，陈仓人掘地得一物以献，道逢二童子，曰："此物名为蝹。"蝹曰："彼二童子名为陈宝，得雄者王，得雌得霸。"陈仓人舍蝹逐童子，童子化为雉，飞入平林，以告于公。公大猎，果得其雌，化为石，置于汧渭之间，立陈宝祠，遂霸西戎。

**腰缠骑鹤**　昔有客各言其志。一愿为扬州刺史，一愿多资财，一愿骑鹤上升。其一人曰："吾愿腰缠十万贯，骑鹤上扬州。"

**隋珠弹雀**　古云，以隋侯之珠弹千仞之雀，世必笑之。盖所用者重，所求者轻也。

雀跃者，言人喜悦，如雀之跳跃也。

**爱屋及乌**　《诗经》："瞻乌爰止，于谁之屋。"恐因乌而伤其屋也。

**越鸡鹄卵**　《庄子》："越鸡不能伏鹄卵。"谓其身小也。

**燕贺**　《淮南子》：大厦成而燕雀相贺。

**贯双雕**　《唐史》：高骈见双雕飞过，祝曰："我贵当中之。"一发贯双雕，因号"双雕侍郎"。

**鹊巢鸠占**　《诗经》："维鹊有巢，维鸠居之。"

**闻鸡起舞**　祖逖与刘琨同寝，中夜闻鸡鸣，蹴琨觉曰："此非恶声也！"因起舞。

## 走兽

**药兽**　神农时有民进药兽。人有疾，则拊其兽，授之语，语毕，兽辄如野外，衔一草归，捣汁服之即愈。帝命风后记其何草，起何疾。久之，如方悉验。虞卿曰："神农师药兽而知医。"

**夔** 黄帝于东海流波山得奇兽，状如牛，苍身无角，一足，能入水，吐水则生风雨，目光如日月，其声如雷，名曰夔。帝令杀之，取皮以冒鼓，撅以雷兽之骨，声闻五百里。

**獬豸** 皋陶治狱，有獬豸游于庭（一角之兽，即今所画獬豸）。其罪疑者，令触之，有罪则触，无罪则不触，以定狱辞。

**黄熊** 舜殛鲧于羽山。鲧化为黄熊，入于羽泉。故禹庙祭品，戒不用熊。

**白狐** 禹年三十未娶，行涂山，有白狐九尾造禹。涂山人歌曰："白狐绥绥，九尾庞庞。成于家室，乃都攸昌。"禹遂娶之，谓之女峤。

**野兔** 文王囚于羑里七年，其子伯邑考往视父。纣呼与围棋，不逊，纣怒杀伯邑考，醢之，令人送文王食。命食毕，而后告，文王号泣而吐之，尽变为野兔而去。

**麟绂** 孔子在娠，有麟吐玉书于阙里，文云："水精之孙，系衰周而素王。"孔母乃以绣绂系麟角，信宿而麟去。至鲁定公时，鲁人鉏商田于大泽，得麟，以示孔子，系角之绂尚在。孔子知命之将终，抱麟解绂，涕泗滂沱。

**白泽** 东望山有兽曰白泽，能言语。王者有德，明照幽远，则白泽自至。

**昆蹄** 后土之神兽，英灵能言语，禹治水有功而来。

**角端** 元太祖驻师东印渡，有大兽，高数丈，一角，如犀牛，作人语曰："此非帝王世界，宜速还。"耶律楚材进曰：此名角端，圣人在位，则奉书而至。能日驰一万八千里，灵异如鬼神，不可犯。

**象** 豕类也。张口而腹脏尽露，故名曰象。《易经》用"象曰"，盖取此义。

**狮子** 一名狻猊。《博物志》：魏武帝伐冒顿，经白狼山，逢狮子，使人格之，杀伤甚众。忽见一物自林中出，如狸，上帝车轭。狮子将至，便跳上其头，狮子伏，不敢动，遂杀之。得狮子还，来至洛阳，三十里鸡犬无鸣吠者。

**酋耳** 身若虎豹，尾长参其身，食虎豹。王者威及四夷则至。

**虎伥** 人罹虎厄，其神魂尝为虎役，为之前导。故凡死于虎者，衣服巾履皆卸于地，非虎之威能使自卸，实鬼为之也。

**虎威** 虎有骨如乙字，长寸许，在胁两旁皮内，尾端亦有之，名“虎威”，佩之临官，则能威众。又虎夜视，一目放光，一目视物。猎人候而射之，弩箭才及，光随堕地成白石，入地尺馀。记其处掘得之，能止小儿啼。

**仓兕** 尚父为周司马，将师伐纣。到孟津之上，仗钺把旄，号其众曰：“仓兕。”夫仓兕者，水中之兽也，善覆人舟，因神以化，令汝急渡，不急渡，仓兕害汝。

**斗穀於菟** 《左传》斗伯比淫于邙子之女，生子文。邙夫人使弃诸梦泽中，虎乳之。邙子田，见而惧，归，夫人以告，遂收之。楚人谓乳穀，谓虎为於菟，故曰：“斗穀於菟”。

**貘** 貘者象鼻犀目，牛尾虎足，性好食铁，生南方山谷中。寝其皮辟湿，图其形辟邪。

**穷奇** 西北有兽，名曰穷奇，一名神狗。其状如虎，有翼能飞，食人，知人言语。逢忠信之人，则啮而食之；逢奸邪之人，则捕禽兽以飨之。

**梼杌** 西荒中兽也，状如虎，毛长三尺馀，人面虎爪，口牙一丈八尺，好斗，至死不却，兽之至恶者。

**山都** 形如昆仑奴，毛遍体，见人辄闭目张口如笑，好在深洞中翻石觅蟹啖之。

**饕餮** 羊身人面，其目在腋下，虎齿人爪，声如婴儿，钩玉山中有之。

**狼狈** 二兽名。狼前二足长，后二足短。狈前二足短，后二足长。狼无狈不立，狈无狼不行。若相离，则进退无据矣。故世人言事之乖张，则曰狼狈。

**风马牛** 马喜逆风而奔，牛喜顺风而奔，故北风则牛南而马北，南风则牛北而马南。故曰风马牛不相及也。

**种羊** 西域俗能种羊。初冬，择未日，杀一羊，切肉方寸，埋土中。至春季，择上未日，延僧吹胡笳，作咒语，土中起一泡，如鸭卵。数日，风破其泡，有小羊从土中出。此又胎卵湿化之外，又得一生也。

**猫** 出西方天竺国，唐三藏携归护经，以防鼠啮，始遗种于中国。故

"猫"字不见经传。《诗》有"貓",《礼记》迎"貓",皆非此猫此。

**万羊** 李德裕召一僧问休咎,僧曰:"公是万羊丞相,今已食过九千六百矣。数日后有馈羊四百者,适满其数。"公大惊,欲勿受。僧曰:"羊至此,已为相公所有矣。"旬日后贬潮州司马,又贬连州司户,寻卒。

**艾豭** 卫灵公夫人南子与宋朝通,野人歌曰:"既定尔娄猪,盍归吾艾豭。"娄猪,雌猪也。艾豭,雄猪也。

**辽东豕** 辽东有豕,生子头白,异而献之。行至河东,见豕皆白头,怀惭而返。今彭宠之自伐其功,何异于是!

**李猫** 李义府容貌温恭,而狡险忌刻,时人谓之"李猫"。

**麋鹿触寇** 秦始皇欲大苑囿,优旃曰:"善。多纵禽兽于中,寇从东方来,以麋鹿触之,足矣!"

**犹豫** 犹之为兽,性多疑。闻有声,则豫上树,四顾望之,无人,才敢下。须臾又上,如此非一。故今人虑事之不决者曰"犹豫"。

**沐猴** 小猴也,出罽宾国。史言"沐猴而冠",以"沐"为"沐浴"之"沐"者,非是。

**刑天** 兽名。即"浑沌"。见《山海经》。能挟干戚而舞。陶渊明诗"刑天舞干戚",今误作"刑天無干戚"。

**猬** 形若彘,常在地食死人脑。欲杀之,当以柏插其墓。故今墓上多种柏树。一名蝹。秦缪公时,陈仓人掘地得之。

**猾** 无骨,入虎口,不能噬,落虎腹中,则自内噬出。《书》曰:"蛮夷猾夏。"则取此义。

**犀角** 一名通天。一名分水。一名骇鸡。"通天"用以作簪,则梦登天,知天上诸事;"分水"刻为鱼形,衔以入水,水开三尺,可得气,息水中。"骇鸡"谓鸡见之,则惊却也。

**驯獭** 永州养驯獭,以代鸬鹚没水捕鱼,常得数十斤,以供一家。鱼重一二十斤者,则两獭共畀之。

**明驼** 驼卧,足不帖地,屈足。漏明,则走千里,故曰明驼。唐制,驿有明驼使,非边塞军机,不得擅发。杨贵妃私发驼,赐安禄山荔枝。

**瘈狗** 《左传》:"国狗之瘈,无不噬也。"杜预注云:"瘈,狂犬也。"今云猘犬。《宋书》云:"张收为瘈犬所伤,食虾蟆而愈。"又槌碎杏仁纳伤处即愈。

**畜犬** 《晋书》曰：白犬黑头，畜之得财；白犬黑尾，世世乘车。黑犬白耳，富贵；黑犬白前二足，宜子孙。黄犬白耳，世世衣冠。

**风生兽** 生炎州，大如狸，青色。积薪数车以烧之，薪尽而兽不死，毛亦不焦，斫刺不入，打之如灰囊，以铁锤锻其头数十下，乃死，而张口向风，须臾复活。以石上菖蒲塞其鼻。即死。取其脑和菊花服之，尽十斤，得寿五百岁。

**月支猛兽** 汉武时，月支国献猛兽一头，形如五六十日犬子，大如狸而色黄。武帝小之，使者对曰："夫兽不在大小。"乃指兽，命叫一声。兽舐唇良久，忽叫，如大霹雳，两目如磹之交光。帝登时颠蹶，掻耳震栗，不能自止。虎贲武士皆失仗伏地，百兽惊绝，虎亦屈伏。

**舞马** 唐玄宗舞马四百蹄，分为左右部，有名曰"某家骄"，其曲曰《倾杯乐》。皆衣以锦绣，缀以金银，每乐作，奋首鼓尾，纵横应节。

**弄象** 唐明皇有舞象数十。禄山乱，据咸阳，出舞象，令左右教之拜。舞象皆努目不动，禄山怒，尽杀之。

**弄猴** 唐昭宗播迁，随驾有弄猴，能随班起居。昭宗赐以绯袍，号供奉。罗隐诗"何如学取孙供奉，一笑君王便著绯"是也。朱梁篡位，取猴，令殿下起居。猴望见全忠，径趋而前，跳跃奋击，遂被杀。

**忽雷驳** 秦叔宝所乘马也。喂料时，每饮以酒。常于月明中试之，能竖越三领黑毡。叔宝卒，嘶鸣不食而死。

**铁象** 曲端下狱，自知必死，仰天长吁，指其所乘马名铁象，曰："天下欲振复中原乎？惜哉！"铁象泣数行下。

**铸马** 慕容廆有骏马赭白，有奇相，饶逸力。至光寿元年，四十九矣，而骏逸不亏，奇之，比鲍氏骢，命铸铜以图其像，亲为铭赞，镌颂其旁，像成，而马死矣。

**白獭** 魏徐邈善画，明帝游洛水，见白獭爱之，不可得。邈曰："獭嗜鲻鱼，乃不避死。"遂画板作鲻鱼悬岸，群獭竞来，一时执得。帝曰："卿画何其神也！"

**赎马** 周田子方尝出，见老马于道，询知为家畜也，叹曰："少尽其力，而老弃其身，仁者不为也。"赎之归。

**袁氏** 后唐有孙恪者，纳袁氏为室。后至峡山寺，袁持一碧环献老僧。少顷，野猿数十，扪萝而跃。袁乃命笔题诗，化猿去。僧方悟即沙门向所畜者，玉环其系颈旧物也。

**果下马** 罗定州出马，高不逾三尺，骏者有两脊骨，又呼双脊马，健而能行。以其可在果树下行，名曰“果下马”。

**移鼠易肠** 唐公房拔宅上升，鸡犬皆仙，惟鼠不净，不得去。鼠自悔，一日三吐，易其肠，欲其自洁也。

**八骏** 穆天子八骏，一名绝地，足不践土；二名翻羽，行越飞禽；三曰奔宵，夜行万里；四名超影，逐日而行；五名逾辉，毛色炳熠；六名超光，一形十影；七名腾雾，乘云而奔；八名挟翼，身有肉翅。又有骅骝，亦古之良马也。

**黑牡丹** 唐末刘训者，京师富人。京师春游，以观牡丹为胜赏。训邀客赏花，乃系水牛累百于门。人指曰：“此刘氏黑牡丹也。”

**辟暑犀** 《孔帖》：文宗延学士于内殿。李训讲《易》，时方盛暑。上命取辟暑犀以赐。

**辟寒犀** 《开元遗事》：交趾进犀角，色黄如金。冬月置殿中，暖气如熏。上问使者，曰：“此辟寒犀也。”

**养虎遗患** 汉王欲东归，张良曰：“汉有天下大半，楚兵饥疲，今释不击，此养虎自遗患也。”王从之。

**狐假虎威** 楚王问群臣：“北方畏昭奚恤，何哉？”江乙曰：“虎得一狐，狐曰：‘子毋食我，天帝令我长百兽。不信，吾先行，子随后观。’兽见皆走。虎不知兽畏己，以为畏狐也。今北方非畏昭奚恤，实畏王甲兵也。”

**狐疑** 狐疑者，狐性多疑，故心不决曰狐疑。

**黔驴之技** 柳文：黔无驴，有好事者船载以入，放之山下。虎见庞然大物，环林间视之。驴一鸣，虎大骇，以为且噬己。然往来视之，览无异能。益习其声，稍近，宕、倚、冲、冒。驴不胜怒，蹄之。虎因喜，计之曰：“技止此矣！”跳梁大啖，断其喉，尽其肉，乃去。

**马首是瞻** 晋荀偃曰：“鸡鸣而驾，塞井夷灶，惟余马首是瞻！”

**不及马腹** 楚伐宋，宋告急于晋。晋侯欲救之，伯宗曰：“不可。古人有言曰：‘虽鞭之长，不及马腹。’天方授楚，不可与争。”

**塞翁失马** 《北史》：塞上翁匹马亡入胡，人吊之。翁曰：“安知非福乎？”后马将骏马归。人贺之，翁曰：“安知非祸乎？”后其子骑，折髀。

人吊之，翁曰："又安知非福乎？" 后兵，出丁壮者，免其子，以跛相保。

**弃人用犬** 晋灵公饮赵盾酒，伏兵将攻之，其右提弥明知之，趋登，扶盾以下。公嗾夫獒焉，明搏而杀之。盾曰："弃人用犬，虽猛何为？"

**跖犬吠尧** 汉高祖既杀韩信，诏捕蒯彻。既至，上曰："若教淮阴侯反乎？" 对曰："然。秦失其鹿，天下共逐之。高材捷足者先得焉。跖之犬吠尧，尧非不仁，吠非其主也。"

**指鹿为马** 秦赵高欲专权，乃先设验，持鹿献二世，曰："马也！" 二世笑曰："丞相误也，谓鹿为马。" 问左右，或默，或言。高阴中言鹿者以法。

**守株待兔** 《韩子》：宋人有耕者，田畔有株，兔走触之，折颈而死，因释耕守株，觊复得兔，为宋国笑也。

**多歧亡羊** 《列子》：杨子之邻人亡羊，既率其党，又请杨子竖追之。杨子曰："嘻！亡一羊，何追之众？" 曰："多歧。" 既反，问："获羊乎？" 曰："亡之矣。" 曰 "奚亡之？" 曰："歧路之中又有歧焉，吾不知所之，所以反也。"

**飞越峰** 洪武初，夷人献良马十，其一白者，乃得之贵州养龙坑。坑旁水深而远，下有灵物，春和多系牝马，云雾晦冥，必有与马接，其产即龙驹。故此马首高九尺，长丈馀，莫可控御。敕典牧者囊沙四百斤，压而乘之，行如电蹑，片尘不惊，赐名飞越峰，命学士宋濂赞。

燧人氏始著物虫鸟兽之名。鲧始服牛。相士始乘马。伏羲始畜牺牲。夏后氏始食卵。汉文帝始匍洁六畜。后魏始禁宰牛马。唐高祖始断屠。

**黄耳** 陆机有快犬曰黄耳，性黠慧，能解人语，随机入洛。久无家问，作书以竹筒戴犬项，令驰归，复得报还洛。今有黄耳冢。

**白鹿夹毂** 汉郑弘为淮阴守，岁旱，弘行田间，雨即至。时有白鹿在道，夹毂而行。主簿贺曰："闻三公车轮画鹿，明公必大拜矣！" 果验。

**麈** 出终南诸山。鹿之大者曰麈，群鹿随之，视麈尾为响道，故古之谈者挥焉。

**飞鼠** 其物飞而生子。难产者，以皮覆之则易，故又名催生。

**糖牛** 桂平出。里人知牛嗜盐，乃以皮裹手，涂盐于上，入穴探之。其角如玉，取以为器。

**射鹿为僧** 陈惠度于剡山射鹿，鹿孕而伤，既产，以舌舐子，干而母死，惠度遂投寺为僧。后鹿死处生草，名曰鹿胎草。

**野宾** 宋王仁裕尝畜一猿，名曰野宾。一日放于嶓冢山。后仁裕复过此，见一猿迎道左，从者曰："野宾也。"随行数十里，哀吟而去。

**凭黑虎** 卓敬年十五，读书宝香山，风雨夜归迷失道，得一兕牛，凭之归，入门，乃黑虎也。

**题《虎顾众彪图》** 明成祖出图，命解缙题句。缙诗云："虎为百兽尊，谁敢撄其怒？惟有父子恩，一步一回顾。"帝见诗有感，即令夏原吉迎太子于南京。

**熊入京城** 弘治间，有熊入西直门，何孟春谓同列曰："熊之为兆，宜慎火。"未几，在处有火灾。或问孟春曰："此出何占书？"孟春曰："余曾见宋纪：永嘉灾前数日，有熊至城下，州守高世则谓其倅赵允綰曰，熊于字'能火'，郡中宜慎火。果延烧十之七八。余忆此事，不料其亦验也。"

**不忍** 孟孙猎得麑，使西巴持归。麑母随之啼泣，西巴不忍，与之。孟孙大怒，逐西巴。寻召为其子傅，谓左右曰："夫不忍麑，且吾子乎！"

**的卢** 刘表赠备一马，名曰的卢。一日，遇伊籍，曰："此马相恶，必妨主。"备未之信。表妻蔡氏忌备，嘱弟瑁设筵暗害。备觉，出奔，前阻檀溪，后为瑁兵所逼，乃下溪，策马曰："的卢的卢，今日妨吾。"的卢于急流深处，一跃三丈，飞渡西岸。瑁惊骇而退。

**获两虎** 《史记》：陈轸曰：卞庄子刺虎，馆竖子止之，曰："两虎方共食一牛，牛甘必斗，斗则大者伤，小者亡，从而刺之，一举两得。"果获两虎。

**牛羊犬豕别名** 《礼记》：牛曰太牢。羊曰少牢。又牛曰一元大武。羊曰柔毛，又曰长髯主簿。豕曰刚鬣，又云乌喙将军。韩卢，六国时韩氏之黑犬。楚犷、宋猎，皆良犬也。又曰："大夫之家，无故不杀犬豕。"家豹、乌圆，皆猫之美誉。

**鹿死谁手** 石勒曰："使朕遇汉高，当北面事之。若遇光武，可与并驱中原，未知鹿死谁手。"

**续貂** 《晋书》：赵王伦篡位，奴卒亦加封秩，貂蝉满座。语曰："貂不足，狗尾续！"

**拒虎进狼** 《鉴断》：汉和帝年才十四，乃能收捕窦氏，足继孝昭之烈。惜其与宦官议之，以启中常侍亡汉之阶。语曰："前门拒虎，后门进狼。”此之谓也。

**焉得虎子** 《吴志》：吕蒙欲从当，母叱之。蒙曰：“不入虎穴，焉得虎子？”又班超使西域，鄯善王广礼敬甚备。匈奴使来，更疏懈。超会其吏士三十六人，曰：“不入虎穴，不得虎子。”遂夜攻虏营，斩其使。

**羊触藩篱** 《易经》：“羝羊触藩，羸其角。”

**制千虎** 《宋史》：常安民遗吕公著书曰：“去小人不难，胜小人难耳。尝见猛虎负嵎，卒为人胜者，人众而虎寡也。今奈何以数千人而制千虎乎？”公著得书，默然。

**搏蹇兔** 《史记》：范雎谓秦昭王曰：“以秦治诸侯，譬犹走韩卢而搏蹇兔也。”

**瞎马临池** 《世说》：顾恺之与殷仲堪作危语，有一参军在坐，曰：“盲人骑瞎马，夜半临深池。”以仲堪眇一目故也。

**教猱升木** 猱，猴属，性善升木，不待教而能者。《诗经》：毋教猱升木。

**城狐社鼠** 《韩诗外传》：“社鼠不攻，城狐不灼。”恐其坏城而伤社也。

**陶犬瓦鸡** 《金楼子》：“陶犬无守夜之警，瓦鸡无司晨之益。”

**羊质虎皮** 《杨子》：“羊质而虎皮，见草而悦，见豺而战，忘其皮之虎也。”

**九尾狐** 宋陈彭年奸佞不常，时号“九尾狐。”

**猬务** 猬似豪猪而小，其毛攒起如矢，言人事之丛杂似之。故事多曰“猬务”。

## 鳞介

**龙有九子** 一曰赑屭，似龟，好负重，故立于碑趺；二曰螭吻，好远望，故立于屋脊；三曰蒲牢，似龙而小，好叫吼，故立于钟纽；四曰狴犴，似虎，有威力，故立于狱门；王曰饕餮，好饮食，故立于鼎盖；六曰趴蝮，好水，故立于桥柱；七曰睚眦，好杀，故立于刀环；八曰金猊，形似狮，好烟火，故立于香炉；九曰椒图，似螺蚌，性好闲，故立于门铺。

**尺木** 龙头上有一物，如博山形，名曰尺木。龙无尺木，不能升天。

**攀龙髯** 黄帝采铜，铸鼎于荆山下。鼎成，有龙垂胡髯下迎帝骑龙上，群臣后宫从上者七十馀人，小臣不得上，悉持龙髯，髯拔，堕弓。抱其弓而号。后世名其处曰鼎湖，名其弓曰乌号。

**龙漦** 夏后藏龙漦于匮，周厉王发之，漦化为鼋，入于王府。府中童妾娠之生女，弃于道，有夫妇窃之至褒。后褒人有罪，纳女于幽王，是为褒姒。

**痴龙** 昔有人堕洛中洞穴，见宫殿人物九处，捋大羊髯，得珠，取食之。出问张华，华曰："九仙馆也。大羊乃痴龙。"

龙不见石，人不见风。鱼不见水，鬼不见地。

**梭龙** 陶侃少时，尝捕鱼雷泽，得一铁梭，还挂著壁。有顷，雷雨大作，梭变成赤龙，腾空而去。

**画龙** 叶公子高好龙，雕文画之。一旦，真龙入室，叶公弃而还走，失其魂魄。故曰叶公非好真龙也，好夫似龙而非龙者也。

**行雨不职** 唐普闻师聚徒说法，有老人在旁，问之，答曰："某此山之龙，因病，行雨不职见罚，求救。"师曰："可易形来。"俄为小蛇，师引入净瓶，覆以袈裟。忽云雨晦冥，雷电绕空而散。蛇出，复为老人而谢："非藉师力，则腥秽此地矣。"出泉以报。

**金吾** 亦龙种。形似美人，首尾似鱼，有两翼，其性通灵，终夜不寐，故用以巡警。

**螺女** 闽人谢端得一大螺如斗，畜之家。每归，盘餐必具。因密伺，乃一姝丽甚，问之，曰："我天汉中白水素女。天帝遣我为君具食。今去，留壳与君。"端用以储粟，粟常满。

**射鳝** 越王郢于福州溪中，见一鳝长三丈，郢射中之，鳝以尾环绕，人马俱溺。

**鲙残鱼** 出松江。昔吴王江行食鲙，以残者弃水面，化而为鱼。

**横行介士** 《抱朴子》：山中辰日称无肠公子者，蟹也。《蟹谱》："出师下岩之际，忽见蟹，称为横行介士。"

**蛟龙得云雨** 周瑜谓孙权曰："刘备有关、张熊虎之将，肯久屈人下哉？恐蛟龙得云雨，终非池中物也。"

**生龟脱筒** 金华俞清建老云：荆公欲使脱逢掖、著僧伽黎，遂去室家妻子之累，犹生龟脱筒，亦难堪忍。

**杯中蛇影** 乐广为河南尹，宴客。壁上有悬弩照于杯中，影如蛇，客惊谓蛇入腹，遂病。后至其故处，知为弩影，病遂解。

**率然** 《博物志》：率然一身两头，击其一头，则一头至；击其中，则两头俱至。故行军者有长蛇阵法。

**鱼求去钓** 汉武欲伐昆明，凿池习水战，刻石为鲸鱼，每雷雨至则鸣，鬐尾皆动。尝有人钓此，纶绝而去。鱼梦于武帝，求去其钩。明日，帝游池上，见一鱼衔钩，曰："岂非昨所梦乎？"取鱼去钩而放之。后帝复游池畔，得明月珠一双，叹曰："岂鱼之报也！"

**打草惊蛇** 王鲁为当涂令，黩货为务。会部民连状诉主簿贪贿，鲁判曰："汝虽打草，吾已惊蛇。"

**干蟹愈疟** 《笔谈》：关中无蟹，有人收得一干蟹，土人怪其形以为异，每人家有疟者，借去悬于户，其病遂痊。是不但人不识，鬼亦不识矣。

**鱼婢蟹奴** 《尔雅》：鱼婢，小鱼也，亦曰妾鱼。大蟹腹下有数十小蟹，名蟹奴。

**画蛇添足** 陈轸对楚使曰：三人饮酒，约画地为蛇，先成者饮。一人先成，举酒而起，曰："吾先成，且添为之足。"其一人夺酒饮，曰："蛇无足，汝添足，非蛇也。"

**髯蛇** 长十丈，围七八尺。常在树上伺鹿兽过，便低头绕之，有顷，鹿死，先濡令湿，便吞食之，头角骨皆钻皮自出。

**珠鳖** 广东电白海中出珠鳖，状如肺，有四眼六脚而吐珠。一曰文魮，鸟头鱼尾，鸣如磬而生玉。

**鯈鱼** 建昌修水出鯈鱼。郭璞云："有水名修，有鱼名鯈。天下大乱，此地无忧。"俗呼西河。

**墨龙** 抚州学有右军墨池。韩子苍《杂记》：池中忽时水黑，谓之黑龙。此物见，则士子应试者得人必多。屡验。

**飞鱼** 晋吴隶筑鱼塞于湖，忽闻空中云："晚有大鱼攻塞，勿杀！"须臾，大鱼果至，群鱼从之。隶误杀大鱼，是夕风雨横作，鱼悉飞树上。

**咒死龙** 石勒时大旱，佛图澄于石井冈掘一死龙，咒而祭之，龙腾空而上，雨即降。今有龙冈驿。

**四蛇卫之** 开刑鲋山。《山海经》云：颛顼葬其阳，九嫔葬其阴，四蛇卫之。

**白帝子** 汉高祖微时，见白蛇当道，挥剑斩之。后者老妪泣曰：吾子，白帝子也，化蛇当道，为赤帝子所杀。

**唤鱼潭** 青神中岩有唤鱼潭，客至，抚掌，鱼辄群出。

**斩蛟** 隋赵昱为嘉川守。犍为潭中有老蛟作虐，昱持刀入水，顷之潭水尽赤，蛟已斩。一日，弃官去。后嘉陵水涨，见昱云雾中骑白马而下，宋太宗赐封"神勇"。

**孩儿鱼** 磁州出鱼，四足长尾，声如婴儿啼，因名孩儿鱼，其骨燃之不灭。

**黄雀鱼** 出惠州。八月化为雀，十月后入海化为鱼。

**五色鱼** 陇州鱼龙川有鱼，五色，人不敢取。杜甫诗"水落鱼龙夜"，即此。

**视龙犹蝘蜓** 禹南巡狩，会诸侯于涂山，执玉帛者万国。禹济江，黄龙负舟，舟中人惧。禹仰天叹曰："吾受命于天，竭力以劳万民。生寄也，死归也，余何忧于龙焉。"视龙犹蝘蜓，颜色不变。须臾，龙俯首低尾而逝。

**双鲤** 萧山县之城山，山颠有泉，嘉鱼产焉。阖闾侵越，勾践退保此山，意其乏水，馈以米盐。勾践取双鲤报之，吴兵夜遁。

**石蟹** 生于崖（海南岛）之榆林，港内半里许，土极细腻，最寒，但蟹入则不能运动，片时即成石矣，人获之，则曰石蟹。置之几案，能明目。

**鲥鱼** 一名箭鱼。腹下细骨如箭镞，此东坡有"鲥鱼多骨之恨"也。其味美在皮鳞之交，故食不去鳞。肋鱼似鲥而小，身薄骨细，冬月出者名雪肋，味最佳。至夏，则味减矣。

**龟历** 陶唐之世，越裳国献千岁神龟，方三尺馀，背上有文，皆蝌蚪书，记开辟以来事，帝命录之，谓之龟历。

**元绪** 孙权时，永康有人入山，遇一大龟，载入吴，夜泊越里，缆舟于大桑树。宵中，树呼龟曰："劳乎元绪，奚事尔耶！"因呼龟为元绪。

**河豚** 状如蝌蚪，腹下白，背上青黑，有黄文，眼能开闭，触物便怒，腹胀如鞠，浮于水上，人往取之。河豚毒在眼、子、血三种。中毒者，血麻、子胀、眼睛酸，芦笋、甘蔗、白糖可以解之。

**集鳣** 杨震聚徒讲学，有雀衔三鳣，集讲堂前。皆曰："鳣者，卿大夫服之象也。数三者，三台也。先生自此升矣。"果如其言。

**子鱼** 宋显仁太后谓秦桧妻曰："子鱼大者绝少。"桧妻曰："妾家有大者。"桧闻，责其失言，乃以青鱼百尾进。太后笑曰："我道这婆子村，果然！”

**鳍鱼** 长二丈，皮可鑢物。其子旦从口出，暮从脐入，腹里两洞肠，贮水以养子。肠容二子，两则四焉。

**岩蛇** 龟身、蛇尾、鹰嘴、鼍甲，下有四足，足具五爪，大如癞头鼋，硬似穿山甲，其壳极坚，其爪极利，茅竹青柴到口即碎，著人之肌肤，咬必透骨。台温山下，此物极多。

**懒妇鱼** 江南有懒妇鱼，即今之江豚是也。鱼多脂，熬其油可点灯。然以之照纺绩则暗，照宴乐则明，谓之馋灯。

**脆蛇** 无胆，畏人。出昆仑山下。闻人声，身自寸断，少顷自续，复为长身。凡患色痨者，以惊恐伤胆，服此可以续命，兼治恶疽、大麻疯及痢。腰以上用首，以下用尾。

**瓦楞蚶** 宁海沿海有蚶田，用大蚶捣汁，竹筅帚洒之，一点水即成一蚶，其状如荸荠，用缸砂壅之，即肥大。

**蝤蛑** 陶穀出使吴越，忠懿王宴之，因食蝤蛑。询其名类，忠懿王命自蝤蛑以至彭蜞，罗列十馀种以进。穀视之，笑谓忠懿王曰："此谓一蟹不如一蟹也。"

**牡蛎** 一名蠔山。《本草》：牡蛎附石而生，磈礧相连如房。初生海岸，身如拳石，四面渐长，有一二丈者。一房内有蠔肉一块，肉之大小，随房所生。每潮来，则诸房皆开，有小虫入，则合之，以充饥腹。

**绿毛龟** 蕲州出。龟背有绿毛，长尺馀，浮水中，则毛自泛起。压置壁间，数年不死，能辟飞蛇。

**蛤** 隋帝嗜蛤，所食以千万计。忽有一蛤置几上，一夜有光。及明，肉自脱，中有一佛二菩萨像，帝自是不复食蛤。

**蚌** 沈宫闻戏于栖水，获一蚌。煮食时，中有一珠，长半寸，俨然大士像，惜煮熟失光，为徽人售去。

**舅得詹事** 燕文贞公女嫁卢氏，尝为舅求官。公下朝，问焉。公但指支床龟视之。女拜而归，告其夫曰："舅得詹事矣。"

**三足鳖** 黄庭宣知太仓，民有食三足鳖而化地上，止存发一缕、衣服等物，如蜕形者，人以其妇杀夫报官。庭宣令捕三足鳖，召妇依前烹治，出重囚食之，亦尽化去。

**鱼羹荆花** 许襄毅官山左，有民布田，其妇馌之，食毕而死。襄毅询

原文

其所飧物，及所经道路。妇曰："鱼汤米饭，度自荆林。"公乃买鱼作饭，投荆花于中，试之狗彘，无不死者。

**毒鳝** 铅山卖薪者性嗜。一日，市归，烹食，腹痛而死。张昺治其狱。召渔者捕，得数百斤，中有昂头出水二三寸者七条，烹与死囚食，亦腹痛而死。

**两头蛇** 孙叔敖幼时遇两头蛇于路，杀而埋之。相传见此者必死，归泣告于母。母曰："蛇今安在？"对曰："恐害他人，已杀而埋之矣。"母曰："汝有利人心，天必祐之！"果无恙。

**筝弦化龙** 唐刺史韦宥，于永嘉江浒沙上获筝弦，投之江中，忽见白龙腾空而去。

**牒蚌珠之仇** 夏原吉治浙西水患，宿湖州慈感寺，夜有妪携一女来诉曰："久窟于潮音桥下，岁被邻豪欲夺吾女，乞大人一字为镇。"公书一诗与之。公至吴淞江，有金甲神来告曰："聘一邻女已久，无赖赚大人手笔，抵塞不肯嫁，请改判。"公张目视之，神逡巡畏避。公忆曰："是慈感蚌珠之仇也。"牒于海神。次日，大风雨，震死一蛟于钱溪之北。

**与蛇同产** 窦武产时，并产一蛇，投之林中。后母卒，有大蛇径至丧所，以头击柩，若哀泣者，少间而去。时谓窦氏之祥。

**得鱼忘筌** 《庄子》："筌者所以得鱼，得鱼而忘筌。"比受恩而不知报也。

**鱼游釜中** 广陵张婴泣告张纲曰："荒裔愚民，相聚偷生，若鱼游釜中，知其不可久。今见明府，乃更生之辰也。"

**巴蛇** 《山海经》："巴蛇蚕象，三岁而出其骨。"

## 虫豸

**鞠通** 孙凤有一琴能自鸣，有道士指其背有蛀孔，曰："此中有虫，不除之，则琴将速朽。"袖中出一竹筒，倒黑药少许，置孔侧，一绿色虫，背有金线文，道人纳虫于竹筒竟去。自后琴不复鸣。识者曰："此虫名鞠通，有耳聋人置耳边，少顷，耳即明亮。喜食古墨。"始悟道人黑药，即古墨屑也。

**蝗** 有四种：食心曰螟，食叶曰螣，食根曰蟊，食节曰贼。赵抃守青州，蝗自青齐入境。遇风退飞，堕水而死。马援为武陵守，郡连有蝗，援赈贫羸，薄赋税，蝗飞入海，化为鱼虾。孙觉簿合肥，课民搏蝗若干，官以米易之，竟不损禾。宋均为九江守，蝗至境辄散。贞观二年，唐太宗祝天吞蝗，蝗不为祟。

**水母** 东海有物，状如凝血，广数尺，正方圆，名曰水母。俗名海蜇，一名虾蛇（音射）。无头目。所处则众虾附之，盖以虾为目也。色正淡紫。《越绝书》云："水母以虾为目，海镜以蟹为肠。"

**海镜** 广中有圆壳，中甚莹滑，照如云母。壳内有少肉如蚌，腹中有小蟹。海镜饥，则蟹出拾食，蟹饱归腹，海镜亦饱。迫之以火，蟹即走出，此物立毙。

**百嘴虫** 温会在江州观鱼，见渔子忽上岸狂走。温问之，但反手指背，不能言。渔子头面背黑，细视之，有物如荷叶，大尺许，眼遍其上，咬住不可取。温令以火烧之，此物方落，每一眼底有嘴如钉。渔子背上出血数斗而死，莫有识者。

**自缢虫** 汉光武六年，山阴有小虫千万，皆类人形，明日皆悬于树枝，自缢死之。

**螟蛉** 诗曰："螟蛉有子，蜾蠃负之。"螟蛉，桑虫也。蜾蠃，蒲芦也。蒲芦穷取桑虫之子，负持而去，养以成子。故世之养子，号曰螟蛉也。蜾蠃负螟蛉之子，祝曰："类我，类我！"七日夜化为己也，故又谓之"速肖"。

**萤火** 腐草所化。隋炀帝于景华宫，征求萤火，得数斛，盛以大囊，夜出游，如散火光遍于山谷。

**怒蛙** 越王既为吴辱，思以报复。一日出游，见怒蛙而式之，左右问其故，王曰："有气如此，何敢不式！"战士兴起，皆助越反矣。

**守宫** 蜥蜴。以器养之，喂以丹砂，满七斤，捣治万杵，以点女子体，终身不灭，若有房室之事则灭矣。言可以防闲淫佚，故谓之"守宫"。

**绿螈** 《二酉馀谈》：一人为蛇伤，痛苦欲死。见一小儿曰："可用两刀在水相磨，磨水饮之，神效。"言毕，化为绿螈，走入壁孔中。其人如方服之，即愈。因号绿螈为蛇医。又云：蛇医形大色黄，蛇体有伤，此虫辄衔草傅之，故有医名。

**蜥蜴噏油** 钱王宫中，使老媪监更。一夕，有蜥蜴沿银釭吸油，既竭。而倏然不见。次日王曰："吾昨夜梦饮麻膏而饱。"更媪骇异。

**寄居虫** 形似蜘蛛，而足稍长。本无壳，入空螺壳中载以行。触之，缩足如螺，火炙之乃出。

**蝤虫** 有蝤虫者，一身两口，争相啮也，遂相食，因自杀。人臣之争事，而亡其国者，皆蝤类也。

**螳臂** 螳螂，一名刀螂。前二足如刀而多锯齿，能捕蝉。见物欲以二足相搏，遇车辙而亦当之。故曰："螳臂当车"。

**蚬** 一名缢女。长寸许，头赤身黑，喜自经死。云是齐东郭姜所化。

**恙** 毒虫也，能伤人。古人草居露处，故早起相见问劳，必曰："无恙乎？"又曰：恙，忧也。又：獇，食人兽。

**泥** 南海有虫，无骨，名曰泥。在水中则活，失水则醉，如一堆泥。故诗人讥周泽曰"一日不斋醉如泥"。

**蜮** 一名短狐。处于江水，能含沙射人，所中者头痛发热，剧者至死。一名射影。凡受射者，其疮如疥。四月一日上弩，八月一日卸弩，人不能见，鹅能食之。一曰以鸡肠草捣涂，经日即愈。

**蚁斗** 殷仲堪父病疟，悸闻床下蚁动，谓是牛斗。

**书押** 米芾守无为州，池中蛙声聒人，芾取瓦片书"押"字投之，遂不鸣。上有芾书"墨池"二字为额。

**白虾** 赵抃镇蜀时，以白虾寄余氏，放之池中，生息不绝；或畜他所，虾色辄变白。虾池在开化。

**西施舌** 似车螯而扁，生海泥中，常吐肉寸馀，类舌。俗甘其味，因名西施。

**蛛鹰** 方宽守淮安，有盗杀，无名。适蛛堕于几，鹰下于庭。宽曰："杀人者岂朱英乎？"按籍捕之，果然。

**五蜂飞引** 万鹏举为万安丞，有民妇诉其夫及五子为盗所杀，不知其尸者。一日，有五蜂旋绕行。万曰："汝若真魂，宜前飞引。"蜂遥临掩骸处，得衣带上所系买布数人名姓，推鞫之，遂雪其冤。

**水虎** 沔水中有物曰"水虎"，如三四岁小儿，鳞甲如鲮鲤，射之不可入。七八月间好在碛上曝。膝头似虎，掌爪常没入水中，露出膝头。小儿不知，欲取戏弄，便杀人。

**商蚷** 《庄子》曰："是犹使蚊负山，商蚷驰河也，必不胜任也。"商蚷，马蚿也。

**偃鼠**　《庄子》曰："鹪鹩巢于深林，不过一枝；偃鼠饮河，不过满腹。"

**谢豹**　虢郡有虫名"谢豹"，见人时，以前脚交覆其首，如羞状。故得罪于人，曰"负谢豹之耻"。

**玄驹**　蚁也。河内人见人马数万，大和黍米，来往奔驰，从朝至暮。家人以火烧之，人皆成蚊蚋，马皆成大蚁，故今人呼蚊蚋曰黍民，名蚁曰玄驹。

**鼫鼠五技**《荀子》："鼫鼠五技而穷"。谓能飞，不能上屋；能缘，不能穷木；能游，不能渡谷；能穴，不能掩身；能走，不能先人。

**飞蝉集冠**　梁朱异为通事舍人，后除中书郎。时秋日始拜，有飞蝉集于异冠上，或谓蝉珥之兆。

**群蚁附膻**　卢垣书："今之人奔尺寸之禄，走丝毫之利，如群蚁之附膻腥，聚蛾之投爝火，取不为丑，贪不避死。"

**萤丸却矢**　萤，一名宵烛，一名丹凤，《类聚》曰：务成子曰：以萤为丸能却矢。汉武威太守刘子南得其方，合而佩之，尝与虏战，为其所围，矢下如雨，离数辄堕地，不能中伤。虏以为异，乃解围去。

**丈人承蜩**《庄子》：痀瘘者承蜩，犹掇之也。仲尼曰："子巧乎？有道邪？"曰："我有道也。五、六月累丸二而不坠，则失者锱铢；累三而不坠，则失者什一；累五而不坠，犹掇之也。"仲尼曰："用志不分，乃凝于神。"

**以蚓投鱼**　陈使傅縡聘齐，齐以薛道衡接对之。縡赠诗五十韵，衡和之，南北称美。魏收曰："傅縡所谓以蚓投鱼耳。"

**投鼠忌器**　贾谊策："谚曰：'欲投鼠而忌器。'鼠近于器，尚惮而不投，况贵臣之近主乎！"

**蝶庵**　李愚好睡，欲作蝶庵，以庄周为开山第一祖，陈抟配食，宰予、陶潜辈祀之两庑。

**箕敛蜂窠**　皇甫湜常命其子松录诗数首，一字少误，诟詈且跃，手杖不及，则啮腕血流。尝为蜂螫手指，乃大噪，散钱与里中小儿及奴辈，箕敛蜂窠于庭，命捶碎绞汁以偿其痛。

**石中金蚕**　丹阳人采碑于积石之下，得石如拳。破之，中有一虫，似蛴螬状，蠕蠕能动，人莫能识，因弃之。后有人语曰："若欲富贵，莫如得石中金蚕，畜之则宝货自至。"询其状，则石中蛴螬耳。

**凤子**　大蝶，一名凤子，见韩偓诗。《异物志》：昔有人渡海，见一物如蒲帆，将到舟，竞以篙击之，破碎堕地，视之，乃蝴蝶也。海人去其翅足，秤肉得八十斤，啖之，极肥美。

**蜈蚣**　葛洪《遐观赋》：蜈蚣大者长百步，头如车箱，屠裂取肉，白如瓠。《南越志》曰：蜈蚣大者其皮可以鞔鼓，其肉曝为脯，美于牛肉。

**蝶幸**　唐明皇春宴宫中，使妃嫔各插艳花，帝亲捉粉蝶放之，随蝶所止者幸之。谓之蝶幸。后贵妃专宠，不复作此戏。

**蠋**　《埤雅》：蠋大虫，如指似蚕，一名厄。《韩非子》：鳣似蛇，蚕似蠋，人见蛇则惊骇，见蠋则毛起。然妇人拾蚕，而渔者握鳣，故利之所在，皆为贲育。

**蠁**　《广雅》云：蠁，虫之知声音也。《埤雅》：蠁，善令人不迷。故从"嚮"。太冲"景福肸蠁而兴作"，言福如虫群起。

**蟋蟀**　贾秋壑《促织经》曰：白不如黑，黑不如赤，赤不如青麻头。青项、金翅、金银丝额，上也；黄麻头，次也；紫金黑色，又其次也。其形以头项肥，脚腿长，身背阔者为上。顶项紧，脚瘦腿薄者为上。虫病有四：一仰头，二卷须，三练牙，四踢脚。若犯其一，皆不可用。促织者，督促之意。促织鸣，懒妇惊。袁瓘《秋日诗》曰："芳草不复绿，王孙今又归。"人都不解，施荫见之曰："王孙，蟋蟀也。"

**虱**　苏隐夜卧，闻被下有数人齐念杜牧《阿房宫赋》，声紧而小，急开被视之，无他物，惟得大虱十馀。

**蠛蠓**　一名醯鸡，蜉蝣之类。郭璞曰："蠓飞硙则风，舂则雨。"

**虮虱**　《东汉记》：马援击寻阳山贼，上书曰："除其竹木，譬如婴儿头多虮虱，而剃之荡然，虮虱无所复附。"书奏，上大悦，出小黄门头有虱者皆剃之。

**蚊**　旧传有女子过高邮，去郭三十里，天阴，蚊盛，有耕夫田舍在焉。其嫂欲共止宿，女曰："吾宁死，不可失节。"遂以蚊嘬死，其筋见焉。人为立祠，曰"露筋庙"。

**当蚊**　展禽者，少失父，与母居，佣工膳母。天多蚊，卧母床下，以身当之。

**为官为私**　晋惠帝尝在华林园，闻虾蟆声，谓左右曰："此鸣者为官乎？为私乎？"

# 卷十八 荒唐部

## 鬼神

**伯有为厉** 郑子皙杀伯有，伯有为厉。赵景子谓子产曰："伯有犹能为厉乎？"子立曰："能。人生始化曰魄。既生魄，阳曰魂。用物精多，则魂魄强，是以有精爽至于神明。匹夫匹妇强死，其魂魄犹能凭依于人，以为淫厉，况良霄三世执其政柄而强死，其能为鬼，不亦宜乎！"

**豕立人啼** 齐侯田于贝丘，见大豕，从者曰："公子彭生也。"豕人立而啼。

**披发搏膺** 晋侯杀赵同、赵括，及疾，梦大厉鬼披发搏膺而踊，曰："杀予孙，不义。余得请于帝矣！"

**何忽见坏** 王伯阳于润州城东僦地葬妻，忽见一人乘舆导从而至，曰："我鲁子敬也，葬此二百馀年。何忽见坏？"目左右示伯阳以刀，伯阳遂死。

**墓中谈易** 陆机初入洛，次河南，入偃师。夜迷路，投宿一旅舍。见主人年少，款机坐，与言《易》理，妙得玄微，向晓别去。税骖村居，问其主人，答曰："此东去并无村落，止有山阳王家冢耳。"机乃怅然，方知昨所遇者，乃王弼墓也。

**生死报知** 王坦之与沙门竺法师甚厚，每论幽明报应，便约先死者当报其事。后经年，师忽来，云："贫道已死，罪福皆不虚。惟当勤修道德，以升跻神明耳。"言讫，不见。

**乞神语** 赵普久病，将危，解所宝双鱼犀带，遣亲吏甄潜谒上清宫醮谢。道士姜道玄为公叩幽都，乞神语。神曰："赵普开国勋臣，奈冤对不可避。"姜又叩乞言冤者为谁。神以淡墨书四字，浓烟罩其上，但识末"火"而已。道玄以告普。曰："我知之矣，必秦王廷美也。"竟不起。

**无鬼论** 昔阮瞻素执无鬼论，自谓此理可以辨正幽明。忽有客通名谒瞻，瞻与言鬼神之事，辨论良久。客乃作色曰："鬼神古今圣贤所共传，君何得独言无耶？仆便是鬼！"于是变为异形，须臾消灭。

**魑魅争光** 嵇中散灯下弹琴。有一人入室，初来时，面甚小，斯须转大，遂长丈馀，颜色甚黑，单衣革带。嵇熟视良久，乃吹火灭，曰：“耻与魑魅争光！”

**厕鬼可憎** 阮侃尝于厕中见鬼，长丈馀，色黑而眼大，著皂单衣，平上帻，去之咫尺。侃徐视，笑语之曰：“人言鬼可憎，果然！”鬼惭而退。

**大书鬼手** 少保冯亮少时，夜读书，忽有大手自窗入，公即以笔大书其押。窗外大呼：“速为我涤去！”公不听而寝。将晓，哀鸣，且曰：“公将大贵。我戏犯公，何忍致我于极地耶！公不见温峤燃犀事耶？”公悟，以水涤之，逊谢而去。

**司书鬼** 名曰长恩。除夕呼其名而祭之，鼠不敢啮，蠹鱼不生。

**上陵磨剑** 汉武帝崩，后见形，谓陵令薛平曰：“吾虽失势，犹为汝君。奈何令吏卒上吾陵磨刀剑乎？自今以后，可禁之。”平顿首谢，因不见。推问陵傍，果有方石可以为砺，吏卒尝盗磨刀剑。霍光欲斩之，张安世曰：“神道茫昧，不宜为法。”乃止。

**见奴为祟** 石普好杀人，未尝惭悔。醉中缚一奴，命指使投之汴河。指使怜而纵之。既醒而悔。指使畏其暴，不敢以实告。居久之，普病，见奴为祟，自以必死。指使呼奴至，祟不复见，普病亦愈。

**再为顾家儿** 顾况丧一子，年十七，其子游魂，不离其家。况悲伤不已，因作诗哭之：“老人苦丧子，日夜泣成血。老人年七十，不作多时别。”其子听之，因自誓曰：“若有轮回，当再为顾家儿。”况果复生一子，至七岁不能言，其兄戏批之，忽曰：“我是尔兄，何故批我？”一家惊异。随叙平生事，历历不误。

**鬼揶揄** 襄阳罗友，人有得郡者，桓温为席饯别。友至独后，温问之，答曰：“旦出门，逢一鬼揶揄云：‘我但见汝送人作郡，不见人送汝作郡’友惭。”温愧却。

**鬼之董狐** 晋干宝尝病气绝，积日不冷。后遂悟，见天地间鬼神事如梦觉，不自知死。遂撰古今神祇灵异人物变化，名为《搜神记》，以示刘惔。惔曰：“卿可谓鬼之董狐。”

**昼穿夜塞** 孙皓凿直渎，昼穿夜复塞，经数月不就。有役夫卧其侧，夜见鬼物来填，因叹曰：“何不以布囊盛土弃之江中，使吾辈免劳于此！”役夫晓白有司，如其言，乃成，渎长十四里。

**舌根生莲** 西晋时，地产青莲两朵，闻之所司，掘得瓦棺。开，见一老僧，花从舌根顶颅出。询及父老，曰："昔有僧诵《法华经》万，临卒遗言，命以瓦棺葬此。今造为瓦棺寺。"

**卞壶墓** 卞壶父子死难，葬于金陵。盗尝开墓，面如生，爪甲环手背。晋安帝赐钱十万封之。后明高祖将迁之，夜见白衣妇人据井而哭，已复大笑曰："父死忠，子死孝，乃不能保三尺墓乎？"言已，遂跃于井。高祖感而遂止。

**酒黑盗唇** 李克用墓金时为盗所发，郡守梦克用告曰："墓中有酒，盗饮之，唇皆黑，可验此捕之。"明日，获盗，寺僧居其半。

**为医所误** 颜含兄畿客死，其妇梦畿曰："我为医所误，未应死，可急开棺。"含时尚少，力请父发棺，馀息尚喘。含旦夕营视，足不出户者十三年，而畿始卒。嫂目失明，含求蚺蛇胆不得。忽童子受一青囊，开视之，乃蛇胆也。童子即化青鸟去。

**柳侯祠** 韩文公《碑记》：柳宗元与部将欧阳翼辈饮驿亭，曰："明岁吾将死，死而为神，当庙祀我。"及期死，翼等遂立庙。过客李仪醉酒，慢侮堂上，得疾，扶出庙门，即不起。

**义妇冢** 四明梁山伯、祝英台二人，少同学，梁不知祝乃女子。后梁为鄞令，卒葬此。祝氏吊墓下，墓裂而殒，遂同葬。谢安奏封义妇冢。

**三年更生** 梁主簿柳苌卒，葬于九江。三年后，大雨，冢崩，其子褒移葬。房棺，见父目忽开，谓褒曰："九江神知我横死，遣地神以乳饲我，故得更生。"褒迎归，三十年乃卒。

**开圹棺空** 米芾书碑云：颜真卿之使贼也，谓饯者曰："吾昔江南遇道士陶八,八受以刀圭碧霞，服之可不死。且云七十后有大厄，当会我于罗浮。此行几是。"后公葬偃师北山。有贾人至南海，见道士弈，托书至偃师颜家。及造访，则茔也。守冢苍头识公书，大惊。家人卜日开圹，棺已空矣。

**婢伏棺上** 于宝父有嬖人，宝母妒甚。因葬父，推入藏中。数年而母丧，开墓，其婢伏棺上，微有息，舆还，遂苏。问其状，言宝父为之通嗜欲，家中事纤悉与之说知，与平时无异。

**海神** 秦始皇与海中作石桥，海神为之竖柱。始皇求与相见。神曰："我形丑，莫图我形，当与帝相见。"乃入海四十里，见海神。左右杂画工于内，潜以脚画其形状。神怒曰："帝负约。速去！"始皇转马还，前脚犹立，后脚即崩，仅得登岸。画者溺死于海。又云：文登召山，始皇欲造桥度海观日出处。有神人召巨石相随而行。石行不驶，鞭之见血。今山下石皆赤色。

**黄熊入梦**　晋侯有疾，梦黄熊入梦。于时子产聘晋。晋侯使韩子问子产曰："何厉鬼乎？"对曰："昔尧殛鲧于羽山，其神化为黄熊，入于羽渊，实为夏郊，三代祀之。今为盟主，其未祀乎？"乃祀夏郊。晋侯乃间。

**辇沙为阜**　秦始皇至孔林，欲发其冢。登堂，有孔子遗瓮，得丹书曰："后世一男子，自称秦始皇。入我室，登我堂，颠倒我衣裳。至沙丘而亡。"怒而发冢。有兔出，逐之，过曲阜十八里没，掘之不得，因名曰兔沟。乃达沙丘，令开别路。见一群小儿辇沙为阜，问，曰"沙丘"。从此得病，遂死。

**钟馗**　唐明皇昼寝，梦一小鬼，衣绛犊鼻，跣一足，履一足，腰悬一履，搢一筠扇，盗太真绣香囊。上叱问之，小鬼曰："臣乃虚耗也。"上怒，欲呼力士，俄见一大鬼，顶破帽，衣蓝袍，系鱼带，靸朝靴，径捉小鬼。先刳其目，然后劈而食之。上问："尔为谁？"奏云："臣终南进士钟馗也。"

**藏璧**　永平中，钟离意为鲁相，出私钱三千文，付户曹孔䜣，治夫子车。身入庙，拭几席剑履。男子张伯，除堂下草，土中得玉璧七枚。伯怀其一，以六枚白意。意令主簿安置几前。孔子寝堂床首有悬瓮，意召孔䜣，问："何等瓮也？"对曰："夫子遗瓮。内有丹书，人弗敢发也。"意发之，得素书曰："后世修吾书，董仲舒。护吾车，拭吾履，发吾笥，会稽钟离意。璧有七，张伯藏其一。"即召问，伯果服焉。

**灶神**　姓张名单，字子郭。一名隗。又云祝融主火化，故祀以为灶神。郑玄以灶神祝融是老妇，非。灶神于己丑日卯时上天，白人罪过，此日祭之得福。《五行书》云："五月辰日，猪首祭灶，治生万倍。"

**祠山大帝**　父张秉，武陵人，一日行山泽间，遇仙女，谓曰："帝以君功在吴分，故遣相配。长子以木德王其地。"且约逾年再会。秉如期往，果见前女来归，曰："当世世相承，血食吴楚。"后生子，为祠山神。神始自长兴自疏圣泽，欲通津广德，便化为狶，役使阴兵。后为夫人李氏所见，工遂辍，故避食狶。

**泷冈阡表**　欧阳修作《泷冈阡表》碑，雇舟载回，至鄱阳湖。舟泊庐山下，夜有一叟率五人来舟，揖而言曰："闻公之文章盖世，水府愿借一观。"赍碑入水，遂不见焉。修惊悼不已。黎明，泰和县令黄庭坚至，言其事，庭坚为文檄之。方投湖中，忽空中语曰："吾乃天丁也，押骊龙往而送至永丰也。"修归家扫墓，但见水洼中云雾濛蔽，有大龟负碑而出，倏然不见，惟碑上龙涎宛然在焉。

**五百年夙愿**　张英过采石江，遇一女子绝色，谓英曰："五百年夙愿，当会于大仪山。"英叱之。抵仪陇任半载，日夕闻机声。一日，率部逐机声而往，忽至大仪山，洞门半启，前女出迎，相携而入，洞门即闭。见圆石一双，自门隙出，众取归。中道不能举，遂建祠塑像，置石于腹。

**芙蓉城主**　石曼卿卒后，其故人有见之者，恍惚如梦中言："我今为仙也，所主芙蓉城，欲呼故人共游。"不诺，忿然骑一素驴而去。

**文山易主**　赵弼作《文山传》：既赴义，其日大风扬沙，天地尽晦，咫尺不辨，城门昼闭。自此连日阴晦，宫中皆秉烛而行，群臣入朝，亦爇炬前导。世祖问张真人而悔之，赠公特进金紫光禄大夫、太保、中书令平章政事、庐陵郡公，谥忠武。命王积翁书神主，洒扫柴市，设坛以祀之。丞相孛罗行礼初奠，忽狂飙旋地而起，吹沙滚石，不能启目。俄卷其神主于云霄，空中隐隐雷鸣，如怨怒之声，天色愈暗。乃改"前宋少保右丞相信国公"，天果开霁。按正史文集皆不载此事，传疑可也。信公至明景泰中，赐谥忠烈，人多不知，附记之。

**杜默哭项王**　和州士人杜默，累举不成名，性英傥不羁。因过乌江，谒项王庙。时正被酒沾醉，径升神座，据王颈，抱其首而大恸曰："天下事有相亏者，英雄如大王而不得天下，文章如杜默而不得一官！"语毕，又大恸，泪如迸泉。庙祝畏其获罪，扶掖以出，秉烛检视神像，亦泪下如珠，揾拭不干。

**天竺观音**　石晋时，杭州天竺寺僧，夜见山涧一片奇木有光，命匠刻观音大士像。

**弄潮**　吴王既赐子胥死，乃取其尸，盛以鸱夷之皮，浮之江上。子胥因流扬波，依潮来往。或有见其乘素车白马在潮头者，因为立庙。每岁八月十五潮头极大，杭人以旗鼓迎之。弄潮之戏，盖始于此。

**黄河神**　黄河福主金龙四大王，姓谢名绪，会稽人，宋末以诸生死节，投苕溪中。死后水高数丈。明太祖与元将蛮子海牙厮杀，神为助阵，黄河水望北倒流，元兵遂败。太祖夜得梦兆，封为黄河神。

**木居士** 韩昌黎《木居士庙诗》：偶然题作木居士，便有无穷求福人。

**显忠庙** 《吴使》孙皓病甚，有神凭小黄门云："金山咸塘风潮为害，海盐县治几陷。我霍光也，常统众镇之。"翌日，皓疾愈，遂立庙。

**毛老人** 南京后湖，一名玄武湖。明朝于湖上立黄册库，户科给事中、户部主事各一人掌之，烟火不许至其地。太祖时有毛老人献黄册，太祖言库中惟患鼠耗，喜老人姓毛，音与猫同，活埋于库中，命其禁鼠。后库中并不损片纸只字。太祖命立祠，春秋祭之。

## 怪异

**贰负之骸** 《山海经》："贰负之臣曰危，与贰负杀窫窳。帝乃梏之疏属之山，桎其右足，反接两手与发，系石。"汉宣帝时，尝发疏属山，得一人，徒裸，被发反缚，械一足。因问群臣，莫能晓。刘向按此言之，帝不信，谓其妖言，收向系狱。向子歆自出救父，云："以七岁女子乳饮之，即复活。"帝令女子乳之，复活，能言语应对，如向言。帝大悦，拜向为中大夫、歆为宗正。

**旱魃** 南方有怪物如人状，长三尺，目在顶上，行走如风。见则大旱，赤地千里。多伏古冢中。今山东人旱则遍搜古冢，如得此物，焚之即雨。

**两牛斗** 李冰，秦昭王使为蜀守，开成都两江，溉田万顷。神岁取童女二人为妇。冰以其女与神为婚，径至神祠，劝神酒，酒杯恒澹澹。冰厉声以责之，因忽不见。良久，有两牛斗于江岸旁。有间，冰还，流汗谓官属曰："吾斗疲极，当相助也。南向腰中正白者，我绶也。"主簿刺杀北面者，江神遂死。

**随时易衣** 卢多逊既卒，许归葬。其子察护丧，权厝襄阳佛寺。将易以巨榇，乃启棺，其尸不坏，俨然如生。遂逐时易衣，至祥符中亦然。岂以五月五日生耶！彼释氏得之，当又大张其事，若今之所谓无量寿佛者矣。

**钱镠异梦** 宋徽宗梦钱武肃王讨还两浙旧疆，甚垦，且曰："以好来朝，何故留我？我当遣第三子居之。"觉而与郑后言之。郑后曰："妾梦亦然，果何兆也？"须臾，韦妃报诞子，即高宗也。既三日，徽宗临视，抱膝间甚喜，戏妃曰："酷似浙脸。"盖妃籍贯开封，而原籍在浙。岂其生固有本，而南渡疆界皆武肃版图，而钱王寿八十一，高宗亦寿八十一，以梦谶之，良不诬。

**马耳缺**　欧公云：丁元珍尝夜梦与予至一庙，出门见马只耳。后元珍除峡州倅，予亦除夷陵令。一日，与元珍同溯峡，谒黄牛庙。入门，惘然皆如梦中所见，门外石马，果缺一耳，相视大惊。

**见怪不怪**　宋魏元忠素正直宽厚，不信邪鬼。家有鬼祟，尝戏侮公，不以为怪。鬼敬服曰："此宽厚长者，可同常人视之哉？"

**苌弘血化碧**　苌弘墓在偃师。弘，周灵王贤臣，无罪见杀。藏其血，三年化为碧。

**二尸相殴**　贞元初，河南少尹李则卒，未殓。有一朱衣人申吊，自称苏郎中。既入，哀恸。俄顷，尸起，与之相搏，家人惊走。二人闭门殴击，及暮方息。则二尸共卧在床，长短、形状、姿貌、须髯、衣服一无异也。聚族不能识，遂同棺葬之。

**冢中箭发沙射**　刘宴判官李邈有庄客，开一古冢，极高大，入松林二百步，方至墓。墓侧有碑断草中，字磨灭，不可读。初掘数十丈，遇一石门，因以铁汁计，累日方得开。开则箭雨集，杀数人，众怖欲出。一人曰："此机耳。"则投之以石，石投则箭出，投石十馀，则箭不复发。遂列炬入，开第二门，有数十人，张目挥剑，又伤数人。众争击之，则木人也，兵仗悉落。四壁画兵卫，森森欲动。中以铁索悬一大漆棺，其下积金玉珠玑不可量。众方惧，未即掠取。棺两角飒然风起，有沙迸扑人面，则风转急，沙射如注，而便没膝。众皆遑走，甫得出墓，门塞矣，一人则已葬中。

**公远只履**　罗公远墓在辉县。唐明皇求其术，不传，怒而杀之。后有使自蜀还，见公远曰："于此候驾。"上命发冢，启棺，止存一履。叶法善葬后，期月，棺忽开，惟存剑履。

**鹿女**　梁时，甄山侧，樵者见鹿生一女，因收养之。及长，令为女道士，号鹿娘。

**风雨失柩**　汉阳羡长袁玘常言："死当为神。"一夕，痛饮卒，风雨失其柩。夜闻荆山有数千人啖声，乡民往视之，则棺已成冢。俗呼铜棺山。

**留待沈彬来**　沈彬有方外术，尝植一树于沈山下，命其子葬己于此。

及掘，下有铜牌，篆曰：“漆灯犹未灭，留待沈彬来。”

**辨南零水** 李秀卿至维扬，逢陆鸿渐，命一卒入江取南零水。及至，陆以杓扬水曰：“江则江矣，非南零，临岸者乎？”既而倾水，及半，陆又以杓扬之曰：“此似南零矣。”使者蹶然曰：“某自南零持至岸，偶覆其半，取水增之。真神鉴也！”

**试剑石** 徐州汉高祖庙旁有石高三尺馀，中裂如破竹不尽者寸。父老曰：“此帝之试剑石也。”又漓江伏波岩洞旁，悬石如柱，去地一线不合。相传为伏波试剑。

**妇负石** 在大理府城南。世传汉兵入境，观音化一妇人，以稻草縻此大石，背负而行，将卒见之，吐舌曰：“妇人膂力如此，况丈夫乎！”兵遂却。

**燃石** 出瑞州。色黄白而疏理，水灌之则热，置鼎其上，足以烹。雷焕尝持示张华，华曰：“此燃石也。”

**他日伯公主盟** 隋末温陵太守欧阳祐耻事二姓，拉夫人溺死。后人立庙，祈梦极灵。宋李纲尝宿庙中，梦神揖上座，纲固辞，神曰：“他日伯公主盟。”及拜相，值神加封，果署名额次。

**天河槎** 横州横槎江有一枯槎，枝干扶疏，坚如铁石，其色类漆，黑光照人，横于滩上。传云天河所流也。一名槎浦。

**愿留一诗** 陆贾庙在肇庆锦石山下，宋梁竑舣舟于此，梦一客自称陆大夫，云：“我抑郁此中千岁馀矣，君幸见过，愿留一诗。”竑遂题壁。

**请载齐志** 元于司马钦尝梦有赵先生者谓钦曰：“闻君修《齐志》，仆一良友葬安丘，其人节义高天下，今世所无也，请载之以励末俗。”钦觉而异之，及阅《赵岐传》，始悟为孙嵩也。岐处复壁中著书以名世，固奇男子。非嵩高谊，其志安得伸也？钦之梦，不亦可异哉！

**三石** 永安州伪汉时，有兵入靖江过此。黎明遇猎者牵黄犬逐一鹿，兵以枪刺鹿，徐视之，石也。已而，人犬与鹿皆化为石，鼎峙道旁。今一石尚有枪痕。

**悟前身** 焦竑奉使朝鲜，泊一岛屿间，见茅庵岩室扃闭，问旁僧，曰：“昔有老衲修持，偶见册封天使过此，盖状元官侍郎者，叹羡之，遂逝。此其塔院耳。”竑命启之，几案经卷宛若素历，乃豁然悟为前身。

**告大风** 宋陈尧佐尝泊舟于三山矶下，有老叟曰：“来日午大风，宜避。”至期，行舟皆覆，尧佐独免。又见前叟曰：“某江之游奕将也，以公他日贤相，故来告尔。”

**追魂碑** 叶法善尝为其祖叶国重求刺史李邕碑文，文成，并求书，邕不许。法善乃具纸笔，夜摄其魂，使书毕，持以示邕，邕大骇。世谓之追魂碑。

**牛粪金** 东吴时，有道士牵牛渡江，语舟人曰：“船内牛溲，聊以为谢。”舟人视之，皆金也。后名其地曰金石山。

**谓琯前身** 房琯，桐庐令，邢真人和璞尝过访。琯携之野步，遇一废寺，松竹萧森，和璞坐其下，以杖叩地，令侍者掘数尺，得一瓶，瓶中皆娄师德与永公书。和璞谓曰：“省此否？”盖永公即琯之前身也。

**木客** 兴国上洛山有木客，乃鬼类，形颇似人。自言秦时造阿房宫采木者，食木实，得不死，能诗，时就民间饮食。

**铜钟** 宋绍兴间，兴国大乘寺钟一夕失去，文潭渔者得之，鬻于天宝寺，扣之无声。大乘僧物色得之，求赎不许，乃相约曰：“扣之不鸣，即非寺中物。”天宝僧屡击无声，大乘僧一击即鸣，遂载以归。

**驱山铎** 分宜晋时，雨后有大钟从山流出，验其铭，乃秦时所造。又渔人得一钟，类铎，举之，声如霹雳，草木震动。渔人惧，亦沉于水。或曰此秦驱山铎也。

**旋风掣卷** 王越举进士，廷对日，旋风掣其卷入云表。及秋，高丽贡使携以上进，云是日国王坐于堂上，卷落于案，阅之异，因持送上。

**风动石** 漳州鹤鸣山上，有石高五丈，围一十八丈，天生大盘石阁之，风来则动，名风动石。

**去钟顶龙角** 宋时灵觉寺钟，一夕飞去，既明，从空而下。居人言江湾中每夜有钟声，意必与龙战。寺僧削去顶上龙角，乃止。

**投犯鳄池** 《搜神记》：扶南王范寻尝养鳄鱼十头，若犯罪者，投之池中，鳄鱼不食，乃赦之。诖误者皆不食。

**雷果劈怪** 熊翀少业南坛，夕睹一美女立于松上，众错愕走，翀略不为意，以刀削松皮，书曰：“附怪风雷折，成形斧锯分。”夜半，果雷劈之。

**飞来寺** 梁时峡山有二神人化为方士，往舒州延祚寺，夜叩真俊禅师曰：“峡据清远上流，欲建一道场，足标胜概，师许之乎？”俊诺。中夜，风雨大作，迟明启户，佛殿宝像已神运至此山矣。师乃安坐说偈曰：“此殿

原文

飞来，何不回去？”忽闻空中语曰：“动不如静。”赐额飞来寺。

**橘中二叟** 《幽怪录》：巴邛人剖橘而食，橘中有二叟奕棋。一叟曰：“橘中之乐，不减商山。”一叟曰：“君输我洲玉尘九斛，龙缟袜八緉，后日于青城草堂还我。”乃出袖中一草，食其根，曰：“此龙根脯也。”食讫，以水喷其草，化为龙，二叟骑之而去。

**牛妖** 天启间，沅陵县民家牸牛生犊，一目二头三尾，剖杀之，一心三肾。

**猪怪** 民家猪生四子，最后一子，长嘴、猪身、人腿、只眼。

**陕西怪鼠** 天启间，有鼠状若捕鸡之狸，长一尺八寸，阔一尺，两旁有肉翅，腹下无足，足在肉翅之四角，前爪趾四，后爪趾五，毛细长，其色若鹿，尾甚丰大，人逐之，其去甚速。专食谷豆，剖腹，约有升黍。

**无支祁** 大禹治水，至桐柏山，获水兽，名支无祁，形似猕猴，力逾九象，人不可视。乃命庚辰锁于龟山之下，淮水乃安。唐永嘉初，有渔人入水，见大铁索锁一青猿，昏睡不醒，涎沫腥秽不可近。

**饮水各醉** 沉酿堰在山阴柯山之前，郑弘应举赴洛，亲友饯于此。以钱投水，依价量水饮之，各醉而去。因名其堰曰“沉酿”。

**林间美人** 罗浮飞云峰侧有梅花村，赵师雄一日薄暮过此，于林间见美人淡妆素服，行且近，师雄与语，芳香袭人，因扣酒家共饮。少顷，一绿衣童来，且歌且舞。师雄醉而卧。久之，东方已白，视大梅树下，翠羽啾啾，参横月落，但惆怅而已。

**变蛇志城** 晋永嘉中，有韩媪偶拾一巨卵，归育之，得婴儿，字曰撅。方四岁，刘渊筑平阳城不就，募能城者。撅因变为蛇，令媪举灰志后，曰：“凭灰筑城，可立就。”果然。渊怪之，遂投入山穴间，露尾数寸，忽有泉涌出成池，遂名曰金龙池。

**有血陷没** 硕顶湖在安东，秦时童谣云：“城门有血，当陷没。”有老姆忧惧，每旦往视。门者知其故，以血涂门。姆见之，即走。须臾大水至，城果陷。高齐时，湖尝涸，城尚存。

**张龙公** 六安龙穴山有张龙公祠，记云：张路斯，颍上人，仕唐，为宣城令，生九子，尝语其妻曰：“吾，龙也，蓼人。郑祥远亦龙也，据吾池，屡与之战，不胜，明日取决。令吾子射：系鬣以青绢者郑也，绛绢者吾也。”子遂射中青绢者，郑怒，投合肥西山死，即今龙穴也。

**城陷为湖** 巢湖在合肥，世传江水暴涨，沟有巨鱼万斤，三日而死。合郡食之。独一姥不食。忽过老叟，曰："此吾子也，汝不食其肉，吾可亡报耶？东门石龟目赤，城当陷。"姥日往窥之。有稚子戏以朱傅龟目。姥见，急登山，而城陷为湖，周四百馀里。

**人变为龙** 元时，兴业大李村有李姓者，素修道术。一日，与妻自外家回，至中途，谓妻曰："吾欲过前溪一浴，汝姑待之。"少顷，风雨骤作，妻趋视之，则遍体鳞矣。嘱妻曰："吾当岁一来归。"欻然变为龙，腾去。后果岁一还。其里呼其居为李龙宅。

**妇女生须** 宋徽宗时，有酒家妇朱氏，年四十，忽生须六七寸。诏以为女道士。

**男人生子** 宋徽宗时，有卖菜男人怀孕生子。

**童子暴长** 元枣阳民张氏妇生男，甫四岁，暴长四尺许，容貌异常，皤腹臃肿，见人嬉笑，如俗所画布袋和尚云。

**男变为妇** 明万历间，陕西李良雨忽变为妇人，与同贾者苟合为夫妇。其弟良云以事上所司奏闻。

# 卷十九 物理部

## 物类相感

磁石引针。

琥珀摄芥。

蟹膏投漆，漆化为水。

皂角入灶突烟煤坚。

胡桃带壳烧红，其火可藏数日。

酸浆入盂，水垢浮。

灯芯能碎乳香。

撒盐入火，炭不爆。

用盐擂椒，椒味好。

川椒麻人，水能解。

带壳胡桃煮臭肉，肉不臭。

瓜得白梅则烂。

栗得橄榄则香。

猪脂炒榧，皮自脱。

芽茶得盐，不苦而甜。

井水蟹黄沙淋而清。

石灰可藏铁器。

草索可祛青蝇。

烰炭可断蚁道。

香油杀诸虫。

狗粪之中米，鸽食则死。

桐油杀荷花。

江茶枯菱。

粉螯畏椒。

蜈蚣畏油。

松毛可杀米虫。

麝香祛壁虱。

马食鸡粪，则生骨眼。

苍蝇叮蚕，生肚虫。

三月三日收荠菜花茎置灯檠上，则飞蛾蚊虫不投。

五月五日收虾蟆，能治疟，又治儿疳。

香油沫龟眼，则入水不沉。

唾沫蝶翅，则当空高飞。

乳香久留，能生舍利。

羚羊角能碎佛牙。

柿煮蟹不红。

橙合酱不酸。

麸见肥皂则不就。

荆叶辟蚊，台葱辟蝇。

唾津可溶水银，茶末可结水银。

薄荷去鱼腥。

荸荠煮铜则软，甘草煮铜则硬。

蝎畏蜗牛。

磬畏慈菇，斧怕肥皂。

螺蛳畏雪，蟹怕雾。

河豚杀树，狗胆能生。

灯芯能煮江鳅。

麻叶可辟[①]蚊子。

酒火发青，布衣拂即止。

琴瑟弦久而不鸣者，以桑叶捋之，则响亮如初。

黑鲤鱼乃老鼠变成，鳜鱼乃虾蟆变成，鳝鱼乃人发变成。

燕畏艾，雀衔艾而夺其巢。

骡马蹄曝干为末，放酒中即成水。

柳絮经宿，即为浮萍。

---

① 辟，通“避”。

杜大黄嫩子掷水化为萍。

庚午、癸卯二日舂米，不蛀。

柳叶入水，即化为杨叶丝鱼。

人参与细辛同贮则不坏。

槿树叶和石灰捣烂，泥酒醋缸则不漏。

寻泉脉，以竹火循地照有气冲炎起，下必有泉。

试盐卤，以石莲子十个投卤中，浮起五个为五成，六个六成，七个七成。五成以下，味薄无盐矣。

以锈钉磨醋写字，浓墨刷纸背，名顷刻碑。

取乌贼鱼墨书文券，岁久脱落成白纸。

灯盏中加少许盐，则油不速干。

油一斤，以胡桃一个捣烂投之，则省油。

造油烛，先以麻油浇其芯，则过霉不霉。

蜡烛风吹有泪，以盐少许实缺处。泪即止。

烧蜡有缺，嚼藕渣补之，即不漏。

写绢上字，以姜汁代水磨墨，则不沁。

蒲花和石灰泥壁及缸坛，胜如纸筋。

蓖麻子水研写字，只如空纸付去，以灶煤红丹糁之，字即现。

鸡子清调石灰粘瓷器，甚妙。

粘缀山石，以生羊肝研调面缀之，即坚牢。

池水浑浊，以瓶入粪，用箬包投水中则清。

金遇铅则碎。

核桃与铜钱同嚼，则钱易碎。

水银撒了，以青石引之，皆上石。

伏中不可铸钱，汁不消，名炉冻。

菟丝无根而生，蛇无足而行，鱼无耳而听，蝉无口而鸣。龙听以角，牛听以鼻。

石脾入水则干，出水则湿。独活有风不动，无风自摇。

鸺鹠昼暗夜明。鼠夜动昼伏。南倭海滩蚌泪著色，昼隐夜显。沃山石滴水著色，昼显夜隐。

睡莲昼开，夜缩入水底。蔓草昼缩入地，夜即复出。

以形化者牛哀为虎；以魄化者望帝为鹃，帝女为精卫；以血化者苌弘为碧，人血为磷； 以发化者梁武宫人为蛇；以气化者蜃为楼台；以泪化者湘妃为斑竹；无情化有情者，腐草为萤，朽麦化蝶，烂瓜为鱼；有情化无情者，蚯蚓为百合，望夫女为石、燕为石、蟹为石；物相化者，雀为蛤，雉为蜃，田鼠为鴽，鹰为鸠，鸠为鹰，蛤仍为雀，松化为石；人相化者，武都妇人为男子，广西老人为虎。

人食矾石而死，蚕食之不饥。鱼食巴豆而死，鼠食之而肥。

风生兽得菖蒲则死。鳖得苋则活。蜈蚣得蜘蛛则腐。鸱鸮得桑椹则醉。猫得薄荷则醉。虎得狗则醉。橘得糯米则烂。芙蕖得油则败。番蕉得铁则茂。金得翡翠则粉。

犀得人气则碎。漆得蟹则败。

萱草忘忧，合欢蠲忿。鸧鹒疗妒，䳒鵌治魇，橐蜚治畏。

金刚石遇羚羊角则碎。龙漦遇烟煤则不散。

雀芋置干地多湿，置湿地反干。飞鸟触之堕，走兽遇之僵。

终岁无乌，有寇。

鸡无故自飞去，家有蛊。

鸡日中不下树，妻妾奸谋。屋柱木无故生芝，白为丧，赤为血，黑为贼，黄为喜。

鸡来贫，狗来富，猫儿来后开质库。

犬生，家富足。

鸦风鹊雨。

猫子生，值天德月德者，无不成。忌寅生人及子令生人见。

鼠咬巾衣，明日喜至。

鹳忽移巢，必有火灾。

鸡上窠作啾声，来日必雨。

凡鸡归栖蚤，则明日晴；归栖迟，则明日雨。

乌夜啼，主米贱。

鸦慢叫则吉，急叫则凶。 一声凶，二声吉，三声酒食至。或动头点尾向人叫者，口舌灾患多凶。

鸡生子多雄，家必有喜。

夜半鸡啼，则有忧事。

燕巢人家，巢户内向，及长过尺者，吉祥。

雨时鸠鸣，有应者即晴，无应者即雨。

无故蚁聚及移窠者，天必暴雨。蚯蚓出，亦然。

白蚁虫，是日必吉辰。凡见蛇交，则有喜。

遇蛇会，急拜，求富贵必如意。

遇蛇蜕壳，急脱衣服盖之，凡谋大吉。

生鳖甲寸锉，以红苋覆之，尽成小鳖。

虾多，年必荒　蟹多，年多乱。

绩麻骨插竹园，四围竹不沿出。芝麻骨亦可。

梓木作柱，在下首，则木响叫，云争坐位。

杉木烰炭为末，安门臼中，则能自响。

钉楼板，用蹇漆树削钉，以米泔浸之，待干，钉板易入，其坚如铁。

荷花梗塞鼠穴，则鼠自去。

黄蜡与果子同食，则蜡自化去。

萝卜提硝，则硝洁白而光润。

灯芯蘸油，再蘸白矾末，能粘起炭火。

鸡蛋开顶上一小窍，倾出黄白，灌入露水，又以油纸糊好其窍，日中晒之，可以自升，离地三、四尺。

伏中收松柴，劈碎，以黄泥水中浸至皮脱，晒干，冬月烧之，无烟。竹青亦可。

竹篾以石灰水煮过，可代藤用。

## 身体

身上生肉丁，芝麻花擦之。

飞丝入眼而肿者，头上风屑少许揩之。一云珊瑚尤妙。

人有见漆生疮者，用川椒三四十粒，捣碎，涂口鼻上，则漆不能害。

指甲有垢者，白梅与肥皂同洗则净。

弹琴指甲薄者，僵蚕烧烟熏之则厚。

染头发，用乌头、薄荷入绿矾染之。

食梅牙软。吃藕则不软，一用韶粉擦之。

油手以盐洗之，可代肥皂。一云将顺手洗，自落。

脚根厚皮，用有布纹瓦或浮石磨之。

干洗头，以蒿本、白芷等分为末，夜擦头上，次早梳之，垢秽自去。

狐臭，以白灰、陈醋和，傅腋下，一方以煅过明矾擦之，尤妙。

女儿缠足，先以杏仁、桑白皮入瓶内煎汤，旋下硝、乳香，架足瓶口熏之。待温，倾出盆中浸洗，则骨软如绵。

洗浴去身面浮风，以芋煮汁洗之，忌见风半日。

梳头令发不落，用侧柏叶两大片，胡桃去壳两个、榧子三个，同研碎，以擦头皮，或浸水常搽亦可。

取靥方：桑灰、柳灰、小灰、陈草灰、石灰五灰，用水煎浓汁，入醋点之。

人鼻中气，阳时在左，阴时在右，候其时则气盛，交代时则两管皆微。

妇人月信断三五日交接者是男，二四日交接者是女。

夏月面最热，扇面则身亦凉；冬月足最冷，烘足则身亦暖。

善睡者以淡竹叶晒干为细末，用二钱水一盏调服，则终夜不寐，可以防贼。如以热汤调服，则睡至晓。

附子末数钱，用水两碗煎数沸濯足，远行足不痛。

宣州木瓜治脚气，煎汤洗之。

面上生疮，疑是漆咬者，以生姜擦之，热则是，不热即非。

患咳逆，闭气少时即止。

脚麻，以草芯贴眉心，左麻贴右，右麻贴左。

蹉气筋骨牵痛则正坐，随所患一边，以足加膝上立愈。

脚筋抠，左脚操起右阴子，右脚操起左阴子，即止。

身上疖毒初起，以中夜睡觉未语时唾津涂之，涂数十次，渐消。

左边鼻衄，用带子缚七里穴。

脚转筋，款款攀足大拇指少顷，立止。

新为僧道，熬猎油涂网巾痕，数日后即一色。

## 衣服

夏月衣霉，以东瓜汁浸洗，其迹自去。

北绢黄色者，以鸡粪煮之即白，鸽粪煮亦好。

墨污绢，调牛胶涂之，候干揭起，则墨与俱落，凡绢可用。

血污衣，用溺煎滚，以其气熏衣，隔一宿以水洗之，即落。

绿矾百草煎污衣服，用乌梅洗之。

鞋中著樟脑，去脚气。用椒末去风，则不疼痛。

洗头巾，用沸汤入盐摆洗，则垢自落。一云以热面汤摆洗，亦妙。

槐花污衣，以酸梅洗之。

绢作布夹里，用杏仁浆之，则不吃绢。

伏中装绵布衣，无珠；秋冬则有。以灯芯少许置绵上，则无珠。

茶褐衣缎，发白点，以乌梅煎浓汤，用新笔涂发处，立还原色。

酒醋酱污衣，藕擦之则无迹。

霉黴衣，以枇杷核研细为末，洗之，其斑自去。

毡袜以生芋擦之，则耐久而不蛀。

红苋菜煮生麻布，则色白如苎。

杨梅及苏木污衣，以硫黄烟熏之，然后水洗，其红自落。

油污衣，用蚌粉熨之，或以滑石、或以图书石灰熨之，俱妙。

膏药迹，以香油搓洗自落，后用萝卜汁去油。

墨污衣，用杏仁细嚼擦之。

洗毛衣及毡衣，用猪蹄爪汤乘热洗之，污秽自去。

葛布衣折好，用蜡梅叶煎汤，置瓦盆中浸拍之，垢即自落，以梅叶揉水浸之，不脆。

油污衣，用白面水调罨过夜，油即无迹。

去墨迹，用饭粘搓洗，即落。

罗绢衣垢，折置瓦盆中，温泡皂荚汤洗之，顿按翻转，且浸且折，垢秽尽去。弃前水，复以温汤浸之，又顿拍之，勿展开，候干折藏之，不浆不熨。

颜色水垢，用牛胶水浸半日，温汤洗之。

洗白衣，白菖蒲用铜刀薄切，晒干作末，先于瓦盆内用水搅匀，捋衣摆之，垢腻自脱。

洗紬绢衣，用萝卜汁煮之。

洗皂衣，浓煎栀子汤洗之。

黄泥污衣，用生姜汁搓了，以水摆去之。

洗油污衣，滑石天花粉不拘多少为末，将污处以炭火烘热，以末糁振去之。如未净，再烘，再振，甚者不过五次。

漆污衣，杏仁、川椒等分研烂揩污处，净洗之。

墨污衣，用杏仁去皮尖茶子等分为末糁上，温汤摆之。洗字则压去油。罗极细，末糁字上，以火熨之。又法：以白梅捶洗之。

蟹黄污衣，以蟹脐擦之即去。

血污衣，即以冷水洗之即去。

洗油帽，以芥末捣成膏糊上，候干，以冷水淋洗之。

## 饮食

炙肉，以芝麻花为末，置肉上，则油不流。

糟蟹久则沙，见灯亦沙。用皂角一寸置瓶下，则不沙。

煮老鸡，以山楂煮即烂，或用白梅煮，亦妙。

枳实煮鱼则骨软，或用凤仙花子。

酱内生蛆，以马草乌碎切入之，蛆即死。

糟茄入石绿，切开不黑。

糟姜，瓶内安蝉壳，虽老姜亦无筋。

食蒜后，生姜、枣子同食少许，则不臭。

煮饭以盐硝入之，则各自粒而不粘。

米醋内入炒盐，则不生白衣。

用盐洗猪脏肚子则不臭。

腌鱼，用矾盐同腌，则去涎。

凡杂色羊肉入松子，则无毒。

藕皮和菱米同食，则甜而软。

芥辣，用细辛少许与蜜同研，则极辣。

晒胡芦干，以藁本汤洗过，不引蝇子。

杨梅核与西瓜子，用柿漆拌，晒干，则自开，只拣取仁。

鸭蛋以硇砂画花写字，候干，以头发灰汁洗之，则花直透内。

炒白果、栗子，放油纸在内，则皮自脱。

夏月鱼肉放香油，耐久不臭。萝卜梗同煮银杏，则不苦。

煮芋，以灰煮之则酥。　煮藕，以柴灰煮之，则糜烂，另换水放糖。

榧子与蔗同食，其渣自软，与纸一般。

晒肉脯，以香油抹之，不引蝇子。

食荔枝，多则醉；以壳浸水饮之则解。

腌鸭蛋，月半日做，则黄居中。一云日中做。

韶粉去酒中酸味，赤豆炒热入之，亦好。

荷花蒂煮肉，精者浮，肥者沉。

鸭蛋以金刚根同煮，白皆红。

天落水做饭，白米变红，红米变白。

饮酒欲不醉，服硼砂末。

吃栗子，于生芽处咬破气，一口剥之，皮自脱。

竹叶与栗同食，无渣。

茄干灰可腌海蜇。

寸切稻草可煮臭肉，其臭皆入草内。

煮老鹅，就灶边取瓦一片同煮，即烂。

吃蟹后，以蟹脐洗手，则不腥。

豆油煮豆腐有味。

篱上旧竹篾缚肉煮，则速糜。

馄饨入香蕈在内不嗳。

食河豚罢，以萝卜煎汤涤器皿，即去其腥。

灯草寸断，收糖霜重间之为佳。

糖霜用新瓶盛贮，以竹箬纸包好，悬于灶上，两三年不溶。

糟姜入瓶中，糁少许熟栗子末于瓶口，则无滓。

糟姜时，底下用核桃肉数个，则姜不辣。糟茄，须旋摘便糟，仍不去蒂萼为佳。

干蓼草上下覆铺，以贮糯米，则不蛀。

豆黄和松叶食之，甚美，可作避地计。

沙糖调水洗石耳，极光润。

食梅齿软，以梅叶嚼之，即止。生甜瓜以鲞鱼骨刺之，经宿则熟。

伏中合酱与面，不生蛆。

收椒，带眼收，不带叶收，不变色。

日未出及已没下酱，不引蝇子。

醉中饮冷水，则手颤。　造酱之时，缸面用草乌头四个置其上，则免蝇蚋。

## 器用

商嵌铜器以肥皂涂之，烧赤后，入梅锅烁之，则黑白分明。

黑漆器上有朱红字，以盐擦则作红水流下。

油笼漆笼漏者，以马屁浡塞之，即止。　肥皂围塞之，亦妙。

柘木以酒醋调矿灰涂之，一宿则作间道乌木。

漆器不可置莼菜，虽坚漆亦坏。

热碗足烫漆桌成迹者，以锡注盛沸汤冲之，其迹自去。

铜器或石上青，以醋浸过夜，洗之自落。

针眼割线者，用灯烧眼。

锡器上黑垢，用鸡鹅汤之热者洗之。

酒瓶漏者，以羊血擦之则不漏。

碗上有垢，以盐擦之。

水焨炭缸内，夏月可冻物。

刀锈，木贼草擦之。

皂角在灶内烧烟，锅底煤并烟突煤自落。

肉案上抹布，以猪胆洗之，油自落。

焨炭瓶中安猫食，不臭，虽夏月亦不臭。

藁本汤布拭酒器并酒桌上，蝇不来。

香油蘸刀则不脆。

琉璃用酱汤洗油自去。

铁锈以炭磨洗之。刀钝以干焨炭擦之则快。

泥瓦火煅过，作磨刀石。

洗刀洗铁皮，松木、杉木、铁艳粉为细末，以羊脂炒干为度，用以擦刀，光如皎月。

洗缸瓶臭，先以水再三洗净却，以银杏捣碎，泡汤洗之。

荷叶煎汤，洗锡器极妙。

釜内生锈，烧汤，以皂荚洗之如刮。

松板作酒榨，无木气。

镀白桐器，用萱草根及水银揩之如新。

锡器以木柴灰煮水，用木贼草洗之如银。或用蜡梅叶，或用肥皂热水，亦可。

瓷器记号，以代赭石写之，则水洗不落。

竹器方蛀，以雄黄、巴豆烧烟熏之，永不蛀。

凡竹器蛀，以萵苣煮汤，沃之。

定州瓷器一为犬所舐，即有璺纹。

漆器以覆苋菜，便有断纹。

雨伞、油衣、笠子雨中来，须以井水洗之；不尔，易得脆坏。

铜器不得安顿米上，恐霉，坏其声。

手弄地栗，不可弄铜器，击之必破。

新锅先用黄泥涂其中，贮水满，煮一时，洗净，再干烧十分热，用猪油同糟遍擦之，方可用。

漆污器物，用盐干擦。

酒污衣服，用藕擦。

器旧，用酱水洗。

藤床椅旧，用豆腐板刷洗之。

鼓皮旧，用橙子瓤洗之。

汤瓶生碱，以山石榴数枚，瓶内煮之，碱皆去。

桐木为轿杠，轻复耐久。

瓷器损缺，用细筛石灰一二钱、白及末二钱，水调粘之。

铁器上锈者，置酸泔中浸一宿取出，其锈自落。

松杓初用当以沸汤；若入冷水，必破。

试金石，以盐擦之，则磨痕尽去。

## 文房

研墨出沫，用耳膜头垢则散。

蜡梅树皮浸水磨墨，有光彩。

矾水写字令干，以五倍子煎汤浇之，则成黑字。

肥皂浸水磨墨，可在油纸上写字。

肥皂水调颜色，可画花烛上。

磨黄芩写字在纸上，以水沉去纸，则字画脱在水面上。

画上若粉被黑或硫烟熏黑，以石灰汤蘸笔，洗二三次，则色复旧。

蓖麻子油写纸上，以纸灰撒之，则见字。

一云杏仁尤妙。

冬月以酒磨墨，则不冻。

盐卤写纸上，烘之，则字黑。

冬月以杨花铺砚槽，则水不冰。

花瓶中入火烧瓦一片，则不臭。

收笔，东坡用黄连煎汤，调轻粉蘸笔，候干收之。

擦金扇油，用绵子渍鹿血，藏久擦之，甚妙。

补字，以新面巾一个，用石灰少许投入，即化为粘水，贴上，悠久又无迹。

洗字，扇头绫轴上讹字，用陈酱调水笔蘸，照字写上，须臾擦去，无痕。

取错字法，蔓荆子二钱，龙骨一钱，相子霜五分，定粉少许，同为末，点水字上，以末糁之，候干即拂去。

砚不可汤洗。

真龙涎香烧烟入水，假者即散。

夷使到本朝，本朝烧之，使者曰："此真龙涎香也，烧烟入水。"果如其言。

裱褙打糊，入白矾、黄蜡、椒末和之，褙书画，虫鼠不敢侵。

裱褙书画，午时上壁，则不瓦。又云日中晒多日，亦不瓦。一云用萝卜汁少许打糊，则不瓦。

打碑纸，先以胶矾水湿过，方用。

新刻书画板，临印时，用糯米糊和墨，印两三次，即光滑分明。

打碑，挼皂荚水滤去滓，以水磨墨，光彩如漆。

鹿角胶和墨，最佳。和墨一两，入金箔两片，麝香三十文，则墨熟而紧。

造墨，用秋水最佳。

蓖麻子擦研，滋润。

洗油污书画法，用海漂硝、滑石各二分，龙骨一分半，白垩一钱，共为细末，用纸如污衣法熨之，大凡污多已干者，仍以油渍之。迹大，不妨。否则以水浸一宿，绞干，用药亦可。

瓶中生花，用草紧缚其枝，插在瓶中，可以耐久。

试墨点黑漆器中，与漆争光者，绝品也。

## 金珠

珍珠经年油浸及犯尸气色昏者，团饭中以喂鸡或鸭或鹅，俟其粪下，收洗如新。

鹅鸭粪晒干烧灰，热汤澄汁，以油珠绢袋盛洗之光净。

银丝器不可用杉木作盝盛，久之色黑。

代赭石作末和盐煮金器，颜色鲜明。

玉器如打破，以白矾火上熔化，粘之，补瓷器亦炒。

象牙如旧，用水煮木贼令软，洗之。再以甘草煮水，又洗之，其色如新。

多年玉灰尘，以白梅汤煮之，刷洗即洁。

珠子用乳汁浸一宿，洗出鲜明。

象牙笏曲者，用白梅汤煮绵，令热，裹而压即直。

旧象牙箸煮木贼草令软，擦之，再以甘草汤洗之。又法：以白梅洗之，插芭蕉树中，二三日出之，如新。

洗赤焦珠，木槵子皮热汤泡洗之。研萝卜汁，浸一宿即白。

煮象牙，用酢酒煮之，自软。

## 果品

收枣子，一层稻草一层枣，相间藏之，则不蛀。

藏栗不蛀，以栗蒲烧灰淋汁，浸二宿出之，候干，置盆中，以沙覆之。

藏西瓜，不可见日影，见之则芽。

收鸡头，晒干入瓶，箬包好，埋之地中。

藏金橘于绿豆中，则经时不变。

藏柑子，以盆盛，用干潮沙盖。木瓜同法。

收湘橘，用汤煮过瓶收之，经年不坏。

藏胡桃，不可焙，焙则油。

藏梨子，用萝卜间之，勿令相著，经年不坏。

梨蒂插萝卜内，亦不得烂。藏香团，同法。

栗子与橄榄同食，作梅花香。

炒栗子、白果，拳一个在手，勿令人知，则不爆。

水杨梅入烰炭，不烂。

以缸贮细沙，藏柑橘、梨、榴之属于其中，久而不坏。如柑橘顿近米处，便速烂。

梨子纸裹入新瓶，可藏至二月。

石榴煎米泔百沸汤，淖过晾干，可至来年夏，不损坏。

梨子藏北枣中，可以致远。

榧子用盛茶瓶贮之，经久不坏。

藏生枣子用新沙罐，一层淡竹叶枝，古老铜钱数个，白矾少许，浸水井内，经年不坏。

藏桃、梅之属于竹林中，拣一大竹，截去上节，留五尺，通之，置果于竹中，以箬封泥涂之，隔岁如新撷。

摘银杏，以竹篾箍其根，过一宿，击篾则实尽落。

鸡豆子连蒲元水藏于新瓷器内，供时旋剥，甚妙。

蜜饯夏月多酸，可用大缸盛细沙，时以水浸湿，置瓶其上，即不坏。

梨子怕冻，须用沙瓮著稻糠拌和藏之，以草塞瓶口，使其通气，可留过春。

松子用防风数两置裹中，即不油。

梨子每个以其柄插萝卜中，藏漆盒内，可以久留。

风栗，以皂荚水浸一宿，取出晾干，篮盛挂当风，时时摇之。

收柑橘，用黄砂坛，以晒燥松毛拌之，则不烂。松毛湿，则又晒燥换之。无松毛，早稻草铡断，亦好。

闽中藏生荔枝，六七分熟者，用蜜一瓮浸之，密扎，令水不入，投井中，用时取出，其色如鲜。

收胡桃松子，以粗布作袋，挂当风中。

收桃子，以麦麸作粥，先入少盐，盛盆内，候冷，以桃子纳其中，冬月取以侑酒极佳。　桃不可太熟，须择其颜色青红可爱者。

凡果品皆忌酒，酒气熏即损坏。

葡萄方熟，用蜡纸裹紧，扎封以蜡，可留到冬。

栗蒲安在壳中，可以久留。

食胡桃多者，令人吐血。

黄蜡同栗子嚼，成水。栗子同橄榄嚼，其味甘清，名曰风流脯。

## 菜蔬

收芥菜子，宜隔年者则辣。

生姜，社前收无筋。

茄子以淋汁过柴灰藏之，可至四五月。

小满前收腌芥菜，可交新。

葫芦照水种，则多生。或三四株，微去其薄皮，用肥土包作一株。麻皮扎好，其藤粗大生出者，止留一二个养老，其大如斗，可作器用。

## 花木

冬青树接梅花，则开洒墨梅。

石榴树以麻饼水浇，则多生子。

养石菖蒲，无力而黄者，用鼠粪洒之。

花枝虫孔，以硫黄末塞之。

木樨蛀者，用芝麻梗带壳束悬树上。

竹多年生米，急截去，离地二尺通去节，以犬粪灌之，则馀竹不生米矣。

海棠花以薄荷水浸之，则开。

银杏不结子，于雌树凿一孔，入雄树一块，以泥涂之，便生子。

草木花枝羊食，并不发。

芝麻柴挂树上，无蓑衣虫。

牡丹花根下放白术，诸般颜色皆是腰金。

冬瓜蔓上，午时用笤帚打之，则多生。

天道尚左，星辰左旋。地道尚右，瓜瓠右累。

牡丹花每一朵十二瓣，闰月十三瓣。

凡果皆从下生上，惟莲子根从上生下。

贯仲与柏叶同嚼，无苦味。

蜀葵枯枝烧灰，可藏火。以干竹缚作火把，雨中不灭。茄秆灰藏火，亦妙。

皂荚树有刺，不可上。每至秋实时，以大篾箍束木身，用木砧砧之令急，一夕自落。

油纸灯入荷花池，叶即腐烂。

杏接梅花，即成台阁梅。

桑树接梨树，生梨，甘脆。

红梨花接海棠，成西府；樱桃树接海棠，成垂丝。

麻骨插椑柿，一夕即熟。

枸橘树可接诸色佳橘佳柑。

柳树可接桃，桃树可接梅。

冬青树可接木樨。

## 鸟兽

小犬吠不绝声者，用香油一蚬壳灌入鼻中，经宿则不吠。

乌骨鸡舌黑者则骨黑；舌不黑者但肉黑。

鸡未翼者，以笤帚赶之，则翼毛倒生。

母鸡生子，与青（一作续麻子）吃，则长生，不抱子。

竹鸡叫，可去壁虱并白蚁。

鹘带帽飞去，立唤则高扬去，伏地叫则来。

鸡黄双者，生两头及三足。

猫眼知时候，有歌曰："子午线，卯酉圆，寅申巳亥银杏样，辰戌丑未侧如钱。"

香狸有四个外肾。

鹰无肶而有肚，食肉故也。飞禽吃谷者有肶。

鸡吃猫饭，能啄人。

胡麻面啖犬，则黑光而骏。

虎至人家盗犬豕食，闻刀刮锅底声则去，盖闻声则齿酸故也。

牛尾短者寿长，尾长者寿短。

猫鼻惟六月六日一次热。

杏仁末与犬食之，即死。

狗欲褪毛，饲以糟，则易褪。

鹿群夜宿，大者角向外，小者在内，圈匝如寨。行兵者仿之，作鹿角寨。

虎豹皮只可焙，不可晒。

猢狲病，吃壁上蟢子，即愈。

狗身上发癞，虫蝇百部汁涂之，即除。

马背鞍卷破脊梁，以渠中淤泥涂之，即愈。

辨牛黄真假，牛黄如鸡子大，重重叠叠，取置人指甲上磨之，其黄透甲，拭不落者，即真也。

猫癞，以柏油擦之。再发，再擦。至三次，即除。猪癞，以猪油擦之，即好。

猫洗面至耳，必有客至。

人家燕雀顿绝者，必有火灾。

鹳仰鸣则晴，俯鸣必雨。

鹊巢低，其年大水。鹘初声，或卧闻之则一年安乐。

猫犬所生皆雄者，其家必有喜事。

犬死，以葵根塞其鼻，良久活。

孔雀毛入眼，损人眼；胆大毒，杀人。

狗虱，用朝脑擦毛内，以大桶或箱内闷盖之，虱即堕落，急令人掐杀之。

猫狗虱癞，用桃叶捣烂，遍擦其皮毛，隔少顷洗去之，一二次即除。

鸡病，以真麻油灌之。鸡哮，用白菜叶包鼠屎、香油掗之，即好。

鸡瘟，以猪肉切碎喂之。又将雄黄为末，拌饭喂之，立愈。

猪瘟，以萝卜菜连根喂之愈。牛马疥癞，用荞麦秆烧成灰，淋灰汁，浇之愈。

牛马瘟，用酒加麝香末些须在内，灌之。

牛马疥癞，用藜卢为末，水调涂之。

鹤病，用蛇或鼠或大麦煮熟喂之。

鹿病，用盐拌豆料喂之，常食菀豆则无病。

喂灶猫，用猪肠或鱼肠，入些须雄黄在内煨熟饲之。

牛中暑，用胡麻苗捣汁灌之，即好。无苗，即用麻子二三两捣烂，和井水调匀，灌之。

牛马猪驴瘟，用狼毒、牙皂各一两，黄连一两五钱，雄黄、朱砂各五钱为末。猪擦入眼中，牛马驴吹入鼻中。

凡鸡鹅鸭欲其速肥，胡麻子拌饭，加硫黄少许，喂七日，其膘壮异常。

## 虫鱼

鱼瘦而生白点者，名虱，用枫树皮投水中，即愈。

鳖与蟾蜍被蚊子一叮，即死。

水中浮萍晒干，熏蚊子则死。

马蚁畏肥皂。

蛇畏姜黄。

稻草索悬数条于壁上，则蝇不来。

蚕畏雷，亦畏鼓，闻鼓声则伏而不起。

令蛙不鸣，三五日以野菊花为末，顺风吹之。

辟蝇，腊月猪油以瓶悬厕上。

麻叶烧烟，能辟蚊子。

陈茶末烧烟，蝇速去。

治壁虱，荞麦秆作荐，可除。

五月五日，取田中紫萍晒干，取伏翼血渍之又晒，又渍数次，为末作香烧之，大去蚊蚋。　一云烧蝙蝠屎，可辟蚊子。

蚊蜃之属，得飞燕食之，则能变化。蜃之吐气成楼台，所以诱燕也。

凡鱼、虾、蟮，入夜皆朝北方。

蜜蜂桶用黄牛粪和泥封之，能辟诸虫，蜜有收，蜂亦不他去，极妙。

收蜜蜂，先以水洒之，蜂成一团，遂嚼薄荷，以水喷之。再以薄荷涂手，徐徐拂拭，赶入桶中安干燥处。盖蜂畏薄荷，不螫人。

蚕食而不饮，二十二日而化蝉，饮而不食，三十日而蜕。蜉蝣不食不饮，三日而死。

辟蚊及诸虫，以苦楝子、柏子、菖蒲为末，慢火烧之，闻者即去。

辟蚊蚋，以干鳗鲡骨烧之，令化为水。

干菖蒲切片，置床褥下，可除壁虱。

头上虱，藜芦为末，糁擦其发中，经宿，虱皆干死自落。

去头上虱，轻粉少许，糁头上一二日，自死。

八角虱，多在阴毛上，用轻粉敷之，脱去。

象粪能去壁虱，取其所食馀草打荐，永无壁虱。

辣蓼晒干铺席上，除壁虱。

芸香置于帙中，辟蠹鱼；置席下，去壁虱。

虱入耳，以猪毛蘸胶卷入，粘出之。

断毡中蛀虫，鳗鱼骨烧烟熏之；置其骨于衣箱中，断白鱼诸虫咬衣服。烧烟熏屋舍，免竹木生蛀虫。

人为山中人蚁伤，急以地上土擦伤处，则不痛。

治厕中蛆，以莼菜一把投厕缸中，即无。

# 卷二十 方术部

## 符咒

治脚麻法　口称木瓜曰："还我木瓜钱，急急如律令！"一气念七遍，即止。

治疟咒饼法，先面东烧香虔诚，于油饼中书一"摊"字，以笔圈之，从左边圈三次，将饼于香上诵"乾元亨利贞"七遍。当发日，早掐取所书字，用枣汤嚼饼食之，无不效。

病痞，多念《秽迹咒》，愈。

辟百邪恶鬼，令人不病疫，常以鸡鸣时存心念四海神名三七遍，曰："东海神阿明，南海神祝融，西海神巨来，北海神禺疆。"每入病人宅，存心念三遍，口勿诵。

咒疟法，取梨一个，先吸南方气一口，将梨子咒曰："南方有池，池中有水，水中有鱼，三头九尾，不食人间五谷，唯食疟鬼。"咒三遍，吹于梨上，书"敕杀死"三字，令病人临发前食之。

一切疾患疼痛咒枣法，咒曰："金木水火土，五行助力，六甲同威，天罡大神，收入枣心，枣入肠中，六腑安宁，万病俱息。急速求荣！"用枣一个，念咒一遍，吸罡气一口入枣中。男去尖，女去蒂，用水嚼下，忌厌物七日。

咒齿痛，用纸一张，随大小方圆，折作七层，取三寸钉一枚，于屋栿或梁上，当纸中心钉之。下钉之时，先吸南方气一口，默咒曰："南方赤虫子，故来食我齿。钉在栿梁上，永处千年纸。"每咒一遍，令患人咳一声，及吸气一口，下钉锤一捶。如是咒七遍，即七吸气，七捶钉其齿，立效。

咒风疹，用纸一张，熟挼之于患人身体上下冒掠之。其初欲行时取东方气一口，默念曰："东来马子，西来驴子，好面败容待文书，急急如律令！敕。"乃上下冒掠，弃乱纸于门外东道口而归。

如入山林，默念"仪方不见蛇"，默念"仪康不怕虎"。有蛇虺处，多以小瓦片书"仪方"二字，蛇自畏避。

凡被蜈蚣咬，急以手指于地上"乾上"中书一"王"字，于"王"字内撮土糁咬处，即愈。

“多求致怨憎，少求人不爱，梵智求龙珠，水不复相见。”书此四句，雕、贴于墙壁间，可断蛇。

辟蚊子，咒曰：“天地太清，日月太明，阴阳太和，急急如律令！敕。”面北阴念七遍，吸气吹灯草上，点之。

“唵地哩穴哩娑婆诃”此咒，居人家每夜点烛了，面北立志，心念诵七遍，将剔灯杖子，灯焰上度过，搅油七匝，能免一切蛾蠓投焰之苦。

去壁虱法，上写“欠我青州木瓜钱”，贴床脚，即去。

倒念《揭谤咒》七遍，能使网罟无所得。

遇夜行或寝处惊怖恶梦，即咒曰：“婆珊婆演底，摄。”

脚转筋疼，书“木瓜”字于疼处，则止。

闭气念“乾元亨利贞”七遍，嚼钱即碎。

釜鸣，呼“婆女”七。

每闻鸦噪，默念“乾元亨利贞”七遍。

渡江者朱书“禹”字佩之，免风涛，保安吉。

蜂螫人，就地以竹写“丙丁火”三字七遍，取土揩螫处。

降犬法，左手挑寅剔丁掐戌，念“云龙风虎，降伏猛兽”，其犬不吠而去，不咬人。

降蛇法，咒曰：“天迷迷，地迷迷，不识吾时。天濛濛，地濛濛，不识吾踪。左为潭鹿鸟乙步，右为鸟鹞三二步。”又念曰：“吾是大鹏鸟，千年万年王。”

咒枣法治百病，咒曰：“华表柱。”念七遍，望天罡取气一口，吹于枣上，嚼吃汤水下。 华表柱，鬼之祖名也。

遇人捕鱼鳖飞禽走兽之属，但念“南无宝胜如来”，捕者终无所获。

赌骰子咒云：“伊帝弥帝，弥揭罗帝。”

百鸟粪衣，念“护罗”七声。

## 方法

妇人怀娠欲成男者，以斧密置床下，以刀口向下，必生男。鸡伏卵，用此法，亦多成雄。

皂荚水触人眼，痛不可忍，持衬衣角揩之，即愈。

凡患偷针眼者，以布针一条，对井以目睛睆视之。已而，折为两段，投井中，眼即愈，勿令人知。

有脚汗人，岁朝密立于捣衣石上，即愈。

护生草，清明绝早取荠菜花茎，阴干，暑月作挑灯杖，能令蚊蛾不至。

灯草于腊月内取溪河水浸七昼夜，阴干，夏月点灯，能去青虫。

禳鼠日，每月辰日塞穴，鼠当自死。

翼日挂帐，无蚊子。

食鱼骨鲠，取罾覆头，即下。

除夜五更，使一人房中向窗扇，一人问云："扇恁么？"答云："扇蚊子。"凡七问七答，乃已。端午日五更，亦然。

树不生果，除夜著一人伏树下，一人持斧问云："你生果否？不生，斫汝作柴！"树下一人应云："我生！我生！"是年即结实。

辟火法，用绯红绢帛五尺至一丈，剪作幡形，悬竹竿上，投当风火中，风回火息矣。无绢帛，以绯衣服代之，亦可。

取逃走人衣服并带，用纸裹磁石，悬于井中，其人即回。

取霹雳木刻为鸟形，放在露天高处，众鸟皆集，不去。

二麦秆顿于上流，水流入池塘中，可祛马蝗。

求雨法，命巫师入深山，择枫树有怪形者，以茅缆系之，喝问："有雨否？"一人应曰："必有雨！必有雨！"

猪尿胞贮萤火，缀网中沉之水底，则鱼聚观，夜举网则鱼必多。

取头垢涂针，及塞针孔，水上自浮。

取戎盐涂鸡鸭蛋上，相连十枚不落。

取蚕沙一石二升，用丁日就吉地埋，则蚕大熟。

取水獭胆，以篾子蘸画酒杯中，一半酒去，馀半在盏，不倾。

置牛骨于地中，则水不涸。

削木令圆，举以向日，艾承其影，则得火。

以黑犬血和蟹烧之，鼠悉去。

如值火灾，急以瓶甑覆炕上，火即灭。

以白矾煮灯芯，点之，省油。

猪血浸新砖，砖堕水中，引鱼自聚。

岁夜聚富贵家田内泥打灶，主招财。

桃树撑门辟邪，祟不敢入门。

月厌上，取土泥塞鼠穴，则鼠远去。

人发结挂果树上，鸟雀不敢食其实。

惊蛰日以灰糁门外，免虫蚁出。

七月上旬辰日斫木，不蛀。

熨斗内以纸衬之炒银杏，则不爆。

釜鸣，不得惊呼，男子作妇人拜，即止。或妇人作男子拜，亦可。

夜卧，以鞋一仰一覆，即无恶梦。

遇恶犬，以左手自寅吹一口气，轮至戌以指甲掐之，犬即退伏。

暗传书法，以杜仲末、白矾、蓖麻子各少许，研细，又入黄丹少许，少浸，写字候干，全不见字迹。以火烘之，即见字，看毕焚之。

鸡子白调白矾末刷纸，作铫子煎茶，沸而不烧其纸。

五棓子书壁上，以青矾水喷之，则字现。

竹内膜纯阴，将酥涂其上，见太阳即飞，名飞蝴蝶。

上丑日取土泥蚕室，宜蚕。

上辰日取道中土泥门户，辟官事。

读书灯香油一斤，入桐油三两，耐点，又辟鼠耗。以盐置盏中，省油。

以姜擦盏，则不晕。